国家出版基金项目
NATIONAL PUBLICATION FOUNDATION

“十一五”国家重点图书出版规划项目

COMPLETE COLLECTION
OF CHINESE OPERA
中国戏曲艺术大系

《中国戏曲艺术大系·京剧卷》编辑委员会

中国戏曲艺术大系

COMPLETE COLLECTION OF CHINESE OPERA

国家出版基金项目
NATIONAL PUBLICATION FOUNDATION

京剧卷

【Beijing Opera Volume】

小留香馆日记

Diary of Xun Huisheng

荀慧生 著
和宝堂 编订

中国戏剧出版社

COMPLETE COLLECTION OF CHINESE OPERA
中国戏曲艺术大系

图书在版编目（CIP）数据

小留香馆日记 / 荀慧生著；和宝堂编订. —北京：中国戏剧出版社，2019.8
（中国戏曲艺术大系. 京剧卷）
ISBN 978-7-104-04849-7

Ⅰ. ①小… Ⅱ. ①荀… ②和… Ⅲ. ①荀慧生（1900～1968）—日记—选集 Ⅳ. ①K825.78

中国版本图书馆CIP数据核字(2019)第165490号

小留香馆日记

责任编辑：黄艳华
装帧设计：任杰文
原本校注：张斯琦
责任印制：冯志强

出版发行：中国戏剧出版社
出 版 人：樊国宾
社　　址：北京市西城区天宁寺前街 2 号国家音乐产业基地 L 座
网　　址：www.theatrebook.cn
电　　话：010-63381560（发行部）010-63385980（总编室）
传　　真：010-63383910 (发行部)

读者服务：010-63387810
邮购地址：北京市西城区天宁寺前街 2 号国家音乐产业基地 L 座 (100055)

印　　刷：北京鑫海达印刷有限公司
开　　本：787mm×1092mm 1/16
印　　张：49.375
字　　数：770千
版　　次：2019年8月 北京第2版第1次印刷
书　　号：ISBN 978-7-104-04849-7
定　　价：218.00元

Beijing Opera Volume

Diary of Xun Huisheng

一代名伶的生活写真
（序）

傅谨

荀慧生（1900～1968年）是中国现代历史上最杰出的京剧表演艺术家之一，他和梅兰芳、程砚秋、尚小云并称京剧“四大名旦”，足见其艺术成就和影响。

荀慧生具有开创性和有独特魅力的“荀派”表演艺术，是他为中华民族贡献的最宝贵的精神财富。然而，荀慧生还给我们留下了另一份弥足珍贵的财富，那就是日记，他斋名小留香馆，故日记名为《小留香馆日记》。

很难想象，出生在贫寒家庭，从小就被卖到梆子戏班里学戏且一辈子以演戏为生的荀慧生，青年时代起就开始记日记，且持续数十年而不辍。从1925年到1966年的四十多年里，《小留香馆日记》累积了多达44本（一说45本）。更难能可贵的是，在这社会剧烈动荡和政权几度更迭的数十年里，历经劫难，这批日记却得以保持全貌。在“文化大革命”中，荀慧生受到冲击，包括日记在内的大量财物均于抄家时被掳走，“文革”结束后在被发还的家产中，这批日记居然完璧归赵。悲剧却在意想不到的时候发生，荀慧生的《小留香馆日记》没有毁于战火和乱离，甚至都没有毁在红卫兵手里，却在荀家其后的析产过程中失落了大部分，至今不知所终，令人扼腕叹息。现在我们所能找到的只有残存的6册，其中包括两部分，一为20世纪20年代后期至30年代初，一为40年代，中间还有间断。不过，这6册日记记录的恰好是荀慧生艺术上最辉煌的年代，仅从这一部分看，《小留香馆日记》堪称一部奇书，具备独特且无可替代的历史文献价值。

荀慧生有一部完整的《小留香馆日记》存世，在京剧界并不是什么惊天秘密。数年前社会上曾有荀慧生日记中的一些片断流出，但是，细细辨析，其文字显然经过许多修饰与变动。发表者做这些改动固有多种考虑，其良苦用心无须轻率地给予指责，但毕竟从文献的角度看，这样的修改遮蔽了日记的本色，恐怕也与艺术家撰写日记的初衷有悖。我们现在看到的这个由京剧界知名学者和宝堂等人悉心整理的版本，尽管也出于极端无奈的心情做了最小限度的删节，但它与日记原初样貌已经非常之接近。我们相信让荀慧生日记以这种近乎本真的方式面世，更是一种对历史负责的态度。

我有幸在日记正式出版前就先于普通读者看到它的原文，无比感慨，只能用“震惊”这两个字来描述。这里所说的“震惊”，首先是日记将日记主人真实的生活内容呈现在我们面前；其次是指这些未经粉饰的内容和我们以往所知的荀慧生的形象，确实有极大反差。仅就这本书里收录的这6册日记而言，荀慧生当年的生活完全超出了我们此前对这位名伶生活的想象和理解的极限。

当我们面对这部《小留香馆日记》时，才能切身体会到，长期以来我们对名伶的日常生活样貌并无真正的了解。无论是在民国年间还是20世纪50年代之后，各类报刊上有关他们的诸多报道与评论，几乎从未真正揭示出他们生活的真相；坊间偶尔也有以伶人为主角的小说问

荀慧生《小留香馆日记》

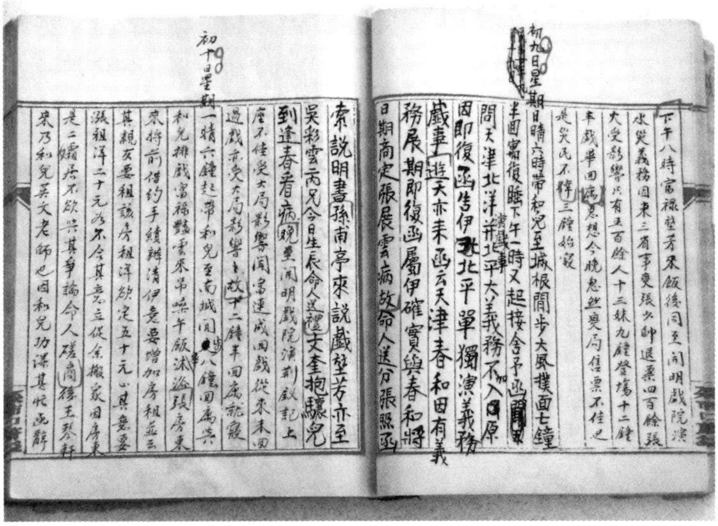

荀慧生《小留香馆日记》正文

世，但其中毕竟夹杂或多或少的虚构成分，一般读者也不会真把这类小说当信史读；至于各类名伶传记，撇开为传主讳言的成分，作者纵算和伶人们再接近，也不可能完全了解他们的私生活和真实的情感世界，更难以奢望其切入如此深的生活角落。现在我们拥有了荀慧生的《小留香馆日记》，总算有机会掌握了一个记述现代社会中京剧名伶的日常生活最有价值、也最可信的文本。

在荀慧生的日记里，我们看到他的艺术与人生，同时也看到当时的社会百态。有关荀慧生创作演出的许多事实，都可以从这部日记里得到最为可靠的第一手资料的印证。但这并不是一部“艺事日记”，其中最主要的内容，都是舞台下的生活事件。或许，人们会疑惑荀慧生何以要如此坦诚且用心地在日记里详尽地描述他舞台下大量生活细节，不过可以肯定的一点是，这部日记完全是纯粹的私人记述，所以我们才有可能从他的日记里，真切地触摸到那个年代一位伟大的京剧表演艺术家有质感的私人生活，第一次得到闯入这个此前从未为外界所知的空间。这里记录了荀慧生艺术巅峰时期的经历，既有他的坚强也有他的脆弱，既关乎民族大节也不乏儿女私情，既有他和三教九流的交往，也有他商业上屡屡失败的投资经过。在阅读这批日记之前，我从未想象过像荀慧生这样名满天下的名伶的生活是如此丰富和复杂，尤其是他一直被病痛所折磨，长期生活在精神崩溃边缘的心理状态。我们只看到他在舞台上创造的卓越的艺术形象，他永远把最光鲜亮丽的一面展现在舞台上，而作为观众和欣赏者的我们，在崇敬与欢娱之时，无从得知他在搏命演出后要忍受怎样的痛苦，在为人类创造精美的艺术时，作为个体的伶人，需要付出的是什么代价。

诚然，正因为这是私人记述，所以其中所记录的生活内容，包括他在这种私人化场所中对同行和社会各界人士的品评，未必都能够为外人所接受和首肯。然而，我们应该如何看待荀慧生的日记，如何评价这些日记中所记录的那个荀慧生，如何理解伶人的艺术、生活和人格？其实，要回答这些问题，前提是我们究竟有没有勇气接受一位伟大的表演艺术家在舞台下并不伟大的另一面。在传统社会，伶人虽然有其风光无限的一面，但是终究身处社会底层，其日常起居与交往无异于常人。假如我们心怀悲悯，会从日记里看到一个走下神坛的荀慧生，无须因此动摇对他的艺术的喜爱与崇敬；当然，换个角度，我们尽可自以为占据了道德高地，利用这些日记披露的材料，批评、嘲讽甚至歧视他有悖社会公序良俗的生活方式，这位在日记里记录了自己真实人生的伶人无法从墓里出来回应，不过假如可以，我想他会不解地反问，他所记录的是那代人最普通的生活方式，何以苛责他一个人？

还有，我想留下这些日记的荀慧生，并非有意要把他生活所有细节都详尽记录下来，供后人指戳评点。众所周知，清末民初的京剧名伶身边都有文人环绕，他们留下的文字多数都有人代笔，20出头就大红大紫、已跻身一流名伶之列的荀慧生的日记也不例外。仅以这6册日记看，前后文体与叙述重心之不一致，充分说明日记里其他参与者所起的作用，不同年代，代笔者的文字有明显差异，叙述内容重心也不尽相同。但是日记所有内容均出于荀慧生的生活实况，这点无须怀疑。更不用说，日记里有部分还是他自己所写，或由他草拟后请人整理抄录的。因而至少可以说，当时的荀慧生是如此坦然地面对自己，生活在这样的世界里。

通过这部日记，我们有幸获得一极佳机遇，让这位京剧红伶全面立体地呈现眼前。对于京剧研究乃至于中国现代史研究，真相就是无可比拟的价值。

读《荀慧生日记》

俞振飞

荀慧生先生每天都坚持写日记，从20世纪20年代他二十多岁的时候起始，无论在家在外，无论创作、演出和社会活动多么紧张繁忙，他都不拖一天地写，从未因劳累而疏漏。这样，四十余年如一日，他的日记积累了厚厚的几十大本。

关于他留下的这部日记，我虽然早就听人介绍过，却一直没有机会阅读。1981年8月我去北京演出期间，和蔷华一起在荀府小住了数日。这一次，我才从荀夫人张伟君同志那里，看到了她珍藏的这几十本大日记。限于时间，我只翻阅了几本，但已深深地为之感动了。那每一页，都是慧生先生的亲笔墨迹，透过那工工整整的毛笔字，我确乎看到了这位艺术大师辛勤劳作的一生。

旧社会的京剧演员，大多幼而失学，缺少文化，很难从事写作，有写日记习惯的更是寥寥无几。慧生先生这一部浩瀚的日记，在京剧界恐怕是独一无二的。他那种持之以恒的精神，固然已经十分难能可贵，更加可贵的还在于，他的日记绝非个人生活琐事的流水账，也不仅限于记述个人的艺术见解和创作体会，而是涉及整个戏曲界众多艺术工作者的活动，以至政局的变迁。因此，这部日记就为研究我国近代戏曲的发展和编写戏剧史提供了极其宝贵的第一手资料。

首先，慧生先生的日记，系统地记载了他所见到的京、津、宁、沪等地戏曲班社团体的活动，剧场演出的情况，其中包括历年各种合作义演的盛况。日记还经常录出每场演出剧目及戏里主要角色的扮演者，并作出评议。这可以使我们了解到京剧以及其他某些剧种的兴衰和演员的更替。

慧生先生日记里，还广泛而仔细地记载了几辈艺术家的生卒、师承和发展变革；写出了老一辈名家如何彼此切磋琢磨、改进革新、提高艺业；也写出了青年一代怎样投师受教、继承发展、绵延传统；还写出了外界人士与戏曲界人士相互往还、相互提携，共同为祖国艺术做出贡献的种种事迹。

慧生先生日记里，记载了邵飘萍、林白水等先进人物遭受迫害，以及京剧同业刘汉臣等无辜惨遭军阀枪杀的辛酸往事；也串连着政局变动的线索，从中可以寻见如北洋军阀和国民党的兴替等，尤其对有关“九一八”和“七七”事变的情况，从报章上摘录甚详。可见慧生先生颇具爱国主义思想，十分关心国家的安危和民族的兴亡。

当然，这部日记中写得最详尽的还是有关他个人艺事方面的活动，所以尝被称为《荀慧生艺事日记》。我们从中可以充分看出慧生先生的刻苦努力和严肃认真，看出他艺术上的精益求精、一丝不苟。这部日记不但反映了他学艺中的艰苦奋斗，改革中的呕心沥血，反映了他为京剧事业而团结人才的胸怀和气魄，而且翔实地反映了他创作演出的全过程，以及他的心得体会和不断总结的经验教训。对于收学生传技艺，悉心指导受业者们苦学、善学、巧学方面，也有大量论述。他还总是认真地写出当天观摩的感想，对所看剧目的内容和演员唱念做打的成绩、缺陷都有所评议。读了他的日记，人们不难体察到，荀派艺术的形成。荀门桃李的繁盛和这一大流派的发扬光大，都不是偶然的，而是渗透着慧生先生和他周围那个创作集体的心血和精力。

我从1920年定居上海，就开始看慧生先生的戏了。那是他头一次到上海（1919年与杨小楼先生一起来的），当时还用着他的艺名“白牡丹”，他常演的《辛安驿》《花田错》这些戏，都给年轻时的我留下了深刻印象。30年代，我在北京正式转为专业京剧演员，常在王瑶卿老先生家里见到慧生先生，并一起畅谈，我觉得他很有独到见解，重视剧中人物个性的分析刻画，具有一种崭新的艺术观。40年代初，我们还同台演出过

《十三妹》，他扮演何玉凤，我扮演安骥，从《能仁寺》演到《弓砚缘》。这次有意义的合作，后来常被文艺界同志们提起。还有一件事留给我印象也很深，那是30年代末叶，有一天慧生先生看了我的戏后对我说：他认为我的戏装很雅致，自成一格。他提出，希望多看到一些我自己设计的新款式服装。我表示欢迎他到我家里来看。慧生先生就带着画师到我家，把我所有的戏装都仔细看了一遍，还请画师画下了好多张图样带回去参考。其实慧生先生的戏装很有创造性，早已获有“留香装”之誉，而他仍然“不择细流”，这种汲取精神，给了我很大的启发。

新中国建立以后，在戏剧界的一些重大活动中，我和慧生先生一起议论艺术问题的机会就更多了。这些，在慧生先生的日记中时有记述。

从他的日记里，我还看到了他对我参加拍摄的昆剧《游园惊梦》等影片和我参加演出的京剧《打侄上坟》等剧目的观后感。他对于我的表演那诚挚而又中肯的评论，使我深深感受到了艺术上的知己之情。

不幸遭到十年动乱中的迫害，慧生先生过早地离开了我们。这对于整个文艺界都是一项重大的损失。张伟君同志为使这项损失得到弥补，决定把慧生先生的日记整理印行，并请慧生先生的旧友协助作了注释，使这部日记得以与广大读者见面。我认为这是一件大有意义的事情。我想，文艺界尤其是年轻一代的演员们和戏曲理论工作者们，一定会从中得到很大的教益。

当慧生先生日记将与读者见面之日，我在此谨陈数语，略作介绍，并聊表自己对慧生老友的景仰和怀念之意。

（王家熙整理）

我参与了荀慧生先生的日记等工作

张胤德

小引

那年正兴大炼钢铁。我很幸运，没去砸锅，也没去造土高炉炼钢，却结识了荀慧生先生。并随他去了许多地方。记得最清楚的几处是长沙、衡阳、湘潭等地。我的工作是辅导员兼编导，那会儿“荀慧生京剧团”是属“民营”，属“三改”（改人，改戏，改制）范畴之内的，我的“差使”虽不大，在剧团中还是个“小权威”。“权”是因为我负责贯彻党的方针政策；“威”是因我是代表政府常驻剧团的工作人员；“小”是级别低之意。但我所要“辅导”的倒是个真正权威，谁不知道荀慧生先生是四大名旦之一，是荀派的创建人。他桃李满天下，哪儿都有他的弟子。凡是有京剧团的地方，就有荀派戏演出。荀的头衔也很多：北京市历届人民代表、政协委员等，甚至外省的省级剧院，也约他去当院长。那时荀夫人张伟君是荀剧团的副团长，凭心说，她很明智，也很有工作能力。我和荀先生相处融洽，并向他学习了很多的东西，是和副团长的支持分不开的。

荀慧生记日记

在回忆荀先生几件事的时候，我想先谈一谈荀先生是怎样记日记的。今天有许多人都知道，《荀慧生日记》是一部记录了几十年来京剧界历史的珍贵材料。可他的形成，却很少有人知道。今天首先说说它，理由是我参与了《荀慧生日记》的写作过程。

谁都知道，老艺人们的文化水平是不高的。过去许多京剧艺术名家都离不开秘书帮忙，说是“秘书”，确切一点就是“密友”。他们除处理有关文字事物外，还接待来客，也参与机要，宛如“高参”。荀先生的秘书由于某种原因离去，剧团一时难以找到合适的人，荀先生便亲口对我说：“你先帮几天忙如何？”我考虑再三说：“可以吧。”第二天一早，我来到“小留香馆”（荀先生书斋名），桌上摆好了文房四宝，荀先生打开砚台，又翻开日记本（是接着昨天的那页），然后拿起笔，低着头，像是等着什么。我不明白了，既是他自己写，还要秘书干什么呢？我坐在荀慧生先生旁边，跟他一样僵坐着。这时，张伟君先生看出我并不了解荀先生记日记的习惯，就过来笑嘻嘻地说：

“昨天欧阳老（欧阳予倩）打电话说什么来着？”

荀先生说：“对、对，这应是头一笔，××演得不错，推荐我去看看，胤德，你说吧！”

这时我才如梦初醒，事情发生在荀先生身上，他说话，秘书措辞，原来以往的日记都是这样写成的。多难呀！旧社会过来的老艺人，想记下自己的事情，得先敞开心扉给人看，而且由别人措辞，这是多么不便。由此我得出以下三个想法：

1.荀慧生先生在他日记中是“无私”的，什么事情、想法、问题，都可以告人，即便隐私，也是先告人的。

2. 荀慧生先生很难表示他隐藏在心灵深处的一个艺术家的丰富的感情。

知道他舞台上一言一行的人很多，私下知道他的人很少。他要倾吐他的感情，于是他就要记日记，《荀慧生日记》很大部分是他一吐为快的记录。

3.说明他是位有性格、有毅力的艺术家。

有一次在湘潭，我问他：“费这么大劲儿，记日记干吗，我看你并不翻看。”

他不动声色地回答说：“先是记点事儿，怕忘了，后来觉得人活一辈子，酸、辣、苦、甜、咸都有，可事前都不知道，等知道了，事也过去了，不记下来，怪可惜的……”说完，他笑了一下，我清楚地记得，他笑不像“笑”。只是声音是笑声，可是脸上，眼神却像“挣扎”在苦恼中的样子，当时他已年过花甲，我后悔我这一问，不知会引起他什么样的感情。随着时间的推移，现在《荀慧生日记》可以说是一部成功的交响乐，也是在特定历史条件下唱出的一曲“痛苦之歌”。

“好学难演”的荀派戏

说到荀派戏，我的体会是“好学难演”。一般来讲，“好学”是因为荀派戏大部分戏的结构紧凑，生活气息浓厚，容易被观众接受；“难演”是荀慧生的基本功底深，他敢大胆冲破舞台上旦角的条条框框，有改革精神，真正做到了“随心所欲不逾矩”。川剧名演员阳友鹤先生评荀先生演戏说：“……不瘟不火，内弛外张，耐人寻味，动作上不超出人物身份半步，真是恰到好处”。越剧演员傅全香曾对荀先生说：“你在台上，完全掌握舞台，可以说舞台完全属于你的，台上的演员、台下的观众都被你抓住和征服了。可我们在台上容易发僵，被戏给拿住了。……”有一次川剧名演员许倩云看荀先生的戏以后说：“我曾有不愿再演小姑娘的想法。那次看了先生的演出，我想，他都60多岁了，又是个男的，尚能扮演妙龄少女，艺术魅力有多大，可我才35岁，却有点未老先衰，不愿再演小姑娘，认为自己老了，真是不应该。……”和荀先生合作多年的鼓师刘耀曾（现为北京市戏校音乐科主任）说：“团长把舞台整个拿住了，他不‘发令’你就下不去楗子。”这是

荀慧生生活照

他有感而发的。提起刘耀曾，还有段故事，也说明荀先生的舞台功力。那次去湘潭，地方当局招待我们去韶山冲毛主席故居参观，讲好参观之后，在故居对面小会堂演一折《红娘》。韶山冲的群众听说四大名旦之一的荀慧生要来公演，呼朋唤友，人来的挺多。可开演前却发生了事故。鼓师刘耀曾突然脑病发作，昏迷不醒，急得张伟君同志团团转，因为荀剧团是一个萝卜一个坑，无人代替，我想没有办法只有向群众说明原因后回戏。张伟君同志说别忙，她去请荀先生出主意。荀先生说："不能让毛主席故乡的群众失望，再说还有从几十里外赶来的乡亲们呢！"我说："清唱如何？"当地领导同志面有难色地表示："群众不认，效果反而不好。"最后还是荀先生拍板让剧团场面上的学徒工小祁打鼓。谁都知道，京剧的鼓师是音乐的指挥，他和琴师、演员三位一体，小祁怎能胜任？荀先生说："让他听我的，再由孙志斌打小锣，提个醒。"孙志斌是和荀先生合作多年的二路老生。就这样，荀先生在台上边演红娘，便低声指挥小祁打鼓，圆满地演出了《红娘》两折，使毛主席故乡的群众称心满意。

可是张伟君同志和我，心都急得快跳出来了，卸妆之后的荀先生也显得比平常演全出戏要累。散戏后老演员们说："从有京戏那天，没有鼓老，叫角儿指挥能不洒汤漏水唱大戏的，这大约是头一次吧！"从这里不难看出荀先生的舞台火候，他像个大军事家，能够胸怀全局，指挥整个战役。

荀先生的艺术水平怎能达到如此娴熟的程度？和他同龄的李洪春老先生说："慧生小时候，练功是下过苦功的，而且是什么功都练，很全面，样样都有扎实的功底，特别是跷功。慧生练功受过大苦，他本人也有志气和毅力。"童芷苓先生说："先生不止是艺术家，也是革新家。"但他的革新无一处没有生活根据。荀先生曾对我说过："旧社会那些贵夫人、太太、小姐，使奴唤婢，矫揉造作，拿杯子都用两个手指头，指东西都像手被烫着似的，不伸直了，自然而然的，有兰花指的味道，假如用手去端洗手盆，一学兰花，盆就要掉下来的。"他边说边模仿着，惹得我要笑。他说："你笑，你说是不是这个道理？所以我演这类人物，为了切合他们的身份，就一个手指头直伸。"

还有，荀先生的步法，后台有人叫"大步量"，不是一般旦角常见的步法，走出来依然婀娜多姿。记得在长沙剧院，打炮戏《红娘》，红娘去书房探张生一场，一个圆场，两个满堂彩。

学他的手法、步法，不下大功夫是不成的。伸出手去，指尖上曲，觉得好看。“大步量”不扭扭捏捏，又要让人觉得婀娜多姿。

给“人艺”讲课

记得是北京人民艺术剧院为了配合《风雪夜归人》的排练，要请荀先生去讲讲经验。当时的该院导演夏淳同志，让我介绍一位京剧老先生去讲他们的体会。我说老艺人不善于长篇大论地讲话，我可以和荀先生商量商量。后来还是夏淳同志亲自去荀家小留香馆请了他，并让人艺丘扬同志和我一起帮助荀先生准备讲稿。但总得有个题目呀，就请荀先生谈谈眼神的运用问题吧。可是因为日期较紧，我和丘扬去荀先生家次数不多，只是把荀先生要谈的话顺了顺，弄了份极简单的提纲。我的观察，似乎荀先生已经胸有成竹，但我心里不免有些担心，怕不能满足人艺那些艺术家们的要求。但完全出乎意料，荀先生讲的不但顺理成章，而且有些内容是他在家里也不曾提到过的，极大地丰富了讲课内容，效果特别地好。事后，我和丘扬碰面，他说：“好演员临场即兴表演，有时是出乎意料的，荀先生讲课大概也是这样吧！”他本人是演员，他有这方面的体会。后来他把这个讲话整理成文章，登载在《戏剧报》上。

讲课那天是我和张伟君同志一同陪荀先生去的，在人艺楼上排演厅讲课，听众不少。我手里拿着提纲，准备提词。但荀先生在夏淳同志介绍过之后，不慌不忙地“开聊”（这是荀先生的原词儿）。我手中的“提纲”形同虚设，根本用不着。我和张伟君同志只好与人艺诸公一块儿听起课来，荀先生真是侃侃而谈，讲的通俗、深刻，并且不时说几句笑话，引得满堂大笑，简直像个名教授在讲课，讲了足足有两小时。关于讲课内容，现在只说其中对《玉堂春》这出戏主题的体会，实在有独到之论。他并不谈什么“反封建”“苏三对爱情的忠贞如何崇高”等那些老套子，而是用“审花案”三个字来暴露封建社会法律的虚伪性。荀先生在家中备课时曾说过，旧社会“审花案”为什么多在夜间，不在大堂而在衙门花厅，就是在老爷们酒足饭饱之后，提出女犯人来开心，问那些见不得人的丑事，说那些令人掩耳的脏话，对这些，犯人又必须回答，而苏三此时的心情是求生不得，求死不能。看着女犯人这种心情，官僚们的心理状态实际上比“逛窑子”还下流。因此荀先生常常反对扮演苏三的演员演到这里一股劲地挤眉弄眼。他说苏三整场戏里是提心吊胆的，唱到那句“头一个开怀是哪一个”时，应该是“一愣”，这是件悲惨的往事，又联系到自己心爱的人，眼睛里应该又伤痛，又略微有些羞涩的表情，又是回忆，又是伤心。但有的演员一唱到这里就浑身轻浮起来；唱到“是那王……”时一脸欢笑，牙咬下嘴唇，揉着包头绸子，四下里乱转眼珠子；唱到“王公子”的时候，索性眼看台底下，一抬下颌，用手一指台下，满眼邪气，最后“噗哧”一声笑出来了，还用绸子挡着眼睛，还偷着往下看呢！谈到这里荀先生带着斥责的口吻说：“谁要说这是传统演法，那我看这样的‘传统’咱们不要！”本来荀先生在晚年不常演这出戏了，可是在1959年他在吉祥戏院贴演全部《玉堂春》那天，不必说外行观众，就连内行也震动了，大家都以一睹荀先生的演出为荣。我有幸看了这次演出中的“会审”一场。荀先生果真唱得如泣如诉，不同凡响。他的《玉堂春》是对封建社会法律的无情的控诉。

尤其应提出的是这场戏的收尾处，也表现了荀先生独到的见解和表演。我看《三堂会审》不知多少次了，不少演员唱到“玉堂春好比花中蕊，王公子好比采花蜂，想当初花开多茂盛，他好比蜜蜂飞来飞去采花心，如今不见公子面，我那三郎……”时，几乎都是从左边走到右边，有的又从右边回到左边，几乎满台飞。唱到“我那三……”时，扬手举起三个指头，几乎扑到王金龙的案桌前，吓得王金龙直往后躲，经两旁喊堂威才止住。荀先生表演时只是在问案前侧身而立，站在王金龙和左边衙役之间。这两种大不相同的演法，曾使我产生过疑问，我想是不是荀先生那天的戏演得太累了，站在那儿不愿动了。后来他在给人艺讲课时谈到了这个问题，他说：“那是按院大堂，没让跪下已经算便宜了，还能满台飞吗？”荀先生不愧是位伟大的表演艺术家，他把戏中人物琢磨到家了。

我追随荀先生多年，可惜不能很好地理解他的艺术思想，记下这件事，聊表我对他的怀念之情，并供广大京剧工作者、京剧爱好者研究时参考。

1985年10月6日

日记摘抄

此文是荀慧生于1928年在日记中所记，1959年重加抄录，并加增益。文题系编者所加。荀先生生前几十年如一日，从未间断过写日记，他的日记或记当日见闻，或忆往昔沧桑，或写艺术心得，或作观剧杂感……行文之中，饱含从艺甘苦，不乏高明艺术见解。荀先生的日记同他的艺术一样，都是我们每一个戏曲工作者学习的宝贵遗产。

余之先世，有宦于东光者，遂为东光籍也。族户甚繁，人口甚众。余以清光绪己亥猪年冬十二月五日生。数岁时，族人忽谓余父盗卖祖墓树木，不容于族，于是父母兄弟四人被逐出乡。父贫无生计，乃至天津，以造香为业，所得之利甚微，不足以养赡家口。或谓之曰，梨园子弟，可得多金。今老伶小桃红方收子弟，若能鬻二子于彼，必能获利数十金也。父乃卖余兄弟于小桃红，时余兄慧荣九岁，余八岁，实六周岁耳。师待弟子甚虐，兄不能堪，夜遁归。小桃红至家索偿身价，并将余送还。父怒甚，挞余无算。既而又将余卖与庞启发，此余始入梨园之缘由也。梨园购买弟子皆立文契，庞启

少年荀慧生

发购余时，亦循其例，书某人卖于某于某某习戏，身价银五十元。若不遵约束，打死勿论，倘不幸被车马撞死，亦不许家属过问，投河觅井，自寻短见，与师无干，以七年为限，方准赎身。噫！余亦父母所生也，命竟不值一文如是乎？

时兄亦被卖，异日复遁，庞索之，父不与，乃退洋二十五元，兄竟还家。余自是去二亲而依庞氏，虽曰学徒，其待遇之虐，直西洋之黑奴耳。以麻作鞭，浸入水中，名之曰“懒驴愁”，余或稍懈怠，则以此鞭之，余急痛而啼号，则以棉花塞口，使不能作声，庞之妻子及其门人，皆来按余手足，使不得转动。余在庞处将十年，屡遭大创，畏庞如虎，唯其所欲，不敢少抗。但自忖辍业返家，亦无生理，忍痛钻研，或有一线生机。沉舟破釜，惟饮泣听命而已。庞使余学秦腔花旦，首先练跷，跷系用坚木制成旧时妇女弓足形状，所谓三寸金莲。上有木柄，系以长带，牢固缚于足趾，每起立，则趾尖向地，余不能移步，则令扶杖而行。甫半日即令去杖，立于砖上，砖初犹平置，后则侧立，稍有倾欹，则鞭笞之。余视此数寸之砖，直如万丈悬崖，然而畏挞不敢不登，及今思之，尚欲下泪。又缚竹签于腿弯曲处，使不得曲。日以继夜，不许解跷，洒扫杂役皆着跷为之。其尤甚者，于宾朋往来，应对进退，亦必袅娜摇摆，效妇人形态，睡时亦不去跷。在乡村演唱移动时，同科友伴，或乘车，或徒步，余则缚跷尾随，康庄坦途，步履无殊，一遇泥途土径，则无异蹭蹬之蜀道矣。其行之苦痛，则不言而喻。乡村演出条件简陋，庞夫妇辄卧大炕，其子亦各得其所，唯余则露宿阶前檐下，余之苦痛，如此其极。

待跷功步行已觉自如，乃以袋盛铁砂，缚于足面，重量日以逐加，每袋由数两以增至二斤有余，锻炼与阻力相抗衡，以期撤砂后健步如飞，举重若轻，又饱尝一番辛酸滋味。庞师绰号有“活扒皮”之称，信不诬也。余兼习青衣，甫三月即令出演于津门小道子魁星楼。时值帝后大丧，所谓国孝，各戏园停演，仅在茶肆说白清唱。余第一日演《忠孝牌》(又名《双官诰》)之王春娥，用蓝帕裹首，身着竹布长衫，腰系长巾，至今思之，其状极为可哂。是时居大元宝胡同，鲜鱼肆也。院邻某伶工忘其姓名，但记众呼为“首饰楼”，因其年逾半百，无论粉墨登场，与私居燕处，其钗钏簪环，插戴从无已时，时人故以“首饰楼”讥之。谓其以饰炫众，仍不能避其“人老珠黄”之讳。有弟子铢儿艺名小灵芝，与余年相若，先余一年登台，即蜚声海上名旦王灵珠是也。另有一卖鱼王姓者，善医，亦居院中。谓之“大杂院”。余初演于国孝之秋，口诵锣鼓，不穿戏衣，而余之技艺又未精熟，登台时而忘词、荒调，错谬百出，以致观众倒彩如雷，庞当场即用木梆击余之颈，归家大肆挞楚。后余取名为词者，即不忘创痛，而兼以自励也。自演出后，又谓余嗓音不足，命改习武旦。以无梆子腔高亢之音也。然武打非性所喜，迫于严师，自不敢违，而唯命是听。余以后从低音而谱制新腔者，发奋之心，亦从肇于此。

余武旦教师绰号“菜墩子”，已不能忆其本名。先使余习地功，首向下，足向上，贴壁倒立，以两臂支住全身，是谓拿顶。伊复在旁持余足以助余臂，既而释手，余臂力弱，竟倾跌于地，鼻口皆破。继练步法，走花梆子、打脚尖、和弄豆汁、提鞋、枪绢子、前仰后合、左摇右摆等身段。并练毯子功，摔抢背，先从平地摔起，渐登椅自上而下弊。次登桌由一张、两张、三张，以次递加，翻身下摔。左右抢背，一般适用右抢背，因左抢背吃力而并不讨好，人多不走，但练功时，则求全责备，必使无缺。桌所以三张为度，以旧时舞台建筑本不甚高，且顶有天井，翻下时，足腿稍有牵挂，鲜不骨断筋折，伤生顿刻。尚有乌龙搅柱，翻筋斗等扑跌项目，精熟后，复练把子功。练此功要夏季着羊裘、冬季穿单、夹，围绦系布条，背扎布旗四面，头戴破额子，插以旧雉尾，手执竹、木刀枪，足登木跷，与教师演各式靶子。冬季练跑圆场于积冰之上，夏则于烈日之下，轻快体态合度后，乃顶以磁碗，碗注清水，行动时，必须头顶平直，身正步稳，使水不外溢。戏衣中唯靠最为笨重，故以羊裘代之。女靠多飘带，故需系布条。冬夏冷暖异著者，所以抗寒暑也。至于雉尾，所谓之翎子功，为武旦行不可少者，不但从头顶加以运用，尤须贯串全身之力，仍要顾到通身之美。

荀慧生老师侯俊山

圆场顶水，以求持久平稳，始能从动作中求得美妙，自无跳跃摇蹿之丑。余性钝拙，屡演不熟，所受扑责亦不知其数矣。教师为余下腰，置余于膝，上下左右伸曲之，一日用力过猛，将余首穿下部而过，余腰竟断，庞师与伊交涉，遂辞退之。余卧床月余，医治始愈，距死仅一线耳。

清末，庞师应北京各班社之聘任教师。余以手把徒弟，即随身弟子又为金钱所买者，随师在各班学习。时皮黄与梆子间杂演唱，俗谓之为“两下锅”。余所习虽为梆子，亦缘是于皮黄渐有熏染，只未能登台耳。初随师在庆寿和科班，该班为宦官王老爷孙弼臣所倡办，初科名世者，有：李多奎、王多寿、贾多才、次科以庆字序，已不能详记。继转在正乐科班教学班，此为李维良所倡办，李氏系权阉李莲英之侄，后由孙佩亭即十三红掌管，改名三乐科班。杰出者有：尚小云、王三黑、沈三玉等。后又在义胜和搭班，班主为郭宝臣，即老元元红。该班人才济济，梆子名宿如：一千红、十三红、崔灵芝、张黑等，荟萃一堂，于时称盛。庞师尚在长春科班、承平科班、鸣盛和、小吉祥、群益等科班任教，不过均为时甚暂，总之庞师至何班任教，余即随往各班学习，所历亦云多矣。辛亥革命成功后，一时风尚所趋，梆子有渐形衰替之势，复以余嗓音不适于高亢之声，乃改习皮黄，亦偶尔间杂演唱，时白牡丹之艺名已渐露头角，无异庞师启发之摇钱树子矣。无几，卖身文契限期届满，而讼争亦继之而起。盖余以九岁鬻于庞师，订期七年，至十六岁理应满期，复我自由。而庞师把持，一再刁难，不肯践约。亦由立字之初，虽有年数而无

王瑶卿便装照

起止月日，几经折衡，纠缠莫解。时三乐科班主人李继良详悉原委，深抱不平，代为主持，涉讼公庭。在封建社会时代，法条偏护封建利益，辩证确凿之后，仍以折衷办法，延长报效之期，许庞师分润所得之半。余以息事宁人计，遂含混结案。迨余十七岁时忽嗓败，内行俗谓倒仓。但大嗓喑，而小嗓必出，以有志皮黄，乃求深造，休养之暇，专心肄习。亲加指授者，有皮黄前辈，如：路玉珊(即路三宝)、陈桐云、吴菱仙、水仙花(即郭际湘，幼名“五十”)、张彩林、孙怡云、赵砚奎之二兄诸先生。后从王瑶卿先生指点攻错，朝夕盘桓，为时最久，略树根底。感于皮黄与昆曲之脉息相通，复从乔惠兰先生(乔玉林之父)习昆曲《琴挑》《游园惊梦》《痴梦》《思凡》《闹学》；从李寿山先生习《水斗》，从曹心泉先生(即曹二庚之父)习昆曲《盘丝洞》。

次年十八岁，遂改业皮黄，与杨小楼、余叔岩、龚云甫、王蕙芳、朱桂芳、梅兰芳、王凤卿诸先生同台演于香厂新明大戏院，京剧人才，网罗殆尽。该院为继第一舞台后最近代建筑，具体而微，堂皇过之，分科设职，俨如官署，为军阀张勋所建，后毁于火。余演出声名鹊起，只以宗派积习，隐存内外同异之见，虽未致当面诽笑，而冷嘲热讽，饱受同行之讥。甚至余在舞台演唱时，皮黄前辈李顺亭、刘景然、龚云甫等，在后台肆口嘲笑，怂恿同侪引吭高歌梆子腔，以乱吾声。其意以为素习梆子竟改皮黄，文野有别，雅俗不伦，直视为越等僭分，大逆不道，极尽排挤之能事。余十八岁时，经杨小楼、李寿山、朱文英(名武旦朱桂芳之父)介绍与名青衣吴彩霞六妹名春生者结婚，吴氏固梨园世家也。时寓前门外西河沿五斗斋。发轿之前天阴雨，至是忽澈晴，群赞为光明和谐之兆，虽属迷信之观，亦见众人之心为之豁朗也。于贺客如云，皆大欢喜中婚礼告成，当然不免循闹房陋俗。

结婚后，因在京改唱皮黄，不见容于同业，精神半消耗于挣扎，乃暂避锋芒，携眷愤走沪上，余父母兄长均随行，长女爱喜已生，九岁时夭亡。至沪后，谬承彼都人士青睐，许为新声佳奏，蜚声鹊起。时卜居上海仁昌里，翌年生长子爱和，取名令香，沪上俗尚浮靡，弥月时，群以汤饼筵宴为怂恿，余不能拂众意，循例款客，以为庆贺。余名既噪，外埠延聘者纷至沓来，乃于沪，杭、甬、嘉，湖一带回翔者，达七年之久。余二十五岁，鸟倦知还，始重返故乡，虽非衣锦而归，虚名已博定评。侧身京朝，而门户之见仍未尽泯。卒以群众欢迎，无殊沪上，始渐合拢，变毁为誉，对余新作许为独出心裁，不同凡响。随之攀亲认故者，踵趾相接，前倨后恭，判若天壤，审其意，不过以成败论英雄也。世态人情，今古同辙，思之可笑。

荀慧生、吴春生夫妇

在沪上一带演出，剧目除固有折子戏外，偏重于传统剧之整理，凡剧情介绍，不甚完备者，均为添加头尾，以使故事详明。如全部《贩马记》(王又宸、马连良曾扮演李奇)，全部《英杰烈》《得意缘》《十三妹》《玉堂春》《花田八错》《杜十娘》，本为老乡亲即孙菊仙所赠，均改为本戏，为沪上一时所传摩。或由昆曲移植，如《盘丝洞》之改为皮黄，皆是时所创制。及北返，沪上所演各剧在京亦成流行剧本。时无著作保障，久而便失作者姓名，鲜有再溯本源者。归来时，值各家竞排新剧，余乃择传奇、说部或其他剧种之可传者，均酌加增删、渲染，改为京剧，脱片断折戏之窠臼。如《钗头凤》《还珠吟》等剧，不下五十余本，皆为返京后所创制者。因剧本新成，声必重谱，凡古典名著优美作品，为保存文学之完整，求与音律之适合，如《钗头凤》词、《还珠吟》古乐府，按宫协商，浅歌低咏，往往废寝忘食，俾画作夜研究，必有所得而后已。继续演作，屡谱新声者十余年不稍辍。余三十二岁时，各家鼎峙，爱好京剧艺术者，倡为月旦于新闻纸，公开推选，众议所归者四人，即梅兰芳、尚小云、程砚秋与余，共评为四大名旦，一时之举，不期竟传播之远，实属侥幸。余三十九岁，卢沟桥变起，慨国难之日深，痛民族之苦重，已无意于新制，有息影之退心。惟既倾历年积蓄于留香饭店之经营，不得不复登舞台而献技。知我罪我，不能顾矣。

余自幼贫穷，被卖学艺，饱受痛苦，幸赖立志坚定，学有微成。凡吾子孙，不但应知吾所遭际，半生颠苦，风雨摧残，更当立志坚定，精研所学，以世吾业。拉杂书之，补余日记。

1919年杨小楼、谭小培、尚小云、白牡丹（即“三小一白”）上海演出戏报

Diary of Xun Huisheng

本书编订了荀慧生的部分日记，书名由荀慧生斋名“小留香馆”而来。以繁忙演戏为生的荀慧生，青年时代起就开始记日记，且持续数十年不辍。从1925年到1966年，《小留香馆日记》累积多达44本（一说45本）。现在所能找到的只有残存的6册，其中主要包括两部分，一为20世纪20年代后期至30年代初，一为40年代，中间还有间断。不过，这6册日记记录的恰好是荀慧生艺术上最辉煌的年代，仅从这一部分看，《小留香馆日记》具备独特且无可替代的历史价值和艺术价值。

京剧卷

小留香馆日记

目录

京剧卷

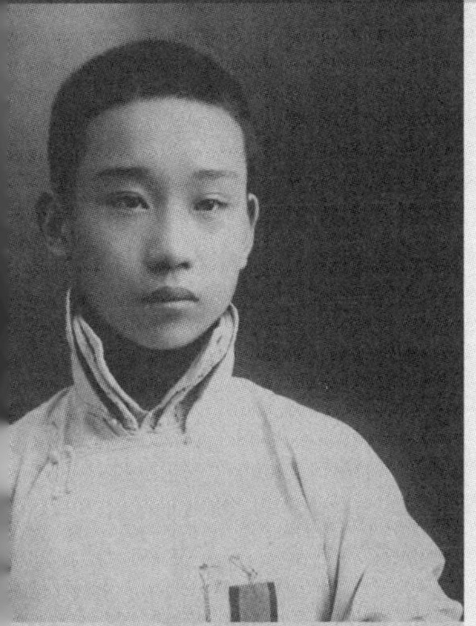

一九二六年

1926年

乙丑年腊月二十五日(1926年2月7日)

到沪已阅五日，往访友好，甚觉忙碌，各界招饮者有如山阴道上，应接不暇。今日为大新舞台开幕之期。园子约参与典礼，晚七时到场。来宾已拥挤不堪，董事长李公命执行拉幕式，鼓乐声中予与李公各执幕布分立幕旁，台下掌声有如春雷，戏剧即于此时开场。予是夕演《彩楼配》，盖取吉也。

丙寅年正月初二日（1926年2月14日）

新正剧场营业日夜不衰，然吾辈演剧者刻无暇晷，不免叫苦连天。较之在京时月演数天者，不啻天渊。世上无如吃饭难，亦无可奈何之事也。早起抽暇至吴昌老[1]处拜年，老人下问殷勤，略无倦容，出所作花卉立轴并“小留香馆”横额，领谢而归。

丙寅年二月初五日（1926年3月18日）

偕友三四赴律和、久记、雅歌、如是、逸社各票房参观。皆规模宏大，秩序整齐。票界诸公不惜辛苦认真练习，其间功夫深造者虽内行自愧弗如；可见天下无难事，只怕有心人，为之叹服。近年皮黄盛行于江南，票房乃风起云涌，洋洋乎具大观。就各种娱乐而论，自以习剧为经济，而且有益身心，固无怪士大夫群以此为消遣娱乐之助，行见歌舞升平。重睹盛世，梨园子弟实利赖之。

---

1 即吴昌硕（1844～1927年），原名俊，字昌硕，别号缶庐、苦铁、老缶等，浙江安吉人，后定居上海。诗、书、画、印兼长，与任伯年、赵之谦、虚谷齐名为“清末海派四大家”，曾任西泠印社首任社长。吴昌硕与京剧界许多名家都有诗画之交，荀慧生长期向吴学习绘画，并于1927年正式拜师。

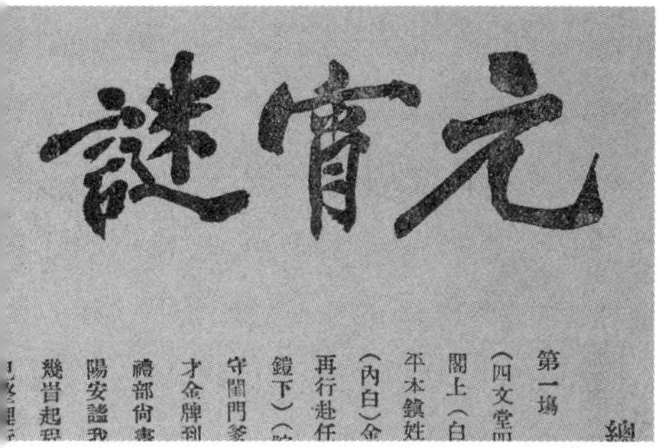

戏名《元宵谜》，1926年5月首演于新开张上海大新舞台

《元宵谜》 荀慧生饰吕昭华

丙寅年四月十五日（1926年5月26日）

今日为临别演剧之末一日，各界赠品台旁罗列，几不能容。《元宵谜》演至中场时楼上放电光，摄取舞台写真。末场入幕时花楼上有向予散掷五色彩条者，花雨缤纷，煞是好看；掌声至终场不绝。予自己未秋间偕杨小楼君南下，先后莅沪凡五次。自维薄技乃蒙当世士夫谬加赞赏，与日俱增，曷胜惭感，唯有益自勉励，力求上进，以副诸君雅爱于万一耳。

丙寅年八月十二日（1926年9月18日）

晨六时醒，独步至坛根喊嗓。凉风拂面，已是深秋景象。归途红日满街，行人如梭。到家小息。试临《张猛龙碑》，未得其法。九时吊嗓，歌“祭塔”“采桑”两折，微觉吃力。午后墨香[1]师来，商结束《丹青引》新剧本。此剧取材李笠翁十种曲，记《董其昌三娶杨云友》，写美人名士韵事艳情，甚觉有趣。四时温理旧书，饭后读《红楼》一小时，与儿辈解说戏中情节。命家龙背《教子》戏词毕，乃寝。

丙寅年八月十五日（中秋日）（1926年9月21日）

早七时散步庭院，浇花为乐；吊嗓，写字。今日乃中秋佳节，循例聚家人小饮，不觉薄醉。亲友来会者二十馀人，谈笑甚欢。晚八

1 即陈墨香（1884～1943年），名辂，字敬余，安陆城关人。幼从父启蒙读书。陈墨香痴迷戏曲，自号“观剧道人”，并向王瑶卿学戏，专攻旦角。20世纪20年代与荀慧生结识后，为荀编写全本《玉堂春》，从此长期与荀慧生合作，创作、改编了《红楼二尤》《霍小玉》《晴雯》《钗头凤》《还珠吟》等五十多个剧目，并著有《梨园外史》《活人大戏》等书。《日记》中所说敬老、敬余均为陈墨香。

时驱车至三庆园，盖自今年四月由沪回京歇暑，今日为第一次出台也；戏目为《铁弓缘》带《英杰烈》，卖座殊盛。登场时有各界赠品，罗列台上。寒云公子[1]书赠“无双”二字匾额，遒劲有致，盛意可感也。

丙寅年八月十八日（1926年9月24日）

天气晴和。偕友人三四作郊外游，过瑶（窑）台至香冢，抚读碑文，凭吊久之。归与菱仙师[2]谈论唱腔，予谓腔之美，贵乎能运用老腔固感不合时宜，然过于雕琢亦嫌矫枉。鄙意只需就老腔稍微增损变化，便可似不必故弄狡狯使人不易捉摸，以贻不通大路之诮，能于新旧之间得一中庸之道，斯为可贵。乃与菱师安排《元宵谜》新剧各段唱腔。菱师以为尚不佚出范围，许为可用演唱之夕。甚愿识曲君子有以教之。

《梅龙镇》 荀慧生饰李凤姐

丙寅年八月二十三日（1926年9月29日）

有王君来访，谈前夕观予演《戏凤》，谓无半点儿轻薄态度，恰合小女儿娇态神情。予称惭不置，然王君之体会剧情入木三分，绝非信口批评者可比。夫《戏凤》之凤姐，虽为酒家女儿，观其与军爷对答之言语以及一切举动，固一天真烂漫之女子；故表演者必须从娇憨两字做去，万不可与《乌龙院》之阎惜姣同一做派。予演剧一无可取，惟尚知以剧情与剧中人身份为表演之标准。虽以此不为一般人所喜，但求吾心之所安。若乃处处卖弄风情、妖冶悦人者，知必与剧情背道而驰，演剧云乎哉。王君深然予说，

1 即袁世凯次子袁寒云（1889～1931年），名克文，号寒云。袁寒云少预政治，常以文人自居。自幼喜爱诗词书画，尤擅书法；精于收藏鉴赏，以收藏宋元善本名世；并痴迷京剧、昆曲，与演员交往甚多，时常粉墨登场。袁寒云十分欣赏荀慧生的艺术，评价荀慧生的表演“变淫媟为幽窈”。

2 即京剧早期旦角演员吴菱仙，工青衣，时小福麾下“八仙”即八大弟子之一，为梅兰芳、荀慧生等人传授青衣剧目表演的启蒙师尊。

因记之。

丙寅年八月二十五日（1926年10月1日）

胡泠庵[1]先生来指授画法，试作山水一小幅。午后与墨师商《飘零泪》新剧，墨师谓此剧专为旧社会提倡节孝二端，恐与现代潮流不甚吻合，难受群众欢迎。予谓戏剧足以移风易俗，当此沧海横流之日，应有力挽狂澜之功；予之演此，正欲藉以补救人心于万一，成败利钝，非所逆。睹我梨园以正乐育化会为本旨，愿与同仁三致意焉。

梅兰芳便装照

丙寅年九月初五日（1926年10月11日）

山东堂会，自初一日下午一时出发，与叔岩[2]、畹华[3]同居一室，三人各说笑话一二则为乐；叔岩固健谈，畹华犹滑稽，夜未成寐，次日晚抵鲁，即夕演剧，连演三日夜。昨日由济南来青岛，演赈灾戏二日。胶澳旧为租界，今为我国收回。天然形胜，风景绝佳。予比年奔走沪、汉、杭、鲁各埠，论风物景致自以杭州、青岛两埠为最，他年当结庐小住，一洗胸中尘俗之气也。

余叔岩便装照

1 即画家胡佩衡（1892～1965年），名锡铨，字佩衡，号冷庵，以字行，蒙古族。1927年与金荫湖、徐燕荪、陈东湖、惠孝同等发起湖社画会，又在北京琉璃厂创办豹文斋书画店。编辑《湖社月刊》。为荀慧生早期“白社”组织成员之一，为荀慧生在北京绘画领域的老师之一。

2 即余叔岩（1890～1943年），祖父余三胜为京剧早期老生演员，前三鼎甲之一，父余紫云为著名旦角演员，青衣、花旦皆擅长。余叔岩幼年以“小小余三胜”之名在天津演出，倒仓后回到北京，1916年拜谭鑫培为师，1918年重返舞台，1925年曾与杨小楼、荀慧生同组双胜社，1929年后退隐。

3 即梅兰芳（1894～1961年），祖父梅巧龄为京剧早期旦行演员，昆曲、皮黄，青衣、花旦皆擅长，可谓花衫之鼻祖。父梅竹芬为京剧旦角演员，早逝。伯父梅雨田为谭鑫培之琴师。梅兰芳自幼学习青衣，兼学花旦、刀马，后声名鹊起，创排大量新剧，改革舞台，为京剧旦行崛起之代表，20世纪20年代中与荀慧生、尚小云、程砚秋并称四大名旦。

丙寅年十一月十八日（1926年12月22日）

昨日在开明演唱《元宵谜》新剧，此剧略取旧剧中关节加以穿插，在沪开演，颇得沪人士谬赞。在京尚为第一次演唱，深恐乖误甚多，不足邀方家一顾。收警厅徐处长函，似有溢美之词，更为汗颜。徐公职掌行政，凡有新剧必待核而后演；其于各种新剧，必饱览无馀。窃谓都门名角如林，名剧复更仆难数，乃必采及陋劣妄加赞赏，益使我无地自容矣。

附徐公原函：

星期六得聆《元宵谜》，雅奏使我心旷神怡。

此剧情节甚佳，又得聪颖如老弟者表演之，益觉细腻景致，有妙到毫巅之叹，令人服膺不置。现在各艺员竞排新剧，愚意当以此为首屈一指，实本良心主张，非敢阿其所好也。

即颂

慧生老弟刻安

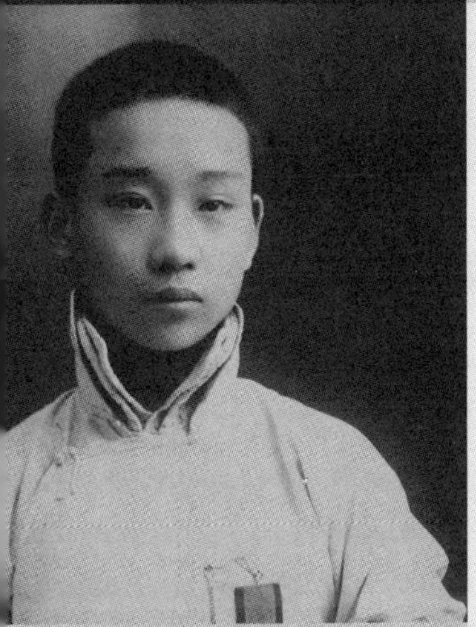

一九二八年

1928年

（戊辰年十月初一至十二月三十日）
（己巳年正月初一日至十二月三十日）
（庚午年正月初一至七月二十九日） 万国储蓄会民国十七年十二月三日入会
万国储蓄会由民国十七年十二月三日入会即戊辰十月二十二日入会
和记号八零一七二号
骧记号八零一七一号
民国十六年十月入会
慧记七六八七五号

戊辰年十月初一日 （1928年11月12日）星期一 阴

下午一钟起，敬香。胡师、再明、復生、党臣及马姓来，同手谈。晚饭毕偕友至开明。吴铁庵[1]今日登台演《滚钉板》，伊搭本社乃游天强为介绍，且欲与余配演《审头》等剧，余未允也。伊方上场，某评戏家座（坐）包厢中自掩其口，较骂更甚。余十钟半登台，演全本《荀灌娘》，一钟归。顺伯来约明日七时春华楼晚饭。四钟始寝。

戊辰年十月初二日 （1928年11月13日）星期二 微雪

十二钟起。内子带骧儿至凤椿处诊视。晚赴春华楼顺伯之约。至开明演《香罗带》。一钟归，四钟始寝。

---

1 吴铁庵，京剧老生演员，幼年时即以名满京、津，被评论界视为神童，拜谭鑫培门徒王月芳为师，以念、做剧目擅长。

戊辰年十月初三日（1928年11月14日）星期三 微雪

十一钟起。舍予托其友沈君自申带化妆粉来，命人至三元店去取。晚徐季潘及英甫来，略谈。与桐华、彦衡[1]、叔诒至春华楼仲直之约；又到开明观余、杨演剧。一钟步归，即寝。

戊辰年十月初四日（1928年11月15日）星期四 晴 大风

下午一钟起。富禄[2]、仲仁、復生、惠叔、诺成来。与松林定明早车赴津；同饭。九时松林、彦衡、富禄走，余修容、沐浴。十一钟顺伯来索墨盒等物。明日赴津，收拾行李，一钟始寝。

戊辰年十月初五日（1928年11月16日）星期五 晴

早六钟起，偕彦衡、松林乘汽车赴站至草厂胡同无油停顿，改乘洋车，及到站时火车已将开矣，急登车，十二钟半至津。宜孙、庸方、荣奎[3]、游天等来接，同至中国旅馆，住二十一号房间。稍息至“显记”用饭。晚赴组才家宴会，并偕游天到各处访友。一钟至庸方家计议新明帮忙事。归寝。

荀慧生姻兄吴彩霞（前排右一）及其夫人（前排右三）吴世衡（前排右二）吴彦衡（后排右二） 吴谭氏（后排左一）

戊辰年十月初六日（1928年11月17日）星期六 阴

一钟起。游天、庸方、宜孙约新泰和午饭。晚至明星与王长林演《小放牛》《战宛城》双出。是日二钟即不售散票，闻已罄矣。戏毕偕彦衡至李徵五家饭局。三钟归。寝。

1 即京剧武生演员吴彦衡（1904～1974年），父吴彩霞为京剧旦角演员，吴彦衡初学老生，曾拜余叔岩为师，后改武生，长期在荀慧生的“留香社”任三牌武生，短打、长靠均善演。

2 即京剧丑行演员马富禄（1900～1967年），幼年曾坐科富连成，师从萧长华，郭春山，出科后在众多班社配演，为荀慧生的重要搭档，曾与老生张春彦、小生金仲仁、旦角赵桐珊被誉为荀慧生剧团的四大金刚。

3 即京剧老生演员张荣奎（1885～1947年），工文武老生，20世纪20年代后长期在上海演出，后课徒授艺。

戊辰年十月初七日（1928年11月18日） 星期日 阴

一钟起。明星约福禄林饭局，座有电影明星杨耐梅[1]并报馆记者。三钟赴北洋饭店访王司长、周支山；又赴华清池沐浴。八钟赴明星。今晚不售临时票，因昨已售出也。演全本《玉堂春》毕，归寝。

戊辰年十月初八日（1928年11月19日）星期一 阴

三钟起。孟广境来。晚赴明星演《钗头凤》。此剧极为哀艳，自顾身世多与剧中人相合，每演之未尝不泪盈盈下也；座客亦多下泪，归。游天、葆生先在栈，谈至四钟客散，寝。

戊辰年十月初九日（1928年11月20日） 星期二 微阴

十二钟起。偕游天至天祥、泰康、中原各商场购物。往莱羹香饭。荣奎同新明戏院李庆辰来，因该院生意不佳，挽余帮忙。晚庸方约百花村饭。十一钟归，寝。

戊辰年十月初十日（1928年11月21日） 星期三 阴

十二钟起。王慈生约大华饭店午饭。至倪幼丹宅手谈。晚寿石工[2]、春和高经理来，约余看电影；又往福禄林看严宅堂会戏。二钟归，寝。

戊辰年十月十一日 （1928年11月22日） 星期四 晴

二钟起。沙咏仓约饭。八钟赴新明演《绣襦记》。该院甚宽敞，可容三千人。戏毕归，寝。

戊辰年十月十二日 （1928年11月23日）星期五 晴

二钟起。孟静宇来，约在百花村饭。五钟同彦衡赴殷寿铭将军家饭。殷极喜彦衡、令

---

1 原名杨丽珠（1904～1960年），上海人。曾主演《玉梨魂》《茶花女》《诱婚》《空谷兰》《美人关》《好哥哥》《马前车》《湖边春梦》《良心复活》等影片，并筹资开办了耐梅影片公司，出任公司第一部影片《奇女子》的女主角，

2 寿鉨（1885～1950年），浙江绍兴人，又名鉥、玺，字石工，号印丐、钰盦，别署石工、硕功等，因不喜食鱼，又称不食鱼斋主。中国近现代著名书画家、教育家。早年加入南社，曾任教于北京女子文理学院、北京艺术学院。其诗、书、画、印皆精。治印师法黄牧甫，与钟刚中、邓尔雅、陈师曾并称中国印坛四雄。著有《墨石》《钰盦词》等。与向迪琮合作的《玄燕室知见墨录》是为日本人所仰视的学术著作。被鲁迅誉为“京华三位艺术家”之一。

与诸郎齿。七钟又赴陈向元[1]将军饭局。八钟赴新明演《荀灌娘》。戏散归，寝。

戊辰年十月十三日（1928年11月24日）星期六 阴

二钟起，至《午报》馆访董笔侠。晚王鹤斋处长约本宅饭。八钟至新明演《香罗带》，座客甚满。戏毕邓琢如将军约饭。三钟归。小雨。诸友来，宜孙、游天约作北里游，竟夜未眠。

戊辰年十月十四日（1928年11月25日） 星期日 晴

八钟赴站，送者甚众。九钟一刻开车，一钟抵家。午饭。上午三钟即寝。

戊辰年十月十五日（1928年11月26日）星期一 晴

二钟起，已睡二十四钟，甚可笑。张陶厂、王再明、许觉臣、吴彦衡、胡老师、桐华、敬老来，同晚饭。饭毕松林算天津演戏账事，并开销场面等。一钟客散。敬香，二钟始寝。

戊辰年十月十六日（1928年11月27日）星期二 晴

早八钟起，偕叔诒[2]至南城散步，并到泰来店送天津演戏洋三百五十元。过汪凤椿家看病，十二钟归。与敬老用工。晚觉臣、再明、復生、附青、叔诒等请余吃牛肉锅，并竹戏。复张啸林、舒舍予、过听花等信件。一钟客散，即寝。

戊辰年十月十七日（1928年11月28日） 星期三 晴

十二钟起。觉臣、保生、石工来。复天津友人谢信。再明、胡师、富禄、仲仁[3]、春彦[4]、彦衡、復生同赴全聚德松林饭局。李泰芬来商义务戏。赴青来饭毕归。竹戏。

---

1 陈向元（1893～1974年），福建闽侯人，系清末邮传部尚书陈璧（玉苍）之胞侄，毕业于保定军校，1926年任泰宁镇守使，中将衔。

2 即京剧老生演员、教师刘叔诒（1907～1975年），湖南新宁人。9岁宗汪派，唱红上海，后宗余叔岩余派，进京向李佩卿，杭子和问艺，改艺名刘天红。与荀慧生合作达三年之久，因嗓音失润开始课徒传艺，如周少麟、张少楼、关松安等和南京戏校学生等。

3 即京剧演员金仲仁（1886～1950年），工小生，清皇族，原名爱新觉罗•春元。世袭奉恩将军，曾就学于贵胄学堂。辛亥革命后正式下海演出。拜德珺如为师；并学取王楞仙的做功、念功；长期协助荀慧生合演了《钗头凤》《香罗带》《杜十娘》《荆钗记》《绣襦记》《还珠吟》《红楼二尤》《红娘》等戏，金仲仁为筱翠花之妹夫。其子金玉书为荀慧生琴师，后为中国戏曲学校教师。

4 即著名京剧演员张春彦，工老生，以硬里子老生见长。荀慧生的重要舞台搭档，四大金刚之一。

一时始寝。

戊辰年十月十八日（1928年11月27日） 星期四 阴

早八钟偕叔诒至城根闲步，购点心，归。春彦、再明来。托松林、彦衡代办洋车价共洋一百五十元。四钟偕内子至瑞蚨祥、鸿记购衣料。余又赴石牌胡同贺李瑞亭孙弥月。吴镜芙约春华楼饭，有毅夫、少皋等。归。微雨。衣履尽湿。阿堂来改做大衣皮裘。十一钟寝。

戊辰年十月十九日（1928年11月28日） 星期五 阴

早七时同桂花[1]、叔诒至城根遛弯；过维新理发，归。晚张惠叔约春华楼饭，介绍数友，内有孔姓者赠章二枚。饭毕同至余家稍谈。觉臣来偕往开明看女票友义务戏。二钟归，寝。

《绣襦记》 荀慧生饰李亚仙 金仲仁饰郑元和

戊辰年十月二十日（1928年11月29日） 星期六 雪

十二钟半起，发天津友人谢信共六十五封。胡师、再明来。饭后与附青、復生、觉臣竹戏。二钟寝。

戊辰年十月二十一日（1928年12月2日） 星期日 微阴

十二钟起。连孝、吴铁庵、周復生来，谈至十一钟半，客散。沐浴毕，寝。

戊辰年十月二十二日（1928年12月3日） 星期一 晴 大风

早七时起，同刘小桂花南城遛弯，九钟归。午饭。偕叔诒、彦衡至王府井大街万国

1 即京剧旦角演员计砚芬，艺名小桂花，谭富英之二牌旦角，其妻为于连泉之妹。

储蓄会入两支，每支十二元：和记号码八零一七二号；骧记号码八零一七一号。

由民国十七年十二月三号即戊辰年十月二十二日起息，两支各付三月本洋。富禄自津来，同饭，十时去。寝。

戊辰年十月二十三日（1928年12月4日） 星期二 晴 大风

早七时起。彦衡、叔诒偕至城根散步。再明、觉臣来。马富禄、张春彦荐车夫名陆永华，华陆商行铺长做保，明日上工。晚饭。与松林、彦衡、小刘闲谈至一钟，始去。寝。

戊辰年十月二十四日（1928年12月5日） 星期三 晴

十钟起。陆车夫永华至虎坊桥顺记车行取车，共洋一百六十元。晚罗科长、张惠叔约春华楼饭，有白君在座，系白将军之弟。松林因甫亭赴申在两益轩饯行，约余作陪。九钟同归。与觉臣、復生、彦衡等谈鬼十二钟，客散，寝。

戊辰年十月二十五日（1928年12月6日） 星期四 晴

早七钟起，同刘小至城根闲步。午饭后带和儿至陈啸云家贺寿。偕彦衡、叔诒归。胡师、孟一来。晚饭毕与再明、觉臣、復生竹戏，二钟客散，寝。

戊辰年十月二十六日（1928年12月7日）星期五 晴

十二钟半起，饭后觉臣、再明、復生、富禄、彦衡高歌。有沈君持同蔡、关二君来，大谈戏曲。十一钟客散，即寝。

戊辰年十月二十七日（1928年12月8日） 星期六 阴

早七钟至城根闲步，路遇连孝、富禄。十钟归。与刘叔诒说《丹青引》。昨晚吴铁庵来对《跑坡》。汇文学会约东兴楼饭，函辞。留怡庵、附青、觉臣手谈，同晚饭。五钟始寝。

戊辰年十月二十八日（1928年12月9日） 星期日 晴

下午二钟起，修容、沐浴，四时始饭。復生、觉臣来。七时偕彦衡、松林至两益轩合请春彦，有仲仁、富鸣才等作陪，十钟归。与再明等闲谈。二钟始寝。

戊辰年十月二十九日（1928年12月10日） 星期一 晴

十二钟起，至周支山、吴彩霞两处小坐。晚饭。至开明与吴铁庵演全本《红鬃烈马》。戏毕同彦衡、叔诒、觉臣、松林等至馅饼周宵夜，二钟归。寝。

戊辰年十月三十日（1928年12月11日） 星期二 晴

一钟起。周支山、罗怡庵、孙小龄、彦衡、富禄、觉臣、敬老来。晚饭后至开明演《丹青引》。戏毕同到馅饼周便饭，三钟归。与怡庵、小龄、富禄、復生竹戏，五钟客散。天明始寝。

戊辰年十一月初一日（1928年12月12日） 星期三 晴

下午二钟始起，与剑秋研究《埋香幻》。晚张惠叔送来罗韵珊书五幅。留復生、再明饭。敬夜香，十一钟客散，寝。

戊辰年十一月初二日（1928年12月13日） 星期四 晴

早八钟至城根闲步，十钟归。午饭后与敬老研究新剧本。二钟时天降薄雪。晚请復生、觉臣、叔诒、松龄、彦衡吃羊肉锅。晚饭毕与怡庵、富禄、觉臣竹戏，二钟牌散。沐浴，寝。

戊辰年十一月初三日（1928年12月14日） 星期五 仍雪

十二钟半起。彦衡、復生及赵凤鸣、觉臣、富禄来，同晚饭并手谈。三钟牌散。四时始寝。

戊辰年十一月初四日 （1928年12月15日） 星期六 晴 大风

十二钟半起。连孝由津来寓，闲谈。晚饭毕与復生、觉臣谈笑。十钟寝。

戊辰年十一月初五日（1928年12月16日） 星期日 晴

早七钟至城根闲步，九钟半归。连孝、彦衡来谈神鬼之事，因忆前次竹戏牌落内子足下，须臾不见，余戏云或在院中，觅之果然；又一日亦失一牌，偏觅不得，及牌散于几上横木间得之，亦怪也。与连孝说《翠屏山》“杀山”。晚留伊等并赵凤鸣饭，十钟客散。稍息片时，寝。

《埋香幻》 荀慧生饰张盈盈

戊辰年十一月初六日（1928年12月17日） 星期一 晴

早十一钟起，至城根遛弯，一钟归。钟少卿在津来函借款，应以十元。李局长遣常次瑶、李华亭来接洽星期五在开明演义务事。场面来说《翠屏山》。胡师、富禄、彦衡来。晚饭毕至罗韵珊处送画并照片；又往瑶卿家小坐，与介眉、仲仁、林叔玉同话。九钟至开明演《翠屏山》“杀山”，与叔诒、彦衡合作。戏毕与復生、觉臣、富禄、彦衡等同归，点心，四钟始散，就寝。

戊辰年十一月初七日（1928年12月18日） 星期二 晴

下午四钟方起。再明送册页来。游天赴镇海，来信辞行。晚至开明演全本《玉堂春》，系中华书局及电车公司所烦。戏完与觉臣、復生、彦衡、松林同归，吃羊肉饼，四钟始散，寝。

戊辰年十一月初八日 （1928年12月19日） 星期三 晴

十二钟半起。上海黄金荣[1]来电，约明春南下。余与叔诒、松林、觉臣在福兴居为徐慕云、周復生饯行，有富

1 黄金荣（1868～1953年），初为上海法租界巡捕，后为上海帮会首领，1928年被蒋介石任命为国民政府少将参议、行政院参议，抗日战争时期寓居上海，拒绝出任伪职，1945年抗战胜利后成立“荣社”。权势遍及上海各个行业。部分京剧剧场和演出班底在他管辖之内，与梅兰芳、荀慧生、金少山等京剧演员多有往来。

禄、彦衡等作陪；并约復生之子及顺伯。因自做主人，辞谢。饭毕同归，手谈。三钟始寝。

戊辰年十一月初九日（1928年12月20日） 星期四

十二钟起。惠叔电约大陆春午饭，共十馀人。韵珊赠暑中间课仿本一册，归。齐如山、王再明、周復生、许觉臣、郑英甫[1]、吴堃芳、马富禄来，同饭，饭毕闲谈。二钟客散。三钟半寝。

戊辰年十一月初十日（1928年12月21日） 星期五 阴

十二钟起，沐浴。王多寿由申来寓。陆凤琴[2]、觉臣来。晚李革痴[3]代请师范学校筹款义务在开明演《辛安驿》。一钟归，点心，三时半方寝。

戊辰年十一月十一日（1928年12月22日） 星期六 晴 风

今日冬至。一钟起。各角来挑《双姣缘》。晚同到两益轩晚饭。邻座数人大声怪叫，不知所谓。十钟归。觉臣、树声来。接黄金荣信，为约角事。十二钟客散，即寝。

戊辰年十一月十二日（1928年12月23日） 星期日 晴

十二钟半起。丹亭及罗韵珊、张惠叔等四人并彩霞、觉臣、连昆、富禄来高唱。孟一及陈姓约饭，均未去。晚饭。与小刘、小马说戏。一钟客散，寝。

---

1 郑英甫为北京前门医院名中医，治疗嗓音失润被称是一绝，北京京剧界的名角嗓子出了问题，都去请郑先生调治。当年梅兰芳在西安演出，突然声音嘶哑，无法登台，情急之下，请郑先生急赴西安诊治，结果药到病除。后卫生部指派北京中医学院杜福权去学习，把郑老的经验总结出来，收录在《北方医话》书中：这个基本方，可请附近的中医根据自己的情况加减，非常有效。即：金银花十克、连翘十克、杏仁十克、桔梗六克、黄芩十克、麦冬十克、胖大海十克、杭白菊十克、蝉衣六克、凤凰衣六克。如胸闷脉弦者，加柴胡十克、枳壳十五克；咳嗽有痰者加清半夏十克、旋覆花十五克（包煎）、白前六克；咽喉红、口渴者加生石膏十五克、生地二十五克、元参十二克、沙参十五克；有头痛者加桑叶十克、白芷六克、羌活六克（凤凰衣即鸡蛋外壳里面的白色薄膜）。

2 陆凤琴，京剧旦角演员。

3 李革痴（1896～1972年），名泰棻，字革痴，河北阳原县揣骨疃人。18岁时出版了他的史著《西洋大历史》，受到李大钊、陈独秀推崇，蔡元培破格聘他为北大教授。1924年任察哈尔省教育厅长，受冯玉祥将军委托常去北京协和医院看望孙中山先生。1925年与鲁迅七教授发表《北京女子师范风潮宣言》，1927年，李大钊就义，李泰棻为其收尸入殓。1937年前著有《中国史纲》《鲁迅遗事》1939年任北师大文学院院长。1950年任教宣化中学、1964年任东北文史所研究员。王森然著《近代二十家评传》将李氏与康有为、章炳麟、王国维、陈独秀、胡适、郭沫若等并列。

戊辰年十一月十三日（1928年12月24日） 星期一 晴

十二钟半起，与连孝[1]、富禄等对《双姣缘》。晚饭毕至中国旅馆看津友。董秋圃、张寰如面约明早元兴堂饭。十钟至开明演《审头刺汤》。一钟归，寝。

戊辰年十一月十四日（1928年12月25日） 星期二 晴

一钟起。李革痴送前演义务杂费三百元，并赠银盾一座。午后彩霞介绍陆绍文、张馨吾、沈师达来。富禄、连孝等来，说《双姣缘》。李释戡、陈砚卿来。晚饭后至开明演《双姣缘》。一钟归，点心，四钟寝。

戊辰年十一月十五日（1928年12月26日） 星期三 晴

一钟起。富禄、连孝来。昨约元兴堂之局，因秋圃赴津作罢。晚约寰如在两益轩便饭，十钟归。沐浴，三钟敬香毕，寝。

戊辰年十一月十六日（1928年12月27日） 星期四 雪

十钟胡师来，送寰如字画、相片。赵凤鸣来借债。晚陆绍文在撷英约饭，有彩霞父子等十馀人在座。篆卿、少皋等七人在宝华楼为温毅夫回粤饯行，约余作陪。李释戡亦在春华楼约饭，座只敬老、觉臣、孟一数人。又赴关子高宅，张玉衡假地收雪艳琴[2]为义女，约余及马连良、刘叔诒、侯松泉作贺，并留饭。九钟半归，寝。

戊辰年十一月十七日（1928年12月28日） 星期五 晴

早六钟起，至南城闲步，归。杨乐彭、包丹亭、胡老师来。至金仲仁家探病，并访潘燕生，归。约李革痴便饭，疏通女子职业学校义务。晚留苑又生、许觉臣共饭。偕叔诒、觉臣至瑞蚨祥购衣料；又到开明看新艳秋演全本《玉堂春》半出。往瑶卿处小坐，一钟归，寝。

戊辰年十一月十八日（1928年12月29日） 星期六 晴

一钟起。留丹亭午饭。下午四钟復生由保定来。晚留释戡、觉臣、再明等饭，竹戏，二钟始散，寝。

---

1 即京剧须生演员曹连孝，富连成连字科学生。后为中国戏校、北京戏校教师。

2 雪艳琴（1906～1986年），京剧女演员，工旦角，为四大坤旦之首，曾与谭富英拍摄我国第一部有声电影《四郎探母》。

戊辰年十一月十九日（1928年12月30日） 星期日 晴

十钟起，修容。寿石工来，托售北平文学第二院音乐系新年游艺大会入场券十余张。晚约张惠叔、罗韵珊、孔昭来三君饭；竟转约三十馀人之多。觉臣、再明、復生、释戡、石工均来，饭毕手谈。彩霞小女今日病亡。三钟半客散，寝。

戊辰年十一月二十日（1928年12月31日） 星期一 晴

一钟起，四钟饭。与富禄说《小放牛》。接游天信，其父病亡。吴富琴生女，送礼。晚至开明演《小放牛》《宝莲灯》双出。一钟归。与觉臣、叔诒闲谈，至六钟始散。寝。

一九二九年

1929年

戊辰年十一月二十一日（1929年1月1日） 星期二 晴

四钟起。晚郑海涛[1]在本宅约饭，有三十馀人。饭毕至开明演《绣襦记》。戏毕与释戡、觉臣、復生同归，点心，大醉，呕吐不止，一夜未眠。

戊辰年十一月二十二日（1929年1月2日） 星期三 阴

四钟起。惠叔来，未见。晚孔昭来，约春华楼。关伯珩[2]约致美斋饭。偕释戡、觉臣、復生、叔诒、敬老等到中和看票友义务戏。一钟归。

戊辰年十一月二十三日（1929年1月3日） 星期四 晴

彭秀康[3]约本宅午饭，有陈向元、王鹤斋、章遏云在座。并到姚顺伯处小坐，二钟半归。草上飞（名武丑，与张黑齐名）由津来寓，闲谈。晚秀康等来。五钟胡师来改画。与释戡、敬老、觉臣、叔诒、和儿并丹亭同赴周復生宅饭，有石工、少亭在座。秀康约游艺园看遏云《宝莲灯》。戏毕释戡等到寓小坐。二钟寝。

---

1 即郑孝胥（1860～1938年），福建省闽候人。清光绪八年举人，曾历任广西边防大臣，安徽、广东按察使，湖南布政使等。辛亥革命后以遗老自居。1932年任伪满洲国总理大臣兼文教总长。

2 即关冕均，广西人，满清翰林。曾受詹天佑之委派以道员出任京张铁路局会办、总办等职。为梁士诒之婿。

3 民国国会议员，集资建北京城南游艺园，并任哈尔飞戏院经理。

戊辰年十一月二十四日（1929年1月4日） 星期五 晴

一钟起。上海花狸猫（名丑）及朱荣奎[1]（老生）来谈海上事。赵凤明来借洋四元。陆少文约撷英西餐。又赴豆腐巷十号陈公睦饭局。九钟归。姚顺伯、齐三来闲谈。客去。沐浴，寝。

戊辰年十一月二十五日（1929年1月5日） 星期六 狂风

约顺伯、齐三、敬老、松林、叔诒[2]春华楼早饭，带和儿同去，二钟归。李革痴约北华饭店饭。李释戡车接至本宅晚饭，饭毕手谈。赠《菊部丛谈》一册。五钟始归。接海上王贤心电。六钟方寝。

戊辰年十一月二十六日（1929年1月6日） 星期日 晴

十二钟起。张惠叔、许觉臣、马富禄、周復生、王再明等来，闲谈，同晚饭。十二钟客散，即寝。

戊辰年十一月二十七日（1929年1月7日） 星期一 晴

十二钟起。富禄、连孝来，闲谈连良在津演戏事。命人送周復生迁移礼银盾一个。晚至开明演《英杰烈》。戏毕释戡、敬老、觉臣、復生等来寓闲谈，四时始散，寝。

戊辰年十一月二十八日（1929年1月8日） 星期二 晴

三钟起，与孙小山、曹连孝、刘叔诒说《元宵谜》。留释戡、胡师、敬老饭。八时至开明演此戏。一钟同释戡等归。伊送图章三枚，因下月余生日（农历）预送贺礼也。大陆银行款今日提出。四钟始寝。

戊辰年十一月二十九日（1929年1月9日） 星期三 晴

早八钟起，至维新理发，十钟归。内子带骧儿到汪凤椿诊视。午饭。郑英甫、再

1 即京剧老生演员张荣奎（1885～1947年），工文武老生，20世纪20年代后长期在上海演出，后课徒授艺。

2 即京剧老生演员、教师刘叔诒（1907～1975年），湖南新宁人。9岁宗汪派，唱红上海，后宗余叔岩余派，进京向李佩卿、杭子和问艺，改艺名刘天红。与荀慧生合作达三年之久，因嗓音失润开始课徒传艺，如周少麟、张少楼、关松安等和南京戏校学生等。

荀慧生与尚小云

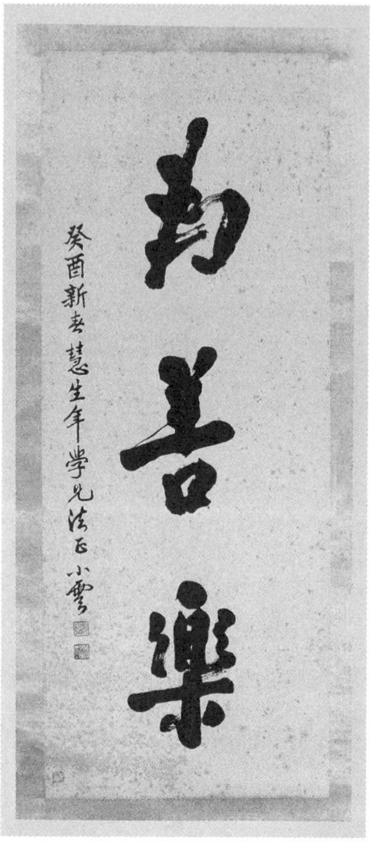

尚小云书赠荀慧生

明、觉臣、復生来，闲谈。晚伯珩约本宅饭，有子高、少伯、小云[1]、宝忠及白崇禧等在座。十二钟半归，寝。

戊辰年十一月三十日（1929年1月10日） 星期四 晴

夜半骧儿惊风，延方、汪二医诊视；并请松林夫人来收惊，天明稍平复。富禄、连孝来午饭。小睡。七时佟锦标约正阳楼饭，有新艳秋、王伊文、程淑真等在座。饭毕

1 即京剧四大名旦之一尚小云（1900～1976年），河北南宫人。幼入北京正乐科班学艺，艺名三锡，初习武生，后改正旦，从孙怡云学戏，改名小云，与白牡丹（荀慧生）、芙蓉草（赵桐珊）并称“正乐三杰”。其唱腔，远承时小福，近师陈德霖，又得益于王瑶卿，逐渐形成自己的独特风格，有“尚派”之称。16岁出科后，与孙菊仙合演《三娘教子》《战蒲关》，与王瑶卿合演《乾坤福寿镜》，与杨小楼合演《湘江会》《楚汉争》等戏，与余叔岩、谭小培、王又宸、谭富英、马连良等长期合作演出。1918年自组“重庆社”，排演新剧目，如《卓文君》《林四娘》《秦良玉》《墨黛》《双阳公主》《摩登伽女》《虎乳飞仙传》《红绡》《峨嵋剑》等，1937年创办“荣春社”，培养了“荣春”“长喜”两科学生以及三个儿子，共200余名，遍布全国。曾任富连成社顾问。1950年创建“尚小云京剧团”。1959年移居西安，任陕西省艺术学校艺术总指导，1964年受聘于陕西省京剧院，任首任院长。荀比尚的生辰早两天，但荀尊尚为兄，尚称荀为二弟。

至第一台反日会义务演《虹霓关》二本。归。接上海张啸林电，代上海舞台王贯心约余明正南下，余拟推至二三月间。与释戡、敬老、觉臣、復生、再明共议复电。修理炉灶。四钟始寝。

戊辰年十二月初一日（1929年1月11日） 星期五 晴

二钟起。禁烟处来登记，索洋一元一角。復生介绍二友来。晚延杨姓医为骧儿诊视，已开方购药；英甫来，云药不对症，另为开方，服之见效。饭毕与释戡、觉臣、復生、再明、英甫竹戏。二时寝。

戊辰年十二月初二日（1929年1月12日） 星期六 晴

十二钟起，发啸师信并游天、贻方奠礼。前大陆银行订戏未妥，颇有意见，觉臣欲为化解，借朱砚卿宅约行员及余等饭并手谈，天明始归。寝。

戊辰年十二月初三日（1929年1月13日） 星期日 雪 十二钟晴

三钟起，与连孝对《花田错》。晚同敬老、胡师、觉臣、释戡至春华楼便饭。胡师送岩廊三友图；释戡送梅花一幅。饭毕释戡会钞。至开明演《花田错》。一钟与復生等同归，点心、闲谈。一钟三刻客散，寝。

戊辰年十二月初四日（1929年1月14日） 星期一 晴

十一钟起。释戡、復生、觉臣来，因明日余三十初度，代为整理一切。晚到开明演《飘零泪》。戏完同归，铺设房宇，四钟始散，寝。

戊辰年十二月初五日（1929年1月15日） 星期二 晴

十一钟起。贺客盈门，召皮影娱客。连接外埠贺电。宾友畅聚至天明。

戊辰年十二月初六日（1929年1月16日） 星期三 阴

八钟客散，就寝；四钟起。晚陈少伯、关伯珩、谭篆卿等十馀人在关宅为余补寿；并为小云预祝（生日），杨宝忠[1]胡琴铺开市往贺。十一钟归，寝。

1 杨宝忠（1898～1967年），京剧琴师，初习老生，拜余叔岩为师，嗓败后改习京胡，先后为言菊朋、马连良和其堂弟杨宝森等人操琴。后任天津戏曲学校校长。

戊辰年十二月初七日（1929年1月17日）　星期四　晴

十钟起，沐浴。关伯珩补送寿礼来。光农文约在本宅议上海舞台事。小云三十寿，往贺。与释戡同归。代农文复海上电。二钟释戡去。寝。

戊辰年十二月初八日（1929年1月18日）　星期五　晴

八钟起，至大陆银行办理存款活期一千元整，定期九千元整。十钟三刻归。与敬老、叔诒、排《柳如是》。晚与释戡、觉臣、復生闲谈至二钟，客散，寝。

戊辰年十二月初九日（1929年1月19日）　星期六　晴

十二钟起，与叔诒、敬老、连孝排《柳如是》。晚与修府、释戡、孟一、再明、觉臣、復生等饭。各角来排《柳如是》。尚小云约中和观演《卓文君》。一钟归。寝。

戊辰年十二月初十日（1929年1月20日）　星期日　阴

十二钟半起。张菊舫续弦亲来下帖。晚谭篆卿等八人约饭，有小云、遏云在座。饭毕同子高、伯珩、小云、宝忠至开明观徐碧云《霸王别姬》。一钟归，寝。

戊辰年十二月十一日（1929年1月21日）　星期一　早雪　午饭晴

排《柳如是》。晚至开明演《穆天王》《战宛城》双出。一钟同释戡、敬老、觉臣归，点心，四钟始散，就寝。

戊辰年十二月十二日（1929年1月22日）　星期二　晴

二钟起。丹亭、富禄、胡师、释戡、觉臣等来。晚至开明演《柳如是》，上座甚盛，一钟归。与敬老等闲谈至四时，客散。修容、沐浴，天明方寝。

戊辰年十二月十三日（1929年1月23日）　星期三　晴

早九钟起，午饭。接啸师信。郭逋仙、周復生、王再明、许觉臣来，留饭，手谈。二钟寝。

戊辰年十二月十四日（1929年1月24日）　星期四　晴

早十一钟半起。晚至芳湖春，自做主人，请伯珩、子高等十馀人；又到开明看遏云《水浒记》。十一钟半归。与释戡、觉臣、敬老、復生、再明等闲谈，至二钟始散，寝。

《柳如是》 荀慧生饰柳如是

袁寒云为《柳如是》一剧提供的宣传资料

戊辰年十二月十五日（1929年1月25日） 星期五 雪

十一钟半起，敬香。惠叔、乐朋、再明、释戡、觉臣、富禄在余处手谈。晚饭。余赴新丰楼请何市长、赵警西、李革痴、沈季让、李广安、胡冷厂、陈敬老等，齐如山亦居主位，来宾多不相识。十钟归，二钟寝。

戊辰年十二月十六日（1929年1月26日） 星期六 晴

十二钟半起。晚留觉臣、鸿庆、復生、释戡、再明、敬老、剑秋等饭。二钟大风。三钟寝。

戊辰年十二月十七日（1929年1月27日） 星期日

十一钟起，至吴彩云家贺其三女出嫁之喜，十二钟半归。张菊舫来借红被，并与叔诒、彦衡、富禄等说《翠屏山》。晚与诸友闲谈，三钟客散，就寝。

戊辰年十二月十八日（1929年1月28日） 星期一 晴 风

十二钟起。彩云会亲，余及内子同往，二时归。留释戡、復生、敬老、再明等饭。八钟至开明演全本《法门寺》。一钟半归，寝。

戊辰年十二月十九日（1929年1月29日） 星期二 晴

二钟与富禄、叔诒、彦衡、连孝、刘小

卿（玉成班梆子老生，随余改鼓手）、剑秋说《翠屏山》。留释戡、觉臣、敬老、再明、復生饭。郑子褒、田天放来接洽唱片事。八钟到开明演《祭塔》，并反串《翠屏山》石秀。一钟归。与释戡、觉臣、復生电致啸师，问今日海上黄金荣来电原因。四时客散，寝。

戊辰年十二月二十日（1929年1月30日） 星期三 晴

早八钟起。内子生日，贺客甚众。接张啸林回电，云黄以余代小云，去否自主，惟勿误杭约，其意欲余辞黄也；即复黄电辞谢。五钟客散，寝。

戊辰年十二月二十一日（1929年1月31日） 星期四 雪

二钟起。子褒来。晚同小云、宝忠赴伯珩宅，借地请林森（号子超）、吴铁城[1]、陈少白[2]、吴镜芙、陈公穆、张修甫、李柳溪[3]、黎季裴[4]、谭篆卿、关子高等饭。十二钟半归。与觉臣、復生、再明闲谈，至四钟始散，寝。

戊辰年十二月二十二日（1929年2月1日） 星期五 晴 风

十二钟半起。敬老、郑子褒、觉臣、再明、凤琴来，同晚饭。十一钟半客散，即寝。

戊辰年十二月二十三日（1929年2月2日） 星期六 晴 风 冷甚

十二钟起，扫房、祭龛，沐浴。释戡、觉臣、富禄、再明来闲谈。慕邢来辞行。十二钟半客散，即寝。

戊辰年十二月二十四日（1929年2月3日） 星期日

十一钟起。富禄、连孝、再明来。下午与敬老、连孝、富禄、剑秋、觉臣、叔诒、彦衡、和儿到三庆园看弋腔韩世昌班。戏散购礼。又至馅饼周小酌。九钟赴第一台本

1 吴铁城（1888～1953年），早年追随孙中山，北伐后曾任国民党中央海外部部长、国民党中央秘书长、立法院副院长、行政院副院长兼外交部部长等职。长期负责国民党的海外任务工作。

2 陈少白（1869～1934年）广东人，原名闻韶，号夔石，曾任中国同盟会香港分会会长。1915年与李煜堂创立上海保险公司，任主席。1921年，任总统府顾问、大本营参议。1922年任国立中华国民银行监督。

3 即李家驹（1871～1938年），光绪甲午进士。1906年任京师大学堂总监督，大力推行教育改革。1909年任驻日公使，1911年秋出任资政院总裁，推出《宪法重大信条十九条》。

4 即黎六禾，名国廉，字季裴，以号行，官至福建兴泉永道道台。民国初年，出任广东省议会议员，袁世凯复辟，致力倒袁。其后移居香港太平山半山别墅，著有《玉蕊楼词钞》《玉蕊楼春灯集》。

会义务演《辛安驿》。二钟归，寝。

戊辰年十二月二十五日（立春）（1929年2月4日） 星期一 晴

一钟起。命人送年礼。晚五钟至敬老处小坐。归后，邻陶姓失慎搬移辎重以防延及，幸而无患。復生、叔诒、彩云、富琴等均帮忙，至十钟人心始定。乐彭、觉臣来闲谈，至三钟半客散，始寝。

戊辰年十二月二十六日（1929年2月5日） 星期二 晴

十二钟三刻起。胡师、孟一、子褒及田天放来。晚与富禄、復生、再明、觉臣等手谈，至天明方散，寝。

戊辰年十二月二十七日（1929年2月6日） 星期三 晴

下午三钟起。连孝、释戡、子褒、天放来。蓓开公司灌片事接洽已妥。晚手谈，二钟寝。

戊辰年十二月二十八日（1929年2月7日） 星期四 晴

十一钟起，修容、沐浴、理发。晚本社在取灯胡同同兴堂祭神。吴铁城、林森、关子高约在关宅饭，有程艳秋、尚小云、杨宝忠、金仲荪、关伯珩、张玉衡等，十一钟归。与觉臣、富禄、復生、再明、叔诒闲谈至一时，寝。

戊辰年十二月二十九日（1929年2月8日） 星期五 晴 微风

十钟起。下午三钟蓓开公司车接至欧美同学会灌片。凡《丹青引》〔西皮慢板〕一张；《钗头凤》〔快三眼二黄西皮原板〕一张；《柳如是》小生一张；《小放牛》与马富禄合唱一张；《香罗带》“叫门”、《钗头凤》本词一张；《玉堂春》“梳妆”“大审”头段一张；《柳如是》旦〔二六〕、《红柳村》话白一张。价洋三千二百元，开销一千四百二十元。晚七钟归。与再明、叔诒、剑秋手谈，至天明八钟散。

戊辰年十二月三十日（1929年2月9日） 星期六 晴

九钟请敬老、连孝来闲谈。晚敬香、守岁。与復生、再明、松林、觉臣、剑秋、彦衡等竹戏。朱文英[1]逝世。五钟散，坐至天明。

己巳年正月初一日（1929年2月10日） 星期日 晴

敬香、贺岁。晚鲍仰丞约本宅饭并至诸亲友家贺年。天日清明，气象甚好。一钟归，寝。

己巳年正月初二日（1929年2月11日） 星期一 晴 大风

十一钟起，至各亲友家贺年。樊樊山留坐、小谈；问《柳如是》新戏出谁手，答以系故大司空陈公之子所编。樊因骂编者无良，盖戏中毁假遗老太甚也；并言余所得伊摺楷乃伪迹。七钟归。与觉臣、復生、再明、叔诒手谈至天明方寝。

己巳年正月初三日（1929年2月12日） 星期二 晴

二钟起。晚请郑子褒、田天放、姚顺伯、周復生、陈敬余、高孟一、胡冷庵、刘叔诒、刘鸿庆饭。一钟客散，即寝。

己巳年正月初四日（1929年2月13日） 星期三 晴

二钟起，沐浴。尚小云、冯幼伟、孔希伯、关伯珩等来贺年。晚约桃红、桃妹在春明别业饭。二钟归，寝。

己巳年正月初五日（1929年2月14日） 星期四 晴

一钟曹连孝、马富禄、梅兰芳、小桂花、吴富琴等来贺年，五钟散。晚与释戡、叔诒、觉臣、富禄竹戏，天明始散。八钟寝。

己巳年正月初六日（1929年2月15日） 星期五 晴

二钟半起。晚约袁文薮、袁涤庵[2]、鲍仰丞、熊希龄[3]等便饭、手谈，四钟方散。寝。

---

1 朱文英（1860～1929年），京剧早期武旦演员，又名朱四十，父朱小喜为四喜班武旦，名武旦朱桂芳之父。

2 袁涤庵（1881～1959年），名翼，又字鸿缙，号剡溪老人。早年留学日本，参加光复会。1924年集资创办北京电车公司，任董事兼总经理。又兴办热河北票煤矿，任董事长兼总经理。建筑秦皇岛及上海装卸码头。“九一八”事变后拒任伪职，隐居北京西郊。

3 熊希龄（1870～1897年），与谭嗣同等在长沙创办时务学堂，任总理。又创设南学会，创《湘报》，以推动变法维新，1912年4月任内阁财政部长，后因仕途受挫转向慈善和教育事业。在北京香山静宜园成立香山慈幼院，任国民政府全国赈济委员会委员。1937年因脑溢血在香港逝世，遗著有《香山集》。

己巳年正月初七日（1929年2月16日） 星期六 晴

一钟起。齐如山[1]来，大骂李释戡；孟一来，又骂之，殊觉可笑。晚涤庵约本宅饭。九钟归。宜孙由津来。释戡、觉臣、再明、復生亦至。十一钟寝。

己巳年正月初八日（1929年2月17日） 星期日 晴 大风

十一钟起，至东方饭店看宜孙；又到三眼井看静庵、顺伯，约福寿堂饭。一钟归。晚与释戡、觉臣、再明、富禄竹戏，四钟始散。就寝。

己巳年正月初九日（1929年2月18日） 星期一 晴

下午三钟起，沐浴。与敬老改《荆钗记》。晚至开明演《鸿鸾禧》“棒打”。一钟归，点心，三钟半始寝。

己巳年正月初十日（1929年2月19日） 星期二 阴

下午四钟起。刘蔚芙、王劲闻[2]来。晚至开明演《元宵谜》，戏散归。与释戡、觉臣、敬老、天红等闲谈。点心，三钟寝。

己巳年正月十一日（1929年2月20日） 星期三 晴

十时至大陆银行汇舒舍予款大洋二百元，十二钟归。再明、石工、觉臣来。午饭后同敬老及内子带和儿到厂甸闲游；遇叔诒、剑秋。四钟归。与石工等竹戏。晚至春明别业与桃妹小谈；桃红另觅屋小坐。十一钟到中和观小云演《摩登伽女》，一时归。寝。

己巳年正月十二日（1929年2月21日） 星期四 阴

一钟起。郭逋仙来借钱，应伊五十元。顺伯送照片来，并辞行。晚与释戡、觉臣、叔诒竹戏。二钟始寝。

己巳年正月十三日（1929年2月22日） 星期五 阴 风

十钟起。逋仙来。午饭后与连孝、剑秋及内子带和儿至后孙公园官医院看人体展览会，四钟归。彩霞、觉臣来。晚饭毕沐浴，并清理旧照片。三钟方寝。

1 齐如山（1875～1962年），早年留学欧洲，后在北京经商时与冯耿光、李释戡、吴性栽等为梅兰芳编排或改编剧目。协助张际春等策划梅兰芳赴美、日等事宜。1931年梅兰芳、余叔岩等人组成北平国剧学会，并建立国剧传习所，编辑出版《戏剧丛刊》《国剧画报》等，均参与其中。后因种种原因赴台湾。

2 王劲闻，名光祖，1879年生，清举人。毕业于京师法政学堂。历任清政府内阁中书、京师地方检察厅检查官、京师地方初级各厅总医官、禁烟公所稽查员等职。

己巳年正月十四日（1929年2月23日）星期六 晴

二钟起。命人送桃妹照片十八张。与释戡、觉臣、富禄闲谈。七钟赴西拴马桩史畏之[1]先生之约；并到桃妹、桃红家小坐；子高亦至。十钟半归。与富禄手谈，至四时半牌散。六钟寝。

己巳年正月十五日（1929年2月24日）星期日 晴

十二钟起，敬香。徐小麟[2]由申来余寓闲谈。晚与释戡、觉臣、叔诒手谈，三钟始散。就寝。

己巳年正月十六日（1929年2月25日）星期一 晴

下午五钟起，修容。復生、觉臣来，同饭。八时至开明演全本《荀灌娘》。一钟归，点心，三钟半始寝。

己巳年正月十七日（1929年2月26日）星期二 阴

下午二钟起，沐浴。刘玉芳、赵绮霞、陆凤琴、孙砚亭[3]、马富禄来说戏。晚饭。至开明演《盘丝洞》。一钟归。与释戡、觉臣、叔诒、再明竹戏至天明。

《盘丝洞》据昆腔本改编，荀特邀昆腔老师曹心泉由京赴沪，助其排练和伴奏。1923年首演于上海亦舞台，1928年月首演于北京

《盘丝洞》 荀慧生饰月霞仙子

1 史畏之，实业家，曾任北平石景山电力公司总经理、工程师。

2 徐小麟，上海心心照相馆经理，曾拍摄大量京剧演员便照与剧照，并曾主持高亭唱片公司工作。

3 京剧旦角演员，艺名小凤凰。

己巳年正月十八日 （1929年2月27日）星期三 微雨

至大陆银行并到十九小学接和儿，十二钟归。今早九钟至桃妹、桃红家小坐。晚至福兴居请戏剧省察会员。子高电约桃妹处闲谈。一钟归。

己巳年正月十九日（1929年2月28日） 星期四 晴

十一钟起。彦衡、连孝、春彦、童绵标、王以文、復生、觉臣、富禄、释戡、再明、逋仙、冷庵来谈。晚饭后大风。十一钟寝。

己巳年正月二十日（1929年3月1日） 星期五 晴 仍风

十钟起，午饭，抄戏。告假三日。今日母寿，觉臣、復生、怡庵、松林夫妇来作贺，一钟散，寝。

己巳年正月二十一日（1929年3月2日） 星期六 晴

早十钟起。佣人文奎辞去。子高约天瑞居午饭，有秀康、李姓及桃妹姊妹。饭毕至桃红家小坐，与桃妹小谈。下午五钟归。各角来排《埋香幻》。晚释戡、復生、富禄及松林夫妇来。今日和儿生日。饭后沐浴，寝。

己巳年正月二十二日 （1929年3月3日） 星期日 晴

十二钟起，仍排《埋香幻》。晚饭后与释戡、復生等竹戏。胡师来。二钟牌散。就寝。

己巳年正月二十三日 （1929年3月4日）星期一 晴

十二钟起。游天由申来京，晚同至开明，演《醉酒》。吴静安送余烟锅一个；游天带来怀伯礼四件：图章、印色、小壶、砚台；游天送汉玉一方、喜佛一尊；舍予画一幅。三钟始复寝。

己巳年正月二十四日（1929年3月5日）星期二 晴

十二钟半起。游天、復生、富禄来，晚饭毕同至开明，演《埋香幻》。戏毕静安、慕邢皆约新华西餐。静安局有游天、敬老、小刘；慕邢局有桃红、桃妹，亦有小刘。三钟归，寝。

己巳年正月二十五日（1929年3月6日） 星期三 晴

十一钟起。晚桃妹、桃红约在宝华楼，有子高、觉臣、叔诒。饭毕同到桃妹处，稍坐即归。与游天、再明、松林、復生、富禄手谈，至四时始散，就寝。

己巳年正月二十六日（1929年3月7日） 星期四 晴

接郑过宜[1]函，荐杨宝森与余合演，托游天复信。仲直、释戡来，同晚饭，并竹戏。二钟半客散，就寝。

己巳年正月二十七日（1929年3月8日） 星期五 微阴

十二钟起。昨黄全生、徐德增来，言上海大舞台事，函告张师。晚赴伯珩之约，同席有二十馀人。饭毕至东方饭店看游天，略谈，偕至潇湘馆访好弟，二钟始归，寝。

己巳年正月二十八日（1929年3月9日） 星期六 晴 风

一钟起，读《顺天时报》樊樊山[2]观《埋香幻》，诗云："人鬼琴堂一笔勾，仳离双美合鸾俦；返生不待香三日，铸错应徵铁六州。蛙闹正因无理取，鸩媒也算有情不。判来清献鸳鸯谱，儿女终然听自由。"各角来排全本《十三妹》。晚偕敬老、叔诒、剑秋赴春华楼杨乐彭之约。归，自做主人为游天祝寿，有胡师、孟一、觉臣、再明及父母。饭毕竹戏。请英甫为骧儿诊视。四钟客散，即寝。

己巳年正月二十九日（1929年3月10日） 星期日 晴 风

一钟半起。丹亭、觉臣、再明、游天来。晚至陈公睦[3]宅饭局，九时归。时慧宝内人来。二时寝。

己巳年二月初一日（1929年3月11日） 星期一 阴 风

一钟半起，与富禄、剑秋、英甫、游天竹戏。敬香，晚饭。二钟牌散。朱富昌由津

---

1 戏曲评论家，一名郑醒民，广东潮州人，自幼喜爱戏曲，长年为各大报刊写剧评，主编《戏剧月刊》《戏剧旬刊》《十日戏剧》。

2 即樊增祥（1846～1931年），字嘉父，号云门，一号樊山，别署天琴老人，湖北省恩施市六角亭西正街梓潼巷人。光绪进士，历任渭南知县、陕西布政使、护理两江总督。辛亥革命爆发，避居沪上。为同光派的重要诗人，著有《樊山全集》。

3 陈公睦，名庆龢，字公睦，广东番禺人，1871年生，清优贡。历任铁路局总文案、天津大学堂会办、山东抚署文案、客籍学堂监督、学务处调查所副监督、高等学堂监督、直隶督署文案、天津保工局会办、外务部秘书股股员、直隶洋务局参议、驻檀香山正领事、北京政府交通部秘书、外交部秘书等职。

来，谈片刻。二钟寝。

己巳年二月初二日（1929年3月12日） 星期二 狂风

早九钟起，理发、沐浴。一钟与游天、敬老共饭。大霾竟至掌灯，约一小时天始稍霁。晚与游天等手谈。二钟半寝。

己巳年二月初三日（1929年3月13日） 星期三 晴

下午四钟起。朱復昌、张仲直[1]、沙游天、关子高、彭秀康来，同竹戏，留晚饭，一钟牌散，寝。

己巳年二月初四日（1929年3月14日） 星期四 晴

十二钟半起。富禄、伊文来。晚赴开明演童子军义务戏，戏码为《花田错》。戏散同张仲直、沙游天归，共饭毕；与张、沙并剑秋、松林竹戏，至天明十钟牌散。

己巳年二月初五日（1929年3月15日） 星期五 晴

同仲直、游天等往春华楼午饭，有敬老在座。饭毕偕陈、沙步至连孝家小坐。顺路至梁家园余旧居稍作盘桓。归，卧片时。仲直假余寓宴客。饭后与游天、释戡等竹戏至四钟半。始寝。

己巳年二月初六日（1929年3月16日） 星期六 早阴晚晴

下午三钟起床。释戡、连孝来。晚吴镜芙约在新丰楼饭，有女票友四位在座。饭毕至第一台演河南赈灾义务戏，戏码为《醉酒》。戏毕偕仲仁往瑶卿家小坐。归，点心，寝。

己巳年二月初七日（1929年3月17日） 星期日 阴

十二钟半起。觉臣、富禄、连孝来。三时关子高车接至桃妹、桃红家竹戏、晚饭。刘竹君约在新丰楼饭。饭毕偕子高仍回桃妹处。子高先去，余与桃妹秘谈片刻，一钟归。寝。

1 张仲直（1901～1951年），1919入神户高等商业学校学习。1923年入东京商科大学学习归国后，1940年3月，汪精卫改组华北政务委员会后，张仲直担任王克敏的心腹，后历任为北京华北电业理事、华北政务委员会政务厅厅长兼秘书厅秘书长等职。

己巳年二月初八日（1929年3月18日） 星期一 晴

十二钟起，与剑秋研究《十三妹》腔。晚偕胡师、敬老、叔诒、释戡往恩成居便饭。遇兰芳、玉芙、惠芳、如山亦在恩成居饭，稍谈。饭毕到开明演《翠屏山》“杀山”，一钟半归，寝。

己巳年二月初九日（1929年3月19日） 星期二 晴

十二钟起床，补写日记。释戡来，留饭。晚偕敬老等至开明演全本《十三妹》。戏散释戡、仲直同至余家，手谈一夜，天明十一钟牌散。

己巳年二月初十日（1929年3月20日） 星期三 晴

十二钟同到恩成居午饭，有关丽卿[1]、好弟、静安、叔诒在座。二钟归。晚偕敬老、叔诒、松林、剑秋、富禄至春华楼约贯大元饭。十钟归，寝。

己巳年二月十一日（1929年3月21日） 星期四 忽阴忽晴

十一钟起，与敬老念《荆钗记》。敬老移居，命人送酒席一桌。今日春分节。晚饭，稍息即寝。

己巳年二月十二日（1929年3月22日） 星期五 晴

早八钟起，沐浴。晚张棣生约在本宅饭，有李柳溪、朱洽黎等。饭毕竹戏，二钟归。接啸师电召叔诒回申。三时寝。

己巳年二月十三日（1929年3月23日） 星期六 晴

早十钟起床。晚赴撷英，系四位昆曲女票友做东，并有吴镜芙等在座，大醉而归。与释戡、仲直、叔诒手谈。醉眼迷离，胜负可知。伯珩、棣生来。天明六时牌散，寝。

己巳年二月十四日（1929年3月24日） 星期日 晴

十二钟半起，偕叔诒至黄震泰处治病。吴镜芙约在霞公府刘宅竹戏，又东兴楼晚饭。饭毕至桃妹家小坐，二时归，寝。

1 京剧旦角演员，艺名黑牡丹。

己巳年二月十五日（1929年3月25日） 星期一 雨雹

下午四钟起床。接游天信，郑过宜由申来。晚偕释戡、敬老到开明，演《香罗带》。戏毕觉臣、松龄、释、敬等同归，稍谈。二钟客散。敬香、点心，三时寝。

己巳年二月十六日（1929年3月26日） 星期二 晴

一钟起。郭逋仙、曹连孝来。晚至开明演《闹学》《穆天王》双出。十二钟半归。寝。

己巳年二月十七日（1929年3月27日） 星期三 阴

一钟起床。石工、释戡来，晚六时去。饭后与仲直、剑秋、叔诒手谈，一时散。仲直谓已辞开明经理之任。客去，沐浴，寝。

己巳年二月十八日（1929年3月28日） 星期四 晴

十一钟起，至黄震泰处诊视。晚在春华楼自做主人请郑过宜、杨宝森、马富禄、张仲直、李释戡、金仲仁、陈敬老、小桂花等便饭。饭毕同归，竹戏。一钟寝。

己巳年二月十九日（1929年3月29日） 星期五 晴

十一钟起。昨晚游天由津来，谈接啸师函，催叔诒回申。晚与富禄、游天、仲直手谈，三钟始散，寝。

己巳年二月二十日（1929年3月30日） 星期六 晴

十二钟起床，偕敬老至释戡家看淋症，医生系释戡老弟也。二钟归。宜孙、禹泰由津来寓。晚饭后与剑秋、仲直、释戡、游天竹戏，四钟始散，寝。

己巳年二月二十一日（1929年3月31日） 星期日 晴

一钟起床。胡师、孟一、仲直、释戡、游天等来；晚同到广和居饭，释戡做东。饭毕同归，竹戏，二钟半始散，寝。

己巳年二月二十二日（1929年4月1日） 星期一 雨

一钟起。午饭后偕敬余、富禄至第一台看电影，因雨停演，扫兴而归。修容。游天晚车赴津。晚至中和戏院演《埋香幻》。戏毕偕释戡、仲直、敬老、叔诒同归，点心，二钟半客散，寝。

《穆天王》 荀慧生饰穆桂英 舒舍予饰杨延昭

己巳年二月二十三日（1929年4月2日） 星期二 忽阴忽晴

一钟起。仲直、释戡来，留晚饭。饭毕到中和演《铁弓缘》《武家坡》双出。戏毕归，点心后稍息即寝。

己巳年二月二十四日（1929年4月3日） 星期三 晴

十一钟半起。偕敬老至释戡家，仍请其弟念诒诊视。二钟归。饭后作烧小睡。下午六时稍愈。仲直、觉臣、释戡、富禄、松林、镜芙、季培来，晚手谈。疾作入卧。

己巳年二月二十五日（1929年4月4日） 星期四 晴

二钟半起。过宜、富禄来。晚释戡来闲谈，至十一钟客散，寝。

己巳年二月二十六日（1929年4月5日）（清明节） 星期五

十钟起，午饭后过宜来。晚仲直假余处请客，有冯叔鸾[1]及敬老、胡师、释戡、觉

1 冯叔鸾，1883年出生，字叔鸾，笔名马二先生。剧评家冯小隐之胞弟。以马二先生的笔名在《大公报》《时事新报》等京、津、沪个报上发表剧评。1914年编辑《俳优杂志》，后曾兼任上海榛苓小学校长。1936年任上海版《大公报》副刊“大众俱乐部”主编。著作有《啸虹轩剧谈》等。

臣、富禄、叔诒、剑秋。饭毕手谈，共两桌，四钟始散，寝。

己巳年二月二十七日（1929年4月6日） 星期六 晴

一钟起。晚宝森、过宜、富禄、子一、释戡来。下午六时狂风微雨。七时张荫梧[1]、赵以宽[2]等约泰丰楼，偕子一同去，有小楼、叔岩、兰芳、艳秋在座。九时归。与释戡等闲谈。十一钟寝。

己巳年二月二十八日（1929年4月7日） 星期日 阴

早十钟起。丹亭、仲直、觉臣、富禄来，同饭。沐浴。手谈。晚宝森来说《丹青引》，留饭。十二钟半客散。三钟始寝。

己巳年二月二十九日（1929年4月8日） 星期一 晴 风

早十一钟半起床，偕敬老至李宅，仍请其弟诊视，一钟半归。午饭。堃芳、丹亭、释戡、富禄来谈。下四钟发烧小睡。晚饭后至中和演《丹青引》。一钟归。大风。三钟始寝。

己巳年二月三十日（1929年4月9日） 星期二 阴 仍风

下午四钟起床。天津新新戏院经理奎良及寒云门人薛芝岩持寒云信来。昨偕释戡、敬老、松林并堪舆等至北芦草园庆云巷看房，因价贵作罢。晚与释戡、仲直、叔诒竹戏，二钟半客散，寝。

己巳年三月初一日（1929年4月10日） 星期三 晴

下午二钟起。老爷子来要戏份，将大陆银行存款提出。晚饭后九钟寝。

己巳年三月初二日（1929年4月11日） 星期四 晴

早十一钟起。将款拨存盐业银行，共九千元，与张伯驹[3]同去；并至劝业场购茶

---

1 张荫梧（1891～1949年），字桐轩，1916年入学保定陆军军官学校第5期生。1918年毕业任山西省学兵团连长。此后历任山西督军公署参谋、太原国民师范学校军训副主任、山西陆军第10团团长。1928年任北平警备司令。1929至1931年任北平特别市市长。

2 1914年进入日本陆军士官学校，曾任北平市公安局长。

3 张伯驹（1898～1982年），字家骐，号丛碧，别号游春主人、好好先生，河南项城人。富收藏，精鉴赏，通书画，并习京剧老生，与余叔岩过从甚密，著有《丛碧词》《红毹纪梦诗注》等书。历任安武军全军营务处提调、陕西督军公署参议、盐业银行董事、总稽核，华北文法学院教授、故宫博物院专门委员等职。

壶，一钟三刻同归。午饭。顺伯、常汉卿、李钖龄（号命三）偕来。晚与释、仲松等竹戏。二钟寝。

己巳年三月初三日（1929年4月12日） 星期五 晴 大风蔽日

十一钟起。李释戡约在中央公园修禊，偕敬老同去，座有六十馀人，皆知名士；在水榭共酌，并拍照，三钟归。晚与释戡、仲直、剑秋竹戏。三钟始寝。

己巳年三月初四日（1929年4月13日） 星期六 晴

十一钟半起。游天托王祥先寄烟锅、车毯来。五钟至连孝处，并往中国饭店看祥先；又到释戡处诊视，同归。伊借余家请陈任先[1]、张仲直、敬老等饭。饭毕竹戏，三钟客散，寝。

己巳年三月初五日（1929年4月14日） 星期日 晴

一钟起。吴堃芳、胡师来。晚六时余至春华楼便饭，有好弟、老四作陪。饭毕至潇湘馆老四处小坐；九时又往桃妹、桃红家闲谈。十一钟归。寝。

己巳年三月初六日（1929年4月15日） 星期一 晴

一钟起。堃芳、仲直、释戡来，闲谈，留饭。晚八时至中和演《绣襦记》。一钟归。寝。

己巳年三月初七日（1929年4月16日） 星期二 晴

一钟起。堃芳来。赵幼田由津偕二友来谈。晚饭毕偕敬老至中和，演《辛安驿》。一钟归。寝。

己巳年三月初八日（1929年4月17日） 星期三 晴

早十钟起，至尊元阁理发，归。内子有十馀日月经闭寒、周身作疼，请英甫诊视，小产男胎一具。下午五钟偕敬老至东大市购硬木床大小三张，共用洋二百二十七元，归。释戡、仲直、堃芳来，竹戏至天明，十钟始寝。

---

1 即陈箓，生于1877年，字任先，号止室，入巴黎大学学习法律，是中国第一位在法国获得法律学士学位的留学生。1938年3月出任伪维新政府外交部长。1939年被军统特工刺杀身亡。

己巳年三月初九日（1929年4月18日） 星期四 晴

下午四钟起，与堃芳闲谈。天津春和林少旭经理来接洽演戏事。十钟寝。

己巳年三月初十日（1929年4月19日） 星期五 晴

早十一钟起。李局长、泰芬来，接洽演义务戏事。昨刘天红（即叔诒）移居定府大街六号、伊兄子宜处。至周復生家，怡庵约在伊宅晚饭。归。与释戡、仲直、堃芳、復生、剑秋手谈至天明。十钟始寝。

己巳年三月十一日（1929年4月20日） 星期六 晴

下午六时起，沐浴。叔诒来闲谈。延汪凤椿为内子诊视。留敬老、松林晚饭，饭后稍谈。即寝。

己巳年三月十二日（1929年4月21日） 星期日 晴

早九钟起。晚与释戡、仲直、觉臣、剑秋竹戏。一钟半寝。

己巳年三月十三日（1929年4月22日） 星期一 微雨 风霾

下午一钟半起。请大内兄修容。释戡、堃芳来。陈喜星来说戏。晚到中和演《元宵谜》。一钟归。寝。

己巳年三月十四日（1929年4月23日） 星期二 晴

一钟起床。胡师、仲直、释戡、復生来。今日骧儿周岁。饭毕至中和演全本《双姣缘》。戏毕归，与仲、释及马富禄手谈，三钟始寝。

己巳年三月十五日（1929年4月24日） 星期三 雨

十一钟起。剑秋三十正寿；慧宝移居，各送祝礼。敬香。偕敬老至释戡处，请其弟诊视，一钟归。午饭后小睡。六时释戡、仲直、堃芳手谈，至天明十钟始散。

己巳年三月十六日（1929年4月25日） 星期四 晴

抱骧儿到大街闲步。大内兄、四内兄及释戡、敬老来，闲谈。内子请汪凤椿诊视。与富禄稍谈。未用晚饭。六时寝。

己巳年三月十七日（1929年4月26日） 星期五 晴

十钟起。晚刘义庆约在春园饭，有叔诒、叔度、觉臣。饭毕偕觉臣至桃妹家闲谈，十钟归。与释戡、仲直、剑秋、堃芳等手谈，至四钟始散，寝。

己巳年三月十八日（1929年4月27日） 星期六 阴 风

十一钟半起，午饭。下午五时到同兴堂祭神，归。张士元来接洽通俗教育馆义务。一钟第一台山西义务。与余叔岩合演《乌龙院》。戏毕归。寝。天已明矣。

己巳年三月十九日（1929年4月28日） 星期日

一钟起。午饭后復生、释戡、堃芳、敬老来，留晚饭。饭毕大谈神鬼之笑话。一钟客去，即寝。

己巳年三月二十日（1929年4月29日） 星期一 阴

十一钟半起。昨喜兴来说戏。晚偕释戡、敬老至晋和祥购烟，并到中和戏院，演全本《十三妹》。一钟归，三钟始寝。

己巳年三月二十一日（1929年4月30日） 星期二 雪雨大作

下午二钟半起床。连孝、释戡来。下午时偕敬老至尊元阁理发。十钟赴中和演《战宛城》。一钟归，寝。

己巳年三月二十二日（1929年5月1日） 星期三 晴

十二钟起，偕敬老仍赴释戡处诊病。余病已二月，据医云从此可痊。又往同仁医院诊眼，归。发烧小卧。晚与仲直、释戡、復生手谈。二钟寝。

己巳年三月二十三日（1929年5月2日） 星期四 忽阴忽晴

十二钟起。松林来闲谈。晚饭。九钟寝。

己巳年三月二十四日（1929年5月3日） 星期五 晴

早八钟起，沐浴。老金抱骧儿至汪凤椿处诊病，伊谓是水疹。富禄来，持画一幅，云连真托卖，送胡师鉴定。晚留仲直、释戡、復生饭。杨乐朋、关叔达来，介绍民众娱乐会。饭后与张、周、李、钟等竹戏。英甫来接洽演义务戏事。天明五钟客散，就寝。

己巳年三月二十五日（1929年5月4日） 星期六 阴

十钟起。接子高约饭信。晚与胡师同饭。十钟寝。

己巳年三月二十六日（1929年5月5日） 星期日 雨

十一钟起。晚费叔迁、广仲虎来，面约福兴居饭。又赴子高之约，有林森、铁臣，并有女伶雪艳琴及马连良、王幼卿、程艳秋等。饭毕闲谈。三时始归。寝。

己巳年三月二十七日（1929年5月6日） 星期一 晴 风

十二钟半起。叔迁等约在福兴居早饭，四钟归。晚陈少白借子高处约饭，座仍昨客。八时到“中和”演《钗头凤》。一钟归，寝。

己巳年三月二十八日（1929年5月7日） 星期二 晴

十钟起。晚释戡、復生、觉臣、叔诒来，留饭。饭毕至中和戏院演头二本《虹霓关》，戏毕归。寝。

己巳年三月二十九日（1929年5月8日） 星期三 晴 风

十二钟起，与剑秋研究《荆钗记》。彦衡、舜九、连真、富禄来。张春彦由申来寓，闲谈。释戡来，与仲直、復生及余手谈，至四钟始寝。

己巳年四月初一日（1929年5月9日） 星期四 晴

释戡晚厚德福饭。九时归，寝。

己巳年四月初二日（1929年5月10日） 星期五 晴

早九钟起，沐浴。午饭后富禄、彩霞、乐十三、杨乐朋、李释戡来。晚时慧宝约在伊宅饭，九钟归。祭财神。十钟寝。

己巳年四月初三日（1929年5月11日） 星期六 晴

早六钟起。释戡、富禄来，留饭。晚约瞿兆僧订和儿馆事。十一钟寝。

己巳年四月初四日（1929年5月12日） 星期日 晴

早九钟起。高孟一约广和居饭，有释戡、玉芙、兰芳、如山、冷庵、敬老等。又赴春华楼吴镜芙之约。九钟归，寝。

己巳年四月初五日（1929年5月13日） 星期一 晴

早九钟起，修容、沐浴。午饭后与敬余念戏词。晚请瞿兆僧设帐。九钟至中和戏院演《盘丝洞》。一钟归，寝。敬老因家务移来暂住。

己巳年四月初六日（1929年5月14日） 星期二 晴

十一钟起。张仲直面约厚德福饭，有敬老、释戡同去。九钟到中和戏院演《妒妇诀》。一钟归，寝。

己巳年四月初七日（1929年5月15日） 星期三 晴 风

早九钟起，至尊元阁理发。托敬老购《三国演义》一部。晚留仲直饭。张士元、吴彩霞[1]来。稍息。十钟半淋浴，寝。

己巳年四月初八日（1929年5月16日） 星期四 晴

早五钟起，早饭，九钟偕敬老乘专车赴津，一钟半下车，住中国旅馆。游天来，同到中原公司购衣料，本公司正副经理接待甚周。七时归栈。九钟至春和兵工医院义务演《辛安驿》，并有连良、大元、兰芳等。十一钟归，寝。

己巳年四月初九日（1929年5月17日） 星期五 晴

下午三钟起，偕游天至诸友处共二十馀家。晚中原公司经理黄文谦约本公司饭，言请余帮忙。饭毕至春和演《坐楼》，与连良合作。戏毕在本台拍影并赠奖章。同游天、文谦、寰如至妓馆闲坐，至天明。

己巳年四月初十日（1929年5月18日） 星期六 阴 风

早十钟上车，在途昏睡。下午四钟抵京，归寓，稍息用饭，七钟半寝。

己巳年四月十一日（1929年5月19日） 星期日 晴

十一钟起。晚至开明教育义务，与言菊朋合演《坐楼》，系郑英甫、张士元、李泰

1 吴彩霞（1877～1938年），清末四喜班名旦吴巧福之长子。巧福曾名重一时，其次子彩云、工小生；三子彩林工旦角，四子堃芳工小生，一度为荀慧生之留香社管事，后被辞。彩霞有六个妹妹，长妹嫁徐宝芳，为徐兰沅、徐碧云之母，次妹嫁花脸演员时实宝；三妹嫁老生名师陈秀华；四妹嫁著名武旦朱桂芳；五妹嫁老生钮玉庚，即名丑钮荣亮之母；六妹吴春生即荀慧生之妻。吴彩霞之子吴彦衡（1903～1974年）先为老生，拜师余叔岩，后工武生，宗杨派。

芬之约；又至阿王府堂会，演《盘丝洞》，四钟方散。阿王留饮，归寓日已高矣。

己巳年四月十二日（1929年5月20日） 星期一 晴

下午四钟请张伯旬为阖家种花。晚留释戡、胡师、仲直便饭并手谈。二钟寝。

己巳年四月十三日（1929年5月21日） 星期二 晴

十钟起，至金鱼池购鱼，并松林同去。晚饭毕在院中与敬老闲谈。一钟寝。

己巳年四月十四日（1929年5月22日） 星期三 晴

十钟起，召匠糊窗，阅《三国演义》。晚留胡师便饭。黄文谦、沙游天等由津来，同至春华楼小酌并冶游，归，谈二钟散。寝。

己巳年四月十五日（1929年5月23日） 星期四 晴

十一钟起，敬香。连日酷热如盛暑，今稍凉。晚少高、镜芙约油房胡同饭，归。自做主人请黄文谦、李子华，并约释戡等作陪，饭毕手谈。今收中原公司定洋五百元，订端节后一日登场。天明客散，寝。

己巳年四月十六日（1929年5月24日） 星期五 晴

下午一钟半起。邀逋仙、镜芙来闲谈。晚游天约黄文谦、李子奇、吴镜芙、陈敬余、张仲直等在广和居饭，饭毕同归。与释戡等竹戏至天明。

己巳年四月十七日（1929年5月25日） 星期六 晴 风

九钟偕游天至华北饭店访《沪报》记者考察团。严独鹤等诸君面约阳历二十九日忠信堂饭；并往东方饭店访钱芥尘[1]；又步至中国饭店回拜文谦、子奇，与子奇稍谈；并至慎业里访文谦，同归余寓。午饭。今释戡四十二生日，游天、敬老、文谦、仲直及余醵金为寿；手谈达旦。

---

1 钱芥尘（1886～1969年），原名家福，改署芥尘，号须弥、炯炯。嘉兴人，辛亥革命后，参加章太炎的统一党，继马叙伦任上海《大共和日报》总经理；以后又办《神州日报》《晶报》《新申报》；在天津办《华北新闻》；在沈阳办《新民晚报》；还在上海办过《新中国杂志》，接办毕倚虹主编的《上海画报》；40年代，在上海主编《大众》杂志。1953年被聘为上海市文史馆馆员。

荀慧生与白社朋友研究剧本

己巳年四月十八日（1929年5月26日） 星期日 晴

四钟寝。游天、文谦今早车赴津。下午五钟起，晚饭。仍睡。

己巳年四月十九日（1929年5月27日） 星期一 晴

早九钟起。托仲直取大陆款。晚饭后稍息即寝。

己巳年四月二十日 （1929年5月28日） 星期二 晴 风

早十钟起。同张伯驹至盐业银行存款，长期一万元整；短期一千二百元整。偕友畅谈。下午五时与敬老至尊元阁理发，七时归。顺伯由张家口来。晚饭后与仲直、释戡闲谈至三钟。寝。

己巳年四月二十一日（1929年5月29日） 星期三 晴

早十钟起。晚在忠信堂约上海报界旅行团，严独鹤、钱芥尘、赵叔雍、戈公振[1]、

1 戈公振（1890～1935年），名绍发，字春霆，江苏东台人。1913年冬到《时报》编辑部工作，初任校对、助编，后升任编辑直至总编。1920年开创《图画时报》。并编译《新闻学撮要》，著有《中国报学史》。先后任教于上海国民大学、南方大学、大夏大学、复旦大学的报学系或新闻学系，讲授新闻学和中国报学史。因病卒于上海。

汪仲韦[1]、蔡行素[2]、马群超、王维桢、何联第[3]、张竹平[4]、成济安[5]、周因心、张蕴、程晓湘、管际安[6]、鲍振青、严慎予[7]、赵君豪、潘公弼[8]等二十馀人，并约黄秋岳[9]、李释戡、张仲直、陈敬余、傅芸子[10]等作陪。九钟半偕敬、仲归。富禄、连孝、释戡来竹戏，三钟始散。点心，四时寝。

己巳年四月二十二日（1929年5月30日） 星期四 晴

十一钟起。严独鹤等来闲谈。午饭后修容，至东单栖凤楼四号访李徵五，十钟归。寝。

己巳年四月二十三日（1929年5月31日） 星期五 晴

十钟起。彦衡赴汉。晚胡师来，留饭，十钟去。即寝。

己巳年四月二十四日（1929年6月1日） 星期六 晴

十一钟起。接游天信。午饭。与敬老说戏。下午五时各角来排《荆钗记》。子高

1 汪仲韦，19世纪30年代著名办报人。

2 蔡行素，民国时期著名报人，曾任上海《时报》总编辑。

3 何联第，清末闻人何丹书之孙，毕业于上海圣约翰大学，曾任《新闻报》常务理事。

4 张竹平，字竹坪。江苏太仓人。上海圣约翰大学毕业。1922年进申报馆工作，为经理兼营业部主任，接办上海英文日报《大陆报》。创办《大晚报》，并将其与《时事新报》《大陆报》、申时电讯社组成“四社”，实施集资经营、联合办公。

5 成济安，原名国屏，别名惜依，参加“二次革命”，失败后随黄兴出走日本，回国后主办《民国日报》，曾任《世界日报》总编辑。1937年抗日战争爆发后，兼任军法执行总监部督察官。1952年在北京病故。

6 管际安，名义华，字弄庵，别署安居士，1892年生于苏州。早年移居上海.就学于南洋公学，曾就职于《民权报》，后历任《中华民报》及《民国日报》编辑，为保存和研究昆曲不遗余力。先后参加“平声社”“赓春社”“青社”“啸社”等著名曲社外，并亲自组织“同声社”。

7 严慎予，曾任《中央日报》总编辑，1931～1933年任上海县长。

8 潘公弼（1895～1961年），1919年任《京报》主笔。1921年6月参加创办上海《商报》，任主笔。1926年起，先后曾在上海国民大学新闻系、上海沪江大学商学院新闻科任教。抗日战争初期，主持《申报》笔政。1941年到新加坡，担任《星洲日报》总主笔。1947年赴香港，曾任《国民日报》社长。1951年去台湾，任《中华日报》顾问兼主笔。1961年12月逝世于台湾。

9 即黄濬（1891～1937年），福建闽侯人，字秋岳，室名“花随人圣庵”，著有《壶舟笔记》《花随人圣庵摭忆》及《补编》等。幼时为京师译学官学生，有诗名，孙雄将其诗收入《四朝诗史》。17岁毕业，在京任七品小官。民国以后，梁启超任财长时聘为秘书。1924年任国务院参议。为汪精卫看重，招为南京行政院秘书。后以汉奸罪处决。

10 傅芸子（1902～1948年），满族，北京人，原名宝坤，字韫之，别号餐英、竹醉生，戏曲理论家傅惜华之兄。曾主编《北京画报》和《国剧画报》并与梅兰芳、余叔岩等发起成立“北平国剧学会”，抗战胜利后协助溥儒主编北平《新生报》副刊《故都文物》，又与其弟傅惜华合作主编《华北日报》副刊《俗文学》。主要著作还有《旧京闲话》《春明鳞爪录》《餐英庐随笔》《清代名人故宅考》等。

约余晚饭，为与张玉衡补祝，有小云、宝忠、保义、连良、幼卿等三十馀人。饭毕手谈。十二钟至潇湘馆访好弟；二时又至桃妹处闲谈，三时归。寝。

己巳年四月二十五日（1929年6月2日） 星期日 晴

十一钟起。张仲直来闲谈。晚饭，稍息，寝。

己巳年四月二十六日（1929年6月3日） 星期一 雨

十二钟起。张菊舫、张少舫（工老旦）、王多寿、马富禄、曹连孝、杨宝森来对戏。晚赴广福居小酌。九钟步至中和演后部《红鬃烈马》。一钟归，寝。

己巳年四月二十七日（1929年6月4日） 星期二 阴

一钟起。王薰午、胡师来。晚至中和剧院演《荆钗记》，此戏唱两钟半。一钟归。寝。

己巳年四月二十八日（1929年6月5日） 星期三 晴

十钟半起，步至南大街购竹帘，一钟半归。午饭。逋仙来取扇面；再明送小骧周岁礼。晚饭后与剑秋及松林太太并堃芳竹戏。一钟寝。

己巳年四月二十九日（1929年6月6日） 星期四 晴

十二钟起。天津兴业银行汇中原公司洋一千元来，命松林往取。吴镜芙介绍关国侯来。富禄、连孝、孟一、释戡来。晚与敬、释及和儿至春华楼便饭，十钟归，闲谈至二时始散。寝。

己巳年五月初一日（1929年6月7日） 星期五 晴

十二钟起。中原公司有改期演剧之议，信问游天。晚胡师来，留饭。十一钟寝。

己巳年五月初二日（1929年6月8日） 星期六 晴

十钟起，沐浴，命佣人往亲友家送节礼。晚释戡、叔诒来，留饭，饭后与伊闲谈，二钟始散。寝。

己巳年五月初三日（1929年6月9日） 星期日 晴

一钟起。觉臣、叔诒、仲直、乐朋来闲谈。下午六钟雷雨大作，十二时半方止。留仲直等饭，二钟客散。寝。

己巳年五月初四日（1929年6月10日） 星期一 阴

十钟起，命人往胡师处送节礼；并送小翠花丧母份。下午大雨。晚与復生、再明、释戡、仲直手谈，二钟客散寝。

己巳年五月初五日（1929年6月11日） 星期二 晴

一钟起。今天中节，敬香，午饭。寿石工、李释戡、许觉臣、高孟一、张仲直、胡冷庵、周復生等来，留饭。雷雨交作。饭后竹戏，天明始散。寝。

己巳年五月初六日（1929年6月12日） 星期三 忽阴忽晴 风

下午一钟半起，与杨乐朋至永光寺街看房，归。连孝、堃芳来，晚饭毕闲谈，十一钟客散。寝。

己巳年五月初七日（1929年6月13日） 星期四 雨

十二钟半起。晚至小翠花处吊其母丧，归。与释戡闲谈，留饭。寄孔希白丧母祭幛；并发海上贺信。一钟寝。

己巳年五月初八日（1929年6月14日） 星期五 忽阴忽晴 风

一钟起。晚释戡约余及敬余春华楼饭，步归。沐浴，二钟始寝。

己巳年五月初九日（1929年6月15日） 星期六 晴

一钟起。堃芳、释戡来。晚至中央公园水榭后找觉臣，同往美弟、老三处闲谈。子高在本宅约饭，偕叔诒、君朋、老三、觉臣同去。饭毕手谈，天明五时始散。

己巳年五月初十日（1929年6月16日） 星期日

回返老三家吃大烟。七时偕许、刘至中央公园打球；并在长美轩点心。十钟抵家，与敬老念戏。晚饭后稍息，十钟寝。

己巳年五月十一日 （1929年6月17日） 星期一 晴

一钟起。杨乐朋（名票，工旦）来接洽演义务戏事。晚与释戡、仲直、觉臣等竹戏，至天明七时客散。寝。

己巳年五月十二日（1929年6月18日） 星期二 晴

一钟起，用工。连孝来。晚与敬老至释戡处饭；并与仲直、觉臣、释戡等手谈至天明八时。归时至桃妹处小坐，十钟至家。寝。

己巳年五月十三日（1929年6月19日） 星期三 大雨

下午三钟起。晚饭后偕释戡、敬老至中和观尚小云《珍珠扇》新戏，戏散到后台闲谈。又往王瑶卿家小坐。一钟抵家。寝。

己巳年五月十四日（1929年6月20日） 星期四 微雨

周畸生持梁子青[1]名柬。言乐朋介绍义务，定星期一、二在开明演唱；并约明日致美楼饭。晚饭后与释戡、敬余闲谈，至二钟始散。寝。

己巳年五月十五日（1929年6月21日） 星期五 晴

一钟半起，修容、沐浴、理发。接胡若愚信。二钟午饭，敬香。晚富禄、春彦电约春华楼饭。饭毕同至潇湘馆访好弟。十钟步归，稍息。尚小云电约余及富禄竹戏，偕周復生步至小云家手谈，至三钟回寓。寝。

己巳年五月十六日（1929年6月22日） 星期六 晴

一钟起。释戡、復生、富禄、彩霞、仲直来，留晚饭。饭后寿石工来，同手谈，至天明十钟始散。

己巳年五月十七日（1929年6月23日） 星期日 晴

至金鱼池购鱼，一钟归，午饭。与敬老用工。胡师、乐朋来闲谈。晚饭后沐浴，十钟寝。

己巳年五月十八日（1929年6月24日） 星期一 晴

十一钟起。乐朋送演戏杂费来。晚至开明民众学校义务演《埋香幻》。一钟归。寝。

1 别名梁绳筠。1901年生，河北省行唐县人，北平师大毕业，曾任国民党北平特别市党务指导委员、河北省省教育厅委，1946年1月任天津市政府秘书长。

己巳年五月十九日（1929年6月25日） 星期二 晴

一钟起。晚释戡来，留饭，十一钟伊去。一钟寝。

己巳年五月二十日（1929年6月26日） 星期三 阴

十一钟起。富禄、春彦来。晚大雨。饭毕稍息，寝。

己巳年五月二十一日（1929年6月27日） 星期四 大雨

一钟起，与富禄、春彦、春禄手谈。晚释戡以赵子昂画作押借洋一千元，言明八月节前归还。觉臣来同竹戏。二钟半始寝。

己巳年五月二十二日（1929年6月28日） 星期五 早雨 下午一时晴

十二钟起。晚留仲直、释戡、觉臣饭，并手谈。二钟半始寝。

己巳年五月二十三日（1929年6月29日） 星期六 晴

一钟起。连孝、菊舫及王琴轩、吴镜芙来。游天寄来中原公司戏单两张。晚释戡来，留饭。八时子高电约竹戏，偕释戡至关宅，有邢君明、美弟、老三在座，手谈至天明四钟始散。至潇湘馆老四、好弟处小坐。六钟抵家，点心，十钟方寝。

己巳年五月二十四日（1929年6月30日） 星期日 晴

下午三钟起。敬老、石工、復生、乐朋等来闲谈；并至尊元阁理发，同归。留伊等晚饭。饭毕偕敬老至开明观兰芳演第四本《太真外传》。一钟归，寝。

己巳年五月二十五日（1929年7月1日） 星期一 晴

下午一钟起。胡师、孟一、富禄来。晚饭后客散。稍息，寝。

己巳年五月二十六日（1929年7月2日） 星期二 阴

十钟起，午饭。大雨。中原公司李芷畦由津持信来接，释戡交《菊部丛谈》四十部带津寄售。命文奎购鱼缸。晚沐浴。与富禄、春彦手谈至天明。

己巳年五月二十七日（1929年7月3日） 星期三 阴

六钟客散。修容，七时寝，二钟起。丁玉堂来求车票。四钟半赴津，公司经理及友人来接，住息游别墅十九房。晚访友，公司约饭。一钟归。寝。

己巳年五月二十八日（1929年7月4日） 星期四 大雨

二钟起。购听胜利公司新三张唱片。晚至中原公司演《元宵谜》，已挂客满牌。戏毕叶庸方[1]、李徵五[2]在公司约饭，有徐朗西等十馀人。饭毕同归别墅闲谈，三钟客散。就寝。

己巳年五月二十九日（1929年7月5日） 星期五 雨

二钟起，偕游天到铁庵处闲谈；并至中原购礼券，归，休息。饭毕晚六时雨止。九钟至中原与铁庵合演《探母回令》，上座仍满。一钟回，寝。

己巳年五月三十日（1929年7月6日） 星期六 早仍雨 晚三钟晴

二时起床。何雅秋来，说四时公司约饭。又偕游天、雅秋赴王稷塍行长饭局；又至殷将军之约，有倪幼丹、王怀庆[3]等十馀人。七点归别墅。与友人闲谈。九时至中原演《香罗带》，六时已将满座牌挂出。一钟偕朱福昌、黄文谦、王先祥等来，谈至天明始寝。

己巳年六月初一日（1929年7月7日） 星期日 早晴 一钟半雨

一时起床，偕游天往访咏沧，同晚饭。九时至中原演《荆钗记》，仍满座加凳。戏毕同友人回寓，谈至天明始寝。是晚微雨。

己巳年六月初二日（1929年7月8日） 星期一 晴

三钟起。晚到中原演《钗头凤》，满座加凳。戏毕，公司三位经理大请各角饭。并同友人作平康游。天明归，寝。

1 叶庸方（1903～1944年），浙江定海人。曾主办的永兴国剧社为天津近百年史上三大票房之一，他热心实业，先后创办《天津商报》《庸报》《风月画报》，广泛结交津、京、沪三地的著名演员，他主办的永兴国剧社为天津近百年史上三大票房之一，并在上海和张啸林合资创立长城唱片公司，为中国京剧唱片事业做出卓越贡献。

2 李徵五与严独鹤、舒舍予（非北京之老舍）、杨屮屮（本名杨怀白）、桂泽丞、吴江枫等均为上海“白社”中要人，曾编辑出版《荀慧生专集》《白牡丹专集》，长期为《十日戏剧》和《半月戏剧》等戏剧报刊撰稿。

3 王怀庆（1875～1953年），字懋宣，河北宁晋人，原是直隶提督聂士成部下的中军，后成为徐世昌在军界第一心腹亲信，人称“马桶将军”。

己巳年六月初三日（1929年7月9日） 星期二 晴

下午三钟起。邓范吾来访，面约松亭午饭，并游劝业场。至后台访陆紫娟、老四并李文君；又至李徵五家贺娶子妇。饭毕到中原公司看白凤鸣鼓书《小老头》新戏。黄文谦、王先祥、赵仲锜、李子奇等合请余夜饭，二钟同归。竹战至五时牌散。

己巳年六月初四日（1929年7月10日） 星期三 热甚

昨晚与诸友手谈，一夜未眠；七时同至元兴池沐浴。下午一点到公司宴客，座有中原经理林紫垣、林寿田及游艺部部长赵仲锜等二十馀人。三钟归别墅。本定今日晚车回平，闻因蒋介石、张学良等出平，车行艰难，故临时中止。五点与文谦、游老五同游特一区陈祝龄花园，文谦等泛舟为乐；余与游等闲步、谈天；八时同至菜根香晚饭；饭毕同至余处闲谈。十二钟半客散，即寝。

己巳年六月初五日（1929年7月11日） 星期四 晴

早七钟起床。今日动身回平，公司经理人及友人来送者甚多。九时开车赴京，一钟抵家，午饭。微雨，四时止。晚饭后稍息，十钟寝。

己巳年六月初六日（1929年7月12日） 星期五

下午四钟起大雨倾盆。再明约在宣内前王公厂石灯庵素餐，庵内海澄接待甚周。十钟归，寝。

己巳年六月初七日（1929年7月13日） 星期六

下午一钟起。孙学谦、贾保生由南京至平，来寓闲谈。四时仍雨。时玉奎[1]、余胜荪[2]、李释戡、马富禄、王再明来，手谈。晚饭毕命松林开销天津演戏杂费，洋共一千五百五十元。石灯庵和尚海澄送陀罗经被。一钟半寝。

己巳年六月初八日（1929年7月14日） 星期日 微雨

十一钟起。贾保生来谈南京事。午饭。杨乐彭来说前定义务展期。晚约孙学谦、寿石工、王再明、张仲直等便饭，并竹戏。一钟客散。沐浴，二钟半始寝。

1 京剧净行演员。

2 余叔岩之弟，工老生，以程门弟子自居。师从京剧名票周子衡。

己巳年六月初九日（1929年7月15日） 星期一 晴

十一钟起，偕堃芳至佘家胡同贺老爷子移居之喜；并至临记洋行购冰箱；又到中山公园（及（即）是中央公园）闲步、球戏；并往尊元阁理发，归。郭逋仙赴哈尔滨来辞行。王琴轩来，言为和儿补习英文，明日授课。夜大雨。十二钟半寝。

己巳年六月初十日（1929年7月16日） 星期二 大雨倾盆

早四钟起，观鱼，七时复睡，十一钟醒，午饭。车接敬老来。晚释戡约丹亭、敬老、剑秋及和儿在杨梅竹斜街颐香春共饭。十钟至瑶卿处小坐，归。与剑秋闲谈。二钟寝。

己巳年六月十一日（1929年7月17日） 星期三 夜雷雨大作

十一钟起。仍雨，下午四时稍止。接赵伯苏订西湖之行，即复。子高电约晚饭。杨乐彭往津来辞行。晚赴关宅之约，八钟半归。饭毕，寝。

己巳年六月十二日（1929年7月18日） 星期四 仍大雨

九时起。晚寿石工、张仲直、李释戡等饭。饭后游天、文谦、芷畦自津来，同往韩家潭吃花酒，并竹戏；十二钟半仍回余寓，又竹戏至天明。

己巳年六月十三日（1929年7月19日） 星期五 微雨

文谦等议中秋再约余赴津演剧。九时至先农坛闲步。十二钟至梁家情妃家小坐，下午二钟同至西长安街庆林春便酌，并约好弟、老五同往；复返情妃家吸阿芙蓉。四钟半送游天、文谦、芷畦赴车站，归。松林来。胡师亦送扇。至晚毕。十钟寝。

己巳年六月十四日（1929年7月20日） 星期六 微阴

十二钟半起。释戡、再明、石工、保生来，手谈。孟一来闲谈。留伊等晚饭。饭毕仍手谈，三钟散。就寝。

己巳年六月十五日（1929年7月21日） 星期日 早雷雨大作 下午一钟起雨止 风

修容、敬香。晚约伯恂、仲直、再明、释戡、敬老便饭。饭后手谈。七钟微雨。天明六时客散。寝。

己巳年六月十六日（1929年7月22日） 星期一 微阴

十二钟半起，命剑秋往松家说秋季演戏。连孝来。下午四钟半偕敬老、连孝、菊舫及二奶奶并带和儿至延寿寺羊肉胡同并南半截胡同看房。又往敬余处闲谈，七钟归。石锡祜（号焕如）及再明来。晚饭毕。寝。

己巳年六月十七日（1929年7月23日） 星期二 微阴 风

十钟起，至尊元阁理发，归，午饭。张菊舫、寿石工、周復生、马富禄、王松林来谈。晚八时赴子高之约，有小云、小翠花、幼卿、宝忠、保义、竹君、燕生、燕冲等三十馀人。一钟归，寝。

己巳年六月十八日（1929年7月24日） 星期三 晴

十一钟起。偕连孝、松林、敬老同往南半截胡同复看房。晚石工、再明、释戡、敬老、復生共饭，饭毕手谈，至二钟始散。就寝。

己巳年六月十九日（1929年7月25日） 星期四 晴

早十钟起，偕内子同堪舆及老五仍往看房，归，午饭。命瓦匠修理寓内地沟。復生、再明、堃芳来，留饭。饭毕沐浴，十二钟半寝。

己巳年六月二十日（1929年7月26日） 星期五 晴

十一钟起，偕復生、敬老、老五、雁久并王姓至南半截胡同看九号房。又回拜石焕如，归。命佣人往焕如、冷庵两家送西瓜。晚饭毕与连孝、喜星、再明、復生闲谈，一钟方散。寝。

己巳年六月二十一日（1929年7月27日） 星期六 晴

十钟起。吴彦衡由汉来，往伊家探之。吴少皋、丁玉堂、曹连孝、復生来。南半截九号已付定洋。约彦衡晚饭。一钟寝。

己巳年六月二十二日（1929年7月28日） 星期日 晴

十钟起，到尊元阁理发，归。丹亭、富禄来。下午四时大雨倾盆。唐总司令第一台堂会演《铁弓缘》。是日仅有小楼《夜奔》、兰芳《三拉》、叔岩、幼卿《打渔杀家》、艳秋《红拂传》，共五剧。演毕归。与復生、剑秋闲谈。二钟寝。

己巳年六月二十三日（1929年7月29日） 星期一 大雨

十一钟起。因移居借胡师洋六百元。下午敬老、胡师同往看房。归。与復生、再明、石工等闲谈，一钟客散。寝。

己巳年六月二十四日（1929年7月30日） 星期二 阴

十钟抱骧儿大街闲游。丹亭送《金山寺》总本来。内子与富禄、復生、再明、石工、连孝等竹戏。子高夫人三十一生辰，送西瓜十枚、西湖景两幅；晚偕释戡往贺，共有四十馀客，同业甚多，赌至天明。

己巳年六月二十五日（1929年7月31日） 星期三 微阴

偕子高夫妇并邢君明、小翠花、刘叔诒至中央公园打球、闲步，并点心，上午十时归。同房东至南半截胡同估工，归。释戡、復生、再明、石工来谈，至夜分始寝。

己巳年六月二十六日（1929年8月1日） 星期四 阴

十一钟起。老爷子请客，命余往陪；余出菜资。房东张王申借款二百五十元修房，限二十五个月于租价内扣还，今日立字付钱。胡师来，入门大雨，雷声甚巨。同饭。乐朋来借《探母》行头。十一钟客散，寝。雨一夜未止。

己巳年六月二十七日（1929年8月2日） 星期五 阴

十钟起，步至南半截胡同宅相度自来水管，归。与敬老闲谈。又往相度电灯。丹亭来说《金山寺》。晚留石工、再明、復生等便饭并竹戏。余十钟寝，内子代之。一钟始散。

己巳年六月二十八日（1929年8月3日） 星期六 阴 风

十一钟起。雨。丹亭来排《金山寺》。晚留释戡、復生便饭。杨乐彭送金鱼五十条来。一钟半客散，寝。大雨一夜未止。

己巳年六月二十九日（1929年8月4日） 星期日 雨

十一钟起。晚復生、敬老、释戡、丹亭来。王松林辞班，由钟剑秋改组。买杨姓江西磁器一百三十二件，洋三十一元。十钟寝。

己巳年七月初一日（1929年8月5日） 星期一 雨自夜子时迄午未止

早六钟半起，敬香。晚马富禄来疏通松林事。偕连孝、雁久至新宅安立水管，归。前尚小云送扬仁展贤会扇面七幅来，今画就，请胡师润色，送去。并留释戡、石工、再明、復生、敬老、胡师、丹亭、仲直等饭，饭毕竹戏，至天明早十钟始散。

己巳年七月初二日 （1929年8月6日）星期二 晴

至老爷子处借洋五百已作迁居之用。骧儿惊风，内子抱凤椿处诊视。释戡、石工、再明、敬老、丹亭、復生、富禄、菊舫、孟一等来；游天、文谦自津来平，共饭。收中原公司演剧定洋五百元整。一钟客散。寝。

己巳年七月初三日（1929年8月7日） 星期三 晴

下午一钟起。请文谦、游天午饭。关伯珩、吴彦衡、吴彩霞、包丹亭等来。偕敬老、游天、文谦往看新宅。晚在释戡家饭，有吴铁庵在座。手谈至五钟散，同至中央公园闲步。七时归。寝。

己巳年七月初四日（1929年8月8日） 星期四 微阴

十二钟起。安电灯匠来支洋。王瑶卿送第一舞台外串钱来。今日立秋。下午五时偕游天监新宅水管工，归。胡师、仲直、再明、英甫、释戡等来，晚留饭。饭毕闲谈；文谦一钟来，竹戏至六钟半，客散。寝。

己巳年七月初五日 （1929年8月9日） 星期五 晴

十二钟起。丹亭来说《金山寺》。游天、文谦回津。晚留敬老、石工、丹亭、彦衡、復生、英甫共饭；并与英甫接洽开明演剧事。沐浴。一钟客散，寝。

己巳年七月初六日 （1929年8月10日） 星期六 雨

十一钟起。大雨。石工、復生、释戡来。与老太太、二奶奶手谈。丹亭来说戏。请敬老送《西湖主》总本与瑶卿。晚偕仲直至新房看视，归，同饭。十一钟客散，即寝。

己巳年七月初七日（1929年8月11日） （巧节） 星期日 微阴

十钟起，带和儿至尊元阁理发，并往乔玉林处吊其父丧。归，午饭。赵大斋丧母，命送礼。晚释戡、丹亭、敬老、再明、堃芳等共饭。饭毕大雨。十钟客散，寝。大雨一夜未止。

己巳年七月初八日（1929年8月12日） 星期一 仍雨

早八钟起，偕内子带和儿至新房看视，十钟归。画扇。晚偕敬余至瑶卿处研究《西湖主》《得意缘》穿插。六钟冒雨而归。饭。復生来，言伊往山西辞行，九月动身。十时伊去，即寝。

己巳年七月初九日（1929年8月13日） 星期二 微阴

早八钟起，至东大市购家具未妥，归。晚偕丹亭至松介扇处。又往董叔平家疏通《玉堂春》新戏事。大雨。董接待甚周。并留厢听戏三日。并至梨园新馆议改组贴行公会。十钟归，饭毕，寝。

己巳年七月初十日（1929年8月14日） 星期三 晴

早五钟半起，偕内子并连孝步至东大市购木器十七件，共洋二百七十元，同归，午饭。吴堃芳来，用为头目。昨内兄彩霞生日，往贺。丹亭、敬老、老票友（数年前最风骚之票友也）来。晚饭毕，英甫、復生来闲谈，十一钟客散，即寝。

己巳年七月十一日（1929年8月15日） 星期四 晴

早六钟起，步至东六市购木器，大小共三十件，合洋四百七十元。十一钟归，修容。富禄、敬老共饭。下午四时偕丹亭敬饭（馀）夫妇步至尊元阁理发；又同至大马神庙瑶卿处闲谈。庆生社在两益轩请客。八钟归，晚饭。马富禄、钟剑秋来闲谈，一钟去。即寝。

己巳年七月十二日（1929年8月16日） 星期五 晴

早八钟起，至新房闲步，十一钟归，复睡，下午四时起。连孝、丹亭、敬老、富禄及大内兄嫂来。晚开明经理张传易在烂缦胡同本宅约本社人饭，并有敬老、丹亭、胡师、仲直、復生等在座，饭毕手谈。二钟归。寝。

己巳年七月十三日（1929年8月17日） 星期六 晴

十一钟起。丹亭、彦衡来。晚偕丹亭、敬老至瑶卿处闲谈；又往“馅饼周”便饭。饭毕同步至晋和祥购烟。又至开明，尚未开戏，至食堂与孟一闲谈。今日本社事务由剑秋（接）手。九钟半演《玉堂春》。一钟半归。寝。

己巳年七月十四日（1929年8月18日） 星期日 晴

下午一钟起，午饭。饭毕，剑秋来算账，除请客、报馆等账，下馀六十元。余戏份洋一百二十元、杂费洋三十元。晚释戡、丹亭来，同饭。九时至开明演《绣襦记》。一钟归。松介眉（名票，工老旦）托瑶卿租余房，租价月三十七元，仲仁送定洋十元来。三钟始寝。

己巳年七月十五日（1929年8月19日） 星期一 阴晴不定

十二钟半起，敬香。电灯匠赵姓来拆灯。午饭毕与丹亭说《金山寺》。四时偕敬老至瑶卿家闲谈；又往两益轩便饭。饭毕步至开明演《盘丝洞》。微雨。一钟归。与堃芳闲谈至三钟半。始寝。

己巳年七月十六日（1929年8月20日） 星期二 阴

早六钟起，至新宅安瓶并敬香，十一钟归，午饭。内子带和儿至汪凤椿处看病。丹亭来说《金山寺》。孟一、再明问余迁移送画作贺。晚仲直、英甫、堃芳、復生来谈，至二钟客散。寝。

己巳年七月十七日（1929年8月21日） 星期三 晴

下午一钟半起。农仙偕其友汪希颜来。释戡、连孝、彦衡、再明来。胡老七来吊嗓。晚饭。与堃芳议本社改组事，十一钟堃芳去。即寝。

己巳年七月十八日（1929年8月22日） 星期四 晴

十一钟起，洗头、画扇。晚至新宅看视，归，饭。饭毕与英甫、仲直、释戡、復生、堃芳闲谈本社庆生改为春生，议中秋节再唱；并手谈至三钟半始散。就寝。

己巳年七月十九日（1929年8月23日） 星期五 大雨

十一钟起，午饭。与堃芳、彦衡等闲谈，同饭。復生来。一钟客去。即寝。

己巳年七月二十日（1929年8月24日） 星期六 晴

早九钟起，招木匠作床。晚与电灯匠并安水管等算账；又留復生、仲直、再明、彦衡、堃芳等饭。饭毕手谈，至天明十钟客散。

己巳年七月二十一日（1929年8月25日） 星期日 晴

晚饭后与堃芳、雁久、復生、彦衡等料理物件，明日移居南半截胡同九号。一夜未睡。微雨二钟方止。

己巳年七月二十二日（1929年8月26日） 星期一 晴

四钟奉祖师驾之新宅，安置一切，忙冗竟日。关伯珩、子高、富禄、孟一、胡师、敬老、释戡、仲直、小云等来，有带礼物来者。晚一钟寝。

己巳年七月二十三日（1929年8月27日） 星期二 晴

九钟起。胡师来布置房室。海上啸林师来函，约西湖演剧。王琴农、再明等来。晚陈农先、汪希颜约春华楼饭。又至瑶卿处。因松介眉租余棉花下七条二号房，伊介绍往取房折，由明日起租洋三十七元整。九钟归。石灯庵海澄和尚送素席一桌。留胡师、丹亭、復生、仲直等夜餐。二钟寝。

己巳年七月二十四日（1929年8月28日） 星期三 晴

九钟起，仍布置房舍。同业及亲友各送贺房礼来，招待甚忙。晚十一钟寝。

己巳年七月二十五日（1929年8月29日） 星期四 微雨

早八钟起。午饭后雨止。与堃芳计议演戏事。敬老、农先、石工来，留饭。晚一钟客散。寝。

己巳年七月二十六日（1929年8月30日） 星期五 晴

十钟起。释戡、仲直、胡师、孟一、再明、復生及内亲等来。复啸师信。连孝连日来帮忙。饭后与张、王同等竹戏，至二钟方睡。

己巳年七月二十七日（1929年8月31日） 星期六 晴

早九钟起。堃芳、彦衡叔侄连日来忙。下午大风。晚游天由津来寓。仲直借余家请客，有释戡、石工、冷庵、再明、復生、连孝等均在座。饭毕手谈，至二钟方散。就寝。

己巳年七月二十八日（1929年9月1日） 星期日 晴

十二钟起，与敬老补日记。晚偕敬老、游天步至瑶卿处闲谈。今日春生社请客，系吴堃芳办理席两益轩。罗韵珊约在大陆春饭。十钟归。与再明、復生、堃芳手谈。一钟寝。

己巳年七月二十九日（1929年9月2日） 星期一 晴

十一钟起，午饭。胡师、仲直、復生、春彦、富禄、孟一、再明来，同饭。饭后偕游天、敬老至瑶卿家说戏，十二钟归。与春彦等手谈，至明七时方寝。

己巳年八月初一日（1929年9月3日） 星期二 晴

下午二钟起，沐浴。敬老、胡师、荣奎、丹亭来。偕游天步至顺天医院医病；又至小雷家闲坐；并往瑶卿处说戏。晚吴铁庵约广和居饭，有游、敬、丹等在座。归。与张锡午、侯喜瑞、周復生竹戏，至二钟始寝。

己巳年八月初二日（1929年9月4日） 星期三 晴

下午一钟起。丹亭、胡师、再明来。晚赴开明演《丹青引》。一钟偕释戡、敬余、游天、堃芳同归。天明始散。方欲寝时闻自用车失去，报警查找。十一时寝。

己巳年八月初三日（1929年9月5日） 星期四 晴

下午七钟起。孟一、丹亭、释戡、再明、復生等来，留饭。今日仲仁告假，张连生代演，来说戏。九钟至开明演《荀灌娘》。一时归。点心，三钟始寝。

己巳年八月初四日（1929年9月6日） 星期五 晴

十钟起，栽西院竹。今日宴客八桌，到者甚众，饭后竹戏，天明始散。

己巳年八月初五日（1929年9月7日） 星期六 晴

午饭毕即寝。晚风雨大作。

己巳年八月初六日（1929年9月8日） 星期日 晴

十二钟起晚。晚饭毕偕游天至吴镜芙家说唱话片事；又往瑶卿处闲谈。十钟归。徐慕云由申来寓，寄宿余家，闲谈至三时，各寝。

己巳年八月初七日（1929年9月9日） 星期一 晴

十二钟半起。下午四时偕游天、敬老步至尊元阁理发；并往瑶卿处贺其四十九岁寿。六时归。慕云偕傅子文来，留饭；有丹亭、英甫、復生、游天、过宜、再明、堃芳等同座。饭后手谈，至二钟客散。寝。

己巳年八月初八日 （1929年9月10日） 星期二

十二钟起。下午三钟天晴日朗，陡闻巨雷，须臾雨雹交作，加以风雷。晚关伯珩在本宅饭，冒雨而往，饮酒大醉。伊赠方洺画虎并嘱送名坤伶杨菊芬[1]、杨菊秋[2]。归，抵家方知鼻被画框碰伤，大撒酒疯，三钟始睡。

己巳年八月初九日 （1929年9月11日） 星期三 阴

一钟起，沐浴。丹亭、再明、復生、石工、仲直来，共饭。晚赴开明演《双姣缘》。偕游天、敬老、释戡归；堃芳后来，谈至天明始散。寝。

己巳年八月初十日 （1929年9月12日） 星期四 微阴

下午二钟半起。桂花、喜星来说戏。丹亭、復生、再明等来，留晚饭；同至开明，演《得意缘》全本。一钟同归。谈至天明方散，七钟始寝。

己巳年八月十一日（1929年9月13日） 星期五 晴

下午二钟起。老爷子来要戏份。晚偕敬老步至陈农先处贺其四十寿；又冒风雨往瑶卿家说戏。八钟同归。饭后与再明、復生、游天、堃芳等闲谈。十一钟寝。

己巳年八月十二日（1929年9月14日） 星期六 晴

十钟起。胡师、孟一、仲直及其友康新之、张熙午并王再明、包丹亭、李释戡、周復生来竹戏。各角来排全本《得意缘》。晚饭后同释戡、敬余至瑶卿家闲谈，有南铁生、林六等在座。九钟抵家，竹戏至三钟始散。天明方寝。

---

1 杨菊芬（1910～1978年），京剧演员，师从范廉泉、陈秀华，20世纪30年代初，杨菊芬与湖广督军张彪之子张挺成婚，旧时礼教所限，脱离舞台随夫暂居日本，息影舞台。1947年与其姐杨菊秋合组“菊社”，解放后历任中国京剧院老生演员，北京戏校老生教师。

2 京剧旦角演员，杨菊芬之姐。

己巳年八月十三日（1929年9月15日）星期日 晴 风

十二钟起、罗韵珊约在广和居午饭，共有五人。饭毕同到余家闲谈。下午偕敬老、游天、孟一至瑶卿家说戏。八时抵家。晚饭后与再明、復生、堃芳等闲谈。今送瑶卿节礼洋一百元整，并赏佣人洋四元。二钟寝。

己巳年八月十四日（1929年9月16日）星期一 晴 微风

十一钟起。各角仍来排《得意缘》。晚饭后与仲直、释戡、春彦、富禄竹戏。二钟始寝。

己巳年八月十五日（1929年9月17日）星期二 晴

今日中秋节。下午一钟起，开销节（结）账等琐事。晚约石工、再明、胡师、游天、復生、孟一、释戡、仲直、堃芳等便饭。晚饭后至第一台演《埋香幻》。一钟归。吃羊肉锅，并与友人手谈。天明五钟始寝。

己巳年八月十六日（1929年9月18日）星期三 晴

下午二钟起，修容、沐浴。晚饭毕到开明演全本《花田错》。一钟偕游天、敬老、堃芳归。与復生、再明闲谈；并与游天、堃芳议赴津事，至四时始寝。

己巳年八月十七日（1929年9月19日）星期四 晴

十一钟半起。与金仲仁、马富禄来说晚黄文谦由津来接洽中原公司演戏事。饭后偕游天、文谦、释戡、再明、復生至开明，演《得意缘》全本，八钟三刻登台，一钟归。与黄、沙合计天津戏码，天明始寝。

己巳年八月十八日（1929年9月20日）星期五 晴

下午四时起。老爷子来。晚陈宜荪偕其友洪深来，接洽有声电影事，留饭。饭后与游天合计天津演剧事，并由余自写《柳如是》戏词。与释戡、仲直、再明、復生闲谈至天明。游天、宜荪、文谦赴津。六钟寝。

己巳年八月十九日（1929年9月21日）星期六 晴

下午二钟起。彦衡来说《长坂坡》。胡师、孟一来。五钟赴瑶卿处，甫出门遇伯珩，同车而往。晚伯珩约余及小云并章遏云、章丽云春华楼饭，饮五十八年陈酒至醉。九时归。与復生、堃芳闲谈。十二钟半寝。

己巳年八月二十日（1929年9月22日） 星期日 晴

十一钟起，午饭后画扇。下午偕敬老步至瑶卿家说戏，九时归。再明、石工、仲直、富禄、復生、堃芳等来，留晚饭，饭毕手谈。至四钟始寝。

己巳年八月二十一日（1929年9月23日） 星期一 晴

一钟起。昨孙学谦由南京来，畅谈彼地事。张律生、王再明、丹亭、富禄来，晚饭，手谈一夜。六钟始寝。

己巳年八月二十二日（1929年9月24日） 星期二 晴

敬老来删改《庚娘》，晚同至瑶卿家说戏。乐氏父子约余及敬老新丰楼饭，有南铁生、王幼卿、林叔遇在座。饭毕步归。逢一星士谈命，似亦有验。九钟抵寓。张春彦来说戏。律生、復生、再明等来，手谈，三钟方散。就寝。

己巳年八月二十三日（1929年9月25日） 星期三 阴

下午四钟起，沐浴。胡师、丹亭、孟一来。晚偕内子及敬老贺瑶卿夫人寿。伯珩约伊宅饭。九钟至开明演《宝莲灯》《长坂坡》双剧。归，食蟹。三钟始寝。

己巳年八月二十四日（1929年9月26日） 星期四 阴

下午二钟方起。天津中原公司汇洋二千元整。晚偕丹亭、敬老、復生、再明、仲直等往晋和祥购烟；又至瑶卿家稍坐。到开明演《柳如是》全本。一钟归。董叔坪送来乔迁礼酒席一桌。与学谦、堃芳、復生、仲直等坐谈，至天晓始散。寝。

己巳年八月二十五日（1929年9月27日） 星期五 阴

十一钟起，理发、沐浴。下午四钟赴津，住息游别墅十九号房。宾友欢迎如前。三钟寝。

己巳年八月二十六日（1929年9月28日） 星期六 晴

下午三钟起。至诸友处小坐。七钟至中原公司演《丹青引》，送花篮、匾额者数十份。归。有友二十馀人带坤伶冯素莲来拜余为师。四钟客散。寝。

己巳年八月二十七日（1929年9月29日） 星期日 晴

下午五钟起。赵幼田、卢小嘉均在中原公司约饭。胡师同来津，今日返平。八钟偕文谦、游天、子奇等至公司。冯素莲正式拜师，贺客三十馀人。九钟演《双姣缘》。与素莲及友人同归。召妓甚多，天明始散。方寝。

己巳年八月二十八日（1929年9月30日） 星期一 晴

下午五钟起。偕王先祥、沙游天、黄文谦等至浴池共沐，并往"美丽川"用饭，系文谦做东。又至公司演《埋香幻》。一钟归。寝。

己巳年八月二十九日（1929年10月1日） 星期二 晴

下午二钟起。邓范吾、王二凡约在美丽川饭。有素莲在座，饭毕同归，教伊《玉堂春》《十三妹》各剧，并将戏词录去。晚至中原演《翠屏山》《刺汤》双剧。一钟归。诸友已先来，仍召妓。天明方寝。

己巳年八月三十日（1929年10月2日） 星期三 晴 风

下午五时起。中原公司各部长约饭。八钟演《柳如是》。一钟归。赵桐珊（艺名芙蓉草）来，言在津流落，乞余携归。四钟始寝。

己巳年九月初一日（1929年10月3日） 星期四 晴

下午三钟起，各角来说戏。晚至公司演《妒妇诀》。一钟归。宾客满室，闲谈，四钟始散。寝。

己巳年九月初二日（1929年10月4日） 星期五 晴

下午二钟起。王二凡、李直绳[1]、祭慰农来谈，同饭。八钟至中原演《大英杰烈》。戏毕公司同仁约饭，二钟半归。寝。

己巳年九月初三日（1929年10月5日） 星期六 大雨 冷甚

下午三钟起，与学谦、文谦、先祥竹戏。晚饭毕至公司演《十三妹》。八日均满座，日日酬应不绝，甚觉劳乏。公司三经理约饭并冶游，不过逢场作戏而已。天明归寓。寝。

1 李直绳，1871年生人，清末广东水军提督，精收藏，喜京昆，曾荐名坤家金少梅入城南游艺园，有《任庵自订年谱》传世。

己巳年九月初四日（1929年10月6日） 星期日 阴

下午一钟起。拟即返京。诸友来乞少留一日，宴饮至夜，冶游如昨，四钟归寓。寝。

己巳年九月初五日（1929年10月7日） 星期一 晴

十一钟起。往各友处辞行。袁寒云约在本旅馆饭。诸友来，共坐至天明。

己巳年九月初六日（1929年10月8日） 星期二 晴

八钟半诸友送余至站，九钟一刻开车，十二钟半抵家，沐浴，即寝。

己巳年九月初七日（1929年10月9日） 星期三 晴

下午三钟起。黄全生由申来，持黄金荣函，约余南下，余拟明春始行。孔希伯约广和居饭。七时归。伯衡来借行头，为女伶拍照。八钟至开明演《放牛》《御碑亭》双剧。一钟与赵桐珊偕归谈公事，伊若忘余在津援手者，人心可云不古也。三时寝。伊宿西厢房。

己巳年九月初八日（1929年10月10日） 星期四 晴

二钟起。诸友来谈。晚八钟至开明演《香罗带》，戏毕归。与堃芳开发天津演剧杂费。四钟寝。

己巳年九月初九日（1929年10月11日）（重阳节） 星期五 晴

十二钟半起。清理家账。晚留仲直、再明、復生、堃芳等饭并竹戏。至四钟始寝。

己巳年九月初十日（1929年10月12日） 星期六 晴

一钟起，与敬老研究戏曲；晚同至瑶卿处闲谈。八时归。饭毕偕堃芳到开明观戏。戏散子高约在馅饼周饭，有黄桂秋在座，并有妓者小香妃、乐珠等三人。饭毕至香妃处小坐，四钟始归。寝。

己巳年九月十一日（1929年10月13日） 星期日 晴 四钟大雨

下午二钟起。彦衡偕其友李姓来。胡师、仲直、堃芳及老爷子来。晚饭后手谈，至天明九钟始散。就寝。今日还胡师洋八百元整，因移居之用也，账目已清。

己巳年九月十二日（1929年10月14日）　星期一 微雨

下午一钟起。高孟一来。伊拟修建戏院，约余入股。晚饭，稍谈。九钟寝。

己巳年九月十三日（1929年10月15日）　星期二 晴

早七钟起，至尊元阁理发，步归，午饭，复卧。余吸烟三年，今矢忌断，体颇不适，实自取烦恼也。仲仁亦因忌烟告假，《钗头凤》之陆放翁改派张连升，今来说戏。六时偕伯珩、敬老至瑶卿处小坐。八钟归。饭毕与復生稍谈。九钟即寝。

己巳年九月十四日（1929年10月16日）　星期三 晴 大风

十二钟起，沐浴、修容。张连升来说戏。晚至董叔坪及张律生[1]处小坐。八钟归。復生、再明、堃芳已先在寓，同饭。十钟至开明演《坐楼杀惜》。一钟归，点心。释戡由津来，与友人谈至四钟始寝。

己巳年九月十五日（1929年10月17日）　星期四 晴

下午三钟起，敬香。晚饭后赵桐珊、张连升来说戏；八时同到开明，演《钗头凤》。仲仁烟已忌好，《钗头凤》之陆放翁仍唱。一钟偕释戡、仲直、復生、桐珊、堃芳、再明等归寓，手谈至五钟始散。就寝。

己巳年九月十六日（1929年10月18日）　星期五 晴

下午一钟起。今敬老生辰。晚偕陈敬余、瞿兆僧至瑶卿家稍谈。至致美楼便酌，为兆僧饯行并与敬老贺寿。余与瑶卿共做主人。饭毕李释戡约在开明观小云《峨眉剑》。一钟归。寝。

己巳年九月十七日（1929年10月19日）　星期六 晴 风

十一钟起。下午五钟偕敬老至瑶卿处研究《庚娘》。八钟归。与復生、再明、胡师、仲直等竹戏，至天明九钟始寝。

己巳年九月十八日（1929年10月20日）　星期日 晴

下午三钟起。瞿兆僧辞馆回南。晚留孟一、律生、湘兰、堃芳、再明、復生等饭，并手谈，至四钟始寝。

---

1 清季末科秀才，曾入保定师范学校，民国要人张璧之长兄。

己巳年九月十九日（1929年10月21日） 星期一 晴

一钟半起。费叔迁由津来。七时偕敬老至瑶卿处，未晤；又到松介眉家，余旧居也，出入之际不无今昔之感。瑶卿夫妇在彼，谈片刻即归。与復生、律生、再明、富禄及律生表弟刘姓竹戏。并沐浴，至天明始寝。

己巳年九月二十日（1929年10月22日） 星期二 晴

下午四时始起。春彦、连孝、堃芳来，发《庚娘》单本。晚释戡约饭。电车公会侵占铁山寺庙产，寺僧勾结洋车公会抵制，聚众数万，汽车不敢同行，偕敬老乘洋车而往，走僻巷；沿途巡警盘诘，八钟抵李宅，有伯珩、子高、石工、孟一、胡希伯等在座。偕希伯至严孟繁家饭，并闻主人谈碧云后本《玉堂春》，荒诞可笑。又返李宅小餐，谈片刻，汽车始来，归途盘诘如前。十二钟抵家。就寝。

己巳年九月二十一日（1929年10月23日） 星期三 晴

早七钟起，布置菊花，并请敬老来用工。晚子高来，面约广和居，座客甚多，并召妓侑酒。今日开明因八钟戒严回戏，余已赴馆，踅回，步经大街颇受盘诘，九钟抵寓。就寝。

己巳年九月二十二日（1929年10月24日） 星期四 晴

十一钟起。晚偕敬老步至瑶卿家说戏。七钟归。赵桐珊来借洋十元。饭后稍息片刻，寝。

己巳年九月二十三日（1929年10月25日） 星期五 雨

天明即起，在院中闲步。敬老、堃芳、復生、律生、富禄、孟一来，竹戏。晚饭后余沐浴，二钟始寝。

己巳年九月二十四日（1929年10月26日） 星期六 晴

十一钟起。下午三时游天由津来。储蓄会骧儿一支得末彩。晚偕游天、敬老步至瑶卿家说戏。归。小唐告长假。与復生、再明、律生及刘姓、堃芳等竹戏，至天明九钟始寝。

己巳年九月二十五日（1929年10月27日）　星期日

下午二钟起，沐浴。和儿从敬老受读。连孝、富禄来。晚偕敬老、游天步至瑶卿家说戏。八钟归。与復生、律生、堃芳、游天等闲谈，至二时方散。寝。

己巳年九月二十六日（1929年10月28日）　星期一　晴

一钟起，偕剑秋、敬老至瑶卿家研究《庚娘》唱腔。仲仁因卖祖坟树，抗违局令被控，托余关说。归请律生、復生来，以仲仁事转托之手，谈至天明。

己巳年九月二十七日（1929年10月29日）　星期二　晴

电约仲仁来，与律生等面谈。午饭。春彦、富禄、胡师、丹亭等来。下午五钟寝。

己巳年九月二十八日（1929年10月30日）　星期三　晴　大风

十一钟半起，与敬老、游天及内子至大门外看邻女出阁。午饭。晚胡师来改画。饭后至开明演全本《虹霓关》。戏完稍觉不快，请英甫诊视。归。服药。寝。

己巳年九月二十九日（1929年10月31日）　星期四　晴

下午一钟起，修容，午饭。赵桐珊、金仲仁来说戏。晚饭毕稍息，至开明演全本《荆钗记》。戏毕再明、游天、敬老等同归。二钟始就寝。

己巳年十月初一日（1929年11月1日）　星期五　晴　风

十二钟半起，敬香。游天与抄本李算账不清，争闹。晚偕游天、再明、敬老至瑶卿家说戏。八钟步归。与復生等手谈，至二钟客散。三时始寝。

己巳年十月初二日（1929年11月2日）　星期六　晴　冷甚

十二钟起，午饭。二钟至吉祥茶园演日戏，戏码为《花田错》全本。七时归，晚十一钟半寝。

己巳年十月初三日（1929年11月3日）　星期日　晴

十钟半起。因天寒移院中鱼于室。午饭后至吉祥园演《绣襦记》。卸装疲极，在后台稍息，归。晚饭毕与律生、再明、刘姓、仲直、仲仁、游天等手谈，至天明八时始散。

己巳年十月初四日（1929年11月4日） 星期一 晴

下午一钟起。游天赴津。连孝、再明、復生、堃芳来。晚理发。石工来共饭。饭毕闲谈，九钟客散。沐浴，即寝。

己巳年十月初五日（1929年11月5日） 星期二 晴 大风

十一钟起。晚高孟一、周復生、王再明、吴堃芳等来，共饭。徐德增、黄全生来，略谈海上公事。马富禄、连孝从马连良赴沪，来辞行。復生因戒严宿余处。一钟客散。

己巳年十月初六日（1929年11月6日） 星期三 晴

十二钟起。堃芳与全生、德增订立合同，明正赴申，在大舞台演戏，价洋一万八千元，配角在内，先付定洋一千元。晚偕堃芳、敬老至贯大元处，贺其母寿；并往瑶卿家说戏。步至中国饭店访李厚甫[1]。归，饭。九钟仲仁、再明来，稍坐即去。寝。

己巳年十月初七日（1929年11月7日） 星期四 晴

早七时起，偕堃芳至盐业银行存昨所入上海款。大风。冒寒而归。晚约富禄、连孝便饭，为之饯行；有敬老、胡师、释戡、再明、石工、復生、公度、桐珊、桂花、仲仁等在座。十二钟客散。寝。

己巳年十月初八日（1929年11月8日） 星期五 晴

十二钟起。今日立冬。晚偕敬老步至瑶卿处，未晤而返。饭毕周復生、关伯珩、严仲桢、严孟繁来，竹戏。十一钟客散。寝。

己巳年十月初九日（1929年11月9日） 星期六 晴 风

十一钟半尚高卧。堃芳来呼余起。午饭。二钟至吉祥演日戏，五钟登场，演全本《荀灌娘》，戏散归。晚饭，沐浴、洗头，寝。

己巳年十月初十日（1929年11月10日） 星期日 晴 冷

早十钟起。常少亭来。富禄、连孝今日赴申。午饭。至严宅贺仲桢寿；又赴吉祥演《埋香幻》。戏毕至东来顺约场面及仲仁、小雷等晚饭。并往织云公所冯润田八十生辰堂会，演大小《铁弓缘》，并送寿幛一幅。小云、宝忠《探母》，兰芳、凤卿《汾

1 清末重臣李鸿章之孙。

河湾》。十二钟半归。三钟寝。

己巳年十月十一日（1929年11月11日） 星期一 晴

十钟起。晚与释戡、敬老闲谈，同到广和居便饭，大醉而归。沐浴，稍息，十一钟寝。

己巳年十月十二日（1929年11月12日） 星期二 晴

十一钟起，西院散步，午饭，习画。偕敬老步至瑶卿家说戏，步归。胡师、孟一、復生、春彦来。子高车迎至伊宅晚饭，座客甚多，大叫堂差。十钟归。寝。

己巳年十月十三日（1929年11月13日） 星期三 阴

十二钟起。内子至西城医院看病。昨桂花来，告假赴济南，与菊朋同行，演剧七日；并借行头数件。晚与胡师、孟一、敬余、復生研究改制行头。饭。与石工、再明等手谈。至三钟始寝。

己巳年十月十四日（1929年11月14日） 星期四 晴

十一钟半起。晚与各角排《庚娘》，留饭。饭毕復生、再明来闲谈，十一钟客去。即寝。

己巳年十月十五日（1929年11月15日） 星期五 晴

十钟起，敬香。内子至西城震旦医院看病。骧儿发烧请汪凤椿诊视。晚各角仍来排《庚娘》，留饭。仲仁因卖树被拘，《庚娘》小生改赵桐珊。十一钟寝。

己巳年十月十六日（1929年11月16日） 星期六 晴

十钟起，沐浴、修容，午饭。二钟接游天信，言津中原演剧，约在下月二十左右，即复。至吉祥演《辛安驿》，戏毕就本台排《庚娘》。严仲桢、严孟繁约本宅饭。归。大风。桐栅、剑秋、再明、敬老来。咋偕堃芳步至敬老家，贺其夫人寿，补记于此。仲仁来谈其讼事。十二钟客散，即寝。

己巳年十月十七日（1929年11月17日） 星期日 晴 大风

十一钟起，午饭。至吉祥初演全本《庚娘》，上座甚佳。仲仁已暂行释放，金大用仍由伊扮演。戏毕归。与释戡、桐珊、敬老、再明、堃芳、復生等共饭、闲谈。至一钟客散。寝。

己巳年十月十八日（1929年11月18日） 星期一 晴

十钟起，午饭，念戏。仲仁来，仍为讼事。据汪凤椿电云可无大碍，内子往震旦医院诊视。接学谦函。晚释戡、叔玉、桐珊、丹亭、胡师、孟一、復生、再明等来，共饭。饭后竹戏。十二钟寝。

己巳年十月十九日（1929年11月19日） 星期二 晴

十一钟起。仲仁来。下午三时步至彩霞家，贺其移居之喜；并看斗蟋蟀。又往瑶卿处小坐，归。沐浴，一钟寝。

己巳年十月二十日（1929年11月20日） 星期三 晴 风

十二钟起。彦衡来。下午四时偕敬老至瑶卿家闲谈。伯珩车接余及瑶卿至本宅饭。饭毕与陆麟仲、严仲桢、李释戡及伯珩竹戏，至天明。

己巳年十月二十一日（1929年11月21日） 星期四 晴 大风

九钟抵家，中途冷甚。命人送侠公、瑞亭两家喜帐。晚朱洽黎约新丰楼饭，有史四、棣生在座。十一钟归。彩霞夫妇来，谈彦衡下月续娶，托余筹款。一钟寝。

己巳年十月二十二日（1929年11月22日） 星期五 晴

下午一钟起。伯珩送酒来。与敬老、桐珊同至瑶卿家，途遇释戡，比及下车，伊亦踵至，稍谈，归。与再明、復生、堃芳、彦衡及陈、赵等共饭。仲仁讼解，来议谢客事。晚饭毕与王多寿及周、吴等手谈，至一钟客散。接海上大舞台电。二钟始寝。

己巳年十月二十三日（1929年11月23日） 星期六 阴

十一钟起，午饭。赴中和演全本《双姣缘》，三钟登场，七时戏止，归。与桐珊、仲仁、胡师、孟一、敬老、再明、復生共饭。復生之弟来，谈至十二钟客散，即寝。

己巳年十月二十四日（1929年11月24日） 星期日 晴

十一钟起，午饭。至中和演《元宵谜》。七时归。叶庸方自津来，余已卧，未见。

己巳年十月二十五日（1929年11月25日） 星期一 晴

十一钟起，至盐业银行存海上大舞台兑来演戏洋四千元整；又至交通银行看子高，归。冯善卿及孟一来。晚和儿拜姜玉佩习武功，约饭有介绍人王瑶卿夫人、赵桐珊及国文、英文教习在座。饭毕与復生、再明、湘兰竹戏。大内嫂来，以诸友人助彦衡娶亲份金一百六十元畀之，余助款亦在内。一钟客散。寝。

己巳年十月二十六日（1929年11月26日） 星期二 晴

早八钟起，与姜玉佩研究武功。沐浴。午饭毕偕敬老至瑶卿家说《百宝箱》。子高三十八生辰，往贺，座客甚多，饭后竹戏。十一钟往慎业里六号忆君家闲谈；因戒严未归。宿在忆君处。天明七时抵家。寝。

己巳年十月二十七日（1929年11月27日） 星期三 晴

下午二时起床。饭后与仲仁、敬老说《百宝箱》。张棣生电约今晚在伊宅饭。二子今得万国储蓄末将（奖）一支，洋拾二元。晚七时赴张宅之约。又至观音寺晋和祥购烟，并往瑶卿家说戏。十钟抵家。寝。

己巳年十月二十八日（1929年11月28日） 星期四 阴 甚冷

早八钟起，步至慎业里六号忆君处，闲谈片刻，购点心。步归。晚偕剑秋、敬老往瑶卿家研究《百宝箱》唱腔。八时归。与石工、復生、再明、堃芳等手谈。十二钟方寝。

己巳年十月二十九日（1929年11月29日） 星期五 晴

十一钟过礼，余阖家往贺，一钟归家。与敬老说戏。晚各角来排《百宝箱》，预备后日演唱。梁冠榴家约饭。十时归。与仲直、復生、堃芳及内子手谈。二钟客散。就寝。

己巳年十月三十日（1929年11月30日） 星期六 阴 下午始晴

琴农来谈义务戏事。沐浴、修容。二钟赴中和演《飘零泪》。戏毕与场面偕归，研究《百宝箱》唱腔。叶庸方、张荣奎由津来，闲谈二小时即去。就寝。

己巳年十一月初一日（1929年12月1日）星期日 阴

十钟起，敬香。午饭毕至中和初演《百宝箱》。仲仁因讼解，在新丰楼谢客，瑶卿及余均在主人之列，座有二十馀人；余又另约庸方、组才、子文、荣奎亦在该楼。十钟归。大风。与律生、再明、復生、桐珊、堃芳等闲谈，至二钟始散。寝。

己巳年十一月初二日（1929年12月2日）星期一 晴 风

十一钟起。晚至瑶卿家闲谈。棣生约在伊宅饭。十钟归。与復生、再明等谈片刻，即寝。

己巳年十一月初三日（1929年12月3日）星期二 晴

十一钟起。内子至震旦医院诊视。余与敬老念戏。女仆老金辞活。晚偕敬老至瑶卿家闲谈，七钟归。与桐珊、堃芳、胡师谈至十一钟，客散。寝。

己巳年十一月初四日（1929年12月4日）星期三 晴

十钟起，召尊元阁匠人理发。沐浴，午饭。内子至震旦医院看乳疮，一钟归。晚与復生、伯驹来偕周復生赴伯珩家饭，有吴铁城等十馀人并小云、兰芳、玉芙在座。召妓甚多，大醉。乘小云车同至慎业里忆君家小坐，并有復生同行。十二钟归。寝。

己巳年十一月初五日（1929年12月5日）星期四 晴

十钟起。内子抱次儿至凤椿家诊视。晚偕敬老至瑶卿家闲谈。又往乐珠处小坐。七时归。饭后与堃芳、释戡、再明、復生等竹戏。十一钟客散，即寝。

己巳年十一月初六日（1929年12月6日）星期五 晴 大风

十钟起，与姜玉佩说《大英杰烈》，留饭。晚偕敬老至瑶卿家研究《鱼藻宫》行头，七钟归。约周支山、周復生、张律生、张仲直、陈敬余、吴堃芳饭，手谈。桂花由济南来。十一钟客散，即寝。

己巳年十一月初七日（1929年12月7日）星期六 晴 冷甚

十二钟起。大内嫂来。内子往震旦医院诊视。一钟午饭。至中和演《英杰烈》。同仁堂乐约在广和居饭，有尚小云、姚玉芙、王少卿、李斐叔等，并召妓侑酒。忆君、香妃、乐珠、红娥皆来。庸方、组才、缪子亦在此会饮。九钟竹戏，十二钟客散，即寝。

己巳年十一月初八日（1929年12月8日） 星期日 晴

一钟起，至中和演《香罗带》。归。与胡师计议照相事。十钟寝。

己巳年十一月初九日（1929年12月9日） 星期一 阴

早八钟起，至容丽照戏装相五十馀种、便服并阖家相三十种。三钟归。饭。晚与春彦、石工、再明、镠生等竹戏。饭后淋浴，十二钟寝。

己巳年十一月初十日（1929年12月10日） 星期二 晴

十钟起，午饭，吊嗓。自今日起市党商界同业在第一台演戏三夜，皆义务也。八钟至该台演《荀灌娘》。戏毕，玉傑女学校在中和园留厢约看义务戏。瑶卿、桐珊、玉菁、宝忠皆在座。二钟半归。寝。

己巳年十一月十一日（1929年12月11日） 星期三 阴

下午二钟起。梁德桂娶儿媳，命人送礼。接张师信。晚胡师、孟一来挑选容丽相片，并添改行头。饭后闲谈。十二钟至第一台演《四五花洞》，与艳秋、兰芳、幼卿合作；小楼之法官，凤卿之天师，配搭甚为整齐。三钟归。天明始寝。

己巳年十一月十二日（1929年12月12日） 星期四 雪

下午一钟起。春彦、镠生来。晚饭毕至第一台与又宸、寿臣合演《法门寺》。十一钟归。游天由津来，同手谈至五钟。始寝。

己巳年十一月十三日（1929年12月13日） 星期五 仍雪

下午一钟起。托游天将周镠生万国储蓄会义记户七六八七五号过慧记户。先还义记欠款一百零五元，应找镠生洋一百七十四元。琴农交来打簧表留用，给洋六十元整。因雪，明后两天回戏，嘱堃芳登报声明。晚与仲直、游天、镠生等竹戏至五钟。始寝。

己巳年十一月十四日（1929年12月14日） 星期六 雪

黄文谦自津来，接洽天津中原演剧事。关丽卿来，留饭。张伯驹来，约演义务戏。张律生寿，命人送礼。再明、胡师来。六钟至律生贺寿，归。约文谦便饭，并议天津戏码。二钟始寝。

己巳年十一月十五日（1929年12月15日）星期日 阴

下午二钟起。接徐德增信。敬香。游天在津开设《大风报》馆，入股五百元；十九年一月一号开张。晚与谬生、再明、堃芳、胡师等补祝律生五十生日，在本宅约饭，有释戡、王五在座；并与周支山饯行。敬老、桐珊、春彦另坐一席。又往瑶卿家说戏。归，手谈至天明八钟始散。寝。

己巳年十一月十六日（1929年12月16日）星期一 大雪

下午三钟起，偕游天至瑶卿处闲谈。晚八钟游天赴津。归，饭后沐浴，十二钟半寝。

己巳年十一月十七日（1929年12月17日）星期二 晴 大风

十钟起，与姜先生说把子，留饭。丹亭来略谈。偕敬老至瑶卿家说戏。七钟与仲仁、敬老归。后堃芳与仲仁说海上事。十一钟客散，即寝。

己巳年十一月十八日（1929年12月18日）星期三 晴

十一钟起，修容。命来福至盐业银行取洋三百元。胡师、丹亭来，闲谈。晚偕敬老步至瑶卿处说戏。彦衡明日娶亲，约“宾宴春”饭。归，寝。

己巳年十一月十九日（1929年12月19日）星期四 晴 冷甚

骧儿小恙，延凤椿诊视。一夜未眠，八钟起，至宾宴春贺彦衡喜，并为张罗一切。又往谭海卿贺喜，彦衡所娶即其女也。余及内子皆在迎娶之列。六钟归。稍觉劳乏，即寝。

己巳年十一月二十日（1929年12月20日）星期五 晴

十钟起，偕菊舫、少亭至东安市场鉴心堂松寿卿处问卜，松约润明楼饭，饭毕同归。与再明闲谈。晚六钟至瑶卿家研究《鱼藻宫》唱腔，并送其女二十二日寿份洋十元。九钟归，饭。饭后与敬老、谬生、堃芳闲谈。十二钟客散。就寝。

己巳年十一月二十一日（1929年12月21日）星期六 晴 风

下午二钟起，饭。三钟至中和演全本《花田错》。伯珩、仲桢约春华楼饭，有杜丽云在座，召妓甚多，大醉而归。与仲直、春彦、堃芳等竹戏。十二钟客散，寝。

己巳年十一月二十二日（1929年12月22日） 星期日 晴

十一钟起，午饭。至中和演全本《庚娘》。杨乐朋约富源楼饭，伊阖家均在座；并有钟剑秋、李伯生。又往瑶卿家贺喜，归。与復生、春彦、堃芳手谈至天明十钟。始寝。

己巳年十一月二十三日（1929年12月23日） 星期一 阴

下午二时起。小赵辞活。饭毕研究新戏。六时同敬老至瑶卿家说戏，归。约松寿卿、张菊舫、常少亭饭，并与阖家算命、看相。又同湘兰、復生、堃芳竹戏。十二钟半客散。寝。

己巳年十一月二十四日（1929年12月24日） 星期二 晴

十一钟起。晚偕敬老至瑶卿家说《鱼藻宫》，八时归。与春彦、春禄、復生等手谈。仲仁讼事又犯，警察带来取保，借洋二十元。十二钟寝。

己巳年十一月二十五日（1929年12月25日） 星期三 晴

十一钟起。警察又带仲仁来；琴农亦至。堃芳昨赴津，接演戏公务，今日早归，共议仲仁事。晚偕敬老至瑶卿家说《鱼藻宫》。袁寒云由津来，伯珩约饭，有余作陪。十钟归。与寿石工、周復生等闲谈。一钟寝。

己巳年十一月二十六日（1929年12月26日） 星期四 晴

十二钟起，赴中和园公安局义务，演《绣襦记》。仲仁被该局看押，因演义务戏取保暂放，惟不得出京。戏毕约寒云新丰楼饭。饭毕至慎业里六号忆君五小姐处小睡，乃二次留情也。十钟半往瑶卿家说戏；凤椿在伊处，共谈仲仁之事，略有眉目，迄无十分效果。一钟归。寝。

己巳年十一月二十七日（1929年12月27日） 星期五 晴

十钟起。各角来排《鱼藻宫》。晚饭毕理发、沐浴。并与再明、復生、剑秋、堃芳等竹戏。罗亮臣由申来寓，谈片刻。一钟寝。

己巳年十一月二十八日（1929年12月28日） 星期六 晴

十二钟半起。饭后至中和演《埋香幻》。七时归。场面及大元、春彦、仲仁等来说《鱼藻宫》。又与復生、春彦、仲仁手谈。十一钟寝。

己巳年十一月二十九日（1929年12月29日） 星期日 晴

下午一钟起，午饭。至中和初演《鱼藻宫》。代吴彦衡谢客。约石工、伯珩、释戡、仲直、洽黎、孟一、復生、敬老、胡师饭。饭毕与春彦、释戡、伯珩、仲直四人竹戏一夜，天明十钟散，负洋一百元整。就寝。

己巳年十一月三十日（1929年12月30日） 星期一 晴

下午三钟起，偕敬老往瑶卿家说戏，八钟归。与胡师商议海上礼物事。又与復生、再明、桐珊、春彦等闲谈。一钟寝。

己巳年十二月初一日 （1929年12月31日） 星期二 晴

早十钟起。“梳头老五”前日生子，今日洗三。孙芹池带来天津中原公司演剧定洋一千元整。敬老、剑秋及余至大马神庙王瑶卿家说《贩马记》。杨子远约在伊宅饭，与王幼卿同去，有子高、小云、宝忠、翠花、丽卿、竹君等同席。饭毕步归。与丽卿偕行，伊言伺余海上回愿作附属。十钟抵家。与復生、仲直稍谈。沐浴，至三钟始寝。

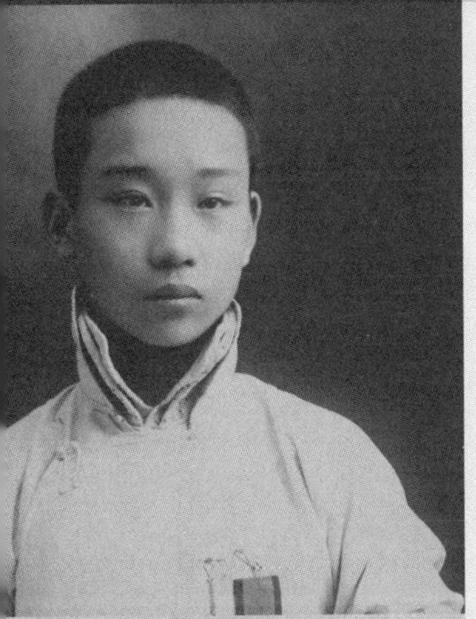

一九三〇年

1930年

己巳年十二月初二日（1930年1月1日） 星期三 微阴

早十钟半起，修容，午饭。今日阳历元旦，废除阴历自本年起。张菊舫、常少亭来。下午四钟半乘车赴津，七时抵老站。中原（即天津中原公司－编者注）各部长及游天来接，至《天风报》小坐。李寿民[1]、王尔藩、黄文谦等约在“美丽川”饭。又至文谦家竹戏并消夜，有冯素莲姐妹在座。二钟至息游别墅楼上十九号房寝。

己巳年十二月初三日（1930年1月2日） 星期四 晴

下午一钟起，往中原（公司）购茶壶、吕宋烟。遇游天归栈。饭。同往各处访友，七时返栈。桐珊来说戏。至中原演《庚娘》。十二钟半戏散。齐协民约伊宅饭，有朱作舟[2]、王尔藩等。饭毕略谈。归，寝。

己巳年十二月初四日（1930年1月3日） 星期五 晴

下午一钟起。王慈生、姜敬堂、郑瑞阶、张树林来谈。饭后桐珊来说戏。五时范芃士先生约在福禄林饭，偕游天同去。饭毕稍息，至中原演《樊江关》《战宛城》双

---

1 李寿民（1902～1961年），长寿县人，笔名还珠楼主，曾被誉为“现代武侠小说之王”，代表作品《蜀山剑侠传》，一生中的作品多达4000余万字。与“悲剧侠情派”王度庐、“社会反讽派”白羽、“帮会技击派”郑证因、“奇情推理派”朱贞木共称“北派五大家“。曾长期为尚小云打本子，后为谭元寿编纂三本《岳飞传》，红极上海。

2 天津京剧名票，工武生，曾拜尚和玉为师。

剧。一钟回栈，与诸友闲谈至三钟，始寝。

己巳年十二月初五日（1930年1月4日） 星期六 晴 奇冷

今日余生辰。下午一钟起。文谦、游天、先祥、庸芳来谈。五时偕游天访方乐雨[1]，未晤。至《天风报》馆小坐。又往九福里一号程湘浦家饭，座客皆将军辈。七时回栈稍息，步至中原演《百宝箱》。戏毕黄文谦、沙游天在中原酒楼约饭、作贺，王尔藩、李寿民、朱作舟、王先祥均在座。二时回栈。与常少亭、张菊舫说戏。四钟客去，方寝。

己巳年十二月初六日（1930年1月5日） 星期日 晴 冷甚

下午二时起。顾石臣[2]、王先祥、张寰如来谈；金鹤年（票友名丑）来说《玉堂春》之沈洪。李僧儒约登瀛楼饭，有杨乐彭阖家及剑秋等在座，八钟归。与文谦、游天、堃芳略谈，同至中原，演《荀灌娘》全本。戏散朱作舟约在该公司酒楼夜宵，游天、先祥等在座，一钟回栈。春彦、仲仁来谈；王忆君来。至五钟方寝。

己巳年十二月初七日（1930年1月6日） 星期一 晴

下午四钟起，与游天、先祥步至文升园饭。饭毕回栈稍息，步至中原演全本《玉堂春》。戏毕，邓范吾约在该公司酒楼饭，有先祥、文谦、游天等，饭毕同归；张寰如先至，诸友来者甚多，谈至天明八时方寝。

己巳年十二月初八日 （1930年1月7日） 星期二 晴

十二钟起，偕游天及老爷子步至美丽川饭馆午饭，二钟归栈。中原公司黄文谦及各部长并诸友等来送行，下午四钟半开车，八时半抵家。与復生、再明谈天津演剧事。饭后客散。十一钟寝。

---

1 方乐雨（1907～1955年），即方若，初名城，字药雨，浙江定海人，清同治年生。曾在北洋大学堂任教，参与戊戌变法，改名后在天津创办《日日新闻》，寓居天津。喜爱金石、碑帖、书画、古钱之收藏。与南方的张叔驯、四川的罗伯昭被列为古钱界最负盛名的三大收藏家。

2 顾琅（1880～1940年），原名芮体乾，字石臣，号硕臣，江苏南京人。他是鲁迅在南京矿路学堂、日本弘文学院时的同学。在弘文学院期间，曾与鲁迅合作编著《中国矿产志》。回国任天津直隶高等工业学堂教务长，奉天本溪湖煤矿公司技师，农商部第二区矿务监督，实业部参事、专门委员等。著有《中国十大矿厂调查记》。

己巳年十二月初九日（1930年1月8日） 星期三 晴

下午三钟起。各角来排《贩马记》。胡师、孟一、再明、復生、丽卿来谈。饭毕同仲仁、敬老、桐珊至瑶卿家说戏；有南铁生、周华章等亦在伊家，闲谈片刻，十一钟归家。与堃芳算天津演戏开销，共开销洋一千四百元整，入洋一千三百元整。四钟半始寝。

己巳年十二月初十日（1930年1月9日） 星期四 晴

十二钟起，与场面、仲仁等说戏。晚伯珩约伊宅饭，有小云、宝忠、棣生、子高、尚老五等二十馀人。饭毕偕子高至乐珠处小坐；并往忆君家小睡，十二钟半归。沐浴，三钟始寝。

己巳年十二月十一日（1930年1月10日） 星期五 晴

下午一钟起。午饭毕至中和园演《十三妹》全本。因往海上大舞台明正演戏之约，自今起在京连演三日，已（以）作临别纪念也。戏毕偕场面等人及仲仁、桐珊、敬老归家说戏。饭后与释戡、復生、再明、仲直手谈，负洋十五元，二钟客散。寝。

己巳年十二月十二日（1930年1月11日） 星期六 晴

十二钟半起，饭后修容。二钟半至中和初演全本《贩马记》。戏毕偕敬老、胡师、復生、再明、桐珊、堃芳归，同饭。饭毕闲谈。至二钟客散。寝。

己巳年十二月十三日（1930年1月12日） 星期日 晴

十一钟起，午饭毕偕敬老至中和演全本《玉堂春》。戏毕严仲桢约伊宅饭，有仲麟、仲仁、凤椿、伯珩等十馀人。饭毕略谈，十钟归。与春彦、復生、堃芳、仲直手谈一夜，天明八钟客散，九钟寝。

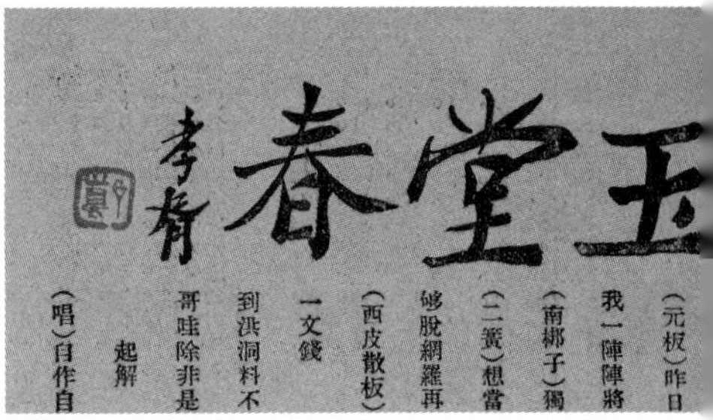

《玉堂春》为荀慧生与陈墨香合作编排的第一个剧目，19年全本《玉堂春》首演于上海，成为经典剧目

己巳年十二月十四日（1930年1月13日） 星期一 晴

下午一钟半起。邓宇安、汪逢春约致美楼午饭。二钟归。与復生、再明、胡师、桐珊闲谈。郭仲衡、罗亮生来，接洽开明公司唱片事，定明日在欧美同学会灌片。晚与

《玉堂春》“梳妆”荀慧生饰苏三

剑秋、堃芳研究唱片时刻，并抄戏词。三钟始寝。

己巳年十二月十五日（1930年1月14日） 星期二 晴

下午一钟起，与场面研究唱片时刻。二钟介绍人陈九如（贯大元[1]之舅）来，接往南河沿南口欧美同学会灌片，《百宝箱》〔四平调、西皮快板〕三段一张，《鱼藻宫》春米〔二黄〕一张，《庚娘》〔二六〕、《荀灌娘》说白共一张，价洋二千四百元，开销五百元。七时归。贾保生由南京来。九钟邓宇安、汪逢春、王瑶卿约开明戏院警察义务，与票友庞敦敏演《闹学》，本日均昆曲。戏毕偕仲仁步至瑶卿家送年礼，洋一百二十元。一钟归。敬香。三钟始寝。

己巳年十二月十六日（1930年1月15日） 星期三 晴 风

十二钟起。菊舫、少亭送鉴心堂所批阖家八字来。晚高孟一、胡冷庵、张仲直、张律生、李释戡、王再明、周復生、吴堃芳、薛仁甫、张伯驹借余家为余补寿，有敬老、桐珊、春彦作陪。饭毕手谈，至二钟始散。与堃芳及内子谈家眷留京事。三时方寝。

己巳年十二月十七日（1930年1月16日） 星期四 晴

下午二钟起。晚李释戡为余饯行，在新丰楼约饭，有胡师、石工、麟仲、逢春、敦敏、仲桢等。饭毕归。与堃芳、剑秋议起身赴沪事。一钟寝。

己巳年十二月十八日（1930年1月17日） 星期五 晴

一钟起。付万国储蓄会洋一百四十元整。自庚午年正月至四月止，五月在（再）付。晚陆麟仲、庞敦敏、汪凤椿、严仲桢在泰丰楼为余饯行，座客甚多。饭毕偕释

1 贯大元（1897～1969年），京剧老生演员，师从贾丽川、贾洪林，长期与梅兰芳、荀慧生等合作。

戡、仲仁归。仲直、復生来，手谈，二钟客散，即寝。

己巳年十二月十九日（1930年1月18日） 星期六 晴

十二钟起，往各家辞行。樊樊山入见畅谈。晚七钟归。约敬老、琴轩、啸云、玉佩饭，面托其于余行后严课和儿。关伯珩约余阖家广和居饭。归。与仲仁、仲直、復生、多寿竹戏。十二钟仲桢、凤椿、伯珩、释戡、麟仲、敦敏来。余藏有伯珩所赠五十八年酒，取出羼以新酒畅饮，皆大醉。凤椿加入竹戏，天明始散。寝。

己巳年十二月二十日 （1930年1月19日） 星期日 晴

下午一钟起。内子生日。黄国珍借钱，应伊二十元。晚至各处辞行，并赴子高家为余饯行约饭；又往棣生处饭局。十钟至乐珠家闲谈，有香妃在座。十一钟归。仲仁、桐珊、英甫先至。谈片刻，一钟客散。与堃芳算带上海配角、场面等账目。二钟始寝。今日马富禄自沪来寓，未遇。

己巳年十二月二十一日（1930年1月20日） 星期一 晴

十一钟起。石焕如来，稍谈。饭毕至孟大爷觐侯处辞行；又往东安市场购草花；并至松寿卿处闲谈；又往慎业里六号忆君家小坐，七钟归。镜芙电约在春华楼饭，有谭篆卿三爷、李大季斐等。饭毕归。与富禄、復生、仲直、胡师、堃芳、再明竹戏，二时客散。就寝。

己巳年十二月二十二日 （1930年1月21日） 星期二 阴

早十钟起，理发。留姜玉佩午饭。沐浴。上海汇来洋一万三千元，与前所收五千元共一月戏份，配角、场面在内。徐德增来，订后日搭船由青岛南下，准正月元旦在荣记大舞台出演。晚寿石工、王再明、张仲直、李释戡、高孟一、胡冷庵、赵桐珊[1]、金仲仁来，共饭。饭毕手谈。石工荐杨振镛照看门户。二钟寝。

己巳年十二月二十三日（1930年1月22日） 星期三 晴

早十钟起，至盐业银行存长期款洋八千元整，昃字七百十一号。十一钟归。检点行

1 赵桐栅（1901～1966年），京剧旦角演员，艺名芙蓉草，与荀慧生、尚小云并称“正乐三杰”，是荀慧生的重要舞台搭档。后在上海以及中国戏校教学。

正乐三杰之一：赵桐珊

李。晚与再明、仲直、释戡手谈。祀司命。二钟寝。

己巳年十二月二十四日（1930年1月23日） 星期四 晴 风

十一钟起，修容、理发。堃芳至穿衣神前降香。电叫汽车起身赴车站，又到前门洞二庙烧香，步行到站，在候车室少（稍）坐休息。欢送者三百馀人。下午五时车开赴济。车中遇卢小嘉与新友中南银行总稽王君幼卿名载新，闲谈很不寂寞。十二时寝。

己巳年十二月二十五日（1930年1月24日） 星期五 大雾

早九点车到济南，下车在天津旅馆打尖。侍二老并偕仲仁、春彦、富禄、剑秋、堃芳、德增至五里沟十乐坊天津馆一同午饭。十一时三刻步行至车站。在中途买仁丹一元。十二时车开往青岛，晚十钟抵青岛，住第一旅舍。饭毕与大家打扑克至夜深三钟，即寝。

己巳年十二月二十六日（1930年1月25日） 星期六 晴

早九点起床后点心毕，十一时赴水码头登奉天丸，十二时启程。舟中遇老友乌泽生、莫督办号德惠、马军长号福祥、中南银行之王幼卿亦同船，一路闲谈；并与王幼卿、马富禄、金仲仁竹戏八圈，颇乏，未进晚膳即寝。

己巳年十二月二十七日（1930年1月26日） 星期日

昨日睡甚沉，上午十一时始醒。十二时入吴淞口，在舟中午饭。三时半抵黄浦码头。有舍予、吕弓、卍庐、语冰、小浦、泽承、彤霞（末）、怀白及大舞台经理黄全生，共三四十人均在码头相接，两年不见分外高兴。舍予与小浦皆摄一影。摄影之后与怀白、舍予、全生同车到法界圣母院路梵王宫花园饭店十一号休息。少顷卍庐、吕弓六人亦来。郑醒民先在饭店等候。舍予与小浦又摄影数张。略进点心，与堃芳、全生乘车拜访黄金老少座；拜张啸师、杜先生。啸师留晚饭，座中有俞叶封诸君。饭后又至杜宅畅谈。九时回店。与诸友闲谈。预定明正元旦至初五之戏。二钟客散。就寝。

己巳年十二月二十八日（1930年1月27日） 星期一 晴

早一时起身。怀白来电话，报告天津钞票掉换上海票须贴汇水。午饭后许君窥豹来访，即请许君同往各报馆、票房访友，计到七十馀家。疲乏异常，回店休息片刻。复与窥豹往访舍予，窥豹有事他往。与舍予同赴郑过宜之约，过宜本日寿日，无多客。席将终怀白与学谦同来，即偕同回栈。今晚贯、赵诸人由海路到，带来行李多件。吕弓引一杨君来；卍庐、语冰也来。十一时舍予、吕弓及杨君去，留语冰、怀白、卍庐整理送礼单及访友单。一点天翁来。二点半舍予又来，遂选照片、理单直至四时尚未完毕。余先寝。舍予、天翁、怀白、语冰、卍庐均坐以待旦。

己巳年十二月二十九日（1930年1月28日） 星期二 晴

十二时起，在楼下花园内闲步。下午二时与堃芳及童子卿之子季良、江长满到四马路捕房领手续、执照，以为防暴之用。并至永泰和购烟。三时半返旅舍。时舍予、语冰已来，未几卍庐亲送来瓷照本像一方；又季云卿暨姚菊卿各送银盾一面；徐慕邢、江干廷合送横批一件；又张星晔、苏翔蓝、郭秀庭合送横批一件；周渔卿送横批一件，为元旦登台纪念。四时偕舍予、语冰到各处访友。后至独鹤先生家中，独鹤赠小对联一副。六时始归，休息片刻。舍予去。七时同语冰、堃芳、剑秋、仲仁、富禄、春彦等赴张啸师家。未几徐碧云、高庆奎等先后来。座中有俞叶封、杜月笙、周渔卿、王晓籁[1]、陈群[2]等。啸师首先唱净剧一段，在座者亦各歌一段，欢声满堂，颇饶兴趣。饭讫歌声复作，直至十时客散。回舍时吕弓[3]、卍庐已来。有卢世侯先生赠“荀灌

1 王晓籁（1887～1967年），名孝赉，别号得天，后改号晓来。上海总商会会董，历任上海临时市政委员会主席委员、上海市商会理事长、江苏兼上海财政委员会常务委员、财政部特税处副处长和全国卷烟特税局局长，曾任上海戏剧学校校董。

2 陈群（1890～1945年），字人鹤，福建长汀县童坊镇)人。早年东渡日本，入明治大学、东洋大学，分获法学士、文学士学位。为国民党元老，后参加汪精卫政府，1945年畏罪自杀。

3 即鄂森（1902～1970年），别号吕弓，国际法法学教授。1919年获林肯大学法学学士学位，1928年东吴大学法律学院毕业，1929年美国斯坦福大学法学博士。先后历任上海社会局第一处处长、南京国民政府行政院参事。1949年后担任东吴大学法学院教务长。生前曾翻译《美国远东贸易》《拉丁美洲各共和国史》等国际著作，并将《公司法》译成英文单行本。是荀慧生“白党”的重要人物。

突围”画一幅，甚佳。十一时吕弓代余寄孟一、冷庵、仲直、癸卿、伯珩各一函。卍庐代做家具。十二时杨诚恕君来，赠予谢公展画一幅。舍予、语冰先归。吕弓、卍庐一时去。蒋砚香来，借洋三元。许窥豹携眷来谈，二时去。就寝。

己巳年十二月三十日（1930年1月29日）

早十钟起。午饭后，语冰、天翁来，留二人在寓，写北平友人信十一封。余同舍予访各处友人，共三十馀家，五钟归寓。杨诚恕、林植斋、林如松来，并有如松之徒亦至。江柴尘携一妓来，稍坐即去。怀白七时方到，同赴舍予家宴。饭后访王□仲，未见。并赴周旭初之约，未坐席即归。张啸林电话来，告各友赠物皆送在其家，命堃芳携车装运。十二时卍庐犒赠其夫人手绘大青绿山水一幅。怀白为写书致孟觐侯[1]君。二时去。余即寝。

庚午年元旦（1930年1月30日） 星期四 晴

十二时起，敬香，与二老拜年。沪友赠送登台珍品计：书画、银鼎、银盾、花篮、匾额等件，当即遣人送至大舞台陈设。俄顷，怀白、卍庐、舍予及林如松之子林小松来，即在余处午饭。饭毕大舞台经理黄全生及谢水福、吕月来同至来接。三时偕往舞台，敬香毕，与诸友闲谈片刻，即化装。今日日戏为《御碑亭》，与大元合演。大除夕沪偖多守岁，今日卖座约九成，可谓难得。六时归。天翁、语冰、舍予偕卍庐皆向余索画一二赠之。同晚餐。九时至戏园演《鸿鸾禧》，上座甚佳。戏毕与语冰、卍庐同归。俄顷虞洽卿与王晓籁来访，索小影，各赠二纸，畅谈至二时乃去。与卍庐各进点心，卍庐去。即寝。

庚午年正月初二日（1930年1月31日） 星期五 晴

十二时起，即偕堃芳、语冰往黄金老宅贺年，未遇。复往张啸师、杜月老处贺年，少坐即归。怀白及周旭初、舍予同来，谈笑甚欢。三时到馆演《醉酒》，上座甚佳。戏毕即返寓所。怀白、舍予为制《十三妹》广告，怀白偕往黄宅，收卢小嘉、孟并附介绍钱新之、王幼卿、周际云。三点文公达、周信芳来，俄等即去。六时晚膳，未终席

1 孟觐侯（1862～1934年），名广培，刁镇旧军村人。1880年进济南瑞蚨布店学徒，1890年被派往北京，1893年，在大栅栏开设瑞蚨祥绸布店。1903年后，又在大栅栏一条街连设5个门市部，1916年，任瑞蚨祥全局总理。

即返。十时到馆，演头二本《虹霓关》，头本饰夫人，二本饰丫鬟。上座极盛，台上（下）约卖四千座，退出者亦甚多。戏毕偕何卍庐、黄全生、吴堃芳[1]同归。二时去。余即寝。

庚午年正月初三日（1930年2月1日） 星期六 晴

一时起。怀白、卍庐来。饭后二时上馆，顺道至黄全生、周信芳宅贺年。至三时到馆演《穆柯寨》《穆天王》，上座甚佳，六时归。又至金少山、林树森、苗胜春家贺年，归。怀白、天翁、舍予、卍庐同在寓。晚餐后卍庐为抄《十三妹》单片，怀白等作广告。十时上馆演头二本《荀灌娘》，满座，台上（下）售四千馀人。一时归。诸友同略进点心毕，友去。即寝。

庚午年正月初四日（1930年2月2日） 星期日 早晴下午阴

一时起。刘语冰、杨怀白、何卍庐、杨诚恕来。二钟与堃芳往黄金荣家拜年。因次往黄宅拜适值金荣事出，故二次再往，以尽子弟之礼也。二钟半归。午饭毕。舍予、泽丞、吕弓、空我及龙可侯来，闲谈至四时。到大舞台与贯大元演《汾河湾》。戏毕偕舍予、泽丞同访潘志铨，小坐即归。语冰等先在余处抄《十三妹》单片。钱、孙二姓偕许小圃来，留饭。饭毕九时至大舞台演《花田错》全本，上座甚佳。一钟与怀白、语冰、卍庐同归。进点心，三钟始寝。

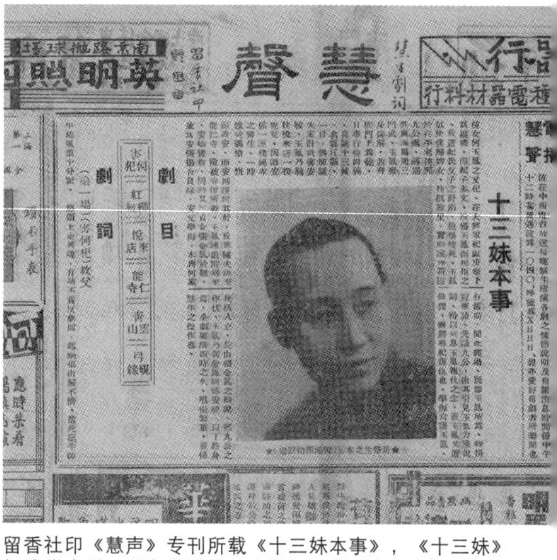
慧聲
英明照相
十三妹本事
劇目
劇詞

留香社印《慧声》专刊所载《十三妹本事》，《十三妹》据清代小说《儿女英雄传》改编，包括“害何纪”“红柳村”“悦来店”“能仁寺”“青云山”“弓砚缘”六折

庚午年正月初五日（1930年2月3日） 星期一 上午阴

一时起。怀白、诚恕、舍予来，同饭。三时至馆，四时半登台，与大元演《打渔杀家》。六时天微雨。戏毕回。空我、舍予、卍庐、天翁、泽丞、语冰来，空我索画题一纸，与之；并以一幅赠苗胜春，交堃芳携去。留诸友晚餐。饭后稍息。天翁代石世

1 吴堃芳，京剧演员，荀慧生夫人吴春生娘家亲戚，曾为荀慧生担任班社管事。

磐君约往摄影，偕天翁、怀白同至世磐照相馆，摄单影，又与天翁合拍一照。九时至馆，演全本《大英杰烈》。一钟半回梵王宫，略食点心。诸友去。沐浴，四时始寝。

庚午年正月初六日（1930年2月4日） 星期二 雨

下午二钟起，与大元说戏。三时半至大舞台，同大元演《宝莲灯》。戏毕偕卍庐、诚恕归。天翁、舍予、怀白同晚餐。八时至馆，演全本《双姣缘》。归已一时半。俄顷，金少山来贺年。舍予、吕弓偕严独鹤[1]君来，同进点心，闲谈至二时，独鹤去。卍庐为作书，吕弓作复叶瘦梅君函。卍庐去。即寝。昨晚由馆归，富禄、仲仁、春彦、多才、多寿、桐珊及全堂场面诸人由馆用大汽车送归，行至爱多亚路车忽坏，诸人只得同下推车归，亦趣事也，因补记之。

庚午年正月初七日（1930年2月5日） 星期三 阴

一钟起。舍予来，同饭。三时至大舞台演《翠屏山》，戏毕归。尚荣周、冯叔鸾、郑过宜等来。泽臣拟致北平友人信稿，留晚餐后闲谈少顷。至馆演《绣襦记》，上座极盛。一时回寓。天翁等仍未去。泽丞抄《百宝箱》《鱼藻宫》单片。二时客散。至楼下花园观富禄等竹戏。三时寝。

庚午年正月初八日（1930年2月6日） 星期四 阴

一时起。泽丞偕吴葆初君来；卍庐至，同餐后三时至馆，演《南天门》，归。林植斋偕数友来访。叶小庵等同晚餐。后至馆演《小放牛》《审头刺汤》，卖满座，戏毕归。天翁、窥豹来谈，至二时去。余即寝。

庚午年正月初九日（1930年2月7日） 星期五 雨

下午一时起。倪子、乔桂、老桃等来。饭毕至大舞台，与赵桐珊合演《樊江关》。五钟半归寓，休息。偕学谦、语冰至舍予处晚餐，有卍庐、怀白等均在座，饭毕同归栈。题贺杭州饭庄及黄金大戏院画。九时至馆，演《香罗带》，今日上座八成，十二钟一刻归。与怀白、泽臣闲谈。三时寝。

---

1 严独鹤（1889～1968年），名桢，字子材，别号知我、槟芳馆主，笔名独鹤、老卒、晚晴。清咸丰年间翰林严辰的侄孙，桐乡乌镇人。“独鹤”是他早年丧偶后所取笔名。自1914年起，在上海主持《新闻报》副刊笔政长达30余年，编有《快活林》《新园林》，即以“独鹤”之名，每天亲撰一篇“谈话”，著有长篇小说《人海梦》《严独鹤小说集》及电影剧本数部。

庚午年正月初十日（1930年2月8日） 星期六

二时起。天翁、语冰、泽臣来。三时到馆，演《马上缘》，五时半归。卍庐、空我来。舍予为制上海画报慧生特刊稿。与仲仁、富禄等说戏。晚餐后七时半到馆，八时半登台，演全本《十三妹》，登场，观客因无座拥至台上，一时秩序大乱，幸诸人极力维持；台上有席地而坐者；虞洽卿君亦在台上观戏，可为盛矣。十二时一刻戏毕归。怀白为写致北平报馆诸友函，怀白去，即寝，已三时矣。

庚午年正月十一日（1930年2月9日） 星期日 晴

二时起。舍予、卍庐、泽臣、语冰来，闲谈。饭毕至大舞台，预至馆时舍予在梵王宫花园内摄四影，方摄影时，医家方姓来女，谈数语即往戏院，与大元合演全本《红鬃烈马》，上座八成，戏毕与怀白等同归余处。许小甫在余卧室为堃芳及场面人等摄影。余亦摄二影。诸友来访者约二十馀人，留饭。餐毕与富禄、多才等说戏。九时至馆，演全本《贩马记》，赵桐珊反串小生饰宝童，售座十成，台座加三十馀。十二钟半归寓，与天翁先生同拟日记名。有黄转陶、尤半狂来访，未晤，亦缘难也。日戏与大舞台本约至初九日止，今、昨二日因适逢礼拜六及礼拜日，故多演二日，计共演日戏十一天，此后只逢星期日演日戏矣。四时始寝。

庚午年正月十二日（1930年2月10日） 星期一 晴

十二时甜睡方酣，怀白电话来惊觉；告余今晚贾仰山、周旭初二君约晚餐，欲复眠不能入梦，乃起床。沐浴毕，舍予来收叶誉席总长点嘱定《玉堂春》座位；叶瘦梅、袁伯夔各一函。三时天翁、窥豹、植斋、卍庐来。四时偕语冰、泽臣同往绞脸，归。看《妒妇诀》本子。六时半偕怀白、成恕赴慕尔鸣路贾仰山、周旭初之约；饭毕同到大舞台，十钟半登台，与富禄、春彦、仲仁、桐珊、连孝等演全本《妒妇诀》。十二钟三刻同舍予回余寓，小吃，饮酒半杯，即以舍予由苏州带来之酱鸭下酒。夜静三时金少山在本花园与诸人作樗蒲戏，余亦小助其兴。五时始寝。

庚午年正月十三日（1930年2月11日） 星期二 晴

下午三时起床。林植斋来，同在花园闲步、谈心。午饭毕舍予、语冰、卍庐等来。吴莲洲赠小观园各色牡丹花八盆。莲洲在沪行医，少谈即去。冯幼伟由粤到沪来访，略谈。赴馆演全本《玉堂春》。台上因设布景不能加凳，台下满坑满谷，无少隙地，其因无座退出者间约五百馀人。戏毕归寓，怀白同来。吴铁城、杨啸天及宋君携妓来访。铁城面约明晚在海格路四六四号宅内宴会，因其日内往南京公干不便辞谢；徐朗西[1]明晚亦约饭，在吕班路一八六号本宅，亦不能辞，只可忽忽一坐而已。铁城现任国府委员；宋君前任辽宁代表；啸天前年任淞沪警备司令（名虎）。客散已四时矣。就寝。

庚午年正月十四日（1930年2月12日） 星期三 阴

二时起。俄徐慕云、丁慕琴、林植斋及天翁、舍予、窥豹、泽臣、卍庐来。午餐后偕林植斋往各处访友，共十馀家，四时许归。晚赴吴铁诚、徐朗西处宴会。先赴徐氏处，有吴天翁[2]、王芸芳暨朱传茗、顾传玠等人；后赴吴氏处，有杨君、宋君、军政各界多人，一时杯盘交错，谈笑风生。讫回。舍予与堃芳往舞台。是晚戏为《埋香幻》，观客不减昨日，演毕归。舍予、峻生送来菜蔬，同聚餐食。予等去。即寝。

庚午年正月十五日（1930年2月13日） 星期四 晴

下午一时起身。语冰来。往花园散步半小时，返室午餐。舍予、卍庐、泽臣等来。是日为元宵节，故日间有戏为《金钟罩》；夜间为《元宵谜》。刘山农偕二友来。三时偕堃芳往舞台。在寓接得北平孟君函及敬老信。日戏毕回属稍憩息。偕大元、仲仁、春彦、桐珊、堃芳赴杭州饭庄，主人王晓籁、俞叶封[3]、张慰如之约，座中有上海舞台徐碧云、郭效卿（高庆奎之姊丈，旦行）及高庆奎昆仲、吴兆义、好汉子等。座中徐先到，十分得意畅谈；忽闻高到闭口无言而去，满脸愧色，真令人好笑矣。饭毕至剧场，演全本《元宵谜》，戏毕上楼，神前敬香，归。沐浴、点心毕，三时安睡。得刘山农之弟大画家泽闾（字瓶斋）函，由天翁、半狂转到，内附为剧词小册所题书眉香字。四时始寝。

庚午年正月十六日（1930年2月14日） 星期五 阴 下午二时晴

一钟起，步至舍予家，鄂峻生、刘语冰、顾传玠等亦在其家；在舍予处午餐。饭

1徐朗西（1884～1961年），原名应庚，字朗西，号峪云。陕西三原人。同盟会会员，教育家、书画家、社会活动家。

2 即吴锡廷，字天爵，别号天翁、匏公，画家。

3 浙江杭州人，其在上海的地位仅次于三大亨，为张啸林亲家，抗战爆发跟随张啸林投靠日本，为日军搜购军需物资。1940年被国民党军统暗杀于更新舞台花楼。

毕偕舍予夫妇及吕弓、慕唐往城内算命。余与语冰乘吕弓车往张啸林家，张未起床；即与刘赴月笙处，亦未起。室中有沈少安君，略为寒暄，未几杜氏下楼，即云渠近弄瓦，拟于本月二十四、二十五、二十六三日演戏；嘱余首日演《麻姑献寿》，次日与高庆奎、金少山等合演《法门寺》，末日与大元演《探母》。谈片时又与语冰往啸师处，啸师已起写字，乃谈及杜宅堂会事，啸师将首日戏《献寿》改为《小放牛》。同语冰步行而归；天翁、卍庐已在舍。长日无聊，即与仲仁、富禄及聂少萱君作盘龙之戏，七时局散。大舞台黄经理在梵王宫本寓约叙春宴，同席有舍予、学谦、诚恕、怀白等。饭毕至馆，与少山等演全本《双姣缘》，九时半登台，一钟归寓。天翁先在余室抄录平友住址。接顾立仁、胡以庸请客片，约明日在一品香晚餐。过宜来闲谈，少进点心；俄顷少山来；约大元、堃芳雀戏四圈，少山坚欲再战十二圈，毕已七时矣，倦极，即寝。

庚午年正月十七日（1930年2月15日） 星期六 晴

下午四时起。卢小嘉偕二友来，闻一张姓者系上海前任警察厅长，一系前姜桂题部下者，谈片刻即去。舍予、卍庐、语冰、学谦来。送许晓圃画一幅，因许君明日系续鸾佳期也。晚餐后与剑秋说戏。晚六时半与学谦赴一品香顾贻穀、胡季常之约，杨怀白、吴眉生、王晓籁、张蔚如在座。未终席偕怀白回寓，略坐，七时同至馆，演《百宝箱》，台下满座，台上加凳。一时演毕归，舍予已先至，并送点心、南腿、烧鸭汤，甚美。二时过宜来。三时客去。就寝。

庚午年正月十八日（1930年2月16日） 星期日 晴

正午起身。舍予、怀白先后到，专候前台广告吴君来，斟酌二十日请客名单。三时赴馆，演《战宛城》，座满。戏毕偕怀白访星吾，相别十年，面目皆非矣。星吾系前京师军法处度卿处长公子，其厅事奉处长遗像一拜即行，星吾介绍至龙子修宅小坐。子修殿扬即所谓黄天霸是也，前在陈调元[1]部下，近年杜门啍经，因余南来，每晚听戏。稍坐。往许晓圃家，贺其续弦之喜。七时到馆，演《十三妹》，上座极盛。戏毕

1 陈调元（1886－1943年），字雪暄，河北安新人，国民革命军上将，毕业于保定陆军军官学校，1913年入北洋军，历任宪兵营长、第47旅旅长、江苏第五混成旅旅长、徐海镇守使等职。1923年任安徽督军，第二次直奉战争后投靠奉系，任第六师师长，1925年升皖军总司令、安徽督办。属于孙传芳系统。

归，五时始寝。

庚午年正月十九日（1930年2月17日） 星期一 晴

三钟起床。舍予同觉臣来。接平家信及高孟一、胡若愚函，寄平友上海画报。天翁、空我、吕弓、植斋来谈。接叶誉虎总长函，约二十二日晚饭，并索信笺，即复。晚偕学谦赴新礼查徐慕邢之约，有碧云及江干廷等在座，招妓侑酒。席散至大舞台，演《飘零泪》。戏毕归，与友人闲谈，至天明方寝。

庚午年正月二十日（1930年2月18日） 星期二 晴

三时起，至花园散步。舍予、爵丞并带钱芥尘送余雪茄烟四匣。天翁来。舍予即在园摄二影。接叶誉虎、陈敬老、王再明函，述及前次家报，系和儿亲笔，殊可喜也。郭无量来访，未遇，留片，托订《玉堂春》座位。今晚为予宴请报、票各界，即在梵王宫楼下。六时半晓籁来，言彼自做主人，不能久坐，因来面谢。独鹤携来赠茶叶、雪茄烟。丁慕琴、郑子褒[1]、徐慕云、罗亮生诸君来，约及三百馀人。闻友云梵王宫地僻，宴客从无今日之盛。独鹤、山农皆演说。客散稍息赴馆，演《花田错》，晓籁偕两女票友来看化装。一时归，沐浴，寝。

庚午年正月二十一日（1930年2月19日） 星期三 晴

下午三时起，至花园散步并温习《鱼藻宫》单本。舍予、天翁亦至。瞿兆僧来访。刘语冰来谈。独鹤索画。命小刘送黄德卿母寿份洋四元。天翁去。五时与舍予赴龙子修家饭局，座有白星吾、陈小田、秦道生诸君，谈甚畅。七时黄金荣在楼下宴客，余亦在被约之列，未入座，晚另送一席。山农、云云、独鹤来。慕琴送蓓开样片来。九时上馆，演全本《贩马记》，一钟半归。卧不入梦，观《鱼藻宫》等脚本，天明乃抛书而眠。

庚午年正月二十二日 （1930年2月20日） 星期四 晴

三钟起。聂少萱、吴天翁、刘语冰、何卍庐来谈。接天津李炳阳、范芃士信并彩霞函。舍予、泽丞来。七时半到馆，演《玉堂春》，一钟归。三钟始寝。

---

1 郑子褒即梅花馆主，剧评家，戏剧活动家，曾主持编辑《半月戏剧》，帮助叶庸方经营长城唱片公司，四大名旦合灌《五花洞》即在郑子褒的倡议和斡旋下完成。

庚午年正月二十三日（1930年2月21日） 星期五 晴

三钟起床。舍予、天翁来。接张仲直函。五时半偕舍予赴袁履登、陈景塘、罗亮生、朱联馥四君之约；顺道访钱芥尘君，闲谈片刻即至新重庆路庆余里，同座有虞洽卿及徐碧云、贯大元、周信芳等四十馀人。七时归，稍息赴馆，演《丹青引》，上座甚好，戏毕偕怀白、卍庐归，留饭。四时寝。

庚午年正月二十四日（1930年2月22日） 星期六 阴

下午三时起身。连日劳倦，竟致梦遗，殊觉疲乏。舍予、晓圃、语冰来谈。接家信及英甫函。饭后接杜月笙[1]帖，其第四如夫人姚玉兰生女宴客、演戏，四时车接至杜寓，嘱演《天女散花》，因有外国领事，西人仅能知此等戏也。余化装毕，领事未至，迟至八钟始登场。此剧七八年未演，不无遗忘，敷衍了事。台下掌声如雷，尚可遮丑。止演“云路”，后半由赵桐珊代演。是日名伶、票友极多，宾客至四百馀人。戏毕赴馆，演《鱼藻宫》，上座甚盛。桐珊之吕后表演真切，泼辣凶狠，入骨三分。台下观众竟有将蔗滓、橘皮纷掷其身，亦可见此剧之受人欢迎。而桐珊戏神之佳亦可见矣。戏毕返寓，与桐珊、堃芳闲谈。夜友过宜来访，同进点心，稍坐即去。四时余即寝。

庚午年正月二十五日 （1930年2月23日） 星期日 早晴晚雨

下午二时起。周伦方（即游天之甥）来借行头，并替菸社票房索画，为该票房特刊之用。北平张仲直来函，介绍其弟季光持片来访，季光与怀白在四行储蓄会同事。怀白与杨诚恕已先在此，同进午饭。饭毕与怀白、诚恕、伦方赴馆，演《荀灌娘》，座满。戏毕仍与怀白、诚恕、堃芳同回，车至汪澘泰茶叶号门首堃芳下车，讲茶叶。余与怀白、诚恕弃车步行而归。怀白初不敢让余步行，余因天气奇暖，热气上蒸，身体极感不爽，故欲借闲步舒散舒散；怀白不得已勉强同行，其胆小可笑。回寓后怀白代余往白星吾家送照片。诚恕、伦方在此晚饭。饭后与诚恕同赴馆演《鱼藻宫》，座与昨夜同。戏毕舍予、怀白、醒民同车回寓，小坐。杜月笙家有电话来，云何人先到即先唱，不分戏码先后次序，随即偕舍予、醒民、堃芳赴杜宅，怀白留寓代记日记。

---

1 杜月笙（1888～1951年），与黄金荣、张啸林并称上海三大亨，成立三鑫公司，组织中华共进会，担任陆海空总司令部顾问，军事委员会少将参议和行政院参议，法租界公董局华董，组织恒社，京剧票友，与南北京剧演员交往极为密切。

及至杜宅，主人因恐早演客散，坚不让先演，坐待四时半始登场，与庆奎及少山同演《法门寺》。戏毕主人留饭，连配角、场面、伙计皆鱼翅燕菜席，可算主人情重。七时归，天已大亮。怀白尚在此未去。余小坐，俟怀白等去余即寝，已九时矣。

庚午年正月二十六日（1930年2月24日） 星期一 阴

因昨晚在杜宅堂会戏毕已天明，归寝已九时许矣，至下午二时许杜宅电话催余往，其时天翁已来，回云未起身。余被电话所扰，不能再寝。至四时许杜宅又来电话，被天翁回云昨晚劳困尚未起。此时余不胜其烦，乃起身。语冰、泽臣来，即偕泽臣往修面，修毕归。余相商约语冰今晚伴余往杜宅演堂戏，语冰云渠任职之厂近日正在清理营业期中，无恕作陪，仍请舍予同往。是时接北平家信来，云家龙生日，十分热闹；家襄近感风寒，请汪逢春先生看脉，汪先生并送家龙礼洋十元，其情可感。同时并接淞沪教养院来信，请托张、杜二君商量演义务戏，筹助该院经费事。五时周伦方君来送还行头。聂少萱君送来湘绉松鹤图挂镜一幅。白星吾君、龙、秦二君来谈说。到馆演《绣襦记》，上座尚好。戏毕归，稍息。杜宅电话即去，与大元、过宜同往，演《探母》。四时始散，留宴，六时半归，七时寝。

庚午年正月二十七日（1930年2月25日） 星期二

三时泽臣来，即起，遂偕同往顾竹轩家，贺其嫁女之喜；又赴江子诚宴。舍予同归。学谦来。文公达至六时偕学谦赴吴眉孙宴，座有十馀人，均银行界。饭毕赴馆，演《十三妹》，台上下均加凳。一钟返寓。庞京周来为余诊视，谓余因连日劳顿失眠，开方。舍予、泽臣、天翁及峻生来，闲谈。郑绛生携妓四枚来，稍坐即去。黄全生来，与堃芳磋商公事。三时客散。就寝。

庚午年正月二十八日（1930年2月26日） 星期三 晴

下午一钟起，理发。大舞台黄经理请春酒，送来酒席两桌。四时半赵国屏车接伊宅，观中西合璧之裸体活动电影，颇称别致，生平第一遭。嗣茶点，座有大元、仲仁、富禄、桐珊等二十馀人。六时返寓。学谦、天翁、泽丞、吕弓来，留饭。八时至馆，演《妒妇诀》。一钟归，点心毕，往仲仁、春彦室中稍谈，并与堃芳略说公事。二钟半寝。

庚午年正月二十九日（1930年2月27日） 星期四 阴

二时起身，偕怀白步至郑过宜家闲谈，归寓。慕琴与黄转陶（系黄报主干）四时偕天翁访张莼鸥[1]，少坐；又往国恩寺拜尚荣周之父八十冥寿，一拜即去。独往啸林处报告大舞台续约之事；又至黄金荣家，未晤即返寓。吕弓、学谦及龙可侯、秦道生等先至，稍谈；怀白、过宜继至。龙、秦去，馀友在此晚饭。怀白因女病不欢，阖座皆说谐语解闷。八时赴馆，演全本《双姣缘》，戏毕归。堃芳言大舞台坚留半月，不可再辞，今日即此定局。寝时四钟半矣。

庚午年二月初一日（1930年2月28日） 星期五 晴

昨晚读戏本伤神，一夜不安，下午五时方起。张维翰（莼鸥）及其友刘沛泉[2]（号毅夫，第十路航空司令）来，略谈即去。怀白上午一钟来，余未起床，怀一人摘《得意缘》戏目，预备登报上广告之用。五时半泽丞来抄《钗头凤》单本。晚餐后赴馆，演《小放牛》《刺汤》双出，上座甚盛。演《刺汤》出台时雷雨大作，今年雷鸣已三次，以今晚之雷声最大也。十二钟半戏毕，雨亦止。黄金荣来，言顾竹轩娶媳，烦余与贯大元合演《汾河湾》为贺。一时半偕至顾宅，三时演完。顾留宴，余因倦极婉谢，归寓就寝。

庚午年二月：初二日（1930年3月1日） 星期六 晴

三时起床。卍庐来。接关伯珩信及天津中原公司黄文谦函，即复。富禄、春彦等来说戏。学谦接余赴陶乐春四行同仁之宴，座皆银行人。饭后到馆，演《柳如是》，九时三刻登台，座位早满。戏毕观《盘丝洞》布景。二时回家，稍息。与过宜、天翁、堃芳进点心，大说笑话，甚觉有趣。天明方睡。

庚午年二月初三日（1930年3月2日） 星期日 大雨

三时起身。怀白、卍庐来抄《盘丝洞》《得意缘》目录，预备登台广告之用。同

1 张莼鸥（1886～1979年），名维翰，字莼鸥，云南省昭通府大关厅人，中华民国政治人物、法学家，曾任立法院秘书长。时任云南省政府委员兼昆明市市长。

2 刘沛泉，历任云南航空学校校长兼第十路航空司令，东路航空司令。1928年筹办民用航空公司。1930年任湘桂铁路局长职。后在上海受任为中国航空公司经理。1932年淞沪抗战期间，在十九路军驻沪办事处参加抗日工作。1933年在广州筹办滇粤桂联合创办之西南民用航空公司，直至广州沦陷，避居香港。1938年任第十二集团军驻港运输处主任。1940年端午节逝世于香港。

饭。四时赴馆，演全本《鸿鸾禧》。六时归，晚餐。往馆演《柳如是》。今晚大雨，诸友以为上座不佳，孰料仍然座满，可谓难得。一时归。发平信十二封。三时方寝。

庚午年二月初四日（1930年3月3日） 星期一 阴雨

四时起。泽臣、卍庐来。五时怀白来，约访其戚孙北萱，谢其赠联；并见过君、毛君，谈甚久。顺道看怀白女病，瘦弱可怕，见人尚能笑。董玉裁、周旭初请吃晚饭，菜颇丰。未能终席与学谦、怀白同赴馆，演《埋香幻》，十二时与怀白同回寓。沐浴毕，即寝。

庚午年二月初五日（1930年3月4日） 星期二 阴

下午一钟起，至花园内闲步。天气转寒，身觉欠爽。四时雨。在寓习字一小时。空我、卍庐、学谦、泽臣、草草及吕弓来，闲谈。余教吕弓《刺汤》腔。嗣晚膳。九时赴馆，演《元宵谜》，因天雨座减，一钟回寓。天翁抄《玉堂春》词。并开发包银。三时半客散。余即寝。

庚午年二月初六日（1930年3月5日） 星期三

下午三时起。泽臣、吕弓、怀白来，各有工作；饭后闲谈。稍憩赴馆，演《玉堂春》全本。是日奇冷，寒气袭人，大雨连绵。事前颇虑上座未必见佳，讵意售满座。且加凳无数，殊非始料所及。天翁特将余每日所演之剧词装订成一小册，甚为精致；惟所录唱词多不相符，亦憾事也。戏将毕，过宜兄至后台接余回寓，真可算热心朋友矣。点心毕，与大元、吴堃芳及老爷子竹戏，至四时众客散，竹戏终。余即寝。

庚午年二月初七日（1930年3月6日） 星期四 大雨

下午二钟起，饭后与众人竹戏。九时赴馆，演《香罗带》，戏完在该园排《盘丝洞》，二时半归栈。因此怀白、过宜疑余到别处闲游，心甚不安，二人同往花园、富禄、仲仁房间找余，适余归，尚未返，结果余反命伙计找彼二人。杨、郑姗姗来迟，精神十倍，口有馀烟，方知为芙蓉城主拉住了，不愿脱身。四时始寝。

庚午年二月初八日（1930年3月7日） 星期五 仍雨

下午二时起。饭后与堃芳、多寿及老母手谈。七时与同仁说《盘丝洞》一幕。沐浴。郑汉良来求画。留学谦、桐珊晚餐；怀白、泽臣亦在此。九时偕怀白、学谦同到馆中，演《鱼藻宫》。怀白在后台睡着。戏完之后排《盘丝洞》“彩头”。二时回寓，吴天翁与张莼鸥、黄转陶已先在此相候。舍予与慕唐同来。舍予刚从南京归来。三时各散。怀白、学谦未能归去。四时余寝。

庚午年二月初九日（1930年3月8日） 星期六 晴

三时起。舍予、怀白、吕弓、学谦来，约往大世界观朱传茗、顾传玠演《金山寺》“断桥”，唱、做、念白均甚可观。六时归。与同仁说戏。九时至馆，演《盘丝洞》，座满而未加凳。怀白、卍庐均甚诧异，询案目知今日为三八妇女运动纪念，城南、城北华界均于七时特别戒严，交通断绝，故有此现象也。十二时半戏毕，偕卍庐归。林如松来，谈至三时去。即寝。时接家中安电，询归期也。

庚午年二月初十日（1930年3月9日） 星期日 晴

下午二时起，饭后往馆，演《虹霓关》东方氏到底，并演“洞房”代“窜帐”，上座满堂，加凳无数。五时归。杨怀白、卢世侯、周旭初来。杨诚恕等来访，因余未归，在此竹戏消遣，留饭。饭毕诸友先至大舞台看戏，怀白、过宜、泽丞等同赴舞台看化装。十钟登台，演《盘丝洞》，一时偕舍予归，怀白已至府，舍予言，因余与大元、剑秋、老五竹戏，天至四时叫余眠，因使堃芳代之，余即寝。老三至矣，小谈即去。在此牌声、笑声中，余已一枕黑甜乡矣。

庚午年二月十一日（1930年3月10日） 星期一 晴

二时起。昨日嘱怀白代发北平家电；怀白又代笔发快信一封。舍予来。三时荣泰号王掌柜代黄金老送来大帐、椅帔、垫、材料花样候选择，余与舍予斟酌颜色，择定藕荷色一种，花样择定百鸟朝凤，令其打样来看。四时偕老桃修面，五时半回。张惠叔偕其二友来。六时天翁、黄转陶来。怀白七时到，同乘车赴功德林张莼鸥之约，座有黄君及独鹤。黄君系云南人而在安南经商者。八时二十分饭毕，与舍予、怀白同看学谦之病，并未真病，拉了同回饭店。吕弓来矣。九时半与怀白至大舞台，演《盘丝洞》。天甚寒，上座尚佳。连演三夜，有如此成绩甚为满意。一钟归。与舍予、天翁、堃芳合议十七以后戏码。至四时客散。余即寝。

庚午年二月十二日（1930年3月11日） 星期二 大雨

下午二钟起。当日有赵君玉、白玉昆请约在会宾楼晚餐。今日余以百花生日，不可无以点缀；且本约昆剧名角顾传玠、朱传茗二君餐，欲即烦舍予车迎，四时赴会宾楼白、赵二君之约，稍坐即返寓。客已来，有冯叔鸾、石君、徐耻痕、余空我、尤半狂[1]、黄转陶诸君。六时入席，七时至馆。大雨倾盆，路人绝迹。不意馆子池中已频频添座，此亦出乎意料之外也。九时演《十三妹》，一钟戏毕，归。点膳后与贯大元、王多寿、吴堃芳等手谈，至五时散，即寝。

庚午年二月十三日（1930年3月12日） 星期三 阴

下午四时起。大舞台前台小老板童学宽（号季良）来索画。姚菊卿来，扇面两幅。九时偕怀白至馆，演《大铁弓缘》，上座甚佳，戏毕排《得意缘》。三时偕舍予归，闲谈至六时，大有文章。舍予未归。余遂即寝。

庚午年二月十四日（1930年3月13日） 星期四

三时起。舍予今晨十时去，十二时来，复去，三时又来；卍庐亦至，遂同至舍予家吃点心，并作画二三幅；老桃亦至，五点同返寓。途遇独鹤同归。学谦、怀白、天翁来。与学谦商定送平友礼物。八点与怀学同赴馆，演《丹青引》，戏毕排《得意缘》，三点半归。舍予、天翁在。有西人数位到后台询《丹青引》属何朝事，谈数句即去。戏完返寓。舍予、天翁来，谈至天明，天翁去。余即寝。舍予八时始回家。

庚午年二月十五日（1930年3月14日） 星期五 晴

三钟起，偕舍予逛花园。天翁、舍予、卍庐、白星吾、杨诚恕、韩长宾、鄂吕弓等来。晚演《得意缘》。天翁及诚恕忙贴戏词，因余演戏反累及朋友，心中甚为不安，待日后请他们吃雪茄。八时赴馆，台下满已座，拥挤不堪，加凳无数。《得意缘》全部共计演三钟三刻，观众极满意，彩声不绝，舆论甚好。此戏在沪初演，各角颇生。堃芳把场，立于场门口内，手持总纲本子，正在指挥时有一般中军者出场匆忙，其衣上丝穗攀套在堃芳袍扣上，将其朝外一拖，台下大笑；不登场获倒彩，诚为罕事。

---

1 尤半狂（1900～1961年），名孝直，字培楚，江苏苏州人。别署铁蛇道人、寿龄、毅庵。室名为梅花清梦庐、青毡轩。三十年代范烟桥任《小日报》社长，曾主编《小日报》《万岁》等。主要作品有《荒乎其唐》(与黄转陶合作)等。

堃芳因怒而昏，疏于导引竟将"杀官"一段漏去，幸观客多未看出，惟觉关目不贯而已。戏毕舍予、慕唐、吕弓来，夜宵，四时客散。就寝。

庚午年二月十六日（1930年3月15日） 星期六 晴

二时起。慕琴偕其友吴肃丹、戴治华来谈。三时舍予、卍庐来，同出外；先购鞋，又至大世界观昆剧，缘余烦朱、顾两君演《狮吼记》也。晤诚恕、慕唐、吕弓、小汀、豁公等。六时堃芳至，即同其赴万云楼周信芳之约，座中皆同行，七时归。舍予、吕弓、天翁已先至。稍息到馆，演《得意缘》，满座加凳，较上次尤盛。戏毕归。天翁等来谈，三时客散。寝。

庚午年二月十七日（1930年3月16日） 星期日 晴 气候和暖

昨晚怀白未回。一时起。舍予到。晓圃携摄活动影片机来，偕怀白、舍予摄取数帧。三时赴馆，演《盘丝洞》。戏完往会宾楼，自做东，请后台同仁并周信芳、舒舍予[1]、鄂峻生等共五十馀人。八时席散。赴杜月笙先生之约，为其生女演戏、谢客也。并赠手表一支。同德医院募捐义务，庞京周邀余加入。八时赴馆，演《双姣缘》，售座甚满。戏完往舍予家赴慕唐之约。二时偕怀白、吕弓、舍予返寓，略谈公事。即寝。友人等天明始去。

庚午年二月十八日（1930年3月17日） 星期一 阴

下午二钟起身。卍庐、小汀、慕唐、爵丞来。接游天、文谦信。八时至馆，演《十三妹》，满座。一时半归。接庞京周函，谓二十二日义务戏码事，烦余与周信芳合演《战宛城》，即复函允之。点心，寝时已四钟矣。

庚午年二月十九日（1930年3月18日） 星期二 忽阴忽晴 微风

早十一钟舍予来，接余步至伊家早饭，二时偕归。三时同舍予访吴震修[2]、冯幼

1 舒舍予，非北京之老舍，上海"白社"中要人，曾编辑出版《荀慧生专集》《白牡丹专集》，长期为《十日戏剧》和《半月戏剧》等戏剧报刊撰稿。

2 吴震修（1883-1966年），名荣鬯，以字行，江苏无锡人，清光绪九年生， 幼入私塾读书，后考取上海南洋公学，毕业后留学日本，入陆军士官学校。回国后曾任北洋政府参谋本部第六局局长、中国银行南京分行经理1928年，为上海市政府秘书长，并短期担任过上海市代理市长。上海解放后应聘去北京，担任中国人民保险公司总经理。

伟、卢小嘉，均未遇。过康生相馆摄二影，归。吴迪生持寿石工信来访。七时郑绛生来，面约会宾楼饭，诚恕亦在该楼另局。郑座有陈富年及银行界人；杨座有舍予、怀白、吕弓、学谦等。饭后偕怀白等购鞋，又至革新公司看衣料，归。晓圃又携活动照相重映一回。八点上馆，演全本《花田错》。今晚上海舞台徐碧云、高庆奎临别末日戏。戏毕归。天翁、舍予均来，同点心。剑秋及全堂场面人等并马富禄在梵王宫赵桐珊卧室研究灌片时刻。至六钟始寝。

庚午年二月二十日（1930年3月19日）星期三 阴

四钟始起，睡眠甚足，至花园拈香。舍予、卍庐、怀白来谈灌片事，并通告老爷子当于闲谈之时送给府绸一疋。八时上馆，演全本《玉堂春》，满座。一时归。舍予、慕唐、天翁来，留点心。三钟客散，即寝。

庚午年二月二十一日（1930年3月20日）星期四 晴

下午一钟半起。舍予、慕琴来。余盥洗毕，偕至花园散步，舍、慕为余摄影。接瑶卿、再明、逢春函。午餐后慕唐、卍庐来。俄张莼鸥来赠余瓷瓶、漆盒、徽墨及手书诗册，均颇精美。余与诸友说《庚娘》及研究今晚大中华公司灌片事。龙子修、白星吾、秦道生来，闲谈甚久，五时方去。丞澍来，言伊将赴南通公干。怀白来，冤余与某妓有染，言语争执、口角；余因受冤稍火，将茶壶向桌上一掼，而怀怒不可（遏），经过诸友解劝方了，甚可笑也。天翁、吕弓来，余当众表白绝无苟且之事。八时半赴馆，演《庚娘》，上座甚盛。郑绛生君到后台，言冯幼伟约余吃饭。戏毕归。舍予在寓候大中华公司来人俄谈，公司王寿岑协理及徐筱汀诸君来接。卍庐、慕唐、泽丞亦到。二时半偕富禄、桐珊及舍予、卍庐、慕唐并场面等二十馀人至大连湾路该公司，先试乐器声浪、位置远近，后再试唱音，开始收音。计灌：《玉堂春》四段，由“十六岁开怀是那王公子”至〔原板〕“拐带南京、转回南京”止，计两张；又《十三妹》《弓砚缘》祠堂内〔二六〕并加马富禄唱邓九公四句半片，又《醉酒》〔倒板〕起至裴力士“职上加职”止半片，合一张；又《翠屏山》〔南梆子〕半片，又《棒打》说白半片，合一张；又与富禄唱《探亲》四段，计两张，共计六整张。该公司电力不足，烦将《棒打》重灌一次、《玉堂春》第四段重灌一次，灌完天已明矣。六时余，空我君（名票）亦灌唱《宇宙锋》二段，借余场面帮忙。余困，亟偕诸友先归，时已七钟，未进餐，因今日有同德医院义务日戏，遂寝。

庚午年二月二十二日（1930年3月21日） 星期五 晴

早七时自大中华公司灌片归，即寝。十一钟修电话者入房将余惊醒，再睡至二钟起。天翁、舍予到，匆匆午餐。三时偕天翁至上海舞台，演同德医院筹款戏，与周信芳演《战宛城》，上座满极。戏毕归，舍予、卍庐在。七点怀白来，交代取大中华灌片之款，当交堃芳支配。吕弓来。九钟上馆，演《庚娘》。戏毕张啸林派车接余至一八一号，余同舍予、堃芳往。所谓一八一号者，乃最大俱乐部。房室布置华丽，消遣之人甚多。先见张师，赠余一最时行手表一只。该表不用上弦，戴在手上永不停止，想见其巧妙矣。略谈一钟半辞出，并在转盘游戏立观，有人指告玩法，其图片再上一层有三大骰子，堃芳掷二元未着，遂返寓。天翁先至，用点心。舍予又接洽灌片之事。四钟始寝。

庚午年二月二十三日（1930年3月22日） 星期六 晴

十一钟醒，嘱舍予写日记。一点半舍予复来，余已起。诚恕荐来成衣，为余做小褂裤。二点偕舍予绞脸，三点半偕慕唐回。植斋、卍庐来。小汀及王寿岑送来前夜所灌《玉堂春》样片，颇好。语冰来。又一徐季芳来，能学余腔，但稍不如筱甫之自然也。怀白、天翁来。当晚有宁波同乡会堂会戏，欲予演《献寿》，予嘱改《打樱桃》，略谈决定。用饭后八点半偕卍庐、舍予上馆，演《得意缘》，上座甚盛。有杜先生送来大银杯一座。戏毕堂会来接，即赴同乡会，与富禄、仲仁、桐珊等演《打樱桃》。三点半戏毕，偕卍庐、舍予回栈。本家送开销二百四十元。怀白、天翁先在寓。余即寝，已五时矣。

庚午年二月二十四日（1930年3月23日） 星期日 晴

因有日戏《双姣缘》，一点即起，二点上馆，座甚盛，戏毕六点返寓。偕舍予、怀白到龙子老处尝芙蓉数口，藉振精神，因夜戏更累也。略进食。七点半偕秦道生上馆，演《玉堂春》，座满加凳。张师送来大银鼎。一点戏毕，偕舍予、全生、堃芳归。醒民在，全生来，言船名、日期一“怡和定升”一“太古通州”，如座“怡和”二十八日开。因戏完赶忙，不能休息，若“太古”则可休息四五天也，明晚再行决定。全生言明

《玉堂春》“关王庙”荀慧生饰苏三

年再来捧场之意，略座即去。醒民请余夜餐，即在堃芳屋中摆座。仲仁、富禄亦来。三点席毕，与堃芳、舍予、怀白斟酌开销。怀白、舍予未归。余即寝。

庚午年二月二十五日（1930年3月24日） 星期一 晴

一时起。泽臣来。即起床，同赴舍予家午饭，三点偕舍予回。陈巨来[1]，偕徐邦达[2]来访，二人偕青年陈精、垒石、徐善书画。稍谈。王晓籁与林老拙继至，小谈。六时半赴蓓开唱片公司田天放、郑子褒、丁慕琴之约。在清一色晚饭，座客甚多，有舍予、怀白、天翁、公鲁、瘦鹃。七时半回寓，少息即赴馆，演《十三妹》。今日为最后之第一日，台下满坑满谷，但见人头不见人身。九时登台，在登台之前先将大幕放下。怀白、卍庐指挥后台之人布置赠品。此次所得赠品以银器独多，光华灿烂；复有玲珑小件，如象牙雕刻小塔、漆盒、制墨及西洋大理石果盘，间以湘绣大小屏幅，询（洵）盛极也。戏至末场台下有人分掷五色彩丝条，闭幕舞台备西乐相送。台下不起去，群欲一识予本来面目，掌声不绝。堃芳至幕外表谢意，亦不肯散；予即楼上卸装，所穿彩鞋及戏裤未及脱去，匆匆洗面，即着长袍至幕外向众道谢；而台下有人呼演说，予略点首，退入。台下始满竟面疑，由台上偕舍予、怀白、卍庐、堃芳、全生及众管事相送，直至正大门而出，登车时门前尚立成甬道，多人拥挤门口，急登车，与本舞台各执事者脱帽告别，返寓。舍予、怀白、卍庐为料理点查赠品并开单记一本子，俾回平查阅、谢信之用。予沐浴后修脚，至四时末毕，舍予、怀白未归。余即寝。

---

1 陈巨来（1904～1984年），原名斝，字巨来，后以字行，浙江平湖乍浦镇人。寓居上海，曾任上海中国画院画师、西泠印社社员、上海书法篆刻研究会会员。

2 徐邦达（1911～2012年），字孚尹，号李庵，又号心远生、蠖叟，浙江海宁人，主要从事古书画的鉴定工作。家中富收藏，幼年即接触大量古今字画。十四岁开始习画，师从当时海上著名书法画家、鉴赏家吴湖帆先生，后任故宫博物院研究员，著有《古书画鉴定概论》《古书画伪讹考辨》《古书画过眼要录》《重编清宫旧藏书画目》等。

庚午年二月二十六日（1930年3月25日） 星期二 晴

下午二钟起。成衣来，嘱其做褂裤。舍予、卍庐、泽丞、小汀来。俞叶封、舍予各送袍褂料。今日新铭船，贯、赵诸人等先上船，予之衣箱、零件先由新铭带去。五时半学谦来，即偕往购售送平友零物。六点偕舍予至张莼鸥、潘志铨[1]、曹功珊、俞叶封、吴天翁五处，均未在家。赴冯幼伟寓晚饭，座中有植斋、陈彦衡、乔梓、沈昆山、赵叔雍、郑绛生、桐珊诸人。九点偕舍予至天蟾舞台王晓籁之约，看《封神榜》，颇为滑稽。一时偕卍庐、舍予归。怀白、天翁在。卍、天去。舍、怀订宴客单，定二十八晚在杭州饭庄请余。五点寝。

庚午年二月二十七日（1930年3月26日） 星期三 晴

二时起。卍庐来。即偕舍予同至其寓午餐。餐毕即归，略息即往各处辞行。先至黄宅，未晤；又至张宅付佣人五十元；杜宅均未晤；顺道至全生家，付佣人二十元，略座；又至子乔及林建章宅小座，即行。五时归。徐邦达君来，赠余沈竹宾山水册一本，运笔用墨大有元人气味，可宝也。与堃芳清算账目。今早贯、赵、张、马诸人及场面与父母先送行李等，均乘新铭轮回平。五时半再偕堃芳、舍予至杜宅，又未晤；又至济生会林屋先生宅，略谈；即至大三元酒家应张仲直之弟季光之邀，座有怀白、诚恕、舍予、卍庐、世俟、周旭初等。九时至舍予家与卍庐、怀白、慕唐等手谈。二钟至一八一号访张师，未晤即归。就寝。

《红柳村》荀慧生饰十三妹何玉凤，马富禄饰包成功

1 潘志铨，广东新会人，生于上海。香港大学毕业。1919年由其父潘澄波（怡和洋行总买办）之荐，入怡和洋行担任买办。1938年与其弟潘志贤一起创办同济机织印染股份有限公司。曾先后担任建元兴业公司、振中丝织整染股份有限公司、建安银公司等董事长，钱联银行、怡丰化工厂等董事。

庚午年二月二十八日（1930年3月27日） 星期四 雨

下午一钟起。秦道生、吴天翁来。三钟偕怀白至舍予家吃面。慕琴送听蓓开样片。卍庐亦至。饭毕偕慕唐、怀白等到慕琴家听其最新唱机，并令其佣人送名片至独鹤处辞行。五时同归。慕琴、舍予先至杭州饭庄，为余预备宴客招待。六时偕怀白、诚恕亦至该饭庄。陆续客到，计开八桌，共用洋一百九十元，姓氏人名另录别簿；庞京周[1]代余演说。九时偕怀、舍、泽、慕、卍、慕至更新舞台看戏，乃王晓籁之约，观嘉兴八美图布景，甚好。何佩华送来水果并亲自下台招待。戏毕京周、晓籁、佩华、舍予、泽丞、慕唐、怀白等至一八一号夜餐；余并唱大嗓一段，甚觉有趣。二钟归。黄全生来谈初一返平乘榊丸船回京。三时始寝。

庚午年二月二十九日（1930年3月28日） 星期五 晴

怀白、学谦代购回平送友礼物来。十二钟起，偕堃芳、仲仁、舍予到黄金荣家辞行，略谈。黄言赠余五彩大帐一堂，一月后方能寄京，谢之辞。赴沈昆三、赵叔雍之约，在极司非而路沈寓，有植斋、幼伟及胡适之。二钟半偕舍予到张、杜两家。仲仁亦至，略谈。又到舍予家小坐，偕怀白回梵王宫稍息。同学谦、卍庐、舍予、怀白、诚恕等赴陶乐春、黄全生之约，语冰亦在座；黄全生招妓侑酒。七时偕泽丞、杨、舒、鄂等赴潘志铨宴，在其新宅，有余空我[2]、徐通海等。九时到大舞台观新戏《武则天》，乃全生做东。余因怀白看戏多言，为恐同行多心，未看完而归。整理行装。五时寝。

庚午年二月三十日（1930年3月29日） 星期六 晴

下午二时起。天翁、卍庐已来。盥洗毕。天翁约石世盘来摄影，即借花园与舍予、怀白、卍庐、天翁合摄一影；又与天翁合摄一像。天翁去。偕怀白至舍予家午饭，卍庐亦至。卍庐代余至四行换天津钞票。七时与诸位赴王晓籁、俞叶封、尤鸿卿、庞京

1 庞京周（1897～1966年），生于江苏吴江同里镇，1921年同济医工专门学校毕业后，在上海开业行医，曾任上海同德医学院院长、上海医师公会副主席。著有《上海十年来医药鸟瞰》《中国疟疾史》《结核病史话》等。

2 余空我（1898～1977年），字哲文，笔名小记者，歙县朱陈(今五丰)人。先后任《上海新闻报》编辑、社会新闻版主任编辑。被推为上海新闻记者公会常务理事。30年代中期，考入上海政法学院，攻读法律，毕业后一度在沪开设律师事务所。抗战后任上海《正言报》副刊“大众座谈”主编。新中国成立后，任上海市报刊图书馆资料室主任。

周四君之约，即至愚园路一八一号法人餐室聚餐，座有冯起然画家及张师。饭毕同赴一八一号少坐。与舍予、怀白、卍庐回寓。冯叔鸾来此送行，未遇。诸友有惜别之意，余画兴大作，怀白作一寸幅。检柜中有纸一帧，因与慕唐、怀白合作堂幅。怀白拟题余名，以贻舍予。董玉裁、杨诚恕、刘语冰来，竹戏至天明。七时同送赴黄浦码头，登榊丸。托舍予代发京寓电，预告行期。

庚午年三月初一日（1930年3月30日） 星期日 微雨

送行者接踵而至，舍予携影器先摄二影；后又会同送行诸君、舒舍予、杨怀白、吴天翁、何卍庐、杨诚恕、徐慕云及小汀昆仲、刘语冰、张季光、郑过宜并保镖四人等共摄一影，以为纪念。本定九时开船，后以江海关发现私运铜币，遂延至九时三刻始能开行。诸友以手帕示意，隆情可感。黄全生相伴北上。余登舟高卧，不觉入梦。

庚午年三月初二日（1930年3月31日） 星期一

下午二点半至青岛，适降大雨。与全生、堃芳、仲仁等冒雨上岸，至奇园小酌。五时开船，风平浪静，饱览海景，并与诸友畅谈。晚十时就寝。

庚午年三月初三日（1930年4月1日） 星期二

午后一钟三刻抵大连，忽有该埠商会会长张本政（字德纯）、副会长邵慎亭（行五）、王星斋（行四）三位亲来迎接，诚出于意料之外。按大连习惯，凡接人者只能相候于税关，而该三君竟能至船上相迎，可见其在连之势力矣。登陆后即分乘邵君等自用车至邵宅，略用点心后由张先生引导同仁至大连各热闹地点游览，并至海边大和旅馆一带以观海景。路遇同行俞赞廷同三坤角，略谈即分手。五时邵五爷又请在泰华楼饭，并约该埠有名人物张洪五、邵尚忠、庞睦堂、刘学苍、王星斋、张本政诸君相陪，均极表欢迎之意。饭后回邵宅。八时在其宅沐浴，浴毕与全生、星斋及邵君竹戏一夜。

庚午年三月初四日（1930年4月2日） 星期三 晴

张洪五来。用点毕。张君与堃芳随行李先赴码头；后诸友送余亦至码头，乘济通丸，此船甚小。至早八时开船，邵、王、张等诸君仍留岸不去，萍水相遇竟受如此之招待，令人感激不已。余用（同）全生进大菜间不久即就寝，至翌日船已至津沽始醒，可见连日之疲乏矣。

庚午年三月初五日（1930年4月3日） 星期四

早八时船抵津码头，下船与仲仁分手。同全生、堃芳赶赴车站，即登车。在车中遇全生之高足胡明祥君，畅谈一切。车至丰台略购黄瓜等物。十二时抵东站，来迎者甚众。由中和园叫来汽车，余与全生分手返宅。夫妻相见自有一番乐趣。二时敬香，午饭后沐浴。四时许张仲直、王四爷，薛润甫、张律生、雷头、李甫泉、富禄、连孝等来，谈至夜十一时许。彩霞夫妻先后来谈，十二时就寝。

庚午年三月初六日（1930年4月4日） 星期五 晴

下午三时起。胡老师、高孟一、寿石公、彦衡、小丁等来谈。余与胡老师题挂沪友所赠之画，并摆置各银器。堃芳同吉祥郝锦川经理来访，少谈即去。晚饭后诸友散去，余与堃芳清算上海所用账目，至天明始毕，余终夜未睡。

庚午年三月初七日（1930年4月5日） 星期六 晴

早八时又至各屋挂画并布置一切。下午三时老太太来。又叫电灯匠修理电灯等。后张二爷、郑桐华、堃芳来。遂陪老太太竹戏。饭毕黄全生同胡明祥来访余，同老太太、全生、仲直又为竹戏。后文谦来，与堃芳略谈公事即去。桐栅亦来谈。竹戏后与全生畅谈，并约定十一日在本宅晚餐。众客散，余就寝已二时矣。

庚午年三月初八日（1930年4月6日） 星期日 晴 有风 很冷

下午四时半起。包丹亭、李昆、张律生、李三爷、张伯驹、陈敬老等来谈。晚饭。众人归后天津张寰如来，略谈即去。余与堃芳补日记。夜二时即寝。

庚午年三月初九日（1930年4月7日）星期一 晴

午后二时起，同堃芳至盐业银行办理存款事。午后赴李三爷春华楼之约，同座有胡老师、包丹亭、高孟一、敬老、张仲直诸位。饭后至马神庙王大爷家拜访。十时至中国饭店回拜张寰如君，未遇；又至大旅社回拜黄全生，亦未遇。归家后同张仲直、堃芳补日记。夜二时就寝。。

庚午年三月初十日（1930年4月8日） 星期二 天阴无雨

下午一钟起。敬老介绍冯绾青先生为和儿师。敬香。拜师。一时半用饭。连孝、富禄、叔诒昆仲来谈。石焕如来，面约余阖家星期六在伊家晚宴，余允之。郑英甫来，言约余在开明演唱。晚饭后寝。

庚午年三月十一日（1930年4月9日） 星期三 晴

下午一时起，与敬老研究新戏。晚约黄全生、黄文谦、李释戡、张仲直、王再明、吴堃芳等在余家小酌。饭毕竹戏，余负洋四十馀元，二时手谈方止。与黄文谦接洽天津中原公司演戏，拟二十五六登台；又与堃芳商议在北京演戏之事；又吉祥园经理郝锦川来，约余在该园演唱，并带请帖，择定星期日即旧历三月十五在新丰楼晚饭；又有中和园经理亦约余在伊家演唱。当日与全生诸人散后至天明余方寝。

庚午年三月十二日（1930年4月10日） 星期四 晴

下午三时释戡来。文谦来索往天津演戏之戏码，定二十五日登台，七时去。王再明、张律生假余处约余吃饭，有李三、敬老在座。饭后竹戏，三时始散。余即寝。

庚午年三月十三日（1930年4月11日） 星期五 晴

早九时偕堃芳往各处访友，关子高、汪逢春、袁文薮、高孟一、戴正一、辻听花、松寿卿、樊樊山等均见。樊老精神矍铄，询海上事甚悉。余因面索其画，亦蒙首允，并送余至门，情致缠绵，殊令人寻味也。又访吴镜芙、朱洽黎、戴兰生、关伯珩、胡冷庵、孟觐侯、杨乐彭、李僧儒、寿石公（工）等，未晤。并至西单聚仙居点心。为全生到东安市场购草花四匣，亲送至大旅舍，交全生，有德增、明祥均在座，谈笑甚畅，并询其动身往沪事。七时归。叫成衣做余自用小褂裤。又电告蓉丽照相馆印片二十五打。十一钟半寝。

庚午年三月十四日（1930年4月12日） 星期六 晴

下午一钟起。小骧生演滦州影，诸亲友来贺喜。六时石焕如约余阖家饭。八时至车站送黄全生返沪。张寰如赴津，因并送之。八时三刻归，与释戡、敬老、岐山等闲谈，至四钟方寝。

庚午年三月十五日（1930年4月13日） 星期日 晴

下午二钟起床，敬香，发大连、天津信共三十五封。汪侠公偕其友林醉陶来，询余身世甚悉。晚乐元可父子及南铁生来，面约往新丰楼饭。吉祥园经理郝锦川亦在该楼约饭，为接洽演戏事，有胡师、敬老、再明、堃芳等在座；乐座有释戡、敬老、再明等，并有妓数人来，饮酒微醉。同往瑶卿家小坐，即归寝。

庚午年三月十六日（1930年4月14日） 星期一 雨

早八钟起身，与姜玉佩说《虹霓关》把子。敬余来。晚开明经理张熙午、郑英甫约饭，在宣外烂缦胡同七十二号张宅，偕释戡、仲直、再明、敬老、胡师等赴张、郑之约，入席。因余请鉴心堂相士松寿卿在余家饭，略坐即归。少刻仲直等亦至。饭毕汪逢春医生来，竹戏。周復生由涞水来寓，因别甚久，留伊等宵夜，饮酒畅谈，四钟始散。就寝。

庚午年三月十七日（1930年4月15日） 星期二 晴

瑞蚨祥经理孟觐侯及张舜九来谈。晚关伯珩由公园亲带茶点来谈，询余海上事；八时同往王瑶卿家小坐，林五、铁庵亦在伊处。九时偕伯珩、幼卿至新丰楼，赴庞敦敏之约，高庆奎、高连奎、贯大元、郭效青及严仲桢、汪凤春等十馀人，谈甚畅，均有醉意。至开明观票友义务戏。十二钟归。就寝。

《能仁寺》荀慧生饰何玉凤，赵桐珊饰张金凤，金仲仁饰安骥，孙甫亭饰张母，曹连孝饰张乐施

庚午年三月十八日（1930年4月16日） 星期三 晴

下午一钟起，理发、修容。饭毕带和儿步至小云家闲谈；又到彩霞处，偕其子彦衡至泰丰楼祭神。过厂东门遇石工，立谈片刻，归。释戡来，有要事。与富禄、堃芳、復生竹戏并点心，四钟客散，即寝。

庚午年三月十九日（1930年4月17日） 星期四 晴 风

下午二时起。命人送林醉陶、周公旦、南铁生、乐元可相片。陈农光来谈，并索照片去。接游天函，为津演剧事，即复。晚饭毕与堃芳、敬老闲谈一钟。郑英甫来，邀求在开明演戏事，因公事不符未允。二钟客散，即寝。

庚午年三月二十日（1930年4月18日） 星期五 晴

早十钟起床。接游天函，仍为津演戏事。汪菊公来谈。六时带和儿步至南横街购酱肘，归，饭。饭毕与释戡、桐珊、堃芳、敬老、孟一等闲谈。桐珊索照片帐穗。二钟客散，寝。

庚午年三月二十一日（1930年4月19日） 星期六 阴

十一钟起。接林醉桃函，托余绘中堂送之。晚张仲直约在芳湖春饭，偕敬老、再明、胡师即去。招待多用女子，今日酒肆大半如此。汪逢春约看华乐园票友李香匀演《玉堂春》。戏散偕敬老至瑶卿处小坐，一钟归。今大风竟日。二钟寝。

庚午年三月二十二日（1930年4月20日） 星期日 晴

十一钟起。昨薛润甫来，未晤。堃芳来种树。石焕如、张菊舫、丁玉堂、刘小卿来。吴彩云来与祖师爷换衣。八时至严仲桢家，赴汪逢春、严仲桢之约，有郭效青、杨宝忠、程继先、程玉菁及李释戡、关伯珩、苻铁年、庞敦敏等在座。饭毕。朱洽黎约开明观杜丽云演头二本《虹霓关》，因风甚大未允，即归。与堃芳吃烟。二时寝。

庚午年三月二十三日（1930年4月21日） 星期一 阴

一钟起。张菊舫、郝锦川、王再明来谈。晚汪逢春、严仲桢、庞敦敏车接吃花酒，招妓甚多，饭毕治游、散步，十一钟归。与马富禄、张春彦、王再明等手谈。富禄索照片两张。一钟客散。就寝。

庚午年三月二十四日（1930年4月22日） 星期二 阴

十二钟起，沐浴，敬香毕。接孟一、邦达函。与堃芳至佘家胡同接老爷子赴东车站。吉祥、中和两经理等来送行。四钟二十分开车。老爷子拿错包袱，在车上各处寻找，惊动全车中外座客及巡警稽查，秩序几为扰乱。七时半到天津，游天偕中原人等来接，同至息游别墅三十一号房间。在车上遇春和经理林退庐，谈春和唱戏事。九时到美丽，游天约饭，因身体不爽先回栈休息。李僧儒、徐筱汀[1]等来谈，二时客散，就寝。

庚午年三月二十五日（1930年4月23日） 星期三 雨

下午二时起。游天来，同饭。三时半出外访友，七时归。与同仁说戏。并偕金仲仁到严孟繁家便饭。九时至中原公司，演《贩马记》。一钟归。严仲桢偕二妓来谈，游天亦至。四时客去，即寝。

庚午年三月二十六日（1930年4月24日） 星期四 雨

下午四时起床。游天、小汀等来，留饭。七点到日界吉野街十九号李僧儒律师家晚饭，同座皆报界人。八点半到中原，演《绣襦记》。一钟回栈。林六来谈，天明始去。七时方寝。

庚午年三月二十七日（1930年4月25日） 星期五 晴

下午三时起床。严孟繁、严仲桢及沙游天来谈。范芃士约在美丽饭，六时偕游天赴范约。八时步至劝业场购照片；又步至中原，演《香罗带》，戏毕归。陈砚青、金仲仁、赵桐珊、黄文谦等来谈。《益世报》刘君来索照片。赵幼田偕友多人来谈，天明先后去。就寝。

庚午年三月二十八日 （1930年4月26日） 星期六 晴

下午二钟起。李僧儒来，接往杨乐彭家午饭，李、杨两君做东。五时归，偕游天、小汀、仲仁往访刘髯公、董秋甫、张寰如，并到毛宅晚饭，徐筱汀之约。九钟至中原，唱全本《双姣缘》。一钟偕游天归。文谦在该公司约饭，未去。堃芳来，言文谦因余未至大说闲话。五时堃、游二人去，寝。

庚午年三月二十九日（1930年4月27日） 星期日 晴

下午二时起。陈砚青来谈津、京时局。饭后至中原，演《辛安驿》，戏毕归。邓范吾在本栈约饭，并招妓侑酒。晚饭。赴中原唱《鱼藻宫》，与贯大元合演。乐仁堂今

1 徐筱汀（1906～1957年），戏剧教育家，剧作家，早年肄业于圣约翰大学，与胞兄徐慕云同师陈彦衡，曾创办《大风报》《益世报》，抗战后任夏声剧校剧务主任，总务主任。1955年任上海戏曲学校教导主任，对荀派有深入研究。

日开张演戏，大元来手约余，因忙未去。叶庸方约吃花酒，有陈宜荪、黄文谦、沙游天、金仲仁、赵桐珊、邓范吾等二十馀人在座。席散同归。与文谦结演戏账目，并与友人谈至天明。

庚午年三月三十日（1930年4月28日） 星期一 晴

早六时偕诸友至日本花园散步，空气甚佳。九钟共至车站，陆续来送者甚多。九钟一刻开车，同车多银行经理，因观余戏致迟行期，颇觉可念。同业均乘此车，一路甚不寂寞。十二钟半抵家，沐浴，饭后即睡。

庚午年四月初一日（1930年4月29日） 星期二 阴

十二钟起床，接怀白信，促余发上海谢柬；并接黄全生函。补老十三旦断弦份子。次子小骧已不吃乳，日见其长，可喜也。晚饭后与堃芳算天津中原演剧账目。昨关子高来，余因天津演戏，身体困倦，至家就睡，未晤。其留函大说闲话。今日复信说明缘故方解，可笑。过听花因《顺天时报》关闭，归日。送礼作钱。二钟雷少辰来，谈大元在京演戏登报事。三时半始寝。

庚午年四月初二日（1930年4月30日） 星期三 晴

十二钟起，午饭。胜利公司来人接洽唱片事。二内兄及再明来谈。张舜九来，询上海、天津事。发海上友人谢函二百五十封。容丽胡姓送来照片五十打整。黄文谦、张寰如、徐筱汀由津来，冒雨来访，已睡未见，留柬而去。

庚午年四月初三日（1930年5月1日） 星期四 晴 风

十二钟起。接怀白函，仍促海上友人函。四时偕堃芳带和儿至瑞蚨祥访孟觐侯。又至交通银行与关子高闲谈。并往关伯珩家小坐。复至东安市场约寿卿在润明楼便酌。七时回寓。释戡来，未晤。徐筱汀来，闲谈至一钟始去。即寝。

庚午年四月初四日（1930年5月2日） 星期五 晴

早八钟起，步至堃芳家，同往东大市购木器。风沙扑面，目不能开，归。尘土满身，情状可笑也。发上海谢信讫，又赶办天津谢函，可云忙碌。晚徐筱汀、胡老师、再明、吴堃芳来，留伊等便饭。十二钟半客散。就寝。

庚午年四月初五日（1930年5月3日） 星期六 晴

十一钟起，修容，写天津谢信四十封。张舜九来谈。晚饭后春生社今日开演。八钟敬香毕，赴中和园，演全本《贩马记》。十二钟半归。贯大元迁居麻线胡同，送礼作贺。四时始寝。

庚午年四月初六日（1930年5月4日） 星期日 晴

十一钟起。饭毕与富禄、堃芳、敬老闲谈。晚饭。大雨。冒雨至中和园，演全本《荀灌娘》，上坐（座）颇佳。一钟归。四钟始寝。

庚午年四月初七日（1930年5月5日） 星期一 晴

一钟沐浴，饭后杨乐彭由津来京，偕徐季芳过访。晚与薛润甫、吴堃芳、张春彦、马富禄等竹戏。七时赴伯珩家饭局，有二十馀人，皆素识。余及庞敦敏、汪逢春、金仲仁均醉，同车归，犹未醒。谈话、竹战均在迷离恍惚中，润甫等不敢近醉人，潜引去，颇觉可笑。余在海上时友人送衣料，表粗里精，制衣误反之。关宅坐，多笑，余亦不禁哑然。二时客散。酣睡。

庚午年四月初八日（1930年5月6日） 星期二 晴 风

十一钟起。连孝来。余以衣示敬老，亦以里为表，大抵平中人多不识南货，余亦聊以解嘲。带和儿至大街闲步，归。与薛润甫、马富禄、王再明手谈。郝锦川来，接洽明日吉祥演戏事。徐筱汀赴沪来辞行。二钟客散。就寝。

庚午年四月初九日（1930年5月7日） 星期三 晴 日中忽落雨数点

十一钟起。午饭后阖家及敬老至东安市场闲步。余至吉祥，演《辛安驿》，戏毕汪逢春到后台面约至“美丽”饭，座有金仲仁、李释戡。饭毕同归。与富禄、润甫、堃芳竹戏。堃芳约内子、小和及富禄、桐珊在东来顺饭。内子久未出门，天气甚热，归；小觉不适，入门即睡。二钟客散。就寝。

庚午年四月初十日（1930年5月8日） 星期四 晴

十二钟起。王琴农母十周年，偕敬老、再明、堃芳及内子、和、骧两儿至榕园致奠讫，往市场鉴心堂松寿卿处小坐。三钟赴吉祥，演《庚娘》。孟一约在本宅饭，因棣生另有一局，未终席赴张宅，有朱洽黎、朱伯颜、冯景韩等在座，饭毕归。寝。

庚午年四月十一日（1930年5月9日） 星期五 阴

一钟连孝、释戡来。晚至樊山处呈纸索画；又往访董叔坪、鲍仰丞约，在小麻线胡同一号本宅饭，庞敦敏、谭篆卿、袁文薮、袁涤安、关伯珩等十馀人在座。饭毕归。与薛润甫、王再明、吴堃芳、张春彦等手谈。周復生由涞水来。一钟客散。寝。

庚午年四月十二日（1930年5月10日） 星期六 早大雨下午晴 风

十二钟起。天气甚寒，不似孟夏。晚偕敬老、再明及和儿步至王琴农家小坐，归。胡师、孟一、释戡来，留饭。八时赴中和，演全本《花田错》。一钟归，点心，稍息即寝。

庚午年四月十三日（1930年5月11日） 星期日 晴 大风

十一钟起。白华署长聘女，遣人送礼。饭后同敬老至杨乐彭家见其太夫人，顺道至法源寺闲步，古迹甚多，未及周览，步归。再明来。晚饭后赴中和园，顺路至王瑶卿处小坐。八钟半车来，即往园中，《南阳关》已登场，下即《绣襦记》，化装不及，垫戏半出，乃克登台，此为历年所未有也。戏毕与春彦归。润甫、堃芳来，手谈至六钟，客散。就寝。

庚午年四月十四日（1930年5月12日） 星期一 晴 风

十钟起。午饭毕同敬老往杨乐彭家，贺其三十正寿。晚与復生合约松寿卿、汪逢春、李释戡、陈敬余、薛润甫、胡冷庵、王再明等在本宅便饭，并有春彦在座。昨郝锦川来索照片。饭后竹戏，十二钟客散，即寝。

庚午年四月十五日（1930年5月13日） 星期二 晴 风

十二钟起。江子诚[1]由海上来，在张葵卿家送名柬至，即遣人请其来宅，已去。吴少皋电约今晚东兴楼饭。敬香。敬老来，同餐。三时偕堃芳至保安寺街潘家河沿看房，房主贾世五夸张太甚，一砖一石均言与众不同，索价亦昂，余笑而归。吴少皋来面约同

1 江子诚，京剧演员，名焕宝，字紫尘，子城，号梦花，杭州人，工青衣，初为江苏某县知县，后下海从艺，受聘于新新舞台。欧阳予倩曾向他学戏。

赴饭局，因事辞谢。晚復生、再明、彦衡、堃芳来，留饭，闲谈，十一钟客散。寝。

庚午年四月十六日（1930年5月14日） 星期三 雨

十一钟起，与敬老午饭。接徐筱汀画扇谢信。杨乐彭来谢寿。三时至吉祥园，演《审头刺汤》，戏毕释戡带前托樊山所写挂屏四扇至后台面付。至中央饭店访江子诚，归。陈农先、徐勉甫约广和居饭，有十馀人并琴农兄弟在座。归。琴农来，畅谈伶界旧事。再明、堃芳、仲仁等大谈神鬼。一钟客散。修脚。雨彻夜未住，余蒙眬入睡乡矣。

庚午年四月十七日（1930年5月15日） 星期四 雨益甚

十一钟起。堃芳来议回吉祥戏。上海青年会、南田画社均来函索画。与富禄、春彦、润甫、再明等手谈。李释戡来，今日是其寿辰。晚陶冶公约玉华台饭，琴农兄弟及妙香、农先、红友、勉甫、敬老等在座。十钟车送王竹君回其家，始归。马、张、薛等尚未去，继续手谈。二钟寝。

庚午年四月十八日（1930年5月16日） 星期五 晴

十一钟起，沐浴、理发、修容、午饭。“容丽”胡姓送照片来。布置屋宇。晚桐珊、连孝、堃芳、再明、復生来谈，二钟客散，即寝。

庚午年四月十九日（1930年5月17日） 星期六 晴

下午二钟起，修容。连孝来煮大烟。王琴农生日，送礼，偕敬老往贺；又同至春华楼赴陶冶公之约，未入席即归。约王主任希福、刘主任、延少白、郑宇安、汪逢春、时慧宝、贯大元及冷会长、王瑶卿便饭，并有堃芳、仲仁作陪。饭毕往中和园，演头二本《虹霓关》，皆饰东方夫人。看客甚众，两楼有数十西人。十二钟半归。三时寝。

庚午年四月二十日 （1930年5月18日） 星期日 忽阴忽晴

十二钟起。关伯珩、胡冷庵来。晚斯儆吾约福兴居饭，有敬老、冶公、农先、红友、琴农兄弟、妙香等在座，逢春最后来。因王、刘二主任在中和烦演《十三妹》全本，未终席赴馆，座客已满，九钟登场，十二钟半讫归。復生偕其友来，三钟客散，即寝。

庚午年四月二十一日（1930年5月19日） 星期一 晴 大风

下午一钟半起。陈农先、赵沧波、斯徵吾来。叶庸方、张荣奎、汪侠公由津来，接洽演陕西赈灾义务戏，订期初一、初二日。晚与汪逢春、李释戡、薛润甫、周復生等手谈一夜，天明七钟客散。在院内闲步、看花，八时始睡。

庚午年四月二十二日（1930年5月20日） 星期二 晴 风

下午一钟半起。释戡来，闲谈。晚与富禄、春彦、润甫竹戏，十钟客散。寝。

庚午年四月二十三日（1930年5月21日） 星期三 晴

十二钟起。游天自津来。三时阖家往吉祥，演《妒妇诀》，戏毕在东安市场闲步，购砖制玩物而归。与游天、敬老、再明谈至三时方散。寝。

庚午年四月二十四日（1930年5月22日） 星期四 晴

一钟起，与游天同车赴吉祥。游天四时半赴津。五时演《百宝箱》。七时偕堃芳、敬老及郝锦川步至东兴楼，自做主人请客，到者俞涵青[1]、赵沧波、徐勉甫、斯徵吾、许鸿友、陈农先、江子诚、张蔡卿、乐朗西、乐元可、杨乐彭、周公旦、林醉陶、汪侠公、傅芸子、惜华、徐季芳、林质生，共两桌。饭毕与农先、鸿友、勉甫、徵吾、敬老、堃芳同车出城，至骡马市大街汽车放炮，雇人力车而归。在内室竹戏。顾善仙、陈一如来，三时客散，即寝。

庚午年四月二十五日（1930年5月23日） 星期五 晴 风

十二钟半老太太来要戏份。中国戏剧研究社（西城参政胡同六号）函索相片、画稿。晚约关伯珩、袁涤安、胡冷庵、张玉衡、关子高、陈亦侯、张棣生、殷铁庵、袁文薮、吴少皋、谭篆卿、符铁年、鲍仰丞、冯景韩、庞敦敏、朱伯言、汪逢春、朱洽黎、吴镜芙、李柳溪、张伯驹、刘竹君、马彦翀、杨子远、黎季裴、陈公睦饭。饭后与逢春及李释戡、寿石工、符铁年、庞敦敏等手谈，三钟始散，就寝。

庚午年四月二十六日（1930年5月24日） 星期六 晴 风

一钟起。接俞家骧、赵祖抃请帖，约星期一下午六时西单报子街怡春园饭。润甫、

1 即俞家骧（1877～1968年），字涵青，浙江绍兴人。幼读于家塾，后负笈京师，入国子监求学。后被分派往陕西事务局任文案兼提调。后渐疏离政界，转任北平图书馆馆长兼大陆银行北平分行经理。

石工、復生来，闲谈。饭后客散，至第一台，演公安局义务戏，戏码为《枪挑穆天王》，戏毕偕仲仁步至瑶卿家小坐。遇李释戡、王蕙芳等，盘桓至一钟归家，即寝。

庚午年四月二十七日（1930年5月25日） 星期日 晴

下午一钟起。敬老来，云接无名信，语多可笑。饭后胜利公司订明日唱话片，与场面研究。亦接无名信，多恫吓之词，并言自敬老以外石工、释戡、再明、逢春、冷庵处皆有此等信。再明来，袖出一柬，语略相同；逢春电告亦接此函，莫知其用意所在。函骂堃芳尤甚，堃芳已猜得其人，虽未尽确，亦为近似。晚在泰丰楼颇加讨论，余以为置之不理可也。至第一台义务，演《打樱桃》《长坂坡》。《长坂坡》原订艳秋，因伊赴奉堂会，官场大为不悦，余自愿代演，其气始平。二钟归。就寝。

庚午年四月二十八日（1930年5月26日） 星期一 阴晴不定

十二钟起。下午二钟半胜利梁社乾、初彦升接至东交民巷道胜银行楼上灌唱片，《荀灌娘》小生、《元宵谜》〔四平〕两段加白、《十三妹》船上〔西皮〕至女英止、《钗头凤》〔二六〕、《盘丝洞》〔南梆子〕、《庚娘》二黄共三张。五时归。送戏词、照片。仲仁来。晚俞涵青、赵沧波约怡春园饭，有敬老、农先及许鸿友、王琴农兄弟、徐勉甫、斯徵吾、陶冶公等在座，宾主多醉。饭毕至潇湘馆冶游，归。逢春先在寓坐候，沧波等偕妓踵至，内子小有闲言，敬老、堃芳劝之而止。荣奎、侠公由津来，订赴津行期，因叶庸方染病，托伊代表。竹戏。小骧抽风，即由逢春诊视。客散。一夜未眠。

庚午年四月二十九日（1930年5月27日） 星期二 晴

十二钟少憩。骧病少痊。本拟今日赴津，改于明日。仲仁、逢春、堃芳、復生来谈，留饭。饭毕说笑，甚有趣，十二钟客散。寝。

庚午年五月初一日（1930年5月28日） 星期三

早六钟堃芳来催起床，敬香，点心。八时到东站搭车赴津，同车有杨小楼、程继仙、萧长华、郝寿臣等，在车上说笑话解闷，候兵车误点，一钟到津。游天来接，至息游别墅十九号房小憩。因叶庸方染病，游天代表接待一切。三点午觉。时据游天云忽雷雨大作，余在睡乡不知也。八时偕游天至中原访文谦、范吾等，未遇。在六楼晚餐。九时到明星，与袁寒云、王凤卿合演《审头刺汤》；又与小楼、寿臣演《长坂坡》。一钟归栈。今晚陈彦卿、李宝书、李徵五等约饭，因困倦辞谢。三时寝。

庚午年五月初二日（1930年5月29日） 星期四 晴

十二钟起，至日本花园闲步，一钟归，与游天午饭。二时访方药雨，又至庸方家，均未晤。往《天风报》小坐，遇程君谋等闲谈。六时半归栈。朱作舟约东兴楼饭，因小有不适未去，在栈晚饭。十时到明星，演《战宛城》，小楼去张绣，寿臣去曹操，金福去典韦，搭配整齐，精彩非凡。此种戏除堂会、义务外不易多见，数年以来仅演几次，可谓名贵之作。此次戏系为陕西赈灾善举，为叶庸方君主办。连日售座甚佳，可以救活灾民不少，诸君功德无量矣。二钟回栈。就寝。

庚午年五月初三日（1930年5月30日） 星期五 阴

八时起。九时一刻乘车返平。游天送至新站而回，十二钟半抵家。就寝。

庚午年五月初四日（1930年5月31日） 星期六 晴

早九钟起，至监业银行办理存款转期。王绍贤、殷铁庵、陈亦侯面约撷英午饭，二钟归。舒舍予前欠洋二千元，今由申寄还洋五百元，即复一函。汪逢春与骧儿诊视，已大痊。开发节礼琐碎事。胡师、復生来，留饭。小雨即住。八时偕敬老往瑶卿家，亲送节礼，稍谈。至中和园，演《埋香幻》。十二钟半归。连孝来谈。郑过宜由沪来寓。大风。三时寝。

庚午年五月初五日（端阳节）（1930年6月1日） 星期日 晴 风

十一钟起，修容。胡师、再明、復生、孟一来。游天由津来，留饭。八时至中和，演《元宵谜》。一钟归。与復、再、游等竹戏，天明始寝。

庚午年五月初六日（1930年6月2日） 星期一 晴

十一钟起，偕游天、敬老步至尚小云家，吊其妻丧。其妻李氏，寿山之女，系余为媒，于本月初一故去，今日伴宿，归路遇琴农，邀伊至家共饭。杨乐彭、李僧儒来，索画而去。寿石工来谈。五时同游天、堃芳又至小云处，送路出门，走琉璃厂、臧家桥、韩家潭、百顺胡同至先农坛烧库，送客甚多，小翠花、朱琴心挽手同行，路人侧目，一

《棋盘山》为王瑶卿及其弟子常演剧目，荀慧生首演于1930年北京吉祥戏院

路与熟友笑谈甚欢；惟天热、身累，正想脱身，为小云监视未果。七时偕游天到新丰楼便饭，有忆君作陪。九时步至中和，演《大英杰烈》。吴少皋及镜芙至后台，交伊煤价三百五十元，计购煤五万斤，每千斤合洋七元。一钟偕游天归。三时始寝。

庚午年五月初七日（1930年6月3日） 星期二 晴 狂风

十钟起，偕游天往送尚小云妻殡。同富禄而归。午饭。至吉祥演《贩马记》。释戡约在东亚楼便饭，有敬老、桐珊、游天、堃芳及余阖家。饭毕同往大彰球房打球，九钟归。与游天在院内闲谈。十二钟寝。

庚午年五月初八日（1930年6月4日） 星期三 晴 仍风

十二钟起，午饭。往忠信堂贺乐詠西娶子妇；并至吉祥演《鱼藻宫》，戏毕仍作球戏，八时归。饭毕与凤椿、游天、堃芳竹戏。復生后至。三钟客散。寝。

庚午年五月初九日（1930年6月5日） 星期四 晴

十二钟半起，沐浴。江子诚、张蔡卿、吴镜芙及关姓先后至。五时偕敬老步至瑶卿家稍坐，游天亦到，研究戏曲念字之法，九时步归。路过骡马市购食物回家。吴堃芳请食烧羊饭，饭毕与復生、再明等大谈。一钟客散，即寝。

庚午年五月初十日（1930年6月6日） 星期五 晴

十一钟起身，作画，《白娘子》今日脱稿。一钟午饭。三时偕敬老、游天步至瑶卿家。路过骡马市购酒杯四十枚；又往东方饭店访过宜。八时返寓，晚饭。復生来谈，至十一钟寝。

庚午年五月十一日（1930年6月7日） 星期六 晴 风

十钟起。三时偕游天、敬老至东方访乐、忆二君。五时往瑶卿处说戏；并赴松树胡同七号何千里家周作民之约，座客甚多。九时往中和，演全本《红鬃烈马》，余向演《回龙阁》之代战，今唱宝钏。十二钟归，寝。

庚午年五月十二日（1930年6月8日） 星期日 晴阴不定

十一钟起，作画。接学谦丧母讣电，托怀白代唁，并送礼。晚与释戡、游天等竹戏。饭后至中和，演《香罗带》，桐珊告假，竟至无人代演，临时将小桂花由开明接来，化装未卸，围以斗篷，路人失笑，管事人疏忽之咎不能辞也。一钟归寓，淋浴，四钟始寝。

庚午年五月十三日（1930年6月9日） 星期一 晴

十一钟起，与仲仁、剑秋、敬老、游天在中院棚下闲谈。朱桂芳母寿，内子带和、骧两儿往贺。六时同敬、游步至瑶卿家小坐。游天赴津，八时送至车站。庞敦敏、汪逢春、冯景韩约在东城韶九胡同十号王慕沂宅晚饭，今系王宅寿日，有同业数人，九钟归。桐珊、堃芳、农先、儆吾来；敦敏、逢春、鸿友踵至，竹戏彻夜。

庚午年五月十四日（1930年6月10日） 星期二 晴 热甚

七时饭，客去稍卧，十二钟起。中和、吉祥两经理来，要求余与小云以后两园转演，当即允许。与张菊舫、曹连孝、薛润甫、吴堃芳、郝锦川[1]等摊戏。陈农先、许鸿友、庞敦敏、冯景韩、汪逢春及陈姓先后至，手谈。大雨即止。伯珩约饭，未去电谢。留客饭。五时客散。就寝。

庚午年五月十五日（1930年6月11日） 星期三 晴

下午二钟起，偕仲仁访王局长，五时回家。胡师、孟一来。王局长、刘主任索画，托胡师带去。山农屡函索画，邮寄。接舍予函，言前欠先还四分之一；又怀白电，为学谦母赙礼事，并促杨诚恕扇面。郑子褒函，问灌片戏词。饭后客散。就寝。

1 吉祥戏院经理，兼任北平市剧场同业公会会长。

庚午年五月十六日（1930年6月12日）　星期四 晴

十一钟起。李释戡来闲谈。毕元子来，接洽二十三日沈尹默母寿堂会。五时偕敬老、李三同往瑶卿家，大风扑面。堃芳电约馅饼周晚饭，富禄阖家及郝锦川、曹连孝在座。饭毕购烟而归。敬、释从瑶卿家来，坐至十钟。微雨。客散。十二钟半即寝。

庚午年五月十七日（1930年6月13日）　星期五 晴阴不定

早九钟起，偕富禄至大街闲步，一钟归。午饭。孙甫亭来。复子褒信。雨。余与堃芳冒雨种花，衣履尽湿。饭后淋浴，十二钟寝。

庚午年五月十八日（1930年6月14日）　星期六 阴晴不定 风

郝锦川来，索下期戏目。即起。晚偕敬老、復生、再明带和儿赴中和，演《鸿鸾禧》“棒打”，仲仁子刻交运告假未遂，演毕急去。十二钟半归。寝。

庚午年五月十九日（1930年6月15日）　星期日 微阴

十钟起。甫亭来索画并说戏。天忽大晴。八时赴中和，演《钗头凤》，戏毕与桐珊、復生、敬老、堃芳等同归。桐珊二十八生日，面送份礼。闲谈至天明，客散，即寝。

庚午年五月二十日（1930年6月16日）　星期一 晴

早九钟起，作画、学戏。四时张春彦、薛润甫、胡师、復生来，竹戏，留饭。微雨。一钟客散，即寝。

庚午年五月二十一日（1930年6月17日）　星期二 晴

早九钟起，作画、说戏。四时偕敬老、堃芳步至时慧宝家小坐；并往瑶卿处研究行头。祺履平、许鸿友电催新丰楼晚饭，与乐詠西、乐元可、南铁生步往。乐等另有一局，亦约余同坐。饭毕偕逢春、景韩等同归，润甫、復生先在余寓，共手谈。四时客散。寝。

庚午年五月二十二日（1930年6月18日）　星期三 晴

十二钟起床，修理炉灶。富禄、锦川来，稍谈即去。沐浴。瞿紫箫、萧登青、寿石工、王再明、周復生来索画。胡师来改画。晚命人送沈尹默母寿礼。十二钟客散，即寝。

庚午年五月二十三日（1930年6月19日） 星期四 晴

十钟起，与释戡、石工、敬老闲谈。晚赴会贤堂沈尹默堂会，演《审妓》。一钟归。寝。

庚午年五月二十四日（1930年6月20日） 星期五 晴

十二钟起。骧儿微恙，延逢春诊视。角色来排《荆钗记》。晚贺庞敦敏母寿，座皆相识，并召鼓姬。偕逢春、仲仁至瑶卿家为其夫人诊病，仲衡在座，同归，博戏。二时客散，即寝。

庚午年五月二十五日（1930年6月21日） 星期六 晴

十二钟起。托二内兄重塑祖师金身。吴少皋索画；购其矿煤十万斤。晚与堃芳、再明、石工及陈湖扬闲谈。七时至“森隆”，瞿紫箫、冯景韩、许鸿友共做主人，伯珩约东兴楼饭。九时赴吉祥演《荆钗记》，戏毕与锦川、敬老等同归，谈至四钟客散，即寝。

庚午年五月二十六日（1930年6月22日） 星期日 早晴下午阴 热甚

一钟起。逢春来为骧儿诊视，云已轻减。沐浴。晚萧登青、瞿紫箫约森隆饭，祺六、鸿友等在座。饭毕至吉祥演《飘零泪》。狂风。一钟与锦川等同归，小吃、闲谈。大雨。雨止客散，天已明矣。就寝。

庚午年五月二十七日（1930年6月23日） 星期一 风雨互作

一钟起，作画。逢春来为骧儿诊视。晚復生、尹八来，闲谈片刻，十一钟客散。寝。

庚午年五月二十八日（1930年6月24日） 星期二 晴

一钟起。剑秋来调（吊）嗓。五时阖家往北柳巷贺桐珊三十寿，座客尚多，并有杂耍、白肉席款客。八时偕敬老、復生、富禄归。一时客散。寝。

庚午年五月二十九日（1930年6月25日） 星期三 晴 风

十二钟起。上海刘觉持郑绛生信来。晚庞敦敏为其义女瞿姓作寿，约余及鸿友、逢春、祺六、紫箫等作陪，十钟归。与復生、再明闲谈。一钟客散。寝。

庚午年六月初一日（1930年6月26日）　星期四　晴

十钟起、张逵卿、包丹亭来索画。修改新戏。下午裁纸分送同业之能书画者，乞其染翰。又托少皋购煤五万斤。七时程艳秋约泰丰楼饭，有琴农、妙香、瑞安等在座。又赴头发胡同关子高家，座多新官僚、妓女。子高坚留，并将余及小云衣帽藏匿，余二人乃着他客之衣而去。十二钟抵家。就寝。

庚午年六月初二日（1930年6月27日）　星期五　晴　风　稍热

十钟起，命佣人至关宅换衣。晚与逢春、景韩补寿，约萧登青、瞿紫箫、祺履平、许鸿友等作陪。饭毕赴中和，演全本《花田错》，归。客犹未散，在院内棚下竹戏，余亦加入，续四圈，小吃、闲谈，至天明始散，即寝。

庚午年六月初三日（1930年6月28日）　星期六　晴

下午二钟起。骧儿得万国储蓄会彩末尾一。丹亭来索画。復生、再明、释戡等来谈。因大雨回戏。晚与释戡、堃芳等打扑克。十二钟半寝。

庚午年六月初四日（1930年6月29日）　星期日　早阴下午晴

九钟起。陈彦卿由津来。寿石工、郝锦川、张舜九来。八时子高介绍其友礼士胡同章宅饭。饭毕至中和，补演《百宝箱》，戏散归。寝。

庚午年六月初五日（1930年6月30日）　星期一　阴

农先来，方睡未见。十一钟起。黄文谦由津来。张健伯、寿石工、王再明、萧登青、周復生来，留饭并竹戏。二钟客散。就寝。

庚午年六月初六日（1930年7月1日）　星期二　晴

十一钟起床。张寰如来，代津友人索扇。王琴农来，谈马富禄三十一生辰，阖家往贺。汪逢春约在春华楼饭，有棣生、鸿友、寒云、伯珩、紫箫等十六人，仅一席，拥挤不堪，热甚，主客皆裸体饭、酒，可笑也！大有竹林风度。十一钟又往富禄家接内子并和、骧两儿同归。就寝。

庚午年六月初七日（1930年7月2日）　星期三　晴

早九钟起。时慧宝来，说《丹青引》并索画。琴农偕丁君系厚斋之子来；连孝、再明、復生亦至。十钟客散。沐浴，寝。

庚午年六月初八日（1930年7月3日） 星期四 早雨正午微有阳光

早八时起。昨王又荃之妻四十正寿，命人送礼。高秋苹（顰）病重，送伊医药费十元交琴农，并自治会捐洋十元，亦交伊手。今午饭后胡师来改画。六时偕桐珊、敬余、堃芳、慧宝、胡师至东安市场东兴楼郝锦川之约。饭毕同往大彰球房打球。十一钟俱归，闲谈。一钟客先后去，二钟始寝。

庚午年六月初九日（1930年7月4日） 星期五 晴

九钟起，饭后修容、沐浴。日中有雨。周公旦来索扇面，未见。晚许鸿友约饭。饭毕与徐勉甫、汪逢春、陈农先、斯徵吾等同归，大谈鬼神，二钟客散，即寝。

庚午年六月初十日（1930年7月5日） 星期六 晴

九钟起，发大连、天津友人信百馀封。子高寄三扇来，代友索画。七时沐浴，浴毕偕敬老至新丰楼赴乐詠西之约，因娶子妇酬客，未入席。往吉祥，演《丹青引》，戏毕偕仲仁、锦川、堃芳到松寿卿家小坐，二钟归。寝。

庚午年六月十一日（1930年7月6日） 星期日 晴

连日热甚。下午一钟起。江子成、张逵卿来，面约饭局，因余东亚楼自做主人，辞谢。鸿友电约饭，亦辞。六时偕再明、敬老、堃芳往东安市场，因客未齐，至吉祥看日戏。戏散到东亚楼，松寿卿、尹辰五、周復生均来。饭后往大彰球房打球。九时到吉祥，十钟《荀灌娘》登台，一钟归寓。在院内棚下与敬老、锦川、堃芳闲谈，二钟客散，即寝。

庚午年六月十二日（1930年7月7日） 星期一 晴

十二钟起。仲直、再明、復生、堃芳来。晚逢春约余及敬老、徵吾、治芗、紫箫、勉甫、农先、鸿友等在本宅饭。治芗行一酒令，首人名、次地名，三所作事，书之于纸，用手拈之，多不成语，甚觉可笑，饭毕面订明日在余家小酌。十钟冒雨归寓。与仲直等手谈，雨益甚。一钟客散。就寝。

庚午年六月十三日（1930年7月8日） 星期二 雨犹未止

十一钟起。敬老冒雨来，研究《昭君》新戏。七时祺履坪、许鸿友、傅治芗、潘季武、汪逢春、瞿紫箫、马富禄、吴堃芳等来，饭，行令如昨，主客均醉。作画数幅。手谈。大雨如注。天明客散方寝。

庚午年六月十四日（1930年7月9日） 星期三 晴

下午二钟起。沙游天自津来。晚与石工、復生、游天竹戏。天明客散，游天宿余处。五钟寝。

庚午年六月十五日（1930年7月10日） 星期四 晴

十钟起。施益庵来，接洽天津春和演剧事，因天热辞谢。丹亭、桐珊、丽卿、復生来。晚子高约本宅饭，有十馀人，仍藏衣帽。艳秋潜遁，余被杨子远、李香匀拖至潇湘馆小坐，二钟始归。寝。

庚午年六月十六日（1930年7月11日） 星期五 晴

十二钟起。剑秋送星期日夏声票社请帖来，因和儿是会员也。叶庸方汇津义务杂费来。晚沐浴。饭后与敬老、游天、堃芳在棚下清谈。十钟寝。

庚午年六月十七日（1930年7月12日） 星期六 晴

十钟起。接朱素云[1]报丧帖，伊患烟后痢前日去世，今日接三。李筱岩来索画。释戡来，共饭。偕游天至素云家吊唁。赴中和，十钟登台，演《庚娘》，戏毕与逢春同归，饮酒微醉。四时客散。寝。

庚午年六月十八日（1930年7月13日） 星期日 晴 甚热

一钟起，五钟带和儿及游天、敬老至夏声社票小坐。敬老赴新丰楼瑶卿之约，因华慧麟今日拜师宴客。余同游天往瑶卿家闲谈；又步至致美斋便饭。九钟赴中和，演《鸿鸾禧》。一钟同逢春、游天、堃芳等归，復生、再明先在寓坐候，饭、酒、谈话。二钟客去。就寝。

---

1 朱素云（1872～1930年），工小生。初习昆旦，后改京剧小生，是四喜班小生鲍福山弟子，后又得徐小香教益，并为清“内廷供奉”。20世纪20年代以后，经常与梅兰芳、尚小云、程砚秋配戏。

庚午年六月十九日（1930年7月14日） 星期一 阴晴不定

一钟起。晚偕敬老、游天到瑶卿家，过南骡马市敬老车打天秤，幸无危险。在瑶卿处说《还珠吟》，八钟辞归，出门遇雨，即雇车。雨忽止。八钟半抵寓，雨又作。仲仁、復生先至，共饭，手谈摊戏、扑克至天明。接刘主任函，为仲仁事。九时客散。就寝。

庚午年六月二十日（1930年7月15日） 星期二 阴

一钟起。丹亭来，当面索画。锦川、富禄、再明来。彦衡来说《溪皇庄》，因下星期反串尹亮。素云开吊，五钟偕游天往，未送库。到忆君家小坐。又赴瑶卿处说《还珠吟》。九钟冒雨归，逢春、復生等先在寓，共饭，手谈。一钟客散。寝。

庚午年六月二十一日（1930年7月16日） 星期三 阴

十二钟起。吴彦衡来说戏。赵桐珊在两益轩收张淑敏为弟子。与内子、两儿同往赵局，已散。偕堃芳至馅饼周便饭。八时堃芳送内子等回，余步至瑶卿家，敬老先在，释戡、丹亭、逢春、元可均至。说戏至一钟。归寝。

庚午年六月二十二日（1930年7月17日） 星期四 阴

十钟起。游天同父亲早车赴津。修理七条旧宅。晚五时步至琴农家探病。彦衡、仲直、逢春偕一刘姓来。七时赴广和居杨子安饭局，有傅治芗、徐勉甫、斯徵吾、俞 等在座（原文如此），未入席归。偕逢春、刘姓赴礼路胡同潘季武之约。饭毕与鸿友、季武及宝瑞臣之少君叔凤同返寓，竹戏。十二钟半客散，即寝。

《能仁寺》荀慧生饰何玉凤

庚午年六月二十三日（1930年7月18日） 星期五 晴 风

十钟起，作画。昨胡师来，谈孟一戏园事。丁永利等来排反串《溪皇庄》。八钟偕敬老至瑶卿处说《还珠吟》。十钟归，仲直、桐珊等先在寓，留饭，竹戏。一钟客散，即寝。

庚午年六月二十四日（1930年7月19日） 星期六 晴 热甚

下午一钟起，沐浴，饭后说戏。锦川来，留饭。九钟至吉祥，几乎误场；十钟登台，演《元宵谜》。今日属伏，热气逼人，汗出如浆。一钟半归。因女仆懒惰，辞去。五时始寝。

庚午年六月二十五日（1930年7月20日） 星期日 晴

下午一钟起，午饭后沐浴。马富禄来说《溪皇庄》。再明、小卿来。五时偕敬老、堃芳带和儿至东安市场吉祥觅郝锦川，往大彰球房球戏。锦川约余及小云玉华台晚饭，因热移至东来顺饭。至园与慧宝合演《戏凤》，并反串《溪皇庄》尹亮，桐珊饰褚彪，富禄饰蒋旺，彦衡饰贾亮，仲仁、春彦彩旦。一钟归，寝。

庚午年六月二十六日（1930年7月21日） 星期一 雨

下午一钟起，沐浴。晚偕敬老赴瑶卿处，甫出门逢春、鸿友来，因乘逢春车而往，说《还珠吟》，归。与逢春、春彦等手谈，十二钟共饮至醉。天明客散。寝。

庚午年六月二十七日（1930年7月22日） 星期二 晴阴不定

十一钟起，郝锦川来谈。晚至瑶卿家闲谈，十钟归。与逢春、农先、鸿友、復生等共饭并手谈。一钟客散。寝。

庚午年六月二十八日（1930年7月23日） 星期三 晴

十钟起，理发、沐浴。復生在石灯庵约饭，与敬老、逢春及和儿同车往，有小云、汉生、石工、再明及王姓并復生之子在座。饭毕仍坐逢春车至瑶卿家，小坐即归。与復生闲谈。十二钟寝。

庚午年六月二十九日（1930年7月24日）（大暑） 星期四 晴 热甚

十钟起。徐碧云父十周年，命人送礼，五钟偕堃芳同往送库。晚在碧云处与大元、卓然等竹戏并推牌九。十二钟归。寝。

庚午年六月三十日（1930年7月25日） 星期五 晴 热更甚于昨晚

十钟起。偕敬老带和儿至小百顺胡同夏声票社，过排和儿唱《彩楼配》，幸不慌腔走板而已。九时归。仲仁来，共饭。十二钟偕仲仁至鸿友家，与农先、逢春、季武、鸿友竹戏，天明八时乘逢春车冒雨返寓。敬香。寝。

庚午年闰六月初一日（1930年7月26日） 星期六 仍雨

下午三钟起。復生来。晚至中和演《辛安驿》，十二钟归。昨陈砚卿由津来。与敬老订明日在春华楼约饭。三钟寝。

庚午年闰六月初二日（1930年7月27日） 星期日 阴

十钟起。许鸿友生子，命人送礼。再明来索画。女仆韩姓上工。晚偕敬老、昆玉至春华楼便酌。又往瑶卿家小坐。闻陈德霖今日七时病故。八时步至中和，演《鱼藻宫》，瑶卿阖家及其弟子皆来看戏；程艳秋夫妇亦至。一钟归。与復生等闲谈，点心。三钟客散，即寝。

庚午年闰六月初三日（1930年7月28日） 星期一 晴

十一钟起。逢春、復生、堃芳来。与敬老乘逢春车至瑶卿家，说《棋盘山》，归。德霖之子来报丧。与復生等手谈。一钟客散。就寝。

庚午年闰六月初四日（1930年7月29日） 星期二 晴

下午一钟起。逢春来，与和儿坐伊车至百顺胡同陈德霖家，余下车入吊。车开往泰丰楼，因逢春在彼请客也。陈宅吊客极多。老十三旦自张家口赶至北京，旦角无一不到。送三毕坐小云车赴汪约，有敬老、石工、再明、復生、仲直、汉生、宝忠、仲仁、王三在座。饭后带和儿及逢春、敬老、仲仁、詠西等至夏声票社，过排和儿演《女起解》，归。与仲直、逢春、復生、石工等竹战。三钟客散，即寝。

庚午年闰六月初五日（1930年7月30日） 星期三 晴

十二钟起。怀白寄《哀鹣记》四册来，其内容即《钗头凤》也；并有怀白代余书眉四字。沐浴。胡师改画。晚留富禄、连孝、敬老、堃芳、復生等饭，饭后闲谈至一钟。寝。

庚午年闰六月初六日（1930年7月31日） 星期四 晴

十钟起，作画。怀白托扇面画好，寄申。命人购西瓜送敬老、胡师、逢春、玉佩、啸云等处。晚与復生闲谈。逢春来，荐毛、淇二师共教和儿之国文，订十一日开馆。一钟客散。寝。

庚午年闰六月初七日（1930年8月1日） 星期五 晴

七钟起。下午四时偕敬老至瑶卿家说戏，七钟归。锦川、登青来。饭后带和儿并偕登青、敬老至夏声票社和儿排《审头刺汤》，归。復生来谈，至一时去。即寝。

庚午年闰六月初八日（1930年8月2日） 星期六 晴

十一钟起，与敬老说戏。晚萧登青在东兴楼约饭，因客未齐，带和儿至东安市场小步，仍赴萧局。饭毕冒雨至吉祥，演《香罗带》。雨益大。上座尚佳。艳秋又来看戏。一钟归。雨犹未住，天气甚热，人亦挥汗如雨。復生来谈，三钟去。四钟寝。

庚午年闰六月初九日（1930年8月3日） 星期日 仍雨

下午一钟起。晚偕敬老、堃芳带和儿至东来顺，逢春、仲桢先在，同饭。余做主人。徐汉生亦来。饭毕至吉祥，演《埋香幻》，小云在座观戏。一钟同敬老、锦川等归。谈中和薛润甫、梁德贵买卖戏馆事。三钟寝。

庚午年闰六月初十日（1930年8月4日） 星期一 晴

十钟起。符铁年、包丹亭来，一送画、一索画。晚至瑶卿家说戏。十一钟归。寝。

庚午年闰六月十一日（1930年8月5日） 星期二 晴

八时起。十二钟请李宝琴教和儿花旦戏。韩文显、郝锦川来谈。五时偕内子至百顺胡同陈德霖宅送库，吊客甚多。约陈农先、黄兰生、许鸿友同归，逢春、再明先在寓。茅贡儒、洪曲波两师先后来，和儿在前厅拜师，备席恭请。復生后至。敬老早晚作陪。九钟关伯珩在伊宅约饭，有朱浴黎、谭篆卿、袁寒云、鲍仰丞、江叔海、乐西园、乐笃周，并有华慧麟、杜丽云两坤伶。招妓若干，春艳院老七大醉。余至韩家潭，即归。大雨彻夜。与逢春、农先、鸿友、復生竹戏，天明始散。接梅宅报丧条，兰芳兼祧之母昨日早十时去世。五钟方睡。

庚午年闰六月十二日（1930年8月6日） 星期三 仍雨 三时略见阳光

下午一钟半起。饭后在前厅布置和儿用功书案，淋浴。胡师来。七时至兰芳家送三。伊今日晚车到京，如山、玉芙等均晤。八钟半归。饭后与和儿戏，古人诗云饭饱甘为孺子牛，庶几似之。十一钟寝。

庚午年闰六月十三日（1930年8月7日） 星期四 阴

十钟起。郝锦川来谈。再明来索扇。饭毕看和儿读书。九钟寝。

庚午年闰六月十四日（1930年8月8日） 星期五 早阴 下午二时晴

七时起，作画、吊嗓、沐浴。今日立秋，热甚。十二钟午饭。剑秋、连孝来。晚带和儿至夏声社唱《祭塔》。陈农先赶至，同往潇湘馆香妃处；又赴荣彩阁忆君家小坐。冒雨至票房接和儿归。一钟半寝。

庚午年闰六月十五日（1930年8月9日） 星期六 阴 雷声大作

十一钟起。接梅兰芳讣，星期一领帖。三时暴雨。与敬老说戏。萧登青、叶澹庵来。叶赠手书便面一。晚至中和，演《荆钗记》。一钟归，寝。

庚午年闰六月十六日（1930年8月10日） 星期日 微雨

十一钟起。陈砚卿由津来谈。石焕如亦自历城来，并面索画。李革痴、何克之在泰丰楼约饭，座有十馀人。朱洽黎电约至新丰楼，仅有史四一人在座，并召妓二人。饭毕到中和，演《宛城》，扑跌甚觉吃力。一钟偕逢春、敬老、堃芳及和儿同归。在棚下饮酒、谈心。内子大醉，余与逢春亦有醉意。敬老吃大饼一个半，犹云夜深恐腹胀，不敢多食。日前和儿用麦粉冒作烟精以赚堃芳，堃芳以为佳甚，既知其伪，乃言不过瘾，今谈及犹捧腹不已。二时始散。就寝。

庚午年闰六月十七日（1930年8月11日） 星期一 雨

十一钟起，命人送梅宅奠礼。沐浴。午饭后略见阳光。余因昨夜饱满，食甚少。敬老吃馄饨三碗、大饼一个。余连送陈德霖、殷铁庵花圈，竟谓梅礼已送，几至遗忘，可发一笑。接周支山介绍张局长函。五时周与张偕来，张字见庵，现任本市教育局局长。农先、沧波亦至，小坐。赴梅宅吊丧、送库，至东单牌楼道路泥泞，观者甚众。八时归，饭。农先、鸿友、季武、景韩、逢春、復生等来。洽黎遣车来，云迎余往寒云处，及登车觉路径全非，竟将余载至韩家潭荣彩阁吃花酒，有伯珩、棣生、史四、寒云等在座。十一钟归，客犹未散，竹戏、闲谈至天明。客去就寝，已九钟矣。

庚午年闰六月十八日（1930年8月12日） 星期二 早晴

二钟起。胡师来改画。高连奎来，面索便面。马富禄、刘小卿来说戏。陈伯青、刘卓如来。五时至瑶卿家闲谈，九钟归。与刘、陈及农先、逢春作方城之战，牌散饮酒至四钟，客去。始寝。

庚午年闰六月十九日（1930年8月13日） 星期三 阴

下午一钟起。马富禄来说《棋盘山》。五时雷雨交作，加之以风。约齐如山、姚玉芙、徐兰沅、李斐叔并朱桂芳阖家在本宅便饭。沙游天由津来。堃芳、富禄均入座。十钟客散。与復生、游天在棚下闲谈。四时始寝。

庚午年闰六月二十日（1930年8月14日） 星期四 阴

十一钟起。昨潘季武约饭，因自做主人未去，补记之。叶澹庵约余及敬老泰丰楼晚饭，与萧登青同去。未终局赴马神庙瑶卿家小坐，本拟排戏，因其夫人语言无谓，托醉而归。与逢春、復生、石工手谈。释戡来，值余在王宅，伊即赶去，余已还，遇之途。二钟客散。寝。

庚午年闰六月二十一日（1930年8月15日） 星期五 晴

十一钟起。富禄、仲仁、桐珊来说《棋盘山》。张局长约元兴堂饭，遣堃芳去。七钟赴殷铁庵家吊祭，顺路送游天赴车站。子高约在广和居，及往，则已改期，归。与復生闲谈。十钟和儿自夏声社演《起解》，归，云小卿在余处饮酒过量，在社醉闹不休，种种情态颇为可笑。十一钟寝。

庚午年闰六月二十二日（1930年8月16日） 星期六 阴晴不定

十一钟起，修容、理发、沐浴。晚鸿友、农先、治芗电约玉华台饭，未入席至吉祥，车接瑶卿夫妇来看戏；伊带女徒多人，占满一厢。十钟半登场，演《棋盘山》，戏毕与敬老、桐珊及和儿坐逢春车至瑶卿处小坐。二钟归。寝。

庚午年闰六月二十三日（1930年8月17日） 星期日 晴

下午一钟起。胡师来改画。六时雷雨大作。八时至吉祥，演《铁弓缘》《汾河弯》双剧。一钟归。寝。

庚午年闰六月二十四日（1930年8月18日） 星期一 阴晴不定

接子高函，约今晚本宅饭。四时至鸿友家，贺其生子弥月之喜。七时乘逢春车赴子高饭局，又回鸿友处，与景韩、农先等竹戏，天明八钟归。寝。

庚午年闰六月二十五日（1930年8月19日） 星期二 晴

下午五钟起，作画、吊嗓。锦川、连孝、逢春来。晚偕逢春至鸿友家酒会，有那王在座，馀均素识。饭毕与逢春、敦敏至瑶卿家小坐，宾客甚众，有人满之患。敦敏强约至韩家潭冶游，十一钟归。寝。

庚午年闰六月二十六日（1930年8月20日） 星期三 晴

十钟起，沐浴。锦川、普泉、堃芳来，议自动陕灾义务，订下星期五在吉祥演唱。大雨。至中和观程艳秋《柳迎春》，并带和儿前去，朱浛黎及史四在座，并戴扑生馈和儿食物。十一钟归。寝。

庚午年闰六月二十七日（1930年8月21日） 星期四 晴

十二钟起。马富禄、萧登青、郝锦川、吴堃芳、李普泉来。接张见庵请帖，因二十号在华乐演义务，故约在致美斋饭，辞谢不去，遣堃芳代表。留锦川等饭。十一钟客散。寝。

庚午年闰六月二十八日（1930年8月22日） 星期五 晴

十钟起。下午五时大雨。沐浴。张见庵、周支山来接洽义务事。王锡符约余及楚溪春、王司令、董叔坪、张伯驹、齐如山、程艳秋、王幼卿、余叔岩等在德国饭店西餐。又赴新丰楼庞敦敏、林幼梅春华楼关子高之约。又到新丰楼偕鸿友、履坪、景韩、农先、幼梅等同归。手谈至三钟，客散。就寝。

庚午年闰六月二十九日（1930年8月23日） 星期六 晴

下午三钟起。仲仁、富禄来索画。晚饭毕同至中和，演《绣襦记》。十二钟半归。三钟始寝。

庚午年七月初一日（1930年8月24日） 星期日 阴晴不定

下午二钟起。胡师来改画。接高庆奎报丧帖，其父士傑于朔日病故，三日接三。留富禄、敬老饭。九时至中和，演《虹霓关》。一钟归。寝。

庚午年七月初二日（1930年8月25日） 星期一 雨

十二钟起。昨杨乐彭七日父母双寿，在同兴堂举办，送请帖来，并订和儿彩唱《女起解》。楚司令溪春借董叔坪家宴客，冒雨而去，有王局长锡符、张伯驹、王绍贤、程艳秋、王幼卿、余叔岩、李洞源处长等在座。十钟归。高庆奎亲来报其父丧。一钟始寝。

庚午年七月初三日（1930年8月26日） 星期二 晴

十一钟起，午饭后往庆奎家吊丧，三时归。小不适，大睡。各角来排《天河配》《还珠吟》，因自动陕西义务戏，留饭。八时赴什锦花园关伯珩之约，洽黎、棣生、子诚、丽云等在坐。十钟归。头痛甚，即寝。

庚午年七月初四日（1930年8月27日） 星期三 晴

十钟起，作画，午饭后为和儿巧日，在同兴堂杨乐彭父母寿日彩觞，演《女起解》，在南半截胡同本宅试排，余为和儿化装；并召剑秋、小卿、汉卿、场面人等正式彩排；其师陈啸云去崇公道，余任零角，和儿扮相酷肖余幼时，唱、做均无大讹，摄影以留纪念。游天自津来。仲仁、復生先后至，留饭，手谈至一时，客散。就寝。

庚午年七月初五日（1930年8月28日） 星期四 晴

十一钟起。陈农先携侄来谈。逢春来索戏票；伯珩亦至。仲仁、春彦、桐珊等来，排《还珠吟》《天河配》。八时赴张伯驹宅晚餐，座有王锡符、楚溪春、李洞源、余叔岩、王幼卿、王绍贤、岳荣堃[1]等。九时归。与春彦、仲仁、玉安等打扑克。昨上午

1 银行家，曾任天津大清银行副经理。

十一钟，忽空中发现飞机投掷炸弹数枚，余在睡梦中惊醒。北京自民十三飞机掷弹以后，此为第二次也。三时始寝。

庚午年七月初六日（1930年8月29日） 星期五 晴

十二钟起，修容。锦川、仲仁、春彦、復生先后来，共饭；八时同赴吉祥，演《十三妹》。今日为余自动发起演唱陕灾义务，售款千馀元。戏毕余未及下装当台演说，代灾民道谢。观客热烈鼓掌，赈灾会会长将军赠匾，文曰“艺精仁至”。至一钟半归。与游天谈至三时。始寝。

庚午年七月初七日（1930年8月30日） 星期六 晴

下午一钟半起。砚卿自津来谈。胡师来改画。五时同游弟往看父病，归。与和儿排练《起解》。六时偕敬余、游天并携令香赴同兴堂贺杨乐彭父母寿，为令香化装。八时香儿出台，演《起解》，初次彩唱居然头头是道，毫无错误，深受欢迎。马富禄配崇公道，游天上台与令香打扇，富禄指为舅舅，台下哄堂。九时同逢春、游天等赴东安市场东来顺晚餐，到吉祥演《天河配》，座大满堂。逢春、游天等均在台上观剧，一时同归。与游天补写日记。天明寝。

庚午年七月初八日（1930年8月31日） 星期日 晴

下午一钟起，偕游弟、敬老并携和儿赴奇园关丽卿之约，其友霍君武在座。君武与丽卿相处五年，形如伉俪，毫不为怪，真奇谈也。饭毕又至关家小坐，四钟归。彭秀康来，商请出演哈尔飞大戏院，未允。富禄、仲仁来说戏，六时同往东来顺郝锦川约饭。富连成东家沈君后至。饭毕至吉祥，演《还珠吟》，此戏取材张文昌节妇吟情节，甚为哀感香艳，且有文学价值。今晚初次演唱，座客满堂。十二钟归。寝。

庚午年七月初九日（1930年9月1日） 星期一 晴

下午一钟起，沐浴。内子带和、骧两儿往彩霞家贺其寿，随往佘家胡同看父病。游天乘晚八钟车赴津。余偕敬老至泰丰楼赴逢春之约，有十馀人，九时归。与復生闲谈一钟，復生去。余与堃芳熬大烟，计二十五两，由今晚九时熬起至次日早八时方完，九时始寝。

庚午年七月初十日（1930年9月2日） 星期二 晴

下午四钟起，饭后与堃芳往高庆奎家，吊其父丧。随往东安市场吉祥约锦川在润明楼便酌，并至大彰球房球戏。九时仍偕堃芳到夏声听令香儿唱《祭塔》，听毕余先归。復生至，略谈而去。瞿绍衡在泰丰楼约饭，因自做主人，辞谢未去。日前令香初次所摄《起解》戏装影片今日送来，分送各报馆及亲友以作纪念。十一钟半令香唱毕回寓。一时方寝。

庚午年七月十一日（1930年9月3日） 星期三 晴

下午一钟起。卢小嘉、江子诚、张逵卿电约广和居午饭，四钟归。调（吊）嗓、作画，与令香排《戏凤》身段。饭后富禄、復生、叔诒、堃芳来。令香《起解》化装影片寄沪，赠舒舍予、杨怀白、鄂吕弓、桂泽丞[1]、杨诚恕、何卍庐诸友。二钟客散。四时半始寝。

庚午年七月十二日（1930年9月4日） 星期四 晴

十二钟起。王陋隐来面求画扇。郝锦川、金仲仁、马富禄、周復生、许鸿友来，打扑克并竹戏。李释戡来，云前欠余款之事，伊往津返京送还云云。留友晚饭。天明早八钟客散。仲仁因身体倦，在余寓小睡。姜玉佩先生来，面说演唱义务戏。十钟始寝。

庚午年七月十三日（1930年9月5日） 星期五 晴

下午三时偕堃芳至西栈访孟觐侯，略谈即归。与宝琴同为令香排《戏凤》。晚约鸿友、復生、堃芳、景韩、仲仁及内子二姐等便饭并竹戏。微雨。三钟客散。就寝。

庚午年七月十四日（1930年9月6日） 星期六 晴

十二钟起，与锦川、堃芳订下期在吉祥演唱戏码。晚与令香儿说《戏凤》。饭后同敬老、堃芳带令香到中和，演《妒妇诀》。戏毕鸿友、桐珊、敬老、堃芳等同归余寓，点心、闲谈。艳秋月内赴沪，有赵桐珊同往；艳秋并请敬老说新戏，带沪演唱。连日其观余新戏，不知有何用意也。石焕如来，面索画扇，并言自购房，七月十八日迁居。四钟始寝。

1 上海“白社”中要人，曾编辑出版《荀慧生专集》《白牡丹专集》，长期为《十日戏剧》和《半月戏剧》等戏剧报刊撰稿。

庚午年七月十五日（1930年9月7日） 星期日 晴

下午二钟起，与令香儿排《戏凤》，作画，午饭。逢春来与骧儿看病。并棚下与逢春、宝琴、堃芳闲谈，留饭；九钟同赴中和，演《天河配》，十钟半登台。天忽然风雨大作。十二钟戏毕归寓，敬香，稍息用点心。堃芳三时冒雨归家。四时始寝。

庚午年七月十六日（1930年9月8日） 星期一 晴

九钟起，作画。胡师、復生、逢春来，留饭。饭毕与令香排《戏凤》。昨晚在中和演《天河配》，九钟阎总司令到京，禁街，适值大雨，居然满座，补记之。二钟寝。

庚午年七月十七日（1930年9月9日） 星期二 晴

下午一钟起。黄全生由沪来，送衣料二色。晚春彦、仲仁、富禄三人同来；復生先至，天红亦来。接瞿兆僧讣，于六日病故；又接林幼梅请帖，下星期四约在东兴楼晚餐。昨与逢春商约王锡符、楚溪春、刘雨亭、李源洞、岳荣堃、王绍贤、张伯驹等在寓晚饭，请帖、酒席，一切请逢春代办。九时与在坐诸友手谈。令香往夏声社排演《刺汤》，十二钟归。三时手谈散。余就寝。

庚午年七月十八日（1930年9月10日） 星期三 晴阴不定

下午十二钟半万国储蓄会送来得五字末尾会单一纸。与令香排《戏凤》，并订作彩鞋。请寿石工书令香名片以便制版。富禄、仲仁、復生、堃芳先后至，与内子竹戏。二钟客散。就寝。

庚午年七月十九日（1930年9月11日） 星期四 晴

十一钟起，沐浴，与令香说戏。余与逢春做主人，晚约刘雨亭、延少白、王锡符、李洞源、朱洽黎、张伯驹、王绍贤等在寓便酌，有仲仁、堃芳在座。十钟席散，与堃芳、剑秋、老五、仲仁打扑克。二时客去。即寝。

庚午年七月二十日（1930年9月12日） 星期五 晴

九钟起，作画。晚仲仁、桐珊、富禄等来，重排全本《得意缘》；又与伊等竹戏；復生、锦川亦至。天津新新戏院来接洽演戏事，尚未就绪，共同用饭，二钟陆续散去。就寝。

庚午年七月二十一日（1930年9月13日） 星期六 雨 风

十二钟起，修容，三时午饭。汪逢春荐抄本人来，其人陈姓名湘字晓帆。哈尔飞戏院明日开幕，托郝锦川备礼。与令香排《戏凤》。堃芳抵演老生。七时晚饭，饭毕稍息。同敬老、堃芳带令香往吉祥，十钟半《花田错》登台，十二钟半戏散，与敬老、锦川、堃芳同归，谈及哈尔飞戏院明日约自美新回之梅博士演《醉酒》，各遍撒红票，心颇惴惴，深惧不敌，议论多时而散。三时寝。

庚午年七月二十二日（1930年9月14日） 星期日 晴

下午二钟起。胡师来改画。伯珩来索戏票。黄全生、徐德增由沪来寓。仲仁来说戏，復生亦至，同饭。至吉祥，座位甚满，楼下已无隙地，殊出昨夜意料之外。惟敬老不快，云倘非哈院开张上座尚不止此。九钟登台演《得意缘》。一时归，寝。

庚午年七月二十三日（1930年9月15日） 星期一 晴

十一钟起。胡师来改画。刘叔诒、汪逢春等来。看令香化装。与连孝、富禄试排《戏凤》《起解》，以备瑶卿寿日演唱。观其技艺较前大进，殊觉可喜。敬老云伊昨夜看余演《得意缘》，每场皆问，知其能用心矣。留场面人等、富禄、仲仁、堃芳等饭。十二钟客散，寝。

庚午年七月二十四日（1930年9月16日） 星期二 晴 风

下午一钟半起。昨与堃芳写请帖，星期三约黄全生、程艳秋、吴富琴、赵桐珊、徐德增饯行，因伊等将赴沪也。林幼梅约东兴楼饭，因郝锦川来接洽要事，辞谢未去。和、骧两儿初生之岁小相合放一幅，请茅先生作记。饭后农先、鸿友、季武来，竹战至天明，早八钟客散。寝。

庚午年七月二十五日（1930年9月17日） 星期三 晴

贾保生由南京来，余睡方酣，伊自呼余起；叔诒亦至，少谈即去。与敬老闲谈。王星斋电来，云已赴津，余今日饭局辞谢。下午梁得桂先来，艳秋等陆续到，惟桐珊托病未至。艳秋与余面商请敬老代为编剧，八钟散。庞敦敏约在伊家食蟹，偕农先、鸿友、仲仁同往，十一钟归。寝。

庚午年七月二十六日（1930年9月18日） 星期四 晴

下午一钟起，与敬老补写日记。三时偕仲仁贺王锡符即真之喜；并往交道口头条五十一号石焕如家贺房，归。八时伯珩约在伊家饭，为梅兰芳接风、程艳秋饯行，约余作陪。十一钟赴开明新西学校义务戏，为《鱼藻宫》；并有坤伶新艳秋、王少楼之《探母》，周瑞安《金钱豹》，其馀皆余本班角色。先一日小云与雪艳琴演唱，座位不及今日之满。并闻人言有在无线电中听余唱至“斩姬”一场下泪者亦奇。归。热甚，脱衣在院内乘凉。时已四钟矣。与内子捉“灶马”为戏，不觉东方之白。微觉体寒。乃睡。

庚午年七月二十七日（1930年9月19日） 星期五 晴

身热、头痛，昏睡竟日，下午五钟始起。周支山来，未见。晚饭后赵桐珊来辞行。邓范吾由津来，托购明日中和《荀灌娘》戏票。十一钟寝。

庚午年七月二十八日（1930年9月20日） 星期六 晴

下午一钟起。黄全生赴沪，购草花送礼。饭毕贾保生来谈。郝锦川来，云其母病重，明日回通州探母病，索下期吉祥戏码以便登报。萧登青、吴堃芳、金仲仁先后至，共饭。九时赴中和，演全本《荀灌娘》。邓范吾、庞敦敏偕其友并女士等至后台化装室观余化装；许鸿友、吴少皋亦至。十二钟半戏毕，偕鸿友、敬老、堃芳同归。敬老、鸿友未下车，命车夫送其回寓。与堃芳点心。天忽然大雨。张寰如今日晚车由津来京，至后台访余闲谈。接张局长（见庵）函，下星期三在华乐园演义务戏，戏码为《辛安驿》。先有接洽，今又函订。四时方寝。

庚午年七月二十九日（1930年9月21日） 星期日 日光满院 雨已止矣

下午二钟起。闻政局大有变化。邓范吾偕其友二人来谈。晚偕仲仁、敬老至中和，演《杜十娘》，戏毕贾保生、汪逢春、邓宇安至后台闲谈。今日冷甚，已穿薄绵，极似深秋。十二钟半归。路静人稀，颇形萧索。抵家，二钟寝。

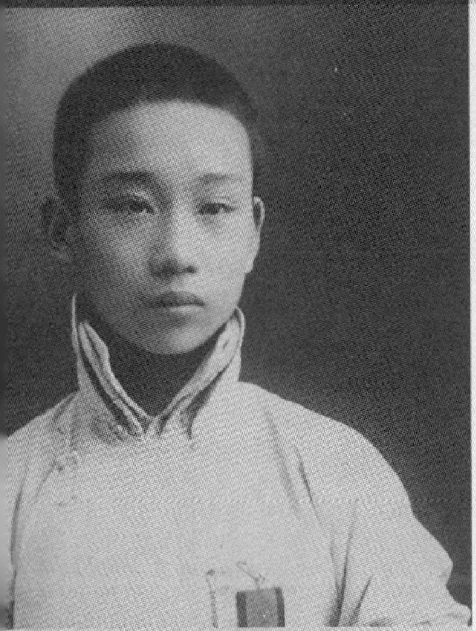

一九三一年

1931年

小留香馆第十四册日记（1931年）

（辛未年三月二十二至十二月二十九日）

（壬申年正月初一至八月初七日）

万国储蓄会民国十七年十二月三日入会即戊辰十月二十二日

和记八零一七二号　骧记八零一七一号

民国十五年十月入会　慧记七六八七五号

1931年　辛未年三月二十二日（（1931年5月9日）星期六　晴　甚暖

游天昨午来京，托购赴沪通票，余忘代办，伊即乘早车先行。下午一时起床，淋浴焚香。胡师来，带了画债约百馀件。中和、开明、吉祥、哈尔飞各经理均来送行。内子及香儿抱病未愈，匆匆小别，心里不安。四时半诸友送至车站。先到车站送行已有三十馀人。有朱定诚（安甫，又号木厂）及其友某君，素未谋面，亦来送别。五时一刻启机。高梦一回无锡，在车遇见。（同行有仲仁、富禄、春彦、桐栅及黄全生君等。馀人乘船。）同车有平、津名花李、殷二姝，谈笑风生，颇能解旅人寂寞。晚九时到津。沙游天登车，云伊亦同行，赴甬接眷，惟在宁小有勾留三两日，因国民会议旁听事也。车至十一时复开。饭毕与富禄等及李、殷二姝作扑克之戏。三时就寝。

辛未年三月二十三日（1931年5月10日）星期日　微雨

午刻到济南。起身下车，遥观济宁风景。约半小时，车开。午餐与诸人闲谈，又与二姝及游天诸人复作沙哈。晚餐毕即卧。

辛未年三月二十四日 (1931年5月11日) 星期一 仍雨

四哥先起，到浦口促余起床时，方晨九时也。匆匆盥洗毕，即下车乘小轮过江，至京沪宁车站，略进早点。车须下午一时刻启机，殊觉闷人。在站闲步，首都建设焕然一新，较诸昔日大不相同。车开行，沿途山清水秀，较诸北方，明媚多矣，至可爱也。车无卧铺，枯坐至觉不舒。路过丹阳，思及戏中《东吴女丈夫》故事，恨不能一探孙翊遗迹。因偕同行诸人下车，在站谈《丹阳恨》故事。车将开动，复行上车，直至夜晚十一时，始抵沪站。此九小时之久，较之平浦两日，困倦异常。余于前两次南下，皆经海道；此次乘车，时间虽短，转又不觉轮船安适也。车近沪站月台，见舍予、中中、卍庐、泽丞、成恕、小浦、小汀及王寿岑诸君在站欢迎。余即下车，与各友一一握手。遂与中中同登大舞台所备之汽车，往巨籁达路、圣母院路西仁德里九号

荀慧生在上海与“白社”朋友以及同人桂泽承、余空我、刘冰语、舒舍予和鄂吕弓等人合影

寓所，是处为梵王宫南首假山后之旧屋，乃留而未拆者。闻京角来沪均居此。坐甫定，在月台欢迎之诸君又同舍予到。天翁亦来。余因房间内尚未布置，临时整理。成恕与小浦由车站来，谓钟剑秋为巡警带入局中，逾时即回。询究何情，乃云并未拘罚，只由局中人向剑秋以鼻嗅之，说没有什么去罢。亦可笑也。各友至一时半陆续散去。余以困倦特甚，即寝。

辛未年三月二十五日（1931年5月12日）星期二 晴

下午一时起床。盥嗽后，偕舍予、仲仁、菊朋往访友凡三十处。见者有黄义父、张师、杜叔、浦锦荣、马生长、张镜湖、谢葆生等。四时回。又与舍予至舍予家晚饭。成恕、中中、泽丞先后至。成恕约往九星电影院看《璇宫艳史》。该院座客已满。此片戏情及表演尚属可观，无怪沪上人士趋之若狂。十一时散。小浦、中中、卍庐在门守候。遂与舍予、卍庐、成恕、小浦至吕弓家贺喜，缘昨日吕弓与严女士甫行婚礼也。吕弓导余等参观三楼新房，陈设精美，严女士风采奕奕，吕弓喜气洋洋，相映成趣。余等恐坐久太儓，复行下楼，在二楼宵夜；由吕弓开自备汽车送余等归。见天翁、小汀、尤半狂在寓。略谈片刻均散去。即寝。

辛未年三月二十六日（1931年5月13日）星期三 晴

下午一时起床。舍予来，为余摄影四张。多日不调（吊）嗓，因唱《教子》一折。二时出门，与卍庐、舍予、菊朋、仲仁遍访票、报两界，计六十七处。见者独鹤、空我、余大雄、刘天倪，小日报尤半狂、黄光益及林老拙诸人。约五小时，苦不可言。七时半同归。诚恕来，共饭。泽丞、语冰、天翁、怀白先后至。十一时游天由南京来，寓一品香，代叶庸方交来天津票价百元。下午六时，配角、场面由通州轮来，行李皆到。十二时各友皆散。怀白约舍予、卍庐共同整理送人礼物，至天明七时始寝。

辛未年三月二十七日(1931年5月14日）星期四

十二点起身。理发。以电话约舍予来，共饭。昨日龙子修之子可侯及王晓籁来访，均未遇。昨前两日庞京周、徐慕邢两次令于莲仙持柬来约吃花酒，均辞谢未往。四时偕舍予冒雨至各处访友，约二十馀家。六时雨益滂沱，尚有十馀处皆不能往。因折回舍予家，赴舍予、怀白之约，座有北来同伴及报界诸人。屋小人多，倒甚热闹。饭后各人馀兴未已，操琴各唱得意之作。杨宝森临时加入，唱《断臂》二折；沙游天唱独多，调低音哑，却也有味儿；林老拙歌《摘缨会》，老腔老调，古色古香。独鹤与瘦鹃因事先行，由吕弓以汽车送之。十时偕怀白访龙子修、白星吾，白病未能见。在子修处略谈即归。舍予处未散之客，徐氏昆仲慕云、筱汀、游天、诚恕、老拙、醒民、天翁、卍庐、语冰、半狂及舍予均已在寓等候。卍庐、语冰、舍予、泽丞分写后日请客柬帖；游天代写家信友信，计四封；筱汀自撰文稿，各有工作。高孟一早来访，未遇。一时寝。

辛未年三月二十八日(1931年5月15日) 星期五

一钟起床。卍庐、舍予来。午饭后出门访友。大风拍面，行至海格路吴铁城家门前，车胎爆裂。叩铁城门，无人答应，因以卡片投窗中。弃车步行约半里，雇街车至明星影戏公司京剧部，晤李琴仙及票友数位，皆不相识。略坐一小时，另叫车至谢葆生家，贺其夫妇五十双寿。舍予、卍庐先归。在谢宅遇慕邢及熟友相多，谈片时即归寓。休息片刻，与富禄作叶子戏。八时与仲仁同赴张师、杜月笙先生之约，至郑毓秀女博士家。博士现执行律师职务，在上海有声誉，交游极广。座客男女共有七十馀人，皆当代名人。主人提议来宾均歌一曲。主人先唱，各女士如杜夫人、张夫人等均次第引吭高歌。菊朋唱《卖马》，仲仁唱《黄鹤楼》，余亦歌《荀灌娘》小生及《元宵谜》两折。入席已九时，进头菜后，即与菊朋、仲仁辞谢，同赴吕弓处。座有舍予、中中、天翁、卍庐、泽丞、游天。主人为吕弓、诚恕。吕弓之新夫人，即大名鼎鼎之小兰春，亦殷勤招待，有大家风范，不愧为吕弓之贤内助，可谓不负吕弓数年来之心血矣。菜为金城银行厨房所做，味甚精美。仲仁、菊朋不能久坐，未终席先归。饭毕与诚恕、吕弓、游天作竹戏。八圈戏毕，稍进点心。归寓已三时，又与仲仁、富禄等再作扑克戏，结果大负百馀元。次日天明正午方散，小睡。

辛未年三月二十九日（1931年5月16日）星期六 晴暖

起身时已下午五时矣。有毕素波、陆镕斋、吴在兹、许小浦、卍庐、舍予先后来，略坐闲谈。饭后偕吕弓同赴陆连奎处拜谒。陆为英租界捕房督察长，在租界上颇有势力。面约下月初三晚七时在伊宅酒叙。辞别后乘吕弓车驶赴杭州饭庄，自做主人，大宴海上报、票各界友人，计三百馀人，极一时之盛。饭庄主人俞叶封、王晓籁亲出招待，并约至账房内吃饭，小坐。客散时已十时馀。因王晓籁、俞叶封、杜月叔之约，再至谢宅，观王、俞演《打龙袍》《取北原》。同去者有中中、卍庐、泽丞、小浦、诚恕。至谢宅先赴礼堂贺寿，遇虞洽老、李徵老、叶庸方、金庭荪、顾慕超、赵君玉等，熟人甚多。王《打龙袍》及俞《取北原》后，有沈田莘之《滑稽空城计》，观之使人捧腹大笑，甚觉有趣。又至后台与诸人略事周旋，辞谢而出，乘车回寓。小汀、天翁、舍予、游天均先后到，各有工作。二时客散。天明五时，富禄偕桃红、桃妹及李七来谈，小坐即去。仍睡。

金庭荪、顾慕超、赵君玉

辛未年四月初一日（1931年5月17日）星期日 大雨

十二时起。偕舍予至其家修容。二时同赴中华公王晓籁、何五良之约，座有二十馀人。饭毕访叶誉虎。仍到舍予家，与怀白、卍庐、泽丞谈天。因阴天骨痛，身觉烦倦，即在客室小憩。九时偕怀白等同赴《新闻报》馆拜客。又送舍予到车站，伊赴南京有事。十时回寓。游天在家等候，即与富禄、仲仁、游天竹戏，至天明始散，即寝。

辛未年四月初二日（1931年5月18日）星期一 大雨彻夜未息

早一时起。与富禄、仲仁等共饭，吃鲥鱼，饮酒。冯幼伟[1]来访，畅谈梅、程、尚诸人之性情，均有至理。泽丞、游天先后至。下午七时泽丞、游天往约吕弓，同赴潘志铨之宴。余与天翁、怀白乘车至陶乐春，主人系黄光益。座客约三十馀人，与余同桌者，有许静仁总理、陈霆锐律师、冯叔鸾、冯云初、王涤高、杜菊初、周纬之、李云卿及怀白共九人。严独鹤、周瘦鹃、余空我、杭石君、丁慕琴[2]、吴天翁、尤半狂诸友均分坐其他两席。进头菜后，即与怀白同辞退。应潘志铨之约，潘宅地在西陲，屋小而精，又非去年所居之屋。同席有吴德生、鄂吕弓两博士，何五量、沙游天、桂泽丞、林老拙、刘云舫诸人，惟沈恒一系初次相见。尚有空我未到。菊朋一到即去。今晚两处酒

1 即冯耿光（1882～1966年），1918年3月任中国银行总裁。1922年改任中国银行常务董事，兼北洋保商银行董事、大陆银行董事、中国农工银行董事等职。1926年再任中国银行总裁。1928年起任新华银行董事长，联华影业公司董事。梅兰芳先生挚友。

2 丁慕琴（1891～1969年），别名丁悚，浙江嘉善人。擅长中国画、漫画。就读于上海中西图画函授学堂，师从周湘学画。在《神州日报》《申报》《新闻报》《上海漫画》等报刊上发表漫画，曾在上海美专、同济大学、晏摩氏、神州、进德等校任教。

肴，初美、志铨并出一百年之陈白兰地酒，为进一大盏，味醇且厚，虽未必即有百年，然亦不可多得矣。主人情重，酒后已十一时，独有馀兴，吕弓操琴，除云舫外，均各引吭高歌三四折不等。五量、恒一另有他约先去。潘夫人因在平招待，出堂道谢。稍坐即归。诚恕已在寓等候，游天、诚恕、堃芳竹战，至天明七时始散。就寝。

辛未年四月初三日（1931年5月19日）星期二 仍雨

下午二时半起床。卍庐来代复家信。独鹤及王星斋、徐子山来访，谈片刻而去。八时偕桂泽丞、金仲仁、马富禄、言菊朋、张春彦、曹连孝、赵桐珊等赴陆连奎之饭局，共有两桌，计二十馀人，谈笑甚畅。吕弓亦到。九时与辞，再偕同人等赴郑过宜之约。十时入席，十一时偕回寓。小汀、诚恕已在家久候，稍谈。与春彦、富禄、仲仁、堃芳竹戏。过宜偕杨宝森来，谈片时，伊去。竹戏至二钟半始散。沐浴。三时寝。

辛未年四月初四日（1931年5月20日）星期三 昨晚大雨 彻夜未息

下午一时半起床。刘豁公[1]、孙慕堂、桂泽丞、何卍庐、程玉章先后至。饭后往看黄全生，未遇。又至张师、杜叔处，因送登台礼物，故往道谢，略谈即归。值全生在寓等余，遂同往伶界联合会拜访。会长林树森赴南京，由信芳代表同行四十馀人茶话欢迎，半小时。归寓。老拙、小汀、慕唐、小浦、游天、承澍、怀白等陆续至。今夕登台，各界友人赠送银器、匾额、书画、对联、花篮、湘绣各物，计百数十件。由卍庐、泽丞率带馆伙多人，乘车到大舞台布置张挂。至六时半，卍庐、泽丞归，谓四壁均满，馀五十馀件未能张挂，只得待夜间余登台时堆置台侧。晚餐毕，八钟前后，管事、经理等来接，至馆时，台下已满座，陆续至者，仍络绎不绝。十时半《荀灌娘》登场，台上台下加凳均满。连日大雨，今午更大，至四时忽放晴，老天爷亦帮忙耶？至可喜也！十二时一刻戏毕，诸友至后台慰劳，遂偕归。徐邦达之弟继昌持乃兄函来候，并送画镜。一时诸友去。仅游天、泽丞、卍庐未去，二时同进宵夜。作日记毕，卍庐、游天代复逢春、敦敏、锦川、树臣四函。天明客散，即寝。

1 刘豁公（1890～？），桐城人。在上海主要从事戏曲创作和理论研究，与京剧理论家冯小隐、姚哀民、杨尘因等编辑《鞠部丛刊》，民国十三年，主编综合性文艺刊物《心声》半月刊，开始发表关于戏剧方面的小说。后与凌善清、许志豪合作，编成《戏学汇考》一书。民国十七年六月至二十一年四月主编《戏剧月刊》。

辛未年四月初五日（1931年5月21日）星期四 晴

下午一点半起床。俞逸芬送来对联并带来自怡印泥一盒，系夏君自怡所赠。同山偕刘文美来访。游天、中中、卍庐、筱汀均到。六时，徐小汀接往会宾楼，王寿岑及小汀做东，有仲仁、富禄、桐珊、菊朋、其伦、卍庐、游天、怀璞、天翁、半狂、慕云、过宜、宝森等。八时入席，时适大雨倾盆。席散，汪剑农约往东方饭店访张尚义，略谈即出。至大舞台演《香罗带》。十点二十分登场，时雨仍未止，观众不减于昨晚。陈调元、吴铁城、徐朗西诸君亦冒雨来观。十二时三刻戏毕，偕游天、卍庐同归。雨益大，闷热更甚。三时游天、卍庐、天翁去。余与富禄等作叶子戏，至天明九时。方寝。

辛未年四月初六日（1931年5月22日）星期五 阴

五时起。卍庐已先在。俄顷忱素、泽丞来。伶界联合会今日下午三时开欢迎茶话会，因邀柬至四时方由大舞台转到，不及赴会，因专函抱歉。周旭初今午邀在梅园宴会，因误为夜间，忱素来言，方知误会，心至歉然。七时周旭初又托怀白来约，遂偕游天至小有天闽菜馆。饭毕已九时。即至馆，演《棋盘山》。时座客已满，台上加凳近百人，来者仍陆续至，大舞台因加凳太多拉铁门，恐救火会干涉，只得婉言谢绝。不得座而退出者甚夥。杨虎[1]、吴铁城连日均在座。柬邀翌晚杏花楼请客。十二时半戏毕。遂偕游天、卍庐同归。日间接胡老师一函，报平安也。点心毕，与桐珊、怀白、游天、卍庐闲谈。天明五时始散，即寝。

辛未年四月初七日（1931年5月23日）星期六 阴

下午一点钟起床。沐浴。三时偕富禄、仲仁、桐珊、春彦、菊朋、堃芳等至梅白格路厚德里王宅，王星斋、徐子山二君之邀。饭毕冒雨偕堃芳至舍予宅，问其夫人病也。少坐又往天津路瑞蚨祥访友。归寓后又偕罗铁臣、中中、游天同访徐朗西，谈片刻。至黄金大戏院，袁珊宝、唐家鹏请饭，未入席。又至杏花楼应刘豁公、沈骏声之召宴。连日天气乍晴乍雨，又加应酬忙碌，甚觉辛苦，至骨痛疲倦。九时偕怀白、

1 出生于1889年，安徽宁国县杨山人，毕业于南京将弁学堂，曾任广州非常大总统府参军、上海警备司令、中国国民党第四届中央监察委员、中将等.解放后受任中华人民共和国中央人民政府政务院顾问。1966年病逝于北京。

卍庐同至牛惠霖医生处，由顾慕超代打一针。少顷即出，至馆，精神为之一振，骨痛亦略减。今夜演《元宵谜》。下午四时起，天雨不止，卖座仍如常，台上加凳近八十人。十二时半戏毕。偕游天、怀白等同归。天翁来，略进点心，毕，闲谈至四时方散。余即寝。今日游天代买大方镜，计洋十二元半，颇佳。又昨晚戏毕归，刘公鲁偕瞿燕仲来访，谈至三时乃去。昨晚日记忘提及，因补记于此。

辛未年四月初八日（1931年5月24日）星期日 阴晴不定

下午二时起床。舍予由南京来寓。饭后至馆。《花田错》四时登场，六钟半戏毕。与陈月梅、赵桐珊等在该台说戏。陆汉邦往后台与余闲话，云明日下午五时来访，略谈。偕游天、堃芳、慕唐回寓休息。七时赴吴铁城、郑韶觉、杨啸天杏花楼晚餐之约，座有徐源泉、陈灵暄、张、杜二公等，共二十馀人。九时回寓少息。至馆演《盘丝洞》。未八时客已满。十二时半戏毕，偕卍庐同归。有顷，游天、中中、过宜来，同进点心。闲谈至四时诸友去。即寝。

辛未年四月初九日（1931年5月25日）星期一 晴

下午二钟起床。舍予、卍庐、小浦、慕超、徐邦达、马直山夫妇、慕云、游天先后来。慕云为接洽唱话片。直山为其夫人向予学戏。五时中中偕贾仰山来。复与舍予、游天同赴咖啡馆吃冰淇淋。又赴一品香小坐，即赴大西洋，应林植斋[1]、郭修之之约。又新春秋粤剧团亦在该处宴客。稍坐片时，偕归寓。九时赴园演《鱼藻宫》。一点归，吃饭。吴其伦询问下期戏码。四时客散。就寝。

辛未年四月初十日（1931年5月26日）星期二 晴

下午一时起床。舍予送小菜来。玉子失手将菜泼翻，卍庐以电话再索一盏。与卍庐、舍予同午饭。饭后游天、庸方、老拙、慕云、慕琴、诚恕先后来访。庸方由宁波扫墓回沪，寓一品香饭店。中中与其同事朱才鼎来访。朱君尚属初见。因与中中、朱君同至大马路老九纶选择衣料，计购衣料五件，共洋一百六十九元。归寓，诸人皆未散。诚恕电召其成衣来试裁一件，馀由中中带去落水明日剪裁。九时赴馆，演《绣襦

1 林植斋（1879～1941年），京剧票友，评论家，名植斋，号老拙，福建人，早年在北洋政府任职，业余爱好京剧，学汪、孙两派。1919年来上海，长年为《申报》写作剧评及梨园掌故。1928年曾任余姚县县长，后解任返沪。

记》。座与昨日相等。一时与游天同车回寓。天翁、舍予、中中已先在寓相候。公鲁送一扇面，索画。醒民亦来。舍予先回，游天在此撰报上广告文字。

辛未年四月十一日（1931年5月27日）星期三 晴 暖甚

十二钟起身。舍予电约至伊宅午饭，即往，并裁衣服。卍庐亦在座。饭毕即返寓，小睡。小汀、森柏、游天、植斋来谈。诚恕、慕琴后至。六时同往小有天晚饭。饭毕，偕至一品香游天寓所小坐。见叶庸方及李七。八时到园，演《得意缘》。戏毕至皇宫饭店夜宵，系卍庐之友柴君请客。坐有慕琴、游天、桐珊及卍庐夫妇等。二时归寓。邀游天、卍庐、富禄等竹戏，至七时始散。天翁、舍予、中中均至天明始去。即寝。

辛未年四月十二日（1931年5月28日）星期四 晴暖

下午四时方起。空我、卍庐、游天先来，植斋、静安后至。七时偕菊朋、桐珊同赴中华会应俞叶封、张慰如、尤菊荪之约。八时赴舍予家小坐。九时赴大舞台，演《埋香幻》。十二时半偕游天回寓，同用饭。饭毕闲谈至四时，游天去。即寝。

辛未年四月十三日（1931年5月29日）星期五 晴暖

下午三时游天、卍庐来，在余室闲谈。醒，卍庐谓潘志铨君约五时来访，遂起身。午餐毕，泽丞、慕超来，邀作雀戏。五时潘志铨来，闲谈约半小时去。八时晚餐，餐毕至馆。天微雨，上座仍不衰，加凳甚满。演《丹青引》，当场绘画一场，观众彩声雷动。到馆时，接李瑞庭一函，借洋三百元；因托卍庐先归，复函却之。十二时三刻戏毕。偕中中、舍予、吕弓、游天同赴明星影片公司周剑云[1]、王玉书、郑正秋[2]、张石川[3]、董天涯五君之约。座客甚众。王晓籁、王吉亭二君谈本埠票友沈某之趣谈，阖

1 周剑云，安徽合肥人。1922 年与张石川、郑正秋、郑鹧鸪、任矜苹发起创办明星影片股份有限公司，任董事兼经理、文牍主任、发行主任、营业部长等职。1928年发起并联合其他五个公司，组成六合影戏营业公司。抗战胜利后参与组织香港大中华影业公司。1949年后息影，20世纪60年代末去世。

2 郑正秋（1889～1935年），导演，编剧。原名郑芳泽，号伯常，广东汕头人，卒于上海。中国电影事业的开拓者，我国最早的电影编剧和导演之一。青年时期郑正秋积极从事新剧评工作，1913年涉足影坛，编剧并参与导演了中国第一部短故事片《难夫难妻》。1922年与张石川等创建明星影片公司，担任编剧、导演。主要编导作品有《劳工之爱情》《玉梨魂》《姊妹花》等共53部影片。

3 张石川（1890～1953年），原名伟通，字蚀川，浙江宁波人，先后供职于华洋公司、美化洋行，一生共导演150多部电影。他的主要作品有《三笑》《夜深沉》《金粉世家》《空谷兰》《啼笑因缘》等，1931年他导演了以蜡盘配音的中国第一部有声影片《歌女红牡丹》。

座捧腹。四时归。与中中、游天大谈十馀年来之历史，回首前尘，感慨系之。六时就寝。大雨彻夜不已。

辛未年四月十四日（1931年5月30日）星期六

昨夜大雨不已，至晨未停。午后转霁。二时起。沐浴。曹毛包、何润初来说戏。林老拙偕无锡票友四人来访。烦桐珊夫人代修容毕，已六时，即偕卍庐赴舍予宅，应慕唐之邀。座有双芷澄（系欧亚航空公司经理）、汪子涵及沈某、怀白、老桃。与双、汪、孙三人竹戏，四圈毕共饭。未半，又偕舍予赴冯幼伟、赵叔雍[1]二君之邀，至淘乐春，座有十馀人，均兰芳至好。未终席，时已九时，急至馆。台上台下加凳无隙地，而来者仍踵相接。十时馀《钗头凤》上场，彩声如雷。演至悲哀处，转又寂然无声，以巾拭泪者多不胜数。戏未完，观众咸起身欲去，似有不忍卒睹意；然又不能不一观究竟，于是咸立而观。至闭幕，彩声仍不绝。十二点三刻戏毕。归与诸友进饭毕，四时客散，即寝。

辛未年四月十五日（1931年5月31日）星期日 晴暖

十二时起。至舍予宅，叫裁缝裁衣裤。与舍予同吊罗铁臣母丧。三时到戏馆，演《金钟罩》。戏毕，同舍予访周信芳。又至一品香访游天。舍予因事先回，怀白后到。李五先生邀吃晚饭。九时到馆演《钗头凤》。盛况如昨。晚十二点三刻戏毕。归与慕超、游天、富禄雀戏至天明，七时战罢。寝。

辛未年四月十六日（1931年6月1日）星期一

十时大雨如注，予朦胧间为雨声惊觉，如万马奔腾，至为雄壮；俄顷雨略小，又如丝竹轻奏，甚觉悦耳。乃复入梦。二时半舍予来，余遂起。四点半偕舍予赴潘志铨君之约，与吕弓、志铨夫人及严君共作雀戏，至八时进餐。座有顾少川总理并三女客。略进饭已九时矣。匆匆与怀白、舍予、泽丞同赴大舞台。吕弓有他约先行。原有游天而游天不到。十时登台演全本《贩马记》，满座而未加凳。一时回寓。与慕超、游天、富禄竹战，至天明九时。纳王爷、子祺君至后台，略谈即去。

1 即赵尊岳（1898～1965年），原名汝乐，字叔雍，斋名高梧轩、珍重阁，江苏武进人。上海南洋公学毕业，历任《申报》经理秘书、行政院驻北平政务整理委员会参议。

辛未年四月十七日（1931年6月2日）星期二 晴暖

下午五时起身。怀白到，卍庐已先来，为老爷子写信。游天、舍予、老拙、诚恕先后至。饭后九时赴园，演《庚娘》。十二时半偕游天回寓。怀白、卍庐来，研究星期五至下星期之戏目。同用晚饭。二时李、殷二妹来。与富禄、游天等共作叶子戏至天明。七时寝。

辛未年四月十八日（1931年6月3日）星期三 晴暖

五时起。舍予、卍庐来，晚餐毕，八时到馆，演《十三妹》。台上下加凳甚多。一时戏毕，偕游天、卍庐同归。半狂、天翁已先在。三时寝。

辛未年四月十九日（1931年6月4日）星期四 晴暖

十二时起身。舍予电约至伊宅午饭，卍庐已先在。午饭后与舍予、卍庐同至华兴理发。出至“康生”，与舍予、卍庐合摄一影，又独摄一六寸半身小影。返寓复与中中同访孙颂陀君，略坐即归。天翁、半狂、舍予、小汀均在。晚餐，即至馆演《十三妹》。台上下均加凳。十二点半戏毕。徐慕邢君饬价来邀，至一品香十七号。座有男女客七八人，闲谈片刻，略进茶点，即归。舍予、卍庐、天翁、慕超、筱汀均在。慕超均作方城戏战。四圈已四时，我倦欲眠，乃请堃芳庖代。即寝。游天今日下午饭甬。今午接平信，惊悉田桂凤于本月初六作古，不觉黯然久之。

辛未年四月二十日（1931年6月5日）星期五 晴

下午一时起床。与舍予、卍庐闲话。三点同到“康生”看照片，再至舍予家。欧亚航空经理双芷澄君亦至，约赴大光明看电影，并偕舍予、中中、卍庐同往。七点半归。郑子褒已在寓。渠昨方自平归，谈笑至欢，九时偕中中到馆，演《杜十娘》。上座颇佳。十二时半戏毕，偕中中同归，舍予亦到。商议戏码至三时。舍予、中中去。即寝。《大陆报》贾君到后台来访，索取照片及小传，以便登报。

辛未年四月二十一日（1931年6月6日）星期六 上午阴 下午小雨

一时起。沐浴毕，舍予来，天翁偕至大西洋，应龙社蔡钓徒之约。座皆该社社员、剧务主任王君等。饭毕，又应蔡约同赴“康生”照相。三点半仍同天翁、舍予回寓。空我、小浦、忧素、卍庐来。九点到馆，演《还珠吟》，上座颇佳，天雨台上亦售座。剧毕，偕舍予至潘志铨寓宵夜。座有吴德生、顾少川、鄂吕弓诸位。游戏一小时。大雨归，已三时矣。即寝。

辛未年四月二十二日（1931年6月7日）星期日 上午雨 下午晴

一时起。舍予来。三点赴馆，演日戏《铁弓缘》。六时剧毕。同舍予、卍庐、怀白回。又至舍予家晚饭，并绞脸。九点同卍庐、筱浦、怀白赴馆，演《还珠吟》。上座颇佳。十二点半剧毕。同泽丞、舍予回。筱汀、怀白来。三点各散，即寝。

辛未年四月二十三日（1931年6月8日）星期一 晴

二点起。怀白来，约至舍予家中饭。慕唐、舍予、卍庐手谈八圈。七点同舍予到全家福，应马直山夫妇之约，到有报界各友。马君夫人毛淑芬女士，上海坤票，也欲拜余门，当众投帖。席间有人提议，请毛女士奏曲；奏曲毕，又有人欲予先上一课。发言者距予座稍远，未能听清，后由直山代予致词，婉辞道歉。八点半同舍予回寓。九点到馆，演《放牛》《宛城》双出，上座甚佳。十二点一刻戏毕，归。舍予、中中、卍庐已先在。富英来闲谈有顷，即去。王少楼今日下午来候，未遇。少楼、富英皆为杜氏宗祠落成堂会而来也。二时诸友去。即寝。

辛未年四月二十四日（1931年6月9日）星期二 晴

十一时起。盥洗毕，舍予、卍庐来。即偕卍庐及菊朋、富禄等十馀人分乘三汽车至太古码头，为杜氏家祠落成堂会事也。车抵码头方十一点四十分，因无小轮不能渡浦。码头上待渡者，数近千人。俄顷，一小轮拖七小船至，众人争先恐后，拥挤不堪，菊朋已随众人捷足先登。余等见舟中已无立足地，遂不去，待第二次小轮也。乃偕卍庐、富禄至某洋行门口，徘徊以待轮。又约半小时，轮仍不来，乃与卍庐同坐停于路侧之杜氏接客车中闲谈。至二点一刻，小轮仍未来，诸人均觉饥不能耐，相约归。抵寓约十分钟，菊根追踪至，谓已代雇得小轮。后乘车疾驷至码头，时已二点四十分矣。登轮即启机，轮行五十五分钟方到彼岸。待汽车又不至。鹄候约十五分钟，一公共汽车方呜呜而来。登车购票，每人大洋一角。车行二十分钟到高桥，以路狭车不能进，遂下车，雇得人力车一辆。行未数步，杜氏一送客小汽车来，卍庐招余下，急登小汽车，又行二十分钟方到杜氏祠，时已四点四十五分矣。入门遇王晓籁君，卍庐告王君，余等尚未进餐也。王君即请朱联馥君招待，遂与卍庐、富禄各吃西菜二客。杜祠堂会本定三时开锣，第一出徐碧云、言菊朋之《金榜题名》；第二出即余与妙香之《鸿鸾禧》也。余恐时迫，急至后台，见菊朋方啖饼干，谓尚未吃饭也。晤张师，告以时已不早，恐不及返沪演戏；张师谓此处刻尚未开锣，汝可速返，今日绝来不及也。乃偕诸人归。招待者五六人代觅汽车，均不得至。门口晤庞京周君及其恋人慧女士，立谈约二十分钟，汽车至，遂登车驶至浦东码头，时已六点三刻矣。登小轮，轮即开行。八点正轮到，复乘汽车到寓。舍予、中中亦来，即进晚餐。九点半到馆，演《妒妇诀》。十二点三刻同舍予回。见王多寿由广东来沪，至余寓，闲谈梅兰芳在粤港演剧情形，甚为不佳；在浦东路中，遇程艳秋、姜妙香乘人力车。又闻王又宸虽人力车亦不得乘，只好步行；又闻途中路窄而曲，有汽车翻身，落水一人，及江中渡船被撞，船载二千人大呼救命事；刘玉泰腿被汽车撞伤；吴天翁在浦东道中携眷及小孩而小孩拉屎，天翁手上淋漓，长衫染作黄金色等等趣事。总之路途遥远，转换舟车十分不便，余虽未及演戏，却多若干见闻。据魏三云，杨小楼步行至杜祠，梅兰芳觅汽车不得，竟坐老汉所推之独轮小车，俗称老汉推车是也。予得乘汽车实是万幸。二点半舍予去。即寝。

辛未年四月二十五日（1931年6月10日）星期三 晴暖

下午二时起。游天自甬返沪，午刻来略谈数语。予沐浴毕，卍庐、舍予先后到。六时偕游天、卍庐至正兴饭馆晚餐。七时同至一品香与游天作弹球戏。九时到馆，演《东吴女丈夫》。卖座因受杜宅堂会影响，故上座颇减。十二时半戏毕。杜宅命菊根带船来接，即偕大风、卍庐及桐栅并场面诸人同去。一时到码头。菊根引登月宝小轮，轮系杜氏自备，装潢设备均甚华丽。轮将启机，庞京周赶到，遂同行。二时零五分到高桥，因专接汽车未到，即乘人力车至；中途汽车驶至，遂偕游天、京周改乘汽车。京周因匆促登车，忘一皮包于人力车上。二点三刻到杜祠。张师招待略进西点毕，即化装。是日演《红鬃烈马》，末

《红鬃烈马》荀慧生饰代战公主。1931年杜成的大堂会戏中，梅兰芳饰王宝钏，马连良平贵，阵容之整齐极一时之盛

场予与龚云甫、梅兰芳、马连良合唱《银空山》《大登殿》。五时登场，观众约近万人。六点正戏毕。张师以自卧之床相让，而自睡于门口床上。

辛未年四月二十六日（1931年6月11日）星期四 晴

一时起。略食西点毕，与平来诸人闲谈。二时半与信芳合演《战宛城》。三点戏毕，偕游天同归，到沪已七时。晚餐毕，九时到馆，演《鸿鸾禧》。售座比昨晚略盛。十二点半戏毕，即偕游天乘车到码头登月宝轮渡浦，后乘汽车到杜宅，已二时半矣。月笙先生亲自招待，略进点心即化装。与小云、兰芳、艳秋合演《四五花洞》。四点四十分登场，五点二十分戏毕。是日明星影片公司派有专员摄制影片。昨摄杜祠内外景及匾额等等，今日专摄戏照，每出均摄一二段。《五花洞》末场完全摄入。台上置炭精灯八座，摄片时八灯全启，光线射人不能逼视。戏毕后，又食牛乳等物，时已

《战宛城》荀慧生饰邹氏

（本篇以下内容佚）

辛未年四月二十七日（1931年6月12日）星期五

晨七点半矣。即偕游天、卍庐及富禄、堃芳等同归。庞京周君邀乘顾竹轩自备之小轮。王晓籁、袁履登亦在，并有高第及慧女士等七八名花，谈笑风生，不觉舟行之缓矣。八点三十分到沪。九点到寓，倦极即寝。午刻周信芳、赵如泉邀至杭州饭庄午餐，因托怀白以电话婉谢之。至晚七时方起。盥洗毕，舍予来，谓子褒、慕琴已来过。晚餐后至馆，演《棋盘山》，上座约九成。十二点半戏毕，偕中中、游天等同归。舍予、卍庐已先到。卍庐为作近二日日记。至三时，余即寝。卍庐、舍予三时半去。

辛未年四月二十八日（1931年6月13日）星期六 晴 甚暖

下午一时起。盥洗毕，即赴黄金荣之约，座中有小云、艳秋、兰芳及北平来诸人，共三十馀位。堃芳为购一草帽，小云竟戴之而去，只得重购。二时半归。冯六诸人有约平来诸共摄小影意，余先归，意不欲往。抵寓约半时，张、杜二君遣价持片以车来接，不得已复乘车至极司斐而路中行别业，诸人均极盼望。俄顷摄影。饭后回寓。五时又应虞洽卿、李徵五、谢蘅窗[1]、洪雁宾[2]四君之约，在威海卫路一三三号谢宅，屋尚精致，在座仍系平来诸人，餐毕摄影。七时半复应杜叔、张师之约，在其本宅晚餐，被邀者仍是平来诸人。余因今晚演《玉堂春》，登场甚早，不及待客到遂先进餐，餐毕至馆，《玉堂春》九时登场。未到七时座客已满，台下加凳无隙地，不得座位退出者近二三百人。十二点半戏毕，偕中中至一品香应大风之约，座有小云、舍予、卍庐等。三时偕舍予、中中、卍庐同归。三时半中中等去。即寝。今夜微雨。

辛未年四月二十九日（1931年6月14日）星期日 阴

下午一钟起床。与堃芳谈返平事。三时到馆，演头二本《虹霓关》。戏毕与舍予、怀白、堃芳同到舍予家，合计高亭收音事。在舍予家晚饭。同赴馆，演《钗头凤》。天虽雨，上座反比昨日胜，台上加座甚多。因昨日《玉堂春》台上有布景，不能售座也。晚戏毕回寓。与游天、森柏、富禄竹戏十二圈。天明七时半寝。

辛未年四月三十日（1931年6月15日）星期一 晴

昨夜倾盆大雨，一夜不止，天明放晴。七时寝，一时半起身。到舍予家与堃芳及各人合算灌片钟点时刻。四时与慕唐、卍庐、舍予同赴双芷澄便饭。与慕唐、江君、某君竹戏四圈，小胜。与怀白同赴苏少卿[3]、徐小麟大雅楼之宴，座有小楼、庆奎、小培父子及子褒诸人。略坐，后又到双宅。饭毕到馆，演《荀灌娘》。陆麟仲偕两友来谈。戏毕与堃芳同至一八一访张师，代各人取杜宅戏份。夜三时回寓，并令堃芳专往全生处谈公事。候至五时寝。

1 谢蘅窗（1875～1960年），名天锡，以字行，浙江镇海人。上海巨商，经营煤炭业，为煤业公会会长。

2 洪雁宾，时为招商局船务科长、宁波实业银行经理。

3 苏少卿，京剧名票、评论家、活动家。

辛未年五月初一日（1931年6月16日）星期二 晴

下午二钟起身。舍予、卍庐、游天先后至，空我亦来。略谈。偕舍予赴太平洋田天放、郑子褒之约。又至龙紫修家便饭，座有白星吾、高直卿等。九时回寓，稍息赴园，演《文章会》《御碑亭》。一时偕森柏、大风归。中中、舍予亦来闲谈。舍予先归。四时诸友去。即寝。

辛未年五月初二日（1931年6月17日）星期三

十二时半起。一时卍庐来，偕往舍予宅，同午餐毕。二时，堃芳及场面诸人来研究高亭灌片事。二时半同至江西路四二一号高亭公司。三时开始灌音，计灌《棋盘山》〔快板〕〔二六〕一面，《埋香幻》〔摇板〕、念白、〔快板〕一面，《还珠吟》〔南梆子〕一面，又〔四平〕一面，《香罗带》"法场"一面，《得意缘》"务农"一面，《荆钗记》〔原板〕〔快板〕一面。六时竣事，偕舍予、卍庐复到舍予宅。舍予另有酬应，略坐即外出。余与慕唐即在舒宅晚餐。九时车来，同堃芳至馆，演《香罗带》。上座甚佳。十二点一刻戏毕，偕舍予、卍庐同归。归时微雨，二时雨益大。三点诸友冒雨归。予即寝。

辛未年五月初三日（1931年6月18日）星期四 阴

倦甚，睡至五时。舍予来。邓诗庵索予绘箑及照片，谈有顷，即去。小汀、游天来。晚餐后八时到馆，演《得意缘》。十二时三刻戏毕，偕卍庐、舍予、森柏同归。进餐后与游天、富禄、森柏作方城戏，至天明九时。寝。今日下午有千诗狂者，不知何许人，邮来一箑，系自书赠予之诗二首，颇可诵。又诗狂吟草一册，盛意颇可感也。

辛未年五月初四日（1931年6月19日）星期五

阴雨绵绵，至晚不已。三晚起。舍予来。六时游天亦到。晚餐后八时到馆。吴东迈兄来访，并赠一箑，东迈作篆，王个簃作画，可称双绝。九时赴馆，演《元宵谜》。一时归。仝生、怀白、卍庐来谈，同饭。

辛未年五月初五日（1931年6月20日）星期六 阴雨

今日端午。二点中中来，始起用饭。即至馆，演《妒妇诀》。托中中往小有天订酒一席，邀诸熟友夜午酒叙。日戏毕，堃芳至黄全生、黄金荣、杜叔、张师处拜节。六点到舍予处。连日忙碌身体甚倦，与小浦、森柏同到牛惠霖处打一针。七点王晓籁先生到舍予家，坚约同赴大同大学参观该校欢送二十年毕业同学会。晚饭肴在桌，遂与晓籁共饭。饭后与小浦、中中同往大同大学，晓籁并坚邀舍予同行。抵校坐甫定，台上即贴有欢迎清唱之单，大众鼓掌。余未带琴手，而校中事先亦无预备，踌躇之间，掌声不止，乃由舍予操琴，唱《元宵谜》《钗头凤》各一段。该校有人演说介绍，颇表敬意，并赠花篮一只，校长送至门外。余偕小浦、中中八点半归寓。舍予亦至。九时上馆，演《荆钗记》，上座满足。汪剑农与俞伯唐同来访，约明日在大中华饭店午饭。《荆钗记》台下颇欢迎。戏毕邓诗庵来约，赴爵禄饭店晚饭，因自做主人婉辞。与游天、中中、卍庐同回寓。舍予、光益、小汀、诚恕、天翁、小浦均应约先到。“小有天”菜颇精。余略进饭。与诸友小谈。三时瘦梅来访，渠由镇来沪，今晚在申商俱乐部演《玉堂春》，向余借用琴师，戏毕前来，谈至四时。寝。

辛未年五月初六日（1931年6月21日）星期日 晴暖

午后一时起身。舍予、卍庐来共饭。小浦、怀白继至。同赴宁波同乡会，观马直山夫人演戏。直山在门口立候，独鹤预留座位相待。时台上演《骆马湖》一场，即完。马夫人系唱《骂殿》。赠花篮者甚多，余赠画一幅，与李浩然君之对联均罗列满台。唱工、身段皆可。《骂殿》完即亟赴戏馆，演《武家坡》《大登殿》。汪剑农已先在后台相候，拟邀同往其旅馆内晚宴，因身倦回寓休息，约明待七时与游天同去。与游天、怀白同车回，小卧片时。七时至大中华，应汪剑农之约，座有十馀人，招妓甚多，莺莺燕燕。剑农如穿花蛱，至为忙碌。九时至馆，演《荆钗记》。上座甚盛。十二点二十分戏毕，偕叶瘦梅及中中、游天、卍庐同至一品香访庞京周，请其代打一针。少坐即归。饭毕三时，诸友人去。即寝。

辛未年五月初七日（1931年6月22日）星期一 晴

一时半卍庐来，余即起。饭毕，舍予来。三时偕卍庐同至绸庄购绉纱三疋归。空我、过宜、直山来闲谈，俄顷即去。请富禄代托其友人绞脸。游天、中中亦至，同进晚餐。餐毕偕舍予同赴东亚酒楼，贺赵君豪夫妇三十生日。立谈片刻即赴馆，演《玉堂春》。戏毕与卍庐赴一品香，应杨子玉之约，小坐五分钟即回寓。舍予、中中已先在。沽绍酒二斤、菜四碟，与中中、舍予畅饮。中中饮三杯已酩酊大醉。三时余就寝。诸人犹未去，余已入黑甜乡矣。

辛未年五月初八日（1931年6月23日）星期二 晴暖

《钗头凤》荀慧生饰唐蕙仙

二时起。与卍庐赴致美楼午饭。主人江子城，陪客有陈小石、费叔迁、朱湘甫诸先生。饭后赴白牡丹理发馆整容。四时三刻到王开照相馆拍照，计严独鹤、林老拙、余空我、黄光益、尤半狂、叶瘦梅、杨城恕、沙游天、何卍庐、舒舍予、郑子褒、丁慕琴、徐筱汀、吴天翁、许小浦、桂泽丞、杨中中[1]及马直山夫妇并余共二十人，合摄一影。与瘦梅、直山夫妇、中中同乘车赴太平洋菜社。座客即王开摄影之全体，主人系鄂吕弓、舒舍予、杨诚恕、何卍庐、杨中中五人。吕弓因事往城内公安局，未能赶到摄影，直至酒半始来。独鹤与慕琴二人临时加入做主人。席用西餐桌而吃中菜。宾主谈笑甚欢。独鹤、天翁均有演说，余亦举杯致答词。郑过宜到独后酒阑。余与瘦梅、游天同到牛惠霖处打针，然后到馆，演《钗头凤》。台上下均加凳，后至者几无立足地，退出近一二百人。十二时半戏毕，偕游天、中中同归。瘦梅、舍予、卍庐先后均到。闲谈至三时，即寝。游天言明日回甬。

辛未年五月初九日（1931年6月24日）星期三 晴 甚热

三时起。俄顷，瘦梅偕史奏勋同来。饭毕，同应赵国屏之约，闲谈片刻，赵君以家庭电影机放映“中国”电影，赵君言尚有在大舞台所摄之《钗头凤》影片，即取出放映，光线不甚充足。映毕，赵君又以摄电影机摄制一卷，同去者叶瘦梅、史奏勋、金仲仁、马富禄、张春彦、赵桐珊、钟剑秋、曹连孝均随意摄入毕，闲步至花园，聂少

1 本名杨怀白，上海“白社”中要人，曾编辑出版《荀慧生专集》《白牡丹专集》，长期为《十日戏剧》和《半月戏剧》等戏剧报刊撰稿。

萱教余开汽车，颇觉有趣。七时进餐，未终席觉疲甚，即偕瘦梅、奏勋先归，归即卧床少息，不觉遂入黑甜乡。九时一刻醒，舍予、怀白均在，即偕至馆演《还珠吟》，已上满座。十时一刻剧毕，大雨风凉，偕舍予、中中、瘦梅、卍庐归。饭毕闲谈。余在大舞台已演至三十六天，再逾四天即辍演返平，大舞台于五月初四日商恳续演十日（由初四日至十三日），送来四天包银二千四百元，尚有六日，乃帮忙四箑天，全十一天，前后台一天补笔记之。又晚十点接北平哈尔飞戏院来电，询回平之期，预备迎迓云。约三时即寝。

辛未年五月初十日（1931年6月25日）星期四 晴 甚热

二时半起。中中来，因到舍予宅午餐，顾森柏来为打一针，闲谈至五时，慕唐至，即约森柏、舍予同作方城八圈，毕已八时，即进晚餐。餐毕到馆演《得意缘》，一时戏毕，偕舍予、卍庐、小汀回寓。子褒、怀白、泽丞先至，同饭，大吃白兰地，均有醉意，大说诙谐。三时始散，怀白因大雨未归，宿堃芳室，早六钟乃去，余遂寝。

辛未年五月十一日（1931年6月26日）星期五 晴 奇热

午二时马直山夫妇来促余起身，面索《鸿鸾禧》脚本；卍庐、舍予亦到，略谈片时，偕舍予访顾森柏，未晤，至舍予家小坐，怀白、卍庐先后至。七时同赴杏花楼应顾诒谷、胡季常之约，座有王晓籁、袁履登、虞洽卿等二十馀人，与晓籁略探义务事。九时偕舍予到大舞台演《钗头凤》，十时半登场，一时毕，回寓。小汀来，吴江枫[1]、李松茂、戎伯铭均面索便面签名。今

上海“白社”演出《穆天王》刘公鲁饰杨宗保，郑子褒饰穆瓜，舒舍予饰杨延昭，荀慧生饰穆桂英

1 上海“白社”中要人，曾编辑出版《荀慧生专集》《白牡丹专集》，长期为《十日戏剧》和《半月戏剧》等戏剧报刊撰稿。

早江子诚来约六合居晚餐，因事忙辞谢。接家电嘱余早回平。三时舍予、卍庐去，余将就寝，子褒偕潘雪艳、雪芳姊妹来访，乃以电话复招舍予来，谈笑风生，睡魔不驱自去。舍予为余与雪艳合摄一影。五时诸人去，即睡。

辛未年五月十二日（1931年6月27日）星期六 晴 热

下午一钟起，偕舍予至福禄寿应小浦之约，座有慕琴、语冰、中中及艾克发经理吴性栽等。三时慕琴偕余与舍予访潘雪艳，雪艳赠予近影二帧，姿态甚美。闲谈有顷即至舍予宅，卍庐已先在，余觉倦甚倚榻假寐，不觉入梦。六时醒，复偕舍予、卍庐至赵国屏宅观日前为予等所摄电影，七时归，仍至舍予宅同进晚餐毕，即到馆演《十三妹》，已上满座。十二时半戏毕，偕舍予访张师未遇即归。三时托堃芳往访，有顷堃芳电话来，谓张师在一八一号，余即偕舍予、卍庐同去，与张师谈论义务剧目定为《文章会》《小放牛》《翠屏山》。四时归，诸友未去余即寝。

辛未年五月十三日（1931年6月28日）星期日 晴 奇热

华氏表升至九十五度。余二时半起，沐浴毕即进午餐，餐毕到馆演《盘丝洞》，上座甚佳。五时半戏毕，至舍予宅闲谈。六时半应陈小石之约驱车至孟德兰路十一号，座有费叔谦昆仲等十馀人坐。片刻即复至舍予宅邀舍予、中中同往盛伯庸、董任康二医生处，均未遇，至馆由怀白往邀庞京周又未遇，时已九时半，《玉堂春》登场矣。今日为余来沪演唱最后一天，虽天气奇热，馆中未到八时已告满座，加凳至无隙地，退出者约三五百人。余今日日夜登场演唱，困倦已极，而观众如此热烈欢迎，又不敢敷衍了事，故《玉堂春》登场后复托舍予往邀董任康之子到后台为余打强心针两针，时已演至关王庙矣。有顷，顾森柏又来再打一针，演至十二点三刻戏毕，军乐声与观众鼓掌声并作，要求余登台演说，余急至后台，全生先出，请众人稍待片时，待余匆匆梳洗毕至台前致谢词，观众复大鼓掌。致词毕观众方退出，齐集门外不散，汽车不能开至舞台门口，待至半小时之久乃偕中中、卍庐等同至大门。上车时门前观众约一千馀人，军乐送至门口，余等登车观众方散。一点半到寓，舍予、天翁、泽丞、小汀、马直山夫妇、郑国钧、郑过宜、王寿岑等先后至。黄全生送余到寓，坐有顷即去。四时诸友均去，舍予、中中、天翁、泽丞、卍庐等为余料理琐事，去时余已入黑甜乡矣。

辛未年五月十四日（1931年6月29日）星期一 上午晴

下午一时起，甚热。沐浴。四时偕舍予至冠生园应薛麦舲、徐慕云之邀，座均熟友。主人邀摄影以留纪念，余坐左舍予，右慕云、又次薛君，立于后者小汀、子褒、天翁、中中、半狂，摄毕又与子褒合摄一影；与中中合摄二影；摄毕共饭，饭毕至舍予宅少息。五时天雨，七时未止，乃冒雨赴吴梅生、静安昆仲之约。在伊宅晚餐，座有菊朋及任见参昆仲，馀多未谋面，共十馀人。餐毕又赴舍予宅，即偕舍予、中中至古益轩，座有平来诸人及余与菊朋两好友共三十馀人，十时餐毕又至舍予宅。慕唐约游克金克夜花园，同去者中中、泽丞、慕唐、卍庐及舍予夫妇。园颇宽敞，清风徐来，心胸为之一快。旁有跳舞厅，慕唐夙乐此，舍予提议约潘雪艳来同舞，众赞成，请舲庐往邀。有顷，舲庐果偕雪艳同来，慕唐邀雪艳同跳舞，三次舞毕同进冷饮。一时至舍予宅略进面点，少顷与舍予、卍庐、中中及雪艳同返寓，雪艳教余舞术颇觉有兴味。三时舍予、中中去，舲庐至天明五时半方送雪艳归，余即寝。

辛未年五月十五日（1931年6月30日）星期二 晴 热

下午三时独鹤来，余遂起。独鹤询余返平日期，并托问张恨水好。四时独鹤去，卍庐来，偕往舍予宅，因森柏在舒宅待余打针也。车夫未来，遂与卍庐步行至舍予宅，诚恕、泽丞来，闲语甚欢畅，同进晚餐。毕，九时偕卍庐、泽丞至大舞台应江西急赈会烦演义务剧，是日为李吉瑞之《独木关》、言菊朋之《捉放曹》，第三为余演之《文章会》，戏毕已十一时，复有梅兰芳、高庆奎之《四郎探母》。舍予来即同归，闲谈至三时，中中等去，即寝。

辛未年五月十六日（1931年7月1日）星期三 晴 热

二时起。舍予宅偕舍予同往潘志铨宅，因客未到齐小坐即归。复往中华公票房应王晓籁、尤菊生、何五良三人之约，座中有虞洽老即当面辞行，头菜后戏馆中来电话催戏，匆匆即去。到后台为时尚早，今日演《翠屏山》。场上言菊朋之《阳平关》方上，顷即余演之《翠屏山》，合演者为李吉瑞，戏毕即上梅兰芳之《宇宙锋》。遂与中中、卍庐回舍予宅，留卍庐与慕唐在舒宅，余偕中中、舍予再赴潘志铨宅时已十二时矣。吕弓不能久候，已先回府，闲谈一小时仍与舍予、中中同往潘雪艳家，慕唐、卍庐已先在，雪艳回，舍予、慕唐去，余与中中、卍庐谈至三时三刻，步行回寓，卍庐先回，中中至六时始去，余即寝。

辛未年五月十七日（1931年7月2日） 星期四 晴 天气奇热

二时起身，沐浴后至舍予家早饭，卍庐、泽丞均在，诚恕后至，四时中中到，即与中中同回梵王宫寓所。余本拟小睡，森柏电话来招至舍予处打针，复与中中往，而森柏又去，再与中中亲往，邀森柏打一针。车往杜月老宅，晚饭主人为淞沪警备司令熊天翼先生（熊天翼江西人），熊司令本人在江西前敌，托由参谋、秘书代做主人，酒后再请庞京周打一针，到戏馆。是日为言菊朋之《李陵碑》，第二为李吉瑞之《骆马湖》，余与富禄演《小放牛》，梅兰芳、金少山之《霸王别姬》。戏毕回寓，聂少萱、中中、小汀、诚恕、子褒、过宜、卍庐、泽丞先后到。一时四十分与堃芳往一八一号应张师之召，略进夜餐即归，已三时半矣。与诚恕、富禄、春彦同作竹戏以消永夜，诸友留者中中、卍庐。五时舍予与小汀均先回家洗面，约在车站见面，余与诚恕等竹战一夜，七时方散，与诸友进早点，候至八时森柏未到，由中中用电话催来打针。

辛未年五月十八日（1931年7月3日） 星期五 晴 热

八点半偕中中、诚恕离梵王宫，先至牛医生处觅森柏未见，彼先言今早为余打针，不知何以失信？既然不遇乃至北车站遇马直山、郑国钧二君，招待马君为余特定头等包房一间，宽适之至。继舍予及其少君、子范又泽丞均到，送行者有小汀、庸方、子褒、全生等。舍予父子、诚恕、泽丞均送余至南京。九点半车开，余即眠，惟煤灰甚多，全身污黑。车至无锡有一舍予堂弟欲见余，余正蒙眬间稍与点头而已。至镇江瘦梅来取相片，稍谈即去。车中极承马君照拂，其意甚感。车至下关天雨稍凉，渡江到浦口站，舍予摄影。六时三刻。诚恕、舍予等先为赶船回下关先去。七时开车北还，晚饭毕就寝。因动身之前水果、冰水用得太甚，睡至一时腹内痛急，即起身作泄，有十馀次之多，俟天明方止，复寝时天作大雨，倾盆冷甚。

辛未年五月十九日（1931年7月4日） 星期六 仍雨

早七时起床，与堃芳谈场面伙计等在海上劣迹。过黄河车坏有半小时，始行到济南，下站闲步，车开用饭毕即寝。到德州起身下站乘凉，约有十时半至十一钟开车，复寝，周身不爽，骨节疼痛，一夜未眠，天明方睡。是夜过德州，大雨。

辛未年五月二十日（1931年7月5日） 星期日 晴 风凉爽快

早七时起身。车至天津与仲仁、富禄散步，大吃天津包子。车站检票员沈德禄(字鉴庵)至房间与同业人等招待一切。八钟开车，十一钟一刻到平。锦川、叔度等来接待，同至余家共饭。四时始去沐浴。胡师来谈海上演戏事，逢春来电话云伊有病不能来，电询上海演剧成绩，并云敦敏母二十四日六十晋六寿辰，嘱余送礼。晚饭后在院乘凉散步，王瑶卿有电话来，富禄来云伊长女栗子并其侄均患猩红热，已于本月十一日病故，暂埋在松柏庵。云尚有二子并其妻均染是症，请明日午前介绍首善医院方石珊大夫诊治，并意欲住院事，余已允之。十一时他去就寝。今日林幼梅、缪子受约春华楼，余辞谢未去。

辛未年五月二十一日（1931年7月6日） 星期一 阴晴不定

早十钟富禄来促余起程，偕往首善医院，与石珊云富禄阖家患病住院之事。石珊云病人甚多，头二三等房间病人均住满。石珊函介绍德国医院诊治，并嘱富禄请该院往其家消毒。余因在沪演剧劳累，又因吸烟之故，患骨痛，订针一打，每日往首善诊视，今日先打一针。十二钟半与富禄分手。余往看庞敦敏未遇。又至逢春家闲谈，略说海上演剧情形。又往陈敬老处寒暄。二钟回寓午饭。又与陈、郭两师闲话。敬老来。三时偕堃芳至瑞蚨祥西栈，访孟觐侯未晤。到东安市场，先命堃芳至吉祥看锦川，余访松寿卿。稍坐即至吉祥，约锦川、堃芳同往廼兹府王树臣家，贺其嫁女之喜。王家介绍李姓，步往锡拉胡同看房，中途忽大雨倾盆，沿途泥泞，车亦不能行。在该胡同近邻与堃芳、锦川避雨，时有三时半矣。候半小时，雨仍未止。雇人力车勉强渡至空房，冒雨持伞看视，甚觉有趣。惟此房不吉，旋作罢。仍回吉祥，休息片刻，余归寓。仲仁、富禄、春彦先在寓，遂同竹戏。何卓然亦至，并加入竹战。两点始散，即寝。大雨彻夜不已。

辛未年五月二十二日（1931年7月7日） 星期二 仍大雨如注

带和儿赴庞敦敏福兴居之约，同座有那王之子祺六爷、林幼梅、冯景韩、缪子受等在座。庞云为祝景韩五十大庆，约余作陪。四时至大马神庙访王瑶卿，伊高卧未起，即归。移时庞等同来余寓，稍谈。彭秀康来，未见。与庞、冯、祺、缪、林等作竹戏。将打牌，时电灯无电，点洋蜡竹战，四圈毕晚饭。敦敏自备黄酒十斤，饮酒赏雨，酒阑均有醉意。饭毕与堃芳结算海上账目。灯忽亮，诸友已将行，敦敏赌兴未足，又续八圈，三时始去。即寝。

辛未年五月二十三日（1931年7月8日）星期三 连日大雨未息

早十时起床，往交通银行存上海演剧款，并与父亲送戏份。又至首善医院诊视，并往王府井大街万国储蓄会，补交前三月储金。路遇锦川，立谈片刻，即回寓。午饭毕，常少亭、刘凤缘、陈敬老、胡师先后至。胡师带上海谢信侨来；锦川亦至。五时三刻同敬老赴王瑶卿家，略谈上海情形。七时回家。桐珊、堃芳先在寓候，共饭。场面伙计等今日由沪回京抵家。饭毕与桐珊闲谈演剧精彩情形，一钟始散，即寝。

辛未年五月二十四日（1931年7月9日）星期四 晴

十钟起床，往首善诊视，路过尊元阁理发，王少楼亦在。十二钟半归，午饭。二内嫂及大内嫂带彦衡来闲谈，松龄亦至。浴沐修容。四钟带和儿至取灯胡同同兴堂贺敦敏母寿。路遇富禄，云由德国医院来，因两儿在彼就诊，故往看之。和儿在同兴堂，敦敏之子偕伊往容丰照相。余至瑶卿家小坐，略谈回寓。同堃芳点心。九时复往同兴堂，杂耍闭幕，票戏登场，敦敏自演封王，扮相极似门神，又像金刚。伊又与缪子受、王幼卿合演《赶三关》之老将。子受扮相似孟小如。女票吕宝芬年十一，演《闹学》，因无行头，便衣登场。敦敏扮陈最良，其夫人扮杜丽娘，亦便服。伊夫妇当场教词，敦敏之公子在台下大声呼妈，情景尤堪捧腹。令香《鸿鸾禧》系初次试演，颇生涩，不如《戏凤》《起解》也。王瑶卿与瑞泉演《探亲》。王云二人一百岁，诚然。但丑老无妨，旦角未免不堪回首。今日在座均熟人。一钟戏毕，偕仲仁及和儿回家，同饭。四时始寝。

少年荀令香扮演《女起解》的苏三

辛未年五月二十五日（1931年7月10日）星期五 晴

到首善诊视，并往佘家胡同探母亲病，已痊愈。即回家午饭，饭毕理上海友人赠品。何卓然、马富禄同来。富禄云其子今日十钟夭于医院。接李吉瑞函，因内子有病，送来治血药方。何卓然复来，堃芳亦至，闲谈瑶卿家务事。一钟寝。

辛未年五月二十六日（1931年7月11日）星期六 阴晴不定

回访王琴农。俞秘书长之子来访，未晤。李子铎偕其友来询上海事。孙芹池来为接洽报馆演义务，未见。接海上友人顾子言信，索画。

母亲及氏和荀慧生家人合影

辛未年五月二十七日（1931年7月12日）星期日 晴

下午一钟起床。敬老先来，饭后研究戏情，甚有趣味。周公旦偕报界季廼时、张怀之、管翼贤、张今铎来，接洽报界公会义务，托敬老代见。五时大雨。曹连孝来谈。晚到张逵卿家小坐，谈半小时归。饭毕，汪逢春来为内子及骧儿诊病，略谈海上事。十钟同逢春带和儿往开明观李香匀、邢君明合演《法门寺》，香匀先演《女起解》。富禄、锦川知余在开明看戏，两君亦赶至开明戏院。

辛未年五月二十八日（1931年7月13日）星期一 晴

陈敬老、刘凤缘同来。刘云要拜余为师，因伊前托敬老来说数次，情不可却，允之，择日行拜师礼。赵桐珊今日32岁生辰，余前往贺之，谈一小时。往瑶卿家小坐，瑶卿高卧未起，与其妻及孙冠宇、幼卿闲谈片刻。又至大川路瑞兴斋自购酱牛羊肉，归家。《东方新报》函索照片，允之。接敦敏谢信，又接美国外人占卜函，不解其意，函言甚是不通，可笑！报界公会金达志、徐恩达、郑荫楼、管翼贤来索义务戏码。八时赴福兴居冯景韩之约，有祺履平、林幼梅、陈叟年等在座。

辛未年五月二十九日（1931年7月14日）星期二 晴 凉爽

寿石工、胡老师、陈敬老、陈喜星先后至。胡师代书顾子言，便面条幅寄去。七时偕敬、冷赴丰泽园郝锦川之约，有逢春在座，此外皆同业自沪归者；李子铎亦在该园招饮，并有朱洽黎酒会三处周旋，甚觉疲倦。十钟同富禄、仲仁、堃芳归寓竹戏，负五十三元，天明方散。

辛未年六月初一日（1931年7月15日）星期三 晴 微风

十钟起床，往首善医院看病。二时回家。与敬老闲谈。刘子仪丧妻领帖，命人送礼。发海上谢函二百八十二封。整理字画并上海友人赠品。晚饭毕，堃芳来，云椿树三条有金店刘姓大房一所，约明日往看。雷少臣、张奎卿、周復生、马富禄等先后来闲谈，十一钟客散，寝。

辛未年六月初二日（1931年7月16日）星期四 忽晴忽阴

早上十时起床，往首善医院看病，十一时回家。午饭后念《白娘子》戏词。天雨。下午四时偕雷少臣、吴堃芳往椿树三条冒雨看房。此房甚好。六时回寓。与吴堃芳、雷少臣、张奎卿、周復生、马富禄手谈。陈子先来面托画扇。三时始散，即寝。

辛未年六月初三日（1931年7月17日）星期五 晴

早十钟，赵桐珊来促余起床，云往交通银行存款，托余介绍，同往，与该行经理子高李君等谈赵存款事。又至首善医院并到小雷家闲话。徐大姑娘亦至略谈前事。甚觉有趣好笑。偕少臣回寓。午饭后同内子带骧儿及老五、少臣并看风水李姓仍至椿树三条看房。回家托堃芳、少臣往该宅房东处接洽购房事。晚饭，石工、復生、逵卿、少臣来，与内子手谈。九时赴华乐园演报界工会义务戏压轴，《文章会》，杨小楼《战宛城》，上座甚盛，并有西人参观。《文章会》毕，座有去者。新闻记者皆至后台致谢，一时回寓，牌局未散。嘱堃芳明日切实向椿树三条房主商定购房事。锦川来当面要求在吉祥、开明两院提前演唱。五时伊去，寝时已天明矣。

辛未年六月初四日（1931年7月18日） 星期六 晴 风

下午一钟起画扇，与敬老研究新戏。五时半堃芳、雷头同来，仍说购房事。饭毕与富禄、堃芳、周复竹戏。二时始散，即寝。

辛未年六月初五日（1931年7月19日） 星期日 晴

早九点起床往首善看病。因礼拜未诊。至胡师处，同到律师王劲闻家，托其调查椿树三条房有无葛藤。伊请唐法官、夏子珍推事来，详细讨论，据云并无干碍。又访关子高，稍谈即归。午饭与马富禄、敬老、朱安甫闲话。復生亦至，堃芳偕椿树三条房代卖主张栋臣来，余及富禄、堃芳询其房产讼事，甚悉。十二钟客散就寝。

辛未年六月初六日（1931年7月20日） 星期一 晴

早九点起床往首善看病。富禄生日，往贺，因未带钱，借首善院长方石珊洋十元。素无深交，似觉可笑。归，饭后，亲携西瓜至胡师处，同到王劲闻家问买房手续。据云当仔细调查其内容，闻此房已归官拍卖，需同卖主至地方法院问其有无卖权，然后交价。五时返寓，七时偕堃芳至张栋臣处面谈购房一切事宜。九时回家，晚饭毕稍息即寝。

辛未年六月初七日（1931年7月21日） 星期二 晴

早八点起，至首善医院还债。至王劲闻家。王遣伊袁姓仆人同往法院，余先送袁去，自回堃芳处，同到张栋臣家。据说已逾限，恐法院纠葛，已托情其友张企函现入法院探信。少刻，企函来云不能交款。栋臣因立一字据云：张栋臣在北平地方法院拍定椿树上三条门牌十一号房，因交款之期已逾四日，应俟法院指定期限交款。又至劲闻家，告伊情形，

吴春生与令香和令文

回寓用饭。闻富禄夫妇游北海乘船均落水，入酒肆换衣而归，亦可笑。接东越布衣函并《紫玉钗》脚本。琴农来访，谈伊从前病状。锦川电约阖家在东安市场吉祥园看魔术，偕堃芳同往。先至会元馆晚饭，余做主人。至吉祥园看魔术，因戒严，回寓甚早，就寝。

辛未年六月初八日（1931年7月22日）星期三 晴

早九钟起床，画扇。堃芳来云：张栋臣已请律师崔希瑗（号述之）在地方法院疏通，今日可以缴价，即同往。该院不收支票。吴镜芙在院收款，托伊作保。伊同事不允，命堃芳至交通取现款缴讫，共洋一万一千元正。由崔律师具结，法院、张栋臣各有收条。崔让余及堃芳、栋臣至律师处小坐。律师甚多，商议公事与演戏无异。晤劲闻云此等办法已甚切实，再进行第二步买房手续可也。二时回寓午饭毕，理发、沐浴。富禄约余阖家至庆乐园看蹦蹦戏。与松龄闲话。吴彩云来，与祖师换袍。晚饭毕，阖家往庆乐观《爱玉上坟》，并于公案情节，甚苦。末场用铡刀，复用枪毙，新旧法律并行，颇可笑。此等砌末，均系前十数年乡班常有者，和儿未见，颇惧之。骧儿年小，家人掩目不令观。骧儿大怒谩骂，可笑之至。归。和儿不敢独宿，移入余房同寝。竟夜未安睡。

辛未年六月初九日（1931年7月23日）星期四 晴

早九点起床，画扇并条幅。接刘云厂函，云欲索余画扇，复函允诺。命人往各亲友处送西瓜。地方法院荣姓来调查椿树上三条房详细内容，恐有纠葛，慎重之意也。借马富禄洋一千元，言明半年归，月息一分。胡师来，同往椿树三条看房，伊云房甚好，将来代为布置。回寓树臣、逵卿、堃芳、松林等先后至同竹戏，富禄亦加入。十二钟客散，即寝。

辛未年六月初十日（1931年7月24日）星期五 晴

早九点起床，至交通存所借富禄之款，又到晋和祥购吕宋烟十盒，又访杨乐彭并陈敬老，均未晤。归，饭。敬老来同饭。逢春来赐和儿玩具，并云鸿友父生日，带和儿往祝，坐有三十余人皆素识。和儿随意歌唱，扑戏，负十元，十一钟同逢春闲谈，二时始散，即寝。

辛未年六月十一日（1931年7月25日）星期六 晴

早九点起床，与和儿在院内用功。午饭后小睡，五时半，时慧宝携扇面来，代友索画，六时伊去。余访余叔岩，七时尚卧；又往富禄家，值伊出门；并至彩霞处，谈海上演戏情形。到敬老处，访彦清未晤，即归。堃芳及其二姐来共饭，十一钟去，就寝。

辛未年六月十二日（1931年7月26日）星期日 晴

早九时起，画扇并条。敬来，午饭。三时半同往瑶卿家，值伊尚卧，久候不起，回寓。在 棚下乘凉，富禄、堃芳来共饭，十一钟客散，就寝。

辛未年六月十三日（1931年7月27日）星期一 晴

早九钟起，画扇并条。阖家沐浴，午饭。王树臣、吴堃芳、马富禄、张逵卿、刘晓桑来。刘系初见，谈戏剧改良，甚畅。刘去，与众手谈至十一时散。托堃芳借孟觐侯洋二千元正，为购房之用，言明半年后归还。三时始寝。航空连日甚紧。

辛未年六月十四日（1931年7月28日）星期二 晴

连日热极，不能安睡，早九钟起，往交通银行存款。老爷子亦在该行存款，并问购房情形。又至雷少臣处，托伊代觅瓦匠，修理七条房。并到红、忆二珠家小坐，即归。与敬老共饭。李润峰来调（吊）嗓，因剑秋公事难办之故。上海俞叶封遣刘姓送衣料来。晚与富禄、堃芳、树臣竹戏一夜，天明六时始寝。

辛未年六月十五日（1931年7月29日）星期三 晴 微风

下午一钟起床。梳头老五因海上杜月笙宅堂会公事不符来请罪。晚与堃芳谈梳头老五请罪事。内子同父亲带和、骧至椿树三条看房。李润峰来调（吊）嗓，研究《钗头凤》腔，有三小时之久，苦不可言。饭毕，到堃芳家谈购房事。命伊明日到张宅催之。因法院手续未完。归，十一钟寝。

辛未年六月十六日（1931年7月30日）星期四 晴

早九时起床，复俞叶封函。接杨怀白函，索冷布，命佣人买之，余亲笔复信。接西四北报子胡同中间小绒线胡同二号潘季武请帖，约今日在伊宅晚饭。沐浴。七时带和儿赴季武饭局。因宾客博戏，十一时未饭，不辞而别，回寓。在棚乘凉饮酒。锦川、堃芳同来，共饭。与堃芳因购椿树上三条房手续不符，小有口角。一笑。命文奎将胡琴钟剑秋及伙计蔚子辞去。一时大雨，二钟始寝。

辛未年六月十七日（1931年7月31日）星期五 阴晴不定

荀慧生自绘扇面

常少亭索便面并云锦什坊街有某王府出售。孙芹池、杨乐彭来，面托画扇。余问杨购房手续，并告伊剑秋事，四时去。李润峰来调（吊）嗓。六时与敬老、堃芳在棚下共饭。余方起立，女仆误撤身后椅，还坐致跌。内子抱和儿惊悸呼儿；因每次儿辈跌扑，内子必有此举。余方仰卧，陡闻此语，时逢其会，满座大笑。十一钟大雨，客散，寝。

辛未年六月十八日（1931年8月1日）星期六 雨

早八点起床，天色渐晴，少亭来谈各王府笑话，甚有趣，并云人骂伊等腐败府，真败矣！与敬老共饭。四时沐浴。润峰来调（吊）嗓。锦川、復生先后至共饭。前在沪托卍庐代购衣料函催之。九时阖家往中和园观小翠花、孙毓堃、马富禄等初演《义侠记》。金仲仁饰西门庆。此剧乃武松杀嫂是也，未完而回寓。在中和园遇侬先、松泉、仲桢、子高、洽黎等，同往后台与翠花闲话。谭富英与何雅秋《打渔杀家》，演毕至余厢内闲谈。三时始寝。

辛未年六月十九日（1931年8月2日）星期日 晴

十一时起，午饭，接刘云厂函，托画扇，并云来余家闲谈。复函允之。李润峰来调（吊）嗓。富禄、逵卿、堃芳、仲仁、树臣来手谈，到次日七点始散，寝。

辛未年六月二十日（1931年8月3日）星期一 晴

下午三时起。接杨诚恕、王务民函，均托画。叶瘦梅来函问《钗头凤》唱腔，又连接友人函十数封。尤可笑者，有无名函云欲拜余为师，并嘱勿回信，可在报纸作答，真莫名其妙。与少亭至锦什坊街代友人看房，地广三十余亩，屋宇甚少，地又偏僻，作毋庸议。归，调（吊）嗓。雷少亭代觅瓦匠勾抹七条房工竣来结账。连孝亦至，共饭。乐彭、僧儒函，为剑秋托情。三钟始寝。

辛未年六月二十一日（1931年8月4日）星期二 晴

早九点半起，与敬老研究新戏，润峰来调（吊）嗓，晚饭毕，富禄、堃芳、復生同竹戏一夜，天明六钟方散，即寝。

辛未年六月二十二日（1931年8月5日）星期三 阴

下午二钟起。与敬老闲谈。五时与富禄、逵卿、雷头等竹戏。二时始就寝。

辛未年六月二十三日（1931年8月6日）星期四 晴

早八时起。闻姜玉佩云陈啸云病重，往看，其精神衰败，令人叹息。伊子秀华略谈病源。十一时归。富禄电三义轩午饭，带和儿同往。有庄荫棠在座，饭毕回寓，与敬老研究新戏，讲说《紫玉钗》关目。刘云厂来，闲谈；郝锦川、吴堃芳同来，订吉祥、开明演剧日期。晚与树臣、富禄、逵卿竹戏。自治委员梁家义号(集生)来未晤。接逢春函，约明晚丰泽园饭，并托余代约敬老、胡师、富禄、堃芳、仲仁等。树臣面约星期日在泰丰楼饭。闻更夫云陈啸云下午四时辞世。可叹！二钟牌散。就寝。

辛未年六月二十四日（1931年8月7日）星期五 微阴

今关帝圣诞，例有风暴。早九钟起床，理发、沐浴、修容。富禄电约广合馆早饭，辞。接侬先请帖，明日在伊宅饭。陈啸云子来报丧，二十八日领帖。贾多才丧父，命人送礼。胡师来，改画；马富禄亦至。高孟一在九江病故，来函报丧。八时偕胡师带和儿赴丰泽园逢春之约。有二十馀客。饮酒稍醉，即归，就寝。

辛未年六月二十五日（1931年8月8日）星期六 晴

今夜，子初立秋。浑身骨痛，竟夜未眠。早十一钟起床，作画。午饭后带和儿自备素服，往陈啸云家吊丧。伊亲友甚多。五时送和儿回寓，又至小百顺胡同红萼处，送小照。往瑶卿家，研究新戏行头。赴香炉营头条陈侬先饭。有三十馀客。伊夫妇亲自做菜。饭毕手谈，十一钟回家，就寝。

辛未年六月二十六日（1931年8月9日）星期日 晴 热甚

早九钟起，作画。接王陋隐函，托画扇，并索照。发陈嘉麟函。晚偕堃芳、富禄带和儿赴泰丰楼王树臣饭局。有数日本人，并锦川等二十馀人，共坐一桌。稍坐即归。许鸿友、陈侬先、傅治乡[1]、徐勉甫、缪子受、堃芳、富禄等均来，共饭，饭毕博戏，天明始散。就寝。

辛未年六月二十七日（1931年8月10日）星期一 微雨

下午三时吴彩霞来，促余起床。补写日记，画扇。六时到瑶卿家，仲仁、敬老均至。闲谈翠花唱戏事。九钟冒雨至许鸿友处饭局。琴农、侬先、逢春、治乡、子受、履平、季武等在座。饭毕略谈即归。接郑宅讣闻，绛生六月二十三日病故海上，七月十六日领帖。与富禄、老五博戏，一时寝。

辛未年六月二十八日（1931年8月11日）星期二 阴晴不定

张寰如由津来，促余起床。作画，闲谈。敬老来，一时午饭，接子受帖约明日在伊宅晚饭。治乡昨晚面约星期四饭，晚与富禄、树臣、堃芳手谈二时始散，时小雨。寝。

辛未年六月二十九日（1931年8月12日）星期三 阴 热极

早九时起床，作画，沐浴，午饭后与敬老研究《紫玉钗》，新戏开始编制。四时同树臣、堃芳、復生、富禄、锦川竹戏。锦川索七月初八、九、十三日戏码，定《棋盘山》《香罗带》《荀灌娘》。晚饭后大雨，客不能行，竹戏至晓方散，六时始寝。

辛未年六月三十日（1931年8月13日）星期四 天明雨止仍阴

下午四时起身。骧儿不适，请逢春诊视。润峰来。庞京周由沪来平，约余福兴居晚饭。礼路胡同傅治乡约伊宅饭，并嘱携带大烟。七时带和儿赴治乡饭局。小云、琴农、鸿友、侬先、季武等均在座。饭毕车送琴农至西单商场，伊下车。又赴福兴居敦敏之约，有陆二太太、瞿氏夫妇、京周、由沪同来慧女士、敦敏伉俪并陈姓十馀人。大醉而归。二时始寝。

1 即傅岳棻（1878～1951年），字治乡，号娟净，清光绪举人，湖北省武昌市人。1904年任山西大学堂教务长及代理监督，京师学部总务司司长，普通司司长，历任北京政府国务院铨叙局佥事、参事，教育部次长，代理部务；后任国立北平大学、私立中国学院、河北大学、北京大学、北京师范大学教授。1947年任《湖北文徵》部纂。著有《西洋史教科书》，《遗芳室诗文集》等书。

辛未年七月初一日（1931年8月14日）星期五 早阴

十钟起，下午二时作画。敬老偕刘凤缘来，云凤缘星期二在余处请客，行师生礼。三时阖家及凤缘往第一舞台。有兵士守门，云座满，不容入。急寻徐德增不得，一厢热极。赵桐珊夫妇及马富禄来，均无座，共坐一厢，有十余人，拥挤不堪。金刚钻大轴，演《万里长城》。戏毕同至后台，观金刚钻卸装。众欲白余名姓，余止之。余等出，金刚钻呼余小名，言幼时事，甚细语，多诙谐。六时回寓。稍息，赴东堂子胡同47号缪子受宅饭，饭毕与陈农先、潘季武、徐鸿友、棋履平手谈至四钟始散，车送农先、鸿友返寓，即归，就寝。

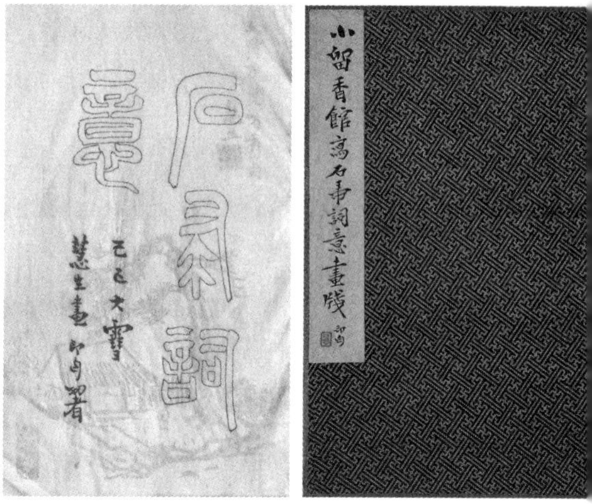

荀慧生自制小留香馆画笺

辛未年七月初二日（1931年8月15日）星期六 晴

下午一钟起，作画。饭后石焕如由日本回平，亲带礼物来寓访谈；敬老、富禄亦至。马直山函索《鸿鸾禧》《法门寺》剧本，即抄寄。沈天侠来，赠余《古诗录》六册。润峰来调（吊）嗓。堃芳云，昨琴农来约天津北洋戏院演剧，未定期。星期二日凤缘拜师，拟请客单。伊本田桂凤门人，故名凤缘。余为改名燕云。晚与堃芳、树臣、富禄、仲仁、锦川等博戏至三时始寝。

辛未年七月初三日（1931年8月16日）星期日 阴晴不定

十一钟起床，沐浴，午饭，作画。锦川来索照片。暴雨忽止忽至。燕云来，为说《双摇会》。树臣、富禄同来，索便面。接舍予函，云夏月润在海慧庵为僧，可怪。怀白亦有函，因余名词，伊改字心词。可笑，可憎！晚与堃芳、树臣、富禄等竹戏至天明八钟方止，即寝。

辛未年七月初四日（1931年8月17日）星期一 早晴

下午一时起床与敬老闲谈，琴农偕外四区署员徐养涵来，募捐前敌慰劳金，助洋三十元。润峰来调（吊）嗓。五时半至瑶卿家，中途大雨折回，而此方晴朗如故；又欲往，闻彼方仍雨，乃止。体痛异常，八时即卧。逢春、堃芳、锦川来，不能起床，未见。十一钟始入梦乡。

辛未年七月初五日（1931年8月18日） 星期二 大雨

早八点起，作画，留姜玉佩午饭。敬老、燕云先后来，下午二时正式拜师，在寓请客，共坐两桌。敬老与刘小卿同作蹇修。头目管事皆到，旦行陆凤琴、赵桐珊、小桂花及慧宝、彦衡、仲仁、春彦、富禄亦来。外界有胡师、逢春在座。九时席散。胡师代改扇三十馀张。并与仲仁、逢春、富禄、堃芳博戏，十二钟寝。

辛未年七月初六日（1931年8月19日） 星期三 晴

早十钟起作画。午饭毕，与燕云排《双摇会》。理发，调（吊）嗓。晚饭后与堃芳闲谈。孙芹池、魏元晋来，索扇面。关子高函，托连订三日包厢。十二钟寝。

辛未年七月初七日(1931年8月20日) 星期四

早八点起，与姜玉佩说《棋盘山》把子。修容。复朱木厂、刘云厂函。晚五时乐詠西、南铁生携照相器具来，照相多幅，大半滑稽。晚饭饮酒，大醉，呕吐不止，在棚睡去。四钟醒来，始知家人抬余入庭，乃归卧室，仍大睡，情景可笑。

辛未年七月初八日（1931年8月21日） 星期五 晴 热甚

十一钟起，渴极。至堂屋复睡，十二钟醒，沐浴。宿酲未消，精神甚倦，午饭。与敬老研究新戏。接辻听花讣告（名武雄，号剑堂，日本人）民国二十年八月十八日逝世，在中央公园水榭开吊，讣中未叙明外国人有外国例。饭后小憩。寿石工、魏公孟同来，促余起，索取扇面。锦川、堃芳来留饭。九时阖家往吉祥，热极。余方化装，春彦言台上尤热。观客亦云楼上下热不可耐。十钟半登场，演《棋盘山》。戏毕，汗出如浆。与堃芳、锦川坐敞车归。就寝。

辛未年七月初九日（1931年8月22日） 星期六 雨细如毛

下午一钟起，汪逢春来函，托嘱订泰丰楼星期一座，为请庞京周，即发请客帖。三时小憩。大雨。五时堃芳来，促余起床。雨小止。六时阖家往东安市场会元馆便饭；锦川、敬老亦至。饭毕到松寿卿处小坐，常少亭先在，略谈购椿树三条房始末。至吉祥演《香罗带》。雨虽未住，上座尚佳。一时归。锦川来，索下星期开明戏码，第一日有人烦演《钗头凤》，第二日《花田错》。共点心，三时始寝。

辛未年七月初十日（1931年8月23日） 星期日 仍雨

一时起，作画，午饭后敬老来闲话，朱木厂函索扇面；刘云厂亦来索扇。三时小睡，五钟起身。雨止。留刘燕云、马富禄、吴堃芳、陈敬老晚饭。稍息，同到吉祥。内子带两儿在市场购物。俞伯升并杨姓至后台闲话；寿卿亦来，云明日一钟来寓。《荀灌娘》十一钟登场，上座甚好，一钟戏毕。京周、敦敏同来，询明日泰丰楼请客有多少位，谈片刻。回寓点心，三时始寝。

辛未年七月十一日（1931年8月24日） 星期一 阴

早九时起床，沐浴。松寿卿、常少亭同来。饭后偕至椿树三条新房看风水，并往中央公园水榭吊祭过武雄。又至忆君、红萼两家小坐。五时回寓，与富禄、老五、堃芳扑克；七时同富禄带和儿往泰丰楼，与逢春同做主人。来客有京周、敦敏、慧女士、瑶卿、幼卿、仲仁、春彦、琴农等。大叫堂差。九时席散，同到瑶卿家，略谈，逢春送余归。逢春谈及和儿功课，余言今早郎富润来给和儿调（吊）嗓，已尽忘，怒挞之；逢春告以尚当严管，十一钟伊去。即寝。

辛未年七月十二日（1931年8月25日） 星期二 雨

早六时，带和儿冒雨至南城喊嗓，九时回家，与和儿排戏《戏凤》。晚，场面来，研究《钗头凤》。留富禄便饭。庞敦敏约新丰楼饭，因困倦极，辞谢未去，九钟寝。

辛未年七月十三日（1931年8月26日） 星期三

早六时起带和儿至南城闲步，大风扑面，八时回寓与和儿及燕云说《鸿鸾禧》。调（吊）嗓，作画。午饭，慧记万储蓄会得末尾一支。接周復生请帖，明日伊生辰，在伊宅请客。与富禄、堃芳、逵卿竹戏十二圈，九时散就寝。

辛未年七月十四日（1931年8月27日） 星期四 晴

早六点起，带和儿到南城闲步，八时回寓与和儿排《虹霓关》。又忘去不少，仍挞之。调（吊）嗓，午饭。昨发舍予信，托其代催何卍庐欠款，并将诚恕所索画寄申。

下午二时往贺周復生生辰，四时归。场面来，研究《钗头凤》唱腔。与富禄、逵卿、树臣手谈，八钟散共饭。接一函，面署令香名，敬老云必是义务戏。启视，果系周仁寿、汪逢春、黄旭东、吕志琴四君发起溧阳赈灾义务戏，九月三号在开明演唱，约令香《戏凤》。明日在撷英吃饭，此伊第一次单独饭局，十时客去就寝。

辛未年七月十五日（1931年8月28日） 星期五 晴

早六钟起，同和儿到南城蹓弯儿，八时归，同玉佩与和儿仍排《虹霓关》。调（吊）嗓，作画。午饭、沐浴。接赵君豪做寿谢帖。陆彤士函索照片。晚逢春车接和儿，赴撷英、汪、黄、吕、周之约，九时逢春送回，云《戏凤》与票友合唱。与富禄、逵卿、树臣手谈，十一时客去。就寝。

辛未年七月十六日（1931年8月29日） 星期六 忽阴忽晴

早六点起带和儿至南城遛弯。八时回寓，仍与和儿、燕云排《戏凤》《虹霓关》。玉佩来，打把子。调（吊）嗓，作画。午饭后小睡。晚饭阖家及敬老往开明。场上彩霞方演《战蒲关》；此下系新弟子刘燕云之《鸿鸾禧》，因外行手慢，扮戏稍迟，垫《化缘》半出，伊始登场。余看半折至扮装。前台座位已满，加凳甚多。九时半演《钗头凤》。戏毕与仲仁、敬老、锦川、堃芳同归。锦川索下期吉祥戏码，订《战宛城》《鱼藻宫》。三时始寝。

辛未年七月十七日（1931年8月30日） 星期日 阴

早六时起，同和儿蹓弯，八钟半回寓。姜师来，用功、调（吊）嗓一钟，小憩，五时复起，与润峰研究新戏时大雨。同富禄、敬老、堃芳、带和、骧两儿及内子至开明演《辛安驿》。本订《花田错》，因仲仁患痔疮，甚剧，改戏码。何佩华今在惠丰堂完婚，命人送礼。十二半回家。锦川闲谈，云尚小云售去汽车，俭省日用经费。四时欲寝，忽闻臭气，满床揭被细看，方知骧儿遗粪，内子睡熟不知，即唤醒收拾被褥，一夜未安眠。

辛未年七月十八日（1931年8月31日） 星期一 晴阴不定

六时带和儿到城根闲步，八时回寓，燕云、玉佩至，同与和儿排戏、调（吊）嗓，午饭，小睡。六钟起，农先、復生、堃芳、富禄来，復生璧还寿礼。前借唱片留在伊处云即以当寿礼可也。逵卿来谈义务戏，余嘱与堃芳接洽。与和儿排《戏凤》。内子与诸友博戏。余十时就寝，仲仁亦加入竹戏。

辛未年七月十九日（1931年9月1日） 星期二 早阴

六时带和儿到城根闲步，八时回寓。玉佩后来，与艳云、和儿说把子，调（吊）嗓。十一钟大雨，午饭后略有阳光。四时同富禄到雷少臣家，有树臣在彼，因雷亲戚徐大姑娘贫乏，约打牌抽头。十二钟归。用人云：程艳秋亲来辞行并索画，未见。一钟方寝。

辛未年七月二十日（1931年9月2日） 星期三 阴雨

大雨自夜半起，晨尚未止。六时，冒雨持伞带和儿蹓弯，九钟回寓。与令香排《戏凤》。午饭后沐浴，燕云来学戏。接李永利帖，伊子万春七月二十一日娶妻，在取灯胡同同兴堂宴客；闻李妻乃小达子长女，正所谓各从其类也。王树臣同票友张翼吾来，因明日与令香在开明演《戏凤》，故来说戏。陈依先来接洽天津周宅堂会。二十五日在明星演《元宵谜》。琴农北洋公事亦定局，自二十七日起，演十二日。留饭毕，与逵卿、堃芳、树臣、农先竹戏八圈，十钟寝。

辛未年七月二十一日（1931年9月3日） 星期四 晴冷

六时带和儿、燕云至城南闲步，少亭亦至，九时回寓。自购鸡卵腌制。午饭后与堃合计天津北洋五天戏码，交琴农至津登报。晚逢春来接和儿，余阖家同赴开明。《戏凤》老生登场，和儿化装未毕，老生只得暂下，垫《化缘》一段，台下哄然大笑。和儿穿衣毕，重演《戏凤》，成绩较前数次为佳。又看十岁女票《金山寺》一折，玲珑可爱。其神将亦票友，有四十馀岁，笑柄极多。此下女票《骂殿》，系一妇人，尚妥。十一钟归，与堃芳谈片时，一时始寝。

辛未年七月二十二日（1931年9月4日） 星期五 晴

早七时带和儿至城南闲步，九时归。玉佩、艳云来打把子。午饭后睡中觉。庞京周、敦敏亲带水礼会干亲，不日赴申，辞行。缪子受、冯景韩（冯幼伟之四兄）、张逵卿、程玉菁等亦先后至，同竹戏，留饭。托敬老与玉菁商议，请其教和儿青衣戏。天津北洋因有义务，展期，星期五登场。十一钟客散就寝。

辛未年七月二十三日（1931年9月5日） 星期六 晴

早七时带和儿至城南闲遛弯，九时回寓。和儿、燕云与玉佩用功。余复睡，下午一时起床。胡师改扇面二十馀柄。敬老来。润峰来调（吊）嗓。余作画。敦敏代购大髲四只。修容。老爷子来索画。堃芳闲谈天津事。晚饭后逢春车送堃芳带和儿、敬余先至吉祥。稍息，余同内子、骧儿亦往。九时座位已满，十钟《鱼藻宫》登台，一钟回寓，二时始寝。

辛未年七月二十四日（1931年9月6日） 星期日 晴

早六点起带和儿至南城根遛弯。八时回寓。玉佩来打把子，余复睡，下午一时起。午饭，作画。关伯珩由广东回京，电话托余购吉祥戏票。石焕如电索扇面。连孝来闲谈。艳云来说戏。晚饭毕阖家至吉祥，演《战宛城》。一钟回寓。与堃芳定明日早车赴津事，三时始寝。

辛未年七月二十五日（1931年9月7日） 星期一 晴

早六时起床，用点心，敬香，七钟半偕堃芳到东车站。各戏院经理并艳云等先在车站，候送行。八时一刻开车。一路与堃芳、甫泉闲谈。十二钟一刻至津周宅。北洋戏院命人来接；游天亦至。同到息游别墅十九号房间共饭，二时客散，余睡中觉，五时起身。微雨。至《天风报》看游天之母并砚青。稍坐，同游天到美丽川馆晚饭，饭后回别墅，稍息。李直绳来，谈新戏情节。十钟周宅人来接，同至明星戏院，先到前台拜寿，又观庞世奇演《出塞》，并看筱翠花、程继仙、诸如香合演《得意缘》半出。至后台化装。大轴与仲仁、富禄、春彦、连孝、桐珊演《元宵谜》。戏毕，本家周立业诸友来周旋。偕游天、琴农、农先至天风报竹戏。有陈砚青加入竹戏，天明八时始散。

辛未年七月二十六日（1931年9月8日） 星期二 晴

九时堃芳来，同赴站，九时半开车，与富禄阖家、并春彦在一包房。余方欲寝，胡若愚亦在该车，令人请余至伊包房闲谈，询余在津演唱之日期并一切情形，一路颇不寂寞。十二钟抵平，锦川、艳云等来接，同至余寓。午饭后就寝。

辛未年七月二十七日（1931年9月9日） 星期三 晴

由昨下午二时寝后至今晨六时起床，带和儿至城根喊嗓，八时回寓，玉佩、燕云后至打把子。理发、阖家沐浴，午饭接梁德桂娶儿媳妇帖；又接傅存祥为次男惜华八月十一日完婚之帖，席设北新桥石雀胡同增寿堂饭庄。惜华乃芸子之弟也。三时至红蕚家小坐。遇蒋榖荪，索其上海住址。四钟回寓。锦川来，索小照，欲登各报。与润峰研究《还珠吟》唱腔。并与侬先、鸿友、富禄、仲仁、树臣等竹戏，两钟牌散，又加入扑克，四钟始散。

辛未年七月二十八日（1931年9月10日） 星期四 晴

堃芳、燕云来促余起床，用饭。八时接老爷子同赴车站，有锦川、雷头来送行；北洋经理万子和同行。八时二十五分开车，小睡。十二钟到津，沙游天、北洋戏院经理郑寿丞至站迎接，同至日界寿街北洋饭店，住四十八、四十九号房间。午饭后游天云本旅馆楼下住一相命先生严醉仙，甚灵。命人请至余房与余相命，所言余之经过情形一概不灵，真所谓江湖口也。并奉承余将来在军界有司令之爵，可发一笑。沐浴后出门访友，见者李将军直绳、刘髯公、潘经荪、杨乐彭之父，杨并面约余至露香园饭局。潘馨航经理赴平，卢小嘉、张远伯及次迈均也在平；倪丹、赵幼田、殷王两将军、程湘浦、杨介执、李僧儒、杨乐彭均未得晤。六时半回饭店，休息。七时到露香园西酌，杨乐彭阖家陪坐，内有钟剑秋在座。饭毕回寓。叶老五云，北洋戏院因工程未完，奉工部局谕不准演唱。今晚《天风报》义务戏临时回戏；明晚之戏恐亦不能演唱。但北洋戏院始终并未来人接洽，实属万分荒唐。十一时半游天来共商北洋戏院之事。叫北平电话，命文奎通知各角暂时不必来津，并告琴农，问其如何办法。据文奎云，北平今晚大雨。一时雷公来谈北洋戏院，内容首尾不清。可笑。

辛未年七月二十九日（1931年9月11日） 星期五 晴 微风

下午一时叶老五催余起床，云北洋戏院因工程含糊，昨晚票戏停演；万子和当日晚车赴平，与琴农商议，琴农亦无良策，二人今早同来津，向余商酌，稍候四五日，然后登台，意甚镇定，仿佛胸有成竹，余一笑置之。四时全体回平，诸友来送行。车中大半熟人，小作周旋。晚七点半抵平，至家。仲仁、富禄、春彦、桐珊皆在寓候天津电话，预备起身，见余已回，询知北洋情形，众人闻所未闻，南北戏馆从无此等妙事，大家捧腹而去。余此次赴津，住北洋饭店，茶役笨极；坐北洋汽车行车，车夫竟不识路。今当北洋军阀失败之时，凡“北洋”二字均不吉利，亦颇可笑。至四钟方寝。

辛未年八月初一日（1931年9月12日）　星期六　晴

十钟起床，调（吊）嗓。敬老来，伊昨晚已略闻天津情形，入门便笑。余复告伊其中详细，彼此掩口胡芦不已。伊云出入梨园三十馀年未闻此等趣事。晚与春彦、富禄、仲仁、树臣、润峰竹戏，又打扑克，天明五时方散，寝。

辛未年八月初二日（1931年9月13日）　星期日　晴

九时起身，只睡三小时。朗富润来调（吊）嗓。午饭后补敬昨日神香。王树臣今日生辰，四时胡师来，稍谈，至树臣处贺喜；路遇堃芳，同往。王家亲友甚多。有瞽人弹唱，并为算命。留竹戏、晚饭，二钟车送余回家，就寝。

辛未年八月初三日（1931年9月14日）　星期一　晴　微风

接游天信，谈天津春和演戏事，即复。陈依先偕天津堂会本主人周立之来致谢。润峰来，研究新戏唱腔。与春彦、富禄、仲仁、树臣、润峰等闲谈。琴农来，归结北洋路费，并解前约。又开周宅各脚堂会钱。留诸友饭，饭后手谈、打扑克，四时寝。

辛未年八月初四日（1931年9月15日）　星期二　晴

族人笑予来，余即起床，谈家族支派甚细，伊籍山东。去后来信，大抵求助之词，拟小作点缀。同时，花脸郑金奎遣人持梨园公会徽章亦来告帮，因非本身，未付。燕云携薛宝书来。晚与游天电谈春和事。借堃芳洋六百元，为节关之用。郝锦川来，索星期六、星期日两天戏码。李甫泉来，开付堂会钱。十钟卧。骧儿遍身发出小疙瘩无数，头面皆满，哭闹不止，一夜未眠，和儿亦未睡。

辛未年八月初五日（1931年9月16日）　星期三　晴

早六时起，带和儿遛弯，八时回寓。排《红鸾禧》。玉佩、燕云来打把子。调（吊）嗓。午饭。郎富润荐高连第教和儿青衣，托富润接洽。发天津友人函八十馀封。下午三时富禄来，面约广德楼看张笑影全班演《无色棒》，其关目略似《妒妇诀》。戏毕，余阖家至瑞蚨祥，内子购衣料归。晚饭毕，欲寝，黄全生由申到平，偕何卓然、郭仲衡、王树臣来手谈至天明。

辛未年八月初六日（1931年9月17日） 星期四 晴

早六钟客散，带和儿至城根喊嗓子。八时回寓。与和儿排戏、打把子，调（吊）嗓。午饭后与敬老删改《白娘子》剧本。接高孟一讣。晚与润峰研究《荆钗记》腔调。并同富禄闲话，函告逢春请塾师解馆。又发帖，约新师薛宝书、高连第十二日本宅晚饭，薛系和儿英汉文教习。八时寝。

辛未年八月初七日（1931年9月18日） 星期五 早阴

六时同和儿闲步，八时回寓。排戏、打把子、调（吊）嗓。午饭后作画。王瑶卿今日生辰，命人送礼。下午三时小睡。金仲仁来，促余起身。时有六钟半，润峰来调（吊）嗓，闲谈；堃芳亦至，谈市政府开会，又演义务戏，订十七、十八、十九三日戏，仍在第一舞台。饭毕与仲仁、富禄、老五、堃芳等打扑克到天明，早七时始散，就寝。

辛未年八月初八日（1931年9月19日）（民国二十年九月十九日） 星期六 晴

下午四钟起床，修容。闻东三省日本人已进兵，并购北平《晨报》号外，原辞如下：

国难来矣！！！
日本未下哀尔美敦书，
昨夜十时突攻击我沈阳。
今晨日军侵入沈阳城，
沿途焚杀惨无人道。
我军取无抵抗主义。

（沈阳十八夜十一时十分本报专电）巧（十八）夜十时，日本满铁守备队无端寻衅，突将沈阳站、皇姑屯站中间之满铁铁道一部分炸断，开始军事行动。

（沈阳十八夜十一时十分本报专电）日军自行炸毁满铁线一段，捏称系我国所为，借此寻衅。故事前对我未发最后通牒，显系违背国际公法。

（沈阳十九日上午一时四十分本报专电）

日军又袭击我北大营地方，迄发电时炮声尚未停止，我农民死于乱枪之下者数目未详。

（沈阳十九日上午二时四十五分本报专电）十九日上午二时日军在沈阳商埠

地焚掠军警无可抵抗，全城陷于混乱状态，各国侨民极度紧张。

（沈阳十九日上午五时本报专电）迄十九日清晨止，日军到处向军驻地百般挑衅，边署严令我近郊各部队力持镇静弗与抵抗。北大营我军已开始退向沈海线，避免冲突，但是沿途被日军袭击，死伤数目迄未判明。

（沈阳十九日上午五时二十分本报专电）日军暴行：日本林总领事云军队行动不能直接制止。

（沈阳十九日上午六时四十五分本报专电）北宁路皇姑屯站附近之桥梁铁道完全由日军占领，我农民往来该地者均遭射击，无一幸免。日军于晨六时三十分大队由大西门入城，分占各衙署，我军民始终不与抗拒。

（沈阳十九日上午七时本报专电）东大营我驻军因日军挑衅，为避免冲突起见，全部向北宁线新民沟帮子打虎山一带移动。

（沈阳十九日上午七时十分本报专电）日军军队关东军第二师团之驻扎满铁沿线辽阳者，纷向沈阳移动，沿途寻衅焚掠极惨！

……

下午八时富禄、堃芳来，饭后同至开明戏院，演水灾义务戏。因东三省事变，张少帅退票四百馀张，大受影响，只有五百馀人。《十三妹》九钟登场，十二钟半戏毕，回寓。思想今晚忽然变局，售票不佳也！是灾民不幸！三钟始寝。

辛未年八月初九日（1931年9月20日） 星期日 晴

六时带和儿至城根闲步，大风扑面，七钟半回寓。复睡。下午一时又起，接舍予函，问天津北洋演戏事并北平大义务不加入原因，即复函，告伊北平单独演义务戏事。游天亦来函，云天津春和因有义务展期，即复函，属（嘱）伊确实与春和将日期商定。张展云病故，命人送份子。张照函索说明书。孙甫亭来说戏，堃芳亦至。吴彩云二内兄今日生辰，命人送礼。文奎抱骧儿到逢春处看病。晚至开明戏院演《荆钗记》，上座不佳，受大局影响之故。闻富连成回戏从来未有，亦受大局影响之故。十二钟半回寓就寝。

辛未年八月初十日（1931年9月21日） 星期一 晴

六钟起，带和儿至南城闲步，八钟回寓，与和儿排戏。富禄、艳云来，调（吊）嗓，午饭，沐浴，张房东来，将前借约手续办清。伊意要增加房租，并云其亲友要租该房，房租欲定为五十元，其意要涨租二十元，如不合其意立促余搬家。因房东是二孀居，不欲与其争论。命人磋商。后王琴轩来，乃和儿英语教师也。因为和儿功课甚忙，函辞。王氏恐其中有误会，前来解释。闲谈一小时之久。伊去。饭后与堃芳老太太、富禄打牌，九钟客散，就寝。

辛未年八月十一日（1931年9月22日） 星期二 阴 风

早六时起，带和儿至南城蹓弯，八钟回寓，与和儿排戏。姜玉佩电告假一天。调（吊）嗓。午饭、沐浴毕小睡。张房东来促余起床，云增房租十元，尚未定妥。留父母及燕云并二内嫂便饭。堃芳亦至，饭毕与艳云在棚下闲谈筱桂花家务。十钟寝。

辛未年八月十二日（1931年9月23日） 星期三 晴

早六时起，促和儿、燕云起身至南城根喊嗓，八钟回寓，与和儿排戏，调（吊）嗓。晚七时请和儿诸师便饭，并在佛堂向薛宝书、高连第行拜师礼。陈农先，王树臣来博戏，至十二时客散，寝。

辛未年八月十三日（1931年9月24日） 星期四 晴

早六时起与和儿、燕云起身至南城根喊嗓，八钟回寓。与和儿排戏，调（吊）嗓。午饭后高连第来，开功。命仆人送诸亲友节礼并和儿老师月洋。下午二钟小睡，农先、富禄、树臣、堃芳来促余起床。润峰来调（吊）嗓毕。与诸友竹戏，三钟始散，就寝。

辛未年八月十四日（1931年9月25日） 星期五 阴晴不定

早六钟半起，带和儿到城南闲步，八时回家，打把子。艳云、琴农、焕如、锦川均送节礼来。逢春来闲谈。三时小睡，七时复起。堃芳算日用账。浦泉亦至，晚饭。稍息即寝。

辛未年八月十五日（1931年9月26日） 星期六 早阴 下午一时晴

六时半起，带和儿、艳云至南城喊嗓，七点一刻回寓，休息片时。因今中秋节，在开明演夜戏，恐精神不足，复寝。下午一钟起。诸友来贺节，胡师亦至，改扇面二十馀，共饭。饭后润峰来调（吊）嗓。内子到父母处贺节归，晚饭，敬香。八点至开明演《盘丝洞》。在余未上场之前，有市党部若干人来，有沈某上台演说日本霸占沈阳之事，演说不明不白，口音似外人说中国话一般，台下客哄然大笑。仲仁因沈某口音不清，恐台下观客不明白，仲仁化装登台，代表沈某演说，台下观客不过听听而已。这种举动，军政界应当有相当手段对待。今有河北省党部学生、小民等到处演说，毫无效力。这不但不能救国，而将来恐怕亡国惨剧实现了！十钟半《盘丝洞》始登台，十二钟回寓，点心后稍息。圆月。三钟始寝。

辛未年八月十六日（1931年9月27日）星期日 早微雨 下午一钟起晴 狂风 冷甚

薛宝书今日开功。润峰来调（吊）嗓。作画。接王再明讣，于八月初七日病故，二十四日开吊。闻其身后萧条，亦甚可悯。晚饭毕阖家至开明，演全本《得意缘》。一时回寓，点心，稍息。二时半始寝。

辛未年八月十七日（1931年9月28日）　星期一 晴 狂风

早九钟起身，至交通银行存款，顺路到尊元阁理发，十一时归，调（吊）嗓，午饭，沐浴。五时富禄、树臣、堃芳、逵卿等来，留饭。饭毕竹戏一夜。

辛未年八月十八日（1931年9月29日）　星期二 晴

早六钟冒风带和儿、艳云往城根喊嗓，八时归。艳云昨下午已回伊家，十一钟又来，云伊父母打架，伊母出唤巡警，伊父关门、熄灯大睡。巡警至不得入，询知是夫妇相争，且笑且劝，伊父始开门放伊母入内，伊见此情形，仍回余处。亦甚可笑。余返寓时牌局未散，乃加入，十二钟午饭乃各歇手。一时沐浴后就寝。

辛未年八月十九日（1931年9月30日）　星期三 晴

由昨日下午三时睡至今日早晨六钟起床。狂风中带和儿到南城闲步，八时回寓，与和儿、燕云用功。午饭毕与敬老研究新戏。接刘豁公娶妻帖，函告舍予，代垫份子。作画。晚饭后游天电约堃芳明早车赴津，为接洽春和演戏事。富禄、老五来闲谈，八钟散，就寝。

辛未年八月二十日（1931年10月1日）　星期四 晴

早六钟起床，带和儿、燕云步至城根遛弯，七时半回寓。连日与和儿、艳云扎靠排戏。郎富润告假，随连良往津，阎汉卿代替调（吊）嗓。午饭。大内嫂生日，内子带礼往贺。堃芳往津，命小刘往送。稍息即寝。

辛未年八月二十一日（1931年10月2日） 星期五 晴

早五钟起床，带和儿、燕云步至城根遛弯，七时半回寓。与和儿、艳云扎靠排戏。十钟和儿调《祭塔》，因和儿开蒙戏唱腔忘却甚多，竟日贪玩之故，余怒打之。午饭后作画。与敬余闲谈。陈农先电约和儿食蟹，命仆人小刘随去。大内嫂来道谢。逢春来询星期六、星期日之戏码。昨晚购《晨报》号外，云国联、行政院限日本十四日前撤兵，并恢复东三省十八日前之原状。其实内容情形实在是约请各国调停，可笑。晚饭后等和儿回寓，同眠。

辛未年八月二十二日（1931年10月3日） 星期六 晴 微风

早六钟起，带和儿、艳云步至城根喊嗓，遛弯，八时回寓。与和儿排戏。午饭毕，小睡。四时起身，同艳云、老五至东单牌楼栖凤楼内小娘娘庙看房，因内有住户，未得入内观看，遂返东安市场，至吉祥戏院观雪艳琴演全本《花田错》。戏毕后余阖家及锦川、老五、敬余、堃芳、艳云、彦衡等同至森隆菜馆晚饭，八时到吉祥演《元宵谜》，一时回寓。仲仁云伊女前日病故。点心，稍息，三时始寝。

辛未年八月二十三日（1931年10月4日） 星期日 晴

十一钟起床，作画。闻敬老云，今日瑶卿夫人生日。命艳云发请帖，约锦川、树臣、逢春、侬先、仲仁、富禄、春彦、桐珊、彦衡、宝书、际香、玉佩、彩云及郝太太、二内嫂等便饭，食蟹。晚饭后，余阖家到吉祥，演《埋香幻》。戏毕登车，有军界四五十人围绕观看，高声喝彩。若辈当国难之时不能效命疆场，反蓄意欺侮良善，可耻，亦可悲也。即驱车返寓，稍息即寝。

辛未年八月二十四日（1931年10月5日） 星期一 微雨

十一钟起，往交通银行存款，顺路至尊元阁理发，归。午饭后至王再明处吊丧，并往看陈砚清，面约今日晚饭，闲谈天津情形，三时归寓。郭逋仙母来借钱，余与内子情不可却，手内又空乏，命富禄代为推辞，敷衍许久，伊始去。诸亲友来，共二十馀人；七时开饭，共两桌，因拥挤不下，故有数人持蟹各室食之，甚觉热闹。饭后竹戏，天明始散，八时方寝。

辛未年八月二十五日（1931年10月6日） 星期二 晴

下午两时起，饭后偕堃芳至翠花湾孟觐侯处，贺其寿。宾客满堂，并有鼓姬杂耍等，与客解闷。袁俊亭、德亮向余谈杨小楼、徐碧云家务等情并小楼与其子脱离内容。五时回寓。晚饭后就寝。

辛未年八月二十六日（1931年10月7日） 星期三 阴晴不定

早六钟起，带和儿、燕云步至城根喊嗓，狂风扑面，顷刻回寓。与和儿排戏。玉佩也至，打把子，调（吊）嗓，沐浴毕小睡片时。毕润峰来催余起，研究新戏唱腔。堃芳、树臣、锦川先后至，留饭。饭毕谈明早赴天津事，并万国储蓄会慧记七六八七五号存单，托锦川向该会拆款此会已四年矣。十二钟始散就寝。

辛未年八月二十七日（1931年10月8日） 星期四 晴

早五钟半起，净洗毕，敬香。整理行装，点心。八时偕堃芳赴东车站，十二时至津，游天及春和经理来接，同到惠中旅馆，宿一百二十一号。稍息，同至紫竹林午饭，饭后步归，订后七日戏码，林经理去。侬先偕宝忠来谈，宝忠云与小楼同来，在北洋戏院出演五日，伊等亦住该旅馆三楼。八时同游天至美丽川馆晚饭，饭毕回寓，闲谈。堃芳来，云大元、富禄、仲仁等今日晚车来津，本应晚七时到津，因车至北苍（仓）时车头失火，故延至九时方至。闻所未闻，可笑！又同往泰康商场，观刘宝全演大鼓并有各种杂耍，遇富禄、仲仁亦在该场。十二时归寓。徐勉甫、陈仁先、张季馥、陈侬先并其侄等先在寓候，略谈日本强占东北之事。三钟始散，就寝。

辛未年八月二十八日（1931年10月9日） 星期五 晴

下午一钟起。堃芳、艳云同来，云今晨早车春生社全体来津，并云二十七日购号外，闻听日本在沈阳横行，连日飞机炸弹示威。午饭后小睡。今乃寒露节，浑身骨痛，昼夜不得安眠。五时同沙游天往各处访友，八时回归。晚饭后润峰来调（吊）嗓。九时至春和，座位已满，拥挤不堪。《钗头凤》十时登台。戏毕众友至后台闲谈，并接无名信一封，云现在国难当头，不应娱乐；梅兰芳亦自动免唱，而余又在四大名旦之中，又为中国国民一分子，亦当热心停演，共赴国难。良言相劝，执意不听，就有相当之暗算。这种假面具，不值一笑。归寓后，游天、林少旭来，共点心，三时始散，就寝。

辛未年八月二十九日（1931年10月10日） 星期六 晴

十二时半起床。闻费叔迁来访，因尚未起床，未遇。又接到《中南报》号外，内云日本阁议，绝不撤兵；长江日舰开炮示威；吉林大建日军炮台；吴佩孚决日内来平。并有《启明报》号外，内云孙殿英请缨，愿效前驱，包打日本；日本战舰继续来华，准备包围上海。孟镜宇、孟荫轩来谈，伊云要将昆曲家庞世奇拜余为师，问可允否？余因事忙推却，闲谈约二小时伊去。余往春和戏院演日戏《辛安驿》，上座尚佳，有七成馀座。中原公司王先祥来电，云严逸文请中原公司酒楼便饭，并约游天同往。同席者有妓女二名，严逸文介绍钱鸿藻（馨如）。饭毕归寓稍息，往春和戏院演夜戏《十三妹》。座位已满，并无立足之地。戏毕，林小琴、范芃士等至后台闲谈。回寓后陈砚清、王尔藩、王先祥先在寓等候，共点心，三钟始散，就寝。

辛未年九月初一日（1931年10月11日） 星期日 晴

十二时半起床。今乃九皇圣会初日。饭后徐勉甫、陈依先来。三时至春和演日戏《大英杰烈》。戏毕李直绳、杨乐彭、朱福昌等至后台闲谈。回寓稍息，接钱馨如请帖，约今晚在中原酒楼晚餐，在座有十馀人；邓范吾、陈心泉临时加入。主人并召妓侑酒，均有醉意。饭毕，王先祥、游天在该公司做秋冬大衣两件。九时至春和演夜戏《香罗带》。日夜均满座。戏毕回寓。先祥、游天、砚清、薄永济先后来，说新旧戏之情形并兰芳与小冬之艳史，甚畅。四钟始寝。

辛未年九月初二日（1931年10月12日） 星期一 晴

十二钟起，至楼下理发。润峰来调（吊）嗓，并有孟荫轩来闲谈。四钟偕游天往各处访友，有十馀家。晚至六味斋赴孟镜宇饭局，在座有张姓、游天、堃芳、荫轩。饭毕归寓稍息，至春和演《还珠吟》。戏毕，偕桐珊、游天、堃芳、砚清回寓闲话、点心后至四时方寝。

辛未年九月初三日（1931年10月13日） 星期二 晴

下午一钟起。费叔迁来，促余起床，面约六味斋午饭，有严孟繁，并杨三爷坐陪。

严面交请帖，约明日在义租界特二区交界路二十四号伊宅晚饭。饭毕同归，略谈从前做官经过，伊去。游天命人送莱蔬来并约余至《天风报》馆谈天，因困倦未去，在寓休息。游天、彩云稍谈，小憩。晚同游天、赵剑城在大华饭店西餐。饭后同归余寓，伊等吸鸦片。八时赴春和，与富禄、仲仁、桐珊、少奎等合演全部《拾玉镯·法门寺》。由九钟半登台，至一钟半始散。归寓，闻熊伯寅（号百吟）来，索照片制版登报。堃芳腮肿、牙痛，今早车回平诊治，天津也有名医，何故回平，笨也，可笑。四钟始散。

辛未年九月初四日（1931年10月14日） 星期三 晴

下午一时起，瑞蚨祥孟镜宇命人送素菜来，并接芃士请帖，约初六下午六时在美丽川馆晚饭。堃芳来共饭。各角来说《盘丝洞》，并与润峰研究《玉堂春》唱腔。六时杨乐彭命车来接余及富禄至伊宅晚饭。乐彭因事回平，只有伊父母周旋。饭后送富禄回中和栈。又至《天风报》，偕游天赴严孟繁之约，在座有费叔迁等十馀人。饭毕回寓休息，十钟至春和演《盘丝洞》。戏毕，李僧儒至后台，云明日五时来余寓访谈。一钟抵家，有陈砚清、薄永济、游天同来，共点心。饭毕，偕砚清、游天步至中和栈，参观同业人赌博局，内有仲仁、富禄、润峰、多寿、小山、小华、玉安，各个神气十足，似觉可笑。闻该栈茶房云，伊等每日彻夜赌博，毫不自爱身体。四钟步归，就寝。

辛未年九月初五日（1931年10月15日） 星期四 晴

下午一时起，沐浴，午饭，饭后，至《天风报》馆偕游天到中原公司与内子定大衣料。回寓，仲仁同到《天风报》馆，游天约饭。饭后，中原公司送来余前定大衣两件。伊云本公司见钱交物，如不见钱，将原物带回。余便命伊跟随我到春和取钱。方去，可恶也。十钟登台，与富禄先演《小放牛》；后与韩长宝（名武生，瑞德宝弟子）演《战宛城》。因长宝在津，临时请伊加入帮忙，故送伊衣物礼券，合洋三十元，以作酬谢。戏毕，伊兄弟并伊长子同冒雨至余寓，茶话片时，伊去。游天偕马昌澄、赵炳甫、李松龄、林十八、陈任先、徐勉甫后至。小雨沥沥，甚觉无聊，与诸友竹戏，至天明六时始散，就寝。

辛未年九月初六日（1931年10月16日） 星期五 晴

下午二时陈心泉、邓范吾、钱馨如来，促余起床。因余方起，房间空气不良，云少时再来。伊等方去，有一妓名醉月来，寻伊等未遇，随去。午饭后小睡。游天、仲仁来，同往美丽川馆赴范芃士之约，在座有伊弟范煜泰（雪士）并伊长女、次女。饭后闲谈伊购买公债之经过并亏累之情形，损失有万馀元之多。八钟回寓，休息一小时，至春和演《元宵谜》。戏毕归寓，三钟始寝。

辛未年九月初七日（1931年10月17日） 星期六 阴晴不定

下午一时起，午饭，素菜内有火腿猪肉甚多，问其厨役何故？伊云略有荤腥，肉还不多，乃是真素。余大怒，唤该旅馆经理训之，经理大申斥伊等，余气方消。饭毕欲寝，游天偕潘经荪来，经荪见余失眠，精神不足，打针补之。晚七时李僧儒约在本旅馆楼下西餐部晚饭，游天作陪。饭后林经理来面约初九日饭。八时至春和演全本《得意缘》。戏毕刘叔度、汪剑农、沈长庚及沈女至后台访谈。沈云伊女意欲拜余为师，余不过敷衍而已。戏毕，回寓。甫全、堃芳、老五、游天、砚清亦至共饭。饭后稍谈，四钟始散，就寝。

辛未年九月初八日（1931年10月18日） 星期日 晴

下午一时起，潘经荪、沙游天均送素菜来。昨接北平郝锦川电话询问何日回平？余在春和演戏，诸友均有赠品。游天赠余郑苏龛（孝胥）书幅一件；陈仁先赠小中堂一幅为贺，漏之补记。午饭后，潘大夫经荪来打针；润峰来研究唱腔。四时至春和演《棋盘山》。戏毕回寓休息，晚饭。饭后张树林来谈，送余至春和。潘经荪至后台打针。九钟半全本《玉堂春》登场，一钟半戏毕，整演四小时，日夜两场，甚觉劳乏，苦不可言。嗟呼！同游天、堃芳、甫泉、老五等归寓，共饭。张寰如来询问余明日几钟回平？意欲送行。堃芳云，明日早车春生社全体回平。与诸友谈天至次日早七时，始散，就寝。

辛未年九月初九日（1931年10月19日） 星期一 晴

十钟，余尚未起床，仁先来电云送画一幅，命人去取。又欲寝，堃芳、甫泉、本拟明日动身，因恐应酬纠缠，故急启行。所有饭局均托游天代谢。下午一时偕堃芳至

《天风报》辞行，留饭。二时回到中原公司购物并取内子斗篷、大衣。三时回惠中旅馆整理行李，启程。四钟由天津乘车，七点半抵平。锦川来接，同至余寓，共饭。敬香。十一钟寝。

辛未年九月初十日（1931年10月20日） 星期二 晴

下午一钟起，三顺送行头来。接黄全生函，云不日来平；又接常姓借贷信。锦川来，索下期在吉祥出演戏码；堃芳亦至，云明日结天津在春和演戏账目。晚饭。今房东张姓增洋五元，自阳历二十日起。一钟方寝。

辛未年九月十一日（1931年10月21日） 星期三 晴

早十时起，在院内闲步。接任姓函，索画，为上海展览会之用；费叔迁娶子媳，亦索画一幅，均由胡师代笔，寄去。发天津友人谢信三十馀封。晚饭后与老五、树臣、及内子竹戏。并与堃芳、甫泉结天津春和演戏账目，因数目不符，名多实少，令其先将别项账算清再来结算，至天明五时半方寝。

辛未年九月十二日（1931年10月22日） 星期四 晴

下午三时逢春来，未起，未见。富禄、春彦、连孝、二内嫂先后来，促余起床。稍候，往佘家胡同父母处送天津戏份。父云伊同院有张姓、丁玉堂，久不付房租，逐令搬家，反各索搬家费，有欲招警拘留者，余以为不可。托逢春劝喻，反张、丁两姓洋十馀元而方搬家，可笑。七时回寓晚饭毕，与马、张、吴等手谈二钟始散。寝。

辛未年九月十三日（1931年10月23日） 星期五 晴

下午一钟起身，日前郭逋仙之母来借贷，今请余母来，借伊四十元，请余母送去。龚云甫今七十生辰，命人往庆丰堂送礼。内子二姐亦今日生，内子带两儿往贺。将七六八七五号慧字万国储蓄会托锦川折卖该会。润峰来，研究唱腔。晚饭、沐浴。树臣、富禄、老五等来博戏到天明，八时始散，即寝。

辛未年九月十四日（1931年10月24日） 星期六 晴 狂风日夜未息

下午三时方起，修容。敬老、堃芳来共饭。接张啸林函，托垫龚云甫寿礼及刘砚方娶子媳礼物。八钟阖家至吉祥。汽车行至前门洞内，因风势猛烈，司机生虽开足马力，还逗留三分钟方始逆风而行，迟迟前进，迨抵东安市场，顿觉寒透衣襟。霜降节日，何其一寒至此耶！《绣襦记》十二时完场。锦川来，索下期开明戏码而去。三时方寝。

辛未年九月十五日（1931年10月25日） 星期日 晴 风仍未住

下午一钟起，敬香。将和儿诸师月规杂项交小刘开付，并与堃芳结天津春和演剧账目。前于六月初四日借堃芳六百元，六月十四日借堃芳三百元，六月十三日借孟觐侯两千元，均于今日经堃芳手一律还清。戴朴生函索照片，并将伊照对换。敬余来云明日伊生辰，请余早饭。晚饭毕，阖家及堃芳、老五同到吉祥，演全本《英杰烈》。戏毕，回寓，点心。曾叔度来闲话，四钟始寝。

辛未年九月十六日（1931年10月26日） 星期一 晴

早十钟起至交通银行存款。狂风扑面。甚觉寒冷。又往父母处送吉祥两日戏份。并到尊元阁理发，归。今日贯大元父及陈敬余生辰，命人分路送礼。内子五姐来借贷并索锦衣。厨子张玉清辞活。老太太送两儿棉鞋来。沐浴，晚饭毕，与堃芳、老五说《四平山》戏中故事，十一钟散，就寝。

辛未年九月十七日（1931年10月27日） 星期二 晴 风

早六点带和儿、燕云至南城闲步，八时回，调（吊）嗓，午饭毕与敬余研究《白娘子》场子。因天冷，各屋安置洋炉。树臣、堃芳、老五、先后至竹戏。郝锦川亦加入至四时始散，就寝。

辛未年九月十八日（1931年10月28日） 星期三 晴

连日狂风不息，下午一钟起床，与敬余排《白娘子》。接上海、天津友人数函。三时，敬余往程艳秋家打戏去了。王琴轩来谈王树臣荐一厨子来。晚饭后与老五、树臣及内子打牌，三时始散，就寝。

辛未年九月十九日（1931年10月29日） 星期四 晴

早上十时起，午饭毕，与敬老、润峰研究《白娘子》。刘小卿来闲话。前张啸林托代送砚芳、云甫礼，今将两家谢帖寄去。晚饭毕，带和儿至开明观华慧麟演《御碑亭》。自慧麟外，大半春生（社）角色，观客亦多熟人。蕙芳面索花屏。戏未毕，和儿困倦，锦川车送余归，就寝。

辛未年九月二十日（1931年10月30日） 星期五 晴

下午一钟起。连日狂风今方止。与敬老排戏。刘砚芳[1]之子宗杨娶妻，送礼。树臣、堃芳来竹戏，四钟始寝。

辛未年九月二十一日（1931年10月31日） 星期六 晴

下午一钟起，与敬老排戏。接汪逢春、汪尚复、汪述曾帖约后日在五斗阁逢春宅饭。润峰来，研究《白娘子》唱腔。富禄、老五、堃芳来共饭。八时赴开明，演《百宝箱》。戏毕回寓，锦川亦至，索下期吉祥戏码。四时方寝。

辛未年九月二十二日（1931年11月1日） 星期日 晴

下午一时起，与敬老排《白娘子》。润峰、富禄来闲谈并研究新腔。晚饭。天津中原公司邓范吾，开设中原商业储蓄银行，托游天代送贺礼，今接谢。有王姓来函借贷，并有自书对联一副，因素不相识，原物寄还。八时至开明演全本《花田错》。戏毕偕树臣、富禄、贯大元、赵桐珊、吴堃芳、叶春荣同回余寓竹戏一夜，天明八时始散。就寝。

辛未年九月二十三日（1931年11月2日） 星期一 晴

下午一时起，与敬老排《白娘子》，午饭，刘小卿来，敬老向余索《凤凰台》总本。晚五钟带和儿至什锦花园访关伯珩，伊欲出门，立谈片刻。又往逢春处饭局。有十余人，皆熟友。饭毕手谈，至十二钟回寓就寝。

辛未年九月二十四日（1931年11月3日） 星期二 阴晴不定

早十钟起。接辅仁大学宿舍二百四十八号张益谦函，伊云有丁士修编制一剧，名《鸳鸯剑》，取材与《红楼梦》尤三姐自刎之事，伊欲将此剧本送余，即复函向伊索之。此函系敬老代笔，其大意乃云程艳秋已早有此剧本，因同业相关，暂时不能演唱。如艳秋不演，再排为是。复函后，敬老向闲谈，伊云程艳秋已早有此剧本，我们

1 京剧演员，工老生，为杨小楼之婿，并为杨小楼担任班社管事。

为同业义气，最好不唱。伊又云，明日往艳秋家询问，如果艳秋不唱你再唱。余只好诺之。予于此竟想起敬老对予常云，程艳秋自去年请伊帮忙编剧，并常云伊与程的情感特别融洽。窃忆予与伊相处已十馀年矣，自问对伊尚好，何以近来伊老表示不满？或者是予之待人有不妥处耶？否则一年交情反厚、十馀年交情倒薄吗？真令人莫解！再者还有一件事，近十几年来各方友人寄来的本子不少，真好，伊也说有毛病。究竟是伊眼光好，予的眼光差吗？这又是令人莫解。总之，交友二字难言矣！四时润峰来调（吊）嗓。树臣、老五、润峰与母亲竹戏。晚饭后锦川来，余因敬余复张益谦函不妥，面托锦川另复之。接什锦花园关伯珩星期四请柬，约在本宅晚饭。余随后加入竹戏。至天明十钟始散。

辛未年九月二十五日（1931年11月4日） 星期三 晴 风

……牌散后，乘树臣汽车，至骡马市购瓷器。下午一钟回寓。堃芳将余前二年所用马姓厨役荐回。午饭后与敬老研究新戏。昨风雨彻夜，今早七时方停。略觉寒冷。欲睡，小清、富禄、仲仁、堃芳前后来，留饭。饭后稍谈，八时寝。

辛未年九月二十六日（1931年11月5日） 星期四 阴晴不定 大风

大风，阴晴不定。十二钟起，发请客帖，请全堂场面饭。午饭后曾叔度来，云开明戏院欲要出售，向余商议可买否。余因手内空乏，推却。三时伊去，与敬老排戏。闻抄戏本老段先生云，昨夜风雨大作，余在梦境，不知也。润峰来调（吊）嗓。六时带和儿赴什锦花园伯珩饭局，有齐如山、黄秋岳、黎季裴、姚玉芙、梅兰芳、程艳秋在座。饭后略谈，玉芙乘余车到开明看慧麟戏，余回寓就寝。

辛未年九月二十七日（1931年11月6日） 星期五 晴

早十钟起，狂风扑面。昨夜梦遗一次，可笑。接张益谦函，云明日将《鸳鸯剑》剧本亲自送来。与敬老来共饭饭毕，与敬老排戏，并删改《得意缘》。和儿喉痛，请逢春诊之。与润峰、小卿研究唱腔。六时在寓请全堂场面便饭。堃芳、树臣、老五、锦川先后至。饭毕竹戏，二时始散，研究《白娘子》彩头，三时方寝。

辛未年九月二十八日（1931年11月7日） 星期六 晴

早十钟起，敬老、小卿同来共饭。饭后排戏。张益谦自带《鸳鸯剑》剧本来。伊云此剧系同学丁士修所编，特意相送，其情可感。朱桂芳长、次两女偕来，谈他家分拆事，许久而去。逢春来与看病。谈片时，伊去。堃芳、老五亦至，饭后阖家往吉祥，演《妒妇诀》。戏毕万少石到后台闲话。十二钟半回寓。老五与和儿笑说一时，点心。锦川亦来，索开明戏码。三时始寝。

辛未年九月二十九日（1931年11月8日） 星期日 晴

下午一时起，与敬老排戏、修容。四时天阴，逢春来为和儿诊病。余小睡，六钟起，与富禄、老五、堃芳打扑克。留饭，饭后说诙谐。八时阖家及伊等乘余车赴吉祥，十钟《庚娘》登场。十二钟回寓。天起狂风，树臣、富禄来云：今夜狂风，竹戏何方战？为散闷，战至天明九时始散。往交通银行存款，十一钟回寓。姜玉佩云，有一算命先生，年八十馀，家贫无衣，姜代伊索洋三元。贫人甚多，不过救一时之急而已。

辛未年九月三十日（1931年11月9日） 星期一 晴 狂风稍止

郎富润十月初二娶妻，送洋两元。十二时方寝。下午五钟刘玉竹、阎汉卿、李润峰来促余起身，为研究新戏《白娘子》，留伊等便饭。逢春云，天津日本买动流民，每人四十元代价，并发伊等军火，在内地扰乱治安，并大开枪火，射击人民，颇有死伤。天津已无形戒严。

十钟客散，就寝。

辛未年十月初一日（1931年11月10日） 星期二 晴

早十时起，和儿赴首善医院诊视喉症。敬香。午饭，逢春来诊病。谭幻霞来索照片。今日鬼节，命小刘往松柏庵，与亡兄及亡女侄坟墓前化纸。三时与玉竹、汉卿、敬老排《白娘子》。仲仁、老五同来留饭，饭后打扑克十二钟散，就寝。

辛未年十月初二日（1931年11月11日） 星期三 阴

中午起床，与敬老排《白娘子》。午饭后改《得意缘》。内了五姐来，晚逢春约余及敬老在致美斋共饭；逢春饮，大醉，为铺伙初姓诊脉。同车至王瑶卿家，逢春酒尚未醒，又为瑶卿诊脉。艳秋亦至。伊前曾将《尤三姐》剧本交余排演，当面致谢。伊自六月开办戏曲研究院，敬老亦为帮忙。余稍坐与逢春同归。堃芳、树臣先在寓竹戏，十一钟客散就寝。

辛未年十月初三日（1931年11月12日） 星期四 晴

十钟起在院内观自种菊花。尚觉茂盛可喜。与敬老排戏。闻树臣夫人今日生辰，命人送礼。接游天因伊闻余将购瀛寰饭店来函劝止，实无其事，复函证讹。先后与富禄、润峰、内子竹战。树臣等因戒严紧急，不便回家，竹战通宵，天明九时始散。锦川来云戒严紧急，夜戏不便，本星期六《棋盘山》、星期日《还珠吟》，上座甚佳，无奈时局关系回戏。开明戏院暂空一期；下期吉祥戏院补演，戏码另议。十一钟方寝。

辛未年十月初四日（1931年11月13日） 星期五 雨

下午一时，敬老来，促余起床，研究《红楼二尤》戏情。三时伊去，在院内赏雨观花。与内子五姐闲谈彩霞为人甚狡猾。又同两儿做儿童玩耍。晚饭逢春来为和儿诊视，富禄、老五亦至稍谈，伊等去，就寝。

辛未年十月初五日（1931年11月14日） 星期六 阴 微风

正午起床与敬老排《白娘子》。润峰来调（吊）嗓。和儿因病向伊诸师告假一星期。余欲往访张督办宗昌，命人约堃芳来同去。堃芳来云，今日孟觐侯请宗昌观程艳秋日戏，并约张饭，因此未去。锦川来云，时局不靖，下期演剧改日戏；仲仁、连孝同来。余在院用功，未晤。老五来，云今日晚八时戒严，不能回家，在门房住宿。九时寝。

辛未年十月初六日（1931年11月15日） 星期日 阴晴不定

早十钟起，带骧儿至尊元阁理发。午饭后同堃芳至铁狮子胡同访张宗昌[1]，大门用砖瓦填塞，从旁门出入。此门在东翦（剪）子巷，门极窄小，尚有门兵数人。入内见张，豪兴如昔；有王琦等数人在座，均其旧部。张云昨日孟觐侯约往中和看程艳秋剧，程本拟演《探母》，因伊不乐观，改《柳迎春》。戏毕，至西栈用饭。归时，沿途戒严，士兵盘问甚紧。若不知曾任大帅者，伊亦无可奈何，言之可笑。又到西栈访孟觐侯，闻伊云昨有人负大筒煤油往天桥，警士盘问，答言将往席棚放火；问放火何为，答云放火可以起事。警士即时捕获。世间竟有此呆人，亦奇！恐告者过也。接铁

1 张宗昌（1881～1932年），字效坤。山东掖县人，中华民国时期军事将领，奉系要人，1932年9月3日被山东省政府参议郑继成枪杀于津浦铁路济南车站。酷爱皮黄，长年组织京剧堂会，与四大名旦过从甚密。

道同人函，烦演全部《玉堂春》；又接游天来函，现已避居法界华达烟公司，阖家无恙。又有匿名信说怀白坏话；丁士修亦有函。均复。惟匿名信置之不理。胡师来，改画。逢春来为和儿看病。晚饭毕稍息，就寝。

辛未年十月初七日（1931年11月16日） 星期一 早阴 正午晴

七时起床，作画。敬老、富禄来，闲谈大局。与敬老、富禄、堃芳、内子手谈，八时客散。稍息即寝。

辛未年十月初八日（1931年11月17日） 星期二 大风竟日

大风至下午六时止。甚觉寒冷。冰水满地。早八时起与和儿在院内喊嗓。寒冷，滴水成冰。姜玉佩来，云今日甄洪奎[1]娶子媳，命人补礼。午饭后与敬老排戏。富禄、堃芳同来竹戏八圈。六时伊去，晚饭毕，余阖家沐浴，十钟睡。

辛未年十月初九日（1931年11月18日） 星期三 晴

早八钟起，与和儿在院内喊嗓。甚冷，滴水成冰，始有冬意。午饭后与敬老排戏。堃芳来，冒风同往开明，看《白娘子》彩头，拙笨可笑，不可理喻。王树臣亦至同回余寓。与富禄、老五、润峰、堃芳、树臣等竹戏，天明始散。八时始寝。

辛未年十月初十日（1931年11月19日） 星期四 晴

下午二时起床，改抄《元宵谜》剧本。与敬老排戏。马富禄来闲谈。晚饭后即寝。

辛未年十月十一日（1931年11月20日） 星期五 晴

十钟起床，调（吊）嗓，作画。王树臣命人来索鸦片烟。小陈来修理点（电）灯。晚饭后即寝。

辛未年十月十二日（1931年11月21日） 星期六 晴 和暖

早八时起，因戒严不能出门，在后院喊嗓。富禄、敬老、锦川、堃芳来留饭。因戒严改日戏。饭毕，同赴吉祥戏院，戏码为《棋盘山》。赵桐珊在中和与艳秋演《能仁寺》，到院稍晚，扮戏不及，马富禄自告奋勇，代垫头场。六时半阖家与富禄、敬老、堃芳等同车归，晚饭后博戏，九钟客散就寝。

---

1 京剧老生演员。

辛未年十月十三日（1931年11月22日） 星期日 阴

早七钟起，在院内喊嗓。敬老、富禄来。锦川将和、骧两记万国储蓄会会证折款带来，共上三年，每月合洋二十四元，现折三百九十元零四角二，先吃亏大半。二时半阖家及堃芳、富禄、敬老，往吉祥演《还珠吟》。六时半戏毕。面约仲仁、锦川、春彦、树臣、富禄、敬老、堃芳等吃涮羊肉。七时同归余寓，共饭，甚觉热闹。饭毕博戏至天明九时，客散。

辛未年十月十四日（1931年11月23日） 星期一 晴

小雪节。敬老来，改订《香罗带》戏词，重抄。命刘玉海往东交民巷中法银行取储蓄会证折款洋三百九十四元二角，开销下月日用账目。六时堃芳来同饭，饭后闲谈至九钟寝。

《香罗带》荀慧生饰林慧娘 张春彦饰唐通 赵桐珊饰丫鬟春莺

辛未年十月十五日（1931年11月24日） 星期二 雪

昨日小雪节，今日即雪花飞舞，足见历法之验。早八钟起，敬香毕，在院冒雪喊嗓。郎富润来调（吊）嗓。下午与富禄、堃芳、敬老说古人事迹。三时半竹戏至八时始散，十一钟寝。

辛未年十月十六日（1931年11月25日） 星期三 晴 风

十一钟起，与敬老研究戏意，并改《丹青引》，发抄。富禄来，伊打电话约树臣打牌。郑子褒、叶庸方、张荣奎同来，谈上海市面不佳，并云为收音来平，住中央饭店。略谈片时。逢春在致美斋为庞敦敏南下饯行，电约余作陪，因同出门，余到饭局，座有二十馀人。饮酒半醉。鸿友、希颜、侬先、介柏拉余冶游。余面约伊等星期五在寓晚饭，亦为敦敏践行。同归。介柏在车大吐，拉车人口出怨言，伊怒大骂。情状看笑。余出洋四角，付拉车人。挥之去。富禄、树臣等未散坐，观醉人谈话亦甚有趣。鸿友借去唱片十三张，十二钟客散。于姓佣妇，因分家辞活，另雇一赵姓上工。一时寝。

辛未年十月十七日（1931年11月26日） 星期四 晴

早十钟起床，敦敏电约和儿，早饭命伊带礼前往。农先云王琴农迁居在伊隔壁，命佣人送礼。各学校来函，嘱演《玉堂春》《鱼藻宫》；复函先演《鱼藻宫》，后演《玉堂春》。《菊痕画报》谭幻霞来索报料，即由敬老当面撰付。胡师来，改画。润峰、富禄、树臣先后至闲谈。郭际湘云坤角难教，多有怄气之事，余劝解之。六钟与润峰、富禄、树臣手谈。富禄夫人及堃芳亦至，共饭。饭后仍手谈，十一钟方散。就寝。

辛未年十月十八日（1931年11月27日） 星期五 阴

早九时起往尊元阁理发。归接尚小云帖，二十日其母挂匾，系刘髯公、沙游天、张寰如、戴正一、彭秀康、万子和、赵砚香、王琴农、周瑞安、郝锦川发起。昨琴农来，因伊移居送礼故也。修容。敬老来，共饭，改正戏词。饭毕题名，由许季湘作小序。列名者：庞敦敏、汪希颜、王琴农、陈介柏、汪逢春、陈敬如、许鸿友等。约而未至者为缪子受，因戒严。题毕即散，方八时也。与富禄、树臣、堃芳等闲谈一小时。十钟半寝。

辛未年十月十九日（1931年11月28日） 星期六 晴

早十钟起，作画，午饭后偕敬老、堃芳及阖家至吉祥，四时登场，演《丹青引》，敦敏差人来索当场所作之画。因伊南下留为纪念。戏毕至包厢看评戏半出，剧名《吴家花园》，关目不出儿女私情。一小旦，一小生，唱多白少，并有“大夹袄”俚句。八时归，晚饭，稍息即寝。

辛未年十月二十日（1931年11月29日） 星期日 晴

早十时起，调（吊）嗓，作画，午饭后偕敬老往尚小云家，贺其母挂匾。归。接内子、两儿到吉祥，先与大元演《汾河湾》，第二彦衡演《牛头山》，大轴与富禄、仲仁、连孝、桂花合演《文章会》。六钟戏毕。与堃芳、敬老及余阖家回寓。饭毕，富禄亦至竹戏通宵。天明九时始散，伊等各自回家。

辛未年十月二十一日（1931年11月30日） 星期一 阴

与艳云改《绣襦记》戏词，未完，倦甚，卧。下午三时起。胡师来，改画。晚约叶庸方、郑子褒、张荣奎、陈敬如、曹连孝、马富禄等便饭。曾叔度来言，开明戏院将出售，欲余作买主；因手续太杂，未即诺。九时半客散就寝。

辛未年十月二十二日（1931年12月1日） 星期二 阴

十一钟起，作画，与敬老谈后台前辈情形，午饭后研究新戏。甫泉、堃芳同来，索下期戏码。润峰来调（吊）嗓。内子二姐带伊孙女来闲谈。晚饭毕与富禄、堃芳、润峰竹戏，十一钟散。

辛未年十月二十三日（1931年12月2日） 星期三 晴

十钟起，接李寿山帖，本日在宾宴春娶孙媳。冯惠林二十六日娶儿媳，亦有帖来。敬老来共饭。作画。富禄、老五同至闲谈。杨怀璞丧母，送缎幛作奠礼，命人邮寄。下午四时与富禄堃芳等竹戏十二圈。因富禄有事，伊去，又约堃芳接竹戏至天明，七时始散，阖家沐浴，十钟方寝。

辛未年十月二十四日（1931年12月3日） 星期四 晴

下午三时起，与敬老删改《柳如是》戏词穿插。饭毕，作画。晚饭后与堃芳闲谈购房事。游天天津来电，云伊手中不便，向余借洋二百元。余因购房不久，要用钱，因此未借。十钟寝。

辛未年十月二十五日（1931年12月4日） 星期五 晴

早九时起，同敬老研究《柳如是》。熊伯寅来函，谢索画事。接林乐夫烦演戏函。抗日会来募捐。晚树臣带来鸿庆裕银号活期存款折，预备将来存零钱款之用。富禄、堃芳同来共饭，闲谈。十一钟半客散，就寝。

辛未年十月二十六日（1931年12月5日） 星期六 晴

十一钟起，复游天借款函。冯惠林娶儿媳，送礼。下午二时阖家往吉祥，演《鱼藻宫》，六时半戏毕。树臣、堃芳、敬老及阖家回寓。树臣介绍存款银号住（地）址，鲜鱼口内长巷三条胡同南口内路东第一门。共晚饭，饭毕竹戏八圈。十二钟客散。就寝。

辛未年十月二十七日（1931年12月6日） 星期日 阴 微雪

十一钟起床，作画。与敬老删改《双姣缘》。同饭。二时阖家到吉祥演出《荀灌娘》，四钟半登场，六时一刻戏毕。偕树臣、富禄、堃芳、敬老及余阖家归寓共饭，饭毕手谈十一钟散，寝。

辛未年十月二十八日（1931年12月7日） 星期一 阴

早十钟起床，作画。敬老来，同饭。饭后偕树臣到鲜鱼口内长巷三条鸿庆裕银号存款，归。农先偕数友来访，当面约饭。因堃芳接洽张栋臣卖房未去，先是椿树上三条房契缴税补税，无日无纠葛。回寓后晚饭毕与富禄、树臣、堃芳手谈，十钟始散，就寝。

辛未年十月二十九日（1931年12月8日） 星期二 晴

昨夜大雪，十钟起。今日大雪节气。午饭与敬老闲谈，作画。胡师送余明年月份牌两份。四时阖家往吉祥，观叶春荣搭桌戏，均男女票友。与郝锦川、吴堃芳、马富禄计议，本星期命令香在吉祥试演，戏码为《女起解》《戏凤》，系富禄主张。六钟半归，晚饭后堃芳言三条房契已有办法，十二时伊去，就寝。

辛未年十一月初一日（1931年12月9日） 星期三 晴

早九时富禄来促余起床，谈令香演戏事，在院中为令香排戏。郎富润来调（吊）

嗓。作画。接贯紫林、雷喜福帖，均于十一日娶儿媳。贯在宾宴春，雷在同兴堂。曾叔度来，谈卖开明事，托余觅买主。魏翠痕亦至，面谈要拜余为师；余因不知伊为人详细，辞去。润峰来调（吊）嗓。并与和儿排《女起解》。敬香毕，晚饭，稍息即寝。

辛未年十一月初二日（1931年12月10日） 星期四 阴

早七点起，在院中与和儿排《戏凤》《起解》双出。天甚冷，大有冬意。作画，调（吊）嗓。敬老来，同饭，改《柳如是》。刘玉竹及朱桂芳二女来。朱女谈伊分家事。树臣、堃芳来，夜间大雪，今年此为初次，遍地白如碎玉。余性喜玩雪，觉目中清亮，爽心之至。十时客散就寝。

辛未年十一月初三日（1931年12月11日） 星期五 风沙蔽天

早十钟起，敬老来。伊近来多不合余意，余因面诘，其不辨亲疏，伊认错无词。饭后为令香排戏。母亲同院贺顺琴虐待侍女，因与众商议救济之法。饭毕，阖家沐浴，修容，十一钟寝。

辛未年十一月初四日（1931年12月12日） 星期六 大风彻夜

早十钟堃芳来促余起床。伊向不早起，因有戏破例。余笑云谁不图利？谁早起者？伊面无怍容。饭后敬老、堃芳、连第同和儿先赴吉祥，余阖家及锦川后往，入门和儿已扮戏，四钟登场，演《女起解》，舆论不恶。此戏毕，《埋香幻》登台，六时半戏毕，归。仍和儿先行。与逢春、鸿友同车。今日冷甚，剧中有单衣数幕，几至冻僵。留逢春、鸿友晚饭。陈农先、徐勉甫来面约明日戏毕在东安市场晚饭。勉甫索照片两张。逢春为内子诊病。十钟散，就寝。

辛未年十一月初五日（1931年12月13日） 星期日 晴 稍暖

早八时起，在院内与和儿排戏。富润来调（吊）嗓。敬老来，共饭。郭际湘、高连第带和儿赴吉祥，阖家随后去。四钟和儿登场，与贯大元演《戏凤》，成绩似较昨日为佳。余已扮好，在后台观伊演唱。《戏凤》毕《钗头凤》登场，演至哀切之处，观客有用茶杯盛泪者。际湘云，久欲观此剧，今日见之，果佳极。戏毕陈依先介绍一友，在东兴楼约饭，曾言其姓名，余性健忘，竟不记忆，又不能再问，只可俟之他日。余约高、郭两师、敬老、后台各角并场面在东来顺晚酌，由堃芳代做主人，加入锦川，余之阖家亦往，座数十人，甚觉热闹。九时归，与王树臣、马富禄、吴堃芳代做主人竹戏一夜，天明八钟客散，就寝。

辛未年十一月初六日（1931年12月14日） 星期一 阴晴不定

余闻敬老来，即起，则已去。余恍然大悟，今日是程艳秋会期，伊所以不久留。改《荆钗记》戏词。成衣阿堂自津来，谈津事甚悉。伊代人作斗篷一件，不如日式，欲卖于内子，索价甚昂。余挥之去。六时敬老又来。据云，早间恐扰余眠，故行。余笑而颔首。陈依先、许季香、徐勉甫来，始知昨日主人为溥修，字仲业，住吉兆胡同东头。畅谈至十二钟散，就寝。

辛未年十一月初七日（1931年12月15日） 星期二 大风蔽天

早八时起，作画。敬老来，加工作剧，乃余一激之力也。晚饭毕，与老五、锦川、堃芳等打扑克十二时始散。锦川云，十一、十二，尚小云演唱；余推下一期。十二时半寝。

辛未年十一月初八日（1931年12月16日） 星期三 晴 仍风

早十钟起，午饭，早内子带两儿往桂芳家，询问伊分家情形；余与敬老研究新戏。与富禄、堃芳、树臣及内子竹戏十二时散，寝。

辛未年十一月初九日（1931年12月17日） 星期四 晴

早十时起，作画。与敬老研究《红楼二尤》，前半出已脱稿。晚与树臣、连孝闲谈，十时寝。

辛未年十一月初十日（1931年12月18日） 星期五 晴

早八时起，作画。敬老来共饭。阖家沐浴。王琴农来，接洽天津北洋戏院演戏数日，未允。与富禄闲谈至二钟始散，即寝。

辛未年十一月十一日（1931年12月19日） 星期六 晴

早十钟起，敬老来午饭，至宾宴春、同兴堂，贺贯大元、雷喜福两家娶儿媳妇之喜。又往中和园与艳秋面谈，托伊教诲和儿。伊即允诺，订择日拜师，伊喜形于色。叶庸方自津来，在后台云伊现办长城公司，要求余等灌片，并云张啸林、李徵五不日来平。内子在宾宴春亲往接伊回家。富禄先在寓，连孝后至，何卓然、张春彦、金仲仁同来竹戏。锦川来索戏码，二钟客散，就寝。

辛未年十一月十二日（1931年12月20日） 星期日 晴

十一钟起，与敬老闲谈。晚饭毕游天由天津来，谈伊此次在津经过恐怖情形。二钟始寝。

辛未年十一月十三日（1931年12月21日） 星期一 晴

早十钟起身，与敬老、游天闲话。晚富禄、堃芳先后至，同手谈，八时牌散共饭。徐勉甫电约致美斋晚饭，因事未去。二钟半寝。

辛未年十一月十四日（1931年12月22日） 星期二 昨夜大雪至今下午四时始止

十二钟半起床，与敬老、游天共饭。与富禄、游天、堃芳等竹戏。敦敏电告，伊与俞叶封由沪来平，俞住镇江胡同内船板胡同五号刘宝根宅，约余往谈。六时至刘宅，俞叶封面交李徵五、张啸林、杜月笙三君函，为长城唱片公司灌取话片事。谈毕，偕宝根、叶封并王姓至锡拉胡同内玉华台饭馆便饭。九时回寓。竹戏未散，余又加入八圈，十二钟客散。郑子褒日间来，接洽长城唱片事。一钟寝。

辛未年十一月十五日（1931年12月23日） 冬至 星期三 晴

早九时起，开付日用。接舍予函，问高亭前灌《埋香幻》戏词，即复。薛卧云来函，赠花卉一幅，上题诗，又用“一朵能行白牡丹”句，余所收书画用此语者，不知凡几，若古人专留以备抄袭者也。并寄纸索余画。与敬老研究新戏。逢春来为内子诊病。庞敦敏电约在春华楼晚饭，因请海上俞叶封等，约余作陪，七时往，九时客始齐。余家约王树臣、沙游天、汪逢春等吃涮羊肉，余未终席即归。同堃芳、树臣、游天竹戏一夜，天明八钟始散。

辛未年十一月十六日（1931年12月24日） 星期四 晴

牌散就寝。敬老来，候至下午三时余方起。伊无所事事，竟将《红楼二尤》初稿告成。同饭。润峰来调（吊）嗓。春彦来，对《柳如是》。晚至利通饭店访李子铎，未晤；又至小云处，未见而归。用饭毕，改《柳如是》说明书。托游天致函叶封、庸方、子褒等明日吉祥看戏、东兴楼吃饭。十一钟寝。

辛未年十一月十七日（1931年12月25日） 星期五 晴

早十时起，与敬老、游天共饭。下午三时，王琴农来，接洽天津北洋演戏事。农先、富禄、堃芳先后至竹戏。曹连孝来，说《柳如是》。七时，郝锦川电约余阖家及游天、堃芳往灯市口看伊新造瀛寰大戏院，构造尚精。车送富禄往张宗昌处。锦川约玉华台饭，饭毕归寓，稍息即寝。

辛未年十一月十八日（1931年12月26日） 星期六 阴

下午一时起，敬老、游天来，同午饭。二时，阖家及游、敬、堃等同赴吉祥，演《柳如是》。请俞叶封、刘宝根、叶庸方、郑子褒、庞敦敏、沙游天看戏。戏毕同赴东兴楼，余做主人，召妓素娟、美秋等侑酒，谈唱甚欢。席散俞等先行，余偕游天、庸方至欧美同学会观言菊朋、郭仲衡等收音。即归。堃芳先在寓候，谈购椿树三条房手续。十二钟寝。

辛未年十一月十九日（1931年12月27日） 星期日 阴

早十钟起，微雪。敬老、游天、富禄、堃芳等午饭后，抄戏本。段姓春荣云椿树三条新房门贴布告似有关碍。与敬老、游天、堃芳带和儿同车往观方知是旧日所贴，房已归官，拍卖，张栋臣已售于余，旧契无效。至吉祥，四时登场，演《东吴女丈夫》。下期移在灯市口瀛寰大戏院演唱，戏码订《元宵谜》《白娘子》。因该馆新开市，余之《白娘子》亦开幕也。遍身酸痛，在后台饮白兰地四杯。戏毕回寓。游天先往长安饭店。庸方邀伊及郭仲衡同到余处，袖出海上张、杜、黄三位先生信，嘱余灌长城公司戏片。因三人交谊，价值当较从廉，订下两期。二在欧美同学会灌唱片。庸方闻星期五和儿拜艳秋为师，邀求作陪，并收和儿为义子。游天意欲在长城灌唱片，庸方不许，云何必遗臭万年！游天长跪哀求；余笑云，游天自愿如此，君何必作难。庸方始允。十二时伊等同往冶游，富禄来闲谈至二时始散，就寝。

辛未年十一月二十日（1931年12月28日） 星期一 早雪

八时起，作画，调（吊）嗓。游天至今未归。伊住余处不知已回津否？天至下午，方有日色。胡师来，改画。画债还偿大半，外埠均已寄去。游天尚未回津。来云昨宿长安饭店，四时带两儿至尊元阁理发，归。余阖家沐浴。庸方帖约明日下午六时镇江胡同五号刘宅晚饭。接梅兰芳、余叔岩有关北平国剧学会成立、星期四约晚饭帖，会址在虎坊桥四十五号。与树臣、堃芳、游天共饭，八钟，游天回天津。饭后手谈，十一钟半寝。

辛未年十一月二十一日（1931年12月29日） 星期二 晴

十钟起，午饭。润峰、小卿同来，堃芳与伊等接洽灌片事。晚至刘宅。庸方、叶封饭局，为长城公司接洽各角。平角皆至，并有坤伶数人。张效坤在座，问余累约不往之故，答以未见帖。张幕友李姓在侧，语多含糊，众疑其中作怪也。九时回寓与树臣、堃芳、富禄及内子竹戏，天明八时始散就寝。

辛未年十一月二十二日（1931年12月30日） 星期三 晴

下午一钟起，锦川来索大照片，瀛寰戏院开幕以壮门面。梅兰芳亦来索照片，登报宣传。晚与各脚排戏。马富禄、金仲仁、张春彦，被王松龄约往两益轩吃饭，九钟始徐徐而来，众皆久候；富禄反与小卿寻衅，小卿认错方息。艳秋电约赴徐凌霄家，因排戏未去。兰芳亦电约明日早到，云有要言。一钟寝。

辛未年十一月二十三日（1931年12月31日） 星期四 晴

十二钟起，与敬老共饭。闲谈。下午三时，堃芳来云椿树三条房拍卖照已由法院发给张栋臣，登记手续亦办理完全，只未税契。张借余洋一千五百元正做税契之用，并将拍卖照带来过目。余即拨款交堃芳并原照带去。晚赴兰芳、叔岩之约，座多同业，素皆戏谑，竟将茶杯缚于傅芸子之身。留余拍照，余因有事辞回。桐珊、连孝先在寓谈，富禄、仲仁、春彦昨排戏未来；富禄今日又将脚本退还，数年交谊竟至如此，可发一叹！许季香饭局，未去。今是其生辰，命和儿往贺。十钟偕堃芳至瀛寰，看《白娘子》彩头，正值破台，少待方入看。十一钟送堃芳到开明，催仲仁排戏。余归。中华戏曲专科学校函聘余为戏曲改良委员会委员。仲仁、堃芳同来。仲仁极力为富禄说项，并乞堃芳明日同伊往召富禄，余念旧交，允许。二钟寝。

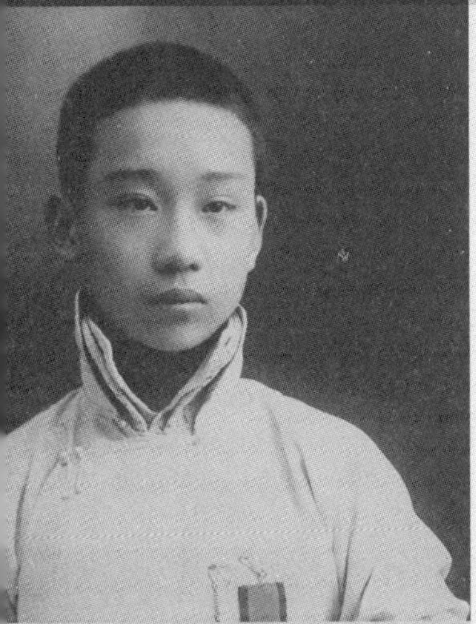

一九三二年

1932年

辛未年十一月二十四日（1932年1月1日） 星期五 晴

排《白娘子》。润峰吊嗓。修容。五时敬老先往丰泽园，代余招待宾客。余率和儿至程砚秋家，拜伊母及其夫人，同车至丰泽园。王泊生、刘晓桑、徐凌霄、曹心泉、张体道、金仲荪、邵茗生陆续至；叶庸方、王瑶卿未到。在别室行师生礼，心泉、敬老为宾，砚秋赐和儿衣料，各宾朋均有贺联。和儿面呈贽敬入席拍照，众各致贺词。砚秋、凌霄面约手谈，先将和儿送回，后徐宅手谈八圈，仲荪、泊生亦在。一钟归。富禄竟随堃芳、桐珊、仲仁来寓；松龄亦来，为富禄和解。余一笑而罢。排《白娘子》。三时寝。今系阳历元旦。

荀令文拜师程砚秋

辛未年十一月二十五日（1932年1月2日） 星期六 晴

正午起身，饭后阖家至瀛寰戏院，演开幕戏《元宵谜》，上座甚好。七时归。桐珊、富禄、仲仁来说戏。大风说戏打扑克，三时始寝。

辛未年十一月二十六日（1932年1月3日）　星期日　晴

敬老、堃芳来共饭。二钟阖家及敬老同至瀛寰戏院，初演《白娘子》。此剧宣传将近两载，始纯熟演唱。昨日兰芳在开明演《金山寺》；夜小云即在瀛寰演全部《雷峰塔》。今上座满堂，购票不得去者甚众，颇出意外。余不无戒心，登台格外留神，幸无小错，唱戏真不容易。并请俞叶封、郑子褒、叶庸方等看戏。七时偕树臣、富禄、堃芳回寓共饭，竹戏八圈。十二钟客散就寝。

辛未年十一月二十七日（1932年1月4日）　星期一　晴

早十钟起，电召鸿庆裕银号黄姓来收余存款。张荣奎、郑子褒、叶庸方来，接洽明日灌片事，留饭。接俞叶封帖，约明日在丰泽园午饭。场面来研究长城灌片时刻。富禄、老五、多寿、同来闲谈。晚饭后稍息十钟客散，寝。

辛未年十一月二十八日（1932年1月5日）　星期二　晴

下午一钟起，赴丰泽园俞叶封饭局，有砚秋、小云、兰芳、子褒等在座，意在要求灌《四五花洞》，未议决。三时回寓。与全堂场面研究灌片时刻。八时庸方、子褒、荣奎来，接往欧美同学会灌唱：《白娘子·断桥》（〔蛮牌令〕〔二六〕）《一丈青·哭尸·灵堂》《辛安驿》（〔南梆子〕）和《闹学》（头段），共一张；《贩马记·哭墓》（〔西皮〕）《诉情》（〔吹腔〕）《庚娘·洞房》《玉堂春·嫖院·公堂》，共六张。游天自天津来，灌唱《镇潭州》。周復生日间来三出三入，疑余移居似有神经病，可发一笑。富润因天晚宿后院，四时方寝。

1932年首版发行《四五花洞》唱片说明

辛未年十一月二十九日（1932年1月6日）　星期三 晴 大风仍未止

早十钟起，与敬老研究《红楼二尤》。程御霜电云，命人来索照片。游天来，林醉陶函索照片并各新剧说明书。接金仲荪、焦承志、林素珊、王瑶卿、刘晓桑、徐凌霄、陈敬余、曹心泉、玉生、邵锐、张敬明诸君函，定十二月初三日在二龙路贵门关十八号仲荪家为程御霜往西欧饯行，约余作陪。中国青年舍身抗日团三人来，捐钱。今日小寒，狂风蔽日，富禄、树臣、堃芳先后至同竹戏，十二钟客散，就寝。

辛未年十一月三十日（1932年1月7日）　星期四 日晴 连日大风未息

下午一钟起床，敬老云，砚秋命令香早十钟往伊宅，开课。令香依时前往，适砚秋另有他局，未授课而返。春彦、富禄、树臣、堃芳先后至同竹戏，晚饭毕，郑子褒送长城公司灌片钱来，洋四千五百元整，稍谈伊去，仍竹戏。将支票交堃芳，命伊明早到交通银行去取，一时客散，寝。

辛未年十二月初一日（1932年1月8日）　星期五 晴 微风

早九点起床，往树臣家，代张啸林至翠花胡同看房，不合用，作罢。又到长安饭店访俞叶封、叶庸方、张荣奎、郑子褒，均未起床，未晤，归寓。堃芳来取灌片洋，即开付场面伙计等。命玉海陪和儿至砚秋家，授《骂殿》。富禄来，还伊借款一千元。与游天、富禄、树臣、堃芳等同竹戏，琴农来约饭，辞谢。游天带和儿赴春华楼，復生亦至余家，十二钟牌散。焚香，欲寝时，锦川来闲谈鬼神因果报应之事，甚畅。点心毕，二钟客去，即寝。

辛未年十二月初二日（1932年1月9日）　星期六 晴

十二钟半起床，与游天、敬老共饭。下午三时俞叶封、郑子褒同来，面约下星期一六时灌《四五花洞》，余与梅、程、尚各唱一句，稍谈即去。七时阖家赴开明，演夜戏《飘零泪》。戏毕回寓，点心。

辛未年十二月初三日（1932年1月10日）　星期日 晴

下午一钟起床，与富禄、游天闲谈。郭逋仙之子来预祝余寿。昨石焕如来大谈天下事。五时赴仲荪家饭局，为公饯御霜游欧。砚秋与徐凌霄合唱《走雪山》，余与刘晓桑合唱《坐楼》，并合影纪念。余先辞归。晚饭后至开明演《荆钗记》。戏毕回寓。

1932年1月上海长城公司在北京灌制四大名旦合作的四五花洞唱片后留影

点心，稍息，二钟始寝。

辛未年十二月初四日（1932年1月11日） 星期一 黄沙蔽日

正午起床。接郑子褒函，云今日下午六时灌《四五花洞》。孙冠宇来言，后门外有某宅拍卖旧物，约余择日参观。锦川来言，电本期华乐《盘丝洞》宜改星期六演唱云云。梨园公会为程砚秋饯行，约余作陪，未去。发各埠贺年片。王松龄来云前数日生一子，求余资助。富禄、桐君同来，接洽天津北洋戏院演戏事，推明正初十左右往演。六时偕游天、堃芳到欧美同学会，与兰芳、砚秋、小云合灌《四五花洞》。每人各唱一句，梅首句，尚次之，余唱三句，程居末。“十三嗨”四人合唱，唱毕留影二帧。送杂费洋五百元。俞叶封在满春院请客，约余代做主人。钱芥尘、江干亭等均由海上来，席上相逢。十钟叶封始至。余偕游天辞归。与堃芳开销灌《四五花洞》场面杂项钱。十二钟寝。

辛未年十二月初五日（1932年1月12日）　星期二　晴

早十钟起。今日余生辰，诸亲友皆来祝贺。叫相声、杂耍、戏法、双簧娱客；小云、慧宝写字为祝。叶庸方来，谈组织唱片公司事，并向余借支票五千元整，言明新年一月十六日归还。晚饭后扑克、麻将，通宵达旦，甚热闹，次日正午始散。

辛未年十二月初六日（1932年1月13日）　星期三　晴

命人送砚秋银盾一座，伊今下午四时起程赴欧，送此以作纪念。吴铁庵在丰泽园结婚，偕游天带和儿往贺，稍坐。与瑶卿同至高碑胡同程家送行。关伯珩在彼，送余图章一枚，以补昨日寿物。周华章、叶庸方拍照电影，由动身至车站，沿途宾友欢送，梨园公益会、中华戏剧学校持旗簇拥，及砚秋与众握手言别之状均行摄入。李石曾等均先在站，约千馀人，盛极一时。华章又为余父子摄影。四时半开车。同游天、和儿到东方饭店访钱芥尘，江干亭已赴沪，未晤。又至长安饭店，入门时遇刘晓桑及其两弟。叶封又搬回刘宅，偕庸方房间。晓桑大谈戏情。汽车先将和儿送寓，余与游天赴宝赓家，敦敏做东，座有邓辉芝、陈受之、屈四爷、黄旭东、俞叶封等。恩晓峰、小兰英，在其内宅闲谈许久。召乐珠、香妃侑酒。八时辞归。十一钟寝。

辛未年十二月初七日（1932年1月14日）　星期四　晴

谭幻霞、黄豁公同来。余起床。伊等志在借钱，婉词谢绝。与敬老、游天午饭。今日小云生辰，命送礼；四时偕游天、敬余往小云处贺寿。锦川、伯珩、林五等先在。伊家饭后赴莳花馆星宝处俞叶封之约，杨小楼、陈宜荪[1]、陈受之、邓辉芝、刘宝赓、屈四爷、黄旭东、王姓，均在座。召妓侑酒，甚觉热闹。饭毕回寓，与锦川、游天及内子打扑克，十二钟始寝，一时半方寝。

辛未年十二月初八日（1932年1月15日）　星期五　阴晴不定

今日腊八节，敬香。昨晚堃芳带来孟觐侯补送寿席票两桌，林五送字画一幅。接常玉清聘女帖，函托舍予代送四元。五时李子铎偕其三友来，在西厅竹戏。为老五、彩云、玉庚抽头，助伊等年关之用。马富禄、王树臣、沙游天、吴堃芳等先后来，亦竹戏。晚饭毕刘小桑、张体道、陈敬余同来，闲谈，稍坐即去。李子铎、王树臣等诸友

1 天津明星大戏院创办人。

因时局紧急，夜临时戒严，在余处竹戏一夜，天明十钟各散，就寝。

辛未年十二月初九日（1932年1月16日） 星期六 晴

偕游天至刘宝赓家，约叶封到无量大人胡同，代张啸林师看房，伊因灌片事忙，未去。余与游天同往，房约六七十间，甚觉宽阔。游天约至华乐看戏，叶封等及余全家均来。庆奎、寿臣演《战长沙》，又与桐珊、富禄演《翠屏山》，“酒楼”一场系彦衡。除“吵家”庆奎唱乱弹，全剧秦腔，甚热闹。寿臣之杨雄亦滑稽可笑。戏毕，沈丽水、郝锦川、万子和面约余阖家饭，辞谢未去。偕游天归寓共饭。富禄、堃芳、老五、先后来打扑克，天明九钟始散，即寝。

辛未年十二月初十日（1932年1月17日） 星期日 晴

下午五钟起，敬老来，补写日记。发北平友人贺年片。寿臣约余及游天观戏并饭局，托游天代往。接上海大舞台黄全生电报，邀余明正南下，复电辞谢不往。又接刘小桑请帖，约余星期一下午五时在西长安街芳湖春饭，帖中同席为王泊生、王瑶卿、沙大风、邵茗生、杜颖陶、金仲荪、徐凌霄、陈敬余、张体道、曹心泉、焦菊隐、郑子褒等。伯珩来电，约十三日在伊本宅饭，为余补寿。十一钟客散，二时始寝。

辛未年十二月十一日（1932年1月18日） 星期一 晴

早十钟起床，调（吊）嗓。陈受之来电话，云庸方借去交通支票今日来取，付不付云云。下午午三时身体困倦小睡。富禄、彩云亦至。余送伊过年洋三十五元。六时偕游天至芳湖春赴刘小桑饭局，伊所请宾客均至。又往长安饭店一号访李徵五，子褒亦在。略谈海上时局情形。九时回寓。仲仁、松龄云吉祥戏院伊二人接手，约余腊月二十二日演唱。又与富禄、老五、堃芳等打扑克，负洋七十余元，三时始散，即寝。

辛未年十二月十二日（1932年1月19日） 星期二 晴

早十一钟起床，与敬老念《红楼二尤》戏词。二时同游天至宝赓家。叶封因庸方长城公司灌片事不公，大骂之下，子褒、砚芳在彼劝解。伊询问庸方前数日向余借去交通五千元支票内容，余详细说明庸方借款情形。约叶封、子褒、游天同往无量大人胡同看三十六号房。又送子褒、游天到长安饭店看徵五，稍谈即归。又至长巷三条鸿庆裕银号，代内子存款。五时回家，堃芳、富禄、桐珊先在，面约余演戏一日，为徐德增及前后台头目、管事人等年关紧急、财政困难求余帮忙，允之。留饭，饭后打扑克，仲仁、復生后至，亦加入博戏，天明九时始散，客去就寝。

辛未年十二月十三日（1932年1月20日） 星期三 晴

下午二时起床，往交通银行存款。刘小桑之弟持函来借头面、戏衣。树臣来，王松龄送药给游天，托在天津代卖。晚八钟游天赴津。六时带和儿赴关伯珩饭局，有王总长、梅兰芳、冯幼伟、徐兰沅、姚玉芙、黄秋岳、齐如山、岳乾斋等在座。饭后车送王少卿回伊家，余归。叶封日内南下，余嘱咐堃芳代买礼物，今已买来。十一钟寝。

辛未年十二月十四日（1932年1月21日） 星期四 晴

十钟起，冒风带两儿至尊元阁理发，灰尘扑面，十一钟归。与敬老闲话，昨乾斋面约余今晚在伊宅饭。接叶、梅函询问北平情形，即复。庞敦敏函约明日丰泽园午饭，修容、沐浴。五时偕堃芳至西栈孟觐侯处，因余生辰伊送礼，今往道谢。亲到刘宅送叶封并张师礼物；又赴岳乾斋饭局，座皆昨日关宅之客。八时回寓，与堃芳、锦川闲谈，二钟始寝。

辛未年十二月十五日（1932年1月22日） 星期五 晴

早十钟起，调（吊）嗓，开销日用杂费。敬香。敦敏午饭局，二钟未催请，电询丰泽园，答主人未至。余因未去。念《红楼二尤》，改《飘零泪》，研究排《紫玉钗》。与富禄、树臣、堃芳竹戏。十一钟牌散，松龄来闲谈，同点心。项鼎新偕其友来，未晤。一钟寝。

辛未年十二月十六日（1932年1月23日） 星期六 晴阴不定

下午一钟起身，与敬老、堃芳共饭。刘晓桑送游天照片。托余代寄。三时阖家到华乐园，演《香罗带》。请李徵五看戏。七时半回寓。赵桐珊、金仲仁、马富禄同来，云徐德增家中甚苦，约余“搭桌”一日，情不可却，允之。饭后手谈一钟，客散寝。

辛未年十二月十七日（1932年1月24日） 星期日 晴

下午一钟起床，今日扫房舍。午饭毕，胡师来，谈金仲仁接办吉祥戏院，约余演封台戏，择定二十三、二十四两日，戏码为《白娘子》，二日《辛安驿》，反串《白水滩》，饰十一郎。四时阖家至华乐园，演《盘丝洞》后，随树臣回寓。饭毕与树臣、堃芳、富禄手谈，一钟始散，即寝。

辛未年十二月十八日（1932年1月25日） 星期一 晴

早十钟起床，在院内闲步。金仲仁、王松龄、吴堃芳先后来，谈公益会开会演戏事，并定今年封箱戏码，至十一钟客散。余戒烟一年有馀，今日身体不爽，吸烟一口，二时方寝。

辛未年十二月十九日（1932年1月26日） 星期二 晴 风

正午起床，郭际湘亲来告病假。与敬老改《荀灌娘》。昨日朱桂芳夫人来闲谈。五时润峰来调（吊）嗓。晚饭后与内子煮烟，堃芳来云椿树三条房税契完毕，定廿二日正午写字。十一钟堃芳去，即寝。

辛未年十二月二十日（1932年1月27日） 星期三 晴

早八钟起，偕艳云往交通银行取款，该行未开。至大栅栏同丰购酒，东鸿记买茶叶，为送亲友年礼。十钟半复往交通银行取款，为购椿树上三条房之用；并到父母处。今日二奶奶生辰，诸亲友来贺寿。椿树上三条房马号契纸原另押出，张栋臣托堃芳先支洋二千一百元整，赎出契纸，以便二十二日与正房合并写契。连前共支洋一万四千六百元整，下欠两千四百元整，连花销在内。接南京戏曲音乐院北平分院研究所函，聘余为顾问。晚间亲友来者甚众，竹戏至天明九钟始散。

辛未年十二月二十一日（1932年1月28日） 星期四 晴

由昨夜至今未寝，在门外看和儿放风筝。和儿最喜风筝，每年冬春两季乐此不疲。余因其活动身体，呼吸空气，亦不禁止。四时何卓然来，云上海天蟾舞台约王少楼明正元旦演唱，与坤伶华慧麟合作，约曹连孝同往，卓然代伊来告假数月，允之。并谈前数日《实事白话报》报馆购日本报纸，被反日会察出，虐待卓然，并将伊带往反日会受站木笼之刑种种苦处。各报记者共起敌（抵）抗，将报纸取回，经人调和才完。何去。前数日接金仲仁、宋雅孙、王松龄请帖，设席泰丰楼晚餐，因仲仁接手吉祥经理，约余演戏之故。余昨夜竹戏至今未眠，托堃芳代表辞谢。五时阖家沐浴晚饭后稍息，八时寝。

辛未年十二月二十二日（1932年1月29日）　星期五　阴晴不定

早十钟堃芳来促余起床，云椿树上三条十一号、十二号房写字，伊云可请代笔人否？余因连日打牌，脑筋昏乱，均未预备今日该房写字事，急命人定米市胡同老便宜坊饭座，又往富禄处托伊代请代笔人。此事很重，均已忘却，可笑之至。十一钟先命堃芳至便宜坊招待，余后至，胡冷庵已候多时。因房价不足，向胡借洋一千元，胡随身写支票付余。刘赞庭带十二号房契来。张栋臣由法院拍买十一号房，登记税契等手续已清，也定今日立字售卖，带来地方法院拍定执照凭据，转卖于余。此房均为刘赞庭之产业，因赞庭欠冯蕙林债目甚重，双方发生讼事，经官拍卖，官定价目一万零七百元整。栋臣买出，伊欲于中得利，卖余价一万四千元，马号房价两千元，共一万六千元整。花销费四百八十元。一钟代笔人孟保元来写十一、十二号房契。在座有知底中人刘玉山、杜厚山；中保人雷少臣、吴堃芳、张企韩、李甫泉、杨书田；代写房契人孟保元。卖房人刘赞庭、张栋臣均已签字画押，至下午四钟此事结束，入座同餐，饭毕各自归寓。今日堃芳夫人生辰，带两儿往贺。郭际湘来告病假。数日前金仲仁、马富禄、赵桐珊约求余与徐德增并前后台管事、头目人等唱搭桌戏。今日开明夜戏，为敷衍此局，七时阖家至开明，演《得意缘》，上座甚佳。除后台班底开销，伊等得洋二百馀元。戏毕关伯珩、汪逢春诸友至后台闲谈。一钟回寓，点心后就寝。

辛未年十二月二十三日（1932年1月30日）　星期六　阴

下午一钟仲仁来促余起床，共饭。三时接余阖家同往吉祥，演《白娘子》。四时登场，七时始止，演三小时之久，回寓。彦衡来，与余说《白水滩》；堃芳也来，算今日戏账。晚饭后祭灶，富禄来，亦说《白水滩》并与老五等博戏，三时寝。

辛未年十二月二十四日（1932年1月31日）　星期日　大雪

正午起床。敬余、富禄来，共饭。二时同赴吉祥演封箱戏。先与富禄、桐珊演《辛安驿》，大轴反串《白水滩》，余饰十一郎，富禄饰青面虎，彦衡饰武旦，桐珊饰抓脚虎，仲仁饰刘子明，连孝饰夏副将。曹似彩人，青面虎似弯腰大虾米，刘子明似江浮死尸，膀肿不堪，抓脚虎似秧歌，武旦似强人，余饰十一郎，旦角气甚重，习惯也。道白“排行十一郎”，又念“人称十一郎”。台下观客哄堂大笑，无不捧腹，各有可笑之处。七时戏毕，阖家回寓。堃芳后至，共饭。富禄亦至，手谈。仲仁来，索明正元旦戏码，二钟富禄夫妇走，又与堃芳，仲仁打扑克。并交玉海明日购亲友节礼洋三百五十七元。三钟半始寝。

《白水滩》荀慧生饰十一郎

辛未年十二月二十五日（1932年2月1日）星期一

早十钟起，命玉海坐汽车往各亲友处送礼；开付和儿诸师节钱。老太太来，要两日戏份。午饭毕，阖家及抄本段姓、老五、看风水李姓等冒雪到椿树上三条，复看新房，为改造建筑。四钟回寓，逢春、敬余、松龄、堃芳来共饭，饭后闲谈十二钟客散即寝。

辛未年十二月二十六日（1932年2月2日） 星期二 晴 风

早九钟起，胡冷庵代觅木匠，往三条新室估工，并看风水，人去。十二钟余本社在宾宴春祭神，冷庵同往。一钟归，小睡，三时陆凤琴、马富禄来，说《双沙河》。刘晓桑来，接洽明春学校义务戏，因无暇，允命令香代演，并荐张永祥拉二胡，尚须讨论。晚饭后赴第一舞台，演接济同业捐助国难本市冬赈义务夜戏。入门时尚和玉《艳阳楼》，次为朱琴心、郝寿臣、王又宸《法门寺》。此戏毕，余及筱翠花、马富禄、金仲仁、程继仙《双沙河》登场。十二时回寓就寝。

辛未年十二月二十七日（1932年2月3日） 星期三 晴

早九时起，往交通银行办理长期存款，将利息拨归活期摺。十二钟回寓，狂风扑面。敬老来，共饭。靓侯、敦敏、焕如、锦川各送礼来。命人送富禄年礼。三时黄旭东同瓦木匠杨姓来闲谈，询问椿树上三条购房手续内容。余将该房契给伊看，并问其税契等手续如何办理？伊云先税契后改报建筑改造手续，方完全清楚，余照办，同往该房估改造建筑之价目，昨日胡师与今日黄旭东估价均为八千元，所议相同。五时回寓。饭毕偕堃芳、老五至第一舞台演义务戏。余戏未登台之前有南京市党部人来，不知姓氏，登台演说日本在上海暴动情形，中国人死亡者若干；对于观客，言今日同胞还有心思来看戏云云。今日所演戏之本意，原为救济灾民赈款，演说人未解其意，在台上胡乱演说有二刻之久。台下观客原为救济而来，闻伊之言大怒，台下观客齐云“滚下去，不必胡说”，并有持橘皮、持茶碗对伊面击之，倒彩如雷。伊扫兴而去，至后台口中念念有词，自云“这些东西均不热心”。伊演说毕，余与筱翠花《双摇会》登场，余饰二娘。剧中词，大奶奶云：“你在后头作什么呢？”余云：“我在后头热心演说呢！”台下彩声如雷，无不捧腹可笑。有一幕相公回家宿二奶奶房中，大奶奶知之，醋言：“辛苦二奶奶！”余又云：“不过略尽义务，何言辛苦哉！”前台又哄然大笑，此剧滑稽始终。十二时回寓，郝锦川来闲谈至三钟方去，就寝。

辛未年十二月二十八日（1932年2月4日） 星期四 晴 风沙大作

下午一时起，带两儿至尊元阁理发，二时半回寓午饭。逢春来面托伊代顺椿树三条房契。等事。伊言明年正月初三照办。四钟伊去。阖家沐浴。彩云来，代表整理佛堂琐碎事务。润峰、老五、復生先后来云明日赴津，与尚小云正月初一日在北洋戏院演唱半月，亲来告假，十七日回平。连孝亦至，言随王少楼赴津，在中原公司唱月馀就归，告假一月。四时始散，即寝。

辛未年十二月二十九日（1932年2月5日） 星期五 晴

今日立春。骨节疼痛，下午二钟起床，亲到王劲闻处送礼，因购房帮忙之故。稍坐，又往瞿氏夫妇医院访瞿大夫，略谈即归。午饭。朱幼芬来借贷。王多寿、王松龄、吴堃芳、郝锦川、老五先后来，共饭，博戏。锦川现办哈尔飞戏院，约余明正演唱。至十二钟各自回家，祭神。余亦照常，点缀年景。一时半堃芳等复来，扑克、牌九，戏耍通宵。夜四钟封财门。达旦不寝。

壬申年正月元日即阳历二十一年二月六号 （1932年2月6日） 星期六 晴

八时开财门。客去，略睡。下午一钟冷庵、敬余亲友等来贺年，促余起床。天气和暖，家庭气象焕然一新。两儿踊跃，顽皮可爱。石焕如亲来贺年。午饭后敬香。三钟王松龄来接，同赴吉祥演全部《鸿鸾禧》，上座满堂。六钟戏毕，树臣、老五同归余寓。富禄后至，竹戏。三钟始寝。

壬申年正月初二日（1932年2月7日） 星期日 晴

下午一钟起，午饭后至吉祥演《花田八错》。上座比昨日尤盛。桐珊、桂花均赴津，《花田错》周玉楼系王盛意代演；周通系苏连汉，因蒋少奎亦不在平也。戏毕肥妇又至后台胡闹，可笑之至。六时半回寓，与内子煮烟。敬老来闲谈。晚饭，祭财神，四时始寝。

壬申年正月初三日（1932年2月8日） 星期一 晴

正午起床，和儿喉痛，命人带往逢春处诊病。今日父亲寿日，敬酒席一桌，并阖家前往拜寿。内子在父母处料理一切，余往亲友处贺年，二十馀家。见者：邓宇安、胡冷庵、程砚秋令堂、董叔坪、张宗昌、薛宝书等；张督办处有王琦、李宝书、李永利等二十馀人，均是前任张宗昌部下之人。大谈年关俗礼。七时回寓，堃芳后至。晚饭。王树臣、马富禄、王多寿、金仲仁徐步而来，博戏，牌九、作宝、扑克等等，甚觉热闹。四钟始散，即寝。

壬申年正月初四日（1932年2月9日） 星期二 晴

下午一时起床，午饭。前数日接孟小冬丧父讣闻，今命人送礼。三时出门，至亲友处拜年。侯松泉、周作民[1]、关子高、朱桂芳、雷少臣、孟觐侯、吴彩云、王瑶卿，均见面谈，略坐即去。馀者二十馀家未晤。八时同赴开明。肥妇在要路等候，余下车，伊大呼"荀老板"，追至后台，语言可笑，余避往他室。堃芳、老五等设法将伊逐去。十钟《荀灌娘》登场，上座甚好。戏毕，偕堃芳、仲仁、锦川、老五回寓。打扑克，四时方散，六时方寝。

壬申年正月初五日（1932年2月10日） 星期三 晴

下午四钟起床。朱桂芳、陈喜兴来贺年；关伯珩及其子五人，并李子铎、周復生、寿石工均来贺年，留晚餐。今日十二钟前戒严，夜戏早止，未用饭至开明演《绣襦记》。十一钟半回寓，与堃芳及内子用饭。闻堃芳云，佣人更夫陈姓，今晚同其友五六人至开明看戏，仗势欺人。余大怒，开除！三时寝。

1 周作民（1884～1955年），金城银行创办人。出生于江苏省淮安府，师从学者罗振玉。1917年在北京成立金城银行，出任总经理。与中国银行、交通银行、盐业银行三银行并列的"北四行"之一。1949年后任"北五行"公私合营总管理处董事长，1955年病逝于上海。

壬申年正月初六日（1932年2月11日） 星期四 阴晴不定

下午一钟起，汪逢春电云：命人丈量椿树上三条马号房，好报转移并嘱余明早午前送转移费洋一百四十元，并将丈量单共送逢春处。午饭后，阖家至哈尔飞戏院，演日戏。与大元、富禄、仲仁等合唱《御碑亭》。剧中王淑英系王盛意饰之。戏毕回寓，树臣、堃芳后至共饭，饭后手谈。三条房命做彩头之吴宝安量之。郑子褒函索前在长城唱片公司所灌戏词，命人明日送去。手谈至二时止，又扑克、牌九，次日八时散，即寝。

壬申年正月初七日（1932年2月12日） 星期五 晴 风沙扑面

因昨日一夜未眠，下午二时起床午饭。三时半戏院电催至院，阖家急至哈尔飞戏院，客座已满，未购得戏票者约百十馀人。《大英杰烈》四时半登台。戏毕马富禄约余阖家同往西来顺晚餐，因身体甚倦，面辞谢。出院乘车时观客群聚车前，观余本来面目。车开伊等始散。七时回寓。润峰来，研究唱腔。堃芳、老五亦至。胡冷厂今早带瓦木匠至三条新房丈量。刘宅仆人不与伊开门。伊错疑余主其为之，命堃芳去电解释，误会可笑。今早交用人玉海洋一百四十元与逢春送去。晚饭毕与堃芳及内子两儿推牌九。十二钟，堃芳去即寝。

壬申年正月初八日（1932年2月13日） 星期六 晴

下午一钟起，敬老抄戏本。段姓来贺年。三钟阖家赴吉祥戏院，演《百宝箱》。戏毕北新华街廿四号棣生电约晚饭，将内子等送回寓即往张棣生家饭局，有朱洽黎、李组才及仲直等。先竹戏四圈。饭后回家，又与富禄、堃芳、润峰博戏。王盛意来，说《香罗带》。二钟客散，敬香祭星，三时始寝。

壬申年正月初九日（1932年2月14日） 星期日 晴

下午一钟起，阖家赴吉祥，演《香罗带》。戏毕至万聚兴花厂买草花。因车未到，又返吉祥观杨小楼班开锣戏。少时车来，车送敬余至大马神庙，随后阖家回寓。接董叔坪、崔麟台请客帖，席设雨儿胡同董宅于星期一晚六时，饭后与张仲直、富禄、润峰竹戏，一钟散，就寝。是夜大风。

壬申年正月初十日（1932年2月15日） 星期一 晴 仍风

正午起，至交通银行即鸿庆裕银号存款。二时回寓。父母来索戏份，午饭。逢春亦至，持黄旭东函云新房建筑事，并接铁狮子胡同张督办处约，为鲍局长宅堂会，戏目为《花田错》，张督办代送。与母亲及富禄并二奶奶、復生竹戏。七时赴雨儿胡同董叔坪宅饭局，有张督办宗昌、楚司令溪春、王司令名琦号景韩、陈副官、涛七爷，同业人余叔岩、王幼卿等，均候余入席。饭毕，余与叔岩发起演戏，为庆贺张督办正月十五生辰。张要求余演《盘丝洞》，余因彩头、配角过多，改演《元宵谜》。又命令香代送《游龙戏凤》戏一出，尚未定夺。九时归寓，復生等牌局未散，余仍然加入博戏，二钟始散，就寝。

壬申年正月十一日（1932年2月16日） 星期二 晴 风沙大作

财政局人调查椿树上三条新房间数。逢春下午两钟来电云该房间不符，补税三间，急起床命堃芳前去代余接洽。午饭。富禄来同赴鲍毓麟局长宅堂会，有叔岩、兰芳、翠花、小楼等；并票界南铁生演《玉堂春》，乐元可演《法门寺》，李觐武演《捉放曹》，高庆奎演《定军山》，坤伶新艳秋演《红拂传》，邹剑佩演《打花鼓》，余与富禄、仲仁等合演《花田错》。戏毕偕南铁生至前台贺喜。八时半回寓。润峰、堃芳、老五同到，晚饭。接楚溪春请帖，约本星期三在雨儿胡同董叔坪宅晚饭。沐浴，与堃芳、老五、润峰、锦川先推大牌九，后打扑克，二钟客散即寝。

壬申年正月十二日（1932年2月17日） 星期三 晴

下午一钟起床，午饭毕至新房命木匠吴宝安丈量改造房屋建筑，命伊估价，前院庭房内隔扇拆去，余诧异询问刘宅厨役，何人所为？厨役云张六爷、吴四爷命伊拆改。余自为房主，并未发言，伊等胡为，余大怒，即归。命人找堃芳来，余问其缘故，伊答不知，同去找张六，将前情向张栋臣说之，张亦答言不知。大家会议方知厨役所为，同到刘宅申斥厨役。四时回寓稍息，赴董宅楚溪春之约，幼卿、叔岩、崔麟台、涛七爷均先在。约有张督办宗昌，因伊母来津，张至津接母，未应该局。八时入席，九时半回寓。曹连孝由津回平来寓闲谈。两时伊去，就寝。

壬申年正月十三日（1932年2月18日） 星期四 晴 连日风沙大作

汪侠公亲送鲍宅堂会钱来。谈正月十五张督办生辰演戏事，尚在犹豫不定。

壬申年正月十四日（1932年2月19日）星期五 晴 夜间大风 黄昏稍息

公安局命吉世安来接洽张督办明日寿辰演戏事。伊云张母因国难不准唱戏。有鲍局长、周市长、潘总理等共送戏祝寿，张母因情不可却，始允。令香送《戏凤》一出亦实行演唱。伊去后王盛意来说戏，均由堃芳、玉成代表招待。润峰来吊嗓。沐浴、修容。饭后与和儿排戏。并与堃芳、润峰、老五博戏，五钟始散，就寝。

壬申年正月十五日（1932年2月20日） 星期六 晴

午饭后阖家至哈尔飞，日戏演《埋香幻》。戏毕回寓，稍息。和儿同郭际湘、吴堃芳等先至张宅堂会，余用饭后亦至张宗昌宅。余入门时遇翠花赶吉祥，未下装，急乘汽车而去。可笑翠花因赶吉祥，《得意缘》带《下山》，本有两小时之久，伊只演半小时。和儿《戏凤》急忙化装，几乎误场。宝森饰老生，与和儿合演。《戏凤》毕应演《元宵谜》，因仲仁、富禄与翠花在吉祥演《双沙河》，未至，垫《逛灯》《吊龟》两出；仲仁、富禄彩扮急至，余化装候伊等约有两小时之久。周市长、吉世安、陈副官、李释戡等至后台闲谈。十时半登场，十二时三刻演毕。余本应入内拜寿，陈副官云，督办因看鲍宅堂会，又因赴津迎母，感冒伤寒甚重，概不见客。陈氏代为说之，寿礼缎帐一轴。观客甚众，皆是旧时要人，颇极一时之盛。今日堂会有兰芳、小楼等。一钟回寝，略进点心，四时方寝。

壬申年正月十六日（1932年2月21日） 星期日 晴

下午一时起床。饭后带两儿并内子、内兄至哈尔飞，演《庚娘》。戏毕回寓。復生亦至，饭毕，与復生、老五、堃芳博戏，二钟始寝。

壬申年正月十七日（1932年2月22日） 星期一 晴

与敬老研究新戏。和儿诸位老师开销，改每月初一日开支。仲仁来，要求下期戏码。订一日《小放牛》，反串《双摇会》；二日《元宵谜》。昨日金仲荪至哈尔飞后台向余索戏票。六时与内子煮烟。马富禄、郝锦川、周復生、王松林、金仲仁、叶老五来，闲谈。吴宝安偕木厂少掌柜带新房估价单来。留诸友晚饭，饭毕打扑克至一钟。郝、王、金、周等先去，馀者未去，因马富禄负洋百馀元，诸友不肯散局，只得通宵。次日下午两时富禄夫人来电，促伊回寓，有要事，富禄无奈，始散。

壬申年正月十八日（1932年2月23日） 星期二 阴晴不定

博戏散后，逢春电云明日新房丈量，命人前往招待；并云看风水人，已然请好，名李润芝，本月二十日早十钟命人往接；又云某女票友于星期二欲演《鸿鸾禧》，托余代约仲仁、富禄合作。午饭后，復生、堃芳、树臣、松龄先后至，共饭，并谈上海中日战事详情，中国义勇非常，日本累次败北。琴农来电，为酬劳中国战场将士演义务戏，戏码定与连良演《乌龙院》。余不欲与连良合作，改与庆奎演《翠屏山》。堃芳云，吉祥本期戏码所定反串《双摇会》恐不合观客心理，反为不美，故改演头二本《虹霓关》。是日王长林周年，差人送礼。十一钟客散，就寝。

壬申年正月十九日（1932年2月24日） 星期三 晴 微风

甜睡一夜至正午方醒，即起床午饭。内子五姐来。佣人玉海云新房丈量由早十钟午后两时才完。并命玉海持名片拜左右邻居彼此关照之意。復生、老五来。李润峰来报母丧，伊母本日早十钟病故，借洋百馀元，为办伊母丧事，言毕伊去。饭后汪逢春、朱洽黎电约云彩阁意君处吃花酒，逢春命车来接；有张棣生、史四、王九均在座，召妓侑酒，谈笑甚畅。为名妓乐珠进云彩阁贺喜之故，赠品甚多。又至满春院老七处茶围，大吸鸦片烟。两钟逢春送余回寓，就寝。

壬申年正月二十日（1932年2月25日） 星期四 晴 微风

早十钟命佣人玉海往接看风水先生李润芝。余至新房，时间尚早，至父母处与母拜寿。又返新房，闰芝偕潘姓并木匠吴宝安同伊少东均在新房候，入门往看，一面观风水，一面讲建筑。下午三钟半回寓，午饭。内子带两儿往贺母寿。余与敬余研究新戏。堃芳来代润峰接洽借贷事，余允借李润峰洋壹佰元整，字据假写王树臣之款。周復生、叶老五、郝锦川先后至，打扑克，由今日下午六时博戏至次日正午方散。

壬申年正月二十一日（1932年2月26日） 星期五 狂风竟日

博戏散后，接妓女丁云兰请帖，江逢春代约。汪电云，丁局为下星期二日在开明演剧事，戏码《鸿鸾禧》，有富禄、仲仁、鸿友等请帖，托余转达。今日和儿生辰，寿石工、汪逢春、吴堃芳等均带礼物来贺。復生由廿日至今未走，共饭。酒席系惠丰堂。晚十一钟客散，就寝。

壬申年正月二十二日（1932年2月27日） 星期六 晴

昨日昼夜未眠，身体疲倦，睡卧甚安，至今日下午二钟方醒。松龄来，接余阖家至吉祥园。入门时张菊舫演《钓金龟》，此剧后时慧宝《四郎探母》，两剧共演半小时。余化装，急呼误场，可笑。《虹霓关》四钟半登场，六钟戏毕。偕堃芳、仲仁、富禄往李润峰家吊其母丧，又同至春华楼赴丁云兰之约。天津春和戏院林少旭来电话，命人促余起床，云有要事相商。询其意，伊云约余在阴历二月初出演春和戏院，能来否？如允诺，即派人来接洽。余答与办事人商议回话，复睡。

壬申年正月二十三日（1932年2月28日） 星期日 晴

十一钟半起。接天津春和戏院林少旭快函，仍为演戏事。下午三钟敬老、锦川同来，共饭。饭毕阖家往吉祥，与王盛意、马富禄、金仲仁、孙甫亭、张春彦、曹连孝合演《元宵谜》。戏毕，偕树臣、堃芳回寓。富禄、仲仁、松龄、锦川先后至，竹戏十二圈，后打扑克，一夜未眠。次日天明十钟始散，即寝。

壬申年正月二十四日（1932年2月29日） 星期一 晴暖

下午五时起床。接金纪武告帮函，并接丁士修函云：因前送余之《鸳鸯剑》剧，经陈墨香删改，戏名取《红楼二尤》。因各报鼓吹与普通《鸳鸯剑》不同，并由墨香删改等等吹嘘。丁君见报大有醋意，来函索其所赠余《鸳鸯剑》之本，并将报纸言语写在信内；又因余戏名改《红楼二尤》，伊大不满意，怒要回音。墨香来，起稿解释误会，此乃报界鼓吹，伊生成误会，冤哉冤哉！九时至第一舞台，演酬劳上海义勇军阵前将士义务戏，平市各角均加入凑演，余与庆奎唱《翠屏山》。戏毕回寓，点心，两钟寝。

壬申年正月二十五日（1932年3月1日） 星期二 晴暖

正午起床。与敬余研究新戏。昨晚林又甫偕其友来，为开明戏院出售，询余购否。余因银钱困难推去。晚饭后命小刘、老马、艳云同和儿往开明，观丁云兰演《鸿鸾禧》。何卓然、叶老五、吴堃芳、王树臣先后至，竹戏至天明，九时始散。开付日用账目。二赵来云伊妻病重，代其子来福告假三日，允之。十钟客散。连日通宵博戏，太不自爱。从今后决意不通宵博戏，戒赌。悔甚！

壬申年正月二十六日（1932年3月2日）　星期三　阴

十一钟带两儿及大弟子到尊元阁理发，正午回寓。电召鸿庆裕银号人来，入该号大洋一百五十元。午饭毕，合家沐浴。晚饭毕，始寝。

壬申年正月二十七日（1932年3月3日）　星期四　晴

十一钟起，与敬老研究新戏。堃芳来。内子在厨下与郭际湘煮烟。饭毕稍息即寝。

壬申年正月二十八日（1932年3月4日）　星期五　晴

早八钟起床。与和儿排戏。富润来吊嗓。复天津春和戏院函，辞谢，上半年不去，秋后再议。午饭。敬老来研究新戏。昨晚关子高来电，云由南京回平有一星期，因病不能出门访友，病好来看余。修容。内子五姐来。晚饭毕与润峰、富禄、老五、堃芳、復生、锦川等来打扑克至四时。富禄夫人来，未入门，在门房同佣人云：将富禄请出，我们一同回去。富禄吓得面无人色，急偕同伊夫人同寓。诸友莫不捧腹。见富禄去，渐渐而散，即寝。

壬申年正月二十九日（1932年3月5日）　星期六　阴　狂风遮日　尘沙扑面

十一钟起。堃芳、敬余来。午饭。胡师来，云伊有一看风水朋友，定日往看新房，并代余与友作画。三时阖家至哈尔飞戏院，演《文章大会》。戏毕仲仁、富禄约余阖家及老五、艳云、堃芳同到西来顺晚饭；子受亦约饭，面谢。遇王幼卿亦在西来顺友人约饭，闲谈。饭毕回寓。堃芳说《卖马》故事。十一钟堃芳去，即寝。

壬申年正月三十日（1932年3月6日）　星期日　晴　微风

十一钟起床。堃芳、富禄、敬余来共饭。二钟阖家及堃、富、敬至哈尔飞，演全本《拾玉镯·法门寺》。戏毕有东北留平学生抗日救国会人员四位昨、今两日均至后台，无理要求演唱义务戏，遣堃芳代表应酬，询其意不却（确），未允演戏事。伊欲见本人再谈，锦川对伊等云日后再议，伊等始去。余归寓，晚饭饭后与堃芳结算日用账目。十钟即寝。

壬申年二月初一日（1932年3月7日）　星期一　晴　大风

早七钟起床。与和儿排戏。敬香。同敬余共饭，研究新戏。下午三时出门，访李徵

五、孔希伯、董叔坪、张督办、李子铎、关子高。张高均见。董往津，孔、李亦往各处访友。东北留平学生来，要求演义务戏，堃芳、锦川代为辞去。復生来谈天。润峰来，研究《丹青引》唱腔，留饭。仲仁亦至，博，负洋十七元，三时始散，即寝。

壬申年二月初二日（1932年3月8日） 星期二 晴暖

正午起床。午饭后与敬余研究《紫玉钗》剧本。三时胡冷庵来电，云伊介绍堪舆严姓在新房等候，促余急往。电召木匠宝安及伊少东急至新房，余阖家后往，与前堪舆大致相同。五时回寓。敦敏约春华楼饭，电谢。润峰来家说，木匠、少东来估价五千馀元。富禄、堃芳先后至，还三顺戏衣庄行头洋二百元。饭毕博戏，二时始寝。

壬申年二月初三日（1932年3月9日） 星期三 天气晴朗

早十钟起床。与和儿排戏，调（吊）嗓。午饭后作画。同敬余研究新剧。孔院长希伯来闲谈，由四时至七时，方去。晚饭老五、堃芳、润峰先后至，博戏至二钟始散，就寝。

壬申年二月初四日（1932年3月10日） 星期四 阴晴不定

早八钟半起。与和儿排戏。留敬老共饭。作画。困倦小睡。吴二嫂与内子五姐来。五时半起身。郑子褒来电，云明日下午四时车赴沪，索余照片。王盛意来说戏。余与郭际湘代和儿排头本《虹霓关》。仲仁来电，本星期六、日，因孙中山亡日，禁止娱乐，停戏一日。故改星期日、星期一两日补演。润峰来，研究《红楼二尤》唱腔。堃芳、老五后至，十钟伊去，即寝。

荀令香演《虹霓关》

壬申年二月初五日（1932年3月11日） 星期五 阴

狂风大作，黄沙蔽日，满屋黑暗，白昼电灯未息。早七钟起床。与和儿排戏。午饭。朱桂芳次女配贯盛习[1]，今日放定，内子前往贺喜。盛习系贯大元之弟。胡冷庵来，起《丹青引》画稿。郑子褒今日乘四钟车赴沪，命人持片欢送，并托其代购化装粉。五时同郭际湘与和儿排戏，七时共饭。敬余、宝书、富润等因狂风未来用功。饭后合家沐浴。堃芳送余湘妃竹大烟枪一具。收公安局为张督办正月十五生辰堂会戏洋一百二十元，和儿《戏凤》洋亦在内。公安局警察送来，见其账簿，梅、杨、余三人均与余戏份相同。馀者筱翠花、杨宝森、李万春等类均二十元。今在他人势力范围之下，敢不低头？以官压民，奈何奈何！十二钟寝。

壬申年二月初六日（1932年3月12日） 星期六

黄沙扑面，大风黑暗，奇冷，比三九天尤甚。冰冻数寸，西院秽水冰结甚固，和儿们均立其上作溜冰戏。余甚留意每岁孙中山祭日，天气总是非风则沙，天浑（昏）地暗。怪也！余回想前数年在袁世凯任总统时代，每次总统府唱戏时总是倾盆大雨，定不可移。亦怪！早七时与和儿在屋内排戏。疲倦，十时和衣小睡，正午复起。敬余来，共饭。王盛意来说戏。润峰至，吊嗓。堃芳来，修理烟具。八时留伊等共饭。饭后闲谈。贯大元来电，云伊略有不适，明日戏告假一日。命堃芳周旋。陈侬先来电，伊津友周立之来平，欲往余宅闲谈，余因明日有戏，不得晚寝，电辞。敬余云林叔遇在伊宅言，其父有花绘山水八条，托敬余询余购否，价洋五十馀元，余定明日见画再议。九时客散，稍休即寝。

壬申年二月初七日（1932年3月13日） 星期日

连日风沙大作，奇寒。正午起床。堃芳来，修理烟具。因炬（巨）风回戏，改星期三四补演。与和儿在西厅内排戏。晚饭后稍息即寝。

壬申年二月初八日（1932年3月14日） 星期一

仍风沙蔽日，午后略有日色，风沙未息。早七钟半起。在西厅与和儿排戏。姜玉佩来，云吕宝芬从伊学《穆天王》，伊不会该剧。余因久看宝芬在人家堂会串戏，年

---

1 贯盛习，京剧老生演员，名旦贯紫林之子，老生贯大元之弟。

十一龄，甚爱其聪明，余命艳云抄《穆天王》剧词赠之。午饭后，堃芳来云余新房内现住旧房主刘赞庭于初十日交房移居，另觅看房人。抄本段雨农介绍看房人来姓照料新房，每日只索洋三角，命伊初十往新房看守。三时与内子煮烟二十三两整。堃芳、润峰、富禄、仲仁、松龄先后来，晚饭后手谈。敬余因大风未来。两钟客散，即寝。

壬申年二月初九日（1932年3月15日） 星期二 天晴 仍风沙

下午二时始起床。午饭后作画，与和儿化装排戏。前数日接穆辰公[1]、林质生、卓博公请帖，约今日下午六时在观音寺福兴居晚饭。三君均是余十馀年前老友。七时赴饭局，畅谈。有鲍局长在座。穆、林、卓三君主办《北平新报》，托余登剧界广告，代伊宣传。饮酒闲话，均有醉意。十钟回寓，狂风扑面，寒气欺人。松龄、堃芳先后来。芙蓉工作并开付张督办堂会杂费。十二钟半寝。

壬申年二月初十日（1932年3月16日） 星期三 晴

风沙至今正午方止。下午一钟起床。微风。敬余、堃芳先后来，共饭。三时阖家至吉祥，补演上星期日戏，仍演《丹青引》。剧中当场所画被仲仁索去。六时回寓。《丹青引》林天素系王盛意代演，虽不及芙蓉草，亦甚活泼。与堃芳闲话，二时始去，即寝。

壬申年二月十一日（1932年3月17日） 星期四 晴

下午一钟起。敬如、堃芳来共饭。接孙小山祖母病故讣闻。三时阖家往吉祥，演《妒妇诀》。戏毕南铁生及同仁堂乐八爷至后台，面（约）撷英番菜馆西餐，因先与树臣、富禄定约竹戏，辞谢归寓。饭后与树臣、復生、堃芳及内子竹戏，二钟散，就寝。

壬申年二月十二日（1932年3月18日） 星期五 晴 微风

正午起身。午饭毕。王盛意来说戏，敬如代表说戏；卓博公、林质生同来。余因与和儿排戏，未见，辞去。作画。念《红楼二尤》戏词，并与润峰研究唱腔。老五、富

---

1 穆辰公（1883～1961年），穆儒丐，北京人，满族作家，汉名宁裕之。出生在北京西郊香山的满洲旗人家庭，原名穆都哩，后更名穆笃哩。穆都哩在满语中的意思是“辰”，所以也称为穆辰公，号穆六田。1903年穆儒丐到城内入宗室觉罗八旗学堂的前身经正书院就读。1905年被选拔为国费留学生，赴日本早稻田大学师范科历史地理专业学习。学满3年之后，又留下来学习政治和财政，留学达6年。1916年到1945年期间，从北京到沈阳从事写作，曾在《盛京时报》工作。后返北京。

禄、松龄、復生、树臣等同和儿至城外放风筝，六时同回寓。树臣因堃芳前数日送余竹枪已坏，伊又送余一根。汪逢春电云税房契事多等日期，大约月半后手续方能完全。留诸友晚饭。饭后竹戏十二圈，三钟始散，就寝。

壬申年二月十三日（1932年3月19日） 星期六 晴 风

下午一钟半起床。逢春来电，云娄姓来接洽余新房税契事。伊云税契处言余新房间数不符，要余补税等等琐事。娄姓问税契处人，既该房手续不符，张栋臣由地方法院购买，有法院卖字执照等凭据，还有何不符？税局人等云，由法院卖出，可以模糊；伊等私人购买，手续要清。如不服者，我等就要依官押（压）民了。可笑！娄姓会意，方知官场彰明较著，不顾廉耻，竟自要钱。公门之中，无理可讲。娄姓向余言毕，余亦无法，只好认头化钱而已！下午三钟半偕富禄、堃芳、敬余及阖家同赴哈尔飞戏院，演全部《飘零泪》。王盛意演阿凤。戏毕回寓。饭后就寝。

壬申年二月十四日（1932年3月20日） 星期日 晴 微风

下午二时半起。院内闲步。堃芳、敬余来，共饭之后，三时阖家赴哈尔飞戏院，演《荆钗记》。载朴生至后台，闲谈。戏毕回寓。李子铎、郝锦川、马富禄、金仲仁、吴堃芳先后至，竹戏扑克并行，通夜至天明，八时始散，就寝。

壬申年二月十五日（1932年3月21日） 星期一 阴

下午二时半娄世芳（号子蕴）及段雨农同来，促余起床，为新房税契事，内中手续繁杂，娄言张栋臣有意作弊，故意留难，张无非竹杠之意。堃芳来，亦为接洽该房事，略说情形，亦不明不白，只好托逢春、子蕴至法院调查内容详细再与张交涉。魏翠痕及春彦长子来，未晤。润峰来，研究《红楼二尤》唱腔。接孙小华丧母讣闻；又接高富远娶弟妇喜帖，二月二十一日在宾宴春宴客。敬十五日香。接舒舍予函，云海上战事景况，并言化装粉不日寄来。昨日余新房旧主刘赞庭交房迁出，闻伊现居棉花六条。余昨经段雨农介绍看房人接手看房。今春分节。十二钟半寝。

壬申年二月十六日（1932年3月22日） 星期二 晴 微风

早七钟起床。与和儿排戏。下午三时，合家沐浴。王幼卿、陈敬如来，余向幼卿说青衣戏穿插。松龄夫人带其女来，偕富禄往吴江会馆访沈揆阶。沿路听平等人家老小均敲打铜盆茶盘、破鼓响器等类，不解其意？问揆阶，伊云今晚月蚀，民众敲打是救护之意；又云自古俗礼，近乎迷信。可笑！揆阶乃税务、土地两局当权人，是余老友，因购椿树上三条新房税契等事托伊帮忙。沈好唱串小生，将伊所会戏本拿出与余看，并将行头、盔头、把子等亦与余看，顺口高声与余听之。所谓南腔北调，实不顺耳也，只好夸奖而矣。此人可称大戏瘾也。桐珊与小云由新正初一出演天津北洋戏院，至今合同已满，回平来寓。留诸友晚餐。饭后竹戏，三时始散，就寝。

壬申年二月十七日（1932年3月23日） 星期三 晴暖

正午起。召三顺人来，与和儿改作行头、盔头、把子等类。作画。与敬余闲谈。润峰来吊嗓。同郭先生合作，与和儿排戏。晚饭后，堃芳与和儿说诙谐。十二钟客散，就寝。

壬申年二月十八日（1932年3月24日） 星期四 晴暖

早八钟起身。与和儿排戏。作画。午饭后同敬如排《红楼二尤》。润峰至，研究唱腔。接林质生、卓博公、穆辰公三君函，为《新北报》广告事托宣传。郭际湘来，同与和儿说戏。三顺人来作行头。老五亦至，研究《红楼二尤》头面。堃芳来，说前清历史。接程砚秋函，云现在法国巴黎，不日往他国游历。十一时堃、润去，即寝。

壬申年二月十九日（1932年3月25日） 星期五 晴 微风

早七钟起。与和儿排戏。敬如来，共饭。身体困倦，合衣小睡。下午三时复起。作画。润峰吊嗓。刘云厂邮寄《双艳集》，即雪社出版，内容完全捧雪艳琴姊妹。刘赠余一册，价洋一元。新剧《红楼二尤》今日分发单本，欲下星期在哈尔飞戏院露演。富禄、復生先后来竹戏，三时始散。与内子烧烟泡，四时方寝。

壬申年二月二十日（1932年3月26日） 星期六 晴 大风

下午一钟起。敬如、堃芳来，共饭。三时阖家赴吉祥戏院，演全本《贩马记》。戏毕，宋雅孙、金仲仁、马富禄约余合家及敬如、艳云、堃芳等到东来顺晚饭。饭后回寓。朱桂芳[1]送大烟来。召三顺人来作行头，为《红楼二尤》用，借丁云兰坎肩样式。

1 朱桂芳，京剧武旦演员之前辈，长期辅佐梅兰芳等。

《红楼二尤》拟下期在哈尔飞演唱，因富禄、桐珊被章遏云约往天津演唱，故改期演唱。哈尔飞戏码为《辛安驿》《花田错》。命和儿演《刺汤》《鸿鸾禧》。锦川来，向伊说明不能唱《红楼二尤》之缘故。内子煮烟，三钟始寝。

壬申年二月二十一日（1932年3月27日） 星期日 晴 怪风

下午一钟起。与敬余、堃芳午饭。饭后三时阖家赴吉祥戏院，演《鱼藻宫》。戏毕回寓晚饭，饭后稍息即寝。

壬申年二月二十二日（1932年3月28日） 星期一 晴

仍怪风，午后方止。唐彩芝丧次子，王福山丧母（即已故王长林之妻），均命人送礼。早六时起床，与和儿排《鸿鸾禧》《刺汤》。十钟调（吊）嗓。敬余来，共饭。因起床甚早疲倦，正午合衣小睡至下午五时。起床同郭先生仍与和儿排戏。作画。润峰来研究唱腔。晚饭饭后与堃芳闲谈。十一钟寝。

壬申年二月二十三日（1932年3月29日） 星期二 晴 微风

早七时起床，与和儿排戏。胡师来，改画。午饭后，命抄本段雨农抄《贩马记》单本。郭先生仍与和儿排戏。赵桐珊、马富禄、金仲仁、吴堃芳、王树臣、李润峰、郝锦川等先后至。共饭之后博戏。富禄夫人来监视伊早归。竹戏十二圈毕，富禄夫人立催伊同归，富禄见伊夫人面带怒容，伊不敢延迟，即随伊妻同归。余与诸友打扑克至天明七时方散。就寝。

壬申年二月二十四日（1932年3月30日） 星期三 晴 微风

下午四时起床，偕郭际湘与和儿排戏。作画。连日接各界诸友函，烦演《玉堂春》《钗头凤》《十三妹》诸剧。又接郑子褒函，言其平安到沪。并接人生戏曲社函，因本星期五在哈尔飞戏院第一次演，请余前往参观捧场。并赠余包厢票一张。堃芳来，留饭之后闲谈和儿演戏事。又计划艳云改小生，欲请吴彩霞教之。十一时堃芳去。就寝。

壬申年二月二十五日（1932年3月31日） 星期四 晴 连日小风

上午七时起床，与和儿排戏，作画。敬余来，饭后同伊研究《红楼二尤》穿插。薛保书因和儿功课日渐退步，告余严加管授（束），余大教训和儿，努力用功。四时带两儿并艳云往尊元阁理发，五钟步行回寓。路遇郭际湘，托伊带儿辈们先归，余往吴德润茶庄购茶叶，沿路购食品而归。润峰来，与和儿吊嗓。晚饭復生、堃芳闲谈。十一钟寝。

壬申年二月二十六日（1932年4月1日） 星期五 晴暖

早八钟起床，与和儿排戏。敬余来同午饭。下午一钟，自排《红楼二尤》。合家沐浴。润峰来调（吊）嗓。锦川、復生、堃芳亦至，留饭。饭后稍息。九时阖家及復生往哈尔飞戏院，观人生戏曲社演剧，均是票友。入门时观胡醉霜之《起解》，浪气甚厌，荒腔走板，可笑。又观王勤舫、吴紫仪之《乌龙院》，旦角扮相赛印度美人，气死活鬼。老生摇头摆尾，南腔北调，什么东西，不足一观。又观熟友刘晓桑演《击鼓骂曹》，因熟友之故，不敢加批评。约看戏有三小时，实在难过。晓桑戏毕，阖家归回就寝。

壬申年二月二十七日（1932年4月2日） 星期六 晴 阴晴不定 风沙遮日

下午一钟起。午饭后和儿偕高连第、陈敬余、吴堃芳等先至哈尔飞戏院，因和儿今日在该院初次露演，戏码倒第二，与贯大元、贾多才演《审头刺汤》，余偕内人带次儿后至，演全本《花田错》。戏毕归寓晚饭。接公安局局长鲍毓麟请帖，约国历四月四日星期一下午六时在泰丰楼晚饭。明日堃芳四十二生辰，面送份金四元。稍息就寝。

壬申年二月二十八日（1932年4月3日） 星期日 晴暖 微风

午后起床。饭后敬余、堃芳、艳云、老五先同和儿至哈尔飞戏院演《鸿鸾禧·棒打》，两日均上座满堂。《鸿鸾禧》演毕，余大轴演唱《辛安驿》。戏毕阖家及桐珊往堃芳处贺寿，在该处晚饭之后与其友闲谈。九时同树臣回寓。桐珊带和儿后至。和儿此次露演较比以前数次稍有进步。同王树臣、金仲仁、内子竹戏，锦川后至，天明九时方散，就寝。

壬申年二月二十九日（1932年4月4日） 星期一 阴

下午三时起床。本四区署长袁华汉来访谈，云鲍局长今晚请饭，约余务必早到。润峰来。因余昨晚竹戏，小有不适。鲍局长、汪逢春两局均托堃芳持片代表往谢。郭际湘来，与和儿排《得意缘》。六时微雨，晚饭。魏翠痕亲送颐和园优待券数张。张春彦来索扇面。十钟春彦去，即寝。

壬申年二月三十日（1932年4月5日） 星期二 阴晴不定

早七钟半起床，与和儿排戏。今日清明节，遍体骨痛，精神不足。天时微风，俗云清明节起风，有连刮一月之久说。不知确否？作画。堃芳偕其二兄彩云来。正午艳云与彩云行拜师生之礼，改学小生，初四日开功，艳云每日早八时至彩云家学艺。礼毕用饭。介绍人吴堃芳。饭后同敬余研究《红楼二尤》。鼓手小清来说此剧。润峰来吊嗓。结算日用账目。晚饭。十一钟寝。

壬申年三月初一日（1932年4月6日） 星期三 晴

早七钟起身，与和儿排戏。敬余来，共饭。饭毕电召鸿庆裕银号人来存款；又还三顺行头洋一百元。抄写《花田错》单本。润峰、小卿同来说戏。郭际湘因债务被人控告，求余转向逢春托情，并告病假数日。张春彦、魏翠痕同来，略谈片刻，伊等去，晚饭。和儿忽发鸟迷，连日购鸟甚多。逢春来电云椿树上三条房契稍有头绪。命男仆往松柏庵，与亡兄、亡侄、亡女扫墓。十一钟寝。

壬申年三月初二日（1932年4月7日） 星期四 晴

早七钟起，与和儿排戏。敬余来，说《红楼二尤》。北平大中中学校学生会主办、民众小学校华北学院学生自治会主办、民众学校北平朝阳学院学生自治会主办，民众学校并郑万魁、张性天、梅志洁来，要求演唱义务，未晤。润峰来，研究全本《玉堂春》。七钟半晚饭。饭毕与老五闲谈。十一钟寝。

壬申年三月初三日（1932年4月8日） 星期五 晴

十时起床，与敬余、小清说戏。内子五姐及二嫂来，用点心。润峰来吊嗓。晚饭毕，与仲仁、桐珊谈天。十一钟客散，即寝。

壬申年三月初四日（1932年4月9日） 星期六 晴暖

下午一钟起，同敬余午饭。饭后电召山东汽车行车，因该行无车，自叫小小车行汽车。余与山东汽车交易约七八年之久，每期有戏或他处有事均坐该行车；今日忽回答无车，太不会做买卖。两钟阖家赴吉祥戏院，见门口购戏票者甚踊，入门看时已无立足之地，不得购票者约有四五百馀人，伊等询问何期再演该剧，有人云，每逢《玉堂春》时总不得购票；并与票房人云再演该剧时务请先通电告之。余观此情形，戏迷实在可怜。《玉堂春》三时一刻登台演唱。有若干朋友至后台托余购票，余亦无法为力。伊等云愿出重价在台上观剧，因有砌末，不卖台座。伊等无可奈何，走去。七钟半戏毕，阖家归寓，八时晚饭。堃芳牙痛甚重，未来算演剧账目。十一钟寝。

壬申年三月初五日（1932年4月10日） 星期日 风雨合作

下午一钟起，午饭毕阖家赴吉祥戏院，演《荀灌娘》，戏毕偕树臣回寓，富禄后至，伊夫人随来共饭。饭后手谈，至天明七时方散。余前戒烟有一年馀，因劳累开戒有三月之久，因每日与和儿排戏起早，身体甚觉痛苦。命老五购禾力氏监制自由戒烟丸，复戒，每匣六十粒，洋一元，先购七匣戒之。八钟客散就寝。

壬申年三月初六日（1932年4月11日） 星期一 晴

下午两钟起，与段雨农抄写《花田错》单本。烟药每日服三次，每次十粒。在院内闲步。常少亭来，云相士松寿卿房屋阔充，约余提倡与寿卿挂匾，列名有高庆奎弟兄、吴堃芳、吴彦衡、吴彩霞、李玉安等十馀人，问余同意否？余允诺。四钟伊去。曹连孝来，与二奶奶煮烟。晚饭，饭后老五拿古装头套来。十钟寝。

壬申年三月初七日（1932年4月12日） 星期二 早微雨 午后晴

八时起床，与和儿排戏。敬余来，共饭。从初五日戒烟，初五、初六两夜梦遗，为恐成痨病，复开戒，无奈；并戒烟日日夜夜痛苦，实在难过，支持不住，惭愧惭愧！下午二时与敬余排新戏。接《菊影社报》函，索相片并说明书等件。润峰来吊嗓。锦川、甫泉来索本星期哈尔飞戏码。第一日演新剧《红楼二尤》，乃初次演唱；第二日演《香罗带》。晚饭。松龄来云上星期日伊邻居失火，急忽（几乎）受累，大吃一惊。老五亦至，与二奶奶口角，二奶奶气急，将伊赶出，可笑。十钟寝。

壬申年三月初八日（1932年4月13日） 星期三 阴晴不定

早七时起床，带和儿在西院喊嗓并排戏。作画。敬余来，共饭。饭后说《红楼二尤》。与内子熬烟。堃芳、富禄前后至。堃芳云桐珊本星期六在华乐园与高庆奎演《翠屏山》，意欲告假；甫泉电云亦为此事。润峰来吊嗓。富禄同和儿至天桥购鸟笼并食罐，伊送和儿玩耍，六时复归。同润峰、富禄打扑克，共晚餐。饭后富禄至堃芳处计划桐珊告假事。伊去后仍与内子熬烟，共二十二两，除烟泥外剩膏十七两整。仲仁、松龄来打扑克，三钟始寝。

壬申年三月初九日（1932年4月14日） 星期四 阴晴不定 微风

下午二钟起床。各角来排《红楼二尤》，留饭。饭后与富禄、润峰、仲仁及内子打扑克，四时始散，就寝。

壬申年三月初十日（1932年4月15日） 星期五 晴

作画。胡师来，改画。昨日因排戏各角未齐，今日仍催排戏。唤德霖斋人来，裱字画十二张。三顺人送行头来。全堂场面来，研究唱腔。周姓盔头铺送盔头来。八时半晚饭。饭后（本篇以下内容佚）

壬申年三月十一日（1932年4月16日） 星期六 微雨

下午一钟半起床，午饭后阖家至哈尔飞戏院，初演《红楼二尤》。本星期三票已售尽。今日两钟至馆门外购票者拥挤不动，不得购票者约五六百之多。《二尤》四时一刻登台，余前部饰尤三姐，至自刎完；后部饰尤二姐，至产子服毒完。桐珊先饰尤二姐，后去王熙凤。富禄前饰薛蟠，后改饰秋桐。春彦饰贾琏，仲仁饰柳湘莲，配角甚齐。该戏演十刻十分。戏毕阖家至南长街花园五号庞敦敏处贺其夫人寿辰，熟友甚多，谈笑甚畅。内子带次儿先归，余在他处晚饭，饭后带和儿归寓。堃芳来，算演戏账。锦川后至，闲谈至两钟始散，就寝。

壬申年三月十二日（1932年4月17日） 星期日 阴晴不定 怪风

正午余尚在高卧，敬余与和儿口角大怒，至余床前怪叫云：快起床打和儿，如不打，我与你绝交！余惊醒，问之何故？伊云和儿在西厅廊下竹椅上躺卧，伊意怕和儿吹风，叫和儿快进屋内，用手搀和儿，用力过猛，和儿怒之，云你管不着。敬余因和儿说话太强横，故怒之。敬余促余起床快打和儿，余即起身。伊怪声怪调，余几乎惊吓！和儿十二龄幼童，说话不知深浅；敬余年五十，何故与幼童生此迂气？可笑！欲打和儿，又不忍；不打又恐对不起老友。五十老叟，太无大人之才。余起身时，与敬余开说和儿年小说话不知轻重，请你息怒，少时责之。敬余又怪声喊叫，云不打不成，如不打，我立刻与你绝交，不作朋友；责后还要叫和儿与叩头赔礼。余想，方才敬余进卧室促余起身，又勒逼责和儿，太不客气。孩童说你管不着这句话也不甚重，何必如此！伊太无量也。伊满面神气，在余处打剧本，功劳甚重，伊所作所为不许辩驳。余百般敷衍，伊越怒，跪在地下，大叩其头，云你的儿子太娇养。余无奈，责打和儿与敬余消气。敬余近年来脾气大变，与初交时的情形大差。哎，可叹！敬余在戏界，余一手提拔。现在各角找他编剧，出风头于戏界，皆乃余之功也。伊既要钱又要面子，票习太重。一时午饭，三时冒风至哈尔飞演《香罗带》，戏毕回寓。仲仁来，询下期戏码，余与伊两日均是老戏。仲仁询堃芳，何故两日均唱老戏，堃芳直言奉上，因报纸广告太不显眼，似乎对待各角不甚公平。仲仁会意，知错跪在地下，大滑稽，叩头要求云：你不唱好戏，我不起来！我无可奈何，仍允前定戏码。仲仁并要求和儿帮忙登台演唱。本月十八，恰遇星期六，乃祭神日，梨园多年来老风俗，是日不能演唱，改星期日、星期一。第一日戏码，和儿演头二本《虹霓关》，余唱《棋盘山》，并带二本《虹霓关》夫人；二日和儿演《御碑亭》，余演《盘丝洞》。说毕博戏一钟，伊去。就寝。

壬申年三月十三日（1932年4月18日） 星期一 晴 仍风

正午起床，作画。敬余来，共饭。薛笈夫索条幅一件。同郭际湘与和儿排戏。晚饭。老五来，奏琴。次儿将5岁，唱《八大锤》老生，甚合调，有味儿没字，余捧腹大笑。但板眼甚准，不愧为内行之子。润峰来吊嗓。锦川后至，闲话。和儿食重，略有小病，命男仆小刘带和儿至逢春处诊视。二钟始寝。

壬申年三月十四日（1932年4月19日） 星期二 晴 风

早八时起床，与和儿排戏。今日骧儿生日，诸亲友来贺。下午三时合家沐浴。晚饭后同富禄、仲仁、老五打扑克至天明，五时客散，即寝。

壬申年三月十五日（1932年4月20日） 星期三 晴 仍风

下午一钟起床。树臣来电云，介绍木厂沈根生同往椿树三条看建筑。午饭后偕内子带次儿往三条接洽建筑价目。树臣、根生先在该房等候。仲仁先至余家，知余在三条，伊亦至该处。言毕建筑事，同仲仁至东长安街中央饭店，访由沪至平徐慕邢（云），未晤。又至长安饭店访李徵五，杨老七亦至该处闲谈。七钟半会寓。树臣、润峰、堃芳在寓候。仲仁云汉口南铁生演唱票戏，约伊作配角同往，伊欲告假两日，向余并堃芳商议。因本期戏码甚重，并和儿《虹霓关》《御碑亭》亦要伊合唱，非伊不可。仲仁要告假，只好回戏不演。仲仁怕大家骂伊不养众，故不肯告假。伊托王又荃代表伊往汉口演唱。共饭之后，同树臣、润峰、老五博戏。和儿前数日不适，连日往逢春处诊视。又接逢春函，补骧儿寿礼，命仆人退回。小骧生日不欲受礼，故退之。今日谷雨节，晚敬十五香。彩霞大姑娘命人来索相片。博戏至天明九钟始散，即寝。

壬申年三月十六日（1932年4月21日） 星期四 阴晴不定 风

下午三时起。敬余与和儿所编之新剧《风雪配》今日脱稿。饭后与内子五姐闲谈。晚饭后富禄来。召成衣来裁衣。稍息即寝。

壬申年三月十七日（1932年4月22日） 星期五 晴 大风

早七钟起床，和儿排戏。敬余来，共饭。饭毕，作画。润峰、树臣先后至，留晚饭。内子带骧儿往吴彩霞家，为骧儿生日道谢，六时回寓。与树臣、润峰闲话。早男仆文奎同和儿到逢春处看病。饭后与树臣等打扑克，三钟始散，即寝。

壬申年三月十八日（1932年4月23日） 星期六 雨

下午一钟起，午饭。今日星期六，本拟唱戏，因祖师圣诞，在宾宴春饭庄祭神，春生社人均到，乃梨园大典也。四时冒雨带两儿、艳云到尊元阁理发，又赴宾宴春祭神。六时半与树臣同回寓。作画。共饭。富禄、润峰、老五、锦川、仲仁等先后至，打扑克至天明八时始散，即寝。

壬申年三月十九日（1932年4月24日） 星期日 狂风

下午一钟起床，天晴。郭际湘、陈敬余来，同和儿先至吉祥戏院，余与内子带骧儿后至。四时和儿头二本《虹霓关》上台，余二本饰夫人，仲仁饰王伯党，春彦饰秦琼，富禄饰旗牌，桐珊头本饰丫鬟。《虹霓关》下，贯大元《骂曹》，余大轴，又与桐珊、富禄、仲仁等演《棋盘山》。戏毕，因各角陪和儿演剧，并唱双出，余心不安，在广福馆请富禄、仲仁、桐珊、树臣、雅孙、敬余、堃芳、松龄及余阖家共晚饭。饭后富禄、桐珊、树臣、堃芳同归余寓博戏，一钟始散，就寝。

壬申年三月二十日（1932年4月25日） 星期一 晴 仍大风

下午一钟饭后阖家赴吉祥戏院，倒第二和儿与贯大元演全本《御碑亭》，余大轴演《盘丝洞》，七钟戏毕。松寿卿因余与伊挂匾，在润明楼约饭酬谢，富禄、仲仁、彩霞、彦衡、九阵风、王福山、少亭等同席。饭毕富禄乘余车回寓，余带和儿回家。堃芳来算演戏账。

壬申年三月二十一日（1932年4月26日） 星期二 阴晴不定

下午一钟起。接同仁堂乐达义请帖，约三月二十三日星期四下午六时在丰泽园晚饭；并接本月二十五日在药行会馆为伊母做寿外串条演《文章会》，赵砚奎代送；又接上海白克路宝隆医院对面逸民里华发建业总公司樊发源为伊子天民授室请帖。后至本巷七号张逵卿宅，吊其病故丧。闻其弟云，伊亡兄逵卿未故前请佟大夫诊视，大夫未得病源，错吃药而亡。可叹、可叹！余在申与杨瑞亭成讼，因瑞亭作假合同诈财，假说天津演戏，此成讼之原因。逵卿与关炯之任司法，及余移居今宅，逵卿已罢职北来，居余宅北，时相往来，不意其猝然而死。伊生平俭啬，所存款项家人皆不知。日前忽取千元至家，竟作送终之用。今日吊客甚稀，殊觉惨然。余不忍在彼久坐，归寓。与敬余研究《破洪州》，四钟同敬余与和儿说《六月雪》。作画。润峰来吊嗓。王树臣、吴堃芳、老五先后来，共饭。饭后博戏，至天明七时始散。就寝。

壬申年三月二十二日（1932年4月27日） 星期三 阴 巨风

下午两钟起，午饭。饭后作画，与和儿排戏。老五送和儿。鸿子来闲谈。敬余、际湘来说戏。王多寿来，余已寝。

壬申年三月二十三日（1932年4月28日） 星期四 晴

早六钟半起身，与和儿排《樊江关》及《六月雪》，作画。敬余来说《破洪州》。贾保生由南京来访，谈代余题画，伊并索条幅。郭际湘至，同与和儿排戏。八时晚饭。乐达义在丰泽园约饭，辞谢未去。堃芳、老五，润峰、锦川先后来打扑克至天明六钟始散，即寝。

壬申年三月二十四日（1932年4月29日） 星期五 晴

正午起床。熊伯寅由津来函，云伊生子，托余画条幅作贺。逢春来电，云下星期三赵宅堂会，请余及和儿演剧，半请半票之意，托伊代约，择日请客，戏码未定。胡冷庵来，改画。樊发源娶儿媳，礼函托上海舍予代垫。际湘来，在中院同和儿彩排《樊江关》。树臣、际湘均向余索画。八钟晚饭。饭后与树臣打扑克。昨晚彦衡来，索余及和儿照片，伊云报馆人托伊代要，欲制铜版登报。博戏至两钟始散，就寝。

壬申年三月二十五日（1932年4月30日） 星期六 晴

下午一钟起床。修容。敬余来，共饭。饭后身体不爽，三时勉强至哈尔飞戏院，阖家亦至该院。大轴演全部《破洪州》，戏毕回寓。病体因唱戏发汗甚多，略觉减轻。八时晚饭。饭后偕堃芳带和儿至药行会馆，与富禄、仲仁演《打樱桃》。今日乐宅堂会为其母做寿，平中各角均有，配角甚齐全。回寓时约有十一钟。因本家老太太不善熬夜，故各角提前演唱，十二钟散戏。与老五、锦川及内子博戏至天明始散，就寝。

壬申年三月二十六日（1932年5月1日） 星期日 晴 甚暖

正午起床。敬余、富禄来共饭。饭后阖家至哈尔飞戏院，因各界函烦《红楼二尤》，今日二次演唱。前三日票已售尽，无立足之地。六时半戏毕，回寓。身体甚觉劳乏。堃芳、仲仁来共饭。富禄、老五后至，打扑克至天明始散，八钟方寝。

壬申年三月二十七日（1932年5月2日） 星期一 晴 狂风

下午一钟胡师来，代余与熊伯寅作画，并写报纸封面。连孝来谈际湘来为伊起诉事托情。召裁缝来裁衣。晚赴汪逢春、赵元方春华楼之约，敦敏、鸿友、仲仁、富禄在座。赵宅本月二十九伊太祖母74岁寿唱戏，班底富连成；余外串《鸿鸾禧》，和儿串《戏凤》，系逢春介绍。赵宅住址，西四北大街茶叶胡同十九号。九时散席回寓。锦川来闲谈至两钟始散，即寝。

壬申年三月二十八日（1932年5月3日） 星期二 大雨

正午起床。作画。敬余来，饭后与和儿排《戏凤》。合计沐浴。命仆人玉海至新宅与看房人云，如有检查房人来，不可拦阻。因逢春昨日饭局时云，先拆楼房，好与房契数目相符。恐有人来查，故声明看房人，命伊招待。老五来，饭后与老五打扑克，二钟始散，寝。

壬申年三月二十九日（1932年5月4日） 星期一 仍雨 微风

下午二钟起床。与敬余午饭。富禄、仲仁、春彦、堃芳等先后来博戏。晚饭毕同赴大茶叶胡同十九号赵元方宅演堂会戏。和儿与缪子受先演《游龙戏凤》。子受是票友，串老生。余后演《鸿鸾禧》。仲仁饰莫稽，富禄饰金松。戏毕至前台贺喜。主人留饭，招待甚周到。台下来宾均是熟友，畅谈。冒雨回寓，与富禄、老五博戏，四钟始散，就寝。

壬申年三月三十日（1932年5月5日） 星期四 晴

下午三时，贾保生偕伊京绥铁道部同人欧福松、言泽恺等来访，促余起床，敬余代余招待。四时伊等去，午饭。招棚匠打凉棚，裁缝裱匠均来要钱。堃芳来算堂会账，并结算日用账目。接庞敦敏请帖，约今晚在中山公园董事会晚饭，为请海上友高、徐二姓，约余作陪。连孝、润峰、老五先后至。八时赴饭局，有徐莫邪、苏姓、高庆奎，并有名妓意君、乐珠等十馀人。庆奎面约初四日在伊宅晚饭。十钟回寓，与富禄、树臣、润峰、老五及内子打扑克，天明八时始散。电召鸿庆裕人来存款。

壬申年四月初一日（1932年5月6日） 星期五 晴

九时客散。敬香。姜玉佩来，与和儿用工。开付和儿诸师月钱。今日立夏节。吴彩霞来电，云彦衡之子名金玉，即彩霞之孙，于今早六时逝世，甚可叹息！闻系猩红热，被医错认为疹子，以致不治。其情形甚似前数年余之大女、二女、三女亡故病态，相同无异，令人心酸。作画。敬余来，共饭。饭后润峰来，研究《还珠吟》唱腔。留晚饭，九时寝。

壬申年四月初二日（1932年5月7日） 星期六 早雨晚风 午后略有日色

正午起床。敬余来共饭。三时阖家赴吉祥戏院，演《还珠吟》。戏毕偕仲仁并阖家至伊宅，贺仲仁夫人寿。宾客满堂。略坐稍谈，回寓晚饭。余今赴吉祥时，吉世安偕德国公使、某要人夫人、飞姓及石姓外人同至后台闲谈，并观余化装。汪侠公亦至后台，云本月初八张宗昌督办母寿，约余该日演《辛安驿》。九时即寝。

壬申年四月初三日（1932年5月8日） 星期日 晴 风

九时起床。在院内闲步。敬余来，云今日章遏云约伊在玉华台晚饭，为请伊帮忙编新剧，系富禄、仲仁、桐珊介绍；又云金、马、赵言请伊严守秘密，不要告慧。余与其等相交十馀年，这种鬼祟行动实在可笑。敬余惟恐日久走漏消息，不如预先告之，表示亲近之意，其实多奸多诈。锦川来，索下期哈尔飞戏码。饭后三时阖家赴吉祥戏院，演全部《得意缘》。余在后台略有不适，命仆人按头，因用力过猛，眉间之处略有伤。七时戏毕。万少石由津至平，偕其友张姓至后台约饭，因同内眷不便，辞谢回寓，与堃芳算演戏账。接高庆奎请帖，约四月初四日星期一下午六时在伊宅晚饭；又接天津熊伯寅请帖，于四月初十日为伊子熊履昌授室，席设河东大王庄麟祥五条八号伊宅；并接庄嘉树请帖，于四月十六日为伊次子曾龄与刘女士嘉瑞举行婚礼，席设骡马市大街宾宴春。富禄不日往天津演剧，伯寅喜份托富禄代送。晚饭后与老五扑克，三钟始散，即寝。

壬申年四月初四日（1932年5月9日） 星期一 晴

下午一钟起床。敬余来共饭。内子五姐来谈。三钟与和儿在院中棚下排戏，际湘来用功。作画。松龄送大烟来。晚赴保安寺街八号高庆奎约，座有十馀人，饭毕即归。王树臣、金仲仁、李润峰、老五先后来，博戏至天明，下午一时始散，就寝。

壬申年四月初五日（1932年5月10日） 星期二 晴

下午七时起床。曹连孝为伊夫人病来索丸药，马富禄亦至。饭后同至第一舞台，演北平市公安局救济本市贫苦儿童义务夜戏，北平各角均有；余与筱翠花演《双沙河》，高庆奎演《逍遥津》，尚小云演《珍珠扇》，梅兰芳、杨小楼合演《霸王别姬》。戏毕回寓。点心。稍息即寝。

壬申年四月初六日（1932年5月11日） 星期三 晴 风

正午起床。作画。饭前叶庸方在平灌片，借余蓝表为观片时刻，至今未还。今富禄往津献艺，托伊觅庸方索之。胡冷庵来，作画。为张宗昌母侯夫人七十八寿，送条幅两件为贺。胡云下星期三、四唱义务戏，戏院借哈尔飞，两口戏码《虹霓关》《鸿鸾禧》。晚饭。马富禄、金仲仁、王多寿、李润峰、叶老五等来打扑克，至次日下午二时始散。

壬申年四月初八日（1932年5月13日） 星期五 晴

正午起床。饭后作画。王树臣偕木匠沈根生来，接洽三条建筑事。晚饭同老五、润峰及和儿赴张督办处演堂会戏。兰芳、小楼、小云、翠花等，均有班底李万春。余演《辛安驿》。戏毕偕程副官伯容至前台拜寿。堃芳因病有三星期未至余寓，堂会及各戏院等处一切杂碎事项均由老五代表。十二钟回寓，与内子煮烟至天明，鸟鸣始寝。

壬申年四月初九日（1932年5月14日） 星期六 晴 风

二钟起床。午饭。天津永兴国剧社杨乐彭来函索画，并云周介臣不日来平，约余在明星演唱；又接医生高施恩函，云前者和儿在哈尔飞、吉祥二戏院演剧，伊均往观之。和儿艺术、扮相，玲珑活泼可爱，惟嗓音甚小，伊甚关切。嘱余对和儿以后功课不可甚严，恐和儿气带不易发展之意也。四时阖家至哈尔飞，演《战宛城》。时逢大雨，七时戏毕，冒雨回寓。晚饭饭后煮烟。召棚匠糊棚。与敬余、锦川闲谈至一钟，客散即寝。

壬申年四月初十日（1932年5月15日） 星期日 晴

正午起床。敬余来共饭。二时阖家到哈尔飞。区、朱两友至后台闲谈。《十三妹》三时登台，甚热。七时戏毕。身体疲倦，略息，偕堃芳回寓。敬余同冯慕瑗来。冯云本月十四日伊亲戚做寿，在金鱼胡同福寿堂约余演唱《辛安驿》或《玉堂春》，并托余约仲仁、富禄、桐珊、春彦、连孝等，班底李万春，外串只有余一人，谈毕伊去。余仍打扑克至四时始散，就寝。

壬申年四月十一日（1932年5月16日） 星期一 阴晴不定

正午起床，敬余来共饭。作画。冯慕瑗来，谈十四日堂会戏码《辛安驿》，桐珊、富禄、凤琴在内，共洋三百五十元。因旧友关系未能推却；又有敬余之情面，只得允诺。树臣来电，瓦匠沈根生同伊均在新房候，约余阖家即往新房接洽建筑事。候内子净洗后，冒雨至三条，细谈一切。先命瓦匠将楼房拆去，又开马号便门。今日开工吉期，时间甚久，约有三小时。七钟回寓。富禄、仲仁先在寓候，为接洽吉祥戏码，原定《御碑亭》《钗头凤》，仲仁、富禄之意将《碑亭》改《辛安驿》，以便登报宣传。与艳云画扇。叶庸方由去年借珐琅表，至今才还。至两钟方寝。

壬申年四月十二日（1932年5月17日） 星期二 风雨合作

九钟至盐业银行取定期利息，拨给鸿庆裕银号。又带两儿至尊元阁理发。十一钟回寓，午饭。敬余来，与和儿排戏。又同内子煮烟。七时晚饭。汪逢春来与骧儿诊治。尚慕姜由沪来平，现居林宅，伊来电相告。饭后仍与内子煮烟至天明五钟，始寝。

壬申年四月十三日（1932年5月18日） 星期三 阴晴不定

下午三时胡冷庵来促余起床，为和儿明日演义务，故来周旋，并作画，四时伊去。接王乃慰、王乃恕、王乃惠请帖，本月十四日在福寿堂为伊母作寿请帖。接张子杰与伊友屈丹侠索全本《玉堂春》总本函，因夙（素）不相识，又伊无礼要求，故未回函。老五、润峰来闲谈，锦川亦至。晚饭饭后博戏，三钟始散，即寝。

壬申年四月十四日（1932年5月19日） 星期四 晴 风

下午一钟起。敬余、堃芳、际湘来共饭。三时际湘等带和儿赴哈尔飞演警察拐款逃走义务——因胡冷庵之弟在西城二区任巡官之关系，故由胡冷庵介绍演唱两日义务日戏，补足亏款。今日和儿与仲仁、富禄演《鸿鸾禧》全本。七时戏毕，回寓晚饭，略息。赴福寿堂，演王乃慰母吴太夫人78岁寿堂会戏；冯慕瑗介绍演《辛安驿》。富禄、桐珊、多寿、凤琴配演。二钟戏毕，至前台贺寿，本宅留饭，稍谈回寓。富禄、老五、亦来点心，四钟始散，即寝。

壬申年四月十五日（1932年5月20日） 星期五 晴 风

下午二时起床。敬香。带和儿先至仲仁宅说戏，饭后同内子赴哈尔飞。因和儿戏尚早，至安定大街永康胡同三号林宅访尚荣周，未晤。用人云伊将出门沐浴，留片。仍返哈尔飞，观和儿与富禄、仲仁、盛意演《虹霓关》，比初次演唱稍有进步，上座甚佳，有七百馀人。戏毕面约仲仁、富禄、盛意、际湘、锦川便饭，仲仁、富禄因吉祥有戏辞谢，馀者均来。八时共饭。父亲来，为伊同院尚姓托情。锦川云华甫约堂会，有庆奎、小云、翠花及余均在内，出洋四百元，连一人开销尚不足，无法允诺。可笑之至。敬香。十四日带和儿至哈尔飞演戏，戏院门外人拥挤不动，询其缘故，在该院左右邻居，继母虐待，13岁小女投井自杀，被一骑自行车人看见，急汲绳救出。余亲眼看见，13岁小女孩遍身是水，身上褴褛不堪，实在可怜。警察将难女送回。伊继母云，你投井还未死吗？还敢回家？你如再不死，有你无我！此心刮者有馀。此情形可怜！可怜！无有救女之法。庄荫之今日聘女，命人送礼。三时始寝。狂风彻夜至天明未息。

壬申年四月十六日（1932年5月21日）　星期六　晴　仍风

两钟起床，陈砚清昆仲来访，共饭。饭后阖家赴吉祥，《辛安驿》五时登场，七时回寓。与堃芳结算堂会、义务杂项开销。润峰来研究唱腔。召鸿庆裕银号人来收款，晚饭饭后与润峰、富禄打扑克，三钟客散，即寝。

《辛安驿》　荀慧生饰周凤英

壬申年四月十七日（1932年5月22日）　星期日　晴　风

十二钟起床。命仆人带两儿至逢春处诊治。和儿两耳后生痄腮，骧儿有内热之症。金仲仁、宋雅孙、王松龄同来，云雅孙亲戚在伊宅住闲一年之久，伊欲约余唱义务戏救济，余因当面不好推却，故命堃芳转辞。共饭。敬余后至，三时阖家即伊等同赴吉祥，演《钗头凤》，上座已无立足之地。戏毕回寓，盛意同来，留饭。饭后富禄来，老五亦至，打扑克，四钟始散。唇上忽生小疙，用手挤，痛甚。即寝。

壬申年四月十八日（1932年5月23日）　星期一　早晴

唇上小疙瘩忽然成满面膀肿。松龄来电，介绍良医。正午起床，急往松龄处。遇刘叔诒亦在该处，略谈。松龄同余及和儿往大沟沿羊肉铺，回教某姓，约七十馀岁，伊治疮毒甚有小名。伊询余及和儿病源，用红药面调治，并扎针；又与和儿开药方。三时归寓。作画。树臣偕瓦匠沈根生来，接洽建筑事。友人来电，询问余病状者甚多。接西交际处徐筱汀函，云伊有剧本，不日送上；又接高庆奎函，介绍牛奶铺；接张宗昌母寿寿启谢帖。与和儿排戏。富禄、锦川、老五、多寿等来，留饭，饭后打扑克至天明十钟始散。

壬申年四月十九日（1932年5月24日） 星期二 阴

满面膀肿，甚重。堃芳介绍刘云清诊治，此人业厨役，颇通医理，云余口唇上小疙瘩名唇疽，又名慢口疔，危险急甚，若不急治，一星期后恐有大险；又云口部生疙，名目甚多，约七十馀种，内有“人中”“口角”等处生疮，十二小时之内准丧。余之病为最轻者，有缓。伊开方并药面，内外调治，大约一星期后可见效。三时伊去，午饭。狂风暴雨，雷电大作，敬余来谈，四时始寝，七时复起服药。晚与内子热烟，三钟方寝。

壬申年四月二十日（1932年5月25日） 星期三 晴 风

下午一钟起，午饭。逢春来电询问病源。敬余来。三时堃芳偕刘云清来诊病。郭际湘来，云伊子得猩红热症，甚危险，托余介绍郭仲衡；又云甚贫寒，无钱调治，支工钱肆拾元，以作医费。吴彦衡、郝锦川、王松龄来探病；胡冷庵亦来道谢义务戏事。王多寿、叶春荣、李润峰先后来闲谈。十一钟客散即寝。

壬申年四月二十一日（1932年5月26日） 星期四 晴

早十钟起床，命文奎同和儿至汪逢春处看病。尚小云、尚荣周、马富禄，均持片询病。父母连日来探病。下午三时天起大风。仲仁、春彦同来探病。堃芳偕刘云清来诊视。张寰如由津来，接洽天津春和戏院演戏事，并索画。凯世恩三子娶媳，命人送礼。叶春荣二子满月，亦送份金。锦川来询问本期能否演唱？因病未好，改下星期补演。一钟客散，与内子打扑克做戏，二钟半始寝。

壬申年四月二十二日（1932年5月27日） 星期五 晴

十一钟起床，敬余来共饭。文奎同和儿至逢春处诊病。吴彩霞大姑娘及伊少奶奶来探病。堃芳同刘云清来看病。今日口唇小疙瘩已破，大见功效，服药静养。和儿病体亦稍减轻。和儿因病连日与诸老师告假，每日至南城一带闲步。盛意、艳云同和儿至先农坛闲游。雷少臣带病而来，询余病状。接亲友电话，询问病者甚多。朱安甫亲来询病。伊云见各报登载，言病状甚重，亦有说半身不遂者，亦有说满面膀肿者，谣言不一，故轰动亲友均来询问。平、津一带知者甚多。偶得小疾，这样轰动，可笑之至。老五明日次子弥月，命人送礼。晚饭后修脚。一时盛意去，即寝。

壬申年四月二十三日（1932年5月28日） 星期六 晴

十钟起，敬余、砚清先后来闲谈。早，彩霞来，余未起床，将要起身，伊去，未晤。午饭毕，堃芳同刘云清来看病，大见功效。伊云三五天可望痊愈。内子带两儿及盛意、砚云先至老五处；余同堃芳后往，贺其次子弥月之喜，宾客满堂，车马盈门。观余仆人等均在该处竹戏，甚觉有趣。略坐，仍同堃芳往贯大元处，小雷亦在该处，余大吸鸦片烟。六时同堃芳步行至米市胡同，分手时谈李某某为张宗昌母寿演堂会，班底为某某所找，给钱不足，后台人争戏份，伊以势压人，将管事人等究区看押。署长与李家素有来往，一面官司，无理可讲。糊里糊涂看押一夜，管事人等奈何奈何，次日放出。均是同业人，何必如此？社会黑幕可惧！至德瑞洋货店购皮皂、香水等物，又至洪源昌购酱菜，稻香村购食物，鹤年堂购药，携物回家。润峰、桐珊先在余寓，盛意后来，闲谈。一时始寝。

壬申年四月二十四日（1932年5月29日） 星期日 晴 风

十一时起床，作画。小清来说戏，盛意亦至，午饭。饭后与和儿排戏。多寿、老五、润峰、锦川先后至，博戏。晚饭，稍息即寝。

壬申年四月二十五日（1932年5月30日） 星期一 晴

下午二时起，作画。刘云清来诊病。内子带儿辈至宾宴春，贺时青山生子弥月之喜。盛意来共晚饭，饭后老五、润峰、锦川同来，忽然风雨大作，客不能去，只好博戏达旦至次日正午始散，客去。

壬申年四月二十六日（1932年5月31日） 星期二 晴

李长荣持海上黄全生名片来问候，并亲送喜帖，于本月二十八日在平宾宴春饭庄宴客，为伊本身娶媳。尚荣周电云今日下午四钟车赴申，余因病不能欢送。盛意、敬余来。和儿受暑，昏睡不醒，唤起服药。内子五姐为和儿诊治。盔头铺送改良小额子来。松龄夫人来，云和儿惊吓失魂。观伊用绳系和儿中指，又用凉水一碗，香一炷，香在线上往来，被线将香吸着，即是擒着鬼祟；将香线同绕一处，掷在水内，将碗水线香等一齐带走，不准回头，行在无人之处，将该物抛在荒郊，和儿立有精神。因和儿前数日在西院倒下石阶，向西北猛跌一跤，将磕膝跌破，当时不觉，次日昏睡不省，头晕发烧，不进饮食，连日请逢春诊视，逢春云，此病甚重，类似热病，又好似脑膜炎，七日之内如若见效，则无危险。不准胡吃，只喝粥就盐，苦不可奈。看伊到天明，方寝。

壬申年四月二十七日（1932年6月1日） 星期三 晴

下午两钟起，逢春来为和儿诊视，比昨日稍见效。父母连日来看望。敬余、树臣、盛意先后来，共饭。饭后锦川来谈三条建筑批准，嘱余带房契并带张栋臣图章至工务局检查，检查后好领凭单。急命堃芳往栋臣家借伊图章。堃芳来云栋臣不但不借图章，还有种种闲谈，有诈财之意，你们报建筑又通知谁来？图章不借，还要递补声明伊未造建筑。余买房之时，伊云有楼房四间并厕所平台等，伊未纳税，如契纸税不下，有张栋臣担负完全责任。伊故意留此弊病，以作长久讹诈之意。余现将楼房平台漏税房间等事手续办清，预备税契领凭单，栋臣知余有朋友帮忙，不能入步讹诈，大失所望。伊意在此紧要关头，故不借图章，建筑不能报下。并云如有一千元拿来，就盖章。余闻此言，好笑。嘱堃芳不要理他，余托友去办。世上有这等恶人，天不除之，是无天理。松龄夫人来，仍与和儿收惊。逢春复来，和儿正在床上发汗、急躁，云心口发闷。逢春又与和儿诊视，并带藏厚朴，开水送下。有半小时，发汗甚多，汗水有臭味，立刻精神。逢春看有缓，伊云如果连出汗，即是大祥之兆。伊去后和儿果出汗不息。看至天明，伊精神较比从前又见进步，始放心。五钟始寝。

壬申年四月二十八日（1932年6月2日） 星期四 晴

正午起，逢春来诊病，云不妨，明后日可见好。稍谈，伊去。李长荣娶媳，命人送礼。锦川、敬余来探病。作画。润峰来。老五夫人来，为伊子弥月来道谢。松龄夫人来，为和儿收惊。盛意为和儿病，连宿余处，十二钟寝。

壬申年四月二十九日（1932年6月3日） 星期五 晴阴不定 甚暖

十钟起床。汪逢春与和儿看病，大见好。二内嫂来，润峰亦至共饭。送周瑞安丧妻礼。饭后与内子在棚下乘凉。一钟始寝。

壬申年五月初一日（1932年6月4日） 星期六 雷雨大作

肚痛。九钟起身走动，复睡；俄复起，又走动，连有四次之多。遍体疼痛，勉强起身。急吸烟，肚泻始止，不进饮食，三时略进点心。逢春来为和儿诊病。和儿病体始痊愈。逢春带来藏厚朴，价廉物美，索洋十四元。盛意来，同与和儿说《樊江关》。盛意并操琴，与余及和儿调（吊）嗓。锦川、敬余、仲仁同来，定下期戏码，并询余下期能唱否。敬香、留饭。饭后闲谈，为节关至交通银行支洋一千元。三钟寝。

壬申年五月初二日（1932年6月5日）　星期日　晴

上午九时起，作画，与和儿排戏。胡师来，改画，共午饭。饭后敬余来谈。树臣、富禄、老五、锦川亦至，八时晚饭，饭后打扑克，天明，五钟始散，寝。

壬申年五月初三日（1932年6月6日）　星期一　晴

下午四时起，命仆人至交通银行取款，并分送亲友节礼。连孝来，云亦病，故久未来谈。堃芳、润峰先后来。饭后电召鸿庆裕银号人来存款。命文奎往陈敬余家送节礼，洋一百八十元整；又送明日时慧宝夫人寿礼四色。王多寿来闲谈，一钟半伊去。早十点命仆人玉海同和儿到逢春处诊病，伯珩来电云现在德国医院养病，不能来贺节。欲要睡，锦川来谈至四钟始去，寝。

壬申年五月初四日（1932年6月7日）　星期二　晴

下午一时起，午饭后带骧儿至尊元阁理发，归沐浴。命文逵带和儿至震旦医院看腿上疮症候，和儿归寓，晚饭。作画。老五来吸烟。鹤年堂、石焕如、郝锦川等均送节礼来。召周姓来做夫子盔一顶。成衣索节账来。命刘玉海送前堃芳介绍刘云清看病酬谢车费洋。多寿面托画扇。晚饭后与锦川、多寿、老五等打扑克到四钟方寝。

壬申年五月初五日（1932年6月8日）　星期三　晴

今日端阳节。下午一钟起床走动，泻肚有五次，请逢春来诊治。三顺来索账，因账目不符未付。内子至父母处拜节。堃芳来云移居椿树头条。锦川来共饭，饭后稍息即寝。

壬申年五月初六日（1932年6月9日）　星期四　阴晴不定

余连日肚疼未止；骧儿发烧，又生痄腮。十钟带骧、和同往逢春处诊病，逢春送止肚疼药。正午回寓。男仆文逵带和儿至震旦医院看腿症候。和儿归寓。午饭。与敬余、箴夫闲谈家务，同病相怜，均是被家所累。润峰来吊嗓。老五亦至，晚饭后博戏至一钟始寝。

壬申年五月初七日（1932年6月10日）　星期五　阴晴不定

早十钟七，带骧儿至逢春处诊病，比日前均见功效。骧儿痄腮未退，余肚疼肚泻稍止。一时回寓。敬余先在寓侯。和儿跌伤未好，余又肚泻，哈尔飞戏码又展一期，至今三期未演。电告锦川、堃芳回戏，十五、十六号准补演，大约余与长子病症可愈。由四月十七至今余阖家均病未息，药不离口。素日饭食太不检点，故夏日发现病状。余受此次刺激，日后饮食一切谨慎小心，可以少生病。午饭后沈根生来电，云椿树三条房明日准动工。老五来闲谈至三钟寝。

壬申年五月初八日（1932年6月11日）　星期六　阴晴不定

早十钟起床。带骧儿至逢春处看病。路过和平门大街，师范学校男女生与警察斗殴，学生用砖瓦将警察头打破，风潮甚大，禁止行人，余绕道而行。诊毕回寓与敬余共饭，王盛意感冒卧床未起。堃芳昨日移居椿树上头条十八号，彩霞少奶奶及吴大姑娘来谈。余亲往鹤年堂购药。树臣来云三条建筑明日开工。晚饭后富禄来竹戏十二圈至三时始散。接时慧宝函询问病情，并赠余偏方，嘱余每日多吃猪肉海带可去大症，怪也。天明方寝。

壬申年五月初九日（1932年6月12日）　星期日　晴　微风

下午二钟起床，敬余、玉竹来共饭。吴彩霞带伊次子来看病。周姓送夫子盔来，因花样太旧，命伊再去删改。阖家往新房监工，彩霞、内子等在新房等候。与彩霞闲谈有一小时。大内嫂及吴大姑娘、内子五姐同到新房看工程，闲话。八钟回寓。小卿云赵某某购鲜鱼口内草厂上六条二十四号房，本月初七日写字，房价洋三千三百五十元，房间十五间，正四合房，外带跨院，院内有四间房，价钱甚公道。哈哈！他也买房了，从此架子又大了。老五来晚饭。某某乳名福子，艺名芙蓉草，秦腔出身，因秦腔坠落，后改二黄，在天津中原公司演唱。伊性情古怪，落魄在天津，当买已尽。余幼时亦习秦腔，与某某同班，后看秦腔衰败改二黄。三年前，在春和献艺，某某往看余，向余借贷。观其景况甚寒，余念幼时同班，又见伊殷勤，送伊洋三百余元，命伊料理琐碎账目，并劝伊同余回京，搭余班演唱，车票一切等项目余负责。归京后同余做配角，小有精彩。并与伊介绍朋友甚多捧场帮忙，故此人缘甚佳。第一日在吉祥同余唱戏，送伊戏份六元。戏毕同余回寓，烟榻云：“二哥知我在天津演戏的戏份至少八元。”余当时亦不觉难过，知伊贫寒之故。与余同班一年之久，稍有小名。小云、砚秋、庆奎三班亦约伊做配，身价日益增高，戏份自然比从前又增高了。有时排新戏必用伊之处，必须要三请四催，有时还要余亲自上门方来排戏。有时有戏日，故意误场，临时多要戏份；有时常向余借贷等项。现在伊戏份至少十五元，余新戏初次登台演唱需要伊做配，伊口云我在别班现讲价钱至少要他三十元，念在二哥旧交，不忍多要。三月十一日初演《红楼二尤》，伊前演尤二姐，后部王熙凤。在庆奎班他与庆奎合演《翠屏山》，伊云今天我在庆奎班是正角，至少索他五十元。在您班中演新戏也不过二十余元，我只好在您班中告假不唱。余无奈命堃芳至庆奎家相商：《翠屏山》可以外请别人代演，今日新戏必用赵某某，可能通融否？庆奎言：余与慧生均是老友，并言从前在新明戏院时常同慧生作配角。又云他初到上海时慧生热心捧我才有今日。某某素常人缘特坏，

《翠屏山》荀慧生饰潘巧云

并与郝寿臣有旧仇，在我班时常先要钱后唱戏，奈面不好辞伊，我班旧戏不是必须用他，他不演《翠屏山》，我再请别人也能演唱。今天要是梅兰芳的《翠屏山》那是不能改的，如今日我要演新戏，必须用他时，别人词句穿插未排熟，临时不能替他，亦是如此行为。您不来向我商量，我也是辞他。我的戏码已经改好了，明日见报。叫他不要借我这方面拿人，我久有心辞他。庆奎对堃芳说，叫慧生放心吧。堃芳来谈此情形，一方面又去敷衍某某某，伊还不知道庆奎的情形，还在那里说念旧交我那一方面告假，包我

五十元，今日新戏亦要五十元。头目人甫全冷笑，如那方面告假，我们也只好包赔，连戏份一百元整。甫全又云：恐庆奎班戏码要改，明日请赵老板报纸上注意吧。次日果见报更改，又向余云，二哥，因咱们新戏要紧，我向那方面告了假了。哎，想伊均是余一手提拔，反这样气人，后悔当初一念差，不该天津救济他。这样人心实可怕，交他不如养鸡鸭。伊今买房架子大，东骗西诈把钱抓。随余京津把南下，这才有钱发了家。小人乍富实可怕，从今以后防备他。十钟寝。

壬申年五月初十日（1932年6月13日）　星期一　晴　风

早九钟起，带骧儿及王盛意冒风至逢春处诊治，黄沙扑面。与老友黄原波在逢春宅闲话。正午回寓，午饭。作画。敬余、砚青同来谈天。四时同赴三条新房处监工。购吃食步行而归。堃芳来谈，伊去后润峰来调（吊）嗓，留饭。饭毕与雷少臣、叶春荣、李润峰、陈砚清等竹戏至二钟始散。眼药，吸烟，三钟半方睡。

壬申年五月十一日（1932年6月14日）　星期二　早阴

下午两钟起，作画。内子五姐来谈。富禄、树臣来。接龚云甫[1]病故讣闻：名世祥号云甫，生于同治壬戌年九月十三日寅时，民国二十一年六月十一日（旧历壬申年五月初九）申时逝世。享年71岁。又接甄洪奎伊孙弥月帖，明日满月，命人送礼。留树臣、富禄等饭。饭后竹戏至两钟始散，博戏时天逢大雨，忽下忽上，始终未息。四钟方寝。

壬申年五月十二日（1932年6月15日）　星期三

早十钟起床，雨至今十钟始止，带骧儿至逢春处诊病，今日阳历十五不开门诊，白去一趟。带两儿至尊元阁理发，一钟回寓。午饭。敬余、锦川来，仆人玉海至板章胡同请李姓堪舆。下午四钟至新房，与木匠沈根生接洽建筑。四时合家往新房与沈、李细谈改造房间事，并同根生至棉花下七条，观余旧宅，欲将旧宅改两四合房。根生云，要改两所房，旧房木料在内，还要三千洋工价，言毕伊去。阖家又至棉花下二条看余旧居，前数年该房卖与魏姓，至今四年，故往看之。步行回寓，仲仁、润峰、堃芳同来，留饭，饭后打扑克，一钟始寝。

1 京剧演员，创作京剧老旦独有的唱腔和身段，强调老旦为“青衣腔，老生唱”，被誉为老旦宗师。

壬申年五月十三日（1932年6月16日） 星期四 晴

下午两钟起床，仆人带骧儿至逢春处看病，和儿往震旦看腿疮，回寓同饭。与和儿排戏。彦衡、润峰来，共饭。饭后连孝偕颜伯龙来谈。锦川电约哈尔飞观霞影歌舞团。伯龙、连孝走后，阖家及润峰、彦衡至哈尔飞观剧，十钟剧毕。车送彦衡回寓，阖家回寓，稍息即寝。

壬申年五月十四日（1932年6月17日） 星期五 晴

正午起床，仆人文奎同和儿至震旦并逢春两处看病；余亦至逢春处诊视。二钟同回寓午饭饭后修容。阖家往三条新宅料理。七时归。晚饭后润峰、富禄、多寿、锦川先后来打扑克，三钟散，即寝。

壬申年五月十五日（1932年6月18日） 星期六 晴

下午一钟起床。敬余来共饭。饭后敬余同和儿将出门，仆人来福抱次儿在西后厅，忽闻西厅房内大响，尘土飞扬，来福来云，急往西院视之，见和儿书房塌墙一堵。此房坐落南半截胡同九号西院西客厅南里间；北山墙高有丈馀，将文具几案尽行掩埋，恰在和儿座后。每日此时和儿正上英文课，若非有戏亦险矣哉！该房终日有和儿、先生及艳云、盛意等在房内闲谈用功，牢不可破。今日似乎有神佛保佑。晴天白日，并无风雨，下午两时半墙壁忽塌，一人未伤，真乃大幸也！损失物件约三百馀元，万幸。可喜可怕。忆在申和儿方8岁时，余在天蟾舞台演剧。一日夜间睡熟，误压铜开关电门，值阖家俱寝，几出危险。幸余修脚未睡，急命富禄、仲仁等将总电门关闭，和儿膀臂略受小伤，将阖家唤醒，现换被褥，幸无大险。与今日之事前后一辙，和儿乃两次为人，真乃不幸之中大幸也！三时阖家同堃芳至哈尔飞，和儿倒第二，先演《六月雪》，余大轴演《元宵谜》。戏毕回寓，老爷子及仲仁、富禄、桐珊、树臣、老五亦至，留饭，打扑克，三时始寝。

壬申年五月十六日（1932年6月19日） 星期日 暴雨

下午一钟起床。堃芳、敬余来饭。饭后冒雨，阖家、敬、堃同至哈尔飞，余与富禄先演《小放牛》，后同和儿演《樊江关》。戏毕，树臣、润峰、堃芳同回余寓。留饭。余回想当年乘船北来，阖家俱在船上，几乎遇险，累次遇险，均有救星，家门大幸。昨日夜静，焚香敬神。本房东张老太太来观塌房情形，急命瓦匠补修。伊亦想后怕。晚饭后与多寿、润峰、老五、树臣打扑克，至天明九钟始散，就寝。

壬申年五月十七日（1932年6月20日） 星期一 暴雨

下午四钟起床，张房东少奶奶来，并嘱瓦木匠修理房。午饭后命仆人布置房间，二内嫂来共饭。魏翠痕偕已故王再明长子来谢父丧，未晤。陆麟仲约丰泽园饭，为伊母92岁做寿演戏，二十日在聚贤堂宴客。逢春代送和儿《戏凤》，余演《打樱桃》，因事忙，辞谢未去。敬余来闲谈。十二时寝。

壬申年五月十八日（1932年6月21日） 星期二 晴

下午一钟起床，与敬余研究《龙凤配》。画扇。西院塌房损失硬木家具甚多，并有沙发椅凳，均由木匠由土内检出，惟鸦片烟灯未见。伊将砖土倒在街巷，余阖家持铁锹到巷内觅之不见，怪也！归家晚饭，饭后富禄、堃芳来闲谈，十二钟散，就寝。

壬申年五月十九日（1932年6月22日） 星期三 阴

正午起床。大雨。午饭，二钟雨稍止。昨今两日仆人文逵带和儿至震旦看腿伤。作画。树臣、润峰、多寿、老五、锦川等来共饭。饭后打扑克至次日午后始散，一钟方寝。

壬申年五月二十日（1932年6月23日） 星期四 晴

下午七钟起床。堃芳、润峰来，晚饭。饭后郭先生来请假。九时堃芳同和儿先至聚贤堂，将开戏。和儿《戏凤》两钟始登场。余十二时亦至堂会，戏码还隔（音接）十余出。观和儿戏毕，因余戏码时间尚早，偕富禄、堃芳至春彦处吸烟。次日天明四钟又返聚贤堂，化装登台，与富禄、仲仁大轴演《打樱桃》。六时戏毕。天气甚热。同和儿至前台道喜。逢春二十日伊四十九岁寿，命人送礼。逢春亦在该处，叫和儿拜寿。二十一日早七时抵寓，早饭，稍息即寝。

壬申年五月二十一日（1932年6月24日） 星期五 晴

下午四钟起床。新房东跨院立架，两钟上梁。余未起床。内子带两儿先至新房监工。内子见立柱糟烂不堪，门框单薄，令其换之。余起床后同盛意亦至新房。瓦木匠在大门影壁背后拆出破刀一把，并红缨甚多，绑在刀上，表示杀头血迹，盖在影壁后墙内，俗语下镇物。据瓦木匠云，此镇物甚凶险。当初盖房时，盖房主人虐待工人并用人等之过，故将凶器藏在房内，以表不祥之兆。盖房万不可待工人等刻薄。今日新房上梁，赏酒洋两元；后墙内拆出镇物，又赏洋两元。工人甚喜，余心亦快。银钱动人，可喜可恨！饭后稍息。润峰来研究唱腔。十一钟寝。

壬申年五月二十二日（1932年6月25日）　星期六　晴

下午一钟起床，午饭后堃芳、敬余来，与阖家三钟同赴吉祥，演全本《英杰烈》。七钟戏毕回寓。盛意来晚饭，与富禄、仲仁，老五、堃芳等打扑克，三钟始散，天明方寝。

壬申年五月二十三日（1932年6月26日）　星期日　微雨　下午一钟半晴

下午一钟半起床，早饭后同堃芳及阖家赴吉祥，演《绣襦记》。大内嫂、四内嫂及二内嫂阖家均去看戏。四内嫂为伊长子定亲，男女均在戏院看戏、相亲。孙冠宇送古玩瓷器大小二十馀件，价洋面商，定今晚见面。堃芳代购季红瓶一件，价八元。孙冠宇来，因价钱太大，只选五件古瓶，送伊洋八十元，算清账目。伊要索百馀元，朋友之交，也只好接余八十元。晚饭后敬余来谈。十二钟寝。

壬申年五月二十四日（1932年6月27日）　星期一　晴

十一钟起床，合家沐浴。敬余来。孙冠宇命人来取未选古玩，拿去。母亲要戏份。盛意来。同母亲带骧儿至三条，监工将东跨院南北楼房拆去，改为坐西朝东；厨房又与正院东厢房后游廊相连；南楼亦改瓦房，坐西朝东，举架长高添游廊；又将东跨院北房套为正院上房之暗间；将下房拆去，改为便道接游廊，直通后跨（院），又通后照房，所有馀颗等处，均造游廊，前后院并花园四面皆通；马号原样。北房三间半，西房五间，南房三间半，西南角马槽一间，并有佛像观音等数尊亦在西南角窝藏，破烂不堪。现北房三间半，改造高大瓦房存在，馀者均拆，改作花园；西南角造凉亭一座，均有游廊，从亭廊与东院正院皆通；将老爷观音等佛像均请在后院之东跨院；北房两间内通二条之后门，仍见新存在。所有工程由王树臣介绍，上海生记木厂沈根生担任。工洋前言六千七百五十元零一角，后言定工洋六千六百元整，明日先付洋两千元整，由树臣转交，沈根生云中秋节后完工。桂芳长女及二内嫂夫妇、彦衡大姐并伊夫人、锦川等至新房闲话；树臣后至，定工价洋六千六百元，不可再减。八时阖家回寓。晚饭时遇大雨彻夜至天明六时方止，十一钟寝。

壬申年五月二十五日（1932年6月28日） 星期二 阴晴不定

正午起床，孙冠宇送古玩来，价钱甚贵，未留。敬余来研究新剧。四时偕内子带两儿至新房监工。树臣带来木匠沈根生收据先支工洋两千元，八时同回寓。堃芳代购洪宪年瓷瓶一对、并窑变季红瓶一座，又道光瓷盘一个，共洋三十五元。晚饭后大雨一夜未息，十一钟寝。

壬申年五月二十六日（1932年6月29日） 星期三 大雨

十一钟起床，午饭。饭毕，念戏。取古玩人来。熊伯寅由津来，未晤。三时阖家至新房看工，赏瓦木匠工头四人酒洋八元。八时回寓，晚饭。老五、锦川、堃芳先后来闲谈，十一钟寝。

壬申年五月二十七日（1932年6月30日） 星期四 晴

正午起床，逢春、娄三来电，云今日新房张恒德来检查，告余前往招待。饭后至新宅，恰遇张恒德亦至，陪伊前后院检查，伊云房间数目不付，种种毛病，伊意大要好处。余会意，索其名片。张号益斋，名恒德，江西浮梁人，居北平崇小市口内四川营甲八号。应伊事完过府送礼，这才种种相符。伊去后偕艳云至骡马市大街旧货摊购买瓷器，价钱甚昂，一物不得购回。返新宅，内子、两儿亦至，锦川后来，瓦木匠收工后回寓。接天台山农（号）即刘山农[1]讣闻，于民国二十一年三月二十三日即旧历壬申二月十七日寅时病故，寿五十；又接黄金荣函，云黄全生壬申五月十七日暴病而亡；又云大舞台拆改，明正完工。恐有假冒约余演唱者，日后有黄金荣之图书（章）函件为凭。因黄全生任大舞台经理之故，托海上友人代送奠礼。刘山农乃嘉兴生人，邮寄奠礼。余自沪归期年而已，忽接讯全生、山农二友均丧，忆二人皆有名申江，余在申恒与酬酢，不意均作古人，乃知人生不过一梦，思念及此，觉名利二字可不必汲

1 刘山农（1878～1932年）本名青，字照藜，后改字文玠、介玉，号天台山农。原籍浙江黄岩，生于嘉兴。擅书法。与清末民初著名书法家李瑞清、曾熙并称三大家。退伍后寓居上海，以鬻字为生。曾编辑上海《小说新报》，又编《大世界报》，组织《萍社》，善作诗谜及韵文。

汲也！今日赵桐珊三十三生辰，命人送礼；又桐珊仆人小赵得子弥月，赏洋一元。晚饭，稍息即寝。

壬申年五月二十八日（1932年7月1日） 星期五 晴

下午一钟起床，作画。敬余来谈。孙冠宇送古玩多宝格来，索洋二百五十元，尚未定妥。四时至新宅监工，赏瓦工匠酒洋一元。树臣至新宅闲谈，七时回寓。召小器作来做古玩座；成衣来裁衣。彦衡来索扇。堃芳、锦川来，晚饭，十二时客散，二钟方寝。

壬申年五月二十九日（1932年7月2日） 星期六 晴 热甚

下午一钟起，敬余、堃芳来同饭，饭后阖家赴哈尔飞，演《鱼藻宫》。七时冒雨而归。小器做来瓶座。晚饭。稍息即寝。

壬申年五月三十日（1932年7月3日） 星期日 阴晴不定 小雨

下午一钟起床，接诒墀、赵钫请帖，约五月三十日下午七钟在新丰楼晚饭。因有戏劳累，辞谢未去。午饭后阖家至哈尔飞，演《杜十娘》。戏毕回寓晚饭。树臣、锦川、老五、富禄、润峰，堃芳等来博戏，至次日七时方散，即寝。

《杜十娘》荀慧生饰杜十娘

壬申年六月初一日（1932年7月4日） 星期一 晴 风

一钟起床，文逵带和儿至逢春处诊病并命伊至交通银行取款。午饭。敬香。逢春云三条新房因拆改旧房过多漏税，说合不追免罚税。三时阖家至新房监工，对沈根生说明该事。伊言报建筑漏税罚款等项，伊一概完全担任。伊办事谨慎，绝无此事。七时偕内子购酱菜，冒雨步归。晚饭后结日用账目，十二钟寝。

壬申年六月初二日（1932年7月5日） 星期二 阴晴不定

正午起床，阖家沐浴。孙冠宇、陈敬余来谈。郭际湘来，同与和儿排戏。昨在新房与郝锦川定下期哈尔飞戏码，该期演毕歇夏。因吉祥内部不和，大约仲仁脱离该院经理，故在哈尔飞连演。锦川因演毕歇夏，要求和儿同台演唱《红鬃烈马》，和儿《武家坡》《大登殿》，次日《穆天王》。五时至新房，桂芳生日，命人往朱宅送礼。八时阖家偕堃芳步归，晚饭。十二时钟寝。

壬申年六月初三日（1932年7月6日） 星期三 晴 暖甚

十一钟起床，命盛意代表余与和儿排戏。余作画。孙冠宇来索多宝格古玩洋二百四十元。又托堃芳购凤尾古瓶并鹿头尊，均是康熙窑，共洋一百六十元整。下午四时阖家至新房，观瓦木匠造房脊，赏瓦木油匠洋六元。先后共赏伊等洋二十四元。八钟步归，润峰与和儿调（吊）嗓，晚饭。二钟寝。

壬申年六月初四日（1932年7月7日） 星期四 晴

正午起床，与敬余研究新戏，与和儿排戏。阖家至新房监工。晚带和儿至泰丰楼赴陆麟仲饭局，逢春、娄子玉、桐珊、铁庵、仲仁、敦敏、瑶卿、宝忠等同席。饭毕，子玉、逢春云椿树三条房契不符，少冯姓典契登记件数，不能税契。明日命堃芳至张栋臣处询问底细，言毕回寓。全家理发，尊元阁差一理发工来，该工人来云，尊元阁散活每月到余宅三次只索工洋三元，托余介绍买卖。锦川来云常立恒因拆白被捕。据锦川云，立恒与鲍局长妹妹有奸，大约性命难保，恐作刘汉臣之后，袭贪色之报也。两钟始寝。今日小暑节。

壬申年六月初五日（1932年7月8日） 星期五 奇热

正午起床，午饭，阖家沐浴。四时赴新房，不见堃芳来，至张栋臣处询冯姓典契登记底细。钱俊山、李浦全亦至新房闲谈，八时步归，同盛意与和儿排戏。润峰来吊嗓。范宝亭[1]丧父，命人送礼。四钟始寝。

壬申年六月初六日（1932年7月9日） 星期六 阴 微雨

下午一钟起床，敬余、堃芳来同饭。饭后阖家赴哈尔飞，和儿因天热只演《大登

1 京剧演员，工武花脸，父范福泰。长期辅佐杨小楼等人。

殿》，余与贯大元先演《武家坡》，后同慧宝、和儿演《大登殿》的旗头公主。戏毕，许鸿友同汪姓及妓女丁兰云至后台闲话。阖家及堃芳、老五至马富禄处，贺其三十三生辰。高庆奎、尚小云、王树臣等男女客有四十馀人。并有相声、杂耍、大鼓娱客，谈笑甚畅。饭后同王树臣、筱翠花、陈喜光竹戏八圈。一钟带两儿及内子回寓，晚饭，天明始寝。

壬申年六月初七日（1932年7月10日） 星期日 早雨

下午一钟起，天晴。敬余、堃芳来，共饭。三时同赴哈尔飞，和儿先与贯大元、贾多才、张连生合演《穆天王》，余大轴同富禄、仲仁、甫亭、少亭、桐珊、少奎等演《钗头凤》。戏毕刘小桑、欧姓、张舜九等至后台闲话。八时余阖家及桐珊、堃芳、老五同至余寓晚饭。小器做来瓶座。十钟客散，二钟寝。

壬申年六月初八日（1932年7月11日） 星期一 晴

正午起床，午饭，晾行头。三钟阖家至新房监工。孙冠宇亦至该房闲谈。七时回寓。晚饭润峰来，锦川、冠宇同来，竹戏至四钟始散，即寝。

壬申年六月初九日（1932年7月12日） 星期二 晴

下午一钟起身，接王凤卿五十岁寿帖，今日在丰泽园饭馆宴客，命人送礼。四钟阖家至新房看工。稍息，带两儿及内子往堃芳处，富禄、老五、仲仁、喜广、树臣、玉安、多寿等均在伊宅赌博，为与张连生、唐彩芝抽头，余亦加入。另与树臣、锦川、喜广、彩芝竹戏，伊等打扑克。时逢大雨，不能回家，只好彻夜，天明十一钟回寓。顺路至新宅照看。回家午饭，饭毕阖家沐浴，雷雨闪电仍然大作。杜丽云之父用培持海上黄金荣名片来访，未晤。

壬申年六月初十日（1932年7月13日） 星期三 雨 下午二时方止

高连第之子本月十三日弥月之喜，在新筵春宴客，送份金四元整，另送银锁镯全份。高连第名德荃，号竹亭，学名连第；伊兄德荫，号兰高；连第子小名长有。午饭后电召德瑞杂货店购牙刷。晚冒雨赴李宅饭局，先送和儿至彩霞家。李宅有仲仁在座。饭后稍谈，回寓即寝。

壬申年六月十一日（1932年7月14日） 星期四 雨

正午起床，富禄电约伊宅竹戏，饭后即往马宅。与树臣、老五、堃芳并男女张姓、男名柄三及张喜广先打麻雀，晚饭后改打扑克。两钟意欲回寓，大雨倾盆，被雨所留。天明七钟雨止，回寓遇一醉车夫，行在井旁，将车掷在地下；伊站在井台上，似像跳井之意，余将要过去拉伊，伊口云穿鞋不好走，将鞋寄放在井内，回来取你……醉话可笑。抵家，就寝。

壬申年六月十二日（1932年7月15日） 星期五 晴

正午起床，盛意来，饭后至新房，赏瓦木匠西瓜、茶叶、香烟共洋五元。仆人玉海在染房洗台湾草草帽，被铺中匠人丢失，价值四十元，伊赔洋十元。八钟归寓，润峰来晚饭，饭后稍息即寝。

壬申年六月十三日（1932年7月16日） 星期六 晴

下午一钟起床，午饭饭后，合家至新房监工，老爷子及彩云亦至新房闲谈。七钟归。今日高连第得子弥月，带两儿至新筵春贺喜。晚饭毕，孙冠宇、叶春荣谈天。叶云本星期一借余处请局，打扑克、打麻雀赌博，为还欠债。全家沐浴修脚至天明方寝。

壬申年六月十四日（1932年7月17日） 星期日 五更大雨

下午一钟起床。今日有坤伶在哈尔飞演《英杰烈》，署名新慧生，可发一笑。敬余来研究新戏。三时阖家至新房监工，路遇孙冠宇，交余翡翠手戒指一个，索洋五百元，价昂未要。堃芳、锦川至新房闲话，八时回寓。润峰来调（吊）嗓。晚饭后徐筱汀由申来平，新（先）至余处，因理发未见。叶春荣来，云明请局已定，交厨子伙计开销洋十五元。接海上黄金荣云，竹轩约余八月中秋赴沪，在天蟾舞台演剧，黄金荣担保。晚饭后稍息即寝。

壬申年六月十五日（1932年7月18日） 星期一 晴

正午起床，与敬余闲谈，午饭后徐筱汀由沪来访，同至新房，谈沪上少楼、丽云演戏事，云王、杜合同已满，唱义务戏，最末一天演《法门寺》，看客在天井上跌下，脑浆迸裂，无人领尸，死得可惨。五时偕王树臣回寓。先在寓有十馀人，为老五帮忙赌博抽头。天明下午一钟始散。

壬申年六月十六日（1932年7月19日） 星期二 晴

二时午饭，补敬十五日香。昨孙四送古瓶来。徐筱汀来询赵桐珊住址。补送小桂花得子满月礼。晚饭大雨彻夜，十一钟寝。

壬申年六月十七日（1932年7月20日） 星期三 晴

十一钟起，孙四送多宝格来；陈敬余亦来。张啸林介绍友人楼浩堂带子来寓访谈。四钟阖家至新房监工，彩云亦至，七钟回寓。接逢春电云明晚同律师及沈葵阶、楼子蕴来寓谈三条房税契事。晚饭，今日筱汀、桐珊至新房，面求画扇。十二钟寝。

壬申年六月十八日（1932年7月21日） 星期四 晴

下午一钟起，孙四、敬余来谈。午饭后阖家至新房监工。瓦木匠沈根生支洋两千元，余日用伍佰元。均在鸿庆裕银号支取。王树臣、马富禄、陈亚孙亦至新房闲谈，六时沿路购物步归。楼子蕴来稍谈，蒯晋德号旭文及逢春先后至谈三条房税契事，留饭。蒯律师云明日至登记处调查冯姓（冯姓者，即是冯蕙林）登记典契是否在登记处，再来接头，因三条房契纸等项均有，惟欠冯姓登记典房契契纸。据张栋臣云此二物被登记处扣留，纠葛未清，不能登记税契，调查清楚方能税契，以免后患。如在张栋臣手，便能法庭起讼索要。十二钟客散即寝。

壬申年六月十九日（1932年7月22日） 星期五 早晴

正午起床，孙冠宇来索古瓶洋四十五元；敬余亦至。四时阖家至新房监工。时遇狂风暴雨，将别巷树木发来甚多，雷闪大作，塌房无数。余新房构造甚固，幸还无恙。二内嫂夫妇至该房闲谈，同饭。七时雨稍止，带两儿及内子回寓。院内花草树木均被雨冲倒；卧房已漏，西厅房文具均被雨淋；厕所屋顶塌下。锦川电云宣武、崇文门瓮洞水深丈馀，不能行人。晚饭稍息即寝。

壬申年六月二十日（1932年7月23日） 星期六 晴

下午一钟起，与冠宇敬余闲谈，午饭。四时阖家至新房监工，七时偕老五步行购瓜回寓。接黄全生病故讣闻；在北平南柳巷五十二号友人处代收份子，又接朱荣父四十九寿帖；关丽卿授室喜帖，在西长安街大陆春饭庄宴客；田文玉娶儿媳帖。锦川来，晚饭。今日大暑。晚饭后与锦川合计七月初戏码。十二钟半即寝。

壬申年六月二十一日（1932年7月24日） 星期日 晴

下午一钟半起床，敬余、冠宇来闲谈。三时阖家到三条新房，张喜广、王树臣亦至，同回寓竹戏。晚约徐筱丁便饭，有富禄、仲仁、锦川、桐珊在座，饭后仍竹戏，因大雨天明十钟始散。汪逢春电约至伊宅，商议椿树三条为冯蕙林典房契契纸未交事。即往逢春宅，楼子蕴也在该处。候逢春看门诊完毕，逢春将蒯旭人律师给逢春函转交余。函云："荀君事，现经查明，登记证两纸确在登记处存卷。惟典契一纸业经张栋臣在登记处领回，有收据可证，请转达荀君。馀面启此上。凤春、子蕴两哥钧鉴。"合计法庭起诉，叫张栋臣把典契拿出。回寓即命堃芳往张栋臣处善说冯姓典契如交出，免起诉事。伊乃不承认，还说在登记处。余只好预备将来起诉。十一钟方寝。

壬申年六月二十二日（1932年7月25日） 星期一 阴 大雨

早十钟起床，阖家沐浴、修容。午饭后与敬余、锦川闲谈。晚饭后稍息即寝。

壬申年六月二十三日 （1932年7月26日） 星期二 早阴 下午略有日色

正午起床，李寿铭由津来向余借款。因手内不便，辞去。锦川也至，云尚小云母病重，在日内就要亡。余闻此言，因同小云幼年同科，又是结义兄弟，即同锦川往尚宅探病。路遇逢春，在汽车内谈冯宅典契事如何办法，逢春言托蒯旭人至登记处抄写张栋臣由登记处领回的冯宅典契凭证，有确实把握在法院起诉。言毕分路至小云家。赵砚奎、李寿铭均在伊宅。余同小云至病房探病，伊母已不省人事，大约已在目前必亡。稍谈至三条新房监工，又至彩霞家贺伊子彦衡二十九岁生辰。回寓。约张喜广、老五、堃芳、杨张二姓及富禄、树臣等博戏，为救急吴彩云抽头还债，次日正午始散。

壬申年六月二十四日 （1932年7月27日） 星期三 晴

正午午饭，厨师老马来报父丧。又闻昨晚九、十钟小云母病故。内子由彩霞处回寓，路过尚宅，闻伊院内哭声连天，所以知之。敬余、内子五姐、郝锦川来，留晚饭，欲寝，理发来理发，十钟寝。

壬申年六月二十五日（1932年7月28日） 星期四 阴雨

十一钟起床，接海上黄金荣函，约余至海上天蟾演剧。因购房手续未清，推辞明正再议。汪侠公接洽，今日张宗昌堂会，戏码《辛安驿》。内子同彩霞长女剪发，午饭，作画。润峰来吊嗓。锦川偕堃芳来，定七月哈尔飞戏码，由星期六即下月初五连演三天。恰逢巧节。富禄亦至。晚饭毕，九时偕堃芳、富禄冒雨至张宗昌宅，雨甚大，将车轮淹没，只好慢慢步行，十时半至张宅。戏码尚早，还隔（音接）十余出。至前台见张宗昌、吴佩孚、韩复渠，闲谈。张命程伯容副官招待甚周。香烟、酒、点心大吃。次日天明六钟《辛安驿》登台，余戏毕还有《奇双会》《红拂传》，大约十钟方能止戏。余七钟回寓。车行东四牌楼车轮已坏，车夫被雨淋换轮，甚可怜。水有半人之深，七钟半到家，点心，十二钟寝。

壬申年六月二十六日（1932年7月29日） 星期五 雨

下午八时起床，晚饭。喜广在堃芳处约博戏，因失眠未去。十二钟寝。夜间雷闪震耳，恐两儿害怕，复起床与内子闲谈，看守两儿。幸次儿未醒，长子扑余怀内，甚恐。天明七钟雷闪始息，方寝。

壬申年六月二十七日（1932年7月30日） 星期六 大雨

下午一钟起床，午饭后，汪侠公送张宅堂会洋来。喜广偕闵志来，电约树臣博戏，连孝由济南回平。共饭，饭后仍竹戏，天明正午始散。接小云丧母报丧帖并讣闻，果星期三去世，今日接三，命人送官吊。伯珩因路远，托余代送尚宅奠礼。

壬申年六月二十八日 （1932年7月31日） 星期日 大雨

下午一钟牌散，客去，午饭，骧儿至逢春处看病。命文逵带来信件。仍为三条新房典契事。晚润峰来，托余明日在宅内请牌局，为伊抽头还债。十一钟寝。

壬申年六月二十九日（1932年8月1日） 星期一 晴

十一钟起床，午饭毕出门访友，先至前毛家湾潘馨航处，入门稍谈；又至程伯容家闲话。欲至张宗昌处，伯容云张睡午觉未起，请余改日再访。并至李宅大吸鸦片烟。接熊伯寅函，云明日四钟来寓访谈；又接海上黄金荣函，请余八月南下，在天蟾演戏。李玉安、吴堃芳、张喜广、张敏志、杨树林、王树臣、王多寿、郝锦川、李润峰来博戏，为润峰抽头。逢春亦至，为骧儿诊病。堃芳结日用账。汪逢春与堃芳谈三条新房税契事。晚饭，饭后仍博戏，至次日下午三钟始散。

壬申年七月初一日（1932年8月2日） 星期二 晴

午饭饭后客散。与内子煮鸦片烟，共百两。晚饭后敬香，仍煮烟，夜三钟始寝。

壬申年七月初二日（1932年8月3日） 星期三 晴

正午起，盛意来共饭。敬余亦至。命人送尚小云母丧奠礼。三时煮烟膏，张敏志、杨树林来帮煮烟。宋雅孙接吉祥经理约余帮忙，来定下下期戏码。堃芳至共晚饭。接朱定诚函，索《丹青引》当场绘山水条幅。熊伯寅由津来寓，云伊在天津办《游艺报》，制办机器款项不足，向余借贷，婉转推辞。晚饭毕仍煮烟，二钟堃芳去。内子累次失洋不问，今日又失洋十元，数目忒多，盘查佣人，云钱包错向，我放的地方在柜内，怎么钱包在外？奇怪！仆人均不承认。自不小心，只好不究。四时始寝。

壬申年七月初三日（1932年8月4日） 星期四 晴

正午起床，仍煮烟，盛意来帮忙。午饭。王松林偕伊长女来，老五亦至，留饭。饭毕煮烟至天明，四钟始寝。

壬申年七月初四日（1932年8月5日） 星期五 晴

下午四时起床，午饭。将要出门，忽听西院北房墙壁倒下，毁坏物件甚多，约有三四百元。穿衣镜、字画等物，本是上次和儿书房摆设之物，上次塌房未损坏，将此物件移在北房；如今仍被墙壁损害，不如当初不移。两次塌房，损失甚重，命犯破财，奈何奈何！接天津游天函，云今日来平，约余三钟在余新房见面闲谈，因起床甚晚，未去。五时至小云家吊其母丧。金碧辉煌，似国丧一般，派头甚大，警察把门。亲友来宾甚多，拥挤不动；从人背后挤进，行奠礼毕，即回寓。游天来，敬余、堃芳亦至。胡师来画《丹青引》画稿，并改扇面。饭后阖家理发，桐珊来取烟土钱。四钟始散，天明方寝。

壬申年七月初五日（1932年8月6日） 星期六 晴 热甚

下午两钟起床，接地方法院调查冯姓典契函。堃芳、敬余来午饭，三时至哈尔飞。李子铎由河南来，至后台闲谈。四时半《丹青引》登台。演毕回寓晚饭，稍息即寝。

壬申年七月初六日（1932年8月7日） 星期日 阴晴不定

正午起床。敬余、堃芳、锦川、子铎先后来午饭，饭后本宅张房东来，与伊谈塌房损失物件等事。此妇说话十分狡猾，二人口角大闹，伊去。四时赴哈尔飞，内子、两儿同往。五时演《棋盘山》。时遇大雨。戏毕，在该台说《天河配》。沐浴，八时回寓，晚饭。杨乐彭由天津来借行头。陈砚清来索鸦片烟。接史奏勋函，索扇面，内有不逊之言。因画扇迟久，函内诙谐甚多。一钟欲寝，卧房内顶棚响声，甚惊，怕出危险，将内子、两儿唤醒，移在堂房安眠，天明七时方睡。

壬申年七月初七日（1932年8月8日） 星期一 早晴晚晴

寅时立秋。正午起床，敬余来午饭，饭后阖家赴哈尔飞演《天河配》。由于昨日客满，今日不得购票者约四五百人。戏毕回寓。命人将床铺移在堂屋。晚饭后游天、老五来打扑克，三钟始散，就寝。

壬申年七月初八日（1932年8月9日） 星期二 晴

下午两钟起床，午饭，敬余来谈。三时阖家赴新房监工。七时归寓。晚饭后接王琦号景韩丧父讣闻，阴历七月十三日开吊。老五来闲谈，二钟始寝。

壬申年七月初九日（1932年8月10日） 星期三 晴

下午一钟半起床，午饭。彩霞五十六岁生辰，命人送礼。阖家至新房监工。五时阖家至吴家，闻彦衡云，吴铁庵今日忽患霍乱症去世；又云棉花七条陶宅一家七口均因吃西瓜而死。命老五与吴大姑娘作伐配邢君明。九钟半回寓，老太太及游天均来，一钟散，即寝。

壬申年七月初十日（1932年8月11日） 星期四 晴

下午一钟起床，午饭，饭后至新房监工。七时回寓，晚饭后与游天、老五打扑克。一钟始寝。

壬申年七月十一日（1932年8月12日） 星期五 晴

上午十钟起，至堃芳处，同至逢春处，商议税契事。因张栋臣知有预备，意在私和。议订在老便宜坊开始办理，娄子蕴亦来共议。两钟回寓午饭，饭后至新房。前数日闻人言，常立恒因犯拆白嫌疑被捕，已经枪决。今据陈先生来云尚不甚确，惟立恒被入大木笼，饱受带尾蜖虫之虐是实。润峰也至新房，同回寓。游天、富禄、堃芳、锦川、雅孙均来博戏。二钟始散，就寝。

壬申年七月十二日（1932年8月13日） 星期六 阴晴不定

下午一钟起床，陈先生来共午饭，饭后阖家赴吉祥。孔希伯、沙游天、孙芹池至后台闲谈。《花田错》四时半登场。戏毕，芹池面约明日春华楼晚饭。七时半回寓。命艳云写请客帖，订星期一在米市胡同老便宜坊，有逢春、子蕴、堃芳、旭人、栋臣同席，为冯姓典契私和手续事。马富禄生女，明日洗三，命人送礼。晚饭后游天闲谈，二钟始散，即寝。

壬申年七月十三日（1932年8月14日） 星期日 晴

下午一钟起床，午饭。阖家赴吉祥演《天河配》。戏毕回寓，吸烟休息。游天来接，同赴春华楼孙芹池之约，同席有七八人。饭毕回寓，稍息即寝。

壬申年七月十四日（1932年8月15日） 星期一 阴晴不定

正午起床，午饭。接舍予函，并许小圃大中华灌片一张，学余《元宵谜》《妒妇诀》，分毫不差，甚似余所灌者。片中舍予操琴，亦学剑秋，也有似像处。游天来，堃芳亦至。阖家理发。晚偕堃芳、游天赴便宜坊，自做主人，为三条新房冯姓典契事宴客。余请蒯旭人律师代表发言权。阖家亦至。汪逢春、娄子蕴、蒯旭人、沙游天、吴堃芳、张栋臣均到场。先累次命堃芳问张栋臣冯姓典契一事，伊告被登记处扣留，始终不承认在伊手。今日伊见此举动非凡，栋臣到场自己发言云，冯姓典契一纸本在余手，因与房契无关，余将该契作废；今日要余写字据盖章等事，百依百随。伊闻余有预备在法院探听契纸事，有确实把握在手，不能抵赖；又看今日场面不好，落得乎说漂亮话。所谓光棍不吃眼前亏，不如承认免起纠葛。堃芳因伊说话与前言不符，要起冲突；大家劝解，因张承认典契，何必质问。即烦游天代笔，蒯律师起稿，张栋臣把冯姓典契失落，双方面登报声明该契作废，以后若有纠葛，归栋臣负责清理。命栋臣盖章签字，代笔人沙游天，见证人汪逢春、娄子蕴、吴堃芳、蒯旭人律师均签字盖章。以后张栋臣可永远不能抵赖反悔。入席时对张云，日后该房若起一切纠葛，均由张栋臣担负完全责任；栋臣满口允诺，辞席而去。饭毕，将字据面交蒯律师，托伊登报声明。余偕游天带和儿步归。王树臣、宋雅孙、郝锦川、叶老五先在寓候，博戏至天明始散，五钟寝。

壬申年七月十五日（1932年8月16日） 星期二 雨忽落忽止

今日鬼节。十一钟起床，敬香。午饭毕至盐业银行取定期款洋一万元。本民国二十二年五月七日方能取出，因购房用款，奈熟友关系，连本带利，付出洋一万一百二十五元，下存洋一万元。又至交通银行结算活期存款，连本带利，下存三千元。又至鸿庆裕银号，结算活期存款，下存洋一千零五十元。由今日三行账目皆结清，交通银行长期存一万六千元。下午四时回寓。佣人文逵带骧儿至逢春处诊病。新房建筑安冷热自来水管，言明价洋共四百元整。四钟三刻阖家至新房看工，晚七时阖家及游天赴丰泽园汪逢春之约，马富禄、娄子蕴、蒯旭人均在座。饭毕回寓，稍息即寝。

壬申年七月十六日（1932年8月17日） 星期三 晴

十一钟起，命仆人玉海至容丽照相馆，将张栋臣典契字据、并法院发出调查典契凭据发单均拍照，预备在地方法院登记处存案。游天来，云今日下午四钟车赴津，因事误车未走。余与堃芳合请游天便饭，在堃芳处，有王树臣及余阖家。五时同赴三条新房监工，七时往堃芳家晚饭，九时回寓竹戏，至次日天明八钟始散。姜玉佩来，与和儿用功。九时方寝。

壬申年七月十七日（1932年8月18日） 星期四 晴

下午三时逢春来为骧儿诊病，促余起床，即起身。游天来闲谈，伊五钟车赴津。小器作送古玩座来。饭毕内子煮烟，敬余、富禄来闲谈，一钟始寝。

壬申年七月十八日（1932年8月19日） 星期五 晴 风

正午起床，敬余、盛意来共饭。三时阖家赴新房监工，七时购物步归。润峰来吊嗓，晚饭。杜用培、龚兆熊持海上黄金荣片来访，并云约余南下，未晤。朱定诚函索《丹青引》画。堃芳来同饭。饭后食头米。十二钟堃芳、润峰去，即寝。今日仆人文逵抱骧儿到汪逢春处看病，补记。

壬申年七月十九日（1932年8月20日） 星期六 晴

正午起床，午饭，敬余、堃芳来共饭。饭毕阖家至哈尔飞，先与富禄演《探亲》，后同彦衡等演《长坂坡》。戏毕回寓晚饭，与堃芳结算戏份账目。与树臣、堃芳、富禄等博戏。今日艳云改小生，与盛意演《鸿鸾禧》莫稽。博戏至三钟始散，即寝。

壬申年七月二十日（1932年8月21日） 星期日 晴

正午起身，敬余、堃芳来共饭。饭毕阖家赴哈尔飞，大轴演《荆钗记》。戏毕马富禄面约阖家及堃芳至西来顺便饭。饭毕，车送富禄父子回家，余回寓。与堃芳结算演剧账目，并定下期吉祥戏码。堃芳去。合家沐浴。十二钟寝。寝时风雷闪，雨大作。并接萧登青、沙游天二君函，游函为沟新宅西洋瓷恭桶面盒事，前游天回津，余面托伊，故来函告之。萧登青函，不过问好而已。

壬申年七月二十一日（1932年8月22日） 星期一 阴晴不定

正午起床，敬余来共饭。饭后阖家至新房监工。郝锦川亦至面约明日西来顺食烤羊肉。树臣亦来，云明日瓦工沈根生支洋伍佰元，下午四时新房相见。七时回寓。徐德曾偕海上龚兆熊来，约余南下，因新房手续未清，辞谢。堃芳来晚饭，容丽送张栋臣字据照片来。游天由津来电云磁恭桶、面盆不日寄平。晚饭后锦川又至闲谈，两钟始寝。

壬申年七月二十二日（1932年8月23日） 星期二 晴

下午一钟起床，南铁生、欧寿南同来接洽堂会事。四钟阖家至新房，晚阖家至西来顺，赴郝锦川饭局，有堃芳夫妇及锦川伉俪并老爷子在座。饭毕回寓。伊等至哈尔飞看戏。一钟始寝。

壬申年七月二十三日（1932年8月24日） 星期三 晴

正午起床，和儿因逃学打之。午饭敬余来稍谈。带两儿及内子往新房监工，赏工匠等洋八元。七时步归。堃芳、树臣先后至晚饭。富禄至新房闲话，约伊博戏，伊云今晚有戏，戏毕即来。饭后与树臣、堃芳及内子竹戏，至天明六钟始散。整理烟具，八钟始寝。

壬申年七月二十四日（1932年8月25日） 星期四 微雨

正午起床午饭。饭后下午三点往胡冷庵处还债。因去岁腊月购椿树三条新房款项不足，向伊借洋一千元，今日往还，利息四十元。又至张宗昌、潘馨航两处，均求法书对联横批。并到东长安街中央饭店访龚兆熊，乃海上大舞台经理，接已故黄全生责任，来平接余南下，余事忙辞谢。游天由津来，云谭小培在津演剧，不日回平，托伊带来花牌烟斗等物。五时半至新房，七时回寓。理发，沐浴。锦川、堃芳来闲话，二时寝。

壬申年七月二十五日（1932年8月26日） 星期五 晴

俊昌来电，云游天由津寄来磁恭桶、面盆等物，即促余起身往看。连花牌均送来。连孝、蕙林亦至新房谈天。七时阖家步归。润峰来吊嗓。饭毕与和儿及内子、堃芳打花牌，二时寝。

壬申年七月二十六日（1932年8月27日） 星期六 雨

下午二时起床，阖家赴吉祥，敬余、堃芳同往，演《辛安驿》。戏毕，偕富禄、堃芳及余阖家回寓。饭后竹戏至四时始寝。

壬申年七月二十七日（1932年8月28日） 星期日 大雨彻夜至天明 正午方止

下午二时起身。午饭毕，阖家及堃芳、敬余往吉祥，演头二本《红楼二尤》。看客由昨日已满堂，今日无有立足之地。该戏系宋雅孙、王树臣烦演。戏毕，王、宋二君请余阖家及马富禄、赵桐珊、陈敬余、关醉蝉、刘艳云等在东兴楼饭馆晚餐。饭后树臣、雅孙带和儿至吉祥看李万春之《佟家坞》、胡碧兰之《鸿鸾禧》。余阖家回寓，同堃芳结算两日演戏账目。桐珊面约明日在

荀慧生夫妇与令香和令文

伊处竹戏，云为伊弟子请局购行头并唱戏之用。接游天函言接到瓷恭桶、面盆、花牌等物要回信。二时艳云、盛意送和儿回寓，即寝。

壬申年七月二十八日（1932年8月29日） 星期一 阴晴不定

上午九时起，午饭。饭后敬余来谈。三时阖家至新房观瓦木匠等造炉灶。吴少奶奶、吴大姑及内子五姐同到新房谈。六时赴赵桐珊处，富禄、树臣、润峰、多寿、老五、堃芳先在伊处。饭后竹戏，至夜半四时回寓，点心，天明方寝。

壬申年七月二十九日（1932年8月30日） 星期二 雨 晚晴

下午两钟起，与敬余说《双沙河》。午饭。四钟偕内子带两儿至新房；树臣、富禄、老五均至新房，云内子五姐今日请打牌抽头，在吴堃芳处，约余同往。昨李子铎电约余今日丰泽园晚饭。稍息，赴子铎饭局，同席均是军阀要人，有十馀客。中菜西餐，饭毕仍回堃芳处竹戏，至半夜四钟回寓，即寝。

壬申年七月三十日 （1932年8月31日） 星期三 晴

下午一钟起。敬余来，共饭。作画。四钟阖家赴新房；冯蕙林亦至该房，说从前同班故事，甚觉有趣。八时回寓晚饭。十二钟半即寝。

壬申年八月初一日（1932年9月1日） 星期四 雨

下午三时始晴。正午起床，敬香，午饭。敬余来说戏。四钟阖家至新房看工，八时回寓。润峰来吊嗓，堃芳、老五亦至，共饭。饭毕，与堃芳结算日用账目。八时半打扑克至三时始散，即寝。

壬申年八月初二日（1932年9月2日） 星期五 晴

下午二钟起床，与敬余说戏。四时至新房监工，七时阖家回寓。王蕙芳函索扇面。接游天函约余天津春和戏院演剧。晚饭毕，老五送旗头来，宋雅孙、李润峰、吴堃芳、王盛意来同博戏。王树臣生辰命人送礼，文逵带骧儿看病，逢春诊治，四钟客散，即寝。

壬申年八月初三日（1932年9月3日） 星期六 晴

下午一钟起。上海张啸林介绍楼森（号浩堂），伊亲带礼物来访，因未起床未晤。锦川、敬余、堃芳先后来，共午饭。饭后阖家赴哈尔飞，先与仲仁、多寿演《醉酒》，因富禄在华乐与庆奎演《浣纱记》误场，多寿代演。大轴：桐珊、少奎、富禄、仲仁合演《双沙河》。戏毕回寓，晚饭后闲谈至四钟始寝。

壬申年八月初四日（1932年9月4日） 星期日 晴

下午一钟起身，敬余、堃芳同来午饭。三时阖家到哈尔飞演《还珠吟》。戏毕回寓理发。闻张宗昌回济南被刺，明日往伊宅询问。雅孙来，云张宗昌被刺济南事实。晚饭后与和儿打花牌。九时同雅孙、锦川、堃芳、老五等打扑克至天明，小睡，九时复起。

壬申年八月初五日（1932年9月5日） 星期一 晴

命玉海带骧儿到逢春珍视，余至新房监工，正午回寓。胡冷庵来改画，敬余亦至，共饭。饭毕偕胡、陈到三条新房往看工程，内子带两儿后至，九时回寓。晚饭厨子老马为伊父丧无钱办丧事，请富禄、树臣、雅孙、老五等博戏，抽头请局，均有要事未来，与堃芳、锦川、富禄及内子小聚，抽头洋九元补助菜洋，天明始散，寝。

壬申年八月初六日（1932年9月6日） 星期二 晴

下午二钟起床，与敬余研究新剧。五时富禄、树臣、堃芳来，竹戏，仍为厨子老马事。雅孙亦至，竹戏毕打扑克，天明始散，九钟方寝。

壬申年八月初七日（1932年9月7日） 星期三 晴

下午三钟始起床，公安局警察及外四区警察来，云《导报》登载余每日聚赌、吸鸦片烟、卖白面等情，毁谤余名誉，并云现命余等来调查，不论有否此事嗣后请注意，又言必是借贷不周得罪小人之故。五时带骧儿至三条新房监工，富禄亦至新房，觅堃芳来明日调查导报情形。王瑶卿生辰命人送礼，八时同堃芳回寓，接游天函为天津春和戏院演戏事。冯蕙林面托余安自来水。郝锦川来，代复沙游天、娄浩堂函；叶春荣亦至，共饭，饭后谈天，十二钟客散。二钟方寝。

壬申年八月初八日（1932年9月8日） 星期四 晴

下午一钟起身，与敬余研究新剧。五时阖家往三条新房监工。王树臣、吴堃芳、冯蕙林均至新房闲谈。七时回寓，作画。小器做送穿衣镜来。春荣送《导报》来，因该报登余吸鸦片烟、聚赌、卖白面、鸦片等情，故送余阅之，一笑。锦川等复来，留晚饭，饭毕闲话至一钟方散，即寝。

壬申年八月初九日（1932年9月9日） 星期五 阴晴不定 微雨

正午起床。娄浩堂来谈，二时伊去。汪逢春电云命文奎至伊宅，椿树三条房张栋臣、冯蕙林借字登报手续已清，完全无事，送登报款项洋三百元来，好了账目，嘱文奎明日送来也可。娄子蕴电云，嘱余备款税契。敬余来，午饭。四时阖家至新房监工，六时冒雨而归，晚饭。堃芳来，云张栋臣定星期一有要事面谈。李润峰来吊嗓。食鸡头米。石焕如送节礼来。修容。一钟半寝。

壬申年八月初十日（1932年9月10日） 星期六

大雨由昨下午五时起，至今下午六时方止。吉祥今日演《埋香幻》，余因雨回戏。正午起床。敬余来，共饭。堃芳、春荣同来，云明日马富禄女弥月，嘱余备礼。命文奎至逢春宅送现洋三百元整，为结三条房登报税契之用。十一钟寝。

壬申年八月十一日（1932年9月11日） 星期日

昨夜二钟大雨，彻夜至今，下午二时始止。吉祥因雨仍回戏。今日戏码为《百宝箱》，所售戏票下期有效。正午锦川来促余起床，共饭；敬余亦至，稍谈。阖家往富禄家中，贺其女弥月之喜；伊亲友满座，并有杂耍宴客；晚饭毕同其亲友竹戏四圈，偕内子带两儿回寓。李子铎偕其三友来竹戏并牌九，彻夜至天明，下午一钟方散。

壬申年八月十二日（1932年9月12日） 星期一 晴

今日余吸烟，身体酸痛，意想戒烟，即命老五往大栅栏仍购屈臣氏药房自由戒烟丸，共十盒，每盒合洋一元。雅孙送节礼来。并命文奎购亲友节礼，合洋四十元。赵芝相丧父，送礼。开销亲友并和儿老师节钱。晚沙游天由津来。锦川、雅孙、富禄、堃芳、老五等来。张栋臣来借贷，留饭。饭毕稍息。游天等与和儿打花牌。余因昨日至今未睡，困倦，九时即寝。

壬申年八月十三日（1932年9月13日） 星期二 阴 微雨

八时即起床，服鸦片烟药食戒烟药毕，复睡，午后又起身。游天冒雨而来；敬余亦至，稍谈。阖家偕游天到三条新房；树臣亦来。张寰如偕游天由津来平，亦至新房闲话。自来水头因节关支洋三百整。沈木匠根生托树臣亦支洋，为开销节账目之用。并赏瓦木匠酒钱十二元。六时阖家回寓；树臣、堃芳、游天同来，留晚饭，饭后竹戏；富禄亦加入。逢春来，大说醉话，甚觉有趣；锦川后至，打扑克，二钟始散。客去嘱文奎明日往前门大栅栏屈臣氏药房购戒烟丸。四钟方寝。

壬申年八月十四日（1932年9月14日） 星期三 阴

早九时起身，服戒烟药，在院内闲步，十一钟又睡。下午四钟冷庵、游天同来，促余起床。魏翠痕亲来借行头，本月十七八两日彩唱。客去后合家理发、沐浴。三顺来要行头洋，因账目不合未付。晚饭毕。托堃芳往张栋臣处，索三条新房抱阁、门、凳等物；余购房时张将此物偷去；余问之，伊云此物值洋千元；余看此物不过百元，念其贫寒当送伊洋二百五十元；张允将此物送还，大约在十七八日送来。栋臣之款系交堃芳送去。一时寝。

壬申年八月十五日（1932年9月15日） 星期四 晴

早八时起床，带和儿步至三条新宅。今日中秋节，送和儿到彩霞、堃芳家玩耍。十一时购物，步归。见大街过节气象甚为热闹。回家敬香。晚胡师、逢春、敬余、彦青、游天、锦川、树臣、亚郇均来，吃羊肉锅。饭毕打牌通宵。小雨终夜不绝。天明九时客散。

壬申年八月十六日（1932年9月16日） 星期五 雨

客去即寝，四钟起床，携家人先到三条，后至堃芳家中便饭，女客甚多，都是伊亲戚。因倦小睡。游天、锦川亦来。十点回家。与游天接洽天津春和演戏，定九月初八赴津演唱。十二时游天去，遂睡。

壬申年八月十七日（1932年9月17日）星期六 晴 早雨

正午起床。余服烟药至今日整一星期，觉浑身不支，出虚汗；因今日有戏，恐不能支持，故仍吸烟数口。二时赴哈尔飞演《十三妹》，满座。游天来。戏毕锦川约至西来顺同饭，阖家均在座。饭后回家后与堃芳、游天议迁居椿树上三条新房、演戏贺房之事。二钟游、堃去。即寝。命小刘与李七小姐及龚兆熊送扇。补记。

壬申年八月十八日（1932年9月18日） 星期日 阴晴不定

今日东三省国难纪念。陈敬余偕农先先生下午二钟来，促余起床，共饭。饭后研究新剧。四时游天偕孙芹池、张明炜在三条新房闲谈，电促余即往；阖家同至三条。张面约余阖家往春华楼晚餐，八时同往。饭毕伊等冒雨至余宅竹戏一夜，次日十钟始散。

壬申年八月十九日（1932年9月19日） 星期一 雨至今日未息

十二钟客去。杨宝森丧母，命人送礼。今日娄子蕴在取灯胡同同兴堂饭庄嫁女，亲带礼物往贺。伊亲友满座。与逢春、旭人等闲话。王盛意送丝糕来。树臣送仁丹、烟药来。与游天、堃芳研究天津春和戏院演戏码，由壬申年九月初二日（国历十月一号）即星期六登台，订第一日《香罗带》，二日白天《盘丝洞》、夜演《英杰烈》，三日夜《十三妹》，四日《鱼藻宫》，五日《钗头凤》，六日《还珠吟》，七日《小放牛》《文章会》双出，八日《红楼二尤》，九日白天《埋香幻》、夜演《元宵谜》，十日即双十节，加演日戏，白天唱《辛安驿》、夜演全本《玉堂春》，整演十日。树臣来，手谈，十二钟散。就寝。九时大雨，一夜未息，至次日下午九时方止。

荀慧生、吴春生夫妇

壬申年八月二十日（1932年9月20日） 星期二 仍雨

下午一钟起身，午饭。敬如来。游天来电，云身体不爽，今日下午四钟二十五分车回津看病。三钟往东方饭店访游天，四时送伊东车站，四钟半开车。余到三条新房，内子带两儿亦至。瓦木匠收工后，阖家至彩霞家，贺吴大内嫂五十三大庆。晚饭毕阖家回寓，到家时将十钟。雨方止。十二钟半寝。

壬申年八月二十一日（1932年9月21日）星期三 仍雨

下午一钟母亲来，促余起床。午饭后阖家至新宅监工；树臣亦至，同回寓，共饭。觅堃芳来寓，竹戏十二圈，三钟始散，即寝。

壬申年八月二十二日（1932年9月22日） 星期四 晴

下午一钟父亲来，余即起身。父亲询问何日赴津。内子大嫂及伊五姐、四嫂并叶老五之媳同来，闲谈，午饭。命小刘送张宗昌及效坤奠礼份。与敬余研究新剧。四钟带两儿到新房往看。八时带儿购吃食，步归。晚饭毕润峰来吊嗓。与和儿打花牌。昨接浩堂送伊友画条来，因事未晤。十一钟堃芳、树臣同来，竹战三十圈整，至次日早八时始散。

壬申年八月二十三日（1932年9月23日） 星期五 晴 狂风

牌将散时，姜玉佩与和儿用工来。十钟交树臣一百元，代购戒烟药四十盒。伊去后与堃芳议天津春和戏院演戏事，正午方去。余修容，午饭。敬余、艳云同来。艳云云因伊父母有病，又因事忙未来贺节。五时马富禄伉俪为伊子弥月亲来道谢；伊夫人大吸鸦片烟；谈有三小时伊去。余亲至大街购地瓜。润峰来说戏。九时始睡。

壬申年八月二十四日（1932年9月24日） 星期六 晴

早八时起身，吸烟毕复睡。楼浩堂来促起床，伊介绍画友，二时方去。午饭。与敬余、堃芳、内子、两儿同赴吉祥，演《埋香幻》，戏毕回寓；仲仁、桐珊、富禄、堃芳、小卿、敬余亦至，共饭，饭后说戏；十钟竹战、打扑克，三钟始散。今日树臣同瓦木匠沈根生至后台，云三条新房西院动工，工人用款明日午后来取，用洋千元。孟万山病故及陈春林丧事并马富禄内弟于德奎之子娶媳，均命人送礼。四钟方寝。

壬申年八月二十五日（1932年9月25日） 星期日 阴

下午一钟起床。敬余来闲谈。瓦木匠根生来取洋一千元整，即开鸿庆裕支票付伊。根生去后阖家赴吉祥，演《白娘子》，七时半始散，该戏演三时半之久。因天时不正，周身骨痛，难以支持，在后台借王树臣烟具大吸鸦片始能登台，登台后倒觉十分精神。散场时间过一小时，因该戏太长之故。演毕回寓，晚饭。饭毕锦川来代写日记。与堃芳结算戏账。锦川说北平武人艳史。雅孙及内子、堃芳竹戏八圈完毕。堃芳云明日晚车赴津，接春和演戏事。四时始散。大雨一夜未息。天明寝。

壬申年八月二十六日（1932年9月26日） 星期一 忽阴忽晴

下午二钟起床。敬余来，未晤。内子五姐来，与小狗咬尾巴。五时至三条新房；父亲先至；雷少臣夫妇带伊孙女亦至新房。余因九月初一日赴津演剧，阖家同往新房，无人监工，面托雷氏夫妇监工，伊允之。玉海至新房，云李子铎七时偕其友来寓博戏，促余即回寓；冒雨而归。子铎同其友三人及树臣先在余寓，晚饭，竹戏，余负洋四十五元。屈臣氏送戒烟丸四十盒，合洋三十六元。二钟客散，即寝。

壬申年八月二十七日（1932年9月27日） 星期二 晴

下午一钟起身。敬余、砚云来，共饭。接李徵五为伊四儿祖起与朱漱贞女士十月初九日结婚帖，在上海西藏路宁波旅沪同乡会宴客，信托舍予代购喜幛。孔希伯来电，云今日四时同其弟至余新房看工程，闲谈。李子铎亦偕伊友李某到三条新房。五时带骧儿及内子至新房，孔、李均先在该房候等；伊等均说新房工程甚好。八时内子同伊四嫂至珠宝市购珠花；余偕二李回寓，九时内子带两儿亦回，共饭，饭毕竹戏。堃芳晚车回平，来寓，亦加入竹戏。二时客去。堃芳云天津春和戏院售票甚佳。接张宗昌讣闻，张在月前由平赴济南，托于学忠照料家务一切；并托学忠日后提拔伊子；并云此次赴济南韩复渠、石友三电约，余去就此祭扫坟茔。余心思已定，必去不可。学忠云恐伊等不怀好意，不去也罢。张默默无言，言毕起身赴济南，韩、石等招待一切，伊同行者金寿良参谋长、刘怀周上校等若干人。张祭坟毕，石友三携手送张回平；石将张手枪拿去，送至车站石忽然不见，由站内出了若干刺客，郑志成、陈凤山向张开枪；张带随同人见事不好均逃跑，惟刘怀周一人拥护张，均被刺客枪决；刘某可称义仆，随张遇难，亦有讣闻来。张于中华民国二十一年九月三日酉时在济南逝，距生于清光绪八年正月十五日酉时，享年五十一岁；生死均在酉时。曾任济南督办，后奉义威上将军、陆军上将勋一位。张有五子：长子济乐、宁乐、盛乐、东乐、昭乐；女六人：春亭、春兰、春瑞、春芳、春媛、春宵。此等结果甚惨。张为人甚孝甚义，不理国事，杀人甚众，才有这样结果。待梨园甚厚，此等结果可怜可怜！刘怀周官居陆军上校，生于光绪十七年八月初九日辰时，于民国二十一年九月三日随同义威上将军张宗昌由济返平，在站与张宗昌同时遇难，与张均丧于济南医院，享年四十二岁。此等忠心可敬。馀同行者均逃，可恨！与刘比较天地相隔，可恨可叹！四钟始寝。

壬申年八月二十八日（1932年9月28日） 星期三 晴

下午一钟起。内子五姐来，共饭。饭毕命仆人整理行装，欲明日赴津。阖家沐浴。

施家胡同同德银号电云天津春和戏院汇洋一千五百元，命人带章取款。敬余来。晚饭毕叶春荣、王树臣、宋雅孙及内子煮鸦片烟四十两整，后打扑克至天明，八钟始散，即寝。

壬申年八月二十九日（1932年9月29日） 星期四 晴

下午二钟起床，与敬余共饭，稍息，送两儿至三条房，余往张宗昌、刘怀周两处吊丧；并到东安市场万聚兴购草花，返三条接两儿回寓。各角支天津春和戏份。沈长根由沪来平，约余明正南下。伊去后阖家理发。叶老五送头面来。郝锦川来询赴津事。剪指甲。四钟始寝。

壬申年九月初一日（1932年9月30日） 星期五 晴

下午一钟起。汪逢春电云三条税契凭单领出，嘱余备款。瓦木匠沈根生电云三条西院动工，恐来调察，将购房凭单留下交伊手证明动工。今日九皇斋，食素，敬香。堃芳、老五来；今日起身赴津，同赴车站，阖家随往。余吸烟，恐被人察出，将烟膏装在茶壶内带往天津备用，可笑！锦川来。四时至余家胡同接父同往车站。树臣、雅孙诸友人来送行。几乎误车，车开遂上车，危险万状。七时半抵津。游天及韩景麟等到站来接，住惠中饭店三楼九号房间，稍息。游天约余阖家至六味斋素餐。饭毕步至中原公司购吕宋烟，归寓。李华亭来谈。沐浴毕，四时始寝。

壬申年九月初二日（1932年10月1日） 星期六 晴

下午二钟起床，饭后偕游天出门访友十馀家，见潘子欣[1]、任援道[2]、何世桢、阮又玄等。阮军长又玄亦由平来津，寓交通饭店，电托余代买戏票。今日春和首夕登场，

---

1 潘子欣（1876～1951年），名志憘，字和仲，号子欣，江苏苏州人，有天津杜月笙之称，人称潘七爷。早年赴日本留学，1917年与天津著名实业家范旭东、周作民、陈调甫等一起创办塘沽永利碱厂，聘侯德榜为工程师。1929年又与著名实业家陈调甫一起集资创办永明油漆厂，生产“飞艇牌”“仙鹤牌”“灯塔牌”油漆，产品优良，畅销国内外。他还投资矿业、火柴等，成为天津一位活跃的有实力的实业家。1922年潘子欣与天津美丰洋行买办兼三北轮船公司华北总经理李正卿，租瑞士人鲁伯那的地皮兴建同外国旅馆同等水平的高等旅馆——国民大饭店。

2 任援道（1890～1980年），字良才，号豁庵，江苏宜兴人。早年毕业于河北保定军官学校，参加过辛亥革命，曾任平津警备司令。1937年12月12日南京沦陷，日本侵略者在南京进行大屠杀。任援道利用权术，收编了镇江鱼雷学校的三艘炮艇及部分官兵，收编了太湖里的部分游击部队和国民党的散兵游勇一万多人马，投靠到“中华民国维新政府”梁鸿志的帐下。任援道参加汪精卫、梁鸿志的上海会谈，会后发表声明，支持汪精卫组建伪政府。二战后逃到香港，后在加拿大去世。

演《香罗带》，上座满堂；前三日戏票均售出，无有立足之地。《埋香幻》《绣襦记》二日售座不甚佳，售座只有七成。共演十一日，除此二日均售满座。戏毕回寓，朱厚叔、韩慎先[1]同来谈；王树臣亦由平来，同点心。天明客散。寝。

壬申年九月初三日（1932年10月2日） 星期日 晴

上午十一时起，因阮军长又玄电话催余起身，为购票事。下午四时赴园演《盘丝洞》，今日下午二时已告满座。六时回寓，同仲仁、富禄等在寓共饭，说《英杰烈》《卖弓》诸场，九时往春和演此戏。潘经孙先生至后台，面约五号即初六在蓬莱春晚饭。一时回寓。仲仁、富禄、树臣仍来寓。杨诚恕由沪来，亦住惠中四楼八十三号，同作手谈。接范芃士帖，约余及游天明日在六国饭店西餐。竹戏通宵，至八时始散。就寝。

壬申年九月初四日（1932年10月3日） 星期一

下午三时起床。万少石、王先祥均来谈。六时偕游天步行六国饭店赴范约，座有伊弟及车站站长王二爷。七时回寓，休息，八时赴春和演《十三妹》，一时回。李华亭来。与游天、堃芳商量韩景麟挽留一天演戏事，并改订后几日戏目；同用点心、炒年糕。天明游天去。始寝。

壬申年九月初五日（1932年10月4日） 星期二 晴 风

正午李处长子铎来电，云今日早车由平来津，亦住惠中饭店四楼八十八号房，询余几时起床，来访，余云三时方起，伊三时方来促余起身，闲谈。四时阖家出门，步至鼎和居午饭，四时归（原文如此）。李寿民取来《赛金花》剧本，来读说一过。潘经孙、万少石均来；潘君约至蓬莱春吃饭，偕游天携令香同往，有韩慎先、金仲仁在座。九时赴园演《鱼藻宫》，一时归。与游天、子铎及其友王君同作手谈，至次日八时始散。十二时方寝。

壬申年九月初六日（1932年10月5日） 星期三 晴

下午五时起。李寿民来谈，付伊剧本洋二十元；伊每剧定洋五十元整，《赛金花》

1 韩慎先，天津京剧名票，别号夏山楼主，精通文物鉴赏，曾拜陈彦衡为师学习谭派，与余叔岩、言菊朋交好，对谭派声腔研究极深，有大量唱片传世。

剧本余亦照章送伊五十元；伊今携本来谈《赛金花》剧本详情。饭后赴园演《钗头凤》，一时回寓。仍与子铎、游天、富禄竹戏。天明寝。

壬申年九月初七日（1932年10月6日） **星期四 晴**

四时起床，饭毕熊伯寅来谈，并索《二尤》说明书登报。今晚《还珠吟》，演毕冒雨而归；仲仁、富禄、春彦后至，说《黄鹤楼》，预备下星期二与游天反串此戏。子铎偕阮军长又玄来谈，稍坐而去。商定明日下午在鼎章照相。三时即寝。

壬申年九月初八日（1932年10月7日） **星期五 晴**

一点半起床。仲仁、富禄、少奎、春彦、连孝、桐珊、多寿、甫亭均来。三点到鼎章化装照《红楼二尤》，游天加入，饰贾蓉；又照《十三妹》《香罗带》《钗头凤》及便装合影，以作纪念；又余化装尤三姐，手抱骧儿、及内子、令香合摄一影，甚为滑稽。六时事毕，同赴鼎和居吃饭，归寓，休息。九时赴春和演《绣襦记》，一时回寓。仲仁、富禄均来谈。昨日因仲仁来，无《绣襦记》剧本，命堃芳回平去取，不料回平之时竟在车站被搜出白面，带至公安局，罚洋一百元，甚为懊丧。即日返洋所云为此。四时游天去。接杨乐彭、李僧儒帖，约明日下午二时在六味斋素餐。前二日老爷子带和儿至潘经荪处看病。三时寝。

荀慧生与家人合影

壬申年九月初九日（1932年10月8日）**星期六 晴**

下午三时起床。杨乐彭、李僧儒之局，因未起床，辞谢；伊来寓面约明日日戏毕在登瀛楼晚局，稍谈即去。同阖家到鼎和居午饭，饭罢回寓休息。仲仁、富禄、游天、寿民来谈，留晚饭。饭罢八时赴馆，九时《玉堂春》上场，上座满堂。诚恕由平赶到观剧。剧甚大，“定计害沈洪”一场时余在后台吸鸦片二口。一时十分始完，偕游天、诚恕归寓。锦川由平来津，向余商议回平在哈尔飞所演戏码。四钟寝。

壬申年九月初十日（1932年10月9日） 星期日 晴

二时起，午饭毕赴春和演日戏《埋香幻》，上座尚佳。六时杨乐彭到后台邀余及富禄步至登瀛楼晚饭，座有李僧儒、杨老太太及乐彭母并其妹。稍坐返寓，休息。九时又食羊肉炀饭，饭毕赴春和演《元宵谜》。一时偕游天赴齐六爷协民之舍。三时返寓，即寝。

壬申年九月十一日 （1932年10月10日） 星期一 晴

午后两时起。是日为国庆日。三时赴馆演日戏《辛安驿》，戏毕有宁君要求在台上化装照相，余允之，容其摄拍一张。七时返寓。接母信，嘱戏毕即返平；又接黄国桢告借，命堃芳送伊二十元。晚餐后赴馆演《红楼二尤》。原价二元，加价五角，上座甚佳，售洋一千六百馀元。同富禄、桐珊、游天等归寓，仲仁先在寓候，排演翌日反串之《黄鹤楼》，余串周瑜，桐珊串赵云，富禄串张飞，少亭饰孔明，盛意串刘封，沙游天串刘备。张寰如至，闲谈、共饭。诚恕明日早八时半赴沪，托伊购化妆粉。前二日沈长耕由平来，亦托购粉。四钟客散，即寝。

壬申年九月十二日 （1932年10月11日） 星期二 晴

下午二钟起。盛意来；王佐良同少安夫人亦来借贷，留饭。五时偕堃芳、盛意及阖家往日本界大罗天购烟具，又至中原公司与内子购衣料，七时半归。九时至园演《文章会》；又与游天、桐珊合演反串《黄鹤楼》，游天饰刘备，富禄饰张飞，桐珊饰赵云，余饰周瑜，一时半始毕，归寓，用餐，沐浴，与富禄、游天及内子竹戏一夜，因次日早车九时赴平，通宵未睡，竹戏至六时方散。堃芳来结店饭账。朱厚叔、韩慎先、韩景麟、李华亭等先后来。沈少安夫人偕其弟王世伯号佐良再借贷，送伊洋二十五元。天明春和戏院经理及诸亲友来送行，共用点心。

壬申年九月十三日（1932年10月12日） 星期三 晴

早八时三刻偕诸友赴车站，九钟一刻开车。小睡。十二时车抵平，吉祥、哈尔飞两院经理及诸亲友到站迎接，至寓，留伊等午饭。下午三时风雨合作。锦川云北平中原公司第一日开幕售洋五千馀元，该公司开张不满十日，售洋七万馀元，可称极盛。母亲亦至。五时雅孙来，余小睡，未晤。火车茶房号衣、夹衣与骧儿作枕。来福带回余家，茶房电询之，来取回，荒唐可笑。树臣电云，伊今移居长巷下二条三十一号。抄本段姓来谈。仆人玉海云近日家中闹贼，几乎被盗；仆人俊昌已与贼人对面交谈，将伊赶走，幸未失物，幸甚幸甚！四时始寝。

壬申年九月十四日（1932年10月13日） 星期四 阴晴不定 微雨

下午一钟起。冷厂、敬余先后至，稍谈。阖家至椿树三条看工程，工程稍有眉目；富禄亦至，闲谈。七时冒雨而归。树臣、老五、锦川、雅孙先后至，竹戏。今日薛老师带和儿及燕云至太庙及北海闲谈，复至后门外同和居晚饭；八时燕云送和儿回寓，命燕云补写天津日记。竹戏至天明七时方散。命玉海带和儿、骧儿到逢春处诊视，并交逢春税椿树上三条房契洋八百元整。九钟客散，即寝。

壬申年九月十五日（1932年10月14日） 星期五 晴

下午一钟起床。敬余来。午饭后同父亲及内子带二儿至三条新房监工。六时偕内子购物步归，晚饭。饭后与堃芳、甫泉结算天津春和戏份账目，十一日共售洋一万二千一百九十元，除开销，余得洋三千五百十一元六角；另送帮忙伙计并甫泉、雷少臣洋共三十五元。十二钟半堃芳、甫泉同去。敬十五日香。四时半方寝。

壬申年九月十六日（1932年10月15日） 星期六 晴

今日戒烟。树臣移居，下午三时内子带两儿至伊处贺喜；伊移居整三日。余今日戒烟，由昨夜至今日未起身，憩睡两日两夜。十二钟内子方回，和儿至夜四时方回寓，内子方睡。内子由王树臣处带回苹果四个，果上均有字样并花样。据树臣云，此果共有百馀个，是朋友送伊为贺房礼物；果上花样均是天生。经余看来若是天生字样必定浑浑噩噩，然其字迹真切，必是果未成熟之前用纸雕成花样粘在果上，经阳光洒红后再将纸揭去，大概是定不可疑之手续。余今日戒烟，正赶霜降节，又赶风雨连天，戒烟痛苦已经过四次；戒烟痛苦不胜言状，由本日睡下未起，至次日下午四时方起身。张栋臣送三条槅扇来。

壬申年九月十七日（1932年10月16日） 星期日 晴 狂风竟日

正午起，服烟丸复睡。下午四时，三条新房木匠来索衣箱，余起身，命人送金仲仁岳母病故礼；今日伊岳母病故整四日。饭毕命小刘送老爷子天津春和戏份。晚饭毕理发。与游天天津电告《赛金花》剧本事。堃芳来云，老五言天津戏份与去年不符，又索去洋二十一元，连伙计戏份在内。十二钟寝。

壬申年九月十八日（1932年10月17日） 星期一 晴 狂风连日未止

正午起床，午饭，服药。遍体酸痛不止，复睡。电灯匠陈姓来促余起床，同往新房安电灯。将欲出门娄浩堂来，云本月二十四号回沪；盛意亦至，伊亦有鸦片之害，送伊戒烟药。四时阖家至三条觅电灯陈姓，为安新房电灯，共一百二十馀灯，工料在内共洋五百元；锦川亦至，面烦锦川写大门斗封六个、前院西屏门斗封四个、中院东屏门斗封四个、后院东西脚门斗封各两个，锦川云慧生置新房，这个门封落字当然亲手写出作纪念。十钟冒风而归。接寿民天津电，询《赛金花》剧本事。十一时寝。

壬申年九月十九日（1932年10月18日） 星期二 阴晴不定

正午起床，理发，按摩。四钟阖家至三条，与电灯陈议安装灯事；树臣亦至。七时偕铁匠焦崇周回寓安洋炉，并留饭；陈敬余、吴堃芳同来谈。九时客散，即寝。

壬申年九月二十日（1932年10月19日） 星期三 晴

早六钟带和儿到南城根闲步，购皮皂回寓，食点心。九钟催内子起床，谈蹓弯乐处。姜玉佩来用功。命俊昌同两儿往逢春处诊视。午饭后余至交通银行存款，又往探父病，并至大栅栏购吕宋烟、瑞蚨祥购皮领、衣料。路遇马富禄、王松龄，立谈片刻。到三条新房观安电灯。约树臣、雅孙晚饭、竹戏。雅孙因事未来，竹局未成。许鸿友、汪逢春、赵元方同来，闲谈至十一钟，伊等去。余如厕大便，忽然大小便一起闭塞，蹲两小时之久大小便俱未下，手扶地，勉强下大便少许，觉大小便均在要下不下之际，难忍之状似乎命在呼吸，命仆人叫老五即刻请张医生来，为屎门打药水润肠，希望大小便可通；连打数次仍不通，余实在痛苦难忍；又命人电请震旦医院荣大夫（西医），余已不省人事。夜半五钟荣大夫至，询问病源，余已不能言语。先用注射针将余打醒，于是将戒烟事一一相告；伊云用中国药过多，将五脏烧干，宜即用药水由屎门打进若干，如此种医法不灵，只好用手术入屎门取屎。其药水打下约一刻钟，肚内越发觉疼，屎仍不下。伊先用皮带插马眼中将尿泄出甚多，当时如同红通条刺入马眼一样，其痛苦可云三十馀年从未经过。将尿泄毕，仍用药水打入屎门，时间甚久肚内乱响，才将屎泄下，有一痰盂之多，立刻见效，百病全除；医生始云余的病根甚重，好好调养，明日余来也可，请到医院也可。此种经过真是两世为人，可怕可怕！天明方寝。

壬申年九月二十一日（1932年10月20日） 星期四 晴 大风日夜未息

下午五时往震旦诊视，荣医生云比昨日大见效。冒风回寓。树臣、雅孙、老五等先后至，共饭，饭后伊等云因余有病，竹戏解闷儿。十二时客去。即寝。

壬申年九月二十二日 （1932年10月21日） 星期五 晴 狂风扑面

下午二钟起床，带和儿仍往震旦看病，和儿感冒，余戒烟用针、药水，三时半回寓。三顺来索行头账目。褚捷三求余书匾额四字。午饭后步至三条新房，指挥安电灯部位，六时步归。树臣、崇周、李润峰来，饭后与伊等打扑克又竹戏，为内子五姐抽头。五时始散。就寝。

壬申年九月二十三日 （1932年10月22日） 星期六 晴 仍狂风

下午一钟起床。阖家往震旦医院，余戒烟；和儿病症略减轻。看病后至西单牌楼聚仙居午饭，饭后至新房稍坐。内子带两儿至佘家胡同父母处探父病，余至椿树三条口外购大小洋炉，又步至骡马市大街各炉店询价高低，作比较，归寓，服戒烟药。八时招成衣来裁衣。晚饭毕与锦川谈。一钟寝。

壬申年九月二十四日（1932年10月23日） 星期日 晴

下午二钟起床。母亲来，共饭。三顺来索行头洋。并命艳云写天津春和演戏友人请客、赐物谢函。阖家至新房，步去步归。晚饭后稍息即寝。

荀慧生夫妇与留香社主要成员合影 前排左起：张春彦、马富禄、赵桐珊、吴春生、荀慧生、金仲仁、蒋少奎、曹连孝；后排鼓师叶老五（左一）、沙大风（左三）、孙甫亭（左四）；三个小孩荀令文（左）、荀令香（中）、王世荣（右）

壬申年九月二十五日（1932年10月24日） 星期一 晴

正午起床，至震旦医院用针诊治，归。周信芳即麒麟童偕元元旦之父由沪来寓访谈。阖家至三条观装电灯；锦川亦至，介绍煤铺刘姓人。七时购羊肉，步归。梁德桂、萧长华同来，云旧义地已葬满，义地近处空地十二亩，欲购之，要求余助洋三百元；馀者砚秋、兰芳、小云、叔岩、小楼亦均助洋三百元；再下者随意。将来手续办完，将助洋人均刻碑、挂匾以作纪念；为我六人：梅、杨、程、尚、余、余等主办，共用洋二千馀元方可购之。将来梨园子弟均有葬身之处。余允之，伊去。晚饭。同树臣、老五及内子竹戏，天明八时始散，即寝。

壬申年九月二十六日 （1932年10月25日） 星期二 晴

娄子蕴携椿树三条十一、十二号房契来，即促余起床，云房契纠葛由去岁六月至今手续才算完毕，下欠登记，娄云建筑完毕，移居后再登记该房，纠葛手续不料这样顺风办妥，真是大谢天地；余为该房辛苦可以损寿十年，可怜可怜！三钟伊去。午饭。接杜丽云、徐福生帖，在南柳卷五十二号伊宅；又接海上蔡钓徒壬申年十月初九日为伊父作寿帖；并赵桐珊九月二十七日收弟子请帖，伊徒弟徐季芳在同和轩宴客；并接梨园新馆函，云本月二十七欢迎周信芳来平。王盛意来谈。选择电灯灯架。十钟寝。

壬申年九月二十七日　(1932年10月26日)　星期三　晴

十钟偕堃芳至西长安街大陆春饭店，贺王春元娶媳礼，并至震旦看病，回寓稍息，赴同和轩桐珊收徒弟饭局，又偕富禄往韩家潭忆君处小坐，并到梨园新馆欢迎周信芳。信芳等同仁来，先观九皇堂，后同京角合影以作纪念。茶话。梅兰芳及余等托王琴农代表京角演说，欢迎海上来平诸角，赞辞云以后凡梨园人等均是一家，不分南北，以表统一之意。后信芳演说，因上海本为中国最繁华之区，又是梨园京角活动之地，每次京角去总是上千带万的回京，现在因日本战事发起，已变作苦海，余此次来平，亦想在平、津一带想谋永久生活，云云。哎！如今时局求饭甚难。散会后偕富禄往信芳家与其母、其妻闲谈。五时同富禄往李老七家闲谈，又赴杜丽云家徐福生饭局。今日堃芳娶儿媳、放定，约内子往新媳妇家上头；七时余亦至堃芳处晚饭，亲友甚多。饭毕与树臣、富禄、堃芳等竹戏，夜四钟方散，负洋四十五元。回寓即寝。

壬申年九月二十八日（1932年10月27日）　星期四　早阴下午晴

二钟起床。前在津与众同仁在鼎章照相馆所照戏相，游天托成衣阿堂带来。余往震旦看病，冒雨而归。午饭后阖家步至三条新房，锦川亦至。沈长庚由沪带来余化妆粉，亲送至三条新房，闲谈片时，七时同回寓。逢春先在寓候，共饭。九时半客散，即寝。

壬申年九月二十九日（1932年10月28日）　星期五　晴

十钟富禄来促余起床，闲谈。魏翠痕来借行头。午饭，饭后阖家至新房看工程。堃芳代购宫灯十六个，共洋八十五元。徐福生昨日来访，因余未起床，未晤。三时阖家到新房看安洋炉并电灯。六时偕内子带两儿至堃芳家，贺其二子拜连孝为师学戏之喜；并周姓与两子吊嗓，余与外界赵姓亦唱一段，又竹戏八圈，马富禄加入竹战。十一钟回寓，稍息即寝。今日偕内子往三条去时，顺路到慧宝处小坐，至伊旧居处，见门口有字帖，方知伊移居，又往新居棉花下七条五号慧宝家闲话。补记。

壬申年十月初一日　(1932年10月29日)　星期六　晴

早九时带骧儿至骡马市大街各电料行，购花灯架大小十四架，在大明、同成两行购之，又与长途电话行长张竹轩在灯行闲谈片刻。十一钟步归。午饭后偕内子带两儿至三条新房看工程；树臣、堃芳亦至。七时同内子步至骡马市大街各布铺购窗帘布十个，共洋一百二十七元六角。冒风回寓，理发，晚饭。成衣来裁衣。敬余来闲谈。稍息，敬香，十二钟半寝。今日十月一，命小刘到松柏庵亡女、亡兄坟前烧纸。补记之。

壬申年十月初二日（1932年10月30日） 星期日 晴

正午起，午饭毕，命玉海到鸿庆裕银号取洋一千元整，为搬家开付日用之用。阖家至新房做窗帘，共购窗帘布十三疋。八时带和儿购羊肚，步归。胡冷庵、时慧宝均送椿树上三条新房屏风画来。晚饭后堃芳来结日用账。十二钟半堃芳去，即寝。

壬申年十月初三日（1932年10月31日） 星期一 晴

十钟带和儿到震旦医院诊视，并至西单牌楼聚仙居食炒肝，步至古玩铺购瓷器，又购饭锅、尿盆，步归。午饭毕，阖家至新房做玻璃帘；内子五姐及伊二兄、二嫂帮忙。七时步归。晚饭毕，润峰、内子五姐来。古玩铺、电料行来索账。十二钟半寝。

壬申年十月初四日（1932年11月1日） 星期二 晴

正午起。身体酸痛不止，好似将戒烟时痛苦一样，即往震旦医院扎针、诊病。一钟半回寓，午饭，饭后阖家步至骡马市大街同成电料行取灯架。命玉海到张栋臣处索三条新房各屋横批。又至义顺兴铁铺还账。八时回寓。汪逢春带伊友人函来，云伊友人王福垓向余借洋二百元，三个月为期，观逢春面无利息，以字画为抵押品，并有字据中人汪逢春。晚饭毕，内子五姐来，帮理移居等物；堃芳亦至，并与内二兄大饮高粱酒，均有醉意；并谈神鬼因果报应。十钟客散，稍息即寝。

壬申年十月初五日（1932年11月2日） 星期三 晴

午饭毕。三时步至骡马市大街大明、同成两电料行购灯架，即往三条，该巷邻居有花灯架、灯泡，向余磋商，十六元购妥，共四件。树臣、根生均在新房候余，谈西院报工程事；并托敬余择新房抱柱对联上下联。二内兄夫妇亦至。命俊昌至电话局接洽移居移电话机事，该局云有信作凭，并先交移机费五元，连本月电费均交清方可移机照办。俊昌回云此事，即照章办理；命焦崇周代函，并将本月电费、又移机长途各费均交清，共洋十三元整。艳云代写托朱洽黎移电表函，因洽黎在电灯局任主任，托伊为免验火表、接火提前，以免迟慢。六时回寓。内子五姐连日来帮忙。电灯匠来移灯。和儿连日往震旦诊视。今日母亲亦至新房。晚饭毕与堃芳、树臣、老五竹戏，至天明七钟方散。

壬申年十月初六日（1932年11月3日）　星期四　晴

竹戏毕即往震旦扎针、诊病，震旦戎大夫未起床，大门未开，即拍门促伊，即起身诊病，闲谈片时；又往对门桌椅店购沙发椅四套，共洋一百元，脚力在内。又步至聚仙居食炒肝。饭毕至古玩铺购古玩九件，沿路购物，至三条新房布置一切，稍有眉目；内子带两儿随后亦至。下午六时突然来二人，云余系工务局局长委派，来此房调查；进门时云荀慧生好大架子，所改造房屋工程与前报不符，须将该房封锁，停止工程，另行呈报。当询其姓氏均不答姓名，伊随人以科长呼之。并要将工人及余带局看押。余在该房未言名姓，伊知是余而假作不识，故意说之余听；余并未与伊交言，命堃芳询之伊二人究竟、工程有何不符之处，请将公事等件拿出。伊等无公文带局看押之权力。伊二人见余之来势汹汹，恐有危险，当即抱头鼠窜而去，走时口中大呼叫警察来抓余等；工人欲施无礼，余阻之不可。余阖家回寓，往工务局电询此事有无，局长亲云并无此事，伊二人恐系有诈财之意，一笑！此二人去后邻居冯蕙林来云该房工程等事，很详细；又云此二人工务局局长派伊来的，不过要好处而已，能多花小费即保无事。余见冯如此云云，会意与前二人有同谋之嫌疑亦未可知也。某某甚多，有一女作暗娼，被常荫槐纳妾，甚得宠；某因常某关系，交友甚广；虽常荫槐枪毙后某姓友人势力还在；又因该房，某姓从前有意买之，刘至死不卖，伊因此怀恨；刘将房卖余手，伊心不服，故在中作怪，使种种手腕，叫余不安之意。晚饭。锦川来，谈今日新房之笑话。十一钟寝。

壬申年十月初七日（1932年11月4日）　星期五　晴　甚寒

午饭毕。下午三时冒风至新房指导安电灯部位；内子、两儿随后至；内二兄亦来偕同帮忙。七时归寓。黄沙扑面，天气甚寒。雅孙来闲谈，共饭。木匠沈根生来支洋二百元。孔希伯、徐德增、徐佛生、黄金生、吴堃芳、郭际湘等均送移居礼来。内二兄来谈。十二钟寝。

壬申年十月初八日（1932年11月5日）　星期六

早四时起。命人挪移佛堂。堃芳亦至。四时半移驾恭送至三条新宅。同行有堃芳、彩云、燕云、和儿。甚寒。五时神龛安位，敬香、礼毕，即命搬运家具、陈设。宋雅孙、陈敬余、胡佩衡先后来帮忙、布置。雪片飞飞，午后方止。三时共午饭，饭后仍布置。晚饭后稍息即寝。

壬申年十月初九日（1932年11月6日）　星期日　晴　狂风大作　奇寒

九时起，布置房屋。午饭后至震旦医院扎针，归。树臣、富禄、堃芳、彩云、胡佩衡、陈敬余先后来谈。晚饭后与树臣、富禄及内子竹戏，至四时方散。六时始寝。

壬申年十月初十日（1932年11月7日）　星期一　晴

下午一钟起，即往震旦医院扎针，三时归。诸亲友连日送贺房礼来。根生、树臣、燕云、雨农及内二兄夫妇先后至，帮忙布置房屋。晚饭后堃芳来闲谈。十二钟寝。

壬申年十月十一日（1932年11月8日）　星期二　晴

十一钟起，往震旦医院诊病，归，午饭。内二兄夫归来，仍布置。小云昆仲来，随余往各房间观看。晚饭毕宋雅孙亲带礼物来贺，堃芳亦至。接焦承志帖，约本星期四下午七时在东兴楼晚饭。三钟始寝。

壬申年十月十二日（1932年11月9日）　星期三　晴

正午起，即往震旦诊病，归。张杰清巡官来收房捐，请伊厅房小谈，言明每月九元七角六分五厘，因有情面，不然在二十元左右。内子亦往震旦看烫疮症。午饭。彩霞夫人及二内兄夫妇来。晚饭毕阖家理发、沐浴。彩霞儿媳及其长女、二子来谈。一钟客散，即寝。

壬申年十月十三日（1932年11月10日）　星期四　阴晴不定

早十钟起床，至震旦扎针，归。午饭毕至南半截胡同，与旧房东办理交代，令其接收。步行至骡马市布店购布，又至同成、大明两电料行购灯罩，归寓。段雨农介绍之看房人来福算清看房，辞去。内子之二兄夫妇及其二姊、五姊来，帮忙布置一切。萧长华、梁德贵来索购梨园义地洋三百元；因安置家具甚忙，无暇，答以明日接洽。嗣又接上海三星舞台沈长庚函，云因迁新居改日送余花灯一架，便中送来。晚偕陈敬余至东兴楼，赴焦菊隐并蔡某人之子饭局。精神不爽，又至震旦扎针，归寓。命木匠改穿衣镜。与宋雅孙并内二兄谈天至两钟方散，就寝。

壬申年十月十四日（1932年11月11日） 星期五 晴

下午一钟起，即往震旦诊病，归寓。前初八因移居甚乱，未找开支票，托王树臣在鸿庆裕暂支洋五百元，为开付迁移工人等杂项之用，今日补支票；又开五百元支票，为购梨园义地每名角三百元整，梁德桂来索去。命仆人往鸿庆裕取款。骧儿连日不爽，请逢春来诊病。德桂事忙，伊去后命文逵送至中和园，并有收据。树臣来谈，仍布置房屋，共晚饭。夜一钟寝。

壬申年十月十五日（1932年11月12日） 星期六 晴

下午一钟起，至震旦诊病。堃芳来。开明经理曾叔度偕其友袁凤声同来，稍谈即去。三时半偕堃芳又至震旦扎针。后至哈尔飞演《辛安驿》，上座甚佳。戏毕归，至佛前敬香；晚饭，稍息即寝。昨夜与宋雅孙、李润峰及刘玉竹并内子竹戏，并吊嗓。由初八进新房，至十五初次在哈尔飞演戏，进戏份一百五十元；除开销外存一百十元四角。敬香时将戏份均在佛前供献。补记之。

壬申年十月十六日（1932年11月13日） 星期日 晴

未起床时游天由津亲带礼物来平，至寓贺喜。正午起床，往震旦扎针，归寓，共饭。堃芳、敬余先后至。海上金鼎生娶儿媳，游天随孟小冬赴沪，托伊代表贺喜，并将喜幛托伊带去。同敬余、堃芳又至震旦扎针后赴哈尔飞，演《荀灌娘》。仲仁随南铁生赴汉口演义务戏，《荀灌娘》剧中之周公子系桐珊串演；马富禄同马连良赴津，小花面荀常系王多寿代演。两日戏上座甚佳；两日戏份均百馀元。如金、马在京，每日须多破费四十元左右，上座亦不过如此；看起配角自长身价，可恶已极！戏毕随父亲及敬余、锦川、堃芳同回寓，共饭。饭后宋雅孙来吃鸦片烟，伊大醉之下呕吐不止，可笑！睡有两小时方醒，乘车而去。伊去后约有两钟矣，就寝。

壬申年十月十七日（1932年11月14日） 星期一 阴 风沙扑面

九钟即往震旦扎针而回寓。骧儿出水痘，连日往逢春诊病。姜、高来与和儿用功。

午饭，饭后冷厂来帮忙挂画。李寿民由津亲带第二本《赛金花》剧词来，共晚饭。李子铎处长偕陈处长并雅孙、堃芳、彩云先后至，同博戏。李处长知堃芳与余亲戚，堃芳二十一日娶儿媳，送伊份金五十元。寿民手中空乏，借洋五元。一钟客散。接张明炜请帖，约本月阳历十五日下午六时在煤渣胡同二号英文《北平时事日报》社晚饭。又接堃芳娶儿媳喜帖。两钟始寝。

壬申年十月十八日（1932年11月15日） 星期二 晴

正午起床，至震旦看病，又至古玩铺购瓷器，归。堃芳、敬余先后来。赵桐珊移居三日，命人送古瓶。午饭。布置房间。晚赴英文《北平时事日报》社张明炜饭局，座有十馀人，均由上海来，均是新官僚、总、次长、司令等类；饮酒谈话，均称荀党，举杯起誓，此后永不观他人戏。畅谈约三小时，众有醉意。酒后犯瘾，至震旦扎戒烟针；又至桐珊处贺其迁居。一时回寓，寿民先在寓，后在饭厅谈《赛金花》剧情，较比前本精彩甚多，颇合时用，新旧潮流合作，剧中大约迎合观众心理，因有穿插稍欠之处，命李将剧本带回津另加修理方能妥当；又谈敬余怪性，捧腹大笑。谈至天明方寝。李未睡，乘九时车回津。

壬申年十月十九日（1932年11月16日） 星期三 晴

正午起床，至震旦诊病，并步至各杂货摊、古玩铺购手提镜两个、笔筒一件、拜匣箱等物，乘车回寓，午饭。彩云来帮忙布置房间。接上海王姓函，云吴昌硕故师坟墓造好，吴师弟子以送碑作纪念，每人助洋二十馀元；恐王函有诈意，余直接与吴昌老之弟东迈去函，婉转询之有无此事。晚饭。雅孙、锦川来谈。瓦木匠沈根生带西院图样来，欲将花园改作住房，大小二十间，意欲吃租；并商议南厅房在屋内通一便门作南厅休息室。一钟客散，就寝。

壬申年十月二十日（1932年11月17日） 星期四 晴

十一钟起，往震旦诊病，沿路购物而归，午饭，清理大厅古玩摆设等事。吴堃芳、李润峰、王树臣同来闲谈，共饭，一钟客去。前数日焦菊隐约余饭，席前言向余索《盘丝洞》总本，并要求俟学生辞句纯熟来寓亲自教授穿插。客去后即寝。

壬申年十月二十一日（1932年11月18日） 星期五 晴

十时起床，往震旦扎针，又至古玩铺购玩物，一钟归。命仆人往交通取洋五百元整，欲开销杂项等用。并至彩霞家午饭，饭毕归寓，仍整理房间。王盛意来索《飘零泪》“啊风”单本，因本期出演，赵桐珊去津，由盛意代演之。小器作老耿来估古玩价值。晚挂照片等物。前数日接许鸿友请帖，今日至伊宅赴约，有逢春、敦敏（乃醇亲王之子）等十馀人，饮酒畅谈，十一钟归。今日堃芳娶儿媳，内子至伊家做娶亲人，由早至晚方归。两二嫂送红蛋来。雅孙、锦川均来，因睡未晤。

壬申年十月二十二日（1932年11月19日） 星期六 晴

十一钟起床，往震旦扎针，归。因吉祥有戏，该院经理宋雅孙来接待阖家及敬余、堃芳、富禄同往吉祥，《大英杰烈》四时半登场；往吉祥时又至震旦扎针，戏毕回寓。晚饭后与富禄、树臣、雅孙等竹戏，次日六时始散，就寝。

壬申年十月二十三日（1932年11月20日） 星期日 晴

下午一时起，至震旦扎针，回寓午饭。富禄、敬余先后至。二时半阖家及友人往震旦，余又扎针后同赴吉祥，演《飘零泪》，戏毕余与和儿赴庞敦敏宅晚饭，在座均是日前许鸿友约局之客。和儿在庞宅游戏，余先归，抵寓方十时。与堃芳算戏账。内二兄夫妇并内四嫂先后来谈，余因在庞宅竹戏精神不爽，又电召震旦人至庞宅扎针。三钟始寝。

壬申年十月二十四日（1932年11月21日） 星期一 晴

十一钟起。彩云来，同往震旦扎针，又沿路购花丝格并瓷器，归，午饭。松寿卿亲带礼物来贺房。二内兄吸鸦片烟大醉，呕吐，可笑！似宋雅孙吸烟状况一样。晚饭，饭后甚觉劳乏，和衣而睡。内四兄走后复起，阖家同寝。

壬申年十月二十五日（1932年11月22日） 星期二 晴

十一钟偕二内兄至各古玩铺购古玩，并配瓶座；又至震旦扎针，一钟回，午饭。许鸿友来，云有工务局人与你作对，要请你搬出该房，欲查封；余笑云花钱购房建筑不合等事不过一罚而已；伊说话太过，欺人忒甚，不过蒙乡下人而已；余满不在心，看他怎样对待。逢春亦来，与余意相同。逢春云伊欺人过头，可以将伊等差事割去；鸿友从中调和，云不可，慧生是剧界中人不可结冤；明日下午六时在慧生宅请局长手下人、陶科长等等便饭，调停此事，此事甚妥；如拿大帽压人，恐以后有小琐碎事缠身；难道市长、局长等永久可以时时刻刻随身帮忙吗？伊有意不如请这些小头脑等直截了当；汪、荀二位思忖。余想现官不如现管，只好允鸿友之言，免去小琐碎。伊二人去后开明经理袁凤声来，恰遇工务局人来检验房；工务局人自备梯子上房察看新旧瓦。命堃芳、彩云等在前厅招待。工务局来人说话很通情理："我们不过被上司长官所差，也是无可奈何，荀老板为人甚厚，我们外面也知荀老板购房一切手续均是木厂沈根生作弊，内中想省小费，才与荀老板添这等烦恼；我们今日敷衍差事，实在对不过，好回去交差。"袁凤声问起原因，购房因何这等检察，甚野蛮！余将买房建筑情形一一告伊，袁云建筑完全是沈姓想省小费，他们均未得一文，恼恨之意，故等等作怪、恐吓，伊无非要钱之意。我们理直气壮，怕他何来？叔曾与工务局汪局长交友甚厚，将他们这等作怪事一一面告局长。言毕伊去。伊去后布置房间并理发。十一钟方寝。

壬申年十月二十六日（1932年11月23日） 星期三 阴晴不定

早八钟工务局带本段警察来，大喊传荀慧生到工务局回话，仆人云主人至医院看病未归，何事这等喊叫？伊等云为建筑手续不清并漏建筑税之事，必传荀慧生到案。仆人云建筑漏税等事完全由木厂沈根生担负，与主人无干，何必小题大作？至大不过罚钱而已，又不是明火路劫，为什么必传荀慧生到案？工务局人等听仆人理由甚足，自己转弯："命你们即觅木匠沈根生到案。"仆人又云："沈根生若寻不着，我们也不敢担保他今日非至局不可。"伊等无可奈何，甩手而去。余即起床，仆人报告；叫堃芳商议，堃芳不敢到局，恐怕扣留；命仆人玉海到局，余嘱伊；"建筑漏税之事均是沈根生所作，我们不过是花钱造房，此种手续余一概不懂，全由沈根生包作；对于公事、信件、盖章均是沈根生伪造。方才贵局来人传荀慧生回话，奉命前来解释详情，俟后，如再有等等事件，请贵局电通或函报，我们代贵局觅沈根生可也。"言毕无事，回寓。余至震旦扎针，和儿随往；在医院遇王少楼之父并徐兰沅亦在该院看病，闲谈片刻，余诊毕回寓。接曾叔度电，昨风声在寓谈工务局检验新房建筑事，伊一一告余，情形甚知；今早与工务局汪局长详细解释此事，汪局长才知内情，云余冤枉；俟后再无此琐碎事发生；如再有此事，可以直接电告汪局长。余将今早工务局来人情形告曾、许、汪三君，均云不必怕伊，只好一笑而已。彩云来。沈根生来索东西院两房契，云：“我倒霉”，余前至鸿庆裕取款，至工务局运动。余因在震旦，未与沈晤面；如见面必大申饬。午饭后堃芳夫妇带伊长子并儿媳至余处叩双礼并道谢；北平俗礼凡晚辈成亲，均由公婆带领至亲戚家叩头，俗名曰见双礼。连孝、富禄、树臣等先后来，鸿友、逢春亦至。鸿友云陶科长六时准至余处。托逢春代定丰泽园酒席。张伯熏来。正与富禄等说今早工务局同警察来寓情形，伯熏询其事，余将从前建筑情形一一告伊，并将今晚请陶科长事亦向伊说明。张云无非手下小头脑要好处而已，不妨。张与工务局汪森局长并张学良之弟学铭均是老友，看今晚请陶科长对待余情形如何？伊若强横、要好处等情，明日可电告余转托张学铭、汪森等人物以大帽压之，可以开除小头脑等差事。六时陶科长来，甚客气，云余前月来该房检察甚对不过，均是手下人想好处，累此乱报该房建筑不符、漏税，请科长亲自检察，完全是沈根生作鬼，伊意想蒙哄于你，所以两下发生误会，请慧生原谅。并将该巷建筑图样、房基线等拿出，并云余所购此两处房不但写有房基线，还可往巷外开展之馀地，俟后若有人叫余退让西院房基线，可以申饬他们。伊又云歹人甚多，恐有从中取利或云花钱运动可以不退让等情，千万不要受他们的欺骗，免花冤钱。如有这等人可以带局重办；又嘱余建筑漏税或添改房间之规则一一相告，与前检察时等言辞与今日所说者大不相同，另换一副面皮。伊又嘱余至工务局购一份建筑房基线图样表，日后再动建筑免受人欺压，购该图样不过两三角洋；如有图样就是市长或上等军官欺压，只要不犯线界可以法律解决。如今官僚黑暗，不过一餐了事。见陶所云似卖国贼不异，伊等知余暗地运动，饭碗问题，自找台阶下台，可笑之至！言毕请富禄、逢春、鸿友、树臣等作陪，在南大厅设席招待。席前陶云梅兰芳购无量大人胡同房也很经过琐碎，最好大事化小。余会伊意，恐拿长官欺压伊等；伊云总要上和下睦才好。饭毕逢春、鸿友、陶科长同辞谢而去。未走之友同博戏，至次日早八钟始散。

壬申年十月二十七日（1932年11月24日） 星期四 晴

客去后促和儿起床，带和儿至震旦同诊病，余扎两针，预备不睡之意，补足精神；和儿小便淋尿症有两年之久未好，也扎一针并检验尿之质份。戎大夫云此病甚讨厌，最能延长时间，大约在一两月内能见效，可望好愈恐半年之后完全解除病症。和儿甚滑稽，听说扎针怕痛苦，云：“我病已好了。”仔细盘问和儿，云：“我怕疼，我就说病好了。”戎大夫大笑。用针时和儿啼哭不止，喊叫疼啊疼啊。诊毕将欲出门，忽接马富禄电，云伊内嫂得白喉之症，请余在该院稍等，请戎大夫仔细诊验。俄顷富禄带伊内嫂来诊病，戎大夫甚见交情，药钱减半。余至金仲仁家探金夫人病，因未起床，未晤；交佣人名片，如金起床时把余来意相告。正午回寓。昨晚请陶科长时饮酒过量，又恐竹戏精神不足，十钟电戎院长来扎针，补记。和儿小便漏尿之症请名医甚多，均未见效。又检验和儿尿质，经各医云实在无病。二年之久仍是漏尿，为父母者为伊病症终日不安。布置房间。晚与二内兄夫妇并伊长闲谈各亲友家务。接孙芹池请帖，约明日下午六时春华楼晚饭。又接郝锦川函，云伊不爽；又介绍煤铺送煤人将余院内廊杆碰坏，改日命煤铺经理来修理，可笑！十一钟寝。

壬申年十月二十八日（1932年11月25日） 星期五 晴

正午起床，往震旦扎针，和儿亦往。余未起床时工务局高公润来，云所漏税房间请房主到局补税；仆人云建筑房契、凭单等要件均在沈根生手内，已命沈姓往工务局补税。赵沧波来函，索本期戏票，并要连号票。下午一钟半回寓，与二内兄夫妇闲谈。徐斌寿亲带贺房礼来。晚七时赴春华楼孙芹池之约，均是段大总统旧官僚。饭毕十馀人同归余宅竹戏，两桌，甚觉热闹。树臣、堃芳、老五、锦川与内子打扑克。三钟始寝。

壬申年十月二十九日（1932年11月26日） 星期六 晴

下午一钟起，往震旦诊病，归。堃芳、敬余来，午饭，饭毕同往哈尔飞，演《绣襦记》。因本戏时间甚长，精神不足，唤震旦医院人来。《绣襦记》在“赶出院”一幕下在后台扎针。七钟戏毕，阖家归寓。堃芳夫妇请余阖家食火锅。饭后仆人文逵、玉海介绍更夫二名：一名李茂亭，一名贾恒霖，均命伊等打铺保水印，又吩派命文逵打扫南客厅并院内东西厢房；命玉海担任后客厅、佛堂并东西厢房；女仆担任卧房并澡间；三更夫担任各院。盛意亦来，共晚饭、饮酒，醉卧不醒，在西厢房寝，至次日早始去，可笑！余送震旦医院戎醉陶银盾字画，命小刘办理。十二钟寝。

壬申年十月三十日（1932年11月27日） 星期日 晴 风

正午起床，至震旦扎针，归。工务局高公润连日来要好处，今日又来，命堃芳招待午饭。饭后阖家及敬余、堃芳到哈尔飞。今日请陶科长（履敦号季宏）并震旦医院戎醉陶观剧；醉陶先至后台扎针。《元宵谜》三时半登场，六时半戏毕，鸿友偕陶科长阖家至后台观余卸装并闲谈。阖家回寓，晚饭。吉祥、哈尔飞两经理来谈至一钟始散，就寝。

壬申年十一月初一日（1932年11月28日） 星期一 晴

早九钟起床，带和儿至震旦同诊病，并至天源购酱菜，又至古玩铺购玩具，并至成衣铺嘱伊做椅套，归，午饭。敬本月初一香。前数日发贺房友人请帖六十馀份，约定今日在鲜鱼口新春楼晚饭。该饭馆是雷头领东伊介绍在该馆设席。前接海上王名贤函，为吴昌硕安葬立碑事；今接吴昌硕之子东迈函，证明伊父安葬聚公份事，托笈夫回函，询问公份洋若干。敬余来，因余送戏曲学校焦菊隐课班全部《盘丝洞》剧本已经辞句纯熟，明日同焦菊隐同来，接洽排戏穿插时间。接宋振榘、金嘉斐二君请帖，约本星期二（即明日）在东城西堂子胡同十四号金宅晚饭；又接逢春饭局帖，约本星期三下午六时春华楼晚饭。四钟至新春楼，自做主人，为酬谢友人贺房送礼宴客，约有百馀人，共九桌；最后一桌有树臣、堃芳、雅孙等，伊假作酒意，大与女招待开玩笑。饭毕回寓约有九钟矣。敦敏、鸿友先后来，树臣、仲仁等亦至，伊等打扑克，余偕庞、许二君各院闲观，并谈购房琐碎事。一钟始散，就寝。

壬申年十一月初二日（1932年11月29日） 星期二 晴

接逢春函，云均为帮忙购新房之友人，嘱余本星期日在吉祥演戏时请伊等晚饭，席设八面槽淮阳春；并将友人姓名、住址开来，共有十馀人，均为各机关等办事人，以表酬谢，亦免欠情。下午四时赴金、宋二君西堂子胡同金宅之约，座客十馀人，饭后留竹戏，至十一钟方散。至震旦扎针，戎大夫出马，恰遇回寓，同进门，诊病。回寓。二内兄夫妇与内子闲谈。一钟客散。与内子沐浴。四钟方寝。

壬申年十一月初三日（1932年11月30日） 星期三 晴

早九钟起床，带和儿并携带银盾至震旦，余扎针，和儿诊病，送戎醉陶银盾一尊，横书四字："术艺仁至"，上款醉陶先生惠存，下款余具名。昨在金宅晚饭，询其同席友人住址。诊毕回寓。对门邻居车厂因余房东跨院有楼房四间，车厂在伊南房上立吉星高照四字牌，比余楼房高半尺有馀，为镇余楼房之意；余购房后将楼房扯去，经堪舆家云车厂吉星高照牌位须向伊商量扯去才好，已与车厂主人早有接洽；今该厂主人来，云今日日期甚好，在午时前托余宅瓦匠扯去，余已照办。整理各省宾客簿，并理友人请帖单，为酬谢贺房宾客。晚赴春华楼汪逢春饭局，座有汪局长、陶科长、敦敏、鸿友等，有十馀客；饭毕同至余寓竹戏。因余精神不佳，与鸿友合作。余合衣小睡，伊等十二圈毕始醒，招待去后复睡。

壬申年十一月初四日（1932年12月1日） 星期四 晴

早九钟工务局高公润来促余起床，云有要事必须面谈。与堃芳同至前厅，高云既是与陶科长交友，科长关照余等帮忙，嘱余与木匠沈根生接洽，询其与工务局还有什么公事手续未清，并将沈某手中一切公事、收条索回，再直接与工务局办理；又云近来建筑公事手续繁杂，近日杜丽云等造房均由伊检察，恐杜宅公事不明，即亲往检察，言毕伊去。余看此情不过依公事欺人，往各处生事，要好处而已。伊今来献殷勤，伊闻与伊长官交友，又是陶命伊来帮忙，伊只好顺水推舟，落得作人情；与前两次来大换面皮，并一手包办；伊走时又云请余放心，明日将具结完案。程子奋勇起早亲自送来照腾递禀，该房可以平安具结，永无琐碎。现在社会黑暗太甚，欲真就真，欲假就假，不过逢场作戏而已，真真势力小人！伊去后与和儿同赴震旦诊病，一钟回归，午饭。饭后胡师来代笔落款，为送戎醉陶水山条幅。敬余亦至，大谈社会情形。五时胡、陈去。又至震旦送画并扎一针，回寓。时慧宝夫人及宋雅孙、郝锦川、吴堃芳、叶老五先后来，共饭，饭后竹戏，三时客散，即寝。

壬申年十一月初五日（1932年12月2日） 星期五 阴晴不定

工务局高公润又来，伊与仆人云即请老板起床去，云将该房建筑手续调察清楚，必须面云，即起身，至前厅招待。伊云该房情形余均调察清楚，前建筑事均用张栋臣出面呈报，在最近时才用老板印件出名呈报；昨木匠沈根生将前由张栋臣出名所呈报之公事已完全交回，并云此等情形老板实在冤枉，以后可以不必再递完案具结程辞，均由伊代办，可以模模糊糊完案，老板岂不省心。前堃芳向余云欲请伊吃饭，伊云不必，俟后请老板亲笔山水条幅比吃饭合实用，伊意余会意，不过以画代金，还想要好处；因余认识伊长官等，又怕被辞，故不敢明言，只好暗地指点。余云近日谢客，琐碎事甚忙，日后亲造府拜访。高又云伊房屋甚小，不敢劳动大驾，老板事情完后请赏电话，随时可来。银钱可以动心。十钟带和儿至震旦诊病，大夫云余戒烟不日可望痊愈，和儿病甚费心思，伊体质甚胖，内中空虚，身体太弱，针药并行半年后方可见效。和儿滴尿中医医治三年不绝，终不见效，不过模模糊糊调治而已；若欲急速见效，可用麻醉调治，恐将病根回在腹内，永久不能痊愈，终身不能脱离医药。不过朋友之言绝非敲竹杠之谈，请余思忖。言毕回寓。接海上黄金荣函，云前月沈长庚到平约角，沈长庚向黄言余使定洋一千元，伊来函询问有无此事？余由唱戏以来向无此等手续，余想必是沈花费亏累，黄询伊无言告，故假说余使定洋千元，好报下账目自己脱离关系，使余推脱。故今日黄来函询问有无此事、急速回音。余烦薛笈夫代笔，声明并无此事。昨日命文逵至交通取款五百元，为开支杂项、请客等用。午饭后与电灯匠陈姓结算账目，因账目不符，未付。伊去后雅孙、树臣、堃芳先后来，共饭，饭后竹戏，至夜三时始散，就寝。

壬申年十一月初六日（1932年12月3日） 星期六 晴

十一钟起，至震旦诊病，一钟归，午饭，饭后阖家赴吉祥，演《花田八错》。又命震旦人来扎针。前数日富禄随堃芳赴申，告假三星期。忽接父母电话，云母亲患病，命余请医，急电召震旦医院戎大夫往看。戏毕余偕内子、堃芳带两儿及堃芳六女急往父母处探病；戎大夫亦至，同时入门。问其病源，系牙痛带累满面浮肿，用药医治。父母言前数日均请市医、胡乱吃药，并言病状甚重；今经戎大夫言，病亦寻常，不难痊愈，服药后即可见效；惟勿乱用药。回寓。开明经理袁凤声亦搬在本巷甲十三号，伊命人送酱菜两罐来。又戏曲学校学生连日来说《盘丝洞》。并接天津通俗图书馆函，索画。戏曲学校来函，借《盘丝洞》切末，均复函。晚饭后与树臣、雅孙及内子竹戏，至两钟始散，就寝。

壬申年十一月初七日（1932年12月4日） 星期日 晴

十一钟起，赴震旦医院诊病；富禄夫人及其内弟妻亦往震旦诊喉症，托余介绍戎大夫认真诊治，言其病甚重，恐变腥红热、白喉等症，须急连日诊治。一钟半回寓，与敬余同入门；堃芳亦至，共午饭，饭后赴吉祥演《鱼藻宫》。今日大请各机关为购房内中帮忙人员观剧；戎大夫阖家亦往吉祥观剧。因酬应演戏甚累，约戎大夫至后台连扎三针；戏毕并约至八面槽淮阳春晚饭，客有二十馀人。九钟客散回寓，仲仁、雅孙、老五先在寓候、博戏，余同堃芳回寓，稍休息亦加入竹戏，夜五钟散，就寝。

壬申年十一月初八日（1932年12月5日） 星期一 晴

许鸿友在震旦医院来电，云约余即往震旦扎针后同往陶科长季宏处闲谈，并欲约早饭，即起床，往震旦扎针后与鸿友同往约陶科长季宏处，用饭毕谈有片时。与鸿友赴八面槽淮阳春午饭，饭后车送伊至西城聚贤堂，余归寓。戏曲学校学生来说《盘丝洞》。朱定安来闲谈报界评角为人情形，云砚秋《全民报》人缘最坏，累骂不绝；小云各报均无评；梅兰芳有自用之各机关报，内中朋友甚广，有褒无贬，以朱某云各大小报对余感情最好。伊去后晚饭。遍体骨痛难忍。九钟寝。

壬申年十一月初九日（1932年12月6日） 星期二 晴

十一钟起，至震旦扎针，正午归寓，午饭，饭后清整请客单。戏曲学校学生来排《盘丝洞》。晚饭后骨痛亦甚，四肢无力，即往震旦诊病；大夫云感冒病症甚重，今日若不来治明日恐不能起床；在下部腿旁用针，痛极走路不方便，有四小时方能走路，回归。与堃芳、老五、润峰闲谈；堃芳云海上苏少卿来接洽灌片事，已妥，每片千元，只灌两片。只余近日连续请客，事务甚忙，约定下星期择日去灌。阖家淋浴。三顺来索行头账。两钟病症稍见效，四钟方寝。

壬申年十一月初十日（1932年12月7日） 星期三 晴

正午冒风至震旦扎针，归时至本巷甲十三号袁凤声处小谈，回寓午饭。戏曲学校学生来排《盘丝洞》。晚饭后与树臣、堃芳及内子、老五博戏，二钟始散，就寝。

壬申年十一月十一日（1932年12月8日） 星期四 晴

正午起床，至震旦诊病，和儿连日亦往看，一钟回归。薛笈夫带某人索书“戏剧专刊”四字。午饭。饭后戏曲学校学生来排戏。朱木厂来，索带照片铜墨盒一个并化装照片二张。晚召戎大夫来诊病。与堃芳、老五、松龄等闲谈。四钟方寝。

壬申年十一月十二日（1932年12月9日） 星期五 晴

十钟起床。高亭公司新来约余灌《香罗带》《棋盘山》话片一张，即用留声机器唱听。正午至震旦诊病，回寓，午饭，饭后理图章及唱片数目。更夫俊昌告假一星期，回乡娶弟媳。木匠沈根生来油漆本宅大门。昨晚阖家沐浴、理发。补记。晚五六时赴泰丰楼，自做主人，共四十馀人，为友人贺房请客，均至。饭毕与树臣、凤声回寓。李寿民由津携带《赛金花》剧本来。今日请客有王少贤帖，外只写王少贤三字，帖内无有日期时刻，催请时方知写帖人段姓，荒唐可恶！幸是熟友，如不然生成误会，电话解释，王姓方知写帖人误事。九时与凤声、树臣、寿民竹戏。天明方寝。寿民宿余宅西厢房。

壬申年十一月十三日（1932年12月10日）　星期六　阴晴不定　冷甚

下午一钟起床，往震旦诊病，二时回寓，午饭，饭后阖家及敬余、堃芳赴哈尔飞，演《妒妇诀》，约戎大夫至后台扎针并约看戏。戏毕回寓，同李寿民研究二本《赛金花》。凤声来竹戏，有内子及寿民加入，三钟方散，就寝。昨内子为朱桂芳次女出嫁放定帮忙。补记。

壬申年十一月十四日（1932年12月11日）　星期日　阴　大风　极冷

正午起床，至震旦扎针，回寓午饭，饭后至哈尔飞。内子在家整理各房钥匙。未登台时约戎大夫至后台扎针。《双姣缘》三钟半登台。今日戏毕至丰泽园请客，恐精神不振，又召戎大夫至后台扎针。戏毕孙芹池、宋仲芳、金嘉斐、尹思斋等均至后台同偕往丰泽园；朱洽黎、李子铎、汪逢春、娄子蕴、陶季宏、谌小岑、谌峻岑、张明炜、孔希伯、周一志、程元斟、冯景韩、沈蔡阶、许鸿友、孔幹纬、俞翰卿等先后来，七钟半开饭，饭后同孙芹池、谌小岑、尹思斋、金嘉斐、程元斟、宋仲芳回寓博戏；内子同袁凤声、宋雅孙、孙芹池竹戏，共两桌；芹池又与余合伙，至天明七钟始散。寒风彻骨，风沙扑面，大有三九之意。八钟方寝。

壬申年十一月十五日（1932年12月12日）　星期一　晴

下午四钟起床，往震旦扎针，掌灯回寓，稍息。高公润在八面槽淮阳春请客，前数日接伊帖，今日赴约，有汪局长、陶科长等十馀人同席。九钟回寓，电约树臣、凤声、堃芳竹戏，余负洋七十馀元，至四钟方散，就寝。

壬申年十一月十六日（1932年12月13日） 星期二 晴

下午起床，至震旦扎针，并至戏曲学校排《盘丝洞》，因该班不久赴天津演此戏，该校校长托余排演，招待甚周。五钟回寓，与润峰、小清研究灌片时刻。赵桐珊迁移，今日请客，命内子赴约；余在家研究戏曲。内子五姐、四姐来，堃芳亦至。晚饭后又与小清、润峰研究灌片时刻。十一钟方寝。

壬申年十一月十七日（1932年12月14日） 星期三 晴

十一钟起床，至震旦诊病。戎大夫知余在欧美同学会灌片，下午伊公事毕欲同往欧美同学会参观。一时回寓，午饭。胡冷庵来；场面全堂亦至，又正式研究唱片时刻。车接戎大夫来。胡、戎及全堂场面及堃芳等先往欧美同学会；五时百代公司遣苏少卿、邢小亭同车来接余前往；五时半在欧美同学会正式灌片。先命戎大夫扎针后灌《红楼二尤》，由〔四平调〕“替人家守门户”起至“不如你聪明人遇事和谐”止半片；又《红楼二尤》由〔二黄原板〕“贤姐姐怎知我心头悔恨”起至转〔摇板〕“平姑娘的仁义胜于他”止；《白娘子》由〔西皮原板〕“春光明媚百草生”起至三句夹白改〔散板〕“修心不为染红尘”止；《白娘子》由〔南梆子〕“湖光山色天然景”起至“道心损却就动凡心”止四面、共两张，每张价洋一千元，共二千元整。灌毕签字取支票。同戎大夫、堃芳等回寓，晚饭，树臣、凤声亦来，饭后竹戏，至夜三钟散。又扎针，即寝。

壬申年十一月十八日（1932年12月15日） 星期四 晴

下午一钟起，至震旦扎针，归寓，午饭。敬余来。昨托薛筱夫购印色四种，第一，每两十六元；第二，每两十元；第三，每两六元。余家收藏旧印价洋二十馀元。昨灌片支票两千元。电召鸿庆裕银号人来，托伊代取存鸿庆裕一千元，馀者一千元作开销。晚召三顺行头局并电灯陈姓来结账。晚饭后又往震旦扎针，九钟回寓，同袁凤声、堃芳及内子竹戏，四钟方散，就寝。

壬申年十一月十九日（1932年12月16日） 星期五 晴

正午起床，即往震旦诊病，扎针后仍烟瘾大作。戎大夫云稍等片刻，有人来看阳物病，因伊阳物包皮过长，剪去一段，甚觉肉麻。询其事为何剪去，大夫云并无病，因为求洁净起见，从此包头变作翻头矣，甚可笑！并将阳物上用麻药后在阳物上用针乱戳，看病人不知痛苦。剪毕用针缝包皮，手续繁杂，愚也！并有女助手帮同料理，妙手握玉茎，状甚坦然，足证为其惯技也。此种怪剧余生平所未睹。回寓稍息，午饭。内子五姐、二内兄夫妇来。晚同树臣、凤声及内子竹戏；树臣与润峰、老五合伙；余同醉陶合伙；凤声与堃芳合伙；共打二十四圈，天明七时始散。又托醉陶扎针。九钟方寝。

壬申年十一月二十日（1932年12月17日） 星期六 晴

下午二钟起。因今日天明扎针，身体不觉痛苦，未赴震旦诊病，起床时即服戒烟丸。饭后同堃芳、敬余及阖家赴吉祥。未登台前电请醉陶至吉祥后台化装室先扎一针。《百宝箱》五时登场，戏毕回寓，与凤声接洽开明星期三、星期四夜戏戏码。马富禄夫人来，共饭。饭毕同堃芳、凤声及内子竹戏。锦川来索哈尔飞星期六、星期日两日戏码，因事忙未定出戏码来。竹戏至三钟方散，就寝。今晚晚饭时杨宝忠偕天津友人朱厚叔来寓，小谈即去。

壬申年十一月二十一日（1932年12月18日） 星期日 晴

正午起床。胡冷庵、陈敬余来，留饭；二时同往吉祥，先命汽车接醉陶至后台扎针；《香罗带》三时登台，七钟回寓。同锦川定哈尔飞日戏戏码：星期六《还珠吟》，星期日《柳如是》；留饭，饭后稍息片时。凤声、树臣、醉陶先后来，先扎针，后同诸友竹戏。天明七时醉陶因伊看病时刻即回家；余同树臣、凤声等又接打四圈，十钟始散。姜玉佩来与和儿用功。稍息即寝。由昨夜三时狂风大作，至今日余睡时未止。

壬申年十一月二十二日（1932年12月19日） 星期一 晴 仍狂风未止

下午三时起床，往震旦扎针，回寓，午饭。身体仍不爽，又往震旦诊病，补扎一针，回寓。酸痛难忍，电召戎大夫来，询其连扎两针为何不见效？戎笑曰此两针完全为补气而用，并非鼎瘾针，试验余烟瘾是否减轻，见余烟瘾大作，实在不能过减，即用戒烟针，立刻见效；戎又云余鸦片瘾再等月馀方能稍见效，今日有意与余开玩笑，惟恐是心瘾作用，故用补气针诓哄；果有真瘾，必须耐月馀方可见效。八时就寝。

壬申年十一月二十三日（1932年12月20日） 星期二 晴 微风

下午三钟起，即往震旦扎针，回寓，午饭。晚凤声、堃芳同来，共晚饭。余将欲往震旦，来电话，醉陶恰来电询余病情较比昨日如何？余云比昨日微微见效；伊笑云："近日辄药力过多，故感觉痛苦；如不能支持，即往府上扎针。"余云快来救命才好，伊即往，扎针后与醉陶、堃芳、凤声等竹戏；堃芳只打四圈，伊去内子接打，至次日天明正午方散，始寝。

壬申年十一月二十四日（1932年12月21日） 星期三 晴 上午狂风大作

下午五时堃芳来促余起床。车接戎大夫来扎针，留饭。前数日袁凤声接任开明经理，约余在星期三、星期四在开明加演夜戏两日，情不可却，允之。八时阖家及戎大夫往开明，醉陶日本女客并其阖家观剧。《盘丝洞》十钟登场，黄文谦由津来，至后台闲谈。戏毕约文谦、醉陶、凤声同至余寓竹戏。日间苏少卿亲来辞行，不日赴沪，并索照片。又接娄子蕴帖，娶侄媳。命燕云代发吴昌硕立碑共份款项二十元。并命堃芳理烟具。竹戏至三钟方散，客去即寝。

壬申年十一月二十五日（1932年12月22日） 星期四 晴

下午一钟起床。南国女子美专学校送来绣对联一副，并有上下款及函件，云其学校经济因难，欲捐款之意；并托晓桑、敬余面说困难情形。余情不可却，将对联退回，捐洋十一元，托敬余转答。三时赴震旦扎针，与醉陶闲谈。五时与醉陶乘余汽车回寓，留晚饭，饭后至开明，演《钗头凤》，戏毕凤声、醉陶送余回寓，共竹戏，至次日九时方散。

壬申年十一月二十六日（1932年12月23日） 星期五 晴

客去后理发、沐浴、午饭。游天由沪来平，共饭。前星期五杨宝忠同天津友人朱厚叔来谈，补记。接海上孙乃卿病故讣闻，并娄子蕴喜份各四元，托游天写函，由交通银行转汇。下午六时服安眠药即寝。老五、润峰、堃芳、凤声等来。因开明有日本股东；又接无名信数封，即命堃芳与凤声商议下期停演之讯，恐日后发生危险，故此停演。伊等博戏，余高卧不知。

壬申年十一月二十七日（1932年12月24日） 星期六 阴晴不定 冷甚

十一钟起，烟瘾大作，身体酸痛不止，即往震旦扎针，归，午饭。阖家赴哈尔飞，演《还珠吟》。戏院长亦至该院观剧。未登台前又扎针。戏毕回寓，与游天、堃芳、凤声、醉陶等竹戏，三钟始散，就寝。

壬申年十一月二十八日（1932年12月25日） 星期日 阴晴不定

十一钟起床，往震旦扎针，二钟回家。接戴正一、兰生、朴生帖，十一月二十九日为伊母五十三寿辰宴客，在西四牌楼北翠花横街五一号。午饭饭毕阖家及游天、堃芳等到哈尔飞，与春彦、桐珊、多寿等演《柳如是》。未登台前醉陶偕其友先至后台闲话，即命醉陶扎针。与树臣、醉陶、游天、亚郇、凤声等竹戏；仲仁、多寿、锦川、润峰亦来，又作扑克戏，至次日天明九时始散。

壬申年十一月二十九日（1932年12月26日） 星期一 晴

九时赴震旦扎针，回寓即寝。梦中闻游天、老五、多寿、堃芳等作扑克戏；盛意亦来。但余因连日困乏，酣睡二十四小时，今日竟未起床。

壬申年十二月初一日（1932年12月27日） 星期二 阴 下午雪

今早十一时起床，至震旦扎针，十二时归。有北大学生柴大章（号铁岩）曾来两函求见，甚为滑稽，今日来谈片时。一点用饭。嘱人送王树臣家满月礼份。敬余、堃芳来谈。戎大夫来扎针。六时孙冠宇携古玩来，稍谈。阖家及堃芳、游天同至树臣家贺喜并竹戏八圈，晚饭后回寓，约凤声来，又竹戏，余与醉陶合伙，至天明七钟始散，即寝。

壬申年十二月初二日（1932年12月28日） 星期三 晴 下午微雪

下午两时起，即赴震旦扎针，回寓，午饭。与堃芳、燕云结算由南半截胡同迁至三条新房两月馀杂项一切账目，共洋四千三百零七元八角；又开鸿庆裕银号支票五百元，为日用及余生辰开销之用。

壬申年十二月初三日（1932年12月29日） 星期四 晴

四时偕游天及老爷子、雷少臣赴宾宴春贺王盛意结婚。步至椿树三条东口草厂胡同水井旁余跌滑一跤，遍身泥污。五时回寓，请醉陶、凤声竹戏，至天明始散。

壬申年十二月初四日（1932年12月30日）　星期五

九时寝，下午二时起床，赴震旦扎针，并与戎大夫、刘博士等谈男女生理学，并研究令香尿症。回寓，同饭。醉陶、凤声来，树臣亦至，共用晚饭。石工来，并携古墨两匣，为余明日生辰；因余未起，石工留一小柬即去。逢春电约春华楼晚饭，嘱令香赴宴；余留诸友博戏。一钟客去，即寝。

壬申年十二月初五日（1932年12月31日）　星期六 晴

十一钟起床，赴震旦扎针，又至天源购酱菜，归寓。今日余生日，诸亲友来贺，约百馀人；并有锦川、雅孙、游天、树臣、堃芳、凤声、逢春、醉陶、仲仁、老五十人合送大鼓书、杂耍、相声、双簧等齐全；前后厅均人。友人博戏。夜三钟稍散，只有凤声、树臣、游天、醉陶、老五、砚奎、敦敏未去，在后厅东西套间麻雀（将）两桌，直到天明正午方散。

一九三三年

1933年

壬申年十二月初六日（1933年1月1日） 星期日 晴

客去后即往震旦扎针，回寓，午饭，饭后在浴室与内子闲谈；精神不振，对方言语概未入耳，须臾酣睡。仆人扶余上床亦未知；内子与余宽衣竟未觉，遂入黑甜乡矣。今日阳历元旦，累接拜年片。

壬申年十二月初七日（1933年1月2日） 星期一 晴

正午始醒，共睡二十四小时，尚觉疲乏，意欲再睡，烟瘾大作，不能安枕，苦不可言；勉强起身，往震旦扎针，精神仍不恢复。竟日昏沉。回寓，午饭。偕游天、敬余步至小云家贺寿，并有凤声同去；与惠（蕙）芳、叔玉、岚秋等闲谈，五钟归寓，电约醉陶来，晚饭，博戏。十二钟客散。与堃芳、游天谈明年赴上海事。接罗铁臣丧母讣闻。张寰如由津来谈，并补送迁居、生日礼物。黄文谦如意馆墨竹条幅。初六薛笈夫父寿，命人送礼。两钟客散。就寝。

壬申年十二月初八日（1933年1月3日） 星期二 晴

正午起床。杜菊初由济南携带黄金荣函来寓，为明正赴申在天蟾舞台演剧事；前数日余亦接黄金荣函，仍为该事。今年九月间沈长庚亲来约余三月间在三星登台，因双方情面难却，故此嘱杜先生去函黄先生与长庚疏通一面；由堃芳函致长庚，请其与黄老板接洽，待其来信再谈。晚电约树臣、堃芳、醉陶、游天等竹戏。游天本宿余宅，因伊往孟小冬处，故电约之。五时客散。今日腊八节，命仆人至各亲友家送粥。天明方寝。

壬申年十二月初九日（1933年1月4日） 星期三 晴

早十一钟起身，赴震旦扎针；沈尹默[1]亦在该院诊病，稍谈，回寓。昨晚接海上黄金荣电，仍为明正赴沪在天蟾舞台演戏事。醉陶来，与堃芳同作手谈。寰如车来接游天至小冬家，十二时回，游天接打四圈，二钟散，即寝。

壬申年十二月初十日（1933年1月5日） 星期四 晴

正午起床，赴震旦扎针，回寓，午饭。命燕云发各处贺年片。黄金荣又来电，言上海时局不佳，天蟾之约暂从缓议；即与杜菊初去信通知。晚醉陶、锦川来，共饭，饭毕竹戏，仲仁加入。游天介绍丁云兰拜余为师，定十四日六时在丰泽园行礼。三时客散，始睡。

壬申年十二月十一日（1933年1月6日） 星期五 晴 微风

正午起身，赴震旦扎针，回寓，整理房间，午饭毕修容。晚吴镜芙在油房胡同少皋处约饭，因事忙辞谢。洽黎电约新丰楼饭，座有江叔海、叶幼宸；并有富连成科班学徒四人。回寓，与醉陶先作花戏又作雀战，至三时始散。

壬申年十二月十二日（1933年1月7日） 星期六 晴

冒风至震旦治病。三时赴吉祥演《丹青引》，胡师亦至。七时应焦崇周之约，在东来顺吃饭。九时回寓，与醉陶、游天、树臣等竹戏，四时始毕，即寝。

壬申年十二月十三日（1933年1月8日） 星期日 晴

一时起，午饭。赴吉祥，先顺道至震旦扎针。今日演《十三妹》。李润峰在后台向老爷子要赌账，情形可恨，众目昭彰，出言不逊。余命人付款与之，始解其围。七时回寓，醉陶来，又作手谈，至二时即散。接郭宅讣闻，知仲衡已作故人。姜妙香之母亦病故，妙香尚在沪演戏，接电始回。三时寝。

---

1 沈尹默（1883～1971年），原名君默，字中、秋明，号君墨，别号鬼谷子，浙江湖州人，早年留学日本，后任北京大学教授和校长、辅仁大学教授。1949年后历任中央文史馆副馆长，上海市人民委员会委员，第三届全国人大代表等职务。以书法闻名。

荀慧生与北京“白党”朋友以及同仁合影。前排左起：贾保生 陈墨香 沙游天 后排左起：荀慧生 王松龄 郑剑西 孙学谦

壬申年十二月十四日（1933年1月9日） 星期一 阴

身体异常困乏，浑身难受，至六时尚不能起床，乃电约戎大夫来寓，即在床上扎针，方起。七时偕内子及沙、戎、王、吴诸人同赴丰泽园，今日为收女弟子丁云兰举行典礼，内行到者有尚绮霞、时慧宝[1]、春彦、仲仁诸人；报界管翼贤、季廼时、何卓然、戴兰生、张明炜，共约三十馀人。行礼毕摄全体影，入席。云兰并投门生帖，送衣料两件。九时方回寓。逢春、卓然来，作手谈，. 至七时方散。

壬申年十二月十五日（1933年1月10日） 星期二 阴 风寒

三时起床，即赴震旦，偕醉陶回寓；仲仁来，共饭。七时半偕游天赴春华楼，应季廼时（《北平晚报》社长）之约，座有李元箸、张明炜诸君；春华楼主人素好书画，所悬于右任之联乃陈半丁所作人物，均极精彩。九时回寓，作竹戏，六时始散，即寝。

1 时慧宝，京剧演员，工老生，名旦角时小福之子，师从孙菊仙。精通书法。

壬申年十二月十六日（1933年1月11日） 星期三 风 冷甚

下午三时起身，即往震旦。树臣、仲仁、醉陶来，同作竹戏。孔希白约在春华楼晚饭，座有叶幼宸、江叔海，饭毕同返寓，闲谈；逢春亦至。剑秋来，谈定规明年上工。今日为五姐及二内兄打头，接济款项，至四点始散。

壬申年十二月十七日（1933年1月12日） 星期四 晴 风 冷

四时起床，看新裱字画，命游天题签。六时锦川来约至恩成居晚饭；先至冯惠林家吊其儿媳之丧，后赴饭局。邻座有王琴农、姜妙香诸人。逢春买好黄酒，共醉，一同回寓，竹戏。至三时寝。

壬申年十二月十八日（1933年1月13日） 星期五 晴

至六时未起床。醉陶来扎针。七时始兴、仲仁来，同吃涮羊肉。前日醉陶接其家电，其父病重；今又接电，言病见减，醉陶甚喜，又作竹戏。仲仁与游天口角，闹成笑话。三时醉陶始去，稍谈，寝。

壬申年十二月十九日（1933年1月14日） 星期六

下午二钟起床，即赴震旦扎针，在该医院午饭，即赴哈尔飞演《英杰烈》。戏毕在家与凤声、树臣竹戏，至天明七时始散。

壬申年十二月二十日（1933年1月15日） 星期日 晴

下午二时起，即赴震旦扎针，在该院午饭。醉陶今日回籍奔父丧，余及游天、云兰均代设法购火车票。三时至哈尔飞演《辛安驿》。今日封箱戏，游天加入串演《黄鹤楼》，琴侬、芹池、敦敏及孟小冬、丁云兰均来捧场。戏毕偕芹池、敦敏回寓。今日内子生辰，家中有影戏，并备酒席，诸亲友均来，畅饮，饮后有竹戏及扑克戏数场，并为叶老五抽头。女弟子云兰初次来寓，为其师母叩寿。是日尽欢通宵，至次晨九时始寝。

壬申年十二月二十一日（1933年1月16日） 星期一 阴晴不定

十钟赴震旦扎针，正午回寓，午饭，饭后即寝。因一夜未眠，故今日未能起床。下午十一时电招程女医至寓扎针。仍睡。

壬申年十二月二十二日（1933年1月17日）　星期二　晴

十时起床。昨日足睡二十四小时，起床后即赴震旦，回寓，午饭，结算各处存款，命人送堃芳妻寿礼。又命小刘送交通支票与王树臣计洋一千元，为工头沈根生建筑事。又昨前楼到暗杀团恐吓信，交本段巡警调查。下午四钟外二区赵署员带巡警来寓查问恐吓信之事，当派便衣警察二人在寓保护。电招陈女士来扎针。晚同堃芳、锦川拟稿发表演唱救济东北难民义务戏；游天代拟稿。与凤声、树臣同至堃芳家，贺其妻寿辰，在其家晚饭。饭毕偕回寓，竹戏至天明始散。

壬申年十二月二十三日（1933年1月18日）　星期三　晴

昨夜未眠。十一时赴震旦扎针，回寓。张巡长、赵署员带侦探二人仍为恐吓信事来寓，云每日有六人在本寓内外巡查。四时和衣小睡，九时起，祭灶毕复寝。浑身酸痛，又命震旦陈女士来扎针。

壬申年十二月二十四日（1933年1月19日）　星期四　早大雪

一钟起，赴震旦扎针。今日朱桂芳长女与陈德霖次子合婚，命人送两家礼。寿石工二十日生辰，命人送小花瓶两个补祝之。午饭毕内子带骧儿、余同游天同往全蜀馆，贺朱桂芳长女出嫁之喜；并至惠丰堂与陈少霖贺喜。稍坐回全蜀馆，接内子、两儿回寓。接孙菊生、巢章甫、吴迪生三君函，为与寿石工二十七日在春华楼补寿请客，请余加入，托游天复函允之。富禄来，与凤声、游天竹戏至四时始散。

壬申年十二月二十五日（1933年1月20日）　星期五

下午一时起床，召陈女士来扎针。接暗杀团请客片，言今日上午一时至东直门团部吃饭，款署朱焘。随报巡警存案。与游天商量明日哈尔飞义务戏停演，并登报宣布真相，各报送稿，言余已携眷赴沪。锦川来办理一切手续；游天起稿。晚与游天、凤声竹戏，至三时即散。

壬申年十二月二十六日（1933年1月21日）　星期六

一时起。富禄来。四时竹戏。孙芹池在丰泽园宴客，谢之。游天去赴席。九时芹池偕萧同兹及董委员、季廼时、徐剑霄、金君等共十人来寓，竹戏至五时。萧君同兹为中央党部秘书，自南京来平，彼言南京国民大戏院可约余去演戏。今日春生社在宾宴春祭神，余亦未去。晚春彦、仲仁、富禄来与内子竹戏。五时余与游天稍谈，即寝。

壬申年十二月二十七日（1933年1月22日） 星期日

午二时起。富禄来闲谈。付老爷子五十元。读报。终日无事。晚召陈女士来扎针。分派各家年礼。晚与张寰如、游天闲谈一夜，至天明六钟始散，即寝。

壬申年十二月二十八日（1933年1月23日） 星期一 晴

下午二时未起，先电召震旦来扎针，始起身。命仆往各亲友处送礼，并开销日用年节账目。树臣、富禄先后至，竹戏，五钟方散，就寝。

壬申年十二月二十九日（1933年1月24日） 星期二 晴

下午四钟起身，电召震旦大夫扎针，并与敬余、游天、逢春谈天，留饭。剑秋来问润峰散伙事，因伊误场三次，故辞去；剑秋接活。内子五姐、二嫂夫妇来。十一钟电召震旦扎针。饭毕逢春谈清朝历史，甚觉有趣。二钟始散，即寝。

壬申年十二月三十日（1933年1月25日） 星期三 晴

二时未起床，烟瘾大作，电请震旦医生来扎针，始起床。命玉海往和儿诸师处（送）月工洋并年节钱。彩云来。上佛堂供事，阖家烧香、守岁。与凤声、富禄、堃芳、游天诸友人竹戏通宵。彩霞带七儿来辞岁，并闲谈伊家务。伊父子去后沐浴、修容。

癸酉年正月初一日（1933年1月26日） 星期四

新岁元吉、阖家欢乐。令香往四舅处贺年；仲香赴大舅家拜年。彦衡首先到余家贺岁。今日阳光春发，天气晴和，甚寒。今日星期四，竹战由昨夜至今天明、上午十钟方息。

癸酉年正月初二日（1933年1月27日） 星期五 晴

竹戏毕电召震旦扎针。敬香。诸亲友来贺年。又接恐吓信，嘱余不必再事宣传。芹池来电，云明日偕友来寓。晚饭，扎针，十时寝。

癸酉年正月初三日（1933年1月28日） 星期六 晴

三时起。富禄来，仲仁、春彦、老五、连孝、冷庵等先后来贺年，询演戏日期；剑秋亦至。今日为老爷子生日，叩头祝寿。芹池偕其友十馀人来，手谈三桌；仲仁亦来，竹戏至天明始散。

癸酉年正月初四日（1933年1月29日） 星期日 晴

早接琴侬病故讯。三时富禄、子铎均来，手谈；富禄因其子病先去。竹戏至二时即散。剑秋来，告其初六起吊嗓、用功。三时寝。

癸酉年正月初五日（1933年1月30日） 星期一 晴

三时起，扎针，饬人送王琴农祭礼；游天去送三，余因避人未去。子铎、堃芳、凤声来，手谈至六钟始散。

癸酉年正月初六日（1933年1月31日） 星期二 晴 夜三时微雪

天明六钟竹戏，散后送友出门，忽见烟气冲天，命佣人电询警阁，知近邻椅圈内卖白面家失火，想是良心太坏，天理不容。余阖家不敢睡。去岁贯大元送狮子巴狗一只，甚可爱，今日早六时半产一小黑狗，馀均不下，此状可怜万分。因失火及产狗二事未眠。十钟电召震旦来扎针。敬余及女弟子丁云兰来贺年。剑秋来吊嗓。云兰及游天均唱演数段；并游天代写信给北平市人民自卫指导委员会，为自动发起演前方将士筹款义务戏，关照芹池帮忙。和儿诸师来开工。并同敬余、笈夫谈现在时局。巴狗至早六时到下午八时仍未生下，剑秋介绍道济兽医院调治，命玉海抱狗前往。吴四内兄、少奶奶及六姑娘全来贺年；二内兄及其五姐亦至。饭后玉海回，云狗已经扎针，给药五包，每二钟后灌一次。九时余先睡。

癸酉年正月初七日（1933年2月1日） 星期三 晴

夜半狮子狗嚎叫不止，家人多未能睡；早八时至正午产小狮子狗六头，全黑色；但生三死三，其产生时均先尾后首；完全是女仆代为拉出者。夫产狗常事也，然未见有如此之难者。当时用电话询之贯君大元，据答伊家之狗难产更较于此，可见天下事竟无独有偶也。余未起先扎针，天交九时始起床，午饭后与内人或坐或卧或行或止，无非说些家常话，到觉有趣。晚八点堃芳来，树臣亦继至；十点锦川来，于是研究灯节后演唱（补演）慰劳前方将士、救济战地同胞义务戏事，堃芳主张连演三天，一天义务两天营业；锦川亦赞成，当即决定二月十一日、十二日、十三日（农历正月十七、十八、十九）三天，惟戏码约定明天再研究。因内人发起竹戏，不好驳他人的面子，即命仆人预备，十一点战起，预定八圈，输赢要散。钟剑秋境况欠佳，要求设法。适李处长来电，当即代约于明天下午四时来寓竹戏，以为钟抽头；并代约树臣、堃芳二人至，午夜时亦来参战。三钟客去。震旦扎针后方睡，已四钟矣。

癸酉年正月初八日（1933年2月2日） 星期四 晴

正午起床。老太太介绍内侄在宅看门房。敬余来用功；剑秋来吊嗓。晚约孙芹池、王树臣、李子铎为剑秋竹戏抽头帮忙，余负四十馀元，子铎负百元，芹池负五十元，剑秋得洋六十七元；添菜等杂项用洋共十五元整，下有五十一元，馀者均被剑秋得去。天明十钟方息。

癸酉年正月初九日（1933年2月3日） 星期五 晴

客去以后，同仆人玉海至交通银行办理长期存款事，本存钱一万六千元，加月息二千元，共存一万八千元整。十一时回寓。今日甚冷、微风。稍息，电召震旦大夫来扎针。方要睡富禄、盛意同来贺年，留午饭。一时半始寝。

癸酉年正月初十日（1933年2月4日） 星期六 晴

十一钟起床。今日立春。身体疼痛不止，即电召震旦来扎针。敬余来用功，共饭。锦川、堃芳同来，定十七日在哈尔飞义演为前方将士战地同胞义务日戏，订唱《荀灌娘》；二日营业《荆钗记》《得意缘》。初三日接王琴农病故讣闻，今日开吊，偕敬余、堃芳、锦川步至琴侬家吊丧；亲友满棚，稍坐即往震旦扎针，并到彩霞处，贺其长女生辰，同其内侄男、侄女牌九博戏，负洋十五元，赏男女仆五元。十钟阖家回寓。厨子马姓介绍男仆。十一钟电召震旦来扎针，十二时半睡。

癸酉年正月十一日（1933年2月5日） 星期日 阴

下午一钟起，敬余来，共饭。刘玉竹来贺年，与敬余研究新剧。四钟阖家理发、沐浴。上午彩霞带和、骧两儿往厂甸闲游。子铎来还赌钱。电约树臣询花园建筑事，树臣并荐男仆看首大门；堃芳亦至，留晚饭并竹戏，三时始散。近日天时不正，忽阴忽晴。戒烟身体痛苦，连扎三针方觉精神；苦不可言。数日前辞去男仆二名，今由厨子及树臣荐男仆二人。五钟方睡。

癸酉年正月十二日（1933年2月6日）星期一 阴

正午起身，烟瘾大作，即电召震旦来扎针。敬余来用功。张巡官（字捷三）来询暗杀团恐吓信事，近日连接恐吓信数封，去岁命警察、侦探保护，今捷三来商议撤销侦探、警察等，并嘱余请曾队长、赵署长，订于十七日在哈尔飞观剧、约饭。今又接暗杀团恐吓信，内云本团对足下之事，因关朋友之面，本欲不究；忽接报告，你对于本团百般侮辱轻视，我等今开全体大会，已然通过罚你，速备五千元赔偿本团名誉，限你五天将款送到东便门外迤东角楼处，有人接洽，击掌为号；每日下午五六点恭候，只派一人前来，人多无效；如过期无有答复，休怨我等无情，只可将你终身取消，悔之晚矣。信内并画手刃人头血迹、金钱，可值一笑！惟来函字体甚怪，再上函云解释误会；初次来函时口吻甚大，要余捐洋数万元，语气之间忽恶忽善，难以凭测。剑秋来吊嗓。捷三唱花面数段，并谈官场办案种种黑幕手续，又云该房主人刘赞庭破产卖房，均系被张栋臣一人所害。又接朱木厂海上来函，问候而已。叶瘦梅亦有函来，请余改善《铁弓缘》脚本，并索伊师妹丁云兰照片。晚饭稍息即寝。金仲仁至，未晤。

癸酉年正月十三日（1933年2月7日）星期二 晴 风沙扑面

由昨晚九时睡至今下午一钟起床。张巡官来索《得意缘》《鸿鸾禧》之单本。接丽卿来函，托余搭班帮忙。嘱堃芳明早至逢春处，商洽约请曾队长、赵署长酬客事。瘦梅、木厂两函均托敬余答复。剑秋来，研究新剧唱腔。堃芳、树臣同来。汪侠公带信来，云伊接吉祥戏院副经理，接洽唱戏事。留晚饭并竹戏，堃芳手气不佳，只打八圈半，可笑！伊负洋二十四元已面无人色。二钟牌散，电召震旦连扎两针方觉过瘾，意欲明日不扎针，食戒烟丸。与内子五姐来与小狗洗澡，免夏天有臭味儿。四时三刻方睡。命男仆玉海电约李处长子铎及王树臣、袁凤声三君，明晚便饭、竹戏，补记。半夜更夫俊昌一夜未打更，在门房鼾睡，遍找无人，大喊，忽由床下走出；余曾申饬下次不可。余竟夜未眠。

癸酉年正月十四日（1933年2月8日） 星期三 阴

早十钟起床，与和儿排《铁弓缘》。高连第来与和儿用功。命仆人将堂屋内之衣柜均移西间；郑姓仆人用力太过，几乎玻璃柜之玻璃将其头碴（扎）破，亦云幸矣。震旦来扎针。义勇军借爱国名义捐款，不知是否属实？昨亦有捐册，系妇女协会，列名者有蒋总司令夫人、张副司令夫人，提倡范围甚大，良可惧也！现在借爱国为名者甚多，每日总有捐册来。此种世界强盗无法应付，其奈如之何也！剑秋来吊嗓。电召震旦扎针。沈根生来接洽建筑花园事。晚饭后同树臣、凤声及内子竹戏，天明六钟始寝。

癸酉年正月十五日（1933年2月9日） 星期四 晴 甚寒

下午四时方起床，即电召震旦来扎针。郝锦川、袁凤声两经理来，均接洽演戏事。今日元宵节，敬香。仲仁、子铎、堃芳亦来，共饭，饭毕博戏。王泊生介绍友人张姓持函来，因起床甚晚，未晤。杨姓来安电灯。周市长华章电索十七日哈尔飞《荀灌娘》戏票。竹戏至四钟始散。仲仁云明日伊生辰，约伊家午饭。五时方睡。

癸酉年正月十六日（1933年2月10日） 星期五 晴 风

早十钟起床，与和儿排戏。富润来吊嗓；敬余亦至，研究新戏。午饭毕，电询泊生介绍友事，伊云张姓为保险火警，故来接洽。三时敬余去。因失眠和衣小睡。七时李子铎、王树臣同来，共饭，手谈至三钟始散。电招震旦来扎针。沈根生带花园建筑图来，因亭子费工料，另改一图来搪塞；余托介绍人树臣与其理论。五时客去。点心后方寝。

癸酉年正月十七日（1933年2月11日） 星期六 晴 微风

下午二时起身，修容。敬余、堃芳同来，午饭，三时偕往哈尔飞，演慰劳前方将士自动赈灾义务戏，观客满堂，无有立足之地；售票洋八百馀元，赈灾会得洋四百零七元，馀者均开销前后台。戏毕孙芹池借余家请南京来要人十馀客，饭毕竹戏。树臣、富禄、锦川、凤声、老五、仲仁、堃芳先后至，在中厅打扑克、麻将，三钟散；客去后又同锦川等打扑克，天明九时方散。睡。

癸酉年正月十八日（1933年2月12日） 星期日 晴

下午二钟和儿促余起床。午饭后即往哈尔飞演《荆钗记》，观客不得购票者约有二百馀人。内子带两儿后至。戏毕请曾队长、赵署长、署员及逢春、郭副官在丰泽园饭；仲仁、富禄、少臣、堃芳等陪客，为恐吓信谢客之意。饭毕同至余家竹戏，子铎加入，芹池同余合伙。二时余睡，伊等麻将通宵。早朱木庵由沪亲带吕宋烟、化妆粉来寓，并《美人一丈青》话片一张，稍谈。此二十八字补记。

癸酉年正月十九日（1933年2月13日） 星期一

下午一钟起床。仆人云众人竹戏至今早十一钟始散；余负洋四十二元。电召震旦扎针。饭毕阖家、堃芳同赴哈尔飞，演全本《得意缘》。郭副官、曾队长三日均命侦缉队十馀人在戏院门首保护，友人感情之故。戏毕回寓，王树臣先来寓。汪侠公来，接洽下期在吉祥演剧事。与堃芳算三日戏账。前厅自来水流水不止，即命人修理。晚饭。与仲仁、富禄、子铎、树臣等竹戏，至次日十钟始散。午饭毕，寝。

癸酉年正月二十日（1933年2月14日） 星期二 晴

今日母亲寿辰，宾宴春办席两桌。余下午二时睡，命内子、两儿往祝母寿。

癸酉年正月二十一日（1933年2月15日） 星期三 阴

由昨睡下至今，正午起身。和儿生日，逢春来吃面。付焦崇周修房、安设水管一切等项前后账目共洋六百元，开交通支票五百元，现洋一百元，完全付清。敬余来研究新戏。晚约曾队长、何谦、李处长子铎及堃芳、树臣、冷庵等便饭，饭毕竹戏，至次日正午方散。

癸酉年正月二十二日（1933年2月16日） 星期四 阴晴不定

竹戏散后，电召震旦来扎针，午饭敬余来用功，朱木厂索山水条幅，六钟始睡。

癸酉年正月二十三日（1933年2月17日） 星期五 晴 风

由昨晚六时睡，至今下午一钟始起床，同敬余研究新剧。子铎来电，云今日赴津。醉陶下午六时回京，去岁因父丧回宁，今返平。理发。阖家沐浴。锦川、多寿、堃芳先后来，谈世界妇人怪产事；汪侠公亦至，闲谈老辈故事。十钟寝。

癸酉年正月二十四日（1933年2月18日） 星期六 晴 微雪

下午一钟堃芳来促余起床。午饭毕阖家往震旦扎针，并至吉祥，演《花田错》，戏毕同富禄、堃芳回寓，面托电约侦缉队曾队长、何谦，因前接暗杀团恐吓信，伊派人保护；今面托堃芳、富禄送洋百元以作酬劳。又接清华大学来函，烦演《钗头凤》，复函允之。并接匿名信屏上二字，云男弟子刘艳云每日往女弟子丁云兰处，假作说戏为名，有不端行为，来函嘱予申斥。艳云自去岁未到予处，登报声明脱离师徒关系。和儿郭师因功课不勤被辞；已帖请蝶仙为和儿老师，定二十七日拜师、行礼。吴彦衡于二十二日早六钟生一男，今日三天，内子带两儿往贺。晚饭毕同曾和谦、雷少臣、吴堃芳、马富禄、王树臣竹戏，至四时方散；面约伊等，二十七日约请荣蝶仙，请伊等作陪，在本宅便饭。少臣代伊友人索画。朱定安由上海舍予托伊带来余用之化妆粉及《一丈青》样片，余复函谢之。醉陶上午来扎针，五时方去。即寝。

癸酉年正月二十五日（1933年2月19日）星期日 晴

下午二时堃芳来即促余起床。午饭后敬余也至，因前数日艳云常往女弟子丁云兰处，假做教戏为名，大有拆白之心，接匿名信，书外写屏上二字，函中言语与余名誉有碍，即劝余脱离师生关系；当初系敬余介绍，伊见信大怒，敬余即起脱离师生关系登报稿，在《全民》《实言》等报均登载；敬余主张脱离介绍人责任。三时赴吉祥。内子带两儿至大内兄处观婴儿洗三礼。余同富禄、菊初、桐珊、春彦、仲仁合演《庚娘传》，戏毕孙芹池至后台，云由南京来要人，诸君约余雨花台晚饭，同往，座客十馀人；女弟子丁云兰亦在座，并有女妓一名。饭后同至余家竹戏，余同芹池、醉陶合伙，负洋九十元；至四钟方散。客去即寝。

癸酉年正月二十六日（1933年2月20日）星期一 阴晴不定

正午起床，与和儿排戏，午饭后甚倦，和衣小睡。下午六时富禄、堃芳、凤声三人同来促余起，仍竹戏。二时客去即寝。

癸酉年正月二十七日（1933年2月21日）星期二 大雪

身体酸痛不止。十一钟起床，同敬余研究新戏。晚为和儿拜师请蝶仙帖。约四钟树臣、和谦、子铎、堃芳、少臣、逋仙、富禄、醉陶等诸友均来。蝶仙系敬余介绍；七钟还未至，连请数次仍未至，敬余亲往始来，已八钟矣；伊到行师生礼毕，九时始入座。蝶仙因景况不佳，托敬余愿来教戏尚且如此。饭毕与诸友竹戏，至天明九时方散。

癸酉年正月二十八日（1933年2月22日） 星期三 晴

竹戏散后客去。与和儿排戏。十一时始睡。

癸酉年正月二十九日（1933年2月23日） 星期四 晴 风

由昨日上午十一钟睡，至今早九时始起床，在后院内与和儿喊嗓、排戏。薛笈夫因蝶仙吸烟、不能早来，改上午十时功课。蝶仙今日开工，下午二时来用功。余十钟至震旦扎治酸痛针，谈片时回寓。接天津李寿民借贷函，即复函云邮寄不便，或来京或暂向游天借。下午孙芹池偕其友徐剑霄来，谈余从前在外冶游艳史，甚有趣。子铎携带古铜钟来，面送余作陈设。留诸友晚饭。与凤声、堃芳、锦川竹戏，三时方寝。骧儿在夜半忽病，身体作烧，哄伊玩耍至天明，即命仆人抱儿至逢春处诊治。六时方睡。

癸酉年二月初一日（1933年2月24日） 星期五 晴 风沙扑面

十二时起，即往震旦扎针，甚冷，二时回寓，午饭。敬余来，即写与艳云父去函，说明脱离师生之情由。蝶仙来用功，剑秋来调（吊）嗓，和儿也唱数段与蝶仙听之。财政局命巡警忽来传票，云速传张栋臣携带房契至财政局检验；余与巡警云，去岁购房税契手续均办理清楚，传票写传张栋臣，与余无干，不能携契到案；巡警善劝余，看情形大有敲竹杠之意，恐契纸扣押，余云房契事均由蒯旭人律师办理，绝无差错，誊写传票稿，即云明早至局，巡警无可奈何，去之。即电告知蒯律师及逢春二人，均云不必理他，如明日再来，蒯律师担任携契到局办理。郭逋仙来，托余荐事。王树臣介绍中兴吕宋烟店，价廉物美，共购三十匣，合洋一百三十二元。老太太与父闹家务口角，来寓三日未回家，在此安睡。敬初一日香。子铎来闲谈；堃芳老五亦至，大谈鬼神、因果报应之事。至十二时方睡。

癸酉年二月初二日（龙抬头）（1933年2月25日） 星期六 晴

十时起床，往震旦看病；由今改服药水，不扎针。十一时回寓，午饭后阖家又赴震旦，与次儿看烫伤。至哈尔飞演《棋盘山》，戏毕回寓。子铎来。汪侠公来询下期吉祥戏码，因伊加入吉祥办事人，故来询问。侠公去后同富禄、子铎、堃芳竹戏，余先打四圈即寝；内子代打。次日闻伊等竹戏至天明六时方散。

癸酉年二月初三日（1933年2月26日） 星期日 晴

早十一时起，与内子烧烟泡。午饭毕阖家先至震旦诊病，后至哈尔飞演《钗头凤》。戏毕子铎电约丰泽园便饭，为请徐姓阖家，约余作陪；女客有六位，男客七位，齐如山亦在座。饭毕回寓。醉陶带扇面册页共二十三开，均严柳村上款，下款是陈半丁；十三开齐白石；十开二名家所绘。因严景况不佳，欲卖之，索洋一百五十元，醉陶托余代卖；与小云磋商未有回信，并托胡师来寓证明真假；胡师云均是精品，价廉物美，索价不多。晚饭后与曾和谦、李子铎、吴堃芳竹戏，并与堃芳算戏份账。竹戏至天明十钟方散。命玉海至鸿庆裕取洋三百元，为开销日用并先生工资等项费用。十一钟始睡。

癸酉年二月初四日（1933年2月27日） 星期一 晴

下午一钟起，往震旦诊病，二时回寓，与剑秋研究新戏唱腔；与胡师闲谈时局，苛捐杂税甚可惊怕，将来民人恐无立足之地。十一时睡。

癸酉年二月初五日（1933年2月28日） 星期二 阴晴不定

正午起床。剑秋来调（吊）嗓。敬余来，云《赛金花》头二本已脱稿。女弟子丁云兰来，代艳云辩白脱离师生登报事；丁云兰因艳云是师父弟子，对伊师父心绪甚熟，为求艺起见，并无别意。逢春来与骧儿诊病，并云艳云为登报事要请律师成词，要余赔偿名誉金两万元；还要登报更正律师，请江叔海之子江庸代理出席；叔海因是余老友，伊云："代你出厅告荀慧生不可，代荀慧生将你看押则可。"一笑。晚余与逢春电约叔海在半园西餐；叔海云艳云身后有女性帮忙，即是女弟子云兰，未说出名姓，余已会意。饭毕回寓，与子铎、富禄、树臣竹戏，二时始散，即寝。

癸酉年二月初六日（1933年3月1日） 星期三 晴 下午微雪

往震旦诊病，二时回寓，饭后与和儿排戏。今日上午十一钟起床。三时蝶仙来用功。补写前数日日记。接东城北新桥祥某信，有十馀篇，谈伊家务、身世，并告伊上辈出身，云年十八岁，观余戏有三载之久，并未晤面；下星期也去看戏，告余注意有手指染红者就是其人。均是疯话、怪语，一笑。接沈尹默丧母讣闻，命人送礼。晚饭后同凤声、醉陶及内子竹戏，二钟方散。凤声面约在开明演夜戏，告伊与堃芳接洽，天明始去。即寝。

癸酉年二月初七日（1933年3月2日） 星期四 阴

正午起身，在院中闲步。饭毕敬余来，云刘艳云早十钟至伊处，托伊同至逢春处，托逢春与余说合，改悔前非，仍为余徒；俟后伊登报声明。剑秋来调（吊）嗓。老五介绍伊内弟拉二胡。沈长庚由沪来，同堃芳至余处谈三月赴沪演剧事。吴大姑娘来，云伊父得病，托余介绍良医；内子五姐亦至。逢春来与骧儿诊病，并谈艳云事。下午四时天大雪。同敬余研究全本《醉酒》新剧。五时客散。因失眠和衣小睡。七时醉陶来促余起床，共饭。堃芳又来，云徐德增同顾竹轩长子由申来平，持黄金荣函至伊处，亦约余三月到申至天蟾舞台演剧，因先与长庚有约，命堃芳推却。客散已三时矣，即寝。

癸酉年二月初八日（1933年3月3日） 星期五 阴

下午四时醉陶、子铎、老五、堃芳、树臣、侠公先后至，即促余起床，共饭。八时手谈，余与醉陶、老五合伙，四时始散。即修容，天明方寝。

癸酉年二月初九日（1933年3月4日） 星期六 阴 大风

与仆人文田、玉海怄气，辞去。堃芳来与玉海说合，仍上工。竟夜未眠，二时起，先赴震旦打针，后至吉祥演《绣襦记》。在后台面约沈长庚、王树臣、马富禄等十一日在寓便饭，同子铎合请。戏毕回寓，电约醉陶、子铎、长庚竹戏，至四钟方散。因时局紧急，拿车友人不能回寓，直耐天明七钟方去。即睡。

癸酉年二月初十日（1933年3月5日） 星期日 晴

下午二时起床。山东车厂无车，转叫小小车行。赴震旦诊病，并至吉祥演《盘丝洞》；戏曲学校学生因余教《盘丝洞》亦去往看。戏毕回寓。李世五同醉陶来。余正在写日记，靠椅忽坏，将余摔倒，哄堂大笑，余吃一惊。十二时客散，即寝。

癸酉年二月十一日（1933年3月6日） 星期一 晴

肚痛，一夜未眠，走动数次；天明电召醉陶来扎针，肚痛始止。三时方起床。今日余与子铎合请客，长庚、堃芳、树臣、世五、富禄、仲仁及中亚药房经理刘耀庭、崔雅泉、张子明等十馀人来赴约，饭毕竹戏，次日十钟方散。

癸酉年二月十二日（1933年3月7日） 星期二 晴

十钟竹戏客散后，余至震旦扎针，十一时回寓。昨闻哈尔飞华慧麟演剧，因张学铭、周大文[1]在该院观剧，学生放炸弹恐吓，时局紧张如此。醉陶带来陈半丁、齐白石扇面册，页共二十三开；白石十开，半丁十三开，均是严柳村上款。因柳村景况不佳，托余卖之，因一时难寻买主，余与柳村亦是老友，送洋百元。正午始睡。

癸酉年二月十三日（1933年3月8日） 星期三 阴

十一钟起，与和儿排戏。正午中亚药房经理刘耀庭、崔雅泉在致美楼请午饭，错往致美斋寻之，无有，电询家人方知是致美楼，可笑！座客有三十馀人。饭毕往中兴烟店购吕宋烟，又至震旦看病，诊毕回寓；马富禄先在寓。李子铎偕前在冯玉祥手下军长、处长等四君来，均不知名姓。李世五、戎醉陶亦至，竹戏，晚饭。该时大雪。诸友畅饮；子铎大醉，忽哭忽笑，呕吐不止，将烟榻近处之玻璃窗及上房之玻璃窗均损坏，几乎将头扎破，危险万状；手足乱舞，口词乱谈；诸友灌药、强扶而睡，仍不眠，又起身乱闹；余即灌安眠药方睡。李君四友去后仍与醉陶、富禄等竹戏。天明六钟子铎方睡安逸。九钟余睡。子铎、世五仍未去。

癸酉年二月十四日（1933年3月9日） 星期四 晴

下午四钟醉陶来扎针方起床。闻仆人云世五、子铎下午一钟起身，饭后始去。留醉陶晚饭。接舍予函。徐德增同顾竹轩之子来寓，未晤。十二钟醉陶去。即寝。

癸酉年二月十五日（1933年3月10日） 星期五 晴

正午起床，往震旦看病，回寓，午饭，调（吊）嗓，与敬余研究新戏。阖家理发、沐浴。子铎、世五、醉陶、逢春、富禄、长庚等先后至；徐德增同顾竹轩长子亦来，谈赴沪演戏事。晚饭毕，敬香，竹戏；余同堃芳、锦川、富禄、老五另作扑克戏。父亲来要日用洋五十元，暂与富禄借用。四钟客散，即寝。

癸酉年二月十六日（1933年3月11日） 星期六 晴 风

因时局不佳回戏未演。接关伯珩今日病故讣闻。下午三时起身，赴震旦诊病，回

1 周大文（1895～1971年），字华章，江苏无锡人，京剧名票。曾任中央广播协会会长、华北演艺协会会长、北平特别市、北平市市长、高级厨师，经营玉华台饭庄。

寓，吊嗓，同剑秋研究《紫玉钗》唱腔。十二钟寝。

癸酉年二月十七日（1933年3月12日） 星期日 晴

上午十一时起，与敬余研究新戏。连孝来，云小楼之子因枪案嫌疑被捕。电召曾队长和谦来询被捕之事，因小楼之子有戚谊关系，是余外男，托曾队长关照、救之。子铎、世五及张子明、醉陶、富禄、长庚、堃芳、锦川、仲仁、春彦等先后至，共饭，竹戏；余同富禄、世五、堃芳、锦川、仲仁、春彦打扑克。二时戎、马、吴、郝先去；余接竹戏，至天明九时方散。

癸酉年二月十八日（1933年3月13日） 星期一 晴 微风

九时竹戏毕又推牌九，午饭毕客去，余至震旦扎针。震旦有山西人王姓二君亦在该院戒烟，因山西对于吸烟及吸白面者如查出实行枪毙，二王姓者不得不戒，甚苦；如不戒断，有家难归。谈笑甚畅，约二小时。下午四时始归，同敬余研究新戏，至七时方睡。

癸酉年二月十九日（1933年3月14日） 星期二 阴晴不定

早十钟电召震旦扎针方起床。正午敬余来闲谈。下午四时又赴震旦扎针，偕醉陶回寓。马富禄来，云小翠花今日丧父三日，往去吊丧，由伊处至余处；曾和谦亦来，留饭，饭后竹戏。十时大雪铺地甚厚。富禄先去，和谦、醉陶因大雪，又因戒严甚紧，恐路上盘问，不能回寓，内子接竹戏，只耐天明八时始去。

癸酉年二月二十日（1933年3月15日） 星期三 阴

早十钟雪止。竹戏散。客去后余同内子谈堃芳从前贫苦艰难，与现在景况大有天渊之别。彩霞大姑娘及吴四六姑娘来与内子烫发。午饭毕。吴大姑娘云伊弟彦衡生子，后日满月，在宾宴春宴客，请余作知客，明日吃知，请余早到。下午二时伊去，即睡。

癸酉年二月二十一日 （1933年3月16日）星期四 晴

十钟电召震旦扎针始起床。二内嫂来，共饭。同敬余研究新戏。接海上杨诚恕函，询问赴沪事，即复函。三时往震旦扎针，四时回寓，六时彦衡在宾宴春催请吃知，即往，共十馀人，有由山东韩复渠部下来平军人亦在座，忘其名姓；谈山东对于戒烟吸白面者甚严厉，有军人购白面者，卖白面一老妇因前账未清，未付其白面，军人怀恨，至韩复渠处报告，即行枪毙；是日购白面者往观，在城上观其老妇枪毙，枪子误落在报告人的头上，亦死，一枪击毙二人，毙人者往看方知是报告人亦死，真是因果报应不爽，鬼神不可不信也。未终席回寓，和谦、富禄、醉陶等先在寓，饭后竹戏，一时始散。修理烟具。夜半肚中忽饿，命更夫卧果。和儿亦醒，同餐，餐毕始睡。

癸酉年二月二十二日（1933年3月17日） 星期五 晴

骧儿大声啼哭不止，将余惊醒，怒起床打之，内子护庇，将余左手抓破，血流不止，上药始止，竟夜未睡安逸。下午一时阖家同赴宾宴春，贺其大内兄长子吴彦衡弄璋之喜，贺客甚多，并有杂耍、相声、男女鼓姬，颇极一时之盛，余共赏杂耍等洋二十馀元。烟瘾大作，电召震旦扎针。四时同树臣、富禄、堃芳回寓，竹戏，醉陶亦加入，十时客去。与锦川、堃芳定下星期戏码，连演三日，和儿加入演唱。第一日先演前方将士义务，两日营业。十二时客去，始睡。

癸酉年二月二十三日（1933年3月18日） 星期六 晴

正午扎针，起床。因时局紧张，该期回戏两日。午饭毕同敬余研究新戏。蝶仙来与和儿用功；余在院内交和儿练武功。下午五时同醉陶、蝶仙、少臣闲话，共饭。饭后与堃芳、醉陶及内子并和儿玩花牌，十二时始散。醉陶走至宣武门被大兵吓回，戒严时代不能通行，在余前厅西内间住宿，一时安睡。余阖家亦寝。

癸酉年二月二十四日（1933年3月19日） 星期日 早阴下午晴

扎针。十一钟起床，与醉陶闲谈，正午伊去。与和儿排《大登殿》。午饭。敬余来说戏。三时堃芳、冷庵来，稍谈。余赴震旦扎针。晚饭毕即睡。

癸酉年二月二十五日（1933年3月20日） 星期一 晴

十钟扎针，起床，在前院与和儿排戏。接海上叶瘦梅信，询北平时局如何？伊在沪见《北平晚报》登载余父子下星期在哈尔飞演戏，所以不知平、津时局如何，来信询之；托敬余复函答之。饭后赴震旦扎针，稍谈回寓。命玉海至鸿庆裕取洋五百元，为救国房捐及开销各先生工资之用。下午五时张巡官捷三来索救国房捐，并闲谈时局；伊云现在时事，无法讲天良。树臣、醉陶、堃芳、溥泉、少臣、剑秋等先后至；少臣云大元得喉症，下期不能演唱，伊请杨宝森代演三日。吴、李、雷三人分头办事。晚饭毕同树臣、醉陶及内子竹戏；因戒严诸友不能回，打至天明未散。

癸酉年二月二十六日（1933年3月21日） 星期二 晴

竹戏至八时半始散，客去方睡，晚七时起床。王盛意来，云同坤伶赴津、沪演戏，月馀方回，告假。今日春分节。闻人云下午三时天降大雪，余起身时雪仍未止，即电召震旦来扎针。晚饭后内子云木匠沈根生日间来寓索西院房契报工程。工务局三科高公润来电关照，明日务必携契到局。十二时方寝。

癸酉年二月二十七日（1933年3月22日） 星期三 晴

上午电召震旦来扎针，始起床。该月节气甚多，惊蛰、春分，戒烟人十分痛苦，勉强在院内与和儿排戏，活动身体。接小翠花丧父讣闻，下午三时往去吊丧，并至震旦扎针，回寓。接戏院卖票人张世奎娶妻帖，送份金两元。剑秋来吊嗓；老五及其内弟亦来。剑秋谈伊夫人发疯狂病，忽哭忽笑，竟日信口胡言，甚觉可笑！五时始去。二内嫂来。马富禄、戎醉陶、刘小卿、赵砚奎先后来，竹戏。金仲仁今日在取灯胡同同兴堂收弟子，约饭，命堃芳持片辞谢。竹戏至天明未散。

癸酉年二月二十八日（1933年3月23日） 星期四 晴 微风

竹戏至今日八时始散，客去。今日堃芳生辰，因一夜未眠，命内子带两儿往贺，余早十钟馀方寝。木匠沈根生因报西院来索房契，好领凭证。余酣睡不知，内子交伊带去。晚八时内子促余起床，召震旦来扎针。余用饭。内子因夜间失眠和衣小睡。子铎偕南京党部要人郑、张二姓并带二妓来寓，闲谈一小时，伊等有戒严口令、通行证，二时始去，行走甚便。将内子唤醒，谈从前余在外冶游艳史，三时始寝。接前数年已故小生陆杏林夫人告帮函，函中之话甚可怜。补记。

癸酉年二月二十九日（1933年3月24日） 星期五 阴

十时起床，召震旦扎针，并修容。阖家理发。午饭毕。闻内子云去岁贯大元送余狮子小巴狗今日忽死，因产狗中风，余请狗医生诊治，花去大洋八元，仍未保全狗命，可惜！锦川来。三时阖家乘车，先赴震旦扎针后至哈尔飞；行至中途忽有女生若干将汽车拦住，云北平知行学校学生团体慰劳前方将士洒鞋捐，捐去大洋一元二角；电询公安局探问学生募捐事，公安局不知，即日禁止。今日在哈尔飞演唱前方将士购飞机义务戏，和儿亦加入；大元因喉症告假，约杨宝森代演；余先与宝森演《武家坡》，后同慧宝、令香合演《大登殿》，余饰代战公主，和儿饰王宝钏。戏毕子铎偕诸友至后台闲谈。七时回寓。与堃芳谈从前伊兄妹为老妈子大闹口角事。十一钟召震旦扎针。客去后即寝。

癸酉年二月三十日（1933年3月25日） 星期六 阴雨 风沙扑面

一时起床。敬余来，同至震旦扎针后至哈尔飞，和儿先演《铁弓缘》前段"开茶馆"至"长亭"止；余由"改扮男装"演起至"夫妻见面"止。戏毕鲍毓麟秘书长、穆成功（系余老友）偕其友至后台，谈从前白社事；余从前别号艺名白牡丹，有百馀友捧场取名白社，约有二十年馀矣。六时半回寓，树臣、子铎、醉陶后至，同竹戏。

癸酉年三月初一日（1933年3月26日） 星期日 晴

竹戏至今早八时始散，客去，用饭，十时始睡。昨日大风彻夜未息，至今下午二时方止。二时半堃芳来，促余起床，午饭，阖家及敬余乘车，先至震旦扎针，并至哈尔飞。四时忽然起风。和儿先与宝森演《汾河湾》，大轴余同仲仁、春彦、富禄、桐珊合演《鱼藻宫》。戏毕又往震旦，偕醉陶回寓。饭后子铎同其郑、张、王三友来并带二妓来寓、稍谈，郑、张带二妓至舞场跳舞；余同子铎、醉陶及王姓竹戏；四时郑等忽带二妓又来，加入竹戏，天明七时始散，即寝。

癸酉年三月初二日（1933年3月27日） 星期一 晴 甚冷 风沙扑面

下午二时半起床，与敬余研究新剧。堃芳、溥泉同至，堃芳云今日下午五时半赴津，接洽北洋戏院演戏事，系游天介绍。四时往震旦扎针，五时半回寓。身体酸痛不止，和衣小睡，实在不能安寝，不过养神而已。七时醉陶来，促余起床，即扎针，共饭，饮酒解闷儿，酸痛仍未止。十一时醉陶去后余吸鸦片二小口酸痛方止。由去岁九月戒烟，至今仍未戒好，戒烟扎针花费约有千元，仍是未除痛苦；余连戒三次，均未除害；伺后再不想戒烟也。三次戒烟花费甚多，前功尽弃，甚为可惜，可叹！十二时即寝。

癸酉年三月初三日（1933年3月28日） 星期二 晴

早九时起床，与和儿排戏。敬余来。工务局高公润来，云东院建筑凭单要余盖章。蝶仙来，功课毕谈杨宝森赴沪事。晚七时醉陶来，询问余今日为何不扎针，能支持么？余将吸烟实在情形告伊。和谦同管兴权来寓，管接北洋经理，由津来接洽，云北洋戏院下星期四四月六号约余开幕。堃芳今晚车来平，同溥泉来寓，共饭；富禄亦至，同竹戏。内子五姐来，云伊要移居，借洋十元。夜四时竹戏始散，点心，大谈青红帮在家礼事。天明客去，即寝。

癸酉年三月初四日（1933年3月29日） 星期三 晴

下午一钟起。剑秋来吊嗓。工务局高公润来，亦唱数段，高又为整理印泥。晚饭。子铎偕其四友来，竹戏，天明方散。六时半即寝。

癸酉年三月初五日（1933年3月30日） 星期四 晴

正午起床，午饭。敬余来，剑秋亦来，研究《紫玉钗》唱腔。晚醉陶来，共饭。前数日接关伯珩本身去世讣闻，回忆四五年前同伯珩时常宴会，谈笑甚畅；曾几何时，忽然作古，令人甚悲悼之！晚饭毕同堃芳、醉陶及内子竹戏，至二时始散，即寝。

癸酉年三月初六日（1933年3月31日） 星期五 早晴晚阴

下午三钟起床，午饭后与剑秋及老内弟研究《紫玉钗》唱腔。留蝶仙、和谦、富禄、醉陶等晚饭，饭后竹戏，二钟始散，即寝。

癸酉年三月初七日（1933年4月1日） 星期六 晴

下午一钟起床。堃芳、二内嫂先后来，闲谈内子五姐家中贫寒事，甚可怜。饭毕同赴吉祥，演《百宝箱》。戏散面约树臣、子铎及张姓同回余寓竹戏，富禄亦加入。因戒严诸朋友回寓不便，至天明九时始散，客去即寝。

癸酉年三月初八日（1933年4月2日） 星期日 阴晴不定

下午二钟起。堃芳来，敬余亦至，稍谈伊去。昨晚赵砚奎（乃是尚小云办事人）来询问赴津演剧事，尚小云亦要去，以免冲突。余几时在天津演毕之时小云再赴津，表示好感之意。午饭后赴吉祥演《元宵谜》，戏毕回寓。曾和谦来寓闲谈。游天由津来平。因游天在报纸上胡乱骂人，并骂朱琴心；琴心因为有程克帮忙，在天津法院起诉，游天昨晚来寓，托余帮忙，宿于前厅西里间。晚饭后沐浴。锦川来闲谈，锦川去后游天云法院已判三月徒刑，托余极力想办法；余对游天说托蒋伯诚设法调解，伯诚乃蒋介石得用之近人，大约总有办法。两钟始寝。

癸酉年三月初九日（1933年4月3日） 星期一 晴

正午起床，午饭毕。敬余来；去岁余托友人李寿民帮忙编一剧名《赛金花》，李系游天介绍，剧本去年腊月编好，托敬余删改，敬余因为是编剧家，大有醋意，时常大骂沙、李并骂剧本疵谬太多，至去岁骂至今日未息。敬余编剧以来，本为余一手提拔至今，伊编剧处甚多，有戏曲学校及艳秋并坤伶若干，约有十馀家，每月有三四百进账，与昔日初到余处迥不相同；得新忘旧，可称势利小人，令人伤心。陈前介绍之大弟子刘艳云，陈同来寓赔礼；刘在报纸自己列名更正日前之事误会，今对师父言明，解释前嫌，今仍请我收留作弟子，以观后效。数日前接杨小楼、尚小云约，今日下午五时在天福堂晚饭；电询小云原因，伊云为修祖师殿，约同业有名四人，并请外界商会四人，又当局政界者四人，共十二人出面募捐，以作建筑之用，要求加入签字同意。后与剑秋研究《红楼二尤》唱腔。子铎偕雷姓来，晚饭毕竹戏，因戒严不能回家，至次日早九钟始散。今日西院建筑开工。

癸酉年三月初十日（1933年4月4日） 星期二 阴晴不定

昨晚竹戏，客去后即寝，下午三时起床。天微雨。阖家理发。晚子铎命人送来大烟老枪，并向余索烟具全份、扑克牌一副，命来人带回，云因戒严又大雨不能出门，吸烟解闷儿。天津北洋戏院托同德银号汇来演剧一千五百元。晚饭毕同游天谈伊与琴心诉讼事，游天托余出面：与上海杜月笙、张啸林因学良在暂居上海函，托张、杜二君亲往张学良少帅处托情，为游天解和诉讼。蒋伯诚因时局关系与天津法院方面不便托情，婉转辞谢，伊云有机会必为设法。二钟方寝。

癸酉年三月十一日 （1933年4月5日） 星期三 大雨至今未息

早九钟起床，偕游天带和儿乘车往老五处，先送游天至中央饭店访孙芹池，后至关伯珩处吊其病故丧，座客甚多，奠幛挽联约有千馀，均是现代社会有名人物。与张棣生、严仲桢立谈片刻。又往东安市场万聚兴购草花。又至庞敦敏处，贺其夫人寿；敦敏推谢贺客，往天津避之。并到杜丽云处，因杜与伯诚常有来往，仍为调停沙君讼事，求其婉转。丁云兰住伊后院，顺便至云兰室小坐，艳云亦在伊处用功。下午一钟回寓，管兴权亲来接余，下午五时车赴津；游天带和儿先往余父母处，接其二老先至火车站；车返寓，同堃芳及内子后至站，又至震旦医院扎失眠针。今日清明鬼节，命仆人与亡女坟前化纸，补记。四时敬香毕，堃芳接余阖家同赴车站，游天至余家胡同接父亲同赴车站；富禄、仲仁、兴权均乘此车一同赴津。吉祥、哈尔飞、开明三戏院经理及王树臣、汪侠公诸友均来送行。车站站长及剪（检）票人在站立谈。五点一刻开车。同诸友打扑克；内子晕车，呕吐不止。八点半到津，北洋戏院执事人等来接，乘汽车赴惠中饭店，住三楼九号房间。净洗毕，同仁等步至小食堂饭馆便饭，饭毕仍至惠中。李华亭来闲谈。一时客去即寝。

癸酉年三月十二日（1933年4月6日） 星期四 阴

下午二钟起床，午饭毕和衣小寝，七时起身，同游天及余阖家步至鼎和居晚饭，饭毕回惠中。杨乐彭来稍坐。九时北洋经理等来接，步至该院，观客已满。十钟半《元宵谜》登台。该时大雨。十二钟半戏毕，冒雨步至惠中，游天、堃芳同行，共点心，四时始寝。

癸酉年三月十三日（1933年4月7日） 星期五 早阴晚晴 微风

下午二时起身，在惠中午餐，饭毕小睡。五时堃芳、阖家及游天、李甫泉先后来促余起身。管兴权、李世甫同来，要求接演；余意原定只演一星期，管、李二姓面求加演一星期，共十一天，因情不可却，允之。七时余阖家及堃芳阖家并游天等步至山西馆，吃山西醋乳面，甚合味儿。八时半回惠中。刘晓桑亦住该楼，来访谈，未晤。稍息至北洋，与富禄、少奎、仲仁、甫亭、桐珊、连孝等合演《钗头凤》。一时半回惠中。兴权面请宵夜饭，饭后定下期戏码。天明客散。接海上杨怀白函，云海上友人贾仰山不日来津、平，托余招待。六时始寝。

癸酉年三月十四日（1933年4月8日） 星期六 晴

下午一钟起床，午饭，饭毕小睡。陈宜孙、张寰如来促余起床，面谈五月节在明星演戏事；托寰如购鸦片烟。堃芳夫妇来，游天亦至，留饭，稍谈；八时伊等送余至北洋戏院，观客甚多，已无立足之地；不得购票者甚多。九钟演《十三妹》，一钟戏毕，偕寰如、游天等步回惠中，共饭。三时客散，即寝。

癸酉年三月十五日（1933年4月9日） 星期日 晴

下午一时起床，饭毕。内子云仆人二李带两儿至惠中六楼楼栏杆上玩耍，风甚大，如有失足，危险万状；即训仆人下次不可。三时老五、堃芳促余至北洋演日戏，戏码为《绣襦记》，上座满堂。仆人二李至后台，云骧儿不爽，急约甫泉为骧儿诊病，云感冒病症，即服药就痊。戏毕回寓，晚饭。九时又赴北洋演夜戏，十钟半《香罗带》登场，上座有九成。戏毕同张燕庵、赵星垣、张寰如、沙游天回惠中；因烟友甚多，共带二十两烟膏，已吸完，又托寰如购烟。四钟客散。敬十五日香，天明方睡。

癸酉年三月十六日（1933年4月10日） 星期一 晴

下午三钟起床，接陈宜孙、曹梁叔请帖，约星期三下午七时在蜀通饭庄晚饭；亦有游天帖。游天来，云海上李徵五辞世。近年以来老友辞世甚多，累接讣闻，不胜惋惜；光阴似箭，日月催人，转眼数年，故友作古者叹不胜叹。五时堃芳、老五来。刘小卿、钟剑秋及老五内弟并马富禄、金仲仁先后来说戏。赵星缘、张燕庵同来吸烟，共带二十馀两鸦片，均被二公吸去，可称吸烟大量也；共晚饭。尚小云由平来津，住惠中二楼，到余房闲谈。九时同诸友步至北洋，上座不佳。《红楼二尤》十钟登场。该时大雨倾盆。戏毕约贾润生、管兴权、马富禄等同冒雨步至惠中，竹戏。游天约食扬州汤饺，味儿甚坏，均是臭鱼烂虾，游天甚和口味儿，馀者友人均呕吐不止。饭毕竹戏，至天明七时半方散，客去。马富禄未去，闲谈家务等琐碎事，在堂屋安睡。正午余等均睡。

癸酉年三月十七日（1933年4月11日） 星期二 晴 风

万少石来，未晤。下午六时堃芳、老五、燕庵、星缘、游天同来，即促余起床，留晚饭；张、赵托余购票。九时偕诸友步至北洋，演全本《大英杰烈》带“卖弓”至“擒关”白完。观客同昨一样。一时戏毕，偕诸友回寓，共点心，五时客散，即寝。

癸酉年三月十八日（1933年4月12日） 星期三 晴

下午三时起床。游天来，云惠中经理孟少臣约今日在本楼十四号伊房间早饭，有周信芳（即麒麟童）并沙游天在座，饭毕闲谈时局并新戏情节穿插。五时半回本房间稍息小睡，七时馀同游天步至蜀通饭庄，赴陈宜孙、曹梁叔之约，座客十馀人，并有美国外人二君，此二人系电影演员；菜味儿甚坏，两外国人认为精美。未终席先偕游天回寓，稍息。九时堃芳、老五来接余，方出门遇张震九（乃是前数年被李志刚枪击误毙之张汉举之五弟，别号马桶，其兄别号夜壶），在门首立谈片刻，同至北洋，沿路谈津中绸缎价廉物美，劝余回平时购之。十钟半与富禄、仲仁、春彦、连孝等合演《鱼藻宫》，戏毕诸友至后台闲谈，一时同回惠中，留点心，四时客散。洗足。今日上座比昨稍好；今日《鱼藻宫》配角刽子手连杀数次，可笑！幸未得倒彩，余人缘可算好；不然倒好连天不息。这宗配角可杀之；余带去管事、头目人等可称废物。补记。寝时已天明矣。

癸酉年三月十九日（1933年4月13日） 星期四 阴晴不定

早十钟起床，哄儿辈玩耍，点心后复寝。下午二钟老五及四内嫂并伊子女来，余起身，共午饭，饭后同步至九纶绸缎庄购衣料，洋一百八十一元。六时回寓，万少石先在寓候，甫泉亦至，与余送款。游天因少石回广西，约余作陪，即步至南国晚饭，饭毕散步回寓。李子铎由平来津，亦住惠中三楼十六号，请伊在本楼晚餐，富禄、堃芳、老五等作陪；饭后同至北洋，先与富禄演《小放牛》，后同桐珊、富禄、多寿、凤琴演《辛安驿》，上座九成。戏毕余肚痛作泄，走动数次，稍止。偕李组才、张寰如、沙游天、李子铎等即回惠中；在途中又肚痛几乎泄在裤内，幸步行甚快，不等诸友先回寓走动，又泄三次。留诸友点心。余四肢无力，在床

《小放牛》荀慧生饰村姑，马富禄饰牧童

动工，俟后还有什么手续麻烦无有？介绍人云：“只有一千五百元，概无麻烦手续，伊完全担保。”至此以后不敢再添家具，恐木匠讹诈。数日前又开来账目若干，云去岁一千五百元已使九百，除收下欠有两千馀元。余云在去岁账目三人已经当面算好，依余算付九百，只欠六百元算清账，怎么还差两千馀元？木匠云：“我有账目约定，今晚算账结清。”即请蒯旭人、叶春荣、段雨农代表余算结此账。晚树臣、木匠来算工料账，将合同拿出，账目十分狡猾，未写明建筑怎样做法，字据上面只写盖西院北房洋式三间，油饰见新；并写六角方亭乃平顶，诸如此类，字据上面含混之语甚多；并未说明怎样做法，木料、砖、瓦工程均未说明；介绍人与包工人通同作弊；余因相信介绍人太过之故。讲工程时介绍人云：“有伊作中人，合同不必细看，伊负完全责任。”并云字据上写把刀工程人狡猾时亦无可奈何！现在经介绍人同包工人完全以合同讲话，巧言花语；只许包工人讲话并无余开口之地，把从前口头合同一概不认，欺人太甚！余恐日后还有狡展，约请诸友明日评论、定夺，把从前合同一概取消，另定新字据。晚饭毕同富禄、堃芳、剑秋闲谈。去岁堃芳曾介绍吴宝庵做建筑，今见此情均袖手旁观、不理，看余明日结果笑话如何。二时客散，即寝。

癸酉年四月十八日（1933年5月12日）　星期五　阴

早五时飞机未来，内子害怕将余唤醒，竟夜不得安寝；内子商议躲避之法，意欲带两儿往天津避难。早八时飞机未来，亦无枪炮之声，始安寝。十一钟内子带两儿往逢春处诊病。余下午二时方起。孙芹池偕其友宋辑五及李姓来，闲谈飞机事，如北平惹出大祸来，只好弃平南下，不顾民众如何？三君均是蒋派要人，良心如此可怕！剑秋同富润来调（吊）嗓。逢春、旭人同来。雨农、树臣、根生、春荣、堃芳等先后来，谈建筑事。蒯律师及工程人等证明做法、地点，沈根生完全不认，余将理由问之，沈根生出言无状，介绍人不闻不问；蒯律师云，从前事不必再讲，以后怎样做法从新立手续字据。经蒯律师起草，将做法及工料价从新另定，双方依照合同办法讲话，如不遵守，有签字证明人等在法院起诉；从前花园、平台、厕所、廊子均在六千六百元之内，木匠云在去岁将正院盖好，已经接收账目，把花园建筑只估成八百元，亦并未三人核计，完全是介绍人同包工人含混作弊估价八百元，亦未预先商订，余情愿吃亏，付伊八百元可将花园造好；沈及其介绍人云工程太大，八百元不能许可；余云：“你们讲定花园只值八百元，怎么今日不承认？”伊等种种狡猾，汪逢春、蒯旭人看不过，痛骂之！问伊如花园不造，前后支用慧生洋七千五百元，可能找出多少？伊等云：“如不造还要赔偿我们五百馀元之损失，共八千馀元方算清账。”诸友等从中调合，不必争执；如法院起诉，均不得安；不如重立合同，免去是非。余想做与不做均是吃亏，又不能与他争辩，只好忍气；经诸友做证，公定重立合同，做法、建筑工价、木料及加价均写在合同，说明前支七千五百元刨出，下找洋一千二百元，将花园造好。沈木匠乃是南边人，甚能说，经这样时局还有这样坏人，怎无报应？累代历史均是南边人狡猾；北方人性情忠厚，饭桶也！云工程于百天内交工；介绍人嘱余星期一先付洋一千元，下欠二百元工程完竣再交。这一千二百之工价，先交一千元，这也是公理吗？购此房起，由法院至建筑，至今未完，麻烦甚多，真所谓花钱怄气。令香、仲香两儿将来若是不能看守此业者实负我心。余购房约有五六处，从未经过此等麻烦手续，令人一叹！合同手续经诸友签字作证，段雨农誊写两份，双方各执一纸。我嘱两儿将来做事不要马虎，以免后患。留诸友晚饭。醉陶偕其友来，饭后同博戏，解闷儿、消愁。二时方寝。

癸酉年四月十九日（1933年5月13日） 星期六 阴晴不定 微风

下午一时起床。接海上啸林张师电，大陆银行经理谈丹崖病故，嘱余代送缎幛。堃芳、老五同来，接余阖家至吉祥，先演《闹学》，后与邢君明唱《乌龙院》未“杀惜”，座位不佳，因飞机之故。戏毕富禄面约余阖家及堃芳、老五至穆家寨吃炒面片；先回寓吸烟，稍息同往，饭毕九时回寓，竹戏，二时客散。锦川来索下期哈尔飞戏码，因时局不好未定。三时始寝。

癸酉年四月二十日（1933年5月14日） 星期日 晴

下午一时起床，饭毕阖家赴吉祥，观沿路各要路口均用沙土口袋垒墙，以防日本暴动；又见东华门三座门城墙拆去；明朝古迹甚为可惜！先同富禄演《探亲·相骂》，后与全班合演《战宛城》。张燕庵由津来，至后台闲谈戏事，一同回寓，共饭，伊索烟膏二两。与堃芳结算两日戏份账目。内子早带两儿往逢春处去诊病；逢春云北平时局无妨，日本飞机绝不再来，已经美国人调停；内子始放心，不想往天津避难。北平往陕西、天津、南省避难者约有三四千户。三时方睡。

癸酉年四月二十一日（1933年5月15日） 星期一 晴

正午起床，往交通银行结收活期账目，并取洋二百五十元，家中有三百元；又开鸿庆裕支票六百元，交王树臣手；一千元作花园建筑费之用，托王付与木匠沈根生。敬余来，定编《玉虎坠》翻改皮黄。剑秋来吊嗓；老五亦来，逢春后至，留晚饭。世五同赵姓来，饭后竹戏，二时客散。今早玉海煮鸦片烟十三两，为来友之用。三时始寝。

癸酉年四月二十二日（1933年5月16日） 星期二 微雨

早九时起床，作画，午饭毕吊嗓，同敬余说戏。新丽琴、彦衡、老五先后来，共饭并闲谈三国。九时乐鉴秋、王轶群同来，稍谈，竹戏至三时方止，点心。乐托余画扇、购烟，天明始去。七时寝。

癸酉年四月二十三日（1933年5月17日） 星期三 晴

早九时起床。接李徵五、任藻青病故讣闻，函托杨怀白代送奠礼。富润来吊嗓。与薛宝书闲谈时局，云将来北军与日本合作共打南军等语。午饭毕同敬余研究新戏。与叶老五画扇。并同内子由下午三时煮烟至次日天明收膏，共烟膏三十六两八钱整；因煮烟大灶不能做饭，外叫馅饼。醉陶偕黄姓同来；老五、堃芳及内子五姐后来，共晚饭。和儿将手用刀割破，血流不止，甚凶，即命醉陶看之；两小时之久血方止，和儿痛哭。饭后竹戏，一时方散。将烟膏收好，寝时已天明矣。

癸酉年四月二十四日（1933年5月18日） 星期四 大雨竟日

下午二时起床。因昨日煮烟，身体劳乏，今觉疲倦，酸痛已极。与宝书闲谈。午饭毕调（吊）嗓。堃芳、老五、二内兄来。晚饭后吴季镇、陈一梅同来，伊二人大醉，乱谈片时，一时去。稍息即寝。

癸酉年四月二十五日（1933年5月19日） 星期五 早阴

上午九时起床，作画，饭毕与富禄、醉陶及内子竹戏十二圈。醉陶与友人看病，晚饭后伊去。电约小翠花接竹戏，二时始散。该时大风，黄沙遮天。翠花大谈家务。托锦川函至怀白，托伊代送李、任二姓两家奠礼。剑秋、老五同谈堃芳近来时常回戏，太不顾众配角生活难维持，只管自己收入，配角常有怨言骂之。三时客去。方寝。

癸酉年四月二十六日（1933年5月20日） 星期六 晴

早九时日本飞机来，十馀架，在天空飞翔，往返数次；又兼有风，其声甚猛烈，将内子惊醒，甚恐怕，内子将余唤醒，看内子面无人色，向伊询其缘故，内子即云飞机比往日响音声更甚，怎样躲避？余即起床，仰面看之，飞机在天空响声震耳，其状况甚惨，等于在战场一般。幸而北军未放枪炮抵抗；如像前数日放枪炮抵抗，小民等均作炸弹之鬼。闻人云日军炸机七架、侦探机五架。美军日前电告北军："如日军炸机来时千万不要开枪抵抗，我们自有相当保护。"该日天空亦有美军炸机三架紧随日机后监视，防其暴动；"如日军炸机掷弹，我们炸机在空中相战。"所以该日（机）来势汹汹并未掷弹，因美军保证之故，不然北平成焦土矣。我们均托美军之福，不然危险万状，幸哉！民国二十馀年，战事屡屡不绝；生在此时代之人，在枪炮之下生活，真是令人提心吊胆、坐卧不安，可惊可怕！真不成世界也。午饭后作画。下午五时逢春来，饮酒、谈天，均谈亡国之语，情愿作亡国奴，不愿作民国人；苛捐杂税，剥削小民骨髓，何日出头也？日本早来，小民之幸也！乐鑑秋同其如夫人来，稍谈即去。晚饭毕客散，阖家理发。四时始睡。

癸酉年四月二十七日（1933年5月21日） 星期日 晴

下午一时起床，同敬余、艳云、老五、小卿等闲谈，与富禄、少臣、醉陶竹戏；醉陶之友黄姓后来，留晚饭，饭后客散。老五、剑秋及二内兄夫妇先后来，云前方将士败兵往城内而来，由警察往各住户拍门、询问空房借宿，约有兵士万馀人，言语甚不客气，云："我们军士为国为民打了败仗，无处安身，你们还安安逸逸的过生活；连男带女只许你们十馀人在一间房内卧睡，馀者空房均归我们暂住；如不然我们强迫驱逐。"口内骂声不绝，均欺负小户人家；小民无可奈何，还要叫他们供给饮食；门户稍大他们不敢欺负，败类气象，甚可怕。十时余方要睡，逢春来电，云李组才同王姓由津来，要竹戏，三缺一，约余自带麻雀（将）牌，即往东方饭店楼下十四号同竹戏。随时留老五、二内嫂等与内子作伴；命老五与内子说书解闷儿。少时余赴东方，恐竹戏一夜，即去。同组才等稍谈片刻，点心后竹戏。组才由天津带来二妓，亦加入竹戏，至次日天明七时。乘车而归，将内子唤醒。吸烟。

癸酉年四月二十八日（1933年5月22日） 星期一 晴

吸烟毕，与两儿淋浴；同老五闲谈堃芳为人与从前情形大不相同，拿公事甚不以为然，表示囊内甚足，一辈子可以支持；不似从前向余求饭吃情形，时常欺余，使救（归）人之心甚寒；世态炎凉，令人可怕。正午往彩霞家闲谈堃芳情形，伊长兄大骂，阖班人均有怨言；在该班人均是堃芳亲友才能搭班吃饭，别人不得而进；大权在手，连余都不放在伊的心上，非昔日可比。在彩霞处午饭。一钟回寓。蝶仙由汉口回平，来寓与和儿用功；仲仁亦回平，赠余茶具一份，上面均刻上下款。剑秋来调（吊）嗓。堃芳送鲥鱼来。乐鉴秋电约余往西山竹戏，因事忙辞谢未去。钟剑秋云城内败兵今日撤出城外。王树臣、二内兄夫妇等先后来，留伊等晚饭。一时剑秋等始去。今日所谈实有趣事也，剑秋口头造孽不小。二时始寝。

癸酉年四月二十九日（1933年5月23日） 星期二 晴

连日飞机早八、九时必来，总是提心吊胆，不得安睡，下午二时起床。剑秋、老五、彦衡及新丽琴、陈敬余等先后至。接曾和谦、汪逢春电，云时局暂时停战，有同日本携手之意，妥协似有可能，平、津可保安全；嘱余阖家不必害怕。逢春即来为骧儿诊病；锦川亦来，定下期戏码。一钟客散。老五说书解闷儿。天明始寝。

癸酉年五月初一日（1933年5月24日） 星期三 晴 暖

下午二时富禄来促余起床。逢春来与骧儿诊病。剑秋、老五、堃芳、溥泉先后来。逢春与伊等看相，说老五、堃芳将来结果均好。堃芳云时局不甚好，下期不能唱，回戏。命玉海至鸿庆裕取款，为开发和儿诸师及日用并节下所用。四时同富禄、逢春、堃芳、剑秋等竹戏，至二时始散。与老五、剑秋谈堃芳为人，四时方寝。

癸酉年五月初二日 （1933年5月25日） 星期四 晴

正午起床，命仆人等与亲友处送节礼。下午三时本巷邻居汪振玉（号若荪）来谈时局。与富禄、醉陶、逢春等竹戏。晚饭毕客散。又同老五打扑克，剑秋亦加入，天明始散，即寝。

癸酉年五月初三日（1933年5月26日） 星期五 早晴晚大雨

下午二时起床。逢春来为骧儿诊病，并约晚饭。富禄、老五来，与内子打扑克。余倦极，和衣小睡。七时赴逢春家饭局，有十馀客，大说诙谐，甚觉有趣。九时回寓，稍息即寝。

癸酉年五月初四日（1933年5月27日） 星期六 阴晴不定

肚痛甚紧，早八时起床，走动数次。雨至十钟方止。复寝，午后起床。接游天函，劝余往天津躲避时局。逢春来为余及骧儿诊病。富禄来。午饭后作画，复游天函，理发。二内兄夫妇及老五、剑秋并乐鉴秋先后来，同打扑克后竹戏，内子亦加入。因戒严不能回寓，竹戏天明正午始散。

癸酉年五月初五日（1933年5月28日）（五月节） 星期日 阴晴不定

今日家家均饮雄黄酒、悬蒲艾以作纪念。竹戏正午散后留伊等午饭。锦川、堃芳同来，定下期哈尔飞戏码。富禄昨晚一时去，今下午三时来，竹戏；诸友未去，又接博戏。昨电约胡冷庵、汪逢春、锦川、富禄等到今晚在本宅便饭，均来；用饭时诸友大说诙谐，甚觉有趣。饭毕客散。该时大雨忽下忽停，雷声振耳，雷闪大作。客去后与内子闲谈打扑克内中妙法，吸烟毕，一时方寝。日间诸亲友来贺节者甚多。补记。

癸酉年五月初六日（1933年5月29日） 星期一 阴晴不定

下午三时半起床。堃芳、剑秋、老五先后来闲谈。 接关、谈两宅丧父谢礼函。十钟客去。稍息。逢春来为内子及骧儿诊病。十一时方寝。

癸酉年五月初七日（1933年5月30日） 星期二 晴 风 冷甚似秋天时

正午起身，念戏，饭后往金仲仁家探病，伊夫人云金仲仁病痊。觅春彦、富禄。往中央公园闲游、稍坐；又到春彦处觅之，均未晤。至虎坊桥、前门大街购茶碗而归。老五、剑秋及内子五姐等来。仆人二李同骧儿口角，辞去。逢春来诊视，伊并送余食品小菜，味儿甚美。十时寝。

癸酉年五月初八日（1933年5月31日） 星期三 晴

早九时起床，作画。薛笈夫代友人索画。午饭。敬余来，稍谈。和衣小睡，下午四时起。逢春来为骧儿诊视。并与富禄、内子、逢春等竹戏。厨子老马为在外赌博带四区，玉海代伊做饭，外叫四菜，味儿甚好。老马平日为人甚坏，余未去，电托署长。

用饭。逢春有饭局，伊赴约回又接竹戏。十一时吴季镇偕黄、陈两姓来谈一小时，均散，即寝。

癸酉年五月初九日（1933年6月1日） 星期四 晴 风

正午起，同敬余、剑秋说《三国志》并吊嗓。游天由津来。尚小云、砚奎先后来。前因修祖师庙余作发起人，砚奎来托余盖章，并竹戏；富禄、堃芳、醉陶亦加入竹戏，至天明七时方散。

癸酉年五月初十日（1933年6月2日） 星期五 大雨

早八时客散。昨接熊伯寅函，代友人促扇面，即复函云不日画好送去。午饭后彩霞仆佣送小菜来。下午五时逢春来为骧儿诊病，并闲谈李组绅、李组才、叶庸方两处家务、为人好坏之别。游天宿余南大厅，起床与逢春谈伊同朱琴心讼事已经诸友说合完案；伊二人出门。余同内子谈天，六时始睡，晚十一钟醒，即起身。内子云余酣睡时李子铎、王树臣、吴堃芳先后来。子铎在冯玉祥手下当带兵官，冯旧部回去甚多。饭毕吸烟后又寝。数日前许觉臣来谈刘叔诒在外堕落情形，常宿公寓作借贷，生活可怜，亦可恨也！

癸酉年五月十一日 （1933年6月3日） 星期六 阴晴不定 微风

下午一时半堃、春荣同来促余起床，即起。尚小云送余刘石庵对联及何诗孙雪景山水条幅，亲自送来两物，甚精美；郝锦川亦来，接余至馆午饭，后同赴哈尔飞；游天同往。五时《埋香幻》登场，戏毕李子铎偕其二友至后台闲谈，定同余回寓竹戏。余先往震旦看病，醉陶同余回寓，子铎等后来，共饭，饭毕竹戏。王盛意由沪来寓，云在沪演唱一月帮忙三十六天，因上座不佳之故。竹戏十二圈，诸友因戒严无车不能回寓，均在南大厅房安睡。天明始寝。

癸酉年五月十二日（1933年6月4日） 星期日 阴 十二时下大雨 又放晴

二钟起，先赴震旦诊疮疾并诊嗓痛，至哈尔飞演《红楼二尤》，上满座，逢春、游天均在台上观剧；玉霜亦来，坐池子；孙芹池偕女客及天津党部邵委员华（字健工）及天津《大公报》张逊之、军分会参谋温建刚均来观剧。大雨又作。戏散后观客均在园门候车，拥挤不能出门，许久方偕逢春、游天同车返寓；芹池在门口大说怨言，谓我害得他们好苦，其状亦可怜也。九时芹池约赴丰泽园饭，先到史四爷处小坐；逢春、组才、棣生均在座，并召妓女数名侑酒。十时回寓，芹池、游天、健工、逊之等均在家候，同作竹戏。余身觉不适，骤寒骤热。客去即寝。夜间身觉疼痛。

癸酉年五月十三日（1933年6月5日） 星期一 大雨

一时起。见遍身红斑，嗓甚痛，即赴震旦扎针、换药。二时归，与游天同饭。电约逢春、富禄等晚饭。醉陶、剑秋、春荣亦来。饭毕竹戏，余与逢春合伙。十二时客散，即寝。

癸酉年五月十四日（1933年6月6日） 星期二 早阴 下午二时晴

逢春来促余起床；为骧儿诊病。和衣小睡。富禄来将余唤醒。醉陶同女看护来扎针，去余身上红斑，痛甚。留诸友晚饭；剑秋、老五亦共饭。约砚奎竹戏。吴二内兄借余父皮袄，当洋二十元，云少当十元，不然可当三十元，可恨！余父命余赎之。二时散即寝。今日芒种节气，余身上又不适。

癸酉年五月十五日（1933年6月7日） 星期三 晴

早九时起床，至西院看工程，见游廊立柱有半边者，命人电知王树臣，嘱其改正；自来水表被砸坏，电知该公司修理。余在门口见有卖草纸者，扫数购归，计洋一元四角。饭后逢春来与余及次儿诊病。余在书房作画，为郭副官作扇面二页。河南王小德未函，嘱题书签邮寄，回信。剑秋又来借贷，可厌！迭次来借贷，先后已有数次，又支月钱半年馀；诸友帮忙亦已多次，真难为情矣！管兴权由天津送水果四色来，有西瓜一色为市上所未见。盛意、敬余来说《白娘子》。锦川、堃芳均来谈。阖家理发。晚饭后同树臣、富禄手谈，树臣大胜，伊不肯再打，遂散，十二时散，即寝。

癸酉年五月十六日（1933年6月8日） 星期四 晴

早十钟起，饭后不适，小睡。吴大姑来为伊二叔当当讲情、抱歉。五时又起身。戎大夫来看病。十二时寝。

癸酉年五月十七日（1933年6月9日） 星期五 晴

一时起，作画。逢春来为余父子诊病，闲谈金仲仁讼事。六时醉陶来看余夫妻疙瘏。偕游天、醉陶、令香步至广福馆便饭，回家手谈，至十二时散，寝。今日路遇连孝，立谈片刻。

癸酉年五月十八日（1933年6月10日） 星期六 早大雨下午晴

三时赴吉祥演《荆钗记》，戏毕偕游天赴东兴楼，应温司令建刚之约，座有军分会高明参谋、杨振（字蔚云）、雷飚、军委会参事黄剑鸣及孙芹池夫妻。时大雨倾盆。八时偕游天回家，树臣、盛意在家相候，共晚饭。堃芳算今日戏份账目。春荣、锦川亦来，打扑克。前托怀白代送李徵五奠仪，怀白由沪函寄谢帖来。锦川索下期哈尔飞戏码。近来演剧每期上座甚佳。盛意因大雨未回，宿余厅房。扑克至四时始散。客去与老五谈剑秋常向诸友借贷，竟想借账，不想还账，实在不要面皮，可恨、可厌、可怕也！天明方寝，有七钟。

《白娘子》荀慧生饰白娘子

癸酉年五月十九日（1933年6月11日） 星期日 大雨忽下忽止 竟日未息

下午一时半起身，饭毕偕游天、堃芳、春荣等赴吉祥戏院，演《白娘子》，上座甚佳；醉陶至后台扎针、服药。戏毕送父亲回寓后余偕游天、堃芳等亦回家，晚饭；富禄亦来，竹戏，一钟始散，堃芳大胜，只打十二圈，伊云头痛不来了，明日再打。客去后与内子点心，四时方睡。

癸酉年五月二十日（1933年6月12日） 星期一 大雨忽下忽止

下午一时起，午饭毕稍息。身体痛甚，和衣小睡，酣睡竟日，未用饭即寝。

癸酉年五月二十一日 （1933年6月13日） 星期二 阴

早十时起，往震旦诊病，回寓小睡。下午四时堃芳、富禄、小卿、剑秋、甫泉、敬余先后来，说戏；树臣亦来，同竹戏。游天星期一下午五时车赴津。留伊等晚饭，饭毕仍竹戏。微雨。二钟客散。逢春来为骧儿诊视，并加入竹戏；新丽琴亦来。吴季镇偕其友来，稍谈伊去，三时方寝。

癸酉年五月二十二日（1933年6月14日）　星期三　早阴下午二时晴

一钟半起床，午饭，同敬余、小卿排《紫玉钗》。王树臣、吴堃芳来，竹戏，十一时散。点心、食西瓜。二时客去。同老五谈北平医院包戒烟，大约两星期可戒；要欲下期戒烟，休息两期再演剧。三时老五始去，即寝。

癸酉年五月二十三日（1933年6月15日）　星期四　晴　微风

下午一时半起床。刘玉竹、钟剑秋、新丽琴先后来，闲谈并吊嗓。五钟春生社后台诸位角色来排《紫玉钗》，该剧排有三小时半方完，稍息。同堃芳、仲仁、富禄、春荣打扑克；孙芹池亦来，留诸友晚饭，饭毕竹戏，至二时客散。和儿夜半身体发烧，伊母用冷水铜钱刮之，稍退烧。寝时天明矣。

癸酉年五月二十四日（1933年6月16日）　星期五　阴

下午一时起床，同敬余、小卿、剑秋排戏。下午三时偕春荣、剑秋步至前外西柳树井北平医院诊病、戒烟；先检验身体，云二十日包治好、去根，连住院并医药费共一百四十元整，吃住等项均在内；二十日如不好加倍罚金；定星期一入院戒烟。言毕回寓，理发，晚饭。雷氏夫妇偕其友人四位来，同竹戏，至十二时客散。稍息，四钟始寝。

癸酉年五月二十五日（1933年6月17日）　星期六　晴

下午二时起床。堃芳、敬余、剑秋、春荣先后来，共饭。阖家至哈尔飞，演《盘丝洞》，戏毕朱木庵同友人至后台闲谈，立谈片时，偕内子回寓。晚仲仁、春彦、富禄来说戏。汪侠公来索下期吉祥戏码，因事未定戏码。与马、吴及内子竹戏，至三钟始散，即寝。

癸酉年五月二十六日（1933年6月18日）　星期日　晴

下午一钟起床，饭毕偕堃芳、春荣、余阖家到哈尔飞，与富禄、仲仁、春彦、菊初、盛意、连孝、凤琴、丽琴、少亭等初演《霍小玉》即《紫玉钗》，上座满堂，孙先生芹池至后台闲话。戏毕回寓，同堃芳算账。剑秋、老五、吴小七来，共晚饭。饭毕命老五往北平医院接洽明日住院事，言明戒烟费一百四十元不能减少；老五及叶春荣亦要戒烟，另加六十元，连药费、住院、饮食均在内，亦包治住院二十天，共洋二百元整。二时钟剑秋、吴堃芳、叶老五等去。汪侠公来，闲谈张宗昌在世为人甚好，仁义待人，可敬！伊又云日本得东三省奉天之事，三时始去，就寝。

癸酉年五月二十七日（1933年6月19日）　星期一　晴

早十钟起床。老五来寓，候余一同往北平医院戒烟。午饭毕，下午一时同老五到北平医院打戒烟针，老五亦与余同时戒烟。内子带两儿赴院，谈辞堃芳事。松龄至余家托情接堃芳缺管理春生社演戏头目人事。逢春至寓为两儿诊病。父亲亦至医院，谈从前困苦事。彦衡来院，候余阖家去后向余云得淋症来院扎针，连扎两针，余候账。刘玉海送衣服来。彦衡并谈堃芳从前为人，在从前未分家之时、同伊父同居时，为人阴险狠毒损坏，无所不为，至今这宗恶习未改，万不能用此人作心腹；对于同业人等亦好拉拢是非，竟用离间之计，可恶已极！初进余门时做事非常勤俭，因伊家中甚苦，每日当卖作生活，背后身伊妹托情；余又怜伊贫寒，极力提拔；初与余同伙办事时做事非常谨慎，事不敢错办；近来与从前大不相同，大有曹操逼宫之行为；前在海上有年腊月时在余处赌博，将伊亲戚包银输了千元，难回家对伊亲戚陈嘉祥等说话，竟要寻死，要投黄浦江寻死，余见情紧急，送伊千馀元，嘱伊包银之外还剩四五百元回家过年罢，千恩万谢回家。余在海上演剧有八九年时，堃芳常来借贷，并无驳回一次；余想这样待他，同回平时见伊寒苦，用伊帮同做事，万无舛错；不想近来有饱饭以后实行汤勤、李固之行为；如此看来小人实不能救也！跟随余四年馀，吃戏座钱，骗戏份包银若干；近来伊家中非常丰富，电灯、电话等无一不备，颇有富翁之气；概余有公事来，必要至伊家请伊才来；奉劝诸君千万不要交小人，免将来生闲气。竟用手段笼络仆人，通同作弊来毁余，可叹可叹！良心丧尽矣。剑秋亦来闲谈。由早入院时，北平医院蒋维乔医生云今日连注射戒烟针五针，每针两瓶，烟瘾太甚。早身体不觉痛苦，晚一时烟瘾大作，加倍注射，刻馀才好，药性发作，甚觉爽快。有同时戒烟人甚多；有一于姓，号香坡，系开当铺，家财甚厚，有十馀座当铺；鸦片、白面、海洛因嗜好甚重，夫妇二人每日要吸三十馀元，由十五岁吸起，由四十馀岁是毒无不吸过；伊夫妇均因吸烟不能做狠心戒之；伊云进院有半月馀，甚见效，每月只扎两针或一针；初到院时每日须要二十馀针方能止瘾。与诸烟友谈同情、鸦片之害甚重。蒋维乔院长、张宗周经理、金子周均至余卧室，大谈医道。下午四时大雨连天，老五之父冒雨与其子送衣来。子周云烟戒好，出院时要求同拍小照。并同老五谈头目人做事不良。二时始寝，寝时又注射一针。

癸酉年五月二十八日（1933年6月20日） 星期二 阴 微风

早十一时未起床召医生注射，瘾方止。正午起床。院长之子张正阳来谈。一时偕老五出门闲步，路遇少亭，立谈，伊对于堃芳亦有不满意之处。三时回院。母亲亦来，见母面部胖肿，即请中外医调治，因该院专门戒烟不看别症。母去后午饭，饮食增多，戒烟甚有要处。内子带次儿及彦衡来。锦川来，询问吉祥该期可能演戏否？并谈堃芳公事，太不当心，贪利太甚；恩怨不明，势利小人等语。锦川去后方欲命文奎至堃芳处，将出门，堃芳同李溥泉在院窗外均听见，假作不知，入室闲谈；稍询戒烟事。余当面云因戒烟月馀不能出演，请堃芳另谋生活，春生社改组将堃芳辞去。伊云亦好，演戏赔钱甚多，登报说明书等账目未清；还有购椿树上三条房余垫钱有五百元，共账目有八九百元，几时戒好烟出院时算账，言毕伊去。此等账目毫无凭据，信口讹诈乃被辞，因面子上不好看，故有意讹诈，实在可恶！今日桐栅生日，命仆人送寿礼。内子云今日雷少臣、李溥泉在堃芳家大开会议；少臣云余住大房不配，将来难免卖之；溥泉云：“我们辞了他班另组一班，叫他看看我们的本事。有雷、李二臣保吴四爷作皇帝一定成功，若不是吴四爷帮着他办事，他焉能成名？这一辞了咱们，看他日怎样还能唱戏？他一定要讨饭的了。”只因堃芳待人刻薄，用自己舅爷作厨役，这种言语均是堃芳之舅爷及其五姐向内子亲口说的；这种话恐搬动是非，似信非信；看起来舅爷实在无好人。本院王云楷、蒋维乔、金子周来谈。十一时晚饭。今日注射针加倍。九时大雨，至十二时改大风。二时方寝。在夜半服药水三次。骨节疼不止，一夜不得安寝；天明七时方睡。

癸酉年五月二十九日（1933年6月21日） 星期三 晴

早十时起床，急扎针。同老五步至汇通饭店访周信芳（即麒麟童），未起床；伊母招待在棚下闲谈，少时信芳起来，谈堃芳，伊云堃芳初到上海染病，幸伊阖家帮代请医生、帮助银钱约有两千馀元方保性命，并给搭班种种帮忙；今日到平未来探望，交友伤心；此人毫无心肝，实在伤心！并堃芳为人甚险，手段太辣，劝余辞去堃芳，以后要留心防备。面约信芳阖家后五月初一日即星期一在余本宅晚饭，并托信芳将同来之演员代约饭，谈毕而去。往丰泽园定酒席并写请帖，亦请锦川作陪客；又命老五返汇通送请帖。回医院，午饭。玉海送报来，嘱伊星期一在家请客事、并往锦川处送请帖。母亲送点心来，彦衡亦送食品来。剑秋来，闲谈辞堃芳事。内子带次儿云由吴彩霞家来院，并云彩霞询问堃芳辞班事，内子略说内中情形，彩霞方知不能挽回。张燕庵由津来院，询问戒烟何故？余云因起居、饮食、酬应等事均多误事，故戒之。燕庵亦要戒烟，伊要往南京就事不便，欲先戒烟；并略谈时局，河北一带完全换新人物：市长换袁良，何应钦为委员长。张云："均与余有亲，故往南京谋事。"六时客散。晚饭毕与本院烟友等闲谈。该时雷雨闪电大作，震人耳目，至十二时半方止，始安寝。一时骨节疼痛，即注射，精神方整。同老五谈组班后台开销，至三时方睡。

癸酉年五月三十日（1933年6月22日） 星期四 晴

今日夏至节。早十时半身体疼痛，烟瘾大作，召医生扎针，仍未止疼痛，不能起床，又注射一针，正午起床，偕老五步至忆君处冶游，路遇少亭问堃芳辞班事，略谈。赴忆君处，掌班人云上半年赴沪，余不知，入门小坐。忆君跟随女仆云半年前回沪嫁人矣。该院也有叫怡君者，同音不同字。小坐即去。回院，午饭。彩霞父子来，大谈堃芳为人狡猾，在未分居前同其兄嫂胞妹亦用手段待之，均知伊心不良。内子带两儿来。锦川、富禄、春彦、仲仁、多寿同来与堃芳说情，情形不过敷衍而已；知余不肯再用堃芳，均对堃芳有怨言。戴朴生来，云不日赴沪，托余写介绍黄金荣、张啸林、杜月笙等友人函，欲往沪募捐修梨园庙；朴生为人不端，恐借此事诈财，敷衍而去。伊去后晚饭，十二时寝，夜半三时起床注射，复睡。

癸酉年闰五月初一日（1933年6月23日） 星期五 晴

十钟起床，注射，闲步回寓，敬香，并开销和儿诸师工资。今日晚在寓请周信芳晚饭。下午三时回院注射毕，稍息。树臣、锦川同来，稍谈。乘汽车至汇通接信芳等至余家，大谈南北戏意、南北演戏不同，甚有趣；又谈鑫培、老角等均由南方成名，何谓内江、外江两派，此语不通，演剧人只要在北平享名，各处均能自立。信芳牢骚甚多，笔墨不能形容。彦衡、富禄、锦川、仲仁先后来，入席，谈新戏进步，改良之中还要改良；并谈昨日在哈尔飞演《乌龙院》，写真与京派不同，化装、行头均不一样。饭毕托锦川与天津惠中饭店经理孟少臣写函，因少臣知北平日机炸弹肆虐北平，与余留惠中房间，约余携眷往津中避难，故致函谢之。游天来函，询南京演义务事，是否余加入，伊意随同往游，余复函无有此事。十钟客散，同仲仁至瑶卿家，宾客满堂，并有女客多人；敬余亦在，定明日至院闲谈。十一时回院。老五云雷少臣来，未晤。余想雷前在堃芳处说是非，今日来院无非仍说是非，非人也！十二时寝。

癸酉年闰五月初二日（1933年6月24日） 星期六 早阴

身体疼痛甚急，连注射两针方起床。常少亭、新丽琴同来访余，敬余亦来，研究新剧。汪侠公来，问演戏日期，并说前后台黑暗。父亲亦来，问戒烟几时戒断出院。内子及剑秋、松龄先后来。时大雨，由昨夜四时至今日天明始止，午后仍大雨。剑秋、松龄及内子均有鸦片嗜好，冒雨而归，父亲因雨未回，宿在该院。十二时方寝。

癸酉年闰五月初三日（1933年6月25日） 星期日 晴

早九时起床，步至大街闲游，购唱本，书皮以外均有余戏装小照。正午回院，偕老五至煤市街同华居山西馆午饭，二时回院。冷庵来询戒烟事。内子带两儿及丽琴、盛意来，盛意云今日堃芳长子在中和园初次登台，唱《下河东》花面一名吴润衡，花面多人与陈富瑞及张某演搭桌义务，盛意亦加入，云润衡演《下河东》倒彩连天，并胡子亦掉下，宝剑均掷台下，倒彩如雷。大内兄、四内兄阖家均往看戏，因倒彩贯耳实不能再听，发愤回寓，舆论甚坏。堃芳自云："我自已缺德过重，故有这样子弟；这样看来实在待人心术不好。"等语。剑秋、彦衡亦来说润衡演戏情形，与盛意所说一样；又谈信芳戏剧改良，要在北京长唱，信芳一定成名。十一时寝。骨痛较比初来院时未减；腹痛，周身是病，烟瘾仍未减；夜半五时注射数针方止。始寝。

癸酉年闰五月初四日（1933年6月26日） 星期一 早阴下午一时晴

早九时骨痛即醒，注射方止。雷少臣偕徐氏来告帮，云徐氏长女病故，甚寒，送洋五元，道谢而去。十一时同老五、少臣至杨梅竹斜街明华楼少臣饭馆午饭，二时同回院，稍问少臣在堃芳家说余是非，伊不承认，哭中带笑，甚滑稽，自称小人，下次再不胡说，劝余不必生气，无可奈何。少臣去后锦川来。文奎送来天津熊伯寅函。又与锦川谈吉祥仲仁作经理时赚钱甚多。王多寿亦来。内子带次儿来。金子周送余春册照片十二张，系仇十洲所画。富禄来，面约余回家竹戏，注射后同回寓，与砚奎等竹戏，晚饭后仍竹戏，至两点始散。因戒严不能回院，在家安寝。

癸酉年闰五月初五日（1933年6月27日）　星期二 阴晴不定

早八时起床，急至北平医院注射。雷少臣命人送鲥鱼来。午饭毕，因昨夜注射减少，失眠，饭毕小睡。下午二时理发人来促余起身。敬余来说戏。富禄来电话，约余即回家竹戏，又即注射回寓。路遇一老者在宣南饭店隔壁，肚内无食，不能走路，卧倒路口，乃乡间人也，身背包裹，投亲无门，见其状可怜，速唤警察，送伊洋一元五角，即命购药，渐见苏醒。老五云是非之地不可久站，即回寓，竹戏。下午六时烟瘾发作，即乘人力车回院注射，各病方止。今日彩霞在同和轩请周信芳晚饭，赴约。时逢大雨雷闪，照人震耳。饭局有万子和、何佩华、赵桐珊、高五、李洪春等同席。饭毕回寓，王树臣同入门，仍竹戏，树臣大胜。十二时回院即注射。今日烟瘾苦不可言。饭后院长、经理等闲谈至夜半四时。方寝。

癸酉年闰五月初六日（1933年6月28日）　星期三 忽阴忽晴 大风

骨痛不止，各病均是鸦片作患；余连戒烟有五次之多，实不能戒之，恐将来败累；此次戒烟，无论死活总要戒断，以免将来因此败家，无有该嗜好，阖家讨饭均是快乐。早七时注射，未起床酣睡甚酣。十时父亲来即起身，闲步回寓，稍息。砚奎来，云尚小云得病甚重，步至伊家探病，在伊卧室床前安慰；伊云请郭大夫注射（乃已故郭仲衡之兄也），扎数十针方见效。正午回寓，力劝内子戒烟，允之；同到北平医院戒烟。内子烟瘾甚小，余恐注射不能抵鸦片，命医生多注射一次，注射两瓶戒烟药，刻馀药性发作，内子头晕呕吐不止，即购水果解之，用毕小睡两小时方醒，仍是不爽，回寓。该时微雨。午饭毕与赵砚奎、马富禄及内子竹戏；内子仍呕吐头晕，急电召老五回寓代表竹戏，伊小睡，仍未解药性，甚奇怪。由正午注射至下午十二时，共十二小时药性未解；在医院常与烟友闲谈注射针至多不过支持四五个钟头，比较吸烟舒服十倍，再四五小时药性准解，内子十二小时仍未解，怪也！余因内子戒烟将烟具收起，见内子呕吐不止，又将烟具拿出，劝内子即吸烟，连吸数口各病方止。伊意不愿戒烟，余再三力劝，无奈允之。见其注射后呕吐不止，均是作假，表示不戒之意；余亦无法再劝，只好叫她吸烟。锦川来，带扇面甚多，均是别人画好要求余盖章。友人王姓来函，询问新剧《紫玉钗》情节穿插好坏如何？立等回函；答复云不在家，未给回函。竹戏一时方散，冒雨回院注射。即寝。

癸酉年闰五月初七日（1933年6月29日） 星期四 早晴

早七时注射毕方酣睡。正午雷大嫂来看余，余即起床，谈伊幼年时未出嫁之时亦有烟瘾，邻居常云将来一定成烟鬼，日后怎样做人？骨瘦如柴，如同骷髅；发愤自往公所戒之，苦不可言；七天七夜未进饮食，吐泻不止，连死数次；在七天之中每天总是这样情形，九日之后方出公所，仍不能进饮食，只用汤水浆养；百日后方复元，如好人一般；云若不狠心不能禁烟。伊随带来厨役亦有嗜好，力劝伊戒之。伊去后午饭。同老五至第一台观男女合演日戏，未等散戏回院，注射。晚约张子平往同丰楼便饭，饭后回院，同少院长及烟友闲谈。今日天气忽雨忽晴。晚九时烟瘾发作，不注射偕老五至街前闲游，约有两小时回院，一时注射，二时方寝。

癸酉年闰五月初八日（1933年6月30日） 星期五 阴晴不定

正午注射始能起床。敦敏命伊仆人送种牛痘药浆来。母亲亦来，命老五送至第一舞台观戏。一时偕老五亦至天桥，往各杂耍场闲游；在焦德海、刘德志相声场闲坐并看评戏；又步至城南游艺园门前购玩物。陈鸿寿在新明戏院对门开汽车行，路过，云要用车一呼即至。回院注射。锦川、侠公来，均问演戏日期，同往大李纱帽胡同同顺居晚饭，散步回院。内子来电，云呕吐稍止，气喘骨痛不能支持；和儿亦不爽，不能起床。即命伊母子来院注射；伊母子来院各注射一针，立刻见效。逢春来电，云伊在寓候，急催回家诊病；逢春云伊母子乃时令症也。余回院，十二时睡。

癸酉年闰五月初九日（1933年7月1日） 星期六 早阴晚晴

早七时注射，九时又扎解毒针，苦极甚痛，复睡，至正午起身，步至石头胡同北口远香馆包子铺午饭，回院。内子带两儿及王松龄夫人来，代伊夫求事，仍作余办事代表人；内子亦内中帮忙。余因辞去堃芳，无有办事人，允之。余命松龄夫人劝其夫做事谨慎，改过方能同伙做事；伊夫若有过失，其夫人完全担保。松龄同翠花赴津演剧，星期一回平来寓求事就事，请余原谅。余因旧同伙人，无有甚大过失，只好允之。内子烟瘾大作，伊不承认，只说有病，不能回寓。余命医生注射，背后说明内子是烟瘾发作，只注射戒烟针，不必用别药。医生会意，骗内子只说补气针。内子云千万不要扎戒烟针。医生云此针立见功效，可以百病全去。注射毕内子稍息。刻馀内子云此针甚好，半小时百病痊愈。大家哄堂一笑，说明乃戒烟针也。内子立刻又云："怪不得我头晕眼花，呕吐不止。"大家又笑。做工来得甚快。内子之意恐怕戒烟，内子不能久待，带两儿回寓，来电云病状与前次戒烟时一样，甚可笑！百般想法，不愿戒烟之意。敬余、盛意、侠公先后来。盛意大谈寻死上吊事，伊救活若干人性命；又云"有一怀孕妇人并怀抱三岁女孩投河寻死，鬼不忍害之，反将其母女送上河边，后神查知，封鬼为土地神，此乃鬼话也。"等语。客散后同老五至同顺居便饭，又步至三等下处冶游，腥臭气味儿难闻。为人者苦甜总要经验。未坐即回院，注射未止烟瘾，乃解毒针也，发愤回室休息。经理等知余痛苦，均至余室道歉、安慰。又注射一针，比先稍好。夜四时骨痛，不能安寝；一夜未能安眠，气甚，不注射顶瘾针。即促老五起床，步至果子市、天桥等处闲游。七时回院，实不能支持，即命伊扎针。稍息。

癸酉年闰五月初十日（1933年7月2日） 星期日 晴

早七时回院注射，沐浴毕和衣小睡。下午一时母亲及敬余来促余起床，与敬余删改《风云配》剧本。锦川来，问用头目人何人代表办事并春生社改组等情；余云戒烟后再觅办事人。父亲亦至。命老五送母亲至第一舞台看戏，父亲亦同去。饭后在门首乘凉。该院烟友姜子谦、董子超、郭维周约余往新新饭馆晚饭。天气奇热，未终席回院注射，稍息；董等亦回院。董等及张宗周、金子周、叶春荣约余步至百顺胡同小班冶游，妓女名花木兰，北平人，甚胖。十时回院注射。在第一舞台前遇李溥泉，立谈堃芳辞班事；李大说堃芳，口是心非。回院服药，即寝。

癸酉年闰五月十一日（1933年7月3日） 星期一 晴 热甚 与昨日相同

早七时肚痛甚急，走动数次即注射，仍未止，心中急躁、烦闷，大哭。经理、院长、医生等见情形实不能支持，又扎一针方止；嘱余服肚痛药，余云不用，完全是烟瘾作患，复睡。十一时彩霞夫人及长女、次子来，询戒烟成绩，稍谈即去。又和衣小睡，至下午一时起身。饭后同老五至天桥购烟壶，又往各杂耍处听相声，步至香厂城南游艺园购物，闲步而归，路遇张彩玲、常少亭。回院注射。内子带两儿及丽琴来在院候等，谈老五、剑秋在外对人云春生社改组成班事、头目人前后台老板一定用我二人帮忙，一自称是老板，一自称是办事人，满城风雨，有运动二人者送礼甚多，可笑！又云堃芳办理不善，所以被辞。云余至多再演剧五六年，我二人要与他办事，至多跟他一年或者被辞也，怕他何来？就够吃一辈子的了，每人至少也要万八元，足以够吃饭的了。此二人良心黑也，可恨已极！此二人跟随余有十馀年，娶妻生活皆是余一人帮忙提拔，人心尚且如此，可叹！真所谓小人也！余仍命松龄帮同办事，此二人万想不到，也大失所望，从此每日叹息，逢人便说余坏话，“辞去堃芳也是我二人，所做事情又未到手，白作恶人，何苦来哉？”等语。六时注射。同老五及阖家步至同顺居晚饭。奇热。饭毕车送内子、两儿回家，余闲步回院。与诸友闲谈陈团长、王军长等，谈对日本战争事，云中国军火皆由日本购之，焉能成功？日本若与中国开仗，只用十小时中国便亡；中国人均是自私自利，卖国要钱主意等于亡国，还不醒悟！又谈戏班内中情形，进钱困苦艰难。十二时注射，沐浴，欲寝时姜子谦、郭维周、董子超三君来余卧室，闲谈购房手续繁杂，官绑票，动工不能自由。三人乃商界人、富家翁，受刺激甚多，大发牢骚；官场时常向伊要钱，税上加税；运动官场送钱甚多，明是交友，暗地要钱，不如亡国，情愿做亡国奴，不愿做中国人。天明六时方散。竟夜未眠。

癸酉年闰五月十二日（1933年7月4日） 星期二 晴 微风

注射，九时方寝，下午起床，回寓午饭。松龄同翠花在津演戏，今日回平来寓，托情前同余帮忙所作之事，改恶为善；以后做事如不改前非，可以当面训之；被饭所逼，甚可怜！余允其办事，命伊即清理班底、改组整顿，择日演戏。堃芳前后台流弊甚多，嘱伊仔细斟酌，慎重办理。共饭。周信芳明日返津，来寓辞行，略谈即去。孙观宇来寓，谈本月二十日汪逢春寿辰送礼物事，又大谈古玩兴趣。六时闲步回院，注射。将回院内子来电，云王树臣在寓请余约戒烟友人来寓竹戏，即约郭维周、董子超、姜子谦、金子周四人闲步至余家，先往各处参观各处建筑、字画、春册、古玩等物毕后竹戏。晚饭后子超、子周回院；内子接打八圈，二时始散，同诸友回院，注射，沐浴毕方寝，时已天亮矣。

癸酉年闰五月十三日（1933年7月5日） 星期三 阴晴不定

十一时起床。雷少臣命厨役送菜蔬来。该院经理等请戒烟诸友在院午饭，十二时半候余入席。院长之父云坛子肉是伊所做，请诸君赏食。滋味儿平常，甚咸无比，只好夸赞。饭毕余当面约诸君等至余寓晚饭，同允之；余先回寓。六时张处长、子平及于香波、姜子谦、董子超、张宗周、金子周、蒋维乔饭毕。松龄、锦川来接洽演戏事，因仲仁、富禄等在津，不能演唱，候回平再定。同诸友竹戏，至十一时方散，在院内乘凉。诸友去后余自携照片回院，分送诸友观之；见余未吸烟前之照甚胖，近来甚瘦，不像一人所照。子平要求亲自题款，免去先生二字，均兄弟相称，表示亲近之意。二时方散。子周谈交友注意，惟王逸民势利小人，万不可交也！少与他共事，此人无耻至甚；又云王一定要拜院长之父为义父，为骗财骗饭而已种种等语。该时大雨，彻夜。五时方寝。

癸酉年闰五月十四日（1933年7月6日） 星期四 晴

早七时注射，复睡，正午起床。彩霞来，共饭；父亲亦至，父亲来要日用钱。管兴权、李世甫由津来院，闻富禄云知余在院戒烟，故来往看；并云戒烟后约余往津北洋戏院演戏事。敬余来研究新戏。四时步至虎坊桥大街购烟壶，回院。托彩云配烟壶盖。内子带两儿及丽琴来，谈堃芳背后有闲话，大骂不绝；又云剑秋亦时常往堃芳家与其次子说戏，亦有怨言。子平、维周来谈，约余往子谦、子周房间竹戏，即赴此局，十二时方散，共点心。三时始寝。

癸酉年闰五月十五日（1933年7月7日） 星期五 阴

正午雨雹大作，下午二时方止。子超、子谦来，约余同往余家竹戏；郭维周亦来。饭毕携友回寓竹戏。郭维周因烟瘾回院。晚饭毕，内子代郭竹戏，十钟方散。余敬香。周復生由汉口回平，至余家，略谈。即偕友人回院，注射毕，同诸友在诊病室畅谈；又同老五谈剑秋每日在堃芳搬动是非，又同其次子谈戏，献殷勤，来往两家，做好坏人。又同院长、经理等云住院限期已满，恐不能戒断烟瘾，再拟住二十天。并参观金子周花卉；余同其合作补花卉石头。三时始寝。

癸酉年闰五月十六日（1933年7月8日） 星期六 阴

昨同院长、诸友等定今日下午二时合拍小照，以作纪念，均允之。昨因沐浴、谈笑等事起床甚晚，下午三晚始起。电召容丽相馆来，在医院中院诊病室北房前，约同院友等及经理、院长、大夫合拍二照；又同子平、宗周、子周、维乔等在诊病室拍滑稽小照；于香坡夫妇另拍一照；院长之父亦拍一照；友人均穿短衣又拍一照。下午四时在子超、子谦室与子平竹戏。该时大雨。沙游天由津来平，至院云："余亦戒烟，未带银钱。"求余垫办。晚叫明华楼饭馆请诸君便饭。均注射。游天云比抽烟还好，亦宿该院。玉海送张伯驹丧父讣闻来，在天津英租界十一号路一百六十五号张本宅开吊，函寄奠幛一份。一时方寝。

癸酉年闰五月十七日（1933年7月9日） 星期日 大雨

早八时起身。子周来谈住院戒烟诸友均有不满之意，求余从中帮忙，因余在该院戒烟，诸友相信该院戒烟法甚好，故均来住院戒烟，余便作该院广告也。正午偕游天、春荣冒雨步至新新饭馆午饭。下午二时购瓜回院。与子周、子超闲谈，二君约余及阖院人等往致美楼晚饭，六时同往；余先至中亚药房购药，后赴致美楼之约。饭毕回院，同游天谈七月往津在明星演戏事，函辞北洋管兴权经理演戏，改期。一时方寝。

癸酉年闰五月十八日（1933年7月10日） 星期一 阴晴不定

正午起身。柴大章、朱木厂来访谈有两小时。方寝。松龄与游天接洽七月赴明星演剧事，并谈北平改组春生社班底事，剑秋在旁不便，余等往诊疗室计划。三时同剑秋、老五、松龄、游天步至广和馆便饭。饭毕余仍回院，路遇梁鼎臣，闲谈戒烟苦处，分路回院。小有不爽，即注射，见效。文奎送两儿及新丽琴来；王多寿后至，谈闻烟壶好坏、新旧之别。汪侠公来询演戏日期。六时偕游天、彩云步至天桥购烟壶，由香厂绕道而回，在院晚饭。杜菊初、龚兆熊请在韩家潭红第妓院吃花酒，因不爽，辞谢。一时始寝。

癸酉年闰五月十九日（1933年7月11日） 星期二 晴 热甚

寒暑表有百度之馀。下午一时老太太来促余起床，饭毕又睡。六时闲步回寓，路遇多寿，云至院访谈未晤，送余名二里沟烟壶一个；徐斌寿在旁，立谈。即回寓，修容、沐浴毕，步回院。骨痛甚急，连注射两针仍不见效，老五同经理等理论“入院月馀烟瘾仍不减，反加许多病症，余介绍人甚为难，如戒不好难以回家，怎对人谈论。”阖院人亦均帮同老五大闹，云“伊等完全是诈财骗人之意，文明土匪，我等进院因荀先生入院，知该院戒烟一定甚好，不想均有月馀烟瘾仍不见效，各人加了许多病症”等语。经理等云“我无有好药请诸君原谅。”余见事不强，即压迫老五、烟友等理论方止。及关照医生往各卧房室注射，诸友均气愤泄之。余又注射两针病方止。松龄来接洽天津事。游天函告天津明星戏码并班底、演戏日期。彩云送烟壶来。有兄弟三人来院，为伊三弟戒烟；老三白面及烟瘾海洛因嗜好甚大，被兄压迫，无奈戒之。伊兄正遇经理云戒烟事，嘱伊等“不准我三弟出院”，老三闻听此语奔命而逃，有数十人拦阻不住。哎！烟瘾害人如此之甚，诸友哄堂大笑。此事并无下落。同游天、老五至香厂闲步，谈数年前在海上交友、为竹戏得罪友人甚多；步至馅饼周点心，回院，在棚下乘凉，谈逢春明日五旬正寿送礼事，余送银碗一座，价值四十馀元。一时方寝。

癸酉年闰五月二十日（1933年7月12日） 星期三 晴 热极

早九时起床。院长面约阖院戒烟诸友至虎坊桥大街宾宴春午饭，共两桌、二十馀人，饭毕回院。母亲送点心来。因夜间失眠小睡。下午五时偕游天至逢春家，贺其五旬正寿。伊仆人云昨日早车阖家赴津，贺客均挡驾，回平时改日谢客。又往大栅栏鸿记西栈孟觐侯处，云堃芳不在余处做事，俟有伊来，若有口舌是非，请伊勿听。言毕而去，闲步回院，同子谦、辑五、游天竹戏。该时雷闪照人，大雨倾盆。晚叫明华楼菜、在院便饭。十二时寝。

癸酉年闰五月二十一日（1933年7月13日） 星期四 忽阴忽晴

午后一时起床，饭毕。天津明星经理曹梁叔来院接洽演戏事，二时伊去。内子带两儿来，云余椿树上三条新房北上房游廊门外过道内有水井一口，因儿童玩耍不便，召工匠今日填满，建造走廊，免去危险；缘此井为数十年前建造，费了金钱若干，今日填满甚为可惜；又因危险不能不填之。戒烟人王子敬同烟友潘子元（潘系奉天人也），言语甚粗；王往两药房打电话命送药，潘在侧云该两药房均是卖屁股的头二等窑子乎，王甚刺耳，二人大打口角，均劝之方息。因今早潘、王两女人口角，潘有意代伊女人报复之故。余失眠，歇午觉，和衣小睡。下午七时曹梁叔又来院，稍谈；余约曹及子平、游天等至两益轩晚饭，饭毕往中和园观程砚秋由法国归国、今日初次在中和演《骂殿》，曹、张往观之。甚热。戏票价甚昂，两元之多，借外国新回，身价增高，敲本国人竹杠也！戏价如此贵法在北平为破天荒也！岂有此理！程此次出台连演三日，第二日《金锁记》，三日《聂隐娘》。余同游天闲步回院，在街前乘凉，忽然大雨，雷电震耳，移在院内谈话。一时方寝。

癸酉年闰五月二十二日（1933年7月14日）星期五 晴

早六时注射，又寝，下午一时起床。昨日大雨彻夜，至今天明方止。午饭。子平面约余春华楼晚饭，允之。下午四时注射去瘾针，烟瘾比同初进院时稍减，注射针药比从前力量减去十倍。富禄、彩云同来。步至天桥王八茶馆配烟壶盖，又往各杂耍场闲游，由香厂购物而归，至春华楼赴张约，饭毕偕宗周、子周等步归医院，在大门外乘凉。松龄送闻烟来。沐浴，注射。十二时寝。

癸酉年闰五月二十三日（1933年7月15日）星期六 晴 奇热

十钟起床，至大街闲游，回寓午饭。王盛意来寓闲谈。木匠沈根生前因被人诬告，云伊通日作便衣队、赤化等语，被侦缉队拿获；由讹余建筑工料费之后约三日后被侦缉队所获，在队受刑数月，又解往法院，已判死刑；有中、外国多人担保，悬案出院，来寓向伊同伙人云之。余又与木匠王某议续估建筑事。三时回院。子平云今日出院，移东方或中国两饭店居住；余送伊墨盒小照以作纪念。董子超前者出院，今日又来院注射。母亲来，彩云亦至，托彩云往天桥配烟壶盖。前在院与诸友合照容丽相馆今日送来，分送诸友。晚饭，饭后同院长等研究戒烟速断方法，余自己要求每日速彻顶瘾针，求其快速戒断。经理等对余戒烟毫无经验，余指定李连勋一人注射，每日减药，自求监视，半月馀可能出院。一时始寝。

癸酉年闰五月二十四日（1933年7月16日）星期日 晴 甚热

早七时注射，起床，往游艺园、天桥各处闲步，九时回院，午饭，小睡，下午二时起身，同子超、子谦、辑五竹戏，十时方散。晚饭毕同游天、老五至医院门前占卦，批论详细，说余今年口舌是非、劫财怄气等事，甚为应验。子超、子平前数日往别处亦无法了断，今日又来院戒烟，可笑！雷少臣送西瓜来。松龄来谈演戏事。与多寿、斌寿及沈小楼在街立谈。回院，晚饭，二时半方寝。

癸酉年闰五月二十五日（1933年7月17日）星期一 晴 奇热

正午起床。锦川、子平来室谈天。午饭毕与院友竹戏，下午七时方散。内子带两儿来。彦衡送烟壶来，未晤。晚饭毕约子平、维乔等至开明观金友琴、侯喜瑞、贯大元合演《玉镯记》。甚热，不能久坐，至屋顶花园看电影、乘凉。遇龚兆熊、杜菊初及其夫人并长女丽云等，闲谈戒烟养病等事；诸如香亦在，略谈连孝辞班事。经理郑英甫、李实甫招待甚周。至十一时半余烟瘾大发，未散戏即跑回院，误入天安栈门内，可笑！维周看见，即呼唤，始知错误。急回院注射；子平亦赶回注射。与诸友闲谈剧中情节。二时始寝。

癸酉年闰五月二十六日（1933年7月18日）星期二 晴 奇热

下午一时起床，午饭毕回家料理琐碎并和儿诸师月薪账目等事；又与王木匠接洽西院工程建筑、添做廊子、鱼池等事。六时回院注射。与子平闲谈；又偕游天、子平步至粮食店兴盛馆便饭。余先回院，路过中亚药社，遇世五立谈，云回院注射毕再来谈天；回院注射毕又回中亚药社询问戒烟事，与陈大夫谈手续、戒法，伊满口生意话，云余烟瘾太大，必须月馀方能见功；又召出在医院戒烟诸友闲谈，伊戒烟法子甚良，询问诸友均在该院住有月馀，戒法与北平一样，均是骗钱主义。偕世五至开明看金友琴、贯大元演《御碑亭》，周瑞安、侯喜瑞演《连环套》，观毕回院。至十一时半天忽大雨。一时注射，二时半方寝。雷闪、雨声一夜未息。

癸酉年闰五月二十七日（1933年7月19日）星期三 晴 甚热

正午起床，注射去瘾针，午饭。三时内子带两儿来，在院阖家理发后与子平、辑五及内子竹戏。七时同诸友等到恩成居晚饭，在饭馆烟瘾大作，电召李连勋医生来恩成居注射，留饭。饭毕内子回寓吸烟，余等回院休息。少时内子又来院。管兴权由津来，王松龄亦至，接洽天津北洋演戏事；管再三要求先在北洋演戏，劝余辞谢明星。余云与明星先有约，只能先约明星再接洽北洋。管去后仍同诸友竹戏，至二时半方散。内子因夜深两儿回寓不便，在院安寝；游天、老五与和儿在子平室寝。三时方寝。因天热起床沐浴，并与内子谈堃芳为人狠毒阴险万恶，专离间朋友，挑唆是非。竟夜未眠。天明六时内子带次儿同寓。余注射毕方寝。

癸酉年闰五月二十八日（1933年7月20日）星期四 阴 天气甚爽

下午二时敬余来促余起床，谈和儿秋后欲送戏曲学校学戏事，因在家娇气，故叫外人教之。五时由医院回寓。金仲仁今日在取灯胡同同兴堂收弟子，闻伊弟子是净行，拜小生为师，可笑！往贺贺客甚众，约有百馀人，摄影以作纪念。未入席余回家晚饭，饭毕带自己唱片并照片数十张回北平医院，照片分送院友、李处长。世五送余食品四色，领收。十时就寝。

癸酉年闰五月二十九日（1933年7月21日）星期五 阴

十钟起床，服药，闲步回寓，午饭，电约富禄、辑五竹戏。下午五时回院扎针，即返寓，仍竹戏，九时牌散，共晚饭。回医院偕游天约于香波、赵辑五、张正阳、张子平及于太太同往哈尔飞观票友戏，报界人甚多，老生范钧宏为天津范苂士之侄，做工身上均有叔岩风味儿，惜嗓音太低，否则可以大红。其馀如李松声之青衣亦不错，魏翠痕演《庆顶珠》尚好，演毕向余招呼。有陈裔孙者演《上天台》，举动、扮相活像游天，诸友无不称绝。十二时半回院扎针，稍谈即睡。

癸酉年六月初一日（1933年7月22日）星期六

早六时扎针，七时即起。游天、老五均起。收拾房中用具。下午一时回家，开发各项月支。有子平、辑五诸友竹戏。李世五其友三人来，晚饭，饭毕又作竹戏。一时偕辑五、游天步至金凤楼访情妹；辑五亦挑一妓，名飞龙，甚胖，在凉台上大闹、诙谐。二时半归院，又扎一针。与院长、维乔、秉和、游天等同吃片汤，谈诙谐，寝时已三时矣。

癸酉年六月初二日（1933年7月23日）星期日 阴晴不定

二时起床。敬余来谈。午饭毕回家。辑五、砚奎、富禄来竹戏。九时回院扎针，又回家。十二时散去。回院又扎一针。与老五谈医院之事。游天去看王泊生演《大屠宫》，回来谈戏甚佳，一时始寝。

癸酉年六月初三日（1933年7月24日） 星期一 阴晴不定

上午八时起床。晚偕子平、辑五、维乔、游天同往开明屋顶看电影，今日演《红楼梦》。该院郑经理云此片不佳，另加《狂流》两本，此片写去年汉口大水灾惨状，颇佳。又看金友琴《玉堂春》。回院已十二时，因瘾扎针。与子平、维乔闲谈，二时始寝。

癸酉年六月初四日（1933年7月25日） 星期二 晴

早九时起床，偕游天步至情文处，尚未起床，大为玩笑。瘾作，稍忍即愈。回院扎针。下午与李致中至王逸民处，嘱伊购药针，又同至鸿庆、致中相好处小坐，又同李、王、沙、赵至两益轩晚饭，回院。又至开明看电影。影毕回院，同诸友谈至夜半，步至羊肉馆与诸友同点心，致中、游天、辑五同去，饭毕在大街闲游，天明回院方寝。

癸酉年六月初五日（1933年7月26日） 星期三

早九时起床，冒雨至王逸民处打针，回院，午饭，至子平房间同李致中、董子超竹戏。下午五时陈宜孙由天津来院，接洽明星演戏事。约诸友至大鸿楼便饭；电约王逸民带针至饭馆，共饭。该馆女招待甚活泼，招待甚周，谈游戏话，等于冶游。饭后又往东方饭店宜孙寓所大叫堂差并竹戏一夜，余负洋百馀元，次日八时始散。烟瘾大作，人事不省，逸民来连扎数针方醒。

癸酉年六月初六日 （1933年7月27日） 星期四 晴

打针醒后同诸友回院，就寝。下午二时宜孙来促余起床。李世五电约余往崔雅泉家中（即中亚药社经理）吊其母丧；崔母年八十九岁而亡，可称喜丧，举动照喜事办理。又往程伟儒司令处，贺其购房之喜，寿臣、庆奎、连良均在，亲友甚多。四时回院，偕宜孙、辑五、彩霞、游天等往恩成居午饭，至震旦戒烟，因震旦院长戎醉陶前数日云由日本新运来戒烟法甚好，无痛苦，六日戒断；并言价只要索五百元，如不能戒断一文不取。因我至好朋友，不说虚言，余允之，故往震旦戒烟。

由初六日至十一日天昏地暗，不堪言状，甚是痛苦；寒暖阴晴均不知；亲友往看甚多，均被院长阻止，伊云不在该院戒烟。此五六日间等于法院坐监，苦至极矣！每日昏迷不知人事，亦云险矣！内子、两儿均往看，亦被拦阻，实堪痛恨！至十一日醉陶见余恐有危险，即扎吗啡针救治，始省人事。内子被震旦拦阻，往北平医院问之，五六日不见人，甚急。北平回云实在震旦，内子又往震旦，仍拦阻。内子云如不让见面一死相拼，醉陶始容见。阖家见余骨瘦如柴，阖家痛哭，劝余回家，纵然讨饭亦无法，此状态甚惨，力劝余回家。余因戎醉陶云七日准戒断，绝不痛苦，余故绝意戒之；今日五天，若要回家岂不可惜！即请院长问之七日准好否？伊云这是科学法，无有把握，好与不好不敢担保，只能问科学。余云五日受了许多痛苦仍不见效，几时才好？伊云实无把握，爱戒不戒。伊院治死人向不偿命的。内子极力促余回家，如不回家在院门口大骂，即随内子、两儿回寓；彩霞、彦衡、仲仁、辑五等均在寓候，见面云余面容甚似活鬼，均知医院情形笔墨实难形容，诸亲友等均大骂之，劝余仍吸烟，将精神复元再戒。留诸友饭，饭后一时客散，即寝。

癸酉年六月十二日（1933年8月3日） 星期三 晴

下午二时起。宜孙来，未晤。因在震旦系游天介绍，戎与游天是同乡，余戒烟景况因游天与醉陶多年故交，伊不肯言明，并有辩护之意，来寓理论，洗刷伊是好人，均不理之，伊羞辱而去。北平院长医生等及辑五、逸民、松龄等来，云外面人云余已被震旦治死等谣传甚多。彦衡、富禄来询戒烟苦处。父母亦来，见面大哭。内子同诸友竹戏。富禄带和儿至广和馆便饭。子平、致中、子超三君来访，谈震旦戒烟之法不良太甚，早有所闻。彩霞、敬余、蝶仙均谈此事，无不痛恨。彩霞云将和儿并伊子七儿送戏曲学校学戏。松龄来谈天津明星演戏事。诸友听外面谣传余死活不知，均电询之此戒烟事。徐慕云来电，云伊由上海同诸友来平，住中国饭店十一、四号两房间，九时偕友来寓访谈。晚饭毕徐慕云同二友来，云见各报登载余戒烟住院甚苦，均不放心，来寓探视；并谈张效坤督办死得甚可怜，并云南方人良心太坏等语，畅叙两小时，定明日请伊等来寓午饭。二时客散。小云来电，询余戒烟之苦楚。三时即寝。

癸酉年六月十三日（1933年8月4日） 星期四 晴

正午起床。徐慕云偕友来，在寓午饭，谈梅兰芳在海上演戏成绩甚坏、甚不得已；并云兰芳在天蟾演戏被匪敲诈财物事实，看客均受影响，被匪搜去金钱等贵重物约有二十馀万元。谈至天明。方寝。

癸酉年六月十四日（1933年8月5日） 星期五 晴

正午起床。徐慕云、杜叔贤、孙西园来，共午饭，饭毕下午三时竹戏；赵辑五亦加入。王盛意来借贷。余仍想戒烟，命老五每日五小时扎针一次，渐渐撤药，比中国戒烟法不受痛苦。张眉叔、郑英甫来，谈从前做官的黑暗；并谈张督办家务、出身，因杜叔贤是张宗昌至好、患难朋友，谈张家务甚确；又谈梨园趣事。留诸友晚饭，一时客去，就寝。

癸酉年六月十五日（1933年8月6日） 星期六 晴 奇热

早十钟起床，偕老五步至北平医院与烟友闲谈，并赏本院佣人金钱。正午同子平、子超及孙姓回寓，共饭，竹戏；辑五后至。王逸民代购药水、药针亦来。八时客散。松龄、老五、富禄来，谈说鬼神报应实有其事，均说各人经过鬼神之缠绕甚切实。十二时方散。慕云今日约饭，因事忙未去，辞谢。二时方寝。

癸酉年六月十六日（1933年8月7日） 星期日 晴 微风 甚热

早九时起打针，阖家沐浴。天气甚热，余同长子在澡盆安寝，觉其清爽。命仆人往中国饭店请徐慕云、孙西园、杜叔贤来寓晚饭。饭后至花园看工程。木匠沈根生讼事完案，前数日出法院，来寓，比较从前见人甚和蔼。步至富禄家闲谈，松龄、少臣亦在，大谈诙谐。二时因烟瘾大作即回寓，扎针。同老五及阖家往哈尔飞观翠花演剧，小翠花同富禄、洪奎等先演《打刀》，此戏完翠花长子于学文年十一岁演《捉放曹》，玲珑活泼，乃神童也。此剧中配角均是童伶，甚齐整，可爱。大轴翠花又演《宣化府》。余烟瘾大发，向松龄索烟药服下，肚疼各症方止。翠花、富禄阖家均在包厢看戏，招待甚周；徐、杜、孙三君亦至。戏毕回寓。接震旦戎醉陶函，戒烟费洋二百七十元五角，函内云甚不通情理，有绝交之意，云限三日将款交齐，如不然法律解决，恶言甚多。因余戒烟未戒好，恼羞成怒，故来函出此恶言，实可恶！南方人不可交也。从前在余寓中吃喝不分，交谊甚厚；余诊病费不少半分，寻故反面，令人寒心。慕云等来寓，留晚饭，竹戏。海上天蟾舞台经理顾竹轩之子月波同徐德增来寓邀余南下，未晤。接砚秋代友促余索画函，云情不可却，请余早书好带往南下云云。余因画时间甚久，托张眉叔代画。天津陈宜孙询几时赴津演剧，以好登报宣传。三时客散，即寝。

癸酉年六月十七日（1933年8月8日） 星期一 阴

早十钟起，注射戒烟针。饭后偕老五冒雨至宣武门大街闲步，并往富禄家小坐。慕云、叔贤、西园偕其二友来寓，电促余回家，同富禄即归，共竹戏，留晚饭；赵辑五亦来。富禄夫人来约其夫看电影。一时竹戏散，稍谈，客去即寝。

癸酉年六月十八日 （1933年8月9日）星期二 晴

早十九时起床，扎针。昨夜竹戏劳乏过度，骨节疼痛。月波、德增来接洽上海演戏事，即促余南下，余云有张师啸林、黄义父金荣、杜老伯月笙三君担保，并索三君信件来方允南下。因数年前与顾竹轩共事，此人甚狡猾，故要条件难伊，顾、徐允诺而去。松龄送来前清皇上家藏旧报，见之甚罕，裱好藏之，以作纪念。早日辰时三刻立秋。烟瘾大发，烟毒深也。同老五步至前门大街中亚药房购药，并觅经理王子敬，未晤。又至中国饭店访杜叔贤、徐慕云、孙西园等，略谈。至北平医院扎针。同游天、子超、子周、宗周、致中等闲谈，伊等云子平往西山戒烟。稍坐，步回寓。辑五、富禄、眉叔及安厘之、杜、孙、徐等先后来，眉叔操琴，友人均清唱，真是南腔北调，实不顺耳，捧腹大笑。竹戏，共晚饭。彦衡、树臣、盛意均来稍谈。徐、吴、王等往吉祥观小楼《铁笼山》。饭后仍同诸友竹戏，三时方散。天明始寝。

癸酉年六月十九日（1933年8月10日） 星期三 晴

早九时起。慕云送来梨园影事书两卷，印刷甚精致，谈梨园前后辈历史并名人照片、新旧戏目录、各演戏技能、派别，尚、梅、程及余均在内，事迹甚详，定价三十五元，价廉物美。敬余来询和儿送往戏曲学校演戏事，并谈菊隐校长待学生甚厚，该校在津演剧成绩甚佳，和儿入校一定成名。因内子幼小时此子不离膝下左右、寸步未离，如送学校恐大闹家务，此事作罢。饭毕张眉叔、谢刚主、安厘之等来；眉叔操琴，诸友大唱；余父子亦加入。刚主面约明日往北平图书馆参观建筑及历代古书、字画、古玩等，均精致，不愧国粹；建筑构造南北少有；地面虽小建筑甚精，均刚主所述。王子敬来谈戒烟方法。张子平由西山来寓，云戒烟痛苦、甚难，经此苦楚至死不戒烟。留伊暂住余南厅房。伊不日往陕西赴任知县。共晚饭，饭后张偕友人外面治游。松龄、游天来谈天津明星演戏事，并携带宜孙函，因公事包银不符，辞谢作罢。饭后同慕云、内子竹戏。彦衡送闻烟壶来；彩霞亦来，云戏曲学校虐待学生，千万不可将和、七两儿送去，如入火坑一般，甚险之。内子听罢即泪下，如送两儿入学校以死拼之。彩霞溺爱七儿，从中挑拨也。将来此子堕落，彩霞之过也，见识浅薄之故。锦川在旁，做事甚阴险，与内子云不可将和儿送入学校；同余背后云古人言易子而教，所谓人前一面、人后一面。树臣送戒烟药来。今日观音得道，阖家敬香。十二时客散，即寝。

癸酉年六月二十日（1933年8月11日） 星期四 雨

早十时起，午饭毕写日记。谢刚主来。今日因雨，北平图书馆择日往观，送余护身佛经一卷。五时敬余来。彦衡、游天先后来，留饭。锦川来问演戏事。松龄来云天津明星演剧包银数目不符，辞谢作罢；松龄又云明星作罢，接洽天津北洋戏院演戏；管兴权数日前有函来，托伊如明星公事不妥，即请北洋演之，再三恳求，只得接洽，包银、公事百依百随。九时客散。命和儿与余注射，手法比医生还佳，此子甚聪明。十二时方寝。

癸酉年六月二十一日（1933年8月12日） 星期五 晴

早八时起床，注射，复寝，十一时起身。午饭后松龄来谈北平演戏事。慕云、西园、眉叔及王又平同来，辑五、多寿先后至，共竹戏。下午三时雷雨大作。骨节疼痛不止，乃烟毒作怪，连扎数针方止。接北平私立学校函，托余销票；又接无名函，鸣不平为郭逋仙家中寒苦、借贷大不满余之意，伊抱打不平，大骂余负恩无义。此函似堃芳笔迹，余因公事辞去四内兄堃芳，伊怀恨，以此函解忿；函中言语不通，并云要余赈济贫寒数万元，不照行，登报、散广告，使余无立足之地。不值一笑！接鲍毓麟、何竞武市长请柬，约余本月星期一下午七时泰丰楼晚饭。子平辞行，云明日赴张家口就职，并索戒烟药方。徐德增、顾月波来寓，再三敦劝、约余赴沪演剧；余云须候张、黄、杜来函再定；伊实无法，垂头而去。游天来。彦衡送闻烟壶四个，甚旧。晚饭毕竹戏，十二时客散。点心毕。因大雨又扎针，天明始寝。因骨节疼痛，不能安寝，始至天明方寝。

癸酉年六月二十二日（1933年8月13日） 星期六 大雨

十一钟起床，与木匠王姓及雨农商酌续估建筑花园事，接做厕所、廊子、鱼池、甬路等工程；伊索洋三百六十馀元，双方言明定价三百四十元；花园、北房格扇在内；月初动工。接国本学校函，送游艺票，托余代售，推病，原票退回。又接无名函，云郭逋仙卖房捧余成名以致败家，骂余忘恩。郭不过交友捧场而已，此函纯系郭母一云言语。余数年来时常救济郭家，挥金相助，是非不明，俟逋仙回平当面证明，以表友谊。晚七时松龄、游天来，共饭。十时客散，即寝。

癸酉年六月二十三日（1933年8月14日） 星期日 晴

十一时起床，午饭后接津伯寅函，催扇面速画。尚小云母今日病故周年，送礼。宜孙来函，仍为明星演戏事，复函决心辞之。今日彦衡三十整寿，余阖家往贺。下午五时余至小云家往祭，宾客满堂，稍坐返彦衡处晚饭，饭毕回寓，同辑五闲谈。树臣来，同竹戏，至一时始散。服药。宝森来询赴沪事。三时寝。

癸酉年六月二十四日（1933年8月15日） 星期一 阴晴不定

早十钟起床，午饭毕出门散步，至富禄家，伊尚未起床；又至虎坊桥德瑞号购胰皂，并购西瓜、痰盂而归。彦衡、辑五、剑秋同来。父亲送来大中堂山水一轴，云索洋三百元，价甚荒唐也。下午同王、马、赵竹戏。娄子蕴、汪逢春来。十二时牌散。接天津北洋经理管兴权演戏函，索日期戏码。逢春与内子诊病。又接震旦戎醉陶函，云只限二日将账目付清，如不付请律师起诉，种种恶言，毫无情理。逢春从中说合，并代游天讲情，不可绝交，云："均是小人，敬鬼神而远之；善脱离，不要落痕迹"；并云"醉陶账目及伊来二函均交余手，余往代办，不可怄气，伊在社会稍有名望，何必同小人致气。"听逢春相劝，情不可却，允之。满腔冤痛无处去诉，奈何奈何！？多寿谈鬼神事。彦衡云琴侬病故许久，琴侬与（为）诸如香盟兄，死后伏如香身，云："我在阴间打官司，手捧脚镣锁我，因我在阳间欠了梨园公会公款五百元，又作孽甚重，烦你代还；如不然不能出监，有二鬼在旁监视，郭仲衡代我作监才能出来。"说毕大哭，与琴侬语气分毫不差，众人听之无不毛骨悚然、冷汗淋淋。若许鬼话不能详托，鬼神之事不可凭信。至二时始散。点心后方寝。

癸酉年六月二十五日（1933年8月16日） 星期二 晴阴不定

早十一时起床，注射，饭毕出门闲步，一小时回寓。慕云来电云约余阖家至北平图书馆参观叠代古书、古玩等，均精致，建筑宏丽，他处少有。三时回寓。慕云偕王姓及敬余来，盛意先来，富禄亦来，云管兴权今早车来平，为北洋演戏事而来。辑五、松龄同来。与诸友竹戏，二时始散，客去方寝。

癸酉年六月二十六日（1933年8月17日） 星期三 晴

十时起床，注射毕复睡，正午方起，饭后出门闲步，至游艺园、香厂一带购烟壶，步归，同树臣及富禄、辑五竹戏；晚饭后仍竹戏，至次日九时方散，即寝。

癸酉年六月二十七日（1933年8月18日） 星期四 晴

下午三时起床。英文小报张明炜携友来，询问戒烟事；又谈醉陶讹诈，甚愤，均骂之。松龄来，云管兴权由津来接洽北洋演戏事，吃住接送均归北洋担任，允之。伊去后阖家沐浴、理发。厨子老马告假，命刘姓代之，年六十馀，甚勤俭。因雨地潮滑跌一跤，一小时方醒，甚是危险。余见其可怜，赠钱送伊回家养病；伊不肯花钱治病，仍勉强在家做事，真是舍命不舍财。晚松龄又来，云连孝交堃芳子，不忍在此搭班，受堃芳一方面摆布；连孝在余班是配角，戏份不过每日一元，余念旧好不忍舍去；连孝云："要余搭班每日须增加七八元方可允之。"公事难办，只好令去。盛意来索《红楼二尤》单本。彩霞知余赴津演剧，为伊子彦衡托情，同赴津演剧；留彦衡在平恐被堃芳耻笑，允之。慕云同杨抱一来为罗小宝次子友情搭班。多寿同和儿至天桥购鸟笼，召盲人算命。唱唱解闷儿，十二时方散，即寝。

癸酉年六月二十八日（1933年8月19日） 星期五 晴

下午一时起床，注射撤瘾针。午饭后敬余来谈戏情穿插。二时出门散步，至时慧宝家探病，回寓。冷庵来，未晤。彦衡、燕云、仲仁来，留晚饭。松龄接洽上海演戏事来，定明正元旦登台。堃芳命老五来索前在余处演戏账目，伊云下欠登报零碎账目二百馀元，并前者购椿树上三条房代垫杂项车费等五百馀元，堃芳如不被辞绝不索要；亦经被辞，故来索之，不过是讹诈之意。余免得怄气，允之，俟日付给。英甫、松龄等谈张勋挂龙旗事，甚详细。接朱幼芬病故讣闻，幼芬之妻命伊子来，云明日出殡，恳余周济。二时客散，即寝。

癸酉年六月二十九日（1933年8月20日） 星期六 大雨

早九时起床，注射毕复睡，下午二时始起床。盛意、富禄、树臣、辑五同来，竹戏至夜一时始散。松龄来接洽上海演戏事；顾月波再三恳请余早日南下。醉陶又命尹律师出名来函索账，函内言语甚恶、甚不通情理，云如不还账法律解决。尹律师另有一函，劝余夙有名望之人不必怄气，免被社会上人耻笑。因逢春数日内事忙，未至醉陶处，故有此函。电告逢春，伊云明日前往。三时客散。方寝。

癸酉年六月三十日（1933年8月21日） 星期日 忽阴忽晴

早九时起床注射毕，步至琉璃厂中华书局访经理周直山，略谈戏曲学校校长对学生甚有恶感，大报亦时常攻击。由和平门大街散步归寓。王盛意由早八时来寓。扎针，午饭毕敬余来谈家务，谈伊十爷彦青纳自己外甥女为妻，已成实事，本月伊在山西结婚；伊有家信来告敬余已结婚，不日回平，与亲友说知。读书人如此做事，非人也！敬余又云庆奎请伊编新戏。慕云、松龄来；松龄今日面见逢春，云已往醉陶交诊病费。晚饭毕同慕云、辑五及郑姓竹戏，二时方散，客去即寝。

此册日记接癸酉年七月初一日第十六册

一九四一年

1941年

小留香馆第二十一册日记接第二十册
中华民国三十年（1941年）一月二十七日
农历辛巳年正月初一日立

民国三十年（1941年）一月二十七日（辛巳年正月初一日）星期一 阴 风

一元复始，万象更新，财源辐辏，诸事吉利。正午起，敬香毕，午饭。宋德珠、张君秋、李楫之、苏宝荣、常少亭、李绍亭、叶春荣、吴彦衡、杨深泉、沈玉才、徐和才、王秀雯等来贺年，均晤面；并与沈、杨、徐说腔、排戏，留晚饭。饭后阖家赴吉祥戏院，演夜戏全部《鸿鸾禧》，上座五百人，彩声不绝。嗓音洪亮，诸事遂心。戏毕前后台等人员来贺年，周旋一切。十二时抵家，常、李、苏同来，谈笑，共饭。怀白来函，云贾仰山、朱鼎荣均来京，得便代为招待、周旋。四时寝。

民国三十年（1941年）一月二十八日（辛巳年正月初二日）星期二 晴 风

天气明朗，和风旭日。昨日天气忽阴忽晴，冷甚。正午起。朱鼎荣夫妇带礼物来贺年，因妇女来相见不便，未晤。段雨农、立彤来结算去岁日用账目，即演戏出入款项。诸亲友陆续来贺年。晚饭。八时至长安演全部《花田错》。戏毕前后台人员等往来周旋、贺年。诸友亦至后台，立谈片时即归寓。三时始寝。

民国三十年（1941年）一月二十九日（辛巳年正月初三日） 星期三 晴风沙扑面奇冷

正午起。苏宝荣来。理各亲友住址，预当访贺年，共百馀家。今日父亲七旬晋一寿辰，敬香祝寿毕。常、李二亭及二内兄、彩云、喜星、斌仙来贺年、拜寿。午饭毕带仆人玉海往东西两城至亲友处贺年，晤面者多半。七时抵家晚饭，饭后沐浴毕即寝。

民国三十年（1941年）一月三十日（辛巳年正月初四日） 星期四 晴 风冷

早九时起。午饭毕即出门往各亲友处南北两城贺年至三时，往东方同木东易畅叙，晚九时抵寓。稍息即寝。

民国三十年（1941年）一月三十一日（辛巳年正月初五日） 星期五 晴

正午起。亲友来贺年，陆续而至。二时阖家步至留香饭店看装安电灯，并至厂甸各等处闲游、购物，路遇锡永、彦衡等。并往松龄家贺年，小坐即返寓。盛连奎由青岛来贺年函。明忱、盛三先后来。晚饭毕阖家竹戏。十二时始寝。

荀慧生在抗战时期经营的留香饭店

民国三十年（1941年）二月一日（辛巳年正月初六日） 星期六 晴 微风

下午一时起。常、李二亭来寓，云海上马治中已来函，谈海上演戏事。效郇之弟夫妇同来致谢、贺年。韵秋及陈受之夫人先后来。今日苑绍亭生辰，命人送礼。敬余亦至。逢春名片介绍董汉启，拟充留香饭店茶役。四时偕内子往苑绍亭家，贺其五旬晋九生辰。孙文英、姜云生、曲存庵、赵革原、常振春等均至，晤面贺年、贺寿，共作叶子戏。晚饭毕至吉祥演《大英杰烈》，戏毕仍回苑宅。绍亭、振春已去，伊等大推牌九；余与树臣合伙共推，手气不佳，每人负洋一千一百元。九时伊等陆续而去，博戏遂散，即归寓，次早十时始寝。

民国三十年（1941年）二月二日（辛巳年正月初七日） 星期日 晴

下午一时起。命令香开鸿庆裕支票，送苑绍亭处一千元，分送还债两清。诸男女亲友陆续来贺年；常、李二亭亦至，闲谈饭店一切应付之法。卞永禄由天津来寓，谋充留香饭店茶役事，因开幕尚无定期，令伊速回津。俟开幕定期再令伊来京。洪曙庭持寿石工太太画花卉挂镜，寿石工题款；“此品尚称精致，为送留香饭店开幕贺礼。”令香病已两月之久，今日始见大痊；令文亦好。兄弟二人在院内玩耍。晚饭毕阖家带少亭之女同往长安戏院，演《辛安驿》，戏毕返寓。李子铎由开封来京，至寓闲谈，共饭。伊举动神情与前不差，宿余西院。天明始寝。

民国三十年（1941年）二月三日（辛巳年正月初八日） 星期一 晴 暖

大有新春气象。正午起。因子铎为令香义父，娶长媳时伊未在京，命令香夫妇见礼。锡永来。接延年会诸友公请余及小云、砚奎在泰丰楼本月十一日下午六时补祝贺寿之约。马治中持金元声之函由上海来京，邀余赴申演剧；又云虞洽卿及诸友之函，随后即到。晚与子铎、明忱及内子竹戏，至夜三时始寝。

民国三十年（1941年）二月四日（辛巳年正月初九日） 星期二 晴

今日立春，天气和暖。正午起床，午饭后同敬余闲谈。东霞、素秋来贺年。郭盛三代童芷苓索《红楼二尤》剧本，催促甚急，女色之故；以余剧本送情，可笑。绍亭来谈。理发后朱鼎荣来谈上海友人景况。晚阖家约鼎荣、子铎至西来顺便餐。饭毕至长安演《荆钗记》，因请客几乎误场，戏毕即归。子铎云明早车赴开封，辞行之意，恐明日起程甚早，不来惊动阖家送行。夜三时始寝。

民国三十年（1941年）二月五日（辛巳年正月初十日） 星期三 晴

风狂扑面，沙气迷漫。内子气喘旧病复犯，早八时至逢春处看病；余亦即起，同次儿沐浴。子铎误车未能起程，仍宿余西院。马治中向余索戏装、便装照片，先寄至上海以作宣传。午饭毕至东安市场内万聚兴购草花，为演剧之用；并往松寿卿处贺年。邓宇安本身病故，今日开吊，余往贤良寺致祭吊唁。孙国桢丧父，昨日开吊，命人送奠礼。三时半赴东方应木易东之约，因伊事忙，略谈一小时，同乘汽车送余归家，伊往石驸马大街伊亲友处晚饭。赵润芝来贺年；姜明忱亦至，均未晤。阖家同子铎竹戏，至夜二时始寝。

民国三十年（1941年）二月六日（辛巳年正月十一日） 星期四 晴 微风

早九时起床，午饭后明忱来。转借启明银号洋两万元，立字据两份，每份一万，字据、手续列后：立借据人荀慧生，今借到北京启明银号新记国币洋一万元整，言明每月按月息一分四厘行息，以三个月为期，本利一并归还，空口无凭，立此借据为证，留香饭店经理签字，中华民国卅年（1941年）二月六日立。共立字据两份，存执共两万元，嘱余签字盖章。四时偕锡永、明忱、令香往留香饭店查看工程建筑，油饰甚粗糙，装设电灯不甚精细。明忱所派于培璋、梁两姓及茶房等每日在该饭店监视工程，询问一切，毫不负责。工程师李西园亦至，谈及此事，向伊等遮饰太甚，恐此情形难免吃私舞弊。伺开幕以后再为设法整顿。七时回寓，稍息赴泰丰楼延年会同仁贺寿之约。饭毕面记吉世安等向余晋龢市长、王揖唐[1]委员长索匾额，为留香饭店开幕之用。阖家竹戏，促余即归；锡永加入，至夜一时始寝。

民国三十年（1941年）二月七日（辛巳年正月十二日） 星期五 晴

正午起。晚董少卿、李瑞亭、刘腾夫、马治中来，在寓共饭。治中在少卿身后在乌龟戏，因素日不和。治中出身不高，曾为西餐茶役，陡然而富。伊等本不满意此人，少卿借酒意大骂治中，诸友解劝，不欢而散。治中索去余戏装照片三十馀张，为海中宣传之用。十时伊等去后即寝。

民国三十年（1941年）二月八日（辛巳年正月十三日） 星期六 晴 风冷

正午起。张亚东来贺年，并谈起留香饭店聘明忱经理，嘱余将内容合同、铺规琐事严厉谨慎，先向明忱结账后再立手续。张为人阅历经验甚深，谈话条条透彻畅快已极，并担任代劝明忱，努力热心，共同协力，互相整理，做到好处。锡永、令香同余往董少卿家，讨论商业一切内容并用人方法、与经理立合同手续及花红酬劳办法及账目入手程序，亦谈至彻底妥善。因余十馀岁在外学艺术，求生活，并未有经商卓见及一切经验茫然不知，只有求友人指示，以免将来错误。余为此事每日见友人即请教高

1 王揖唐（1878～1948年），名赓。曾在日本留学，为袁世凯秘书，洪宪男爵，北洋上将，安福系主将。著有《今传是楼诗话》，“七七”事变后在伪华北政务委员会委员长兼内务署督办，1948年9月10日以汉奸罪被枪决。

明办法，考察顾虑期于完善，实实费神劳心。六时回寓，晚饭后阖家至吉祥，演《埋香幻》。令文至罗马电影院看电影，余戏演毕次儿未归，甚不放心；一小时始归，同回家。寝。

民国三十年（1941年）二月九日（辛巳年正月十四日） 星期日

夜间大雪，天明始止，忽阴忽晴。正午起床。冷甚。戴朴生落魄，来函求旅店作茶役或帮助，复函，约明日下午二时命伊来寓，当面询问现下状况再作处理。童芷苓母来函，问候有加。看余剧者未具名姓来函，自称爱词人；夸赞余，赠余古文古诗数首。王东甫约星期四在伊柜上致美楼晚饭。李西园来谈。郭盛三谈商家内容黑暗，坑东灭伙内容秘密。姜明忱来，言十七日结算账目。伊与张亚东晤面，其一切言词颇近情理，将来对于饭店一切规划用尽生平之力，绝无他意，纯为为人作到好处，并无私见。余嘱伊将于培璋急急辞去，因于培璋为人自私自利，做事把持，目无一切，实不堪用此人。明忱介绍，对于明忱亦不恭顺。对于东伙任意呼唤名姓，跋扈之意已经露骨。说至此间明忱即表同意，三两日内即开除此人。晚饭后阖家赴长安，演《鱼藻宫》。戏毕王亲家太太、常、李二亭同归寓，共点心。三时伊等去后即寝。

民国三十年（1941年）二月十日（辛巳年正月十五日） 星期一 忽阴忽晴

今日上元节。微雪忽下忽止，极冷，比去岁三九严冬还冷。十时起，往中原医院看病，诊治鸦片宿瘾，虽戒断六七年之久，尚未除根；每遇天气节令总是周身骨节作痛，虚汗在身，痛苦已极，故又打补气养神针。正午抵家。朱鼎荣介绍马厨役今日试工三天，手艺不佳，再选良工。鄂吕弓来函，据云用杨宝森同赴上海，其包银不得过五千元，及丑行用马富禄、朱斌仙均可；并询及余赴沪黄金演戏日期，确定何日登台，亦好作筹备一切；并令李玉茹结束回京，同马治中在京接洽，并候回函。朱鼎荣携带上海杨怀白诸友索礼函，留晚饭。阖家至吉祥，演《元宵谜》，戏毕即归。修容，点心，天明始寝。

民国三十年（1941年）二月十一日（辛巳年正月十六日） 星期二 晴 风

正午起，午饭。至往中原医院诊病，返寓。戴朴生来，面求谋事。因伊夙习为人不端，因经济压迫再三好言相求，见面之情，遇机会再提拔。七时赴长安演《白娘子》，戏毕李瑞庭、刘腾夫、王中一至后台闲话。中一言为观余剧失去皮夹被窃，内有支票七千元，现金五百元，名片不计其数。立谈片时各自分手。抵寓。常、李二亭谈起赴沪演戏事，上海演剧包银如往北京汇款，汇费三七双方吃亏，必须往演，实无办法。接张班主介绍姜德海为饭店茶役函。天明始寝。

民国三十年（1941年）二月十二日（辛巳年正月十七日） 星期三 晴 微风

早八时起，往中原看病，诊毕即归。天寒极冷。下午三时姜明忱来结算留香大饭店建筑账目及筹借费用。苏宝荣、邵星伯、令香同时察看账目，大约不差，并择定古历正月二十五日与明忱在寓定合同铺规。约董少卿、赵润芝、张亚东、吉世安，祖福广律师作证人，正式立合同签字盖章，选定二月二日龙抬头吉日留香饭店开幕。饭后阖家竹戏。十二时始寝。

民国三十年（1941年）二月十三日（辛巳年正月十八日） 星期四 忽阴忽晴 冷

正午起。治中来，云接海上黄金电，黄金演戏二十二日后再往更新演一月，嘱余方面直接接洽。因虞洽卿未来函，不明内容真相，既令治中回沪办理，候洽卿回函再为定夺。接苏州陆太太函。麟仲病故，不日开吊。王东甫约吃春酒，因事忙未去，酬谢。江漱明函问何日到沪。三时至中原看病，又往盛三家同至饭店料理布置一切。阖家沐浴。盛三偕李守信副官来寓，意欲博戏，人少不能成局，十二时散，即寝。

民国三十年（1941年）二月十四日（辛巳年正月十九日） 星期五 晴

十时起床，午饭后带令香先往四行准备储蓄银行访贾仰山、朱鼎荣，并面送请帖，约星期一丰泽园晚饭；又至少卿家研究饭店与明忱手续合同事，亦有请帖；并至虎坊桥中原医院诊病，至明湖春晚饭，自斟自饮，颇觉寂寞。夜十二时始归，抵寓即寝。

民国三十年（1941年）二月十五日（辛巳年正月二十日） 星期六 晴

正午起，午饭后徐朴斋、陈敬余来谈，并攒登广告。接朱鼎荣询问厨役函。叶瘦梅自青岛来函，询饭店开幕事。甦春堂王铸售清音破笛丸广告函；又接黄新汉丧父讣闻，二月十八号开吊，在伊西草厂本寓领帖。下午至虎坊桥中原医院诊病；并至留香饭店，锡水、鼎荣、令香均先在。因计划布置六时抵寓，共饭。鼎荣介绍厨役今晚试工。阖家及诸友同往吉祥，演《得意缘》，戏毕返寓，稍息即寝。

民国三十年（1941年）二月十六日（辛巳年正月二十一日） 星期日 晴 暖

早九时起，至中原诊病。今日令香生日，少亭阖家、李绍亭、苏宝荣均来。托刘锡永转致寿石工镌刻图章数块；臧姓专刻存款契约印章，均送润笔，合洋五十元。朱鼎荣代复上海黄金演戏电函。前者黄金来电，言在黄金演唱二十天毕在更新再演一月，不明真相，故去函询问。晚饭后阖家往长安，演《红楼二尤》，戏毕即归。点心后阖家竹戏，至夜四时始寝。

民国三十年（1941年）二月十七日（辛巳年正月二十二日） 星期一 晴

早十时起，至中原诊病毕步归。午饭后敬余来闲谈。晚阖家至丰泽园，自做主人，约董少卿、贾仰山、朱鼎荣阖家、刘锡永等饭，饭毕同归寓，竹戏。仰山负百馀元，朱老夫妇大胜。十二时客散，即寝。

民国三十年（1941年）二月十八日（辛巳年正月二十三日） 星期二 晴

早十时起，至中原看病，返寓。同玉才说《平儿》唱腔。午饭后阖家步至留香饭店查看一切，步归。晚饭后与锡永夫妇博戏。常少亭、李绍亭连接上海电报，嘱伊筹备一切，公事照办。十二时寝。

民国三十年（1941年）二月十九日（辛巳年正月二十四日） 星期三 晴

正午起，至中原看病，归寓，午饭。明忱来，催促饭店房间号头速求人书之。海上黄金来电，云电文照抄列后，款交中南汇出虞两万五，黄金一万，信交马带京。鄂云云、薜润甫来寓，常、李少亭亦至，计划海上演戏事。邵星伯因日用困难，又就饭店事向余借洋百元，前后共二百元。苏宝荣帮办账目。晚满洲杂志社编辑部刘玉璋、黄文甫等三君来寓访谈，索报料、照片、小史。晚饭后二时始寝。

民国三十年（1941年）二月二十日（辛巳年正月二十五日） 星期四 忽阴忽晴

早九时起，往中原诊病，归寓复睡，正午起。上海黄金、更新两舞台由中南银行汇来演戏洋三万五千元，交常少亭命鸿庆裕银号代取。午饭后召留香饭店茶役王峻峰来，嘱余事事经心，做事认真。为开留香饭店聘姜明忱为经理，今日正式立合同，请律师祖福广为证明人；又请吉世安、赵润之、张亚东为见证人；代笔人邵星伯。双方正式成立。十一时客散，稍息，二时始寝。

民国三十年（1941年）二月二十一日（辛巳年正月二十六日） 星期五 晴 风

早八时起床，至中原诊病；又往南芦草园二十五号赵润芝宅，托其劝解明忱少恋女色，正事多办；对于饭店努力前进，账目清楚，眼光远大。赵甚表同情。又至留香饭店，观察一切布置。锡永、令香、少亭、宝荣、明忱均在该店照料，并由本宅往饭店运去沙发、棉被、痰盂、地毯、枕头、茶具等物，余查看数目，一时归寓。午饭后马治中由上海带来虞洽卿函，嘱余黄金、更新分演公事负完全责任。诸友介绍茶役均召集来寓晤面，命伊等十余人同往留香饭店，与姜明忱面见，选择留用。今日王东甫生辰，大家有公份贺之。余往留香饭店，路遇亲友介绍茶役十馀名，均抵家，询其原因，伊等云旅馆未有主事人，用不用不得而知，均嘱回去。闻其情怒之。余即往饭店询问明忱，余介绍茶役一名未用，何意？明忱云因未开伙食，茶役过多容纳不下。明忱方面茶役来者不拒，见此情形可气，余嘱伊，余介绍之茶役明日下午召集饭店聚齐留用，不日开幕。内容布置规则杂乱异常，所用之人才非其亲则其友，好吃懒做，礼节全无，如同野兽，实难教育。又奈明忱之情面，只好渐渐除之。余亲自布置，伊等仍逍遥自在。明忱毫无经理威风。又至致美楼与东甫贺寿，诸友均先至，共博戏，余大负一千五百元。由今年赌博开始，共负三千馀元，实不吉利，伤财费神，摧残老人。余志由留香饭店开幕以后戒赌，烟酒均戒，天明九时始散。至中原看病，抵家寝。

民国三十年（1941年）二月二十二日（辛巳年正月二十七日）星期六 大雪竟日未息甚冷

下午五时起床。朱鼎荣来，留晚饭；谈起上海怀白、舍予与伊来函，向余索物。阖家至吉祥，演《平儿》新剧，戏毕即归。与令香询向饭店布置，预备开张手续；明忱办理完善。令香言，明忱晤一面，谈话几句慌忙而去，此事好不在心。伊方面茶役、先生等呼唤不灵，恐初二日不能开张。余想此情伊等必受于培璋挑拨，有意拆台，看余笑话。伊等存心不良。余血本作商，以凭天良吃饭。不料交友不良，事已至此，又不能不往前进，踌躇再三，只好想办法。五时始寝。气忿难容，一夜未眠。

民国三十年（1941年）二月二十三日（辛巳年正月二十八日） 星期日 阴晴不定

正午起，未用饭即往董少卿家，谈起昨日令香所说饭店之情形，万一不能开幕，脸面有关。计划后盾，准备人才；接手办理开幕之后再处罚恶党。少卿计划甚老成。

如明忱袖手旁观，托李瑞庭代理职务，对外交涉银钱账目法律解决，舞弊之人均可看押，毫无关系。嘱余即往饭店询问明忱，见机而作。余即往留香饭店观察，余所派去茶役均在上下忙碌，伊方面茶役仍旧奸猾懒惰。余看事不公，将明忱介绍梁姓私委账工唤来面训，大为申斥；并将伊等内容诡计黑幕说明，毫不客气。如愿意守规矩者，服从就事，于是大家振作。明忱回答正在计划准备，明来寓与余接洽，明日一定正式工作，绝不他意，好言劝。赵署员彩章亦从中解释，明忱夙日模糊，原谅办事。言毕稍息，至长安戏院演《钗头凤》，戏毕即归，稍息就寝。

民国三十年（1941年）二月二十四日（辛巳年正月二十九日） 星期一

雨雪交作，道路泥泞。正午起。明忱来，云今日分派留香饭店各职员任务，请余饭后赴饭店亲自监察，如有不称职者当时更换；并召集饭店人员等聚齐，总经理训话。午饭毕偕锡永带令香至饭店，率领茶役人员等布置一切，稍有规模。已有外人来定房间，陆续不绝。余阖家在该店晚餐；亲友者送开幕礼，匾额、书画、银盾、鲜花、银瓶等物。九时余与明忱召集饭店人员聚齐，在礼堂训话，分派职务，由明日起正式服务办公。夜二时抵寓即寝。

民国三十年（1941年）二月二十五日（辛巳年正月三十日） 星期二 阴 甚冷

九时起，往中原看病；至留香饭店查看人员。返寓，午饭，开发请客单。饭后赴饭店。贾仰善太平保险公司经理代妓定房间，周旋。赴天福堂广和楼东家王琴堂、王立琴之约，同席皆同业人。饭毕仍回饭店，布置查看，稍有眉目。夜二时抵家，即寝。

民国三十年（1941年）二月二十六日（辛巳年二月初一日） 星期三 阴

正午起，往留香饭店召集饭店人员，共六十馀人，在门前摄影以作开幕纪念。与明忱合摄影。系大北相馆所拍，意放大在留香饭店悬挂。并将门面另摄一影，又与明忱至大北各拍照数帧，回饭店。阖家在该处吃西餐，试厨役；并悬挂诸亲友所送匾额、书画等物。常、李二亭亦至。来往定房间人不绝。十时大雪。往中原看病，抵寓即寝。

民国三十年（1941年）二月二十七日（辛巳年二月初二日） 星期四 晴

早九时起，沐浴毕至中原诊病后往留香饭店。今日为留香饭店正式开幕之期，经理委员姜明忱。本饭店人员全体举行开幕典礼。同仁均行三鞠躬礼，以志贺仪。总理、经理依次序训话，勉励各勤其职，不可松懈，诸事务求谨慎。各机关、政界、报界名流、剧界诸友来贺，陆续不绝，车水马龙，联袂而至，颇极一时之盛。宾友至夜十二时尚未散去。本饭店未开张之前，由正月三十日房间客满，今日开幕不得租房者约有百馀人。本段警察便衣差弁前来查店共两次，言语和蔼；因今日开幕，故来查勘，其官事例来如此。宿客小有不安，即令茶役招待各房间客人，嘱其不必惊讶，现在官事只得如此。任何旅店大都如此，官事奈何。今晚丰泽园约请警界及各机关管辖地方人员，以示联络。本店总理及经理出面招待宴客，甚形忙碌，颇觉十分劳乏。夜四时阖家抵寓，稍息即寝。

民国三十年（1941年）二月二十八日（辛巳年二月初三日） 星期五 晴

下午二时起，往中原诊病；又至留香饭店。今日酬谢送贺礼之宾友，由晨至晚均在该店宴客。早中餐晚西餐，在礼堂设席，款待各界男女宾友，三百馀人均到场欢宴。楼上楼下忙碌周旋，至晚十一时始饭毕。警界及特务又来查店，宿客纷纷议论。现代时局此为常事，并非罕事，自相惊扰，一笑。探其原因，不过以官事压人，恐有招待不周欠满之处，借此发威。或系有要求贿金等情，以做商而论岂能顾虑，不周之处只得谨慎应付，以防藉端生事。惟恐有同业开设旅店等人有嫉妒之意，故意使人惊扰。余本门外汉，对于为商多不深悉，幸而交游甚广，亦不至招惹甚大是非，小有琐碎而已，且自由他。至夜二时阖家步归，稍息即寝。今日下午六时魏子丹、周大文、柯政和[1]及日人长崎武在新丰楼宴客，常、李二亭代表赴约，因事忙不克分身。闻常、李云，新丰楼之约为新民会、戏剧演艺协会、梨园公会三会联络同宴，取缔演艺协会之主张未有结果，不日再行召集研究方法，特为补记。

民国三十年（1941年）三月一日（辛巳年二月初四日） 星期六 晴

正午起，往留香饭店监视察看，招待友人；命明忱往各机关拜访联络，前两日查留香饭店之故；曾闻受惠中、中央、远东三饭店之指使，今已将此关头打破，现已疏通圆满，俟后对余饭店必当关照维持一切；今晚绝无人来查看。对外已然办理和顺，惟

1 柯政和（1889～1979），字安士，原名柯丁丑，台湾嘉义人，曾任北京师范大学音乐系教授，对音乐教育及音乐理论领域贡献良多。1945年8月抗战胜利后。因为曾支持日军与汪伪政权而遭公诉。后因为台籍身分遭到释放。仍从事于音乐教育工作。

《红娘》荀慧生饰红娘 费文芝饰崔莺莺 沈曼华饰张珙

内部尚多浮杂。欺余为门外汉，俟慢慢进行整顿，赏罚分明，任贤使能；其不堪用者陆续辞退，以重铺规，以作年老时之归宿生活。七时阖家至吉祥，演《红娘》，戏毕大雪纷飞。仍回饭店，阖家点心。三时归寓，稍息即寝。

民国三十年（1941年）三月二日（辛巳年二月初五日） 星期日 晴阴不定 大风扑面

正午起。盛三约余翠华楼早餐。新时间十二时尚未起床，辞谢。又接延年会全体同仁三月六号星期四下午六时在泰丰楼晚餐，饯行之意。又接张盛富结婚帖，二十一日在全蜀馆宴客。海上鄂吕弓来函，为演戏事，更新包银意欲少付两千元，来商洽。李楫之代友人来索余照片。召留香饭店招待员李文昭来寓，此人精明强干，由十四岁即在各旅馆、饭店学习，颇有经验，才堪大用。今将三十六岁，有二十馀年阅历，于旅店用人支配方法十分明晰；所说各种内幕议论精细。余意委任此人在饭店充任重要职员，以作整顿初步。晚至留香饭店查看，由开幕以来四日之间仍杂乱无章，毫无规则；茶房人员等营私舞弊，趁乱打劫，如强盗行为，欺余外行。姜明忱经理懈怠不堪，不理正事，不知心存何意？人心难测，必须设法整顿，凭余能力自裁自作。稍坐即往长安。天气大冷，直如三九一般，滴水结冰，天时不正。在长安演全部《玉堂春》。戏毕常、李二亭、徐和才同来寓，当面与和才谈其赴上海公事，伊不顾提拔交情，外表忠实、装傻，内有主见；索包银甚多，要求条件甚苛，使人寒心。伊由学校出来等于堕落，余看其为可造之才，极力提拔，现尚根基未深就有此种举动，世态如此，令人可怕！对于公事百方拨弄，实有手腕。但是即刻赴申用人，只好忍受，可叹！三时伊等去后即寝。

民国三十年（1941年）三月三日（辛巳年二月初六日） 星期一 晴

冷甚如隆冬，街市结冰甚厚，大风扑面。早九时起，召留香饭店招待李文昭来，计划整顿饭店规模，设法解除内中黑幕。午饭毕至留香饭店，询问明忱以前一切开办账目，嘱伊明日交代结清。晚又至留香饭店，嘱常、李二亭办理赴上海黄金、更新演戏各角手续均去接洽办妥，以免误事。即回寓就寝。

民国三十年（1941年）三月四日（辛巳年二月初七日） 星期二 忽阴忽晴 极冷

正午起，赴中原诊病，归寓。午饭后接乌泽生[1]、卓博公、乌金熙、卓叶、淑康约余星期五二月初十日在丰泽园晚餐帖，约阖家均往，饯行之意。留香饭店招待李文昭送来铺规，有不通之处，带令香往董少卿家，参考修正铺规。录下列后：

第一条：本店以总理、经理为全体同仁领导，努力工作，力求发展；所有服务规则应即明白规定，共同遵守，不得违犯。

第二条：本店自总理、经理以下，除有益营业之交际或由总理、经理核准之酬应，不得任意开支公款。

第三条：本店所收小费按月共分三次摊派，规定每十日分派一次，但不得长支浮借。

第四条：本店自总理、经理以下不得假借字号水印、图章应声作保，并利用字号作私人方面之借贷银钱、货物种种妨害饭店之行为。

第五条：本店自总理、经理以下所有人员如介绍亲友来店开房者，稍有账目不清，无论欠款多寡，概由原介绍人负责赔偿。

1 乌泽生，字谪生，吉林永吉人。早年留学日本，毕业于早稻田大学。回国后，历任众议院议员、《大同报》《国华报》《每日新闻》社长、临时参政院参政及《新民报》社长。后在伪满洲国供职。

第六条：本店对于旅客收款或找钱，如遇有少收或多找出以及伪钞、假币种种受损失情事，概由原经手人负责赔偿。

第七条：本店同仁应各觅殷实铺保签于保单，自派定职务之后，应本互助精神，忠实任事，不得藉（借）口推诿。

第八条：本店生财家具、杂用物品以及顾客存放行李等件，均应特别爱惜、保护，不得稍有损坏；尤其对于客存银钱暨贵重物品，必须详细点清，交付账房负责人另账登记，严密保存，以昭慎重。否则倘发生事故，一经查出，非但责令赔偿，并酌予惩办。

第九条：本店自总理、经理以下均不得任意自由占用房间或留宿友人，影响营业之收入。如茶役私自通融、擅开房间，查出立予开除。

第十条：本店茶役例分班次，凡值下班之茶役遇有客人委办之事未完，或顾客留言以及命购车、船票等事，除应分别记载于木牌之上外，仍须详细告知接班之茶役继续办理，不得稍有忽略。如违立予相当处罚。

第十一条：本店自总理、经理以下所有人员一概不准假公济私、厚此薄彼，私结团体、互相结团体、互相攻击，遇事应推诚相处、和衷共济，以谋业务之发展。

第十二条：本店每年结算大账一次，凡我同仁自总理、经理以下均有享受盈余花红之利益，但其所得花红多寡即视素日工作勤惰为标准，由总理、经理规定其数额。

第十三条：本店业务首重卫生，凡我同仁，除衣履应清洁外，所有各号房间尤须随时打扫洁净，器皿要放置整齐，倘有故违予以相当处罚。

第十四条：本店各部分职员以及茶役，对于招待往来旅客，应特别注意礼貌与和蔼，不准稍有简慢或失仪情事，尤其对于女宾更应加以慎重，否则一经查出，或由顾客通知证实，定予开除。

第十五条：本店总理、经理以下全体人员休息期间规定每日按换班次轮流休息，除年节有分班休息遵例外，平常一概不得旷职。倘有遇事，必须请假时，亦应先行报告总理、经理核准，给假后方能离职，但假满时应即立刻回店销假，否则即以自行退职论。

第十六条：本店各部分职员以及茶役，对于顾客遗落银钱物品应立即点交柜上，标明捡拾情形，候客认领，倘有隐匿不报或报告不实情事，一经查出或顾客告发证实，非但停职永不再用，并送官方惩办。

第十七条：本店对于同仁另有奖惩办法，由总理、经理随时考查成绩，秉公办理。凡我同仁应各知警惕。

第十八条：本店规则暂定十八条，此后遇有未尽事项有增减时，得由总理、经理随时修正之。

再本店账房应守要则列后：

第一条：账房职员应遵守本规则，忠于职务，每日公事必须当日办毕，不得积压。关于银钱一项更宜谨慎从事，收进之款必须点清数目，辨别钞票真伪；付出之款必须先行报告总理、经理，核准后方得支付。至于同仁浮欠、暂借绝对禁止。

第二条：账房值班职员遇有收存客款时，必须详细点清数目，并看明钞票真伪，登簿记载寄存年月日时以及房号客。如有经手各项取走，尤要核对无误方能交出。至于其他物品，亦应同样慎重办理，以免发生枝节。

第三条：账房职员如临时有事须要请假，必须先行报告总理、经理，指定代理人后，将自己经手以及未办完各事详细说明后方可离店。服务时间不可随便大声谈话、零食、睡眠以及在账房招待亲友情事。

以上三则账房职员务应特别注意，切勿违犯。

经理、总理谨启

茶役值班同仁要训：

第一条：值班时对于旅客招待殷勤、谨慎，凡有客人呼唤以及嘱托各事，均要服从客人意见，认真办理，不准稍有违误。如客人呼唤时应随唤随到，不得迟延、托懒，不准无事走进客房与客人闲谈，至私收小费、额外要索均绝对禁止。

第二条：值班时不准随便互相谈笑以及吸烟、看书、阅报、零食、睡觉、招待私人亲友等事。对于男女顾客，务宜特别注意礼貌，不得稍有怠慢。衣履必须特别整齐。

第三条：本店所有电话为营业及便利旅客之用，同仁如无要事，不得任意与人通话；如外来电话，亦不得延长谈话时间，倘有故违，一经查出定予停职不贷。

第四条：值班时间于旅客收送公文、信件，均要随时签簿留底；尤对于客存银钱等物以及签字等事，必须认清号房，以免错误。

第五条：值班时对于客人睡眠时尤应特别注意，如遇访友来宾，必须问明姓名，妥为招待，先行请示客人见否，善以应付。

以上五则值班同仁如不遵守或大意不加慎重者，经查明证实定予开除不贷。

本店总理、经理启

在本店同仁关于各部分银钱进出，务宜各知自爱，实支实报，如有隐匿浮冒等情，不论数之多寡，即属侵占行为，法有明文，罪无可逭，即当送官究办，绝不稍事宽容，勿谓言之不预也。

本店总理、经理谨启

接延年会同仁星期四在泰丰楼聚餐帖，初九日晚七时饯行之意。又接陆麟仲[1]夏历二月十九日在苏州阊门内崇真宫桥下塘三八五号开吊、宴客，备礼吊唁。晚饭后至李兴甫宅约余博戏，介绍余股长，因其伊为特务正管辖查店勤务联络之意。十二时偕明忱至留香饭店，商洽饭店内人员薪水、花红、赏罚、派职员责任。现委派李文昭、王峻峰二人为本饭店招待稽查，除账房先生外，馀均归二人管辖负责，大致如此，定于明日下午五时发表。天明抵家，即寝。

民国三十年（1941年）三月五日（辛巳年二月初八日） 星期三 阴 甚冷

正午起。饭后明忱来，谈特务科科长袁规同余小有误会，有不满意之处，查检饭店皆是伊部下所辖，恐与饭店有不利之处，即托袁华汉署长设法疏通。明忱去后召集留香饭店李文昭、王峻峰来寓，委托伊等暗地监察整理饭店人员，挑选干员酌留，其不堪用者及有党派者令其去之。午饭毕往留香饭店，召集饭店人员齐集训辞、谈话、安排职务并发给薪水。李文昭、王峻峰担任稽查招待、管辖茶役等；其余均归总账邵星伯管辖。晚饭毕新调任特务金姓率领手下人等、本地警察往来查店，其势汹汹、狐假虎威，以官欺民、出言不逊，并未查出饭店何等痕迹。有一客人带一女客来开房间，更名改姓，男女各调房间，查问言语支离；客人系银号商人，报店簿粮商，与事实不符，询问账房店簿，夏姓云客人来时云系粮商客人，怎报怎写，不敢伪造。金特务实无法入手，办理招待茶役被其责打，又将客人打走，其意在受贿赂，故意威吓，黑暗

1 清末状元陆润庠之子，好书画，习昆曲。

吸烟方止。朱厚叔偕其友来访谈，见余走动甚凶，云明日有好鸦片膏送上，即能补肚止泄；闲谈今所演此二剧，是余专家，别人不常演矣。赵星缘、张燕庵又来吸烟，大谈男风艳史，津津有味儿，伊似有此经验，言之甚详，谈至天明六时始去，可厌！余就寝。

癸酉年三月二十日（1933年4月14日） 星期五 晴

下午二钟起床。子铎来时余尚未醒，伊带和儿步至源合衣庄，与和儿购衣服；包做，早量尺寸，晚做成功；裤袄长袍共三件，在六小时内做好，可称快也。四时回惠中。富禄来。吴季镇及王树臣均由平来，在惠中请伊午饭，饭毕竹戏；九时同至北洋，与富禄等合演《丹青引》，上座六成。贾润生同其报界三友至后台访谈。十二钟半戏毕，同诸友散步回寓。阮军长、李子铎带一妓来，竹戏；吴季镇同余合伙，树臣亦加入，至明八时客散。李、阮亦住惠中，到自己房间；闻茶房云又电召二妓来，在伊房内竹戏。命茶房到源合时唤成衣改做和儿衣服。九时方睡。

癸酉年三月二十一日（1933年4月15日） 星期六 晴

下午六时半起床，晚饭毕至北洋演全本《玉堂春》，座客之票由昨已满堂，今不得购票者约三四百人之多。戏毕偕星缘、燕庵散步回寓，二君天明方去，即寝。

癸酉年三月二十二日（1933年4月16日） 星期日 晴

下午二时起床，饭后步至北洋演日戏，与富禄等演《荆钗记》，座客十足。戏毕游天至后台，云伊母今日六十正寿，偕伊往贺；堃芳随往，贺客甚多，并有寿经及杂耍，甚觉热闹。八时回寓，与仲仁、富禄、桐珊及场面全堂说戏。四内嫂与内子赴天祥市场购物。桐珊夫人后来。尚小云来谈，留饭，饭后同至北洋，演临别纪念夜戏，戏码《白娘子》全部，唱、做甚繁；上座甚佳，因加钱稍有影响，约有八成；又因与马连良、周信芳（伊二人在春和合作）打对台之故，所以离别观客不能十足；闻比对方已经好有二成，对方不过六成座而已。戏毕吴季镇及北洋经理人等送余回寓，富禄、树臣亦来，共竹戏，待天明车回平；诸友均来送行；竹戏六时方散。

癸酉年三月二十三日（1933年4月17日） 星期一 晴

六时半堃芳夫妇带两儿来。饭毕起身至车站。马连良亦回平，闻行李扣留，四出运动，人缘甚坏，帮忙者无有，不知伊后事如何办法？九时一刻开车，随同者均乘此车回平，惟桐珊因与小云合作未回，在天津春和演戏。车开时甚热，骧儿在车中受暑，大睡不醒，脸上发烧，四肢甚软，脸上发出红疖甚多。正午到平，吉祥、哈尔飞两经理来接待，同抵家；即电询逢春为骧儿诊病，俄时伊来，云停食着凉感冒，病状甚复杂，要加小心，少冒风。留诸友饭。客散即寝。

癸酉年三月二十四日（1933年4月18日） 星期二 晴 暖

下午一时起床，饭毕请逢春来为骧儿诊病。次儿想二内嫂，即请伊来同儿玩要；母亲亦来。逢春询问天津演剧事。三时内子五姐亦来，并送亲友礼物，留饭。阖家理发。木匠沈根生来支建筑洋。子铎电约东兴楼晚饭，并约和儿同往；六时乘汽车赴约，同席有李世五并前任市长何其鞏及雷氏夫妇；共两桌二十馀人。饭毕余带和儿先归，子铎后偕诸友来寓，竹戏彻夜，天明七时又推牌九，至十钟客散。

癸酉年三月二十五日（1933年4月19日） 星期三 阴晴不定

午饭毕方寝，下午一时起床。刘述吾之子来借贷，送洋十元。李溥泉、吴堃芳同来，结算天津北洋演戏账目。五时王树臣同木匠沈根生来，结算前账并支洋二百元。富禄、兴权、和谦、老五、剑秋等先后来，饭后打扑克。荣蝶仙来，云华慧麟往汉口演剧，约余帮忙告假数日；溥泉亦告假同往。十二钟半客去，即寝。

癸酉年三月二十六日（1933年4月20日） 星期四 大雨 甚冷

下午三时起床。逢春来与次儿看病并谈戒烟方法，云醉陶、石珊均是银钱主义，余两次戒烟并未除根，非朋友之道也。四时伊去。饭毕同内子煮烟，共四十两。陈农先、陈敬余来，谈宣统为人甚厚，并谈王琴农病故身后萧条，农先与琴侬相交甚厚，未死前农先连得两梦，均梦琴侬大哭，就知不祥之兆，果应此兆，伤心叹惜。晚饭毕。管兴权电索放大照片，因余在天津北洋开幕带至天津悬挂，北洋以作纪念。至天明六时鸦片收膏成，即寝。

癸酉年三月二十七日（1933年4月21日） 星期五 晴

早八钟起床。因西院花园北房辰时上梁，促余起，敬香。九时至鸿庆裕存款，并代沈根生还鸿庆裕洋五百元，仍为建筑还款。往树臣家小坐，至晋和祥购烟，又到逢春处诊病并索戒烟方，回寓，因失眠小睡，二时复起，午饭毕与敬余研究新戏，四时伊去。老五送黄花鱼，味儿甚鲜。内子五姐及四内嫂先后来。晚与堃芳、老五闲谈合伙做买卖。十二时客去，即寝。

癸酉年三月二十八日（1933年4月22日） 星期六 晴

下午二时起床，因肚痛连夜走动数次，竟夜未睡安逸，起身即吸烟方止。冷庵、敬余、侠公先后来，谈梨园故事。五时客去。晚饭毕即睡。子铎来，未晤。

癸酉年三月二十九日（1933年4月23日） 星期日 晴

下午二时起床，同敬余说戏。老五内弟来调（吊）嗓，唱腔随不上，笨也！晚李子铎来，王树臣及郑季臣同其夫人并其二友同来，竹戏；郝锦川亦至。竹戏至天明方散，又推牌九，至十钟客去。

癸酉年三月三十日 （1933年4月24日） 星期一 晴

竹戏散，客去后同仆人玉海结日用及和儿诸师开销账目。正午阖家往鲜鱼口内会仙居食炒肝，并带两儿至华乐后台大便。彦衡在该园用功，立谈片刻。饭毕散步，至晋和祥购烟。内子腹痛几乎泄在车上，即乘车回寓。走动，下午二时始睡。内子同老五、富禄、多寿打扑克。余未起床，夜十一钟始起。逢春来，谈从前伊车夫用车轧死人，因果报应。一时用饭。交逢春一百元，转交蒯旭人律师，为酬谢购椿树上三条房帮忙事；二时伊去。即寝。

癸酉年四月初一日（1933年4月25日） 星期二 晴 狂风扑面

早九时起身，带骧儿往东大市隆顺桌椅铺购木柜，正午回寓，促内子起床。内子云今日妙峰山开山门，众大仙皆往山上当差，均驾风前往，所以每年该日必起大风也；十五日关山门，一定下雨，俗语洗山之意。即敬初百香。敬余来。饭后与和儿排戏，补写天津日记。瓦木匠沈根生来算账，因自己费工，胡开报销，原工价六千六百元，伊胡说乱语，又添二千五百元之工价。晚饭毕四钟方寝。

癸酉年四月初二日（1933年4月26日） 星期三 早晴晚阴 黄云遮天

下午二时与剑秋研究唱腔。敬余来，醉陶后至。昨晚锦川、堃芳定下期演戏事，补记。金仲仁伊夫人生辰，送寿礼。晚饭毕与老五、多寿打扑克，次日早八钟始散。

癸酉年四月初三日（1933年4月27日） 星期四 晴

客去后命玉海电询程艳秋住址门牌，欲带和儿往访。逢春开戒鸦片烟药方，在东安市场西鹤年堂做成药丸，内用鸦片烟膏二两共合一料，现洋二十二元，膏在外。接杨怀白海上函，云如北平时局不好，可往上海躲避，即复函谢伊美意。逢春电约今晚在丰泽园晚餐。十钟始睡。二时剑秋来促余起床，吊嗓并研究《紫玉钗》唱腔。二内兄、老五同来。吴四长子媳妇送和儿来。二内嫂明日生辰，送寿酒洋四元。八时赴逢春、洽黎二君在丰泽园之约，召妓侑酒，共十馀客；吴季镇亦在该处请客，有同仁堂药铺乐八爷并二女妓，约余便饭，稍坐又至逢春、洽黎饭室。十钟席散，逢春先送二妓回家，后乘逢春车回寓，逢春谈陈肃卿死后艳史、为人不端正等情，一时伊去，即寝。

癸酉年四月初四日（1933年4月28日） 星期五 阴 微风 黄沙遮天

正午起床，命玉海至旧居南半截胡同处移起青竹至新宅栽种。午饭毕钟剑秋及老五内弟先后来吊嗓。三时带和儿至东城苏州胡同内七贤里四号程艳秋家，闻伊仆人云砚秋同吴富琴往东安市场购草花，未晤，即回寓。老爷子云去岁南半截胡同塌墙，幸未发生危险，曾许妙峰山香愿，初六往去还愿。王多寿送鸦片烟来一包，六十元，烟二十两；叶春荣亦至。内子带骧儿往二内嫂处，贺其寿辰，同吴富琴夫妇回寓；骧儿怕伊女索玩物，不许伊夫妇带伊女入门，可笑！即命吴长海约富琴来闲谈，留晚饭。八时赴泰丰楼恒六爷饭局，有逢春、敦敏、宇安、宝林等，共十馀人。未终席回寓，与锦川、堃芳定戏码，于下期在哈尔飞演唱，一日《小放牛》《翠屏山》，次日《荀灌娘》，已定妥；留锦川、堃芳点心，三钟伊等始去，就寝。

左起：荀慧生与费文芝师徒、梅兰芳与张君秋师徒、尚小云与梅葆玖叔侄

癸酉年四月初五日（1933年4月29日） 星期六 阴

下午二钟起身，与敬余研究新戏。阖家理发。午饭毕与和儿排《探母回令》。老五内弟来吊嗓。昨接海上函张啸林为沙游天与朱琴心讼事托情回函；张师函云说明内中详细情形，好设法救伊；即将张函托锦川代笔复寄游天，嘱伊快寄详细函，好寄张师设法。晚二内嫂夫妇来。昨富琴送余小黑狗一只，今日伊夫人来索回去。堃芳、老五同来，谈小孩时艳史，甚觉有趣。逢春前二日在丰泽园请客，逢春电召女妓，《北平晚报》今日登出，亦有余在内，大开玩笑。醉陶由马富禄处来吸鸦片烟，云富禄小女病甚危险，恐难癒。吴大姑娘来谈。成衣来做衣服。二时客散，就寝。

癸酉年四月初六日（1933年4月30日） 星期日 阴晴不定

下午二钟起床，三时午饭。老五及伊内弟先后来，谈吸鸦片坏病。老太太送鱼来，内子起身煮。王多寿送来鸦片烟，共一两，烟味儿甚好，是北口土。下午五时汪逢春来，云沙游天与朱琴心讼事，代游天托诸友帮忙。二时始寝。该时雷闪大作。骧儿不爽，身体发烧，嘱仆人明早电请逢春诊视。补记。

癸酉年四月初七日（1933年5月1日） 星期一 大雨 风沙遮天

下午二时逢春、敬余同来，即促余起床；与骧儿诊视，云冷热不均，服药即好。剑秋来吊嗓。树臣为沈根生建筑账目事来电。约醉陶来，竹戏，十一钟客散。接游天复张师啸林详函。三钟始寝。

癸酉年四月初八日（1933年5月2日） 星期二 阴

早八钟起床，至虎坊桥大街闲步。风沙扑面，黄云蔽日，奇冷。看虎坊桥大街有赌博、各种骗人生意，口气味儿甚重；路过熟人甚多，回寓。接海上杨怀白函，云如北平时局不好，不要贪恋新房，力劝余阖家速往沪上避难，或往天津云云。又接游天函，云前寄来与啸林函稿如未发，请不必发去，天津友人亦有办法，只用千元包朱琴心律师讼费，可免去三月监禁徒刑之灾，已说定，故不发张师之函，事完不日到平，住北海养性。又接熊伯寅借贷函，并云伊妻病故，托余竭力帮忙。电请锦川来，将以上来函均请代笔答复；伯寅事托小云代垫，伊回平后余还之。敬余来，商写《紫玉钗》提纲。宋福奎来调（吊）嗓。堃芳来，云伊至富禄家，见其小女在床咽气；马氏夫妇均出门，不忍在家观此惨状之意。内子五姐并伊二兄同来与骧儿玩耍，因儿不爽，仆人连日抱逢春处诊治。晚饭后与堃芳等闲谈，并修理烟具，二时方散，就寝。

癸酉年四月初九日（1933年5月3日） 星期三 早阴晚晴

下午一时逢春来，即起床。敬余亦至。二内兄夫妇来，闲谈数年前余亡去三女，惟长女余爱女也；亡女时余在大有银行存款亦倒闭，亡女丢财，运气实在不佳，幸托张学良少帅，银钱并未损失；想亡女，共十日死去三女一侄，并长兄亦亡，令人伤心落泪，在后院佛堂内竹下大哭不止；剑秋、福奎并余阖家人等劝余方止。汪侠公亦至，谈梨园人才缺乏并前辈故事。丁云兰来，云伊移居在受水河乙字四号。杜丽云父前四日来云，云兰先住伊后院，移居后艳云男女弟子二人在墙壁上画许多鬼脸，并写若干淫诗秽语，并骂杜家；杜父来云若不看余面定将伊二人送官究办。因杜坤伶与蒋介石秘书蒋伯诚二人交情甚厚，恐送官不难。余收了两弟子，在外与余赚骂不少，收弟子的下场。好言劝走，杜甚讲交情，今云兰来向其说明杜父之言，伊不承认，无可奈何。云兰唱〔四平调〕数段，均是余腔。吴季镇来，留晚饭，饭毕打扑克；季镇索去便装、化装小照两张。二时客散就寝。

癸酉年四月初十日（1933年5月4日） 星期四 阴 风沙大作

两儿不爽，早八时将余夫妇唤醒，即起床。内子带两儿先至逢春处看内科，后往震旦醉陶医院看外科，十钟归寓。接杜月笙上海来函，为游天讼事，云潘子馨从中说合，罚金一千元可以了之，嘱余函告游天不必再究；即电请锦川。三时程砚秋来访，谈梅、尚为人，兰芳自居曹操，自（只）知有己，不知有人；小云自称霸王，梨园剧者只有梅、尚并无第三；谈余为人和蔼，谈笑畅快。在张作霖、潘馨航、张宗昌时代，梅因堂会戏码时常摆布人，阴险诡计，实在可恶！二人同病相怜，畅谈甚久。伊去后余在后院栽种石榴树。敬余、剑秋来用功。二内兄夫妇及叶春荣先后至。今早与薛笈夫谈和儿英文功课，不甚进步，太不用心，嘱余严加管束。成衣送衣来，成衣手艺甚坏，去岁做坏许多衣服，约有二百馀元衣料；内子并不更换成衣，今送来衣服又做坏了，笨蛋！朱桂芳代购冰箱一个，价廉物美。锦川来电，云星期六、星期日两日售票甚佳。晚饭毕。老五、剑秋当面要求牌局帮忙，托余邀请诸友博戏抽头，即电约王树臣、王多寿、吴堃芳、郝锦川等，准定明日下午五时在余家博戏。至夜二时方散，即寝。

癸酉年四月十一日（1933年5月5日） 星期五 晴 风

下午二时起床。敬余来说戏。内子带两儿往逢春、醉陶两处诊病，回寓，午饭。剑秋来调（吊）嗓。诸友陆续来，为剑秋打牌抽头，余负洋五十一元。至夜内四时方息。因戒严有不能回家者均宿余处，天明七时客去，余方睡。

癸酉年四月十二日（1933年5月6日） 星期六 晴 甚热 似三伏一般

今日立夏。周身因节气酸痛不止，下午一时勉强起床。日前接张体道请帖，约今日下午六时在西长安街广和饭庄与砚秋接风，约余作陪。午饭毕阖家至哈尔飞，余即至后台。内子带两儿往震旦、醉陶处看病；二内嫂同去，诊毕至哈尔飞看戏。五时先与马富禄合演《小放牛》，大轴演《翠屏山》，贯大元告长假，老生换邢君明，头天打炮，饰《翠屏山》剧中石秀，上座甚好，所差百馀人不满堂；在此等时局难得有许多观剧人，余人缘甚好，可喜！六时半戏毕回寓，稍息。广和饭庄体道催请，并有和儿帖，带长子同往，有座客二十馀人；王瑶卿、曹心泉在座，馀者均是外界；并有袁、曹两总统之子在座；内有马姓，系回回，谈笑甚滑稽；并出许多酒令，亦有趣，无非使友多吃酒之意。余恐闹酒，未终席带儿先回寓，同堃芳结算两日戏份账目。醉陶来闲谈，十二时客散。欲寝时内子忽发喘症，不能吸烟，亦不能饮食，即电召醉陶来，连扎两针方止；留醉陶点心。内子小睡，二时半醒，又服药、扎针。三时醉陶始去。俄时内子呕吐、头晕眼花，即电询醉陶，伊云不妨，吐出就痊。少时内子酣睡，余寝时天明矣。

癸酉年四月十三日（1933年5月7日） 星期日 晴 暖 比昨暖犹甚

下午二时将余瘾醒，即起床吸烟，复寝。堃芳、老五来促余即起。午饭毕阖家赴哈尔飞，演《荀灌娘》，戏毕。因富禄五日前丧去一女，伊夫妇甚烦恼，余夫妇请伊阖家在米市胡同老便宜坊便饭、解闷儿，堃芳作陪。接刘小桑今日下午六时在灵境宫十三号本宅晚饭，因自做主人，辞谢未去。饭毕散步归寓。富禄阖家至开明观剧。回寓后内子喘病又发，即电召醉陶来扎针。二时方寝。

癸酉年四月十四日（1933年5月8日） 星期一 晴 暖

下午二时半起床，身体酸痛。今日盐业银行长期存款到期，往去接收，经理岳乾斋、王绍贤均在行，将利息改少，因时局不好，银行买卖甚坏，原定一分今改九厘；原存一万，又将利息加入五百，取回五百。五时回寓。剑秋来与老五调（吊）嗓，真所谓南腔北调，实在不顺耳。晚与富禄打扑克，堃芳、老五均加入。二时客散。内子早间带两儿至逢春处诊病。客去后即寝。

癸酉年四月十五日（1933年5月9日） 星期二 晴

正午起床。敬余来。全部《醉酒》脱稿。晚醉陶偕其友来谈。吴季镇带其醉友三君来谈，醉话甚多，共博戏，夜四时始散。敬香。接乐八爷电，云明日在伊本宅下午六时约余及砚秋晚饭。与老五谈电车上窃盗事。天明方睡。

癸酉年四月十六日（1933年5月10日） 星期三 晴

下午二时起床。敬余来，研究新戏。阖家理发、沐浴。富禄来。剑秋来吊嗓。六时带和儿往总布胡同三十号赵宅，乃赵尔之子访谈，从前戏剧，从前演剧专讲嗓音宏亮讲巧妙，谈笑甚畅；送和儿百元以作见面礼。八时赴同仁堂乐（鉴秋）八爷之约，同席有周大文市长、共四位，馀者不知名姓；饭毕同博戏，至二时始散。周送余口号乃（诚公）二字。先送砚秋乘余车回寓；余亦归。砚秋迁移在西观音寺。今日同席幼卿亦在座。回寓同曾和谦、马富禄、王树臣、叶春荣及内子竹戏，因戒严直耐天亮始散，竹戏毕将五钟。忽听空中飞机及枪炮响声如雷，不解其意？

癸酉年四月十七日（1933年5月11日） 星期四 晴

九时郎富润、刘小卿来说戏，共饭。内子及两儿由逢春处诊病而回，云今早枪炮声及飞机声，闻飞机乃是日本来示威、恐吓；枪炮乃南北派打飞机，表示抵抗之意。饭毕小睡。晚五时电约蒯旭人来，为建筑纠葛。王树臣同瓦木匠沈根生来结算建筑工价账，原价六千六百元，续估二千二百元，余所添做橱柜、手使家具等物所值不过四五百元，木匠沈根生讹洋二千馀元；在去年所估工价六仟六佰元，连花园建筑工料共在内，与介绍人王树臣口头合同，并有草约，余未细看，木匠沈根生去岁正院工程旷去半年有馀，将六千六百元工价俱以耗费；伊同介绍人在年底开具一清单来，账目甚多；介绍人云此账目三日后恐亦不能看完；依介绍人之意，嘱余在（再）添一千五百元，作为添家具费；余嫌麻烦，允之。余云增加一千五百元，明年可望花园世界无有公理。金行时云，明早警察带本店经理、稽查人员至区训话、受罚，余即托余股长子斋代为疏通。三时回寓后即寝。

民国三十年（1941年）三月六日（辛巳年二月初九日） 星期四 阴 风冷

十一时起。留香饭店邵星伯来函，云昨夜金特务会同本地面来店，将李文昭带区回话，嘱余即速托友人办理，以免职员、李文昭等吃苦。命明忱寻找余股长子斋，托其设法。俄顷李文昭回店，云只训话几句，非常客气，即放出。午饭后阖家至饭店查看，并安慰一切人员。既开旅店，难免此等惊扰，例来如此；官面向都如此。六时阖家至泰丰楼，赴延年会刘一峰、韩佐廷、汪逢春、吉世安、赵砚奎、丁伯涵、王联五、赵仲熙、尚绮霞、姚泽生等之约，与余饯行之意。又至东华门大街新月食堂董少卿宴会，同席有董氏阖家男女及刘腾夫、李瑞庭等二十馀人，西餐。饭毕回留香饭店。袁华汉电云代约各机关特务、局长、科长、股长、督察等，星期五在丰泽园晚餐，嘱余请客两桌联络，与饭店大有益处，免生是非；并嘱余约女性作陪，吴素秋、徐东明、徐东霞、梁韵秋、童芷苓等。三时抵家，即寝。

民国三十年（1941年）三月七日（辛巳年二月初十日） 星期五 晴 冷

袁华汉十一时来电促余起床，云今日丰泽园之约均到场，务必早到。新时晚六时王养怡加入，言毕余即赴丰泽园约，本区巡官长警即日人刚田、李瑞庭、刘腾夫午饭，皆系熟友。李、刘出面，嘱余候账，表示介绍，自觉可笑。饭毕当同友人会账，李、刘不甚满意。刘、李之意不该当众会账，自觉发愧。饭毕抵家。王东甫、曲石菴、张泽生、王书堂、赵革原、姜明忱、宋华卿、苑绍亭、常振春、姜云生、王树臣、姜维三、叶春荣、孙文英、张少岩等在余寓公请余阖家及刘锡永，饯行之意。并博戏。昨日下午三时同马治中、刘锡永往日本宪兵总队办理身份证明书、航空旅行执照；又往购飞机票，准定旧历二月十五日早九时飞沪。朱鼎荣来，云上海友人均有函来索礼物，即命常少亭购买。六时袁华汉介绍各特务及警区署员，代约在留香饭店，余做主人请客，有二十馀人，皆是当局车警界人，饭店、旅馆均归伊等所辖。坤伶、芷苓、素秋、东明、东霞、韵秋均赴约，代为招待；召妓数名侑酒。华汉、养怡代余联络，大谈二十年前之陈迹旧事，并说诙谐。费叔迁来京，宿留香饭店，晤面周旋。伊来京之意与殷同，办理黄河中牟决口委员会委员乃其同仁张士俊，余托华汉代为周旋。阖家往丰泽园应乌泽生、卓博公饭局，伊阖家等老少均至；素秋、芷苓亦赴约，谈笑甚畅。饭毕回留香饭店，余所约之特务、各机关友人未散，在二十五号大赌博。吴薪传由沪返京，亦宿余饭店，加入博戏。有妓数人招待，余从中敷衍。天明抵家后即寝。

民国三十年（1941年）三月八日（辛巳年二月十一日） 星期六 晴 和暖

正午起。李绍亭率阖班留香社同仁全体赴津，搭船赴沪，闻今日开船。治中同余旧历十五日航空飞沪。戴朴生来报告饭店人员鬼弊，需即整理不可大意。饭毕同少亭至留香饭店，命梁建东、姜明忱清算建筑账目、晚请费毓楷夜宵。二时归寝。

民国三十年（1941年）三月九日（辛巳年二月十二日） 星期日 晴

正午起，偕内子、令香、长媳至长安大餐厅，赴杨守一、王敬五[1]、薛润甫之约，饭毕散场。守一、筱翠花合演全部《虹霓关》。守一别名蕉语楼主。戏毕即归饭店，与常少亭结算留香社全体人员包银。嘱令香主管饭店及家务一切账目琐事。张志奂补送留香饭店开幕礼物对联、条幅。晚饭后同内子带令香至留香饭店。金特务查店，带领警察及便衣，来势汹汹；闻其人别号活阎王，其人性情乖张，好坏不分。由伊调来，各饭店、铺户、乐户等处多受影响，名誉恶劣。前者余在留香饭店请各特务局长、署长等，均高级机关，伊主任地位，不能同席，未约。伊怀醋意，故来饭店寻隙，要将余带走，余云股东作商并不犯法，店内经理以及稽查人等均负责任，何意带余。此人对于法律不甚明了，狐假虎威，藉势欺人。余以理问之，伊无可奈何，即令店员寻找经理。余扬长而出，伊亦无法。明忱对伊多方敷衍，伊恶气难消，要用法绳捆走经理，命人说之，伊自得自找阶梯，带走茶役及竹戏店客四位，带往二区。命明忱寻找友人办理带走客人之事，明忱允之。三时回寓即寝。

民国三十年（1941年）三月十日（辛巳年二月十三日） 星期一 阴晴不定

留香饭店来电，云昨夜金特务捕走客人及茶房事，现在二区被押，至今未放，正午后解送警察局，促余急速办理。四处寻找明忱，均无踪迹。明忱为人模糊，事不认真，懒惰已极，口齿颉颃，交际不灵，遇事不能敷衍，任用私人，阖店均有怨言，不

1 王敬五（1880～1968年），谱名宽基，号鬌先，早年在上海瑞记洋行任职，后任北京农工商部任主事。1919年在上海创办华丰面粉厂。1937年抗战爆发负责盐官镇抗敌后援会工作，后避难桐庐。1941年辗转至龙泉浙江大学分校任职。

满伊者甚多。做事不公开，徒执己见，遇事支吾。昨嘱伊奔走店中被捕之事，伊毫不在心，实是可恶。今来电促余即往店中设法，余即前去，明忱亦至，即命明忱往于紫岐股长及袁华汉署长等处托情解脱此事，均晤面，极力帮忙，少时将人放出。明忱回店诉说其事，余劝伊为首领者不可懒惰，交际手腕、奔走均要活泼，伊态度甚是颟顸，肉性已极，将来恐百无所成。夜三时余始回寓，天明始寝。

民国三十年（1941年）三月十一日（辛巳年二月十四日） 星期二 晴 风

正午起，至留香饭店，嘱阖店人员热心做事，多加小心，以免官府时常找寻；经理无用，诸多事全仗伊等维持负责。余定明早八时至西苑飞机场乘机飞沪，此次大约出京演剧须经半年之久方能回京，后部工程托工程师李西园与令香直接商洽办理。六时回寓，理发、沐浴、修容，结算日用账目琐事。晚间无甚事，阖家谈至十一时。寝。

民国三十年（1941年）三月十二日（辛巳年二月十五日） 星期三 晴朗

早八时起。今日预备起身赴沪。用罢早点。马治中来寓接余至飞行场，九时馀阖家及治中乘车至西郊飞行场，但见诸机陈列于场中。少息，忽闻一声信笛，即上机，约十时同马治中乘飞机离平。飞过济南，休息十分，换日本军用钱票，又飞往青岛，休息二十分，吃饭；到南京又息，至此时即觉头晕不畅。下午四时抵沪大场飞机厂，欢迎者有黄金戏院经理孙兰亭及金秩泉、徐佛生诸老友。下机即赴沧州饭店，路过金门饭店，见一青年由七楼跳下自杀，死于路旁，次日见报登载。此人约二十岁，为债所逼。沧州饭店房屋大而无当，因煤价日昂，每吨在四百元以上，故水汀虽有，不烧，等于装设品。气候冷，不能言，又因路途不便，明日改住金门。晚鄂吕弓、舒舍予、杨怀白、杨诚恕、孙兰亭、金元声、汪其俊、韩金奎等人谈，并且宵夜。舒、杨均天明始去。余就寝时天已大亮。

民国三十年（1941年）三月十三日（辛巳年二月十六日） 星期四 阴雨

下午一时起。舒同余同往鄂律师事务所，旋孙亦到，同鄂、孙到四行；又到航运俱乐部见虞洽老，略谈；又同孙到已故张啸林宅，灵柩未安葬，灵位设于堂中，上香、行礼。再至黄金荣宅，未见。回至黄金，在楼上经理室便饭。同舒访顾森柏，顺至吕弓外室见吕弓，坐谈片时；再到其家留一片，往舍予家休息，诸友亦至，同往新华舞厅晚餐。九时同返舒宅。十时移住金门饭店。回想青年跳楼之事，一人不敢独宿，留锡永相伴。一时诸友去。沐浴，即寝。

民国三十年（1941年）三月十四日（辛巳年二月十七日） 星期五 晴 暖

上午十一时起。吕弓来，同赴新闸路顾乾麟先生之约。先参观其住宅建筑，新颖，美轮美奂，空气清朗，颇具亭阁之胜。正午入席，男女宾客四十馀人。李玉茹亦在同席饮酒，甚欢。饭毕合摄一影以留纪念。下午三时偕吴江枫、汪其俊君拜客，赴李显扬、孙履安、江子诚、孙仰侬、徐慕云、苏少卿、沈元豫、徐朗西、魏延荣、荣鸣三[1]、魏寿昌、申新九厰、徐佛生、谢培德、马祥生、朱斗文[2]、朱如山、振社、正谊社、《小说日报》、梵王渡俱乐部、《社会日报》《海星报》《申报》《新闻报》、伦社、华员俱乐部、华联同乐会、集益社、好运道、仁社等处。八时赴舍予处晚膳，怀白、诚恕、桂泽臣等均先至。漱明同操琴，各唱一二段不等。十一时半返金门，与吕弓、赵培鑫[3]、汪其俊竹戏。天明始寝。

民国三十年（1941年）三月十五日（辛巳年二月十八日） 星期六 晴 暖

正午起。舒舍予阖家带领伊子女沐浴。怀白来，同进午饭，三时去。马治中来接至黄金，偕吴江枫、汪其俊诸君同出拜客，计访冯振铎、徐寄庼、谢葆生、张春宝、李祖夔、富振远、范恒德、蔡洪生、胡芳铭、周翼华[4]、陆家骏（即陆联金督察长之少君）、黄金荣、顾竹轩诸先生；小报馆计：《戏世界》《上海日报》《东方日报》《戏报》诸家；票房计：海关俱乐部平和票房、警社、静舍菊社、沪社、文怡社诸处；又至龚兆熊、陈筱石、周纯之、彭振鸣（周、彭汉口帮）；最后至卡尔登戏院访周信芳，周正值台上，由金松年君代见，时已八点，返至舍予家，与舍予、怀白诸人赴古拔路古柏公寓四十六号杨诚恕之约，在其处便饭。吴静庵即住在其对门，亦往拜访，立谈片刻。在杨宅诸友各唱一曲，甚欢。因沪上由事变之后，英、法两租界均于

1 荣鸣三，实业家，荣毅仁堂弟。

2 朱斗文，实业家朱幼鸿之子，独资开设大华银行，为金融界巨擘。

3 赵培鑫（1913～1974年），京剧票友，父赵仲英为沪上金融家，喜京剧，与名角多有过从。赵培鑫16岁师从产保福，后与马连良结为金兰，又向刘叔诒学余派戏。多次与梅兰芳、程砚秋同台，1947年杜月笙寿辰堂会，为孟小冬配演《搜孤救孤》中公孙杵臼。50年代后定居香港，拜孟小冬为师。

4 周翼华（1909～1978年），卡尔登戏院经理，吴性栽之内弟，出任上海家界联合会梨园坊会产保管委员会委员、黄金大戏院、共舞台顾问、上海家界联合会名誉理事、上海电影院业商业同业公会理事等职。

夜十二时半戒严，禁止行人，如有犯者即拘至巡捕房立一夜，至天明始放，只得按时回金门饭店。刘锡永亦在金门住宿。一时始寝。

民国三十年（1941年）三月十六日（辛巳年二月十九日）星期日 忽阴忽晴 气候温暖

九时起床，以电话招舍予来，同往严独鹤、丁慕琴、樊瑾成、郑子褒等处，均晤面；张法尧未晤。在吕弓家午饭，饭后同吕弓至中国殡仪馆啸林师灵前展拜，便访二三友后折回伊家。与徐慕云、翼华、吕弓四人竹戏。舍予、怀白、漱明、周颂平（大陆银行行员）、吴葆初（吕弓亲戚）、刘叔贻、孙养侬亦在。晚饭后更新舞台股东黄雨斋与兰亭同来见访，坐谈片刻，即偕伊等与吕弓、怀白同往更新答拜董兆斌等人，晤面。参观前后台时张翼鹏演《西游记》，布景甚佳，售座亦好，惟看客大都为看热闹而来，对于戏情尚欠明了。其时微雨，即回金门。吕弓因不放心其外室之小孩，私来打一电话询问，随即回大公馆销号。可怜怜怜。余来沪之初，吕弓反对演唱《双妻鉴》《狮吼记》等剧情，询其意方知与季常表同情。余之熟友大半如此，方以类聚，真乃名言。今日怀白在此未回，代补写日记；锡永亦来，代写家信，并写朱鼎荣信。张俊杰来访，未晤，留一字，电约明日下午来寓见访。由今日起上海全市改用新时间，提前一小时。余新钟四时寝。

民国三十年（1941年）三月十七日（辛巳年二月二十日）星期一 晴 暖 早晚有雾

早八时起，偕吕弓往盐业、大陆、金城、中南各银行及太平保险公司等处访友，张伯驹亦在该行，晤面。正午在吕弓事务所小坐，怀白、舍予均来谈天，一同回寓，午餐。少亭、宝荣来，共商定打炮戏码，择定三月二十一日即旧历二月二十四日在黄金登台，第一夜全部《鸿鸾禧》，第二日《得意缘》，第三日为星期日，日戏《荀灌娘》、夜戏《花田错》。今日初见报，仅将人名披露，后日再露戏码。昨日因怀白、舍予所定之长期座位无着，面与兰亭交涉；兰亭云佳座不过五百，今来订长期座位者已在七百以外，实在不敷分配；预计将来门市不能有票售出，故不敢早登报，更不敢早露戏码，以防拥挤。张俊杰来，面约明早美华午饭。张去后偕黄金汪其俊访杜月笙太太及已故俞叶封之太太，均见，陪谈。约舍予、吕弓应东云龙、程伯庵、富振远之约，至新华舞厅三楼晚饭；饭毕同至黄金，看陈汝鸿太太（别署听枫馆主）与俞振飞、储金鹏合演《奇双会》，顾森柏《雅观楼》，王准臣《定军山》，赵桐珊、闫世善《樊江关》。此次义务戏据振飞之意为程继仙帮忙、答报师门之意。十一时回寓，舍予阖家及怀白同来，留夜宵。今日接到各友请帖：十八日晚孙养侬请在其宅中；荣瑞昌[1]、张伯铭请在新都饭店；午刻张俊杰请在美华；十九日晚魏廷荣、余中南请在徐家汇路九百九十九号魏宅，等处。夜二时寝。

民国三十年（1941年）三月十八日（辛巳年二月二十一日） 星期二 晴

正午起，往巨籁达路古拔路口景华新村三号三楼孔希伯处，因在京友人托余带致座钟一架，因往访并送该物。下饭店楼时遇张俊杰，遂同往，稍坐。俊杰约余至美华酒家午饭，俊杰主人，座有十馀人，并有二妓侑酒；赵子清亦在座。饭毕同至余处小坐。舍予来，张等始去。并有一汪研亭电话借贷，想借十五元，派人来取；伊自称老友，穷途之间允救。五点与舍予、锡永至大新购烟，即回。六时吕弓来，即去。旋兰亭来，偕往新都饭店，应荣瑞昌、张伯铭之约，座皆熟友，约四十馀人，乃西餐也。略周旋，仍偕兰亭至饭店，接舍予同往孙养侬家之约，至时吕弓已先在。饭后吕弓推牌九，彼负由余代续二付，略有挽回。因时间已至戒严，遂散。归由兰亭送回。寝。

民国三十年（1941年）三月十九日（辛巳年二月二十二日） 星期三 晴 热

十一点起，沐浴。孔希伯来，面约本日三时在本饭店九楼午餐。董玉裁来访，稍谈即去。吕弓即去。舍予来，同访刘叔怡、郑过宜、董玉裁、倪子乔、赵园屏、吴东迈、赵如泉、林树森等处，三点回。即上九楼应孔之约，座有伊之阖家及坤伶王熙春，四时半餐毕。五点半与舍予往四行储蓄会接怀白至古柏公寓怀白家茶点，并赏兰花；见怀白父年已九十，精神犹健。吕弓至，同赴余中南、魏廷荣魏宅之约。九点与兰亭至黄金，在经理室小坐；并看戏剧学校《探母》。俟剧完看黄金试张新守旧及地毯，略为纠正灯光。十点与舍予、怀白、漱明、治中返金门，与治中等竹戏至天明，友散，即寝。

民国三十年（1941年）三月二十日（辛巳年二月二十三日） 星期四 晴

十二点起。吕弓来，同往李祖夔之约，在其寓午餐；同座有王星斋来，饭后往王

---

1 民国年间在沪营商。喜好京剧，偶识孤儿王吟秋，并收为义子，将其带至北京拜师王瑶卿、程砚秋，终成为程砚程派大弟子。

星斋家。二点回。叔怡、汪啸水五点来，舍予六点与刘、汪同访王子平及住一品香其友处。回到黄金，邀兰亭同往俞云九家赴宴（俞为叶封之公子），座有三桌，有包小蝶、傅湘承等。宴毕又与兰亭到黄雨斋处，应董兆斌、黄雨斋之宴，座有舍予、独鹤、瘦鹤、谢葆生、袁履登等二三十人。十点与吕、舍、兰到金老公馆参观余之卧室，并巡视各室，拟明日迁入。观毕与舍、吕回金门，寝。

民国三十年（1941年）三月二十一日（辛巳年二月二十四日） 星期五 晴

正午起。十二时舍予来。孙兰亭来结金门饭店账目，共六百馀元；因余日夜饭局，未在该店用膳，故所费不巨；在上海有名欧化、价昂之旅店。结账后偕往锦江川馆午饭；又至黄金前台三楼祖师爷座前敬香。移至金廷荪老宅下榻，稍事休息。六时半同舍予再至黄金戏院，经理等陪往后台，与同业人略为周旋、立谈；至化装室扮戏。今日首次出演，戏码为《鸿鸾禧》，九时半登台时掌声不息，但见万头攒动，座无隙地。因观客盼望极久，有七年馀未到沪，故有此热烈盛况。小动作处均报以彩声。上海现演戏改为新时间，限止十一点半即旧时间十点半止戏；又因十二时半戒严，观众急欲早归；无论戏码长短，至迟须在十二时以前止戏，可以使观众从容散去。戏毕前后台经理人员等及舍予、吕弓夫妇、泽承陪余回寓，道劳谦恭，共饭。饭毕均谈诙谐，感觉有趣。夜四时客去即寝。

民国三十年（1941年）三月二十二日（辛巳年二月二十五日）星期六 阴 冷 微雨

正午起，饭后偕吴江枫访余空我，路遇俞振飞，偕往空我处，未遇，留片。同振飞至瀚洲饭店与陈汝鸿太太并陆太太及数年前杨七小姐晤面，均数年前旧友，畅谈，伊留晚饭。七时赴黄金戏院化装，今日戏码仍演《鸿鸾禧》。因长期定座超出黄金原有座位半倍以上，并临时购票者亦无法应付，黄金方面托出余熟友，向余恳商每一个剧目连演两夜，以资调剂。此种办法可使观众不致向隅。除余此次应聘黄金之外尚嘱首剧。戏毕诸友、经理等伴余归，共饭，二时客去。漱明、泽承宿余处。三时寝。

民国三十年（1941年）三月二十三日（辛巳年二月二十六日）星期日 阴雨 冷愈

午时起。怀白、舍予来，共饭。饭毕同往黄金，演《荀灌娘》，戏毕孙经理约余在前台同饭，稍坐即起，后台扮戏，演《得意缘》。早晚两场，虽值阴雨，观客仍如前二日之拥挤。归后接卢继影帖，二十六日下午在金城西菜社宴客；又高国粹来书，要戏照；又张伯铭二十四日下午七时在国际饭店宴客；又苗鸿初来函捧场；又谢葆生本人初六日寿辰帖，在静安寺路四百四十四号仙乐舞宫宴客，及徐慕云来帖宴客，彼意在宴客请余当时收女徒，此举稍不近人情，故设法谢绝。适吕弓夫妇及桂泽承、孙兰亭、汪其俊、吴江枫、韩金奎等送余我乡小菜，共餐并竹戏，至夜四时客去。即寝。

《得意缘》荀慧生饰狄云鸾

民国三十年（1941年）三月二十四日（辛巳年二月二十七日）星期一 忽阴忽晴 冷

正午起，泽承来，饭后偕拜袁仰安，略谈。再同至成都路圆散寺，为王圜仲先生之夫人五七之期，亡人即舍予之令妹也。舍予知余至寺，亦来，遂同返舒宅，稍坐，并吃晚饭。饭后至黄金演第二夕之《得意缘》，上座较前昨更佳。戏毕返寓，吕弓、兰亭、金奎、江枫、泽臣、怀白、舍予、过宜均至，夜餐，说笑甚欢，并讨论慕云介绍刘女事，定一婉辞办法。是夜过、舍、怀、泽均宿此。三时寝。

民国三十年（1941年）三月二十五日（辛巳年二月二十八日） 星期二 晴 冷

正午起，午饭。欲出门，舍予、徐超候、张俊杰、马治山先后来，闲谈二十年前的旧话。后至舍予处，怀白、潄明、戴葆承先在。潄明操琴，戴唱《教子》，学程。

共饭。饭毕至黄金演《花田八错》，戏毕兰亭、江枫、金奎同来寓，共晚饭。二时客去。桐珊来谈，劝伊用度俭省防老。同佩华闲谈，至天明五时伊去。即寝。

民国三十年（1941年）三月二十六日（辛巳年二月二十九日） 星期三 晴

一时半起。舍予夫妇来，为友人看戏购票事。实无法可购，无论何戏每日加凳满座，票早已售出，略谈伊去。余至滃洲饭店三十三号房间与老友陆女士畅谈、叙旧；杨七小姐亦至。晚偕兰亭、其俊、江枫等至金城，应卢继影西餐之约，同席有吕弓、张伯铭及报界数人。饭毕赴黄金戏院，扮演《花田错》，九点半登台，戏毕前后台人员及怀白、吕弓夫妇等伴余归，共晚饭。四时寝。

民国三十年（1941年）三月二十七日（辛巳年二月三十日） 星期四 晴

正午起，同吕弓到美华粤菜馆王洁忱饭局午餐，座客多半银行界、俊杰、祖夔等。祖夔面约明日往大华看电影。饭毕偕吕弓访汪啸水，并至福星面粉公司及何世枚[1]律师等处。狂风扑面。五时抵寓。偕舍予至萝蔓饭店，应张俊杰晚饭之约，同席张自忠之子及洁、忱，谈笑甚畅，并有一妓侑酒。七时至黄金，尚未开戏，即化装。《十三妹》八时半登台，至十一时半止戏。兰亭、金奎、江枫、其俊、怀白、舍予、吕弓夫妇及郑过宜、金元声、杨诚恕等偕余归，均为不得购票大家小有口角。大家说笑，戏票实难支配，黄金方面以好言敷衍。共夜宵，天明始散，客去即寝。

民国三十年（1941年）三月二十八日（辛巳年三月初一日） 星期五 雨 冷甚

一时孙兰亭来促余起床，偕往静土庵贺周佛尘母寿，熟友甚多，略为周旋，即至徐慕云宅午饭。徐约饭原意为介绍坤伶刘琴心拜师，因事前未得余同意；又因伊借余从中图利，美其名曰拜师，被余早已识破；而且诸友一致反对，数日前吕弓、舍予、怀白、过宜向伊婉言推却拜师之事，故将此举改为友谊欢聚，表面甚为圆满，徐意

1 何世枚(1896～1975年)，字朴枕，号澹园，吉水镇人，出生官宦世家。民国10年，上海东吴大学法学院毕业被保送美国密西根(今译“密执安”)大学研究院，获法学博士学位；旋又成为斐多斐国际荣誉会会员。民国12年回国应聘为东吴大学、上海大学教授，兼律师。民国30年，何改行经商，建立“和康地产公司”，自任经理。一年后，公司停办，赋闲在家。抗日战争胜利后，与兄世桢在沪成立法律事务所，从事律师工作。1950年由沪迁居苏州。1951年曾被捕判刑3年(已平反)。1954年刑满回上海，不久迁居扬州。1975年病逝。著作有《忏悔》《一对年青夫妇之死》等；译作有汤姆·盖伦著的《当他出生时》、约瑟夫·霍普金斯著的《汤姆与雅典的少女》等。

可笑。刘玉琴及其友数人在座。饭毕偕舍予、过宜、琴心、锡永应祖夔约，往大华影戏，片名为“侠义双雄”，四时半止。同往舍予家，舍予操琴，各唱一折。冒雨往黄金，演《十三妹》，戏毕偕桂泽承抵家，晚饭，五时寝。

民国三十年（1941年）三月二十九日（辛巳年三月初二日） 星期六 阴 冷

一点起，同泽承到舍予处，整容后回寓，便饭；舍予同来。饭毕稍息。怀白、漱明、过宜同往黄金，演《红楼二尤》。是日为黄花岗纪念，虽市面戒严甚厉，但黄金依然客满。十一点一刻戏毕，即归。诸友及夫妇、兰亭夫妇带伊女来寓。常玉清来函，约余往南京演唱十天，并由刘慕耘持函来接洽；又托顾竹轩转达。对此问题互相讨论，研究结果，当先由少亭往京一行，面晤常君再说。饭后闲谈风月。五时寝。

民国三十年（1941年）三月三十日（辛巳年三月初三日） 星期日 晴 寒冷

一时起，用点心，同玉才研究唱腔。二时赴黄金演日戏《辛安驿》，陈永奎至后台访谈。五时半戏毕，同舍予、泽承、过宜、漱明回寓，晚饭。接留香饭店王俊峰、夏耀民二稽查来函，报告饭店业务后，函嘱其斟酌办理。七时再赴黄金演夜戏《红楼二尤》，戏毕偕怀白回寓。闻李玉安房中被窃，失去百馀元。据人云系徐继云偷去，将空皮夹遗在院内，被人看破。传说如此，可笑可叹！兰亭、其俊、金奎三位来，共饭，二时去。随就寝。今日锡永未回，留怀白作伴。

民国三十年（1941年）三月三十一日（辛巳年三月初四日） 星期一 晴

一时半起。舍予来。与玉才说腔后同舍予往愚园路六百八弄静园新村三号访周旭初，晤谈。余为其公子签名册书一名字。又访贾仰山，未在家，仍回寓。六点怀白来，同舍、怀、少亭至汇中里黄雨斋君寓，座有吕弓、兆斌、李子祥、朱瘦竹[1]、何梅生[2]等。宴前先审定更新所备特用之守旧，余为之改正；继讨论演期、座价、住宿及后

---

1 朱瘦竹（1897～1972年），江西金溪人。主编《三四剧艺日日刊》，创办专业戏曲报纸《罗宾汉报》，一直办到1949年7月9日，历时23年，是解放前上海开办时间最长、影响最大的戏报。著有《修竹庐剧话》，由上海江南印刷所印刷出版。他还擅长编故事、说评话。40年代期间，常在电台讲故事。50年代，朱参加上海评弹改进协会，1960年进上海江南评弹团成为一名专业评弹演员。

2 何振岱（1867～1952），字梅生，号心与、觉庐、悦明，晚年自号梅叟，侯官县（今福建福州市区）人。师从名儒谢章铤，光绪二十三年举人，被江西布政使沈瑜庆聘为藩署文案。辛亥革命后在福州主纂《西湖志》兼《福建通志》。何振岱擅画能琴，书法融碑帖于一炉，功力深厚。诗作成就亦高，以其深微淡远、疏宕幽逸的诗歌美学在闽派中独树一帜，是“同光体”闽派的殿军人物。

半月包银准送汇京各点，均相当满意。吕弓于各案通过后即去，余等即在楼上入席。餐毕赴黄金演《香罗带》，在后台接徐寄庼信，戏毕归寓。舍予、过宜、老桃来，共夜宵。诸人均宿余处。

民国三十年（1941年）四月一日（辛巳年三月初五日） 星期二 晴 稍和暖

二时起床，午饭后兰亭、其俊来，促余即赴愚园路李世群宅堂会，为其夫人三十九岁寿，宾客甚多。六时登台，演《辛安驿》，戏毕周旭初送至黄金，随即上装，演《香罗带》，十二时返寓休息。顾森柏来访，坐谈良久，劝其戒赌。赵子青、张俊杰下午来访，未晤，留请帖，约明日一时在萝蔓饭店午饭。祖夔约今日午饭，因堂会戏未去。两处均函谢。又接伶界联合会保产委员会代表孙兰亭、赵如泉、周信芳、林树森、高百岁五人出面，约三日二时在美华酒楼午饭。夜二时以电话约吕弓来谈戏码，商定黄金二十四天之后再唱一天，并派李绍亭赴宁。五时客去。寝。

民国三十年（1941年）四月二日（辛巳年三月初六日） 星期三 晴

下午二时起，偕兰亭往华安理发，舍予亦至，同往浦东同乡会，贺谢葆生六十寿。贺客甚多，葆生留宴，稍坐；又应周旭初、贾仰山之约，在贾宅愚园路屋中宴会，先竹戏九圈，余只负十番。同席约银行界。七点半同舍予往黄金，演《钗头凤》，剧毕同舍予返寓。孙兰亭、金元声、汪其俊、韩金奎、郑过宜来夜宵。二时客散即寝。过、舍均宿此。

民国三十年（1941年）四月三日（辛巳年三月初七日） 星期四 晴

下午二时半兰亭、其俊、金奎等来寓，促余即起，同赴伶界保产会林树森、麒麟童、赵如泉、孙兰亭、高百岁等出面约余美华聚餐，同席报、法两界同业人亦居大半，共六十馀人。信芳演说致欢迎词，内有要求演义务戏之意，为赎回梨园公产之用款。余致辞答谢宴会，义务戏候黄金、更新两戏院满期准演。未终席，应俞振飞瀹洲饭店约，与旧友陆、杨二女士晤面，闲谈数年前旧话。六时至舍予宅稍坐，同返寓，晚饭。至黄金演《钗头凤》。舍予阖家因不得购票，在后台守旧后观看。戏毕前、后台人员伴余至仙乐舞宫，看谢葆生寿第二日之公份；余加入公份洋十元。入门时台上正演《三娘教子》，戴葆成饰三娘，张桂芬饰老薛保。此戏后赵培鑫与汉口票界华女士合演《梅龙镇》。葆生、履登、竹轩等约余夜餐、饮酒、看戏，并有女票若干陪酒。余稍有醉意，夜二时回寓。怀白在寓候。稍息即寝。

民国三十年（1941年）四月四日（辛巳年三月初八日） 星期五 晴

下午二时起，午饭。舍予、丁慕琴、庄继梦来谈。吕弓介绍西服店伙送衣料样子，选择西服五套，每套价洋三百馀元。李绍亭早车七时赴南京，面见常玉清，拟辞南京演戏之事。舍予、过宜、泽承等均在此便饭，七时同赴黄金，演《绣襦记》。适逢雷雨大作，据人传说为几年来未有之大雨。戏毕与舍予、泽承、怀白及吕弓夫妇、兰亭、金奎同回寓所。张伯铭送来一日堂会《辛安驿》戏份洋四千元。余离沪多年，人事大变。沪上名小生姚俊卿在昔亦拥资财数十万金，其女已沦落为乞丐，每日在黄金左右向其父熟友乞讨，久而人人见恶，大甚可怜。二时客散。就寝。

民国三十年（1941年）四月五日（辛巳年三月初九日） 星期六

今日清明节，白天雨，甚凉，正合“清明时节雨纷纷”之句。前数日黄金方面托吕弓来言今日加演日戏，情不可却，允之。黄金亦允担负前后台开销。十二点半吕弓来电话，惊醒起床，同赴汪啸水之约，在金门饭店午宴。到者四十馀人，熟友严独鹤、马直山、刘叔贻均在座，谈笑甚畅。因即赴黄金演《鸿鸾禧》，未能终席。五时半演毕回寓。怀白偕其女及过宜来，共晚饭。饭毕同至黄金，演《绣襦记》，戏毕与兰亭、金奎、其俊诸友同赴顾乾麟[1]宅西餐，座中有吕弓、张伯铭、小玲红、赵培鑫及虞洽老之女书记廖女士诸人。餐毕培鑫与廖女士演《探母》；吕弓唱《捉放》；小玲红唱《骂殿》；余亦唱二黄一段敷衍塞责。顾君房屋新建，一切陈设簇新考究。顾君并领看楼上下房间，虽厕所亦不遗漏，并赠前日宴会照片一张。顾君宅内陈设无一件陈旧，恐是新成功的富家翁。三时与吕弓同回寓。怀白、漱明、锡永均尚未睡。吕弓随即回寓。小坐、稍食，谈起顾宅光景，漱明口念打油诗一首：“一进门来木漆香，打开箱子新衣裳；堂前挂的时人画，坟前松树未成行。”诗句极有风趣，但未免说得太刻薄些。我们北方也有俗说：“小树新房画儿不古，一看必是内孙府。”似乎还要含

1 顾乾麟（1909～1998年），浙江南浔人。曾任上海怡和打包厂经理、怡和洋行进出口经理、怡和纱厂代理人。创办叔苹奖学金。1946年发起建立上海市民急病医药助金社，任社长。后任香港怡和有限公司棉花及纤维部、贸易部经理，香港怡和有限公司董事局顾问，顾氏公司董事长。著有《我之一生回忆录》。

蓄些才好。四时各就寝。

民国三十年（1941年）四月六日（辛巳年三月初十日） 星期日 晴 气候尚寒

二时起身。怀白、锡永、漱明已先起。午饭后赴黄金演《棋盘山》，有于景枚、舍予及其小妹同在；怀、漱、锡三人在家留守。五时半返寓，与徐、何、李三人对戏；七时同赴黄金，演《晴雯》，舒小妹妹与许小姐来后台看扮戏。十一时半与舍予、怀白、锡永三人返寓。孙、韩来。夜宵后即寝。

民国三十年（1941年）四月七日（辛巳年三月十一日） 星期一 晴

下午二时起，沐浴后试西服。午饭后偕锡永至舒宅，同舍予至吴眉荪处，未晤；又到吕弓两处，在其小公馆坐谈，世善亦在。候兰亭同应费祥善、林之福、施春山三人之约，美华酒楼稍坐。到黄金演《晴雯》，戏毕返寓。吕弓夫妇及孙、汪、韩、金、元、声、桂、郑等均至，共饭。二时盛宅来车，派人接赴堂会，大轴演《战宛城》。麒麟童饰张绣、少奎饰曹操、佩华饰春梅、赵松樵饰典韦。此戏上场已为五时，演毕天已大明。台下满意欢迎，并有大家及诸友蜂集后台道辛苦，周旋立谈，七时返寓。绍亭午后由南京回申，带来常玉清君信，对于余之辞谢赴南京之行颇承谅解，允可打消；并有其致顾竹轩一信，亦系述明允可余不赴南京之意，甚为妥详，可喜。今日接匿名信一函，并有奇怪电话，皆可笑也。

民国三十年（1941年）四月八日（辛巳年三月十二日） 星期二 雨 天寒

早九时寝，酣睡至下午五时半起。舍予至。振飞偕其友宋氏昆仲来；过宜、老桃亦至。振飞云明日有堂会戏，与陈太太演《奇双会》，欲向余借点翠头面及戏衣，余诺。七时黄金演双出《文章会》《醉酒》两戏联码，稍觉赶场。接上海戏剧学校请余十日往该校参观茶会之请帖；又接赵虎为其母作寿之帖。十一时半返寓。今日又接匿名信，不知外间何以注意余之行动如此之多，斯可异矣。舍予、怀白均来。接令香来禀，为饭店工程事有所请示，当留怀白即复函，嘱其斟酌而行。夜饭有兰亭夫妇、金奎、其俊等。二时各散。怀白写复信；舍予写日记。五时寝。

民国三十年（1941年）四月九日（辛巳年三月十三日） 星期三 晴

气候比昨日稍和暖。午后一时起身，同赴国际饭店吕弓之约，座有董兆斌、黄雨斋[1]、孙兰亭、舒舍予、金元声诸人。吕弓今日之宴专为更新演戏公事。更新方面因汇水困难，先凑足二十四天包银，拟日内汇京。前后如何演法，双方均由吕弓从中主张。饭毕参观该饭店之布置、建筑，共高二十二层楼房，范围甚大，闻在欧、亚两洲为最高之屋，宿客多数系欧洲人。回寓稍息。舍予来电话，约余即往，怀白亦至，略谈；伊夫妇邀往其对门梅龙镇便饭。七时至黄金演《打樱桃》《醉酒》二剧。戏毕与怀白、泽承同回；黄金前后台人员陆续而来；吕弓来云更新公事，明日定准，并送来盛宅堂会洋四千元。三时寝。

《醉酒》荀慧生饰杨玉环

民国三十年（1941年）四月十日（辛巳年三月十四日） 星期四 晴

下午二时起身，赴舍予处；吕弓随来，同赴上海戏剧学校参观，并赐“活泼泼地”四字匾额。董事长许晓初、校长陈承荫致欢迎词，余亦勉励数语；并参观上课读书处。五时李祖夔约余等至美华酒楼点心，畅谈。六时抵寓，同场面等说唱腔。赵国屏、吴东迈来访，晤面稍谈。赴黄金演《勘玉钏》，戏毕回寓。郑过宜在余处宴客，兰亭、元声、怀白、吕弓及徐慕云偕坤伶刘琴心同席。饭毕大推牌九，余自到沪以来初次战胜，进六十馀元；过宜大负，连宴客所费需洋一百数十元。三时客散。因戒严，怀白、漱明等均不能归，宿余处。

民国三十年（1941年）四月十一日（辛巳年三月十五日） 星期五 晴

下午十二时半起身，午饭后与怀白同出门，步行大世界左右散步；至老正和染坊门口遇老友孙三燕先生，同往看宁绍戏（每人票价一元），戏名《盘夫》，场子甚紧

1 黄雨斋，江南法学院学士、汇中商业银行总经理、上海市政府专员、兰汤浴室主人。

张，但一句也不懂。坐看一小时即回寓，再脱衣就寝，至七时起身，晚饭，即到黄金演《勘玉钏》。今日售座比昨日尤佳。此次在黄金已演戏二十二天，计十一出。每一出戏皆第二日比第一日好，此亦好现象也。戏毕回寓。赵培鑫请吃福建菜，座有韩、顾、吕弓、怀白、泽承、兰亭夫妇、锡永诸人。饭后各散，独留锡永、泽承、怀白打卫生麻将四圈。五时就寝。

民国三十年（1941年）四月十二日（辛巳年三月十六日） 星期六 雨

二时起身。舍予、怀白各携其女来。葛希文医生系怀白介绍，带来短波电箱，借电力疗治周身骨痛。每日用四十分钟，日久见效。葛大夫谈至五时去。约诸友冒雨同往青梅居饭馆便饭。七时赴黄金，《红娘》九时登台，虽大雨如注，依然客满，竟无立足之地。戏毕怀白、舍予同来。龚兆熊所开之天天饭店备酒席两桌，借余处宴请北来留香社同仁并伊亲友及前后台人员，颇极一时之盛。四时客散。就寝。

民国三十年（1941年）四月十三日（辛巳年三月十七日） 星期日 晴 冷

二时起，进点心，赴黄金演日戏《战宛城》，小三麻子饰张绣，程少饰典韦，配搭整齐。五时馀抵寓，觉稍累，休息。葛大夫来，先电疗四十分钟，随后打荷尔蒙补针。据云此药刺激，最忌房事。必须隔一日打维他命B补剂，两种分打，连续可以见效。七时赴黄金演《红娘》，有富震远、杨诚恕各偕女宾至后台看化装。十二时返寓。兰亭、金奎、元声、其俊均来，夜餐后孙等去，余与怀白、漱明、锡永打卫生麻将四圈，四时半完，过电后即寝。

民国三十年（1941年）四月十四日（辛巳年三月十八日） 星期一 晴

二时起，午饭后葛医生来打维他命B。怀白与舒太太及舒小姐来，同赴大新公司四楼，参观锡永画展，余定一幅。舍予上午即至大新，为锡永画展照料，亦与怀白各定一幅。四时半出大新，与舍、怀同赴瀚洲饭店访友，未晤；即至舍予家，与怀白、诚恕、舍予太太竹戏四圈；稍食面饭，即与怀白赴黄金，三演《红娘》，戏毕返寓。金小开、孙经理、韩管事、汪其俊均至，致谢；诚恕夫妇及舍予夫人亦来。是晚黄金后台并贴有余剧团开销后台各项之谢条。吕弓当时交有黄金所开支票一张，计九千三百七十二元二角五分，内为今晚除贴黄金二千元外之净得五千三百七十二元二角五分；另为黄金另赠之四千元。此票交托舍予暂代送存银行待用。今晚夜宵系怀白、舍予共请，诸友共饮，甚欢。孙等散去，吕弓夫妇亦回。余与老桃、诚恕、舍予夫人竹戏，怀白看牌，舍予则写日记。此次黄金自余登台，每日售座账目均公开，吕弓、舍予皆所亲观，共售二十二万左右，除去一成难民捐，计可净得二十万出头，将开支等除净，亦足可盈馀十万以外。通扯每场可售八千元，营业之盛与余之获得美满成绩是可知矣。余七年未至上海，及与诸友爱护亦更可想，见此情况为必然之事矣。竹戏十六圈，至天明始毕，友散。八时寝。

民国三十年（1941年）四月十五日（辛巳年三月十九日） 星期二 晴

本日余休息，三时起。葛医生来打针。谢培德及其夫人与陆太太来，座谈，各赠以特刊一册。西服送来一套，较前满意。四点半又接一冒充更新董之电话，嘱余登台小心。余欲再问其原因，彼即将听筒挂断。六点三刻与舍予至杜太太处道谢；再同至大西洋菜社，应黄雨斋、董兆斌之约，宴请宾客三四十人。入席前邀董及舍予至别室，将电话之情形告董，董云加派暗探保护，可以放心云云。九点同舍予访李祖夔、鄂吕弓、杨怀白三家，均不在家。又至舍予家与舒太太及其邻人古太太、怀白竹戏八圈。十二点与怀白返寓，兰亭、其俊、金奎已至，共夜餐。友散。过电（电疗），四时始寝。

民国三十年（1941年）四月十六日（辛巳年三月二十日） 星期三 晴

二时起，午饭舍予来。吴东迈来，赠吴师遗作集及墓志，略谈即去。李祖夔来谈即去。七点怀白来。余与老桃赴更新舞台，今日起登台，以符张师之意。预定亦演二十四天帮忙自演一天，一共二十六天。先往祖师爷前敬香，八点扮戏。该台后台凌乱，比黄金逊色；且负责无人，头绪甚乱。舍予、怀白、过宜、漱明均到后台。九点半演《大英杰烈》，十一点三十五分毕。车返金老公馆，兰亭、金奎亦至；吕弓夫妇亦至。舍予来电话，谓伊夫妇看戏，家中无人，被窃去二百馀元，幸此小贼盘桓未久即去，不然更损失也。三时客散。就寝。

民国三十年（1941年）四月十七日（辛巳年三月二十一日） 星期四 晴 暖

二时起。葛大夫每日来打针。舍予、泽承先后至。午饭毕偕桂及锡永先至黄金祖师爷前拈香，又往黄金荣、张啸林师母、徐朗西、袁仰安等处，均晤。为锡永介绍画展。

回寓，电疗。又至舍予家，安慰其昨日被窃之事，即在伊家便饭。七时半与怀白、泽承同往更新，董兆斌等在大门外伫立，迎接到后台。九时半登场，演《鱼藻宫》。戏毕返寓，怀、泽同回；吕弓、叔贻继至。为吕弓画便面。兰亭来电，声明在金家吃饭，不及赶来周旋，表示抱歉之意。黄金诸人对于礼貌上颇为周到。三时始寝。

民国三十年（1941年）四月十八日（辛巳年三月二十二日） 星期五 晴 大风

下午一时起床，饭后偕舍予至黄金接兰亭；又至金元声新公馆立谈，同往大新公司看锡永画展，旧友皆定画捧场。并到金门饭店理发馆理发，回寓。葛大夫来注射，留饭，同至更新，演《埋香幻》，演毕即归。吕弓、兰亭、其俊、诚恕来，竹战十二圈，诚恕大负三百馀元。诚恕平日好大言，不得人心，今日大负，闻者皆以为快，即以此款定湖州菜两桌，约诸友次夜在寓畅饮以作纪念。天明始散。客去即寝。

民国三十年（1941年）四月十九日（辛巳年三月二十三日） 星期六 晴 暖

下午一时起。舍予来促余起床，同往金门饭店九楼应董玉裁之约，同席有吕弓、怀白，此外皆金融界中喜听余戏者。吕弓先去。饭后仍与舍予、怀白同回。葛大夫来注射。李祖夔偕吴仓石师书画折扇一柄，拟欲相赠，因扇面稍有损坏，约修整后送来。但书画皆欠精神，恐非亲笔。但朋友好盛意未便言明，面约其夫妇晚宴。七时赴更新演《代夫媒》，此戏甚合沪人口味，将来复演时必更能叫座也。十一时半返寓，吕弓及葛希文皆夫妇同来；舍予、祖夔夫妇各携带千金一位；其俊、元声、过宜、怀白、泽承、漱明及陈、黄两君饮至三时。客散就寝。惟泽承、漱明、过宜及舍予夫妇因戒严未去，在对房内竹戏，至天明始去。

民国三十年（1941年）四月二十日（辛巳年三月二十四日） 星期日 晴 暖

十二时半葛大夫来注射，余正高卧未起，复睡至二时起床，赴更新演日戏《三春结婚》，戏毕在后台休息。晚九时半演《元宵谜》，十一时半与怀白、泽承同来寓。今日劳乏太过，回寓即电疗。沈玉才来说《白娘子》唱腔。一时夜宵。锡永画展由十四日起至今日止，计七日，售洋四千馀元，大新回扣二五过昂，未售出之画诸友拟另设法分派。李绍亭接孙甫亭由烟台来函，云该处商会有约余往演之意，来探行止。又接青岛陈水钟来信，询问今夏愿赴青岛与否，以稍缓再议。三时寝。

民国三十年（1941年）四月二十一日（辛巳年三月二十五日） 星期一 晴 稍凉

二时起床。振飞来电话。随往舍予处，约同至瀚洲饭店，谈明收弟子之难处已可打消，随即回寓。并至萝蔓饭店访张、赵，未在。五时张氏昆仲来。特请葛医生夫妇在寓晚饭，有舍予、怀白、吕弓夫妇作陪。吕弓有公事未到，舍予、怀白均偕其女同来。七时同至戏馆，请诸友看余演《白娘子》。戏毕回寓，与鄂夫人、兰亭夫人、其俊竹戏至四时。舒、杨二人宿余处。五时寝。

民国三十年（1941年）四月二十二日（辛巳年三月二十六日） 星期二 晴

二时起。葛大夫来。舍予来，正拟外出，诚恕来。余小眠。五时同舒外出，至舒家，旋怀白至，诚恕寻至。因同其有所争议，为黄金后局未尽，他另包在兰心致遭不满，可笑也。此事余不知之，乃鄂、杨未曾告我耳；诚恕亦未先说明，即去。余在舒宅小食，即与舍予赴更新，演《飘零泪》，戏毕同时返寓。旋兰亭、金奎及吕弓均至，当将后局之事由吕弓谈定；亦将与中、舍之误会解释。寝。

民国三十年（1941年）四月二十三日（辛巳年三月二十七日） 星期三 晴

下午二时起床。葛大夫来打针。诸友来，同至更新，演《荆钗记》。祖夔到后台，托购戏票。戏毕回寓。怀白代写致鼎荣信。北平工程均详细告知。四时上床。

民国三十年（1941年）四月二十四日（辛巳年三月二十八日） 星期四 晴 稍冷

二时起床。佩华胃症甚剧，来寓烦余医，即命车接柏森诊治。五时诸友来，晚饭后同往更新，演《妒妇诀》。戏毕兰亭、其俊、伯铭及顾君亲带请帖，约余明晨九时往霞飞路华龙绸缎公司启幕。因其在前数日托张伯铭向余相商，允诺，无可推辞。回寓后舍予、怀白、吕弓亦来；元声、兰亭赶来，欲于更新演毕后仍约余到黄金续演二十四天或三十六天均可，其意先得余同意后再正式谈判。余因吕弓、怀白、舍予云此次在黄金续演，拟三人与黄金合作，故允其请。现吕弓、兰亭、元声忽然变约，据云因金廷荪不在上海，戏馆事由元声母子维持。因余来沪虽演一月有馀，力量尚有，是不欲因汇水关系加入外股，致被传说，情面难堪。此语不过表面文章，实在情形亦无从推测。余意诸友加入，原属偶然游戏之事。今既与原意不符，亦可作罢，亦可不必谈，当时成为僵局。但伊等方面未肯了结，仍婉转相商，谈至三时未能定局，客去即寝。

民国三十年（1941年）四月二十五日（辛巳年三月二十九日）星期五 微雨 极冷

早九时半起。汪其俊、伯铭及顾君来，接余赴华龙绸缎公司；舍予、锡永同去，行启幕礼。远望门口大牌，书写余名于其上，顾客数百人拥挤不开，皆因前数日各报即大事宣传所致。该店人员以茶点招待，恭敬周到。俄时即回。午饭后葛大夫来注射。余复小睡，五时起床，与场面诸人说腔。祖夔、怀白来谈。佩华仍来寓候柏森诊病。晚饭后赴更新，演《还珠吟》。此戏怀白大加赞美。同归寓。次儿令文来函。复鼎荣函，托其在京照料留香工程。兰亭、其俊、江枫、金奎同来，礼貌比前更加亲热；并带来元声请帖，约星期日戏毕在伊新公馆夜饭。怀白、舍予、吕弓均有柬。又桂泽承带来袁仰安律师请柬，约三十日三时在其宅内酒叙。三时寝。

民国三十年（1941年）四月二十六日（辛巳年四月初一日） 星期六 晴

二点起。西服丁来，将应改西服交其带去。四时葛大夫来打针。佩华来，恙已渐好，故未急急再邀顾医生。吴东迈来，将前赠余之吴师印集加好图章，又赠墓志多份并折扇一柄，又交来求余为其子女书字之小斗方纸四张，稍谈即去。丁慕琴同吴仲熊来。怀白、漱明、泽承来。怀白同锡永往舒太太处，请偕同往女服店，为春生、同炎定做女大衣。余七点赴更新，演《十三妹》，泽、舍同至后台；怀白亦到，戏毕同归寓。今日吕弓、怀白合请夜饭。四时寝。

民国三十年（1941年）四月二十七日（辛巳年四月初二日） 星期日 晴

二时起床，午饭后与泽承到更新，演《百宝箱》，戏毕返寓。托怀白、锡永购雪茄烟四盒；晚饭后同至更新，演《香罗带》，舍予后到。戏毕与舍予、怀白二人同赴金廷荪宅夜饭，座中除吕弓外，有所谓“五虎将”作陪酒围。由吕弓谈更新唱完再入黄金之公事，预定演一个月，演至阴历五月下旬为止。四时回寓，稍坐即寝。

民国三十年（1941年）四月二十八日（辛巳年四月初三日） 星期一 晴

三时起。舍予带取来洋一千一百二十七元，下存一万元整。西服店伙计来，为令香选做西服一套。泽承与仰安律师夫妇来访；同来者尚有夏辉宇（前浙江省长夏超之公子）夫妇及苏小姐（袁律师之小姨）；怀白亦来。赠袁律师明日《花田错》戏票两张。七时与舍予、泽承同赴更新，演《得意缘》。戏毕吕弓夫妇、兰亭、金奎、汪、江诸人来，共晚饭，后各散。今日起刘天红在黄金唱搭桌戏两日。留怀白写令香信，北京琐事遂条说明；令锡永笔录，以便回京时面告令香。五时寝。

民国三十年（1941年）四月二十九日（辛巳年四月初四日） 星期二 晴

二时起，应何世枚夫妇之约在新华酒家午饭，座有吕弓及上海戏校学生顾正秋。饭毕访谢培德宅，小坐，六时回寓。今日葛大夫未来。八时至红棉酒家，董兆斌做主人，匆匆留片致谢；于出门时遇兆斌，晤面立谈，即至更新，演《花田错》。今日刘叔贻在黄金演戏；吕弓之夫人亦登场演《闹学》。闻诸友说，台上作风与余颇似，比之诸大弟子用心揣摩。晚饭后与玉才、深泉研究《霍小玉》唱腔。三时寝。

民国三十年（1941年）四月三十日（辛巳年四月初五日） 星期三 晴

二时起。荣瑞昌来谈并交画纸。李祖夔偕其友来，计划新造舞台事。舍予来。葛大夫来打针。四时与舍予同赴萨坡赛路三百十六号袁仰安律师家之约；先到徐朗西处稍坐。饭前牌九游戏，余获二百六十元。七时入席，同座有舍予夫妇、胡、刘、夏及徐朗西、泽承；又仰安之兄另一席，亦有十馀人。七时三刻赴更新演《红娘》，戏毕张伯铭来，约余星期五堂会。返寓后张未至。又与泽承再到袁宅继续牌九，见诸友未散，袁夫妇招待殷勤。至四时游戏告止，日夜共获六百元。归来，天明始寝。

民国三十年（1941年）五月一日（辛巳年四月初六日） 星期四 晴 暖

十一时起。早十时托锡永往谢培德家，邀至章华呢绒号选购西服料。袁履登赠余联对，酬谢余为其开幕之意，送西服料。葛大夫来打针。过宜偕坤伶刘琴心来，索取剧本，当先交伊《元宵谜》《荀灌娘》二本；拟再送《香罗带》，并为说一〔西皮慢板〕腔。六点同舍予、锡永、怀白至舍予家，小坐即偕锡永赴金门饭店，应江一秋、庄继香之约，同席包小蝶等。八点赴更新演《霍小玉》，戏毕返寓，吕弓夫妇、怀白、舍予均来。接令香信，饭店工程后部已于二十七日在京森隆饭店签立华丰、鸿升合作合同，少卿、明忱、西园、鼎荣及内子是日均在场。合同内容：四个半月完工，保固两年。误期过期一日罚百元；又报告饭店营业开幕，第一月房金收入六千馀元，小账杂费不在内，二共每月可得万余元。惟西餐合同定时系明忱出面，条件过优，期限又为五年，而所得利益极微，太不划算，回京必当设法修改，庶可稍微补救。令香信中已云，已收到更新五天包银八千馀元；又黄金另交万二已见，借条款尚未收；并寄来伊之照片三种数帧。吕弓云更新此次获甚丰，而诸多算小，可笑！又将最后戏目商请改易，未允。吕弓去。舍予、怀白在此。四时寝。

民国三十年（1941年）五月二日（辛巳年四月初七日） 星期五 阴雨

一点起。谢培德介绍之西服成衣全姓来。余于一点半同舍予往大陆银行访谈公远，未晤，留片拜托漱明转至，一语即出。在车上等吕弓、兰亭，同往梁园江子诚之约，座有四老明星及银行界及医生等；有祖夔赠我一扇，系吴师书画。三点回寓。三点半堂会来接至极司非而路七十六号杨府，余偕同汽车至该处，先至休息室小坐，旋入后台席棚内扮戏。舍予之戚葛亮畴来，略周旋。五时演《得意缘》。天雨。六时戏毕，卸装后到寿堂道贺，晤陈东范、李祖夔、严孟蕃、家炽、李丽久[1]。六时半返寓休息。八时到更新演《红楼二尤》。天雨，依然满座。十一时半返寓，怀白同回；兰亭、金奎亦至，小坐即去。三时即寝，因明日演《玉堂春》，提前休息也。

民国三十年（1941年）五月三日（辛巳年四月初八日） 星期六 晴

二时起床。葛大夫来，未注射。午饭，再小卧至五时。与怀明同访舍予。六时赴更新演《玉堂春》。前台有购不得戏票之人拥挤大门之外，阻碍出入，互相冲突，闻有受伤者；后台门禁本严，亦有人闯入，为印度巡捕所阻；互相斗殴，伤人甚众，不知如何了结。戏毕先以车送怀白、舍予家小姐回去。余归途见黄金戏院悬全剧团之广告牌迄今仍高悬门首，在更新演戏而黄金照常悬牌，此亦创举。余来沪在两院分演，截至今日为止，计已四十三天。《玉堂春》尚是初次露演，而座位亦每天告满，未曾稍现疲乏之象。历次南来，成绩此次最为美满矣。抵寓后吕弓夫妇及舍予、怀白、漱明在此研究《红娘》“十二红”一段唱腔调，三时去。随即安寝。

---

1 李丽久（1897～1953年），又名李连恒，李斌全，道号重申。河北省宁津县人。1912年拜武术名家张延庆、李华峰等习武术。1916年至天津武术练习会任教师，兼天津保安队武术教官。期间拜见了天津所有的武术名家。1925年去北京在北洋军阀段祺瑞政府警卫旅干部教导队任上尉武术教官。1927年调任东北军18师上尉参谋，察哈尔都统署少校教官。1929年兼任江苏警官学校主任教官，结交了不少国民党上层官吏。是年，经李宗黄介绍加入国民党。1930年应湖南省主席何键邀请，赴湖南，先后任第四路军技术教导大队上校大队长、技术教导总队少将总队长，技术研究班少将主任等职。1936年任湖南省国术馆副馆长、馆长，兼中央军官学校长沙分校总教官。

民国三十年（1941年）五月四日（辛巳年四月初九日） 星期日 晴

二时起。三时与怀白赴更新，演《荀灌娘》。接令香来信。六时返寓，电葛医师来注射。七时与泽承赴更新，演《晴雯》，怀白与漱明留寓中。十一时返寓，吕弓、兰亭、金奎同来，稍坐即去。由怀白代笔复令香信，即托怀白明日交邮。与玉才、深泉研究《扬州梦》唱腔；与玉才对词。三时半寝。

民国三十年（1941年）五月五日（辛巳年四月初十日） 星期一 晴 下午小雨

二时谢培德介绍西服店来承做西服。葛大夫来注射。往大西洋赴贾碧云西餐之约，贾氏夫妇携其女小云、赵如泉并两女客同席。饭毕偕舍予、锡永同接舒、鄂二位太太赴李祖夔宅宴会，并竹戏八圈，谈笑甚畅。八时与怀白、锡永往更新，演《扬州梦》。虽阴雨半日座仍不减。十一时半抵寓。舍予夫人带奶妈来整容。怀白、舍予、谢培德夫妇同七小姐、陆太太陆续而来；兰亭夫妇、金奎亦至。一时各散。鼎荣与怀白来信，为留香饭店整理计划。今日下午李丽久来访，未晤，留片约星期三下午小聚。严孟繁约明日八时在虹口百老汇联友俱乐部晚饭，因明日演《玉堂春》，七时登台，与饭局钟点冲突，函谢。四时寝。

民国三十年（1941年）五月六日（辛巳年四月十一日） 星期二 晴

二时起。葛大夫来注射。舍予、泽承、怀白来谈。接沈元豫小姐来信，云因足病未能听戏，现湿气已愈，将来申晤面。嘱怀白明日复函道谢。六时与舍予同往更新，演《玉堂春》，散戏后登车为人众包围，但闻掌声如雷。经巡捕劝解始让出车行之路，回寓时已至十二时矣。黄

《红娘》剧作者陈水钟

《红娘》书影

金孙、金、汪、吴、韩及张伯铭同来；伯铭送来《得意缘》戏份四千元，并声明本家实出六千，被中间人干没二数等语。大约彼等亦觉悟其举动有令人可疑之处。二时各散，怀白、泽承寓此。稍息即寝。

民国三十年（1941年）五月七日（辛巳年四月十二日） 星期三 晴

九时起，在屋内散步后再眠，二点起。舍予来。东迈同其子来。三点李丽久派人来接，赴南市宴会，座有各要人及其眷属，并有菊朋等。五点半以另有约辞归。六点与泽承到舍予处。七点半同舍予赴更新，演《勘玉钏》，戏毕同舍予返寓，吕弓夫妇已至。兰亭、金奎、张伯铭来。接令香信，并将饭店西餐合同底稿寄来，当与吕弓研究，颇多不利条件，显有舞弄串通行为。根据姜之限定权限范围，以外之处可以依此交涉，由锡永代函令香。因又有姜暗中勾通，突然要包工程，影响已定之两家，实属可恨，指示去函。又与吕弓商定黄金挽留续演头两星期之戏码。北京保寿险保单补章。葛大夫验血报告无病。客去即寝。

民国三十年（1941年）五月八日（辛巳年四月十三日） 星期四 忽阴忽晴

一时起。马治中由京来沪，至寓访谈。刘天红来教跳舞。卢继影持请帖，约余明日一时午饭，盛中洵同卢合请，在大西洋西餐。周旭初、项仲雍亦有帖来，约下星期一在仰山宅晚饭。七时到更新演全部《十三妹》，戏毕即归。兰亭、江枫、金奎同来索黄金戏码。人名，准定更新完毕本月十七日在黄金出演。共晚饭，漱明、怀白、胜春等大说诙谐，研究性史并烟患，感觉有趣。四时客散，即寝。

民国三十年（1941年）五月九日（辛巳年四月十四日） 星期五 阴雨

二时赴大西洋，应卢继影、盛钟洵之约，座有言菊朋父子及文沅等。盛之令尊系世交旧友，特在杭嘱其少君约聚，可盛也。由大西洋出，舍予在车中等候，兰亭亦赶到，同往蒲石路南华新村看屋。时大雨而亦未完工，故未下车。余嗓音不爽，兰亭陪至名医生王仲琦处诊治。其屋极精当，开三种药方，一为水剂；一为漱口；一为涂舌上者。由王处到黄金大便，并嘱煎药。再与孙、舒到静安别墅一西女家看裸体。先到楼下坐候，其时楼上已经有人。旋培鑫、吕弓亦至；我等如同病人在待诊室一般光景。稍停片刻唤我等登楼，由兰亭以西语谈价，大约每人看资二十元；另由培鑫工作之数则为五十元。此女为丹麦人，卸上下衣，一丝不挂，在各人面前逗笑，又有夹铅笔一个小表演，毫无羞惭，不觉兴起何在，似觉索然也。但亦系见所未见，他日可作谈料而已。吕弓、兰亭、舍予及余皆先去，留培鑫在该处，不知其演技如何，且待晤面再询之。余返寓休息，八点赴更新演《秦娘》，戏毕返寓，怀白、泽承亦同来。余未进食即寝。又是日舍予为余找一算命名家吕紫文推算八字，据云余之生辰时间算辰时者皆错，必为寅时无疑。其理由可以事实证明，因辰为大败且无子；寅则妻安子二。现行之运乃壬字，如属辰不可看好；若寅时则水土相生，正是好运。寅时主母先故，但壬运中（由四一至四五）明年恐父有病。又云经商本属副业，四十五岁以前可做，一交申运便宜收缩不可图扩大；想再发展贵在急流勇退，方何安稳。又云五十至六十运好，二子皆得力。今年流年，二月，四月不及三月、四月上半月消耗，五月好，六月平平，七月麻烦，明春佳云云。特记其语，以待应验可也。

民国三十年（1941年）五月十日（辛巳年四月十五日） 星期六 阴雨

一点起。舍予来。余嗓未愈，且有更剧之势。王生昌做衬衣，乃丁西服介绍。午饭后眠。葛大夫来，以电垫伏伏颈间一试亦少效。六点半赴更新演《十三妹》，出牌告因感冒嗓音失润，祈观剧诸君原谅。座客安然，亦足证余之人缘今昔未改异也。天雨，售座据吕弓云得六千数百元；又云《玉堂春》之夕售得九千六百元，此系董兆斌所言，谓可打破纪录。戏毕同舒小妹妹返寓。吕弓、舍予、怀白、兰亭、其俊、金奎来，当商定是休息再到黄金，缘更新只尚有一天，可勉力应付；黄金不能敷衍其事也。后决定俟明日日戏后再看情形决定。夜宵，各人去，计舍予、怀白在此。一时半寝。用喷气设帐吸治喉管。夜二时舍予家来电话。在更新所演《十三妹》系为留香社全体开销，此日售座应得七八千元，而更新方面仅交来五千四百馀元，其馀大约为更新中饱吃私矣，只好马马虎虎了。三时半寝。

民国三十年（1941年）五月十一日（辛巳年四月十六日） 星期日 晴 和暖

十二时喷气治喉，二时起床。三时与怀白、泽承同赴更新，演《鸿鸾禧》，嗓音微好。六时同回。祖夔来此小坐。孙兰亭来，陪往王仲琦中医处复诊。八时晚饭。再同赴更新，演《红娘》，嗓音比日间较亮，然而不能用力，只好敷衍而已。座依然售满。今日为更新最后之一场，明日即在黄金演《还珠吟》。戏毕回寓。车行半途车胎泄气，步行而回。黄金诸人均来客套，一时客散后就寝。明午吴队长请午饭；项仲雍请晚饭。

民国三十年（1941年）五月十二日（辛巳年四月十七日） 星期一 大雨竟日

二时起。吴静安、江子诚偕汪君来访。二时至遇园路，赴吴队长宴，同席三十馀位，皆同业人。因嗓哑未复原，不敢多发言，稍坐即与世善同回；便至舍予家探其夫人之病，略从片刻即回寓。候怀白同赴项仲雍、周旭初之约，在贾仰山宅中，同席均汉口商界中人；有一汉口坤伶汪姓。七时半宴毕，径往黄金。此次二次登台之第一天也，演《还珠吟》。虽今日大雨，售座客满。嗓音比昨日大见进步，渐有复原之象。十一时半回寓。吕弓夫妇及兰亭、金奎、其俊、元声、卡尔登经理周姓共晚饭，二时各散。自十四日与兰亭诸人同看西女裸体表演，迄今音哑四天，至今晚始稍好。虽不迷信，回想起来感觉蹭蹬。走运之人还是少高兴为是，以后当引以为戒。故特记之。二时半寝。怀白在此。以喷气治嗓。

民国三十年（1941年）五月十三日（辛巳年四月十八日） 星期二 忽晴忽阴

早十一时起，午饭毕复寝。泽承、俊杰、祖夔、怀白先后来，促余起床，闲谈，并托购票；同往法国花园散步一周。俊杰约同往萝蔓饭店西餐。七时半与李、杨至黄金，演《丹青引》，台下客满，彩声不断。当场所绘之画被兰亭索去。十二时回寓，晚饭。青岛陈水钟来帖，阴历五月十四日为其子本立完婚，送礼贺之。二时半寝。

民国三十年（1941年）五月十四日（辛巳年四月十九日） 星期三 晴 薄寒

二时起，偕锡永视舍予夫人病兼慰舍予。葛大夫正在诊治；怀白、诚恕两夫人及怀白之侄女均在其家，吕弓后至。闲谈片时即归寓，午饭。贾碧云携其女小云来谒师。兰亭陪余及锡永至怡和打包厂访顾乾麟，晤谈，稍坐；又往逸园跑狗场参观赛狗。余购票三张，每张十五元，均未中；锡永亦购票，未中；元声、其俊合购，中一次，得洋九十馀元。六时半回寓，泽承、怀白已先在室内，旋漱明来。余外出时刘天红、聂少萱[1]偕其二友来访，未晤，留片而去。七时赴黄金演《荆钗记》。戏毕怀白、泽承及诚恕夫妇来谈；黄金之孙、汪、韩三人亦来谈。晚饭后为怀白绘折扇一柄，点崖一

1 清末上海道台聂缉椝之子，曾国藩最小的外孙。

角、远山一抹，饶有野趣，亦南来之得意作品也。三时客去。即寝。

民国三十年（1941年）五月十五日（辛巳年四月二十日） 星期四 晴 冷 晚微雨

二时起床，至谢培德家，同李七小姐、萧太太、王太太竹戏，晚饭。赴黄金演《钗头凤》，九时登台，嗓音比昨日又稍润。兰亭、伯铭、高兰生约今日在天天饭店宴会，辞谢未去。戏毕归寓。锡永确定星期日（古历二十三）乘顺天轮回京，所有友人画债促伊代笔了清。大雨彻夜，忽发画兴，与李祖夔画扇，锡永补人物。五时寝。

民国三十年（1941年）五月十六日（辛巳年四月二十一日） 星期五 天明雨止

一时半起床，同锡永至国际饭店西餐。此举吕弓做东，为锡永明日回京饯行之意，同席仅兰亭一人。餐毕与兰亭至楼下金门理发，回寓，午寝。六时怀白来，偕锡永同往天乐园晚饭。舍予、怀白两人做东，座有祖夔。饭毕与祖夔同赴黄金，演《代夫媒》，十一时半回寓。吕弓、兰亭因余与玉才、和才研究《狮吼记》唱腔，小坐即去。三时寝。

民国三十年（1941年）五月十七日（辛巳年四月二十二日） 星期六 晴

二时起身，午饭后赴愚园路演堂会《花田错》，戏毕回寓稍息，至黄金演《狮吼记》。此戏台下极为欢迎，一举一动欢声雷动。黄雨斋送来袁松年书画折扇一柄。十一时三刻回寓。吕弓夫妇、兰亭、金奎来闲谈。坤伶由南通寄来《十三妹》照片赠余，并函禀在南通登台情形。二时客散。锡永本今日乘顺天轮回京，已到码头，因船座不佳，大不满意，又折回。经绍亭与黄金交涉，改购二等车票，明日启行。二时半就寝。

民国三十年（1941年）五月十八日（辛巳年四月二十三日） 星期日 晴 风

今日八时锡永时尚未动身。十二时由怀白喷药水治嗓。一时起床，稍进饮食即赴黄金演《杜十娘》，五时演完回寓休息。祖夔与舍予及其子女来，共晚饭。今日再度开始注射荷尔蒙。再至黄金演《得意缘》，十二时回寓。卡尔登周棣华经理与兰亭、金奎同来闲谈，托余邀东明、东霞姐妹来卡尔登演唱；随由怀白代写，交兰亭代发。严独鹤送自书对联一幅。客散。三时寝。

民国三十年（1941年）五月十九日（辛巳年四月二十四日） 星期一 晴

二时起身。葛大夫来打针。饭后至谢培德家，与七小姐谈话；再至萝蔓饭店，应张俊杰、王洁忱、李之约，客有二三十人。饭后至黄金演《香罗带》。回寓后有吕弓、兰亭、金奎来此闲谈。有人约播音，由兰亭婉却。二时客去。就寝。

民国三十年（1941年）五月二十日（辛巳年四月二十五日） 星期二 晴 暖

二时起身。舍予来，以电话邀兰亭来，同往王仲琦医生处看病，舍予同去。据医云，嗓哑小事，大肠不爽，先治肠胃后治嗓音。诊毕同往法国花园散步一周，返寓小憩。祖夔亲送菜四色来寓；怀白、漱明亦至，同餐。七时赴黄金演《十三妹》，桐珊饰张金凤。戏毕兰亭、其俊、伯铭、金奎、治中及卡尔登周翼华经理同来，约请二十二日顾宅堂会，定《小铁弓缘》，因顾移居新宅，伊等合送此戏，半情半票，大约二千元，系昨日吕弓所定。伯铭送来四月二十二日李宅《花田错》堂会洋四千元，交绍亭二千六百元作开销，并代付购物各账，下馀一千四百元交怀白，明日送交舍予处代存。二时客散。稍息即寝。

民国三十年（1941年）五月二十一日（辛巳年四月二十六日） 星期三 晴 燥热

下午六时大雨。今日小满节。十二时起，午饭，至舍予处整容；葛大夫为其诊病，顺便注射。天时不正，忽冷忽热。周身酸痛、感觉劳乏，与舍予同回寓休息。五时怀白偕熟菜来；李七小姐送菜四色，与舍、怀等共餐。玉才来研究《汾河湾》唱腔。七时赴黄金，今晚先演《打樱桃》，大轴《汾河湾》。祖夔及航空人员至后台观余化装，闲谈；何世枚夫妇亦至，稍周旋，戏毕即归；吕弓夫妇先来，坐候，为商定下期七天之戏码。二时散。孙颂陀赠余诗四首，为观《代夫媒》戏而咏诗，录后：

掌声起处动春雷，此是承平供奉才；容我偷闲听法曲，新歌初试代夫媒。
一颦一笑近人情，四座无言耳尽倾；演出贞淫搜野史，到头思怨自分明。
剑合珠还信有之，无方疗妬我犹疑；试看完璧同归日，狮吼河东太觉痴。
桃花人面认依稀，照澈华镫采欲飞；借问阿谁真顾曲，空教皮相说环肥。

（原注：体视前丰，声容不减。）

三时安寝。

民国三十年（1941年）五月二十二日（辛巳年四月二十七日） 星期四 晴 暖

下午一时顾文达宅派人以车来接余及场面、配角等同往伊家，演《小铁弓缘》，三时半登台，为贺其新宅。五时半戏完，本家留饭，招待甚周。抵寓稍息。王星斋、舍、怀、葛希文先后来寓。注射。西服店送来做成西服一套，又交旧西服裤八条，又原做一套不甚合身，均带回，令其改作。六时赴黄金化装，《玉堂春》七时四十五分登台，此戏尚属初演。十一时二十五分止戏，回寓用饭，与玉才、深泉说《护花铃》唱腔。接令香函，云北京留香及借款琐事。三时寝。

民国三十年（1941年）五月二十三日（辛巳年四月二十八日） 星期五 晴 燥热

一时起，沐浴，与场面及配角、赵桐珊等人说《护花铃》。盛钟询来访，携照相机摄影数帧。六时偕桂、舍同往舍予处，候葛大夫注射后赴天天饭店龚兆熊之约，座客系卡尔登、天蟾舞台同行，宋宝罗昆仲、张逸云母女及报、票两界，顾竹轩亦在座。谓余此次来沪演剧成绩甚佳，赞不绝言。伊向绍亭云，如明年来时先到天蟾舞台，此举未免唐突可笑。余惟恐顾再啰唣，故未终席去。至黄金演《护花铃》。戏毕归寓，舍予、泽承约叶真儒星命家先在寓坐候，推算八字，云近两年均好，但不宜作商；明年五、六、七三个月及后年五、六两个月均有孝服星或破财诸琐事，嘱余注意今年有双喜临门：一喜添丁，一喜纳宠；大运当有十年，比以往更佳。二时进夜饭。日间治中来，因昨日与吕弓商定一星期之戏码未得余同意，全行推翻，大发牢骚。余想唱完本星期即退还包银回京休息。一则因劳累，嗓音失润；又因吕弓、黄金挑剔戏码，做事跋扈，实难忍耐。况每日售座甚佳，据伊等云，预算最低可盈五六万元，亦不为少矣！伊等因初来时汇水价低，盈馀十余万元。此次仍想超过此数才足心意，未免利心过重。余因自定戏码，不再假手于人。兰亭闻治中言，知余不满，故晚间与金奎、其俊、周翼华来寓道歉，声言以后不再挑剔戏码，四时客去。即寝。

民国三十年（1941年）五月二十四日（辛巳年四月二十九日） 星期六 晴

二时起身。泽承、怀白来，共午饭。葛大夫来电话，约往舍予家注射，久候不至，即与泽承、怀白同访吴静安；并至亨利路看地，不甚合适。随同赴袁仰安律师及夏辉雨之约。饭前各来宾打小牌，有所获。七时与舍予、怀白同赴黄金，演《丹青引》，戏毕回寓。黄金诸人与吕弓来谈，吕弓谈及三时始去。三时半寝。

民国三十年（1941年）五月二十五日（辛巳年四月三十日） 星期日 晴 暖

二时起身，午饭后至黄金演《辛安驿》。葛大夫来黄金后台打针。戏毕回寓小卧，七时与舍予、漱明同至后台，演《红娘》。戏毕与怀白、兰亭至丽都高宅堂会，演全本《鸿鸾禧》，来宾均至化装室围观卸妆；后来者更众，几不能脱身。幸逢吉君及兰亭在前冲锋方出重围。因众拥挤，与老爷子分散，无法寻找，急欲回家休息，先由兰亭、怀白保护而回；留绍亭护送老爷子回寓。余回寓时老爷子已先至，谓本家对伊礼貌不周，亦无人招待，大发脾气，各人劝解无效。余亦因之闷闷，不能成寝。为祖夔作画，当门树三株，饶有雨意。

民国三十年（1941年）五月二十六日（辛巳年五月初一日） 星期一 雨 下午晴

上午八时方眠，下午二时起，走动散步，复寝。五时舍予来促余起身。王星斋来，面约星期六下午在伊宅便饭，有祖夔、怀白作陪。七时半到黄金演《元宵谜》。怀白在前台楼上看戏，请许小姐。十二时归寓。今日接刘锡永及令香来函，报告饭店各事顺利。徐东明、东霞来信，云来沪包银每天需五百五十元，原信交兰亭转交卡尔登经理周翼华，由其筹酌。一时兰亭、翼华、其俊、金奎同来，商酌徐东明、东霞公事，代为劈酌，每月包银一万二千元，由怀白代写一信，交兰亭带去。三时各散。寝。

民国三十年（1941年）五月二十七日（辛巳年五月初二日） 星期二 晴和

下午一时半起身，午饭。与怀白同至大马路购帽，怀白请在新光看电影，观影后与怀白同至舍予家，遇葛希文在伊家注射，同至葛家赴约，菜系粤馆新华酒家，口味儿甚佳。未终席偕舒到黄金，九点一刻《红楼二尤》登场，演至十一时半。与兰亭、其俊、元声、培鑫等人往潘达（愚园路特警署长）家夜宵。住宅在极司非而路四十号，男女宾客四十馀人；各来宾均来劝酒，虽嗓音哑，但情不可却，勉强敷衍，饮维克司四杯，伊等尚未满意；但因嗓音关系，实不能尽兴；各宾客亦无可奈何。菜亦用粤馆新华酒家，外国酒类多种，菜亦丰盛。筵罢来宾各歌一曲。潘年四十馀岁，从闫世善学武旦，认真用功，亦算戏癖。二时半黄金戏院送余归寓。因戒严时沿途阻拦，兰亭将余大名向巡捕说明，伊等但要求将车灯开亮，向内观望，一见本来面目，点首放行，并无须用通行证，人缘可称极好。现在预防时疫期内，租界当局沿途代人注射，门口设有注射处，送来注射针、证若干张，留香团体均有；但求余赠以剧照二张。上星期日高宅在丽都舞场作寿堂会，黄金荣派人送来戏份三千元，兰亭同至后台面交余；因堂会均系四千元，此次独减少一千元，为避嫌疑，故有此举。三时抵寓，服王仲琦药，即寝。

民国三十年（1941年）五月二十八日（辛巳年五月初三日） 星期三 晴 暖

一时起身，沐浴，与舍予、怀白出至马路。舍予已先去。余与怀往舍予家，遇葛大夫注射。舍予云，在余寓所晤东迈送来缶师超山墓前石刻讲艺图拓本，同门诸弟子姓名均镌于石上，计郑道乾、赵启、周梅、谷沙、文若、汪英宾、张公威、汪鹤孙、吴楷、钱厓（即瘦铁）、吴钦敫、王立三、诸文萱、王傅焘、荀词、王贤、王堪，共十五人拓本交怀白付装。天红与舍予云，明日张啸林师冥寿，嘱余明日午后到至佛寺奠祭。在舍予家晚饭。八时赴黄金演《扬州梦》。戏毕吕弓夫妇来谈。怀白将所接北京令香、令文、鼎荣、仰山诸人来信交阅。令文信系其赠自来水笔及铅笔之意。鼎荣、仰山两函系代余在京向中南银行抵押透支六万元之事，恐总行挑剔，因吕弓系该行法律顾问；仰山请吕弓先向此地总行疏通，候吕弓之信到京，便可立约。吕弓阅毕允明日照办。令香来函，报告锡永到京，留香后部本月二十七日正式开工。锡永亦有函来，云余在沪所嘱各条已对令香说明，逐渐遵办。二时客散。寝。

民国三十年（1941年）五月二十九日（辛巳年五月初四日） 星期四 晴

十二时起，与绍亭往至佛寺祭张啸林师，今日乃其冥寿，送去箔敬一百元；宾客不甚拥挤，在此世态炎凉中亦不易矣！大师娘详述啸师遇害经过，伤心落泪，只得极力劝解。归途接舍予同至黄金前台。舍予由余存款内取来两千元，交绍亭作节下之用。后与怀白同往舍予家，各人皆歌一曲；葛大夫亦在其家，余与舍予均乘便注射。六时回寓，与怀白服药。八时赴黄金演《勘玉钏》。今、昨两日上座欠佳，盖因明日即端午节也。戏毕返寓，吕弓夫妇先来，兰亭、翼华、其俊、金奎继至。今日怀白接徐东明、东霞姐妹来电，允到卡尔登。兰亭、翼华托余再发一函，说明包银先汇八千元，馀候到沪再交；并托余向其负责。怀白代书，翼华加一聘函，明日航空寄出。二时客散。寝。

民国三十年（1941年）五月三十日（辛巳年五月初五日 端午节） 星期五 晴

五时起身。江礼拜来（漱明非逢礼拜不来），共进午饭，同至黄金，加演日戏《秦娘》，五时半戏毕，返寓小睡。七时半又赴黄金演夜戏全部《白娘子》，戏毕与舍予、怀白同回。今晚周翼华假此宴客，计请怀白、舍予、元声、培鑫、兰亭、金奎、其俊、吕弓夫妇。此举乃为酬谢代邀徐东明、东霞之劳。客散，四时寝（今日未注射）。

民国三十年（1941年）五月三十一日（辛巳年五月初六日） 星期六 晴

一时半起。候怀白来，同往王星斋家午饭，宾客甚众，除鄂、舒、杨、李祖夔之外，有薛保厘律师、刘竹君（北京旧友）诸人。四时饭毕回寓小睡，七时赴黄金演《十三妹》，终场后李七小姐、谢培德太太来看卸装，立谈片刻，云陆太太有气，不肯来。余与怀白二人同回寓，休息，夜宵后电疗。三时寝（今日未注射）。

民国三十年（1941年）六月一日（辛巳年五月初七日） 星期日 晴 暖而不燥

二时起床。江漱明到，留其在此代笔画扇。午饭后至黄金演日戏《三春结婚》，晚演《晴雯》，十一时半返寓。金奎、佩华来此小谈。三时就寝（今日未注射）。又：今日言菊朋在卡乐登演完。

民国三十年（1941年）六月二日（辛巳年五月初八日） 星期一 晴

十二时起，沐浴，午饭。晚饭后葛大夫来注射。与怀白同往黄金，演《狮吼记》，十一时半回寓，即寝。

民国三十年（1941年）六月三日（辛巳年五月初九日） 星期二 晴

一时起，与诸人说戏。三时到舍予处整容，候葛大夫注射。怀白亦至，同在舍予处晚饭。七点赴黄金演《婚姻魔障》，而黄金戏单改为《樊梨花》。戏毕同舍、中返寓休息，即寝（翼华、兰亭、汪、韩等来，拟致东明电稿）。

民国三十年（1941年）六月四日（辛巳年五月初十日） 星期三 晴

一时起，二点到谢培德处与七小姐闲谈。四点到舍予处候葛大夫注射。五时半返寓，服中药。赴天天饭店，应江一秋、庄继孟、吴友石、戴泽霖之约，稍餐。赴黄金演《玉堂春》，戏毕返寓。吕弓、仰依来。仰依命其汽车往接舍予来，坚请舍予约期请客。鄂、孙去。周、汪来，谓徐东明行期已定，马治中来电，云十日动身来沪。孙、汪去。兰亭及金奎来周旋，二时去。舍、艸在此。三时寝。

民国三十年（1941年）六月五日（辛巳年五月十一日） 星期四 晴 下午雷雨

二时起，午饭后与玉才、和才、佩华等诸人说《平儿》新剧。四时雷雨大作。怀白、泽承来电。召洽兴西服店及衬衫铺来寓，选订夏季西服三套，又代令香选择夏季西服三套及春服二套，共一千七百元；代令香做衬衣十六件，余自制五件。雨住后与怀白同赴黄金，演《平儿》，十二时回寓。为舍予夫人画扇。即电疗。吴小秋来，言潘达请客，系下星期三，因是日有戏，请其改在戏完之日举行。三时始寝。

民国三十年（1941年）六月六日（辛巳年五月十二日） 星期五 晴

晨起补画舍予夫人之扇，画完再睡，二时起，与绍亭同访舍予。差绍亭到怀白处取款。闻诚恕在寓内，不愿听其狂妄之言，仍在舍予家小坐，候怀白到，同进晚饭，同赴黄金，演《樊江关》《鸿鸾禧》，十一时回寓，兰亭、金奎、元声同来道辛苦，稍坐即去。为其俊画扇。四时寝。

民国三十年（1941年）六月七日（辛巳年五月十三日） 星期六 晴 燥热

二时起床。怀白来发北京贾仰山之信。与玉才、和才诸人研究《贩马记》。五时与怀白偕往舍予家，葛大夫注射，并晚饭，座有李祖夔、葛希文、孙养侬、于景枚、吕弓、漱明、兰亭诸人。饭毕与漱明同到黄金，演全部《贩马记》，至十一时三刻方完。回寓后吕弓、兰亭、金奎来此夜宵。为兰亭画扇。今日徐慕云丧父，送来讣闻。又黄金荣来，兰亭、吴礼、行窦、耀庭十日午饭，在啫哑饭店为时疫医院筹款播音。三时寝。

《贩马记》荀慧生饰李桂枝

民国三十年（1941年）六月八日（辛巳年五月十四日） 星期日 晴 燥热

二时起，未进饭即到黄金演《大英杰烈》。与舍予同进饭，怀白继至。七时再赴黄金演《钗头凤》，戏毕回寓。为舍予之二小姐又云画扇。舍予在此先酣呼大睡，怀白陪余坐至四时。始寝（今日未打针）。

民国三十年（1941年）六月九日（辛巳年五月十五日）星期一 微有雨意 气候转凉

三时半起。泽承来谈，饭后同访舍予，遇葛希文乘便注射。六时赴黄金演《玉堂春》，戏毕张俊杰、王杰忱偕一妓来后台，立谈。因汽车先送怀白之夫人及小姐回家，遂与怀白及张、王诸人到兰亭之经理室小坐，同乘车返寓，即以车送张等回府。今早托舍予带回前日所画舒太太及其二小姐之两扇面；其大小姐因未得而大哭，余颇为抱歉。抵寓后随即赶画，以备明日交卷。想不到余所作之画亦与台上之戏有同等魔力，可笑。四时寝。

民国三十年（1941年）六月十日（辛巳年五月十六日） 星期二 上午阴下午大雨

二时半起床，未进饭即至舍予家小坐片刻，到谢培德宅晚饭，座有朱、周两太太。七时半在大雨中赴黄金演《勘玉钏》，十一时半与舍予回寓。接信四封：一为南京女子赵瑞英写来情书，欲求在台上暗示；一为借款信，意存恐吓。此两函一忧一喜；一为盛姓皮匠欲求拜师随往北京，并附来小照片一张，年二十馀，貌亦不佳，且云其父遗言，令其投名伶为师，大约是神经病；一为《人生亲志社》刘龙光来信，云照片已收到，仍嘱写南来感想一篇文字，此二信一可大笑，一可大窘。二时寝。

民国三十年（1941年）六月十一日（辛巳年五月十七日） 星期三 上午阴下午晴

二时起。舍予乘车将电箱送还葛希文。庄继孟来约义务戏，辞却。贾碧云携其女小云来寓，赠以《东吴女丈夫》脚本。与舍予同至湖社，看郑过宜扮演《状元谱》，稍坐即去；至楼下看绍兴戏；立看片刻同至舍予家。甚倦，因小卧二小时。怀白、漱明、泽承均来谈。晚饭后至黄金演《红娘》。孙兰亭托怀白转言，张善琨制影戏片，拟约余加入一场，婉言辞谢。戏毕后吴晓秋来接，云潘太太请夜宵，座中均女客，因偕李绍亭同往。吕弓来寓见访，未能晤面。此约系吴晓秋假借潘太太名义，实系妓女若干名在梅乐坊，由畹兰九小姐做东，合席均有醉意。天明抵家，酣睡。

民国三十年（1941年）六月十二日（辛巳年五月十八日） 星期四 晴

下午三时起，同留香社同仁说《香菱》。祖夔、怀白、舍予、过宜及周子章陆续而来。七时至锦江饭家，应黄静波、顾森柏、罗绮缘之约，稍坐即至黄金演《香菱》，赵桐珊饰夏金桂，虽初演尚能敷衍。戏毕返寓，吕弓夫妇先来，兰亭、其俊、金奎亦至，商订临别纪念戏码。吴晓秋接洽星期六（五月二十日）潘达宅堂会，戏码订全部《得意缘》。共夜宵，二时客散，即寝。

民国三十年（1941年）六月十三日（辛巳年五月十九日） 星期五 晴 微凉

一时起，到华安理发，回寓午饭，再睡至六时。怀白、漱明来，惊醒。张俊杰、王杰忱来谈，面约星期一午饭，稍坐，同至黄金，演《玉堂春》，十一时回寓。接北京栗逸群来信，云顾子言经手饭店电话通话之款因未能办到，追回半数；又云，代令文聘请日文教员王君人品极好等语。三时寝。

民国三十年（1941年）六月十四日（辛巳年五月二十日） 星期六 晴 凉爽

二时起。舍予、怀白来，同至怡红酒家吃点心，购皮鞋三双；同至舍予家休息。六时半赴金门饭店晚饭，主人周亨华系上海票界。同来之徐和才、何佩华诸人均在座。因须到后台扮戏，与主人合摄一影，匆匆辞谢，至黄金演《十三妹》。吕弓夫妇先在寓守候，畅谈至三时始去。贾碧云今日下午病故。因忆碧云星期三携其小女来相谈甚久，谈及伊有房一所，在北京西河沿，历年均托同仁堂乐十爷收租，并房契亦交乐十保管，二十馀年来此房竟成乐氏之产，不能返璧矣。此言果确实，则天下交友真不容易。碧携《东吴女丈夫》脚本回家，次日即病，距今不过四日，竟成异物，可叹可叹！四时寝。

民国三十年（1941年）六月十五日（辛巳年五月二十一日） 星期日 晴 凉爽

一时起。因腹中小有不通，胃脘及小腹均隐隐作痛，未进饮食。怀白、舍予及朵云小妹来，在此吃面。二时赴黄金演日戏《花田错》。葛大夫来打止痛针。怀白与许君在前台听戏。戏毕即回。谢培鑫偕其女公子来访，因请余赴萝蔓饭店晚餐；怀白、舍予、漱明亦同往。七时到黄金演《得意缘》，十一时返寓。周翼华、孙兰亭、韩金奎、汪其俊[1]来谈。东霞姐妹明日抵沪，要求明日午刻由李绍亭代表往接。今日上午贾碧云在大陆殡仪馆入殓，派李绍宁代往致祭，送箔敬二十元。据绍亭云并无宾客，可见人情势利南北皆然。贾在民国初年声誉极佳，近年一蹶不振；小云亦不能掌持门户，以后恐不堪设想矣。三时客去。即寝。

民国三十年（1941年）六月十六日（辛巳年五月二十二日） 星期一 晴 凉爽

二时起身。腹痛仍不止，至舍予家候葛医生诊病，葛医生诊断为肠胃不和，开一药方专清肠胃；又令吃红色药丸三粒，系轻泻剂；又打二针，系麻醉性之止痛药。在舍予家吃粥两碗。与舍予同至黄金，演《红娘》。因麻醉性针药量太重，觉头晕欲吐而吐不能，勉强终场，卧在后台。吕弓夫妇及舍予、怀白、李七小姐均来看望。吕弓夫人亲为余刮痧。稍息即返寓，睡至一点三刻，与诸人同至中央饭店播音为时疫医院筹款。舍予之女公子朵云小妹妹亦参加播音，唱《玉堂春》中〔南梆子〕四句；余唱《百宝箱》一段。二时半返寓，即寝。

民国三十年（1941年）六月十七日（辛巳年五月二十三日）星期二 上午晴下午大雨

昨夜睡眠不安，胸中积胀，腹中疼痛。六时半唤舍予、怀白起，商量诊治。当由舍予家送来灌肠器，葛大夫亦至，为余灌肠，未泻，疼痛不解。今晚《玉堂春》虽在最后挽留末二日之中，余实不愿失信于观众。由舒、杨、绍亭作伴，乘葛大夫之汽车至辣斐德路一千三百二十五号体仁医院，车抵院门，不能行动，由院役以藤椅抬至二楼第一百二十五号病房，病房宽敞，空气环境亦佳，每日房金二十四元，又陪客费四元，饭食在内。葛大夫云，如能在上午大便畅解，再安眠，今晚尚可登台。当注射1000CC之水灌肠，又服蓖麻油及安眠之剂，虽泻出灌入之水，腹中积滞依然未动，痛并未减。十一时东明、东霞母女、兰亭、马治中来，吕弓亦至。见余痛苦如此，实不能勉强登台，以完今、明两晚最后两场之愿。好在洽（恰）到三十六天合同期满之日，所差者只预定双方各唱一场，如不演两场，在余不过贴出前后台开销而已。黄金方面在两日所售出之票比往日更加拥挤，连加凳约近二万元，利之所望不无缺望。然而综计黄金前后两局先后共六十一天，盈馀近十五万元，在上海各舞台中已打破以往

1 汪其俊，上海青帮人物，黄金荣门下弟子。曾任黄金大戏院与中国大戏院经理。

纪录，余对黄金亦可交代矣。当即与兰亭、吕弓说明今晚《玉堂春》、明晚《战宛城》及反串《白水滩》均不演唱，兰亭亦同意；由舍予、吕弓偕兰亭在大雨中赴黄金，拟余与黄金各登启事、广告，并在门口挂牌退票。东霞姐妹明晚在卡尔登第一次登台，东霞演《玉堂春》，东明演《空城计》，即余最末挽留之一日。余戏问东霞，师父怕徒弟，退避三舍矣。诸人去后稍眠，腹泻数次，均不畅。舍予夫人及其大小姐来探望。五时兰亭、元声、治中再来探望，闻其来意，探余病态强弱，如能支持，仍希望余今日休息一天，明日演《战宛城》《白水滩》，后日补演《玉堂春》。其时余正睡浓，未能接谈，彼等扫兴而去。舍予来，索得黄金前后台开销单，共开支洋二千二百五十元，计后台八百五十元，各管事数人共一千元，厨房、门房二百元，汽车夫阿土、根才二百元。拟以未收到之《铁弓缘》堂会二千元及端午日戏半工两项遥抵。祖夔、怀白来。余劳惫之极，腹痛未减，挽怀白在院相伴。晚间睡后老爷子、杨深泉、李绍亭等十余人、吕弓、葛大夫均来，未晤。

民国三十年（1941年）六月十八日（辛巳年五月二十四日） 星期三 晴

今为住院之第二日，昨晚睡尚酣。葛大夫因余肠胃积滞太多，不能再纳新食（余亦不知饥饿），打葡萄糖一针以助元气，疼痛稍减，精神仍疲倦。怀白十时来，二时去。三时泽承、舍予、东霞来。祖夔夫妇送来水果。闫世善、绍亭、金奎亦来。六时祖夔所介绍推拿医生王松山推拿一小时而去（十二元）。袁仰安来。诸人去后怀白来此伴宿。晚间打一针而卧。

民国三十年（1941年）六月十九日（辛巳年五月二十五日） 星期四 晴

住院第三日。晨九时吕弓来探望。今日嘱怀白、舍予至余寓所收拾零物件，点查衣服，开单，交玉子装箱；又连日各友程贻泽、赵国屏、张法尧等请吃饭，均分打电话辞谢。下午舍予由寓偕锡永来见。兰亭、元声及程（大家戏呼之曰油瓶）、吴晓秋、漱明、过宜均来看望。祖夔送来提篮看样，丁洽与送来夏季西服两套。晚间嘱怀白与老爷子谈包银。怀白回时余已睡。今日下午有堂会，因病失约。

民国三十年（1941年）六月二十日（辛巳年五月二十六日） 星期五 阴

住医院第四日。早九时葛经来，除照例开药水方及打葡萄糖针外，并敷安福止痛膏，又服蓖麻油。十时舍予来。十一时东明、东霞来。十二时怀白来，报告与老爷子谈此次南来包银初要联银四十元一天，以七十二天计算，经磋商结果，除在京已付过联银六百元外，在上海付给法币三千元，由怀代存四行储蓄会，定期三年，回京再在北京付联钞二百元即算了事；此事有绍亭在旁作证。午后泻两次，较以前通畅，下有黑色粪粒，腹部稍有松动，惟周身酸痛，面有病容。王星斋、李祖夔[1]来谈。舍予云吴仲熊送余画一轴。吴系十年前丁慕琴介绍亦上海之画家，现在新沙游洋行办事。怀白偕老爷子、绍亭同来，言大众明晨乘顺天北返，因座客太多，未多言即去。客散小卧。晚十时绍亭、苏宝荣同交用胜（剩）法币七百元，并云黄金开销后台已有红条贴出此事，本应昨日将开销条贴出，因停演，后台人员不齐；今日为郑冰如打炮第一天，后台人员齐集，改在今晚贴出，俾众周知。因余已睡，未谈话。

民国三十年（1941年）六月二十一日（辛巳年五月二十七日） 星期六 阴

住院第五天。晨六时起，在阳台略站。怀白赴码头送老爷子及大众。葛大夫及舍予来。葛经诊断余此次之病由于劳累过度，饮食积滞尚在其次，若不乘此休养，势必每次唱戏之后肺部常痛，留为永久之病。又云，所幸余心脏甚强，未发寒热；对于肠胃必须徐徐调理，不能求其速效。午后沐浴。东霞母女二人、治中、泽承、祖夔来谈；锡永、苗胜春二人同来，同去。五时怀白来报，早晨送留香社团体登顺天轮，少坐。李七小姐偕其女友三小姐莲花簪来谈；漱明后至。七时，七小姐、二小姐先去。晚九时余先睡，不知诸人如何。

民国三十年（1941年）六月二十二日（辛巳年五月二十八日）星期日 上午阴下午放晴

住院第六日。晨起在房中散步，仍小卧。舍予及怀白夫妇先后至，谈至十二时。葛大夫于十一时到，嘱余周身酸痛，不可时常注射；今日于药水外并注射葡萄糖针。上午进牛奶，下午进鲜橘子汁一杯（三枚），吃蓖麻油一小瓶。四时三小姐令女佣送来花旗橘子一盒，又送来火腿鸡汤手及油煲虾二色，指送舒、杨二人，赏以五元。五时

1 李祖夔（1894～1949年），浙江宁波人，为上海著名金融实业家族小港李家的第四代代表人物。少时便随父亲李厚礽寓居上海。早年加入同盟会，与族叔李征五一同追随孙中山参加辛亥革命。北伐胜利后，李祖夔从政界隐退，专心家族企业，担任大众火柴公司董事长和华安银行常务董事。1949年被人暗杀于宅第。

半大解一次，又见爽利。怀白五时到。漱明、泽承谈至九时半，漱、泽、舍各散。十时许君来谈，至十一时三刻始去。

民国三十年（1941年）六月二十三日（辛巳年五月二十九日） 星期一 晴

住院第七天。午刻怀白夫人携其女引兰来探望，送来花一束、小菜两小碟、锅巴粥一钵。自入院以来尚未进食物，姑试一碗，口味大开，连吃三小碗，均流汁，未敢吃米粒。经过一小时，腹中甚饿。葛大夫来诊，云胃肠之病十去其九，肺部两乳间疼痛，由于积劳一时不易复原；并云可以吃挂面。随以熏鸡汤下挂面一小碗，吃完尚觉不饱，下午又吃牛奶及锅巴粥。李七小姐及老三来谈，至晚十一时与舍予、泽承同去。

民国三十年（1941年）六月二十四日（辛巳年五月三十日） 星期二 晴

住院第八日。十一时起。怀白今日请假一天。午后一时舍予送来挂面一碗。三时兰亭、元声、其俊、金奎、树森、伯绥、翼华等同来慰问。舍予夫人携其女公子朵云来。今日本拟灌肠，但自动大便四次，爽利而通畅。祖夔送来牛肉汤及烩鱼。东明母女来。治中来约怀白同去说亲见相爷有病。旋锡永同过宜来，但见与怀白交头接耳，不知作何语。马、鄂、刘即去。九点过宜来，谓事已毕而欣然色喜，似乎他又办了一件好事。舍予同鄂去，又偕许群来。又日间谢文元来。

民国三十年（1941年）六月二十五日（辛巳年六月初一日） 星期三 大雨

住院第九日。十一点东霞来，为其包银问题。舍予来。余令东霞先去，嘱其午后再来医院。有菊孙之友刘、黄两医师欲见余晤谈，殆亦慕余之流也。一时怀白来电话，云令香有电到沪，电称阴历五月三十日下午旧钟六点二十五分得男，大小平安。舍予接电话告余，向余贺抱孙之喜；余闻之亦喜，进李祖夔送来之鸡粥一大碗，罄器食尽。盖余胃既强，又逢喜事，精神爽也。二点半东霞、东明母女来；吕弓亦至，为其二太太拍照X光，并送来代购裤带、领带、背带，计一百二十八元。此款在余所预交西服等用扣除，尚余七元，找来两讫。余介绍明霞以拜吕弓为义父，并托其照应，当在余之住房中行礼，虽未燃烛，亦如仪也。四时托舍予陪明、霞及其母往鄂宅拜干妈。祖夔来，稍谈，并定二十七日可出院赴其约。三小姐、七小姐来。大雨不止，低处全成泽国；医院大门内亦水深没踝。三小姐、七小姐两人于十一点半冒雨而去，舍予未归。葛大夫来，已不须再注射葡萄糖，谓已十愈八九矣。

民国三十年（1941年）六月二十六日（辛巳年六月初二日） 星期四 阴雨

住院第十日。十一时醒。怀白家送来菜二色；祖夔送来鸡粥。葛医生来，商定明日出院。下午祖夔来，小坐即去。治中、金次泉来送三十日之飞机票。怀白来，稍坐即去。晚八时许君来电话，云有事不克赴约。

民国三十年（1941年）六月二十七日（辛巳年六月初三日） 星期五 阴

一时舍予接余出院，在院外摄一影。算至今日为止，计十一天。房间及药费共五百七十九元六角，赏男仆十五元。派力司大褂不见，想系玉子取去带回北京。先将什物交阿土送至舒家，然后同舍予乘车至其家。怀白来，同赴沈溯明夫妇之约。沈为交通大学化学系教授，其夫人施大使之侄女；其女惠凤女士与舍予长公子子范感情甚佳。溯明夫妇揣知舍予嗜好，此次捧场请酒，皆有拉拢之意。本定在半月以前，因余病一再改期。余今日刚出医院，即首先赴此约，差恐明后日即不能如此从容矣。惠凤小姐貌不佳，人甚和气；闻学问甚好。漱明夫妇为其女公子婚姻之事辗转拉拢，如此周到，父母爱其子女之心可为无微不至矣。若在我辈梨园同行中，未闻有此种贤父兄，伊亦教育关系。同座之客不多，除舍予夫妇及怀白外，仅沈夫人之弟施一人，即施大使之公子，其余尚有女客十余人，但不同桌。菜为其家中之西餐厨司所做，甚洁净。今日之西餐，伊专为余病刚痊愈而设。怀白未终席而去。余与舍予又稍谈半小时，先送舍予夫人回府，然后同到祖夔家竹戏。余与祖夔夫妇三人，外有一山东人谢梅村。怀白、漱明后至。八圈始终，余负三十余元。祖夔夫妇胃病均极深，平时不食米饭，以西餐为常食。知余今日出院，恐中菜油腻，亦备西餐，餐毕已九时矣。又至康脑脱路赵国屏家看小电影，影片大半为国屏自摄，有余所演《钗头凤》（在大舞台时所摄）及《埋香幻》（此次在更新舞台所摄）；兰芳与金少山之《霸王别姬》；又有马连良之《打登州》；杨小楼之《落马湖》《酒楼》，均一现而已。继演中西春片，既无情节，演员之相貌及体格均下下之选。同去之舍予、漱明、怀白三人与余同一感想，均认为可作呕三日，颇欲即去；因见主人意兴甚浓，一面放映一面解说，故不能认然而去，至十一时半始告辞。主人备有粥菜，以夜深不及共食。先送漱明回行，然后与舍予同归，即宿其客室；怀白仍在此伴宿。舍予送羊毛线小孩儿衣裤一套及外衣一件，系赠余长孙。令香生儿，除三五知己外，其他诸友皆不使知道，因恐诸友送礼无法带回也。在祖夔家打牌时，因俞云九、罗曲缘请晚饭，托漱明代庖，乘汽车往，略周旋仍回李宅，来往四十分钟。座中有一客云，明后日请吃饭，如无暇但求一到而已，不必吃菜即算赏光，云云。但不知其姓名。

民国三十年（1941年）六月二十八日（辛巳年六月初四日） 星期六 晴

一夜未能安眠，六时即起，唤起舍予算清账目；将此次存舍予处之款先拨出法币七千五百元，由舍予代存四行信托部，定活两便，以两年为期，分开存单七纸。十一时东霞姐妹来谈卡尔登包银尾数原为联银四千元，改为法币五千元之事。东霞姐妹去后已午后一时矣。与舍予同至各处拜客，并赴袁仰安处吃狗肉。留怀白在舒家接洽。吴东迈送来缶师墨荷立轴；雪友三小姐送来领带六条。吴东迈在此坐甚久，深以未请吃饭为歉，又对于置产之事表示关切，久候方去。余与舍予出到古柏公寓，至怀白、仲雍、静安、仰山、诚恕五家辞行，均不在家。又至西爱威斯路和平村十九号访江子诚，少坐。又往吴东迈家，未遇。又访张俊杰、孙仰侬，均未遇。又访徐朗西，略谈。均属辞行。最末至袁仰安处晚饭。袁仰安有义女，名袁丽云，当场叩头拜师，殊出人意料之外。丽云年十八九，身量极短；闻为袁美云之妹，不知能唱戏否？近来拜师风气极盛，皆当时强制执行，事前并不得师父之同意；事后亦不求艺术之进步，可为儿戏。座中有夏辉宇（前浙江省长夏超之子，近其二子二人被绑二十一天，昨始赎回）；又有郭星孙医师，言余面色太白，嘴唇亦白，有贫血之症，照理应输血云云。又有黄铁明、徐厚植、蔡庆祥诸人。祖夔曾去电话，时余牌九正大负，至十二时转负为胜，计赢三百元。时近戒严，乘车返舒宅，怀白、舍予坐候已久，略谈。即寝。

民国三十年（1941年）六月二十九日（辛巳年六月初五日） 星期日 晴

上午十时同舍予到各处辞行。潘志铨、周旭初、顾乾麟、董老板、孙兰亭、金元声诸处均留片；稍坐者谢培德及富振远处。富嘴歪斜，谓系风吹。曾先到三小姐处小坐，十二时回。祖夔来，同午饭。一点到金门饭店，应傅湘承之约，座有卢继影等。稍坐，到黄金前后台留片，回。四点半祖夔来。同舍予、怀白及舍予之朵云女公子同往美芳照相馆照相；吕弓亦至，与余、祖夔、鄂、舒、杨五人共摄一张；李昆仲及祖夔夫人、小姐等与余合摄一张；又与鄂、舒、李、杨各摄一张，以留纪念。祖夔约至飞达吃咖啡。六时同到鄂宅，以车接东霞姊妹来。今日余为其姊妹之请客两桌，计到周翼华、孙兰亭、金元声、汪其俊、马治中、张伯铭、顾乾麟、韩昌吉、王星斋、严独鹤、葛希文、杨怀白、江漱明、舒舍予、李祖夔夫妇及其六弟、又其女公子并吕弓夫妇、东霞母女姊妹共三十三人。席间与翼华、兰亭、吕弓、东霞二家谈定东霞姊妹包银再找补法币五千元，准星期四付款，归吕弓负责。酒毕诸人皆各唱一曲以作余兴，余亦歌《二尤》〔慢板〕，病后初试，极为满意。诸人皆云在此三月未闻如此之圆润也。九时回舒宅。七小姐及老三来送别；吕弓亦到。漱明、泽承与七小姐、三小姐先行。吕弓谈至一时始去。一时半兰亭、金奎赶来送行，有预约明年来沪之意，余婉辞谢之。兰亭、金奎去后，与舍予结算账目，除去余提出七千五百元另存七纸定活两便存单及将各项代垫应付各账扣除外，尚馀三百七十四元七角。余身边用馀有二百二十元，除付阿土车夫一百元外，所馀一百二十元亦扫数交舍予并入前存，共四百九十四元七角，留作抵付黄金代作守旧两堂之用。三时寝。

民国三十年（1941年）六月三十日（辛巳年六月初六日） 星期一 晴

晨六时半起身。葛希文来舍予处。备有面，与怀白、舍予、希文共食。祖夔亦赶来话别。七时半希文注射兴奋针并交药饼一粒，备机中眩晕时服用。舍予交出前日所存四行储蓄会之存单，七纸计：

> 荀慧生户沪字第八三二一号存单一张，计一千五百元；
> 慧记户沪字第八三二二号存单一张，计一千元；
> 荀记户沪字第八三二三号存单一张，计一千元；
> 生记户沪字第八三二四号存单一张，计一千元；
> 荀慧生记户沪字第八三二五号存单一张，计一千元；
> 慧生记户沪字第八三二六号存单一张，计一千元；
> 慧生户沪字第八三二七号存单一张，计与千元。

以上七纸均存上海四行信托部（四川路二六一号）定活两便存款，最多以两年为度，至民国三十二年六月二十七日期满，其印鉴图章亦由怀白交余携回。怀白又交来老爷子存单一张计：

荀凤鸣户记沪字第八三二八号存单一张，计三千元，以三年为期（整存整付），至民国三十三年六月二十三日期满，印鉴图章系老爷子手上金戒指上刻楷书荀凤鸣三字。

均一并携回。此外携回皮包一只，系昨日漱明、怀白及舍予家小姐代为装置，并开有清单一纸带回。八时半马治中、金次泉二人来接，同往飞机场。在舍予门口摄一影。与祖夔、怀白、希文及舍予阖家珍重而别。余同金、马急至飞机场，乘太原名号飞机，于新时间九点五十分起飞，十一点一刻至南京休息刻余，仍起飞，一点一刻到徐州，又休息半小时，用饭，在招待客房散步，一点三刻又起飞。余感觉头晕不爽，三时余至济南未能下机散步，因余病症未痊，气体微弱，未能复原之故。约刻馀起飞，四时半至北京西苑飞机场下机，有各戏院经理等及留香诸同仁等及家属内子带同两儿、义女等均来场迎迓；均见余面带病容，不胜挂念，慰问。在机场略叙寒暄，余即乘车回家；诸友等亦均分手，乘车返回。与常、李二亭及焦崇圆闲谈，留饭。余子令香于辛巳年五月三十日下午六点二十五分降生一子，将过三日；余儿媳、长孙均安好。余给长子令香一千元、长媳荀王同炎一千元、小孙两千元，共四千元，储蓄八九年可达万元之数，作伊等教育费。晚饭后客去。余与长子计划留香饭店后部工程，至十二时。寝。

民国三十年（1941年）七月一日（辛巳年六月初七日） 星期二 忽阴忽晴

十一时起，午饭，沐浴。余给内子及小儿令文三千五百元，储蓄备用。阖家同往留香饭店，验看后部工程。费叔迁现住余饭店（余老友，现任南京副委员长），住十一号房间。余前往访谈，面约余阖家明日在本饭店西餐，接风之意。与星伯询问留香饭店出入账目等情。杨主任、张科长均当时在局置务，饭店候伊当管，明忱向余云在椿树上三条六号博戏，为张、杨抽头。十二时余赴约，同赌者有盛三兴、甫中兴饭店和经理并贩卖烟土者数人。博戏假应，余负洋三百余元。次早七时归，寝。

民国三十年（1941年）七月二日（辛巳年六月初八日） 星期三 晴

博戏劳神，将欲寝，林秋雯、雷少臣、杨韵谱来访谈海上演戏经过、成绩。并嘱令香催促明忱速解除留香饭店西餐部徐、林二姓，非照合同嘱伊退出。礼堂欲隔房卖客，较西餐部进账稍多；午饭后少亭同令香至饭店办理。余日夜未眠。七时内子带次儿亦至，饭。应费叔迁西餐之约，伊夫妇招待勤，略谈海上经过。饭毕嘱明忱急速接洽西餐部事、并隔房等情。十二时阖家抵寓。稍息寝。

民国三十年（1941年）七月三日（辛巳年六月初九日） 星期四 晴

连日不得休养，病体未复原，饮食不节。昨日早饭系吃拉面，胃中时感不舒，旧病忽犯，夜间腹痛不止，颇感痛苦，无法治止；不得已吸鸦片，为解一时之苦。今日十二时起，登东大便干燥，凝结不易下降；然虚躬小便畅快。下午腹痛仍剧，大便水泻数次，四肢无力，头晕眼花，在医院注射麻醉剂，为提精神，当时见效。理发，至中原医院看病；又至留香饭店，应盛三之约，在本店西餐厅；并介绍特务课王、郑二翻译。余因病归寓，命令香招待。晚间腹痛不止，电召董季高医生来寓诊视，灌肠、注射；并请汪逢春同时疗治，稍觉安逸。夜一时寝。

民国三十年（1941年）七月四日（辛巳年六月初十日） 星期五 晴 热

今日热度达一百二十度。早七时腹痛不止，胃肠作患。天气酷热，病又缠身，烦闷异常。急电召董季高来寓诊视，病仍未减，而又有其于昨晚日夜未能起床，嘱阖家均注射防疫霍乱针。亲友陆续而来看病，余难以应酬。夜间腹痛更甚，不能安寝，耐至次日天明。

民国三十年（1941年）七月五日（辛巳年六月十一日） 星期六 晴

一夜未眠。早七时同长子赴蒲伯阳医院诊视，入门即注射麻醉针，再谈病原。蒲大夫未能彻底说出病原，唐突而已；欲介绍德国医院休养。抵寓，休养静卧。夜十二时许病又发作，实难忍受，嘱令香各处购止痛药“兜丹丁”。此药系德国货，现甚缺。长子在蒲伯阳候余电告即去注射针止痛。回家忍痛而寝。

民国三十年（1941年）七月六日（辛巳年六月十二日） 星期日 晴

五时腹痛难忍，即起床，同令香赴中原医院看病，仍注射止痛针、灌肠。伊言有种对于肠胃病所用之良药，然现在西药价昂，甚缺，不能购得此药，对症下药，即刻见效；彼正代为设法购买。归家休养。毛世来等来看视。汪逢春来看病。午后稍息，晚间略进饮食，休养。

民国三十年（1941年）七月七日（辛巳年六月十三日） 星期一 晴

六时起床，至中原医院诊病。胃痛稍减，精神仍未复原。嘱余不可再用麻醉针以止痛苦，免去将来染成嗜好难以戒除。抵家。四肢无力，时出虚汗，倦极，酣睡。下午三时逢春来寓诊治。李瑞亭来访。周身痛苦至晚七时余始稍减轻。朱鼎荣来，谈余在上海时彼对饭店多有帮忙，不过卖情而已。共饭。该时微雨。十二时客去。即寝。

民国三十年（1941年）七月八日（辛巳年六月十四日） 星期二 阴

七时起床，至中原季高处看病。今日大见痊愈，彼嘱余多加休养，饮食起居多加注意，不久即可复原。回寓。童芷苓母子来探病。鸿庆裕周经理席珍来寓，云令香亲往该号商洽借款事，因银根紧急，实难通用；如他处允借，伊愿出保；并面托伊变卖余所有之房产。晚饭后寝。

民国三十年（1941年）七月九日（辛巳年六月十五日） 星期三 晴

早七时起，赴中原看病，即归，午饭。李辑三来寓待扇，嘱余书字、签字，并言明日赴烟台带社演唱；闲谈王瑶卿事。内子四姐来。昨常少亭、苏宝荣云李绍亭此次随余赴沪，每月包银一千二百元，其意不满，欲凡事不作。余因此人虽爱金钱，然办事颇属诚实。嘱人约伊来寓，当面劝之，处此时局，找事甚难。彼甚以为然，自己抱歉解释。大姻嫂领其子彦衡及四姻嫂同伊子媳来寓探病；林秋雯亦至，闲谈。长子媳雇用奶妈王姓喂乳余长孙。晚叶春荣来谈由沪到京一路经过，各海关检验时手续非常烦援，欲要贿赂费用；有时恐吓，有时冒充友邦，种种趣事，令人捧腹大笑不止。三时寝。

民国三十年（1941年）七月十日（辛巳年六月十六日） 星期四 晴阴不定

九时起床，至中原诊病，归寓，午饭。林秋雯带来令香与其小女所拍之小照数帖赠余，并借《刺红蟒》戏衣。晚计划饭店后部工程时须付款，彼等催促甚急；兼之与启华定妥暖气，亦须付洋八千元。然刻下无钱，只得卖房付款。但一时难觅相当买主，实感烦扰。明忱来寓。用房契在河北银行押借钱文，以救燃眉。一时寝。

民国三十年（1941年）七月十一日（辛巳年六月十七日） 星期五 晴

早七时起床，往逢春处看病。今日伊休息，空去一趟。回寓，午饭。因余生孙送鸡蛋者甚多，时天气酷热，恐其腐坏，故用黄酒将所存鸡蛋腌之三坛。晚饭后寝。

民国三十年（1941年）七月十二日（辛巳年六月十八日） 星期六 晴

早八时起，赴逢春及中原医院中西二医生看病。明忱、少亭、少臣先后来，闲谈。二时带令香、令文至大光明（即哈尔飞戏院改名，现演电影）看《翠堤春晓》。该园股东刘迎秋招待一切，并参观杨守一所住之旧刑部街住宅于今年将旧居之一部分建造长安大饭店，设备装饰均仿余之留香饭店。五时回寓，晚饭后稍息，寝。

民国三十年（1941年）七月十三日（辛巳年六月十九日） 星期日 晴 下午阴雨

早七时起，至中原医院看病，回寓，午饭。敬余来闲谈。现长子从朱桂芳习学武戏；次子从王孟斋学日文。常、李少亭、苏宝荣来。开销各配角在沪演剧所差之包银。和才、玉才来，玉才并介绍按摩某姓，每日与余治疗病症。晚无事。寝。

民国三十年（1941年）七月十四日（辛巳年六月二十日） 星期一 晴

七时至中原医院看病，归家，清理历年亲友所送水酒等物。余用斯酒腌鸡蛋百余，利用废物之意。朱鼎荣来，言海上怀白、舍予寄伊一函，嘱余急写海上诸友谢函。姜明忱亦至，云有人欲购本巷十六号房，抵价二万六千余元。冯惠林之夫人云，有人欲买棉花下七条二号房，出价二万一千元。郭盛三偕友人来至本巷及七条看房，均不合适。饭后与少亭等闲谈。次子与近邻小朋友往开明戏院观剧，夜一时半未归，余甚悬念；二时抵家，余始放心。即寝。

民国三十年（1941年）七月十五日（辛巳年六月二十一日） 星期二 晴

早五时起，步至中原看病，步归，整容。午饭后冯惠林夫人来，言棉花下七条二号房有人购买，出价二万一千元，佣钱在外；得余同意再为合择。允许伊接洽。晚至饭店小坐，一时归，寝。

民国三十年（1941年）七月十六日（辛巳年六月二十二日） 星期三 晴

六时起，往中原看病，步归至信昌理发，返寓，午饭后小睡。与常少亭等闲谈。十二时寝。夜间梁上君子扰乱不安，未能安睡，天明始寝。

民国三十年（1941年）七月十七日（辛巳年六月二十三日） 星期四 阴

七时至中原看病，归寓。接曾逊之请帖，约诸友明日借余处赌博，为伊抽头帮忙。

惠林夫人来，同令香至伊宅，与购棉花下七条二号房者晤面，谈妥于明日正午写字。因伊在天津住家，手续办完后即同往天津取款。午饭。接延年会同仁恭请逢春，二十日在汪宅宴会及二十二日在泰丰楼恭请赵二爷仲熙补祝之意。下午二时偕内子闲步至平民市场购物，步归。带两儿至大光明看《茶花女》电影；林秋雯夫妇亦至。八时冒雨而回，晚饭后寝。

民国三十年（1941年）七月十八日（辛巳年六月二十四日） 星期五 晴

八时起，至中原看病。曾逊之借余处约诸友叶子戏，夜二时散。沐浴，寝。

民国三十年（1941年）七月十九日（辛巳年六月二十五日） 星期六 晴

六时起，步至中原看病，归寓。午饭后同令香至左右近邻访友，因余由沪回京不爽，与熟友未晤面，故今日出门访友十余处，均晤面。并到平民市场与内子购烟灯。欲进城访友，宣武门前设立注射防疫针，逢人便注射，惟恐注射所用家具不洁净，未进城即归寓，晚饭稍息即寝。

民国三十年（1941年）七月二十日（辛巳年六月二十六日） 星期日 阴晴不定 热

早六时起，往中原医院诊病；又至天桥大市一带等处散步。余赴汪逢春宅，延年会同仁公请逢春，补祝之意。由沪上归来，初次酬应宴会，谈笑甚畅；同席有小云、砚奎、伯涵、一峰、星五、泽生、仲熙、公颖、佐庭等。饭毕回寓稍息，一时始寝。

民国三十年（1941年）七月二十一日（辛巳年六月二十七日） 星期一 阴晴不定

七时起，往中原诊病，归寓。午饭后带玉海至东西各城访友，并亲送礼物，表示由沪回京之意。共七十余家，晤面者大半。由一时外出至九时返寓，晚饭。该时大雨。饭后阖家沐浴，稍息，即寝。

民国三十年（1941年）七月二十二日（辛巳年六月二十八日） 星期二 晴

七时起，往中原诊治，返寓。留香饭店同仁、经理、先生、茶役等共送匾额一方，为余得孙作为贺礼；并序出余为梨园创作营业之首，开幕时值沪黄金、更新两园之约，欢迎之热烈实为空前，载誉返京，正洽（恰）又得文孙，实为三喜临门；祝匾之词为“威凤祥麟”四字，悬挂北房正中。少亭来。晚带令香至泰丰楼延年会，同仁共请赵仲熙补祝寿辰。面托吉世安办理留香饭店铺捐事，确定等次，惟恐饭店后部建成后捐税加大，以清手续，免得将来周折；伊满口允许代办。饭毕即归。数日前徐斌寿、徐竹元由兰州来京至寓，言沿路困难，双方盘查甚严，跋涉奔波，痛苦之极点；竹元夫人躲至战壕，沿路生子；行程四月有馀，绕道回京，幸而人口平安，十分万幸。十一时寝。

民国三十年（1941年）七月二十三日（辛巳年六月二十九日） 星期三 晴

今日为长孙名皓弥月，诸亲友来贺，并设有杂耍助兴，热闹非常，并未正式出帖，赶情者甚多，约三百余人。外城日本宪兵队长临时在致美楼宴客，约余往谈；怕有事故，令人怀疑，只得前往周旋。到场时有素秋、万春、砚秀并日人三名。徐翻译询其今日之举，队长言伊毕业不久，现居队长之职，联络交友之意。入席略为周旋，即辞归寓，招待贺客。八时微雨即止。杂耍及亲友等至十二时陆续散去，惟赌友二十余人通宵未息，次日下午一时午饭后始散。余小睡。

民国三十年（1941年）七月二十四日（辛巳年闰六月初一日） 星期四 晴

晚六时起床，晚饭后稍息即寝。

民国三十年（1941年）七月二十五日（辛巳年闰六月初二日） 星期五 阴晴不定

早六时起，至宣外平民市场与内子购烟灯；又至中原医院看病，归寓，午饭。少亭、令香往同和轩办理棉花下七条二号卖房手续，售与李姓，卖价洋两万一千元整。中人冯惠林之夫人先收卖房价洋一万七千元，下余四千元腾空房时交齐，定期四个月为限，如到期不能交房，每月罚洋八十元。少亭、令香三时回寓，述说办理手续经过。周希珍代伊友来看本巷及下七条房；明忱亦至，云杨主任移居南柳巷六十五号，因其职为特务，凡是饭店、娱乐场归其所辖管，嘱余备厚礼亲往贺之。段雨农、段立彤、苏宝荣来。结算弥月账目，晚饭后稍息即寝。

民国三十年（1941年）七月二十六日（辛巳年闰六月初三日） 星期六 晴

早六时起，往中原看病；又往访朱鼎荣，问仰山代余借款事。返寓，午饭。接沈宅报丧帖，沈揆楷本人病故，今日在宣外官菜园上街自新路观音院接三，带令香往吊丧。余阖家又往大光明电影院往观电影。晚汪逢春、庞敦敏[1]约余父子在春华楼晚餐，洗尘之意，带令香赴约，同席有世来、世芳、万春、仲仁、袁姓等；同时朱洽黎、张逸群亦在该处宴客，请贾仰山在别室约余，皆是老友，饮酒畅谈，两饭局往返饮酒，略有醉意。面托刘大爷、张二爷为留香饭店铺捐减低。十时回寓。天时忽然电闪，风雨交作，雷声震耳；灯光全城熄灭。二时始寝。

民国三十年（1941年）七月二十七日（辛巳年闰六月初四日） 星期日 阴晴不定

八时起床，至宣外平民市场散步。与内子购烟灯，回家午饭。玉才来，为伊友索照片。少亭、陈农先来，均未晤。延年会同仁在撷英宴客，为与韩佐庭补寿，带令香同去。郭效贤电约余往环翠阁博戏，为名妓捧场抽头，车接余，即往，稍敷衍。往留香饭店，内子带儿辈们亦至。王树臣云，禹、尹二姓宿余饭店四号房，约余夫妇竹戏，天明始散，抵寓即寝。

民国三十年（1941年）七月二十八日（辛巳年闰六月初五日） 星期一 晴

午饭毕往四行准备库访贾仰山，晤面，谈上海演戏成绩经过，并谈起借款事，仰山推辞。余到留香饭店，内子为长孙弥月来宾，至各处致谢。阖家均在饭店晚餐。明忱云，禹姓代尹姓购买椿树上三条十六号房，王树臣中人送来定洋五百元整，择吉日写字卖契。夜二时归寓，稍息即寝。

民国三十年（1941年）七月二十九日（辛巳年闰六月初六日） 星期二 晴

九时起。特务科杨主任移居南柳巷六十五号，余送沙发一堂以作迁居贺礼；亲往贺之。杨有事出门，未晤，步归。少亭来，云宣外慧园房七间一所，共六所，临街铺面房三间，售出卖价洋四万一千六百元，中费在外，留定洋，三两日内写卖约。常振春欲购棉花下七条甲二号房，条件、房价甚克，余未允。书堂约伊友借余处赌博为己抽头，余允之。俄时伊友陆续而来，成局大赌。潘立之来访，闲谈，留饭。王联五生辰，延年会同仁公请泰丰楼，余在主人之内，只得到场，饭毕即归。赌博未散，余亦加入。次日天明十时余客散。

---

1 庞敦敏（1890～1956年），江苏吴江人。曾留学日本，就读于东京帝国大学。曾任北京大学农学院教授、院长、北平卫生局局长。

民国三十年（1941年）七月三十日（辛巳年闰六月初七日） 星期三 晴

赌博诸友十时余散后，阖家午饭。日夜未眠，晚饭毕阖家往“中央”观电影，十一时抵家，即寝酣睡。

民国三十年（1941年）七月三十一日（辛巳年闰六月初八日） 星期四 晴

早九时起，午饭前接演艺协会通知函，今日下午三时半在中南海怀仁堂开会，余带令香赴约。四时开会。余与小云位临台上，由魏子丹、余晋龢及各部局长、科长并日人数名要人等同座，馀者均在台下听讲。艺术界各首领演员到者约三百余人。开会时周大文致词，余晋龢演说。四时开会至七时始散。同少亭、绍亭、宝荣回寓。八时刘玉海电，云宣外慧园房购房者带价洋在致美楼候写买字，带房契同少亭、令香到致美楼，余在留香饭店候等；同宝荣、绍亭晚餐。十一时令香、少亭、玉海至饭店，云致美楼写卖房契约，购者任姓先交三万一千六百元，下欠一万元交房后付清。十一时鲁金声约余到和平门内常汉卿宅博戏，为坤伶尚秋华抽头；二十余人均是烟贩及靠赌吃饭者。夜雷闪，风雨交作，闻大树、电杆、房屋被雷雨损坏甚多；绒线胡同电线刮断，伤大车夫、洋车夫、骡、狗等不计其数，天灾人祸，縻乱世界，亦觉可怜。次早八时回寓。

民国三十年（1941年）八月一日（辛巳年闰六月初九日） 星期五 微雨

沿路观看被雷雨损坏各物甚多。由常宅抵寓后午饭，欲寝。吴薪传、董一平来寓，谈起招股合作翡翠买卖、购买石块材料、找觅工人开作。现董姓有翡翠石一块，索价四千元，据云开卖绝不亏本；实在手内缺乏，无力合作，固索现金，急速回申。吴劝余同伊合作，如赔本钱时伊愿保（包）赔损失。高亚杰亦至。高开中原金店，对于玉器内行。高亦劝余，万无赔本。朱鼎荣夫妇来，留饭。该时大雨倾盆，雷声隆隆，忽下忽止；近几日雨水甚勤。饭后研究中西医治病妙法，各有所长。十二时客散。稍息即寝。

民国三十年（1941年）八月二日（辛巳年闰六月初十日） 星期六 晴 燥热

中伏三日，暑气逼人。早七时起。午饭后到西城绒线胡同蓉园饭庄访鲁金声，未晤。在家晚饭，十二时始寝。

民国三十年（1941年）八月三日（辛巳年闰六月十一日） 星期日 忽阴忽晴

早八时起，往中原诊病；又至西交民巷赵炳南处治疗右腿烫伤，回寓，午饭。怀白、舍予寄来在沪日记，誊写理清。赴留香饭店。陈农先约余带令香赴春华楼晚饭，座有十余人，谈笑甚畅。禹、尹两姓及李兴甫车接余往百顺胡同兰香班博戏，今日三妓女开市，捧场而已。李兴甫面约明日文昌胡同甲十九号便饭。十一时抵寓，稍息即寝。

民国三十年（1941年）八月四日（辛巳年闰六月十二日） 星期一 微雨

九时起。秋雯来，留午饭。六时赴文昌胡同甲十九号坤伶陈晓昆宅，与鲁金声、李兴甫等二十余人，多半烟贩吃赌者；晓昆家姐妹三人，一嫂一妹。为其帮忙至夜三时。抵家，即寝。

民国三十年（1941年）八月五日（辛巳年闰六月十三日） 星期二 晴

十时起床，午饭后接祖夔函，云其胃病复发，饮食稍减；赠余提篮两个，托东霞带京；五六号徐氏姐妹返京。庄继孟亦有函来，上海卡尔登徐氏姐妹演戏成绩不佳，该院欲减少包银，多亏桂泽承、徐朗西从中帮忙，照付。今晚禹、尹两姓购买椿树上三条十六号房，定写契约，嘱令香、少亭带契纸同往饭店接洽、写字。任、禹、王三姓原定两点写字，故意延作晚六时方至饭店；王树臣中人挑剔房价昂，言明两万六千五百元，中费在外。伊狡猾，欲要将五百元取消，只与两万六千元，毫不够信用，出言十分狡猾。因任、禹以作烟贩起家，夙卖各样毒品，穷人陡然而富；树臣夙日捧伊，嫖赌骗饭，为利益起见，不免偏向他人说话；又见余卖房还债，未免势利小人之见，可笑！可恶！此房由半月以前售卖，禹姓促伊写字立约，伊屡次失信，约有四五次之多；今日写字之约，伊方款项不足，欲开空头支票将契约写好，余未允；伊方又冒充阔人，不肯说出无钱，又变僵局。禹、王等托词，云今晚有要事，定明日下午二时准在留香饭店接洽、写字。余意要将此约作罢，少亭、令香、星伯等劝余不可如此，忍耐为是。其意逼余退还定洋之计，余亦想到此处；与小人处事实在刁滑。八时归寓晚饭。该时雷雨闪电交作。十二时寝。

民国三十年（1941年）八月六日（辛巳年闰六月十四日） 星期三 阴雨 晚晴

九时起。午饭后何佩华来言同世来往天津演唱半月即归。和才由天津来。接沪上许珍华女士函，云余在沪上分手未能相送、身体不能自由、挂念余病体等语，即复函，托怀白转交。二时阖家往留香饭店，接洽任姓等购买房契之契约。任、禹、王三姓未赴约。闻伊等在惠丰堂请客，饭后又冶游。余阖家归寓，晚饭后阖家冒雨至大光明影院，看《勇冠三军》电影。嘱少亭在留香饭店候任、禹、王立契约；屡次百般刁难，看伊水落石出。阖家十一时归寓。少亭来电，云任等方至饭店立手续、写契约，腾房、交款、签字，先付支票现款一万五千五百元，又付支票四千元，闰六月二十四日，阳历八月十六日方可取款，手续完毕；少亭将所有契约、支票带回，述说经过，伊方言语丑态不堪，强词夺理，可笑！二时少亭去。雷雨电闪仍未息。余即寝。

民国三十年（1941年）八月七日（辛巳年闰六月十五日） 星期四 阴 下午晴

九时起，吊嗓。张春禄、陆喜才因功课懒惰，辞去。女仆张姓，犯同病亦被辞。晚饭后稍息即寝。

民国三十年（1941年）八月八日（辛巳年闰六月十六日） 星期五 阴晴不定

今日立秋，热极。八时起。朱桂芳来。与令香用功。午饭。常、李二亭来，云今晚在长安演献机义务戏。陈受之夫人带其女来；刘锡永夫妇亦至，留饭，十时同赴长安戏院，演《辛安驿》；喜瑞《闹江州》；宝森《打渔杀家》。晚十一时余登台。奇热。十二时半戏毕，阖家即归，夜宵，天明始寝。

民国三十年（1941年）八月九日（辛巳年闰六月十七日） 星期六 忽阴忽晴

十一时起床，院内闲步。二时东霞姐妹由沪来京，祖夔代余购得提篮两个，徐氏姊妹亲自送来，余外出，未晤。至宣外大街朱宅访鼎荣之父。带余长孙托伊起名德字派、派字令德孝恭，令香长子由德字起。晤面，畅谈。又至潘立之家闲谈。往陆太太处，玉菁亦在伊家。到留香饭店看工程。启明银号赵润芝电催透支借款，托少亭往银号接洽，应伊下星期六归还。八时带长子、长媳归寓，晚饭，稍息即寝。

民国三十年（1941年）八月十日（辛巳年闰六月十八日） 星期日 晴 热极

早六时吴彩云长子来，云其父周身胖肿，病态甚重。余往探病，见内兄精神，照常做事，仍旧送伊药资安慰；素日家务不合，劝解。又往彦衡家，约彦衡与令薰练习武功，并排演整出。至中原看病，回寓午饭。盛三来谈。同少亭计划与两儿请文武先生，令香武工朱桂芳担任；令薰武工彦衡担任；老生沈玉秋、张连福担任，念书先生尚未决定，再选择人才始定。东霞母女亲带礼物来寓，谈沪上演戏经过，欠包银一层由朗西从中调和，照付。晚饭后阖家沐浴，稍息即寝。

民国三十年（1941年）八月十一日（辛巳年闰六月十九日） 星期一 晴 燥热

早八时起。孙兰亭、金元声由沪乘机同来，携带礼物来寓访余，晤面。伊住东城弓弦胡同十四号陈宅友处，略谈而去。饭后小寝，四时起身。尚小云向余索《盘丝洞》《辛安驿》，为荣春社科班演唱，抄好即付伊。晚六点带令香往留香饭店。余又至中原疗治病症、注射预防针；又至明湖春晚饭。夜二时抵家，即寝。

民国三十年（1941年）八月十二日（辛巳年闰六月二十日） 星期二 晴 甚热

八时起。常、李二亭来，偕余阖家至弓弦胡同十四号陈宅访金元声夫妇及孙兰亭、徐佛生，晤面，畅谈，面约伊等星期四游逛颐和园，稍谈即归。午饭毕与尚小云送去全部《辛安驿》《盘丝洞》二剧本，赠伊荣春社学生演唱。又至留香饭店小坐，抵家，晚饭毕天气炎热，闷坐无聊。阖家往中央电影院观映《缅甸风月》，此片不佳，情节曲折甚少。十一时回寓，即寝。

民国三十年（1941年）八月十三日（辛巳年闰六月二十一日） 星期三 早雨 阴晴不定

八时起。昨日新艳秋之兄购余棉花下七条房，定写契约，因款项不足，要求星期五写契约。午饭毕小睡。祖夔、怀白、舍予等均有函来。六时赴华北广播协会，接余阖家同往。时间尚早，在该处散步、游玩。七时五十五分同斌仙播送《小放牛》，三十分演毕。至长安屋项，王敬五、杨守一、薛润甫维余阖家及少亭夫人、其女、绍亭等西餐。董少卿、郭盛三、高亚杰等均在该处请客；一一周旋。饭毕盛三约余等长安戏院七号、二十一号两包厢观童芷苓演《红楼二尤》，模仿余不过皮毛而已，实在对于戏情无有揣摩。天气热极，戏未完余先归，稍息即寝。

民国三十年（1941年）八月十四日（辛巳年闰六月二十二日） 星期四 微雨

比较前数日稍凉爽。早六时常李少亭乘车而来，阖家起床，同往弓弦胡同陈雨亭家，约兰亭、金元声夫妇往万寿山游逛风景。郭盛三在该处租得房一处，知余同友人游玩，派仆人预备酒饭，在门首迎接。饭毕到各处游逛。在佛香阁摄影数帧，古香古色，别有风味儿，金碧辉煌，规模极大，可爱！至下午四时友人等均疲乏，即乘车分手，各自抵家。阖家均寝。六时起身。鼎荣同饭。接程砚秋、李殿璋来帖，定在大觉胡同十七号李宅下午七时约余。刘腾夫丧庶母，有讣闻来。余定十九日星期二在丰泽园请贾仰山、朱鼎荣夫妇、金元声夫妇、孙兰亭、陈雨亭夫妇晚餐。十一时寝。

民国三十年（1941年）八月十五日（辛巳年闰六月二十三日） 星期五 阴

八时起，饭毕本巷六号朱女士请余至伊处，介绍海上妓女安娜；该妓与叶某某旧友，举止轻薄，人才平常，稍谈即归。六时少亭、令香、绍亭同往骡马市大街庆松园与新艳秋之兄写卖房契约，伊购余棉花下七条二号房，共十四间，卖价一万九千五百元，中费等花销均归伊方担任，今日正式写字，交洋一万四千三百元，下欠五千二百元，腾房交钱。姜明忱来，云启明银号赵润芝催欠款，定明日先送还五千元。十二时客散，即寝。

民国三十年（1941年）八月十六日（辛巳年闰六月二十四日） 星期六 晴 热极

八时起身。四内兄长子长海来，云其父之病白日平常，夜间加重；索钱并托介绍良医。介绍西医董季高，该人为中原医院院长。午饭毕宝荣代写各处腾房通知公函。余因所有房产变卖现款，现已卖出多处，余者均有通知函。函意内容：

> 径启者，所有尊处租赁敝人自置坐落××区××胡同住房一所，现已售与某姓，除照章让免，自七月十三日起至十一月十三日止，四个月房租外务，请迁移腾房；否则敝人与买主立约订明，如逾上开期间不能交房时，逾限一日赔偿损失费二百元。此项损失即应由执事负责担任，为特专函通知，并希注意为荷，谨致×××先生。
>
> 荀慧生

信稿共发十余封。晚赴饭店。又应李殿璋之约，同席兰亭、元声、仲荪、体道、迎秋、富琴等十余人，十时饭毕，辞去。至大光明看电影，阖家均至。十一时归，寝。

民国三十年（1941年）八月十七日（辛巳年闰六月二十五日）星期日 阴 稍觉凉爽

七时起，至雷少臣家，外出未晤。步至椿树上三条六号朱太太家，闲谈、小坐。抵寓，午饭。带令香至羊肉胡同陆太太家，接洽购房澡盆等事；又至皮库胡同看房，空地约有三亩，房十余间，破烂不堪，系染房，索价甚昂，约五万余元，因价不符，即抵寓。元声夫妇、兰亭来寓，回拜之意。华丰木厂约余阖家在东安市场森隆晚饭。六时常、李二亭来，偕余阖家赴华丰森隆之约，同席有邵星伯、李西园、刘锡永夫妇等；饭毕伊等赴真光看电影，余夫妇归寓。天气炎热，稍有不适。沐浴，即寝。

民国三十年（1941年）八月十八日（辛巳年闰六月二十六日） 星期一 阴

早七时起，步至彦衡家小坐，正午至中原注射预防针，抵寓午饭。李香坡、郭盛三、郭效贤同来，促余竹戏，负洋二百余元。三时客散，即寝。

民国三十年（1941年）八月十九日（辛巳年闰六月二十七日） 星期二 阴雨

早七时起床，午饭毕接叶庸方[1]丧母讣闻、孙佩之丧叔讣闻；今日刘腾夫丧母，伴宿在地安门外厂桥嘉兴寺。四时常、李二亭来，乘车同往吊唁。晚阖家至丰泽园，自做东，约兰亭、元声、佛生、砚秋、殿璋、鼎荣夫妇及常、李少亭晚饭。金、孙云明日乘机飞沪。该时大雨。九时散。至饭店小坐，十二时归寓，即寝。

民国三十年（1941年）八月二十日（辛巳年闰六月二十八日） 星期三 晴

八时起，步至茶食胡同吴薪传宅，伊尚未起床。到信昌理发，步归。俄时薪传来寓，谈购买玉器事。伊去后午饭。晚七时常少亭约余阖家至安儿胡同西口烤肉宛晚餐。饭毕至伊家小坐；又往大光明看电影，影毕而归，稍息就寝。

民国三十年（1941年）八月二十一日（辛巳年闰六月二十九日） 星期四 晴

八时起。吴薪传偕警声主任丁姓来寓，以献机名目烦演义务，命少亭婉言谢之。竟日无事，晚饭后即寝。

民国三十年（1941年）八月二十二日（辛巳年闰六月三十日） 星期五

九时起床。电约少亭来，结算沪上旧历由二月二十四日起至五月二十二日止演戏账目，定下午四时同李绍亭、苏宝荣聚齐结清，留晚饭。一时散，即寝。

---

1 浙江定海人，生于1903年。其父叶星海，早年与德国人吉伯特同至天津创办兴隆洋行，任买办。1928年，叶星海病故，由叶庸方继任，为期不久，即辞去买办职务，创办《天津商报》。叶庸方本是戏迷，出资将永兴洋行的国剧票房扩大，每星期六晚彩排，以武戏做大轴，为了练私功，叶庸方亲自去北京请来文、武老生名演员张荣奎，给他说戏、拉身段、打把子。他学了《南阳关》和《战太平》等唱、做繁重的靠把老生戏。结识许多京、津、沪著名男女演员，如杨小楼、余叔岩、“四大名旦”、李桂芬、恩晓峰、孟小冬等，这也为长城公司灌制唱片建立了人脉关系。后与老实厚道的坤角马艳云相识一年多后结为伉俪，由于吸食鸦片烟中毒过深，日渐衰颓，1944年将过不惑之年溘然长逝。

民国三十年（1941年）八月二十三日（辛巳年七月初一日） 星期六 晴

十时起。接许芝亭、林树棠约今早留香饭店西餐，酬谢。启明银号赵润芝来函，催促长支款项。张笑侠来函索书。晚阖家至饭店，李万春亦至，说《天河配》。计划后部饭店，将厨房拆去改为砖瓦房。归寓，晚饭，少息即寝。

民国三十年（1941年）八月二十四日（辛巳年七月初二日） 星期日 晴 风

八时起。管觐生来，云明早随马艳芬赴沪黄金出演。午饭。阖家往三庆戏院听金刚钻、小香水秦腔《天河配》。步至饭店。在同仁堂购得牛黄清心丸药，交内子手；内子步行，烟瘾发作，大约顺手遗失，可气可笑！八时归寓，晚饭，即寝。

民国三十年（1941年）八月二十五日（辛巳年七月初三日） 星期一 晴

十时起床。午饭后郭盛三来谈天，并研究留香饭店姜明忱事先未曾通知、商洽，姜与西餐部许芝亭、林树棠私订合同；姜对于合同利害不甚明了，伊幼小失学，文理不通，现所定合同西餐部一方有利益，条件刻薄霸道，订五年期限，只许西餐部辞退，余不能辞伊；并所有西餐部家具及号衣、一切设备均归饭店供给，而西餐部另在饭店开房、聚赌及不规则行为，势不利于饭店。余本应立将西餐部辞却，奈合同皆由经理订立，余无与交涉之必要，已嘱经理婉言辞去。然姜经理夙日马虎，余虽嘱其数次，彼仍搪塞，故托郭盛三从中解释。倘若成讼，与明忱为害甚大，请其从速办理。七时盛三去。晚饭。阖家往新新戏院，演华北演艺协会义务戏，与金少山、李万春、言菊朋合演《天河配》，金、李前后饰牛郎，言饰张有才，萧长华嘎氏。并有日满记者至后台摄影数帧。一时半抵家，稍息即寝。

民国三十年（1941年）八月二十六日（辛巳年七月初四日） 星期二 晴

十时起。午饭后郭盛三来，言与姜明忱晤面，述说西餐部林、许合同事，促其急速接洽办理，两三日内解决。伊去后删改新旧剧本，腾清。晚饭后令香、令薰、长媳同往大光明观电影，闭幕归寓时次子自行车未带车捐，被警察扣留，三日后带罚金取出。令香车捐过期两月，幸未查出；骑车不慎将长衫撕破。沐浴。欲寝时房上贼声响动，均惊起。贼人在天棚上藏身，学猫狗动作。数日前失去烛扦、供物，未曾声张；贼人来寓连日不息，命冯百岁、刘玉海持手电灯上房巡视，已与贼人晤面，将伊惊走。贼人在房如行平道一般，此乃久惯作贼。一夜阖宅未眠，直至天明始放心安睡。

民国三十年（1941年）八月二十七日（辛巳年七月初五日） 星期三 晴

早十时起。令香吊嗓夙用管觐生，伊随坤伶赴沪演剧，现沈玉才替代。接启明银号请帖，约明日在瑞蚨祥西栈宴客。启明借款事催促甚紧，少亭往去婉言还办，伊方要房产抵押、改换字据。晚饭后盛三送来厢票两张，约阖家往观，即赴长安戏院，看童芷苓《天河配》，大轴反串黄天霸，与侯喜瑞合演《连环套》，观毕归寓，寝。仆人云贼人又来偷盗，佣人暗地防贼，天明方息。

民国三十年（1941年）八月二十八日（辛巳年七月初六日） 星期四 晴

十时起。邵星伯、刘玉海来寓，报告饭店冯督察先派人与阖店人员送信，云今晚一时后有人来查店，诸事谨慎。果然有人来查，将暗铃查出，线割断，将铃线撤去以作凭证，并叫拒绝承认警铃。强迫手腕，以官压民。楼上客人烟具抄走，并客人三名带官究办。事先有人送信，出此意外之事，用人不当。茶役、头目等事不关心，不尽个人天职，太不忠心，散漫。余急急赴饭店，嘱明忱严加管束；命明忱至袁署长、吉世安两处托情，将饭店带去客人请求释放；再疏通电铃拆线事。七时赴瑞蚨祥西栈启明之约，同席瑞蚨祥、孟宅多半，李峩山、姚儁贤等；大叫姑娘陪酒。饭毕归寓，与少亭计划饭店后部工程事。一时始寝。

民国三十年（1941年）八月二十九日（辛巳年七月初七日） 星期五 阴晴不定

十时起床，午饭后留香饭店茶役张廷栋来报告，昨日饭店带人具结事。俱伊云，承认电铃具结是夏稽查代王俊锋签字，王俊峰、刘玉海均藏在三十号房间。免费唇舌，招待。并云留香饭店不是安身长久之处，不过混饭而已，不必多事。但夏代王签字，关系重大，王始出房间干涉，王命范绍棠随警察到局，伊寻找姜经理脱身，懒惰。楼上客人吸烟，为茶房图小利之过。言毕即调查真相，加以整顿。删改《钗头凤》剧本。晚赴长安戏院演应节戏《天河配》，座拥挤。天气甚热，浑身是汗；数日未登台，稍觉累乏。戏毕阖家及常、李同归寓，饮酒后畅谈，三时始散，即寝。

民国三十年（1941年）八月三十日（辛巳年七月初八日） 星期六 晴

八时起床，往饭店询问稽查、招待，前初五日被捕旅客及具结电铃之内中情形。伊等均花言巧语，互相隐瞒，可笑！人员对于饭店职务毫不负责，真所谓小人难养！归寓。与两儿请吴彦衡、朱桂芳、沈玉秋、沈玉才、王孟嘉、张连福等说戏、念书、练武功；常、李二亭坐陪。请先生之举未行大礼。桂芳薪水三十元；彦衡三十元；孟嘉教日语，四十五元；玉秋说戏、调（吊）嗓二十元，均由少亭讲妥，准定于阳历九月一日开工。饭毕各自散去。汪侠公来。五时余阖家同往东安市场内万聚兴购草花；并往润明楼晚餐。演戏时间尚早，饭毕在市场内闲步，路遇文源，向余云今晚王玉蓉与其演《探母》，在长安戏院；今晚在余班演《盗宗卷》，戏码提前，以免双方误时。八时入吉祥戏院，对管事将文源调戏码述明。《天河配》十时半登台，十二时止戏。阖家即归寓。稍息即寝。

民国三十年（1941年）八月三十一日（辛巳年七月初九日） 星期日 晴

八时起，沐浴，午饭。吴彩霞病故，今日三周年之期，彦衡约亲友追悼并僧道唪经，在伊宅办事，阖家往悼。余至新湖春晚饭，饭毕归寓，即寝。

民国三十年（1941年）九月一日（辛巳年七月初十日） 星期一 晴

八时起。彦衡、桂芳、玉秋由今日与两儿开工，学戏、练习。饭毕带长子至西河沿于连泉（即小翠花）宅，贺其长子学文娶媳之喜。由上月布告，每月一日为节约之日，禁止宴会饮酒、娱乐，所有繁华不准举行。今日吉日，聘娶甚多，均以茶点招待来宾。翠花云，明日在樱桃斜街梨园会馆宴客，酬谢来宾。又往同和轩贺苏宝荣五兄盛琴娶媳。稍坐至留香饭店，嘱明忱饭店时出变故，严加管束，极力整顿；对外多加联络感情，饭店亦可长久。不然，如不整顿，将饭店不做，被人耻笑无能，空活于世上。用言语激刺鼓励，嘱伊用心做事。在讲话之间听柜上账房日本特务查看店簿，招待王杰如被辱，原因三十号房王特务暂借住，未写店簿。王特务原在机关做事被辞，日久阖店人不明了真情。王时常来店骗吃骗喝，横行霸道，被日本特务查出，将王拷打、辱骂、罚跪；本店人哀求，并未将王送官纠办，命王具结，不准骗诈横行，如再查出，重办。众人情面将伊释放。八时抵家，晚饭，稍息即寝。

民国三十年（1941年）九月二日（辛巳年七月十一日） 星期二 大雨连夜未息

八时起床。天气晴朗。观两儿用工，午饭，饭后至饭店闲坐。命明忱明日早十时嘱阖店人员对于职务认真。王俊峰因事繁借词告病假；负责人甚少。阖店欺余门外汉，用凤昔开店手腕，均不尽责，故嘱明忱整顿。饭后同少亭赴新新戏院，演强化治安慰军义务戏，余倒第二，演《打樱桃》，大轴《红鬃烈马》，奚啸伯、言菊朋、张君秋、毛世来、尚小云、谭富英合演。余戏毕后步至长安，观坤伶云燕铭亦演《红鬃烈马》。盛三偕友亦至该院。未散戏余归，稍息即寝。

《打樱桃》荀慧生饰平儿

民国三十年（1941年）九月三日（辛巳年七月十二日） 星期三 晴

早八时起，带令香往留香饭店，督催明忱向阖店人员训话，鼓励、赏罚。因明忱夙日为人马虎，脑力智识浅薄，为人尚怀忠实。少亭后至，互相力谋改善。十二时抵寓，留桂芳、彦衡在寓午饭。七时往留香饭店，阖家在该处西餐、沐浴。十一时抵家，即寝。

民国三十年（1941年）九月四日（辛巳年七月十三日） 星期四 晴

九时起，午饭毕往饭店与明忱计划饭店开张及外债等琐碎事。八时抵寓，晚饭。常、李少亭来结算七月初三日演华北演艺协会《天河配》义务合作戏账目六百元，开销一百一十元，下馀四百九十元。十一时伊等去。即寝。

民国三十年（1941年）九月五日（辛巳年七月十四日） 星期五 晴

早七时半往潘立之宅，未晤，仆人云在华宾园澡堂沐浴，即往寻。将出门仍未晤，又至西单菜厂闲步，遇易东木耳，同至白塔寺避巷散步、闲谈，在左右药室购得万应锭，并借电话；沿路闲谈，又至西单菜场分手，各自抵寓。午饭。今日王瑶卿夫人病故三周年，在法源寺追悼，带令香同去，与周大文、沈曼华、洪曙庭、张云燕、杨燕霞、陆太太、姚玉芙等闲谈。往留香饭店。常、李二亭云，天津中国大戏院约余月底赴津演剧。朱鼎荣在寓候余，电促即归；接洽余房契借款抵押事，暂借两万元，朱言星期一九月八日办理手续。晚饭后阖家约彦衡至大光明观新到初演剧名《西北英雄》。十二时归寓，即寝。

民国三十年（1941年）九月六日（辛巳年七月十五日） 星期六 晴 风

十时起床。玉才、深泉说《绣襦记》唱腔。昨晚立云来寓，余未晤。余因开设饭店负有外债，本钱、利息约欠九万元；欲将自住房产售卖十馀万元清理外债，馀者再购住宅。余四出奔走，托人购者甚多，均被内子拒绝不卖，拦阻外人，不知内容，均推辞不管，怕夫妻失和。内子为人脑筋甚旧，不悉其他痛苦。倘若外债追索恐难支持。余幼时被父母兄长压迫，胡搅家庭；不想内子亦是如此，命里注定。午饭后至信昌理发。晚阖家往吉祥戏院，演《绣襦记》，戏毕即归。常少亭言裘家街房已售出，房价八千七百元，交定洋一百元，定十三日立写契约。二时客散，即寝。

民国三十年（1941年）九月七日（辛巳年七月十六日） 星期日 晴

九时起，午饭毕东霞、吴少奶奶、冯惠林妻先后来。余往饭店，接洽工程琐碎事，带令香夫妇回寓。饭后赴长安戏院演《红娘》，十时登场，十二时止戏，即归。常、李二亭劝解内子夫妻勿要失和。共点心。三时伊等去。寝。

民国三十年（1941年）九月八日（辛巳年七月十七日） 星期一 晴

八时起。王瑶卿收杨燕霞女弟子，十一日在丰泽园宴客、行礼。帖约杨韵谱母八十九岁病故，于十日在庆丰堂领帖、开吊。统税局蒋国柱丧父，其父靖威上将军名雁行，于九月二十四日在前细瓦厂四号领帖。午饭毕删改《钗头凤》。叶春荣约请振春、东甫、云生、泽生、树臣、丽芳等借余处博戏、抽头，余亦加入帮忙，至次早八时始散。

民国三十年（1941年）九月九日（辛巳年七月十八日） 星期二 晴 风

余博戏散后至西单大街朱鼎荣家，接洽向中南借款事，晤面，定下午来寓。又至西单菜场寻觅易东木耳，未晤。购蟹路过少亭家，小坐而归。留彦衡午饭。侠公来周旋。朱鼎荣五时来寓，带来中南银行借款契约，添写年月日、借款数目、抵押之物，仍是贾仰山代办；朱、贾满口应许，以友人私交情面，手续简单。填写毕共饭。命令香找借钱铺保，托鸿庆裕银号出保。一小时令香归寓，鸿庆裕云，银号向不出借钱保，非常客气；伊意既与本号夙日来往，理应本号帮忙，但银根紧急，倘若出保，对外双方情面难看；伊代余觅保，嘱余放心，绝无推脱。十一时寝。

民国三十年（1941年）九月十日（辛巳年七月十九日） 星期三 晴 风沙扑面

早八时起。命令香至四行准备库寻仰山、鼎荣，办理借款事；用陕西巷房契抵押，借两万元；该房价值三万余元。令香即往，与鼎荣晤面，仰山不见，朱来回传达。当日在沪吕弓、舍予、怀白及天津总行经理代余帮忙，已与仰山及中南函电办理妥当。原借六万元，仰山中南方面允许，云完全友谊情面，信用借款，并无抵押物品，候余回京即行办理。余回京后访仰山，问其此事，仰山种种刁难，与事先事实不符，从中挑剔，势力已极。余气愤发作，此事作罢，本无意再借。数日前鼎荣来云，仰山受诸多朋友所托借款事，未成功，甚为抱歉。现在银根紧，先借数目太大，现在如用款，可办两万元，故命令香到四行。伊未见令香，命朱传答，官僚气甚大，以上行下态度对待；并挑剔房契只值三万余元，要借两万元，伊不放心。伊意决定有此房契必须韩家潭或他处房契，二契共一作为抵押，否则不成功。共事狡猾，交友不当。余亦可多长阅历。午饭毕常少亭带来天津中国大戏院演戏包银定洋九千元整，此款系支票，少亭带去。并同令香往两益轩与购买裘家街房客写字，王震寰购买。常、李二亭、令香二时回寓，将中国大戏院演戏定洋九千元取去。裘家街房先付洋五千元，腾房后手续清，再交齐。令香开付饭店工程账目。又同往长巷头条庆丰堂饭庄，杨韵谱丧母开吊，同业人男女甚多，并有李永利、鸣春社科班李万春率领执旗送库，路过鲜鱼口大栅栏，送至此地。余往留香饭店，带令香归寓，晚饭。中利电料行张姓来接洽安设电话事。十一时寝。

民国三十年（1941年）九月十一日（辛巳年七月二十日） 星期四 晴 仍风

十时起床，同玉才、深泉说唱腔。午饭。今晚在三庆戏院加演夜戏一场，戏码《红楼二尤》。余至饭店沐浴。八时往三庆戏院演《红楼二尤》，戏毕阖家归寓，稍息即寝。

民国三十年（1941年）九月十二日（辛巳年七月二十一日） 星期五 晴 风

十时起床，午饭毕。少亭云天津中国戏院之约本定节前往演，“中国”方面与李少春先有约，李由三省回津补演，伊演毕，余大约在旧历九月初登台。李佩玉来寓，常、李少亭亦至。晚饭后即寝。

民国三十年（1941年）九月十三日（辛巳年七月二十二日） 星期六 晴

八时起，赴西单菜场购蟹，归寓午饭、小息，六时起身。阖家未用晚饭，同到东安市场吉祥戏院，演《代夫媒》，戏毕归寓，饭后稍息，即寝。

民国三十年（1941年）九月十四日（辛巳年七月二十三日） 星期日 晴

十一时起。接顾子言为其长子景卿与武绍禹女士于八月初六日在忠信堂饭庄结婚。延年会九月十七日下午七时在泰丰楼公请姚泽生。玉才、深泉来说戏。晚饭后阖家往长安戏院，演《玉堂春》，戏毕归，寝。

民国三十年（1941年）九月十五日（辛巳年七月二十四日） 星期一 晴

十时起床。因卖本身住房，内子不愿售卖，小有口角。今日孙小华丧妻，乃盛芳之母伴宿，领帖，往吊。往饭店与明忱、少亭研究饭店用人方法及工程外债等事。由开饭店以来，房产售出，平日集存金银均开设留香饭店之用，大约三十馀万元，还不足，用现欠外债本利计算约十万元整，谓骑虎之间。弃之可惜，奈款项不充足。此外债均在旧历十月到期，必将本住宅房售出方能还债有馀，否则危险已极，愁不胜愁，缓办而已，圆通办理。抵寓晚饭。朱鼎荣、贾仰山代余借款，朱、贾不负责，用两处房契向中南抵押，伊不认可，从中刁难，又不拒绝不借，其意不真，可笑！可恨！十二时始寝。

民国三十年（1941年）九月十六日（辛巳年七月二十五日） 星期二 晴

早七时起。午饭。闻慈瑞泉忽得急症而亡。沈玉才之父下午四时病故，玉才亲来报丧。余饮酒，饭后酣睡，竟日昼夜未起，小有不适。

民国三十年（1941年）九月十七日（辛巳年七月二十六日） 星期三 晴

早七时起，午饭毕往留香饭店沐浴，阖家亦至。晚赴泰丰楼公请姚泽生。饭毕归寓，稍息寝。

民国三十年（1941年）九月十八日（辛巳年七月二十七日） 星期四 晴

早七时起床，步至信昌理发馆理发，归寓，午饭，饭后往天寿堂贺梁华亭长女出嫁，与江世升结婚。世升在织云公所办事，礼到人未去。又往三圣庵沈玉才丧父接三，吊祭；令香、李、常二亭、和才、秋雯等均先在。欲想送库，时间尚早，带令香步至陶然亭瑶台等处吃茶、闲游；仍回三圣庵，该时已六时半矣，仍未送库。余因有人购买陕西巷房定约，未送库。至饭店。忽然大雨，买房者未去。阖家约中利商行张姓往广福馆便饭。饭毕雨仍未住，阖家四人雇人力车，车价甚昂，由臧家桥归寓，车钱三元，平常不过每座两毛；虽贵车夫而意不满，可笑！二时始寝。

民国三十年（1941年）九月十九日（辛巳年七月二十八日） 星期五 晴

八时起，步至西单菜场购蟹而归，分送桂芳、彦衡。午饭后往饭店。明忱云饭店查店甚紧，妓、牌、烟禁止；阖店人员进账甚少，不足性，且有怨言。明忱之意欲请日人暗地帮忙，余拦阻，将利害说明。现日人势力最大，如照此办法，恐将来利少害多；况且对外怨言恶感尤甚。现在查店暂去妓、牌、烟，卖房并不受影响，少进小账而已，与本店并无损失，忍耐一时，风气过去再缓行。明忱亦为是。王树臣八月初二日生辰，列余名通知亲友，事先未得余许可，此事荒唐。八时回寓，晚饭，即寝。

民国三十年（1941年）九月二十日（辛巳年七月二十九日） 星期六 晴

十时起床。明忱电云天津宁筱轩来京，宿留香饭店数日，未晤，明日回津，约其今晚在东安市场森隆晚饭，代余约请。午饭毕。晚阖家至东安市场森隆饭店，余与明忱做东，约请张敬轩、孟相臣、宁筱轩、张叔衡、李峨山等十馀人，均由远方而来；内子带儿辈们吃西餐。饭毕同到吉祥戏院，演《花田错》，请伊等看戏。戏毕偕诸友至大栅栏瑞蚨祥西栈共竹戏，天明七时始散。

民国三十年（1941年）九月二十一日（辛巳年八月初一日） 星期日 晴 冷

由瑞蚨祥与诸友竹戏散后抵寓，路过留香饭店，进内偷查，见账房先生二人用椅子搭铺大睡，只有小褂一人在门首瞭望，阖店茶房、招待等均不整齐，无精打采。有偷睡者，有偷懒者，有敷衍了事者；伊等绝想不到余早查。田茶房头及卞永禄茶房请余室内谈话，云昨早夏耀民招待与茶房作对，大家要群起罢工，幸姜明忱经理从中调停，此事暂罢；如不将夏辞去，店中人员均罢工等语。余又寻至夏，据夏云，因伊招待责任，查看茶房等舞弊，严厉，才惹出这场祸来。余当时并未理论谁是谁非，因见茶房个个气势汹汹，气忿未消，余亦不好与双方辩论，即回寓；召夏耀民、邵星伯、姜明忱、常少亭来寓，追问斗殴内情。夏云茶房因店内将妓、牌、烟三项禁止，小账收入减少，个个怨恨；又请求姜明忱请人作顾问，也未实行；茶房舞弊，私卖房屋，被伊查出，追问甚急，茶房不能舞弊，茶房等羞恼变怒，揽词于夏耀民赔偿伊等名誉损失，故起纠纷，群起而攻，殴打夏耀民。夏寡不敌众，只得赔礼，经理之命带伊等道歉；茶房等仍不干休，惟茶房中殴打者最甚者有卞永禄、高恩林、马成林、萧文瑞等，手持木器、砖头，与夏拼一死活。经理在旁仍旧不惧，似土匪之举动。阖店客人均观望不安，亦有走者。茶房追夏，伊实无法藏躲，跑至派出所内。卞、高、马、萧等回店。夏托出派出所巡官长警护送回店，说合、调停，又向众茶房赔礼、卞永禄并披夏颊等情；并云茶房殴打夏，受王俊峰、范召棠主谋。明忱调查内容与夏报告相同，余嘱明忱初步将殴打者卡、高、马、萧及主谋者王俊峰、范召棠及被打者夏某等一并辞去，以整铺规。姜云缓办，沉默几日再为整理，其意怕伊等罢工，恐妨碍营业；又怕群起打之，故暂缓办。由余心决定先将伊等辞却，如有不服再罢工者，控告妨碍营业、有意扰乱，土匪行为。明忱言星期二实行谈话，开除、赏罚、整顿。余嘱其绝不能缓办、宽容，明忱稳怒而去。余至西单菜场购鸡、蟹，归寓，午饭，四时始睡，七时起身，冒雨至长安戏院往化装室扮戏。周身衣裳湿透，感觉寒冷。《勘玉钏》九点三刻登台，戏毕后即归。邵星伯、姜明忱、常少亭仍劝余茶房、招待斗殴事缓办，余意买卖不做亦要实行此举，如松懈下去，膨胀茶房势力，伊等在店内横行霸道，总理、经理权力全无，难免受害。伊等亦为是，明早十点实行办理，绝不宽容。共点心，三时客散。寝。

民国三十年（1941年）九月二十二日（辛巳年八月初二日） 星期一 阴

九时起床，沐浴，修容，午饭毕往中央公园观刘锡永画展，并购得山水条幅，价洋六十元；在该处散步、闲游。抵寓，寝。今日王树臣生辰，内子往贺，赌博一夜未归。余十时起床，内子始寝。

民国三十年（1941年）九月二十三日（辛巳年八月初三日） 星期二 晴

早十时起身。内子归寓，午饭。报界吴逸民介绍茶役来寓求事，正在整理饭店之间，候明忱由留香饭店来寓报告今天解决茶房及夏招待斗殴事，再为安派吴逸民介绍之茶役至留香饭店。督催姜明忱辞本店招待、稽查、茶房七人，计有夏耀民、王俊峰、范召棠、卞永禄、萧文瑞、高恩林、马成林，均为打架斗殴犯铺规，成群结党；最甚者今日均被辞，以整铺规。邵星伯、姜明忱云茶房多数不服气，馀党未尽，恐上下班时有罢工之语。余嘱伊等不可矛盾，茶房如有此行为，当时开除，绝不容情。晚偕李绍亭往三圣庵吊祭玉才丧父，并送库至皂君庙。冒雨归寓，晚饭。又至饭店查看，观伊等做事认真，较先尤有惧怕之意，亦所谓吃饭问题。往本巷六号朱宅，小坐归寓，即寝。

民国三十年（1941年）九月二十四日（辛巳年八月初四日） 星期三 晴

早九时到留香饭店，姜、邵言阖店人员均按职务认真做事，绝无罢工之意。

民国三十年（1941年）九月二十五日（辛巳年八月初五日） 星期四 晴

正午起床，至信昌理发，归寓，午饭后至留香饭店。少亭、令香用陕西巷及西河沿两房契向河北省银行姚伯岩借押款，鸿庆裕周希珍介绍；因余欠鸿庆裕一万三千元，周不好索债，故介绍借款。余想借三万元，河北银行只出两万五千元，亦只好迁就，明日正式接洽。八时回寓，晚饭，即寝。

民国三十年（1941年）九月二十六日（辛巳年八月初六日） 星期五 晴

七时步至饭店，稍坐，又至本巷六号朱宅闲谈，归寓。盛三来闲谈，伊去后午饭，删改《钗头凤》。顾子言在忠信堂娶子媳，阖家往贺；并至大光明看电影，约外人英文老师安牧师往观。观毕，令香同安至留香饭店西餐，余夫妇带长媳、次子至西湖春晚饭。饭毕偕同归寓，稍息即寝。

荀令香与王同炎结婚照

民国三十年（1941年）九月二十七日（辛巳年八月初七日） 星期六 晴

十时起床。深泉、玉才来说戏。午饭后吉祥经理郭大同、汪侠云来寓，因数日前常少亭代余向郭借款，今日正式写契约，借得洋一万元，银行支票，九月二十九日兑现。言明利息一分五厘，日限一年，三十一年九月二十八日归还本钱，利息每月先付，令香担负还债，中保人常少亭、李绍亭、汪侠公，并无抵押品，借约系郭自书，手续完毕郭将字据带去，郭付余支票一万元；令香、少亭等同伊等至留香饭店西餐，余在寓小睡。今日瑶卿生日，令香带礼往贺。晚阖家至吉祥戏院看影戏《秦香莲》，即旧剧《铡美案》故事。观毕往润明楼晚餐，又至吉祥，演《鱼藻宫》，戏毕即归，稍息就寝。

民国三十年（1941年）九月二十八日（辛巳年八月初八日） 星期日 晴

十时起，午饭，小睡，六时起身，晚饭，饭后偕内子至长安戏院，演《晴雯》，戏毕归寓。李瑞九、梁韵秋托余代伊友作画。三时始寝。

民国三十年（1941年）九月二十九日（辛巳年八月初九日） 星期一 晴

十时起，午饭。二内兄彩云今日生辰，内子往贺。张君秋妻一胎生二子，今日弥月，在宾宴春宴客。张泽生借余处约诸友博戏，为伊帮忙抽头。义昌电料行约余今晚在惠丰堂晚餐。二时至宾宴春，贺君秋得子。其兄君杰娶妻、得子弥月，均在一日宴客举礼。又至饭店，稍坐即归。泽生约友博戏，均至，余亦加入，至次早八时客散。夜间大雨未息。

民国三十年（1941年）九月三十日（辛巳年八月初十日） 星期二 微雨

客散后饭店来电，云有陈慧秋姊妹来宿余饭店，约余往谈，即往饭店。该女住楼上十一号，尚未起身。茶房唤起，晤面，方知由上海来京，在沪常见，稍谈。归寓。今日长孙皓百禄，王亲家太太偕女友来。午饭毕余小睡，六时起。因大雨亲友来者甚少。晚饭毕即寝。

民国三十年（1941年）十月一日（辛巳年八月十一日） 星期三 晴

八时起床，午饭，午饭后往留香饭店料理工程。与上海来陈慧秋、张丽贞二女士晤面，宿饭店十一号房。面约明日丰泽园晚饭。四时抵寓，即寝。

民国三十年（1941年）十月二日（辛巳年八月十二日） 星期四 晴

早九时起，饭后删改《钗头凤》。至饭店偕常、李二亭同张、陈二女士往丰泽园晚饭。仍回饭店。十二时本巷六号朱宅约余竹戏，有郭盛三、杨、孙二姓、李兴甫在座；妓女魏爱娜、四妓，竹戏四圈。杨太太大吸白面，满面烟容，面目甚恶，语言无味，与其夫大发醋意，似觉可笑。五时抵寓，即寝。

民国三十年（1941年）十月三日（辛巳年八月十三日） 星期五 阴晴不定

十一时起床，至信昌理发，归寓。接赵砚奎、徐政源帖，约余明日丰泽园晚饭。午饭毕余往饭店，阖家均至。开销饭店账目及后部工程工人酒钱。晚在远香馆便饭，饭毕归寓，即寝。

民国三十年（1941年）十月四日（辛巳年八月十四日） 星期六 晴

九时起。命令香往亲友家分送节礼，一时回寓，共午饭。饭后整容。崔健忱、赵震鸣来帖，约星期一四时在交道口南前圆恩寺十五号宴客。往留香饭店沐浴。六时应丰泽园砚奎、政源之约；徐介绍日人三位，均为特务机关人员，稍坐。阖家抱长孙至东安市场内怡生照相馆与长孙拍照数帧、阖家摄影数帧。又往新泰合，自做主人，约郭大同、汪侠公、常、李二亭晚饭。八时半往吉祥戏院演《杜十娘》。晚间天气燥热。戏毕即归，稍息就寝。

民国三十年（1941年）十月五日（辛巳年八月十五日） 星期日 晴

十一时起，午饭。阖家往饭店小坐，又至大光明观电影。今日中秋节，故带领阖家游玩、散逛，街市繁华，大有应节气象；各电影院均售满座，不得购票者甚多；大光明亦如此，每天加演一场，五时至七时馀止。因余有戏时中途未看。至长安饭店与杨守一闲谈，抵寓。男女弟子及各戏院送礼贺节。晚饭后阖家至长安，演《十三妹》，九时登台，戏毕即归，宵夜、赏月，天明始寝。

民国三十年（1941年）十月六日（辛巳年八月十六日） 星期一 晴 风沙扑面

正午起床，午饭。崔健忱、赵震鸣宴客，事忙辞谢。晚六时至留香饭店小坐，又至鲜鱼口天兴居晚饭，饭毕至三庆戏院演《平儿》，戏毕即归，稍息就寝。

民国三十年（1941年）十月七日（辛巳年八月十七日） 星期二 晴

正午起。晚六时亚杰、盛三请日人，约余往丰泽园晚饭，召妓侑酒，谈笑歌唱；王瑛司令亦在座。八时往广德戏院演全部《得意缘》，带酒上台，微醉意，戏毕酒醒，归寓，即寝。

民国三十年（1941年）十月八日（辛巳年八月十八日） 星期三 晴

正午起，饭后赴饭店。六时赴西来顺，应王瑛、盛三、亚杰之约，座有日人及兴甫、连良等。令香、少亭在启明木厂李姓定留香饭店木器家具万元。该木厂李姓由伟惠出柜，自立木厂，本钱不足，全靠主顾帮忙；因节关周转不灵，借贷无门，涨支余一千馀元，交来活不足外债甚多，李姓逃走。据连良云，余所定货物按照钱数均预备整齐，奈经理李姓逃走，此货无法交出；如要货从定价目，前账不提，似觉可笑。余往远香馆夜宵，三时抵家。中央广播电台函约双十节播音，剧目《鸿鸾禧》，早有接洽通知而已。稍息即寝。

民国三十年（1941年）十月九日（辛巳年八月十九日） 星期四 晴 微风

十时起。饭毕，少亭同令香往李姓木厂交涉所欠定货事。竟日无事，晚饭后稍息即寝。

民国三十年（1941年）十月十日（辛巳年八月二十日） 星期五 阴雨忽下忽止

八时起床，午饭。三时往北京饭店一二四号看陈慧秋、张丽贞二女士，晤面、畅谈。六时到长安戏院观刘宗杨、裘盛戎演全部《连环套》。电约阖家在西黔阳晚餐，常、李少亭亦至；饭毕同往广播电台放送《鸿鸾禧》，徐和才、朱斌仙、王多寿合作；九点五分开始，至九点三十五分止。播送毕阖家往留香饭店小坐，二时归寓，即寝。

民国三十年（1941年）十月十一日（辛巳年八月二十一日） 星期六 雨

十一时起。常少亭同令香至河北银行办理借款事，四时回寓，云手续繁杂，索手续五百元，星期一再正式接洽。饭后阖家往吉祥戏院，演《香罗带》，郭盛三、徐政源至后台闲谈。戏毕即归。李绍亭得病告假，未赴戏院。三时始寝。

民国三十年（1941年）十月十二日（辛巳年八月二十二日） 星期日 晴

十时起，召工匠安装洋炉。午饭，理发。晚饭后赴长安戏院，演《扬州梦》，刘腾夫至后台，云其职务被辞，其意要求搭桌戏，略谈。即归，稍息就寝。

民国三十年（1941年）十月十三日（辛巳年八月二十三日） 星期一 晴

早七时起，至饭店。茶房作弊，吞吃小账三元，被查出，即革除。归寓。大风寒凉。午饭毕大内嫂、内子四姐同来闲谈，共晚饭。阖家往三庆戏院，演《大英杰烈》，戏毕海上卡尔登经理周翼华来京看戏，至后台闲谈，略为周旋。即归，三时始寝。

民国三十年（1941年）十月十四日（辛巳年八月二十四日） 星期二 晴

十时起床，午饭毕潘立之来电，云下午三时杜、王、赵三姓来看本身住房，意欲购买，嘱余候等。鸿庆裕周希珍代借河北省银行借款两万五千元，用陕西巷、西河沿两房契作抵押，昨日少亭、令香、希珍三人办理已妥；归还鸿庆裕一万三千五百元，还清，与该号无有账目，中费索去五百元，下馀一万一千元支配饭店之用。今日希珍来云，明忱向伊通融一千元，一年有馀未还，向明忱索债，明忱未承认；嘱伊向明忱讨债。姜云生借苑绍亭宅博戏，抽头，约余夫妇。刘腾夫来帖，请星期五西来顺晚饭。牛一洲丧父，今日伴宿，令香往吊。三时偕内子至苑宅博戏，座有二十馀人，皆是熟赌友。九时至长安戏院观杨守一别名蕉语楼主演《拾玉镯》，模仿小翠花；大轴南铁生、萧长华、裘世戎、李盛藻《法门寺》。未止戏仍回苑宅。振春大推牌九，负洋两千馀元，向友人通融借款，友人均答手中不便，伊气忿，电告伊宅取洋六千元，对众少有反目不欢，天明下午一时始散。

民国三十年（1941年）十月十五日（辛巳年八月二十五日） 星期三 晴

二时偕内子回家。午饭后往饭店沐浴，兼看工程；大约九月初工程完峻。带令香夫妇往丰泽园晚饭，明忱亦至。夜一时即寝。

民国三十年（1941年）十月十六日（辛巳年八月二十六日） 星期四 晴

下午一时起，午饭，删改《盘丝洞》。阖家至饭店，余往中原医院看病，同往鲜鱼口会仙居晚饭，饭毕步归。路遇王姓，立谈。二时始寝。

民国三十年（1941年）十月十七日（辛巳年八月二十七日） 星期五 晴

下午一时起。五时往中原看病。至西来顺应刘腾夫之约，座有冈丰喜，乃日人，并有房产管理处张、李二姓，盛藻、万春、盛戎等。饭毕至大光明观《黑海盗》剧片，十二时抵寓，即寝。

民国三十年（1941年）十月十八日（辛巳年八月二十八日） 星期六 晴

正午起，午饭，饭后往饭店小坐；又至两益轩晚饭。阖家车接余到吉祥，演《妒妇诀》，戏毕即归。明忱来谈饭店；致美楼王东甫包同仁伙食，赔钱，伊欲辞活。西餐日不进文，又不辞活，存心诈财。三时始散，即寝。

民国三十年（1941年）十月十九日（辛巳年八月二十九日） 星期日 晴

正午起，修容，午饭。东霞长安演日戏，约余阖家往观。余先至中原诊病，阖家即至长安，观毕。薛润甫、王敬五约西来顺晚饭。敬五年过半百，又做新郎；润甫代说媒，天津杨庆山之女，年四十二岁，已与敬五订婚，喜出天外，饮酒大醉。余至长安演《钗头凤》，戏毕归寓，即寝。

民国三十年（1941年）十月二十日（辛巳年九月初一日） 星期一 晴

正午起，午饭。杨韵谱为伊母丧来道谢。同玉才、深泉说叹腔。晚至三庆戏院演《飘零泪》，戏毕即归，稍息就寝。

民国三十年（1941年）十月二十一日（辛巳年九月初二日） 星期二 晴

十时起床，午饭毕往留香饭店沐浴；又至中原诊病；往常振春家博戏，皆是熟友；内子亦至，至次日下午一时往东方饭店。

民国三十年（1941年）十月二十二日（辛巳年九月初三日） 星期三 晴

在振春家赌博，仍未散。下午即往中原诊病，又至万佛寺湾小饭馆晚餐；与佩华父子同餐。二时抵家。由初二日至今日夜未眠，颇觉劳乏，抵寓就寝。

民国三十年（1941年）十月二十三日（辛巳年九月初四日） 星期四 晴

酣睡竟夜，至正午方醒，一时起床，午饭后至饭店，与明忱谈辞退中西餐部，早日解决，并与瓦木匠改修前部工程。九时回寓，饭后往信昌理发，一时抵寓，寝。

民国三十年（1941年）十月二十四日（辛巳年九月初五日） 星期五 晴

十时起床。三庆戏院李佩玉聘女，在宾宴春接待亲友，往贺；又至中原诊病，归寓。潘立之来，云数日前杜某来看本身房，只出六万五千元，相差太多。十二时午饭。董芷苓来，未晤。振春、云生、泽生、增瑞、树臣、维三、东甫及赵姓来寓博戏，云生、泽生大负；至天明早十时始散，客去即寝。今日霜降节，感觉寒冷。

民国三十年（1941年）十月二十五日（辛巳年九月初六日）星期六 晴 大风 夜间结冰

十时诸友去后睡至下午三时起床，午饭，八时阖家往吉祥戏院，演《霍小玉》，上座不佳，因天气寒冷之故。戏毕即归，就寝。

民国三十年（1941年）十月二十六日（辛巳年九月初七日） 星期日 晴

下午一时起。今日长安本余演戏之期，因有天津之约，早已通知长安，以免误该院营业。天津来函，中国（戏院）章遏云加演一期，余之约改十一月七日在津出演，所以今日长安戏院让演话剧。午饭毕阖家往大光明看电影，观毕步至西来顺晚饭，又往长安戏院看学界演《原野》话剧，情节描写骂从前旧官僚贪赃害民等意。十二时止戏即归寓，就寝。

民国三十年（1941年）十月二十七日（辛巳年九月初八日） 星期一 晴

正午起，午饭，晚八时至三庆戏院。树臣、增瑞、冯督察至后台闲谈。《埋香幻》十时登台出演，戏毕即归，寝。

民国三十年（1941年）十月二十八日（辛巳年九月初九日） 星期二 晴

正午起，饭后至中原看病。彩云之妻、二内嫂生疮，甚危险，往看。回寓，晚饭，往长安戏院演义务，为刘腾夫帮忙；票价池座五元，厢票三十馀元。黄玉华、李盛藻《戏凤》；大轴余与万春、喜瑞、盛章等合演《战宛城》，上座六百人，台下无一隙之地，看白戏多半。一时抵寓，即寝。

民国三十年（1941年）十月二十九日（辛巳年九月初十日） 星期三 晴

正午起，午饭，与玉才说戏。叶春荣乃扮戏梳头者，因赌博亏累，借余处约友叶子戏，抽头还债，定下午四时来寓；振春、维三、树臣、东甫等均至。天明改推牌九。

《狮吼记》 荀慧生饰柳玉娥 徐和才饰陈季常 陈喜星饰苏东坡 孙甫亭饰陈母 林秋雯饰琴操

增瑞对牌九颇有经验，乃久吃兴赌，被诸友看破，大为不满，小有口角，不欢而散，好笑！下午二时诸友去后，余午饭。

民国三十年（1941年）十月三十日（辛巳年九月十一日） 星期四 阴

日夜酣睡，竟日未起。

民国三十年（1941年）十月三十一日（辛巳年九月十二日） 星期五 晴

正午起，饭后东霞来，托余要往天津“中国”演剧，托余说合。二时至留香饭店沐浴。后至万佛寺湾左近小饭馆晚饭。一时抵寓，就寝。

民国三十年（1941年）十一月一日（辛巳年九月十三日） 星期六 晴

日前向常振春借洋五千元，候卖房拉价收回，归还振春；允诺，派伊车夫谭姓送来宝生银号支票二千六百元，又中孚银行支票二千四百元，共五千元。促余即起，命令香携支票两行取支，并无手续字据；振春为人甚畅爽。令香抵家，共饭。晚阖家赴吉祥戏院，演《狮吼记》。戏毕，常、李二亭、苏宝荣同来寓，云天津中国戏院派李华亭接余演唱，准定十一月七日，古历九月十九日出演，索去登台戏码五天，第一日《得意缘》，第二日《晴雯》，第三日白天《棋盘山》、夜《狮吼记》，第四日《埋香幻》，五日《香罗带》；华亭带戏码往天津登报宣传。三时始散，即寝。

民国三十年（1941年）十一月二日（辛巳年九月十四日） 星期日 晴

正午起，修容。张亚东来电，云九月十二日得一子，今日洗三，约余阖家至伊宅晚饭。午饭后带令香先至饭店料理一切，内子带长媳乘车接余同往亚东家，贺其得子；范局长万煊大夸赞余及程砚秋演剧老练。令香夫妇往伊岳母处送礼、补寿后归张宅。阖家往西来顺晚饭。饭后步至长安戏院演《白娘子》，魏效郇带领戏校学生陈永龄年十三岁至后台见余，其意拜门学艺。戏毕即归。明忱来谈中西菜部内容，想继续做，外表狡猾。现为建筑起见，无暇解决，暂时维持；候建筑完毕再为决定。三时客散，即寝。

民国三十年（1941年）十一月三日（辛巳年九月十五日） 星期一 晴

正午起，午饭。东霞及陈受之夫人来谈。晚阖家到三庆，演《东吴女丈夫》，戏毕即归，就寝。

民国三十年（1941年）十一月四日（辛巳年九月十六日） 星期二 晴

正午起。接王东甫请帖，约在致美楼晚餐、博戏。午饭毕往留香饭店沐浴。余夫妇至致美楼博戏，十馀人皆是熟友。至次早六时抵寓，即寝。

民国三十年（1941年）十一月五日（辛巳年九月十七日） 星期三 晴

正午起，饭后带令香往留香饭店同工程师李西园瓦木匠、王油匠等今日交后部工程，查看有不完备之处，继续修补。二时往东方饭店，与易东木耳晤面、续情、畅谈。夜三时抵寓，寝。

民国三十年（1941年）十一月六日（辛巳年九月十八日） 星期四 晴

十一时起。常少亭来，云今日原定下午一时乘车赴天津，明日在中国戏院出演，因余起床时间耽误，改乘下午五时车。明忱、绍亭来，共午饭。明忱、令香同往高亚杰处，贺其母今日七十馀岁寿辰。又至中原医院诊病，归寓。常少亭、李绍亭接余同往车站；令文、令香两儿送余，明忱等早在站候。余入站时警务段盘查，故意刁难，有意作对，将余及绍亭带往车站警务段分所内，打骂不止，有意侮辱；解衣搜查，大骂梨园，笔墨难以形容。数年来未受过此等侮辱，当局之下无可如可。幸得两日人及女警察解释讲情，始赦放。车即开，余由三等车穿过。警务段仰仗日人势力，欺压善民，横行作恶，不顾一切，对梨园尤甚。因看白戏招待不周等情，在伊所辖之地善作威仗，东北人多半如此行为，不讲天理，奈何奈何！？八时馀至天津，中国大戏院派人来接。此地车站亦与北京相同，警务段李文翰同领出站，稍觉安全。宿惠中饭店四楼七十九号。饭毕即寝。

民国三十年（1941年）十一月七日（辛巳年九月十九日） 星期五 晴

下午四时留香社人员乘车到；分三班车，由七点车至八九点车陆续到津。闻伊等云，北京车站警务段亦如刁难盘问，何佩华尤甚；还想与绍亭作对，女警察嘱绍亭独自单行，乘一时零五分车来，使伊不能注意，免去打骂盘问。这样举动实对于旅客艰难困苦。今日在中国戏院露演，戏码《得意缘》，戏毕即归。张敬轩、郭效贤带二妓来寓，约明日午饭，谈至三时始散，即寝。

民国三十年（1941年）十一月八日（辛巳年九月二十日） 星期六 晴

下午二时起。郭效贤偕伊数友来寓，闲谈。午饭后近云馆主及袁文斌来谈。余与玉才说戏。九时至中国戏院演《晴雯》。王文源演《空城计》，戏码倒第二，饰司马懿者哈金曾，嗓音正在变化时期，弦高唱低，台下倒好不绝；一举一动台下观客怪声喊叫，倒彩。戏毕即归。近云馆主、袁又斌仍来，留夜宵。袁教余跳舞，大说梨园故事，大家捧腹大笑。五时客散。寝。

民国三十年（1941年）十一月九日（辛巳年九月二十一日） 星期日 晴

二时起床，午饭。赴中国戏院演《棋盘山》，戏毕即归，稍息，又赴中国演夜戏《狮吼记》，一时戏毕，回寓。近云馆主、费忠和、孙庆长、赵慕韩同来，共晚饭，并教跳舞，天明始散，即寝。

民国三十年（1941年）十一月十日（辛巳年九月二十二日） 星期一 晴

下午二时起床，步至南京理发馆理发，归寓，午饭。偕常、李二亭外出访友、拜客数馀处，接见者周仲超及庆王爷等处；未见者多半。至七时同至近云馆主家，伊做主人约饭，同席者孙、费、赵、袁、杨姓等及少亭阖家。饭毕仍练习跳舞。赴中国戏院演《埋香幻》。周姓至后台谈叶庸方病故身后事；永龙亦来闲谈。戏毕忠和、庆长、慕韩、近云馆主约余往中原公司楼上仙乐舞厅观跳舞，伊等下场跳之；二时又至惠中舞厅闲坐。张敬轩偕其友来余处，电促归寓，竹戏，负洋百馀元，天明七时始散，即寝。

民国三十年（1941年）十一月十一日（辛巳年九月二十三日）星期二 阴 冷 微雨

一时起床，午饭。大雨缠绵，竟日未息。晚至中国戏院演《香罗带》，戏毕陆太太、杨燕霞由北京来津，至后台同归余处，留宵夜；近云馆主、袁文斌共餐。饭毕与少亭、周太太、陆太太竹戏，至天明七时始散。陆太太宿余处，叙旧、畅谈。正午陆去。即寝。

民国三十年（1941年）十一月十二日（辛巳年九月二十四日） 星期三 晴

下午五时起，偕少亭、佩华至各处访友；又至庆王府小坐、闲谈，并赠予庆王爷余之戏装照片数帧；庆王大少、二少约余等至登瀛楼晚餐，中餐西吃。晚八时至后台化装，十时半登台，演《妒妇诀》，高亚杰、屈让伯、孙国璋、居、张二姓同至后台闲谈，并托代购戏票。一时抵寓。陆太太、杨燕霞仍来，留晚饭。三时伊去。商洽戏码。令香来函，云饭店后部工程完竣，中西餐部仍无解决，姜明忱不日来津面谈详情。四时始寝。

民国三十年（1941年）十一月十三日（辛巳年九月二十五日） 星期四 晴

下午二时起，步至法国花园闲步，归寓，午饭。海关周姓来，托购戏票。与令香去函，嘱伊每日到饭店亲自监督，并照料家中琐碎事。八时赴中国戏院演《英杰烈》，戏毕即归。周太太、陆太太、杨小姐、袁文斌先后来，共饭，练习跳舞。五时客散。寝。

民国三十年（1941年）十一月十四日（辛巳年九月二十六日） 星期五 晴

一时半起，沐浴，午饭。刘炎臣偕张丽君父女来，拟拜余门下学艺。海关周姓来索戏票。偕常少亭夫妇及其女富华及宝荣赴梨栈仁昌绸缎店购衣料。晚赴忠兴堂饭庄，应孙国璋饭局，同席均商界，十馀人，东北人多数。饭毕至中国戏院后台化装，《绣襦记》十时半登台。常看余戏者有一胖妇至后台，以索戏票为名至后台闲谈。十二时半抵寓，晚饭。孙道修（号卓如）偕其妻要求演北宁路票房义务戏，正在磋商，未能解决；张敬轩、魏姓亦来谈。至四时客散，即寝。

民国三十年（1941年）十一月十五日（辛巳年九月二十七日）星期六 阴 冷

一时半起，午饭后赴劝业场天华景聆稽古社《侠盗罗宾汉》，此剧来历系模仿电影片，欧式化装，均系夷服；表演话白、韵白内搅杂；跳舞数幕，彩头变化甚速，不过学外江一点皮毛；京、津市以为稀奇。六时至惠中小睡，晚至中国戏院演《十三妹》，戏毕即归。内子带令文乘六时车来津，九点至惠中饭店。约近云馆主、袁文斌等宵夜，练习跳舞。四时客散，即寝。

民国三十年（1941年）十一月十六日（辛巳年九月二十八日） 星期日 阴

连日大雾，日夜黑暗，天时不正，忽冷忽热。二时起床，饭毕赴中国戏院演日戏《花田错》，戏毕回寓休息。国民饭店经理陈子澜约饭，因日夜戏劳乏，辞谢未去。张敬轩来闲谈。九时又至中国演夜戏《代夫媒》，戏毕十二时半抵寓。张敬轩偕王大夫、孔伯华大人、王太太、孔太太来寓闲谈。孔为余诊治，立药方。孔来津每日看病三百馀元，余看病纯粹义务，还另赏女仆钱，大夫亏本，友谊情面。谈至二时始去。四时寝。

民国三十年（1941年）十一月十七日（辛巳年九月二十九日） 星期一 阴

一时起床，午饭毕刘炎臣介绍女弟子张丽君拜余为师，推辞数次；刘再三恳求，情面难却，允之，预定下星期一行拜师礼。晚七时偕少亭夫妇、余带内子、次儿令文步至北安利应袁文斌饭局，同席周太太、袁、费、孙姓等十馀人。饭毕步至中国戏院演《鱼藻宫》，戏毕即归。同敬轩、华亭、少亭竹戏，至六时始散。客去服药，即寝。

民国三十年（1941年）十一月十八日（辛巳年九月三十日） 星期二 晴

三时起，午饭毕与令香去函，嘱伊诸事留心，用度俭朴。晚七时张敬轩约悦宾楼晚饭，电促，即应约；席有孔伯华、宁小轩等，并召妓侑酒。饭毕赴中国戏院演《元宵谜》。戏毕敬轩、小轩、周太太、袁文斌等同来寓，竹戏，男女两桌。粟逸群由京来津，亦加入竹戏，至次早九时始散。客去，即寝。

民国三十年（1941年）十一月十九日（辛巳年十月初一日） 星期三 阴 冷

下午六时起。孟广境来帖，约明日晚饭。饭后到中国戏院演《盘丝洞》，嗓音稍哑。戏毕庆王派伊子至后台，赠余银烟盒一只留作纪念，庆王别名乐有馀堂主人赠。

戏毕即归。敬轩来。下星期一收张丽君为弟子，敬轩开友人名单，亲自送来；并谈起启明借款，赵润芝来函催还，余手中空乏，托张函答缓期。谈至四时始散，即寝。

民国三十年（1941年）十一月二十日（辛巳年十月初二日） 星期四 晴

十一时因患脚气即起床洗脚，午饭。接熊伯寅借贷函。青岛《导报》记者彭子文来函，云其女欲拜程砚秋为师，托余介绍引见，复函推辞；程向不收女弟子。《新天津报》记者张锐夫亲送来《新天津报》数份，有余宣传，并托画扇。沈玉才来说戏。午饭后苏宝荣接家电，其父报病，病故，即返京奔丧。九时阖家到中国戏院，演《扬州梦》。有一胖妇追余，其意求欢；约有六七年之久寓北京。余去岁往济南演剧，伊亦至济南；今余来津，伊亦来津；来寓赠余面速力达及手帕，原物退还。伊每见余必丑态百出，毫不顾廉耻，只得命少亭婉言赶出，似觉可笑！又至后台以购戏票为名缠绵不决。戏毕余即归寓。伊不欢而去。至寓余夫妇沐浴、宵夜，四时始寝。

《扬州梦》荀慧生饰徐紫云

民国三十年（1941年）十一月二十一日（辛巳年十月初三日） 星期五 忽阴忽晴

下午四时起。孟静宁在伊宅约饭，电催，即去。同席有清朝张遗老、金息候等五六人，均系前清翰林、状元、少保等职份。余面求伊等书名片，意欲作新板。余周身酸痛，精神不振，饭毕吸鸦片两口。八时赴中国戏院演全部《贩马记》，九点半登台，戏毕周元章至后台，云《庸报》佟姓与余作对，有不满之处，登报骂余年老唱戏还作儿女态度等意。周某之意明日同余至报馆访伊，以解此围；余意以登报骂余，无须再访；周再三劝余，情不可却，只好允访；并通知余星期一收女弟子时约请海关曹香荪、杨季鹗、王秋舫三人。戏毕即归。吴氏夫妇来。吴今春在北京留香饭店结婚，内子、令香招待甚周；今伊夫妇来意致谢。周太太、袁文斌来，练跳舞，共晚饭。四时客散。寝。

民国三十年（1941年）十一月二十二日（辛巳年十月初四日） 星期六 晴

下午四时起。周元章来，留便饭，并同往各处访友数家。七时抵寓，晚饭，至“中国”演《还珠吟》，张锐夫偕《天津报》外勤主任刘南茁至后台闲谈上海张君秋、谭富英在上海大舞台演临别纪念，唱《四郎探母》，台下掷炸弹两个，将观者伤十馀人云云。戏毕归寓。吴光铎夫妇、冯德华夫妇来谈，四时始散，客去。即寝。

民国三十年（1941年）十一月二十三日（辛巳年十月初五日） 星期日 晴

下午一时起，午饭，赴中国大戏院演日戏《杜十娘》，戏毕即归，晚饭。明忱由北京来津，谈李兴甫在京遇事，官场敲诈，李来津避难，正在设法托人调停。明忱因军衣庄李系东家之关系，故代伊计划帮忙。晚同赴中国，余演《钗头凤》，戏毕即归，与华亭、明忱、周太太等竹戏，次早始散。

民国三十年（1941年）十一月二十四日（辛巳年十月初六日） 星期一 晴

下午二时起。刘炎臣介绍女弟子张丽君阖家同来，亲代拜师礼物，送内子金镯一支，送余洋金表链一挂，馀者余家数人每人赠礼券各五十元；今日四时在大华饭店举行拜师礼。五时孙汉卿、杜金山、吴清泉来寓，同往大华饭店，先行拜师礼；男女来宾百馀人，有新闻记者、清室文少、保金、息侯，各界不计其数。同时摄影，人多分为两部，摄影数帧以作纪念；非常热闹。六时入席，谈笑甚畅，摄影者新金山经理张用龙亲自照料。八时饭毕各散，女弟子阖家及刘炎臣、常、李二亭、孙国璋送余夫妇回家。余因受风，嗓音微哑，至致美楼寻孔伯华大夫诊治；王大夫同伊共饭，并赠余开音丸，药名颐和清喉丸数瓶，劝余静养。幸中国大戏院早与燕京歌舞团有约，借伊戏院演三日，由今日开始余休息三日。由初九日阳历二十七日续演一期十二天，加演义务两日，补上期一日，共半月，至十月二十四日止。如无歌舞团借演，余嗓哑无法补救，亦得休息。令文丢失海上黄金经理孙兰亭所赠瑞士表一只，在惠中五号房间丢失，大约是茶役所作。伊等请圆光表明心迹，所请之人完全江湖口，花去十三元，所说偷表者系男女摩登夫妇所作，并无此人来往，信口开河，可笑！吴光铎夫妇来；高登弟亦来谈，带来治肺病偏方，嘱余抄下药方，为（川贝母四钱五、法半夏三钱五、鲜柏树叶五钱）用冰糖作药引，共煎一处，代茶饮之，治多年肺病咳嗽。伊云此方百用百效。谈至四时始去。即寝。

民国三十年（1941年）十一月二十五日（辛巳年十月初七日） 星期二 晴

正午起，至“南京”理发，回寓，午饭，饭毕偕内子及常少亭夫妇带张丽君、常富华同往中国，观燕京歌舞团跳舞、京剧、话剧，均合作，甚觉有趣；晚同赴美丽川菜馆，应范芃士之约，同席有英界陈姓督察并范之姑爷。饭毕步至北洋，观白玉霜演《刁刘氏》，甚觉有趣、滑稽，乡野气味儿过多。观毕步归。同周太太、李华亭、常少亭、袁文斌等练习跳舞。因警务段偕伊女来，伊毫不客气，入门要茶、要饭，大食西餐，可恶！可厌！余至启明避伊二时，电寻李去始回寓。同周太太、袁、李、常等博戏，至天明八时始散，客去。即寝。

民国三十年（1941年）十一月二十六日（辛巳年十月初八日）星期三 忽阴忽晴 冷

下午四时起。明忱来，云乘晚八点车回京。彦衡来函，问候而已。今日下午七时半冯德华、吴光铎在丰泽园宴客；海关公会八时在全聚德宴客，均有帖来。孔伯华在悦实楼晚餐。余同绍亭至该馆诊脉、治嗓哑症，药方开毕即命绍亭抓药。余阖家应德华、光铎丰泽园之约，同席冯、吴阖家及和才等；未终席又赴全聚德海关同仁之约，均是伊同事，十馀人，内有一友云在余童龄白社时代伊为学生，有若干人捧余。伊自倚老卖老，谈起旧话。饮酒、畅谈。饭毕偕周元章回寓，吴、冯阖家早在余处，后杜金山亦至，共竹戏，至夜五时始散，即寝。

民国三十年（1941年）十一月二十七日（辛巳年十月初九日） 星期四 晴阴不定

奇冷，大有数九之大时。四时起。丽君女弟子接内子及少亭之夫人富华至伊家晚饭。午饭毕。今夜中国戏院余接演，由今日开始续演十二天，外加法国工部局及铁路票房义务三夜、梨园义务戏在三场义务内加演日戏一场。晚饭毕至中国戏院演《玉堂春》，嗓音今日复原。戏毕即归。令文丢去瑞士表，系上海孙兰亭所赠。内子云孟少臣之妹已出阁，嫁与刘姓，好修道，据伊云吴佩孚在世时常约伊圆光、看香、治病，无不灵验。内子夙日好佛，将丢表事对伊说之，伊气忿，即上香圆光，此表系惠中西餐部宋恩霈所偷、转交伊姐，并嘱内子索取，如宋不承认，敢与当面对质。即唤宋说明，宋不认；刘又圆光，仍是宋所为，宋脸面有关，伊云此表已转卖，不好购回，情愿另购赔偿。余归家听内子云。四时始寝。

民国三十年（1941年）十一月二十八日（辛巳年十月初十日） 星期五 晴

十一时起，午饭毕偕内子往泰康商场三楼小梨园观杂耍，有荣剑臣单弦、小蘑菇相声、小彩舞京韵大鼓、耍坛、踢毽子等技术。六时半抵家，稍息。晚饭后至中国戏院演《红楼二尤》，诸友至后台看化装、闲谈。吴清源代伊友人索照片。戏毕即归。袁文斌、周太太、李姓（仙乐舞女）、李小姐同来，练习跳舞，用胡琴奏乐跳之。五时始散，即寝。

民国三十年（1941年）十一月二十九日（辛巳年十月十一日） 星期六 晴

三时起，午饭。李东园之子李明扬拜叶德凤为师，在惠中行礼。余因事忙，用名片谢之。赴中国戏院演《勘玉钏》，戏毕叔度、袁文斌、周太太等同来，共夜餐，均练习跳舞；叔度滑稽可乐。四时始散，即寝。

民国三十年（1941年）十一月三十日（辛巳年十月十二日） 星期日 晴

十二时起，午饭后赴中国戏院演日戏《荀灌娘》，戏毕即归，稍息。西餐部宋经理向余承认偷表事，此表现已不好赎回，伊另买一蓝边表赔余，伊云将来把原表觅得即送至北京归还，再将蓝边表赎回。晚饭后至中国演《红娘》，戏毕即归。吴光铎夫妇来谈，至夜四时始散。就寝。

民国三十年（1941年）十二月一日（辛巳年十月十三日） 星期一 晴

一时起，同少亭往六国饭店访孔伯华，未晤。车去步归，迷失路径，随走随问，可笑！抵寓，午饭。佩华等来说戏。晚九时往中国戏院演《侠骨香》，戏毕偕内子及和才、斌仙、佩华、吴光铎夫妇同赴马场道一号杜金山家晚宴。饭毕竹戏。次早九时抵寓，即寝。

民国三十年（1941年）十二月二日（辛巳年十月十四日） 星期二 晴阴不定

下午四时起床。少亭夫妇今日返京。修容，午饭，晚至中国戏院演《狮吼记》，一时抵家。袁文斌、周太太来，留晚饭，跳舞；周唱《宇宙锋》，袁操琴。至四时始散，即寝。

民国三十年（1941年）十二月三日（辛巳年十月十五日） 星期三 晴

二时起。阖家至泰康小梨园看杂耍。与令香去信。闻程砚秋母病故，去函；嘱令香备祭礼往奠。因长媳有孕，怕见棺木。据云孕妇见棺恐落小产，函嘱长媳千万勿去。接令香函，报告经手家中事。晚饭后赴中国戏院演《霍小玉》，戏毕归寓。同周太太及其娘家弟杨二、袁文斌、吴光铎夫妇、舞女李萍等竹戏，余负百馀元。次早九时客去。即寝。

民国三十年（1941年）十二月四日（辛巳年十月十六日） 星期四 阴

下午四时起床。看香者刘太太来与内子下神看病，并有缘薄，面云助善簿事或演义务戏，倚佛说话，要求可笑！吴光铎夫妇来，约内子外出看电影，偕同女弟子丽君父女同去，候归寓，共晚饭。玉才来说戏，同赴中国戏院，演《平儿》，白连城之妹偕伊女友至后台看化装；胖妇每日至后台捣乱，不顾羞耻，实在可厌。戏毕回寓。杜金

《俏平儿》荀慧生饰平儿 陈喜星饰贾琏 朱斌仙饰刘姥姥 林秋雯饰王熙凤 何佩华饰巧姐

山送来高施恩、张明淑夫妇请帖，约余阖家后日下午七时惠中西餐、宴客；天津自动车警务段司法主任王云阁与张载旗，亦约星期六在登瀛楼下午二时午餐。连孝同来，并带一女妓，谈片时伊去。余为近云馆主画纪念册。四时始寝。

民国三十年（1941年）十二月五日（辛巳年十月十七日） 星期五 晴

一时起，至屋顶闲步，午饭。张逊之来访，未晤。晚至中国戏院演《飘零泪》，戏毕即归，稍息寝。

民国三十年（1941年）十二月六日（辛巳年十月十八日） 星期六 晴

一时起，偕连孝、绍亭步至登瀛楼应王云阁、张载旗之约，同席有银行界、警务段、日本翻译等。四时半步至泰康商场小梨园看杂耍，连孝同往，伊烟瘾发作，即归寓，与深泉、绍亭抵家。常少亭夫妇今日由京来，谈留香饭店买卖甚好。七时高施恩夫妇在惠中西餐部宴客，约有冯德华夫妇、吴光铎、杜金山及其夫人等，共十馀人，饭毕稍谈。赴中国戏院演《晴雯》，戏毕近云馆主、袁文斌等候余卸装后同往中原公司楼上仙乐舞厅看舞女表演结婚舞。按实事模样，亦有主婚人，悬彩贺客等；新郎、新娘均舞者扮演，有数十人之多，滑稽有趣。演毕新郎、新娘仍与客人等坐台子跳舞，照常营业。余与谢姓舞女下场跳之后，与近云馆主跳一场，又带李萍、白燕两舞女往起士林用点心；用该处歌舞唱片奏乐跳舞。至夜四时半抵寓，即寝。

民国三十年（1941年）十二月七日（辛巳年十月十九日） 星期日

今天大雪。二时起，午饭后赴中国大戏院演日戏《秦娘》，戏毕归寓。晚饭后又赴中国戏院演夜戏《英杰烈》，戏毕偕少亭至惠中舞场观跳舞。袁文斌、周太太、张静轩、李华亭等在余处候余，即回寓，共饭，竹戏八圈。在夜五时李华亭妾来，不顾一切，当诸友面与华亭吵闹、打骂，声音吼大，无法劝解，泼妇态度，可恶，可畏！诸友均避开，任伊吵闹。后经茶房将伊二人劝去始安静。七时寝。

民国三十年（1941年）十二月八日（辛巳年十月二十日） 星期一 晴

下午三时起。今日见街市布告，英界封锁，行人出入英界不便；各报及号外登载日本接收英租界，昼夜戒严，甚紧张，路静人稀，可畏，可惨！街市公共车辆均插日章旗；至晚八时禁止行人出入街市，一律肃清。中国戏院将开戏帽戏《太平桥》将上，工部局来示，即令回戏。看此情不知几日始能继演。又观号外，西太平洋日与英美宣战，并宣布断绝国交。晚饭后与少亭、绍亭、令文竹戏解闷儿。英界住户均不能出界。赖苏生、刘蝶孙约余今夜在逢来春，因戒严又电话卡断，饭局作罢。今夜诸友均未来。各娱乐场、饭馆、妓院等处均停止。五时始寝。

民国三十年（1941年）十二月九日（辛巳年十月二十一日） 星期二 晴

一时起，步至南京理发馆理发，归寓，午饭，沐浴。袁文斌、费忠和来，同往楼下舞厅练习跳舞。今晚仍戒严，夜戏停止；各娱乐场至九时均停止。回戏。闷极，与吴光铎、李华亭、张敬轩闲谈。忽接剧本，具名乡间一俊女子，并未书真实姓名及住址。伊所编新剧内情关于婚姻不自由，一对佳偶不能成双；其父嫌贫爱富，因续岳母丑陋，调戏姑爷，女婿不从，恼羞成怒，从中拆散佳偶。有一女仆聪明伶俐，从中用方法将小姐改男装逃奔夫家。剧情甚复杂，略记大概，穿插滑稽，非笔墨能形容尽述。观毕同诸友竹戏，华亭夫妇加入，其意因上次伊夫妇在余处口角，今特来陪竹戏，道歉之意。天明正午客散。华亭谈明日再回戏一天，共停演三日，由十一日起继续在中国戏院登台，改演日场；先演义务三天，再补营业二天，共五天，演毕返京。华亭、少亭、绍亭至车站，婉言辞谢孙道修站长为铁路票房演义务戏筹款事。下午三时始寝。

民国三十年（1941年）十二月十日（辛巳年十月二十二日） 星期三 忽阴忽晴

华亭今日回京。下午五时小睡。因周身骨节疼痛，汗液遍体，九时即起床，至街市闲步，至天祥市场，巧遇内子及少亭夫人及富华，一同返寓，晚饭后稍息。孟大少偕李东园来访；李明日加入余班，同演义务戏，共二天；伊学孙菊仙，报单标明孙派。今晚仍停演，明日开始演唱白天戏。三时始寝。

民国三十年（1941年）十二月十一日（辛巳年十月二十三日） 星期四 阴

二时起床，午饭。今天演日戏，为法国工部局演救济因公殉难职捕家属义务戏《杜十娘》。胖妇至后台，不顾羞耻，与内子口角、吵闹。伊似有精神病，所说之话荒唐；向内子说你不该吃醋等语，荒唐已极，可笑！伊缠绵不绝，打破廉耻，吵闹不走；幸而近云馆主、青云主人及后台同伙将伊劝走。伊气怒仍未息，俄时又来吵闹，即令看后台巡捕等将伊轰出。此举甚觉可笑。《杜十娘》八时演毕，归寓，晚饭。孟少臣同工部局人员为义务戏向余致谢。饭毕同近云馆主、青云主人、少亭等竹戏，次早八时始散。大雪彻夜未息。偕诸友街市闲步、踏雪，并至舞女白燕处小坐，少谈归寓。

民国三十年（1941年）十二月十二日（辛巳年十月二十四日） 星期五 阴

归寓午饭。今日应演梨园公会义务戏，因时局改日戏，恐收入不足。梨园会长梁一鸣偕郭少安来辞谢，义务戏改再来津时补演，所以今日回戏。胖妇又来胡缠，敲余卧室门；内子与其吵闹，伊仍不走，言进余卧室谈话、小坐，自说求欢；内子怒之，命女仆张妈破口骂之。经惠中少经理广明及阖店人劝解，胖妇始去。余晚八时方寝。

民国三十年（1941年）十二月十三日（辛巳年十月二十五日） 星期六 晴

二时起，饭毕至中国戏院，仍为工部局义务戏，演日戏《香罗带》，八时戏毕，胖妇又至后台，被中国戏院看后台门者及巡捕等拦阻，不许伊入门；伊吵闹不绝，毫无羞耻；任伊如何吵闹，终不许其进门。余急卸装，偕赖苏生、青云主人、近云馆主、少亭夫妇及其女富华、女徒张丽君等由前台而出，以避胖妇。余等至逢来（蓬莱）春，赖苏生夫妇做东，同席有玉才、和才等，并摄二影留作纪念；饭毕同往北洋戏院观小杨月楼及其女杨菊苹演全部《石头人招亲》；月楼并送余等水果、食物，命人招待；观毕至后台致谢、闲谈。步归，路遇白小姐，立谈。抵寓，仍与赖苏生夫妇、近云馆主及内子共竹戏，至次早七时始止。余同近云馆主合作画山水条幅，笔墨游戏。至十二时客散，即寝。

民国三十年（1941年）十二月十四日（辛巳年十月二十六日） 星期日 早晴

下午八时起。数日前金友琴来寓，谈金息候少保夙与其交好，历有数十年，因此余托伊代烦金息候与余书匾额、对联、名片等件；又近云馆主代为催之速写，今日送来交件。吴光铎夫妇来，稍坐即去。张丽君面约余阖家及少亭夫妇、近云馆主、青云主人等至伊家晚饭，张氏夫妇招待甚周。饭毕同青云主人、赖苏生至新金山相馆各摄一影以作纪念。归寓。华亭夫人由京来，敬轩、近云馆主、青云主人亦至；玉才操琴，各唱一段，并竹戏，至夜五时伊等牌兴未足，余托少亭代为竹戏。今日中国戏院为新民会借用开会，所以今日停演。二时寝。

民国三十年（1941年）十二月十五日（辛巳年十月二十七日） 星期一 晴

三时起床，饭后至中国戏院演营业戏白天《红娘》，四时登台，演毕步至南京理发馆理发、剪足趾、沐浴。晚饭。青云主人、近云馆主、张丽君父子来。余与近云馆主为诸友作画，并赠予丽君山河小条幅。至夜三时客散。始寝。

民国三十年（1941年）十二月十六日（辛巳年十月二十八日） 星期二 晴

二时起，午饭，饭毕至中国戏院日戏临别纪念戏《玉堂春》，戏毕即归。孟少臣约留香社全体西餐，为与大众饯行之举。周太太、袁文斌、冯德华、张丽君父子及舞女华子英、费忠和、李华亭夫妇均亲带礼物来送行，并留伊等晚饭。饭毕余阖家偕诸友至中原公司内仙乐舞场跳舞，余与华子英、华亭之夫人、近云馆主合舞一夜。一时归寓，均同来，共竹戏，次早九时竹戏始止，诸友候送行。

民国三十年（1941年）十二月十七日（辛巳年十月二十九日） 星期三 晴

诸友仍未散，候送行。余外出至中华医院种牛痘，步归，点心。十一时与诸友分手，华亭夫妇送余阖家及李绍亭、苏宝荣、孙智越等，同搭十一时三十五分慢车抵京，少亭夫人及其女亦乘此车。开车后警务段车警向余闲谈、索照片。日夜未眠，身体劳乏，沉睡。三时半至永定门，余下车。常少亭昨日早车返京，托友早在车站接余；警察署长等同送余至永定门前，并未检查，沿路顺利，与赴津时情形大不相同，一恶一善之别，可怕！可喜！余因在永定门下车，免去前门下车车站麻烦，四时平安抵寓。晚饭后彦衡、秋雯、士衡、星伯等来谈，九时客散，稍息就寝。

民国三十年（1941年）十二月十八日（辛巳年十一月初一日） 星期四 晴

十时起床，午饭，修容。薛润甫来，少谈。余往留香饭店查看后楼新建筑，电灯工程完毕，惟木器家具尚未齐全。预备阳历年开幕。六时带令香归寓。余将上洋车，因地水成冰，车夫滑倒，将余摔下，左手按地，衣服秽褴不堪，幸未受伤，起身后坐车回寓。晚饭后与内子闲谈，至天明方寝。

民国三十年（1941年）十二月十九日（辛巳年十一月初二日） 星期五 晴

一时起床，饭后至中原医院诊病，惟恐烟瘾复发，并戒烟。余又往留香饭店，研究作商办法。七时归寓，晚饭。同常少亭、李绍亭、苏宝荣结算天津中国戏院演戏账目。十二时散，即寝。

民国三十年（1941年）十二月二十日（辛巳年十一月初三日） 星期六 晴

正午起，饭后阖家及常、李二亭至宾宴春贺朱桂芳四子娶妻结婚礼；稍坐又偕少亭往天寿堂贺赵润之其女出嫁。张敬轩由天津亦为贺喜而来，晤面，约余同至瑞蚨祥西栈竹戏，即往；有李峨山等，竹戏八圈。晚饭毕偕友步至广德楼，观吴素秋演《红娘》，模仿余相像，稍觉迟笨。素秋之母至台下招待余。有车站警务段男女警察看白戏，吴氏母女每逢出门登路，警察故意刁难，摆百，吴母今日发牢骚，要出怒气，在台下不顾一切，破口大骂警务段男女警察，不许看白戏；不顾丑态，并云今日大骂，从此不登铁路，看你们狗仗人势，小人们其奈我何。台下观客均立起，哄堂笑之。经前后人解劝方息，亦觉可笑。伊等作恶，夙日积仇过甚，今日自讨无趣；伊等毫不以为辱，等于禽兽。观毕戏后和才、佩华、盛清亦在该院观剧。十二时同敬轩等归寓，竹戏，至天明客去。始寝。

民国三十年（1941年）十二月二十一日（辛巳年十一月初四日） 星期日 晴

正午起，至中原医院打针，戒烟；又往留香饭店小坐。今日张泽生生辰，在致美楼宴客，四时余往贺，振春等先在，均是熟友，共叶子戏，余大负洋千元，次早下午五时始散。

民国三十年（1941年）十二月二十二日（辛巳年十一月初五日） 星期一 晴

五时博戏散后余往中原看病，又往饭店与王姓瓦木匠商定修理前部工程。路遇韵谱，立谈。晚七时带令香抵寓，晚饭，九时即寝。

民国三十年（1941年）十二月二十三日（辛巳年十一月初六日） 星期二 晴

十一时起床。内子生病，卧床不起，延逢春诊治。午饭后至法源寺，工瑶卿、凤卿丧母，在该寺开吊，余往奠祭。男女宾客甚多，熟友多半；七时送库南横街空场，焚化后余往西长安街淮阳春，应郭盛三饭局。同席五六人，并召妓及舞女张云燕及其姨均在座，多不熟悉。饭毕同往长安，观云燕演《玉堂春》，戏毕伊等到约余韩家潭妓院闲游，情不可却，同往。二时抵寓，即寝。

民国三十年（1941年）十二月二十四日（辛巳年十一月初七日）星期三 阴雪 冷

十时长孙皓哭声不止，将余惊醒，即起床询问奶妈，伊云开水将皓左手烫毁，粗心大意，无可奈何；余带令香夫妇、奶妈抱皓即往中原医院诊治，即敷药，左手完全将皮脱落，似觉焦心。归寓后逢春与内子看病，又为皓立药方。午饭毕余带令香往留香饭店，盛三带一舞女先在饭店候，其意学舞，略谈。崔宾臣借王树臣处抽头聚赌，余辞谢未去。余往小乐意晚餐。二时抵寓，即寝。

民国三十年（1941年）十二月二十五日（辛巳年十一月初八日） 星期四 阴

大雪日夜未止，正午起床。裱画张、闻锡永赴上海，伊介绍一画家代笔，定星期晤面。姜明忱来寓谈方玉珍病故，身后萧条，有万春等提倡演义务戏帮助，明忱同玉珍盟兄弟，所以极力热心提倡；又谈饭店昨夜大连人冒充日本人，云充当沙滩宪兵队，偕一妓强要房间求欢，并无闲房，伊上楼将客人轰走，口中大骂不绝，实无办法，电通宪兵队，即来人将伊男女带走，本柜招待王洁如同去述说理由，王亲眼看其被打、被辱，系乃中国大连人，来北京借日人势力欺压商民，看此情形定判徒刑。逢春来与内子及皓诊病。邻居冯寿廷家财煤矿在天津英租界被日人接收，破产，心疼病丧命，今日接三。老友石焕如病故，有讣闻来。余离京四十馀天，余所知者死去十馀人，计砚秋之母、瑶卿之母及内二嫂、冯惠林、方玉珍、宝荣之父、徐德增、赵世兴、牛一洲之母，均已不在，几十年光景，为人难逃此关；争名夺利，不过如此结果。带令香至饭店，郭盛三带舞女三人先在，闲谈。李万春同王队长等来，要求为方玉珍病故演义务戏事，并谈侦缉队化装办案神秘。七时陈慧秋、张丽贞、意君、老五宿交通大旅社三楼三零八号房间，电约余往谈，即赴约。丽贞、意君外出，陈慧秋留余晚饭，并云伊长在北京，居住在南池子，租得六号房一所，因事变沪上不能安全，伊三人在一处居住。十二时归寓，同儿辈们竹戏。三时始寝。

民国三十年（1941年）十二月二十六日（辛巳年十一月初九日） 星期五 晴

极冷，大有冬令之意。正午起，午饭。瑶卿丧母，在法源寺开吊之日。余路过烂漫胡同访董少卿、陈敬余、张逸群、何佩华等处，小坐、闲谈。李子铎在商丘做事，派护兵来取伊所存衣服箱笼，取走。带令香赴饭店。张金波夫妇带其女丽君来京至寓，偕少亭夫妇同往留香饭店，余阖家约伊等至广福馆便饭。饭毕上海娃娃剧团团长殷忆秋率领女团员三十馀人宿余饭店，每日在同乐表演，今日临别纪念，余约张、常阖家往观。开始电影，影名《四千金》，演毕娃娃团表演话剧、跳舞、流行歌；观毕同至饭店，余约娃娃剧团在本店西餐；有一朝鲜人亦在食堂宵夜，举止可恹；伊言令文礼貌不周，念其年幼，不然举手打之。本素不相识，伊此挑剔可笑可恶！长子令香向伊理论，搪塞而去。三时抵寓，即寝。

民国三十年（1941年）十二月二十七日（辛巳年十一月初十日） 星期六 晴

正午起。逢春来与内子诊病，今日病状大好。毛世来本月旧历初八得一男孩，亲来叩头。至留香饭店，陆太太、杨燕霞同来饭店，帮同布置后部，摆设家具。杨四爷面约今晚萃华楼便饭，达小云做主人。余先归寓，约张金波阖家在寓晚饭，常少亭阖家作陪。八时赴达小云之约，同席有十馀人，并有一妓侑酒。又赴板厂胡同王增瑞饭局，博戏；振春、泽生、树臣等二十馀人先在伊家打扑克，余加入，次日下午五时抵寓。

民国三十年（1941年）十二月二十八日（辛巳年十一月十一日） 星期日 晴

下午五时由王增瑞家抵寓，晚饭，九时始寝。

民国三十年（1941年）十二月二十九日（辛巳年十一月十二日） 星期一 晴

十时起床，至中原医院诊病。逢春来与内子看病。画张介绍画家陈维信，定今日晤面。发天津友人谢函及上海贺年信。姜明忱同饭店西餐部东家许芝亭来寓，接洽解除合同，余避免，命少亭、令香晤面接谈。下午二时明忱、芝亭来，余亲自晤面。芝亭云清理内容账目，算清手续完善，即脱离饭店；意思甚好，但无决定日期。带令香及少亭往饭店布置后部房间、家具。画张、陈维信已到饭店，定一日陈正式任事。至夜五时抵寓，即寝。

民国三十年（1941年）十二月三十日（辛巳年十一月十三日） 星期二 晴 冷

十时起，抱长孙至中原看病，归寓，午饭后往留香饭店，仍布置房间；偕诸友参观留香饭店后楼建设，预定阳历年元旦开幕，阴历十一月十五日后部开幕。因暖气热度不足及一切应用家具不完备，所以延期开幕。诸友介绍茶房十馀人，正在挑选中。郭盛三、达小云偕舞女数人借座饭店跳舞，略为周旋。高理亭生辰，在致美楼宴客，并约赌博，余事忙辞谢。夜四时归寓，即寝。

民国三十年（1941年）十二月三十一日（辛巳年十一月十四日） 星期三 晴

正午起，饭后带令香往饭店照料一切，督催阖店人布置后部。友人介绍诸多茶役实地做事。大风扑面，冷气袭人。仍回留香饭店，同明忱商定铺规及内容账目办法，均在后部开幕时整理完善，均分职合作；聘请姜明忱任留香饭店为经理之合同，今日当面颁下；订完嘱伊俟后对于阖店振起精神，努力去做。由余家发出棉被六十条、茶盘五十个、茶壶八十把、茶杯五打、痰盂六十个、铁床全份、烟碟五十个及茶碟二十七打及应用之物。二时抵家，寝。

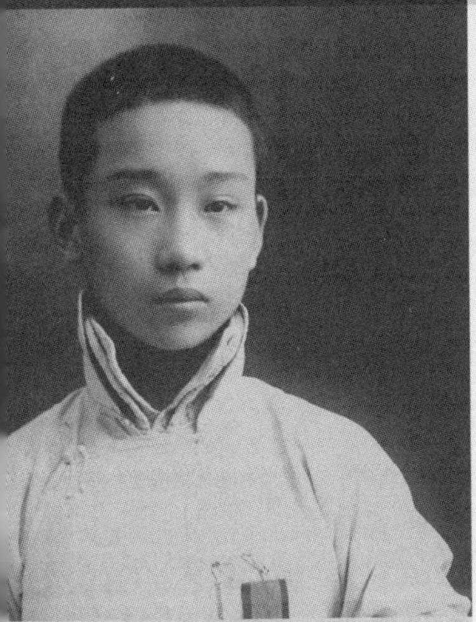

一九四二年

1942年

民国三十一年（1942年）一月一日（辛巳年十一月十五日） 星期四 晴 风

正午起。画家陈维信今日开始工作。午饭。张金波昨日乘车返津，其女丽君留京学艺，宿少亭处。往留香饭店布置一切。原定今日后部开幕，因启华公司装设炉片各处取巧，片数不足，弄巧成拙，热度不足，最多不过五十度，在三九卖房间恐因冷受影响，即命其加添炉片修理；伊方仍搪塞，巧言花语，挑剔烧锅炉人不得法，即命其寻人烧锅炉，仍旧不暖，伊无言对答，仍狡猾不想添加炉片修理，故今日不能开幕；嘱少亭对伊言，再若延迟，赔偿损失。郭盛三、达小云、徐毅伯、杨四爷等面约余及长子同往恩成居晚饭，有鼓姬方红宝、妓女、舞女数人作陪、侑酒。饭毕仍步至饭店。风沙扑面，冷气袭人。至饭店料理琐碎，挑选新来之茶役。三时归寓，即寝。

民国三十一年（1942年）一月二日（辛巳年十一月十六日） 星期五 晴 冷

十时起，至中原注射补气针；往饭店交涉启华公司暖气事，各房间、通道仍热度不足，不能不添加炉片；伊无言可辩，云明日由天津公司来人修理；余命伊赔偿损失，伊即用长途电话催促公司来人，晚车该公司经理人员由津来京，至饭店自己检查试验暖气热度不足，允加炉片，不保度数，敷衍而已；言谈举止狡猾；命少亭交涉加炉片，度数最低六十度开外，不然包赔损失；伊合同云，以外面零度时屋内温度在七十度；余云六十度以和平对待，再狡猾即履行合同；如再花言巧辩，即不客气，控告理论；伊云五天内修理完毕，如再不足度数，再加修理；余开幕心急，恐怕延迟，暂时允许，修理毕再不敷时定理论法办。六时赴中国旅行社应陈慧秋、张丽贞、忆君之约，谈笑二小时，仍回留香饭店，分派茶役后部开幕时分班工作。郭盛三带一妓在后部大房，借坐谈笑。张宝元同女鼓姬亦借坐闲谈。至夜三时带令香抵家，即寝。

民国三十一年（1942年）一月三日（辛巳年十一月十七日） 星期六 晴 冷

十时起，理发。丽君、富华来。同两儿吊嗓，用功。二时赴饭店。启华修理暖气，各处增加气管。晚陈维信、画张同去，闲谈。十一时归寓。椿树头条六号失火，狼烟四起，与余住所隔一巷，似觉危险，命人房上房下照料；余至火场瞭望情形，令文、长媳亦随至后街；二时消防队来救。椿树横巷乃尚小云荣春社小科班宿舍，学生均逃生巷外。失火处住户九家共住一所，火起时均各抱物件、带领小孩子女等逃至街头，围被放声大哭，睹状可惨。三时火稍止，救火甚众，视火不致扩大，余始放心，阖家始寝。

民国三十一年（1942年）一月四日（辛巳年十一月十八日） 星期日 晴 冷

正午起。彦衡来寓。与两儿及丽君、富华用功，并留午饭。饭毕修容。逢春来与内子诊病；长媳怀孕，数日前在饭店沐浴，在楼梯摔下，惟恐跌伤，亦请逢春诊之，幸喜胎儿无恙，今日婆媳均见大好。晚阖家及丽君、富华至长安饭店西餐部晚膳。由天津归，今日在长安戏院初演《红楼二尤》，戏毕归寓，稍息即寝。

民国三十一年（1942年）一月五日（辛巳年十一月十九日） 星期一 晴

十时起床。饭店来电，云暖气锅炉烟筒堆烟煤若干，暖筒热度甚足，将烟燃着，几乎失火，在天明六时之时间，幸阖店人等齐为奋勇救之，未遭损失，但煤及赏钱损失千余元。接电闻之，急赴饭店，已然安全无事；后部加暖气炉片及不完善之处均修理完竣，准定八号开幕。又至中原看病，抵家晚饭。朱復昌约余至伊家晚饭并博戏，因身体不爽，电话辞谢。十时寝。

民国三十一年（1942年）一月六日（辛巳年十一月二十日） 星期二 晴

狂风骤起，风沙扑面。正午起床，午饭，至中原注射；又至饭店，筹备后部开幕事项至晚十钟，精神疲倦，即回寓。丽君之父金波由津来京，留饭。彦衡、士衡及少亭及女等同席，饭毕闲谈。夜二时彼等走去，予即就寝。

民国三十一年（1942年）一月七日（辛巳年十一月二十一日） 星期三 晴 风

正午起，饭后至饭店布置后部。王司令偕忱同、高亚杰、蔡惟一至饭店寻余闲谈，并有特务问答阖店茶役将来国势如何、为人有何思想等语难题。开店来人复杂，想有不周之处，对方不满意，故与阖店人员开玩笑，打官话，欺压良民。此等项事非，非东北人多半。晚十二时回寓即寝。

民国三十一年（1942年）一月八日（辛巳年十一月二十二日） 星期四 晴 风

早八时起，赴饭店办理开幕事宜；客房设备均办理完善，今日正式开幕。余同明忱及令香训话，鼓励茶房及阖店人员认真服务等话。赵德钰来，因蒋少奎[1]赴徐州，明日余出演《十三妹》，着其代替少奎饰邓九公。适有保定警察参观园六十馀人来店，定房十余间；又有人多位来店定房，至晚六时已将房间卖满，此亦生意兴隆、蒸蒸日上之兆也，可喜可贺。尤有可笑者，今天日干极好，开市、嫁娶俱无不宜。我友和才今日完婚，席设同和轩，余同长子令香前往叩喜，喜气盈盈。我喜者店中开幕；他喜者幕中开幕，其喜则一，而所开者则二。花径不曾缘客扫，蓬门今始为君开。想新娘当必三复是诗也。晚饭后盛三、杨四爷约余至童芷苓家博戏。先至中原医院，杨四注射戒烟针；后至童宅。言慧珠伊友马姓，现服务区署，系奉天人。余等入门时见其马姓正以酒壮醉，举止讨厌。童母将余等让至他房。稍坐后马姓与遐苓外出跳舞，余等始到其屋竹戏。至夜三时返家。夜间大风，寒冷透骨。抵寓即寝。

民国三十一年（1942年）一月九日（辛巳年十一月二十三日） 星期五 晴

正午起，午饭。顷闻友人云六日《民众报》登载留香饭店失火，烧毁楼房五间，损失千余元；本段警察持《民众报》来店质问本店人员，任其随意调查，不过烟筒滋火将煤燃着，与登报事实不符，令本店具结始行完毕。《天津庸报》亦时常登载留香饭店赔累，本人不善经营，但与事实更不相符，不过借此膨胀报馆声势而已，可笑！晚至饭店小坐。八时至广德戏院演《十三妹》，郑局长文轩及童芷苓偕友人至后台闲谈。戏毕步至留香饭店，与明忱办理西餐部合同事；伊等仍不愿毁约，搪塞；余嘱明忱在十五号解决，此事已半年有馀，并未解决；如十五号无有结局，诉事理论。夜四时回寓，即寝。

1 京剧演员，工花脸。

荀慧生与张君秋合影

民国三十一年（1942年）一月十日（辛巳年十一月二十四日） 星期六 晴

正午起。接新闻协会为战事献金义务戏函，于二十一日余与君秋演头二本《虹霓关》。明日在长安戏院演河北冬赈义务戏，戏码为《花田错》。接尚小云、马连良、李万春、赵砚奎请帖，今晚六时在丰泽园请现任队长午饭。饭毕至留香饭店料理，沐浴。效郇带领陈永玲至饭店，陈明日在三庆戏院出演《龙凤呈祥》，面约往观。六时至丰泽园应尚、李、赵、马之约，同席有素秋、砚秀、慧珠、小鸾等；宪兵队队长后至入座，饮酒，畅谈。饭毕余至中国旅行社，与陈慧秋畅谈；张毓贞、忆君回寓，稍谈片时，余即返寓，点心，寝。

民国三十一年（1942年）一月十一日（辛巳年十一月二十五日） 星期日 晴

下午一时起床，饭后带两儿及富华、丽君往三庆戏院观陈永玲、狄永暄演《龙凤呈祥》，动作举止像效郇，又模仿翠花。伊父母招待甚周。金寿良至余厢敷衍、小坐。未等散戏余阖家至留香饭店后部工程式楼下，筒道地基不甚坚固，坍塌将暖气管及脏水管砸断，即将火止住，水箱水随灌随走地，将地基已泡软，感觉危险，将水门闸住，即抛地修理；后楼客房无有暖气，客人均移前楼，影响损失不小；楼墙均有裂痕，修理完峻需用十余日。由九月以来余事事掣肘，觉不顺利，存心忍耐，等待运时。九时至长安戏院演冬赈义务戏《花田错》，李万春、叶盛章、马连良、张君秋、李金鸿等合作。星期六尚小云、谭富英、金少山、小翠花等合演。戏毕余偕常、李少亭至留香饭店，追问明忱与西餐部毁约手续。伊方言将林树棠驱出，暂停伙食，许芝亭仍不毁合同，继续营业，其意狡猾。余嘱明忱将西餐部不平等条约合同毁坏，再从新立约，须五日办齐；如无结果，法律解决。夜四时归寓，即寝。

民国三十一年（1942年）一月十二日（辛巳年十一月二十六日） 星期一 晴

十一时起。令香、少亭携带韩家潭房契往惠丰堂与买房主写字、立约。饭后至中原注射，又往饭店观其动工；楼上楼下重修整理。六时少亭、令香、玉海由惠丰堂写卖房契毕，均至饭店，云买房本主甚好，从中有二人挑剔，狡猾，自逞精明强干，百般挑拨，可厌！晚饭毕与明忱、盛三、兰亭仍商改组西餐部事，并无结果。余往长安戏院观言慧珠演《霸王别姬》，刘腾夫至余厢闲谈，此人可厌。未看完至中国旅行社小坐，与张毓贞小谈；忆君、慧秋外出。二时抵家即寝。

民国三十一年（1942年）一月十三日（辛巳年十一月二十七日） 星期二 晴

正午起，午饭后至饭店监视修理工程。晚阖家往三庆戏院观徐氏姊妹东明、东霞演《杜鹃红》，此剧相似秦腔《烧骨记》翻改，剧情穿插尚好。戏毕即归，稍息就寝。

民国三十一年（1942年）一月十四日（辛巳年十一月二十八日） 星期三 晴

正午起。阖家赴致美楼王东圃约午饭。饭毕内子在该处打扑克，余带领长子等至留香饭店。明忱云西餐部准定十六号毁约、立新合同，伊方均请官方人物王、郑两姓翻译及盛三、潘姓等从中说和，此举唬吓压迫之意，可笑！是日见机而行。十时归寓，晚饭，夜三时始寝。

民国三十一年（1942年）一月十五日（辛巳年十一月二十九日） 星期四 晴

正午起。少亭来，仍为西餐部毁约事。令香访董少卿，请其拟西餐部新合同底稿。前者所立合同无年限，一概家具损失等均归饭店担负，余拟底稿打破不平等条约，改为有限期，试办一年，二成分账；西餐应用之物西餐部自备。对于应用人及账目等，如不守店规、不履行合同事，有干涉权利；如此办法双方立约。明日之举托少亭代理。午饭后小睡，六时起，往中原注射，又至饭店与盛三等闲谈。暖气跑水，楼上下墙壁裂痕甚多，今日修理完善。李文翰由津来，宿余饭店，叶龙章访其闲谈；余亦略为敷衍。八时至三庆戏院演《红娘》，戏毕阖家与丽君仍回饭店。张金波来京，下星期五本余出演广德戏院，丽君之父向余磋商其女在北京出演又遇年关，各戏院均被各角占定，要求将广德星期五日期让其女演唱，允之。归寓。夜四时饭店来电，有一少年住饭店一零九号房间，服毒自杀，吞吃鸦片，睡觉哼声过大，茶役速唤醒，见满头是汗，询问，伊未承认，态度谈笑自然，茶役不介其意，房客仍寝，至六时毒气发作。茶役等即进房，面如白纸，四肢发青，已无救，幸未气绝，即抬至市立医院诊治，该院不收，请本段警察作证始收下，此人已气绝。由该院搜出此人居住证，系北京人氏，年二十二岁，姓名王瑞昆，在张家口服务，充当职员。并搜出麻绳一条，其意欲自缢；因饭店房间并无挂绳之处。观其此情，想系拐款嫖赌花净，不能服务，已无生路，故自杀。余店少不得又损失棺木成殓约百元之消耗；幸死尸未在本店，否则事关重大，不幸之中之大幸也。阖店门人均安寝，不知此情，不然营业亦稍有损失。邵星伯同令香一夜之间将该事办理妥当。抵寓始寝。

民国三十一年（1942年）一月十六日（辛巳年十一月三十日） 星期五 晴

正午起。玉才、深泉来说戏。吴富琴购余韩家潭房，余定洋百元，立有手续，十日内不写买字契约此款作废。吴随砚秋赴沪演剧三月有馀始归京，余再三催促立卖约，伊款项不足，回答不购矣；今另寻主，卖与王姓，吴夫人来索前买房定款百元，此举可笑。胡若愚丧母，由天津来讣闻。至中原注射，又到饭店讯问昨日自杀人情形。王招待、杰如送至市立医院，该人服毒过重无救，尸首停至冷病房，杰如通知法院、区署，当时购棺木埋至义地，此事了结。晚饭后同内子带丽君至广德，演《绣襦记》。今日天气奇冷。戏毕归寓，四时始寝。

民国三十一年（1942年）一月十七日（辛巳年十二月初一日） 星期六 晴

正午起。丽君之父来。午饭毕至中原诊病，并到饭店沐浴。盛三从中调停，西餐部许芝亭向盛三云，所赔账目及家具共五千元，均归余担负，伊始出店。一面之词，此事不能了结，缓办。十一时回寓。叶春荣、老五借余处请振春、东甫等叶子戏，为伊抽头。余归，亦加入博戏，次早十一时始散。客去午饭，至下午四时始寝。

民国三十一年（1912年）一月十八日（辛巳年十二月初二日） 星期日 晴

下午六时起，只睡二小时，精神不足。今日中华同义会义务戏，不得不起。晚饭毕，十时赴长安戏院合演大义务，余演《铁弓缘》，程希贤[1]及同义会同仁至后台周

1 程希贤（1892年～1948年），字伟儒，直隶省河间府景州人。中华民国军事将领，冯玉祥手下“十三太保”之一，喜京剧，票演老生。

旋。一时抵家，稍息即寝。

民国三十一年（1942年）一月十九日（辛巳年十二月初三日） 星期一 晴

正午起，午饭。王荫川、杨阔泉、赫良玉、李万春、牛一洲、姜明忱、张寿臣等均与方玉珍同盟，方月前因病错服药而死，今因其家寒苦，发起善后筹款；并有王队长之情面，允其；与万春等合演早有接洽，今日来帖，约同益轩晚饭，约在今晚二时。余至饭店。李万春来电，介绍女弟子秦家班欲拜余为师，余推辞数次，伊方托友恳切，拜师之后伊赴上海，无非借余名而已，情不可却，允诺，择日举行。偕少亭至同益轩应演义务同仁宴客之约。饭毕至北长街教育会夹道一号高宅之约，共博戏，皆是熟人。次日正午归寓，午饭，稍息。昨日未眠，即寝。

民国三十一年（1942年）一月二十日（辛巳年十二月初四日） 星期二

微雪，俄时即止；天冷，忽阴忽晴。身体倦极，日夜未起床。

民国三十一年（1942年）一月二十一日（辛巳年十二月初五日） 星期三 晴

今日余生辰。十时起，修容。留香饭店同仁来贺；诸亲友陆续而来。素日欢喜赌博者常振春、苑少亭等另在后厅博戏。晚至长安戏院演献金义务戏，演《双沙河》，同台金少山、小翠花、马富禄、尚富霞、徐和才。演毕即归，加入博戏。至天明叶子戏诸友均去，惟王书堂、高太太、杜智忱因输钱未走，改为推牌九，轮流推之，输赢甚大，余亦不好不坐陪，至午七时仍未散去，因今晚有夜戏，无奈始散。

民国三十一年（1942年）一月二十二日（辛巳年十二月初六日） 星期四 晴

诸友牌九至下午七时始止而去，余阖家晚饭。两夜两日未眠，今夜在三庆演剧，饭毕只得赴院，演《鱼藻宫》，精神还能支持，乐不抵苦，可算是好赌。戏毕归寓，二时始寝。

民国三十一年（1942年）一月二十三日（辛巳年十二月初七日） 星期五 晴

正午起，饭后赴中原医院注射。今日尚小云生辰，在同兴堂宴客，往贺，并有影戏人助兴。又到中国旅行社访陈慧秋，未晤。至北长街教育会夹道一号高太太处博戏，为冯姓抽头。今日防空演习，连演五日，至二十八日止；街市行人检查灯光，忽有忽避；夜间行人不便，耐至次早十时归寓，晚饭后即寝。

民国三十一年（1942年）一月二十四日（辛巳年十二月初八日） 星期六 晴

晚饭后寝，彻夜未起，酣睡甜香，解散劳乏。

民国三十一年（1942年）一月二十五日（辛巳年十二月初九日） 星期日 晴

十时起，与丽君说《鱼藻宫》，饭后抱长孙往中原医院诊病。数日前在逢春处看长孙之病，言百日咳病症。据西医云肺管炎，故打针、吃药、糊药。奶母抱皓归寓，余往饭店。明忱、星伯将留香饭店全年账簿交余，实亏万元；所亏万元系房租。并馀一千七百馀元为赚钱，被明忱透支使用。此账归姜明忱慢慢担负归还；前亏万元归饭店补还。计算实得连余薪工共拿家有五千元。虽如此，但余欣喜，整顿铺规，日后发展有望。余成本四十万，按利息算来较不合算。门外汉创立事业不算不精，用人方面均还忠实老成，日后全部精神精益求精去做，不致亏钱也。十一时归寓即寝。

民国三十一年（1942年）一月二十六日（辛巳年十二月初十日） 星期一 晴

常振春生辰，起床后命人送礼，约十三日在伊宅晚饭。与丽君说戏。电约星伯来寓，考查留香饭店账目。抱长孙至中原医院诊治病症，返寓，午饭。至饭店照料，沐浴。至素秋家博戏、闲谈。饭后伊房上因防空有许多人站立，管束甚严，余即归寓。车行铁门正在防空演习时间，停车，余步行归。路静人稀，九时抵寓。灯火管制一时后解除。即寝。

民国三十一年（1942年）一月二十七日（辛巳年十二月十一日） 星期二 晴

早九时起，至砚秋家访谈，伊未起床，即归。路过西单菜场，进内闲游，俄时归寓，午饭，至饭店，抵寓，晚饭，稍息就寝。

民国三十一年（1942年）一月二十八日（辛巳年十二月十二日） 星期三 晴

正午起，午饭后至振春家博戏，大家公请补振春生辰之意，皆是熟友博戏，内子加入。次日天明早十时同内子归，午饭，饭后即寝。

民国三十一年（1942年）一月二十九日（辛巳年十二月十三日） 星期四 晴

晚六时起，晚饭。今夜长安戏院演新民会冬赈义务戏，各角合演；余与叶盛章演

《打樱桃》，盛章对小生称呼小姐，台下哄堂大笑，倒彩之声不绝，大意荒唐。在十二月内连日义务戏不绝，可厌。办义务者均是从中借题，自己得利，所谓善虫，非人类也。演毕归寓。令香云留香饭店茶役王振声乘防空灭灯时将客人支出，窃客人财物；内有一客人未出屋，将伊手腕攥住，云该饭店用此贼人茶房等语。阖店人员好言劝之方息。刘玉海介绍，将该茶房拨在大门使用，数日前有冯姓茶房名冯希珍日本居往饭店欲行强抵赖房钱，意欲逃跑，阖店拦阻，瞪眼打之。日本军曹及郑、王两翻译恰在饭店，询其理由，将欠款日人物件拘留，限五日内送还房欠赎物，东西抵押，将人放走；冯茶役手持砖头追打欠债日人，王翻译不服，将该茶房带往宪兵警署拘留，灭此人火性。又有一赵姓茶房，老爷子介绍，年老昏庸，欢喜饮酒，错用消镪水瓶，内尚有消镪半瓶，执瓶沽酒，请伙友饮酒，伙友等看系消镪之瓶，有药性气甚重，均未饮，将此酒瓶当时摔碎，幸未饮酒伤人。又有傅姓茶役，系深州人，懒惰奸猾，从中克钱。此四人劣品均不能用，准在月底开除。二时寝。

民国三十一年（1942年）一月三十日（辛巳年十二月十四日） 星期五 晴

正午起。张丽君阖家来京，亲带礼物来寓访余，因其女今日初在北京露演，故来京观伊女演剧，宿余饭店。今夜丽君在广德戏院出演《玉堂春》。午饭后至素秋家与卓小姐、苏太太等博戏。饭后至广德戏院观丽君演《玉堂春》，戏毕后阖家步至饭店，丽君阖家也来，稍谈，归寓即寝。

民国三十一年（1942年）一月三十一日（辛巳年十二月十五日）星期六 阴不定 微雪

正午起。约请丽君阖家在寓午饭。七时至中原医院看病，奶妈抱长孙亦至该院。据大夫云长孙已好，又受感冒，再加调治，一二日内即好。余往高宅，同诸友博戏。至次早十时归，即寝。

民国三十一年（1942年）二月一日（辛巳年十二月十六日） 星期日 阴 冷 狂风

今日演先天道义务，在长安戏院各角合演。六时李绍亭促余起床，即往长安演《马上缘》，戏毕归寓，晚饭稍息，即寝。

民国三十一年（1942年）二月二日（辛巳年十二月十七日） 星期一 晴

正午起，午饭。杜智忱借余处博戏。接延年会同仁帖，约明日饭，为余补寿。

吴素秋便装照

丁伯涵昨日次女、长女同一日出嫁；一女嫁河南人，一女嫁北京人，同日宴客，天各一方，同日举行。上海郑过宜丧妻、杨宝森代收奠礼，均命令香代办。赠丽君《鱼藻宫》《红娘》两剧本全部。童芷苓索《白娘子》，全部抄好赠送。吴素秋学《得意缘》《花田错》，全本亦赠送。三时至留香饭店，与少亭、明忱计划还外债事，小坐即归。加入杜智忱博戏，赢钱者均走，只有王书堂、高太太、张泽生未走；王改推牌九，次日下午三时始散，客去。余小睡。

民国三十一年（1942年）二月三日（辛巳年十二月十八日） 星期二 晴 冷

七时令香促余起床。延年会同仁请余泰丰楼饭，补祝寿辰，即往，谈笑甚畅。并至华乐戏院与李万春、何佩华、宋遇春、马富禄合演《翠屏山》，“杀山”止，此举为病故方玉珍演义务筹款；演毕王队长等至后台志谢，周旋。一时抵家，即寝。

民国三十一年（1942年）二月四日（辛巳年十二月十九日） 星期三 晴

今日立春。下午一时起，午饭，阖家至饭店沐浴，夜二时归寓，稍息即寝。夜间奇冷。

民国三十一年（1942年）二月五日（辛巳年十二月二十日） 星期四 阴 大雪

今日内子生辰，诸友陆续来贺，并博戏至次早。

民国三十一年（1942年）二月六日（辛巳年十二月二十一日） 星期五

下午二时客散。晚饭毕同令香至饭店改前账房账目手续，要每日算清，呈递账单作为日报。以免前账房作弊均不认可，托出经理向伊相说；余意决定，绝不更改，定要实行；伊等云试办，默认之意。归寓即寝。

民国三十一年（1942年）二月七日（辛巳年十二月二十二日） 星期六 晴

下午一时起，午饭毕同令香至饭店。王洁如、张仲扬两招待口角，因昨日王洁如之班茶房等在屋顶竹戏，洁如未查出，被仲扬知晓，告刘玉海，洁如脸面难堪，二人吵闹，向余告长假；余同明忱将伊二人申斥，婉言劝解。此二人素日做事成绩尚佳，故劝解留之，赏罚均明，此呈了结。杨印授、董特务约余该房小谈。九时归寓，诸友来寓，因欠余赌款，抽头还余。晚饭毕余寝。博戏仍未散。

民国三十一年（1942年）二月八日（辛巳年十二月二十三日） 星期日 晴

十时起床，午饭。博戏诸友仍未散，余加入。芷苓来说《白娘子》。下午客散复睡。九时至长安戏院演封箱戏《狮吼记》，戏毕返寓，稍息就寝。

童芷苓拜师荀慧生留影

民国三十一年（1942年）二月九日（辛巳年十二月二十四日）星期一 晴 大风极冷

一时起床，饭后至中原医院注射戒烟针，并至饭店。因余手中空乏，同少亭、令香往西半壁街陆太太家暂借洋五千元，为年关之用；伊允之，当面立借约，言明一年，利息一分五，至期本得归还；开银号支票五千元交余手，明日取款。杨燕霞亦在该处，共晚饭。十二时抵寓，即寝。

民国三十一年（1942年）二月十日（辛巳年十二月二十五日） 星期二 晴

八时起床。王树臣在伊宅请诸友博戏，由昨日赌起，今早未散，余往赴约。正午偕内子回家，午饭。屈让伯娶弟媳，来函志谢。丽君之父来京，接其女回津过年。饭后至饭店。丽君父女于下午五时车回津。郑文轩二十七日寿辰，来帖约余及长子，即命人送礼。返寓，晚饭，稍息即寝。

民国三十一年（1942年）二月十一日（辛巳年十二月二十六日） 星期三 晴 冷

八时起床，步至饭店，催促外债。又至中原诊病，抵家，午饭。王书学堂借余处博戏，五时赌友陆续而来，次早天明始散。

民国三十一年（1942年）二月十二日（辛巳年十二月二十七日） 星期四 晴 冷

诸友去后即寝，下午二时起床，午饭，六时带令香至郑文轩家贺寿。车马盈门，贺客甚多；坤伶素秋、艳梅、芷苓，男伶宝森、宝忠、铁生等。文轩四子大堆牌九，并有杂耍。文轩与宝忠奏外国音乐。银行、银号两界均到，因郑现任财政印刷局局长。姚伯岩亦至，姚任河北省银行副经理，余用房契借该行两万五千元；姚众人之下在郑宅催促；余到期还钱，绝不展期，当卖借押必须还账；在郑宅该局之下催余还债，故意羞辱，令人难堪；房契抵押廉价，售出亦可还债；姚为人势利小人，行为令人难堪，况且期限未到，银行小鬼，可恶！闻各坤伶自带场面清唱。文轩周旋余甚周，留余聆歌。余惟恐约出友人请余加入歌唱，乘隙溜之。往饭店办理中餐部手续。致美楼包饭店伙食价昂物劣，余意欲另觅人包办，现正接洽中。特务董世伟、杨逸君请余画扇，赠送。二时抵家，即寝。

民国三十一年（1942年）二月十三日（辛巳年十二月二十八日） 星期五 晴

正午起。芷苓来辞行，明正往天津演唱。午饭。仆徐姓每日饮酒，不正当服务，性情懒惰，辞去。至中原医院注射，又至饭店料理店中琐碎账目等事。七时带令香回寓。二内兄来，留晚饭。并命人分送诸亲友年礼。夜二时始寝。

民国三十一年（1942年）二月十四日（辛巳年十二月二十九日） 星期六 晴

该月小月，今日为年终除夕，家家照例敬神、守岁；须要洁净。余九时起床，理发，至饭店沐浴，剪手足指甲，修容；又至中原医院注射，一时归寓。午饭后启明银号赵润芝来函，催促前欠借款；函中之意并带控告之语意，言语不堪，社会交友不共钱财，不知为人好歹。银钱界人素习势利，可笑！与儿辈儿博戏，家庭快乐。明忱来寓，稍坐即去。晚饭后即寝。令香夫妇及内子率领儿辈儿敬香、上供、接神，年终照例俗礼。闻内子等六时始寝。

民国三十一年（1942年）二月十五日（壬午年正月初一日） 星期日 晴

诸事顺利，事事如意；天气和暖，大有春意。十时起。闫世善、张君秋及留香饭店同仁并亲友等、各戏院经理来贺年。世善谈起十二月八日太平洋事变，沪人不得安宁。午饭后理贺年各亲友住址，命令香往贺；并写贺年片。赠吴素秋《得意缘》《花田错》剧本。赴饭店小坐，又往中原医院注射戒烟针，并步至厂甸闲游。拥挤不堪，男妇老幼游人如蚁。往长安戏院演全部《鸿鸾禧》，戏毕即归，饭后就寝。

民国三十一年（1942年）二月十六日（壬午年正月初二日） 星期一 晴

十时起床，午饭，至中原注射，归寓小睡，晚七时往长安戏院演《荆钗记》，一时抵家，晚饭，三时始寝。

民国三十一年（1942年）二月十七日（壬午年正月初三日） 星期二 晴

九时起，命令香往各亲友处贺年；余往中原注射，又至饭店沐浴，归寓。接近云馆主[1]贺年函。张丽君亦有函来，因其父济南遇事，近日不得回津。今日父亲寿诞，常、李少亭来贺。饭后至饭店小坐，并到医院注射；又至吴素秋家闲坐。郭大同、孙焕儒、翁、王、苏三姓在伊家博戏，余亦加入；又推牌九、又竹戏，至天明七时始散。素秋之五姨在伊家住闲，年龄二十馀，风头可爱，调情诙谐，伊意默许。乃山东人，为人心实，略谈片时。八时抵家，即寝。

民国三十一年（1942年）二月十八日（壬午年正月初四日） 星期三 晴

正午起，午饭毕至饭店。晚在家饮酒、点心，畅快已极。天明始寝。

民国三十一年（1942年）二月十九日（壬午年正月初五日） 星期四 晴 冷

下午四时起，饭后世来、华英等来贺年。八时赴三庆戏院演《大英杰烈》，戏毕只有李绍亭一人送余归家。李云今日摄政王即宣统之父六旬寿辰，临时演剧，黄玉华加入，少亭随黄同去之故。俄时来寓，同饭。四时始寝。

民国三十一年（1942年）二月二十日（壬午年正月初六日） 星期五 晴

一时起，补写日记。接海上何世牧函贺年，问候而已。苑绍亭生辰，命人送礼，内子往贺。余至中原医院注射，并至饭店小坐；又到苑宅贺寿，与诸友博戏；并至广德戏院演《荀灌娘》，戏毕又到苑宅，次早余夫妇同归，午饭，稍息即寝。

民国三十一年（1942年）二月二十一日（壬午年正月初七日） 星期六 晴

素秋、东霞、富华等来拜年。余高卧未起，酣睡，七时起，晚饭。令香岳母来，云

---

1 原名杨慕兰，天津著名票友，曾成立“云吟国剧社”。

明日接伊夫妇归宁。谈至三时始寝。

民国三十一年（1942年）二月二十二日（壬午年正月初八日） 星期日 晴

正午起。昨日郭盛三来寓，云李司令中信娶儿媳并司令得子，友人公送男女坤伶清唱，托余代办。因余将睡，令香、少亭、盛三三人往素秋、东霞、富英各处接洽，至晚办妥。补记。午饭毕亲家太太接伊小夫妇至伊家。余至医院注射，又到华英家，往李守信处贺喜、贺年。华英晤面，与女子梁韵秋已正式结为夫妇；韵秋念师生之情，招待甚周。彭如有琐碎肯负责帮忙，甚畅快。并往陆太太家小坐，闲谈。又至李子忠、守信处贺喜，熟人甚多，均是现任要人。与王司命、杰忱、亚杰、盛三等闲谈诙谐。东霞姊妹清唱《坐宫》，张云燕、常富华合唱《武家坡》，余烦程司令希贤唱《上天台》。听罢后带云燕、富华同至长安，余至后台化装，《勘玉钏》十时登台，演毕返寓，二时始寝。

民国三十一年（1942年）二月二十三日（壬午年正月初九日） 星期一 阴 冷

十时起床，至中原注射，又至饭店沐浴而归，抵家，午饭。晚余至远香馆便饭，又至饭店同明忱接洽店中琐事。二时抵寓即寝。

民国三十一年（1942年）二月二十四日（壬午年正月初十日） 星期二 晴

正午起，午饭，至中原诊病，又往东安市场万聚兴购草花，并在五芳斋与易东木耳晤面，共点心；六时余至中央理发，伊归家。在西湖食堂晚饭。九时在中内电影院又晤面，至府右街安福胡同拴马桩、和平门等处闲步闲谈，十一时分手，余至饭店。王东圃约博戏，未去。即返寓，就寝。

民国三十一年（1942年）二月二十五日（壬午年正月十一日）星期三 忽阴忽晴 冷

十时起。接金息侯、金又琴合并一函问候，文艺可爱，笔墨华丽，裱好作为纪念。息侯清朝少保官衔，亦值得保存。午饭后至素秋家，与卓小姐、梁秀娟、马富禄等博戏，至一时。归寓，稍息即寝。

民国三十一年（1942年）二月二十六日（壬午年正月十二日）星期四 晴 大风扑面

十一时起，午饭。少亭来，云启明银号三万元到期，催促还债；手中缺乏，托少亭说和缓期，不知成否。三时至中原诊病，又往饭店解决中餐部事。致美楼掌柜王东圃由留香饭店开幕，伙食中餐部归致美楼包办，重重刁难，不讲道理；同仁伙食任伊增加，不准理论，恶霸强盗行为一年之久，实难忍受。幸无立合同手续等情，余觅好包饭人接办。致美楼同仁伙食及客饭并有千余元押租，对于本店同仁伙食每人十八元，王东圃算余店伙饭钱每人合二十一元，还要增长，欺人太甚，故觅人接办。致美楼东圃闻听余预备解决伊方，东圃托人说合，情愿押租三千元，同仁伙食减低，且用人等情均听饭店指挥，百依百随；奈素日感情决裂，无说合余地，命明忱出面解决东圃。七时带长子归寓，晚饭，赴三庆戏院演《花田错》，戏毕即归，稍息就寝。

民国三十一年（1942年）二月二十七日（壬午年正月十三日） 星期五 晴

正午起，午饭后至中原看病。又至广德戏院演《得意缘》，戏毕返寓。高太太之孙今日周岁，约请赌友，内子替往。三时始寝。

民国三十一年（1942年）二月二十八日（壬午年正月十四日） 星期六 晴

烟瘾发作，周身骨节酸痛，虚汗淋淋，即起床，在院内闲步至十时，复寝，正午起，午饭。明忱来问决定中餐部辞却致美楼，玉海接办。三时至中原注射。与张汉卿闲谈片时；又至厂甸闲游。路遇贾姓及赵玖香夫妇，同闲步、闲谈。并遇易东木耳及其女友周小姐，此二人左右不离，时常在戏院看戏，余至火神庙海王村游毕后同贾姓等分手，易、周二女士追逐余至延寿寺街。遇刘砚芳，立谈。又往新罗天闲逛，万子和等招待参观。至鸿兴楼晚饭；二女士亦入内晚饭。入门时各占房间。饭毕二女士至余饭室闲谈，同往同乐电影院观电影。又与王幼卿略谈。同乐客位已满，往起士林咖啡馆点心，并同步至天安门左右避塞之处闲步、闲游、畅谈。天气寒冷。又至馅饼周饮酒、晚饭，均有醉意。饭毕步送二女士至新华街绒线胡同，在宣武门大街分手，各自抵家。余酒未醒，至寓酣睡，即寝。

民国三十一年（1942年）三月一日（壬午年正月十五日）星期日 早阴晚晴 大风

二时起床。昨日由三时闲步，十二小时未停步休息，今早起身感觉疲乏，乐不抵苦，可笑！午饭后修容。常、李二亭来，择下期戏码，提早宣传。赵砚奎生日，延年会同仁补寿，定十七日泰丰楼晚饭。清理去岁赴沪亲友赠品，并索书画的画债。往中原注射，至东安市场购饭店客人拖鞋，到吉祥看电影，遇易东木耳、周小姐，观毕同往八面槽鹿鸣春晚饭。饭毕又至吉祥演《平儿》，戏毕友邦三人同往后台访余、闲谈。阖家归寓。与李世五夫妇分手。抵家晚饭，四时始寝。

此处原稿缺第十六日日记——编者注

民国三十一年（1942年）三月三日（壬午年正月十七日） 星期二 晴

正午起，午饭步至中原疗病，往饭店沐浴。晚余抵家，即寝。

民国三十一年（1942年）三月四日（壬午年正月十八日） 星期三 微雨

正午起。明忱来电，饭店不用致美楼伙食需清账目，即脱离饭店。少亭来。午饭，饭后往吴素秋家博戏，有沧州县某司令。八时抵寓晚饭。步至同仁堂购药，又至门框胡同同乐电影院看电影，票已售罄，未得购到。偕易东木耳、周小姐闲步，至汉冲购物，又至新华大街、虎坊桥、韩家潭、小半斋晚饭，至一时顺路步送伊归家，分手。抵寓即寝。

民国三十一年（1942年）三月五日（壬午年正月十九日） 星期四 晴

正午起。少亭、明忱来，云致美楼催促还债，约三千余元，即出饭店。午饭后带令香赴饭店沐浴，并托少亭同令香往朱复昌处，用本身房契或卖或作抵押借款，复昌代为设计办法，一二日内回音。抵寓，晚饭，阖家至三庆戏院，演《妒妇诀》，戏毕归寓，稍息即寝。

民国三十一年（1942年）三月六日（壬午年正月二十日） 星期五 晴

正午起。邵星伯由致美楼结清留香饭店同仁伙食及客饭账目，结清来寓，共欠致美楼三千四百八十元；少亭同令香往致美楼还债，由今日截止伙食，致美楼明日离店。星伯长子明日娶媳，有喜帖请余阖家在伊宅，宴客均归刘玉海料理，一切代为星伯帮忙。昨晚彭华英偕友来寓，因余有戏，未晤面；并留便条请余明日至伊宅闲谈。午饭后至陆太太处闲谈。少亭、令香往复昌家，为卖房借款事；三时在陆宅会面，同往彭华英家，伊未在家，同其夫人梁韵秋闲谈。仍回陆宅晚饭，饭毕各自分手。余往门框胡同同乐电影院与易东木耳及周小姐晤面，同观，观毕往小半斋点心、闲谈。周介绍厨役刘德寿，此人寓西便门外，派人寻至来寓，不要谈其介绍人姓名。饭毕步至新华街分路。抵寓，稍息即寝。

民国三十一年（1942年）三月七日（壬午年正月二十一日） 星期六 晴

正午起，饭后带令香夫妇至菠萝仓邵星伯家，贺其娶儿媳；在琉璃厂上电车，至珠市口换车，令香亦不认识路。余初次坐电车，拥挤不堪，每站陆续上人，更觉苦恼，可笑可气！约有三小时才到新街口下车。内子及少亭等坐洋车，早已到邵宅；余等后至，晤面，谈起笑之。入门道喜毕，邵向邻居借房款。待明忱亦至，共饭，饭毕返寓。今日令香生日，亲友来志喜，均未晤面。阖家竹戏，至三时始寝。

民国三十一年（1942年）三月八日（壬午年正月二十二日） 星期日 阴

下午二时起，五时至中央理发馆理发；易东木耳、周小姐亦在该处理发，同至大木仓胡同内新广州便饭、闲谈。饭毕往长安戏院演《代夫媒》，戏毕即归，稍息就寝。

民国三十一年（1942年）三月九日（壬午年正月二十三日） 星期一 晴

正午起，饭毕至半璧街陆太太家，与杨燕霞、朱太太及黄玉华之母等博戏。夜三时归。王书堂、王树臣、高太太等先在余处推牌九，余入门亦加入，至次早九时客散。午饭，饭毕至中原医院研究彻底戒烟办法。抵家，晚饭，即寝。

民国三十一年（1942年）三月十日（壬午年正月二十四日） 星期二 晴

诸友博戏由昨日起至今日早九时始散。终日未眠，至今晚十时始寝。

民国三十一年（1942年）三月十一日（壬午年正月二十五日） 星期三 晴

正午起，饭后至饭店，与星伯、令香、少亭计划卖房借款事。启明银号催促欠款，命少亭婉言缓期，向启明说之。余至东单二条三十八号陈慧秋家晚饭，陈赠衣料。十二时抵家，稍息即寝。

民国三十一年（1942年）三月十二日（壬午年正月二十六日） 星期四 阴

正午起，饭后复寝。晚赴三庆戏院演《玉堂春》，戏毕归寓，稍息就寝。

民国三十一年（1942年）三月十三日（壬午年正月二十七日） 星期五 阴晴不定

正午起，饭后至中原医院注射戒烟针。因余事不遂心，闷极，连吸鸦片十余天，烟癖缠身，每日精神不振，并与嗓子无益，故重新戒之，由今日正式戒起。注射毕至饭店沐浴。即寝。

民国三十一年（1942年）三月十四日（壬午年正月二十八日） 星期六 晴

正午起，昨夜济南伍啸厂偕准备银行副经理黄恂伯来寓访之，未晤。伊宿中国旅行社，命令香持片回拜。晚饭后少息、小睡。阖家至吉祥戏院，演《扬州梦》，戏毕回寓。狂风暴雨骤起，稍觉寒冷。抵寓后留李、常夜宵。三时始寝。

民国三十一年（1942年）三月十五日（壬午年正月二十九日） 星期日 晴

正午起，中原医院来注射戒烟针。饭后有一警务段人姓李名芳来访，夙不相识，推辞有事；伊要拜访内子，一概免见；伊大怒而去。晚六时至中原注射，抵寓，晚饭，阖家至长安戏院，演《翠屏山》《穆天王》双出。青岛宁股长溪桥来京，宿北京饭店，至后台访谈。戏毕返寓，与常、李茶点，谈至四时始散。寝。

民国三十一年（1942年）三月十六日（壬午年正月三十日） 星期一 阴

正午起。烟瘾大作，急往中原注射，回寓，午饭，饭后偕少亭、令香至复昌处商议借款事。并至陆太太家，同伊女友竹戏。留香饭店中餐部傅文忠、刘玉海等由旧历正月二十七日阳历三月十三日接办，正式开火仓，即卖客饭生意，甚佳。同仁伙食每人一月十八元，大众伙食每月比致美楼省钱二百四十馀元，提成大约有三百馀元；统算每月有五百馀元之好处。在陆宅竹戏之时令香来，云饭店特务科借座，定要大房，小房招待不满。杰如、茶役国森及小徘、茶房均被特务科打骂不绝；杰如等实难忍受，相骂相打，特务于姓通知本段将三人绑走，其势汹汹。余急命令香往彭科长华英家托情，即将三人放出。特务临放杰如三人时因托人情，伊气不出，临放时私自动刑，均被打之。现在各官府不讲道德，到处诈财、欺骗，横行霸道，官官相护，无处诉冤；黑暗世界，只好忍耐。三时抵寓，即寝。

民国三十一年（1942年）三月十七日（壬午年二月初一日） 星期二 晴

正午起，饭后至中原注射戒烟针，往东单二条三十八号陈慧秋、张丽珍、王忆君处小坐，路遇忆君，陪余至伊家，云陈、张因外面风声不好，说伊等均是暗娼，不敢在本房住，移至华安，留伊看家。急命人至华安饭店将陈、张叫回，陪余闲谈；不日伊等均回上海，该房每月五百元，连购家具等损失万元。六时余至留香饭店晚饭。易东木耳及周小姐电约在观音寺东口见面，同步至韩家潭小半斋茶点、小坐，并送伊等路过骡马市、香炉营、西河沿闲步，至宣内分路，各自抵家，即寝。

民国三十一年（1942年）三月十八日（壬午年二月初二日） 星期三 晴

前日公函，约余至西苑飞行场，参加本市献机命名典礼，命玉海代表；具云沿路检查甚紧，在飞机场伟人甚多，焚香顶礼，音乐，并有日人、和尚、道士向飞机三架鞠躬，诵经演说，献金道谢之意。飞机三架飞起，游历全市，仍落西苑飞机场，始散会。昨夜留香饭店中国宪兵队借座大房间两间，一间作伊等妓、牌、烟、赌博；一间作伊等休息。张仲扬招待，惟恐挨打，允许占房。仲扬为人不负责任，惟恐自己麻烦，免费唇舌，到柜上损失；对外人缘甚好，做事不忠心；杰如、夏耀民两招待护柜忠心，时常挨打；仲扬与王、夏素日不和，故意作出此举，使王、夏吃苦。余同经理、令香当面申斥仲扬，伊大起傍徨，袖手旁观，态度可恶！嘱经理辞去仲扬，以免阖店人不服。午饭后至中原注射戒烟针，刘腾夫有请帖，星期五在伊家晚饭。饭店西餐部许芝亭约余今晚阖家在饭店晚饭，因其换西餐部厨房大师傅，故请客。吴了红出书，来函索相片及余历史，并借贷百元作为购书之价目。天津范芃士丧继配妻徐夫人，初三日开吊，托苏宝荣带奠礼往祭。阖家赴留香饭店许芝亭之约。十二时抵寓，即寝。

民国三十一年（1942年）三月十九日（壬午年二月初三日） 星期四 晴

正午起，饭后至中原注射，并至饭店小坐。接潘立之宅报丧帖，立之病故，本日接三，返寓备礼。晚至三庆演《埋香幻》，济南张少臣、贾翻译来京，至后台闲谈。戏毕归寓，稍息就寝。

民国三十一年（1942年）三月二十日（壬午年二月初四日） 星期五 晴

正午起，午饭后偕令香至少亭家，同往张云燕家，赠送伊全部《红娘》总讲。又往中原注射，并在饭店小坐。约伍啸厂、贾翻译、张少臣等在本饭店西餐，五时客散。

又同往陆太太家，借洋一万元整，利息一分五，言明两月归还。燕霞亦至。黄玉华之母忽得累病，中风不语；陆、杨等同至德国医院，偕黄玉华购买寿衣、寿材，十时后伊归，共晚饭。十二时抵家，即寝。

民国三十一年（1942年）三月二十一日（壬午年二月初五日） 星期六 晴

十时起，往中原注射，归寓，午饭，修容、沐浴。梁韵秋之母来谈伊二女不日出演，托余代请客、销红票。带令香夫妇及内子、次儿令文往中央理发，又至大光明看电影，剧名《人猿》，无甚趣味。阖家归寓，晚饭，稍息即寝。

民国三十一年（1942年）三月二十二日（壬午年二月初六日） 星期日 阴

正午起，午饭后丁玉堂带来薛家钻石戒指一个，抵押借款，寻友估价。往中原注射，又至饭店同李绍亭、常少亭、令香等闲谈。七时又至中原注射，归家，晚饭。张四来寓，谈学校演义务戏事，托余帮忙，用余合班演唱一夜筹款；带伊与常、李二亭和计。至长安演《大英杰烈》，戏毕即归，稍息就寝。

民国三十一年（1942年）三月二十三日（壬午年二月初七日） 星期一 阴

正午起，饭后至华安旅馆陈慧秋处小坐；又到陆太太家估抵押钻石戒指价目；并至中原打针；又到饭店中餐部，请余阖家在饭店晚饭，饭毕即归，稍息就寝。

民国三十一年（1942年）三月二十四日（壬午年二月初八日） 星期二 晴 大风

七时起，至中原注射；又至饭店沐浴，抵家，午饭。邱泽民生子弥月，命人送礼。接张丽君函，索《香罗带》剧本。三时至中原注射。即寝。

民国三十一年（1942年）三月二十五日（壬午年二月初九日） 星期三 阴

怪风，天昏地暗，风沙合作，尘土飞扬。九时起床，午饭后至中原注射戒烟针，归寓。同少亭、令香至陆太太家，约请陆太太及杨燕霞两家至大木仓内新广州晚饭，因其回南扫墓，饯行之约。大风扑面，冷气侵人。饭后各自抵家。就寝。

民国三十一年（1942年）三月二十六日（壬午年二月初十日） 星期四 阴晴不定

正午起，饭后玉才、深泉、德钰来说戏。建设留香饭店后部工程头王钰璋约余阖家至东安市场森隆晚餐，出帖可笑，令香书为另祥；少亭写之少许；许多请帖均系白字，此人荒唐。余因有戏，辞谢。在留香饭店晚饭，饭后往三庆戏院演《钗头凤》，戏毕即归，稍息就寝。

民国三十一年（1942年）三月二十七日（壬午年二月十一日） 星期五 晴

早十时起，午饭毕往中原注射，并至饭店与明忱等闲谈，到华安饭店看陈慧秋、张丽贞、忆君三女士，因其等不日回南，约往泰丰楼。伊等修饰，晚十时同往泰丰楼，该饭馆已封火不卖，乃余之情面，现挑火，借此敲之，价目甚昂。饭后各自分手。余往三庆戏院看小彩舞、郭筱霞、高德明、郭荣山、曹宝禄、快手刘等什样杂耍，感觉有趣；内子带儿辈儿们均先至；熟友甚多。观毕至后台与小彩舞闲谈。即归寓，就寝。

民国三十一年（1942年）三月二十八日（壬午年二月十二日） 星期六 阴雨

奇冷，如三九之寒。本意撤火、收皮衣，昨日天气支持不住，仍皮衣上身。正午起，至中原注射，即归，午饭。烟瘾发作，又因近三日冷热不匀，即至饭店寻人闲谈，为解烟瘾。晚六时警乘宪兵队队长约饭，六时半冒雨步行致美楼应约，同席有尚小云、砚奎、素秋、慧珠、砚秀；并有日人；召大北相馆摄影留念。饭毕抵寓，稍息即寝。

民国三十一年（1942年）三月二十九日（壬午年二月十三日） 星期日 晴 冷

正午起，午饭毕阖家至长安戏院观什样杂耍，杂耍男女角色俱全。散后约小彩舞、李墨然、刘腾夫、李瑞庭、常少亭、吴彦衡等在西黔阳晚餐。饭毕至长安后台化装，《杜十娘》十时登台，演毕即归，稍息就寝。

民国三十一年（1942年）三月三十日（壬午年二月十四日） 星期一 晴 风冷

正午起，饭后往中原注射，又至饭店料理事务。接电话，云小彩舞、李瑞庭、马富禄之太太在余处竹戏，促余即归，返寓竹戏，十时始散，寝。

民国三十一年（1942年）三月三十一日（壬午年二月十五日） 星期二 晴

十一时起，午饭。接本族人荀云生函，谋在留香饭店允事，托余安置，称余贤孙，毫不客气，岂有此理。阖家至饭店小坐，并到广福馆晚餐，饭毕归寓，稍息即寝。夜四时烟瘾发作，电召中原来注射。六时又寝。

民国三十一年（1942年）四月一日（壬午年二月十六日） 星期三 晴

正午起，饭后同玉才、深泉说戏。韵秋之妹韵芳今日出演广德，托余撒票，并来请余阖家往观。余今夜与各角合演大东亚献金义务戏，不能捧场，内子带子媳去。十时往长安演《辛安驿》义务戏，一时抵寓；内子等亦归，云韵芳之座可怜，只有百馀人，不够班社开销，向内子借钱通融。三时寝。

民国三十一年（1942年）四月二日（壬午年二月十七日） 星期四 晴

正午起，同玉才、和才说戏，午饭。晚至中原注射，归寓，晚饭，饭后至三庆戏院演《庚娘》，戏毕抵家，稍息就寝。

民国三十一年（1942年）四月三日（壬午年二月十八日） 星期五 晴

正午起，饭毕至饭店沐浴，又至中原注射，步归。风沙扑面。抵寓，晚饭。天气燥热。十二时寝。

民国三十一年（1942年）四月四日（壬午年二月十九日） 星期六 阴 冷

比昨日一冬一夏之别。夜四时烟瘾发作，起身院内闲步一小时，复寝，九时起床，即至中原疗治，烟瘾仍不减。返寓，午饭。明忱携友来看房。二时至饭店沐浴，与少亭、明忱、令香计划还债事。晚饭毕至中原注射，抵寓即寝。

民国三十一年（1942年）四月五日（壬午年二月二十日） 星期日 风

今日清明。正午起，饭毕理发，至留香饭店。晚至中原注射，又到长安戏院演《红娘》，戏毕归寓，稍息即寝。

民国三十一年（1942年）四月六日（壬午年二月二十一日） 星期一 晴

正午起，饭后至饭店沐浴，又往中原注射。朱幼航丧妻，在长椿寺开吊，余亲往吊祭。交际甚广，车马盈门，并有警察把守与监督。郭子心、郭翊庭、胡冷厂等闲谈；适春亦至。晚应东城金鱼相同福寿堂杨厚安之约，座有统税局局长吴子光、主任李曾祐、鲁仲宾、赵彩彰、电影灯公司科长等。饭毕阖家至大光明看《舞台风光》，描写艺人苦处；并到长安戏院看吴素秋《辛安驿》《溪皇庄》，素秋串妓女；唱《二进宫》，一人学铜锤、老生、旦角，亦有趣。观毕抵寓，即寝。

民国三十一年（1942年）四月七日（壬午年二月二十二日） 星期二 阴晴不定

正午起，午饭毕，文多署员偕姜明忱、常少亭来，言白面厂厂长购买余房，递价十一万元，如有意卖，明后日来宅面谈，托文等来相商。余因债务紧急，允之。三时至留香饭店料理事务，回寓，晚饭。接易东阿莉电，冒充陆宅，先命令香接，请本人说话；余接电询问，方知是伊，约余九时在虎坊桥医院门首晤面；周小姐同来，往小半斋点心、闲谈，十二时冒风送伊等步归家，和平门分手。抵寓即寝。

民国三十一年（1942年）四月八日（壬午年二月二十三日）星期三 阴晴不定 大风

正午起，饭毕阖家至中央电影院观四一剧社话剧，演《雷雨》，描写大家庭之黑暗，亲兄妹恋爱，继母与子有奸，乱七八糟，结果均明了：死、走、逃、亡。观毕路遇李玉茹及墨香小姐等，立谈。归寓晚饭。仍往中央观夜场，剧名《北京人》，仍该社人员演之，剧意骂北京人好吃懒做、说大话不办事，新旧不堪，老者思想，寿材上漆新者，恋爱、离婚，女婿贪酒、贪色、诈骗等情，亦觉可笑；描写旗人黑暗尤甚。一时抵家，即寝。

民国三十一年（1942年）四月九日（壬午年二月二十四日） 星期四 晴 微风

正午起，午饭，修容。少亭来，云昨同购房者及文署员来看房。阖家在同益轩晚饭。王东圃与内子在致美楼博戏。饭毕步至三庆戏院演《晴雯》，戏毕即归，稍息就寝。

民国三十一年（1942年）四月十日（壬午年二月二十五日） 星期五 晴

正午起，饭毕至饭店沐浴、中原注射，余至万佛寺湾同顺居晚餐。抵寓即寝。

民国三十一年（1942年）四月十一日（壬午年二月二十六日） 星期六 阴

九时起，秋雯来谈。沈玉秋由满洲国回京来寓，言明日同白家麟赴津，出演北洋戏院一星期，回京。上工清理布置北房。骤风竟日，尘土飞扬，净落黄沙，天昏地暗。下午三时各屋亮灯，闷极无聊。晚饭后阖家竹戏解闷儿。一时始寝。

民国三十一年（1942年）四月十二日（壬午年二月二十七日） 星期日 晴 仍风

正午起，午饭。晚大风，天昏地暗。五时至中原注射。阖家至大木仓胡同新广州晚饭。往长安戏院演《得意缘》，戏毕即归，稍息就寝。

民国三十一年（1942年）四月十三日（壬午年二月二十八日） 星期一 晴

九时起，院内闲步，午饭。叶春荣借余处约诸友博戏、抽头，余亦加入。振春、树臣、智忱、东圃、绍亭等先后来寓。郭盛三来电，约余外出闲游，因博戏未出门。至夜五点客散，即寝。

民国三十一年（1942年）四月十四日（壬午年二月二十九日） 星期二 晴

正午起，饭毕曾逊之、和谦在全蜀会馆聘女，往贺，即归。今日晚间起风、落黄沙，感觉冷。饭后十一时寝。

民国三十一年（1942年）四月十五日（壬午年三月初一日） 星期三 晴

长媳生辰。正午起。常少亭、李绍亭及亲家太太来，共午饭。饭后小睡，六时起床。常、李约余阖家至西四牌楼和顺居（别名砂锅居，京都出名饭馆，专卖猪肉全席）晚饭，贺长媳生辰之意。饭毕又步至长安戏院观言氏兄妹慧珠、少朋、小朋演《龙凤呈祥》《戏迷小姐》，该戏是《纺绵花》之变相，平淡无趣，类似八扯。观毕即归，稍息就寝。

民国三十一年（1942年）四月十六日（壬午年三月初二日） 星期四 晴

十时起床，步至信昌理发，归寓。贾云生来寓，闻余本人住房出售，十分惊讶，谏言劝余千万不可卖房，宁可留香饭店出售，不可卖去住房。此人来意劝余，甚诚实。各有打算不同，解释必卖房原因，伊亦觉必卖了债为是。伊去后午饭。晚至三庆戏院演《婚姻魔障》，戏毕即归，稍息就寝。

民国三十一年（1942年）四月十七日（壬午年三月初三日） 星期五 晴

正午起，午饭，至中原注射，又至饭店沐浴。易阿莉、周小姐电约东安市场鹿鸣春便饭，饭毕至吉祥看电影，该院停演，步至东华门大街，沿路闲谈，送伊等归寓。余至致美楼与诸友博戏。天明偕内子步归。午饭。

民国三十一年（1942年）四月十八日（壬午年三月初四日） 星期六 晴 大风

由昨日至今日夜未寝。至中原看病，归寓，晚饭后始寝。

民国三十一年（1942年）四月十九日（壬午年三月初五日） 星期日 晴

十一时起，午饭。晚赴长安戏院。薛润甫、王敬五约余阖家西餐；童芷苓同去。饭毕至后台化装，演《红楼二尤》，十二时半抵寓。杜智忱约明日北新桥西大街路南天林木厂博戏。四时方寝。

民国三十一年（1942年）四月二十日（壬午年三月初六日） 星期一 晴 风沙扑面

正午起，午饭毕至饭店。晚八点往北新桥西大街杜智忱家博戏，均是夙日赌友。天明时余夫妇归寓，即寝。

民国三十一年（1942年）四月二十一日（壬午年三月初七日）星期二阴晴不定 微风

下午一时起，午饭，修指甲。竟日无事，晚饭后即寝。

民国三十一年（1942年）四月二十二日（壬午年三月初八日） 星期三 晴

正午起，午饭后至中原取戒烟药，又往饭店沐浴。晚饭后阖家往同乐看电影，剧名《碧玉簪》，与戏情大同小异，提倡旧道德。观毕阖家闲谈；令香夫妇谈今日《碧玉

《玉堂春》荀令香饰苏三

荀令香夫人王同炎

簪》情节有始有终，男女结婚均是宦门结亲，贵族内有表兄，想娶表妹，百计拆散，用假情书骗碧玉簪聘定，故意用媒婆失落新房家中拾去，疑心，夫妇不合，受虐待，解释误会后伊爹娘将亲女带回，无法挽回；劝子求功名上进，得中状元后用凤冠至岳父家中求婚，团圆。令香夫妇对于此情甚不满意，谈新媳妇受虐待过甚，而有始有终，越加不赞成提倡旧道德、不迎合社会新潮流，对于忠孝节义大不以为然，潮流人心如此，奈何奈何？四时始寝。

民国三十一年（1942年）四月二十三日（壬午年三月初九日） 星期四 晴

正午起，饭后至本巷六号朱宅闲谈，又往中原取药，归寓小睡，四时起床。少亭来，云令香与金少山星期日合作出演，原定《棋盘山》，改演《玉堂春》。晚饭后阖家至三庆戏院，演《秦娘》，戏毕归寓。北方军曹原约各角合作天津中国大戏院出演义务戏三天，昨晚晤面改在北京出演，改为夜戏一日，三时客散。寝。

民国三十一年（1942年）四月二十四日（壬午年三月初十日） 星期五 阴

正午起，饭后令香与少亭至朱复昌处办理河北省银行借款已到期，复昌代为拨款还之。今日接洽启明银号函催还债。午饭后至中原取药，又至饭店。青岛医生陈鸿雪夫妇宿余饭店，周旋。阖家沐浴，步归。稍息即寝。

民国三十一年（1942年）四月二十五日（壬午年三月十一日） 星期六 阴

正午起，饭毕至中原取戒烟药，又往饭店沐浴。余至万佛寺湾同顺居晚餐，抵家即寝。

民国三十一年（1942年）四月二十六日（壬午年三月十二日） 星期日 阴

正午起。午饭后与令香排演《棋盘山》，令香在三庆与金少山出演。玉才、少亭来。余今晚在长安演义务戏。令香一年馀未出演，余又不能分身往观，如少山长出演，必须改日期，免双方不便。饭毕阖家往三庆，与令香化装，未等伊登台，余往长安戏院演义务戏；令香等戏毕余未登台。据场面、伙计等云，今日令香出演成绩甚佳，颇受观众欢迎。金少山演《铡美案》，上座七百余人。令香杂费三十元，戏份五十元。《战宛城》十二时半登台，二时半义务始止。阖家归寓，谈至天明始寝。

民国三十一年（1942年）四月二十七日（壬午年三月十三日） 星期一 风

正午起，饭毕冯太太带人来看房；明忱亦带人来，均有成效，商磋购房价钱。晚彭华英、杜菊初、谢占元、宋庆友来闲谈商界做买卖之内容。三时客散，即寝。

民国三十一年（1942年）四月二十八日（壬午年三月十四日） 星期二 晴

正午起。今日令文生日；雷少臣亦是今日生辰，彼此送礼。童芷苓兄妹来寓，约令香夫妇北海闲游。余夫妇往树臣家博戏，天明十一时抵寓。

民国三十一年（1942年）四月二十九日（壬午年三月十五日） 星期三 晴

十一时由树臣家抵寓，午饭。徐东明介绍购房者，因无暇，托其友贾云生带购房者来寓看房。二时寝。有一人假冒女弟子张丽君之叔父，来言被盗衣服银钱，皆无言语，带恐吓之气借贷，与内子晤面未借，敷衍而去。可笑可恶！余闻之即起床，此人已去；嘱仆人嗣后不冒失，问详细来历再请入室谈话。晚饭毕即寝。

民国三十一年（1942年）四月三十日（壬午年三月十六日） 星期四 晴

正午起，饭后至中原注射，并到饭店嘱明忱即解决西餐部，如无结果余定控告。饭毕阖家往三庆戏院，演《霍小玉》，东霞、芷苓往观。戏毕即归，稍息就寝。

民国三十一年（1942年）五月一日（壬午年三月十七日） 星期五 阴

正午起，修容，午饭毕同玉才说《法门寺》唱腔。该剧久未出演，生疏。今晚在开明与金少山、李盛藻等合演此戏。日人北方军曹约演义务。陈敬余之子陈宝华来电，云其父敬余别号墨香今早九时病故。晚至开明戏院，与少山、盛藻等合演《拾玉镯》《法门寺》，戏毕阖家归寓，稍息就寝。

民国三十一年（1942年）五月二日（壬午年三月十八日） 星期六

骤风昼夜未息，街市刮坏树木房屋。正午起床，饭毕带令香、少亭往留香饭店，办理卖房及西餐部等事，阖家在饭店晚饭，十一时抵寓，即寝。

民国三十一年（1942年）五月三日（壬午年三月十九日） 星期日 晴阴不定 大风

十一时起，饭后至本巷六号朱家小坐、闲谈；并至陆太太处，赠其女全部《辛安驿》《红娘》剧本二个；又至中央理发。阖家至新新看电影，剧名《夜深沉》，观毕至西来顺晚饭；又至长安戏院，演《十三妹》，戏毕即归寓。常、李二亭及明忱来寓，谈本身卖房已有买主，十一万左右，定旧历二十三日立约。三时客散。余出大恭干燥，三小时未曾解出，现灌肠，直闹一夜，痛苦极甚；天明始出大恭。烟药作患，痛苦已极，出恭后四肢无力，如同大病一场。始安寝。

民国三十一年（1942年）五月四日（壬午年三月二十日） 星期一 晴

下午一时起床。肛门疼肿，身体倦极。出门闲步，至中原疗治，又往饭店。晚偕少亭至陆太太家便饭。陆太太偕海上谢小姐、杨燕霞上星期五回京；谢、杨均住伊处，面约九号在留香饭店西餐。十二时抵家，就寝。

民国三十一年（1942年）五月五日（壬午年三月二十一日） 星期二 雨

正午起，饭毕至中原医院，又至东方饭店。因刘砚芳之三女墜落，寻其人闲谈，未晤。到留香饭店与次儿令文沐浴。抵家晚饭，稍息即寝。

民国三十一年（1942年）五月六日（壬午年三月二十二日） 星期三 晴

正午起，午饭。今日立夏。骨节酸痛。王书堂借余处赌博抽头，为还外债，欠余八百余元，欠高太太千余元，约两月有馀未还；今日此举为还债之意。余至饭店小坐，又往中原看病，归寓，加入博戏，次早八时仍未散。余因今日三庆有戏，即寝。

民国三十一年（1942年）五月七日（壬午年三月二十三日） 星期四 晴

竹戏诸友仍未散。余因今日出演三庆，早八时寝，正午起床。博戏诸友仍未散。三时至东方饭店等候易阿莉，俄时即至，畅谈、小睡，七时分手。往同顺居便饭，赴三庆戏院演《狮吼记》。佩华、喜兴随毛世来赴天津、济南演戏，由谷玉兰、曹世嘉代演之。孙翰卿、李世五至后台，戏毕同往留香饭店，点心、闲谈。翰卿乃孙司令良诚之亲六弟，带队伍与友邦合作，现为将军，来京，伊六弟来访余，共夜宵。三时抵寓，即寝。

民国三十一年（1942年）五月八日（壬午年三月二十四日） 星期五 雨

正午起。邻居已故冯寿延之子其母介绍伊子在饭店学徒，将去两日未报户口，来寓报告店中日本宪兵队带领众人至饭店寻找李姓，前后门把守，气势汹汹；带走客人四名。邵星伯因冯子未报户口，故将伊放回，免生枝叶。西餐部蒋福祥与许芝亭反目，停止营业，西餐暂且不卖。伊两人清理内容，由昨夜起始余正无法解决；伊二人吵闹无故口角，停业正好藉词与其解约。晚至中原看病；《益世报》经理张汉儒亦在此处，略谈。范劭扬新任外二区署长，昨至饭店拜望。今余路过外二区，留片回拜、道喜并贺张署员提升。抵家晚饭，稍息就寝。

民国三十一年（1942年）五月九日（壬午年三月二十五日） 星期六 阴

正午起，午饭毕观《新北京报》登余及程砚秋对罗瘿公死后帮忙，夸赞砚秋义气，贬余对陈墨香死后不帮忙等语。友谊有远近，夙日好恶感之。别文人笔墨形容，对外界总有相互不知内容。据余想均是文人落魄，耍笔杆卖文吃饭，吃戏班尤甚，结果总是笔墨骂人均是戏匪，表面文章，内之行为不堪言状。二时东霞来谈。余至饭店。今日在饭店阖家约请陆太太、杨燕霞、谢小姐阖家均至。该时大雨，冒雨至中原取药，回饭店请客，做主人。饭毕同往广德戏院观令香演《玉堂春》、少山《草桥关》。戏毕范劭扬至后台闲谈。伊新任署长，来历甚爽快。吴镜芙来寓，云济南有人约余往演，与令香晤面；常、李明日接洽。客去即寝。

民国三十一年（1942年）五月十日（壬午年三月二十六日） 星期日 阴

正午起。接张舜九函，为陈墨香病故送礼太薄笔墨挖苦；又见各报登载，亦为墨香病故不帮忙之事。余本料到此处报界必骂无疑，但同墨香感情在世时已伤，早成恶感；报馆不询内情，笔墨骂人，盲从。余本不怕骂，绝不敷衍。各处报匪无可奈何，将来风潮愈攻击尤甚。同令香、少亭至饭店。接河北省银行正式公函，催余还债，意思之中如不还恐成词，急命令香、少亭往朱复昌家代为借款还债；复昌早已允诺，至今未办；复昌已往天津，云明日归来；伊等归饭店说之。晚往长安戏院演《飘零泪》，戏毕归寓。西餐部由星期四停伙食，不卖客饭，因内容纠葛，不知详细，突忽袭来；对柜上又未说明，不闻不问。余已向《实报》登启事并告许芝亭，限伊三天答复，如无回音前约作罢，改组换人；登报启事抄下：

“留香饭店紧要启事，本饭店附设之西餐部，向归许芝亭君承包，订有合同。现因许芝亭君自行歇业，前项合同当然失效，除依法函知解除契约外，如有私相让受情事，本饭店概不承认。特此声明。”并有通知许芝亭亦录下。

民国三十一年（1942年）五月十一日（壬午年三月二十七日） 星期一 晴

正午起，午饭。昨通知西餐部许芝亭函、即登《实报》启事，均今日刊登发出，已见报；如三日不见回复，定解约，另觅人改组办理。往饭店小坐，又至中原看病。阖家至中央公园闲游。狂风忽起，不能散步，即归寓。路遇杨珠珊、徐慕形，立谈。抵寓晚饭，即寝。

民国三十一年（1942年）五月十二日（壬午年三月二十八日）星期二 晴阴不定 风

十时起床。明忱介绍购房主至今未谈，恐又不成功。饭毕至饭店沐浴，又往中原取药，仍回饭店晚饭。即归寓，寝。

民国三十一年（1942年）五月十三日（壬午年三月二十九日） 星期三 晴 风

正午起。接敬余讣闻，初八日开吊。四时至留香饭店。饭店对于西餐部登《小实报》启事三天期满，西餐部经理许芝亭置之不理，未来接洽，装聋做傻，可笑！又至中原医院注射。余至同顺居便饭，即归寓，就寝。

民国三十一年（1942年）五月十四日（壬午年三月三十日） 星期四 阴晴不定 风

正午起。邵星伯来寓，云饭店所用之煤，煤铺立案手续未完善，私自售煤，被告成词，调查饭店用彼煤若干，与余饭店毫无关系。小睡，七时赴中原注射，又至三庆演《荆钗记》，戏毕有三学生带相机至后台拍照；童芷苓至后台辞行，明日赴满洲国。余阖家归寓，即寝。

民国三十一年（1942年）五月十五日（壬午年四月初一日） 星期五 晴阴不定

正午起，饭毕与令香排头二本《虹霓关》。姜妙香来说戏。邵星伯来寓，云煤铺掌柜已被告，官方至余饭店调查购煤。发单西餐部许芝亭，余对西餐部解约已登《小实报》三天，并未来接洽；昨日派蒋福祥来寓，假作不知登报事，置之不理态度，促余询问几时西餐开火卖饭，命伊向姜明忱经理接洽。手腕不高，可笑！恶人自有恶人磨。伊已入圈套，难退罗网。三时往中原医院。晚饭后阖家往三庆戏院观令香演头二本《虹霓关》、少山演《牧虎关》，时间已到，未演全即止戏。饭店客人杨姓观剧，至余厢闲谈；庆王爷长子阖家亦至该院看戏。戏毕即归，就寝。

民国三十一年（1942年）五月十六日（壬午年四月初二日） 星期六 阴

正午起，饭毕至饭店，又至中原，六时归寓。西餐部蒋福祥来探听内容、改组方法。晚饭后即寝。

民国三十一年（1942年）五月十七日（壬午年四月初三日） 星期日 晴

正午起，午饭后修容。电召中原医院送戒烟药。与令香说《十三妹》。晚饭后阖家至长安戏院，演全部《玉堂春》，戏毕归寓，稍息。少亭云明日金少山原班人加入李金鸿班，在新新加演夜戏。三时始寝。

民国三十一年（1942年）五月十八日（壬午年四月初四日） 星期一 晴

正午起，饭后烟瘾发作，小睡。徐东霞来索《红娘》剧本。七时起，晚饭后阖家往新新戏院观令香演《能仁寺》、李金鸿《悦来店》、金少山《连环套》。上海更新舞台经理董兆斌来京，在该院观剧，至后台闲谈。候令香戏毕，偕少亭同至朱复昌家，说明陈墨香在世对余行为，以免各报胡说，未晤。又步至陆太太家小坐。步归，寝。

民国三十一年（1942年）五月十九日（壬午年四月初五日） 星期二 晴

正午起。王东圃借东兴楼约余夫妇博戏。饭后服烟药，小睡。至东兴楼博戏，皆是熟友，至次早十一时改大推牌九。余夫妇即归寓。

民国三十一年（1942年）五月二十日（壬午年四月初六日） 星期三 晴

归寓午饭，稍息。因在东兴楼日夜未散，贪赌过甚，身体劳乏，白昼安寝。

民国三十一年（1942年）五月二十一日（壬午年四月初七日） 星期四 晴

正午起，午饭，至留香饭店小坐。阖家至广福馆晚饭，并往三庆戏院，演《荀灌娘》，戏毕又至饭店。盛三来帖，明日其父寿辰，在拈花寺宴客，招待宾朋，稍谈。阖家即归寓，就寝。

民国三十一年（1942年）五月二十二日（壬午年四月初八日） 星期五 晴

正午起。彭华英来电，伊子弥月，初十生，明日在中央公园来今雨轩招待宾友。王东圃亦是初十生子，约致美楼酬谢送礼亲友与其子作弥月。今日陈墨香伴宿，命令香、少亭往祭奠。因陈家托出其友杜颖陶等向少亭、令香云报纸所登载荀、陈两家完全错误，但无法解释，托少亭即归余处约余往陈宅吊祭、谈话，余伤心太过。未去陈宅之意，丧事后必有补欠，托余设法代为帮忙；报纸登载一切均归陈宅友人设法登报道歉。今日小满。午饭毕至饭店沐浴。郭盛三之父寿辰，往拈花寺贺寿；亚杰、效贤等熟人甚多，宴罢即归饭店。阖家即至本饭店，设立财神楼、敬香、祀神。十一时抵寓，即寝。

民国三十一年（1942年）五月二十三日（壬午年四月初九日） 星期六 晴 暖

九时少亭来促余父子起床，同往已故陈敬余家，墨香发引，送路至顺治门大街。带令香往中央公园来今雨轩，应彭华英饭局。此举约董兆斌同席，小云、万春等作陪，饮酒、畅谈。三时抵寓小睡，七时即起。今日长安戏院演先天道义务戏，余演《百宝箱》，十一时登台；富英、少山演《失街亭》。余演毕一时抵寓，即寝。内子在致美楼贺王东圃生子弥月，诸友博戏，天明始归寓。

民国三十一年（1942年）五月二十四日（壬午年四月初十日） 星期日 晴

十时起床，午饭。启明银号张敬轩来访，未晤。午饭后往饭店沐浴，七时兆斌之友约丰泽园饭。该时微雨。命令香代表。十二时抵家，即寝。

民国三十一年（1942年）五月二十五日（壬午年四月十一日） 星期一 晴

正午起，饭后东霞来索《红娘》剧本，赠送。余至饭店访敬轩，晤面。催促启明账目。济南联合准备银行经理黄恂伯住余饭店，访谈，面约张、黄明日在本店晚饭。易阿莉、周小姐同至中原医院，电约晤面，在小半斋晚饭；饭毕在天安门左右闲步、闲谈，十二时分手，各自抵家，即寝。

民国三十一年（1942年）五月二十六日（壬午年四月十二日） 星期二 阴晴不定

正午起。闻福昌银号倒闭，损失洋二百馀元；已存七千馀元数日前取出，不然亦损失，幸哉幸哉！到饭店小坐，又至中原看病，至东兴楼与诸友博戏，次日下午三时偕内子归寓，余负洋二千元。

民国三十一年（1942年）五月二十七日（壬午年四月十三日） 星期三 晴 暖

三时由东兴楼偕内子归寓，即寝，晚八时起。余做主人在撷英宴客，因余精神不振，命令香代表。董少卿代余去戚饭店开幕时介绍长期顾问律师祖姓，因祖律师在天津设立事务所，诸事不便；少卿介绍在京彭昌桢律师为饭店长年顾问，诸事便利，所以在撷英西餐请客，介绍饭店所用之煤，煤铺被人告发私自售煤；因饭店用煤过多，该煤铺掌柜被人告发，连累主顾，传饭店人对执，幸在公买公卖，不过作证而已；煤铺发票等均有手续，送至官方查验，将人放回。二时始寝。

民国三十一年（1942年）五月二十八日（壬午年四月十四日） 星期四 晴

下午一时起，午饭毕。王瑶卿之弟凤卿之媳病故，来人报丧，今日接三。董兆斌来帖，约今晚泰丰楼晚饭。到中原医诊治，又至法源寺吊祭王凤卿[1]丧妻，熟人甚多，沙游天亦在该处，谈起墨香病故，各报风潮事，劝余或送陈家金钱或独自登台演义务戏筹款，立谈片时。带令香往泰丰楼应董兆斌之约，所请之客均到场，有吴宁靖、彭华英、谢姓、尚小云、李万春等，召妓侑酒，十分热闹。未终席余往三庆戏院演《香罗带》，戏毕归寓。常、李同来。昨夜有一人约五十上下岁，身穿灰衣、戴墨镜，在本巷盘桓，由六时至夜十一时始去，招人注目。余访问车夫，有人云为邻居冯家因惠林死去，该房招租，邻居内居有白面烟土客人，侦缉队调查。今夜戏毕归寓，寻问仆人，该人又来本巷徘徊，俱（据）少亭云，闻赵德钰言余赌博，外面风潮甚大，此人多半为此事而来，劝余谨慎，不明真相。三时客散，即寝。

民国三十一年（1942年）五月二十九日（壬午年四月十五日） 星期五 晴阴不定

正午起床，午饭后发请帖，为明日在寓晚饭，请唐昌桢为两儿求学，系逢春介绍。星期日在庆林春请董兆斌、吴宁靖、彭华英、李万春、尚小云、谢姓等。三时至饭店沐浴，令香与少山出演三庆《马上缘》，余未去往观，身体倦极，抵家即寝。

民国三十一年（1942年）五月三十日（壬午年四月十六日） 星期六 阴

正午起，饭后小睡。晚至中原看病，即归。与两儿请教书先生，逢春介绍唐翼谋，乃旗人，其习惯未退，其貌不扬，学问未见深佳，自满。先任电灯公司账工补裁。逢春介绍来，每月薪水五十元。两儿对于此人印象不佳。定阳历六月一日开课。饭毕闲

1 王凤卿（1883～1958年），京剧老生演员，王瑶卿弟，曾向汪桂芬问艺学习，后提携并长期辅佐梅兰芳，文武昆乱不挡，尤擅《文昭关》《取成都》《华容道》《取帅印》等剧目。与时慧宝、刘鸿声有“新三鼎甲”之誉。

谈，逢春为墨香事出面，劝余演戏一日，戏份送与陈家，以免舆论。盛三来索债。客散。寝。

民国三十一年（1942年）五月三十一日（壬午年四月十七日） 星期日 阴晴不定

正午起床午饭。今日在庆林春自做主人，约诸友晚饭；小云有事电话辞谢。魏效郇夫妇来，云欠房东钱被人轰出，无处安身，伊夫妇自带行李搬余本巷东长沙会馆强迫住之，可笑。午饭毕小睡；晚带令香至庆林春，自做主人。中兴饭店何经理在该馆正厅亦请官府低级人员。余所请者吴宁靖督察、彭华英科长、冷队长、张世泽处长、谢队副，均是高级长官。伊闻之特将正厅让出合并，云伊请客之事不必对余友述说，当时情况之下似觉难为情，误心恐有不满之处，且自由他。饭毕同到长安戏院观剧，余演《平儿》。戏毕即归，稍息就寝。兆斌、万春均赴饭局之约，补记。

民国三十一年（1942年）六月一日（壬午年四月十八日） 星期一 晴

正午起。逢春介绍教书唐翼谋先生，今日开课。饭后逢春来，云张逸群及伊出面代为陈墨香家属解释报界之误会，此风潮陈一概不知，并要求念旧谊仍请帮忙。余本当送钱，因外债关系空乏，况且多少之间似觉小气，定下星期日在长安戏院演《钗头凤》，所售票资除开销之外，连余戏份均送陈宽骅补助伊丧父丧仪。汪云今日《晨报》又大骂余家财均是陈墨香一手帮忙而起，未与陈墨香交友之时，余在天桥大棚出演，无稽之谈，亦觉可笑，余演戏以来从未出演天桥，报纸恨余已极，不知怎样侮辱才觉解恨。购《晨报》观者登载余与韩世昌比较，与余起名“四元名旦”。最近报界死去刘步堂，与韩世昌交好，送刘奠敬五十元，大捧而特捧，骂余道德人情丧尽，扬名世昌慷慨大义。夙日韩无叫座能力，如能为死去记者刘步堂演戏一日，或者报界文人及观众热心亦许上满堂，捐款刘岂不大收入，家属后事不愁，足以衣食丰富，此意均是报上登载，可见报界婢痞污秽，善用敲诈心机，与报界常唱义务就可得好评，凭他人笔墨就可以大红，不要脸之万分。晚饭后即寝。

民国三十一年（1942年）六月二日（壬午年四月十九日） 星期二 晴

正午起午饭，饭毕小睡。七时带令香至中央公园赴袁华汉署长之饭局，恰巧今日该公园开大东亚博览会，游客甚多，票价每人两角，约有两万馀人，并有警察把守路线，出入甚紧。余父子至来今雨轩，同席董兆斌、彭华英、谢队副等。由一号至八号公园节约，禁止宴客饮酒，用饭甚简单，饭毕由袁、彭抄路而出，往彭宅共竹戏十二圈，抵寓。内子约诸友本在东兴楼叶子戏，数日前接洽妥当，诸友均至东兴楼，该柜经理安姓当时拒绝，不准赌博，又未早日通知，其形可恶。无奈内子同诸友即归寓博戏，至次早正午客散。

民国三十一年（1942年）六月三日（壬午年四月二十日） 星期三 晴暖

今早正午诸友博戏散去。内子云，长媳今日旧钟十点四十分、新钟十一时四十分之时，长媳产生一子，余得次孙，大喜，仍延西医女生田凤鸾接生，甚爽快。西医接生手术敏捷，小孩儿亦洁净。即召工匠来搭棚，欲为次孙满月宴客。在未生次孙之前，有喜鹊成群，叫声不止，有一小时之久。次孙降生喜鹊飞走，罕事！余嘱亲友不要声张，免得麻烦亲友贺喜。晚间诸亲友陆续而来贺余，因夜间未眠，身体劳乏，命家属人招待，余即寝。

民国三十一年（1942年）六月四日（壬午年四月二十一日）星期四 晴 似入伏天气

昨晚八时泰丰楼诸友催请延年会，同仁共请吉世安补寿，余在主人之内不得不去，即起床。先至同和轩贺金少山寿辰，并至泰丰楼做东，谈笑甚畅。九时如席，宴罢至留香饭店小坐。明忱、令香、少亭等共计划西餐部许芝亭出柜之事，许索一千五百元，将所有西餐用品卖余，其物本值六七百元，明是讹诈，奈友人情面不好推却，照办，命明忱向许妥商，银钱合同双方交换，免生别故。此人信用大坏，恐又有变化，定本月五日办理此事。十二时抵寓。大队长李丽久来京访余未晤，托余代友人画扇。抵家即寝。

补记三日即旧历二十日日记：正午起床，烟瘾作患，赌博劳累，身体骨节酸痛，即至中原医院疗治，带药即归，午饭。逢春介绍唐翼谋乃旗人，习气甚重，文学不佳，对俩儿讲书文理不通，而神气自满，表示才学渊博，俩儿不服，恐误功课，逢春情面又不能辞去，使余为难。此种教书，靠友人情面，金钱作想，误人子弟，有伤阴德，暂时敷衍，恐难长久。饭后小息。八时阖家赴三庆戏院，演《大英杰烈》，天气奇热，上座不佳，戏毕归寓即寝。

毛世来便装照

《花田八错》毛世来饰春兰

民国三十一年（1942年）六月五日（壬午年四月二十二日） 星期五 晴热 微风

正午起。亲友来贺得孙之喜。午饭后毛世来[1]来寓闲谈，班底佩华、喜兴、富润刁难长包银，并云在济宁州出演未拜官府，当地警局局长在台下看戏大骂不绝，经人解释，又闻是余之徒始有关照。次日世来往拜，此事作罢，可笑也。明忱来贺，云何姓欲买房，在今晚商洽；少亭言，又有购房者先交三万元，余搬出，伊移此房暂住三两月，如房不生别故或他情形，再言正式房价；如在三月之间该房有其他情形或神鬼作祟，将三万元退还，该事作罢。此人脑筋错乱神经，可笑。昨日冯惠林夫人生辰，送礼往贺。叶春荣星期一借余处博戏亦有帖来。余至中原取药，归寓。今日次孙洗三，留亲友便饭，一时客散即寝。

民国三十一年（1942年）六月六日（壬午年四月二十三日） 星期六 晴 大风

十一时起午饭，四时至中原诊病，又至饭店沐浴，九时阖家归寓晚饭。彦衡来谈代为借款事，定明日验查房契再正式办理。十二时伊去即寝。

民国三十一年（1942年）六月七日（壬午年四月二十四日） 星期日 晴 风

夜间烟瘾作患失眠，天明即起，赴中原医院质问董院长，季高戒烟已有仨月，忽好忽坏，花钱千馀元，至今仍未忌断。伊云在戒烟时期是否抽烟、劳累等情，或有此情才感觉痛苦。实无此举，均

1 毛世来，京剧演员，工花旦、刀马，师从荀慧生。

照医生戒烟轨道，余问之，伊用补针注射了之。今日问伊是否能解除，伊云再有两星期绝对忌断，余只耐守痛苦，即归寓午饭、修容。今日长安戏院演夜戏《钗头凤》，为已故陈墨香家属筹款善后演唱义务。晚饭毕阖家往长安戏院，九时半《钗头凤》登台，上座五百零四人，除开销外下馀洋四百一十三元二角，交常少亭手送汪逢春[1]、张逸群转交陈墨香家属。戏毕陈农光、沙游天至后台闲谈，明了今日演戏此举，问所得馀数，沙代为登报宣传。一时抵家即寝。

民国三十一年（1942年）六月八日（壬午年四月二十五日） 星期一 晴 风

正午起。西餐厨役蒋福祥来询问许芝亭如何解局，据明忱云，许将西餐刀、叉、盘等卖与留香饭店，共索洋一千五百元，合同交出即出饭店。午饭毕梁韵秋之妹韵芳来寓，约余广德楼捧场，伊出演《龙凤呈祥》，曰戏为友人搭桌。余至中原诊治，至留香饭店晚饭。叶春荣借余处诸友博戏，晚饭毕即抵家加入，次早九时始散，即寝。

民国三十一年（1942年）六月九日（壬午年四月二十六日） 星期二 晴

正午起。少亭来，共午饭。接刘迎秋祖母病故，有讣闻来。三时至饭店沐浴。易阿莉、周小姐电约至东安市场鹿鸣春便饭，饭毕至长安戏院观报界同仁为刘步堂死后演义务戏，帮助伊家属生活，戏票均派梨园界，大多数男女伶人均派有百元之多戏票，梨园、报界观戏，其他者没有购票者。余入门时，《打渔杀家》教师爷徐春羽系小记者扮演之，已够可笑，该戏后大轴《群英会》《借东风》均是记者扮演。除翁偶虹扮演黄盖尚还妥当，计扮演曹操者陈重光出丑万难，唱、做滑稽，自己得意；赵云为徐鸿昌扮演，荒唐已极，连上台锣经脚步一窍不通，竟敢大胆登台；景孤血蒋干一招一式都不对，自称老手，满脸得意之气；吴幻荪孔明表示老诚练达；沙大风鲁肃两眼近视，等于盲人登台；张珏生周瑜前部后部；白沽如无功无过；《借东风》诸葛亮吴宗祐唱、作不谈，但说像类似楼库纸人一般，两眼盲盲，好像纸人忘却画目，可疼可爱。均荒腔走板不搭调，一个一个扬眉吐气，自命不凡，台下捧腹大笑，时刻不止，倒彩如雷，掌声不息，笔墨实难形容。素日在报纸上批评，胡言乱道，今日伊等活

1 汪逢春（1884～1949年），名朝甲，号凤椿，江苏苏州人，吴门望族。受业于吴中名医艾步蟾老医生。“北京四大名医”之一。毕生热心于中医教育事业，努力提携后学。1938年曾任国医职业公会会长，并筹办《北京医药月刊》。1942年在北京创办国药会馆讲习班，著作主要有《中医病理学》《泊庐医案》等。

现，脸皮太厚，认为倒彩正彩不分，一个个扬眉吐气而走，恬不知耻，在人世装人，什么东西。戏毕归寓即寝。

民国三十一年（1942年）六月十日（壬午年四月二十七日） 星期三 晴

正午起午饭。王树臣帖约星期五在伊宅晚饭；魏孝鄗娶弟媳有喜帖来；邵星伯娶儿媳亏欠三百馀元，余送伊洋三百馀元清偿账目，因其人在饭店总账房担任账目，忠厚老实，奈被家所累，向余时常借贷，现在饭店任事，家境稍缓，此人亦还满意，认真服务，亦觉可爱。晚饭后至中原看病，又同周小姐晤面，同至天安门内一带等处往返闲步，约有五小时，夜二时各自抵家，只觉足痛即寝。

民国三十一年（1942年）六月十一日（壬午年四月二十八日） 星期四 晴 热极

十一时起，召中原医院来人注射。西餐部蒋福祥来，询问西餐部何日开幕，伊手下一部分人等糊口艰难，当时送洋百元，暂为维持。七时阖家赴三庆戏院，演《花田错》，戏毕即归寝。

民国三十一年（1942年）六月十二日（壬午年四月二十九日） 星期五 晴

正午起午饭。与沈玉才说唱腔；长子排演《盘丝洞》，今日与少山出演三庆戏院。晚饭毕阖家至三庆戏院，观令香演《盘丝洞》，周瑞安饰孙悟空，笑而观饰猪八戒，馀者均是班底扮演。姜妙香唐僧均不会；李玉安、耿永顺、马富禄等均在后台管事，在余班多年，此戏甚熟悉，未给伊等说戏，均袖手旁观，恶习可恶。台上演者敷衍而已。观毕令香回寓，余夫妇至王树臣家与诸友博戏，至次早九时，抵家即寝。

民国三十一年（1942年）六月十三日（壬午年四月三十日） 星期六 晴 微雨

下午一时郭盛三来，云抚县县长郭良数日前托花园饭店杨东家、王经理、张姓同来看房，扦手甚多，不知房价底细，托郭盛三来余处，促余起床，询问房价。盛三云离节甚近，对方购房恳切，实出十万五千元，如允今晚下定，初三日正式写字，立候回音。经盛三百般相劝，余房价廉售出，当时允之。郭去后往饭店沐浴。七时盛三来电，约余带令香即至来今雨轩，购房者郭良夫妇及杨、王、张三姓均候，约余即往，俄时约明忱同去，在来今雨轩晤面。当时花园饭店杨姓代表郭良交购房定洋一千元，言不过信实而已，定旧历五月初三日正式立字。郭回抚县服务，托杨、张、王三人全权代表，初三日派伊秘书带八万元写买卖房契，下欠两万四千元余迁移后银钱手续两清。言罢郭良请余等来今雨轩西餐，饮酒畅谈，为人痛快淋漓直爽。饭毕同到余家仔细观看住房，甚满意，夸赞建筑宏大坚固；惟郭太太不甚满意，伊想新式洋楼；郭良欢喜旧式建筑，两志不合，并言购买余家具，立字后再磋商。客散后即寝。

民国三十一年（1942年）六月十四日（壬午年五月初一日） 星期日 晴

正午起午饭。黄瑞霖丧母来讣闻；三时周小姐来电，约在中原医院晤面，即赴约，同至东方饭店小坐闲谈，又到馅饼周晚饭，饭毕至正阳门内闲步，分手各自抵家，即寝。

民国三十一年（1942年）六月十五日（壬午年五月初二日） 星期一 晴 热

早九时起，电召中原注射，午饭后小睡，三时起床至饭店，五时到中原诊病，遇周小姐至小半斋晚饭，又往正阳门闲步，十二时抵寓即寝。

民国三十一年（1942年）六月十六日（壬午年五月初三日） 星期二 晴 奇热

九时起，烟瘾大发，即召中原来人注射。午饭后小睡，四时起，竟日无事。晚饭后阖家闲谈，一时寝。

民国三十一年（1942年）六月十七日（壬午年五月初四日） 星期三 晴

正午起，饭后丽君阖家由津来寓闲谈；抚县郭县长本定初三日托其友盛三、花园饭店杨、张两姓代表写买房契约，竟日毫无消息。玉才云，白菽王欲购余房，询问底细价钱，郭盛三同来；花园饭店王经理、张姓及郭良秘书、护兵来寓，购买余本身十一号房，价钱手续前三日已言明，命常少亭往杨五处现赎房契，连利息一万三百元，即赎回，伊等事忙未等，定初五日在花园饭店写房契卖约，交余现款两万元并点装修，双方各执一纸而去。走至本巷已故冯惠林住宅，冯妻率领拉房扦者若干人拦路，大骂不止，云骂道郭盛三从中蹿扦，态度难堪，十一人大有拼命之意，叨叨不绝；冯妻并至余家理论，欲将扦手等同至余院，使余难堪。余言好极，如此办法似明伙强盗行为，伊听言不顺耳，话即转风，好言说之，余向盛三等对购房者云须拿花销，免去无聊小人是非，盛三允许，始散，趣事。清理结账等事，晚饭寝。

民国三十一年（1942年）六月十八日（壬午年五月初五日） 星期四 晴 奇热

八时起床，电约少亭来寓，促令香起床，盛三来，十时伊三人同至花园饭店办理卖房手续，房价十万零五千元，先交八万又定洋一千元，立字，拉价两万四千元，住四月后腾房。一时盛三、令香、少亭带回房价六万元，连昨日两万元，前后共八万元，馀者余移居后找清。门房、仆人等送四百元，冯妻五百元分送扦手，盛三门房、仆人二百元，均已办清。盛三去后小息。晚饭毕即托少亭代还启明银号三万两千五百元，清账；近云馆主五弟余以房契作押一万元，利在外，亦经少亭手代赎房契一万三百元亦清；郭盛三两万元还清，馀者一万馀元代还留香饭店及家用旧债。八时至三庆戏院演《白娘子》，戏毕即归寓，常、李同来，共晚饭，三时始散，客去即寝。

民国三十一年（1942年）六月十九日（壬午年五月初六日） 星期五 热极

正午起，饭后中原医院来注射。余至东安市场润明楼晚饭。今日在吉祥出演夜戏，饭毕至后台化装，朱复昌带领日人两名观余扮戏，九时《十三妹》登台，上座不佳。戏毕即归寓，夜宵后就寝。

民国三十一年（1942年）六月二十日（壬午年五月初七日） 星期六 晴

八时起，闲步一小时，因烟瘾之故复寝。正午起身，午饭后往饭店沐浴，与西餐部蒋福祥计划西餐部初十日开幕规模。许芝亭索去一千五百元清理出柜。抵家晚饭，稍息就寝。

民国三十一年（1942年）六月二十一日（壬午年五月初八日） 星期日 晴 热极

早七时因暑热不能寝，起床，院内闲步。午饭后锡永来看余；蒋福祥来寓，谈如西餐部开幕，许芝亭知伊接作西餐，恐有捣乱行为，所谓老实无用，可笑可气。下午四时往蒲伯扬医院探陆太太病，闲谈，伯扬招待并代余注射一针。往新广州晚饭，到长安戏院演《红娘》，戏毕即归寓。本定星期四出演三庆，戏码为《扬州梦》，因天气炎热，演毕《红娘》作为歇夏，三庆回戏，秋后补演。二时寝。

民国三十一年（1942年）六月二十二日（壬午年五月初九日）星期一 大雨 冷甚

四时赴中原医院注射。令香与少山在长安出演《破洪州》，候伊等回寓共夜宵。二时寝。烟瘾发作，忽寝忽起，失眠，八时往中原询问。据董院长云，服药、注射均减去毒物，麻醉均是补药，须忍受四五日后完全戒净，即回寓。

民国三十一年（1942年）六月二十三日（壬午年五月初十日） 星期二 晴

九时由中原医院回寓，与彦衡闲谈，彦衡窃电被查出，判决罚洋八百元，求余代为设法，请诸友博戏抽头聚款，代了此罚款，择日举行。饭店茶役姚国森与客人斗殴，性情高傲，厮打客人，不守店规被辞，今来托情。四时至饭店，今日西餐部蒋福祥接作开幕，聘请蒋担任西餐经理，料理一切，分花红拿成头无权利。与刘锡永夫妇闲谈海上经过并沿路火车人员胡为，说私观各报登载言菊朋于四日前病故。九时往中原注射预防霍乱针，归寓晚饭，一时寝。

民国三十一年（1942年）六月二十四日（壬午年五月十一日） 星期三 晴

昨夜忽起忽眠，在各院闲步约有数次；戒烟药由星期一未服，今日三天较比痛苦万分，每夜只睡四五小时之多。正午起午饭。蒋福祥来，云留香饭店西餐部于昨日开幕，成绩甚佳；大内嫂、二内兄同来，留晚饭。召中原医院来人，阖家及仆人等注射霍乱预防针；该时大雨。十二时寝。

民国三十一年（1942年）六月二十五日（壬午年五月十二日） 星期四 晴

夜间不能安眠，起床闲步数次，午饭后同少亭谈张亚东其父八旬寿演堂会事。邵星伯来寓与次孙取乳名，长孙名皓，以白字傍为主，令香欲与次子取名皎，两孙乳名同时呼之所谓皓皎，字面典雅但字音不受听；余择定次孙乳名皑，荀皓、荀皑均已为然，名皑为是。四时至陆太太家，少亭、燕霞已先在伊处，闲谈。又往彭华英宅，高客满堂，亦有竹戏者也有谈话者。华英素好竹戏，知余去，命其妻韵秋代之向余周旋，伊科长职务取消月馀，甚犯牢骚，云之心慈高傲，自称文人焉能作武职官也，况且此差不敲诈焉能发财乎，势难维持，故辞差，余只得安慰。又到蒲伯扬医院谈起季高代余忌烟方法，蒲甚为妥当，言罢而出，往新广州点心，六时馀返寓。内子赴包友三博戏之约，在东四二条，老君堂亦有余帖，因道路远未去。九时往长安戏院观丑角大会，上座无有立隙之地。大轴《双沙河》，各角反串，台下捧腹大笑，余观之平常而已，不甚可笑，未观完即步归。余到留香饭店夜宵。星伯谈起饭店招待首领者做事马虎，欲要改善。四时始抵家，内子未归，即寝。

民国三十一年（1942年）六月二十六日（壬午年五月十三日） 星期五 晴

六时起床，骨节疼痛，闲步。内子八时归寓。彦衡昆仲来寓，与两儿用功。午饭后复寝一小时之久，仍起。自戒烟药后，夜间不能安眠觉为苦也。四时赴中原医院。抵寓即寝。

民国三十一年（1942年）六月二十七日（壬午年五月十四日） 星期六 晴 极热

十一时起，修容。张亚东电约在启明银号晤面，有事相商，即往。张介绍公共管理局局长伯杰、吴科长、秘书等，谈起二十三日其父寿辰，同至致美斋午饭。饭毕余回留香饭店沐浴。丽君之父来京，云其女星期日出演长安戏院，戏码《王宝钏》，托余代约诸友捧场、新闻记者鼓吹，意在留香饭店大请客，言罢而去。余即寝。

民国三十一年（1942年）六月二十八日（壬午年五月十五日） 星期日 晴

八时起，饭后复寝。下午四时起身，至中原注射，张翰如亦在该院，立谈昨亚东约好云钟伯杰在北京饭店屋顶西餐，请余务必到场，即赴北京饭店钟之约。该时已八时，伊等未到，余掷片交代茶房，如钟来此，今日有戏事忙辞谢。至西安食堂便饭，就在西来顺斜对过，山东馆口味儿勉强。饭毕偕常、李、少亭往白庙胡同看修改旧房建设。该房二十馀间，建设毕欲出租，恭桶、澡盆、电灯齐全，适中地点，交通方便，在长安饭店后身，平房。长安饭店楼房，如到该饭店客人均由窗内窥见，使余不便；况对门又是楼房，租价约五百元。近年来找房甚难，但该房毛病又多，犹豫不定，请堪舆李姓代为定夺；约定明日少亭、令香及李姓同往该房复看。同往长安戏院，与少山合演妙峰山修庙义务戏，戏码为《辛安驿》。演毕，世安带领和尚至后台道谢，彼此寒暄，即归，稍息就寝。

民国三十一年（1942年）六月二十九日（壬午年五月十六日） 星期一 晴

六时起身，往白庙胡同看房。午饭后小睡，四时起床。彦衡窃电被公司查明，判断罚洋八百元，伊两手空虚，四壁萧条，当卖俱净，实无法。代伊约定诸友今日在余处叶子戏抽头以交罚款。约定下午五时友人陆续而来。人运天时，来者甚少。六时馀天时忽然大变，狂风暴雨将各处电线刮断，都市多半无有灯光，现召水月电灯；又闻房屋、树木刮坏、坍塌倒坏，并刮坏电线，伤人甚多，余四十年未经过奇事。约半小时馀，风雨即止，伤人损物甚重，如再长久，全市恐有危险，怪也。博戏至次早振春改为牌九，伊大负，结果不欢而散。振春为天性，如每场负钱总是如此，结果所谓输钱丢人也。彦衡所得头钱，除开销外约有千元，足够了电灯罚款。午饭毕客散即寝。

民国三十一年（1942年）六月三十日（壬午年五月十七日） 星期二 晴

三时起。东霞由津来寓，丽君父女亦至，云其女星期日在长安出演，商定星期三在留香饭店宴客，报、票闻人各界为其女演戏鼓吹宣传，托余代约。

民国三十一年（1942年）七月一日（壬午年五月十八日） 星期三 晴

十时起午饭。令香言前日大风将饭店门脸霓虹灯刮坏，几乎出大危险，幸阖店人员群起工作，将此物拆下，保全无事；拆时由警察看守，禁止来往人行路三小时之久，始拆完峻。张亚东来，与少亭接洽其父寿辰演戏事，面约旧历二十日在什刹海会贤堂请吃，知客代表招待；张丽君要在北京出演，请报界在余饭店西餐宴客，张阖家同来陪余，阖家往饭店；同业人亦甚多，报界均至，一个个狼吞虎咽，神情难堪，为其等在报纸宣传。

民国三十一年（1942年）七月二日（壬午年五月十九日） 星期四 晴

正午起床。今日次孙荀皑弥月，诸亲友来贺，并博戏至夜十二时，忽听警笛响声，俄时警察地方坊长敲门，通知防空演习、灯火管制，诸友闻听各自散去。该时风雨交作，甚凉爽。路灯熄灭，路静人稀。四时始寝。

民国三十一年（1942年）七月三日（壬午年五月二十日） 星期五 阴晴不定

正午起，饭后院中闲步。盛三、王翻译在本巷六号朱宅约余往谈，即至，闲谈片时。偕少亭往会贤堂赴张亚东之约，同席三十馀客，政界各部局长、督察、科长等、银号界到者甚多。定戏码，十二时开幕杂耍，由八时接京剧，余全班外加吴素秋，定妥入席后，饭毕与少亭至三庆戏院观令香演《棋盘山》，少山之《黄一刀》。余抵家即寝。

民国三十一年（1942年）七月四日（壬午年五月二十一日） 星期六 阴晴不定

十一时起午饭，三时至饭店沐浴。闻刘锡永夫妇移居绒线胡同国泰电影院对门，欠留香饭店三百馀元，住时余早已料到有此现象，果应余言；此人素日借贷向不还账，夙习恶劣，照此做人定必失败。二时带令香往饭店沐浴，余至中原注射，周小姐亦至该院，闲谈。晚阖家赴西河沿杨燕霞移居一百四十八号温居请客，有姚玉芙、严太太、陆太太、玉才、少亭等。饭毕同严、杨、姚博戏，玉芙大负，余负洋一百六十馀元。天明抵家即寝。

民国三十一年（1942年）七月五日（壬午年五月二十二日） 星期日 奇热

今日张丽君在长安戏院出演《王宝钏》，恰赶上防空；去岁丽君出演广德也赶上防空演习。由此次防空演习自二号夜突然灯火管制，至今未止。丽君出演京市两次不顺，伊阖家来约余阖家往观，在十时之间路上灯火全市均息，禁止行人，观剧者多有不便，上座受影响，所托余代撒戏票，诸友均至余厢，余亦往，双方周旋。戏毕即归，稍息就寝。

民国三十一年（1942年）七月六日（壬午年五月二十三日）星期一 晴 热极

张亚东父寿辰在会贤堂宴客，一时杂耍开场，至七时换京剧接演，留香社班底均归余代办，余父子合演《棋盘山》，纯粹义务，不取毫文；外串吴素秋、张丽君送，戏份按戏院营业送之，连杂在内共洋两千元，乃亚东情面，实难推却。近年来当时之局，此堂会戏价未曾有过此便宜，比较营业戏稍加三四百元，亚东甚满意，招待周到，阖家由早至晚在会贤堂贺客。政界多数并有各省代表人来贺；银号、银行、报界到者甚多。九时《棋盘山》登台，照相人甚多；丽君先演《女起解》；素秋因戒严路途被拦阻，到时甚迟，《棋盘山》后演《玉堂春》大轴。本家友人周姓由海上来加演《武家坡》，现串王文源十二时止戏。同彭华英、王琦、伯杰饮酒畅谈。于松年由济南来贺张宅父寿，坐谈。此人交友甚好，面约于、王等星期三在留香饭店西餐。今日张宅贺客熟人多半彼此周旋，一时亚东派汽车夫送余阖家抵寓。小有受暑，在院内乘凉，天明始寝。

民国三十一年（1942年）七月七日（壬午年五月二十四日） 星期二 阴 微雨

十一时起午饭。昨日明忱生辰，伊外出未送礼，今日回京，补送。逢春二十日寿辰，疏忽，今日补送。四时至中原注射。五时阖家往陆太太家赴约，请余等晚餐。饭毕本当回寓，时逢大雨，又防空演习戒严，全市灯光熄灭，断绝行人，奈至十二时抵家即寝。

民国三十一年（1942年）七月八日（壬午年五月二十五日） 星期三 阴 雨

十时起床，饭后小睡；四时阖家至饭店沐浴。余自做主人，请济南来京于松年，伊代约同来者苗会长、张一鸣、章、王、盛姓及王琦十馀人，在余饭店共进西餐。饭后竹戏后改牌九，次日下午一时始散。松年云其父福堂八十五岁寿辰，旧历六月十三日正日在济南举行做寿，托余画寿屏。客去后结算宴客账目，均清。二时抵家。

民国三十一年（1942年）七月九日（壬午年五月二十六日） 星期四 晴

二时抵家午饭。张丽君来索《玉堂春》剧本；王琦来帖，约余阖家今晚七时在伊宅晚饭。小睡。七时阖家赴景韩处，同席日人顾问两位；程希贤、李、赵局长等饭后欲回寓，恰赶防空，禁止行人，灯光全无。候伊解除释放时已十一点矣，始归寓。十二时抵寓即寝。

民国三十一年（1942年）七月十日（壬午年五月二十七日） 星期五 晴

十一时起，午饭。吴逸民结婚，令香往东央楼贺之。数日前余友松寿卿病故，贤良寺开吊，家贫治丧可惨，吊者人寥寥，寿材不佳，满院臭味儿，由寿材内腐烂臭气难闻，不能久坐，即归寓。闻近日来同业人病故甚多，计言菊朋、程继先、弋腔郝振基三位均已作古，均被生活所逼。闻程欠房钱被房东逼死，与报界刘步堂情形相同；报界同仁为刘步堂在长安演戏筹款，伊等撒红票约请梨园男女名伶等捧场消票筹款。但继先死无人提倡，敝行无义。余本当提议，奈无统系，在当局之下不敢多事，人心不齐，提倡反而不美。夜二时寝。

民国三十一年（1942年）七月十一日（壬午年五月二十八日） 星期六 晴

八时起。于松年父福堂八十五岁寿辰，索画，惟恐邮寄不便，份金寿幛寿屏均备齐，面交松年带回以免误事。王东甫丧妻明日周年，在山东登莱胶义园办周年，有帖来。二时至中原注射，在留香饭店沐浴。九时余回留香饭店西餐晚饭，即抵寓久寝。倦极，酣睡一夜，足有八小时。由忌烟以后未如此酣睡休养，感觉精神百倍。

民国三十一年（1942年）七月十二日（壬午年五月二十九日） 星期日 阴晴不定

今日长孙皓生日，亲友来贺，共午饭。早用本饭店菜面，菜不甚新鲜；晚用丰泽园酒席。晚饭后阖家往长安观张丽君演全部《玉堂春》。张家招待甚周，戏毕即归。将入门天降大雨，甚觉凉爽。稍息即寝。

民国三十一年（1942年）七月十三日（壬午年六月初一日） 星期一 阴

十时起午饭。

民国三十一年（1942年）七月十四日（壬午年六月初二日）星期二 阴晴不定 凉爽

十时午饭毕。卖珠宝靳姓来，购得蓝宝石戒指、翠锁片、白玉、玛瑙等物，三百馀元。晚饭后阖家往三庆戏院看徐东明、东霞姊妹演《四郎探母》，顾子言、尹富民等均至余厢闲谈；王景韩命伊马弁送余厢西瓜、汽水等。余小有不适，即先步行归寓，稍息即寝。

民国三十一年（1942年）七月十五日（壬午年六月初三日） 星期三 阴晴不定

早十时起床，周身酸麻，肚中痛疼凝结，同内子即往中原注射；内子治喘症，看病毕回寓。忽然头晕眼花呕泻不止，即小睡。午饭后阖家找少亭同看国会街三号房。天气炎热，似有受暑之气象，实难扎挣，即回寓，电请中原医院董季高来寓疗治，即治，谈病状。余夫妇及长媳、孙皓均受流行感冒传染，上吐下泻，头晕眼花，遍体是汗，身体软弱，实难扎挣。惟余受传染病重，其他人较轻，注射、服药即痊；余病恐在三日之内静加修养，忍痛苦方痊。少贪饮食，自己保重。日夜昏迷不醒，由下午四时泻肚起至夜一时始止，约有一百次之多，五脏均泻净，腹内空空，无再泻之力方安寝；烧冷不均，忽冷忽热，一夜未安。

民国三十一年（1942年）七月十六日（壬午年六月初四日） 星期四 阴晴不定

九时勉强起床，即往中原医院诊疗病症。大夫云泻吐已止，肚内陈食全泻无，冷热未退，注射、服药；皓孙亦往看。十一时抵家，稍息，忽睡忽醒，四肢无力。下午二时渐轻，即起床，院内闲步。少亭来，云今日令香演《能仁寺》，同少山出演广德，劝余在家修养，不必往观。今日初伏，较比五月间天气凉爽。晚饭稍进饮食。大雨倾盆，在院内乘凉。令香赴广德演戏毕，少亭送归寓。饭店来电，蒋福祥、王洁如夙日不和，今日口角，据云王大骂，蒋忍受，不明内情，明晚赴饭店询其是非再为调解。二时始寝。

民国三十一年（1942年）七月十七日（壬午年六月初五日） 星期五 晴

十时起。阖家均染流行感冒之症，上吐下泻，同至中原诊疗。抵家后蒋福祥来，述说与王斗殴理由。依蒋云，饭店宿某督察并带家眷，白吃白喝，饭账房价住数久未结账，洁如停止，蒋惟恐查店是非，蒋照常敷衍，未听洁如之言，故起冲突，述说毕而去。堪舆李姓来，又往白庙胡同复看新造之房，前次往观云该房毛病甚多，因觅房困苦艰难，所看之房均不及此房格规，故再看此房，倘有能住可为，也只好将就，不能过于迷信，偕少亭往观；李回寓云如住有破法，留午饭。东霞来探余病。理发。余用老仆人名尉迟雨波，目有残疾，夙唤瞎玉子，在余处多年，于五月初三日死去，伊伙友帮办埋葬。病状甚惨，据云临危时梅毒发现，周身腐烂，遍体生蛆，亦觉可惨。卖玉宝靳姓来。晚饭毕研究《香菱》唱腔，十一时始寝。

民国三十一年（1942年）七月十八日（壬午年六月初六日） 星期六 晴

九时起床。少亭来，云约余阖家往白庙胡同仍看房，斟酌、留定洋，以免两误。吴镜夫介绍南池子房，定下午往观，观毕两处房再决定。归寓午饭时忽听女仆张姓与男仆文逵吵闹不绝，执物殴打，将文逵手部咬坏，在东院厨下均要持凶动武；余在院内用饭，毫不顾及，经文选劝解始息。余将伊二人申斥，念其多年老仆不肯辞去，女仆自辞活，且自由她。丽君来。晚饭毕接延年会帖，同仁约请汪逢春星期一在泰丰楼为伊补寿。稍息即寝。

民国三十一年（1942年）七月十九日（壬午年六月初七日） 星期日 阴 雨忽下忽止

十时起床，修容。董少卿代留香饭店长年律师彭昌桢约今晚七时在“来今雨轩”请余父子西餐。丽君来，交常少亭代定白庙胡同租房定洋一百元，候伊房完工再正式立约。女仆与文逵口角辞活。接上海李祖夔、舒舍予函，索书画；青岛陈水钟亦有函来，代友索扇面。晚彭在“来今雨轩”约饭，阖家赴约，并在公园闲步，遇朱治黎等立谈彭之约，同席只有董少卿作陪；亚杰、伯驹亦在该处请客，均加周旋。饭毕约彭、董同往长安观张丽君演后部《玉堂春》。其热无比。戏毕抵寓，该时大雨。稍息即寝。

民国三十一年（1942年）七月二十日（壬午年六月初八日） 星期一 晴

九时起，午饭后往饭店沐浴。蒋督办宿余饭店，访谈，面约星期三同和轩教门菜；在本饭店设席，因其人回教。晚至泰丰楼应延年会公请汪逢春，热极。饭毕归寓，三时寝。

民国三十一年（1942年）七月二十一日（壬午年六月初九日） 星期二 晴

早八时往得泉学校赴周小姐之约，晤面同至西四西安门大街素菜馆午饭、闲谈，饭后分手。余至陆太太家杨燕霞、谢小姐闲谈社会人情，少亭亦至，言报界吴逸民接一报稿，云余与李玉茹在某饭店开房间，玉茹素不来往，此稿荒唐，逸民因友谊关系未肯登报，不过卖交情而已。饭后即归寓，时逢大风、暴雨，雷声隆隆，周身衣服着湿，抵寓换衣，稍息寝。

民国三十一年（1942年）七月二十二日（壬午年六月初十日） 星期三 晴

九时起，与令香排演《打樱桃》。李瑞亭来闲谈。午饭后至饭店沐浴。八时各自乘车分手。余至饭店自做主人，请保商、蒋督办、侊大爷、高亚杰、达小云、刘参议、唐秘书等在屋顶晚饭。饭后至长安观令香与马富禄初演《打樱桃》，大轴金少山、吴素秋合演《霸王别姬》，观毕回寓。常、李二亭同来，计划整顿饭店流弊。因饭店人首领、茶房均打成一气，结拜弟兄，互相吃私舞弊，大有坑东灭伙之思想。谈至天明，早九时始寝。

民国三十一年（1942年）七月二十三日（壬午年六月十一日） 星期四 微雨

正午起，饭后常少亭介绍赵绮霞[1]为令香学《霸王别姬》《巴骆和》；李瑞亭来，云由小云处来访，云小云不适，虚火上升，面目膨肿。五时往饭店。赴泰丰楼延年会公请赵仲熙之局，为其补寿。

民国三十一年（1942年）七月二十四日（壬午年六月十二日） 星期五 晴

正午起。赵绮霞来寓，与令香正式说《霸王别姬》；张丽君排演《红娘》。午饭毕始到留香饭店料理一切，即催清算前柜房外欠账目，由开幕以来至今未清，限月底结

1 京剧旦角演员，曾为雪艳琴等名旦攒戏，后长期担任教师。言慧珠、吴素秋、梁小鸾、荀令莱以及孙毓敏、李翔、吴纪敏、岳慧玲、李宇秀、李世英等均为其学生。

算；因店内黑幕复杂，清账后也好整顿店规。二时乘饭店门首车归寓。在路上车夫闲谈，云饭店内合茶房、首领等时常聚赌招待，在中央各饭店均有外遇，实不成体统，接待包娼，在本饭店大做生意，“正大”被官场查封就为招娼聚赌，余看此举恐有危险。抵家寝。

民国三十一年（1942年）七月二十五日（壬午年六月十三日） 星期六 晴

正午起，饭后偕内子往新罗天（即劝业场旧址）观杂耍；又往留香饭店，自做主人，约请统税局同仁等西餐，饭后至屋顶乘凉。亚杰、达三、侊大爷等公请蒋督办，共茶点，闲谈。阖家亦至。夜一时抵家即寝。

民国三十一年（1942年）七月二十六日（壬午年六月十四日） 星期日 雨

早九时往顾子言家，伊介绍厨役，定明日上工。一时丽君来；童芷苓由奉天来京至余处。八时余往泰丰楼公请韩佐廷补寿。饭毕抵寓，阖家至长安戏院观丽君演余亲授《红娘》新剧。观毕归寓，稍息即寝。

民国三十一年（1942年）七月二十七日（壬午年六月十五日）星期一 日夜大雨

饭后小睡，晚饭毕至中原注射；又至大光明看电影，因雨停演，往留香饭店小坐，与明忱计划清理内容。抵家即寝。

民国三十一年（1942年）七月二十八日（壬午年六月十六日） 星期二 晴

十一时起。昨日天气甚凉，夜间寝时须盖棉被；今日凉爽。午饭毕带令文至饭店沐浴。晚十二时内子不适，即延董季高诊治。三时始寝。

民国三十一年（1942年）七月二十九日（壬午年六月十七日） 星期三 阴雨

二时午饭，研究《香菱》唱腔，竟日无事，十一时寝。

民国三十一年（1942年）七月三十日（壬午年六月十八日） 星期四 阴雨

七时起床，往留香饭店偷查，职务人员均偷懒、不任职，做事偷闲懒惰，不成体统；将账目算清后再整顿店规，并未发言，恐露痕迹，与店不利。往中原注射，归寓午饭，三时阖家赴半壁街陆太太之约。同玉芙、燕霞及秦通理、监督之儿媳竹戏，二时抵寓。大雨。三时始寝。

民国三十一年（1942年）七月三十一日（壬午年六月十九日） 星期五 阴

十一时起午饭。二内兄彩云来。五时带令香往饭店，结束前账房账目；此账归刘福元、赵孟宣二人担任，由启明银号赵润芝介绍，赵孟宣系润芝之孙刘明忱介绍。由开幕以来至今结清，亏一百馀元；阖店人员均有借贷，外欠七千馀元。经接待夏耀民、王杰如、张仲扬三人签字担负；账房刘、赵亦有流弊；阖店人均长支短欠与账目不合，大有侵占坑东灭伙之意；此人等存心不良，所谓混账已极，所作所为笔墨实难形容；嘱内总账房，外账不清不能接受，命伊等催还账目；如再抵赖敷衍，法律解决，绝不宽容。无规矩不成方圆，小人难养也。

民国三十一年（1942年）八月一日（壬午年六月二十日） 星期六 晴

昨日在王太太家与周小姐及友人竹戏，至今早九时始散……电召令香复看四十四号房，地点偏僻，房屋宽阔，局式不俗。观毕抵家午饭。彦衡约余夫妇往伊宅叶子戏抽头还债。王连五寿辰，同仁星期一在福寿堂公请补寿。七时余夫妇至彦衡家博戏，赌友均不相识，多半猩赌吃人，共负五百元。归寓即寝。今日令香有戏，演《得意缘》。

民国三十一年（1942年）八月二日（壬午年六月二十一日） 星期日 阴

午饭后命内子带儿辈们及风水李姓、少亭等往西皇城根看四十四号房，因地点偏僻，房价贵，未租，返寓后言之此房不吉利，作罢。该时大雨，两天两夜未止。晚饭后明忱来电，在袁署长华汉家叶子戏，因高太太、王增瑞数月前高在家聚赌，十馀人被捕，华汉所辖之地未深究，罚款即放出，高等故在伊家博戏，抽头补情之意，约余加入，即往，约十馀人，余负千元，夜四时冒雨归寓，抵寓即寝。补记：昨令香与少山出演三庆，初演《得意缘》。

民国三十一年（1942年）八月三日（壬午年六月二十二日） 星期一 雨仍未止

十一时起，午饭毕往饭店沐浴，五时至东方饭店同友欢畅叙情，|一时始分手，在同顺居便饭，抵寓即寝。

民国三十一年（1942年）八月四日（壬午年六月二十三日） 星期二 晴

九时起。女仆张姓来时就有肺病，至今未痊，日渐其瘦，骨瘦如柴，可怕，赠伊五十馀元回家养病，病好时再来，叩头致谢。见其情令人落泪，不幸之兆，可惨可怜，无可奈何，恐女仆在余处病故，伊亲友来讹诈反而不美。伊去后午饭。今日彦衡生辰，备礼志贺。童芷苓来寓，报告赴满洲国演戏成绩。晚带令香至留香饭店，结清前账房账目，外欠手续命接待夏耀民、张仲扬值班照料店务；派王杰如催讨外欠。二时抵家即寝。

民国三十一年（1942年）八月五日（壬午年六月二十四日） 星期三 晴

九时起，饭后东霞由津来寓，索去《贩马记》总讲；童芷苓亦来；广播电台傅惜华亲带聘书约请余任指判，因该电台十六号约请北京纯粹票友，生、旦各选十位，在电台放送，是日赠余无线电机一架，该电机专员送来，当时放送票界，请余细听批评。青衣、旦角各放三段，十人放送共三十段，两小时之久；老生十人亦如此放法，故请北京各名角作评判员，由内行批评作标准，再由电台选择三名，均有赏格。前三名得银盾银杯，送代价五百元；后七名亦有奖赏，不宣布名姓，惟恐舞弊标榜；发表后再宣布姓名。该电台为宣传发扬国剧，故请京市各名角公正评判，对于此举非常庄重认真。星期二三有请帖来，约各角聚会。晚春华楼谢姓电约晚餐，并未有请帖，突忽其来，潮流之下不得不敷衍，即赴约。同席有赵七，皆是熟人，知姓不知名；石天觉，谈话饮酒，石、赵大饮绍酒，均有醉意，余辞谢而出，往中原注射；内子、长媳亦至该院诊病；同往三庆戏院观少山《青风寨》、令香《六月雪》。奇热，观剧头晕，戏未完毕余夫妇归寓，乘凉，三时始寝。

民国三十一年（1942年）八月六日（壬午年六月二十五日） 星期四 晴

九时起，午饭后至中原与周小姐晤面，同往京华春小坐，又至东安市场内东来顺晚饭，在东方饭店小睡，至芮克观顾兰君映荡妇影名，其情女人骗阔人钱，贴情人手腕，笼络用钱，奢侈挥霍，结果只落得要饭。此剧中情形也。观毕分手，抵家即寝。

民国三十一年（1942年）八月七日（壬午年六月二十六日）星期五 晴阴不定 燥热

正午起。赵德钰来，云因歇夏未搭班演唱，当卖俱无，现受满洲国聘约，向余借贷百馀元，赎行头外出演唱。三时往饭店沐浴。阿莉约余，因今日日人宪兵队队长约余晚饭，定饭后九时晤面。日人之约均在梨园公益会集齐，候伊派汽车来接；有谭富英、马连良、李万春、赵砚奎、坤伶吴素秋、李砚秀、赵曼云、李玉茹等，七时汽车来接，同赴东城崇文门单牌楼扇家酒楼。宴会规模宏大，日菜、召妓侑酒、歌舞畅饮、歌妓陪欢，恭敬之意日人礼貌，周旋尊敬；据云该酒馆在京称为高尚独一无敌。内子带儿辈至开明观梁韵芳演剧。素秋、盛兰、盛章、万春、德成、盛春、金鸿在长安合作，演全部《大名府》《贪欢报》；加演大鼓、杂耍等。在一点以后止戏。内子归，即寝。

民国三十一年（1942年）八月八日（壬午年六月二十七日） 星期六 晴阴不定

十一时起。今日一点至两点立秋节。通体酸痛，精神疲倦不振，饭后复睡。少亭偕海上友人卢继影及其友来寓访。余小有不适，未起床亦未晤。五时始起身，阖家往新新观王铁瑛、徐和才、张金樑、李金泉、罗萍新拍之《孔雀东南飞》，昨日开始初映。入门时遇王玉蓉闲谈该片发音甚坏，比演剧精彩大减。售票不到百人。阖家在台下阖盹，醒时即归。暴雨雷闪，该院台下均是水，臭气难闻，只得冒雨归寓，稍息即寝。

民国三十一年（1942年）八月九日（壬午年六月二十八日） 星期日 晴

十时起床，两儿未起，余气忿，起床后训之。午饭毕德钰来借贷，送洋五十元。带令香至远东饭店访卢继影，未晤；往留香饭店。马治中由海上至饭店，接洽秋后黄金演戏事；张绍宸由济南来，邀余至北洋戏院出演，均未定局。夜一时即寝。

民国三十一年（1942年）八月十日（壬午年六月二十九日） 星期一 晴 热极

秋后较伏日更热。十时起床。梨园公会有帖来，在西来顺晚餐；接广播电台帖，约明日丰泽园晚饭。昨路遇郝锦川代友人索扇面。六时赴西来顺，据云为梨园义地演义务筹款，诸角均至，共七桌。余与筱翠花、赵砚奎等同席赛酒，啤、黄、烧酒三样，饮之由鼻内炝出，危险已极。余志想忌酒，免老年受苦。夜一时返寓即寝。

民国三十一年（1942年）八月十一日（壬午年六月三十日） 星期二 晴 热极

六时半起床，午饭后玉才来吊嗓。晚倾盆大雨，冒雨至丰泽园应广播电台之约，入席时演说票友比赛大会，内容恭维来宾指导评证。十一时抵寓即寝。

民国三十一年（1942年）八月十二日（壬午年七月初一日） 星期三 阴晴不定

十时起。卢继影来帖，约星期四泰丰楼晚饭；留香饭店李司令请余数次访伊，因李由南方来，不熟识，况且被宪兵监视，故未访；李住月馀未付房金，措辞怪余未访，可笑。午饭后至饭店沐浴。回寓。徐碧云出演广德楼，演《虞小翠》新剧，阖家往观；候伊等归寓，稍息就寝。

民国三十一年（1942年）八月十三日（壬午年七月初二日）星期四 阴 雨忽下忽止

七时起。午饭后小睡，晚赴泰丰楼卢继影、张镜寿、陈椿龄饭局。男女名伶到者甚多；头目、管事人等若干，共五桌；此局为联络同行。伊在上海开办皇后大戏院，为将来轮流邀角演唱之意。饭毕步至东方，同易阿莉畅谈，十二时各自抵家，即寝。

民国三十一年（1942年）八月十四日（壬午年七月初三日） 星期五 忽阴忽晴

正午起，饭后吊嗓。二区张署员电约五时在留香饭店晤面，有要事相商；内子约请诸友在寓博戏。四时赴饭店，张署员来店，云白庙胡同租房交钱否？如手续未定，伊代黄科长代租，恳让者一切损失定洋均归黄担任。余已将租房办理完备，定九月一日交租，先交三个月房钱，双方均有罚约。张只好回复黄科长。饭后带令香夫妇往新新看电影，剧名一字名《魂》，剧情老头，少妾与其车夫有情、有女，虐待前妻之兄妹，将前妻之女害死并将丈夫气死，冤魂不散。妾与其车夫成为夫妇，银钱骗净，将伊母女轰出，大略；亦还紧凑。观毕归寓即寝。

民国三十一年（1942年）八月十五日（壬午年七月初四日） 星期六 晴

十一时起，午饭毕与玉才吊嗓。忽患痔疮病，痛苦难忍，即往中原诊治。往南所胡同彭科长家应华英之约，同席关、廖科长、吴宁靖、袁华汉、董兆斌、范丽水等，谈笑甚畅。痔疮病痛苦尤甚，仍至中原医院诊治，抵家。今日票友老生比赛，选举共十人，每人三段，固定《宝莲灯》《武家坡》随意，限其所长，在广播电台放送，十二时止，即寝。

民国三十一年（1942年）八月十六日（壬午年七月初五日） 星期日 晴

十一时起，往中原看病，归寓午饭。约请陆太太、杨小姐、燕霞在寓晚饭。陆太太、杨燕霞来寓，因余卖房，不久就要搬出，故来看房子建筑。杨与竹戏，托余觅牌友，临时电约彭华英夫妇及其友倪姓来寓共饭、竹戏。十时半广播电台高聘卿来，因今夜该时放送青衣组票友清唱比赛大会，故电派高姓来寓周旋。明是周旋，暗为监视，惟恐余搪塞。即命内子代竹戏，余命令香在旁代为记载清唱号头、赏罚分数，由十时半至十二时二十分。票友十人固定节目《宝莲灯》《武家坡》，随意再唱一段；每人三段，播送完毕即止，均无大毛病，有一二者可望得奖，未详细记号头。一时始散，加入竹戏，至次早八时始散，饭后即寝。

民国三十一年（1942年）八月十七日（壬午年七月初六日） 星期一 晴

下午二时起，至中原医院看痔疮，五时抵寓，晚饭后始寝。

民国三十一年（1942年）八月十八日（壬午年七月初七日） 星期二 晴

今日七月初七日，余每年在伏日歇夏，该日出演，数年以来旧例，今日七日在长安出演双剧；前唱《还珠吟》，大轴反串《天河配》，小生饰牛郎，令香表演织女。同玉才研究唱腔。蒋督办帖约同益番菜馆晚饭，恐时间与演戏冲突，亲至饭店面辞谢，即赴长安化装，九时半《还珠吟》登台；十一时反串牛郎演《天河配》，父子合演正戏后阖家归寓。常少亭与李绍亭不和，小有反目口角，大犯牢骚。李为人性情乖张，将饭店职务及戏园办事均已辞退，谈止。三时始散，寝。

《还珠吟》荀慧生饰乌玉英

民国三十一年（1942年）八月十九日（壬午年七月初八日） 星期三 晴

十时起，午饭后石板房三条王太太电约下午三时往京畿道看房；余阖家又至白庙胡同，欲布置装修，不日迁移。三时由白庙胡同赴王太太之约。将入门王太太、周小姐迎出。王云伊先生及其婆婆昨晚由津来平。未入门同步至西华门看房，又至西单商场内伍强咖啡馆点心，仍回白庙胡同空房内闲谈，至对门玉壶春晚饭、闲步，十二时分手，抵家。内子带令香夫妇往广德楼看徐碧云《前世玉堂春》后归寓即寝。

民国三十一年（1942年）八月二十日（壬午年七月初九日） 星期四 晴

九时起，步至中原看病，午饭后与玉才研究《香菱》唱腔，定约徐碧云昆仲及其家属今晚在留香饭店西餐。卢继影、张镜寿、陈椿龄、刘华堂亦有帖，约在明日饭店晚餐。六时至陆太太家，伊阖家往新新看电影，余去寻找，与其女晤面，谈话不便，往饭店，阖家均至；徐碧云昆仲、家属均来赴约，谈笑甚畅。碧云虽在外数年，困苦艰难皆经过，但仍儿童习气未退，毫无长进，经验、阅历、人情、旧习未改，所谓秉性难移。饭毕即归寓，就寝。

民国三十一年（1942年）八月二十一日（壬午年七月初十日） 星期五 晴热

九时起。下午与玉才说《香菱》唱腔，并往饭店自做主人，约请继影、兆斌、华堂、椿龄晚餐。饭后阖家沐浴，十二时抵家，即寝。

民国三十一年（1942年）八月二十二日（壬午年七月十一日） 星期六 阴

九时起，往中原看病，归寓同玉才、深泉、玉竹说戏。广播电台送来票友清唱比赛大会，选青衣组前五名，均是女性，即赵学芳、张岚、张海澜、穆淑英、时结绿；老生组男马雄，女黄邦序，女解宗葵前三名。云选本是游戏，发表与评判不合选择，号头不明了。二时召留香社人来排戏；又至陆太太家，杨燕霞先至，共晚饭。饭后余阖家在广德楼观徐碧云演《蝴蝶杯》，徐妻串剧中卢凤英，伊名碧云霞，相久登台之态。陆太太、燕霞亦往观。戏未终场面已止，戏台下大哄，倒彩连天，笑声不止。阖家归寓，即寝。

民国三十一年（1942年）八月二十三日（壬午年七月十二日） 星期日 阴晴不定

十时起床，同玉才、深泉说唱腔。饭后往长椿寺吊祭已故李达三，稍坐即归寓。高亚杰数日前云伊妻侄女欲学戏，要拜余为师，定今日同来。四时亚杰夫妇及其侄女母女亲带礼物同来，当时即行拜师礼，云日后再举行宴客，正式拜师。闻其女系赵小楼之女，亦是梨园行赵广义之孙女，名赵艳侠，均是同业人，谈至六时始散。该时微雨，忽下忽止。饭毕阖家往长安戏院，演全部《香菱》，演毕即归。同少亭闲谈至天明始散，即寝。

民国三十一年（1942年）八月二十四日（壬午年七月十三日） 星期一 雨

十二时起，往彭华英家，带杨燕霞约饭并竹戏，定明日下午五时在杨宅小聚，代约者倪姓、吕汉云；又至陆太太家小坐，并至燕霞家告伊请客事，归寓。李世五（名金昌）其妻林静秋生子弥月，约明日在伊宅宴客。阖家往新新看话剧，情节大略：被金钱生活压迫。观毕抵寓，即寝。

民国三十一年（1942年）八月二十五日（壬午年七月十四日） 星期二 阴 风冷

九时起，赴中原诊病，抵寓同玉才吊嗓，午饭。令香往复昌处办理河北省银行借款事，因河北省银行催促还债，已托复昌转期；伊为人马虎搪塞，已过期三月，河北省银行来函通知，限十日内还债，如不然将房契抵押转拍卖，所以令香往复昌处商洽，向他处银行通融及赎房契暂缓之计。三时阖家到李世五宅，贺其得子弥月志喜。该时大雨，余小坐，又往燕霞家，代伊请亚东、倪、吕两姓、华英在杨宅竹戏，均至，夜五时始散即归寓，即寝。

民国三十一年（1942年）八月二十六日（壬午年七月十五日） 星期三 晴

正午起，午饭毕东霞来电，云驴驹胡同有房，约余往看。东霞将入门，来电云该房已出租，此事作罢。佩华、和才、斌仙、连孝、志越等来说戏。令香夫妇往北海梁姓约饭。晚饭后余夫妇带次子往长安观吴素秋等演合作《大名府》至《贪欢报》止；“妓院”一幕有大鼓书、河南坠子，亦觉热闹。今日七月十五日，街市莲花灯热闹非常。戏毕即归就寝。

民国三十一年（1942年）八月二十七日（壬午年七月十六日） 星期四 晴

正午起吊嗓，午饭后小睡，四时起。河北银行欠款复昌已转借代还，命令香办理手续，房契仍在外作押，钱数两万五千元，未动利息，算清转押大中银行两万元，将西河沿抽出，只用陕西巷一处房契作押。晚饭后至三庆戏院演《双妻鉴》。戏毕即归就寝。

民国三十一年（1942年）八月二十八日（壬午年七月十七日） 星期五 晴

十时起床，带令香往白庙胡同布置空房，并往对门乐社参观新建筑楼房。二时归寓午饭。周小姐电约余石板房三条王宅晤面、闲谈，同往侬香园晚饭，饭毕步送归寓，余亦抵家，即寝。

民国三十一年（1942年）八月二十九日（壬午年七月十八日） 星期六 晴

正午起，观《立言画刊》，徐凌霄登伊次子媳系喜彩莲之胞妹，凌霄大捧喜彩莲，骂二簧不登大雅之堂，评戏、落子如何雅法、如何之妙，夸赞不已。所谓报混，人格之下流，记者，妓也。陆太太来电未接。今日梨园公会筹款义务戏开始，世来、世芳、令香等今晚在长安合作；次日余与小云、翠花、毓塑等合作；三日砚秋、富英等合作。至白庙胡同空房指挥修改房间，又往陆太太家，伊未在家，其次女巧云招待甚周，畅谈；并往西来顺晚饭，至长安观梨园公会义务戏，令香演《十三妹》；盛藻、世来《打渔杀家》；连良、盛兰、富禄《胭脂褶》登台。余先抵寓，阖家后至，稍息寝。

民国三十一年（1942年）八月三十日（壬午年七月十九日） 星期日 晴

正午起，午饭。陆太太来电，杨燕霞星期四出演三庆，托余代为销票。晚赴长安戏院，与盛兰、小云、翠花合演《得意缘》梨园会义务戏；令香在开明与少山、素秋合作演《十三妹》。戏毕抵家即寝。

民国三十一年（1942年）八月三十一日（壬午年七月二十日） 星期一 晴

十时起。内子不适，延董季高诊病。下午往石板房三条王宅与周小姐晤面，周六小姐亦至。周与王太太诙谐过重，王太太疑心轻视伊，大不满意，余婉言。出门往陆太太家，杨燕霞星期四登台，交余戏票代销。晚饭毕王太太回忆，惟恐反目，约在丁字街依香园，约余及周氏姊妹共饭，赴约；余做主人，解释误会。饭毕仍至王宅小坐，送周氏姊妹归寓，路过四牌楼咖啡馆，点心。该馆院内宽阔，大有乡村气象，甚雅。二时抵家即寝。

民国三十一年（1942年）九月一日（壬午年七月二十一日） 星期二 阴晴不定

正午起。内子延董季高诊病。上海黄金戏院孙兰亭[1]来函，云不日来京，面洽余明春南下。雷少臣带伊友来看房，知余住房已买，郭姓云建筑宏大，故来参观，不知是何用意。令香教英文之师美以美会安牧师来辞行，明日日人保护送回国，留饭。此美国人由二十馀岁在中国传教，今85岁，身体甚康健，饭毕去后，稍息就寝。

1 京剧演员，工丑行，曾任上海中国大戏院经理。

民国三十一年（1942年）九月二日（壬午年七月二十二日） 星期三 阴晴不定

早八时赴西单菜场。午饭毕往留香饭店沐浴，又到陆太太家与其女陆瘦菊化装、包头，彩排《女起解》；又与杨燕霞说身段。晚饭后乘凉、闲谈，夜一时归寓即寝。

民国三十一年（1942年）九月三日（壬午年七月二十三日） 星期四 阴晴不定

十一时起午饭。李缉之索《奇双会》全本。二时至中原诊病，六时余至留香饭店，同少亭、明忱共饭；步至三庆观陆太太三女瘦菊初次登台演唱《女起解》；阖家亦至。大轴杨燕霞演《红鬃烈马》。戏毕即归，就寝。

民国三十一年（1942年）九月四日（壬午年七月二十四日） 星期五 阴

正午起午饭。少亭电约今日在安儿胡同食烤牛肉；余阖家外约董兆斌，定约在三时。东霞来说《贩马记》，三时东霞约余阖家至新新看电影。四时半至常少亭家，董兆斌、姜明忱先至，内子带儿辈们亦来，同至安儿胡同口外烤肉宛晚餐，少亭做东。饭毕余至二亩园，仍同周晤面，点心。该时微雨。同往长安戏院观章遏云演《四郎探母》；令香夫妇同富华亦往观。观毕抵寓。令香购来游艺画刊，登余饭店出售并有人递价四十万元，骂余破产之意；另有文章登荀宅伙计难当之，余夙习欢喜人称二爷，余子要称少爷、少奶奶。此报可笑，其意骂余不知怎样称呼呢。观此稿，伊挑剔大约未用过仆人，余本性夙不敷衍，报界本仇人甚多，沙游天、吴了红、徐凌霄等等，均想敲竹杠。伊等办书办报向余来函，要求帮忙，先索洋八百元，并托代销；屡次来函，要求未答。天津《游艺画刊》及《庸报》尤甚，骂余时常消息不确，荒唐，所谓小人之举。二时始寝。

民国三十一年（1942年）九月五日（壬午年七月二十五日） 星期六 阴雨忽下忽止

正午起，饭后命令香至董少卿家，与留香饭店聘请长年顾问。彭昌桢商洽登留香饭店报载出售谣言，与《游艺画刊》去函更正，及日后有骂余侮辱流言登报启示保障，如再有侮辱余名义等情，即用法律解决。下午四时偕少亭、令香至饭店沐浴，晚饭后即寝。

民国三十一年（1942年）九月六日（壬午年七月二十六日） 星期日 雨忽下忽止

七时起床，理发、修容。倪培鑫来，云西单皮库胡同有空地、破房二十馀间，约余往观，带令香往去。只有一亩馀地，房坍塌倒坏不堪，索洋六万元，不值，未谈。到白庙胡同觅油匠，油饰见新，修理已有眉目，欲节后迁移。归寓酣睡，六时起身，饭后至长安戏院。该时天降大雨。《红娘》九时半登台，局令提前半小时，娱乐场十一时半止，戏毕即归。老爷子因余不常出外，大犯财迷，劝余出外，小有口角。四时寝。

民国三十一年（1942年）九月七日（壬午年七月二十七日） 星期一 晴

九时起，午饭后约陆太太阖家往新新观电影，新新映影名《小妇人》；观毕欲再往中央观《生离死别》。董兆斌来帖，约星期三丰泽园晚餐。

民国三十一年（1942年）九月八日（壬午年七月二十八日） 星期二 晴

九时起吊嗓，午饭。陆太太电约晚饭，并云身体不适，即到伊家探病，仲仁亦到，闲谈，同往燕霞家食螃蟹。饭后同秦通理子媳、严太太、杨燕霞竹戏，至夜四时始散，抵寓就寝。

民国三十一年（1942年）九月九日（壬午年七月二十九日） 星期三 晴

正午起，召木匠修理家具，午饭后小睡。起身后先赴丰泽园董兆斌之约，有百馀人，未入席。晚赴长安观程砚秋《金锁记》。一时半抵家，即寝。

民国三十一年（1942年）九月十日（壬午年八月初一日） 星期四 晴

正午起，饭后小睡。今日正式移居，余抱百子瓶，令香、令文各抱小瓶，长媳抱长孙，同往白庙胡同，取其子孙平安之意。因今日吉日，阖家仍在旧房居住，节后择日移住新居。白庙新

荀慧生夫妇和父亲、长子令香夫妇、长孙荀皓四代同堂

房由九月一日起租约，在十月前后阖家移居。归寓晚饭，稍息即寝。

民国三十一年（1942年）九月十一日（壬午年八月初二日） 星期五 晴

九时起，至中原诊病，归寓午饭，电约郭盛三来寓，节前移居，托其向新业主郭良说明交房事，催腾房价两万四千元交来，腾房一切手续均办理清楚，以免两误。盛三即至，明日向新业主相说。三时客散。广播电台来函，约余明日观票友比赛，在长安出演《宝莲灯》《武家坡》，送来十八号厢票，并约请明早十二时在颐和园景福阁聚餐，京中各角为欢宴日本梨园演员，名尾上菊五郎，在日本最出名演员。三时始寝。

民国三十一年（1942年）九月十二日（壬午年八月初三日） 星期六 晴

十时起，广播电台促余在广播协会聚齐，即往。计有奚啸伯、金少山、张君秋、赵砚奎、东明、东霞姊妹、言慧珠、张文娟等，其外均是广播协会人员。十二时出发，直入颐和园，在景福阁候日人演员。俄时尾上菊五郎夫妇带领随从亦到，茶点闲谈，二时入席；由电台主要日人先演说，尾上菊五郎亦演说，谦恭之意；陈姓代翻译国语，举杯欢宴，并有日人新闻记者照相、祝词。余阖家亦去游逛，饭毕。余六时在单牌楼下车，至白庙胡同看新房。新业主郭良带领郭盛三、花园饭店杨姓来看余住房，促余节前腾房，未晤。七时内子等归寓晚饭，阖家往长安戏院观票友比赛演戏，大轴《宝莲灯》尚佳，老生中选第三名解宗葵饰刘彦昌；青衣中选第一名丁至云饰王桂英。压轴《武家坡》，老生中选第二名黄邦序饰薛平贵，有倒彩；青衣中选第二名张岚饰王宝钏，扮相太苦，均不佳。观毕阖家归寓，稍息就寝。

民国三十一年（1942年）九月十三日（壬午年八月初四日） 星期日 晴

正午起，饭后小睡，晚至长安戏院演《丹青引》，九时半登台，戏毕归寓与内子闲谈家务，天明始寝。

民国三十一年（1942年）九月十四日（壬午年八月初五日） 星期一 晴

正午起，午饭。郭盛三电约令香至伊宅商洽移居事。新业主郭良催促腾房，花园饭店杨姓代表，令香、少亭代表余往接洽。晚余在虎坊桥大街羊肉馆便饭，又至长安戏院看刘迎秋《牧羊山》。砚秋得意高足，有票约余阖家捧场。举动、唱、念模仿得稍有相似。观毕回寓即寝。

民国三十一年（1942年）九月十五日（壬午年八月初六日） 星期二 晴

十时起。命令香整理物件，准备节前移居。今日在本宅约请陆太太、严太太、杨燕霞、彭华英、董兆斌、倪姓等晚饭、竹戏。十一时赴中原看病，正午归寓，饭后小睡。兆斌来寓，促余起床，所约之友陆续而来。晚饭后大雨倾盆。留寓竹戏，至次早九时始散。兆斌负千馀元，余负七百元，严太太大胜，赢千馀元。客去午饭。

民国三十一年（1942年）九月十六日（壬午年八月初七日） 星期三 阴晴不定

立彤、宝荣来整理物件。饭后小睡。少亭、董兆斌定今日在正阳楼请余阖家及伊阖家吃螃蟹、涮羊肉。因赌博熬夜主人马虎未去，余等在家晚饭，稍息即寝。

民国三十一年（1942年）九月十七日（壬午年八月初八日） 星期四 晴

正午起，带令香至白庙胡同新房处看工程，已齐备。少亭亦至该房，下午二时归寓午饭。郭良太太带其妹来寓，云明日将西院腾空，其妹带其子女住宿该院。伊去后晚饭，至三庆戏院演《代夫媒》，戏毕即归，天明寝。

民国三十一年（1942年）九月十八日（壬午年八月初九日） 星期五 晴

今天正式移居搬家，脚行八时来寓，即起床监视搬运，竟日无事，晚饭后稍息即寝。

民国三十一年（1942年）九月十九日（壬午年八月初十日） 星期六 晴

早八时起，午饭后至中原医院看病。晚饭后即寝。

民国三十一年（1942年）九月二十日（壬午年八月十一日） 星期日 晴

正午起，理发，午饭后小睡，晚至长安戏院演《鱼藻宫》，戏毕即返寓晚饭，三时始寝。

民国三十一年（1942年）九月二十一日（壬午年八月十二日） 星期一 晴

八时起。郭良之夫人同其姊妹及花园饭店杨经理往去接房，托少亭办理手续，前欠房价两万四千元付清。电灯、自来水、建设装潢共折两千元，伊方只付一千八百元。郭良为人刻薄，搭去二百元，依势压人，小人之举，可恶可笑；中保人狐假虎威，狗仗人势，不讲公理，所谓狗眼看人低，余只好百依百随，免生是非，只求顺利，任其胡为。下午三时迁移白庙胡同二十二号新房，同令香布置；宝荣、立彤及饭店茶役等连日帮忙。至夜三时始寝。

民国三十一年（1942年）九月二十二日（壬午年八月十三日） 星期二 晴

八时起，仍布置房间、清理物件。诸亲友送礼贺房。晚饭毕至中原看病。姜明忱由津来京，计划留香饭店改善事。夜三时大雨，召仆人起床移院内物件，免被淋着。天明始寝。

民国三十一年（1942年）九月二十三日（壬午年八月十四日） 星期三 晴

八时起，仍布置房间。周五小姐、王太太合送茶具一份，东霞亲带礼物来寓。韩家潭房今日手续办清，应交七千元，现只交六千六百元，由少亭手办理完峻。该房已转卖，彼方赚洋四千馀元，反而罚余四百元，余流年运气不佳，百事不顺利，忍为高。至中原看病，归寓晚饭，夜三时始寝。

民国三十一年（1942年）九月二十四日（壬午年八月十五日） 星期四 晴

今日中秋节，街市繁华。正午起，至中原看病，归寓午饭，仍布置房间。诸亲友陆续来贺。晚至三庆戏院演《埋香幻》，戏毕归寓，稍息即寝。

民国三十一年（1942年）九月二十五日（壬午年八月十六日） 星期五 晴

下午一时起，清理物件。彭华英约晚饭，同席十馀人，饭毕竹戏，二时抵寓即寝。

民国三十一年（1942年）九月二十六日（壬午年八月十七日） 星期六 晴 风

正午起，修容、午饭。蔡端如兄璞如病故，命人送礼。彭华英、雷少臣及赵女弟子来贺新房。往中原看病，归寓晚饭。郭盛三、王翻译来寓闲谈，一时客散去即寝。

民国三十一年（1942年）九月二十七日（壬午年八月十八日） 星期日 晴

九时起，亲家太太来接令香夫妇归宁。下午四时电约周五小姐二亩园晤面闲谈，八时归寓。陈受之夫人来贺房。晚饭后至长安戏院演《红楼二尤》。徐和才随李砚秀赴汉口。由上星期四《埋香幻》起小生戏，童寿苓代演，较比和才活泼。戏毕归寓即寝。

民国三十一年（1942年）九月二十八日（壬午年八月十九日） 星期一 晴

早九时赴中原看病，归寓午饭。庆署员来寓闲谈。少亭、令香由留香饭店来与明忱晤面。明忱云河南被服厂充事兼差，双方不舍，明日来寓与余商洽。晚饭后即寝。

民国三十一年（1942年）九月二十九日（壬午年八月二十日） 星期二 晴

九时起午饭。杨燕霞送来星期四三庆戏院厢票五张，请余代销。郭盛三来，代表明忱谈饭店公事，明忱其意兼差外出增加车马费才感觉满意。

民国三十一年（1942年）九月三十日（壬午年八月二十一日） 星期三 晴

九时起，至中原看病，归寓午饭。明忱、盛三来寓。明忱伊已应允河南赵军长担任被服厂长，告假一月前去；安置饭店之事，明忱至友代理，谅不误事。余觉不妥，伊方不过之乎者也敷衍而已，双方物色人才再为定局。六时至陆太太家，留晚饭。余为家务向陆大发牢骚。在搬家之时尚未清理，亲家接长媳归宁；况长媳有二子全然不顾一切，非治家之道也；令香纵妻任性，浪费银钱，均是可气之处。十二时抵家即寝。

民国三十一年（1942年）十月一日（壬午年八月二十二日） 星期四 晴

八时起，至陆宅为内子购鸦片，陆外出，其女巧云招待，稍坐；往中原看病，归寓。女仆张麻子数月前辞活，今托陈受之夫人及孟大小姐、张庭栋之妻，托其三人说项，仍回旧主，专心服务做事，情不可却，允之。仆人难养，稍有积蓄就要辞活，将去两月之久，又来求事，可怜可恶。杨燕霞出演三庆戏院。为陆太太三女化装，阖家往观捧场，演《鸿鸾禧》，观毕往正阳楼晚饭；又返三庆。燕霞演双出。并至饭店小坐，归寓即寝。

民国三十一年（1942年）十月二日（壬午年八月二十三日） 星期五 阴

九时起，往中原看病，抵寓午饭。陆太太约余阖家在伊宅晚饭。路遇许阶臣，立谈。赴陆之约，饭后同往长安看童芷苓演《红娘》，观毕至府右街闲步，购水果。归寓即寝。

民国三十一年（1942年）十月三日（壬午年八月二十四日） 星期六 阴雨

早十时起外出，晚十一时抵家，稍息即寝。

民国三十一年（1942年）十月四日（壬午年八月二十五日） 星期日 晴

九时令香夫妇促余起床，云伊岳母今日五旬正寿，伊夫妇备礼出城，往地坛疯人院其岳母贺寿。少亭来，云姜明忱已辞却留香饭店招待；张仲扬、王洁如以及茶房大小褂等四人正式整顿，并训话说内幕黑暗，从今起焕然一新，振作精神，改变方针，认真做事，恶习不改者仍被辞。童寿苓来说戏。晚赴长安戏院演《勘玉钏》。戏毕马治中至后台，同归寓，谈上海情形，共点心。三时客散寝。

民国三十一年（1942年）十月五日（壬午年八月二十六日） 星期一 晴

十时起，沐浴，饭后往金鱼胡同吉世安家探病，与吉世安晤面，伊得伤寒病症已痊愈。至留香饭店，同少亭、令香、星伯计划整顿饭店事。余至西来顺晚饭，又至白庙横巷西口闲步，十一时归寓即寝。

民国三十一年（1942年）十月六日（壬午年八月二十七日） 星期二 阴晴不定

九时起，迁移电话今日装设完毕。二十年前装设电话号码四三九二，移三条后改三三九二，又移白庙改西局四六二三号，光阴似箭，不觉二十馀年矣。高亚杰电约东城福生回教西餐馆，约余阖家晚饭，晚阖家赴约。同席蒋督办、居处长、佟大爷夫妇、关局长夫妇、赵女徒、亚杰夫妇等，谈笑甚畅。饭后阖家至长安戏院观童芷苓、白家麟、毛世来、李盛斌等合演《大名府》《贪欢报》；加入芷苓唱大鼓书、河南坠子，观毕抵家即寝。

民国三十一年（1942年）十月七日（壬午年八月二十八日） 星期三 阴

九时起，至中原看病，又至少亭家闲谈、小坐，抵寓午饭，接济南林瑞庭署长丧母讣闻。晚雨。东霞来。

民国三十一年（1942年）十月八日（壬午年八月二十九日） 星期四 晴

正午起，饭后至饭店小坐，与姜明忱闲谈。徐碧云丧妻，其子来报丧；黄玉华丧母来讣闻；见报登载唱大鼓书刘宝全病故，数月前均晤面、闲谈，转眼不见已作古了。二时始寝。

民国三十一年（1942年）十月九日（壬午年八月三十日） 星期五 晴

十时起，至中原看病，归寓午饭。刘显庭来寓，未晤；郭盛三欲出租到留香饭店来面洽，未晤。午饭后少亭来；张丽君由东三省来寓。晚饭后阖家至长安，演庆祝双十节大合作戏，谭富英、金少山合演《摘缨会》；余与尚小云合演《能仁寺》。戏毕即归，稍息就寝。

民国三十一年（1942年）十月十日（壬午年九月初一日） 星期六 晴

正午起，饭毕同令香、少亭清理日用账，由今日余接收。黄玉华丧母，今日在法源寺接三，命令香吊唁。晚刘显庭来闲谈，约伊本巷玉壶春晚饭，饭毕仍回寓闲谈至一时，客散即寝。

民国三十一年（1942年）十月十一日（壬午年九月初二日） 星期日 晴

十一时起，午饭毕同玉才说戏；晚饭后徐兰沅之妻来，云其子不日完婚，请余夫妇吃喜酒。阖家至长安，演《狮吼记》。戏毕张丽君介绍哈尔滨伊友蒋俊卿，立谈片时，抵寓即寝。

民国三十一年（1942年）十月十二日（壬午年九月初三日） 星期一 晴

正午起，闻厨役唐姓被日人殴打损伤，抬至医院疗治。昨日上工，今日告假养伤，其运不佳也。晚至中原医院看病；清理账目，归寓晚饭，稍息即寝。

民国三十一年（1942年）十月十三日（壬午年九月初四日） 星期二 晴

十一时起，午饭后至仙宫理发馆理发，又至留香饭店，同邵星伯闲谈，并至中原看病。七时约周氏姊妹三人（四、五、六小姐）在四牌楼羊肉馆便饭，饭后送伊等归家，余亦归寓，即寝。

民国三十一年（1942年）十月十四日（壬午年九月初五日） 星期三 晴

早九时起床，布置房间，小有不适，复寝。三时起床，至中原看病，又往留香饭店查看账目，晚饭后抵寓，寝。

民国三十一年（1942年）十月十五日（壬午年九月初六日） 星期四 晴

正午起，饭后至中原看病。阖家在留香饭店晚餐，又至三庆戏院观杨燕霞演《四郎探母》；观毕又到庆乐看鸣春社科班演《济公传》。遇宁溪桥、王景韩、朱复昌等，各至包厢，往返周旋。戏毕阖家乘马车抵家，即寝。

民国三十一年（1942年）十月十六日（壬午年九月初七日） 星期五 晴 风

正午起，沐浴，午饭，晚饭毕阖家往新新看魔术剧团。余至中原看病。十时余亦到新新。观毕阖家归寓，寝。

民国三十一年（1942年）十月十七日（壬午年九月初八日） 星期六 晴

十一时起。今日徐兰沅娶儿媳，留日同学会举行送礼贺之。又至饭店，因强化治安，力行强化甚严，饭店空房每日二十馀间，日进不抵出，大受影响，只好忍耐。接邮政局强令保险函并收据，每月五元。又至中原看病，至大木仓新广州晚饭，饭毕抵家，稍息即寝。

民国三十一年（1942年）十月十八日（壬午年九月初九日） 星期日 晴

十一时起。玉才来说戏；和才随张君秋赴津，童寿苓替代，亦来说戏。午饭，修容。董兆斌由沪来京，宿远东饭店一号，赠余麻雀牌一付。午饭毕至陆太太家闲谈，严太太先至。又至中原医院看病，归寓晚饭。阖家至长安戏院，余演《侠骨香》，戏毕诸友至后台闲谈。即归寓，稍息就寝。

民国三十一年（1942年）十月十九日（壬午年九月初十日） 星期一 晴

十一时起，清理演剧账目。今晚李玉安请余演合作戏，戏码为《翠屏山》，马德成饰石秀；金少山、奚啸伯、侯玉兰合唱《二进宫》，为玉安搭桌还债，在长安戏院出演。午饭后至中原医院看病。同张翰卿闹诙；并到留香饭店取房租百元，抵寓晚饭，至长安演《翠屏山》，戏毕归寓，稍息就寝。

民国三十一年（1942年）十月二十日（壬午年九月十一日） 星期二 阴

补记：昨日明忱为留香饭店每月加五十元薪金来道谢，并同令香往赵彩璋家吊其父病故。

十一时起，召裁缝裁衣。午饭后往饭店沐浴，又至中原看病，内子亦至，周五小姐后来，均晤面。诊病毕余同周至京华小坐，复返饭店。接易阿莉电，定晚九时在白庙后胡同晤面，在留香饭店晚饭后赴易阿莉约，晤面闲谈，步至后河沿等处，十二时分手，抵家稍息即寝。

民国三十一年（1942年）十月二十一日（壬午年九月十二日） 星期三 晴 风

正午起，召瑞蚨祥购衣料，午饭，清理物件，三时往中原医院诊病，周五小姐亦至，与内子晤面，内子亦去诊病。后同周往京华晚饭。忽然防空，四路断绝，行人穿小巷而走亦被人拦阻，至魏染胡同大内嫂处暂避，并留香饭店小坐，沿路甚紧，至十一时开放。天气极冷。十二时抵家，稍息就寝。

民国三十一年（1942年）十月二十二日（壬午年九月十三日） 星期四 晴

狂风竟日，气候奇冷，皮衣上身。十一时起床，午饭后东霞姊妹来寓说戏；丽君、芷苓先后来；童寿苓来，言伊为购房借款，托余饭店盖章担保。至中原医院诊病，又往饭店。孙兰亭由沪来京，偕马治中至留香访余晤面，谈明正往沪黄金戏院演剧事。带令香步至大木仓新广州购衣物，抵家，留芷苓晚饭。十二时寝。

民国三十一年（1942年）十月二十三日（壬午年九月十四日） 星期五 忽阴忽晴

狂风竟日，街市成冰奇冷。十一时起床，往中原诊病，又至饭店小坐，归寓午饭，小睡。五时偕内子仍至中原医院看病，又往饭店，遇王增瑞，立谈片刻即返寓晚饭，晚饭后稍息即寝。

民国三十一年（1942年）十月二十四日（壬午年九月十五日） 星期六 晴

十一时起，接安外地坛精神病院院长魏毓麟约今日午饭，余因起床甚晚，命令香赴约。常少亭来，谈姜明忱介绍代表经理赵姓，伊闻阖店对于赵姓纷纷议论，有不满之意，试办数月，看其做事如何再定夺。午饭后至中原看病，又往饭店小坐，归寓稍息。阖家往安儿胡同请孙兰亭、马治中、荣瑞昌、少亭等吃烤牛肉，饭后分手，步归。丽君来，阖家竹戏欢乐，二时始寝。

民国三十一年（1942年）十月二十五日（壬午年九月十六日） 星期日 晴

正午起，午饭，小睡。五时至中原医院看病；购洋炉子归寓。八时至长安演《英杰烈》，戏毕阖家归寓，丽君同来，竹戏至夜四时始散，就寝。

民国三十一年（1942年）十月二十六日（壬午年九月十七日） 星期一 晴

十一时起。昨夜梁再胜至后台，约余阖家今晚至伊宅晚饭。午饭后赴中原医院看病，至留香饭店。阖家到保安寺街梁宅赴约，同席荣瑞昌、王吟秋及梁友，大谈香港事变，甚惨。十一时抵家，稍息就寝。

民国三十一年（1942年）十月二十七日（壬午年九月十八日） 星期二 阴

正午起。寿苓来代说《黄鹤楼》。午饭毕阖家同往新新观白云剧团演话剧，丽君同去。晚阖家在留香饭店西餐部宴客，自做主人，约董兆斌、荣瑞昌、王吟秋、张丽君、梁再胜晚餐。饭毕竹戏，夜三时归寓抵家，同长媳、丽君、老爷子仍竹戏，天明始寝。

民国三十一年（1942年）十月二十八日（壬午年九月十九日） 星期三 阴

下午一时起，午饭。童寿苓来寓与余说《黄鹤楼》周瑜小生，为三十号与富英等合作演出，庆祝新民会义务。向少亭通融借款千元，为一号开销，郑文轩娶子媳在北京饭店举行；张国九丧母开吊。闻汪精卫来京，今日返南京，戒严，恐不便，均命令香代表前往。阖家竹戏竟日。东霞、东明母子三人来寓，不久移居，托人安设电话，请余代为说情帮忙，夜一时散，即寝。

民国三十一年（1942年）十月二十九日（壬午年九月二十日） 星期四 阴

下午一时起。童寿苓来借《辛安驿》行头，其妹芷苓今晚三庆出演，并说《黄鹤楼》。李六奇告帮，冒充友人；丁慕琴丧母，托海上友人代送奠礼。五时至中原医院看病，又到留香饭店料理琐碎。忽然戒严防空，带令香即归寓。饭后阖家竹戏，至三时始散。老爷子屋内生一煤火，劝伊睡觉特将此火搬出，伊不肯，果受煤气，几乎毙命，屎尿排出；上次已受过煤毒，此乃两次受煤熏，劝伊仍不改旧习，脾气暴躁，所谓秉性难移。

民国三十一年（1942年）十月三十日（壬午年九月二十一日） 星期五 晴

正午起。老爷子受煤气，在昨夜上下人等一夜未寝，即用药将伊救护，仍不认煤气，承认是病，怪性一时。午饭毕阖家至中原诊病；并到留香小坐，归寓晚饭。沈玉才来说《黄鹤楼》至十时。阖家到长安戏院，演庆祝新民会全联会议义务戏，有金少山、李万春、和玉、世芳、富英，北京各角齐全，每人演双出，上座拥挤，无有立隙之地。余与谭富英演《黄鹤楼》，反串周瑜，只演一出，二时戏毕。丽君、芷苓偕吴太太来寓竹戏，天明十时始散。

民国三十一年（1942年）十月三十一日（壬午年九月二十二日） 星期六 晴 风

十时客散后午饭。刘显庭来寓，欲要竹戏，因余精神不振，停食着凉泻肚，未奉陪；伊与长媳、令香、丽君、内子、老爷子等竹戏。余下午四时寝，酣睡，日夜未起。

民国三十一年（1942年）十一月一日（壬午年九月二十三日） 星期日 晴

下午二时起。由昨下午四时寝至今下午二时起，大睡而特睡，精神百倍，烟瘾、泻肚仍未止，比昨减去大半，午饭。盛三来电，托余介绍白云，因不熟悉，推却；盛三送来新新厢票一张，约余往观，仍托余介绍白云，余推脱身体不爽，托少亭代表；少亭并未与盛三晤面且自由他。余至中原看病，又往留香饭店。明忱外出告假，云三五日即归，至今半月有馀未回，伊做事太不认真。带令香回寓。入门时盛三电约淮阳春晚饭，同席五人，有一舞女陪伴侑酒，白云亦在该馆，同伊同班人二人便饭，闻余谈话之声，面请伊室同席畅谈；盛三等喜气不止，恰遇诸友都随余往白云室闲谈；舞女购买白云照片，当面要求签字，谈笑甚畅。白云演话剧，临别纪念最后一场，约余往观捧场，并至后台闲谈。即归，稍息往新新赴白之约，观伊演毕步归，即寝。

民国三十一年（1942年）十一月二日（壬午年九月二十四日） 星期一 晴

二时起床，往蒲伯扬医院注射，并到八面槽翠华楼饭庄应李瑞亭、徐晓东之约，同席万春、曼云、芷苓、世芳、金年等，内外界共三十馀人，皆是人寿保险公司人员，饮酒畅谈，大说笑话，饭后至留香饭店。夜二时抵寓即寝。

民国三十一年（1942年）十一月三日（壬午年九月二十五日） 星期二 晴

九时往中原看病，又至饭店小坐，即归寓。吴二内兄来，闲谈，留午饭；少亭来，代两儿请武旦、武生教习，留午饭。阖家至新新戏院看上海话剧团演《殉情》，均佳，描写旧军阀升官发财，督军之子与求督办外妇之女结婚，保持升官；督办妇人名誉败劣，督军之子另娶小家碧玉，被其父压迫，不顾羞耻，用种种手腕伪造情书，使伊子离间小家之女，双方情感，解释其父诡计，但是均先服毒后明了又无法挽回，均服毒而死；两方均是独生子女，结局可惨。观毕归寓晚饭。丽君来，竹戏至三时始寝。

民国三十一年（1942年）十一月四日（壬午年九月二十六日） 星期三 晴

一时起，午饭后至中原看病，又到烂漫胡同董少卿家贺其58岁寿辰，其友甚多，晚饭饮酒畅谈；内有一人酒后发狂，对余有不满之处，初次晤面，竟发牢骚，借酒说话，余不解其意，只好一笑。九时回寓即寝。

民国三十一年（1942年）十一月五日（壬午年九月二十七日） 星期四 晴

正午起。昨与周五小姐定二亩园晤面之约，因酒醉未晤面，俗云酒后误事。少亭介绍费世威与两儿用功。午饭后往中原疗治戒烟，又到留香饭店沐浴。石板房三条周五小姐电约余，云王太太回家乡上坟，请余往去闲谈，至九时回寓晚饭。饭后王来电云易阿莉及其十三姐、田太太、周小姐等在王宅，约余即往竹戏，十时至，成全竹戏，至夜三时始散，易、田步送余归寓，五时各自分手，抵家即寝。

民国三十一年（1942年）十一月六日（壬午年九月二十八日） 星期五 晴

九时起，赴中原。接周五小姐电，云伊姊妹做东，为王太太送行，约余，先至仙宫理发，后同往西来顺午饭。上海影人剧团周岛、贺宾亦在该处理发，彼此邀求签字作为纪念。周氏姊妹、王太太均至，同到西来顺午饭，饭毕至新新看上海影人剧团演《镀金》话剧，甚觉滑稽可笑；易阿莉同卓小姐亦至新新往观，晤面闲谈，大有醋意。观毕同至王家晚饭。王太太乘十一时车回奉，余等步谈归寓。少亭来，云购余椿树三条房者郭良倚势压人，蛮横不说理，由卖至今琐碎未息，仗其友吴宁靖督察现任正管辖饭店娱乐场，屡次欺余，卖房未住满四个月，三个月腾净，伊并不感谢余好意；现余移白庙已月半馀，伊忽然想起檐下水铅各璃，又命人来索之，此物不在卖房装修之内，伊不说理，倚势强要，此举行为不止一次，种种横行。余意托袁华汉署长、彭华英等向郭、吴等茶点面谈，免生其他枝节，对于饭店、演戏免去其他是非。三时始寝。

民国三十一年（1942年）十一月七日（壬午年九月二十九日） 星期六 晴

正午起午饭，到留香饭店请邵星伯忙里偷闲教两儿汉文功课。乐詠西病故，法源寺开吊，往祭，并至中原看病，又到饭店查看，归寓晚饭。内子带儿辈往新新观上海影人剧团话剧，观毕回寓。口碑赞美不一，均云比白云剧团纯熟，作戏写实。阖家与刘显庭竹戏，至次早，正午始散。

民国三十一年（1942年）十一月八日（壬午年十月初一日） 星期日 晴

显庭竹戏走后午饭。昨为郭良购买椿树上三条房，屡次以势压人取巧，又拿吴督察宁靖势力欺压，余为恐郭在吴面前挑唆是非，故偕少亭、令香往袁署长华汉处诉苦，代答吴宁靖不要听一面之辞挑唆，免生误会，耽误友人交谊。修容，稍息小寝。晚饭毕阖家至长安戏院，演《平儿》，丽君、芷苓偕其女友至后台看化装，闲谈。戏毕即归，就寝。

民国三十一年（1942年）十一月九日（壬午年十月初二日） 星期一 晴

早九时步至中原医院看病，即归。邵星伯由今开始与两儿担任汉文教授。三时同贾润生往花园饭店看相，相师名万家时，托贾约余相面、批八字；万为宣传之意，生意甚佳；完全生意口、江湖派。八时至墨蝶林应郭盛三之约，内有刘、徐两小姐，面求拜余为师；同席有蔡唯益及特务王姓等。饭后路遇周，闲步送伊归寓，余乘车抵家，即寝。

民国三十一年（1942年）十一月十日（壬午年十月初三日） 星期二 晴

范富喜今日上功，费世威先后来与两儿说戏、用功；邵星伯由今日开始与两儿教授汉文。二内兄来，共午饭。至中原看病，又到饭店小坐，并到陆太太家，电约秦少奶奶、杨燕霞、朱慧珍等竹戏，至夜一点抵家，即寝。

民国三十一年（1942年）十一月十一日（壬午年十月初四日） 星期三 晴

九时起，午饭毕芷苓、丽君、显庭先后来，共竹戏，晚饭后始散；李瑞亭来寓闲谈；二内兄要求唱搭桌戏，为还债务；内子带长子等往新新看电影，余即寝。

民国三十一年（1942年）十一月十二日（壬午年十月初五日） 星期四 微雨

少亭、星伯来寓。云昨晚被查店，保安科剿出野妓，未带客人，将妓带走，叫饭店去接，从今改善。来时其势汹汹，绝非公事，其意另有私仇，故意捣乱；又闻别家饭店亦如此情形，不知是何原因，托友了解须要经理出面，明忱外出二十馀日，至今住址、信件不通，只好托友帮忙。内子拉赤痢，电请董季高来寓诊病。午饭毕芷苓、寿苓、丽君来索新戏剧本。余小有不爽，即寝，日夜未起床。

民国三十一年（1942年）十一月十三日（壬午年十月初六日） 星期五 阴

由昨至今卧眠共十七小时，今早九时始起，酣睡。昨夜大雨。今晨与邵星伯研究尺牍。少亭送《黄鹤楼》演戏戏份来，并谈昨日饭店之风潮已息。午饭后阖家竹戏，晚饭，稍息寝。

民国三十一年（1942年）十一月十四日（壬午年十月初七日） 星期六 晴

九时起，步至大街购吕宋烟，抵寓，同邵星伯习字，饭后偕少亭、令香往张亚东家，为明忱不理饭店事务，时常外出不归，并饭店配给食粮等琐碎事。又至内六区寻袁华翰，今日不办公，即往其家晤面，谈椿树上三条十一号房售与郭良，郭依仗吴宁靖督察势力，压迫讹诈物件事，托袁代为转达，吴不可听一面之词，免生误会；并表祝科长荣任，托其照庇，言罢而出。令香、少亭往法源寺吊祭徐和才母丧；余至中原看病，归寓。晚接卓宏谋电，临时约余至丰泽园饭局，即赴约。坐有朝鲜贵族文人三人，并招妓侑酒；未终席又赴王太太家同周晤面、闲谈之，二时抵家。显庭在寓候，同余阖家竹戏，余抵家就寝。竹戏者今晨始散。

民国三十一年（1942年）十一月十五日（壬午年十月初八日） 星期日

正午起，饭后小息，至中原诊病，在虎坊桥烤肉刘家饭馆便饭，至长安戏院演《扬州梦》，卓宏谋携其女及伊友人朝鲜名人同至后台闲谈，戏毕即归，寝。

民国三十一年（1942年）十一月十六日（壬午年十月初九日） 星期一 晴

九时起，至菜市闲步，又往中原看病。内子带儿辈们往新新看电影，九时归寓；丽君、芷苓同来，复昌之女亦至，共晚饭，博戏至夜三时始散，即寝。

民国三十一年（1942年）十一月十七日（壬午年十月初十日） 星期二 晴

十时起，同星伯练习写字功课。二内兄、彩云来，面约余为伊演义务还债，来过数次要求，今日大磕其头，口求帮忙，情不可却，允之。吴自拟戏码《白娘子》《玉堂春》《红娘》《战宛城》《打樱桃》《放牛》等剧，除本戏之外要求双出，可笑。共

宋德珠便装照

午饭，小睡，五时至中原看病。十二时即寝。

民国三十一年（1942年）十一月十八日（壬午年十月十一日） 星期三 晴

九时起，练习写字，饭后与少亭、星伯谈起明忱出外月馀至昨方归，不理饭店事。吴二内兄为唱义务戏来寓，要求命伊往各处接洽，择日演唱；晚明忱来闲谈。饭后阖家至长安观李万春、毛世来及令香、闫世善、李金鸿、宋德珠等演大合作戏《十美图》，毫无戏情，乱七八糟，观毕即归，稍息就寝。

民国三十一年（1942年）十一月十九日（壬午年十月十二日） 星期四 晴

九时起，同邵先生研究汉文，饭毕小睡，竟日无事，晚饭后复寝。

民国三十一年（1942年）十一月二十日（壬午年十月十三日） 星期五 晴

十时起，习字毕，留星伯午饭。少亭来，云明忱言时常有事外出，姜介绍赵姓在留香饭店代理经理事务，观姜举动借辞脱身而又不辞却职务，为月薪不舍之意，此举太不忠厚，今晚六点在饭店唱明，介绍赵之意，余亦只好装呆，查看赵之对于饭店是否胜任再为定夺。杨燕霞来帖，约余夫妇今日三时至伊宅饭。筱翠花明日在泰丰楼收坤伶白玉薇为徒，举行拜师礼，约余晚饭、参观。芷苓来说《鱼藻宫》；寿苓、丽君来；令香夫妇数日前将订婚一对金戒指被人盗去，上面并有令香夫妇名号，在卧室抽屉失去，绝非外人

《游园惊梦》宋德珠饰春香

偷之，对仆人等劝说，如盗去暗将此物献出，绝不追究，为全人格脸面之意；伊等当作儿戏，发咒敬香，各表各心。余屡次失物均请吴筱仙圆光甚灵验，绝无冤枉，并敢作质对，窃盗人承认；但是丢失之物当卖抵押，无法追回；今又请吴筱仙来寓圆光，自带一童子，圆出男仆求往饭店当茶役李福珍，余看此人甚聪，正移居时须用仆人在宅帮忙，未送饭店，今日圆出此人将订婚戒指在令香夫妇卧室抽屉偷出于在囊内，出大门往北交一老叟，当之形容偷物之举动甚详细，并带此童认偷物赃人，当时变颜色，童子暗告之，余疑福珍既来谋事，在东家宅内帮忙绝不敢做此事，况童子乃吴筱仙带来之人，疑心吴背后教导，诬赖好人，复请吴再圆，余在常少亭家借来甄洪奎之孙女，年龄10岁，复圆之所说与前男童言之一丝不差，仍云福珍偷去，两次圆出一样，绝无冤枉；并看福珍举动坐卧不宁，变颜变色，心身无主，可云贼人胆虚，又可惜二十馀岁青年，此种恶习误大事也。吴并与余六爻看相，谈卦两次，爻卦说余伤财事繁，今腊月转缓，明正二有出外进钱之喜，但随入随出，犯小人，绝不成事。有好友提拔，大事化小，小事化无，平安而已。七时余夫妻至杨燕霞家应约，即竹戏，同席有吴氏夫妇、胡氏夫妇、徐、陆二太太，晚饭后余夫妇归寓，稍息即寝。

民国三十一年（1942年）十一月二十一日（壬午年十月十四日） 星期六 晴

十时起。内子、次子得病，电延中原医院董季高来寓诊病，云次子传染内子受温，皓之奶妈受凉咳嗽。令香谈昨日姜明忱介绍赵姓为留香饭店代理经理，昨日下午正式到饭店任职，并召同仁训话，行三鞠躬礼节。此举言谈并非好意，赵之性情高傲，自称饭店内行，处处揽权，并云伊作过侦缉队事务，伊女婿在警界做事，官私两面如走平道。昨日将举行入饭店，其女婿强要在饭店当接待稽查职务，狂傲无智，阖店人员均不满意。姜明忱因高就已谋妥政界西北军被服厂厂长，上月不辞而别，已去月馀，前日抵京，昨日忽行，此举询之姜对赵交友如何，赵之底细可知，姜云一概不知也，可称混蛋！姜荐人代理之意，不过为自己脱身之计，哪有心考查赵对于饭店事务有益无益；姜此计为已饭店经理名义存在、月薪照给，又不做事，何乐不为？所谓小人难养。交友如此，可叹可悲。饭后带令香往张亚东处述说此事，未晤面，即归寓，同丽君、显庭竹戏。晚筱翠花在泰丰楼收坤伶白玉薇为徒弟宴客，报界人许多，饭店留贺客摄影作纪念，余不愿参加，溜之乎也。次子、内子、长媳均得传染病，日夜请董季高来寓急看，求速好，恐再传染别人。据董言并没预防方法，恐好人亦要经过。直至二时始寝。

民国三十一年（1942年）十一月二十二日（壬午年十月十五日） 星期日 晴

正午起，电请中原医院来寓与阖家诊病。袁华汉前代调停买房郭良、吴宁靖二人倚势压人，讹诈水蛤蜊，并强盗行为不说理，云水蛤蜊在内不在内亦要余赔偿，袁署长调停损洋二百元，不管什么名目，霸道行为，如不认可捐，恐难逃琐碎，强权之下，难无公意。姜明忱介绍赵润川为留香饭店代理经理，此人狂傲无知，嘱阖店同仁以新经理呼之，自居爵位不小，同仁口碑甚烈，同来寓见余，谈吐举止轻狂浮躁，自称饭店老内行矣；余至饭店，同上至下一切均不合法，说余外行之外，其人可笑，竟揽权力不说正道，欺人之谈，姑且敷衍，再想良策，择人经理。四时至中原看病。晚余到后台化装，九时诸友至后台闲谈，在长安戏院演《代夫媒》，十时登台，戏毕即归。阖家传染之症均见大好。三时始寝。

民国三十一年（1942年）十一月二十三日（壬午年十月十六日） 星期一 晴

十时起，写字、念书，饭后带令香同往饭店沐浴；偕少亭、令香至张亚东家，说明明忱介绍饭店赵润川代理饭店事，张以为不妥，同计划后盾人才，言毕急归，晚饭。花园饭店来人，唤少亭去，即归，云仍为三条卖房水蛤蜊，郭县长势力压迫，让急速赔偿，此物不在卖价之例，郭云伊之一概不讲，非赔偿不可，如不依，伊以势力对待，可气，只好明日奔走托友说和。十一时寝。

民国三十一年（1942年）十一月二十四日（壬午年十月十七日） 星期二 晴 风

早七时起，至中原看病，在该处点心，又至西单菜场。十时归寓。偕少亭、令香往银闸内六区访袁署长华汉，晤面谈及昨晚花园饭店郭县长唤少亭，催促三条卖房水蛤蜊之事，托袁向吴督察宁靖及郭方面竭力疏通请客，提前免去琐碎是非，以免悬挂此事，日久恐又生事非；袁云今晚与吴晤面，择日请客，尽力维之，此事遂作罢；然指学校名义勒令余捐洋二百元，立刻送交，奈何奈何，言罢而出。又到吉世安家探病，伊早痊愈，略谈。往彭华英处坐谈，请客时邀其作陪。归寓午饭。易阿莉来电，今日之约因风大改明日。接延年会帖，二十八日在泰丰楼公请刘一峰、郧泉荪、魏子丹、胡观生、窦以锐、刘永谦；柯政和亦有帖来，二十四日西来顺约饭，大约为唱义务戏宴客。晚至陆太太家，陆在墨蝶林请海上来京谢培德之子及杨姓，杜菊初、徐、吴两太太、金仲仁等约余同往；余避风尘，又因路远，当面辞谢。谢、杨宿余饭店，托余照应，房价饭钱打扣。步归。行至长安戏院对过购糖，囊中未带金钱，向西湖食堂暂借，抵家即还，可笑。十一时寝。

民国三十一年（1942年）十一月二十五日（壬午年十月十八日）星期三 晴 风冷

十时起。花园饭店冯掌柜来寓，仍为郭买三条房水蛤蟆之事；郭听小人挑拨是非，说余夜间将水蛤蟆拆下，有窃盗之罪。此物本不在卖价之内，又非夜间拆去，此语可笑。冯姓来言奉郭命赔偿此物，或承认盗窃，立刻答复，如不然郭会同本地面长官及特务科、宪兵、日人即刻来寓抓余，承送法律解决并看押，如不信即行此举，立逼拆水蛤蟆，命余亲送至三条安设、赔偿、磕头请罪，再宴客赔礼，此事作罢，不然使余难堪。余同少亭、令香四处奔走，日夜未息，往袁华汉、彭华英等处极力调停，在袁处接电，果然郭带日人、警察至余处，来势汹汹，入门破口大骂，各屋搜寻，嘱警察立刻拆物，警察惟恐违法，支吾言迟；袁急与吴宁靖打电话述说此事、郭之行为，吴接电即打至余宅寻郭讲话，不可在民宅胡为，此理越法，嘱其往二区告余成讼，郭即照此电行事；吴与袁电说此事，吴之意先把郭支走，免在余宅横行，随后电嘱二区署长不可听郭一方之词传余，使余难堪，只好调停；郭刻不容缓，即带日人、特务等至吴办公处辩理，云余是窃盗行为，骂吴、袁出面替贼人诉苦帮忙，本地官压迫其，纵容贼人讲话；吴大怒，言其内容情形不过友谊出面调停，况荀艺术界人，社会亦有相当地位，况水蛤蟆并不在卖价之内，有中人字据作证，胡言余出面替贼人讲话，此言何证？况荀已移白庙房两月有馀，此事早不发作，突忽其来；荀移居后电灯、电话、自来水等费仍向荀索取，荀有确实自来水、电灯收条作证，种种刁难，谁是谁非，况其现任抚陵县县长，荀敢与官场作对？伊如此闹法，屡次与荀作对行为，倚势欺人善，带日人等到余办公室侮辱余，何意言明？日人等向吴道歉。据袁云此情，余未亲眼得见，吴、袁仍出面劝导余忍耐，郭之意不过侮辱余，听小人言在外交友甚广，向余斗势力，使余难堪，不能在世为人。郭心气才平。嗳，可恶！袁、吴调停，嘱余百般忍耐；余办事人常少亭与花园饭店经理杨凤鸣、冯姓接洽，将水蛤蟆拆下，作为赔偿，免使郭强行，彼此表面难堪，劝余此事可作，余只好如此办法；但郭仍不允许，其意水蛤蜊拆下命余送往其家安设俱备，如不够再添买，仍要与旧物相同，然后再赔礼算了结；袁、吴马上与郭电，云明日将水蛤蜊拆下，命花园饭店人送往三条，但一切之事不可再提，如再不满意，吴、袁代余赔罪、赔偿；但郭仍不讲情面，一经反目，不顾一切，我行我法。吴将电话挂上，劝余归寓安歇，明日郭再要横行，袁、吴出面办理。所谓闭门家中坐，祸从天上来。余苦中寻乐。至中原医院看病。夜五时安寝。

民国三十一年（1942年）十一月二十六日（壬午年十月十九日） 星期四 晴

狂风竟日，遍地凝冰，极冷。九时郭良带人来拆水蛤蜊，并索洋炉子，烟筒俱已拆下，伊正午要回抚陵县办公，抚陵县知县如此行为可谓活剥皮！未晤面，余与少亭、令香躲出，往内六区袁华汉区署晤面、道谢，捐洋二百元并择日宴客，托其代办。往张亚东处为饭店事，张介绍来今雨轩王姓为经理，定后日至余处与余面谈，成否请余自主，言罢而出，往正阳楼午饭，饭毕回留香饭店歇息。两日之间琐碎，寝食不安。谢培德之子、杜菊初、杨姓宿余饭店，访谈。

民国三十一年（1942年）十一月二十七日（壬午年十月二十日） 星期五 晴

十时起，同星伯、少亭计划饭店事务，并言赵润川在店整顿事务甚显殷勤。新女弟子赵燕侠[1]（赵小楼之女）来寓，索去《荀灌娘》《贩马记》《鱼藻宫》三剧本，闲谈，嘱伊向伊姑父高亚杰介绍人说如唱戏须请报界宣传。六时至留香饭店，自做主人，吴敬慈、吴高、若华、秦同理及其夫人、杨显林、杨燕霞、陆太太及培德之子等在本店西餐。接吴敬慈夫妇及杨显林帖，均请明日晚饭；吴在什锦花园关宅宴客；延年会帖在泰丰楼；李世五宿余饭店，约便宜坊晚餐，共四处饭局。与

赵燕侠便装照

1 赵燕侠，京剧旦角演员，7岁随父赵小楼在厦门、上海、汉口等地演出，14岁在北京向诸茹香拜师学艺。后拜荀慧生为师，1944年组建“燕鸣社”，新中国成立后改名“燕鸣京剧团”，1960年并入北京京剧团，赵燕侠任副团长。

杨商洽今日晚餐作罢，改下星期一，以免时间冲突，奔走不周，杨允诺。二时始寝。

民国三十一年（1942年）十一月二十八日（壬午年十月二十一日） 星期六 晴

十时起。张亚东介绍来今雨轩王尧年来寓，接洽谈留香饭店内容情形；王因多繁杂，其意愿出租，到底因财政困难并未结局而去。午饭毕带令文至中央理发，又至饭店小坐，赴中原看病。到泰丰楼应延年会之约，并到什锦花园应吴敬慈之宴会，同席二十馀人，皆是上海友人，大谈夸赞余演戏认真；饭后诸友同到东堂子胡同吴宅竹戏，秦监督少夫妇并吴姓共凑一局，至夜五时，抵家即寝。

民国三十一年（1942年）十一月二十九日（壬午年十月二十二日） 星期日 晴

次孙皑得传染之症，命季高疗治；皓孙隔离住饭店以避传染。赵润川来寓，谈整顿饭店内容事，长支内欠及应酬缩小、节省浮费，可以长久维持。饭后内子带阖家至新新看电影，余至长安看章遏云演《得意缘》。余往中原看病，步至煤市桥清华购吕宋烟。九时往长安戏院，几乎误场，演《妒妇诀》。十时登台，戏毕李世五至后台，云伊房租日人，后由日人转租，日人并未通知房东，半年之久未付房钱，托余觅友向日人催促房租或搬家。世五为人向来浅薄，利用友时谦和蔼和，米汤甚足，不用人时概不联络。余屡次帮其忙，并未讨好，况有闲言闲语不满之处，余再三推脱，伊百般纠缠，托余帮忙，之乎者也，敷衍而已，言毕回寓，天明始寝。

民国三十一年（1942年）十一月三十日（壬午年十月二十三日） 星期一 晴

三时起床。毛世来兄弟来寓说《棋盘山》，其兄盛荣搭桌义务戏筹款还债，明夜在三庆戏院出演，约余同世来、富禄演《棋盘山》，令香演《悦来店》；前场世来、富禄合演《打刀》。赵女弟子来寓，拟请客友人名单。次孙皑病，急请西医董季高、中医汪逢春来寓诊病；两医生同时来。据季高云出风疹；逢春云非风疹，就是闷疹，用逢春方法疗治。七时至丰泽园应杨显林之约，同席万春、玉华、陆太太、谢大少、报界人等，招妓侑酒。陈汝宏之夫人现与其夫离婚，改嫁俞振飞，由海上来京，宿陆处，改称俞太太；闲谈海上各班演戏境况，至三时，抵家即寝。

民国三十一年（1942年）十二月一日（壬午年十月二十四日） 星期二 晴

十时起，与星伯念书，开发诸位教习及家务杂项等薪水工钱。本区巡警及便衣十馀人忽来寓查户口、居住证，应付而去。汪逢春来寓看病。晚饭后至三庆戏院演合作义务《棋盘山》，戏毕归寓，稍息就寝。

民国三十一年（1942年）十二月二日（壬午年十月二十五日） 星期三 晴阴不定

十一时起，午饭，五时至中原医院看病。张丽君约令香夫妇至新新看电影；受之夫人陈太太来寓，谈至一时，客去即寝。

民国三十一年（1942年）十二月三日（壬午年十月二十六日） 星期四 晴 风冷

十时起床。郭良之弟为三条水蛤蟆事来寓吵闹，言水蛤蟆差多半，命余急速购买安全，少一铁钉都不能将就，限今日下午三条接洽，如不然仍照前杨、郭良带人来寓抓捕其毫不客气，任何人出来调停绝不允情；其现已将调停人华汉、宁靖、华英及当初卖房中证人杨凤鸣等置之不理；郭之意以后在荀宅随便出入不许拦阻，横行狡猾。余命人将伊敷衍走后，偕少亭、令香仍至华汉区署，说明此举仍未了结。袁从中也是无法，任郭胡为，劝余忍耐，郭之意见百依百随，并讲漂亮话，损失一切袁、吴担任；嘱余等拜谒宁靖，照袁实行，宁靖□未见面，又至复昌处说明水蛤蟆前后情形，气忿，朱云如忍无可忍时复昌陪余到特务机关告状诉冤，朱带余翻译日语，郭之前程恐革职其县长职，购买十馀万之房产贪赃而来，虐待百姓，在职讹诈水蛤蟆，倚势压人，无恶不作，狂傲无知。日人最恨此种行为，如告，郭之身败名裂，财产充公为逆产；但不到极点余绝不肯为之，复昌作余后盾，又至华英处，言此事未了，华英气忿，即往五区林署长电询郭之身后人并其来历、历史，林听郭姓讹诈，开口云这个王八蛋，如今仍是横行；林言郭此行为常行霸道劣此习惯，并将出身告于彭，如不解决，林情愿出面，言罢而出，至西湖食堂午饭。晚十二时寝。

民国三十一年（1942年）十二月四日（壬午年十月二十七日） 星期五 晴 风

正午起，沐浴。接延年会帖，星期六泰丰楼公请窦公颖补寿。午饭。

民国三十一年（1942年）十二月五日（壬午年十月二十八日） 星期六 晴

带令香往内二区拜访署长丁鼎华，晤面闲谈，略坐即归。同邵星伯念分类尺牍大全。赵润川由饭店来，谈整顿内容黑幕；风椿来与次孙看病；王东甫、叶春荣、张等均系赌博旧友，借余处叶子戏，并亲送迁移公份六十六元；陈维信系在寓代笔书画者，带其友来借贷一百五十元，用西服料作押。四时同王东甫、叶老五、张泽生、苑绍亭等先在东房打扑克，因人多，移至上房。自觉头昏，迈步迟慢，两腿无主，扶墙慢慢而行至上屋，将入座头昏眼花，趴在桌上，心跳眼晕，四肢无力，寸步难行，舌短眼直，刻不容缓；诸友抱余卧室床上，余自觉病重，用力勉强，嘱家属请蒲伯扬、董季高两西医急速来寓，先打强心针，说罢面如土色，类似不省人事，余心慌；亲友、家属喂余白水安慰，一概不知；令香夫妇外出回寓，见余病态甚急，有哭泣之声，又怕余看见，半小时馀不省人事，微有呼吸。季高西医来寓即打强心针，连注三针方省人事；又打退烧针两针、戒烟针两针，始能谈话。病状据季高云病名脑贫血，俗话脑海缺血，此症甚急，危险万状，如治迟慢即有性命关系，大小便不通，欲用手术撤尿道，又恐病危支持不住，息半小时自然而泻。逢春来寓。因延年会，命令香代表告病假，不能赴约，四出寻找逢春，并未寻到，忽然想到延年会，即电至令香，逢春来时同回寓，所以令香陪来诊病、开方。据逢春云，停食着凉，传染停滞甚久，心脏压迫，此症甚急，如延医迟慢有性命关系；得症急快，病除亦快，对症下药即好；该时西医打针已保持精神性命，休养服药即渐痊愈。日夜昏迷，但病状见效。中西医见余安睡、呼吸均匀，嘱家属经心照料，不可大意，言罢两医而走。

民国三十一年（1942年）十二月六日（壬午年十月二十九日） 星期日 晴

八时电延中西医即来寓，病魔除去大半，精神尚好。午后中西医来寓诊治，云伊解除病危险，完全保持多睡少劳累。薛润甫、王敬五来寓，因回戏此二人来寓探病；芷苓兄妹、张丽君、赵女弟子陆续而来问病，勉强起床，闲步一小时，仍上床疗养，由得病起连日昏昏沉沉。芷苓亲带请帖，约余阖家饭，为移居送礼之故。

民国三十一年（1942年）十二月七日（壬午年十月三十日） 星期一 晴 风

下午三时起床，略进饮食。张廷栋夫妇来看病，陆太太亦至；孙学修、奚青约今日饭，为余主客，托陆转答，陆见病状代为辞谢。晚仍请汪、董两医来看。晚同童芷苓为移居宴客，请余阖家，余因病未去，内子带长子夫妇赴约。由余得病起，内子起居照常，毫不挂念，哎！自觉可怜。令香、令文、长媳年幼贪玩儿，余病并不轻，家属人等均看此症平常，也只好自己谨慎疗养，忽起忽睡、服药等情均仆人照料，伊等照常态度，可笑可气！惟长媳稍有敬孝之意。夜二时内子由董宅回寓，即寝。

民国三十一年（1942年）十二月八日（壬午年十一月初一日） 星期二 晴 风

下午二时汪、董两医来诊病；诸亲友见报登载余得病危险，几乎不幸，经医生看解除危险状况，均来寓看病，计有张亚东、贾润生、彭华英、杜菊初、郭盛三、刘显庭、男女弟子来寓看病、访问，至晚饭后客散；与显庭闲谈，十二时伊去即寝。

民国三十一年（1942年）十二月九日（壬午年十一月初二日） 星期三 晴

正午起。中原来看病；郭盛三送来灰鼠皮袄，托芷苓带往上海交赵子清。吴二内兄来寓看病。高亚杰丧母来报丧。李世五夫妇宿余饭店，知余病，命玉海购礼代送；玉才亦病，喉症，生双哦白喉，已治好，也危险万状，来看余；赵女弟子来谈高亚杰丧母事；张亚东来访，未晤。十时寝。肚中饥饿，一时起，进点心，四时始寝。

民国三十一年（1942年）十二月十日（壬午年十一月初三日） 星期四 晴

正午起，念书。留香饭店西餐部经理蒋福祥来寓，面带抓伤，来言与厨役曹姓冲突，曹因待遇、饮食太刻，蒋言现各商对同仁均食粗粮，况买卖不甚佳，大家维持；曹听此言不顺，彼此口角，蒋被打，故来与余诉苦；命邵先生、令香出面调停。中原来人注射；东霞迁移安设电话，托情并送礼，亲来道谢。上期应演《晴雯》，因病回戏，登报道歉，声明今夜应也在长安演冬赈义务戏，各角合作两夜。余在今夜演《翠屏山》，因病未复原，筱翠花代演。杨燕霞、常少亭太太带其女、毛世来昆仲、刘迎秋等均来探病，闲谈，六时客散，晚饭后令香夫妇偕张丽君、令文至欧林比亚看陆露明话剧，一时归寓，阖家安寝。

民国三十一年（1942年）十二月十一日（壬午年十一月初四日） 星期五 晴

十时起。中原来人注射；少亭偕马治中来寓，治中交明春赴沪黄金演戏定洋一万元，双方盖章，交少亭手大中银行支票，十五日付现款，并谈海上各戏院胜败之别。李世五夫妇带其子女及姜明忱同来寓；芷苓兄妹亦来。盛三托芷苓带往上海灰鼠皮袄，交赵子青查收。芷苓索《妒妇诀》剧本，已抄好送伊，伊避回，挑剔该戏甚劣，欲换《勘玉钏》，可笑。晚饭毕伊等去，惟李氏夫妇未去，闲谈明忱为人得意忘形，至十二时始去。陆太太因余病屡遣人送糕点，安慰病症。令香由饭店抵家，谈及阖店有与赵润川结党之情形，明忱对于饭店袖手旁观，置之不理，大有官僚之染，可笑！因事夜间失眠，未明亮电召中原注射补救。

民国三十一年（1942年）十二月十二日（壬午年十一月初五日） 星期六 晴

夜间忽起忽睡，九时中原来人注射。星伯、少亭先后来，仍谈饭店之流弊，并非常人能维，研究办法，意择复昌作为后盾帮忙饭店，请中央饭店何子良代为留香整顿，但一方面之念，不知对方可否？杨燕霞带礼来寓问病。精神不佳，中原来寓注射三次。晚饭后袁华汉夫妇来寓探病，谈及郭良前场来寓吵闹，拆水蛤蜊，霸道骄傲，诸友对其背谈，此人为人狂傲无知，伊去后稍息即寝。

民国三十一年（1942年）十二月十三日（壬午年十一月初六日） 星期日 晴

正午起。陆太太来寓访问病状；饭后丽君亲送菜蔬来；亲家太太带礼物探病；少亭亦至。晚饭后稍息即寝。

民国三十一年（1942年）十二月十四日（壬午年十一月初七日）星期一 阴 微雪

十一时起床，同星伯练习尺牍功课。芷苓约内子、令香夫妇至新新看电影。竟日无事，晚饭后即寝。

民国三十一年（1942年）十二月十五日（壬午年十一月初八日） 星期二 晴

十一时起，沐浴、念书，到石驸马大街蒲伯扬医院检查身体病魔，验血、验尿，后日嘱余去再说病原。至陆太太家午饭。路遇彭华英立谈，仍至陆宅晚饭；吴氏夫妇、振飞夫妇、杨燕霞均在，吴约余等安儿胡同食烤肉，惟恐余病后着风，故未同去，留陆宅晚饭，候伊等回寓。燕霞述说与孙家离婚原因，并受孙家连累，到宪兵队友邦军部讼词执对，说复昌最近在三庆看戏，在楼上同女友若干，燕霞在楼下同女友看戏，朱大声呼之，杨燕霞即到楼谈话，等于叫条子之态，伊上楼迟慢，复昌大怒，辱骂，几乎打之，伊觉难过，谈止。二时余抵寓，接袁华汉电，云郭良买余三条房水蛤蜊之事，本不够数目，嘱余交郭三百馀元自己购买，此事作罢，以往不究，强盗行为了事，人此作法此理通乎？奈何奈何？只可笑笑。稍息即寝。

民国三十一年（1942年）十二月十六日（壬午年十一月初九日） 星期三 阴 微雪

十时起，午饭。佩华来告假，随芷苓往上海演剧。叶老五借余处叶子戏抽头，赌友陆续而来。接秦监督通理之子开华秦蔡可如少夫妇帖，约余阖家星期五在米市胡同十九号谭宅食粤菜，在京谭家菜时髦，颇有小名，即谭篆卿家，系余老友，本月上星期五，因余病改约，晚饭后加入博戏至天明，正午始散。

民国三十一年（1942年）十二月十七日（壬午年十一月初十日） 星期四 晴

博戏诸友正午散后，中原来人注射，午饭。少亭来谈饭店明忱对于饭店事务外欠搪塞，信用人格扫地，研究设法觅人整顿。内子带令文至蒲伯扬医院看鼻症。彦衡夫人来。昨夜芷苓兄妹来寓辞行，索剧本，明日动身赴沪，出演皇后。晚饭后内子与长媳小有不和，余从中调和，内子有闲话云，云小有口角。十一时寝。

民国三十一年（1942年）十二月十八日（壬午年十一月十一日） 星期五 晴

早十时至蒲伯扬医院照透视镜，检验病症，云无恙。幼年体弱，老年发胖，虽无病症，但要保养，戒烟酒，静养身体康健。归寓。星伯来用功；少亭、彩云亦来；内子二姐来借贷。晚五时阖家赴米市胡同十九号谭宅，应秦开华之约，同席陆太太、杨燕霞，严太太，吴氏夫妇，饭毕至敫家坑秦宅共竹戏，二时归寓即寝。

民国三十一年（1942年）十二月十九日（壬午年十一月十二日） 星期六 晴

正午起。丽君、赵燕侠、少亭等来，午饭。男仆吴姓告长假。饭后命少亭、令香至中兴饭店经理何子林家，欲请为留香饭店经理探听口气，据少亭云，此事可以帮忙办理。晚饭后姜明忱来寓，仍对于饭店琐碎外欠之事搪塞，滑不可言，小有口角，执问伊仍笑面回答，但不办正事，可怕。伊去后即寝。

民国三十一年（1942年）十二月二十日（壬午年十一月十三日） 星期日 晴

十时起，午饭毕即至中原同阿莉在该院偷情、叙旧，可笑！卓小姐后来，伊二人同往长安观孟小冬演日戏《武家坡》。抵家，晚饭后阖家往新新观《魂断蓝桥》影剧，十一时步归。亲家太太来，略进点心，稍息即寝。

民国三十一年（1942年）十二月二十一日（壬午年十一月十四日） 星期一 晴

星伯来寓，余起床念书；少亭亦至。少亭对于换经理小有不满意，尤欲意辞赵润川更加不满意，伊对赵情分相投。晚阖家及丽君竹戏至三时，始寝。

民国三十一年（1942年）十二月二十二日（壬午年十一月十五日） 星期二 晴

十时起，饭后令香往亚杰处吊祭其母丧，候归寓共晚饭，稍息即寝。

民国三十一年（1942年）十二月二十三日（壬午年十一月十六日） 星期三 晴

十一时起，学字。

民国三十一年（1942年）十二月二十四日（壬午年十一月十七日） 星期四 晴

十时起床。命令香同星伯至何泽霖家，未晤即归。练字，午饭。二内兄、叶五来，留饭。阖家至中央理发、购物而归。晚饭后张丽君同其母携带礼物来看病，客去即寝。

民国三十一年（1942年）十二月二十五日（壬午年十一月十八日） 星期五 晴

早九时起，电召中原注射，托星伯带令香至何泽霖处晤面，为聘请伊进留香饭店经理名目，整顿内容黑暗。泽霖言谈漂亮，情愿尽职任务。午饭。星伯去。晚饭阖家至西来顺食涮羊肉。天寒极冷，风沙扑面。遇刘衡权立谈。饭毕陆宅电约即至伊家，有事面商，即往，同杨小姐、秦少奶奶、严太太竹戏，三时返寓，就寝。

民国三十一年（1942年）十二月二十六日（壬午年十一月十九日）星期六 阴晴不定

十时起。星伯来寓，习字。午饭后竟日无事，晚饭后稍息即寝。

民国三十一年（1942年）十二月二十七日（壬午年十一月二十日） 星期日 晴

八时起床，命令香往董少卿家商议辞留香饭店姜经理明忱事，因姜由饭店开幕不理正事，拖欠手续不清，勾结外人障碍饭店营业，并借事找事，现已任第四军参议制革厂厂长，对于饭店事务不闻不问，甚觉掣肘，故与何泽霖接洽，聘请为饭店经理，担任行政职务，财政归余所有权。少亭来，云代姜来借贷，少亭已然加入姜、赵党派，对余不利，支吾走后，余同星伯、令香至大洼志请何泽霖午饭，言明聘请饭店经理事，何允之；又带令香到张亚东（即明忱介绍人）处，设法请张出面辞去姜、赵。张言谈爽快，管装管卸，一二日张与赵润芝（即姜之介绍人）出面，令其出号，无须多费周折，姜如不辞而别，张、赵嘱余觅人接，解决店事务，候明忱再来京时，清理手续；如有麻烦，张、赵担保，言罢而出，归寓，嘱令香照办，晚饭后稍息即寝。

民国三十一年（1942年）十二月二十八日（壬午年十一月二十一日） 星期一 晴

十时起，午饭后命令香往饭店寻找姜明忱；归寓，饭后带令香往启明银号与赵润芝、姜明忱晤面，当面辞谢留香饭店职务，表面言谈谦虚漂亮，但是希望饭店酬谢馈送。伊二年来对于饭店长支外欠甚多，大约亏万元；赵从中说合，仍结账后再作计较，颇为含蓄周旋，仍交友之道。亚东托赵润芝代表，均未来，坐谈有一小时之久，谈罢一点分别，即归就寝。

民国三十一年（1942年）十二月二十九日（壬午年十一月二十二日） 星期二 晴

早十时起。星伯来，用功；常少亭来寓探听辞姜明忱内容，伊早已明察，假作不知，装腔甚像，其意想与赵润川说情，留饭店办事，余拒绝，伊走后午饭。二内兄来寓闲谈。今日余阖家借陆太太处做主人，请男女宾友。亚杰丧母，今日伴宿，余父子往吊。至陆太太家，自做主人请客，内有吴氏夫妇、秦良士及其夫人孙学修伉俪、俞振飞其妻、杨燕霞、严太太等，饭毕竹戏至四时，抵家即寝。

民国三十一年（1942年）十二月三十日（壬午年十一月二十三日）星期三 晴 风

十一时起。星伯来电，为辞赵润川故未到宅用功；昨少亭来寓，对于饭店辞姜、赵事其意不满，但表面仍旧敷衍，鬼话搪塞，可笑！令香今早九时送高亚杰丧母送殡。接徐晓东、李瑞亭、罗庆明、岳仲岩等帖，今日七时致美斋晚饭。七时至中原医院看病，清算账目三百八十元；又赴致美斋应太平保险公司李瑞亭等宴会，共六桌、百人，男女宾均到场，同业人男女名伶若干。饭后步至清华购烟，归寓。阖家往长安观叶氏昆仲及李玉茹演《金石盟》带《时迁偷鸡》，戏毕归寓，稍息就寝。

民国三十一年（1942年）十二月三十一日（壬午年十一月二十四日） 星期四 晴

十时起，习字。少亭来，知姜明忱、赵润川辞留香饭店职务，伊对姜情分并不浓厚，仍介绍赵润川复到饭店担任副经理。余意原因为赵笼络阖店及伙友等，成群结党，有意霸权；人心动摇；少亭亦随赵党，今劝余急速请赵回柜职务。常意有吞谋饭店之意，存心不良，又与赵说情，可乐！混人也，其行可恶可畏。数日前程砚秋由申回京，伊在海上见报载余病危险，故来寓探病，未晤面，留片而去。午饭后带令香往朱复昌家拜谒，为介绍何泽霖进留香饭店，有事外出，未晤。命令香回拜程砚秋，余即归寓小寝。晚饭毕阖家往长安观中国旅行戏团在长安出演话剧，剧名《水仙花》，唐若青主演，描写为人各性，剧意甚苦，使人掉泪动情。观毕即归，命令香往饭店查看，候伊归，寝。

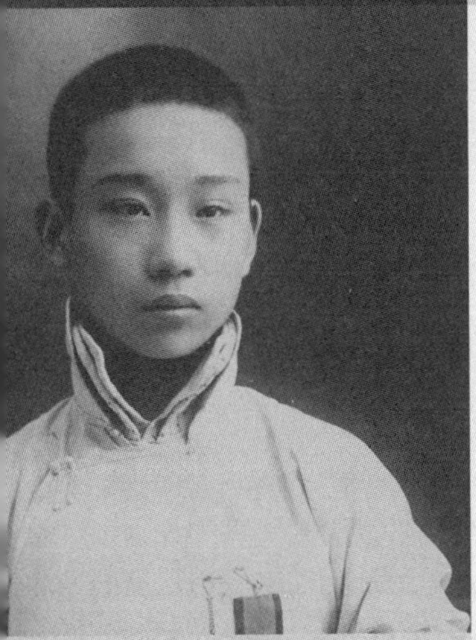

一九四三年

1943年

民国三十二年（1943年）一月一日（壬午年十一月二十五日） 星期五 晴

早九时起，至大街闲步。今日虽阳历元旦，但街市照常，并无新年气象，仍注重旧历年。十一时归。午饭毕赵润川来谈，其意仍想回饭店做事，但此人做事不忠，敷衍而去。后带令香往朱复昌家面谈，请伊介绍何泽霖为留香饭店经理，朱作中人；又至袁华汉家，伊升保安科科长，往去道喜，留片而出。令香至饭店料理琐务，余至中原注射即归寓。文逵来，云马姓外面谣传用留香饭店名义借洋五万元，并有饭店水印图章，可笑！余对于要事、图章均在家保存，须盖章时经余亲自办理，此谣言想是钻牵诈财而已。晚饭，寝。

民国三十二年（1943年）一月二日（壬午年十一月二十六日） 星期六 晴

九时起床。邰先生来谈饭店账目事，午饭后同令香至饭店结账；余在寓结算家务账目。明日陆太太生日，送旧席券二桌六十元，伊借去未用过新麻雀牌，筹码全付，麻雀牌两付。晚阖家至长安观唐若青演《水仙花》，余未看完欲往中原注射，余至中原注射后抵寓即寝。

民国三十二年（1943年）一月三日（壬午年十一月二十七日） 星期日 晴

九时起，午饭后朱复昌介绍大运保险公司张铭字子箴来寓商洽保险事，帮忙检场，其意借名宣传。此人戏迷，大谈从前看戏经过，并与欧美外国人交友甚广，言不

荀慧生为荀令香说戏

尽欢；陆宅来催，余即往，伊始去。同令香夫妇往陆太太家贺寿，男女宾客数人；余同秦少奶奶、言太太、杨燕霞、吴太太、孙学修等竹戏至天明早十时，抵家。

民国三十二年（1943年）一月四日（壬午年十一月二十八日） 星期一

昨日在陆宅竹戏，今晨十时抵家，午饭，带令香至朱复昌处，何泽霖先至，当面谈入留香饭店为聘请经理，伊有拟好稿件聘书，余以不妥，一方面之辞，推脱；一二日思之，余亦拟稿，双方选择和平办法，再为接洽；该时沙游天偕唐槐秋（既若青之父）为演剧呈报剧本事，托请催速。七时归寓晚饭。日夜未眠，身觉劳乏，九时即寝。

民国三十二年（1943年）一月五日（壬午年十一月二十九日） 星期二 阴晴不定

十时起。星伯来寓。复昌宫画十三绝欲以出售，托剧界名人夸赞文字题跋，托星伯代笔，共饭。五时出门，偕星伯、令香至董少卿家，为计划请何泽霖入饭店经理聘书事，董斟酌文字，嘱后日接洽，拟理草稿，当面研究。即至清华购烟，回住饭店晚餐、沐浴。

民国三十二年（1943年）一月六日（壬午年十二月初一日） 星期三 阴晴不定 风沙扑面

午饭后阿莉约余至小半斋闲谈，晚饭后乘马车而归，至家即寝。

民国三十二年（1943年）一月七日（壬午年十二月初二日） 星期四 晴

正午起，星伯来念书；少亭亦至。午饭后，晚阖家至长安看话剧《绿窗红泪》，观毕即归，稍息寝。

民国三十二年（1943年）一月八日（壬午年十二月初三日） 星期五 晴

十时起。午饭后泽霖电约至中兴饭店，商洽留香饭店接任事，谈罢又至留香饭店沐浴、注射；晚往少卿家，为取聘请泽霖聘书草稿，余至陆太太处，为其夫三年孝满脱孝服事，与秦少奶奶夫妇、严太太、杨燕霞等竹戏，三时抵家。

民国三十二年（1943年）一月九日（壬午年十二月初四日） 星期六 晴

十时起，午饭后同星伯、令香仍计划聘书泽林事，午饭毕。复昌生日，同少亭、令香往贺至伊宅，据仆人云，朱十四日生辰，荒唐可笑，即步归。

民国三十二年（1943年）一月十日（壬午年十二月初五日） 星期日 晴 巨风竟日未息

诸亲友至，余今日生辰，来寓贺之，均退礼挡驾；惟男女弟子推门而入；陆太太、严太太、杨燕霞均亲带礼来，不得却还，留寓共饭，并竹戏达旦，次早正午始散。

民国三十二年（1943年）一月十一日（壬午年十二月初六日） 星期一

昨亲友来贺，留寓日夜，便饭并博戏，至今早正午客散，结算账目，即寝。八时卓、易电约新广州晚饭，饭毕步送余回寓，抵家就寝。

民国三十二年（1943年）一月十二日（壬午年十二月初七日） 星期二 晴

十时起。昨日阿莉云，长安话剧演员唐若青均被宪兵队用汽车捕走，内容不解，故此回戏。星伯来，言昨夜李世五被查店带去捕至二区看押，因伊吸烟，托人打保，安全出区，仍宿余店。午饭后同少亭、令香至尚小云家贺伊生辰；同李瑞亭闲谈；贺客了了；绮霞陪余闲谈片时。有中利茶役代卖肥票者云伊友八十岁老叟堪舆，路过余饭店看之，云对门王松龄住所安下镇物，对于饭店大有不利，口舌是非而已，似信似疑，且自由他。又往中原注射。

民国三十二年（1943年）一月十三日（壬午年十二月初八日） 星期三 晴

九时起。寒冷。早饭后世五来电，约余父子至钟伯杰局长处，有第四军刘秘书欲要提拔令香转行在政界做事；钟留饭，沿路与世五谈，如伊等起程时带令香至第四军谋事，同到饭店沐浴。余阖家及丽君博戏，三时始寝。

民国三十二年（1943年）一月十四日（壬午年十二月初九日） 星期四 晴

十时起，午饭后偕星伯、令香同到中兴饭店与何泽霖晤面，商洽聘书、入留香饭店手续。又到中央理发，归。六时至复昌处，泽霖、令香先在，仍为聘请泽霖事，复昌略动笔墨，小有删改，不与大体相干，言罢归寓晚饭，稍息即寝。

民国三十二年（1943年）一月十五日（壬午年十二月初十日） 星期五 晴

早十时步至大街购烟嘴，归寓午饭，小睡。令香由饭店来，促余起，谈结算饭店账目事。马治中、孙兰亭、汪祺峻由上海黄金来寓，未晤。晚饭后即寝。

民国三十二年（1943年）一月十六日（壬午年十二月十一日） 星期六 晴

十时起床，至单牌楼散步，归寓，午饭毕带令香至中兴饭店访泽霖，谈及聘书事，因未写全，应今夜送至伊家。值启明银号借洋一千元，为予之用，少亭中人，言明三个月归还，并谈及姜明忱不辞而别，至今无信，店内复杂，但明忱账目、手续未结清，又不好觅人管理，恐明忱回时无赖狡猾；余并将与明忱所订合同交赵润芝手，存伊未交出，不知是怀何意，故找润芝面谈，饭店无有首领，对外实难应付；润芝担保明忱手续，候伊归代为解决，店中只管觅人宣布，如明忱有狡猾之处，伊代表作证，并书信催明忱即归，结束此事。抵家晚饭。今马治中又来，仍未晤面，约明日下午二时来寓，面谈海上事。余因少亭诸事对余不利，笑面应付，余意解决此人，日前并有函告兰亭等辞去此人，公事一切不可与少亭接洽，马已明了此事，今日来电被少亭从旁听去，与马去函，明日下午二时之约改晚七时西来顺晚饭晤面，即命人明日送到马宅。稍息即寝。

《红娘》荀令香饰红娘

民国三十二年（1943年）一月十七日（壬午年十二月十二日） 星期日 晴

十时起，至西单闲步，一时回寓午饭。常少亭候等上海来京邀余者马治中、汪祺峻二君，定二时来寓。伊因躲避常，余已函告治中改今日未来。六时赴西来顺约，马、汪均到场，令香亦至，接洽上海黄金演剧事。伊二人言，因连良正月之约，事故忙碌不克赴沪，改期，请余提前赴沪，明正二十左右登台演唱，情不可却，允之，并将辞少亭、改换李某人亦对其详告。

民国三十二年（1943年）一月十八日（壬午年十二月十三日） 星期一 晴

正午起。治中、祺峻来寓，计划明正动身赴沪事，决定提前演唱；少亭亦至，伊不明了被辞，仍谈公事，留午饭。客去后在余数年前旧女友，因其贫寒堕落，今日来寓借贷，当初曾在一处同居年馀，因不安分，经游天说合，送伊五百元，永断关系；今忽来，云胡秀雯与余旧交，求余帮助，即回故乡。余忆起从前旧事故记载及舅母由乡来京，至寓求助，因无闲房送至本饭店住宿。张筱恒择定一月二十六日与其长子万藻订婚，有喜帖来；尤殿华青岛来信与照片。令香至饭店与李世五晤面，定明晨十时车，赴徐州商邱赵军长电详军部谋事。阖家闲谈，一夜未睡，为送令香。

民国三十二年（1943年）一月十九日（壬午年十二月十四日） 星期二 晴

早七时送令香，先至留香饭店与董晤面，托伊照拂令香。九时余同长媳送往车站，刘秘书长在站晤面，托其照拂一切，并在军长前极力维护，早日委任回京，好办理饭店及家中一切手续事宜。十时开车，长媳回家，余至饭店沐浴、注射，同星伯回家，抄写上海演戏各角包银账目，为此次赴沪开销比较。胡秀云来寓，借贷送洋四十元，嘱伊此后不可再来，了结此事。朱复昌今日生辰，送礼往贺，因其未起余即归，午饭。因与常少亭在饭店及家中行事变态，存心可畏，此次赴上海余皆约李绍亭办理，恐常少亭来宅诸多不便，故约李绍亭、马治中、汪祺峻在中兴饭店接洽商谈；又往陆宅谈约金仲仁事，未晤面，回家。晚饭后李绍亭来研究约赴沪各角包银事，伊去后余即安睡。

民国三十二年（1943年）一月二十日（壬午年十二月十五日） 星期三 晴

十时起。玉海来取饭店水印，往财政局为杨汽车欠捐事。午饭后星伯来，谈话少顷，及舅妈由乡来京住饭店，向余借钞回乡过年，余给百元，伊贪心不足，故此未了。余外出往陆宅接洽仲仁合作事，又至中原注射，到饭店小坐即回宅。余烟瘾发作，至金城医院注射，又同西单商场内看杂耍，步归。李绍亭先在寓候，谈赴沪约各角并辞常少亭事至三时，余寝。

民国三十二年（1943年）一月二十一日（壬午年十二月十六日） 星期四 阴

早十时起床，去大街购烟、中原注射，又到饭店托星伯及玉海同往常少亭处辞谢，常少亭因余不好面谈，故如此办理。邵、刘回宅，余不归。邵、刘对辞常少亭事经过说明拟云常当下态度平和，并无异言。留邵午饭。此次因少亭贪心过度，上海本七万包银，伊在余面前言六万五千元，余问治中，言七万元，常想吞吃五千元，胆大妄为；并在饭店挂名拿钱，银号还账多半经伊手，还债赚钱，流弊说不尽，均被余知，并有确实凭证在余手中，故知其为人恶劣，故已辞去此人。绍亭来，嘱伊急速接洽赴沪各角公事，三时伊去即寝。

民国三十二年（1943年）一月二十二日（壬午年十二月十七日） 星期五 晴

十时起。星伯来寓，接洽明忱前账目事。三时赴中原看病，又至饭店晚餐。阿莉、卓小姐约余到北京饭店看杂耍。《新民报》主办为报界人病故，家贫如洗、只剩孤儿寡女，借北京饭店演戏筹款，题目："迎春夜间乐"。管翼贤等人，邵挹芬演说迎春词二目，李鸿宾高音独唱中华口琴会三目，李玉芝小姐京剧清唱四目，李玉茹小姐时代歌曲五目，余益蕙小姐歌舞，余益民先生手风琴伴奏六目，四剧社古装《红楼梦》七目，池元元小姐高音独唱、林练霞小姐伴奏八目，方仲宜小姐、许纹欣小姐等美人成队试新装服装，由天津紫扇子北京分社供给八目，乐秀云小姐舞剑，王玉蓉清唱，吴素秋时代歌曲，北燕剧社《湖上悲剧》，名票丁至云小姐等彩唱《玉堂春》，并各位小姐至台下卖鲜花，价昂，五元一枝，捐款均送故人发丧养廉，别开生面，亦觉有趣；票价不分座位，每人十元，观毕步归至家，稍息就睡。

民国三十二年（1943年）一月二十三日（壬午年十二月十八日） 星期六 大雪纷飞

入冬以来初次降雪。早八时赴中原疗治病症，在长安大街震兴购烟，缓步而归。电约邵星伯、何泽霖来寓，接洽店事。请何早到店，整顿一切。徐碧云今日续弦，送份金十元。留何、邵午饭。修容。晚六时周五小姐电云王太太由奉天而归，约余外出至同和居；余约周氏姊妹及王太太晚饭，饭后抵家。雪仍未止，天寒极冷。绍亭来谈赴沪各角均已接洽，惟金仲仁索包银六千元。在未用时托陆太太撮合搭余班正式接洽公事，胡乱要价，可笑！一时散后即寝。

民国三十二年（1943年）一月二十四日（壬午年十二月十九日）星期日 大雪连日

早十时踏雪出门，至中原看病，往饭店沐浴，又到中央理发而归，午饭。延年会帖，同仁请余泰丰楼补寿。二十六日六时为留香饭店聘请何泽霖宴客帖，择二十七号在撷英西餐，约饭店法律顾问彭昌桢、总账房邵星伯、董少青（朱复昌为介绍人）、董少青眷属，余阖家、泽霖约中兴饭店法律顾问并其友四位，今日出帖。晚饭后即寝。

民国三十二年（1943年）一月二十五日（壬午年十二月二十日） 星期一 大雪

雪连三日，大雪纷飞未止。八时赴中原注射而归。今日内子生辰，诸亲友来贺。邵星伯偕于培璋来寓，因留香饭店建筑经于培璋、梁建庭担任筹备处，账目不清，据明忱云均是此二人从中作祟，饭店未开幕被辞至今；饭店二载明忱高就，内容杂乱无章，今改组聘请何泽霖为经理，何介绍于入店从前一概不提，俟后再有不规则行为，均归何担任，说之再四，允之。今邵同于来寓赔礼解释误会，言罢而去。众亲友博戏。晚饭后杨燕霞、陆太太来，金仲仁赴沪事，据陆云金索六千元不多，所谓外行竟听外人说，未经事实，提起别角赴沪十万二十万之多，在馆子不过容纳千馀人，此款由何处而出，外行之外，可笑！客散即寝。

民国三十二年（1943年）一月二十六日（壬午年十二月二十一日） 星期二 晴 冷

正午起，午饭后身体疲倦，小睡。延年会促余起床赴约，为余补寿，即往泰丰楼。世安代友托余画扇。饭后至中原注射，又往饭店小坐，即归就寝。

民国三十二年（1943年）一月二十七日（壬午年十二月二十二日） 星期三 晴

十时起，电约星伯来寓，谈饭店琐杂事。晚阖家至撷英请何泽霖、朱复昌阖家、董少卿及中兴饭店法律顾问，均到场，为聘请泽霖入留香饭店任经理事，复昌中人，并在社会局并请立案，将明忱经理名义取消，改换何泽霖担任经理，公会、旅店亦递呈照办，双方盖章，交泽霖手，往社会局旅店公会办理手续，定民国三十二年（1943年）一月二十九日即阴历十二月二十四日早十点，在留香饭店同何泽霖对饭店同仁宣布改换经理，何由今日正式任职接任。谈罢、饭毕，客去即归。李绍亭来寓，言明正王文源赴烟台演剧；朱斌仙同世来赴济南；沈玉才索价甚昂；并言长安话剧唐若青被捕至今月馀并无消息；请余明正出演等事。一时寝。

民国三十二年（1943年）一月二十八日（壬午年十二月二十三日） 星期四 晴

早十时起。何泽霖、邵星伯来谈接任整顿饭店事，何意入饭店人员推翻，另觅新人，以免旧劣不改，不顾一切，如若不辞净，恐有传染性，好人亦要学坏。余想此事为谓不可，留饭，饭后略谈而去，十一时寝。

民国三十二年（1943年）一月二十九日（壬午年十二月二十四日） 星期五 晴

早九时起床，至留香饭店。俄时何泽霖带来伙友于培章、苏姓等二十馀人，来任留香饭店职务，插手接事，各班均有何带来人监视旧部人。余认为此事不妥，再三劝其缓办，但何于气性刚暴，急急施行，要一网打尽；余因行政归伊主权，又被此委托事务，伊云任何举动均好解决，并店伙同仁尤不敢欺行霸市，余不好再劝之也，只好由他。午饭后沐浴，至中原注射。李绍亭由大中银行取来上海黄金演戏包银两万元，交伊一万五千元分配配角，余留五千年关之用。四时始寝。

民国三十二年（1943年）一月三十日（壬午年十二月二十五日） 星期六 晴

九时何泽霖来电，促余即起，云饭店同仁结成团体，罢工行强，经邵星伯说之同伙条件，将昨日何泽霖带来二十馀人轰赶出店，我们同伙暂且维持，等姜明忱回京听他如何分派，或者包赔过年金钱生活，不然与泽霖、培章拼命而已，将何、于活活打死，情愿抵命。该时只有培章在店，也只好依从同仁条件，急领二十馀人出店。此举嘱之再四，何、于言有日人保护，正午来寓，于、何大惊，问余设法解围，结果未出余料，何、于势力何在？粗鲁盲从。嘱伊二人往外二区觅王翻译解围，如不成再找日人西原，此事大可了结定。西原来电，知留香饭店此事，大告奋勇，自愿出面排解，如善劝不听，均送往日本宪兵队看押。由开饭店两载以来，赔钱琐碎，家宅不安，丢失物件，可算运气不佳。饭店小褂侯占元来，云昨晚在房间王洁如同李永江、外二区主任王、明忱内弟召集阖店同仁开会议，如明早十时何泽霖带人接收饭店，群起打骂，不必顾虑，闯出大祸其二人担待，并言余与何泽霖如出面，硝镪水、石灰将其面部损毁，均据侯头报告。晚何泽霖来，谈经王翻译说和，饭店同仁云：候姜明忱归我们散去，由何手散我们不行。又云如明忱今年不归，明年初六日为止，同仁仍旧维持饭店。余对泽霖云用日人压迫，何不肯，只好依从同仁。余交代何如在此十一天内阖店再起风潮，或损毁物件、账目不清等事，不许推脱，伊担负完全责任，允诺而去。即寝。

民国三十二年（1943年）一月三十一日（壬午年十二月二十六日） 星期日 阴

早十时邵星伯促余起床，云饭店年关非三千元不能了账，向余借去两千元，午饭而去。绍亭、梳头老五来，大约为长包银而来。晚饭后阖家竹戏至三时，始寝。

民国三十二年（1943年）二月一日（壬午年十二月二十七日） 星期一 阴

早八时往烂漫胡同访董少卿，晤面，谈起留香饭店茶役同伙齐行罢工、打架斗殴、揽权等等不良，搅乱营业，房东、经理拦阻进店，无所不为，背后有人主持，永不能解除恶霸。董云区署法院起诉，告伊等违法，不守店规，营私舞弊，霸占营业，此事立刻解决，即轰茶役出店。何泽霖、于培章、邵星伯、律师吕诵岑来寓，云饭店无主，茶役等善做威服，任意横行，将头等客房挂钟窃去，不许过问，如问以武力对待，可笑！吕律师言此情万不能明正初六接收，此事提前，嘱何明日往二区请求警察保护，监收留香饭店各部手续，如有损失，交代不清，送官看押究办，交涉入手初步，再后放肆，京城日人宪兵队看押动刑。留诸位午饭。计划送亲友年礼。东明来索《玉堂春》剧本；令香由商邱乘车，下午七时抵家；至家谈及子铎及军长、部下属员对其特别关照，军长现委令香为上尉副官。乘车时恰遇赵军长由济南开会后回商邱等杂事。饭毕即寝。

民国三十二年（1943年）二月二日（壬午年十二月二十八日） 星期二 晴

午饭毕偕令香、泽霖往外二区访分局长范幼扬，晤面，谈及留香饭店内容复杂事，幼扬云不必过谈，伊已尽知，即派张铭青司法警及张首席局员两名同往留香饭店，为排解保护之意，入店在一零三号房间招集同仁询问，茶役方面知其意，来者不善，但各有介绍人，多半均是日人、各政界介绍，所以各茶房态度骄傲，目中无人，不守职业本分，礼貌不讲，仰仗介绍人之势力，结成团体，聚众要挟，并有损坏物品、账目不清，并约本介绍人，西园你一韩国人，被后并有主谋人王洁如、李永江等，阖店均与官方有来往，亦借饭店联络，造成势力，故虽经张局员及西园并余父子等排解顺说，而彼等仍旧不理，随时出入集合，毫无结果。后经张局员询明，其意在产除何泽霖，彼等自为；其次，则另换经理，原人不动，如不接受，以武力对待。当时实难回答，正在僵局，彼等将电灯拉灭，欲行无礼，幸张局员当时软化，始开灯。余等恐其再生别故，移至前面客厅。张看来势汹汹，电招骑车警十数名弹压，风潮始安静，毫无结果，无礼要求，大家起身而出。归寓，与泽霖计划，百般愁处，但无善法，思之再三，惟有暂停营业，遣散彼等，清理账目，择吉开幕；但营业甚佳，惟用人不当，浪费开支，虽已开幕两年，并未得利，此等结果十分伤心。茶役等怨言不满。夜四时散，寝。

民国三十二年（1943年）二月三日（壬午年十二月二十九日）星期三 阴 微雪 冷

早八时促令香往少卿家，商议留香饭店如何解决遣散茶役等；余至中原注射即归。令香来电，请余即往后王公厂彭昌桢处，与少卿仍计划饭店事，欲假修理清算题目整时歇业，决定，回寓。星伯来寓，共借洋两千五百元，为还饭店账目；茶役等屡来不息，亦有访问消息者，亦有装好人来挑事，种种设计，大有监视之意，似觉可笑。泽霖、培章先后至；少卿送来留香饭店请求歇业稿件，命泽霖、培章投递。三时寝。

民国三十二年（1943年）二月四日（壬午年十二月三十日） 星期四 阴晴不定

八时往中原治疗病症，归寓午饭，带长子往彭华英处晤谈饭店伙友聚众罢工事，伊介绍外二区分局长朱姓，由昨日接委，范幼扬调至四区。即往访朱局长，谈饭店经过，伊早听部下言过，一盖尽知，但今日接任，对部下虽以管辖，无法帮忙，朱亦知会区职员与留香饭店伙友等有来往，不好深说，暗语关照，余明了此事，言罢而出，即归寓。将从前歇业事打消。若真歇业，正式办理手续，往社会局投递、二区备案，除此以外恐难解决饭店伙友等。假设用手腕整行停业，势不可能。绍亭等在寓候，亦百般思索，只好歇业。今日年三十日，除夕日仍不得休息，可怜。晚饭后阖家竹戏欢乐、守岁，一夜未眠，敬香敬神，历年老例，数千年来中国俗礼，应有尽有。

民国三十二年（1943年）二月五日（癸未年正月初一日） 星期五 阴晴不定

为癸未羊年事：如意至今晨，阖家稍息。诸戚发来贺年。今日元旦，天气甚冷，狂风扑面，未有日光。留香饭店茶役侯占元、田泳、张庭栋、孙振华、王庆堂、董美武等来拜年，据云为首人王洁如已归天津，西园先生知其理由不甚充足，亦不帮忙，彼等软化哀求赏饭，并促何急进饭店接收职任。午饭后在家接待贺年诸亲友，晚饭后阖家博戏，一时寝。

民国三十二年（1943年）二月六日（癸未年正月初二日） 星期六 阴晴不定

早八时促令香起床，往众亲友处及区署各机关贺年，二时抵家午饭，仍出门贺年，晤面者程希贤，略谈饭店，伊送名片，介绍日人田中；又见世安、华英、公颖、华汉均代为设法、筹划饭店事，惟华汉现任保安科长，听信茶房谮言，劝余将何辞去，阖店人员不许动。挂官私话而说，亦有恐吓之意。并云数日前□属外二区，对留香饭店辞用茶房事特别注意，完全势力压迫，亦觉可笑，抵家。西园与令香晤面，不过间谍而已。王一民来寓，谈留香饭店黑暗甚为彻底，为人直爽，表示好感。此次茶房作乱，其一概尽知。三时始散，寝。

民国三十二年（1943年）二月七日（癸未年正月初三日） 星期日 晴

十时起。诸友人来，亦有贺年者，亦有为饭店茶役托情者，亦有探听虚实者，事虽小颇有政治派系之。茶房此次捣乱颇有计划，组织坚固之极。同何泽霖研究，惟有整时停业，扫尽坏人。赵华英颇为设法，帮忙友人之道。晚饭后至长安戏院演《花田错》，上座甚佳。余由病后，三月未曾登台，台下观客甚欢迎。戏毕归寓，同泽霖研究饭店解散，日人美法软手段。四时寝。补记：今日父亲寿辰，亲友来贺。

民国三十二年（1943年）二月八日（癸未年正月初四日）星期一 忽阴忽晴 大风

正午起。招集饭店辛永海、田泳、侯占元等来寓，仍合计饭店解决同仁事，惟有二区递呈，清理内部账目、油饰见新等借词，暂时停业，再送茶役等路费、盘费，即命各人离店，善后整顿重张，但须余与令香亲自出面。又往赵华英处，未晤，同其夫人韵秋讲内幕，说明转告，暗地帮忙。归寓，晚饭后阖家赴长安，观客早已满座，无立足之地。彭华英同关宁靖、杨凤鸣数人至后台，托余购票，无法可想，将内子己厢让伊等，并未收票价。《元宵谜》九时半登台，戏毕即归。泽霖来，满口胡吹，乱说饭店之事皆由其所起，至今无谋无勇，又不肯低头下气，乱说乱道，可气可笑！所谓自己事自己解决定，即令解散，明日施行。五时寝。

民国三十二年（1943年）二月九日（癸未年正月初五日） 星期二 晴

早九时起。招集同仁施行，往饭店，送同仁钞，解散，以免后患。夏耀民云姜明忱已归，命玉海、耀民先至姜宅报告饭店罢工事。祸根首领明忱内弟王洁如；余同令香随后往姜宅，其妻云与夏、刘晤面后往沂园沐浴。余同令香带领夏、刘及赵姓往饭店召集同仁在餐厅谈话，令香演说，大略大家排挤何泽霖，做事人情不通，但饭店亏钱，店无主管，一时难选人位，余因年幼，恐难胜任，今暂停休业整顿内容，清理账目，并赠送茶役二百元，共三十馀人平分。当时茶役亦无法暴动，只可慢散而去。但洁如仍在背后开会议，种种设计，又无计可使，又不出店，即至沂园电约明忱来店，谈今日经过，同仁晤面，述说其另谋他职，同仁拥护余已辞饭店，经理职并非被辞，同荀仍是好友，今日赠钱嘱大家另谋生活，况且为此事歇业，其等仍不走出，其情何意？言罢又同其内弟王云，并不在留香饭店做事，背后主持同仁与饭店作对，现已停业，仍在此居住，召集茶房横行，与公理不和，即速出店，以免余与荀双方伤了感情，从中误会。言罢，茶役即散去。余同姜略谈，姜云内弟为人品行不端，其姐勾栏卖笑，伊收为二房，洁如仍是王八行为。明忱走去，王率领被辞茶房仍回饭店搅扰，命玉海、耀民、少亭、被留用小褂茶房软化对待，不可起冲突，日夜饭店内轮流休息，免出意外情形。店内客人有三十馀房间住客，并有三两处特务机关人帮助茶房与王计划设计毁坏之举。十一时回寓，天明始寝。

民国三十二年（1943年）二月十日（癸未年正月初六日） 星期三 晴

早十时起。令香至饭店，余至中原注射后亦至饭店，绍亭、立段等先在；刘、夏云茶房走一大半，随来随走，客人二十馀房间，洁如仍不走，避免生气，来往不拒，但不能反目，小人也，恐事非口舌，暂时敷衍，店内琐碎事务完毕、解散团体，再与其理论。晚满洲军同一日人强宿余店，对伊云停业不招待客人，伊蛮不讲理，仍进店开房间，但亦无法应付，看此情绝不久留。至夜四时回寓，稍息即寝。

民国三十二年（1943年）二月十一日（癸未年正月初七日） 星期四 晴

正午起。令香至饭店清理房间；曹静山由津来京至寓，耳闻余饭店为茶房停业，其意介绍天津交际饭店经理租到留香饭店，免操心费神，伊行伍出身，看留香饭店将来定有发达，余犹豫不决，定今日下午四时晤面，研究细谈。杨怀白来函，询问赴沪带何佩华否，何现随芷苓在南京演唱，如留何，芷苓演毕何返回上海，如不留，即回北京。童寿苓函，云小生一事约妥否，如未约妥，伊愿帮忙随沪演唱。何佩华亦有函来，仍询问赴沪要伊不要。吉世安少爷及东圃来贺年。令香在饭店同茶役及绍亭等清理房间、家具，现有二十馀家未搬出，并有一客人云交茶房孙振华四百元存柜，振华昨始去，晚间客人云该客系军界人，欠饭店数目相合，无凭无据，赖词推托，不还债而已，还用手腕巧计，难免与解散人同党，圈套而已，可笑！晚饭后即寝。

民国三十二年（1943年）二月十二日（癸未年正月初八日） 星期五 晴

正午起。陈受之夫人母女来拜年；内兄彩云要求余演戏搭桌，为还债，当此情形，饭店种种事故，破财是非，此人不明了人情，可气！同玉才吊嗓、说戏；与少亭、令香计划留香饭店重张开幕事。晚饭后阖家往长安戏院，演《得意缘》，戏毕即归。阖家博戏，次早七时始寝。

民国三十二年（1943年）二月十三日（癸未年正月初九日） 星期六 晴

正午起，饭后命令香至常少亭家，清理其经手借款账目，并往饭店努力继续，晚饭后稍息即寝。

民国三十二年（1943年）二月十四日（癸未年正月初十日） 星期日 晴

一时起，午饭后玉才、砚芬来说戏；曹静山来接洽租留香饭店，来意甚急，谈话荒谬，条件百从百依。并不知邱秉章、曹静山底细，而动辄十馀万满口答应，余看此事不妥，托绍亭婉转辞谢。晚饭后阖家往长安，演《红娘》，戏毕即归，仍为饭店善后计划，天明绍亭始去，即寝。

民国三十二年（1943年）二月十五日（癸未年正月十一日） 星期一 晴

一时起，午饭毕周五小姐、王太太电约西黔阳晤面，因事忙定八时在新新看电影晤面；卓博公约今日六时春华楼晚饭。余赴中原注射，又至春华楼应卓约，同席均报界，陈重民、林质生、管翼贤、凌抚元、宋介、陆少游、田丹佛、陈斑侯等，名妓侑酒，所谓有酒有花。未终席至新新，同周、王看《泪洒相思地》，剧情甚苦，描写大家闺秀不如娼妓；观毕至西单小咖啡馆闲坐，十二时抵家即寝。

民国三十二年（1943年）二月十六日（癸未年正月十二日） 星期二 阴

正午起，饭毕约星伯、宝荣、心铭来寓，清算留香饭店账目。开市两年以来账目未清，至今暂停营业，账目仍开不出，银钱均归星伯手管理，二载以来房钱薪水未得一文，还欠外账大约须万元左右，今日算账才明了底细：借饭店钱任意挥花，有出无进，用人不当，至今店内伙友暴动解散，吃私舞弊，皆星伯一人造成账目所谓混账，交友寒心，邵意足够坑东灭伙之举，奈何奈何！由开饭店以来所有房产卖尽，各埠演剧戏份亦有十馀万元进账，至今外债尚有五万馀元未清，均被人暗算。今交令香

《荀灌娘》荀慧生饰荀灌娘

一万八千元清理少亭外债还清。晚饭后稍息即寝，

民国三十二年（1943年）二月十七日（癸未年正月十三日） 星期三 阴晴不定

狂风竟日，极冷。正午起，午饭毕同邵星伯清理账目，伊交不出，巧言设计脱托，嘱其将饭店所有一切账目收入宅内清算，伊满口搪塞胡云，狡猾已极，账目不清，所谓混账，首尾不清，定明日结算。晚饭后赴三庆演《荀灌娘》，戏毕即归。同绍亭、立彤计划饭店事；交令香一千元，维持停业饭店同仁伙食及零用。阖家竹戏，至天明始寝。

民国三十二年（1943年）二月十八日（癸未年正月十四日） 星期四 晴

正午起，饭后立彤、宝荣、令香、星伯、绍亭清算留香饭店账目。弊病花账、伪造账种种说不尽，任意报销，与总账结码不合，交代不出，承认自己花用，情愿写借字，所谓坑东灭伙，无言对答，装聋装哑，装痴装傻，故意迟延时间，使人疲倦，拖长日期，以账理不合，问其理由，答不出时拉扯好人，笑面藏刀，老奸巨猾，文混混胡扯，不说账理，账目不清楚，重笔亏欠，自承认花费，愿写借字，假不了了之态度，统而言之笔墨难以形容，绍兴师爷本色。晚饭后人等疲倦，但伊仍搞交情，绝不承认坑东灭伙，余暂时忍耐，任其如何使手腕，且待清账之后再与其诉讼辩理。一时寝。

民国三十二年（1943年）二月十九日（癸未年正月十五日） 星期五 晴

下午一时起。风沙扑面，极冷。午饭后诸友人来，仍与星伯清算账目。故意掣肘，推脱延长日期，其用意等余赴沪与令香清算，交糊涂账目了事，可笑！余连日催促结清，伊前后账目混绞一气，以前结清账目笔笔亏欠，总数不合，澄清之后承认借贷，碰账里数目，在饭店使同仁长支短欠，任意浪费，每月收支万元，规定开销七千馀元定数，伊云收入不够开支，但阖店同仁员均账支，长使账目三千馀元，东家如有生日喜事等借柜上钱送礼，对同仁调查伊均扣回，但并不下账，此类账目太多，说不尽，但其态度自然坦当，仍不认错，年龄过长，老成练达，此行为无恶不作，可恨已极！阖家至长安演《荆钗记》，戏毕即归，稍息就寝。

《荆钗记》 荀慧生饰钱玉莲

民国三十二年（1943年）二月二十日（癸未年正月十六日） 星期六 晴

正午起，饭后苏、邵先后来，仍清算留香饭店账目。邵之举实难形容，万恶滔天。饭店之生意两年以来日日客满，至今被伊搅和停业解散，同仁伤财惹气，均被老儿造成，可气可气！至中原注射，步归，就寝。

民国三十二年（1943年）二月二十一日（癸未年正月十七日） 星期日 晴

正午起，饭后立彤与令香、星伯清算。可邵仍拖长时间，故意混账，但走撤不脱，看余对其如何办法。伊云账目三五日内准结清。晚饭后同绍亭步至长安戏院，今日本余演《十三妹》，数日前朱复昌向余商洽，借今日与马连良演合作戏，为请友邦军长及报道部。合作戏余演《铁弓缘》，在后台化装时男女日人观余化装，并摄影数帧，并日人加入，大成户中将送礼百元，甚恭敬客气。《铁弓缘》十时半登台，观客多半日人军界，朱复昌主办。戏毕日人大仓喜雄、小林登至后台闲谈。据朱云大仓喜雄资本家，在日本无不知者，所谓名人。谈罢即归。阖家竹戏，三时始寝。

民国三十二年（1943年）二月二十二日（癸未年正月十八日） 星期一 晴

正午起，接怀白函，何佩华已返北京，并代友索礼物；王祐庭、邵星伯、段立彤、令香清理账目，外账刘福田结清，亏三百馀元，未能细看，暂交总账星伯过账。重账挥霍，任意报销，老而不死是为贼！仍平心静气算账，查出赃证伊巧言花语，说之可笑，统而言之，阖店统统作弊，且待结账之后再为办理。晚饭后稍息即寝。

民国三十二年（1943年）二月二十三日（癸未年正月十九日） 星期二 晴

十时起，步至中央理发后归寓午饭。邵、王、苏、段先后至，仍帮办清理留香饭店账目，稍有眉目。但伊舞弊赃款均有着落，邵言语狡猾舌辩，信用人格非为人类，乱牵拉好人，均有对质。昨晚明忱亦来，但晤面后邵张口结舌，以胡说了之，禽兽也。晚饭后即寝。

民国三十二年（1943年）二月二十四日（癸未年正月二十日） 星期三 晴

十时起，午饭。今日王太太生日，命人送礼。星伯、祐庭、立彤、宝荣等先后来，仍与星伯清算饭店账目。至今狡猾，赃据作证仍不承认，因事繁不能反目，任其摆布。亲家太太亲带礼物送令香，贺其明日生辰贺仪。二时始寝。

民国三十二年（1943年）二月二十五日（癸未年正月二十一日） 星期四 忽阴忽晴

早八时起。近日来为饭店账目不清、琐事繁杂，日夜寝食不安，苦不可言，所谓用人不当。午饭后邵星伯、赵孟宣、王祐庭、王庆堂、段立彤、苏宝荣来，仍结算饭店账目，人赃对质，邵实无可辩，情愿具结偿还，承认舞弊，现欠外账目三千元，去年腊月二十八日假借还账名义，由宅拿去两千八百元，并店内吞款均承认，私自使用五千馀元，承认吃私账目，并未细算，伊央求拦阻不必细算，所用之款决定偿还，并行礼认错，以为作罢，但伊行为诚然可恶，言语狡猾，如不认真办理，以后恕伊又反悔，故当众立字，伊亲笔签字按指纹，对内外账目负责。余念与其交友多年，也不可使其太为难堪，以不了了之，留饭。邵态度、举止仍不改变，可谓老奸巨猾。何佩华由申回京，来寓贺年；范绍亭夫人亦来。朱复昌主办妇孺救济会义务，上星期日在长安演唱，送来开销四百元。十时客散，阖家与陈维信竹戏，至五时始寝。

民国三十二年（1943年）二月二十六日（癸未年正月二十二日） 星期五 晴

正午起。赵绍亭、玉海、宝荣、立彤来，分头办理饭店琐碎事，计划重张、安置人位。晚饭后稍息即寝。

民国三十二年（1943年）二月二十七日（癸未年正月二十三日） 星期六 晴

正午起。昨日明忱来，伊知饭店内部情形、总账吃私事，乘虚而入，其从前经手账目借贷长使首尾不清，来寓交代，伊弊病亦托在邵星伯身上，洗刷自己清白，将前账伊借贷算来万馀元，两下如算清，实欠余三千余元，伊所经手账目至今未清，不过七千元，其意狡猾，交代所有账目均归余还，尚欠其一千余元，将旧有账目均来电催要，伊毫不负责任，伊不过口说而已，余有切实账目作证，暂时事繁，且自由他，所为清理后再办理此事。瑞蚨祥李峨山来寓，云其东家孟八爷来京，约晚八时在西栈约饭、闲谈，请余务必到场。余赴孟约，伊至三庆观谭、梁演剧。孟候余入座，开饭，同席有十馀人，召妓侑酒，谈笑甚畅，竹戏。二时绍亭、立彤、宝荣电促，即归。谈留香饭店琐事，研究开张店规，去掉恶习，另拟章程。此次打击伤财，不得不慎重，再开幕不严整顿必要失败，惟恐家产尽绝。谈至三时散去，即寝。

民国三十二年（1943年）二月二十八日（癸未年正月二十四日） 星期日 晴

下午五时起床。孟八爷仍在西栈约饭，并托购戏票，往长安观余戏。赴约，因登台时间早，未入席，至长安，《十三妹》九时出演，戏毕即归。李、苏、段同来；玉海由饭店来，计划开幕，安置人位，选择经理。余意聘绍亭为经理、刘玉海总管，因玉海对各方官界面熟，唯恐官界借坐难推脱，只在店内管理内容，不可出头露面；稽查、招待另选。三时始寝。

民国三十二年（1943年）三月一日（癸未年正月二十五日） 星期一 晴

竟日未起床，酣睡。下午六时卓约在大木仓胡同口内候余，晤面，闲步至陕西巷小半斋略进点心，在虎坊桥大街分手，一时抵家。令香、绍亭在饭店清理库房，三时回寓。托绍亭往朱复昌处转索何泽霖聘请留香饭店经理聘书，何意不愿退还，奈其内外人员太劣，做事猛烈，有勇无谋，出身在店中，担任小褂，文字不通，交际言语手腕太差，此次留香暂停营业，皆其蛮接职务而起，至今还是把持经理职位，惟对营业不利，如不退还聘书，余只好登报解决。再姜明忱前任经理两年以来挪用饭店金钱挥霍，谋伊前途，而今谋得第四军赵光祥军长部下参议兼被服厂厂长，其志成功，但留香手续借款一概不提，至今未清。伊来京不问内容情形，趁机赖账，狡猾。余意向伊介绍人亚东、润芝晤面，解决各方手续清理，以免后患。谈至天明始寝。

民国三十二年（1943年）三月二日（癸未年正月二十六日） 星期二 晴阴不定

十时起床，沐浴。杨燕霞电约今晚在伊宅饭。时宅报丧，时慧宝昨日病故，因贫寒不办事，五日抬埋梨园义地。海上来人，约余三月十一日赴沪黄金出演。晚九时赴杨约，有仲仁夫妇、陆太太。仲仁云，邵星伯至伊宅，数次跪求其为留香饭店账目不清求情，金不知内容详细，余将邵星伯行为舞弊向金细谈，但其无法说清。饭后竹戏，三时抵寓即寝。

民国三十二年（1943年）三月三日（癸未年正月二十七日） 星期三 微雪 冷

下午四时起床，往三庆演《香罗带》。夜戏毕同绍亭、令香步至何泽霖家，谈接留香饭店事，未晤面即归。天明始寝。

民国三十二年（1943年）三月四日（癸未年正月二十八日） 星期四 晴

正午起，带令香往何泽霖家，绍亭先在何寓候，均晤面；计划饭店事，何言不顾一切，决定旧历二月初一接留香饭店，前任店伙罢工、账目等事归余负责解决；由初一日何入店接任后，所有对内对外等事均由伊担负完全责任，决定初三日正式开幕，毫无犹豫。言定后余三人步至留香饭店，邵星伯亦在，该店各账户到置；伊用手腕软化说之，任余如何邵绝不出钱还账。王祐庭、刘福田、赵孟宣内外账房群起说之，向东家无理要求，索要花红小账等，统而言之均是一党，有侵占房产行为，可悲！余先回寓；临香同段、李在店清理库房手续，一时回寓。同陈维信闲谈，五时客散即寝。

民国三十二年（1943年）三月五日（癸未年正月二十九日）星期五 微雨 早阴晚晴

十时起，午饭后玉才来，云伊女托其租余饭店；孙甫亭介绍女徒；马治中、刘铁林来寓，定赴上海日期，好购飞机票；陈维信亦至，托其代笔画画，送上海友人。李绍亭、令香由饭店抵家，谈饭店账房刘福田、赵孟宣、王心名、王祐庭及库房齐大安联盟，在饭店屋顶敬香磕头、联合团体，对余恐吓、侵占、诈财，如解散送万元离店，否则永不辞退在店任职，账目不许过问，种种条件对余不利，速答复。可笑！晚饭后稍息即寝。

民国三十二年（1943年）三月六日（癸未年二月初一日） 星期六 阴晴不定

正午何泽霖来寓促余起，云朱署长宝箴因留香饭店阖店对余恶感，因事不平，情愿出面代余帮忙解除人员，以免后患，在中央饭店候，晤面，偕往西黔阳午饭，令香亦来述说店中内情，朱自告奋勇担任代理，拟稿呈讼，均抓往区署看押，清理账目，此时再叫何泽霖代伙友入店接市、开幕；必在十四号后诉告，近日伊回济南，朱父十一日生辰，十四号回京办理，惟恐阖署职员与留香饭店有来往，早告恐通通作弊，意思甚恳切，四时分手回寓。绍亭来，言账房人员，如不答复，伊要控告余，且自由他。晚饭后带令香往朱宝箴家，谈账房成群结党起讼事。朱云由他去告，知法犯法误告罪加一等，嘱余即将账目、手续清理，并总账星伯吃私字据、阖店茶役首尾不清等事一一准备完全，帮忙，明日再晤面，代理呈词，准备告状。十时回寓即寝。

民国三十二年（1943年）三月七日（癸未年二月初二日） 星期日 晴

正午起。苏、段来帮令香清理饭店账目、阖店同仁作弊事；绍亭仍为账房无理要求报条件来寓，即答复，不然对余不利，就要实行。电告玉海、星伯即来寓，嘱其回电，先解决账房，即刻出店，取消户口离店，任意所为；再解决茶役，得用者再找回，另打保，免在店是非，即回店清理。令香到朱署长宅，朱委托张次云书记招待、拟讼词，手续完备，理由充足，任其胡为；如同仁不作祟，且不理他，待等十四日朱回京再告讼。九时回寓晚饭，稍息即寝。

民国三十二年（1943年）三月八日（癸未年二月初三日） 星期一 晴

正午起。绍亭来，云仲仁因年纪过长，《晴雯》一剧饰宝玉，惟恐台下哄笑，要求改《红楼二尤》，允之。女仆张姓因孀居无子，晚年无依无靠，吞烟自杀，恐连累主人，自往四面钟吞吃大烟，电告饭店傅文忠即购棺木到四面钟殓其尸首葬埋。傅接电即往四面钟，见张在地下挣命，幸而毒物未发作，即抬至市民医院求救。余闻听，命内子送医药费五十元往看、劝解。朱署长父寿送徐燕荪绘美人画一对，价值百余元作贺，带令香亲自送去，仍谈饭店事；张稿件拟好，交余手准备，但愿无事。十时回寓，稍息即寝。

民国三十二年（1943年）三月九日（癸未年二月初四日） 星期二 晴

九时起。下午二时星伯来寓，商之外账赵、刘、二王，每日索洋百元作为路费，并将保单撤消，欠债手续等不许追究，即遣散出店；如不照办，须万元伊等出店，以往之事不可追究，要余签字，各保无事。余恐后患，情理难容，欺余太甚，余向星伯云，每人送三十元作为路费，即刻出店，如不服任其胡为。六时内子去看张仆，余赴陆太太宅晚饭，同席仲仁夫妇、振飞夫妇、燕霞、钱翔如、蒋范五等。钱、蒋面约十一号接陆宅约饭，饯行之意；同座人皆约。令香电告余饭店先生收钱仍不出店，余即往饭店，催促账房即刻离店，如不走警察强制出店，电知各保，其等闻此言暂时解散，伊外出，余仍回陆家竹戏，夜四时抵家即寝。

民国三十二年（1943年）三月十日（癸未年二月初五日） 星期三 晴

正午起。令香云账房去而复返，仍宿饭店，实不要脸，可笑可气！午饭后命令香找铺保二区立案，解散账房。晚饭后阖家至三庆，演《红楼二尤》，戏毕张伯铭偕男女宾友至后台闲谈，一时至家，同绍亭谈至天明始散，即寝。

民国三十二年（1943年）三月十一日（癸未年二月初六日） 星期四 晴

九时起。绍亭托苏、段索取赴沪配角包银万元，在饭店开支。午饭毕命令香往少卿处，告饭店同仁解散详情，准备律师作后援，防其等是非。六时往陆宅处，应蒋范五、钱翔如之约，同席仲仁、振飞两夫妇、燕霞。饭后竹戏至夜四时，抵家即寝。

民国三十二年（1943年）三月十二日（癸未年二月初七日） 星期五 晴

早八时起，为与令香计划饭店开张事，不日赴沪，以免心地两悬。近来日夜寝食不安，时刻挂心，事务繁杂，所谓花钱受罪。预定饭店开幕在二十号左右，委托何泽霖为饭店经理；嘱令香对何公事认真，不可大意。午饭后小睡。十一时令香回寓，阖家同维信竹戏，夜三时寝。

民国三十二年（1943年）三月十三日（癸未年二月初八日） 星期六 晴阴不定

早九时起，电约绍亭、宝荣来寓，云各配角赴沪公事均改变，长钱由去岁腊月各家撒定洋，定日启行，忽然改变，亦只好圆通办理。朱复昌请帖，约明日在伊家晚饭；延年会公请尚小云补寿，星期一在泰丰楼；王文源于星期一在“宾宴春”宴客，闻其收弟子之举。晚饭毕何泽霖来，谈饭店开幕事，为恐有捣乱分子，俟朱署长外二区地方官回京，友谊暗地派警察帮忙再开幕，以防琐碎。维信亦来，至五时始散，就寝。

民国三十二年（1943年）三月十四日（癸未年二月初九日） 星期日 晴 风

正午起。绍亭来，云十八日赴沪全体乘火车，余搭飞机飞沪预备一切，以免误事。玉才、深泉来说唱腔。晚饭后往长安演《玉堂春》，戏毕阖家步归，即寝。

民国三十二年（1943年）三月十五日（癸未年二月初十日） 星期一 晴

早九时起，午饭。何泽霖来，云朱署长来京晤面，言留香饭店开幕若有琐碎事，伊肯出面帮忙，准定阳历十七日旧历十二日开张，明日泽霖派人入店，办理接收手续。六时易阿莉电约，在小巷晤面、闲谈，即往在背巷处闲步闲谈至七时馀；往“宾宴春”应王文源收弟子之约，又至泰丰楼公请小云补寿宴客，九时回寓。

民国三十二年（1943年）三月十六日（癸未年二月十一日） 星期二 晴

早八时起，促令香起身，即往饭店与何泽霖办理交代手续。午饭后余往饭店同何泽霖、令香至外二区访朱分局长，晤面辞行；馆伙促请，又步回留香饭店办理开幕事宜，因手续繁乱，恐不能迅速开张，十时回家。丽君、赵燕侠、东明、秋雯先后来寓，有谋事托情者，有索剧本者。十二时寝。

民国三十二年（1943年）三月十七日（癸未年二月十二日） 星期三 晴

早十一时起，午饭后往饭店。何泽霖、令香命茶役人等分头办理饭店杂务。余至“京华春”同阿莉晤面、闲谈至八时；往市场购草花，与程司令太太立谈；九时回饭店带令香回寓。晚饭后何电约，即至饭店，召同仁训话，明日开幕。一时抵家。李绍亭为赴沪各配角长包银，刁难乱事大发脾气，余好言劝之，气平继续办理；又命苏宝荣、段立彤至王文源家。天明始寝。

民国三十二年（1943年）三月十八日（癸未年二月十三日） 星期四 晴

张伯铭偕其友来促余起床，云马治中被捕成讼，飞机票在治中手，恐不能赴沪，展期另购飞机票，候日期赴沪。午饭后带令香往饭店；七时至中原注射。王太太同周氏姊妹三人做东，约恩成居便饭。留香茶房伙计促余归家，同周等乘马车即抵家之。明日赴沪整理行装、衣服等事。十时即寝。

民国三十二年（1943年）三月十九日（癸未年二月十四日） 星期五

早六时起，内子与余修容，点心。今日乘飞机赴沪，应黄金戏院之约，晨与黄金之张伯铭同乘车往西郊机场，令香随车相送。在机场遇王叔鲁主席（克敏）将赴青岛，立谈良久。上午十时二十五分起飞，伯铭因事暂留，余独身出门平生尚属初次。飞机虽不大，因天气甚佳，飞行颇稳，瞬时抵青岛，与王叔鲁同下机，稍休息。由青岛起飞后天气陡变，风势甚大，机受震荡，神为之眩。下午四时半抵沪，余已疲乏不堪。黄金经理孙兰亭及汪其俊诸友来迎。兰亭见余惫甚，扶余下机，同到国际饭店，因房间无空，暂借周君所开之八零八号下榻。兰亭以电话通知鄂、舒、杨三友，鄂、杨两人均他出，舍予携其幼女朵云（即前年从余学曲者）同来，少时怀白赶到，余略进点心，同到舍予家吃药，见其二小姐已长成大人矣，颇能殷勤照应。晚饭后以电话通知李祖夔，不片刻祖夔、吕弓夫妇先后赶到，晤谈，良友情殷，久而弥笃，令人可感。夜一时吕弓夫妇约赴红棉宵夜，同往者兰亭、怀白及舍予之长公子子范，共六人，进蛋糕三小块儿、炒面一碟；又每各进水饺一碗、咖啡一杯，价三百五十元，比之前年在沪时之物价胜贵二十倍。三时与怀白同回国际饭店，又谈至六时，始寝。

民国三十二年（1943年）三月二十日（癸未年二月十五日） 星期六 阴

连日大雨不息。下午四时起身，祖夔与桂泽丞、怀白同来，长谈；祖夔有约先去。略进茶点，同到舍予处吃药，送舍予父子赴南京，晚九时舍予赴车站。余与怀白、泽丞、舒太太手谈，输去十二元，与怀白乘三轮车回国际饭店安寝，改寓五百十三号。

民国三十二年（1943年）三月二十一日（癸未年二月十六日） 星期日 阴晴不定

下午四时起身，赴舍予家吃药。兰亭赶来，云明日拜客；泽丞、怀白亦到，开拜客名单。七时赴祖夔家晚饭，座中皆生客。饭后再到舒家吃药。怀白急于回饭店沐浴，匆匆同回，三时就寝。

民国三十二年（1943年）三月二十二日（癸未年二月十七日） 星期一 阴

大雨缠绵不息，极冷。下午一时兰亭、吕弓同来，进午饭。由吕弓酌定拜客先后次序；由兰亭伴至华安理发，并偕往西路，并嘱怀白在舒宅等候，五时到舒宅吃药，再与怀白、兰亭继续四出投刺；七时访吕弓与吕弓诸友；九时再到舒宅吃药并晚饭，饭后煎药；再与怀白、泽丞手谈，怀白大负。大雨如注。候至深夜冒雨与怀白同回国际饭店，闲谈至三时始寝。

民国三十二年（1943年）三月二十三日（癸未年二月十八日）星期二 阴 风 冷甚

下午三时起身。兰亭再送药来，同出拜客。七时兰亭之友周一星君在新利查设西餐洗尘，饭后到舒宅吃药，再煎药一次。午夜与怀白步行回寓。芷苓来电，欲来拜望，因夜深不便，阻拦。三时寝。

民国三十二年（1943年）三月二十四日（癸未年二月十九日） 星期三 晴

三时起身。天气晴朗和暖。约怀白在舒宅相候；芷苓来谈片刻，随赴黄金，拈香毕乘人力车到舒宅吃药，进早晚饭。由泽丞及舒朵云小妹妹伴赴黄金。今日为登台之第一天，演《鸿鸾禧》，售座极佳，除固定座位售罄，外加凳排至十六、十七排，以及全场不能行人。十一时二十七分戏毕，移至金老公馆，兰亭等来谈，天明始寝。据兰亭云，今日售票除捐之外净收入两万六千三百元；又云今日畹华、冯幼伟（现改字叉微）到国际饭店答拜，知余已迁移，又赶至金老公馆，适余赴舒宅吃药，未遇。

民国三十二年（1943年）三月二十五日（癸未年二月二十日） 星期四 晴 微冷

下午六时半起身。舍予由南京赶回，与怀白同来。饭后八时赴黄金演《香罗带》，售座比昨日尤佳，戏毕回金老公馆休息。兰亭、其俊、伯铭同来，共饭。据兰亭云，每天开支需一万六七千元，今日售票除娱乐捐外，净收入两万六千七百元，比昨日多售三百元。因须赴极司非尔路七十六号李世群省长寿辰堂会，在仲仁处吃药，二时赴李宅演《大英杰烈》。余赠李山水一幅。今日沪西当时之要人及南京赶来拜寿者甚多，济济一堂。六时演毕回寓。今日堂会沪上名角均有，连演两日。京角在今日出演，计有李少春、叶盛章等，余大轴演到天明六时止戏，抵家已七时矣。

民国三十二年（1943年）三月二十六日（癸未年二月二十一日）星期五 阴雨 甚冷

昨夜李府堂会微觉受凉，晨八时寝，苦于睡不能沉，下午二时醒，即起身，以电话招怀白、舍予来，泽丞亦来。七时进蛋炒饭半碗，觉胸口饱闷，服苏打片三粒。八时半赴黄金演《得意缘》。时大雨如注，而上座比昨日更佳，非意料所及也。未进饭，夜二时即安寝。

民国三十二年（1943年）三月二十七日（癸未年二月二十二日） 星期六 天阴

昨夜眠甚安，下午三时为电话惊醒，不能再睡。舍予先到，午饭后怀白亦来。七时赴黄金演《十三妹》。今日上座比昨日又盛，全场交通皆阻断，十一时三十五分戏散回寓。因胃中酸水太多，不能吃饭，进粥两碗，一时就寝。

民国三十二年（1943年）三月二十八日（癸未年二月二十三日） 星期日 晴

下午二时舍予来促余起身，随至黄金演《荀灌娘》，上座亦满，三时半登台，五时半回寓。舍予夫妇携幼女朵云、怀白携其子女在黄金看戏，戏毕来寓小坐。晚饭后朵云唱《红娘》一折，音调皆能依稀仿佛，亦不容易。七时再赴黄金演《荆钗记》，售座大约与第一天《鸿鸾禧》不相上下；怀白之友言君亦在台下听戏。今日十一时三刻散戏，黄金在寓内设宴洗尘。吕弓来酌定下星期戏码，星期一《贩马记》。星期二《英杰烈》。星期三《钗头凤》。星期四《扬州梦》。星期五《鱼藻宫》。星期六《绣襦记》。星期日日戏《杜十娘》、夜戏《红楼二尤》。客散就寝，已四时一刻矣。

民国三十二年（1943年）三月二十九日（癸未年二月二十四日） 星期一 晴

下午三时起身。舍予来，拟同出拜客，忽觉大便结阻，欲下不下，四肢发凉，周身无力，仲仁送来泻药，服七粒；怀白购来甘油灌肠；舍予亦购来甘油灌肠；同时电话请顾森柏医生，并请兰亭来，商量回戏。六时略解大便，吸烟五口，小睡两小时，再吸两口，精神渐旺，勉强赴黄金演《贩马记》。顾森柏于登台前再来打针，先后打针四次。台下比昨日之座略佳，比《十三妹》略差。十二时回寓。森柏又来打一针，腹泻两三次，又吸烟一口，吃饭两碗，又吃舍予家送来鸡汤两碗，四时寝。今日来看余病者有仲仁、佩华、桐珊、泽丞、玉才、兰亭、其俊、金奎、盛章昆仲等人。

民国三十二年（1943年）三月三十日（癸未年二月二十五日） 星期二 晴

天明至午刻止腹泻九次，人极疲乏。下午四时半怀白来促起身；舍予携烟来，吸三口拟人始有力，进米饭两碗。聂小萱与桐珊来谈。八时到黄金演《英杰烈》，上座比前两日更盛。舍予长女、公子来看上妆。怀白代购烟，一百零一元。十一时三刻散戏，复偕其俊、仲仁同至玉沉宅，同席有俞振飞、纪玉良、张、陈两姓（乃沈家表亲），谈笑甚畅。三时半回寓寝。

民国三十二年（1943年）三月三十一日（癸未年二月二十六日） 星期三 晴

电约舍予、怀白来寓，同外出访友，见者十一家，坐谈，略为周旋，约共到二十余处，人觉疲倦，七时回寓休息、晚饭，即赴黄金演《钗头凤》，九时一刻登场，十二时止戏毕，偕漱明、怀白同来、闲谈，三时寝。

《花田错》荀慧生饰春兰

民国三十二年（1943年）四月一日（癸未年二月二十七日） 星期四 晴

三时起身。怀白携针药来。自今日起由怀白之友刘啸仙画师请一严姓看护生，每晚在后台打针，所购来两种药针：（一）好男蒙。此药专治精神衰弱，并补助戒烟（买一百针洋六百三十元）；（二）海百维他。此药内含二分之一小牛肝精，又二分之一为维他命B及维他命C，专治血亏及消化不良（买五十针洋六百五十元零三角）。以上两种针药皆为补品，戒烟之用。下午四时与怀白步行至吕弓小公馆，适吕弓出门教书，未遇，随到舍予家晚饭，后到黄金演《花田错》，上座与昨日仿佛。九时严姓看护来打针（打左臂及左股）。十二时回金老公馆夜饭。有魏姓打来电话（电话九三零九五号）。稍息就寝。

民国三十二年（1943年）四月二日（癸未年二月二十八日） 星期五 晴

上午十一时起身，拟出拜客，因无随仆，再安眠。下午四时舍予、怀白同来，五时同出拜客，七时回寓晚饭，到黄金演《鱼藻宫》，戏毕与怀白同往吕弓宅手谈，输八十元，天明六时半仍与怀白同回。

民国三十二年（1943年）四月三日（癸未年二月二十九日） 星期六 雨

下午五时舍予、漱明、泽丞、怀白及朵云同来，惊起。幼时同学李小芬来告帮。今日天雨，《绣襦记》上座仍极佳。北京广瑞银号经理刘丹峰请明日晚饭，因明日有戏，辞谢。今怀白、漱明及舍予父女均在此宿，四时寝。

民国三十二年（1943年）四月四日（癸未年二月三十日） 星期日 晴

二时半起身，饭后赴黄金演日戏《杜十娘》，五时返寓。李小芬偕其二女来寓求贷，允缓设法；李走后稍睡。舍予、怀白、漱明先后来。八时饭罢再赴黄金演《红楼二尤》，售座之盛与《钗头凤》相仿佛，戏毕。仲仁介绍龚醒斋中医赠余参归麦乳精调养。从前旧盟吕月来落魄，向余告贷。舍予、怀白至后台接余，同往哈同路某俱乐部，应贾仰山、淮清昆仲、项仲雍、许季实之约，同席项、贾二夫人、景逸民、鄂吕弓等，谈笑甚畅，各说诙谐，颇觉有趣，三时怀白送余归寓；漱明未走。接聂少萱丧母讣闻，其母乃曾文正公四女、清季名媛，享寿92岁；诰封一品夫人，于四月十二日（即旧历三月初八日）在静安寺路二零二八号开吊。同江、杨谈至天明始寝。

民国三十二年（1943年）四月五日（癸未年三月初一日） 星期一 阴 雨

下午五时起身。龚医来诊，谓余湿痰内蕴、消化不良。怀白、舍予、泽丞先后到。八时饭毕赴黄金演《元宵谜》，时大雨如注，上座仍盛。十一时二刻回寓，服龚医药，二时寝。

民国三十二年（1943年）四月六日（癸未年三月初二日） 星期二 阴 无雨

下午一时半舍予、怀白来，促余起身，同赴葛亮畴宅午饭，座有杨惺华夫妇、财政部司长金雄白、《海报》社长祝尊誉、南京兴业银行袁幼平。怀白及舍予夫妇招待甚周；余赠亮畴山水一幅。四时到舍予宅绞脸、修容；晚饭后直赴黄金，途遇郑过宜，同乘车到黄金，演《妒妇诀》。同行吕月来来求贷，馈送一百元；王洁忱来托余购戏票十张，实无法应付。戏毕兰亭夫人偕其妹及女公子来寓，同竹戏，漱明加入，至三时半始散，略进点心，天明方寝。

民国三十二年（1943年）四月七日（癸未年三月初三日）星期三 大雨兼雪花冷如冬

下午六时起床，雨雪已止。郭盛三偕萝蔓饭店店主杨景春同来，约往蜀腴川菜馆小酌，同席有李砚秀母女、穆小姐，赵子青做东，谈笑甚畅。饭后即赴黄金演《辻珠吟》，言慧珠母女、郑子褒、吴国璋（子褒友、礼社社长）均来后台慰劳，立谈片刻，卸装，与怀白步行而归。怀白今日代购衬绒袍料全份，价洋九百元有零。四时始寝。

民国三十二年（1943年）四月八日（癸未年三月初四日） 星期四 阴晴不定

下午二时半起，清理戒烟药，午饭。仲仁来说戏；舍予、泽丞送来红白烧肘吃食。昨夜泻肚四次，精神不振，吸鸦片补气。八时赴黄金演《扬州梦》，戏毕尤菊荪、郭盛三、杨景春、赵子青等至后台闲谈，郭同余回寓，怀白、舍予先在寓，后共点心。阿土代友索便面；盛三索书画；马治中、刘铁林、王庆来、高维廉来谈，夜三时始散。理下期黄金戏码，客去即寝。

民国三十二年（1943年）四月九日（癸未年三月初五日） 星期五 晴 微风

下午五时起，仲仁室内吃鸦片。接黄雨斋来函，谢余赠其书画；庄严函，自称二十年前老友，欲晤面，约余订日期；又令香来信，报告饭店账目，并寄来饭店三月份月总及四月份总账表，并言朱宝箴对饭店极照应。七时赴黄金演《十三妹》。今日天蟾舞台开幕，亦归黄金合作，演员系李少春、叶盛章、世长、白玉薇等，长期合演，闻上座亦佳。今日黄金观客仍加凳，充满，无插足之地。十一时三刻回寓。杨宝忠来谈明早回京。五时半寝。

民国三十二年（1943年）四月十日（癸未年三月初六日） 星期六 晴

下午六时陈福新成衣来量衣服尺寸，取去衬绒袍料及小纺绸一匹，约下星期三可成。晚饭后到黄金演《霍小玉》，戏毕与漱明、怀白同回寓。二时寝。

民国三十二年（1943年）四月十一日（癸未年三月初七日）星期日 晴朗和暖

下午二时起。漱明与舒朵云小妹妹来；仲仁来对《虹霓关》把子。吸烟两口；三时到黄金演日戏头二本《虹霓关》，此戏已多年不演矣。戏毕童芷苓至后台，一见即去。与漱明、泽丞、怀白及舍予父女同回寓。赵桐珊来对《晴雯》戏词；龚医生来诊脉，拟一方，专宣肺气，并利大便。晚饭后吸烟三口，赴黄金演《晴雯》。十二时回，三时寝。董玉裁赠余烟一两，托怀白交来。

民国三十二年（1943年）四月十二日（癸未年三月初八日） 星期一 晴

下午四时起身。今日防空演习第一天，街上行人皆有戒心，黄金之座位大受影响，加凳已无多矣。演全部《樊梨花》，戏毕返寓，三时寝。

民国三十二年（1943年）四月十三日（癸未年三月初九日） 星期二 晴

十二时醒，适怀白来，余吃解药四口，同到舍予家，立谈片刻即到静安寺路，吊崇德老人（聂少萱之太夫人）之丧，步行往返，在舍予家午饭；与言君谈至五时，与怀白同回寓，小睡两小时。王星斋来访，未晤面。八时到黄金演《埋香幻》，舍予夫人携朵云及其女友许小姐同到后台看上装，戏毕以车送之归。夜二时解大便一次，三时寝。

民国三十二年（1943年）四月十四日（癸未年三月初十日） 星期三 晴

五时起身。舍予、泽丞已到；童芷苓、寿苓兄妹来学《辛安驿》，为说两遍，亦不知其能否领略？芷苓去后怀白携来《丹青引》画具。今晚防空，匆匆饭毕，到黄金演《丹青引》。自今日起不复吸烟。十一时三刻回寓，三时寝。

民国三十二年（1943年）四月十五日（癸未年三月十一日）星期四 晴朗 气候仍冷

三时起身。怀白来，适周旭初（裕华盐公司常务董事）、许季寔（裕华总经理）、贾淮清（裕华公司秘书，系贾仰山之兄）、恽艺超（裕华总稽核）来访，并接洽今晚盛宅堂会事。以电话招孙兰亭来访，班底由黄金承办。今日仅余《鸿鸾禧》一出，需人亦不多。旭初诸人去后小睡两小时即赴黄金演《飘零泪》。戏毕到盛宅，周、许、贾、恽四位招待甚殷勤；另有周秋舫君（系裕华公司协理，盛府之亲戚）代表主人招待。场上正演《扬州梦》戏，余即到后台上装，男女宾齐来观看，内有富春楼老六，雾鬟素环、春秋老矣，彼此皆做不相识，亦正可不必再相识；闻嫁一周姓，现任某地财政局长，不知确否？台下尚有数人亦似相识，但皆二十年前之事，近来人事无常，昔日之富豪，今已不堪回首，颇为感慨。三时戏毕，主人留烟、留饭，四时回寓。

民国三十二年（1943年）四月十六日（癸未年三月十二日）星期五 晴

下午四时起身，出门散步。少时周旭初送昨日堂会款，交怀白收下，谈至七时去；余独赴健社票房，约主人袁履登、杜康侯、丁惠康、江一秋、四人共五席，席间有某君云明日请吃午饭。八时到黄金演《红娘》，台下颇有熟友，舍予及其女朵云均来观剧。十一时半戏散后，王洁忱偕男女友人来后台，内有宋主席哲元之女及婿为余摄化装照数种；郭盛三、赵子青及陆、刘、穆三女来，约往甜甜斯舞场宵夜、观跳舞，二时返寓，拟下星期之戏码。昨日一夜未安眠，今晨解大便一次，不能畅夜；四时开始第二小瓶药，嘱怀白明日函告令香，以后饭店肥皂、毛巾、电灯均设法减省。四时半寝。

民国三十二年（1943年）四月十七日（癸未年三月十三日） 星期六 晴

正午起。叶姓约在庞宅午饭，以汽车接赴宴，即往。同席有李砚秀母女，共十馀人。饭后回寓小睡。六时怀白携其女引兰及舒朵云小妹妹来，共晚饭。饭后气候微变，下小雨。今演《勘玉钏》，上座比昨日《红娘》稍次，约少加凳十数票。晚饭前白玉薇来问候，谈半小时辞去；据云天蟾李少春有将返天津之说；孙兰亭昨日飞京或与此事有关亦未可知。《勘玉钏》演毕回寓。因晚饭太饱，不再进夜宵。一时大解两次，先干后溏，最后有粪水，幸身体不觉疲乏，此晚饭后服龚医生第一方之功效也。昨夜四时所装之第二瓶药水，至今夜一时半止方吃三分之二，即留此三分之一再掺满药水为第三瓶，备明日晨起服用。四时寝。

《勘玉钏》荀慧生饰韩玉姐

民国三十二年（1943年）四月十八日（癸未年三月十四日） 星期日 晴

二时起身，赴黄金演日戏《东吴女丈夫》，葛医生、舍予夫妇同到后台。戏毕回寓，诸人已在寓相候，谈至七时，留葛、舒诸人晚饭，计葛、杨、江、舍予夫妇、朵云六人。八时葛先回，馀人皆同赴黄金。今晚《红娘》上座比昨日稍佳，舍予问吕弓，云两万六千馀元，然当不及《钗头凤》之成绩。戏毕返寓，与舍予夫人、江濑明、杨怀白三人竹戏十二圈，天明寝。

民国三十二年（1943年）四月十九日（癸未年三月十五日） 星期一 晴

怀白代购雪茄两盒（上次每盒七十元，今日每盒九十五元）、可的粉两盒，每盒六十五元，合联银十三元有零；北京售三十元尚不易购得。三时半起身，因精神不足又睡。五时龚医生来诊脉、开方，云清肺火与肠火。南京报界吴观家特来访。龚医生配戒烟丸。晚饭仅吃粥一碗，吸烟四口；赴黄金演《花田错》，座稍次，戏毕回寓。胃中酸水甚多，欲吐不畅，未吃夜宵，一时即寝。

民国三十二年（1943年）四月二十日（癸未年三月十六日） 星期二 晴

晨六时起，吸烟数口再睡，下午三时起。怀白、舍予及龚医生来，拟温暖之剂，专治胃寒；李七小姐来看余病。因连日口味大坏，胸口饱闷，不进饭菜，特叫来广东菜数样，花去二百五十馀元，口中仍不能进，勉强吃腊味饭一碗。八时到黄金演《白娘子》，戏毕回寓。汪其俊备酒席一桌，席间要求延期十天，余以病辞；汪云三日后再定。三时半寝。今日仍吸烟，专候龚医丸药交来再戒。昨日服药后未大便，但泻水两次，今日未解药。

民国三十二年（1943年）四月二十一日（癸未年三月十七日） 星期三 晴

晨七时起身，吸烟再睡。三时怀白来烧烟；龚医院送戒烟药片来，云将迁往海格路，随为余推拿。今日购烟二两四钱，合洋一千六百八十元；命玉海煎制收膏备用。二时赴冯幼伟宅晚餐，同席有孙履安[1]、梅畹华、吴震修、胡伯平，皆余老友，因登台时间匆促，未候客齐余先用饭，七时半回寓，往黄金演《双妻鉴》。闻后台人言，沪上电影明星李丽华、周曼华、袁美云等十馀人在前台看戏，对余之化装术颇为注意。戏毕返寓，稍息即寝。

民国三十二年（1943年）四月二十二日（癸未年三月十八日） 星期四 阴晴不定

下午四时起身，吸烟。龚医生来寓诊病及推拿。随应懿园五十五号郑韶觉次长之宴，同座有叶恭绰[2]总长、梅畹华、周曼张及李姓，余先用饭，并未入席，七时半匆匆回寓吸烟，漱明已在，即赴黄金演全部《钗头凤》，座无隙地，成绩优异，演毕即归。鄂吕弓为黄金要求续演半月，事未征同意，余候略加考虑，如何明日再为确定。四时天忽大雨，伊乃雇汽车归家，复与漱明、怀白、佩华畅谈，至五时始寝。

---

1 孙履安（1879～1959年），清末礼部尚书孙家鼐第三子，曾任嘉兴知府，为丑行名票，交游甚广。有子孙养农，余派老生名票。

2 叶恭绰（1881～1968年），字裕甫、玉甫、玉虎、玉父，又字誉虎，号遐庵，早年毕业于京师大学堂仕学馆，后留学日本。民国初，曾任北洋政府交通总长。晚年别署矩园，室名“宣室”。

民国三十二年（1943年）四月二十三日（癸未年三月十九日） 星期五 阴晴不定

夜间泻肛四次。下午三时怀白来促余，即起，云小姑娘在舒宅候余，并代余觅好绞脸女仆，亦至舒家，同往，修容、竹戏，晚饭后怀白送余到黄金，演《香罗带》，九点三刻登台，共演七刻馀，戏毕注射。女护士带其友看余化装并卸装。十二时半归寓，吸烟、点心，与怀白、绍亭闲谈，至四时始寝。

民国三十二年（1943年）四月二十四日（癸未年三月二十日） 星期六 晴

下午三时未来托漱明来装烟，郭盛三亦赶来，同访梅畹华，稍谈，至萝蔓饭店晚餐，餐后到黄金演《代天媒》，戏毕与怀白、漱明回寓，谈至四时始寝。

民国三十二年（1943年）四月二十五日（癸未年三月二十一日） 星期日 晴

气候陡暖，下午又还凉。二时起身。漱明来烧烟。三时赴黄金演日戏《秦娘》。怀白之子女二人、舍予之女与小姑娘之子均在前台听戏，来后台看上装。戏毕漱明、泽丞、怀白父女、舒舍予之女同回寓，晚饭，饭毕再赴黄金演《平儿》，上座颇佳。白玉薇来信，云有干娘郑夫人欲求来晤面，允明日下午五时在寓候。今日孙兰亭送来土五两。今晚大便一次，并未服药，三时寝。

民国三十二年（1943年）四月二十六日（癸未年三月二十二日） 星期一 晴

天明九时起身，唤醒怀白烧烟，进点心。十时怀白到行办公，余再睡，三时醒。怀白适到，为余烧烟。龚医生来推拿；白玉薇引其干娘郑太太同来，稍坐即去；白玉薇称陈太太为张君秋之干妹；事后孙兰亭云，此君曾欲令君秋排除徐兰沅女儿之婚约，引起各界注意者，原为舞女出身，一度为电影明星，绰号水仙花；郑太太不知何人，但前年在黄金每日必踞第一排，曾一度来信，约求一暗示，而终未可得者；闻白玉薇云，彼拜此干娘为时不过一个月，然则此君收玉薇为干女儿，其用意可以想见矣！甚至并非干女儿，不过临时如此说法而已，其痴情可感；而余亦中年之人，游水难寻故步，恐终必辜负其意，败兴而返也。今日裁缝送来纺绸小衣裤五套。七时三刻赴黄金演《绣襦记》，十二时返寓。二时吕弓与兰亭、其俊、伯铭同来，请求再续演半个月，一切照旧，并约定后日至下星期一之戏码付之。五时寝。补记：昨日下午兰亭送来烟五两，即令玉海煎制。大便一次不多。

民国三十二年（1943年）四月二十七日（癸未年三月二十三日） 星期二 阴

下午六时以后大雨。天明七时起身，与怀白各进荷包鸡蛋两枚裹烧饼，味儿甚美；谈至十时。因今、昨两日难解大便，但甚少水泻，不知若干矣。与怀白商酌再三，决计改进西药，请顾森柏来诊视，商定后怀白赴行办公，余再睡。下午三时漱明来烧烟；四时怀白到，即以电话催顾森柏来，详细检查余周身各部，断为水泻太久，心脏因而虚弱，先打“可拉明”两针，“可拉明”专能加强心脏；再进药水清理胃部。八时赴黄金演《得意缘》，觉精神稍健。十二时返寓，与李绍亭略谈下月各配角之应付法。四时寝。今日仍水泻，但次数减少矣。赠龚医生烟一两。

民国三十二年（1943年）四月二十八日（癸未年三月二十四日） 星期三 下午微雨

晨八时怀白起身，烧烟四口，余在床吸食，即再睡。约定三时半起身，届时怀白如约而来，为余烧烟；森柏来打“可拉明”两针，匆匆而去；龚醒斋来推拿；聂少萱、漱明亦来。八时赴黄金演《贩马记》。下午五时吃炸酱面，同时开始吃药水。十二时回寓，同漱明、怀白谈天、吸烟，并说诙谐，可笑！佩华亦来谈话，此君连夜来此，必有欲言之事，不知何以不肯轻于吐露。谈至五时始寝。

民国三十二年（1943年）四月二十九日（癸未年三月二十五日） 星期四 晴暖

清晨八时起身，与怀白、漱明同进早点，余吃饼三个、荷包蛋四枚。十时再寝。怀白、漱明二人亦去。卧至下午二时不能成眠，起身。漱明、怀白适至，为余进烟数口，复促余卧至五时半，不能安寝矣。一时兴到，向此间南来顺叫来涮羊肉，与怀白、仲仁、森柏、同食。森柏为余打“可拉明”两针，强健余之心脏。七时戏院已来电话催促，今日初演《玉堂春》，上座最盛，启幕已较早，至九时起登场，演至十二时有零。回寓后顾森柏与其支票；李君来，李面部少雅气，出身未必世家；俞振飞与其新夫人来吃夜宵。四时客散就寝。今日大便一次，不畅，夜间人散后佩华来，探听余有无济南演唱之意。

民国三十二年（1943年）四月三十日（癸未年三月二十六日） 星期五 晴暖

晨八时起身，稍进点心，十一时漱明、怀白到行，余又复卧，至三时半。漱明来，余已不支矣，虽吸烟仍觉困倦。五时怀白与龚醒斋医生、顾森柏医生先后来，共食韭菜水饺。龚医生赠余斗一只、盒子一枚，均甚合用；顾医生打“可拉明”一针，匆匆而去。八时一刻赴黄金演《红楼二尤》，已嫌时显仓促，上装精神反觉一振。今日下午郑太太来电话，索余便装照片，因连日来电话余均未亲自接，谈情不可，却约其明日下午五时来取，盖聊慰其见慕之心也。十二时回寓，四时寝。

民国三十二年（1943年）五月一日（癸未年三月二十七日） 星期六 晴暖

晨八时半起身，稍进点心，复又卧至三时，漱明来始醒。陈、郑两太太来取便装照片，郑赠余巧克力糖一盒、奶油蛋糕一只，稍坐即去；怀白购来零食；森柏来打“可拉明”一针、“海尔宾”一针。七时赴黄金演《十三妹》，十二时回寓。毛世来新由应金城戏院之聘，昨由北京抵沪，与吕弓先后来晤。世来与其兄盛荣先行，吕弓留商戏码，谈至三时始去。斌仙、喜星二人来，询问余有无赴济南之意。余为配角作想，不能不允其考虑，谈至四时始安寝。今日解大便一次，不能甚畅。上星期之五两今日用完，今日怀白托周翼华购烟五两。

民国三十二年（1943年）五月二日（癸未年三月二十八日） 星期日 晴暖

晨九时唤醒怀白，吸烟四小口，复卧至下午三时。怀白带世来拜客完毕，来送余赴黄金演日戏《鸿鸾禧》，六时返寓。漱明、怀白与舒太太在寓相候，同进晚饭。余独赴黄金演《红娘》，十二时返寓。漱明代赴中南购烟；兰亭送来大烟五两，命玉海煎制成功；佩华来谈至三时三刻，寝。

民国三十二年（1943年）五月三日（癸未年三月二十九日） 星期一 早阴午后晴

下午三时起身。顾森柏来与余注射，共晚饭，往黄金先行，九时登台，演《文章会》，大轴十时演《战宛城》，戏毕回寓。森柏用盐水灌肠两次才解决大便，冷汗淋淋，身体软弱，吸烟两口补气而已，四时方寝。夜大雨。

民国三十二年（1943年）五月四日（癸未年四月初一日） 星期二 晴 燥热

早九时起身，漱口时觉头晕眼花，四肢无力，欲呕不出，类似烟瘾但不想吸烟，又似烟醉过分情形，胸膈饱满，不思饮食，鼻涕眼泪不止，周身冷汗，病状笔墨难以形容，忽以电话召葛医生即刻来寓，研究病源。据云因素日起居饮食毫无秩序，兼以劳累过度。余决意戒烟已三次矣，每戒一次比以前之痛苦加甚；又不吸烟时之病痛尚可忍耐，吸烟时如有病痛更难扎挣；此次吸烟每日如在云雾，昏迷不醒，寝食不安，几度黑夜生活毫无乐趣，交际方面亦因而懒惰误事，等于废人，故决心戒除。葛医生大为赞成，先将贾仰山君已快戒断之药送余尝试，据云此药系用外国上等材料所制，毫无痛苦。在葛医生之意并不料余烟瘾大到如此。余自下午十二时起服五粒，二时服五粒，四时服五粒，五时又服四粒，均觉不足，六时服十二粒；葛医生又亲来打Paveron针两CC。七时赴郭盛三、赵子青萝蔓之约，今日之举为请梅畹华，余为介绍人，不能不到，所以郭来电话催余三次，余到时畹华已先至，同席皆其山西同乡。八时赴黄金演《丹青引》，今日嗓音甚亮。昨晚吕弓来电话，云今日《丹青引》当场所作之画，何世枚夫人欲索去留为纪念，余亦加意绘画，不到之处按回渲染。十二时回寓。闫世善来谈，云毛世来此次因吕弓情面未收金城戏院包银即动身来沪，本星期三登台；今午吕弓始收金城包银，代为汇去。世善去后余服药十五粒，此药系葛医生专为余所配制，其力量比仰山之药大两倍半，送来一百粒，又送余西点一盒。四时安寝，服安眠药一片。

民国三十二年（1943年）五月五日（癸未年四月初二日） 星期三 晴暖

天明六时服十五粒，午前十一时半服十五粒，下午一时起身再服十四粒，晚八时在后台服十五粒并打Paveron两针，每针1CC，夜三时服十五粒。今日起床后与绍亭至华华理发；四时郑太太与陈太太所介绍之西籍跳舞教师华德模先后到。今日先授步法，每天授一小时，车费二十元，先付一百元。六时与泽丞同赴袁仰安律师之约，顺便谒徐朗西。朗西见余至，高兴非常，谈风大健，坐甚久。仰安家宾客皆喜牌九，余加入，先胜后败，结账赢百元。八时赴黄金演《平儿》；一时赴老友九小姐之约，在其女友家中夜宵，怀白同往，谈至四时方寝，五时始寝。今日未解大便。

民国三十二年（1943年）五月六日（癸未年四月初三日） 星期四 晴暖

天明七时服十五粒，十二时服十五粒，下午四时服十五粒，服后似烟醉状态，不想吃饭，不想吃药，如在雾中。八时应吃之十五粒只得暂停，仅打Paveron针一CC；晚一时应吃之十五粒改于二时吃十粒。未大便。下午四时不思饮食；五时跳舞教师华德模来授步法；老友李石泉来访，亦在此从旁指示兼充翻译，并允明日起每天下午来相切磋。东迈携宣纸三张来，代人求画，知余无暇落笔，已先画成，但求署款而去。葛希文医生赶来诊脉，断为服药过量，小卧即佳。八时赴黄金演《元宵谜》，演毕回寓，头晕转盛，即安寝。二时醒，服药十五粒，再今日未解大便。

民国三十二年（1943年）五月七日（癸未年四月初四日） 星期五 晴暖

天明六时吃八粒，打Paveron，仍觉昏迷，用甘油锭导大便不得。夜二时吃六粒，觉不足又吃十粒。下午四时起身。西人来教跳舞；李石泉赠跳舞番音片子两张。八时赴黄金演《钗头凤》，十二时回寓即寝。

民国三十二年（1943年）五月八日（癸未年四月初五日）星期六 燥暖 晚间微凉

天明七时吃十一粒，十二时吃十粒，下午八时吃十八粒，未开针；夜二时吃十粒。晨八时葛希文医生携护士来灌肠，并开一方清理肠胃，药三种：一、药粉，治胃消化；二、果子盐，治便结；三、草麻子油，治大便不通。药钱与灌肠费均葛医生垫付。灌肠后但泻水而未解，大便仍复，安寝。下午四时起身，今、明两日停止跳舞。李石泉、江漱明、桂泽丞、杨怀白、舒朵云皆来，共进晚饭。八时赴黄金演《狮吼记》，十二时回寓，吃夜饭。舒舍予女仆来为余修容。饭后吃草麻子油一小瓶、消化药粉一小包，二时半坐马桶一刻钟，未便，再打开塞露一管，居然解便五六段，天明六时始安寝。

民国三十二年（1943年）五月九日（癸未年四月初六日） 星期日 晴暖

天明六时服十粒，十一时三刻服十粒，下午六时服八粒，八时半打Paveron一针，未吃药，夜三时一刻服十粒。下午二时起身，三时赴黄金演《辛安驿》，芷苓与其母、兄来后台，为学《辛安驿》身段；舒、杨两家小姐同来后台。戏毕返寓晚饭，八时冉往黄金演《晴雯》。许季实与恽艺超来，云明日盛宅堂会，订演《香罗带》，因种种关系，托怀白电话请仰山设法取消此举，仰山允明早与许季实解决。夜戏演毕后顾森柏遣其看护来灌肠两次，每次约十分钟，下粪水甚多，但无干粪耳。四时寝。

民国三十二年（1943年）五月十日（癸未年四月初七日） 星期一 晴

天明六时吃十粒，午前十一时吃十粒，下午四时吃十粒，七时打Paveron，九时吃十粒，夜三时吃十粒，今日未解大便，但时时放屁。下午四时起身。西人华德模来教跳舞；李石泉、杨怀白、江漱明均先后到。五时进水饺，七时赴黄金演《玉堂春》，戏毕与怀白速赴盛宅演堂会戏《香罗带》。主人托贾淮清、仰山、周旭初、周秋舫、许季实、恽艺超六君子殷勤招待，同进西餐，并为金仲仁备烟。少时李少春与汪其俊同来，无人与之周旋。闻议戏价时双方略有隔阂也。少春饰陆文龙、王佐。《香罗带》三时三刻登场，五时演毕。许季实、贾仰山来通知明夜仍有堂会戏《十三妹》，为女主人所指定。六时返寓。

民国三十二年（1943年）五月十一日（癸未年四月初八日） 星期二

七时吃十粒，已开始吃第四盒，午前十二时吃十粒，午后七时吃十粒，晚十时吃十粒，夜三时吃十粒。天明返寓，自动解大便，不甚畅，但亦两星期以内少见之事，其快可知。八时嘱怀白到行后以电话通知陈太太，托其婉转劝郑太太勿送皮鞋，友谊仍不妨存在，并约陈太太、郑太太明日下午到金公馆晤面，盖不令其十分难堪之意也。下午四时半起身。李石泉、怀白先后到，同吃晚饭。七时半赴黄金演《十三妹》，戏毕赴盛宅堂会，演《悦来店》《能仁寺》两出。金仲仁欲得双份，其数虽不大，但恐一人破例他人亦同样要求，故由绍亭婉言却之。四时演毕返寓安寝。

民国三十二年（1943年）五月十二日（癸未年四月初九日）星期三 雨转晴

打Paveron。下午四时李石泉及郑、陈两太太先后到，恐两位女太太缠绕不休，急召集桐珊、斌仙、佩华、喜星十馀人排《侠骨香》；怀白与葛希文医师同来，两女客局促不安，辞去，我技售矣。排戏后小睡半小时，略进晚餐，到黄金演《侠骨香》。杨诚恕在前台看戏，戏毕来寓长谈，至三时始去。余一面与诚恕谈话一面渲染《丹青引》戏台上之画，并代怀白绘扇面，五时寝。临睡前吃草麻子油一小瓶，其味儿难堪，欲吐而不能。

民国三十二年（1943年）五月十三日（癸未年四月初十日） 星期四 晴

下午四时吃九粒，夜二时吃九粒；下午六时解大便，甚多；夜间肚腹大疼。下午四时起身。李石泉、怀白、漱明及跳舞教师先后到。七时赴黄金演《钗头凤》，忽觉腹肚四肢寒冷，额上出冷汗，头晕腰酸，周身无力，打Paveron一针无效，勉强终场，返寓即寝。怀白以电话询葛希文医师，据云左腰疼痛乃大便在腹内行动，因硬结有碍肠内之膜，故有时疼痛，并非病症，以热水袋捂捂可减痛苦。捂捂半小时即睡沉。舍予下午返沪。

民国三十二年（1943年）五月十四日（癸未年四月十一日） 星期五 晴转雨

天明六时吃九粒，上午吃九粒，下午四时忘服，至晚九时吃九粒，夜二时吃八粒。下午四时起身。漱明、葛医生及跳舞教师先后到。小腹仍然隐隐作痛，葛医生云明天可望大便，一切听其自然，劝服蜂蜜、果导两种，以利大便，不用猛剂。六时舍予与其爱女朵云同来。杨卅屋不佳而价昂贵，空走一场。七时同赴黄金，演《红娘》。周信芳来后台问候；郭盛三来请柬，约本星期日晚饭。嘱怀白打电话告知，是日有白天戏，不能到，心领谢。有名梅君者寄来一信，云住哈同路慈厚里二十号楼下客堂间李姓，函内云前有绣帕一方送来，欲求资助，而语气闪烁，似有别用心，诸友亦不解其真意。由怀白答一信，告以未见绣帕，信尾不具名，以防意外。十二时返寓吃饺子、稀饭。舍予送来镇江肴肉，以酱油而后食。三时寝。老爷子晚间退来堂会份，欲在北京支用；陈太太来电话，漱明答以出门访友。今日未大便。

民国三十二年（1943年）五月十五日（癸未年四月十二日） 星期六

天明八时吃八粒，上午十二时吃八粒，下午四时吃六粒，七时未吃药打一针，夜十二时吃八粒，计减吃一次。下午一时起身，与苗胜春说《白水滩》。已故贾碧云亲女小云及其母来谒，未晤。本欲小睡，舍予偕严独鹤、桂泽丞、李石泉等来，少坐。因病实难支持，余卧床闲谈。独鹤、舍予先后辞去，余已入梦乡，六时起身。怀白与舒朵云小妹妹来，时大雨如注。晚饭后赴黄金演《红楼二尤》。虽大雨座未减。今晚与昨晚在八时应服之药丸减去一遍，惟打一针，精神并不疲倦。接伶界联合会来函，为筹募寡妇粮、养老费、棺木费，邀请五月十七日下午在天蟾舞台举行义务大会串，由黄金、天蟾两班角色演白天戏筹款，每票五十元，余订演《翠屏山》，以李少春饰石秀、叶世长饰杨雄、刘斌昆饰海阇黎、朱斌仙饰潘老丈。今晚友人到后台者有贾仰山、恽艺超、许季实诸人；沈之豫小姐侍其老太太来后台，约戏完后到皇后咖啡室观跳舞，因身体劳乏之，辞谢。昨日有票友名夏德馥送余戏装照片一张，闻其母系欧洲人，喜学戏，照片上装束及姿态均与余相似。今日有一小孩儿名袁保嘉来信要戏照，自称小荀迷，字甚整齐，文亦通顺，又有具名。梅君者云前次送来绣帕一方，请周济，余复信，云并未收到手帕，亦未见信。闻友传说此人以送手帕为由，时常向人告帮，大陆银行行长荣扶宵曾赠过一百元，盖持此为业者。三时寝。今日仍未解大便。

民国三十二年（1943年）五月十六日（癸未年四月十三日） 星期日

上午阴雨，忽下忽止。下午二时起身，饭后桂泽丞来谈天友人好坏之别。三时同步至黄金，演《花田错》，戏毕步归，小睡。舍予带其女朵云及伊友汪鑑容、桂泽丞来闲谈；电约江漱明来，整理回北京行李、衣服。晚饭后赴黄金演夜戏《玉堂春》。戏毕葛希文到后台，并与其夫人同赴金公馆按诊腹部，云大便已下行，明晚导便即可畅通矣。程月梅来乞烟灰五钱，罄余所有与之，大约六七钱光景；见其衣衫褴褛，满面烟容，实为可怜，除烟灰之外又以龚醒斋所配之戒烟药片悉数给与，陈月梅感谢而去。四时寝。今日临睡前服果导四整片，大约明日可解恭；今日天明服八粒，上午十一时服八粒，下午四时吃八粒，晚七时八粒并打一针，十时吃八粒，夜二时吃八粒，计比往日多吃一次，因《玉堂春》太累人也。今日下午漱明忽寒忽热交作，不能回宿舍，翻腾一夜，病势不轻。

民国三十二年（1943年）五月十七日（癸未年四月十四日） 星期一 晴暖

今日为出演黄金最末之一天，白日在天蟾演义务戏《翠屏山》，晚间在黄金演《香罗带》及《白水滩》，辛苦倍于往日。下午二时起身，与苗胜春研究《十一郎》把子，略进早饭，饭毕赴天蟾演《翠屏山》，李少春饰石秀、叶世长饰杨雄、朱斌仙饰潘老丈、何佩华饰莺儿、刘斌昆海和尚。五时半演毕回寓。舍予、石泉、泽丞、怀白均到；漱明寒热未退，雇三轮轿车送之回大陆银行宿舍。其病虽属感冒，但出汗一日一夜仍不退热，此病不轻；而漱明身体之弱可以想见。七时赴黄金演《香罗带》及《白水滩》；留怀白、石泉在寓整理行囊。《白水滩》余反串十一郎，赵桐珊前青面虎，艾世菊后青面虎，傅德威前徐凤珠，朱斌仙饰刘大人，蒋少奎饰刘公子，何佩华饰夏副将，王文源饰抓地虎。前后台均有人以电光摄影；友朋如贾仰山、许季实等亦均到后台慰劳。戏毕返寓，洗浴，与李绍亭对账。三时与李石泉、桂泽丞、杨怀白携随身零物至舒宅；李绍亭与同来诸人明日乘车回北京。

民国三十二年（1943年）五月十八日（癸未年四月十五日） 星期二 晴凉

三时半起身。葛医生来诊病，认为肠内积滞尚未干净，仍须服果导三饼。六时与舍予同访山家，座中有李三爷，谈半小时；访李祖夔，折至大陆银行探问江漱明之病，适所延之中医在室中诊视，云病不轻，余少坐即赴新礼堂西菜馆黄金戏院之约，周翼华、李金龙、汪其俊均在座。因时已晚，即与吕弓、李世芳同赴孙养农宅晚饭，座中有畹华诸人，冯六爷亦闻余赶到，续谈。十一时赴沈季宜太太之约，至其公馆夜宵，坐片刻，舍予、怀白、赵桐珊夫妇及叶盛章之母先后到，谈至三时，与怀白、舍予同回，安寝。

民国三十二年（1943年）五月十九日（癸未年四月十六日） 星期三 晴 仍凉

一时起身。徐小姐荐成衣来裁长衫料，云星期六晚可成功；吕弓来电话，商量西人票友拜师事；老九来电话，谈明夜设宴饯行。与泽丞、徐小姐、古太太竹戏四圈；五时赴许季实之约，至哈同路俱乐部竹戏，并舍予及其公子代为诸友摄影留念影中，有招妓加入竹戏八圈；后乘徐车至梁园应郭盛三、阮君之约，同席赵子青等十馀人，皆山西籍，并有畹华为余饯行，座留首席之位，面托为余画二三轴及令香便面，云可于次日速就。余未终席仍回哈同路许、贾之约，回车拢舍予家再接舍予，车至西摩路车胎损坏，余遂与舍予步行而至该处，候余入席。饭毕又竹戏八圈，共赢三百馀元。两点与许、贾及怀白同返舍予家，吸烟。时舍予已先返家卧病，各友四时散，即寝。

民国三十二年（1943年）五月二十日（癸未年四月十七日） 星期四 晴

戒烟丸药每日夜五次，每次七粒。一时起，饭后同舍予夫人、徐小姐、桂泽丞博戏。怀白同毛世来至舒宅，同赴上海特一区法院院长冯明九宅之约，同席有苏少卿、徐慕云、鄂吕弓及其民庭庭长陈君。席散后与怀白同至卡尔登戏院观话剧《三千金》，舒舍予夫人及其二女公子又云亦在观戏。剧中情节大致表演清代达官李姓告老家居，膝下仅有三女，以全部财产分给三女。长、次两女均不孝，三女抛弃财产，嫁一农科博士；长、次二女既得财产，逼走其父，复又发现其父手携首饰箱，知箱中尚有珍贵首饰，于大风雨中追至郊外农场即三婿家中，长女置毒杯中，欲毒死次女、绑走老父而独享家财，后不能如愿服毒而死。全剧精彩之处甚多，宜其能轰动一时也。十二时回舒宅，一时与怀白同至待君老九处闲谈，至三时归寝。

民国三十二年（1943年）五月二十一日（癸未年四月十八日） 星期五 晴 微凉

下午一时起身，与怀白同至黄光益家午饭，座中熟友有何玉良、严独鹤。饭后回至舒宅，与小姑娘叙谈至五时，预约星期日同观《金丝雀》话剧。据云剧中女主角罗蓝之作风与余台上作风相似，疑此人对于余之剧有深刻之映象，故余必欲一观。五时半与怀白同至徐朗西家辞行，遇黎明，余略坐；至袁仰安家，宾客甚多，同吃狗肉；七时假张喜崐汽车赴潘志铨约，至其宅晚饭，座有吕弓、畹华、颜惠庆大使，余未终席仍返袁宅继续吃狗肉，至十二时余大负，共输一万两千五百元。今日之局颇有可疑之点，有丁姓坐庄时，遇轻注必赔，遇重注则吃，每次均如此，丝毫不爽；又仰安于各人之数笔录甚详，余均不解其故。至十二时各人知余大输，截然终止作鸟兽散，余亦一笑而归。

荀慧生演出《丹青引》边唱边画之作

民国三十二年（1943年）五月二十二日（癸未年四月十九日） 星期六

下午微雨，晚间大雨如注，气候甚凉。下午一时半与怀白同赴雷善觉之约，至其家午饭。雷为苏州数百年来最著名药铺雷允上之主人，其六神丸中外驰名。所备为西餐，甚精美；座中除主人夫妇之外仅吕弓夫人姊妹二人。饭后与雷夫人及鄂夫人姊妹竹戏，余负二百五十元。七时半与鄂夫人同赴何世枚律师宅晚饭，吕弓已先到相候。上次余演《丹青引》时台上所作之画，何夫人欲留作爪痕，今日署世枚款携往相赠。十时许，贾仰山以汽车来接至其家，由许季实伴至盛幼安家。盛为盛杏孙宫保之侄，在上海创办两大事业，一名宏济堂，为专售烟土之总机关；一名裕华公司，专售江、浙、皖、鄂、赣五省之食盐，沪上均称之为盛三先生。盛昨日托许季实邀余面谈，云有事相烦；及晤面交余函一件、支票一纸，计联券钞一千元，托带至北平交周南槎。南槎为前国务总理周自斋之弟，现住余之留香饭店中。盛三并托余照料南槎。余先辞归贾宅，季实后来。余其致甚豪，与季实、项仲、雍四（行储蓄会之副理）、仰山夫妇竹戏八圈，赢二百元，稍偿日间之损。时大雨如注，季实以车送余及怀白回舒宅，安寝。

民国三十二年（1943年）五月二十三日（癸未年四月二十日） 星期日

上午微雨，晚晴，气候转暖。上午十二时起身。葛希文邀午饭，因微雨，改为星期三晚在其宅中晚饭。二时葛先生去，余与怀白、舍予夫人、朵云小妹妹同赴小姑娘约，至丽华剧场观《金丝雀》。罗蓝并未登场，戏情亦不甚佳。五时与怀白同访顾森柏并辞行；随往李祖夔宅竹戏，负七百元。三时返舒宅，灯下作画，天明始寝。

民国三十二年（1943年）五月二十四日（癸未年四月二十一日） 星期一 雨

今日许君及小姑娘假舒宅请客。余下午二时起身，许君已到，以电话招怀白来，并舒宅竹戏；桂泽丞亦来谈，同吃晚饭，十一时半结局，余负一百六十元。许君因雨不能回，即宿舒宅。三时寝。今日江漱明君入医院，所患系肺炎，肺不健全，其病不易祛除；在此生活环境之下，医药之费闻需万元以外，余赠一千元，以酬其历次以笔之劳。今日止戒烟足三星期。

民国三十二年（1943年）五月二十五日（癸未年四月二十二日） 星期二 雨转晴

二时起身。许君已来；怀白来，言江漱明之病有转机，寒热渐退。八时余请怀白、许君及舒府诸友看金都戏院话剧，剧名《称心如意》，戏情角色均平常。十一时抵家就寝。

民国三十二年（1943年）五月二十六日（癸未年四月二十三日） 星期三 微雨

十二时半起身。李石泉来访；二时半舒舍予夫妇请看美华话剧，剧名第三本《小山东到上海》，情节叙一富翁故后，其保镖名小山东及本地陶巡长不畏艰难，缉获绑匪王老虎，专以滑稽为主。同去者有怀白及许君，戏毕舍予夫妇先回，余与怀白、许君三人至冠生园吃点心，并与许君订明晚沧州饭店之约。七时余与怀白应葛希文医生之约，至其宅晚饭，座中除舍予夫妇外无外客，十时归。为舒又云、朵云两小姐作画，三时寝。

民国三十二年（1943年）五月二十七日（癸未年四月二十四日）星期四 大雨

早八时金次泉率领黄金人员来，由舒宅送余到沪大飞机场。极冷。九时三刻飞行，下午一时到徐州机场，用饭；一时一刻起飞，到天津二时三刻，到津稍停下客人；三点一刻起飞，三时半到京西郊飞机场。沿空中遇微风，欲呕未呕，总算平静。乘汽车归寓，抵白庙胡同本宅。令香等叫车欲接之，余至家，谈沪上经过；令香报告在京两月所办之事。晚饭后阖家谈天、竹戏，二时始寝。

民国三十二年（1943年）五月二十八日（癸未年四月二十五日） 星期五 晴

下午二时起，午饭。雷少臣、叶春荣来；绍亭、宝荣来结算沪上演戏开销包银账目。晚饭后阖家竹戏。何泽霖、于培璋先后来，谈海上风俗、演戏经过至二时，何、于去后点心，四时寝。

民国三十二年（1943年）五月二十九日（癸未年四月二十六日） 星期六 晴

正午起，饭后往访彭华英、何泽霖、袁华汉、朱宝箴等，均见面，叙谈上海演戏经过、人情风俗；又到饭店，何陪余看饭店人员，做事精神，始上轨道，刷新内部，与前气象不同，余见甚喜。朱宝箴在饭店晤面，稍谈；又上海盛三爷所托余带函、款交周君，周宿余留香饭店。会面，言盛三爷函、款之事，明日命令香带至饭店面交周先生手收。余沐浴，同两儿回寓。孟小姐、张丽君父女来寓，共晚饭、竹戏。余叔岩病故，有讣闻；李世芳与姚玉芙女结婚，均送礼。竹戏至天明始寝，

民国三十二年（1943年）五月三十日（癸未年四月二十七日） 星期日 阴晴不定

正午起。邵星伯来寓，仍说前饭店事与其无干，仍装腔作样，忽哭忽笑，态度可笑。饭后带令香到饭店，泽霖与同仁整理各部，添造房屋八间。晚饭后至新新理发、沐浴，回寓清理日用账目，一时始寝。

民国三十二年（1943年）五月三十一日（癸未年四月二十八日） 星期一 晴热

十时起，午饭后厨役忽发急症，卧床不起，面如土色，呕吐不止，命伙计叫伊家亲友来；稍时厨役阖家子女兄弟大小六人来，即打针，经两小时始苏醒，令其回自家休养，余送其医药费。晚饭后稍息即寝。

民国三十二年（1943年）六月一日（癸未年四月二十九日） 星期二 阴晴不定

八时起，开付日用及诸教师薪工账目，命令香到大中银行还借款两万元，利息三千一百十四元，将借字、房契带回，清理手续。余往蒲伯扬处看病、验察身体，归寓，午饭后出门访友十馀家，均晤面。在吉世安家谈王五爷病故情况，可笑！又赴赵润芝于启明银号，谈与常少亭见面情形往事，赵谈姜明忱为人不妥，姜现已委任外县知县，其大字不识，做民之父母，该地人民实为不幸耳。又至饭店，家中忽来电话，云邻居失火，促余即归家，小火即熄，幸未成灾。赵燕侠母女来，言下月初八在中和戏院首次公演，托余照应。效郇、影云、绍亭亦来，均闻隔壁失火而来慰问，共晚饭。十时始寝。

民国三十二年（1943年）六月二日（癸未年四月三十日） 星期三 阴 大风扑面

早八时起，步至西单菜市场旁盛锡福购草帽，归家补写日记；命令香与海上舒、杨、鄂、葛、李、盛去函，道谢之意。午饭毕何泽霖来，询昨日隔邻失火事；孟二小姐来，竹戏至一时始散，即寝。

民国三十二年（1943年）六月三日（癸未年五月初一日） 星期四 大风竟日

早十时起。易阿莉来电话，云其病，至今未痊愈。午饭后段立彤来抄写日记；张丽君来贺节。接王太太电话，问安而已。同张丽君阖家博戏，晚饭后稍息即寝。

民国三十二年（1943年）六月四日（癸未年五月初二日） 星期五 晴暖

早十时起，与令香开付诸教师及亲友节礼，共计两千二百五十元。午饭后孟大、二两小姐来竹戏；邵星伯勾通外欠账主往饭店胡闹搅乱，情理不容，余决意与其控告；又周小姐来电话数次，均未接。命令香明日往各亲友家送礼贺礼。留诸友在寓晚饭，二时客散即寝。

民国三十二年（1943年）六月五日（癸未年五月初三日） 星期六 晴

早八时起床，促令香即起身，往诸亲友处贺节送礼，共三十馀家，共计礼洋一千五百九十元。十时乘汽油汽车外出，午饭后交厨房过节菜钱七十八元。由余五月二十七日回寓，至今用洋四千一百六十元，用钱如水。下午二时半令香回寓，用饭。孟二姑娘、阖家竹戏。汪逢春来，由申回京初次与汪晤面，谈余在沪演戏经过、市面情况、人情风俗、余在沪得病原因等情。晚饭后亲家太太来，亦言明日接令香夫妇、俩孙及奶妈到伊家过端阳节之。二时始寝。

民国三十二年（1943年）六月六日（癸未年五月初四日） 星期日 晴

正午起床。亲家太太来，未候余起床，接令香及其女等到伊家。何泽霖来贺节送礼；令香、立彤来谈泽霖之意欲介绍周兴中为留香饭店中账房，何意为引进自己人入饭店，暗查账目等事；令香、立彤云此人为人不端，人缘不佳，万不可用。明日与何泽霖言明，决辞却此人，免成群结党，因已有前车之鉴。彩云来，留饭、乘凉、闲谈家务。十一时亲家太太送令香夫妇归，稍坐伊去。就寝。

民国三十二年（1943年）六月七日（癸未年五月初五日） 星期一 晴

早六时起床，往留香饭店查看赏各头目人员节钱于培璋、侯占元，九时归寓，午饭。效郁来，云李达三房出售。阖家竹戏；内子忽然大病，即电召医生，均不在院，又请中原医院董季高来，言霍乱，十二时方安，余即寝。

民国三十二年（1943年）六月八日（癸未年五月初六日） 星期二 阴

大风尘土飞扬，风沙扑面。正午起。内子病愈。饭后带令香往宝恒祥购戒指，并卖去金纪念锁片一只，合洋四百三十元，除戒指二百元，下存二百三十元；又到瑞蚨祥购衣料四件，回留香饭店，唤成衣匠做衣。广瑞银号移居，送山水条幅。回家晚饭，阖家博戏，二时始散，即寝。

民国三十二年（1943年）六月九日（癸未年五月初七日） 星期三 晴

十一时起，午饭毕促令香、立彤往彭律师家，为邵星伯前任留香饭店账目欠款舞弊事，欲起讼。沐浴。汪逢春来与内子看病；孟二小姐来，竹戏至一时，始寝。

民国三十二年（1943年）六月十日（癸未年五月初八日） 星期四 晴

早十时起，买翠钻，靳绍禹来，前所卖余宝石均是假货，经宝恒看之长眼，可笑！伊承认是假；又购大宝石，伊担保纯正无差。午饭后苏宝荣来，写上海道谢函。六时阖家往新新看电影，陈受之二女在新新打字板，至座前闲谈。观毕回家，稍息晚饭。日前赵燕侠阖家来寓，其女初八日在中和出演《十三妹》；何佩华说戏，学余作风；

是日请余阖家往观。饭后阖家先至中央理发，又到中和观剧。配角、班底均用余老旧人，学余唱、做。诸友及其赵氏夫妇至厢内招待周旋。观毕归寓，点心。三时始寝。

民国三十二年（1943年）六月十一日（癸未年五月初九日） 星期五 晴

吴道乘玄子画家来，云胡佩衡介绍来教画画，定来馆时间，命令香接洽。丽君来竹戏；赵燕侠父母来道谢；叶春荣、常少亭同来，晚饭后散去。即寝。

民国三十二年（1943年）六月十二日（癸未年五月初十日） 星期六 晴

早七时周身骨痛，即起床，召成衣裁衣、整理旧衣服。杨怀白来函，云黄金戏院送李绍亭储券两千元，函通知此款要寄北京，询问李住处。内子姐来，代玉庚及故去时慧宝之妻索鸦片烟灰。晚接吴镜芙电话，云约余明晚在永光寺西街一号晚饭，允之。阖家与孟二小姐竹戏，至十二时始散，即寝。

民国三十二年（1943年）六月十三日（癸未年五月十一日） 星期日 阴晴不定

早九时起。吴道乘玄子来，为教画择吉日来寓。午饭后往饭店看账目工程，又赴永光寺镜芙之约。郑文轩之弟郑三爷做东，同席杨燕霞、陆太太、严太太、彭秀康父女、周姓等。饭后竹戏，至一时抵家。天忽起风。三时始寝。

民国三十二年（1943年）六月十四日（癸未年五月十二日） 星期一 晴 风

十时命任仆往振兴取吕宋烟。结算日用账目。丁伯涵丧母，命令香往贤良寺吊祭。余与孟二小姐竹戏，夜二时始散，即寝。

民国三十二年（1943年）六月十五日（癸未年五月十三日） 星期二 晴

十时起，饭后叶春荣来，求余约杨燕霞、徐东明合作演唱，为伊帮忙，并卖余手表一只，洋七十元，稍谈。赵燕侠阖家来，托余代请李凌枫教戏。晚饭毕稍息即寝。

民国三十二年（1943年）六月十六日（癸未年五月十四日） 星期三 晴

早九时起身，修容、沐浴。内子四姐来寓，代购荷花两盆。伊去后午饭，带令香至前门大街五洲药房购药，又购草帽；赴王瑶卿家，面谈令香用功与戏事。并至两益轩便酌，往留香饭店查看工程，同抵家。丽君索《代夫媒》，孟小姐亦至，共竹戏，次早天明始散，九时寝。

民国三十二年（1943年）六月十七日（癸未年五月十五日） 星期四 晴

正午起。董少卿介绍留香饭店长期律师金鍊在镕，云星期日在饭店宴客，从即日起正式为饭店法律顾问。午饭后李凌枫来，面谈为赵燕侠说戏事。李每月索薪工一百二十元，论出每剧一百元，言罢伊去。晚饭后赵氏母女来，将请李之事告伊，其自己当面接洽。余阖家赴长安看话剧，剧名《云彩霞》，剧情描写坤伶演戏景况及坤伶结局、下场头；剧情平常，使观众无任何感动。观毕归寓，稍息就寝。

民国三十二年（1943年）六月十八日（癸未年五月十六日） 星期五 晴

十时起床，沐浴。裱画张掌柜来寓，为请教画先主事，并谈校场五条有房一所，约余往观；午饭毕带令香往看，此房价昂不佳。到留香饭店看添置房间工程。匠人邵姓购买水管物劣价贵，以仗泽霖介绍，狗仗人势，不许挑剔劣管，出言不逊，被余大骂，店伙解劝始罢，即回寓。杨燕霞电约在伊宅竹戏，晚饭即往，同席有兰亭夫人，孙邀角赴沪，其夫人未随去，在马连良家，今日晤面始知；并有任某夫妇，任远东饭店股东，因朱署青在远东担任经理，公费任意挥霍，任派其子来京查看；少春、吴姓也在座。饭后竹戏，一夜未止，次日早九时抵家。

民国三十二年（1943年）六月十九日（癸未年五月十七日） 星期六 晴阴不定

早九时由燕霞家回寓，阖家尚未起床。内子云毛世来由上海搭火车回京，火车中途失火，烧去四辆车，客人在无村无店之中下车，火止再行，古所未闻之事。毛带来葛希文与余配制戒烟药两盒；宝恒祥送来镶好蓝宝石并翡翠戒指两个。午后小睡。二内兄来借贷，送洋十元。晚饭后始寝。

民国三十二年（1943年）六月二十日（癸未年五月十八日） 星期日 晴

早八时起床。正午阖家午饭。又到长安看四一剧社演《秋海棠》。该剧上海卡尔登演半年馀，座位始终如一，收获甚广，剧情甚好；今长安观之《秋海棠》，剧情穿插窘乎不同，太平常无味儿，似觉可笑。观毕偕长子至饭店，请金律师在镕便饭，系董少卿介绍为留香饭店常年法律顾问；泽霖、少卿作陪。先命金出催促邵星伯及其铺保还前欠饭店债务两函，谈前饭店经过旧情。饭后带两儿回家。与亲家太太竹戏，三时始寝，

民国三十二年（1943年）六月二十一日（癸未年五月十九日） 星期一 晴

早十时起，午饭后同孟二小姐及亲家太太竹戏，下午至隆福寺闲游，见相馆放大悬挂余二十年前戏装《小放牛》照片，与今扮相大不相同，若外人绝看不出，因无底版，入相馆购之，伊不相识，每张索洋二元五毛；如平常照片加印不过八九毛钱，伊云此照片购买者甚多，非此价不卖，余只好买之；将出门，伊掌柜在容丽学徒与余相识，客气周到，稍谈。晚在寓竹戏，天明早六时始散。

民国三十二年（1943年）六月二十二日（癸未年五月二十日） 星期二 阴

竹戏客散后即往中原医院治疗，又往饭店小坐、点心。裱画张介绍教汉文老师李毓崧，即归面谈，定一号上工开课，伊去，小睡。李女仆因素日懒惰，做事神经，不服管束，将伊解去。李来，云一年余丢失物件若干，仍在身上戴穿，但不认偷，可气！六时酣睡，日夜未起。

民国三十二年（1943年）六月二十三日（癸未年五月二十一日） 星期三 晴

由昨下午六时至今早十时起床。任民菁来索保险费，此账目本与姜明忱所欠，与余无干；伊云乃留香饭店保险，明忱现不在京，只好向余讨索。伊等通同作弊，有意欺负人，余云候明忱回京当面言明再还此账。吴彦衡代请朱桂芳与令香说戏，言不论亲戚，只讲公事，每月索薪工一百二十元，少一文免谈。叶春荣托余约张丽君、杨燕霞、徐东明，为伊搭桌，帮忙演戏合作，云如能撒红票作为有把握始唱；如办不到不须乎求伊等演唱。所谓托人帮忙，之言语不近人情。七时寝。

民国三十二年（1943年）六月二十四日（癸未年五月二十二日）星期四 早阴晚晴

十时起，午饭，至陆太太家探病，往中原注射，又到饭店小坐，带令香回寓，同亲家太太竹戏，至夜一时始散，就寝。

民国三十二年（1943年）六月二十五日（癸未年五月二十三日） 星期五 晴

十一时起，步至蒲伯扬医院检查身体，归寓。阿莉来电，云长安今日日夜法大剧社公演《茶花女》，约往。午饭后沐浴，同内子往长安观话剧《茶花女》，七时归寓，晚饭。晚同丽君叶子戏。三时寝。

民国三十二年（1943年）六月二十六日（癸未年五月二十四日） 星期六 阴

早九时起床。律师金在镕系董少卿介绍为留香饭店常年法律顾问，但未下聘书，先命其出函催促邵星伯及其铺保还前留香饭店舞弊债务，邵欺人太甚，勾结债主索债，气愤难消，故去函警告，限两星期内答复；如置之不理，余控告。金因未有聘函，并未付薪金，伊不肯出函，命令香往董宅接洽；令香搪塞马虎，怕奔走，婉言不去。余大怒，说伊脾气仍不改，恐将来受害；前饭店停业，受打击，伊毫无长进，可气！午饭后小睡。孟二小姐、亲家太太催余起竹戏，夜一时始散，寝。

民国三十二年（1943年）六月二十七日（癸未年五月二十五日） 星期日 晴

九时起，沐浴、理发。振兴购烟，归寓。朱桂芳四子五月初八日生一女，桂芳得孙女，送礼；程伟雷丧父，六月二十五日病故，今日在宣外南横街观音院接三，命令香往吊。至董宅办理金律师出函催邵欠债事。午饭后赵燕侠之母来寓，为托余代请李缉之为其女说戏事。隆福寺玉昌照相馆送来余二十年前《小放牛》《庚娘》《得意缘》相片四张，因数日前见伊门首放大余戏装，故购买。晚饭后同亲家太太竹戏，至次早七时始散。

民国三十二年（1943年）六月二十八日（癸未年五月二十六日） 星期一 阴

竹戏散后，结算日用账。令香约金玉书来吊嗓，正式用功。前托裱画张代请汉文画师已觅妥，李、杨姓定一日开工，并约三十日在寓便饭聚餐。晚饭毕，丽君来索戏本，余十时寝。

民国三十二年（1943年）六月二十九日（癸未年五月二十七日） 星期二 雨

下午起。雨止。大钧来吊嗓。与大钧、吴小七竹戏至三时，寝。

民国三十二年（1943年）六月三十日（癸未年五月二十八日）星期三 雨 忽下忽止

十时起床，与令香结算留香饭店房租账目。子铎来信，问候而已；昨盛三由申来京，至寓闲谈；大钧来吊嗓。晚在寓约李毓崧、教汉文画师杨某的介绍人画张晚饭，定明日七月一号开课，六时同来寓共晚饭，谈画理、文学至八时散。与大钧、阖家竹戏，夜四时始寝。

民国三十二年（1943年）七月一日（癸未年五月二十九日）星期四 雨

早八时杨、李来，读书、画画，一时午饭。长孙皓生日，阖家敬礼。饭后结算日用账目。大钧、亲家太太、吴小七来竹戏；晚饭后李世五夫妇来，大说姜明忱为人不良。至夜一时寝。

民国三十二年（1943年）七月二日（癸未年六月初一日） 星期五 晴

八时起，同李、杨用功、吊嗓。午饭，小睡，沐浴。锡永来谈画理，并谈其生女弥月，送贺礼。

民国三十二年（1943年）七月三日（癸未年六月初二日） 星期六 晴

九时起。李、杨来，用功。佩衡介绍吴画家来谈；吴霜孝同其母电约伊宅，有要事谈话，如不去其母要来余寓，不知何故？孟二小姐、金大钧来吊嗓、竹戏。朱桂芳今日生辰，其夫人来寓，言得孙女弥月，请余阖家初八日到宾宴春宴客，大办弥月及桂芳生辰。朱复昌代友人索画。竹戏时长媳与余顶撞，语言不顺，素日令香纵容之过，余暗暗生气，命令文代竹戏，即上床安眠。

民国三十二年（1943年）七月四日（癸未年六月初三日） 星期日 阴晴不定

午后起床，饭毕沐浴，同锡永闲谈。

民国三十二年（1943年）七月五日（癸未年六月初四日） 星期一 阴晴不定

李、杨早八时来，作画、读书。午饭后吴孝同连来电不息，余未接；金仲仁来，与其大谈家务，说令香娇养性傲。晚往泰丰楼延年会同仁公请吉世安补寿。韩佐庭来函，辞谢饭局，此函不通，大动笔墨，似通非通，大家批评，捧腹笑之。定下星期公请逢春，在伊本宅补寿。饭毕步至留香饭店，又至瑶卿家小坐。带令香、大钧到远馨馆夜宵，三时回寓即寝。

民国三十二年（1943年）七月六日（癸未年六月初五日） 星期二 忽阴忽晴

正午起。间大雨至天明始止。

民国三十二年（1943年）七月七日（癸未年六月初六日） 星期三 雨忽下忽止

早八时起。李、杨来；大钧来吊嗓。午饭后，今日荀敬先之女出阁及马富禄生辰，均送礼；谭琢卿病故，送奠仪；朱约之续室，在蓉园客，备礼往贺。仆人文逵现已卖瓜生活度日。晚饭后与亲家太太竹戏，次早八时始散，寝。

民国三十二年（1943年）七月八日（癸未年六月初七日） 星期四 忽阴忽晴

正午起床，吊嗓，午饭。童芷苓之兄遐苓来寓，谈市面物质价高，生活难以维持。陈本立同其友侯姓来，侯在电话总局做事，何泽霖打听安电话手续，为留香饭店使用。本立在京求学。何谈起饭店生意日有发达，每月除消外，平均每月可得五六千元，收入在一万七八千元，可喜一件事。两兄偕友往隆福寺蟾宫看电影。叶春荣来，要求余秋后请余演戏帮忙，纯粹义务。此人为人可厌，奈因跟随多年，不忍其堕落，允之。晚饭后稍息即寝。

民国三十二年（1943年）七月九日（癸未年六月初八日） 星期五 阴 甚热

八时起，与李、杨作画，读书。午饭后带令香购物，同到瑶卿家闲谈，在外便饭后至开明看君秋演《雷峰塔》，有“断桥”起至“祭塔”止。戏毕，余步至瑶卿家稍坐，带令香抵家，即寝。

民国三十二年（1943年）七月十日（癸未年六月初九日） 星期六 阴

早八时同李、杨作画。吴镜芙来，代其友郑文轩索画，便面一页程砚秋画，余绘山水；谈及关子高现任四川行长，吞款枪决。伊之消息不知从何而来？伊去后余夫妇赴陆太太家饭局，同席胡太太（改嫁陈姓）夫妇及张姓、秦通理及其少奶奶、仲仁伉俪、杨燕霞等，饭后竹戏。余忽然头晕眼花，四肢麻木，似去岁患脑贫血之病症旧病复发，身体亏，命内子代替，即赴床休息。面如土色，大家均吃惊，劝余即吸烟，此病始缓，稍息即乘车回寓，抵寓就寝。

民国三十二年（1943年）七月十一日（癸未年六月初十日） 星期日 晴

正午起床。昨夜大雨至今始止。午饭，接延年会公请逢春帖。精神不振，渐酣睡，命令香赴逢春处，在伊家公请补寿。日夜头晕眼花。

民国三十二年（1943年）七月十二日（癸未年六月十一日） 星期一 晴

早七时起，欲作画、念书，奈病魔缠身，在床休息。今日令香岳父生辰，带礼往贺。戴正一次子朴生流落讨饭，来讨数次，嗜好过重，不务正业。逢春来为余看病；本立偕其友侯姓来谈。晚饭后即寝。补记：忽想起本月初二日皓孙被其奶妈看之，不慎自己玩耍由高处摔下，大玻璃煤油灯将头后部扎破，血流不止，周身是血，甚可怕，避气不语，急命令香抱往附属医院疗治头部破伤，用手术缝好，敷药时醒过，阖家心方安。

民国三十二年（1943年）七月十三日（癸未年六月十二日） 星期二 晴

早八时起，病稍见好，照常工作，午饭毕带令文至中央理发，即归。长媳腹内疼痛，即延田凤鸾医院田女医生来接生，看此情形不出今日就要产生。同孟二小姐及亲家太太竹戏，忽听小孩儿哭声，急问之，已降生，男孩儿，时间下午二时二分，新钟三点二分，今年未年又未时生，均平安；生子时甚顺利。令香年二十三岁，已得三子，大喜也；余得三孙；仆人等贺之，夜三时客散，余一夜未眠。

民国三十二年（1943年）七月十四日（癸未年六月十三日） 星期三 晴

竟日无事，晚饭毕即寝。

民国三十二年（1943年）七月十五日（癸未年六月十四日） 星期四 晴

正午起，沐浴。今日长媳生子洗三，诸亲友先后来贺，留午饭并竹戏，至次早七时始散。

民国三十二年（1943年）七月十六日（癸未年六月十五日） 星期五 晴

由昨日竹戏，诸友至今日早七时客散，晚饭后酣睡十六小时。

民国三十二年（1943年）七月十七日（癸未年六月十六日） 星期六 晴

早八时起。李、杨来，用功。叶春荣介绍武旦岳春荣，来与令香每日练习武功，今日正式上工。江漱明由沪来京，宿伊内兄郝树声家；至京已有半月，今日来寓访谈。晚饭后阖家往长安观唐若青演《茶花女》话剧，戏毕归寓即寝。

民国三十二年（1943年）七月十八日（癸未年六月十七日） 星期日 阴晴不定

早六时促余两儿起床，阖家往安定门外地坛精神病医院闲游、参观。王亲家太太长媳之母在该院有职务。天气甚热。八时至地坛，王亲家太太留饭店招待甚周，命胡、张两姓陪余阖家各部参观。疯人各有疯态不一，有爱笑者，亦有哭者，亦有说骂者，观此情形可怜，可怕！至今袁、黎、徐三总统之孙媳子男妻室在院养病已有十余年，并有各要人子孙，不计其数。犯病毫不顾羞耻，一丝不挂，裸体胡闹。所谓一辈做官十辈垒砖；饭后归寓。疲倦，均抵寓小睡，六时起。晚行至西单派出所，有一日人打骂一中国人，百般羞辱，余立而观之，日人情形难堪，执起凳几往人身打之，将余左臂打着，无妄之灾，无计，奈何！抵家即与内子同孟小姐、王亲家太太竹戏。闻老爷子因竹戏牌不顺利大发脾气，开口骂之，诸人均原谅伊年长，未敢辩理，十二时不欢而散，即寝。

民国三十二年（1943年）七月十九日（癸未年六月十八日） 星期一 晴

八时起。李、杨来，用功。饭后带两儿往新新看电影，剧情一富翁之子与一乡间寒女恋爱留情，女已受孕，抛弃不理，与其表妹结婚；女生子后教养成人，在其公司做事，被辞，其母气愤而亡时遗言，详告其子，其子寻至富家，替母声诉，慈心认子，辩理后事终结，闭幕。情节甚苦，观众落泪者甚多。即归寓，晚饭后就寝。

民国三十二年（1943年）七月二十日（癸未年六月十九日） 星期二 晴

早八时起。姜妙香丧父，在三圣庵开吊，送祭礼。饭后沐浴、修容、剪指甲。同孟小姐、金大钧竹戏，竟日未息，晚饭后稍息即寝。

民国三十二年（1943年）七月二十一日（癸未年六月二十日） 星期三 晴 微风

八时起床，同李、杨念书、作画，二时午饭，大钧来吊嗓。饭后沐浴，五时偕阖家往北海闲游。盛三数日前约定在仿膳晚饭，同席有蔡惟依律师、那姓翻译。未终席余赴南所胡同彭华英宅饭局，有日人两名、袁规科长、吴宁静院长、王翻译、鼓妓方红宝，妓女若干侑酒；畅谈，大说诙谐。十时回家，同春荣闲谈戒烟痛苦。今日入伏第一日，骨节酸痛，实难忍受，吸烟解苦，二时半寝。

民国三十二年（1943年）七月二十二日（癸未年六月二十一日） 星期四 晴

正午起。晚饭毕江漱明来，上海世面友人谢函伊代发出，至夜二时始散，即寝。

民国三十二年（1943年）七月二十三日（癸未年六月二十二日） 星期五 忽阴忽晴

早八时起。李、杨来，写字、作画。令香与余购来补药，计维他赐保命十小盒，每盒五十粒，又补使命。前日购得小书六部。午饭后接海上顾森柏函，嘱余代伊借与斌仙三百元，斌仙去函本向伊借，伊来函托余代垫，因在上海余时常求伊看病，此情手续已了解分明，慷他人之慨，用别人银钱交友。斌仙夫妇持森柏信来索钱，余送洋一百元，与顾之函不相干，念其同业贫寒并有相当交谊，故赠斌仙百元。仲仁亦来，谈出外演戏事，因阖班人均为日月亏累，生活不足，劝余外出演戏。逢春来与长媳及三孙看病，大谈生活程度、食粮实难购买。与何泽霖谈留香饭店西餐部对客人不蔼和，恐西餐部受影响，欲解决另觅人；加本钱扩充整理。亲家太太来。女仆李姓辞活，代看小孩儿。十二时客散，寝。

民国三十二年（1943年）七月二十四日（癸未年六月二十三日）星期六 阴晴不定

正午起，饭后与仲仁闲谈。逢春来与长媳看病，治疗泻肚，新生小孩儿肚腹病。逢春谈庞敦敏之妻服务妓女，检查所任事，受赎吞用赃款查出被告，判十五年徒刑，不服上告，敦敏因此受连累，农学院院长职务被解，在家赋闲，名誉人格扫地，常在家叹息。晚饭后伊去，稍息就寝。

民国三十二年（1943年）七月二十五日（癸未年六月二十四日） 星期日 晴

正午起，午饭后沐浴，往吴啸桐家闲谈，内子往吴大嫂家，乃为彦衡生辰闲谈往看。晚饭后即寝。

民国三十二年（1943年）七月二十六日（癸未年六月二十五日） 星期一 忽阴忽晴

早八时起，往蒲伯扬医院戒烟，因上海葛希文带回烟药用完，烟瘾仍未戒断，仍恐前功尽弃，故继续在蒲伯扬医院戒除。六时同孟二小姐、金大钧、王亲家竹戏。何泽霖长女生辰，内子往贺。伊无子嗣，只有一女，爱如掌珠，搭喜棚约亲友，大办，贺19岁；中兴、留香两饭店职员均到场。据内子回寓云，宾友甚多，同仁均送公份，另有份金，大拍马屁。江漱明来，言怀白来函，也有余函，为戒烟事，信中言语大半一样。余家厨役丧母告假，送伊丧礼。竹戏至三时始止，客去即寝。

民国三十二年（1943年）七月二十七日（癸未年六月二十六日） 星期二 晴

昨夜大雨至今十时始止。十时起床，到伯扬处看病、打戒烟针，又往中央理发，步归，午饭。带令文到新新看电影；命男仆同中央理发匠往城外购杂粮。卖者甚多，不拘额数，不过价昂而已。今年粮食困苦艰难，都城贫人饿死大半，可怜！今夜余家缺粮，现至本巷自行车铺匀购粮小米二十一斤，所谓等米下锅，四十年来未经过此等苦境。晚饭后阖家到长安看唐若青演《金丝雀》话剧。剧情卖笑女子有情人穷，骗阔人银钱供给情人，均看穿，结果误伤离散。张春彦、春禄、佩华等亦在；常少亭送西瓜、汽水，大献殷勤。观毕回寓即寝。

民国三十二年（1943年）七月二十八日（癸未年六月二十七日） 星期三 晴

九时起，命任二至蒲伯扬医院取戒烟药；李、杨来，作画、念书。对门邻居知余得孙，送份金六十元，因无深交此礼璧回。孟小姐、王亲家同竹戏。晚饭后孙甫亭、蒋少奎、朱斌仙、金仲仁同来，劝余出外演剧，维持同仁生活，如允许，伊四人分头办理；云天津、济南、青岛、徐州、济宁均约余，余想同仁跟随多年，均境况不佳，只好从权，喜之而去。夜三时始寝。

民国三十二年（1943年）七月二十九日（癸未年六月二十八日） 星期四 晴

九时起。李、杨、大钧先后来。午饭后教日语王先生代购玉米面四十斤，八十元。每日为杂粮筹措不息，逢人必托购，不顾价钱高低，余只如此想，他人亦是为难。晚饭后稍息即寝。

民国三十二年（1943年）七月三十日（癸未年六月二十九日）星期五 大雨

正午起，饭后沐浴，因小有不适，身体疲乏，小睡。天气凉爽，竟日酣睡未起。因戒烟身体虚乏，夜间梦遗，并泻肚数次，直到四时始入梦乡。

民国三十二年（1943年）七月三十一日（癸未年六月三十日） 星期六 阴冷

九时起。李、杨来，作画、念书。午饭后叶春荣来，言陕西巷吴保安所住之房有人购买，出洋三万八千元；何泽霖同时亦有电来，询问该房，情愿出价四万元，乃是与叶所谈为一主，前后价目不符，老五大不满意，言何泽霖钻扦，穷极无聊，言语不顺，余气忿，此房不卖，俟日再谈，推脱双方。晚饭后即寝。

民国三十二年（1943年）八月一日（癸未年七月初一日） 星期日 雨冷

正午起，午饭后沐浴。周同王亲家、吴小七竹戏。仲仁来电，云济南有约，不日来人接洽演戏事。夜二时始寝。

民国三十二年（1943年）八月二日（癸未年七月初二日） 星期一

昨夜倾盆大雨，至今九时始止；今日天气阴晴不定。近两日天气凉爽，夜间梦遗；昨睡午觉亦梦遗，乃烟药不足。近年来身体过虚弱，时常病魔不离身，精神不振。正午起床，饭后命令香往陆太太或李绍亭处借款，为开付诸师及零用账目。俄时令香由陆太太处借来洋一千元，即结算账目；每月需用五千馀元，饭店进房金小账等不足三千元，每月亏洋两千馀元，日月亏累，食粮日见其长，生活状况日高，可怕！沐浴。

民国三十二年（1943年）八月三日（癸未年七月初三日） 星期二 晴

九时起。李、杨来，工作。饭后往新新看电影，情节滑稽。王翻译亦在该处，晤面，闲谈海上演戏事。又到留香饭店查看工程，添置房间十馀间，男女厕所等布置，地方甚恰，店员各个精神，与先比较大不相同；何泽霖殷勤周到做事，旅店公会请求房金涨价，官方允许，由八月一号实行长价。何云除开销万馀元而外，每月可赚万元左右，可喜！由开幕以来百般折磨，由何接办始上轨道。至中央理发，回寓。陈维信、孟小姐、金大钧在寓候余竹戏，晚饭后三时始散，即寝。

民国三十二年（1943年）八月四日（癸未年七月初四日） 星期三 阴

早十时起。李、杨来，工作。饭后亲家太太来闲谈。次子、长媳、长孙均不适，请逢春调治。江漱明来寓，云怀白来函，黄金戏院孙兰亭、周翼华不日来京，托其带戒烟药，嘱余招待，谈至八时伊去，晚饭，至三时寝。

民国三十二年（1943年）八月五日（癸未年七月初五日） 星期四 阴

正午起。苏宝荣来，言绍亭因彩头班讼事羁身，余之公事不能分身办理，如若唱戏另觅人接洽办理公事，辞事之意，并借来绍亭洋一千元，宝荣带来。晚饭后三时始寝。

民国三十二年（1943年）八月六日（癸未年七月初六日） 星期五 阴雨

九时起。李、杨来，工作。并送三孙弥月礼，命令香往绍亭家接洽秋后演戏事，绍亭因事忙决意辞谢。仲仁来电，云明日来寓，接洽赴济演戏事。晚饭后两儿往长安观话剧《梅萝香》。候归寓，即寝。夜间大雨，院内山石坍坏如雷声，阖家均惊醒。如白日坍塌恐要伤人，乃必由之路，可怕！

民国三十二年（1943年）八月七日（癸未年七月初七日） 星期六 仍雨

正午起。绍亭因彩头班事忙，委刘铁林接办余公事。亲家太太来竹戏，至夜三时始寝。

民国三十二年（1943年）八月八日（癸未年七月初八日） 星期日

昨夜大雨，至今未息，仍雨缠绵。正午起，饭后无聊，同王亲家竹戏。金仲仁来，面谈济南演戏包银事，共晚饭，伊去后仍竹戏至次早七时，因内子忽然呕吐，卧床不起，竹戏始止，稍息即寝。

民国三十二年（1943年）八月九日（癸未年七月初九日） 星期一 晴

早八时竹戏散后即寝。下午二时宝荣同刘铁林来寓，因绍亭事忙，伊代理接办；并海上周翼华、孙兰亭来寓，宿钱粮胡同十五号。吴性裁宅电话四局一四三九号。周、孙带来葛希文戒烟药，托刘送来。到长安看话剧《梅萝香》，观毕回寓即寝。

民国三十二年（1943年）八月十日（癸未年七月初十日） 星期二 晴

早八时起。邵星伯铺保军衣庄经理、董玉敏来谈邵星伯留香饭店舞弊事，已成词。董前场出面，情愿代邵赔偿外欠，本应今日送款了结此事，今来不但拒调解而滑头，婉言说邵冤枉，情愿打官司；如愿了结，既不赔偿又不道歉，欠款字据说余逼迫邵写之，又遇一狡猾人，社会人心之坏，只好起诉控告。李、杨来贺；今日留香饭店同仁送三孙皋弥月挂匾，匾文：“瓜瓞长绵”。音乐吹打悬挂上屋左手。午饭后吉祥戏院吴钦李接事来周旋余接洽演戏事，欲定二十后每星期三出演，吴知余办事人辞事，伊谋事代为办理率领同班，伊去后修容。王亲家太太来闲谈，二时始寝。

民国三十二年（1943年）八月十一日（癸未年七月十一日） 星期三 晴

十一时起。今日三孙皋弥月，诸亲友携眷属来贺；留香、中兴两饭店首领及茶房等送礼而来，约百馀人；麻将六桌，早晚酒席预备六桌，甚热闹，至次早正午客散。

民国三十二年（1943年）八月十二日（癸未年七月十二日） 星期四 晴

贺宾正午散去，余午饭后沐浴。即周翼华、孙兰亭、吴性裁请帖，约明日下午七时米市胡同十九号谭宅粤菜，谭家菜在京都甚有名。杨燕霞亦有帖来，约十四日下午六时在本宅晚饭。下午六时寝。

民国三十二年（1943年）八月十三日（癸未年七月十三日） 星期五 阴晴不定

正午起。宝荣来，云李绍亭仍就接事，伊介绍刘铁林已然晤面，从中难以推脱，铁林只好由李定夺，向刘说之。并结算三孙皋弥月账目，共用四百一十元两毛。欲出门，叶春荣偕买陕西巷五十六号房刘秀岩来寓，面接洽，言明房价四万元，先付定洋五百元，由今日起十日内正式立卖契，过十日定洋作为无效，言罢而去。即往钱粮胡同访翼华、性裁，晤面畅谈，吴甚招待殷勤周到。又到远东饭店访孙兰亭，伊外出，同其夫人、小姐闲谈。到留香饭店歇息。泽霖云府右街饽饽胡同有新房一所，三十馀间，卫生设备俱全，索洋十二万元，定日往看。俄时兰亭至留香回拜余，同往谭家菜，同席有少春、盛兰、翠花、富禄、铁林、荣姓、王吟秋等，未终席即往新新看郑重演《秋海棠》，凑作气甚重。天气甚热，观毕阖家即归寓，就寝。

民国三十二年（1943年）八月十四日（癸未年七月十四日） 星期六 阴晴不定

八时起。杨画师因事告假，李来教汉文。午饭后叶春荣取去陕西巷五十六号房折，与购房主刘秀岩往该房点装修。宝荣来，云绍亭仍委托铁林代理办演戏事。下午大雨忽下忽止。适饭店木匠来改作椅凳。七时往西河沿杨燕霞家应约饭局，同席孙兰亭夫妇及其长女、马少香、秦少奶、陆太太、马治中夫人等，饭后竹戏，负洋三百一十五元，至次早九时回寓。

民国三十二年（1943年）八月十五日（癸未年七月十五日） 星期日 阴

九时抵家，午饭。何泽霖、余阖家至府右街饽饽巷看房，物劣价昂，即回寓。铁林、宝荣来接洽组班演剧事。李绍亭不满意铁林接余公事，但李又不就事，其意如何余实不明；现用铁林接洽公事，即命铁林往三庆、长安、吉祥各处接洽演剧日期。刘意底包欲改组，余因不久将赴天津各埠演剧，恐来不及，原班不动，回京后再为更动。邵星伯铺保人董玉敏来寓解围，诉李、董情愿出洋一千三百元作为赔偿，并登报道歉和解，只好如此了结。定于十七日过堂，交洋一千三百元和解此事。晚饭后一时始寝。

民国三十二年（1943年）八月十六日（癸未年七月十六日） 星期一 阴晴不定

下午四时起，阖家往留香饭店，自做主人，请孙兰亭夫妇及其长女，并周翼华、吴性裁、杨燕霞、陆太太、赵燕侠母女、何泽霖夫妇、马富禄、筱翠花、姜兆斌等均到场。饭后博戏，伊等玩花牌，余与马、于、何等竹戏，至天明次早九时始散，即归家。

民国三十二年（1943年）八月十七日（癸未年七月十七日） 星期二 晴

早九时由留香饭店同诸友竹戏毕抵家。吉祥戏院吴钦礼来接洽演戏事；李华亭来约往天津演戏，定于二十七日在天津中国大戏院出演半月，帮忙三日，留香社演所得税一日，每日包银两千四百元，八月十五日白天半份，共唱十九工三个白天。命其与铁林接洽，留晚饭。十二时客散即寝。

民国三十二年（1943年）八月十八日（癸未年七月十八日） 星期三 晴

正午起，饭后叶春荣来，云购房新业主刘秀岩定下午在同和轩写字过款，命令香携陕西巷五十六号房契往同和轩办理卖房手续；新业主名义为王景泉、刘积源，当交洋两万八千元整，下欠洋一万两千元整，言明四个月后钱房两交。余同孟小姐阖家竹戏。昨金律师錬名在镕来寓，云邵星伯和解事已然了结，当由董玉敏铺保交洋一千三百元，并登报道歉，自后留香饭店再有意外情形、无事生非，仍由邵星伯及其铺保担任，录登报道歉原文如下：

> 鄙人前在留香饭店总司账，任内手续不清，有负委任，兹在铺保董玉敏斡旋，蒙荀慧生君宽待，准予解除鄙人责任，至深感谢，并此道歉。
>
> 邵星伯启

赵燕侠母女来寓，言星期一出演长安，吴性裁等要求赴沪，其女公事请余做主，余命其自己办理。晚饭后令香、春荣同回寓，陕西巷房字据写罢。叶中费不平分仆人等，其意自吞，本宅仆人吵闹，每人二十五元了结此事。二时寝。

民国三十二年（1943年）八月十九日（癸未年七月十九日） 星期四 晴

正午起。铁林、宝荣来，云赴天津公事，沈玉才、叶春荣等无礼涨价，可笑！三时阖家往新新看电影，戏名《水性杨花》。陈太太亦至，略为周旋。观毕回家晚饭，又到长安看杨德华演《孔雀东南飞》，其父周旋略谈，看客甚多，熟友多半。十一时回寓，三时寝。

民国三十二年（1943年）八月二十日（癸未年七月二十日） 星期五 晴阴不定

七时起。大雨。午饭后朱斌仙来，约往徐州演戏，命其向铁林接洽。六时阖家往同益轩应刘铁林之约。铁林接留香社公事，约前后台头目人等联合之意，共四桌。饭后到留香饭店，同禹建敏之友竹戏，仲仁加入，至三时，回寓即寝。

民国三十二年（1943年）八月二十一日（癸未年七月二十一日）星期六 晴转阴转雨

七时起，汉文李先生来，工作。午饭毕小睡，下午六时赴留香饭店，同何泽霖看李铁拐斜街饭店隔壁楼房，共三十间，面宽，进深中常，索价十六万元，房小不值此价。又往同益轩晚饭，仍回饭店。王增瑞访谈，略坐。偕内子往三庆戏院。今日刘铁林接留香社公事；余由上海回京初次公演，两儿加入。令文演《樊城》；令香同文源演《武家坡》；余演《英杰烈》。李华亭由津回京，至后台接洽天津公事。余因身体疲乏，命其至留香饭店与铁林接洽。演毕阖家归寓；大钧、丽君随来，同竹戏。令香琴师现由大钧接活；令文用沈玉秋操琴，均有开销。竹戏至天明，日夜未寝。

民国三十二年（1943年）八月二十二日（癸未年七月二十二日）星期日 大雨

由昨夜至今日未寝。午饭后吴士衡、金大钧、张丽君仍继续竹戏。华亭来接洽天津中国大戏院演戏事，定本月二十七日星期五出演，第一日演《荆钗记》，二日《埋香幻》，三日《绣襦记》，白天《英杰烈》，星期一《红娘》，四日戏码李去登报宣传；铁林亦来，天明始散，客去即寝。

《一捧雪》荀令文饰莫成

民国三十二年（1943年）八月二十三日（癸未年七月二十三日） 星期一 阴

酣睡竟日未起。

民国三十二年（1943年）八月二十四日（癸未年七月二十四日） 星期二

由二十三日早六时寝，至今日早八时始起，共睡二十六小时，精神不佳。杨、李来，工作。嘱令香将陕西巷卖房款存入聚义银号五千元、广瑞银号洋两万三千元整。铁林交来天津包银洋两万元。大钧、孟小妹来；仲仁、少春、甫亭、喜星同来接洽徐州、济南两处演戏公事，每处十日，每天包银三千元，帮忙三日，加留香社演所得税一日，共十四日；内有两个白天改为夜戏一日。铁林、宝荣来，索去一万五千元，开销天津演戏留香新班底包银。七时应杨燕霞之约，同席马富禄夫妇、仲仁伉俪、秦少奶、叶盛兰、于连泉、彭秀康、陆太太等，并竹戏。陆有帖，约明日原人在伊家晚饭。至三时归寓即寝。

民国三十二年（1943年）八月二十五日（癸未年七月二十五日） 星期三 晴阴不定

早八时起。李、杨来，工作。饭后同令香结算饭店账目，午饭后玉才来说戏。晚同内子至陆太太家应伊饭局；富禄夫妇、秦少奶、仲仁、翠花、秀康、燕霞等并竹戏。余赴长安，内子代竹戏，负洋百元。《绣襦记》十时登台。戏毕甫亭、少奎、铁林、宝荣偕徐州戏院经理刘兴荣、张少臣来寓，接洽徐州演戏事，并交定洋两千元，言明演十日，每日包银三千元，帮忙三天，留香社演所得税一日，内有两个白天改为一夜戏，共十四日。天津演毕即赴徐州，公事在津接洽。二时客散即寝。

民国三十二年（1943年）八月二十六日（癸未年七月二十六日） 星期四 大雨

正午起。把子许来寓作全堂把子、头发；孙为令文置买老生之物。午饭毕阖家赴东车站，徐政元穿制服送余，阖家因洋车慢，误点，原搭四时车，到站已四点十分，误车，同往留香饭店稍息，五点回车站，乘五点二十分车赴津，徐亦同来。八点二十分抵津，戏院到站来接，至伦敦饭店；内子因吸烟不便，即到惠中借经理室，余夫妇住宿；令香、令文、长媳及徐政元、奶妈等均住伦敦饭店。在惠中时警察局杨姓及其友人带妓女至余室闲谈。天明始寝。

民国三十二年（1943年）八月二十七日（癸未年七月二十七日） 星期五 阴雨

因君秋中国演戏期满回京，惠中房间腾出，令香等移惠中五楼，余移三楼九号；前后台来人周旋。留香社全体来津，在中和栈住宿。铁林送马连良赴沪，打炮三日后回津；近云馆主、青云主人偕友人及医生陈锡爵来访，促余起来。近云馆主戒烟陈医生包办，余亦托其戒烟，需要仨月始能戒除，戒烟费三千元，由今日开始戒起。晚饭后赴中国演《荆钗记》，今日打炮。戏毕张静轩、孙国璋等至后台访谈，十二时半戏毕同至惠中竹戏，沙游天加入。三时始寝。

民国三十二年（1943年）八月二十八日（癸未年七月二十八日） 星期六 晴

下午四时起。丽君来。晚饭后赴中国戏院演《埋香幻》，戏毕归寓。陈锡爵夫妇来寓，验查身体，说余劳力累脑贫血，幼年受伤。点心后即寝。

民国三十二年（1943年）八月二十九日（癸未年七月二十九日） 星期日 晴

下午一时起。令文宿二楼，丢失派立司长衫，因惠中新旧交替，杂乱无章，孟少臣辞职，丢长衫之事系一茶房首领有嗜好，本欲被辞，无有借辞，趁余丢失物件之事将伊辞去，余大不满意，仍旧追索物件。稽查等代为查找。饭后往中国演日戏《大英杰烈》，戏毕回惠中休息，晚饭后至中国演《香罗带》。戏毕沙游天、近云馆主、青云主人、陈锡爵夫妇偕诸友人来寓竹戏。三时寝。

民国三十二年（1943年）八月三十日（癸未年七月三十日） 星期一 微雨

烟瘾作患。下午六时起，赴中国戏院演《红娘》。戏毕锡爵同来，注射戒烟针后即寝。

民国三十二年（1943年）八月三十一日（癸未年八月初一日） 星期二 微雨

正午起。令香回京开留香饭店同仁薪金。饭后中国戏院总管冯壁城来，偕余往宣传部各机关拜客；又往周起超、孟静宇、袁文会等处访友，静轩亦晤面，略谈，抵寓。孙国璋约晚饭在忠兴楼；近云馆主约余阖家云吟国剧社票房晚餐。七时偕内子及长媳应周、孙两饭局，饭后往中国，演《得意缘》。戏毕偕近云馆主、青云主人、陈锡爵、沙游天、金仲仁回惠中饭店，共点心并竹戏，至天明七时始散，余竹戏负洋一百八十元。冯壁城来，云因防空由明日起至九号止回戏八天，各角回京、在津均可，九日接演；并带来电影明星缎幛两个，请余签字作为纪念。陈本立受顾兰君之托，要余亲笔签名，男女学生托余签纪念册甚多。九时客散即寝。

民国三十二年（1943年）九月一日（癸未年八月初二日） 星期三 阴晴不定

诸友竹戏今早八时始散。因防空演习，由今日中国戏院止戏八天，九号开锣接演，各角回京在津均可，同仁均照常开发饭钱。九时带令文往同升和购毡帽，又到“南京”理发，回惠中即寝。

民国三十二年（1943年）九月二日（癸未年八月初三日） 星期四 晴

连日防空，外面闲游不便，在寓同近云馆主、西寓周延、贾戎弟兄画扇、画条幅，为赠近云馆主、青云主人作画，闲谈。夜四时散，寝。

民国三十二年（1943年）九月三日（癸未年八月初四日） 星期五 晴

下午二时起。郭效贤由北京来津。晚近云馆主、青云主人、贾姓等来竹戏，至三时始散，寝。

民国三十二年（1943年）九月四日（癸未年八月初五日） 星期六 晴

下午一时起，饭后带令文至中原公司购物，并到明星戏院看顾兰君《黑猫盗诟》剧，陈宜荪大为招待。戏毕宜荪、游天同来寓闲谈。顾兰君托话剧团体送来缎幛两方，求余签名。晚饭后客散即寝。令香今日由京乘早车来津。

民国三十二年（1943年）九月五日（癸未年八月初六日） 星期日 晴

下午二时起，饭后张静轩因防空戒严、街上拦阻来寓，云此番戒严严厉，如街头走不听指挥军法从事；灯火管制稍有不慎，有性命关系。近云馆主、青云主人、陈锡爵、贾姓先后来，共饭，博戏至夜四时，客散即寝。

民国三十二年（1943年）九月六日（癸未年八月初七日） 星期一 晴

下午一时陈锡爵来注射，为余戒烟。郭盛三由申来津，至寓闲谈。沐浴，晚饭后沈玉才由京来津。与长媳、令文、令香、效郇竹戏，二时寝。

民国三十二年（1943年）九月七日（癸未年八月初八日） 星期二 阴

下午二时起，午饭毕，因防空不得出门。郭效贤由京来津，至寓访余，盛三亦来，近云馆主、青云主人、陈锡爵、张静轩均来，竹戏至夜四时始散，即寝。

民国三十二年（1943年）九月八日（癸未年八月初九日） 星期三 阴雨

午饭毕阖家偕佩华至光明影院看电影，未映，即至华安影院，适逢警戒警报，禁止开演，在院内闲坐后防空解除，有警察局布告："保卫大东亚战争，禁止娱乐"。只得回寓。晚同近云馆主、青云主人博戏。今早郭盛三约义顺和维多利亚西餐，韩子修昆仲三人同席，饭后欲出门，警戒警报戒严，候两小时之久始解除，即归寓。补记：与近云馆主等博戏，至夜二时忽然冷热不匀，浑身发抖，据大夫云受感冒，注射服药即寝。

民国三十二年（1943年）九月九日（癸未年八月初十日） 星期四 晴

陈锡爵来注射。一时起床，发烧已退。留香社演员回京者今日均返津，防空解除。由今日起接演夜戏；前由二十七日登台共演五日，休息八天。晚饭后赴中国演《钗头凤》，戏毕归寓寝。

民国三十二年（1943年）九月十日（癸未年八月十一日） 星期五 晴

下午三时起。郭效贤代友购戏票；郭盛三亦来。晚陈锡爵宴客，有游天、近云馆主及陈友四位，竹戏。七时回寓小息，往中国演《绣襦记》，观客求余写纪念册。十二时半回寓。刘铁林偕吴性裁来寓闲谈。吴乃同兴公司大股东，因天蟾、黄金两戏院满期，决不续合同，吴之意肯出重资租两戏院，奈两戏院身后有人愿出重资，绝不出租于吴，伊大发牢骚，设计在上海另租他院与对方相争，明正请余赴沪帮忙，谈至四时始去，即寝。

民国三十二年（1943年）九月十一日（癸未年八月十二日） 星期六 晴

二时起。锡爵来注射。同铁林往所得税总局拜访，又访庆王爷，均见面闲谈。六时往华安看电影，映名《万世流芳》，林则徐戒烟故事；又往中国戏院演《鱼藻宫》。戏毕青云主人、近云馆主、陈锡爵来代友求余写纪念册三本，三时始去，即寝。

《绣襦记》左起：何佩华饰银筝 荀慧生饰李亚仙 陈喜星饰郑儋 曹连孝饰崔佑甫 金仲仁饰郑元和 朱斌仙饰乐道德 王多寿饰来兴儿（1938年摄于天津中国大戏院）

民国三十二年（1943年）九月十二日（癸未年八月十三日） 星期日 晴

下午二时起。锡爵来注射。饭后偕苏宝荣赴中国演日戏《荀灌娘》，戏毕步归寓，小睡，九时往中国演《丹青引》，十时登台，十二时半止戏即回寓。袁文斌、近云馆主、沙游天来，王先生来注射，闲谈。昨同铁林到“新金山”拍照片，为所得税领凭证之用。今接王亲家太太函，市民发生虎疫症，各处极为严重，白庙胡同、舍饭寺等已被封锁，禁止行人出入，嘱令香明早车回京，开发诸师薪水月钱并友人等节礼。诸友谈至二时始散。孙家瑃索便面，口技甚佳，写画亦佳，为人神经可笑。三时方寝。

民国三十二年（1943年）九月十三日（癸未年八月十四日） 星期一 晴 风

下午一时起，修容，午饭后晚九时赴中国演《玉堂春》。戏毕同锡爵、近云馆主、青云主人、沙游天回寓竹戏，至天明五时始散，即寝。

民国三十二年（1943年）九月十四日（癸未年八月十五日） 星期二 晴

今日为中秋节，购买应节之物均未买着。午饭后即赴中国演日戏《扬州梦》，戏毕回寓休息；又往中国演夜戏《妒妇诀》，戏毕即回寓。青云主人、近云馆主、陈锡爵、张绍宸、李华亭、金仲仁等竹戏，至六时始散，即寝。

民国三十二年（1943年）九月十五日（癸未年八月十六日） 星期三 晴

下午五时起，饭后休息，八时赴中国演《红楼二尤》。此次来津有告帮者、借贷者，诸事均不顺利，只好忍耐；同业人仍有捣乱分子。戏毕回寓。近云馆主、青云主人、陈锡爵来，当面言戒烟手续费共两千一百元，交一千一百元，后陆续再付。锡爵寓所在天津法界二十四号路一一七号，电话三局四四三三号。点心后竹戏至天明九时始散，十时方寝。

民国三十二年（1943年）九月十六日（癸未年八月十七日） 星期四 阴 大雨

下午三时起，雨止。两儿亦未眠，叶子戏一夜，与余同时安寝。七时半起床，用晚饭，赴中国大戏院演《勘玉钏》。今日临别纪念，最后一夜，功德圆满。戏毕照例开支前后台及惠中饭店茶役等。此次共演十三日，因空休息八日。一时至惠中，袁文斌、周太太、陈锡爵、王姓等来闲谈、博戏；铁林、宝荣清理诸事手续，准备明日返京。原定早六时半乘车动身，因大雨雇汽车未到，后乘九时二十分车起程。仍与诸友博戏、闲谈。在惠中丢失令文派立司大褂一件，惠中阖店置之不理，分明该店茶役偷去，余托沙游天代办此事，立有手续，惠中承认赔偿，但要仔细考察。余动身急促，全权托沙游天负责追索。闲谈一夜。

民国三十二年（1943年）九月十七日（癸未年八月十八日） 星期五 阴雨

八时半汽车来接，即至陈锡爵大夫家注射戒烟针，后到车站，因防疫检查严厉，一丝不苟，余等排列入站，九时二十分开车。阖家及奶妈、女仆等均搭此车回京，留香社团体乘早车先回，惟仲仁、玉才乘下午车返京，不守本社规章，所谓狂傲无知。十一时二十分到北京站，仍防虎疫甚严，出站时周身打防疫药水，并检查针证；北京城门紧闭，只有前门、宣武门出入，至夜十二时禁止出入。阖家一时半抵寓，午饭，稍息即寝，酣睡日夜未起。

民国三十二年（1943年）九月十八日（癸未年八月十九日） 星期六 晴

下午一时起身，午饭后偕令香至中原医院注射。清理账目。又到华亭处，步至张相公庙看房，地窄房劣价昂，作罢。即回留香饭店，铁林、宝荣等亦在。电约阖家到广福馆晚饭。该时大风扑面，袂衣上身。饭毕仍回留香饭店，孟二小姐、维信亦至，竹戏至十二时，乘汽车回寓。只有前门能走，行至门前警察阻拦，步行可以。因天寒怕冒风，阖家仍回饭店住宿。

民国三十二年（1943年）九月十九日（癸未年八月二十日） 星期日 晴

早十一时起身，即归家午饭。定下午铁林、宝荣来寓结算天津演剧账目，开发诸师及友、仆人等节薪。赵砚侠来。铁林介绍西医注射。整理行李。徐州电促即往演戏。八时晚餐毕，稍息寝。

民国三十二年（1943年）九月二十日（癸未年八月二十一日） 星期一 忽阴忽晴

早七时起。瑞蚨祥送衣料剪袍料一件。长子夫妇往精神病医院看同画杨。往油房胡同看房，索价十七万。午饭后小睡，八时阿、周电话闲谈。晚铁林来，接洽赴徐州事，云已定合同，戏款交两万七千元，下欠三千元。留家一万元，馀者开发配角。定大众班底二十三号动身，余二十二号早十时通车赴徐州。夜二时始寝。

民国三十二年（1943年）九月二十一日（癸未年八月二十二日） 星期二 阴晴不定

早八时令香夫妇起床，云伊丈人于昨夜十二时病故，命伊夫妇即出城至精神病医院殓死；余因事忙不能分身帮忙；仆人文奎等清理行李；杨、李来，工作。午饭后余夫妇带次子偕画杨往油房胡同看房；又饭店货房王庆堂介绍虎坊桥房均不佳；至留香小息，到广福馆便饭，回寓整理行李，明日早十时车赴徐州。命段立彤作留香饭店存款图章，字刻：“留香大饭店荀慧生为存款之用”。上头又刻“荀慧生不做事好玩而已”。晚饭后与内子清理开销。令文亦同赴徐州。十一时寝。

民国三十二年（1943年）九月二十二日（癸未年八月二十三日） 星期三 阴

早八时刘铁林来电，云各处车站禁止通车，因虎疫传染实行防疫，由明日起实行。今早余未动身，九时铁林、立彤来，云今日如不走明日禁止登车。伊去促班底今夜车均赴天津，宿休一夜再往徐州，伊去通知班底伙友。命令香送王亲家丧事禅经一坛、奠敬一百元、经份三百元，并命令香办理留香饭店存折。原定今日早十时登车，因防疫之故以命铁林令班底先行，阖班决定下午七时车赴徐州，铁林命人四处催促、关照，准备七时同赴徐州。六时由家动身同赴车站，行人稠密，拥挤不堪，种种困难，寸步难移，用金钱买动，始能登车；在二三等车站立，买通车童才有座位、卧铺。沿路检查甚紧，路过天津日没十时；在津倒津浦路车南下。李玉安、叶春荣、张春禄、吴长海、蒋世英等因未赶着津浦通车，在津住宿一夜，次日早车南下。在津倒车时安寝，一路甚是平安，所以在车中安睡，至次日正午方起。

民国三十二年（1943年）九月二十三日（癸未年八月二十四日） 星期四 晴

正午起，饭后与同仁等闲谈。忽睡忽起，下午五时到徐州。杂乱无章，无人招待，只有张绍宸一人同车而来，亦无主张，诸事均自主；雇车至志成土药公司暂息。仍无人招待，甚觉可怜！留香社同仁均未用饭。在志成药店对门有一小饭馆，命伊等用饭。邀角头刘兴荣（伊弟现任徐州警察局长，闻人云经伊邀过梨园界人均无好结果，仗势压人）随后赶到志成，并不招待，在前柜房闲坐，置之不闻。饭后仍无住处，同仁询问，余向绍宸询问住处后雇车小五压娱乐场（当日刑场，地点偏僻，如今改为娼寮营业，路甚远，约有四五里之远，新建筑。此地娼寮均以某某书寓为名，地点类似北京天桥平民市场等处，均下级人谋生活聚处），余阖班人宿兴徐公司，内有落子馆，铺床家具均无，临时借用该公司，内有人不满，将其床铺一律搬走。刘三信口开河，大吹特吹，现在外借来木条床一份，类似监禁床。伊邀余等主脑人，均藏之不理，无可奈何住宿，夜一时始寝。

民国三十二年（1943年）九月二十四日（癸未年八月二十五日） 星期五 晴

下午起床。早十时绍宸同两日人来，云即起床，促余拜客。余因劳乏未起，伊等去后起床，午饭。留香社同仁向余诉冤，诸事均不顺利，余亦无法。吴长海将行李丢失，价值五百元，托余赌博抽头；晚饭后与仲仁、玉才等叶子戏，抽头五十馀元。夜三时始寝。

民国三十二年（1943年）九月二十五日（癸未年八月二十六日） 星期六 阴雨

一时起床。邀人主脑者均未见，盖不招待。余由9岁时在梨园四出奔走，未经过此番待遇恶劣。今夜出演，伊方并未来人招待，余恐外有不周之处，自寻邀人方面至公会堂，前台之拜客事伊方派人代余拜客；佟瑞三等三人冒雨四处拜客，大雨不息，周身西服着湿，如水注一般，苦不可言！至晚六时抵寓。因演戏离戏院甚远，阖家移至公会堂戏院后台住宿，再三刁难，自用金钱买动始能通融，允许余住后台左首房屋，该屋有厕所，臭气难闻，但无可奈何。七时半开戏，仍未来人周旋；电灯忽有忽止，自寻前台交涉，俱云从前邀角时与台日人合作，刘见利益甚大，将伊铲出，仗其弟势力自赁公会堂，利益独自享受；前者许翰英来徐献艺，成绩不佳，百般刁难羞辱，并未亏本，坑诈三千馀元，经人说合，又白唱三天戏此事了结。败者有罪，红者无功，此地风俗如此。余此次来十三日，票不问戏码已加凳若干，情形待遇如此，所谓刁民。今日出演《大英杰烈》，十时登台，十二时止戏，稍息即寝。

民国三十二年（1943年）九月二十六日（癸未年八月二十七日） 星期日 大雨

连日座位拥挤。饭后稍息，晚演夜场《勘玉钏》，九时半登台，演至二本韩玉姐上台至公堂时电灯均灭，台下大哄；至拜堂时始亮。戏毕稍息即寝。

民国三十二年（1943年）九月二十七日（癸未年八月二十八日） 星期一

雨仍未止，连下三日，日夜未息。下午三时起床，烦闷已极。晚饭后化装，八时开锣，九时半演《红楼二尤》，戏毕即寝。

民国三十二年（1943年）九月二十八日（癸未年八月二十九日） 星期二 晴阴不定

下午二时起。仲仁、少奎、甫亭、佩华、喜星等来，同赴秦少庭家小坐。刘兴荣至，约往南关庆合园午饭，留香社同仁均至。未终席高亚杰派差到徐，约余到伊宅晚饭、竹戏，饭后演夜戏《花田错》。戏毕李瑞亭来，说此地风俗人情刁恶，穷山恶水蹉劣等于禽兽。至二时始去，伊去后即寝。

民国三十二年（1943年）九月二十九日（癸未年九月初一日） 星期三 晴

下午一时起，步至善字理发馆理发，归寓，晚饭后演《十三妹》，九时登台。戏毕，同仁言市府借用公会堂摇奖及宪兵队情报局讲演，由明日起休息三日；院主方面刘兴荣并未通知，诸事硬做，绝不周旋；尤对余以罪人对待，无理取闹。余幸而演戏方面大红胜利，如不红想更遭白眼，不堪现状行为忍耐，交代公事，只求早日演完回京。至夜三时始寝。

民国三十二年（1943年）九月三十日（癸未年九月初二日） 星期四 晴

下午一时汪希颜约余往宙国街振家巷伊宅便饭，即往。胡处长同居，送余吕宋烟一匣。饭后与曹云甫、汪六爷、胡处长、李兴辅、南天池、王参谋长、光甫等竹戏至夜三时，抵寓即寝。

民国三十二年（1943年）十月一日（癸未年九月初三日） 星期五 晴

早十二时起。仲仁等介绍王君衡所长处并至新三四餐馆，约留香社同仁饭。饭后同拜郑耕莘、李达哉秘书长；又至高亚杰处王光甫之约。饭后同局长、县长、所长等竹戏，一时抵家即寝。

民国三十二年（1943年）十月二日（癸未年九月初四日） 星期六 晴

早二时少奎、仲仁等促余起床，同往秦少庭家小坐，偕往新华照相馆摄影留纪念，有佩华、喜兴、少奎、甫亭等，摄影毕，偕仲仁等赴兴东饭庄张藻宸之约，有仲仁夫妇、余夫妇、邢鑑泉（为徐州市商会会长），谈三十年前梨园故事，饭毕回寓小息。汪希颜、李兴辅来，约往振东饭店李太太家博戏，有曹云甫、汪六爷等，竹戏至天明，七时归寓。四门紧闭，跳墙而过，至家后即寝。

民国三十二年（1943年）十月三日（癸未年九月初五日） 星期日 晴

下午二时起。汪希颜、南天池来，约往振家巷一号汪宅食蟹、饮酒，同席均是各机关现任官员，饭后即返。在公会堂接演《荀灌娘》，上座仍无立隙之地，站票卖八元之多。戏毕修容、夜宵毕，三时始寝。

民国三十二年（1943年）十月四日（癸未年九月初六日） 星期一 晴

正午起，在院内闲步，将休息时高亚杰约士膏店组合处晚饭，有云甫、兴辅、光甫等同往，并同王秀雯游逛云龙山。该山在此处颇有盛名，古迹多半为霸王、虞姬之故事；并立贞节牌坊若干。郑耕莘、王毓秀、王乃卿、王君衡、王凌霄、溥自欣、李笑侬、邢绍泉、高亚杰、王效曾、许重五、闫宝珍、孙静涵、石英等及各局长、科长、所长、秘书、队长及商界会长、报界社长等来访不绝，亦有约饭者，有请闲游者，有请照相者，事繁心碎。补记：下午三时白连丞之表兄史生禄来（在现任华北防疫委员会徐州诊疗医务主任，颇通医道），余在天津陈锡爵处所配之戒烟药已用完，史云救急法自可用若素二两、烟灰五两配之，救济而已；已由今日起每次用五粒，仍不顶瘾，每日夜需用四十粒。晚饭后李瑞庭等来，谈王文源介绍沈雁飞团长、局长等约余往蚌埠演唱。闻该处车站恶劣，戏院方面倚仗官位压人，非常狡猾，余未敢定夺。晚九时半演《荆钗记》。刘铁林初五日由京来徐，十一日到徐州，闲谈北京防疫业已开放，车票照常，随时通行，并谈此地待遇。伊去后三时始寝。

民国三十二年（1943年）十月五日（癸未年九月初七日） 星期二 晴

下午二时起。竟日无事，晚饭后演《得意缘》，戏毕稍息紧寝。

民国三十二年（1943年）十月六日（癸未年九月初八日） 星期三 晴

下午一时起，在院内闲步。刘兴荣送来盛吉心酒一瓶，立谈片刻而去。晚饭后演《妒妇诀》。戏毕汪希颜、曹云甫、李兴辅、宪兵局长、金仲仁、何佩华、王秀雯等竹戏，至天明早九时始散，即寝。

民国三十二年（1943年）十月七日（癸未年九月初九日） 星期四 晴

正午起，饭后铁林、宝荣、瑞三来，谈续演日期，传说济南公事共演十四天，十日包银每日合洋两千四百元。马寿泉来徐，索去打炮戏码，头天《大英杰烈》，二天《香罗带》，三天《红娘》，在济宣传。马寿泉来闲谈。公会堂每日日人在台上排演日剧，不能安寝，出入随便，甚觉障碍。晚饭后演《杜十娘》，九时三刻登台，戏毕曹云甫夫妇及汪希颜来索照片，并留夜宵，二时始去，稍息即寝。

民国三十二年（1943年）十月八日（癸未年九月初十日） 星期五 晴

今日为大东亚战争纪念日，理应节约，日人云仍旧饮酒欢乐，甚属不当。由今日起停演两日。是日早九时公会堂日妓演歌伎，为慰问皇军，十时开演。前台日人同歌妓日人忽来促余急起，不容时间，将行李、人等即移出后台院外；前后门均是日人把守，留香社阖班均赶出，无有安身之处；亦有街头散步者，或有寻友人者。内子及令文大哭，甚觉可怜。铁林等接余阖家在大马路大同旅社暂驻。余偕佩华、秀雯、内子、次儿及铁林、仲仁等往曹云甫家中闲坐，并至馅饼粥午饭；饭后余仍至曹云甫宅，同赴孟绳武局长家饭局。所约陪客皆政界，座有秘书处科长等十馀人。汪希颜等共麻雀、扑克、牌九，至夜半四时，孟局长派护兵马弁送余至大同旅社，因地址不详，在街头寻找一小时之久始至该社，即寝。

民国三十二年（1943年）十月九日（癸未年九月十一日） 星期六 晴

下午二时起床。今日为中国参战纪念日，停止演剧。阖家至旅社隔壁兴盛饭馆，午饭后赴王君衡所长家，伊为余约友博戏，为余解闷儿，至次早九时始散。公会堂开会，由九时至十二时，歌剧演毕，晚演话剧，八时止，余仍回大同旅社，抵寓即寝。

民国三十二年（1943年）十月十日（癸未年九月十二日） 星期日 晴

闻内子云，昨夜有一贫妇带其女巧言告帮，赠与十元。下午二时起。据云留香社同仁八日、九日两天日夜不得安寝，在街中逗留，甚觉可怜！余在各埠演剧二十馀年，未经过此等待遇，幸而大红，如或生意不佳，恐琐碎更多。午饭毕铁林请车站同仁在馅饼粥宴客，惟恐行路时不便，故约饭联络伊等感情，特约余亲自出面敷衍；铁林先往，余阖家仍移回公会堂，少时赴馅饼粥敷衍车站同仁，未终席仍回公会堂。晚演《绣襦记》，戏毕铁林向余告假，云北京叶盛章电促伊即归办理公事，明早同佟瑞三搭早车回京，公事毕即归徐州。至夜三时始寝。

民国三十二年（1943年）十月十一日（癸未年九月十三日） 星期一 晴

下午四时起床。苏淮话剧团借公会堂表演。起床后观话剧，时接令香平安家信。晚饭后演《埋香幻》，戏毕张慰慈五爷（现任邳县县长）、曹云甫、汪希颜来谈，面向张慰慈索吕宋烟；张云在邳县受存，改日送来。略谈片时，客散后余约佩华、秀雯等宵夜，闲谈至四时，伊等去后即寝。

民国三十二年（1943年）十月十二日（癸未年九月十四日） 星期二 晴

下午四时起床。张慰慈命伊护兵送来吕宋烟，余即起床收之，名片持谢。晚演《香罗带》，戏毕张县长、汪希颜等来后台闲谈。孟局长知前台邀人者仗日人势力，招待不周，特遣派日方机关宪佐至前台关照，托嘱优待。伊不明了真相，派宪兵队来与卖饭人食堂交涉，文不对题；并至后台告余，已吩咐某等关照，余始知与食堂吵闹，错误，不肯说详，惟恐与前台、后台动起反感。稍谈片时，伊去后四时即寝。

民国三十二年（1943年）十月十三日（癸未年九月十五日） 星期三 晴

下午二时起，饭后带内子及佩华、秀雯访高亚杰夫妇与王光甫、同居，先至伊室小坐、闲谈，赠余冻水果。余赴汪希颜家食螃蟹，同席有刘县长、张县长、南天池、曹云甫等十馀人，未终席即至公会堂。刘兴荣在余化装室云前台大检查，现在观客均不得入门，并带走后台管事杨复元及济南邀余者马寿泉之弟马俊义、赵鸿勋，三人带往日本宪兵队，不知内情及其他；带走者七人均用黑布蒙面。前后台查看甚严厉，气势汹汹。至十时登台，演《鸿鸾禧》，座位仍不减少。十二时止戏。均未来闲谈，恐有不便。四时即寝。

民国三十二年（1943年）十月十四日（癸未年九月十六日） 星期四 阴 微雨

下午二时起。李瑞庭来，共饭。张慰慈知余往济演唱，为余介绍特函其弟（山东省公署张参事）淦北，托伊照应一切。佟瑞三由北京过天津，带来陈锡爵烟药三包。晚饭后演《钗头凤》。戏毕李兴辅、吕太太约余同往汪希颜家便饭、闲谈，同席有林五、胡处长、刘县长等；未用饭时余同兴辅、云甫先吃柿子；开饭时有螃蟹，甚多，余等因一时猛撞，大吃而特吃。据云螃蟹与柿子同时吃下等于服毒。幸用之不多，大家忽然想起，饭后大吃烧酒，并吸鸦片等解毒之法，直闹一夜，天明各自抵寓，即寝。

民国三十二年（1943年）十月十五日（癸未年九月十七日） 星期五 晴

下午二时起，午饭时张慰慈派伊护兵由邳县送来吕宋烟一匣；饭后白连城之姐丈史先生偕伊《徐州日报》社单国维，持函约余往潍县演唱，因不熟悉地理，又与济南已有定约，婉言辞谢。九时半《丹青引》上场，其当场所绘之画，前后台人等均来索之，此画并未赠人，余不愿落笔迹，但各机关人倚势力索之甚急，压迫强索，余再三婉言敷衍而去。戏毕稍息即寝。

民国三十二年（1943年）十月十六日（癸未年九月十八日） 星期六 晴

下午二时起。内子带次子及佩华、秀雯往游云龙山。张晓山来，代马科长俊卿索照片。张乃工程师，大谈造房建筑巧妙、黑幕之事。王君衡索余化装、本装照片。金仲仁代其友索照片。晚演《红娘》，临别纪念，最后一天；明日演徐州市政府冬赈义务戏《元宵谜》。当晚戏毕，汪希颜、王参谋长偕其友来闲谈。四时客散即寝。

民国三十二年（1943年）十月十七日（癸未年九月十九日） 星期日 晴

正午起，步至善字理发馆理发。午饭后并往各友人处辞行。王效曾借余洋车四处奔走辞行，准备明早起行赴济南。秦少庭送来数日前同摄影片三张。友人会面者酬应、闲谈，至六时抵寓。晚饭后冬赈义务戏演《元宵谜》，戏毕曹云甫、李兴辅等至后台闲谈，稍坐。余阖家赴王君衡所长家饭局。王同仁甚多，陪余作叶子戏；内子带次子先回公会堂，余在伊处博戏至天明，佟瑞三接余回公会堂。整理行装，准备赴济。

民国三十二年（1943年）十月十八日（癸未年九月二十日） 星期一 晴

同佩华、秀雯乘早六时车赴济，余偕同仁搭乘九时三刻车到济南车站，沿路均有照应，惟有列车长田润生挑拨，口内不干不净骂之，寻管事人佟瑞三车斥，不联络感情；余笑脸贴礼，伊始气消，田改为交友态度，大卖力气，送余名片住址，沿路并送水果，下站伊大为招待。率领同仁过济南车站，均有面子，惟日人宪兵刁难已极，托友人说合鞠躬，好言劝之，才放同仁不检查。缘出外事实在困苦艰难：在徐邀角者待遇不周，走时仍未出面，全仰仗本社同仁久走江湖，互相帮忙；济南方面并未派人来接；晚八时半阖班抵济南车站，北洋派人派车接留香社同仁，多亏田润生联络，未失面子，安然出站。但小有琐碎，只还忍耐；闻行李由刘宝荣在徐州看守，未能上车同来。余在济南下车，先赴北洋戏院歇息。马寿泉同阖班人等至大观园内马家老饭馆便饭，余在河北旅馆六号房间住宿，三时始寝。

民国三十二年（1943年）十月十九日（癸未年九月二十一日） 星期二 阴晴不定

下午六时起，阖家至大观园内会宾楼晚餐，饭后闲步游玩儿，抵北洋戏院看电影。留香社同仁分住各旅馆，也有宿前后台者。十二时抵河北旅馆即寝。

民国三十二年（1943年）十月二十日（癸未年九月二十二日） 星期三 阴雨

早十时起，在纬四路便宜坊午饭。北洋经理马寿泉及朱姓陪余拜客，由二时至六时半抵寓，共有十馀家，甚觉劳乏，抵寓休息。昨早崔少林托余购票；宋铭周连访三次未晤。八时阖家往又一新晚饭，饭后步归，稍息即寝。

民国三十二年（1943年）十月二十一日（癸未年九月二十三日） 星期四 晴

下午二时起。宋铭周来访，未起床，留伊住址，在中西旅馆十五号，如起床电召即至；余即步至该旅馆访宋，伊同友人竹戏，余稍坐；带同阖家步至又一新午饭，饭后沿路购物而归。于松年来访未晤。晚阖家赴北洋戏院，由今日起首次公演《大英杰烈》，上座甚佳，台上台下拥挤十分，站票者均无立足之地；未开戏之前座位已满。

七时开演《大英杰烈》，九时登台，戏毕寿泉之友赵韵卿代伊周旋，同至河北旅馆谈天，话长坐久，至夜四时始去，稍戏即寝。

民国三十二年（1943年）十月二十二日（癸未年九月二十四日） 星期五 阴

下午一时起。北洋戏院茶役朱姓介绍一厨役，欲包饭。此人其笨如牛，不辞自退。田润生偕其友谭姓来，嘱余在家候等，约饭，定于二十五日窦科长介人、张兰坡亦来。宋铭周亲来约余阖家往聚乐楼晚餐，同席五六人。饭后步往北洋戏院后台闲谈，九时演《香罗带》，座位均定长期票，不分戏码，绝无问题。后台看化装者连化装室内均满，并无走路之处。戏毕即抵寓。河北旅馆女东及茶役介绍厨役，担负完全责任。佟瑞三由二十号往天津陈锡爵医生家取戒烟药，并带内子购福寿膏，至今夜十一时返济南。点心后即寝。

民国三十二年（1943年）十月二十三日（癸未年九月二十五日） 星期六 晴

二时半起。宋铭周来闲谈。晚饭后身体疲倦，病魔缠身，吸鸦片两口方能支持，赴北洋戏院演《红娘》，观客稠密，拥挤不堪，至后台内买站票。《红娘》九时半登台，演毕偕宋回寓，共点心。至三时始寝。

民国三十二年（1943年）十月二十四日（癸未年九月二十六日） 星期日 阴晴不定

正午起。铭周来谈。午饭后赵泽偕冯主任、王主任来寓闲谈。晚饭毕往北洋戏院演《勘玉钏》。闻有枪案丛生，戏院前后台检查甚严。戏毕即回寓。侦缉队特务来查店，敷衍而去。宋铭周偕董润亭来，共饭，饭后竹戏至次早九时始散，客去即寝。

民国三十二年（1943年）十月二十五日（癸未年九月二十七日） 星期一 晴

一时起，修容，午饭。接窦介人、张兰颇帖，约明日下午一时在百花村午饭。林瑞庭、刘阶三亲来，约余在石泰岩晚餐，坐谈片时同往赴约，同席均系军政商三界，约十馀人，谈笑甚畅。饭后至北洋演《妒妇诀》，戏毕回寓即寝。

民国三十二年（1943年）十月二十六日（癸未年九月二十八日） 星期二 晴 冷

下午一时窦介人、张兰坡派车接余往百花村午饭，起床即往；同席二十馀人，招妓侑酒，饭后归寓。王多寿来，云刘司令同住裕长栈，慕名来访，得余同意；俄时刘子衡来谈，伊家属在北京石驸马大街，由事变后在外带军队，四处奔走，谈北京市面经过情形，甚畅快。为人执著可爱，不足三十馀岁，人在外当首领，少年有为，谈至六时始去。晚饭后于松年来，云三四日内约余阖家，并请熟友作陪，在伊家宴客，请余务必早到。八时赴北洋演《花田错》。戏毕宋铭周、李子衡同来闲谈，共晚饭，三时始散，客去即寝。

民国三十二年（1943年）十月二十七日（癸未年九月二十九日） 星期三 晴

正午起，步至中西饭店找宋铭周，伊代为约友至余处竹戏。少时宋铭周约来鲍参谋长、穆司令、李团长、张掌柜等，在余处竹戏，五家做梦，共十圈，未完命内子替代，余赴北洋戏院，几乎误场，《得意缘》九时登台，戏毕即归，友人仍未散，继续竹战，至夜五时始散；铭周未去，宿余处，稍息，寝。

民国三十二年（1943年）十月二十八日（癸未年九月三十日） 星期四 阴晴不定

下午五时起。于松年约余阖家即往伊宅饭局，即应约，同席沈局长、何科长、杜军长，凤举系老友，现做买卖，碎瓦窑行，甚发达，谈二十年前旧话；男女宾客满堂，四十馀人。饭毕即乘沈局长汽车往北洋，演《荆钗记》。戏毕铭周同余归寓，共晚饭。张丽君在青岛演剧，来函问候；令香有家信来，家中平安，店中生意发达。饭后铭周去，二时即寝。

民国三十二年（1943年）十月二十九日（癸未年十月初一日） 星期五 晴

一时起，午饭后同穆司令、甄参议、宋铭周竹戏。肠胃病，左边由上至下微有疼痛。至八时赴北洋戏院演《荀灌娘》。精神不振，戏毕即归寓，宵夜后二时即寝。

民国三十二年（1943年）十月三十日（癸未年十月初二日） 星期六 晴

下午一时起。左半身腹内疼痛，较比昨日病势稍重。铭周同关大夫来，云完全是肠胃病旧病复发，嘱余饮食注意检点，注射强心针补足精神，经注射后病魔仍不减。伊去后四肢无力，睡去不能醒。内子带次子游逛趵突泉，候伊归寓，午饭后赴北洋戏院演《埋香幻》。戏毕赵泽同岳敬山来，谈至三时方去，即寝。值机关来查饭店，即起床，敷衍而去，仍寝。

民国三十二年（1943年）十月三十一日（癸未年十月初三日） 星期日 晴

病体仍未见愈。下午二时起。铭周同甄参议、李姓来竹戏，八时止，留伊等晚饭毕同赴北洋戏院，演《杜十娘》。戏毕即归，稍息即寝。

民国三十二年（1943年）十一月一日（癸未年十月初四日） 星期一 晴

病势较重，日夜未起床。马寿泉代请中医元浩威诊病之，肠胃病，消化不良，即立药方煎制服药，仍寝。八时寿泉等扶余至北洋戏院，演《红楼二尤》，在台上头晕眼花，惟恐跌倒，忽蹲忽起，勉强支持演完，抵家。西医李子华来注射、检查身体，系铭周介绍来，说出病源，强心麻醉针连打数次，左身半部疼痛仍未止，苦不可言，服药后即寝。

民国三十二年（1943年）十一月二日（癸未年十月初五日） 星期二 晴

因日夜间均不安宁，未得起床，欲退包银休息，马寿泉、铁林等云票已售足，无法回戏，惟恐观众发生砸戏园子、起风潮，劝余今晚演毕后，两日可以绝不再演，明日准备火车票送留香社全体归京；本定约演至四号，奈因病魔难以支持，后两日戏码已定临别纪念戏《棋盘山》《红娘》，实不续演。今夜无奈偷懒减词，台下彩声仍不绝；由余登台至今客满，站票仍未减。演毕诸友至后台询问病状，立谈片时，即回河北旅馆，整顿行李，准备明日返京，即寝。

民国三十二年（1943年）十一月三日（癸未年十月初六日） 星期三 阴

甄参议、刘司令等来送行，并派人送车站；宋铭周同余回京，七时在河北旅馆聚齐，动身赴车站，搭八点五十分车返京。车上客人拥挤不堪；同一友邦人在一卧房闲谈。感觉诸事不便，为病吸烟，已快戒断，又连吸鸦片数日。在车上沿路与同仁、铭周等闲谈。晚八点三刻到北京车站，下车时站上警务大呼荀慧生，其意不良，欲想敲诈，即嘱铁林向伊等通融，并送洋百元始得安全出站。该时大雨，离站，在前门左右候内了、次儿、仲仁夫妇，惟恐在站台站久，被伊等看见，恐其找余麻烦，实在难堪，不顾雨淋，早些归家。自由事变以来，车站人员总对梨园行仇恨不解，不知何故？随与内子等聚齐，后各自分手回家。晚饭后抱三孙等，家庭快乐；与令香询问余离京后家中诸事，据令香云，常接恐吓信，诈财电话时常不断，并有要函，乃军界军政部函，借六千元，限三日内答复，如不复信恐有性命之忧。依此状态无法无天，令香夫妇害怕，即报告内二区信件存案；区署派侦缉队特务六人在余处连宿十日，保护调查，均备兵器；夜间在院内闲步预防，白日安寝；并在外调查，甚详细，看恐吓信笔迹像魏效郇笔迹。余在数年前因效郇品行不端，已于数年前登报脱离师徒关系，蒯律师旭人从中说合师徒感情，仍照常来往，奈因已有裂痕，已难再行合好，恐效郇怀恨前仇在心，此举此人或未可做出。依据侦缉对方面将效郇捕去，至队内用刑审问。余仁慈为怀，不肯招怨，仇隙越结越深，况未出意外之事，何苦来哉？此事暂作悬案。二时始寝。

民国三十二年（1943年）十一月四日（癸未年十月初七日）　星期四　阴　冷

下午二时起，竟日无事，在家休息。回京时嘱佟瑞三在天津车站下车，延请西医陈锡爵来京与余疗治病症。孟家二小姐来。晚饭后即寝。

民国三十二年（1943年）十一月五日（癸未年十月初八日）　星期五　晴

下午起床，午饭后铁林由留香饭店来电，言佟瑞三与陈锡爵已来京，宿于饭店，即来寓与余诊病；少时来检查身体，旧病复发，似在上海时得病之形状，肠胃病甚烈，打针、立有药方，命令香即购买，共五种药，治肠胃、振精神补药、疏通大便、戒烟各项顾全；劝余早睡休养。幼年时操劳损伤，病况复杂，认真休养，免老年身体受苦。晚饭后大钧、陈二小姐来寓；因锡爵喜竹戏，要余陪伊竹戏，至次早八时始散，陈宿余寓内暂息。

民国三十二年（1943年）十一月六日（癸未年十月初九日）　星期六　晴

令香夫妇云协和医院助手孙大夫医道很好，打针、手术妥当，每日来寓，早晚注射；每早上午十时至十一时、每晚下午四时至五时可能来注射。由今日起每日照常治病、打补药针，不消半年身体必能复原。伊十时来寓促余，即起，注射疗治。前者戒烟成绩前功尽弃，为病吸烟不甚妥当。由今日起劝余下决心，有病治病，不可吸烟为顶药，仍须戒之；照锡爵方法戒之。晚饭后同亲家太太、陈二小姐、金大钧、锡爵等竹戏，至夜二时始散。身体疲乏，大便燥结，不适，即上床安息、即寝。

民国三十二年（1943年）十一月七日（癸未年十月初十日） 星期日 晴

锡爵早九时车回天津，命令香护送至车站，送伊烟土二两、车票百元，并有水果礼。伊去后余仍安歇，下午二时起床，午饭后铁林、宝荣来，结算徐州、济南演戏账目；晚饭后亲家太太、陈二小姐同阖家竹戏，至夜一时散后即寝。

民国三十二年（1943年）十一月八日（癸未年十月十一日） 星期一 阴

早十时起床。孙子云来注射。伊去后午饭，饭后与令香结算日用账目。由阳历八月二十七日、即阴历七月二十七日起，至今日共用洋一万五千元。接叶盛章星期三在泰丰楼收弟子张春华帖；又接景孤血、刘玉璋请帖，大约为安清道义总会义务戏事，定于十一日在华乐演庆祝中日同盟条约合作戏一场，为变相捐款之意义。晚与陈文巧、孟小姐竹戏；饭后仍竹戏，至夜四时始散，均在余处休息，余即寝。

民国三十二年（1943年）十一月九日（癸未年十月十二日） 星期二 晴

早九十起，十时孙子云来注射。本区署长友人在中央公园董事会开展贤会票，请余购之；接延年会同仁公请刘一峰祝寿帖；皓、皑、皋三孙均有病，请汪逢春来寓诊病。何泽霖来寓看余，询各省演戏成绩如何、人情风俗、好坏之别。昨日吴性栽由上海来京，为伊阴历初十日生辰来道谢，谈上海各戏院生意好坏。吴有意在北京租中央、华乐两戏院，约京角轮流演唱，并为上海约京角。午饭后江潄明来，云上海葛大夫来京，宿于六国饭店；并写各省演戏道谢信；六时伊去。晚同大钧、陈、孟两小姐竹戏，至夜三时始散，伊等去后即寝。

民国三十二年（1943年）十一月十日（癸未年十月十三日） 星期三 晴

十时孙子云来寓注射，促余起。午饭后赵燕侠母及芷苓等来，余因酣睡未晤。晚命令香赴泰丰楼应延年会叶盛章收弟子之约。余因戒烟精神不爽，晚饭后即寝。

民国三十二年（1943年）十一月十一日（癸未年十月十四日） 星期四 晴

十时孙子云来注射。午饭后大睡未醒。孙子云下午五时复来，促余起床注射。于培璋来，谈少卿在伊家约余阖家便饭，余因精神不足，碍难推辞，只好同内子偕令香夫妇赴约。同席男女有十馀人，饭后稍谈，乘王姓汽车回寓。芷苓之兄来寓，共竹戏八圈，三时散后即寝。

民国三十二年（1943年）十一月十二日（癸未年十月十五日） 星期五

早九时起。雷少臣来看望；孙子云来注射，正午伊去。午饭后小睡。晚仲仁、陈二小姐来，共竹戏，晚饭后仍未散，至夜二时始散，伊去后即寝。

民国三十二年（1943年）十一月十三日（癸未年十月十六日） 星期六 晴

早九时起，孙子云注射。结算日用账目，午饭后小睡；接延年会星期一在泰丰楼公请王九爷帖。晚饭后稍坐即寝。

民国三十二年（1943年）十一月十四日（癸未年十月十七日） 星期日 晴

早十时起，孙子云来打针。午饭后修容。二内兄来，谈现因段立彤行为不正，命令香往伊家说之留香饭店事务账工，将伊辞去。晚饭后稍息，十时即寝。

民国三十二年（1943年）十一月十五日（癸未年十月十八日） 星期一 阴晴不定

早七时起，未天明，在院内闲步。昨日宋铭周由津陈锡爵处与余带来戒烟药百粒，来寓闲谈。接陈锡爵函，云余在津包戒烟时两千元；因在济南演戏得病复吸，延请陈来京疗治，病好再戒烟；陈来函云如再戒索洋须一千五百元，伊乘病敲竹杠而已。

民国三十二年（1943年）十一月十六日（癸未年十月十九日） 星期二 先雨后雪

正午起。三孙皋肚痛，大哭不息，即至逢春处看病。伊云怕起疯症，大家注意。下午三时天气寒冷，由雨改雪。孙子云来注射。皋孙肚疼不止，子云介绍小儿科女西医张瑞慈；伊出马，晚九时来与皋孙看病，云肠胃病，调理脾胃即愈。天寒，各房中添火和暖。晚饭后稍息即寝。

民国三十二年（1943年）十一月十七日（癸未年十月二十日） 星期三 晴冷

早九时起。昨日因降雪，留汉文老师午饭、谈天。今经于培璋介绍男仆王荣字子华，愿在本宅佣工，令其觅保，今日上工。晚饭后稍息即寝。

民国三十二年（1943年）十一月十八日（癸未年十月二十一日） 星期四 晴

早九时起。令香云段立彤在本年三四月之间甚好，自八月节后饱暖生闲事，被该店伙友引诱，吃喝嫖赌无所不为；最近姘一三等妓女，在外安家同居，昼夜不在饭店，亏饭店五千馀元，查明实据。余委任总账时何泽霖本不信用，无奈东家之面不好博回，果应其言，余用人不当，亦经辞去；即带令香往饭店，暂委外账房于文奎、陈宝光暂为代理总账，俟候物色得相当人才，并向本饭店同仁训话，各加奋勉，不可学段立彤之行为，宜自肃自戒为是。言毕步至泽霖处，说明委任账房事。伊未在家，而伊妻云之，即归寓午饭。晚六时泽霖来，谈立彤及饭店小人挑拨是非事。晚饭，稍息即寝。

民国三十二年（1943年）十一月十九日（癸未年十月二十二日） 星期五 晴

早九时起，院内闲步，午饭后童芷苓兄妹来寓，徐东霞亦至。晚饭后陈文巧来，共竹戏，至夜二时始散，伊等去后即寝。

民国三十二年（1943年）十一月二十日（癸未年十月二十三日） 星期六 阴晴不定

早九时起，午饭后顾财荣来，商议与王某三人合伙在东单三条欲作百货商店营业，铺底为顾财荣岳父所组织，诸事现成，须油饰见新；据云铺底家具值七千馀元，以铺底伊亦入伙，但油饰见新须用万馀元；每人入股两万馀元，三人需用购货洋六万元，铺底油饰等费在外；今日业经去接洽，俟有成议再为正式研究、立草约。二孙皑今日断乳，日夜啼哭不息，性情乖张。孙子云来注射。晚复陈锡爵函，伊云前者戒烟之费外再索一千五百元，余意不成，函知袁文斌、近云馆主，请其转致陈锡爵。沈永祥来函，索留香集及慧生专刊，已函寄；又复刘子衡函。陈文巧来竹戏，刘锡永亦来，张亲家太太来，至夜三时客去即寝。

民国三十二年（1943年）十一月二十一日（癸未年十月二十四日）星期日 晴阴不定

早九时起。自余由徐州演剧回京之后，对外交际等事一概未能酬应，在家休养。午饭后赵燕侠父女来，谈伊家务事。同叶春荣往保安寺街看陕西会馆房，伊意该房借款万馀元，以此馆之房一半作为抵押，定期十年，余嫌复杂，未办作罢。至留香饭店与何经理闲谈。步至颐华购吕宋烟，该店刘姓由晋和祥倒闭出柜自做。六时抵寓，同孙大夫及亲家太太、文巧竹戏，至夜二时，散后即寝。

民国三十二年（1943年）十一月二十二日（癸未年十月二十五日） 星期一 晴

顾财荣来，仍商酌做百货商店合伙事。段立彤阖家来筹划在留香亏款事。初立彤在饭店司账很守规矩，后因同伙人引诱，在外冶游，与妓姘度，赌博吸大烟，挥霍，不顾亦不理店中之事，经店中同仁发觉报告，余即查账；现查出亏空公款约七千元之数，当即辞退，追索亏款。但立彤荒唐不顾，由其叔段秀昆、其母及其妻、伊姑姑等出款，情愿补还所亏公款，亲自携带香炉营头条六号十二间房契作为抵押，因其家中无主事男人，其叔、伊母、其妻出款签字，借去大洋八千五百元，以为偿还饭店公款，馀者以作日用经费。余因不愿出名，故怕人议论，故假借郭宅名义立字了结。饭后稍息即寝。

民国三十二年（1943年）十一月二十三日（癸未年十月二十六日） 星期二 晴

早九时起床，至张太太处闲谈，即归寓。段立彤阖家仍为借据押款事来寓。段立彤现已被伊家送至永和医院戒烟、看守，已有数日。闻其家云，立彤之姘头女妓寻至该院，仍旧恋恋不舍。忽来电话云饭店所欠公款数目不合，意欲捣乱行为；然伊饭店亏款实有根据，故所抵押品借款。今日来虽办理，但伊家属以人格担保如立彤出院后有狡猾情形，均由其家属向其交涉，仍托办理借款事，定明日施行立约付款。余日前赴徐州、济南演剧，返京时在车中丢失女大衣一件，价值四五千元；内子不信，去至其姐家中求神祷告，问系何人偷去，似觉迷信。晚饭毕阖家到长安戏院观唐若青话剧《满园春色》，描写梨园坤角黑暗故事。观毕即归寓就寝。

民国三十二年（1943年）十一月二十四日（癸未年十月二十七日） 星期三 晴

早八时起。金律师来，研究与顾、王二君合伙作百货商店事业合同底稿。立彤阖家来，对于饭店亏账事卖房还债，伊妻叩头哀告房产求余全权代表卖之，并立借据约以房契押去八千五百元，卖房后归还。何泽霖来，助余购烟二十两。令香同何泽霖往立彤家清理借约之事，并看房，回寓晚饭。十时寝。

民国三十二年（1943年）十一月二十五日（癸未年十月二十八日） 星期四 晴

早八时起。顾才荣来，仍接洽百货商店事业，定明日下午三时股东见面开会，在留香饭店正式立合同手续。昨开聚义支票八千五百元，因图章模糊未付作废，今日补开支票取款。昨夜刘显庭之子来，云梁再胜为恋爱张伶失恋吞烟，令香往看，经医院救活，询问知情。饭后刘锡永来闲谈。新新戏院杨朝华、高聘卿送来崔承喜跳舞票，崔乃韩国人，貌美，舞中描写日鲜两国故事，约余阖家往观。晚饭毕阖家冒风步至新新。八时登台，节目甚多。该院高、杨二君来招待，并送与崔承喜请帖一份；惟恐推却，杨、高面约并请帖具名，代约十一月二十七日在北京饭店晚餐。观毕归寓即寝。

民国三十二年（1943年）十一月二十六日（癸未年十月二十九日） 星期五 晴

十时起，饭毕孙子云来注射。三时往留香饭店，同顾、王研究百货商店合同事。本定于今日正式立合同，经吕律师从中研究，房东方面将来恐有从中作梗，内情复杂。顾代房东方面全为代表，但口说无凭，命顾向房东方面正式立约，与荀、王无干。倘有纠纷向顾才荣交涉，因房东乃顾之岳丈之故，此事解决后再立三人合伙合同。在饭店留饭，饭后约伊等至庆乐看王瑶卿之女弟子罗玉苹及陆太太之女寿菊为王瑶卿搭桌戏合演全部《王宝钏》，托余销票五十张，卖出一少半，下馀余赔票价；杨韵谱招待一切。阖家均往至后台看化装。立彤之妻、阖家电告，云立彤吞吃四十馀元大烟自杀，即命店中账房于德奎往立彤家中帮忙，果有此事，即车送永和医院灌肠消毒，救活并送至家中休养，医药费三百馀元均经德奎之情形是实。但立彤仍不改前非，恐将来家破人散。《王宝钏》演完即归寓即寝。

民国三十二年（1943年）十一月二十七日（癸未年十一月初一日）星期六 阴晴不定

早七时起，即往立彤家观看吞烟情形。立彤在家，见余大哭，此情可怜，尽力劝之，阖家和美，改过前非。孤儿寡母并有幼小子女，立彤一失足恐阖家难得欢聚，恐立彤野心不退、实难劝解，甘心愿作下流，奈何奈何！又至四牌楼二亩园同周小姐晤面、闲谈。购点心而归，午饭后东霞来索《玉堂春》“嫖院”剧本；其姐东明分居另过，伊自挑班出头。早饭后带令香到王府井大街大同号打毛衣两套，又至东安市场内闲步、购烟，步至北京饭店应朝鲜舞女崔承喜之约，同席梨园名角均有，报、政两界名闻人。崔演说自谦，新新杨朝华代为翻译；管翼贤代表梨园同仁演说、致谢；言慧珠亦宣言并留影二帧以作纪念。崔分送各友伊宣传品演剧说明书等，并约同席人星期一往新新观舞，分送优待券。饭后即归，同丽君、文巧竹戏，至夜三时始寝。

民国三十二年（1943年）十一月二十八日（癸未年十一月初二日） 星期日 晴

午十时起床，饭后子云来打补针。江漱明带来海上杨怀白函，嘱余明正海上邀余演戏，时配角在外须索十馀万元，事实与从前不同，生活程度已高，海上戏票现售百元，不可守古法。五时往广惠寺吊祭秦通理监督丧父开吊，又到陆太太宅少坐，谈金仲仁现开典当事业，利息六分，所谓剥削穷人，事不正当，约余合伙余未允。九时抵家，晚饭后寝。

民国三十二年（1943年）十一月二十九日（癸未年十一月初三日） 星期一 晴

正午起，夜间因烟药不足梦遗，精神疲倦。顾才荣谈经商公司事。午饭毕少睡，晚至新新观崔承喜舞蹈，形容日朝古代作风，莫名其妙，正厢崔一人包下，专请各界，联络之意。观后崔托高聘卿约余及尚小云至后台摄影、闲谈，内有一人携带崔之照片命崔签字，伊不能说汉文，将崔之名片掷在地下摔手而去，强人所难，似觉可笑。十二时回家寝。

民国三十二年（1943年）十一月三十日（癸未年十一月初四日） 星期二 阴

十一时起，午饭后内子丢失皮大衣一件，自往其五姊家敬香求神，追寻皮衣；神云大衣被人□起，但不能说名姓。神仙讲话圆滑，可笑！余至陆宅闲谈，秦少奶亦至，稍坐；吴静芙来，谈至八时回寓，饭后寝。

民国三十二年（1943年）十二月一日（癸未年十一月初五日）星期三 晴冷 忽狂风

九时起。周五约报子胡同口晤面，余盘桓久久未来，因冷难以支持，即回家。饭后来电道歉，定明日在新广州午饭。丽君、文巧来竹戏，四时寝。

民国三十二年（1943年）十二月二日（癸未年十一月初六日）星期四 阴 微雪

九时起。段立彤阖家来，谈伊家务，并云本身住房卖出，不日写字，请余将抵押契纸代为预备，是日同往。梁再胜来，数日前为张丽君定情失恋吞烟，救活以来自认情心未变，色不迷人人自迷，可谓呆也！芷苓同吴太太来寓，稍坐。余往新广州应周五之约，共晚饭，饭毕送余回家，稍息寝。

民国三十二年（1943年）十二月三日（癸未年十一月初七日） 星期五 晴

八时起，步至长安街散步，因风冷即归，午饭后文巧母女及芷苓、吴太太、亲家太太先后来。叶春荣丧父，亲来报丧，送伊百元。同友竹戏，留晚饭，夜二时散，寝。

民国三十二年（1943年）十二月四日（癸未年十一月初八日）星期六 阴转晴 寒冷

早八时起，饭后高亚杰夫人来询其侄女赵燕侠赴沪演戏日期。晚饭后稍息就寝。

民国三十二年（1943年）十二月五日（癸未年十一月初九日） 星期日 晴

早八时起。今日何泽霖生日，送幛子份金，合洋三百元。午饭后阖家往贺；余至陆太太家，陆谈吴恒荪为人忠厚，并素日羡慕；陆太太自叹丈夫早亡，有意与吴同居，徐娘半老，色心未退；请余定夺，余极成全此事。并往颐华购烟，方至何泽霖家贺其生辰，贺友均系留香、中兴两店东伙。饭毕同朱署青、苏姓等竹戏，至夜四时抵家。陆太太宅来电，约余急至，仍为嫁吴恒荪事，稍谈即回寓。竟日狂风，尘土扑面。抵家午饭，五时寝。

民国三十二年（1943年）十二月六日（癸未年十一月初十日）星期一 阴转晴 狂风

昨由何宅贺寿抵家，又接陆宅电，应其约后抵家，下午五时后竟日酣睡未起。

民国三十二年（1943年）十二月七日（癸未年十一月十一日） 星期二 晴

段立彤同其母来寓。即起。昨刘铁林丧母，亲来报丧，在大慈庵开吊。又到王瑶卿家中小坐、闲谈，回寓晚饭，阖家往长安戏院观唐若青话剧《三千金》，描写只有三女并无子嗣，大女、二女骗家资、不孝，惟有三女尽孝。十二时回，寝。

民国三十二年（1943年）十二月八日（癸未年十一月十二日） 星期三 晴

正午起，饭后泽霖太太为其夫生辰来志谢；顾才云带来三人合作长茂商店合同，请余斟酌，择日正式盖章交款。金仲仁太太带其子大钧为十六日娶子媳亲来叩头，请是日早临。晚饭毕，寝。

民国三十二年（1943年）十二月九日（癸未年十一月十三日） 星期四 晴

早十时起。吴孝桐来函，阖家移至上海居住。顾才云来谈筹备百货商店事，晚饭后伊去，余亦就寝。

民国三十二年（1943年）十二月十日（癸未年十一月十四日） 星期五 晴

早九时起床，带令香到留香饭店，正式立合同，三人合作长茂号，均签字盖章，意决长茂义记；顾才云为经理，王九嵩为副理，余为监理，共合同三份，各存一纸；托何泽霖盖见议人章，手续完毕，余在饭店请伊等便饭。令香为留香饭店增设电话一具，共用洋一千五百元。饭后亲往大慈庵吊祭铁林母丧，送库。仍回饭店与何泽霖闲谈。电约阖家至广福馆穆家寨用晚饭。后又至饭店拜访中兴饭店东家黄姓，因伊现来北京，居住在余店中；与其夫人及泽霖太太竹戏。今日砚秋寿辰，令香往贺。夜二时阖家抵寓，寝。

民国三十二年（1943年）十二月十一日（癸未年十一月十五日） 星期六 晴

九时起。男仆任贵富在宅数年，近来为人懒惰，辞去；女仆张姓亦被辞。步至中央理发，回寓。孙子云来注射。晚十时寝。

民国三十二年（1943年）十二月十二日（癸未年十一月十六日） 星期日

正午起，饭后修容。今日仲仁娶儿媳、其子大钧完婚，阖家往贺，在伊家宴客，贺客多半熟友；晚请余阖家送新房，因余子孙均全。立彤房已出卖，前借余八千五百元令香已然索回。至九时仲仁阖家下逐客令，客人均不满意，不欢而散。余同王瑶卿阖家至伊宅闲谈，内子带子辈归寓。夜二时归，寝。

民国三十二年（1943年）十二月十三日（癸未年十一月十七日） 星期一 阴

下午一时起，饭后姜漱明电约五时来寓；五时漱明来，怀白函嘱，如明春上海来约时必须改组，各角配搭齐整。晚饭后文巧、孟二小姐来竹戏，次早正午始散。

民国三十二年（1943年）十二月十四日（癸未年十一月十八日） 星期二 晴

由昨晚竹戏至今日午饭后始散。孙子云来注射。晚饭后十一时始寝。

民国三十二年（1943年）十二月十五日（癸未年十一月十九日） 星期三 晴

十时起。上海沈永祥函寄赠送西服领带一条，并索余便装、戏装相片以作画，宣传之用。宋铭周由济来函，年终来京，前欠五百元回京还账。孙子云来打针。庆王爷托余画扇，赠送余银烟卷盒一个留作纪念。尚小云代余画扇，命伊仆周姓来托余盖章。中兴经理黄富山来谈何泽霖为人，对于饭店由茶房出身，为人精明强干，嘱余注意。内二兄及彦衡之媳来。内子带两儿、长媳往长安观唐若青《金丝雀》话剧，一时归寓，寝。

民国三十二年（1943年）十二月十六日（癸未年十一月二十日） 星期四 晴

早十时起。昨日顾才云来谈百货商店三人入股，王九嵩入五千元，副经理名义；顾才云入两万五千元，正经理名义；余入三万元，监理名义。开设在东单三条口内，门牌二十三号，字号长茂义记。三人同意合作，立合同内容如下：

立合同议据人荀慧生君、王九嵩君、顾才云君，今因意气相投，共同筹集资本金国币六万元整（计分六股），在北京东单三条西口第二十三号门牌开设长茂百货商行，专售棉毛织品、日用百货以及西装零件货。兹由荀慧生出资本三万元（计三股）作为股本；由王九嵩出资本五千元（计半股）作为股本；由顾才云出资本两万五千元（计两股半）作为股本，共计六股，议定资本官利常年一分，年终付给各股东，逢国历年底结账，一次除付资本官利存货折价生财折旧，外盈则按十股均分；亏则按六股认摊。自议之后惟愿情同管鲍焕他日之鸿猷，富埒猗陶启无疆之骏业，欲后有据爰将重要事件分条列左以资遵守：

一、公推顾才云君为经理，王九嵩君为副理，荀慧生君监理。凡本号内外事务以及营业范围均归经副理全权筹划调度，惟遇有特别重要事项须随时向全体股东报告，并由监理随时查核银钱、账目、货物及一切业务。倘各股东向号中推荐职员，须征求经副理同意，并须原推荐人担保。

二、本号营业上需款时及年终结账之际，如遇银根吃紧，须由股东及监理人设法调济。惟遇有招股存款或借入款项时须由股东全体同意作成议决录存查，并以书面授权于经理如得办理。

三、本号每届国历年终结账后应由经副理于一个月内以红单分别报告各股东。除付资本官利、生财折旧、存货折价之外，如有盈馀按十股均分，以六股给付各股东作为红利；以一股归经理酬劳；以一股归副理酬劳；以一股归监理酬劳，其馀一股作为商号中各同事奖励金，由经副理酌量分派之。

四、本号营业以稳妥为宗旨，不得兼营任何投机事业，更不得以本号名义对外借款或为人担保。

五、本号营业状况每届年终年终结账后二十天内，应由经副监理招集全体股东会议，报告并决定下年度方针。

六、各股东如有增股、退股以及转让股权情事，须于结账期两个月以前用书面通知全体各股东，征求同意。如无后继股东不得随时退股。

七、各股东及经副监理不得挪用号中资本以及借贷款项，各级职员之薪俸亦须按月发给，不得长支透使。

八、本合同议据系用记名式，不得以之抵押他人。倘有私相授受概作无效。

九、本合同议据系由全体股东与经副监理共同议定，各无反悔。

十、本合同议据一式共计三份，各股东各执一纸遵守。

立合同议据人 荀慧生 顾才云 王九嵩

见议人 何泽霖

代笔人（乃才云侄女） 康秀琴

中华民国三十二年（1943年）十二月吉日立

均签字盖章，三股东各收藏一份。

天气晴朗，饭后顾才云走去，虽带去长茂购货洋八千元整，令香同去往各处购货。余小有不适，未晚餐，头晕呕吐，即上床安寝。

民国三十二年（1943年）十二月十七日（癸未年十一月二十一日） 星期五 阴

早九时起。陈文巧同娃娃团母女三人来访，谈去岁在留香饭店约饭故来访之，并求余签纪念册。午饭后子云来注射，病未痊，十时即寝。

民国三十二年（1943年）十二月十八日（癸未年十一月二十二日） 星期六 晴

十一时起身。稍痊愈。饭后顾才云购来各呢绒，扽撰同伊及文巧、彦衡之妻竹戏一时，客散即寝。

民国三十二年（1943年）十二月十九日（癸未年十一月二十三日） 星期日 晴

早八时起。催令香觅蒋福祥厨，欲同其接管留香饭店中西菜部。陆太太来购大烟，并谈与吴恒荪同居甚为得意。午饭毕内子带令香夫妇至东安市场购女大衣。锡永来闲谈，段立彤之妻及王裁缝同来，为立彤家务事完毕，托情仍回留香服务。情不可却，属命亲来道歉。为灭其火性。候内子归共晚饭，客散后即寝。

民国三十二年（1943年）十二月二十日（癸未年十一月二十四日） 星期一 晴

下午一时起。午饭后把子许送把子，共买把子洋六万元。东霞来学《玉堂春》总本，顾才云取余存聚义之款九千元，为长茂购货之用。走去后返云王友社捯祖业丰绸缎庄货底出售约十万之。程砚秋来访谈，并送各友扇面互相写画，谈伊本身为人晚年老时以务农为生，不再出演。现常至海淀农场施行农人生活，服装甚为俭朴，养性之乐观。现余四人思想各不相同，梅之思想欲垂后世；尚仍以演剧为宗旨；程性好清静，以务农终其馀年；余则以商业为求。今后道路，想大不相同。晚饭后即寝。

民国三十二年（1943年）十二月二十一日（癸未年十一月二十五日）星期二 阴转晴

九时起。延年会同仁定二十三号在泰丰楼公请姚泽生补寿，均下请帖。亲家太太来。接铁林来函，三十日来在青岛光陆合作，据云成绩甚好。晚饭后竟日无事即寝。

民国三十二年（1943年）十二月二十二日（癸未年十一月二十六日） 星期三 大雪

十一时孙子云来注射即起床，午饭后清理如用银号款项。顾才云来支去广瑞银号九千四百元，为长茂购货，余之资本三万元全部交清。何泽霖同段立彤来，因段前在留香司总账，因嫖赌亏空账款被辞，伊亲何泽霖仍在饭店做事，伊信用、人格不住，泽霖担负完全责任。文巧同阖家竹戏。亲家太太因病在精神病院告假数日，宿余宅养病。竹戏次早七时。

民国三十二年（1943年）十二月二十三日（癸未年十一月二十七日） 星期四

今日冬至，大雪竟日未息。早七时竹戏毕，文巧走去。候两儿功课完毕午饭。长安职员安姓来送大烟十二两五钱，合银一千零四十元。立彤送长茂义记图章。顾才云来，云三友存货底被人购去一半，馀者索洋五万元交货，收款即开广瑞银号支票一万元整，作为长茂借款。李世五来闲谈，至夜二时去。日夜未眠，客去即寝。

民国三十二年（1943年）十二月二十四日（癸未年十一月二十八日） 星期五 晴

酣睡午后一时起。饭后同顾才云研究开张长茂设备事。锡永送代余所刻图章两枚，并借去像匣子为伊亲友摄影之用。房东突来函，余本身住房增涨房价一百四十元，共凑六百元。其意由三十三年元旦起。长媳同学张若椠、刘士元之女来闲谈。坊长因□□与厨役发生口角未写收据，同本地警察来寓理论，气势汹汹，命交□五十斤，令香置问未有上交，伊礼亏摔手而去。晚饭后自配戒烟药，一时始寝。

民国三十二年（1943年）十二月二十五日（癸未年十一月二十九日） 星期六 晴

十一时起。顾才云同廖肇基来，仍为三友购货款项不足，即设法凑款，不然原货取回。因情面难看，命令香往郭效贤家未晤，郭下午来寓，托其向广瑞银号透支两万元以救燃眉。郭为人爽快，允之代办。由今日起防空三日，行走不便，解除方去。童芷苓来，文巧、丽云亦来。戒烟无聊竹戏大战，达旦未息，次早九时始散。

民国三十二年（1943年）十二月二十六日（癸未年十一月三十日） 星期日 晴

午饭毕顾才云来，仍为长茂购货借款事。郭效贤已向广瑞言明代为借款两万元作为透支。令香至王府商店与其母订皮大衣，顾才云即回长茂候令香取款。今日防空演习，第二日因仆人少在，留香拨一茶役命其防空，晚饭后禁止灯火，诸事不便，稍息即寝。

民国三十二年（1943年）十二月二十七日（癸未年十二月初一日） 星期一 晴

早九时起。午饭毕两儿大扫各房尘土，忙碌一日。因防空戒严灯火管制，抽时晚饭，饭毕已十时矣，身体倦极就寝。

民国三十二年（1943年）十二月二十八日（癸未年十二月初二日） 星期二

正午起。舍予之子子范结婚来帖，函告海上友人代送贺礼。冀丕光于一月五日为其子启祥完婚，在山西举行婚礼，此地宴客。芷苓、燕侠来谈李世五为其女演戏，来借《玉堂春》行头，留晚饭谈至夜一时始去。两儿与长媳由新新戏院看电影归寓。二时方寝。

民国三十二年（1943年）十二月二十九日（癸未年十二月初三日）星期三 早大雪

十一时起。午饭毕命文奎与李世五之女觅《玉堂春》行头，李带去。芷苓同其女友来，余午睡未晤面，并借余戏衣在开明出演。晚饭后修理烟具为余初五日寿辰之用。夜二时始寝。

民国三十二年（1943年）十二月三十日（癸未年十二月初四日） 星期四

早七时起。午饭毕修容至留香沐浴。铁林、宝荣由青岛回京。在饭店见面谈盛章、世来上座不佳，六时回寓。才云、九嵩送寿金百元。中兴、留香两饭店同仁送缎幛四个，诸亲友均有寿礼，金银玩物礼物不同。至夜二时始寝。

民国三十二年（1943年）十二月三十一日（癸未年十二月初五日）星期五 晴和

十时起床。诸亲友陆续而来送礼贺寿，惟李少志、任光耀、选东、少东家素年来往，知余今日寿辰，送礼连络，留香、中兴两饭店主脑人均备礼，约百人在寓宴客，赌博至夜。四时客去，阖家劳累，疲乏寝。

一九四四年

1944年

民国三十三年（1944年）一月一日（癸未年十二月初六日）　星期六　晴冷

下午五时起。延年会同人共请余在泰丰楼欢宴，补祝即往，谈笑甚畅。九时回寓寝。

民国三十三年（1944年）一月二日（癸未年十二月初七日）　星期日　晴

十一时起。今日尚小云生辰，备礼贺之。午饭后结算初五日余生辰账目，下午同令香往尚小云家贺其四十五岁寿，亲自招待并参观古玩字画并浴室布置一切精致，步至留香沐浴。泽霖介绍段立彤仍回饭店担任库房，薪金仍照管理账时给付，按库房置务应付薪金三十元，捣账百十元，很可出力维持，从中挑拨有意偏待，立彤做事不公，不知是何用意？命库房王作宽代理捣账，但薪水未增加。段五比较待遇，实在不公。晚八时回寓，饭后令香即抵家，谈泽霖为人偏见。夜三时始寝。

民国三十三年（1944年）一月三日（癸未年十二月初八日）　星期一　阴晴不定

正午起。饭后接刘子衡来函，组织中道社并寄来规章系统与思想。刘子衡第三方面军司令担任社长；宁志霖参谋长担任副委员长；吴化文司令担任委员长；郭受天担任副委员长；魏建新参谋长担任文化研究委员；日人辛荣幸雄、高子丹担任最高顾问，请余担任委员。其上名流均为军法上级官长。来函请余加入，余事忙辞谢。下午四时往中央看电影，剧名《博爱》。

民国三十三年（1944年）一月四日（癸未年十二月初九日）星期二 阴晴不定 大风

正午起，午饭后小睡，四时复起。令香由饭店带来账目，研究明年方针。晚饭毕稍息寝。

民国三十三年（1944年）一月五日（癸未年十二月初十日） 星期三 晴

早七时天未亮起床。步至东单三条长茂处观工程，又到顾才云家看购买之货，谈至十时抵家。午饭毕至中央理发，又到留香沐浴结账，并往豹文斋购月份牌、日历本，归寓。今日延年会同仁公请尚小云在孝顺胡同一号孝顺会馆食堂，命令香代往。晚饭后稍息就寝。

民国三十三年（1944年）一月六日（癸未年十二月十一日） 星期四 晴

早九时起。托李老师带回刘子衡函，徐州郑耕萃来贺年。正午忽起大风，午饭。内子带长子、长媳、令文往东安市场购大衣。今日小寒，天气甚冷。吴保安所住余陕西巷楼房四月前已售卖三益兴刘姓，因未腾房欠债一万两千元。今保安来言此房已搬空，故来交房，但邻居贫寒，要求搬家费三百三十元，怜悯送之。会同刘姓往该房处点交清楚，银、房两交，概无纠葛。令香将洋一万两千元存入广瑞银号。内子带令香夫妇往市场去后，晚饭后阖家步至长安看张慧冲魔术戏法，亦还巧妙。十一时抵家寝。

民国三十三年（1944年）一月七日（癸未年十二月十二日） 星期五 晴 大风

九时起。复刘子衡函，婉言辞谢。中道社三十日来。芷苓向余索《勘玉钏》《红楼二尤》《三春结婚》全部三剧，均自派人来抄写。周五电约新新门首晤面，在府右街左右闲步闲谈，七时归寓，晚饭后稍息寝。

民国三十三年（1944年）一月八日（癸未年十二月十三日） 星期六 晴

十一时起。午饭后接徐州王效曾、孟绳武两局长回函并贺帖。与王亲家太太、陈文巧竹戏至夜六时始散即寝。

民国三十三年（1944年）一月九日（癸未年十二月十四日） 星期日 阴晴不定

早十一时起。午饭毕阖家步至新新，观言慧珠演映片《万世流芳》，均效仿电影演员，少朋饰林则徐稍佳。观后即归。内子二兄来，共晚饭。江漱明来寓未晤，留函云舒舍予之子子范结婚，托怀白垫份金两百元，属余明年赴沪时增涨包银。宗铭因由济至京来寓均未晤面。晚同文巧、亲家太太竹戏至夜五时散，寝。

民国三十三年（1944年）一月十日（癸未年十二月十五日） 星期一 晴

汉文、李毓松、画师杨继勤均告假，言明正月二十日来寓用功，送年礼每人二十元。十一时起。午饭后世来、芷苓各派人来抄本。铭周、孟二小姐、刘铁林先后来。铁林云年前赴沪，余明年正月出演华乐，开明。另托人代表伊公事。正月二十左右铁林抵京。晚十时始寝。

民国三十三年（1944年）一月十一日（癸未年十二月十六日） 星期二 晴

午饭后周、王二姓来看皮大衣。余因大衣过多，出售三件。周、王来估价。四时阖家往东单三条观长茂工程，并至王府百货商店取内子皮大衣，路遇孟二小姐及铭周、令文，同至东单煤渣胡同看房，因地点与余事业不便说，房东禁止看房，扫兴。至留香约孟小姐、铭周饭店便饭，夜十二时归寝。

民国三十三年（1944年）一月十二日（癸未年十二月十七日） 星期三 晴

十时孙大夫来注射，余即起，竟日无事，晚饭后稍息寝。

民国三十三年（1944年）一月十三日（癸未年十二月十八日） 星期四 晴

早十时电召留香外账陈宝光来寓，为委总账一席，因段立彤荒唐被辞后至今两月馀未有妥人，宝光在店一年来为人尚属诚实，故约至寓中得其同意，陈甚喜，愿就之。午饭后同宋铭周、陈文巧博戏，余小有不适，实难支持，九时寝。

民国三十三年（1944年）一月十四日（癸未年十二月十九日） 星期五 晴

九时起。步至宣武门周家同兴古玩铺购烟壶七只，两百三十元，步归。午饭后周来，云余托其所卖水獭皮大衣连海龙领子成衣一件已有买主，出价洋四千五百元，故来商洽。昨日至瑶卿家为明年在京出演胡琴。玉才随童芷苓赴沪，托瑶卿向周长泰接洽公事。四时带令香至东单三条长茂，均已布置妥当，择日开张。但本月去日太少，由明日亮张卖货，明正择日开张。又至留香饭店同佩章研究总账事，仍以陈宝光委之。明日陈宝光正式接职，担任总账，王作宽拨外账使用。晚饭后同周五在各街巷闲步，本巷捡得一犬，恰遇明日内子生辰，取犬名迎寿。抵家后稍息寝。

民国三十三年（1944年）一月十五日（癸未年十二月二十日） 星期六 晴

十时起。今日内子四十九岁生辰，诸亲友陆续来贺，同余初五日生辰来之亲友收礼物份金类似相同。日夜与诸亲友各样赌博，至次早九时客仍未散，余精神不振，寝卧。

民国三十三年（1944年）一月十六日（癸未年十二月二十一日） 星期日 晴

昨日来贺寿诸亲友博戏至今正午始去，余即起。卓小姐来电，云有长毛绒一百五十码，三种颜色，灰、绿、红各五十码。三种每码欲售二百七八十元，欲售之，长茂出卖。午饭后结算生日账目；同令香到长茂。周五至该号购物晤面，卓电约余父子及周五往正阳楼晚餐，即赴约。

民国三十三年（1944年）一月十七日（癸未年十二月二十二日） 星期一 晴

十一时起。午饭后周少掌柜（系王瑶卿介绍同兴祥古玩铺少东教门人，少年老诚）托其代卖余之皮大衣三件，今出售一件水獭毛，四千五百元，经伊手售出。丁玉堂来，同竹戏，留晚饭，十一时散即寝。

民国三十三年（1944年）一月十八日（癸未年十二月二十三日） 星期二 晴

十时起。同兴祥周姓来送售卖皮大衣洋，并购去座钟一架，二百馀元。午饭毕带令香至留香饭店。数日前派定陈宝光总账，命于培璋向经理言明此事，因泽霖待人严厉，均惧怕之。陈于至今未施行任务，今又派定即赴职。如泽霖不满，余出面应付。言罢同至瑶卿家，王玉蓉出演三庆，瑶卿父女往看场，余至馅饼周夜宵即归。李世五由开封来留言，子铎就要升官，嘱余去往贺，一时始寝。

民国三十三年（1944年）一月十九日（癸未年十二月二十四日） 星期三 晴

十时起。饭后同孙大夫闲谈。王九嵩介绍透眼线汗衫十打，嘱余购之，十打合洋三千五百元。竟日无事，晚饭后即寝。

民国三十三年（1944年）一月二十日（癸未年十二月二十五日） 星期四 晴阴不定

九嵩派人送来汗衫十打，今日收账。古玩铺周来谈孟大小姐有花布两匹欲售，卖价昂。周购去余之座钟一架。连孝同许翰英来，欲介绍拜门，如同意，伊二人外出演剧名正，回京后正式举行。铁林来，言余明正出演，华乐、开明、吉祥三处轮流出演。吴钦礼为吉祥演戏来寓周旋。胡琴沈玉才不辞而别，随坤伶童芷苓出外，并未亲来告假。命铁林找托周长泰。中兴东家黄富山移居铜井大院甲一号并作寿，余亲往贺之。同其及吕律师言及留香总账无人，拨陈宝光担任，何泽霖从中作梗，余已派定，不能更改，泽霖破坏主义无效，向吕、黄言之，意转达何以免当面谈，成为僵局。言罢即往留香发表总账事。余父子往馅饼周饭，到王瑶卿家一斗丑母女及玉蓉、君秋、贯珠、古玩周、孟大小姐、长泰等均在。明日林秋雯同王氏弟子等在广德戏院出演后部《雁门关》及反串《打面缸》，为王大爷搭桌，系林秋雯提倡。令香说《雁门关》戏中之蔡秀英。忽接留香、于珮璋电，云总账房泽霖仍从中拦阻，嘱其置之不理。揔账派定，绝不更改。同两儿回寓。李世五由开封来京，谈子铎最近高升，嘱令香往贺，借此机会升官，闲谈一夜，次早十时伊始去。

民国三十三年（1944年）一月二十一日（癸未年十二月二十六日）星期五 晴转阴

午饭毕，小睡五时起。连孝、世来、砚侠等明正外出演戏，均来辞行。晚饭毕阖家往广德戏院观瑶卿男女弟子合演《雁门关》，入门时令香将出台。泽霖夫人至楼上厢内周旋。戏终阖家到留香饭店。总账宝光听信泽霖之意，未正式接班，询佩章其意，泽霖未得同意，伊等不敢施行。余怒大骂申斥佩章。十二时归。铁林在寓候，研究北京各院演戏事，伊明日赴申，俄时泽霖来，余当面询问总账阻隔何故？泽霖说不出所以然，不肯承认从中作梗，只说误会，其情可怜，未肯深追。余仍就施行揔账事。大家闲谈别事，欢乐而散，五时寝。

民国三十三年（1944年）一月二十二日（癸未年十二月二十七日） 星期六 晴

正午起。本段警察来要钞过年。饭后同令香往长茂，长媳亦来察看账目货物；又到留香，阖家均在饭店沐浴，晚饭后夜一时祭财神，合店东伙首领等均焚香行礼。夜二时归寓即寝。

民国三十三年（1944年）一月二十三日（癸未年十二月二十八日） 星期日 微雪

正午起。饭后周长泰偕内弟任志林来吊嗓学腔。玉才辞，谢长泰由今日正式接事二胡，其内弟古玩周即琴姓先后来闲谈。二内兄来借贷，留晚饭并送洋二十元，宿余处。阖家沐浴，夜三时寝。

民国三十三年（1944年）一月二十四日（癸未年十二月二十九日） 星期一 阴

天气初暖，该月小晋，今为年三十日，家家敬香守岁，年例如此。正午起。饭后周任来说唱腔。晚饭后书写对联福寿吉祥如意字，晚阖家敬神辞岁，同样博戏。余子孙家庭之乐诸事遂心，夜四十始寝。

民国三十三年（1944年）一月二十五日（甲申年正月元旦） 星期二 晴

大吉大利，事事如意。正午起床。诸亲友即留香饭店经理等来贺年，敬香敬神，年年老例。晚饭后因昨日未眠十时即寝。

民国三十三年（1944年）一月二十六日（甲申年正月初二日） 星期三 晴

十一时起午饭。诸亲友陆续而来贺年。周长泰来寓说腔，其内弟亦至，云杨德华父遭事病故，因事病故未说详情。晚饭后阖家至华乐戏院。由去岁十月回京养病未出演，今年初次公演华乐，令文演《黄金台》，令香与余合演全本《得意缘》，伊饰郎霞玉。留香社班底均傍角出外，现已更换班底甚多。老生王琴生九时半登台，上座满堂，诸事遂心。戏毕归寓，夜二时始寝。

民国三十三年（1944年）一月二十七日（甲申年正月初三日） 星期四 晴

正午起。饭后吉祥吴钦李来周旋，古玩周景荣来贺年并借去玉料烟壶八个、玉彩屏一对、铜香炉一个、铜爵杯一对、铜支屏两个、蓝宝石戒指一个、镶小钻之粒戒指一个、镶绿石戒指一个、镶灵石小钻戒指一个、黄白金表链一个等物，为火神庙摆摊壮观之用。周长泰、任志林来说腔；刘锡永、程砚秋及诸友人先后来贺年。砚秋现过农人生活。晚饭毕阖家往吉祥戏院，令文演《搜孤》，令香与余演《香罗带》，春彦、富禄加入，上座甚佳。戏毕本巷邻居卖福禄寿戒烟丸。张宅用汽车接余阖家，金司令同其兄并日人至后台闲谈，夜一时抵家，天明始寝。

民国三十三年（1944年）一月二十八日（甲申年正月初四日） 星期五 晴

正午起。昨日老爷子七十四岁寿诞，阖家敬香拜寿。午饭后周长泰来说腔；王树臣、焦崇周等来贺年。晚饭后阖家往开明戏院演《十三妹》，令香饰张金凤，上座无有立隙之地、拥挤；令文演《搜孤》，台下彩声不绝。戏毕归寓即寝。

民国三十三年（1944年）一月二十九日（甲申年正月初五日） 星期六 晴

一时起。吉祥吴经理来周旋。廖姓来购伊丝袜六打，价洋一千四百元；并购王九嵩透空汗衫十打，价洋三千元，均为长茂购之售卖。周任来说腔；宋铭周、孟小妹来竹戏，共晚饭。阖家及诸亲友往吉祥戏院，演全部《花田错》，令香的周玉楼、令文小有不适，未出演。上座甚佳。戏毕金司令至后台闲谈。十二时抵寓。亲家太太、孟小妹同来夜宵。女仆李姓素来性懒，好口吞手，将伊辞去。其同伙人打成一气，均有不满，李姓临行口中念念叨叨而去，可笑。四时寝。

民国三十三年（1944年）一月三十日（甲申年正月初六日） 星期日 晴

正午起。饭后古玩周来闲谈。二内兄子媳来寓，同余夫妇往南半截胡同看房并陪同游厂甸。亲家太太接其女婿夫妇归宁。六时回寓。范少亭生辰，命内子亲往贺寿送礼。晚饭后带令文、锡永至长安看汤杰演王先生《桃色梦》，情节平常不佳，演上海风俗。戏毕归，阖家均归。一时寝。

民国三十三年（1944年）一月三十一日（甲申年正月初七日） 星期一 晴

早九时起。令香小有不适，往逢春处看病。余步至中央理发，归。午饭与古玩周及亲友闲谈。三时带令香同二内兄、长媳往看米市胡同空房，破烂不堪，索价甚昂。仍至南半截复看三号房，房东见有意购之，价钞索之过昂，等等机会。亲往厂甸购烟壶，归与周任说《红娘》，屡说不会，笨也。晚饭后稍息即寝。

民国三十三年（1944年）二月一日（甲申年正月初八日） 星期二 阴

正午起。饭后郭效贤、孙士彬来，孙方夫并介绍张汉卓为教次子算术，簿记并担任抄本，每日下午二时至晚七时来寓，周任说唱腔。晚饭后微雪，至华乐演《铁弓缘》，戏毕即归，稍息即寝。

民国三十三年（1944年）二月二日（甲申年正月初九日） 星期三 晴

正午起。阖院男女仆人素日不合，口角，惟王程氏、王曲氏二奶妈在本宅奶长孙、二孙两年馀，素不安分，生是生非，男女仆人均听其调遣，如不随从，不能在本宅佣工。素来为恶，已成习惯，阖院仆人成群结党，今早与新来李女仆口角，均辞活，并在上屋主人面前大骂一气，毫无顾虑，其情难容，将计就计，均辞去。临行时百般刁难，毁损丢失物件甚多，均在门房邀其伙友若干逞雄罢事。余气忿难消，欲叫警察解决，对方忽软忽硬。顾才云、庆衡之妻、友人等从中劝余说合，伊等始去。去后检查下室丢失损毁物件若干，行为可恶，笔墨实难形容。阖家看守小孩儿，日夜未得休息，晚饭后夜五时始寝。

民国三十三年（1944年）二月三日（甲申年正月初十日） 星期四 阴雪

下午二时起。午饭毕孙大夫介绍教令文银行簿记算术，代抄本之张汉卓正式上工，住安外傅家胡同二号。孙大夫又介绍一女仆王姓来试工；左文奎介绍杨姓男仆亦在本宅试工。周任来说唱腔。晚饭后冒雪往中和园演《杜十娘》，上座甚佳，戏毕即归。路遇周氏姊妹下车立谈一时。抵家结算戏份。廖姓来谈合伙做百货总批发生意并借贷。天明始寝。

民国三十三年（1944年）二月四日（甲申年正月十一日） 星期五 晴

正午起。孙智越来，云明日介绍男仆来寓试工。接李菊侬函，要求在余班出演效力，复函允之，嘱其来寓面商。廖肇基谈借款事。下午四时在和平门同周五晤面，偕往西来顺对门小饭馆，周四、周六小姐晤面闲谈。周四往杨守一家贺其老太太寿，余同周五、周六步至西来顺晚饭。饭后往公义吃咖啡，十一时抵家寝。

民国三十三年（1944年）二月五日（甲申年正月十二日） 星期六 晴

正午起。侯头介绍张姓男仆来宅。周任来说戏。晚阖家往吉祥，演《荀灌娘》，戏毕抵家，稍息即寝。

民国三十三年（1944年）二月六日（甲申年正月十三日） 星期日 晴

正午起。午饭后顾才云、廖肇基均来借款，每人借去五千元，廖利息五分，顾三分，均在一日取利。同长泰说唱腔。孙大夫介绍王姓女仆来；又介绍吴姓，因平常耳聋未用。晚饭毕阖家往开明，演《红娘》，令香饰莺莺。戏毕李菊侬被穷所迫投门搭班，情形肯切可怜，向铁林言明十五日李出演，加入留香社，戏码《鸿鸾禧》。四时寝。

民国三十三年（1944年）二月七日（甲申年正月十四日） 星期一 晴

正午起。文奎介绍男仆杨春山；侯头介绍男仆张姓；孙大夫介绍女仆王姓，均留寓使用。昨日周景荣带去翡翠女烟嘴一个。晚周任来说戏。阖家至新新看电影。晚饭后稍息即寝。

民国三十三年（1944年）二月八日（甲申年正月十五日） 星期二 晴

正午起。顾才云来，云长茂昨晚被盗，损失八百馀元，留饭。李子铎派副官由开封送来信两件，伊问候并送大米两包、面粉十袋、猪肉等，在钟伯杰家，明日自取。燕侠、连孝、世来在外演戏均有函告。延年会二月十二日泰丰楼共请砚奎。李菊侬托余搭班，今晚出演华乐，戏码《鸿鸾禧》。周任来说戏。晚饭后阖家到华乐，演《元宵谜》，令香饰赵秀英。戏毕归，三时寝。

民国三十三年（1944年）二月九日（甲申年正月十六日） 星期三 晴

正午起。饭后李菊侬来；李子铎由开封命伊副官李玉安送来米面均收到，并索去伊旧存字画带回开封。下午三时阖家到留香沐浴，并同周任说戏、共晚饭。嘱何泽霖结算饭店账目，每月加房租两千元，共四千元，段立彤懒惰命其辞去。带令香往瑶卿家贺年，与秀康、周景荣等闲谈，至夜三时归，大风扑面，尘土飞扬，寝。

民国三十三年（1944年）二月十日（甲申年正月十七日） 星期四 晴 大风

景荣来代卖余家存烟壶禧链两千四百馀元。晚饭毕周任来说唱腔。十二时寝。

民国三十三年（1944年）二月十一日（甲申年正月十八日） 星期五 晴

正午起。饭毕令香夫妇及令文往游白云观。孟二小姐、景荣来竹戏；周任来吊嗓，至夜二时始散，寝。

民国三十三年（1944年）二月十二日（甲申年正月十九日） 星期六 晴 大风

正午起，修容。昨日许翰英送来吕宋烟一匣，未晤。周任来吊嗓；带令香往长茂约顾才云，路遇亲家太太及梁再胜，同往万兴购草花（现改皮箱铺），介绍祥瑞草花店购货，同往东来顺晚餐；到吉祥演《妒妇诀》，戏毕即归，三时寝。

民国三十三年（1944年）二月十三日（甲申年正月二十日） 星期日

正午起。饭毕同周任说腔。晚饭后阖家至开明，演《红楼二尤》，令香饰前部二姐、后部熙凤。戏毕因天气寒冷袭人，故用汽车抵家，四时方寝。

民国三十三年（1944年）二月十四日（甲申年正月二十一日） 星期一

正午起。今日令香二十四岁生日，其岳母来。下午三时往厂甸闲游，并到瑶卿家小坐。七时周五小姐在远香馆电约往谈。晚餐饭后步至留香饭店参观各屋，稍坐，同步归在长安街分手抵家即寝。

民国三十三年（1944年）二月十五日（甲申年正月二十二日） 星期二 晴 冷风

正午起。饭后周景荣来，约余父子往逛厂甸，购得烟壶、泥性茶壶、印色缸等物归寓。周长泰、任志林来说戏。晚饭后阖家至华乐，演《红娘》，戏毕即归，三时寝。

民国三十三年（1944年）二月十六日（甲申年正月二十三日） 星期三 晴 挺冷

正午起。饭后偕周景荣及内子往厂甸购物，并至周家古玩铺同兴祥闲谈。步去步归。同周长泰、任志林说唱腔。接刘子恒函并赠诗词感叹之意，晚饭，十一时寝。

民国三十三年（1944年）二月十七日（甲申年正月二十四日） 星期四 晴 大风

正午起。饭后余夫妇偕景荣往厂甸购物而归，车至白庙，因巷内自行车铺强制搬家，用具摆在巷内恐被失去，有警察看守，行人绕道舍饭寺，抵寓。同周任说戏并挑选烟壶。晚饭后阖家往中和戏院，演《绣襦记》，戏毕乘马车而归，三时始寝。

民国三十三年（1944年）二月十八日（甲申年正月二十五日） 星期五 晴

午饭毕阖家往厂甸购翡翠戒指、白玉等物，归寓同周任说戏，晚饭后稍息即寝。

民国三十三年（1944年）二月十九日（甲申年正月二十六日） 星期六 晴

正午起。周景荣来，代布置多宝阁。晚周任来说戏。晚饭后忽然大便结燥，约两小时之久，用手术及泻药等粪始出，苦不可言，如生大病一场，即吸烟补气，即寝。

民国三十三年（1944年）二月二十日（甲申年正月二十七日） 星期日 晴

正午起。四肢无力，腰酸腿疼，实难支持，复睡。五时周任来促余起，说唱腔。晚饭毕冒风到开明戏院，演全本《玉堂春》，戏毕阖家乘汽车回寓，夜四时始寝。

民国三十三年（1944年）二月二十一日（甲申年正月二十八日） 星期一 晴

正午起。接王东甫请帖。连孝来函，不日回京。周任来说戏。夜一时寝。

民国三十三年（1944年）二月二十二日（甲申年正月二十九日） 星期二 晴

正午起。周景荣来谈，江潄明带来上海杨怀白函，谈海上景况及海上演戏情形；铁林亦来。晚饭后与周任说戏，往华乐戏院演《棋盘山》《翠屏山》，戏毕即归，夜宵后四时寝。

民国三十三年（1944年）二月二十三日（甲申年正月三十日） 星期三 晴 风

正午起。午饭后往宝恒祥与内子及长媳镶翡翠戒指。吴彩云电告西砖胡同有房一所，约余阖家往看，接电即往。房劣地窄，索价甚昂，作罢。又到留香饭店沐浴，查看账目。周长泰、任志林在瑶卿家电约往王家说戏，即至，说腔毕，约周景荣、小宝义、张贯珠、王铁瑛、孟大小姐、祝应亭等往馅饼周晚饭。饭毕复返瑶卿家博戏，至夜六时始散。购得烟壶一个，洋百元；旧相片牌子一个，洋四十元。天明抵家。大风扑面，极冷。抵家后肚内饥饿，饭毕即寝。

民国三十三年（1944年）二月二十四日（甲申年二月初一日） 星期四 晴 风

十时起床，小有不适，复寝。下午五时周任来说戏，促余即起。王兰秋来寓说戏；顾才云为长茂百货商店购货来借贷；周景荣、曹连孝等均先后来；宋铭周由济来寓，谈伊在车上丢失万元；女仆李姓得病告假，余阖家均受传染症，请逢春调治；接管冀贤、卓宏谋、萧正谊三君请帖，为安华委托商行在灯市口二十八号开幕，约男女名伶和余等开幕剪彩典礼，并约在翠华楼晚饭。八时赴中和戏院演《香罗带》；令香与陈少霖演《宝莲灯》，戏毕同铁林、宝荣归寓，谈赴申演戏公事，夜四时伊去后即寝。

民国三十三年（1944年）二月二十五日（甲申年二月初二日） 星期五 晴

正午起。周五小姐来电，约余下午五时至中央看电影；卓小姐来电，为华安商店剪彩事务，请到场。饭后顾才云来借款；铭周来谈。五时赴中央五小姐之约观电影，影毕同往正阳楼晚饭。又步到王瑶卿家与周任说唱腔。章逸云、杨宝森夫妇及章母、景荣、宝忠等均先至王家，闲谈，夜一时到蒋家小馆夜饭，三时到寓即寝。

民国三十三年（1944年）二月二十六日（甲申年二月初三日） 星期六 阴晴不定

早九时院内散步，下午赴留香饭店。刘铁林、宝荣接海上鄂吕弓与余来电报，现大来公司分为两派，汪其俊、张伯铭、孙兰亭等脱离大来，请鄂来电约余海上更新，改为中国大戏院往演；铁林约余黄金演，叹公事接洽同时，两下约余甚为难。用铁林斟酌办理，即覆鄂电均未定局。沐浴至天桥散步，购物复返留香。同周任说戏，并至瑶卿家与仲仁、景荣、贯珠夫妇等闲谈。夜一时忽听炮声震动刺耳，即归寓，稍息就寝。

民国三十三年（1944年）二月二十七日（甲申年二月初四日） 星期日 晴

正午起。江漱明来代为覆上海鄂吕弓详函，说中国、黄金演戏公事，并复电铁林来推脱大来公司，嘱余接洽中国，其意小有误会，凭其做主，双方以公事、不得罪朋友为主。景荣、铭周、锡永等来竹戏；章逸云介绍铭宝斋珠宝店尹绍珊来卖翡翠、钻石，价昂物劣，未妥。晚饭后赴开明演《埋香幻》，戏毕即归，三时寝。

民国三十三年（1944年）二月二十八日（甲申年二月初五日） 星期一 晴

正午起。同令香到头发胡同、手帕胡同两处看房，因菊侬介绍未经牵手不得入内，细看外表坚固阔大。归寓午饭。任志林电云李铁拐斜街警察介绍本巷有房，带令香即往，索价昂，房窄小，不如意。安华委托商行管翼贤派汽车接余往去剪彩，在教会聚齐，偕万子和赴约。教会有坤伶缪畅秋、陈肃秋、郑冰如、白玉薇、章逸云、张君秋、李世芳男女七人并各界小姐太太等均在教会。该行萧正谊、卓宏谋及阖店人员大为招待，五时至安华揭市，参观之民拥挤不动，余与君秋、世芳等揭幕；坤伶四人剪彩。门面只有一间内里见方像住宅四合房样，音乐忽奏忽止，并演说诸事。完毕约余等往翠花楼赴宴并摄影数帧留念；梨园、政、商、报各界到者百人。宴罢至长茂，卓、周后至。稍息同周等往华乐看谭富英《失街亭》，未出台。偕周五步归抵寓，即寝。

民国三十三年（1944年）二月二十九日（甲申年二月初六日） 星期二 晴

正午起。顾才云来借贷；廖肇基送利息来。午饭后同景荣等竹戏。周任来说唱腔。晚至华乐戏院演《红楼二尤》，戏毕即归。刘铁林、宝荣来谈沪上公事。夜四时寝。

民国三十三年（1944年）三月一日（甲申年二月初七日） 星期三 晴

正午起。饭后购皮袭。李菊侬同伊陈老太太约余父子往手帕胡同看房，只有二十馀间，索五十万元，可笑。大内嫂来。内子请孙大夫、汪逢春中西医看病。晚饭后稍息即寝。

民国三十三年（1944年）三月二日（甲申年二月初八日） 星期四 晴

早十时令香促余起床，同往华乐园，约万子和至西皮市看房。并无房屋，地皮约有三亩馀，索价二十馀万元，子和代办，即归寓。午饭毕又至大栅栏永增祥购紫羔皮即归寓。与周任说戏。晚饭后往中和演《狮吼记》，夜宵，四时始寝。

民国三十三年（1944年）三月三日（甲申年二月初九日） 星期五 晴

正午起。饭后购得景荣烟壶一个，并云达智桥有房一所；大内嫂亦云香炉营四条和丞相胡同有房两处，均命两儿往看。余至中央理发，又到二亩园应周五、周四姊妹之约，同到中央看电影，步归。江潄明与余及令香查看留香一年账目，红单虽赚五万馀之，未见现款，均在红单列账。泽霖从中使钱，去岁大账至今未交来，候伊交账时欲开谈判，夜二时始散，即寝。

民国三十三年（1944年）三月四日（甲申年二月初十日） 星期六 晴 狂风

天地昏暗，降下黄尘，干燥。正午起。饭后大内嫂电约丞相胡同看房，房虽破烂，有四十馀间，地皮一亩半馀，价廉，大约十七万元可购到手中。又至留香饭店找令香往看，伊至长茂，随后赶到复看，正在磋商。抵家沿路购旧衣料书画等物。成衣送来纺绸二十四尺，五百八十元；大缎十四尺，三百元；熏染紫羔皮两件、狐腿皮袄一件、草狐西大衣一件，共两千一百元。五年前购者此物共合二百馀元，百倍之上，生活程度高极，将来遍地穷人，只好鬼混而已。长泰、志林来说唱腔。饭毕到华乐同纪玉良、傅德威等演合作戏，全部《西游记》，余演《盘丝洞》，戏毕上海张伯铭、马治中、李金龙三人来京至后台访谈，约余往海上老更新改中国演唱。万子和介绍西皮市空地三亩四厘，二十馀万，亦在接洽中。一时抵家，接上海吴孝同来函。四时始寝。

民国三十三年（1944年）三月五日（甲申年二月十一日） 星期日 晴

大风由昨至今未止。张伯铭、马治中来接洽上海公事，一切均与刘铁林面谈。午饭后汪逢春来与内子看病。晚周长泰、任志林来说戏。饭后至华乐戏院演献金合作大义务戏，京都男角均加入，上座极佳。余与尚小云演《能仁寺》，十二时抵家。连孝来，共晚饭，三时寝。

民国三十三年（1944年）三月六日（甲申年二月十二日） 星期一 晴

大风扑面。午饭毕带两儿、长媳到大内媳家，步至丞相胡同看房。见余有意购之，对方增价，原要十九万，现增加索二十万元，少一钱不卖，人心之坏可怕。复返吴家命大侄女绞脸修容，吴长媳闻彦衡在外娶外家大闹，家务吵闹不息，亲往常州欲与彦衡吵闹，打退亲事。家务无法劝解。又到饭店，铁林谈上海演戏事至今未解决。沐浴，往宝恒祥取镶嵌翠戒指，又到正阳楼应周五小姐之约。饭毕乘电车而归，臭气难闻，至家分手。连孝来，谈至夜，四时始寝。

民国三十三年（1944年）三月七日（甲申年二月十三日） 星期二 晴 风

下午二时起。顾才云、周景荣、曹连孝来谈。汪逢春与内子来看病。江漱明为上海演戏事代笔，覆舒、杨、鄂、孙、汪等函。晚饭后赴华乐戏院演《荆钗记》，王兰秋词不达意，台下倒彩大哄之。戏毕即归寓，三时始寝。

民国三十三年（1944年）三月八日（甲申年二月十四日） 星期三 晴

正午起。午饭后步至西皮市复看房，又到王瑶卿家与诸友闲谈至十一时，往蒋记晚饭即归寓，即寝。

民国三十三年（1944年）三月九日（甲申年二月十五日） 星期四 晴

正午起。午饭毕购皮衣。周长泰、任志林来说戏；江漱明带海上舒舍予来函，谈余公事。晚饭毕往中和戏院，狂风极冷，结冰遍地。《勘玉钏》十时登台，戏毕。铁林来谈上海公事，决定在中国出演。配角等在外，余个人包银洋十四万元，演剧四十天，按一月计算。曹连孝来与内子煮烟，共夜宵。四时客散即寝。

民国三十三年（1944年）三月十日（甲申年二月十六日） 星期五 晴 风

正午起。午饭后接管翼贤为安华开幕谢函。中国戏院万子和接天津总经理在北京泰丰楼宴客，车站警务段李郁章娶妻帖。长茂裁缝来改作余旧皮大衣、中西服共四件。顾才云借去洋两千元。十四日早何泽霖来算留香饭店全年账目，只想分花红，但未收入现款，去岁总结账赚八万元分文未入，嘱其等收进现钱再算花红，此账悬案，再赚钱后照分，泽霖不甚满意。铁林来，言上海中国戏院公事，讲妥旧历四月初动身。晚饭后周任来说腔，二时始寝。

民国三十三年（1944年）三月十一日（甲申年二月十七日） 星期六 晴

十一时起。朱桂芳之子亲来报丧，言其父桂芳昨晚十时病故，未入殓，请余往吊，带令香即往。路遇陈少霖，乃桂芳之长婿，同入门，尸首停置上房，此状况甚惨，安慰一切。又至陆太太家，仲仁先在，闲谈。晚饭后归寓，三时始寝。

民国三十三年（1944年）三月十二日（甲申年二月十八日） 星期日 晴

正午起。午饭后裁裤褂。汪逢春来与内子看病；周任来说戏。晚饭后带令香、长媳赴开明戏院，为吴长海之父演善后帮忙戏，因彩云内二兄时常得病，故演戏帮忙。有白玉薇合作演《挑帘裁衣》，余演《红娘》，前后台开销照例开销，余所得戏份全数送内二兄，共卖三千馀之，开销一千六百馀元，下馀洋两千二百五十馀元，均送吴长海预丧费用。老爷子为伊友看白戏招待不周，后台大骂吵闹不绝。由余学戏出科后出外、在京均有戏份供养，不足性，时常吵闹，其性与众不同，因外家所逼之故。一时归寓，稍息即寝。

民国三十三年（1944年）三月十三日（甲申年二月十九日） 星期一 晴

早九时起。步至中央理发，归寓午饭。海上庄继孟、顾森柏来京，宿余饭店，昨晚至开明后台闲谈。顾因裘盛戎娶媳来京帮忙，盛戎乃顾螟蛉义子之缘故。李金龙、刘铁林同来，交上海包银一十八万五千元，内有铁林五千元，馀者四万为约全堂场面及梳头伙计并老太爷戏份亦在内，余个人得包银洋十四万元整，开销配角一概不管，归铁林戏园方面担任。言明四十天为一个月，期限定三月二十五日动身，在上海老更新（现改中国）大戏院演唱。高聘卿来寓，约余往东北三省等处演唱，包银不成问题。据其云去岁沙游天代火公事，但与余未接洽，况东三省名誉恶劣，所去者未有好感，均有怨言，余婉言辞谢。与周景荣、亲家太太竹戏。长海来索义务钱，将账一律算清。晚饭后带两儿及长媳往长安看妖犬话剧，观毕即归，就寝。

民国三十三年（1944年）三月十四日（甲申年二月二十日） 星期二 晴

下午一时起。午饭后命令香往广瑞、聚义两银号存上海包银之款。广瑞连旧存五万四千六百馀元；聚义存十万零二百馀元。命文奎、春荣清理箱笼、修改头面，准备赴沪之用。二时周景荣偕其友来寓，同往教场小六条，有共房五所一齐售卖，只三十馀间索价十二万馀元，同往看之房子破烂不堪，地基甚大。观毕在顺治门桥头分手，余至留香饭店沐浴，自做主人，约上海张伯铭、李金龙、顾乃根、张镜寿、顾森柏、庄继孟、江漱明等，万子和、裘盛戎、刘铁林作陪，代为招待，饭毕闲谈，十二时归寓，就寝。

民国三十三年（1944年）三月十五日（甲申年二月二十一日） 星期三 晴

十时起。昨晚漱明来寓闲谈郝鹏家务并四行储蓄开奖，劝余存五百元，六月后开奖，头奖可得十万元，并代其代垫二百五十元合购奖券，票号头分清，各人记清。顾才云来，云王九嵩同余赴沪购货。同周景荣到司法部街金井胡同教场小六条处看房，又至长茂试大衣，八时抵家。晚饭后同孟二小姐竹戏至一时始寝。

《鱼藻宫》荀慧生饰戚姬

民国三十三年（1944年）三月十六日（甲申年二月二十二日） 星期四 晴

九时起。电召皮匠做皮大衣。周景荣、宋铭周偕其友张丽君由青岛返京来寓。偕刘锡永夫妇至西城大栅栏看房，抵家后共竹戏。晚饭毕张玉衡、蒋筱亭来帖，约撷英西菜，辞谢未去。晚饭毕至中和演《鱼藻宫》。何佩华回京，胡成名加入，至十二时戏毕抵寓，稍息即寝。

民国三十三年（1944年）三月十七日（甲申年二月二十三日） 星期五 晴

十时起床。景荣、铭周偕郭姓及连孝等来，共竹戏至次早八时始散。

民国三十三年（1944年）三月十八日（甲申年二月二十四日） 星期六 晴阴不定

早八时诸友竹戏散后即寝，正午起身。饭毕马富禄电约余父子往陆太太家见面，即往。同步至松树胡同看房。此房董少卿现住此宅，卖三十五万元，已有人买去。又到手帕胡同看房。该房前数日李菊侬介绍此房，因价过昂未入内看之即归寓。命令香至东安市场购草花，为上海演戏之用。与周景荣、马富禄等博戏。周任来说腔。发上海友人交际信数封。晚饭后江漱明来，云四行由三月售卖奖券，行员如有五百元购券可得十万元；至六月开奖如不得之，损失八十馀元，能收回四百馀元，来借洋五百元，共购十张彩票，与余各分五张，存在手内以作存根。三时始寝。

民国三十三年（1944年）三月十九日（甲申年二月二十五日） 星期日 晴 风冷

下午三时起床，小有不适。周任来说戏；张丽君亦来。晚饭后阖家至开明，演《钗头凤》，戏毕回寓，三时始寝。

民国三十三年（1944年）三月二十日（甲申年二月二十六日） 星期一 晴

正午起。饭毕与孟小姐、张丽君、周景荣等竹戏。周任来说唱腔；马治中偕一日人桑岛（现任航空事务）来云：二十二日早有极大飞机飞沪，世界最出名客机，保安全，劝余早飞沪，下次小飞机飞否毫无把握，决定二十二日早十时由京飞沪，提前演唱到沪面商，治中均允，至夜四时始散，即寝。

民国三十三年（1944年）三月二十一日（甲申年二月二十七日） 星期二 晴

十时起，整顿行李准备赴沪。饭后偕景荣至西拴马桩看房，又往西单市场闲游，四时抵家。顾才云、顾森柏、裘盛戎、赵艳侠父女来寓；漱明亦至。余与周任说腔。晚饭毕至华乐演赴沪临别纪念戏《玉堂春》，演罢明早（二十二日）十时搭飞机赴沪。三时始寝。

民国三十三年（1944年）三月二十二日（甲申年二月二十八日） 星期三 晴

早八时起床。铁林率同留香社阖班头目人来送行；治中来接。九时令香、令文、铁林等送至东城飞机场客车至西郊飞机场。九时三刻起飞，正午在青岛降落，用饭、休息半小时之久，复飞二时半到沪。此次动身未得安寝，在机上假寐两次即已安抵沪上，感觉比前两次特别爽适。兰亭等人未接。余起飞电报故，未来接。下机后仍乘飞机场客车至舍予家休息。治中电告中国戏院，兰亭、伯铭即来问候；吕弓、泽丞、怀白均闻信赶至谈话北京近况。七时与兰亭、治中赴新利查晚饭；怀白在中国旅馆四百二十二号守候。晚饭后与泽丞回中国旅馆，困劳乏即寝。

民国三十三年（1944年）三月二十三日（甲申年二月二十九日） 星期四 阴冷

下午二时起身。诸熟友因杨诚恕丧妻未来。偕兰亭、舍予至黄金看童芷苓演《大劈棺》《纺棉花》二剧。《劈棺》失却戏意，信口开河，大说上海话之流言；《纺棉花》尤甚，学四大名旦之短处变本加厉，在台上时与台下人搭话，任意胡闹，时装打扮，略微遮盖肌肉而已，几成卖笑生涯之变相，未待剧终即至锦江酒家，兰亭夫妇做东，饭毕即回旅社，稍息即寝。

民国三十三年（1944年）三月二十四日（甲申年三月初一日） 星期五 阴

下午丁慕琴来促余起，云当地小型报各主笔有星期六聚餐会，明日在朱老凤家聚餐，约余加入，每人每次会费二百五十元，允其明日到场。今日下午杨诚恕夫人在安□殡仪馆入殓，余送花圈，未往吊。下午五时偕治中、兰亭步至新礼查西菜馆赴张伯铭之约，座有三十馀人；饭毕同至包小蝶家竹戏，负九百馀元。三时回寓即寝（今日迁移五楼五百十号房间）。

民国三十三年（1944年）三月二十五日（甲申年三月初二日） 星期六 风雨冷

下午一时起。吴霜、李玉安、绍庭来谈，吕弓继至，在饭店午饭，至舍予家。俄时丁慕琴到，约余同赴朱老凤家聚餐会，皆报界中人，熟友有郑小褒、郑过宜、苏少卿、李匀之诸友，共三席四十馀人，谈笑甚畅，摄影留念，未终席舍予促余返其家。晚饭后回中国饭店。兰亭夫妇来小坐，二时去余即寝。

民国三十三年（1944年）三月二十六日（甲申年三月初三日） 星期日 风雨

今日风雨交作，天气甚冷，下午二时起身，漱洗毕即与怀白赴许、李宴，约至汕头路金樱二囡家吃花酒，座中有仰山昆仲、恽艺超、周秋舫、鄂吕弓诸人。饭后同至仰山家竹戏，负一千五百馀元。十时回寓，补写日记。今日许季实云阳历四月一日起，有晚十时戒严之说；昨日兰亭在此云上海近半月夜间灯火管制，行人诸多不便。黄金、皇后两家已将夜戏改由下午四时开锣，晚八时闭幕，现已实行二日，惟中国戏院仍唱戏未改，将来是否变更现尚未议定。兰亭带来唐宝琪、汪其俊请客帖，约二十九日（星期三）在大社午餐。三时寝。

民国三十三年（1944年）三月二十七日（甲申年三月初四日） 星期一 阴雨冷

下午二时泽丞促余起床，共饭。杨燕霞、吴孝同均来电话问候；郑子褒托舍予约余于二十九日为马祥生绸庄行揭幕礼，现在海上凡各大店开幕之日均请黄金荣、袁礼敦等名人揭幕。此次因余来沪，机会难逢，子褒故托老友来约，得余同意允之。四时冒雨偕泽丞访吕弓，至其大小公馆均未晤面，到舍予处与伊未婚婿熊大缵、舒夫人及其子、媳竹戏。晚饭毕谈至十时半，仍偕泽丞归中国饭店，写日记。泽丞带来徐厚植请帖，约余明午一时在电谊俱乐部宴会。今夜泽丞代写家信一封，甚详细，双挂号寄出。三时始寝。

民国三十三年（1944年）三月二十八日（甲申年三月初五日） 星期二 晴

下午二时起床。徐厚植派车来接，至电谊社午饭，同席有袁仰安[1]、郑佩民、梅鹤亭[2]、先施公司马经理等二十馀人。饭毕大推其牌九，余得四千元，甚为热闹。八时乘仰安车送到古柏公寓，乃四行宿舍仰山家；杨诚恕借伊处请客，有舍予、怀白、泽丞、季实、仲雍五人，竹戏余得三百馀元。十一时又到怀白处，未坐即乘汽车偕泽丞归，小有不豫即寝。

民国三十三年（1944年）三月二十九日（甲申年三月初六日） 星期三 晴

早七时起身。同泽丞访李祖夔晤面畅谈，步归，旋郑子褒乘汽车来接，余偕仝泽至同孚路凤凰绸缎公司行揭幕典礼，是时同孚路上人山人海、万头缵动，扎得水泻不通，争先恐后，欲睹余一面为快；最奇者，车抵门启竟使余无从下车，为之大窘。后由警察、自警团等驱散闲人，拥余而进。揭幕礼毕，稍坐绕后门而出，是时观众蜂拥仍如来时一般，可谓少见而多怪矣，一笑。十二时三刻至华安理发毕，赴大社应唐宝琪、汪其俊之约，座有张伯铭、顾文达、凌君等十馀人。饭罢至卡尔登观《浮生六记》话剧，穿插紧凑，描写文人不得志，被家庭压迫，使人拭泪。剧终返寓小寝。其

1 袁仰安（1905～1994年），浙江定海城关人。毕业于东吴大学法学院，曾任律师。曾任上海律师公会负责人，华东基督教联合会中学校长。30年代初，任上海良友图书出版公司董事长，出版《良友丛刊》《良友画刊》和《中国风貌》画册。抗战胜利后到香港，成立长城电影制片有限公司，任总经理、导演。

2 梅鹤亭，浙江省镇海人。上海圣芳济学院毕业。曾任美商亚洲电器公司经理、英商电器公司业务经理及大美电器公司董事长兼总经理等职。1951年在台创办美昌贸易公司，代理进口日、德、英、美等国干电池制造机械、操舟机、名牌壁纸等，贸易发展迅速，颇具影响。

俊接余同到凌宅晚饭，少爷辈俱多，袁履登亦同席，谈笑颇畅，伊等摇大小滩，余从未玩过，居然赢六千二百元；此局有十馀万进出之钜，并不足兴，只觉小赌而已。三时回寓即寝。

民国三十三年（1944年）三月三十日（甲申年三月初七日） 星期四 晴

正午起。舍予来，云为田地纠纷往高邮料理，留午饭。与泽丞至兰心应吴孝同之约，观文天祥话剧，描写尽忠报国至死不降，较京戏有异曲同工之妙。此戏号召四个月，座位迄未稍衰，不易也。剧完泽丞来接，余三人步往“洁而精”川闽菜馆晚饭，又到九星戏院观绍兴戏剧，名《攀弓带》，毫无意味，颇为土气好笑。十一时回寓，车过跑马厅因戒严被阻，一小时始开放，到家已逾十二点馀，电梯已停，只好徒步上五楼，颇觉吃力。其后来电话定明日外出访友，三时余寝。

民国三十三年（1944年）三月三十一日（甲申年三月初八日） 星期五 晴

正午起身。饭后偕汪其俊各处访友，约三十馀家。亦有晤面者，未见面多数。五时回寓。留香社全体于二十九日由平动身，今日抵沪，沿途尚称平安，分住天然、中国两饭店。张书记代写家信一封。关承斌由徐州来沪，至饭店约余往新会乐里新华书寓吃花酒，缪斌烦伊代约，因友谊之情只得前往，稍坐，略为敷衍即归寓。甫亭、少霖来看并接李祖夔约伊宅晚饭帖；又接严孝方与大社发起人袁履登、闻兰亭、王振禄、陈小田、高华、周昌华等请帖，均假座大社日夜两局聚宴。沈永祥来函，请余在未等台前择一日期约饭，届时择定再为通知。在中国寓内晚饭，十二点寝。

民国三十三年（1944年）四月一日（甲申年三月初九日） 星期六 阴雨

上午十二时起身。汪其俊与怀白先后到，一时与其逢赴大社应严孝方之约，座中皆青年派之富商，二时馀饭毕。怀白来接往李祖夔家，祖夔介绍某百货公司经理陈君，备余在沪购货之顾问；即与吕弓夫人、某太太及陈君竹戏。七时与怀白再往大社赴陈小田、高华、王振禄、周昌华之约；王君托余订长期四座，未终席辞去时有朦胧细雨，余与怀白之车相失，遂仍返祖夔家晚饭，怀白久久方至。今晚尚有包小蝶及杨传琦约晚饭，因赶不及由怀白以电话辞谢。复与祖夔夫妇、鄂太太继续竹戏至天明八时，与怀白步行而归。

民国三十三年（1944年）四月二日（甲申年三月初十日） 星期日 晴冷

八时返寓安眠，十一时起身。老爷来说同来诸人有失物情事。一时半，怀白来接，往贾宅应仰山昆仲与葛希文医生之约，饭后同至舒宅绞脸（给五十元）。李石泉来访，因竹戏八圈；兰亭来订戏码；石泉伴回寓晚饭。今日怀白在此做伴，泽丞感冒，与石泉先后回。十时马治中来谈伙计们带烟土失物之事，稍坐即去。十二时寝。两点兰亭、其俊、治中、伯铭均来，因伙计文奎、文选、任志林及陈少霖之胡琴、朱家奎伙计小汪及仲仁之仆伙等带来烟土各人有四五百两之钜，尚有其他者数人带有数十两不等，均被后台串通官方，在中国后台私立公堂，搜获扣留烟土两千馀两，计价值二十馀万元，数目可观。论伊等包银，绝不佩带此巨数，经调查结果俱系背后有人撑腰，伊等不过取小利而已。此情余虽大不以为然，然而后台亦不应用假公济私之方法，大概其谈判后由余调停彼等，虽不应为，然均系贫寒之辈，究属吃亏不起，只好自认罚款了事。但不过为后台造此发财机会而已。事后余召集诸带土各伙计来中国饭店训斥一番，并警诫以后勿再；履辙、仲仁、少霖为其伙计担保，此一桩土案就此结束矣，直至天明七时始散，方寝。

民国三十三年（1944年）四月三日（甲申年三月十一日） 星期一 晴

正午起。饭后欲出门时罗宾汉访事；陈德珍来访，报料并索照片；又大通通讯社也索照片。严独鹤、梅兰芳、姚玉芙均来，回看未遇。孔市白来函大发牢骚，寔在衣食不缺，但为人吝啬，现居劳尔东路四十七弄十八号。又接沈永祥函，约余四日在伊寓晚饭。二十半至鄂宅与李祖夔夫人、鄂夫人及其堂妹朱夫人作方城之戏。下午六时本应赴刘丹斧之宴，乃为伊等攀留至再，即由怀白电知，汪其俊饰言：稍受感冒辞谢未去。十六圈牌完已十一时矣，祖夔亦来。鄂家、吕弓忽大发牌兴，邀余重复入局，看上八圈，余前局负去七百元，后局胜进一千九百元，除去彩花四百元，连前净余八百元。归时汽车先送祖夔夫妇，余偕泽丞同返，计时已两点半钟，即寝。

民国三十三年（1944年）四月四日（甲申年三月十二日） 星期二 晴

一点起身。余同老爷子、泽忱共进午餐。移时李石泉来，赠余雪茄一大盒，价千元。怀白携拜客名单随叫汽车，偕石泉、怀白同去拜客，计十八处；惟何世枚、沈元豫两处小坐计费三小时之久，归途已近六时。未回寓即赴沈永祥之约。石泉先归，余与怀白至沈宅，沈君夫妇竭诚招待，座中有郑子褒、葛中超（新华银行行员，与吕弓相识）、俞叔馨夫妇及王太太共九人，饭毕摄影留念。八时与怀白同至七重天咖啡馆，吕弓夫妇偕其妹及桂泽丞三人已先到。吕弓与祖夔夫妇先后来，泽丞因感不适先去。诸人皆强余入舞，余初未敢尝试，吕弓夫妇先舞以示提倡，余乃勉强与祖夔夫人、吕弓夫人各舞一次。十一时半祖夔以汽车送余及怀白回寓。与周长泰研究《红娘》及《香罗带》之腔。十二时兰亭来谈今日外出董玉裁、徐东（号杲如老，英界警局任秘书）来访未遇。在城内警局俱乐部遇卢培（上海特别市第二警察局专员），系沪西卢英之弟。孙兰亭谈至三时去，即寝。

民国三十三年（1944年）四月五日（甲申年三月十三日） 星期三 阴雨

今日清明，下午二时半起。上海特别市第一警局秘书徐东、杲如（住七楼）来访未晤面，回访亦未见面，与其夫人闲谈即返。同长泰、志林说腔。王豪来借路费告帮。午饭后葛亮畴夫妇带其女来闲谈，葛去后身体不爽，如出烟瘾，周身酸痛，因小睡。下午六时起。周长泰来访，嘱代震禄订戏票。饭后已六时半。今日初演中国戏院，惟恐误事，未候后台管事来接即偕泽丞、石泉步至戏院，徘徊数周不知后台由何处出入，恰遇同业引余入门。前后首领见余自至均来道歉；场上高盛麟正演全部《连环套》，大为卖力，时间因之过久，少寐之。《骂曹》十时方出演，灯火管制之下限制时间。《红娘》剧至十时三刻方登场，前台售座甚好，居然未受阴雨之影响；出场时掌声如雷，彩声亦多，欢迎之热烈比去年尤甚。惟仲仁年老体胖，台下笑声不止；青衣、小生年岁稍大常有此种情形。如在四十余岁结束歌衫，庶能保全令名。但不能爱惜有时之钱，老来终必受苦，殊可叹惜。十二时演毕回寓吃点心。兰亭来道辛苦并请订戏码。明日星期四，演《香罗带》；星期五《红楼二尤》；星期六《十三妹》；星期日日戏《鸿鸾禧》，夜场《得意缘》。兰亭、怀白所烦二时半，兰亭辞去。三时寝。今日令香来信报告家事。

民国三十三年（1944年）四月六日（甲申年三月十四日） 星期四 大雨

下午二时起床。安舒元[1]来说戏，新丽琴同来；顾才云、王九嵩偕伊友王姓由京

1 安舒元，京剧演员，工老生。

来谈北京长茂购货事。午饭后嘱张汉卓代写家书，即发出。周长泰母病，大哭之下劝解吊嗓。周翼华来面约星期六晚饭局；又上海特别市沪南市民福利协会陈福康、陈亚夫、胡寿祺、冷炳南、孙杰等约本日下午五时在中央菜社晚饭，闻为唱义务戏之举，兰亭代表。大雨竟日未止，然戏馆座位未减少。《香罗带》九时半登场，戏毕兰亭伴余回寓，略谈，三时始寝。

民国三十三年（1944年）四月七日（甲申年三月十五日） 星期五 阴冷风

下午一时半起身。桂泽丞来。徐杲如、丁慕琴、李石泉、姜君等来谈。四时因身体困乏小睡片时。与周、任说腔。八时赴戏院演《红楼二尤》，座比前二日更佳。怀白携女及舍予、仰山之女并吕弓夫妇偕其女友均至后台闲话。戏毕回寓。兰亭与顾才云、王九嵩先后来寓闲谈，为长茂进货事；马治中亦来，要求星期一演《玉堂春》。余因日来各戏馆均以北京聘来新角登台，打炮戏码颇硬，故允之。一点半留顾、王等在此夜宵，且计划长茂添货情形，三时始散即寝。

民国三十三年（1944年）四月八日（甲申年三月十六日） 星期六 晴

三点起。祖夔来；顾才云、王九嵩为长茂进货之事，余向孙兰亭暂挪现钞十万元交伊二人携去，并嘱伊二人出一收条，载明此款系由余转借而来，俾向宣示以明寔在，据王二人所说，在沪已购进丝袜四十打，计钞七万元，尚有三万元再买其他相当货物。又董玉裁来，当托其代物色一厨司，缘中国饭店之厨房系宁式口味儿，不但制法不佳，而且材料与花色俱乏完备，每天菜肴老是一种，花样更无推新之方法，以致口味大减，虽珍馐列陈食指毫不为动，而一餐之代价则又非千金莫办，可谓冤哉！七时三刻余偕石泉、泽丞、怀白赴院，演《十三妹》，卖座仍如前，戏完卸装，祖夔夫妇、鄂夫人、朱太太及潘夫妇与其他女太太三五人都来后台道辛苦。余以周翼华请余在中国饭店宴会之由，急欲返寓，不料步至饭店门口竟为诸夫人连拖带架绑到国际饭店茶舞，移时中国饭店频来电催，诸客毕集，候余入席。随带同护弁吴克明返寓，坐有翼华、兰亭、治中、怀白、泽丞、仲仁、少霖、任志秋等陪客，席间由兰亭发起坚请任志秋学李世芳全家打扑克之相声，演来有声有色，绘影绘形；尤以一人模仿全局之声，音、相貌无不酷肖，令人捧腹，大笑不止，亦神乎其技矣。席散即寝。

民国三十三年（1944年）四月九日（甲申年三月十七日） 星期日 晴

三时起身。怀白携其子并舍予之女来看日戏，余演《棒打洞房》，此为上台出演第一次之日，戏卖座尚佳，五点半打住。与杨桂及小孩儿等共进晚膳。八点到馆，戏码是《得意缘》，座位颇好，戏毕回寓。二点即寝。

民国三十三年（1944年）四月十日（甲申年三月十八日） 星期一 阴雨

下午二时起床。丁慕琴、顾才云、王九嵩偕其三位女友来，桂泽丞亦至，共饭。四时吴孝同托购戏票。客去后小睡。七时往中国戏院演《玉堂春》，八时半登台，十一时三刻始止。戏毕与怀白、宝荣步归，留晚饭毕闲谈至三时方寝。接令香电报询问赴沪事。

民国三十三年（1944年）四月十一日（甲申年三月十九日） 星期二 晴

上午十一时起身，以电话召怀白来同赴鄂宅。行至新世界临时封锁不能通行，折回饭店，遇老爷子一同往二马路三合楼天津馆午饭；遇席君（乃李子铎之友），已十余年未晤面，今寓大陆饭店五百二十二号。饭毕赴鄂宅与雷太太、祖夔夫人及鄂太太之妹朱太太竹戏至七时。晚饭后祖夔夫人以汽车送余至戏院，演《荆钗记》，戏毕（今日售座与《香罗带》相仿佛）吕弓伉俪与雷善觉夫妇又朱小姐、吴小姐等三女士来后台，约同至国际饭店十四楼宵夜，一时半回寓，五时始寝。

民国三十三年（1944年）四月十二日（甲申年三月二十日） 星期三 阴雨

日夜未息，泽丞三时来余刚起，即在本饭店午膳。顾才云、王九嵩携来丝袜二十打，预备回平时分交伙众随身带回。说戏毕，偕泽丞至金城别墅十八号朱之光家，说其夫人之寿，因昨日在牌桌上由鄂夫人口中宣传，余为敷衍面子起，故不得不去，并代鄂夫人打牌四圈。七时晚饭，菜肴均由朱夫人亲自烹调，简洁而精，颇堪适口。八时主人使汽车伴送余至戏院，时正大雨淋淋，而上座之盛竟未稍减。《勘玉钏》演毕，十一时三刻同宝荣、铁林步归宵夜。刘铁林今日来沪，祖夔至后台，云明日来寓，为接洽北京长茂购货事。四时伊等去后即寝。

民国三十三年（1944年）四月十三日（甲申年三月二十一日） 星期四 晴

下午一时起身。偕泽丞赴鄂宅，今日系鄂夫人生日，即在伊处中饭，并与雷太太、朱太太作方城之戏。五时半因泽丞未来接，独自返寓，稍眠片刻。八点上馆，座为之满，演《钗头凤》，戏完回寓。接魏太太电话，约余宵夜，即偕怀白、泽丞、老太爷、苏宝荣等步行至汕头路书寓，宴毕仍偕泽丞、怀白步归，即寝。

民国三十三年（1944年）四月十四日（甲申年三月二十二日） 星期五 天阴未雨

下午二时起床。顾才云、王九嵩兄弟来，购得四十打女丝袜，合上海钱七万元整。伊等带去二十七打，下馀十三打由余带走，下购之物完全余不接头，向中国戏院孙兰亭借洋上海钱合十八万元整。七时兰亭来接余赴马子云宴，座有李少春、叶盛章、王吟秋等约三十馀人，饭毕铁林送余至中国后台化装，演《大英杰烈》，完戏归寓。怀白来、宝荣、汉卓等宵夜、说戏，五时始寝。

民国三十三年（1944年）四月十五日（甲申年三月二十三日） 星期六 阴晴不定

下午二时起床，与泽丞共饭；电约祖夔、鄂夫人竹戏，均以无暇故未成局。适舍予由高邮返沪，余即偕泽丞、怀白至伊宅慰劳并电约祖夔亦至舍予处晤谈，乃与舒夫人、熊大缵、泽丞打牌八圈，但余身体不好，精神极疲乏，且不思饮食，饭罢偕舍予及其幼女，车赴戏院，九点三刻《红娘》上场，座位满堂，戏毕归寓。孙兰亭、马治中、顾才云、王九嵩均来。余宵夜后与周长泰、任志林说戏，五时方睡。

民国三十三年（1944年）四月十六日（甲申年三月二十四日）星期日 多云

一点起。午饭后顾才云、王九嵩陆续来寓，因向孙兰亭借款八万元，约定下午交款，嘱泽丞伴送顾、王二人至中国前台访兰亭取款。当余与老爷子共饭时，忽有天然饭店着号衣之二茶役直闯余室，向老爷子索酒资，既不客气又无礼貌，一种上海下

《红娘》荀慧生饰红娘

流社会之恶习令人憎恶，立由泽丞痛斥一番，挥之使去；一面请泽丞至天然饭店调查究竟，复往晤兰亭告知其事。据中国戏院账房钟尚南云，该茶役小账已统赏三千元，伊等小人贪得无厌，故向老爷子啰索以冀攫得双份。当由孙经理电召天然饭店账房与二茶役到院，除训斥而外并享以雪茄五支；一面复向余深致歉忱其事，始寝。昨日吴孝同送来顶上水果；今日凤凰绸缎公司送来女衣料两件，估价不过一千馀元，此系点缀余揭幕之人情。若较诸前两年为人举行揭幕而所赠之酬谢实有天壤之别，盖余早已料及因此次系郑子褒经手介绍，绝不会漂亮而干净；又以舍予碍于情面应允在先，更不便计较，只好收之大吉而已。黄昏时顾才云来辞行，明早回北京，带来长茂所进之呢料六大卷，计分青、黄等六色，交余带转。郭盛三同一女客到后台，二时半在后台晤面谈，伊去岁在沪所购之化妆品若干不能运往北京，意欲售卖与余，即命王九嵩、顾才云往萝蔓饭店看货，即返，顾、王向余云货物尚好，俟余同郭磋商后价目再作定夺。日戏《荀灌娘》，四时半登场，六时回寓，小息片刻又至戏馆，演《平儿》，十一时半止戏。郭盛三托余向鲜桔水总经理李金龙为到期货单欠款转期半年，兰亭代表允之，立谈，俄顷分手，各回寓，晚三时寝。今夜忽大雨。

民国三十三年（1944年）四月十七日（甲申年三月二十五日） 星期一 全天阴雨

十二时半起。本应李祖夔之约，忽来电话改至明日一时准到。余以今日全天细雨濛濛，身体极感不快，闲坐无聊乃由泽丞电召徐厚植代约丁、林二君来寓，陪余竹戏。因时间关系未满十二圈终局，余进两千一百元。即偕泽丞赴金城俱乐部陆大公、余芷庄之宴，座有刘总探长、某院长、徐君厚等及周、魏、王三女士，陪余稍进酒肴，观时计已钟鸣七下，适戏馆亦派吴明祥来接，仍与泽丞至戏馆，演《花田错》，十一点一刻散场，回寓宵夜后与周任说腔，并托泽丞打电话寻孙兰亭代陆大公订购长期票二十张，两点半就寝。今日九嵩、才云乘早车赴北京。

民国三十三年（1944年）四月十八日（甲申年三月二十六日）星期二 晴 无太阳

下午一时起。午饭付菜钱，三天计两千一百元。饭毕与泽丞赴祖夔宅，与李太太及其女客同竹戏，十六圈牌完进西餐。祖夔之小姐及夫婿约余下星期三在其愚园路新宅内饭叙。八时到后台，匆匆登场。余来沪十馀日，以今夜散戏为最早，回寓夜饭。兰亭来商戏码，议定星期四五日演《玉堂春》；星期六日《丹青引》；星期日日戏《杜十娘》，夜戏《红娘》。兰亭持顾才云、王九嵩所借十八万元之收条来请余盖章，即在原条上加盖一印章付之而去。与周、任说《绣襦记》《丹青引》唱腔。明日早场在天蟾舞台与李少春、叶盛章、赵如泉[1]等合作大义务戏，为南市清除道路上灰土经费筹款，故有此举。前数日已有请帖来邀，戏码定《战宛城》。顾森柏、裘盛戎[2]约明日下午六时在南京路广西路三三二号梁园菜馆宴客，为盛戎娶妻酬客之意。三时方寝。

民国三十三年（1944年）四月十九日（甲申年三月二十七日） 星期三 晴暖

一点半起。桂泽丞偕伊友洪钟美来，与老爷子四人共饭。三时整社会福利协会为南市扫除垃圾筹款事，假天蟾舞台演义务戏，派孙杰坐车来接，余偕泽丞同往。与赵如泉、林树森、李少春合演《战宛城》，六时散戏，稍息即赴梁园应顾森柏、裘盛戎宴，座有刘二爷（号俊杰）、金仲仁、朱斌仙、周翼华、刘铁林等。食未终席即同泽丞至中国后台化装，上演《绣襦记》，十一点三刻戏完回寓。怀白、郭盛三及其二友一歌女来闲谈。四点寝。

民国三十三年（1944年）四月二十日（甲申年三月二十八日） 星期四 晴暖

下午三时起身，觉身体疲倦，不思饮食。四时怀白、泽丞来，进午餐；新丽琴来说《元宵谜》。五时舍予谈其家务，有堂房弟向其诈财。七时半赴后台，演《元宵谜》。因今日吃梨三只，觉胃中泛酸，头眩欲呕，气阻不舒，有不支之势，后台管事急延洪福医院西医张君明权诊治，打强心剂一针、麻醉剂半针，稍减痛苦，草草终场。张明权医生又随至中国饭店为余导大便，甚畅。后详细检查肺部良好，肝部稍涨，以手指按之微觉疼痛，十二指肠及肚脐处均痛，断为消化不良，肝阳上升，又打麻醉剂半针而去，约明日下午四时再来复诊。临行留药一小片，嘱夜二时吞服，可以助消化，解大便。十一时三刻未进饮食即寝。怀白在照应一时半，将张医生所留之药片服下。

---

1 赵如泉（1881～1961年），京剧演员，驻足上海，演出大量机关布景的连台本戏，有神话，公案、侠义等类，曾任上海伶界联合会副会长、会长。1956年被聘为上海文史馆馆员。

2 裘盛戎（1915～1971年），父裘桂仙为京剧演员，工铜锤。裘盛戎幼入富连成科班学艺，出科后曾搭杨小楼班社演出，20世纪40年代长期在上海演出，深得金少山赏识与提携，曾为孟小冬配演《搜孤救孤》，1948年组班“戎社”，50年代形成裘派。

民国三十三年（1944年）四月二十一日（甲申年三月二十九日） 星期五 晴暖

昨夜未进晚餐即睡，二时服通大便之药一小片，今日下午二时起胸腹等处疼痛稍减，仍不舒，周身疲乏异常。四时吃稀粥及素油饼少许。石泉、泽丞来谈；张明权医生来打一针；怀最来画具及其他器具。七时到后台，张明权医生陪伴同往，继续打针，前后共四次，勉强支持将《玉堂春》唱完。在台上亦觉困倦，颇有欲睡之意，余疑麻醉性之针药分量过重之故。十一时半与张医生、怀白诸人同回。稍进稀饭，吸烟两口，张医生又打一针，计两CC（九福出品），此药专治肠胃病，无麻醉性。又留黄色药粉少许，帮助消化。二时寝。

民国三十三年（1944年）四月二十二日（甲申年三月三十日） 星期六 晴暖

下午二时起身。怀白、治中、泽丞及吴孝同先后到；又萧宝应坤伶张贯珠之夫来言二三日内飞往北平，并原为余带呢衣料及女丝袜，明日来取。余于七时偕泽丞及舒、杨两小妹妹赴后台，留舍予及其女仆在室内做夹大衣，内纫女丝袜。今日演《丹青引》，十一时半终场，新丽琴在后台为余绞脸。十二时回寓。刘铁林来，言马治中与彼意见不合，疑铁林在行头箱内带有私货，故有检查之事。夜二时寝。张明权医生四时来打mneccemor治胃病药一针，继打麻醉品半针，在后台又打麻醉品半针，十二时又打治胃肠病针剂一针。

民国三十三年（1944年）四月二十三日（甲申年四月初一日）星期日 小雨微风

上午十一时起身。怀白携舒宅女仆来续作大衣；泽丞与舒家小妹来看余作画，补染昨日合之作品。天雨微凉。三时赴后台，演《杜十娘》，六时回寓。萧君来取去大衣，云明日飞北平。七时风雨交作，晚戏《红娘》尤满座，亦不易也。怀白在寓代画扇面。十一时半回寓。为怀白润色渲染，张医生来后台打mneccemor一针、麻醉品一针，晚间来寓又打mneccemor一针，以东洋之安福膏贴肺部。怀白先睡，余因消化饮食四时方寝。

民国三十三年（1944年）四月二十四日（甲申年四月初二日）星期一 飓风甚冷

下午三时半起身。今日飓风过境，不知萧君能否起飞。今日发信致令香，命其与萧君接头取回大衣，又昨所贴之安福膏颇有效，起身时揭去。李石泉及黄小姐已先在，午饭后黄小姐教余跳舞半小时，接谈后始知为上海名律师黄脩伯之小姐，不知何以与郭盛三相熟？又何以愿入萝蔓饭店唱歌？殊不可解。郑过宜忽然光降，吃烟之人能提早来访亦出意料之外。在周长泰来说腔之时王吟秋亦来小坐。八时到后台，演《妒妇诀》，十一时半回寓，又为怀白渲染扇面。三时寝。张医生来后台打mneccemor一针、麻醉品一针，回寓又打mneccemor一针。

民国三十三年（1944年）四月二十五日（甲申年四月初三日） 星期二

下午三时起床。黄小姐、吴孝同、李石亭、舒舍予、熊大缵、沈永祥、杨怀白、桂泽丞、孙兰亭等先后来寓谈各事。兰亭要求以后戏码格外辛苦，再伊代余所请张明权西医大夫手术不佳，不诊病原，均用麻醉方剂救急而已，存心不良，金钱为重，故请孙将张辞去另觅高医；沈永祥为余借得留声机一架，为余舞奏乐之用。在寓理发，其技术亦不佳妙，所剪之发几如和尚光头，余大可三月之内不用理发，亦可笑也。八时诸友各散，余赴戏馆演《勘玉钏》，十一时半抵寓。仲仁来说戏；周长泰、任志林来说腔，沪上所演之剧，其二人在京时均已演过，但到沪即已忘却，太不用脑力，比起初来时尤笨。每日演一剧需用两三小时，说腔之时间毫不用心，累得余口干嗓哑，伊等满不介意，并随时觅余说腔；所带之配角俱系生手，每日必须说戏一遍，而上台时信口开河，失却戏意，故余之病亦因此劳累不休，伊等仍然乐观，不体贴人，情非人类也。四时寝。

民国三十三年（1944年）四月二十六日（甲申年四月初四日） 星期三 晴阴不定

下午一时半起身。饭后偕泽丞、怀白到李宅同祖夔夫妇乘汽车往其婿家曹□□西医处，曹未回，有祖夔之大小姐接待，与祖夔夫妇及张君竹戏八圈，负洋四千一百元。张君夫人系冯叔鸾之继室，冯死后无以为生，入绿宝戏院演话剧，仍不能维持生活，故改嫁张君。席间男女客有二十馀人。饭后祖夔、怀白送余至中国戏院后台，《狮吼记》九时半登场，十二时抵家。鄂吕弓夫人、雷善觉夫妇来闲谈，欲约下星期便饭、竹戏，云介绍陈太太、诸小姐等。今日下午丁慕琴送函，为报界聚餐来邀，并云白玉薇加入。顾森柏代刘俊杰送来请帖，定名日下午在爱文义路二三九弄平和里十二号设席，嘱务必到场。宵夜毕，二时客散补写日记，三时始寝。夜间大雨忽下忽止。

民国三十三年（1944年）四月二十七日（甲申年四月初五日） 星期四

下午二时起身。黄、吴二位小姐来，饭后两小姐辞去，余小卧一时。顾森柏来约同赴刘俊杰之约。刘系成都路捕房探长，又为裘盛戎之义父。因今晚演《十三妹》，上场甚早，小坐稍进饮食即赴后台。场上刘小青之鼓全不能相合，余不觉肝火大动，二十年来从未责备场面上人，今日不复能忍矣！十一时回寓，胃气大痛，不能进饮食，随即就寝。

民国三十三年（1944年）四月二十八日（甲申年四月初六日） 星期五

（今日起休息）下午三时起身。郭盛三夫妇与黄、吴小姐来。舒舍予偕同其亲家，方嘉成医生来诊病，下午五时痛甚剧，不能耐，通知中国戏院今晚《白娘子》不能登台。兰亭、伯铭、金奎、连孝、同山、其俊先后来。张明权医师送药，勉强吃一格；晚饭吃稀粥、汤半碗。吴小姐又来看余病，大众劝余仍吸烟，只得从众，向仲仁借六口来。十一时就寝。张、方两医西药均未吃，改延丁济京八时来诊，十一时又取来止疼药末一瓶，分三次服下。

民国三十三年（1944年）四月二十九日（甲申年四月初七日） 星期六 晴

昨日病势甚厉，自胸部以至小腹隐痛非常，坐卧不定，头眩，时欲作呕，周身疼痛，四肢无力，黎明即起，与怀白、泽丞商酌，仍服中药。怀白之弟介眉来，偕余至丁济禹先生处就诊（杨介眉为丁之妹婿）。十二时回寓服药。下午孙兰亭、韩金奎[1]、金仲仁、吴孝同、严独鹤、李石泉、沈永祥夫妇偕王太太、虞叔馨夫人同来，虞夫人携来圆蛋糕一只；沈永祥借来外国音乐唱片两张。六时宋大仁医生来看余病，留药一瓶未服，打一针并服泻药八粒，毫无效果，晚间照吸烟，十一时寝，一夜未能安眠。

民国三十三年（1944年）四月三十日（甲申年四月初八日） 星期日

六时起身。胃肠两部疼不可忍，与怀白商酌决定不再服中药，以电话请宋大仁医生下午二时来诊，云不用麻醉之剂，此语甚合诸友之意。当时除打疗治胃病之针外，又注射葡萄糖及维他命B、维他命C各一针，又服泻盐一大包，晚间十时再来。下午舒舍予夫妇、李祖夔、曹连孝、蒋少奎、孙兰亭、安舒元、韩金奎、李少亭、吴孝同五时

1 韩金奎，京剧演员，工丑行。

解大便留备医生化验，色□全稀水泻，便后涨稍消而痛不止。晚间大雨，诸人先后散去。吕弓夫妇、雷善觉夫妇来，坐甚久；兰亭及金奎亦来。余十二时寝，痛仍不止，三时又起吸烟，一夜之中似睡似醒。

民国三十三年（1944年）五月一日（甲申年四月初九日） 星期一 晴和

七时起身吸烟，再睡。十一时宋医生来诊，仍注射葡萄糖、维他命B、E及消胃肠炎肿之针药，又服泻盐一包，比昨之量稍少。舍予在此相伴。十一时泽丞来，于怀白调班休息。孙兰亭送来伙食费一万元；又李绍亭、李玉安、李祖夔、李石泉均来问病。四时饮麦粉和淡牛奶一杯，又进梳打饼干两片，吸烟数口，睡不成寐，似梦非梦，有时竟作呓语，手节骨频频抽动不已，胸部及两乳房仍然作痛，呼吸亦不舒畅。三日以来虽经宋大夫努力诊治，而病势并未十分退减，殊不可解。八时清醒，觉腹中饥鸣，进饼干和面汤小碗。十时宋大夫来，仍注射葡萄糖及消胃肠炎肿之针药，又服止痛药水两格，坐谈稍时即去。适据茶役报告，云警局派来巡警来查抄房间，余急命苏宝荣、张汉卓将烟具挪移密藏。来时系一外国捕头、一中国警长率领巡士数名，一面由泽丞殷勤招待，余亦略为周旋数语，互换名刺，不查而去，可谓侥幸已极。十一时兰亭又来并为余烧烟数口，坐至一点一刻始去。余服药水及橘汁少许后即寝。今宵登坑有八九次之多，均系水泻黄黑，无粪。

民国三十三年（1944年）五月二日（甲申年四月初十日） 星期二 晴暖

晨八时起身，唤起怀白为余制烟；大便甚畅，胃肠两部痛已全止，惟久痛之馀尚未舒适耳，再上床安眠。十时半宋医生来，仍注射葡萄糖及维他命B、C及治胃肠发炎开胃帮助消化等针药。宋去后余觉精神稍旺，兴趣亦佳。午后二时进素片儿汤半小碗，尚想再吃，诸友劝阻，余亦不敢多吃。三时后祖夔、兰亭、金奎、斌仙、李绍亭、吴孝同均来长谈。祖夔每日赠我牛奶半磅，每日下午二时由怀白派信差往取。今日之牛奶分两次饮下，饮时加麦乳精两匙、梳打饼干数片，甚觉香甜，可不是前、昨两日口味不开之情形。麦乳精为孝同所赠。七时晚餐又进素片儿汤两碗，比午餐略干，汤内虾米、绿笋等物，遵诸友之嘱，咀嚼其味儿而吐其渣滓。自午餐后至晚餐后诸友来去不断，谈笑极畅，不觉其疲，自卧病以来此为第一天。兰亭来约订星期五登台，余始允之，且看明后日如何。十时半宋医生再来打针，见余精神焕发亦甚心喜益，彼亦不料痊愈若是之快，在此坐谈甚久，云昨今两日病家甚多，已觉忙碌；而时有不识姓名之人因读报纸知其为余治疗，因以电话直接询问余之病况甚详，每日数十次。余小病数日，无异为宋登若干之广告，故宋颇为高兴，临行仍注射肌肉针一次，并将大小便取去化验。一时寝，三时起，吸烟再寝。

民国三十三年（1944年）五月三日（甲申年四月十一日） 星期三 晴

下午有雨意。八时起，吸烟又卧。十一时宋医生来注射葡萄糖等针，静脉一针、肌肉一针，复睡二时；午餐进鸡汤挂面，又复小睡；五时进牛奶半杯。丁慕琴、刘锡永来，丁劝余不可作画。丁去后又睡。八时晚饭仍进鸡汤挂面。左边肺部及左边肠部又痛甚剧。十一时宋医生来，云今晨未注射胃炎之针，左边之痛或者由此而起，故又补打胃炎之药一针。今日全天神智昏迷，困倦异常，宋医生云小便中有糖分太多，疑系糖尿病，注射Qneiclcicc一针，价九百馀元，且看明日如何？一时寝。

民国三十三年（1944年）五月四日（甲申年四月十二日） 星期四 晴

天明六时起身，唤醒怀白，吸烟，胃肠两部痛又剧，急召宋医生来；宋同徐元甫医师来诊，下午请葛希文来诊。希文主张住院。五时怀白向祖夔借汽车送余至体仁医院二百十三号房间，导大便，水泻一次，夜大便一次，色黑，仍系水泻，精神委顿，时睡时醒，如入昏迷状态之中，此乃服安眠药片之故。怀白两宵目不交睫，故泽丞宿，照应一切。今午一时发三等急电，召令香来沪，一以余病，恐短期内不能痊愈，俾医药主持有人，而诸友亦可稍卸仔肩责任；二则戏院完全停止营业，损失太大，余为体贴人情起见，将来或携令香同时登场，创一亘古未有父子合作之美谈，既可一新沪人士之耳目，又可弥补院方之损失，一举两得，岂不佳妙。下午六时舒舍予、孙兰亭、熊大缵、韩金奎、刘锡永均来安慰，余则昏睡如故。看护时来诊察脉象，泽丞照应一宵未眠。

民国三十三年（1944年）五月五日（甲申年四月十三日） 星期五 晴

早七时怀白来视余病，诸事料理后即去。十一时舍予携来五千元支票一纸，交泽丞转付体仁医院费用。午后二时舍予复来；李祖夔亦命其婿曹大夫携来医具诊治余病，随开一药方并与葛大夫互通电话，商量方剂以资参考，足证诸友对余爱护备至，余甚心感。三时半葛希文来为余打补血针一次，服贝母子油及止痛药片三小粒。以手指按捺腹部较前、昨两日轻松不少，惟胸肋间仍时作隐痛，断为淤滞未消，非排泄净尽不能止痛。昨、今两日共计便泻七八次，有时色黄而夹渣滓，除吸烟、饮牛奶而外，昏睡如故。诸友来探病者有李绍亭、李玉安、苏宝荣、张汉卓、孙兰亭、马治中、刘锡永、吴孝同、孙智越等，陆续散去。余仍矇迷竟宵，浑身酸楚，令人殊难受耳。

民国三十三年（1944年）五月六日（甲申年四月十四日） 星期六 晴暖

晨七时怀白来照料，片时即去。十一时锡永来，余吸烟后忽然清醒，不欲昏睡，回忆往昔，竟与锡永、泽丞大谈北京梨园掌故。进牛乳两次，饼干数片。午后二时起至晚十一时止诸友来探病者络绎不绝，到有舒舍予、鄂吕弓、苏宝荣、张汉卓、沈永祥夫妇、王太太、虞太太、吴孝同及其老太太、葛、曹两大夫、李祖夔、孙兰亭夫妇、马治中等十馀人，均由怀白、泽丞分别招待，余亦与各友略为周旋，并不觉得烦躁。葛大夫按脉一如昨日诊治；曹大夫嘱看护打通气针一次。饮牛肉汁及牛乳两三次；便泻亦有三四次。便时虽不甚通畅，而渣滓亦时有推出，故胸腹部不常作痛，并食橘子数枚，此物系沈永祥所赠；又虞太太赠康福麦乳精一瓶；王太太赠上梳打饼干一大盒，此两事现均不易购得，在病中获此食中圣品弥足珍贵异常，可感可谢。今晚十时令香可抵沪，院我两方派有孙经理、马治中、杨怀白、刘锡永、苏宝荣、张汉卓、吴明祥等前往车站迎接。余正盼念间，连得电话报告，令香未至，想系车误钟点之故，或乘夜车或在南京住宿一宿，改乘明晨七时早车来沪亦未可知。诸客散尽，余与泽丞二人闲谈至三时，颇兴趣，照例吸烟、进汤药、打针诸手续，毕即寝。

民国三十三年（1944年）五月七日（甲申年四月十五日） 星期日 晴

晨七时起身，精神大爽，吃鸡汤挂面半碗，照常服药。十一时怀白、锡永由车站回，在站遇李万春班内之人由北京来，云令香与该班同来，在下关一宿，下午二时可以抵沪。午饭后怀、锡二人再赴车站迎接令香。二人去后舍予、孙甫亭、曹连孝、苏老六、张汉卓、孙兰亭、雷善觉夫人及鄂太太来看余病。二时半令香与怀白、锡永由车站来体仁医院，父子见面甚为高兴。令香云接电之后阖家惊疑，不知何事，探得李万春班底五日来沪，随即结伴同行。在车上遇不相识之友三人，闻令香之名殷勤照料；浦口下车之后约至下关休息。在南京大旅社住一宿，闻该旅社因地点关系，过路旅客多住在此，但无人不遗失物件，大有黑店之雅。令香独幸，或者因姓荀关系有此优待。今晨乘车来沪，其友送至车站。近年社会上对于艺术界有名望之人另眼相看，道途舟车之中往往有奇遇。令香初次独身旅行，客中亦不寂寞。五时李祖夔伉俪携其幼子来，幼子年仅3岁，亦知问寒问暖，聪慧可爱。祖夔新购住宅一所，在可的牛奶公司后身高恩路莫尼爱路口，拟请余住养病，余亦拟演期终了之后留沪戒除嗜好，将来或者借其新宅静养一两月亦未可定。黄昏时兰亭、舍予、锡永伴令香赴吕弓之约，至雪园夜宴。十时吕弓伉俪及舍予、兰亭、锡永、马治中送令香回医院，正式向余建议下星期五高华客串之后，请令香与余同时登台，每票加二十元，预计满座每天可得两万馀元，即以此款作令香之包银；又云余所借中国戏院之十八万元，该院拟即赠余作为酬劳，一切医药等费亦由该院负担。余答云，诸君捧令香甚为感激，但须周思密虑，俾能一鸣惊人。至于待遇一层，彼此多年朋友，可以不必斤斤计较。谈至十二时始散，余亦就寝，令香即宿于此。

民国三十三年（1944年）五月八日（甲申年四月十六日） 星期一 晴

晨七时唤起怀白，吸烟。今日精神大好，胸腹两部疼痛亦止，颇思进饮食。晨进牛奶、梳打饼干。十时锡永来，伴令香拜访怀白、祖夔、吕弓、舍予四家，吕弓留其午餐以熏鱼、火腿。见贴戏馆方面孙兰亭、马治中；朋好方面舍予、吕弓均来。怀白今日请假一天，伴我寂寞。泽丞上午十时即到，锡永、令香下午四时回院。下午七时兰亭请令香在饭店西餐，为其洗尘。陪客吕弓夫妇、舍予、怀白、锡永及治中，六人商量二次登台之戏码，留泽丞在医院相伴。饭后吕弓邀诸人至其家饮咖啡并邀周昌泰同往，各人各歌一曲，令香唱《二进宫》全出及《荆钗记》之〔西皮原板〕、二六等，兰亭及诸友均表不满意。十二时锡永送令香回医院，三时寝。今日胃口大开。

民国三十三年（1944年）五月九日（甲申年四月十七日） 星期二 晴暖 晚间大雨凉甚

晨起，进牛奶及鸡汤挂面。令香与锡永赴中国饭店，又往看《文天祥》，甚满意。下午始回。庞小姐来见访（庞小姐者雷善觉之夫人也），闻余病中吸烟，赠余一小盒，据云内有大土，不易得之佳品也；又云有陈四太太者素钦余之艺术，拟赠余维他命B，盖知余病后需要此药。余感其厚意，请庞先致谢意。怀白七时方来，携来烟一大缸，计士十两，前日向诚恕借一两八钱业已还清，其款由诚恕代垫付。怀白之女引兰同来看余病，少坐即去。祖夔下午来，对于令香极表热忱，拟与吕弓合请金融界中人为令香捧场。七时兰亭伴令香往包小蝶家晚饭，主人系张伯铭与小蝶二人。座中之人各清唱一曲，盖聆令香之歌喉也。十一时兰、令二人回来，以昨日之戏单示我，少坐即去。今晚令香住中国饭店，留怀白、泽丞二人在医院相伴。一时进挂面一碗，一时半寝。今日防空演习。无大便。

民国三十三年（1944年）五月十日（甲申年四月十八日） 星期三 阴雨

昨夜大雨，至今晨犹不止，气候陡寒。晨六时起，吸烟、进鸡汁面。午后雨止。余小卧。郭盛三携黄小姐来见，余未醒，即去。黄昏时舍予、吴季镇、吴孝同来谈。今日下午令香偕兰亭借祖夔小汽车拜客在锦江饭店，九时同回医院。兰亭报告李万春今日在皇后戏院登台，打炮戏《落马湖》；李少春预订礼拜日在天蟾舞台演新戏《文天祥》，楼下每票加六十元，共二百四十元；万春仍售一百八十元。余定下星期一登台，第一天《十三妹》《能仁寺》。以前由令香扮演《能仁寺》，以后由余接演。第二天余与少霖演《汾河湾》，大轴戏《虹霓关》，头本以令香去夫人；二本以令香去丫鬟，余去夫人，至洞房为止。第三天《玉堂春》，令香单唱“起解”一折，俾余可以休息。十一时兰亭送令香回中国饭店。十一时三刻寝。今日下午服蓖麻油。仍无大便。

民国三十三年（1944年）五月十一日（甲申年四月十九日） 星期四 晴和

晨起。下午令香由中国饭店偕兰亭借祖夔汽车拜客。三时舍予、锡永、祖夔、葛医生、怀白、何世枚夫妇、吴孝同先后来，与葛讲明用兰亭之大土精代余戒烟；孝同送来牛肉汤一碗。晚饭后兰亭来，言令香在舍予家晚饭，饭后中国饭店吊嗓，不再来医院。二时寝。今晚吃蓖麻子油二十CC。十时大便一次，多，粪水深褐色，小粒少许。

民国三十三年（1944年）五月十二日（甲申年四月二十日） 星期五 晴

晨六时起身，吸烟，在草地散步。下午舍予、冯幼伟来谈；李石泉由芜湖回沪来探病；兰亭送来大土精液一小瓶，明日送葛大夫化验。今日葛大夫来检验身体，云肠内积滞尚有少许未曾打下，仍吃蓖麻油二十CC。令香有两日未大便，亦吃蓖麻油二十CC。九时半众友皆去；十时怀白、吕弓先后来，托吕弓询问院方意思。此次停演究竟欲余如何帮忙？吕弓云此时暂可不提，候令香登台以后看气象如何再向院方交涉；又云明日约令香到各银行拜客，十一时去；怀白留院做伴。一时吃面半碗，寝。夜十二时大便一次，仍稀水多无干粪，幸色转黄色。

民国三十三年（1944年）五月十三日（甲申年四月二十一日） 星期六 晴暖

晚间甚凉。昨夜睡甚甜，通夜不醒，为半月以来最甜之一夜。清晨六时醒，吸烟至九时后复睡；午后十二时起身。李石泉、李祖夔夫妇、沈永祥夫妇、虞叔馨夫妇及王太太、曹医师、孙兰亭夫妇先后来访。今日胸中饱闷，饮食减少。晚间锡永来，与怀白同宿于医院。今日无大便。葛医生今日下午来诊病，云只注射小牛肝，因饮食已照常，故维他命B、C之针皆停止注射。

民国三十三年（1944年）五月十四日（甲申年四月二十二日） 星期日 晴

今日天明六时挑烟一盒，以前已挑过三盒。正午起，吸烟三口，饭毕令香同余修容。桂泽丞介绍舍予家老女仆来体仁医院。修容甚好。雷太太介绍陈太太在雷宅晤面，电托怀白带令香即往。锡永、宝荣等先后来。余今晚病体已痊愈，惟体气均弱，大便不能十分通畅。马治中携来一千元，代余开销医院；仆人、兰亭接余出院，一切费用均由兰亭与杨院长直接结算。七时晚餐。一同雇车回中国饭店，临行携来蓖麻油二十CC，服下后至一时居然大便一次，甚畅，自半月以来此为第一次。晚间仲仁、桐山均来问候。

民国三十三年（1944年）五月十五日（甲申年四月二十三日）星期一 晴暖无日光

晚十一时大雨如注。下午二时起身。命令香电请怀白来烧烟，舍予、祖夔亦来。今日为令香登台第一天，不能不格外慎重，为令香排《十三妹》身段。稍吃鸡子汤面即赴后台。八时半令香登场，朋好中送花篮甚多，其次立轴、其次银盾。出场时掌声雷动；一举一动以及唱、念之中亦彩声不绝，观众十分满意。近年余锐意经商，本无令令香登场之意，此次因病入医院，电召令香来沪，主持兰亭再三敦请并恳托余之至友从旁吹嘘，余不忍过拂其意，只得勉强应允，初不料其成绩如此之佳。散戏时大雨如注。舍予、吕弓非常高兴，均来电话赞许。二时吃挂面一小碗，三时寝。今日下午七时挑烟一盒。又由今日起仍向厨包伙食。

民国三十三年（1944年）五月十六日（甲申年四月二十四日） 星期二 阴天无雨

下午起身，急电怀白料理吃烟。马治中、聂少萱来谈；泽丞之友梁君（广东人）送来鸡汁粥一大碗罐，甚美，吃数碗。七时赴后台，先与少霖演《汾河湾》。此戏余不常演，沪人对于此剧非常视好。今日嗓音较病前格外清亮，殊出意外。次为令香之头本《虹霓关》，出场即得满堂彩声；其后一举一动无不有彩声，令香亦十分卖力；仲仁虽老勉力抖擞精神，观众亦甚原谅。二本《虹霓关》余饰东方氏。此戏余已十年未演，今日令香改扮稍迟，故余不得不将做工延长，台下尤为满意。令香之丫头出场，身法、步法均夭矫逾常，沪人初未料其技艺能与余颉颃，也惊讶不可名状，人人瞠目咋舌，频频作哈哈笑。“洞房”一场余因病体新愈不敢跌扑，观众皆能谅我。闭幕后吕弓诸人均至后台向余父子道乏，对于令香奖励尤加。余察其言语神情悉出至诚并无虚伪，颇为感动。令香虽年幼，对于诸友盛意亦知奋勉，可儿可儿。吕弓带酌戏码《红娘》，星期五、六连演两天；星期日日戏订《棋盘山》，夜戏订《香罗带》，余概然首肯，吕弓亦甚高兴。回寓后进鸡汤面即寝。葛希文闻令香嗓涩，断为便闭，嘱吃蓖麻油。今日聂少萱偕姚小姐来，开始注射维他命B、C一CC半。

《虹霓关》荀慧生东方夫人 和丫鬟，一人分饰两角

民国三十三年（1944年）五月十七日（甲申年四月二十五日） 星期三 晴冷

下午起身，觉胸部疼痛。二时姚小姐来注射维他命B。四时与怀白、令香、锡永四人往葛医生家电疗约三刻钟。接泽丞电话，知祖夔来访，坐良久，于是匆匆返寓长谈。祖夔约余父子及舍予、怀白、泽丞、锡永诸人明晚在其寓中便饭，盖特为令香洗尘也。今日演《玉堂春》，余提早于七时赴后台，嗓音与往日同样清亮。令香唱“起

解”一折，嗓音清越，彩声不断；昨、前两日之观众仅知令香武技、步法、水袖等学有根底，今日方知令香之唱工亦不弱，故对令香又加一层赞许，余因此有三刻钟之休息，“会审”一场精神饱满不同往昔。回寓后已十二时有半。令香蓖麻油余亦先吃，又吃麦糊、牛奶。二时半寝。今日起怀白每天命信差到祖夔家取牛奶一瓶。兰亭向怀白云令香每天伙食费五百元。葛希文代购小牛肝十二针，约三百馀元；舍予代购红色蓖麻油。

民国三十三年（1944年）五月十八日（甲申年四月二十六日） 星期四 晴

晨六时怀白、泽丞闻有人来饭店检查，旅客均起身相候。八时检查之人始去，并未到余室中，余得再寝。十二时顾森柏[1]携来戒烟药水，开始戒吸。三时治中、仲仁来谈；五时令香、祖夔约锡永、怀白偕往，余因胸腹痛未止不思饮食未能同往，稍息至后台，演《文章会》，令香亦赶到，接演《五花洞》，时痛仍未减，勉强登场。余饰真金莲，令香假金莲。因兼顾令香调门不无使劲儿，台下观众颇能谅我尤多，因思余来沪上十数次，无论相识或不相识，对余均能曲谅，知余病初愈，音调不能圆满，乃将彩声移之于令香，比余身受尤为荣幸。十二时回寓。祖夔托怀白送来西米粥、牛茶、牛肉饼各一份，余仅饮牛茶就寝，一夜不能安眠。今日顾森柏合吃泻药；本晚舍予夫妇偕陈太太又祖夔夫妇、雷善觉夫妇及吕弓夫妇、诸之光夫妇携其子、吴孝同侍其姨母、李太太（即上海信托公司经理之夫人）均知余病来慰问。戏毕吕弓夫妇、舍予夫妇、马治中等人又来小坐。

民国三十三年（1944年）五月十九日（甲申年四月二十七日） 星期五 晴

早晨森柏来导大便两次，仍泻黄粪水，无大便，精神颓顿，时时昏迷欲睡而不成沉。下午森柏主张请葛希文同来会诊，四时葛希文到，主张入医院调养。兰亭二时即来，七时伴令香至后台，余勉强至后台。森柏嘱余吃面包一小块。令香之《武家坡》〔西皮慢板〕及〔快板〕均一句一彩，比前两日更为热烈；余之《红娘》嗓音尚清润，惟觉十分吃力。十一时草草终场。到寓后稍休息即与令香同赴体仁医院，住二百二十三号房间，由看护照例伺应。腹部疼痛不止，一夜未能安眠。

1 顾森柏，上海名医，毕业于圣约翰大学，家庭富庶，热爱京剧，初学“荀派”，自命名为“慕超”，后又改学小生易名为“森柏”。与戏曲界众多演员交往密切，裘盛戎等演员都曾得到顾森柏的帮助。

民国三十三年（1944年）五月二十日（甲申年四月二十八日） 星期六 阴晴

晨七时命令香到中国饭店寻苏老六与戏院方面接洽停演之事。令香去后怀白来，即嘱其将葛大夫之戒烟药再取回备用。下午顾、葛两大夫来诊，森柏又荐胡旭丹医生来会诊。胡前在北平协和医院，多年肠胃专家，出诊费一千二百元。葛、胡两位均力主再行吸烟、停吃药水。沈永祥夫妇及俞、王二夫人至中国饭店见访，闻余入医院赶来探问并送来暹罗橘十只。晚间开始重复吸烟；怀白留此做伴；令香晚间有吴国璋、郑子褒之约晚饭，十时回来。今日用葡萄糖在粪门注入以代食物。

民国三十三年（1944年）五月二十一日（甲申年四月二十九日） 星期日 晴

昨夜十一时、三时半吸烟两次，疼痛略减；清晨八时半又吸烟一遍，精神大好，但身体软弱异常。改由住楼下二百十三号。舍予在此坐至十二时始去。下午雷善觉夫妇偕陈太太送来大土一盒，又送来烟膏样品一包，云每两三千二百元，如合口味儿可以代购。沈永祥送来维他命麦精一瓶、牛奶两小罐、果医一罐。聂少萱来此小坐，因余正小睡故未晤谈。令香十二时与葛希文同去在新雅吃午饭；又吴国璋之友郁建章君请在新都饭店午饭，又往约森柏，顾有小病不能来，葛希文云，今日下午可以不必复诊，亦未来。仲仁、少霖、郑过宜、聂少萱、马治中、孙兰亭等先后来视余病。晚间精神稍振，着衣起坐片时，并与泽丞、锡永、令香闲谈至十二时始寝，泽丞在此伴住。

民国三十三年（1944年）五月二十二日（甲申年闰四月初一日） 星期一 晴

午夜三点唤醒泽丞烧烟，甫吸一口即不思吸，惟时心中颇感不适。六点一刻再吸烟数口，胃部时作隐痛，兼及周身尤以足底为甚，便时须人扶持，大有行不得也哥哥之势，且胸喉之间自觉大热难受，即电请葛大夫来诊。十点饮小牛肝汤加麦片少许。午后葛、吴二大夫先后来诊，服药六小粒，灌肠一次，仍无大便。诸友来视余病者有舒舍予、李石泉、许季宝、贾仰山、陈继承太太、施小姐等，并由陈太太赠余康福麦乳片一罐，炼乳一瓶。七时孙兰亭来，云戏院后队已聘盖叫天、林树森、曹慧麟、李如椿等择日接演登台，并嘱余安心养病，对于馆事毫无问题，只要善后办理得法，虽有损失不难弥补，寥寥数语乃见交情。晚十时雷太太、陈太太、吕弓夫妇均来探问，坐至十二时始各散去。余精神较日间稍好，浑身酸疼亦略减，仍饮鸡汤和牛肝汤半碗即寝。今晚泽丞在此照应。今天牛肝汤在舍予家做成送来。

民国三十三年（1944年）五月二十三日（甲申年闰四月初二日） 星期二 晴

午夜三时、六时两次吸烟及扶余如厕均由泽丞偏劳。八时半怀白忽来，余讶其异，诘其所以，彼云晨起逾时不及往行签到，是彼今日之请假岂又为余所牺牲乎？一笑。十时饮牛奶一杯，十二时进牛肝汤面一小碗。三时葛大夫来打维他命B、C针一次，又灌肠一次。四时大便两小段，色黑挺坚，惜无气力使劲，否则尚有数段可下耳。沈永祥携鲜花两朵来，使余赏心悦目，其意甚美；又鄂太太、朱太太、彭太太、舍予偕其幼女均来慰问。余今日周身疼痛亦略减，惟精神仍极疲乏，食面少许，至十二时即寝。

民国三十三年（1944年）五月二十四日（甲申年闰四月初三日）星期三 阴转晴

九点三刻泽丞来照料一切，饮牛肝汤一小碗、麦乳牛奶一杯。午后三时葛大夫来诊，打葡萄糖一次，大便甚畅，泻下渣滓甚多，色兼黄黑而奇臭。便后腹部仍隐隐作痛，亦不觉其松动，殊不可解。四时李祖夔来坐谈许久。七时食挂面一碗，觉尚可口，或因此而渐渐开胃亦未可知。黄昏时大雨如注。怀白、吴孝同、锡永先后散去。十时又吃面一碗，十一时半就寝。吴孝同送梳打饼一盒。

民国三十三年（1944年）五月二十五日（甲申年闰四月初四日） 星期四 阴 未雨

晨六时二十分吸烟、饮牛奶；十一时食面一碗。一点三刻怀白来，偕令香、锡永往大上海观《渔家女》电影。刘铁林由平来沪，报道家中平安，余心甚慰。吴性栽、吴孝同均来；晚间兰亭来约令香明晚至中国戏院看盖叫天、林树森等第一日之打炮戏。八时腹部忽然剧痛，急电葛大夫请示，即在电话中嘱看护进药片六粒，并打止痛针。十二时寝。今夕泽丞去，怀白来住宿。

民国三十三年（1944年）五月二十六日（甲申年闰四月初五日） 星期五 晴和

七时三刻吸烟，起身后十点泽丞来，吸烟数口，食面一碗。十一时锡永同其友徐君来；又接徐伟明函一封。下午沈永祥夫妇、虞叔韵夫妇、雷太太、陈太太、彭小姐、李祖夔、刘铁林、苏宝荣、吴天翁、郑过宜、孙兰亭均来探问，雷太太、陈太太并约令香至七重天晚饭；兰亭亦约令香往中国看戏；沈永祥赠予蜜橘一盒、奶油饼干一盒。今天腹部疼痛略为减轻，口味亦较前稍好，十二时即寝。

民国三十三年（1944年）五月二十七日（甲申年闰四月初六日） 星期六 阴

晨八时起床。苏宝荣、闫续春来谈良久。十时灌肠一次，十一时食面一碗，一时饮牛奶麦片及面包两块。下午孔希白派其子宪彪、又顾才云函嘱其妻妹王兰翰均来慰问；此后到有舒舍予、聂少萱、李祖夔、吴孝同诸友好，畅谈甚久。祖夔赠咸蛋二十枚、牛肉一碗；孝同亦买来广东叉烧肉一盒、鸡包、甜包、松糕各一包携来佐餐。晚八时吃鸡汤面，十时饮牛奶各一次，十二时即寝。

民国三十三年（1944年）五月二十八日（甲申年闰四月初七日） 星期日 晴

正午起。舍予之婿约令香午饭在胜阳楼，起床即赴约，并到美琪看电影。朱之光夫妇来看余病；孙兰亭送蜜橘三十个、洋一千八百元。吴孝同、泽丞、怀白、锡永、祖夔、铁林、闫续春、苏宝荣等先后来；夜二时令香回寓，稍谈即寝。

民国三十三年（1944年）五月二十九日（甲申年闰四月初八日）星期一 大雨 连夜未止

早五时起床，吸烟。天气冷，风雨忽下忽止。九时复睡，正午起床。饭后锡永、怀白、舒舍予夫妇送猪肝汤来；陈太太、施四小姐亲自送来康福麦乳精两瓶、糖一瓶，闲谈至八时始去。晚饭，稍息，吸烟。余与怀白、铁林、宝荣闲谈。今日病势减轻，大便两次，精神较比畅快，病魔去了大半。晚饭毕九时又大便一次，共三次，比数日前精神百倍。与怀白、令香儿大说大笑。今日日夜防空，十时解放，灯光大明亮，谈到一时始睡。

民国三十三年（1944年）五月三十日（甲申年闰四月初九日） 星期二 阴晴不定

夜三时起身吸烟五口，复睡又到天明，七时醒仍吸烟；早十一时起床，病见大好，甚喜心畅，解去痛苦。桂泽丞来电，云因病不能起床，留怀白在体仁医院为余烧烟。连日防空，至今日三日夜未息。令香至路上，街市行人不便，防空日解放。正午锡永来，同令香到萝蔓饭店向盛三、子青借款，款为还医院住院各杂项费用。朱之光夫妇昨日面约令香、锡永今日下午二时至夜二时，早晚便饭，由萝蔓饭店至朱宅。余同怀白饭后往市闲步，稍觉腿酸即归医院小睡。孝同、沈永祥夫妇及舍予先后来问病，闲谈至晚八时客散。晚饭毕吸烟。今日下午三时大便一次。晚饭后稍息即寝。

民国三十三年（1944年）五月三十一日（甲申年闰四月初十日） 星期三 晴 风

夜三时吸烟又睡，早八时又吸烟复寝，正午起，午饭毕在院内闲步。吴孝同、葛希、孔大夫、怀白、锡永等先后来畅谈；六时兰亭来约令香外出便饭，并到中国戏院看盖叫天、林树森等演海派武戏。与锡永晚饭。今日大便两次，夜一时寝。

民国三十三年（1944年）六月一日（甲申年闰四月十一日） 星期四 阴晴不定

早七时起吸烟。怀白走，锡永来，刘铁林、苏宝荣、桂泽丞先后来谈回京动身事。因欠院方演戏日期，与中国戏院方面办理交代手续亦好早日动身回京，以免家中悬心挂念、心悬两地。李祖夔来；孙兰亭代购大烟一两，合洋两千七百元；吴孝同亲送水饺、点心；怀白亦至。晚饭与吴、刘、桂三姓闲谈。一月前有一年老病妇，身长一瘤，经王大夫介绍体仁医院治疗，医药费不下百万元，住有月馀，每日以诊费珍贵药饵维持，但想以钱买命，而得此症求活不能，死症无救，于昨日下午三时驾返瑶池，欠医院两万元，向其索债，故将遗体及家属不准出院，亡妇亲友大为不满，信口夸富，幸由王大夫担保始得释放，事遂解决。双方各有理由。余以为医院太重金钱，不近人情，全无慈善心理，惟以赢利为前提，实为办理慈善事业之最大遗憾乎！

民国三十三年（1944年）六月二日（甲申年闰四月十二日） 星期五 晴忽阴

夜二时起，桂亦起身为余烧烟，至四时仍睡，早七时又起床，仍吸烟。在体仁医院青草地上散步，因风沙扑面，恐身体着凉，即至室内休息并食点心。陈、彭二太太来电话，云大烟膏二两代余购好，每两合洋三千两百元，命令香往取。桂泽丞之友梁姓送余高汤菜饭食，病中食之补养身体。葛希来看余病，嘱余不可出院，仍要休息，要立有药方，稍闲谈即去。孝同亲送水果、点心来；李石泉亦至，同研究剧中唱腔。下午三时偕锡永、令香、泽丞步至大光明理发毕步归。与诸友闲话至八时晚饭。令香、锡永同往梅兰芳家索画，均代友所求。十一时客散即寝。

民国三十三年（1944年）六月三日（甲申年闰四月十三日） 星期六 晴暖

下午一时起床，吸烟后在院内散步，天热即至卧室闲坐。与泽丞、令香谈家务、交友、为人之道，亦觉有趣。病愈无聊。吴霜、吴东迈、何世枚、马治中及何太太先后来看令香，并送点心，至八时始散。晚饭后与锡永闲谈、吸烟。十一时即寝。

民国三十三年（1944年）六月四日（甲申年闰四月十四日）星期日 大雨

由上星期四购来烟膏一两至日吸完，又从今日起由陈太太购来二两，合洋六千四百元；又孙兰亭命马治中送来烟膏二两，合洋五千四百元。兰亭前后共三两，连陈二两共五两，由前星期四阳历六月一日阴历闰四月十一日吸起。刘铁林、苏宝荣来。晚上海新村雷善觉电话，请余及令香、锡永即赴约就去，冒雨赴宴。同席有鄂吕弓夫妇及陈太太等。九时半锡永送余回寓吸烟。怀白有五日未来，今夜忽来询问何日回京并在沪因病住院欠人之款如何还法，数催令香急回北平筹款来沪赎余回京养病。伊不但不代余踌躇，反而袖手旁观看余笑话，且其用意作工甚深。老友多年，一旦病于上海，手内一时无钱，而怀白竟代表杨诚恕向余索十两烟土钱，又代舒舍予索医院垫用五千元，如不还债甚难回京。余尚未向伊借贷分文，居然如此待余，情形难看。多年老友如此举动实在伤心。怀白来电话，云令文由京来电四字：父行电覆。候令香回院复电。十二时寝。

民国三十三年（1944年）六月五日（甲申年闰四月十五日） 星期一 阴晴不定

正午起床。饭后令香、锡永往各友处借款。晚沈永祥夫妇同伊太太带来余将到沪在伊宅中同摄之小照，请余签字，并将数年前所刻铜墨盒上余亲笔所绘之山水原送张冥飞（此人已故），即以该墨盒赠与沈永祥，稍谈即去。兰亭、治中同来，见余病状未痊瘉，兰亭之意约余父子至伊宅休养；祖夔来亦约余父子搬至伊新置之住宅，空气、卫生设备俱全，购价为一千三百七十五万元，伊情愿先请余父子至新宅居住，俟余回京后伊再迁居，此人可称侠义，结交可谓君子也。李、孙两处之好意，余移至何处尚未定夺。同舍予闲谈片刻，祖夔约余父子及锡永往伊宅晚饭。饭后偕余与伊阖家往中国戏院看盖叫天、林树森等之先演《七擒孟获》、后演《三岔口》，上座甚佳。观毕已十二时，回寓。怀白先在寓中同泽丞闲谈，二时始寝。

民国三十三年（1944年）六月六日（甲申年闰四月十六日） 星期二 晴

早十时起床，与桂泽丞、令香闲谈，午饭。昨日沈永祥及其夫人余太太面约余父子及锡永星期六在沈宅饭，约定下午六时赴宴。祖夔来电，下午三时来寓有事相商。下午四时李祖夔来，同步至麦尼尼路（现改康平路）一号新房参观，风景空气新鲜，甚雅。约余父子明日移居新房，其妇之意甚恳切。李徵五之子及伊男女亲友均在新宅参观，夸赞不已。向伊亲友闲谈片时，带令香归。施小姐亲来体仁医院接余父子往淡水路三十一号康福多药厂陈丞荫家晚餐，陈阖家及施四小姐并怀白等同席，谈笑甚畅，饭毕参观制药机器。后偕怀白、令香回寓吸烟；锡永、泽丞亦至，谈笑两小时。铁林向黄戏院借五万五千元，命苏宝荣来送到体仁医院，面交令香，为开付医院医药费约须用四万元，杂项大烟，葛希文大夫，顾森柏、吴大夫、宋大夫各处友人赏仆人等，须不可索仆人等须用再要七万馀元，共用二十馀万元方能清账。至二时始散，客去即寝。夜间大便一次。

民国三十三年（1944年）六月七日（甲申年闰四月十七日） 星期三 忽阴 忽晴 忽风 忽冷 忽热 天时不正。

早六时起床，吸烟。今正午迁移李祖夔新房处，余偕令香、泽丞三人共乘汽车，出体仁医院时该院看护、账房以及茶役人等恭送如仪，各道珍重而别。此次住院费用共计四万余元（十八天），并不算昂贵。至麦尼尼路（即新改康平路）一号李宅后，复与令香、泽丞闲步。晌午乘电车到亚尔培路食排骨面、火腿粽子各一客，仍还李宅。二时半祖夔率其大小姐、小弟弟同仆人携来行李、铺盖以及零用等物，应有尽有，无美不备，大有宾至如归之乐。四时祖夔亦赶到，稍事摒挡就续，即约余父子、泽丞、锡永及祖夔夫人之阿姐太太携其幼女共十人步行至贝当路沙利文咖啡室饮冷品、点心等。回寓。兰亭、治中、怀白均来参观，余并在新宅绞脸。八时半晚饭，祖夔夫妇等作陪。十时友散，仍留泽丞在此照应一切，一点即寝。大便一次不多。

民国三十三年（1944年）六月八日（甲申年闰四月十八日）星期四 忽阴忽晴

早八时起床。锡永同令香外出为次子购物；余同泽丞在寓吸烟、闲谈、茶点。祖夔来电话，问寝食如意否？周到。晚令香、锡永同到大光明看电影《红楼梦》。吴孝同来，至大街散步；李祖夔夫妇及其小姐曹裕丰为余开药方。舍予、怀白同来共晚饭。接俞叔馨来帖，请星期六约余父子及泽丞、怀白、舍予等在辣斐德路七六二弄三号沈永祥宅宴客。北京长茂顾才云来函，询问回平动身日期、在申购呢绒等事。刘锡永今夜移余处安寝，明早十时搭车回京。令香回寓，即寝。

民国三十三年（1944年）六月九日（甲申年闰四月十九日） 星期五 阴晴不定

早七时起身，吸烟，复睡；十时又起床，仍吸烟，稍息，午饭。锡永昨夜同令香看电影归寓，与余代笔作画，共七十馀张，扇面亦在内，好分送亲友。一夜未眠。天明早六时由余处躬不觅友，乘早八时半火车回平。吴孝同昨日来寓，约余星期六同往大光明看电影，剧名《红楼梦》，允之。李祖夔来电，恐余无聊，下午伊夫妇偕友人来陪余竹战，甚为周到。下午一时大便一次，非常痛快，百病减轻，身体较及吸烟补气。吴孝同送来沪光影戏票四张，明日二时约余父子往观《红楼梦》。祖夔夫妇及其大小姐到此陪余闲谈，因今日本约在新宅竹戏，嗣因防空灯火管制作罢；又余病后两月未曾沐浴，即在本宅烧水汀洗澡，浑身污垢一扫而光，精神为之一爽。浴罢姚小姐来，为余打小牛肝针，并送来陈太太请余往天蟾戏票两张。七时晚膳，与祖夔、泽丞、令香同食。即以吴孝同赠余之影戏票两张分赠祖夔夫妇，约其明日往观。饭后八时半余携同令香驾三轮车至天蟾观剧。正值灯火管制举行之际，车抵马浪路不准通过，只好下车徒步缓行，随步随阻，沿途漆黑无光，伸手不见五指。迨达天蟾门口已十点钟矣，时台上正演全本《卢俊义》与《史文恭》。在场遇吕弓夫妇，略谈语。十一时半返寓，由泽丞启门，吸烟，一时寝。

民国三十三年（1944年）六月十日（甲申年闰四月二十日） 星期六 忽阴忽晴

十时起床，吸烟；十二时午饭。吴孝同来接余赴沪光看电影《红楼梦》映片，观毕令香亲至沪光接余赴俞叔馨饭局。同席舍予、怀白、沈永祥、俞叔馨阖家，饭后闲谈。今日泽丞不来烧烟，托杨怀白至夜一时未来，杨有意看余笑话，故意不来。令香烧烟亦觉有趣，杨万想不到，可笑小人之举动，太不大方。至夜二时始寝。

民国三十三年（1944年）六月十一日（甲申年闰四月二十一日） 星期日 晴 微风

夜四时起床吸烟，后复睡。下午一时起，吸烟后午饭毕。陈太太来，未晤面，并约余看《武则天》话剧，因余未起床，向令香接洽而去。孙兰亭昨日送来烟膏一两，亦未晤面。今日李祖夔夫妇电云来寓竹戏，至八时余负两千元整。舍予、怀白来，共晚饭。孙兰亭、马治中、刘铁林同来，约令香外出吃便饭，为谈余在中国戏院因病辍演，日期未满，欠该院未演完之日期十二天，并余连病两次，初次病时用戏院方面代开销医药费共五万元。令香归，据云与兰亭在七重天谈中国辍演事，兰亭云此次以余病，院方损失一百五十万元尚未足数，此言荒谬，毫不足信。现由双方折中办理。现余病愈，回京在即，故中国赶紧将此事向余建议并要求八月间或明年正月请余来沪演剧还债，补足辍演日期，定夺此事以便回平。兰亭约定明日下午再来余寓，正式解决，客散。一时忽然有空袭警报灯火管制。三时始寝。

民国三十三年（1944年）六月十二日（甲申年闰四月二十二日）星期一 阴晴不定

早时起床吸烟，用点心，在院内散步，十一时又睡，下午二时起床。姚小姐来打针；李祖夔、吴孝同、杨怀白先后来闲谈。晚饭毕偕令香、泽丞步往大来新村五号吴孝同家，其母不在家，孝同姨夫周旋，谈片时剧界情形，又步至上海新村访雷善觉，未晤即步回寓。令香到中国戏院看盖叫天、林树森等合作戏，十二时归来。余吸烟毕。马治中送来大烟一两，伊去即寝。

民国三十三年（1944年）六月十三日（甲申年闰四月二十三日）星期二 阴转晴

五时起，吸烟复睡，正午起，吸烟，午饭。文祥来索烟灰。一时忽然大雨，忽下忽止，风雨交作。大便四日不通，用药通大便，未及二时居然畅通，泻下坚硬两三段及稀汤渣滓甚多，顿时觉腹中痛快非常，但浑身酸软，四肢乏力，头昏眼困，等于酒醉。姚小姐来打针，陈太太、雷太太同来，约余父子在洁而精川菜馆晚饭。饭时余觉精神不振，伏案困乏，忽睡忽食；陈、雷二太太见余精神不佳，即嘱令香送余归寓，抵家安寝，除抽烟而外未醒过。

民国三十三年（1944年）六月十四日（甲申年闰四月二十四日）星期三 阴转晴大风

余由昨天安寝未起床至今日下午二时，电请葛希文来寓诊治；伊言并无大病，不过劳累而已，早睡即可复原，言罢而去。舍予上午一时来，与泽丞共饭；令香在午餐；马治中送烟膏一两；沈永祥夫妇及俞太太同来，并送西服领带四条、银香烟盒一个，价值五六千元，不为小礼，谈笑甚畅，余病感减轻，精神渐渐复原。祖夔夫妇及其弟媳与长女均来，吴孝同亦至，约余及泽丞往丽华观唐若青、白燕劫话剧，因家中无人照料，泽丞将话剧票送与令香。陈太太、雷太太约余父子至雷宅晚便饭，余命令香赴约，父子分酬应，雷、陈数电促余赴宴；孝同亲来约余即看话剧，因令香赴约，余电辞陈、雷饭局，随孝同往观话剧。陈、雷有意开玩笑，饭后同令香到余寓候余，此举太不漂亮。十一时半孝同伴送余回寓，与陈、雷晤面大窘。雷语言间多俏皮话，余付之一笑，十二时伊等去。吸烟即寝。

民国三十三年（1944年）六月十五日（甲申年闰四月二十五日） 星期四 阴 风

早九时起床。治中昨日送来烟膏一两，今日早九时吸起。铁林电云中国戏院公事不服，稍时来寓面谈；体仁医院陆志馨电话，来人索扇面，候。令香回寓再交来人。刘铁林、苏宝荣来，言中国（戏院）公事未接洽妥当，院方请余父子帮忙白唱四十天，令香在内，不加包银。此次令香为视余病而来，并非为演戏而来，若无令香加入演唱还要求余虽演五十天尚不能满意，院方蛮不讲理，穷极无聊。余此次来沪所得京钞十四万元，据院方云，中国（戏院）连马连良损失在内，合京钞三十万元，除连良外余损失京钞二十六万元，现在沪已白唱二十八天，余将所得十四万元包银退出，还要赔偿京钞十二万元院方才得满意，余照演唱满期规矩所欠不过十二天日期，此等条件刻薄可笑，无有公理，但余仍以和平手段对付之。不论公事谈妥与否，余以节近端阳，也不等飞机票，准定二十日乘火车，沿站休息，在路须耽搁四天方能抵京料理节事。晚饭毕令香往晤沈永祥通融三、五万元，并赴天蟾应陈太太看戏之约；余泽丞至吕弓及朱之光二处辞行，均未晤，随往中国饭店顾森柏处辞行并道歉戒烟等事，十一时归寓；旋令香亦归。十二时忽然空袭警报灯火管制。一时半寝。

民国三十三年（1944年）六月十六日（甲申年闰四月二十六日）星期五 阴雨 忽下忽风 冷

早九时起，用点心；正午吸烟，午饭。祖夔夫妇同陈姓来竹戏，伊友四人及马治中、关姓来，祖夔由家带来小菜，约余等便饭。饭毕大谈怀白为人品行不端。孝同亲来约余父子明日晚饭。十时客散。大便一次，吸烟，十二时即寝。

民国三十三年（1944年）六月十七日（甲申年闰四月二十七日）星期六 阴晴不定

夜三时半吸烟复睡，早十时起床，吸烟，吃点心，午饭毕。下午二时偕令香往裕华公司辞行；访许季实、贾四、恽艺超，并为泽丞好友陈石卿荐事，晤面略谈，伊面约六月十九日晚饭；又到梅兰芳处辞行，未晤；至大光明理发即归。舒舍予来，伊与怀白同党，不甚满意，余由他去说。俄时吴孝同来，云其母及其小妹在七重天等候约余父子今日晚饭西餐。昨日令香与沈永祥、俞馨借款五万元整。今日沈、俞夫妇亦至。当面见之，明早日正午将款亲自送来，怀白来同谈到八时。赴七重天吴孝同之饭局，刘锡永、林康侯等亦在该处用饭，畅谈数语各自用饭，至十一时抵寓稍息。马治中送来大烟膏一两，由今日下午六时吸起至十二时就寝。今夜大便一次。

民国三十三年（1944年）六月十八日（甲申年闰四月二十八日） 星期日 阴

早十时起床，吸烟，午饭毕院内散步。接许季实、恽艺超请帖，约星期一下午六时在白赛仲路近麦琪路五三弄五号张宅晚饭。俞叔馨送来五万元交令香，为还各项账目之用。治中、森柏、祖夔夫妇、吴孝同先后来寓，留竹戏，八时客散。余父子及怀白赴上海新村雷善觉家陈太太之饭局，同席鄂吕弓夫妇、朱子光夫人，入席余首座，饭毕畅谈，十一时步归，稍息即寝。

民国三十三年（1944年）六月十九日（甲申年闰四月二十九日） 星期一 晴 微风

早七时起床，吸烟后又寝，十一时又起身，午饭。令香往舍予处还伊五千元整，清账。吴孝同来电，询问动身回京日期；马治中送来大烟膏一两，由今日下午十时吸起。姚小姐来打针。令香在大中华饭店与刘铁林晤面。车票未购好，公事亦未谈定，恐明日不能动身，只好再等一二日动身。下午沈永祥夫妇、俞叔馨夫妇、王太太等同花厂购送祖夔移居礼物；李祖夔夫妇及其子女、刘铁林、苏宝荣、杨怀白等亦来，为余动身送行。八时许季实同曹雪芹乘汽车来接余赴借座张宅晚饭，十时回寓。沈永祥夫妇、俞叔馨夫妇及王太太复来陪余闲谈并与俞叔馨、泽丞、令香打牌八圈，局终伊等各散。二时半忽接兰亭来电话，奉邵式军署长之命约余赴伊宅夜宵，乃允之。兰亭随乘汽车来接，余偕令香、泽丞同赴邵宅，招待颇为周到，五时返寓，吸烟，天明始寝。

民国三十三年（1944年）六月二十日（甲申年闰四月三十日） 星期二 晴和

今日起日记问安，再写千万千万因不妥当之时。七时起身，进西点，饭后沐浴，即偕令香往葛希文家，并送医诊金一万元，伊再四不收退还，云友人交情不可如此，八月到京托余招待，座谈片时，又往祖夔家辞行，未晤。到五马路购竹戏筹码六付，合上海一万零九百八十元，即回寓。祖夔夫人为余烧烟，并购筹码两付，物美，合洋一千五百元一付。外人购者要索四千元一付，交伊三千元代购两付，又赏仆人两千元，李太太带去分送仆人。吴孝同来；雷善觉夫妇来电，云陈太太约余父子即往锦江晚饭，接电即赴约。饭毕乘电车到雷家小坐回寓。兰亭、治中、铁林来，言中国戏院立合同，余出函演二十五天，明正来申补演。诸均妥当，定明早八时车送余父子回京，续增治中等与同行。前后台人等定明早六时来，余父子到车站。怀白等来结账目，二时客散。因蚊虫太多一夜未眠。

民国三十三年（1944年）六月二十一日（甲申年五月初一日） 星期三 晴

一夜未眠，早七时马治中夫妇乘车接余父子往沪宁车站，治中嘱其夫人同回北京，沿途照应，并有中国戏院人等送行，至八时半车开。因未眠沿路休息，至下午二时半抵南京下关，由大安栈接至该店，吸烟休息。因该处旅客复杂不能安寝，在扬子饭店住宿、沐浴。闫续春在大安栈住宿。晚饭后即寝。

民国三十三年（1944年）六月二十二日（甲申年五月初二日） 星期四 晴

早十时起床。扬子饭店因日人所开，吸烟不便，步至大安栈吸烟，又同续春、治中之太太往教门馆午饭。饭毕仍回饭店吸烟、整顿行李，至下午二时半搭轿渡过江至浦口车站。至四时半开车。天气和暖，阴晴不定。沿路谈笑不甚寂寞。夜十二时至徐州车站，稍站开车，中途由徐州至济南间不甚安全，幸未遇险，至次晨九时抵济南车站。北洋戏院派人接余，因余身体久病未痊，其意欲余住宿，但身体尚可支持；又因端节甚近，故未打尖，兼程赶回。

民国三十三年（1944年）六月二十三日（甲申年五月初三日） 星期五

本日下午九时一刻抵北京站下车至家。彦衡之妻因余走后随同内子照应门户；叶春荣、周景荣均在余家留晚饭。饭后稍谈，伊等去后同内子吸烟，闲谈在沪演戏、得病之经过情形，至天明未睡。

民国三十三年（1944年）六月二十四日（甲申年五月初四日） 星期六 晴

何泽霖来谈留香饭店近况，大致为外账，余文奎因亏欠柜款逃匿躲藏，其他人亦有亏账者，亦有懒惰者，但事实尚未查清，同计划整顿，该店同仁均系泽霖荐用，一切诸事均由泽霖担任。伊去后饭店仆头辛永海、田泳、魏德俊、陈宝光、王庆堂等先后来述说余走后店中情形，其说不一，各致一词，尚未查清是非，端节后嘱令香仔细调查；长茂百货店顾才云来报告，说该店亦有弊，两店之事查清再行计划。晚饭毕客散即寝。

民国三十三年（1944年）六月二十五日（甲申年五月初五日） 星期日 晴暖

今日端阳节，正午起床，敬香贺节，历年之俗举，照例行之。亲友陆续来贺节，与亲友等博戏，热闹非常，纷送节礼。外间不识余归，京沪各报谣传，不知得病之实在情形，各报登载说余病死沪上，亦有说养病者，亦有说未回京仍在沪者，谣说不一，可为一笑。二时客去即寝。

民国三十三年（1944年）六月二十六日（甲申年五月初六日） 星期一 晴

正午起床。饭后瑶卿命其女弟子罗玉萍来慰问；周景荣、丽君、芷苓及金仲仁、常少亭、漱明等先后来送礼，闲谈至夜四时始散，即寝。

民国三十三年（1944年）六月二十七日（甲申年五月初七日） 星期二 晴

十一时起。顾才云来，午饭毕与刘锡永、周景荣等闲谈。晚饭毕客散即寝。

民国三十三年（1944年）六月二十八日（甲申年五月初八日） 星期三 晴

正午起。饭后步至中央理发，又到陆太太家闲谈，八时归寓。逢春来，未遇，内子四姐亦至。晚饭后芷苓、景荣、大钧、长泰等博戏至一时始散，客去即寝。

民国三十三年（1944年）六月二十九日（甲申年五月初九日）星期四 夜间大雨 甚冷

今日天气阴风。正午起，饭后小睡。晚与诸友闲谈至天明始寝。

民国三十三年（1944年）六月三十日（甲申年五月初十日） 星期五 阴晴不定

小有不适，酣睡至下午三时起。晚饭后江漱明来谈上海诸友，惟怀白、舍予二十馀年老友变态失常。芷苓、丽君、燕侠先后来看余病。晚饭后即寝。

民国三十三年（1944年）七月一日（甲申年五月十一日） 星期六 晴

九时起床。天晴，令香、令文请朱盛富、王连平等练武功、说戏、打把子。四时至陆太太家闲谈，九时抵家，晚饭后即寝。

民国三十三年（1944年）七月二日（甲申年五月十二日） 星期日 晴

九时起。带令香往蒲伯扬医院诊病，旧病未痊，惟恐复发。本日星期日，本不看病，因友谊关系，仍与余检查病状；又至昭香饭店小坐；往瑶卿处闲谈上海情形及演戏、得病之原因。留香与何泽霖谈中亏账及催外欠、整顿裁人，因外账余文奎系泽霖义子，欠款潜逃，约六七千元，泽霖担任赔偿，向余道歉，嘱何每日必到饭店仔细侦查，俟后不得再有此等情形。何乃首领人，阖店人员俱伊保荐，出此情形，何脸无光，甚为惭愧，俟后再有意外情形，均归何担任。饭后回寓，稍息即寝。

《尤三姐》 童芷苓饰尤三姐 童祥苓饰贾琏 刘斌昆饰贾珍

民国三十三年（1944年）七月三日（甲申年五月十三日） 星期一 阴晴不定

九时赴蒲伯扬医院诊病，并购物，归寓午餐。缪培基、童芷苓[1]、江漱明来。午饭毕沐浴，晚饭后稍息即寝。

民国三十三年（1944年）七月四日（甲申年五月十四日） 星期二 忽阴忽晴

十时起，饭毕小睡。下午三时令香由留香饭店来电话，云总账陈宝光与泽霖不合，泽霖将宝光辞去，辞条交总管培章手，令香收藏，未将辞条贴出，请余往饭店查问是非，即至饭店询问总稽各头目人，何、陈之举因何冲突，阖店均不知细情，泽霖进店时，阖店人员均伊所荐，惟总账房一职不归何所管，用留均余做主。泽霖为人性情刚暴，不讲公事，专报私仇，何出身为店中茶房，现任经理仍与茶房气息相投，为人教管店中人员等时有口出不逊，但同仁为饭碗起见，惟恐被辞，故低声下气，心中不服无可奈何，何之人缘极坏，陈宝光本伊贴身用人，去岁何接事之时陈担任外账，余见陈为人做事公道，提升内总账房，何百般拨弄，甚不满意，从中破坏，其目的另有

1 童芷苓，京剧旦角演员。1939年拜荀慧生为师，向王瑶卿问艺，后又拜梅兰芳为师，博采众长，并组建“童家班”。擅演梅、尚、程、荀四派剧目。后开创了自己独特风格剧目如《纺棉花》《宇宙锋》《尤三姐》《游龙戏凤》等剧，有童派之称。

好友周信忠，周现任惠中饭店总账兼理经理，任意作弊，惠中账目一塌糊涂，所谓混账。何因从前在中央饭店与周处事多年，别号人称小诸葛又唤汤勤，名誉之坏笔墨难以形容，泽霖欲荐此人来留香做事，好与其一同作弊；宝光由升内账以来做事尚称公平，但不遂何意，何有小弊陈以账目为凭，绝不隐瞒；何素爱小便宜，公事不认真，只知有己不知有人；宝光公事尚好，因陈某不与同流合污，故其甚为衔恨，又苦无计可施，既由其直截去用，陈又无隙可乘。此次前数日议定由七月一日起一切动用各款均须由总账陈某经手，何见陈见信于余，故用蛮不讲理之办法，并欲显示其权威于阖店人员，此所谓敲山震虎、惩一儆百之方，既可去其眼中之钉，利用先斩后奏办法，先贴辞陈之条于账房内，洽令香至店为香所见，即行扯下，请余往商。此举本为与何留面颜与陈双方讲和，孰料泽霖性情愚钝，仍不甘心，在未见余之先贴辞陈之条于账房外，此举殊欠合法，有意为难，把持权力一齐暴露于外，余当时见彼此举动均为有益伊私人，毫无利益于饭店，即根据总经由余裁判经理不得过问之规定，况总账陈某人很可靠，又无不规则及舞弊等情形力争不已，彼不觉悟，仍是欺人自欺，伊即气忿走去，余见无结果，亦同令香返寓，即电约泽霖之介绍人及铺保等来寓说明理由，欲行将何辞去，饭后即寝。

民国三十三年（1944年）七月五日（甲申年五月十五日） 星期三 时阴时晴

九时起床，步至蒲伯扬医院看病，归寓，午餐。常少亭约余全家往华北电影公司参观，马富禄同往，至华北电影公司，阖公司人等招待甚周，入门适遇李盛藻拍演电影《空城计》，各部参观毕回寓。泽霖来过，未遇。晚间泽霖偕同中兴饭店黄大爷及周信忠来与何说合昨日之事，表面由泽霖向余道歉，留陈继续工作，仍由泽霖出名，意思是看余之情面，仍将陈留用，揽权之举毫不退让，中间人又为何自己请出，均伊之同党，故多袒护何某之语，余亦不稍退让，仍依理力争，总账任用不在经理权限之内，彼亦无法，当即默许告辞走去，现仍由陈维持过渡局面。晚饭后即寝。

民国三十三年（1944年）七月六日（甲申年五月十六日） 星期四 晴转阴 有风 晚雨

九时起床，午饭后沐浴，三时赴饭店，泽霖亦至。计划留香前楼屋顶造房二十间，后楼拟出租西餐冷食或由本店自做，需用资本十万左右。总账宝光由何贴辞条迄今未赴饭店服务，亦不知下落。复至瑶卿家闲坐；芷苓与瑶卿学《大保国》，托令香介绍。十时冒雨至馅饼周、同兴轩教门馆两处，均停业修理炉灶；在大李纱帽胡同小馆便饭，饭后抵家，稍息即寝。

民国三十三年（1944年）七月七日（甲申年五月十七日） 星期五 晴

九时起，步至蒲伯扬医院诊治旧病，步归，午餐；同少亭、景荣闲谈，晚饭后稍息即寝。

民国三十三年（1944年）七月八日（甲申年五月十八日） 星期六 阴风

正午起。本日防空演习，出门路上有不便，在寓同亲家太太、常绍亭、周景荣、童芷苓等竹戏，日夜未息，次早天明七时始散。大雨一夜未停。客去稍息即寝。

民国三十三年（1944年）七月九日（甲申年五月十九日） 星期日 阴雨

本日仍防空演习，不得出门。九时寝，下午一时起床，午饭。饭后近云馆主（即周太太）由津来平，至寓闲谈，吸烟，为卖伊半壁街旧居办理手续而来。晚饭毕全家及景荣竹戏；留香饭店总账宝光来，云下乡至家，数日前为伊与经理口角失和，在该时陈有一星期未至饭店，闻余与经理和好伊亦回店，仍管理旧业，来与余述说伊未至饭店之理由，此人毫无心肝，可笑一时。客散即寝。

民国三十三年（1944年）七月十日（甲申年五月二十日） 星期一 晴

正午起，午后沐浴，晚餐后稍息即寝。

民国三十三年（1944年）七月十一日（甲申年五月二十一日） 星期二 阴

早九时起，步至蒲伯扬医院看病；伯扬亦病，未诊治即回寓，午饭。晚间大雨。与景荣、吴彦衡、叶春荣等闲谈，留晚饭。十一时客散就寝。

民国三十三年（1944年）七月十二日（甲申年五月二十二日） 星期三 晴

正午起。前日汪逢春生日，命人送礼二百元璧回。午饭后往铜井大院一号中兴饭店，黄富山贺其得孙弥月，宾客满堂，各旅店贺客甚多，并有土客若干，大赌其赌；余与好友竹戏，负千元。晚饭后抵家即寝。

民国三十三年（1944年）七月十三日（甲申年五月二十三日） 星期四 阴雨

早六时起，步至留香查看，又到逢春处小坐，并往许觉臣家，伊尚未起床，步归，午饭。身体不爽，腹内水泻竟日未息。晚饭后身体倦极即寝。

民国三十三年（1944年）七月十四日（甲申年五月二十四日） 星期五

夜间水泻两次，将被褥赃污。正午起即吸烟。孙子云大夫来打针，水泻稍止，午饭后卧床静养。叶春荣介绍一戏箱，晒晾戏衣。此次上海损失戏衣、得病等约二十馀万元，合上海钱二百馀万，诸事不凑手，流年命运不佳，小心忍耐。晚饭后稍息即寝。

民国三十三年（1944年）七月十五日（甲申年五月二十五日） 星期六 晴

早十时起。今日初伏，奇热。午饭。童芷苓、周景荣、常少亭、王亲家太太等先后来，竹戏。晚饭毕，李子铎由开封遣伊副官李玉安代表子铎来京探余病，宿于饭店，并有从前余用之老仆刘玉海，此人为饭店谋产夺权被余辞去，投奔子铎处谋事，现在开封住闲未用，候余荐信再行派差。余因刘奸诈，品行不端，不便出函介绍，用辞任子铎主张。子铎在开封景况甚佳，嘱令香秋后至开封或在合作社做事，谈至一点始去，余亦就睡。

民国三十三年（1944年）七月十六日（甲申年五月二十六日）星期日 忽阴忽晴 微风极热

正午起，饭后沐浴，至平民市场，路遇周景荣，偕往，购得七十三八十四烟壶一只，并到宣武门大街余所卖出慧园房产处张家杂货古玩店，又至贯大元典当小押铺购物，均因伊等不守铺规，言语失和，信口索价，讨厌走去。至瑶卿家闲坐，数日前伊重孙媳肺病死去，留下一男一女，均未离乳食，亦觉可怜，好言安慰；复至留香带两儿归寓，晚餐。叶春荣穷极，托余荐开封子铎处任贴身副官或赌博场或售鸦片、白面之职务。此人素日狂傲无知，坑蒙拐骗无所不为，所谋白面一节亦不合法律，欲借他人之势，只顾自己利益，不管旁人名誉，小人思想可笑。同丁玉堂、景荣、芷苓等博戏，夜二时始散，客去即寝。

民国三十三年（1944年）七月十七日（甲申年五月二十七日） 星期一 晴暖 燥热

九时起，午饭毕步至同德医院访沙游天，询问戒烟成绩，沙云戒烟法甚好，并未受大痛苦，住院一月烟瘾断绝解除，不日出院。余意亦想戒烟，伊介绍院长检查予身体并验便溺，定于明日晤面解决戒烟法；又至中央理发，步归，晚饭。仆人文奎将全部《霍小玉》总讲失去，由芷苓带来该剧，补抄一本留作底稿。芷苓索余全部《勘玉钏》，谈至九时伊去。天气极热，一夜未得安眠，天明大睡。

民国三十三年（1944年）七月十八日（甲申年五月二十八日） 星期二 阴

极热，遍体汗流不息。正午起床，饭毕沐浴。晚饭稍息即寝。

民国三十三年（1944年）七月十九日（甲申年五月二十九日） 星期三 晴 极热

九时起，步至三共医院及各医院等处考查戒烟价目、治疗方法，均不及同德医院方法妥当，惟价昂，又至同德接洽。据游天云，戒烟须五星期，烟患皆已除尽。今下午伊出院，欢余秋后戒烟，伊作介绍人，谈毕归寓午饭，饭后天气炎热，不能出门。晚饭后阖家闲谈至天明方寝。

民国三十三年（1944年）七月二十日（甲申年六月初一日） 星期四 晴 仍热极

正午起，午饭。陆太太电约晚八时至伊家晚饭。沐浴。顾才云来谈长茂查账点货丢失三千馀元货物，被本柜王招待及李姓偷去，即将二人开除。孙子云大夫来注射；女仆李姓因病告假。八时赴陆太太之约，同席有财政局局长郑文轩之三兄，印刷局彭秀康及杨艳霞、秦监督之儿媳等，饭毕略谈归寓。天热至天明方睡。

民国三十三年（1944年）七月二十一日（甲申年六月初二日） 星期五 阴晴不定

大雨连绵，忽下忽止。正午起，饭后仍睡，五时起，竟日无事，晚饭毕即寝。

民国三十三年（1944年）七月二十二日（甲申年六月初三日） 星期六 晴

九时起床，饭后沐浴。苏宝荣旧历五月二十九日娶妻，在同兴堂宴客，送礼往贺。刘铁林来谈上海各戏院情形，晚忽然暴雨，饭后始去。稍息即寝。

民国三十三年（1944年）七月二十三日（甲申年六月初四日）星期日 早雨下午晴

九时起，午饭后叶春荣来；子铎之副官李玉安来寓晤面，晚饭后稍息即寝。

民国三十三年（1944年）七月二十四日（甲申年六月初五日）星期一 阴 天气凉爽

正午起。饭后万子和、刘铁林偕上海周翼华来寓访谈；童芷苓索去《勘玉钏》经往徐州演唱。晚饭毕客散就寝。

民国三十三年（1944年）七月二十五日（甲申年六月初六日） 星期二 晴

正午起。刘铁林命华乐茶役送西瓜来。由今日起段上派人来，云长期演习防空。午饭后小睡，晚饭毕稍息即寝。

民国三十三年（1944年）七月二十六日（甲申年六月初七日） 星期三 晴

九时起。廖肇基来购线袜，计二百馀打，合价三万馀元；顾才云亦来。数日前大雨，将留香饭店后楼上一零六号房间屋顶塌下，该柁原系木结，幸未伤人，但破财而已，需修理费两万元。即觅工人修盖。午饭后沐浴，与子云闲谈，晚饭后即寝。

民国三十三年（1944年）七月二十七日（甲申年六月初八日）星期四 晴 极热

九时起。午饭后雷喜福由济南带来刘司令子衡函，面交余，询问上海演戏、得病经过。并云伊不日来京，欲宿余处或雷宅，即复。廖肇基、顾才云、常少亭等先后来寓；芷苓送来瑶卿托余画便面一柄，并辞行往徐州。晚饭后因天气奇热，阖家院内乘凉，昼夜不得安寝，至五时方睡。

民国三十三年（1944年）七月二十八日（甲申年六月初九日）星期五 阴晴不定

午饭毕。微雨忽降忽止。彦衡之媳来，云彦衡在外演剧带回一小妾，名唤宝莲，牢骚不绝，大犯醋意，夫妇时常失和；但仰仗宝莲金钱生活，每月送发妻点心洋三百元，行动自由，没天妻妾分宿，以金钱买动亦无可奈何。发妻素日爱财，又无手腕，每至余处总说此事，亦觉厌耳，只能劝解而矣。晚饭后稍息即寝。

民国三十三年（1944年）七月二十九日（甲申年六月初十日） 星期六 晴热

早九时起。张友来，云张连福胃溃疡病症不能来寓与令文说戏，借洋二百元调治病症，晚饭毕稍息就寝。

民国三十三年（1944年）七月三十日（甲申年六月十一日） 星期日 晴 极热

九时起。长孙皓得饥症，每日夜哭闹不止，经彦衡之妻介绍回教治饥大夫看六日，服药、贴膏药，包好。没早晚看次孙皑湿疮澜耳约两月之久，至今未痊。往附属医院治疗；三孙发烧亦请医疗治。午饭后竟日无事，晚饭后寝。

民国三十三年（1944年）七月三十一日（甲申年六月十二日） 星期一 晴

九时起。三孙皜周岁，亲家太太来。春荣、景荣先后至。昨晚江漱明来寓闲谈，并接上海友人复函，孝同来函即覆。闲步至同德医院，仍谈戒烟事，归寓晚饭，饭后乘凉，稍息即寝。

民国三十三年（1944年）八月一日（甲申年六月十三日） 星期二 晴

九时起。午饭毕，锡永、景荣来谈；王瑶卿带伊友振安索画。晚饭毕即寝。

民国三十三年（1944年）八月二日（甲申年六月十四日） 星期三 阴晴不定 微雨

九时起，午饭毕。子云代余购西药数种，稍存待价出售；廖肇基用支票抵押借去两万元，十日归还。客去晚餐，稍息就寝。

民国三十三年（1944年）八月三日（甲申年六月十五日） 星期四 晴 热极

九时起，饭后刘锡永夫妇、周景荣、叶春荣先后来，留晚饭。饭后作叶子戏至次日下午一时，午饭后始散。

民国三十三年（1944年）八月四日（甲申年六月十六日） 星期五 晴 热极

锡永、景荣等由昨晚叶子戏至今下午一时始去。阖家沐浴。程司令希贤来寓访谈。由中伏末日至今，天气大热，周身汗流不息，闻街市受暑毙命者甚多；又加防空，无事在家避暑。晚饭后稍息即寝。

民国三十三年（1944年）八月五日（甲申年六月十七日） 星期六 仍极热

九时起，午饭后沐浴；接子衡函，云托喜福带来照片函件，询收到否？此伊意未接余复函。锡永来；长海之妻来寓洗做帮忙，赠洋三十馀元，因女仆至今未觅到；长海家中寒苦，伊妻素日手不稳，由伊进门丢失物件甚多，明知是伊偷去，但顾全脸面不好深究，素日习惯养成，一时难改。上下仆人向伊暗示表明，伊亦不在意，可笑，所谓家贼难防。令香由饭店回寓，云何泽霖与总账陈宝光冲突之后，迄今一星期馀未到店中理事，诸事不闻不问，设法劝伊。晚饭毕就寝。

民国三十三年（1944年）八月六日（甲申年六月十八日） 星期日 阴晴不定

正午起，饭后天时大变，雷雨交作，少时雨止。令香觅会计师赵姓其章查看外账，余文奎拐款逃走，账目准备起诉。晚饭后即寝。

民国三十三年（1944年）八月七日（甲申年六月十九日） 星期一 天阴微雨

九时起，午饭毕，购西瓜。廖肇基日前借去两万元，连前欠五千元，共计两万五千元，现钱手中无有，用物抵押或展限日期，正在磋商中。晚饭后阖家闲谈。明日立秋，在今日夜内十二时三刻交秋，夜间较为寒冷。二时寝。

民国三十三年（1944年）八月八日（甲申年六月二十日） 星期二 阴晴不定

九时起床，接海上友人及子衡函。午饭后刘锡永来闲谈。晚饭后即寝。

民国三十三年（1944年）八月九日（甲申年六月二十一日） 星期三 阴

九时起床，午饭后与令香、令文赴同德医院看病，并研究戒烟办法，决定由明日起施行；步归。晚饭令香云饭店经理泽霖不理公事，任意胡行，将饭店床单四条、被套两条、木器等件随便携走，拿伊家使用；而对茶役等用势压迫，并用伊二太太兄弟等六人，不守店规，仰仗其姐丈之势力，在店诸事胡为，阖店人均不服，但无可奈何。准备查账及其弊病再行理论。锡永来谈。夜三时始寝。

民国三十三年（1944年）八月十日（甲申年六月二十二日） 星期四 阴晴不定

九时步至同德医院戒烟，静脉注射一针、皮下两针，在该院大睡。正午两儿接余，又注射皮下一针，抵家午饭。廖肇基来清算借款，伊在河北省银行用货抵押一万五千六十元，用此存折折债，其货价值三万两千元，均全数收买；缪欠余两万五千元，除一万五千六十元，下找余九千九百四十元；欠该银行之债由余归还。四时又至同德注射，归家晚饭，饭后仍赴院注射，夜一时回寓即寝。

民国三十三年（1944年）八月十一日（甲申年六月二十三日） 星期五 晴

早八时赴同德医院注射戒烟针，此为戒烟第二日，言明三个月戒除，并一切病症均保完全；每日赴医院六次往返，十二次注射静脉及戒烟针，每日须用洋三百元左右，由本月十日开始戒烟，三月之内每日照常工作。晚饭后注射毕。一时寝。

民国三十三年（1944年）八月十二日（甲申年六月二十四日） 星期六 晴

八时步至同德注射，抵寓复寝。饭后带两儿往同德，刘植源院长代购戒烟补药，合洋五千馀元，计算三月戒烟后需洋三万馀元。四时归寓。富禄、彦衡来谈。每日戒烟步至医院，往返十二次。廖肇基代友送来扇面一柄，托余画之。晚饭毕与刘锡永闲谈，至夜一时始散，即寝。

民国三十三年（1944年）八月十三日（甲申年六月二十五日） 星期日 晴

早八时往同德注射即归复寝。午饭后少亭、景荣来谈。三时往同德注射，阖家至同德寻余到长安新新看电影，观毕又注射，归寓。晚饭后往医院治疗戒烟，抵寓即寝。

民国三十三年（1944年）八月十四日（甲申年六月二十六日） 星期一 晴

早八时乘车至同德戒烟，归寓午饭。昨日为何泽霖长女生日搭棚散帖，大办，年年如此；为赌博抽头召集亲友，据云除开销外可馀万元，何乐不为。午饭后吴长海之媳来洗刷窃物之事，素日爱小，在余处帮忙，数日丢失物件甚多，定是其所为，但不好说明，念在亲谊关系与其留颜面；今来寓，表示来说是非者即是是非人。午饭毕仍至同德，归寓小睡。将出门，阖家满面惊色，均带哭容，因子云与次孙皚注射药针，将针折于臀部，皚疼痛啼哭不止，即抱至附属医院开刀取针，用照透视三小时之久始行取出，3岁小孩儿可怜万状，子云荒唐。由三时至七时回家，皚面如土色，敷药付养。晚饭后稍息即寝。

民国三十三年（1944年）八月十五日（甲申年六月二十七日） 星期二 忽阴忽晴

早九时起，赴医院注射，归寓午饭，饭后小睡，晚饭后即寝。

民国三十三年（1944年）八月十六日（甲申年六月二十八日） 星期三 大雨竟日

早八时赴医院，回寓午饭。倾盆大雨，不能出门，烟瘾作患，实难忍受，吸烟救急始解痛苦。晚饭毕至同德，刘院长云如此戒法不妥，劝余住院，急归寓，带随用物件，次儿随余冒雨至医院，由今日起长期住院戒烟疗病。夜一时始寝。

民国三十三年（1944年）八月十七日（甲申年六月二十九日） 星期四 晴暖

早十时刘植源促余起床注射，归寓午饭，带物欲出门，毛世来、魏效郇二徒来寓看余问病，伊去赴医院注射，同戒烟友崔、陶两姓闲谈；每夜由仆人于伙陪伴。晚饭后稍息即寝。

民国三十三年（1944年）八月十八日（甲申年六月三十日） 星期五 晴暖

十一时起床，归寓午饭，饭后仍回医院。朱复昌在该院，伊介绍何泽霖为留香饭店经理，何担任饭店一切事务，总账一席归余选择，因此人存心不良，阖店茶役等均其至戚好友，在店任意胡行；因总账不同其作弊，下条辞去。余力争留用并查账无弊，伊无可奈何，大家均不满意，由此事起更横行霸道，向复昌说明此情，复昌亦不满意何，劝余起诉，遂分手，后复昌来函，劝余务必告何解决。晚饭后稍息即寝。

民国三十三年（1944年）八月十九日（甲申年七月初一日） 星期六 晴

十一时起，注射毕抵家。令香云外账于文奎拐款潜逃，共亏七万馀元；由辞陈宝光事起，何对店事一概不问，并任意携走饭店物件；对余文奎逃走事，催其查账，彼一意推诿，由余请出会计师赵其章查清亏款数目，何亦将余文奎找到，至饭店对账，其同通作弊事无可疑；订明日在饭店聚齐查账。何最近纳一小妾，将妾二弟介绍至饭店担任茶役，本不能用，并时常同伙打架斗殴，并有偷窃情形，仗伊姐丈何某势力，在店任意欺负伙友。晚饭后即寝。

民国三十三年（1944年）八月二十日（甲申年七月初二日） 星期日 阴晴不定

十时起。令香电请余至留香饭店，会计师赵其章亦至。该店何泽霖电告前账房拐款潜逃，余文奎亲自出面，与会计师核账。文奎居然露面，余看此情，欺东灭伙，用泽霖无益，亲自整顿店规，前后账贴帖，自今日下午一时起，阖店财物、杂具不准随意携出，上至经理下及先生、茶役、伙友均遵此章。店中客人存款已先由何携至其家收存，似无此理。自今日起交总账房存储，泽霖经其内兄报告，何即来店，向余谩骂并夸示其功，将余所揭示之条撕去，并向余示威，用茶碗掷余。其妻亦来，均至店中捣乱，有意扰乱店中客人不安；伊并欲喊警，经人劝阻及友黄某劝解，伊在店中大骂不休，友人劝余回寓休息，自有公理，余即归；令香来电，金律师、董三爷亦在店中向何理论。四时赴同德注射。与窦公颖局长闲谈。晚饭后稍息即寝。

民国三十三年（1944年）八月二十一日（甲申年七月初三日） 星期一 晴

每日在医院安寝，早七时至十一时注射两针，院中规则该时即促起床，注射静脉，归寓午饭。铁林、黄大爷、宝荣来和解留香与泽霖口角冲突事，余志坚决命其将合同作废，自行退出留香，则有损无益。晚饭毕与孟二小姐及效郇竹戏至一时。步至医院稍息即寝。

民国三十三年（1944年）八月二十二日（甲申年七月初四日） 星期二 晴

早十一时起，注射毕归寓午饭。留香司机生来电，云何泽霖电召伊底细人李姓至其家，订下午二时亲至留香召集同仁训话，意欲将留香关门停业办理交涉。此人糊涂，聘请之用人无权出此，伊若无理取闹，必告伊侵占业务。昨晚亲家太太、彦衡之妻来，亦加入竹戏。接子铎函，意约余及令香往开封，有事面谈。因事关系重大，不能离身，复函婉言说明。复回同德注射，晚饭毕即寝。

民国三十三年（1944年）八月二十三日（甲申年七月初五日） 星期三 晴

十时起，注射毕回寓午饭，饭毕朱复昌电约余父子即往伊家有事相商，接电即至伊家晤面。朱云泽霖来说余与泽霖在留香反目口角事，因伊向彼述说一面之词，并不可尽信，约余父子查明双方理由，朱拟出面调停。余将何在店所为之事均与答告，朱亦心怀不服，准定后日嘱余约律师、会计师及拐款之外账余文奎、何泽霖等下午二时在朱宅对词理论，如理由不充足，或由泽霖自行辞职，或即法律解决均可。言罢而出，令香至饭店，余往同德，忽发寒热急症，在医院调治，日夜未得安寝，药未离口，夜间稍见好转。

民国三十三年（1944年）八月二十四日（甲申年七月初六日） 星期四 晴

因病身体发软，袂衣上身。十一时起床，诊毕归寓午饭。郭效贤之子来，云其父之友托余画扇。留香来电，云泽霖将外账于文奎唤至伊家讯话，再来留香一同查看账目。余嘱账房，泽霖再来看账，伊无此权，一切账目均在东家中收存，明日均到朱宅查账理论。接沙大风函，为饭店事不日由津来京，好计贡献。至夜一时注射毕就寝。

民国三十三年（1944年）八月二十五日（甲申年七月初七日） 星期五 晴

早十时起床，诊毕归寓午饭。令香同会计师赵其章来寓，同往朱复昌家，何泽霖已先至朱宅。俄时复昌在伊厅房设备桌椅，余首席，何泽霖次之，留香总账陈宝光及拐款潜逃外账于文奎并其章，并有复昌秘书，伊别号叟叟等均座下，各说明理由，将饭店亏累及琐碎事一概推在文奎身上，减轻泽霖罪名，说泽霖用人不当失察，不过顾全其脸面，以其留吃饭地位。复昌善于说词，流利畅快透彻，似不偏向泽霖，但彼此均不说穿，当时嘱双方或散或聚，改日双方向复昌说明，管事有始有终，由二时至七时始散。余至同德注射，步至西堂子胡同烤肉马家晚餐，饭毕步归就寝。

民国三十三年（1944年）八月二十六日（甲申年七月初八日） 星期六 忽阴忽晴

注射毕抵家午饭。上海马子祥、李金龙来京，宿德国饭店，请余今晚在东城福生饭馆西餐。至同德服药毕，应子祥之约。报界并女客梨园行、盛章、盛兰、李□之、马连良等百馀人入席演说，此举为其义子金如声在京出演、学戏联络各界指教，捧场规模甚大，未终席余先回同德。沙大风来院与余计划，据闻店中东伙失和，不如租出、押租倒出，每月需索房价若干，以免费心劳力。外表主意冠冕堂皇，内藏奸诈，当时要余答复，余付之一笑，定明日答复，夜二时始散，即寝。

民国三十三年（1944年）八月二十七日（甲申年七月初九日） 星期日 晴

正午抵家午饭，带长子往复昌处相告饭店经理泽霖，余决将其辞去，无有再聚之意，请朱转告何，朱云伊居间调停，泽霖意至九月一日再向朱答复，不知伊所怀何意。朱执意劝和解，令何自辞，朱意至一日或和或成诉，伊不再从中说和，言罢而出，往饭店向培章、头目及同仁等说明何之为人手腕毒辣，众人皆不满何。至同德注射，晚饭后稍息即寝。

民国三十三年（1944年）八月二十八日（甲申年七月初十日） 星期一

十一时起，诊毕归寓午饭。王姓送余治胃病西药十二针，闻此药效力最大，5CC一针，价值六千馀元。晚步至长安饭馆便饭，抵寓同锡永、陈本立及余阖家作叶子戏至夜三时，回院注射，安寝。

民国三十三年（1944年）八月二十九日（甲申年七月十一日） 星期二

十一时起床，诊毕抵家午饭，饭后回院。沙大风由津来京，劝余将留香租出，每月可收入万元，免得劳神费心，表面好意，内容奸诈，惟恐为泽霖租留香亦未可知。

朱复昌与会计师赵其章来函，云推脱外出公干，并嘱转告荀、何两家之事自作主张了结。晚至福安居便饭，饭后回院安寝。

民国三十三年（1944年）八月三十日（甲申年七月十二日） 星期三

早九时起，注射后回寓午饭，饭毕在街巷散步溜烟；晚饭在烤肉马家饭馆餐之，饭罢回寓，与陈本立、刘锡永、周景荣等作叶子戏至夜三时，来院注射，复回寓，直至早天明。十时烟患，浑身痛苦不能支持，即至院注射。

民国三十三年（1944年）八月三十一日（甲申年七月十三日） 星期四

十时在院注射后步至西单商场左右饭馆便饭，饭毕步归。因赌博日夜未眠，颇觉劳累，以致小有发烧，在院休息。令香来，云店中与泽霖口角之事，友人难以调停，走至极端，与金律师研究，余出函泽霖，一面报社会局及管段取消何经理之户口及名义职分，金律师登报为余长年法律顾问，如有诉讼等情均由金律师出面作保障人，并召集留香总管于培章、魏德俊总招待、仆头、大小茶役、大褂头、总账陈宝光在寓商酌店中整顿裁人，其辞何函件律师登报声明保障及店中一切各事均在一号实行。下午四时在院小睡，五时起身，步至西单西安饭店便饭，饭后回院即寝。

民国三十三年（1944年）九月一日（甲申年七月十四日） 星期五

九时诊毕同令香回寓，饭毕仍回医院，培章、令香同来，为饭店事。刘显庭由开封来院访余，五时始去。晚至饭店小坐。朱复昌来电，云荀、何两家饭店事本欲给赵其章函，推脱不管，潜逃外账于文奎至朱寓苦求和解，以免成讼后坐监吃苦，伊所亏之款及经理之款约共七万元，请求按四六或三七折扣偿还，朱意如此办法，所有折合之亏数，作为馈送经理之酬劳，两家息讼罢诉，与令香接头转达余得同意。好事不如无容忍宽大，以免经官兴诉，如此办法尚觉说得过去。王科长约西湖食堂便饭。饭后仍回医院，诊毕就寝。

民国三十三年（1944年）九月二日（甲申年七月十五日） 星期六 阴

早十一时起，注射毕回寓午饭并至饭店。路遇刘五爷乃宽立谈。至同德约王科长至□春晚餐，饭后回寓，同陈立本及其话剧女友陈姓竹戏。一时回医院，稍息寝。

民国三十三年（1944年）九月三日（甲申年七月十六日） 星期日 晴

十时起，注射。刘显庭同其友来谈，伊去后抵家午饭，饭后仍回医院。四肢无力，小有不适，大约撤减烟药之故。十时寝。

民国三十三年（1944年）九月四日（甲申年七月十七日） 星期一

十一时起。注射后同戒烟友人闲谈该院院长要钱不顾交情，每日注射六针，由一号每针加五元，静脉一针加十元，其他各病亦均加价，较入院每日多出五十馀元；戒烟之疗法无非用麻醉药品递减，每日总觉周身痛苦不爽，只按每日应注射之针数，不问病人痛苦与否；病人虽在极痛苦之下亦不过问；治疗请求加增注射，彼即多索钱钞；即药片服药价值亦昂，金钱主义，毫无友谊；陶姓入院时言明六星期包戒完全，现已十五个星期之多，烟毒未净，出院无期。陶本乡间土财，王科长言四星期戒除烟患，至今五星期，每日仍痛苦，亦无日期出院。故大家谈起均不满意。刘植源大夫此举有类骗局，入院时云“每日只需百元即可入院”，之后伊之手腕写药房需用四五元，此举可悲。抵家午饭，饭后阖家往新新看《夜长梦多》影片，晚饭后即寝。

民国三十三年（1944年）九月五日（甲申年七月十八日） 星期二

十一时起注射。院长刘植源生女弥月，余与崔、王、陶四人各送份金二十元，共八十元；该院贺客来时余即归寓午饭，饭后来院注射多有不便，余外出闲步，每注射时抵院，晚十时寝。贺客大耍麻将，喧嚣不止，寝眠不安；又因减药太多，以致四夜未得安睡。

民国三十三年（1944年）九月六日（甲申年七月十九日） 星期三

七时起，因烟瘾作患嘱院，即来注射，复睡。十一时起，诊毕，令香来看余；中兴饭店黄大爷来，明为看视余病，暗为探听辞何以后之办法，谈话甚详，余云留香辞经理、起诉亏款，均归何、于二人担负，如不赔偿，自有相当办法；黄闻余之言并无和解之望，无结果而散。一时寝。

民国三十三年（1944年）九月七日（甲申年七月二十日） 星期四

九时起，注射毕。该院院长因其女孩弥月送礼，面约余等在院宴客。诊毕返家。窦公颖、于非厂等来。五时院长约余及王科长、白科长、崔先生、窦七爷竹戏、开饭宴客时，余逃走而出，步至西湖食堂晚饭，饭后竹戏至夜二时。

民国三十三年（1944年）九月八日（甲申年七月二十一日） 星期五 晴

九时起。王科长在院请余便饭，饭后小睡。晚陈本立电，云同来话剧剧团两女友在余寓约余，即归，竹戏至夜二时，返医院就寝。

民国三十三年（1944年）九月九日（甲申年七月二十二日） 星期六 忽阴忽晴

九时起，诊毕抵家午饭，饭后阖家博戏。彦衡之妻来。十一时抵医院治疗毕即寝。夜间风雨合作、炮声隆隆。

民国三十三年（1944年）九月十日（甲申年七月二十三日） 星期日 晴

早十时令香至医院。前日为长茂退股发帖，请顾财云、王九嵩、会计赵其章及田姓、刘锡永等在留香饭店午饭，开谈判，为退长茂股份事，因城门未启，禁止行人，不知因何此举改期？本寓厨役住南城，至下午二时城门开放始来。早饭阖家叫明湖春饭菜食之。江漱明来，代复子铎、泽丞、祖夔函。四时返院注射，晚回寓，同两话剧女演员及本立竹戏至十一时回院就寝。

民国三十三年（1944年）九月十一日（甲申年七月二十四日） 星期一 阴晴不定

九时起，诊毕抵家午餐。令香小有不适，至蒲伯扬医院看病。阖家竹戏至十一时，回院寝。夜间风雨交作，天气骤凉。

民国三十三年（1944年）九月十二日（甲申年七月二十五日） 星期二 微雨

九时起，诊后同王科长步归，本立亦至，闲谈，午饭后回同德，同烟友闲谈至一时寝。

民国三十三年（1944年）九月十三日（甲申年七月二十六日） 星期三 甚凉

九时起，甚凉。诊毕步归午饭。同锡永、本立、夏冬等竹戏，十二时回同德寝。

民国三十三年（1944年）九月十四日（甲申年七月二十七日） 星期四

九时起，抵家午饭后步归同德，晚饭后稍息即寝。

民国三十三年（1944年）九月十五日（甲申年七月二十八日） 星期五 晴

九时起。大便干燥，感觉痛苦，注射、灌肠大便始下，但不甚畅，精神稍有不振。

令香来云，长茂百货店定今日在留香谈退股事，同席有锡永、才云、九松、培章、其章、田会计，饭毕与顾、王长茂退股，清理货物，所有手续完全办清。顾、王表面谈吐和蔼，定十七日至长茂查货、清账。顾之意，长茂拆股伊意，顾、王合作但财力不足，似有请余缓还股本，余猜想而已，四时尽欢而散。急命令香派田会计至长茂监视，并将余个人存货所馀之物取出；余即回同德注射。天津《现世报》经理史姓、外号屎蛋，以卖画为名借贷，送其五元始去，素日为人卑鄙不堪，名誉讨厌，所以只送五元。晚饭后注射毕即寝。

民国三十三年（1944年）九月十六日（甲申年七月二十九日）星期六 阴晴不定 天气微寒

早十时起，注射后步归午饭，饭后至医院，注射后小睡。江明忱由开封来，至医院与余闲谈。晚饭后一时寝。

民国三十三年（1944年）九月十七日（甲申年八月初一日） 星期日 阴晴不定

十时起，诊毕抵家。令香同锡永、其章、培章至长茂查账，才云对待无礼把持，概不许清查，口言扰乱营业等语，令香等无可奈何，仍回饭店，电余即往，在饭店晤面，谈长茂才云甚把持，不准清查，口说有意扰乱，余嘱其等至内一区警局，强制查账。余在监视地位，当有权利，伊等气忿疲乏，定明日再行办理。余归同德，晚饭后稍息即寝。

民国三十三年（1944年）九月十八日（甲申年八月初二日） 星期一 晴

十时疗诊注射后步归寓。令香、锡永、其章、培章等仍至长茂，才云态度较昨日更行强硬，所有长茂之事一概不准他人过问，听其把持，令香等同其往区交涉报告，区中均以才云不应如此无礼，当时区署嘱才云等将账目交出，准可荀东查账清货，如不照办，即将才云扣留，才云均允之；复回长茂，才云将普通流水账拿出，交会计师查看，敷衍而已。会计无法着手迹看出货入货细账，才云答云不知，大综货物丢失甚多，才云云均在伊家库房存留，才云将货物私行移出，并未通知股东，自称库房，殊觉可笑。诸事不完整，实难着手，顾之手腕有意捣乱。令香等抵家，余亦至寓，嘱会计师赵其章明日同去，再查清理，如诸事不明，以法解决又无结果。晚饭后回同德寝。

民国三十三年（1944年）九月十九日（甲申年八月初三日） 星期二

九时起，注射后回寓。令香电约余商长茂事，会计师赵其章甚发怒，云才云诸事欺人，又行阻拦会计查账，殊为违法，此次往长茂查账定有好结果；赵并从中言其法律人情均不通，其章自告奋勇，即往长茂查账、清货，同令香齐去，其章派去看守长茂账目之田姓见赵入门，田将赵叫出谈话后仍回长茂，赵、田大改态度，明显查账敷衍了事，并与顾解释，言存货均无大错，令香独自一人明戏，赵、田为顾买通，但是时亦无法应付，阖店均属才云之人，仍回饭店，令香将其经过向余细说，田从中劝余私了，不必经官，其态度表示向顾金钱买动。当时各自分手，田、赵即去。嘱令香往金律师处，将才云买通赵会计师及本日经过向其述明，再请律师另选会计师；律师担保继续查账、清货。余归医院注射后抵家修容，同友竹戏，夜二时回同德安寝。

民国三十三年（1944年）九月二十日（甲申年八月初四日） 星期三 大雨

日夜未息，颇觉寒冷，十时起床。同德刘植源院长忽得传染伤寒甚重，戒烟事托刘兴坤治疗，诊毕抵寓。令香云金律师觅妥郭会计，伊担负完全责任，办理长茂事。午饭后新会计师带女学生同令香往长茂细查，将账簿及出入购物条等件均签字盖章封存，定次日细查，一概不许人拆封，如违法送官究办；才云利言狡猾，不肯拿出账簿，郭当时反目，同伊法院理论；才云见此事不安，乃将账拿出，因天晚未能细查封存，定明日来查，各自分手。晚饭后余阖家经话剧全体约往看《喜临门》，即往看。此剧甚滑稽，描写富豪骄女各种情形，可谓喜剧。观后余回同德，注射后就寝。

民国三十三年（1944年）九月二十一日（甲申年八月初五日） 星期四

早十时起，注射治疗毕抵寓午饭，饭后回同德注射。偕王科长回寓，与陈丽云、陈本立竹戏竟日，十二时回同德寝。

民国三十三年（1944年）九月二十二日（甲申年八月初六日） 星期五

九时起，注射后卓小姐来电，在华乐与梁小鸾演二本《虹霓关》丫鬟，请余参观指导，余因各城门检查不便婉言辞谢。步至西堂子胡同羊肉馆便饭，并至中央理发，回同德注射，晚与戒烟友王、陶二姓闲谈至夜一时寝。

民国三十三年（1944年）九月二十三日（甲申年八月初七日） 星期六

八时促大夫起床即注射。因烟瘾作患酸痛不止，实难抵抗，注射后复睡，十一时起床。令香来电，云今日在留香饭店约南艺话剧团全体西餐午饭，请余务必到场。即往，同席有话剧全体及锡永夫妇、陈本立、苏小姐四十馀人。饭后欲留影纪念，为该日戏时间冲突未能照相。二时客散，余即至同德注射。晚阖家至长安仍看《喜临门》话剧。回同德注射后即寝。

民国三十三年（1944年）九月二十四日（甲申年八月初八日） 星期日

十时起，注射后步归午饭。令香为长茂事忙碌异常。才云、九松阴险，把持诸事，阻碍不凑手，但忍气吞声，查出舞弊后再行起诉。顾、王托用铭铢买人，防不胜防，至今亦无结果；按顾、王之意，欠余债款每日柜上买，除开销外馀款作为还余之债；如退股不作，将股本还予，货物、账目概不准过问，欺人之谈可笑可杀！但安慰令香仍进行办理，此事不可马虎，无论如何必有水落石出。余回同德注射，寝。

民国三十三年（1944年）九月二十五日（甲申年八月初九日） 星期一 阴晴不定

九时起，注射后步归午饭，饭后至同德注射，小睡。晚抵家晚饭，饭后回同德，注射后一时寝。

民国三十三年（1944年）九月二十六日（甲申年八月初十日） 星期二 阴晴不定

十时起，至西安食堂便饭，饭后回同德偕王科长抵寓竹戏，十二时回同德注射，一时寝。

民国三十三年（1944年）九月二十七日（甲申年八月十一日） 星期三

十一时起，注射后令香电约往留香饭店有事相商，即至。向李西园暂借一万元，以备过节使用；锡永亦至，共午餐。三时回同德注射，晚步归。饭后西园、锡永、本立、丽云等先后来，冬后至，共博戏。一同回同德注射，即寝。

民国三十三年（1944年）九月二十八日（甲申年八月十二日） 星期四

九时起，注射后步归午饭，饭后回同德。七时又回寓。徐东明来寓，谈东霞病重，忽好忽坏，经大夫云病状杂痨无法治疗，近二日死去两次，醒来自己要寿衣、寿材，实为可怜。一年馀未登台；东明见其妹之病无法挽救，自己独成班，托余在华乐要日期演唱。晚饭后回同德，一时寝。

民国三十三年（1944年）九月二十九日（甲申年八月十三日） 星期五

诸亲友均送节礼。九时起，注射后返寓午饭。□冬、丽云、本立、锡永、景荣陆续而来闲谈。三时回同德注射，晚步至西湖食堂便饭，饭后抵家，十二时回同德注射后寝。

民国三十三年（1944年）九月三十日（甲申年八月十四日） 星期六

九时起，注射后归寓午饭，饭后回同德注射，归寓晚饭，饭后返同德，至一时寝。

民国三十三年（1944年）十月一日（甲申年八月十五日） 星期日

今日为中秋节，上供焚香，每年如此。九时起，注射后抵家；诸亲友均来贺节；令香外出分送节礼；午饭后带令香往朱俊昌处贺节，赠送五百元节礼，并赏佣人五十元，因前留香饭店辞何泽霖，伊从中排解，致谢之意；又往郭效贤处，未晤。余回同德注射后仍回寓，同诸亲友及话剧冬、丽云、锡永、景荣、王科长等闲谈、博戏，感觉热闹，并留彼等午饭，日夜未散。余一时回同德注射，寝。

民国三十三年（1944年）十月二日（甲申年八月十六日） 星期一

九时起，注射后正午抵家，阖家尚未起床，因今早九时博戏始散。二时午饭毕回同德注射，仍回家。令香云陈宝光在留香诸事不负责任，其意想谋经理，并常与烟土、白面客人有来往，以留香总账名义号召，余惟恐收来出事，嘱令香定明日同培章来同德，商量处理宝光事。阖家看电影；余回同德注射后与阖院诸友闲谈，一时寝。

民国三十三年（1944年）十月三日（甲申年八月十七日） 星期二 晴

九时起，注射后步归午饭，饭后回同德。三时令香携留香经理于培香来同德，嘱培香向宝光说明，伊素日心为不正，请其自辞留香职务，不然贴出条辞自找无趣。培香允之而去。注射后周五小姐师妹电约余在二亩园晤面，同至大木仓新广州饭馆晚餐、闲谈，十时分手，抵同德注射。仆人老于请十日假，回乡取衣即归。今夜令香同余在同德寝。

民国三十三年（1944年）十月四日（甲申年八月十八日） 星期三 晴

十时起，注射后步归午饭，饭后至中央理发，回同德注射，与王科长夫妇研究戒烟苦处。晚抵家，饭毕仍回同德，夜一时寝。

民国三十三年（1944年）十月五日（甲申年八月十九日） 星期四 晴

十一时起，注射后抵家午饭，饭后回同德注射，复回寓。晚饭后阖家至长安观话剧《殉情》，王科长同去。观毕回同德，稍息寝。

民国三十三年（1944年）十月六日（甲申年八月二十日） 星期五 阴晴不定 微雨

九时起，注射后归寓午饭，饭后与效郇、本立竹戏，至夜十一时回同德，诊疗后寝。

民国三十三年（1944年）十月七日（甲申年八月二十一日） 星期六 阴

九时起，注射后归寓午饭，饭后至新新看电影《第二代》。晚饭毕回同德与李三、陶姓闲谈，夜一时寝。

民国三十三年（1944年）十月八日（甲申年八月二十二日） 星期日 晴

九时起，注射后回寓午饭，饭后回同德欲寝，苏小姐来访谈，甚畅，六时分手，余抵家晚饭。因灯火管制欲回医院，李世五夫妇来约余阖家外出晚饭，各家饭馆均休息，留寓共饭，饭后回同德注射毕一时寝。

民国三十三年（1944年）十月九日（甲申年八月二十三日） 星期一 阴晴不定

九时起，注射后抵家午饭，饭后即回同德，烟瘾大作，因该院减药之过。夜间忽然发烧，该院院长已病，杂乱无章，本无正式大夫担负，刘世坤及李外出，只有女护士陈姓一人，向伊云忽然发烧，伊毫不在意，按素日时间注射戒烟之药，发烧未治。夜一时注射，仍未治发烧，本欲大闹之下，伊好言劝余，始试体温表，服药即寝。

民国三十三年（1944年）十月十日（甲申年八月二十四日） 星期二 晴

九时起，注射，昨夜之事陈将余气忿情形告知刘、李，伊阖院婉言劝余，再三道歉，情不可却，仍继续戒烟；向伊言明既花钱戒烟维持，余痛苦不可太甚，余抵抗力薄弱，当日加药，痛苦减去一半，较每日精神百倍，诊毕回寓午饭。晚李世五夫妇来约余阖家到庆林春晚餐，同席有开封土客何、李二君、该地烟土会会长，饭后注射一针，同回寓竹戏至二时，回医院寝。

民国三十三年（1944年）十月十一日（甲申年八月二十五日） 星期三 阴冷

九时起，注射较昨日注射针稍差。十二时回寓午饭，复回同德，仍注射，药力与素日相同，感觉痛苦，只好忍耐，未向大夫发表。回寓晚饭，阖家往长安看《人之初》话剧，今日话剧终结，往天津出演，观毕回同德诊治，寝。

民国三十三年（1944年）十月十二日（甲申年八月二十六日） 星期四

十时起，注射后即回寓午饭，饭后回同德诊毕小睡，七时回寓晚饭，饭后回同德寝。

民国三十三年（1944年）十月十三日（甲申年八月二十七日） 星期五 晴

早九时起，注射又感觉戒烟针药力减少，痛苦难言，大夫仍用药水敷衍，亦不增注射药，周身酸痛忍耐，回家午饭。用饭时烟瘾大烧，苦不可言，急返同德注射，仍无效验，忍耐去睡，至卧室假寐，耐至六时始注射，回家晚饭，夜一时寝。

民国三十三年（1944年）十月十四日（甲申年八月二十八日） 星期六

早九时起回寓午饭，饭后沐浴，回同德。苏小姐来访，谈至七时分手，抵寓晚饭，夜一时回院寝。

民国三十三年（1944年）十月十五日（甲申年八月二十九日） 星期日 阴 微风

筋骨酸痛，即起注射。抵家午饭、沐浴。烟瘾作患，即回同德注射，仍未减去痛苦，似觉戒药又低减，余痛苦过甚，与大夫吵闹，伊以好言安慰，绝不治疗痛苦，敷衍注射，但与戒烟麻醉无关，无可奈何，回院寝。夜间昏迷，忽醒忽睡，手足筋骨均无着落，现象难看，换大夫治之仍是如是，痛苦不减。

民国三十三年（1944年）十月十六日（甲申年八月三十日） 星期一 晴 微风

早八时起。同德私人医院素日杂乱无章，均为看护大夫，均未起床。余痛苦已极，高声喊叫，均起，院长因病不能起床，命李、陈二看护敷衍了事。耐至十一时刘世坤来始注射治疗，亦未解痛苦，较昨尤甚。劝余沐浴、散步，无奈回家午饭。由戒烟以来，每日午餐食吞不下，实难忍受，耐至一时回院，但走路亦觉迟笨，足不由身。至医院注射，由于信口失言不合，但仍照常敷衍了事。晚饭因行路困难不能回家，至庆林春便饭，饭后至医院，在室内辗转反覆，精神不安，耐至一时始睡。

民国三十三年（1944年）十月十七日（甲申年九月初一日） 星期二

早七时起，阖院均未起床，被余唤醒，要求注射，以减痛苦；但治疗法仍不变换，照常敷衍了事，好言安慰。步行归寓，无精打采，抵家沐浴，饭后归院，只求痛苦减轻，大夫仍以好言安慰。至楼上卧室休息，寝寐不安，忽作作起，实非笔墨所可形容此痛苦，已戒至此时，两月之久，坚持到底，忍耐下去，夜一时寝。

民国三十三年（1944年）十月十八日（甲申年九月初二日） 星期三 晴

八时起，步归午饭。注射后仍是痛苦，质问大夫，求去痛苦，无法治疗，永久不能戒好，此言不过因余吵闹，则以此答之，余志心坚决，任伊摆布，夜一时寝。

民国三十三年（1944年）十月十九日（甲申年九月初三日） 星期四

八时起，注射抵家午饭，饭后回院治疗后室内休息，精神不振，痛苦仍未减轻，夜一时寝。

民国三十三年（1944年）十月二十日（甲申年九月初四日） 星期五

八时起。由上星期六至今日夜，寝食不安，至长安街上闲步。十时注射，抵家午饭，饭后回院注射。至留香饭店回看刘子衡，伊由济来京，所带大皮包内有一万六千元，并有公文，在天津站被窃，现款均为友人托购物品之资，身边只有千元，此次来京，想在京盘桓数日，今既被窃，不能久留，谈话态度似有泪痕，甚为难过，派人送留香饭店，嘱房饭费用不必开账。子衡甚伤心，因失款曾吐血三四次，伊又不好开口，又顾脸面；余用言安慰。回同德注射，一时寝。

民国三十三年（1944年）十月二十一日（甲申年九月初五日） 星期六

早八时起，烟患痛苦微减，能以支持起床注射。抵家沐浴、午饭。令香云长茂顾才云可悲，请余出头停业，清算才云之意，愿与法院解决，其目的以为可以耽日久，一方与余法庭周旋；一方伊可在被独自营业，无赖已极，余定今日在留香饭店约董少卿、郭会计、金律师、刘锡永等探询停业是否合法，伊等云只顾法律寸步难行，用土地文章到觉直截了当，商研再四就走此路不可。回医院注射。曹某来院访谈，云从前郝鹏举下长官□官均被裁，现换徐州长官郝鹏举，曹寓府右街罗胡同乙十六号，面约余明日午饭，少谈即去。晚九时苏小姐来借贷，送伊三百元，少女同□霍伙一时半走去，天气大变，伊去即寝。

民国三十三年（1944年）十月二十二日（甲申年九月初六日） 星期日 晴

早九时起注射，抵家。令香云，因一区于主任为长茂事帮忙不少，余出面请客，订今日在东来顺晚餐，因于系回教之故。将帖送至内一区，余闻知不以为然，今将请帖送一区，伊等绝不肯来，因官场向来如此，避免嫌疑，如送当事寓所最为安稳。余父子三人至东来顺，培章已先至，所请内一之客均未到，果未出余之所料，余四人饭毕至金鱼胡同访兴庵闲谈，彼此周旋甚畅。两儿在东安市场小游，余赴罗贤胡同曹某之约，至则始知系请午饭非晚饭也。余因戒烟脑筋长乱，只觉可笑，留片而去，至同德注射，寝。

民国三十三年（1944年）十月二十三日（甲申年九月初七日） 星期一 晴 有风

九时起，治疗后步至中央理发，抵寓沐浴、午饭，饭后仍回同德注射。从上礼拜天至本日已九天，痛苦仍未减，无可奈何，休息。晚阖家至长安看话剧，戏毕分手回医院，诊疗后即寝。

民国三十三年（1944年）十月二十四日（甲申年九月初八日） 星期二 晴

九时起，治疗后至留香饭店与旅店工会张某研究加价事，共晚饭；令香亦至饭店，饭后抵同德，夜一时寝。

荀令文、邵诚智结婚照

民国三十三年（1944年）十月二十五日（甲申年九月初九日） 星期三

九时起，步归午饭。刘锡永、杨申全、从前仆人李姓（现在日本军曹部下当差）、令香与其等在饭店研究对付长茂顾才云退股事。饭后回同德注射。阖家至新新观《鸾凤和鸣》，观毕回同德注射，夜一时寝。

民国三十三年（1944年）十月二十六日（甲申年九月初十日） 星期四 晴

九时起，注射后步归。郑局长少轩电，云余老友郑次长洪年少觉总裁来京，寓北京饭店七十六号，约余星期六在永光寺街新馆聚餐、晤面，请余务必到场，并有请帖。午饭毕回同德小睡，夜一时寝。

民国三十三年（1944年）十月二十七日（甲申年九月十一日）星期五 大风 大冷 阴晴不定

十时起，烟瘾痛苦，早起痛苦稍减，午饭后仍就未愈，可为长久矣。诊毕回家。据令香云，长茂顾才云做事把持本利不还，欠债不闻不问，现有友人告，奋勇出面讲理，正在实行中，请余安心戒烟。午饭毕回同德休息，夜一时寝。

民国三十三年（1944年）十月二十八日（甲申年九月十二日） 星期六 晴

九时起，注射后抵家。陈本立加入之话剧团现已解散，各奔前程，本立仍回余宅住闲，吃饭，午饭毕回同德注射，一时寝。

民国三十三年（1944年）十月二十九日（甲申年九月十三日） 星期日 晴

九时起，注射后抵寓午餐，饭后回同德休息。六时苏小姐来，同往西湖食堂便饭，饭后至新新看电影，剧名《两地相思》。观毕苏小姐因时间过晚，不能回辅仁学校宿舍，宿始余处畅谈一夜。

民国三十三年（1944年）十月三十日（甲申年九月十四日） 星期一

早八时苏小姐走去，余九时起，注射归寓午饭，饭后回同德休息。晚回寓晚餐，一时回同德寝。

民国三十三年（1944年）十月三十一日（甲申年九月十五日） 星期二

九时起注射，感觉戒烟痛苦，自觉今天戒烟药一概取消，余一夜神魂颠倒，寝食不适，余甚不满意，连呼陈护士注射两针，仍无效验。因痛苦过甚，院长刘植源又质问余昨夜睡眠是否舒适，余不答，伊忽然态度难看，并云余脾气亦不是好惹得。余闻之亦气，彼此理论，问其脾气不好是否烟不戒好，即将余打出，大有流氓手腕，完全于治疗骗余，有意延长日期，以好赚钞；余进院时伊云三月完全恢复健康，余以为前两月间完全未下手戒，看余不易受欺，在此一月间下手，用快法戒除。余有十八天之痛苦难言，在平日病魔在身，亦不减去，走路时足不由心，可谓可怜可惨，当与伊理论，质问对代价治疗方法均非，伊无言可答，当时无有结局，各自分手。在将满期间对治疗不敢空过，以免其有所借口。夜一时寝。

民国三十三年（1944年）十一月一日（甲申年九月十六日） 星期三

九时起注射，看护及李姓来，云院长请余下楼注射、谈话，昨日口角之事向余道歉，百般敷衍，嘱阖院人等对余格外注意；余亦觉无聊，只以一笑了之，仍继续治疗。回寓午饭，饭后回院休息。晚回寓晚饭，一时回院寝。

民国三十三年（1944年）十一月二日（甲申年九月十七日） 星期四

九时起注射，回寓午饭，饭后沐浴。至留香饭店、陆太太等处闲谈。晚回同德，苏小姐来，稍谈即去。一时寝。

民国三十三年（1944年）十一月三日（甲申年九月十八日） 星期五

九时起。夜未好眠，烟瘾作患，向其询问原因，伊用好言安慰，但痛苦太甚，无奈回家午饭，饭后回同德休息。刘子衡来访，同回寓所闲谈，晚饭后分手，余回同德，一时寝。

民国三十三年（1944年）十一月四日（甲申年九月十九日） 星期六

九时起注射，回寓午饭，饭后回同德，带戒烟药往留香饭店。令香云，九年前有一仆人二李，现在日本军队做事，伊情愿出面代余解决长茂索价退股以及其他问题，并请中前长三先生从中帮忙。饭毕李及中前、余父子四人同往长茂，与其理论；顾才云、王九嵩见来头不正，应允还债撤伙，分作两期办法，第一期代价以货还十一万元，言明再办撤伙事。当将货拉至余寓，余返同德注射，复陪伊等至东来顺晚饭，又至留香饭店小坐，二时各自分手，余回同德寝。

民国三十三年（1944年）十一月五日（甲申年九月二十日） 星期日

九时起注射，归寓午饭，饭后余父子三人至饭店，同李姓、中前同到长茂，办理撤伙事。将入门，顾才云云长茂账簿均被经济股抄走，今日退伙事不能办理，余观此事均为顾才云有意作祟，如此情形余亦无法当时着手办理。伊本于礼拜六日将账由经济股取出，但未通知余，不然在礼拜日即可办理撤股事。伊并不通知复又送回，于十一时电话通知令香，即前往办理，谁料账簿已送回，当时凑手不及。三时伊又赴经济股，自站理由。五时馀突接经济股电话，要余前往该股，如不来即派人往捕，余辩论伊蛮不讲理。余将电话挂好，可笑，明为顾才云之手腕，恐吓而已，经济股向无捕人之权，尤因账目有派代表之权，此举幼稚可笑。余因戒烟时期身体不佳，惟恐伊作小鼠跳梁之举，当至陆太太家闲话。想顾才云一定作得意之想。小事不记。六时至留香饭店，同李姓及中前、陈翻译设计撤伙，伊答应在一两天中有办法。至夜二时回同德寝。

民国三十三年（1944年）十一月六日（甲申年九月二十一日） 星期一

九时起注射。姚小姐被父母逼迫戒烟，无可奈何，入院。此人大约有精神病，与余素不相识，同住同德楼上戒烟室，伊自来余室，毫不客气，将余皮袭披于身上，并借贷钞文购买纸烟，情不可却，借去十五元之伊云。伊家甚富，并无子嗣，只有伊一人，年20岁，因吸烟家中不收留，如不戒除骨肉分离。其并无诚意戒烟，云一辈子不嫁人，候父母死后赌其家产，再行吸食，甚觉可笑。连住三日余室，随意出入，烟丝、器具随便使用，毫无礼貌，可厌可笑。

民国三十三年（1944年）十一月七日（甲申年九月二十二日） 星期二

九时起，注射，回寓午饭，饭后回同德休息。晚六时回寓晚饭，饭后回同德，一时寝。

民国三十三年（1944年）十一月八日（甲申年九月二十三日）星期三 晴 大风 极冷

九时起，注射，回寓午饭。朱俊昌来电，云长茂事据顾才云云，余用日人势力压迫，伊不详细内容，明日约令香到伊宅，与顾才云、王九嵩均在其宅谈判，现由朱俊昌情愿出面和平调解。在寓晚饭，一时回同德寝。

民国三十三年（1944年）十一月九日（甲申年九月二十四日） 星期四 大风

九时起。皮下麻醉针已停止十馀日，每夜睡时仍食安眠及镇静药，睡眠可有四小时之久即醒，每醒时烟瘾作患，周身抽痛，医生亦无办法治疗，无奈步归。饭后沐浴，仍回同德休息。晚间回寓晚饭，阖家闲谈并计划长茂事，至夜二时回同德寝。

民国三十三年（1944年）十一月十日（甲申年九月二十五日） 星期五 大风

九时起，仍不能安睡，在院内散步，注射补针后抵家午饭、沐浴，回同德小睡。苏小姐来畅谈，同步至春园饭庄便饭，饭后仍回同德，至十二时始去，余亦就睡。

民国三十三年（1944年）十一月十一日（甲申年九月二十六日） 星期六 大风

八时起。夜间睡眠药减去分剂，尤为痛苦，安眠时间缩去半小时，与大夫相商，伊亦无法；每遇痛苦难抗之时，用彻力痛服下镇静，其他用药水敷衍，并不解痛苦，无可奈何，即抵家沐浴。与彦衡之媳、亲家太太、景荣等竹戏，消磨时间，至夜一时始归，服药后即寝。

民国三十三年（1944年）十一月十二日（甲申年九月二十七日）星期日 晴 无风

七时起，在楼上散步，痛苦尤甚；十时注射补针后步归。今日系总理诞辰，闻广播报告及报载汪精卫病故，灵柩运回南京，各有机关、学校、商店均下半旗志哀。晚饭后九时回同德寝。

民国三十三年（1944年）十一月十三日（甲申年九月二十八日） 星期一 大风

七时起，候大夫注射补针后抵寓。令香言，朱复昌被顾才云、王九嵩所托，情愿和平解决；伊方并约出慎昌表店经理作证，候经济股将账、货交还，即行办理手续。令香言朱之态度诚恳，所说近情近理，并有慎昌经理作证，自愿担负完全责任，只好等候货、账取出再行办理长茂事务。嘱令香二李所托中前长三及日警察机关河东、陈翻译等一概谢绝，均不欢而散。长茂以货还债时已酬谢伊等三千元，令香亲送至军部，并云伊等均甚满意。十二时回同德寝。

民国三十三年（1944年）十一月十四日（甲申年九月二十九日） 星期二 晴

八时起，注射补针后步归，沐浴。痛苦仍未减。午饭后在闲谈，二李突偕日人河

《珠帘寨》荀令文饰李克用

东、中前长三来寓，气势汹汹，寻余讲话。令文素习日语，答以不在家，在医院养病，态度强硬，询之何故？据伊云，所办长茂各事经济股均托好，需用两万元运动费，诸事均可办到；如无钱与余不利。令文向伊理论，一时不便，手中无钱，伊等自动下台，言赴饭店访令香面谈即去。令文亦至饭店，报告令香及介绍人厨房头傅掌柜经过情形。二李明是以日人敲诈，但傅只有道歉说好话而已，无法阻拦敲诈。余猜想通同作弊而已。不过以长茂之情形而论，按一成索取谢金在当局之下只好忍受。伊等承认拿到此款一切均可办到；此款固可算之酬劳，亦可目之为敲诈，此种情形虚实难测。此情系令香回寓报告。一时回同德寝。

民国三十三年（1944年）十一月十五日（甲申年九月三十日） 星期三 晴

六时起闲步，骨节痛疼。步归沐浴，午饭后回同德注射补针，晚回寓晚餐，十二时回同德寝。

民国三十三年（1944年）十一月十六日（甲申年十月初一日） 星期四 晴

七时起，痛苦尤甚，求医无救，只得散步归家，午饭后即回同德休息。接吴小姐函，观上海报纸对余悲观，谣传甚多，伊不知内情，函询一切，请余即复，当即回函。至夜一时在医院寝。

民国三十三年（1944年）十一月十七日（甲申年十月初二日） 星期五 阴

早八时起，注射毕归寓午饭。长安北京话剧社演古装《钗头凤》，伊社长、刘迺崇送来包厢票，请余往观指导，因其意诚恳，晚饭后阖家往观，同时遇数年前一女生最喜观余剧者刘廼和在隔壁长安包厢同时看戏，递余一函，约礼拜天仍在长安观剧、晤面。观毕剧团社长至厢内周旋，请余当时批评，余言该剧情节取材陆放翁“钗头凤”辞唐慧仙改嫁，与旧剧情节不同，旧剧未嫁，一写实一写意，不同之点。余回同德入室欲寝，该院院长刘植源及李姓未通知余，同《华北新报》记者刘崇芳（该记者素与该院鼓吹）同入余室，假作不识，向余询问戒烟情形；余答戒烟须要恒心。该记，但该院植源述说对余戒烟之美德，余敷衍一番，植源与记者在楼下大谈，至三时始去，访余不过点缀而已，作将来与同德鼓吹之预备。客去即寝。

民国三十三年（1944年）十一月十八日（甲申年十月初三日） 星期六 晴 风

早八时起，抵家沐浴、午饭。同彦衡之媳及亲家太太竹戏，晚饭后回同德寝。

民国三十三年（1944年）十一月十九日（甲申年十月初四日） 星期日 晴 微风

早八时起，抵寓午饭，饭毕返同德小睡。晚饭后至长安观《钗头凤》。开始两幕后，刘廼和方至晤面，外出在西单、大栅栏头二条胡同闲步闲谈，至十二时步送伊至翠花街三十二号伊寓所处，余回同德就寝。

民国三十三年（1944年）十一月二十日（甲申年十月初五日） 星期一 大风

早八时起床，回寓沐浴、午饭，饭后仍回同德。刘植源对余戒烟周身骨节疼痛实无治疗，须延长时间，再三劝余出院，再住院亦无治疗法，可笑可气。伊善用敷衍手腕，余仍在院住宿，观其最后办法。苏小姐昭信来院闲谈，晚饭在西堂子胡同烤肉马处晚餐，饭后因酒过量，宿在该院通宵，植源未敢拒绝，但其甚不满意，且自由他。

民国三十三年（1944年）十一月二十一日（甲申年十月初六日） 星期二 阴 风

苏昭信在辅仁大学，今日放假，仍未回校，在长安对过小饭馆午饭，饭后往新新看电影，观毕在外晚饭，饭后回同德。苏意仍欲宿院，植源下逐客令，无奈余陪其步送至童芷苓家住宿。苏入童门，余回同德即寝。

民国三十三年（1944年）十一月二十二日（甲申年十月初七日） 星期三

八时起。在同德连日未注射、吃药，痛苦不解，植源仍劝余出院，痛苦善后须要静养，必经过月馀始能解除。正午回家午饭，在寓休息，晚饭毕回同德即寝。

民国三十三年（1944年）十一月二十三日（甲申年十月初八日） 星期四 晴 冷

九时起，昭信来函，述说前夜宿芷苓家，次早回校沿途寒冷苦楚。至家午饭；内子带两儿、长媳等往东安市场购物，至晚饭时未归。余闷极无聊，至辅仁大学约苏昭信在附近小饭馆便饭，在护国寺左右徘徊，闲谈至十时分手，余回同德寝。

前排左起：苏昭信 荀慧生 后排左起：郭少衡 董玉苓 荀令香

民国三十三年（1944年）十一月二十四日（甲申年十月初九日） 星期五 阴 风

八时起，步归午饭，小睡。晚与王科长竹戏，至夜二时回同德，植源大不满意，笑言不遵院规，余答该院自不守院规，素日杂乱无章，余何晚回一小时即谈到院章，大家一笑了之。上楼入室寝。

民国三十三年（1944年）十一月二十五日（甲申年十月初十日） 星期六 阴

早九时起。余电知令香兄弟至医院清算出院，尚欠该院三千元上下，刘植源说话亦很漂亮，余等即未携用物归寓，至午间派仆往取，植源居然将所存之物扣留并开清单数目，注明院费交清始准取走，仆归述明，令香后往交涉，植源避不见面，只有不负责任的数人敷衍而已。伊批在账单云财物两清方能取物，令香无法即归。余本气流年不佳，每遇横逆之事，只有忍耐。当晚彭华英科长电约余往南所胡同伊宅闲谈，余即前往。在座均广播电台职员，彭现任电台部长，并有博爱医院夫妇及报界王泰来、坤伶张玉英等十馀人。伊等见报载在同德数月戒烟、养病，外面谣传其说不一，不明真相，面问详情。余将戒烟、养病经过一一详告，入院时戒烟、养病、治疗费植源本人向余云每日最多不过二百元，将烟戒除身体强健，诸病痊愈，言三个月嗜好解除后各病自然健全，由阳历七月十日旧历六月二十二日入院，经三个半月，痛苦极点，每日忍耐大烟，勉强不吸，但痛苦病魔缠身，伊毫不负责任；按伊限期已过半月之久，治疗医药费实用八万馀元，临出院时扣留行李，云财物两清，此等结果令人难过；植源素日对于病人本无好感，闻在上月之前因与一特务治疗不讲信用，刘被捕至宪兵队，时常与病人成词告状，此次由宪兵队放出，以致因虱子传染斑疹伤寒，几至丧命。此次仍用此种惯技向余施用，真属流氓地痞行为。言毕王泰来大告奋勇，一定在三六九画刊将此情形登出，余极力拦阻，余意不过谈谈而已，不愿与同德结怨；再者流年运气不佳，诸事忍耐，大家一笑，随后大推牌九，余只好敷衍；临行时伊等之意请余在广播电台自述戒烟经过，诸事不顺被欺，余当面拒绝，如若宣传招惹是非，诸人亦未勉强要求。一时抵寓寝。

民国三十三年（1944年）十一月二十六日（甲申年十月十一日） 星期日

由昨夜大雪至今未止。早八时起床。刘廼和约余下午晤面，因怕有事之故，踏雪至伊家寻廼和出来散步，至安儿胡同小饭馆便饭，饭后步至西四二亩园用甜点，五时至燕京看电影。观后送伊至六部口，余返寓，晚饭稍息就寝。

民国三十三年（1944年）十一月二十七日（甲申年十月十二日） 星期一

早八时起，步至中央理发，又至蒲伯扬医院，恰遇伊外诊，步归午饭，饭后仍至伯扬处，又遇出诊，仍未与余治疗病症，只得回寓。近日风雪未晴，感觉痛苦尤甚，晚饭后实难支持，八时半即寝。

民国三十三年（1944年）十一月二十八日（甲申年十月十三日） 星期二 阴 风

早八时起，在院内闲步运动至十时，步至蒲伯扬医院注射补针，归寓。刘铁林同李绍庭来寓。李近来景况不佳，托余帮忙找事。刘见余出院，劝余即刻出演。一年来身体不佳，又在上海大病一场，回京又入医院治疗，家务各事均为令香照料，用钱浪费不下三十馀万，家中空虚，无奈借刘之劝余之机，拭泪出演；李安置留香饭店当稽查，每星期有戏时，与其例份以资接济。铁林介绍葛遂之操琴，梁俊骥为操二胡，由明日来寓说唱腔、吊嗓。因周长泰随王玉蓉赴沪，更换场面。午饭后小睡，六时与连孝闲谈，伊每日来寓与令文说戏，留伊晚饭。伊去后十一时方寝。

民国三十三年（1944年）十一月二十九日（甲申年十月十四日）星期三 忽阴忽晴

烟瘾作患，夜间忽睡忽起三次之多。晨八时起床即至蒲伯扬医院注射、用药治疗，即返寓。午饭后连孝来，忽见《华北新报》刘崇芳访余戒烟经过，均为该院植源一面之词，代同德做宣传，果未出余之所料。葛遂之、梁俊骥来研究《红娘》唱腔，准定星期五在华乐戏院出演。晚叶春荣及吴二内兄来，留晚饭，谈至十一时，客散即寝。

民国三十三年（1944年）十一月三十日（甲申年十月十五日） 星期四 阴 风

早八时起床，在院内用功练习运动，解其痛苦。十一时至蒲伯扬医院疗治病症，归寓午饭。葛、梁来说腔，王泰来电约令香至一亩园午餐，令香自做主人，王仍询同德与余戒烟经过，预在各报发表；令香大致述说。周五小姐来电，托余订戏票。晚与吴谚衡之媳及周景荣竹戏。两日人一中前长三、一河东来寓，云长茂顾才云所付之货物及经济股之账目均已开封发还，其意索取酬谢，立等解决，不见令香伊等不肯走去，在寓忽喜忽怒，有意恫吓。此二人由饭店厨役傅文忠、李瑞林介绍，先已运动警察局长官启货、开封、取账索去两万元，二日人出面假写借字，当即应允照付，并送瑞林及陈翻译每人一千元、二日人三千元作为酬谢，当时彼等均甚满意，二日人云以后不再索取其他用费及酬金，今日忽来寓，言从前索取之费用为运动各长官启货、开封、取账所用，现账、货均已取出，并二日人与顾接洽分钱、分货均可。余言当初此事在饭店办理，仍须到饭店与傅、李、陈及令香正式接头办理，日人始去。夜三时据令香云，此二日人均为李、陈、傅三人唆使，有意敲诈，由周股长审议说合，再出六千元作该二日人及傅、李、陈等之酬谢，并由该二日人担保以后不再索任何报酬，若再有此等情事，二日人出面负责。余想亦不过如此，诸事忍为高。四时始寝。该夜大风大冷，滴水成冰。令香在饭店宿未回寓。

民国三十三年（1944年）十二月一日（甲申年十月十六日） 星期五 晴 风

遍地皆冰。早九时起，在院内运动后即至蒲伯扬医院注射，治疗戒烟善后，回寓。王科长由同德医院来，据植源述说扣行李钱物两交现变僵局，王情愿出面调停，将余行李送来，还债打八折，得余许可，伊去办理。余因情不可却，只好允诺，留午饭。葛、梁来说腔。由上海回京养病至今七月之久，今日初次在华乐出演夜戏，剧名《红娘》。

一九五七年

1957年

1957年8月27日

五十年来，我在戏曲艺术实践中，体会出一个道理，那就是想要在艺术上达到最精纯、最凝炼的境界，一定要讲求三分生。我们常称道老艺人的艺术，表演得恰到好处，不油不滑，不贫不厌，这中间就包括三分生的道理。一般青年演员，虽然学来了一些表演艺术，但还没在脑子里伸腰，演出时为了讨好观众，作戏很用力，常是大洒特洒。到了壮年，由于投师学艺、刻苦钻研，基本上消化了程式化的表演艺术，做学生时候的过火表演逐渐消失，这时不为程式所掌握，反过来却掌握了程式，不管学谁，自己摸出点儿门道，能给观众一些美的东西了。但此时要加倍用功，不可满面傲气，甚至于在后台屡次催场不扮，摆架子拿堂，马虎了事，满不在乎。俗话说后台好角，上台柴头，要知道这时仍难免夹杂一点油滑(飘)或繁琐(碎)的东西。等到晚年，由于从生活体验里，提炼了很多东西，丰富了自己，由于半生从事舞台生活，连熏带磨，又由于师友和观众的帮助和指教，像经过沙里淘金，艺术上所保留的全是最美的东西了。此时不仅掌握了程式，而且丰富和发展了程式，从个人整个艺术发展过程来说，达到了收敛、含蓄的境界，这就是所谓的炉火纯青，也就是达到了表演上的恰到好处。用画家的术语来说，就是进入化境。在这种情况下，在舞台上一点不做作，不卖弄，不洒。如果有一点做作、卖弄或洒，反而增其丑，增其厌，增其俗，破坏了艺术的美。所谓东施效颦，就是这个意思。如果把一般的演员的演技，比作画龙，那么

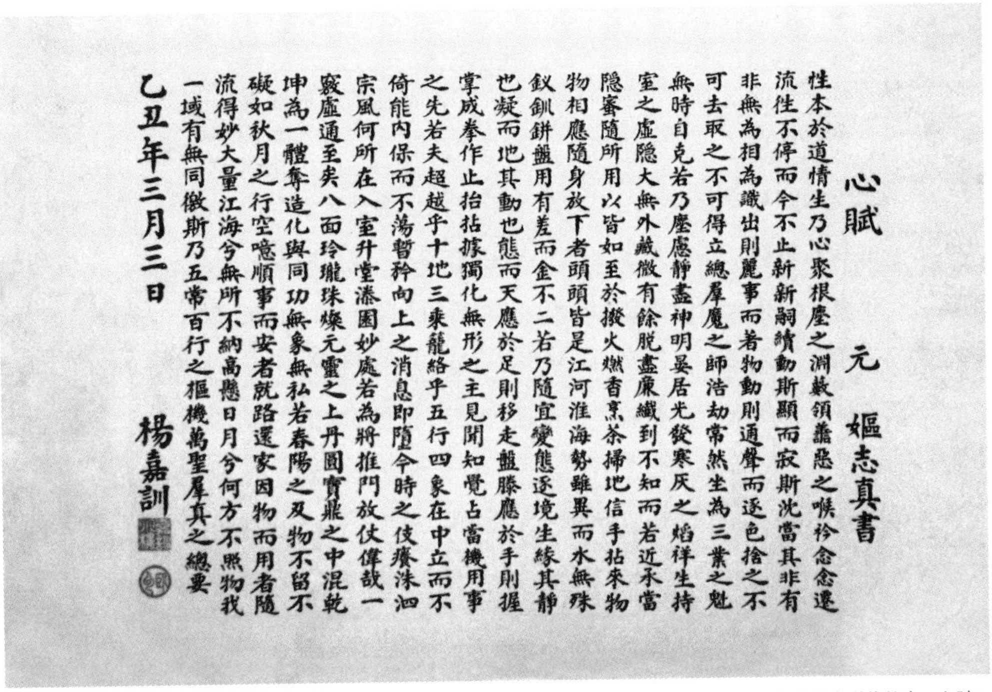

心賦　元　嫗志真書

性本於道情生乃心聚根塵之淵藪領蠢惡之喉衿念念遷
流性不停而今不止新新嗣續動斯顯而寂斯沈當其非有
非無為相為識出則麗事而着物動則通聲而逐色捨之不
可去取之不可得立總羣魔之師浩劫常然生為三業之魁
無時自克若乃塵慮靜盡神明晏居光發寒灰之焰祥生持
室之虛隱大無外藏微有餘脫盡廉纖到不知而若近承當
隱審隨所用以皆如至於撥火爇香烹茶掃地信手拈來物
物相應隨身放下者頭頭皆是江河淮海勢雖異而水無殊
釵釧缾盤用有差而金不二若乃隨宜變態逐境生緣其靜
也凝而地其動也態而天應於足則移走盤滕應於手則握
掌成拳作止抬拈據獨化無形之主見聞知覺占當機用事
之先若夫超越乎十地三乘籠絡乎五行四象在中立而不
倚能內保而不蕩暫矜向上之消息即隨今時之伎癢洙泗
宗風何所在入室升堂漆園妙處若為將推門放仗偉哉一
竅虛通至矣八面玲瓏珠爍元靈之上丹圓寶鼎之中混乾
坤為一體奪造化與同功無象無私若春陽之及物不留不
礙如秋月之行空噫順事而安者就路還家因物而用者隨
流得妙大量江海兮無所不納高懸日月兮何方不照物我
一域有無同徹斯乃五常百行之樞機萬聖羣真之總要

乙丑年三月三日　楊嘉訓

杨小楼书赠荀慧生《心赋》

杨小楼演出《甘宁百骑劫魏营》

老艺人的功夫，就是点睛。在适当的地方，使出浑身解数，用尽全身的力量，点上一笔，使整个戏，饱满生动，给观众以最高的艺术享受，以至留下永久的鲜明印象。过去杨小楼老板武戏文唱，给人印象深亦是这个道理。我们回想杨小楼一上台，并不是在那卖弄做作或洒，而是在戏的紧要关头，给人戏看。但是也不是别人作戏，自己休息，而是静中见动，动中见静。我现在这个年纪啦，演出的戏，偏是十六七岁的小姑娘。按理说不行啦，但是要演出来，还要是那个意思，是小姑娘，不是老姑娘，叫人爱看，给人美感。窍门在把表演中油滑的东西褪掉，而在作戏上不大大咧咧，倚老卖老，这就是三分生。这个生，可不是做饭夹生或回生的生，而是不软不硬的，恰到火候。用果子比吧，不是刚成形的青头楞，也不是烂透了的一摊泥，而是红里稍青，青上罩红的香脆甜的时候。古语有句：“徐娘半老，丰韵犹存。”也可以解释三分生，追求的那个丰韵，也就是艺术上的三分生。我们还可以从生活中的许多事例来解释艺术上的三分生的道理。譬如朋友之间的友谊，纵使是莫逆之交，也应该保持一定的谦恭和礼貌，这样才能维持永久的友谊。古人所说：“君子之交淡如水。”所谓水，不是白水一杯，淡而无味，而是如水的清淡、深远，源远不绝。要保持一定的谦恭和礼貌，也正是我在艺术上要求的三分生。总之，演员在青年时候，肯做肯唱，肯卖力气，虽然过火一点，也觉得可爱。到了中年，就要有内心表演，给人真的看了，不能油腔滑调，大大咧咧，满不在乎了。到了晚年，表演更要收敛含蓄，刚柔并济，不可装腔作势，乱洒一气，招人肉麻，这就叫三分生。

一九五九年

1959年

1959年8月28日

前观《剧本》月刊59年7月号内，登有一篇文章，认为折子戏《玉堂春》或《女起解》是出好戏，而全部《玉堂春》就算不得好戏，因为它结构太散，把《玉堂春》中苏三所叙述的情节，一五一十，毫不遗漏地都用明场铺叙出来了。我和这位作者有点不同的看法。因为《玉堂春》苏三叙述的往事，观众要不知道全部剧情，光凭苏三跪在那儿苦唱，谁也听不懂。再说那时候也还没兴出打幻灯字幕哪。我是唱苏三的，一想不能叫这一出老传统戏失传，所以才加头益尾，有了从“嫖院”起，到“监会”止的全部《玉堂春》，唱着唱着，才给观众唱明白了。观众知道王公子跟苏三有那么一段爱情，王公子有那么一段倒霉的遭遇，而苏三后来又有那么一段被屈含冤的案子。故事曲折婉转，怎么能算散哪，怎么能算絮烦哪。在戏里，特别是传统戏，常有重言倒语之处，为什么呢？是要观众听懂。有时说了还要唱，有一件事，这个人交待了，那个人还交待一番，就看你安得恰不恰当，活不活了。还有一出戏《奇双会》，李奇一开场，在狱中自叹身世，唱了一段自己的家庭历史。后来由狱神传给李桂枝，桂枝叫出李奇，李奇又哭唱一次。桂枝求其夫写状，又复述了一遍。后来三拉中，还有一番絮烦。这样重言倒语，是为什么？也是为叫观众弄清楚李奇的家世。可是观众听了这样多的重言倒语，真的了解了李奇贩马的经过和家庭变故没有？我看，不看剧情说明，观众光听，还是不大清楚。再说另一出戏《法门寺》，一般观众对这出戏的来龙去脉很难弄懂。因为剧情太曲折复杂，事儿太多。孙寡妇听经，舅父、舅母投宿被杀，刘彪杀人，把人头扔到刘公道家，刘公道害死宋兴儿，宋巧姣、孙玉姣的会见等，情节太乱了，因此内行都管这出戏，叫“法门乱”。如果有人也加上前场那些情节，哪怕是一些过场戏，交待一下来龙去脉，不是也能叫观众明白些，不闷在葫芦里吗？全部《玉堂春》，是我花了不少功夫整编的一出本戏，基本上是丰富了这出戏。我的很多学生学了这出戏演出后，受到观众欢迎。我想现在这出戏能传下来，就不算坏。有些冷戏、失传戏，不唱了，也不见得是戏不好，而是演员没有很好下功夫，戏就变冷了。所以，评论戏一定要多看看舞台演出，光看剧本，是看不出内中有戏没戏的。譬如《奇双会》，如果没有看表演，光看本子，还有什么戏呢。我是看了《剧本》上的那篇文章后，引起的这些想法。现在我在日记上就这么写了，也许不够妥当，以后见到作者再交换一下意见。

荀慧生在北京戏曲研究所做讲座

1959年8月31日

我最近时常回想，过去有些演员红极一时，真是每演必卖满座，但是好景不长，没有多少年便在舞台上不见了，甚至于潦倒无闻。例如梆子名坤角金少梅、晚香玉、杜丽云、杜丽珠(可不是现在唱京剧的杜丽珠)，还有杜云红等，当初捧的人太多啦，结果给捧到无底洞里去了，再也没上来。真是曾几何时，风流云散。道理何在呢？就是当初那些演员，总是把自己的姿色与天赋摆在第一，对艺术钻研不够。而当时一般捧角的观众，醉翁之意不在酒，组成了一个使人堕落又使艺术堕落的圈子，害了演员，也害了艺术。这是旧社会封建势力摧残人，又摧残艺术的恶劣作风。而当时有些知道上进的演员，不肯同流合污，因而遭到排挤，不能在舞台上站住脚。但演员自己，却肯背后练鞭，不断提高自己的艺术，渡过了旧社会种种苦难关头，终于在解放后的时代，在“百花齐放，推陈出新”的方针下站起来，受到党和人民的重视。像秦凤云、李桂云等同志就是。我想如果金少梅等人当时不遭受旧社会封建势力引诱摧残，肯于在自己的优良条件的基础上，刻苦学习，不单拿姿色取悦于人，其结果，必定是大有成就。我自己就是个比较拙笨的人，先天条件不是太怎样。但是我自己肯于钻研，肯于研究，肯于背后练鞭，这样，在旧社会也难免遭受一点讥笑或打击，可是我马不停蹄，还是练。我刻苦挣扎的结果，如今六十多岁了，多少对京剧事业有了一点贡献。不过回首前尘，真是惊悸万分，满目荆棘，如果不是解放，我真不知道还要遭受多少嘲讽啊。总之，作为一个艺人也好，作为一个普通人也好，全不要走偏道，投机取巧，那是自欺欺人，最后是自己掉进泥坑里。必须埋头苦干，一步一个脚印，抱定决心，跟艺术共生死。天下无难事，只怕有心人，最后必有成功的一天。所谓“铁打房梁磨绣针，功到自然成”。磨成针是好的，可是千万别磨成秤砣。因此我在《荀灌娘》本子里，借荀常(这个名字就说明他的条件不怎样)的嘴说了一些勉励青年的话，什么别看我笨，架不住学，什么不怕慢，就怕站，什么受人一字，终身为师，这全是我思想上的东西，愿意借荀常的嘴，感悟今天的青年上进。

1959年9月1日

晚上七时至长安戏院，应约观摩平谷区河北梆子剧团演出的《荀灌娘》。剧本是天津小百花剧团的本子。戏演得不错，演员都很卖力气。我边看边想到我最近演出的《荀灌娘》。我编此戏时，结合了历史，叫它不与历史相违背，同时又结合了现实，使它有现实教育意义。我主要突出荀灌娘的智慧，不是武艺。请想一个十三岁的小姑娘能有多大武艺呢。她能突围出去，不是仗着武艺，而是依靠智慧，甚至于是临时仗着个子小，不被人注意，找个空子就这么悄悄逃去。因此才有前场教她哥哥射箭的戏。总之，同是一段历史故事，由于编者看法不同，取舍不同，所编的戏，就各有特点。再说荀常这个人物是个公子哥儿，由于母亲溺爱，娇生惯养，只贪玩耍，不愿用功，这样反衬出他不如妹妹荀灌娘。这是写戏技巧上的一种对比写法，有黑才显白，

荀慧生与学生一起排演《荀灌娘》

由小才见大。平谷剧团改名荀刚，写成是员英雄小将，最后战死沙场，人物倒像个人物啦，可是这就失去了对比作用了，衬不出荀灌的英勇智慧了。周访、周抚父子全由花脸扮演，活画出一对糊涂虫，倒也有趣。只剩下他手下一名军师陶侃是个聪明人在那办事，未免不近情理。好在没有后面结亲一场，也还无妨。还有第一场荀灌娘上场后，有两个丫鬟春菊、秋菊陪着看书，三人一块儿大谈其古代少年英雄。转来转去，费了很长时间。还有教丫鬟练剑，实在离题太远。

1959年9月5日

伟君理发毕，同到老舍家中晤面，谈及31日我在民主剧院演出改编的《荀灌娘》，老舍先生提出一些观后意见，特摘录于后，以作修改时的参考和借鉴。他说：剧中陶侃扮相不好，蝇甩更无必要，可否穿蓝袍，这样可减少一些妖气，连《赤壁之战》中的诸葛亮不是也脱去八卦衣了吗？荀灌娘的头场下场不脆。石览二次与女扮男装的灌娘见面不妥当，荀部只有四将，都来到南门护送灌娘出城，其他东、西、北三门，在此战火熊熊之时，有兵无主将，怎么行呢？杜曾换衣太久，影响观众情绪，久待不耐。在城下荀松父女离别唱〔反二黄〕，老生唱可减免。头场灌娘穿的衣服太大气，欠斯文，改穿绣花服装。二次箭射杜曾嫌重复，可否第二次改为杜曾被枪挑下马？二丫鬟被擒时，可否稍加一些武功动作，因为此戏是表扬女子的英勇。周抚与灌娘拜把兄弟，所说拜天地之口吻过直，应稍加转折。是否可改为周云:“你我结为把兄弟，来，来，来，摆上香盘蜡

荀慧生（中）和张伟君（左一）、荀令香（左二）、黎琼（右二）、刘仲秋（右一）

烛，你我一同拜过天地。”荀云:“干吗拜天地呀？”等意。从上面这些意见，很可看出老舍先生对我之热情关心。不仅看了戏，还费心琢磨、研究，这够好朋友、老朋友的交情，写时不禁油然生出感谢之情，日后修改时，一定斟酌采用。

1959年9月6日

午饭毕，闷坐无聊，想起我团随我多年的名丑朱斌仙。他有一个毛病，就是你要招呼他，他一边答应一边来个“老虎大转弯”，脖子带身子全回过来。这为什么呢？因为他有罗锅，而且腿上也有毛病，所以有这个“老虎大转弯”。说到“老虎大转弯”，这可真是不假。老虎没有脖子，要回头看人可不行，要回头得连身子一起扭过来，因此才有“老虎大转弯”这么一句话。评书演员说《武松打虎》也说过这一点。老虎一扑没扑着。扑空了，不能马上转过身来，才拿爪子往后刨，想掀倒武松。如果虎能灵活转身，武松可就更费劲了。从朱斌仙大回身，谈到老虎不能自由转动，联想到旧社会妇女被束缚起来的形象。先说服饰上，汉装妇女梳大头，戴簪钗首饰，两耳垂着滴里耷拉几寸长的耳环，脚底还缠着足。旗装妇女梳两把头，大拉翅上面压着很多金银首饰等装饰品，外带垂着穗子。耳朵上也挂着大耳环，脚底下是花盆厚底子鞋。总归一个样，全是给妇女上了枷锁。戏台上既是要反映生活，当然也就要把妇女生活中的这些东西表现出来。但是因为戏是艺术。艺术是教育人民，是要给人以美的享受。当然像缠足已给废除了，这是一件有意义的事。至于花盆底鞋，就应该穿这样的鞋，因为对身体没有损害。头上的东西，我们就不往束缚妇女方面想了，要往艺术上的美那方面想。实际今天戏台上妇女梳大头，戴珠翠，比生活中的真东西还累赘。旗装妇女梳两把头，迎面一堆花团锦簇，也比生活里的真东西复杂。但是我们只见其美，不见其束缚性了。为什么呢？因为在戏台上啦。既然是表现艺术上的美、做演员的，就要往美上研究。因此唱青衣的，上台必须端端正正，稳稳当当，两眼平视，双足轻移。有人呼唤，必须连身子一齐向后转，绝不能脑袋像个拨浪鼓，随便扭脖子。这才表现出一个娴雅端庄、受过教育的古代女子的形象。咱们演旦角的，一定从这个地方琢磨，才能适当地描绘出古代妇女典型。否则连蹦带跳，那不成了现代的女运动员了吗？当然要演小姑娘、小丫鬟，例如荀灌娘、红娘等，这类人物可不比大青衣，因为她们还是小女孩子，没有结婚呢，自然要自由些。要把红娘演成《井台会》的李三娘，或是《三娘教子》的王春娥，那可就满拧啦。我不过随便说说这俩例子，比得并不一定恰当。罗锅和老虎的动作，是自然的。若在台上演罗锅或老虎，只要传出他的主要精神即可。总之，只要抓住了窍门、要点，戏就可以演好啦。

1959年10月13日（农历9月12日星期二 晴 微风

中国戏校演出改编的《战宛城》，我看了之后，认为改得不错。第一场曹操马踏青苗，割发代首，足以表现了曹操这一大政治家的风度。戏中有些粉的地方，现在演出全改掉了，这是非常好的。例如“思春”一场去掉那些粉的地方，改成思夫。意思是邹氏暗想，如有先夫在世，宛城岂能失守，自己也不至于落到这步田地，表现出邹氏种种复杂思想活动，这就很合情理。还有把帐外三报，也改得不丑化了，很干净。邹氏这个人物改得不错，不是过去舞台上的淫荡寡妇了。这个改编我看是根据老本，丫鬟劝邹氏阅读兵书消遣，开唱，她唱：“看兵书也难解我心中烦闷，”春梅又劝她是否抚琴解闷？她又唱：“这时候怎叫我来抚瑶琴。”最后和丫鬟在外面遇见曹操，她又唱“看此人与先夫相貌一样”，这三句唱，就是改编者想发挥笔墨的地方，也就是叫演员表演的地方。戏发挥了一些，但是没能往更深的地方挖一挖，演员的表演也没向观众交待明白。例如她唱完“看此人与先夫相貌一样”那句，下面没表演就下了，有点太直太快，应该在这种地方加戏。日常生活里我们看谁像自己家里人，马上在脑子里有一番回忆，多少也要有点出神思索的工夫，等到恢复元神，一定要含羞带愧而去，不能见面看到像谁，是冒冒失失地跑啦。另外邹氏思夫时，走“花梆子”，我有点不大明白，因为“花梆子”是表现小姑娘蹦蹦跳跳，或是心情愉快，或是有压抑不住的激情，才能安上这一程式技巧。虽然“花梆子”是老艺人的绝活，安时也得合情合理，到处都抖落绝活，活也就不绝了。全把绝活弄在一块，那就成了八十八扯了。另外有些地方，还要斟酌，例如张绣献宛城后，曹操大阅张绣兵将，结果将张绣人马、火牌、削刀全分散在典韦等将手下，就把兵权拿过来了。张绣很受曹营众将轻视和侮慢，张绣是敢怒不敢言。这一点演张绣的演员，没有更深入地揣摩。我从前常与杨小楼先生合作演出这个戏。我还记得小楼演这个角儿，临下场前，看到自己手中令旗，忽然勾起烦来，心想自己也是堂堂五尺的汉子，过去发号施令的威风，一扫而空。现在只落得屈居人下，仰人鼻息，不由有些感叹。然后面对令旗，嘿嘿冷笑数声。好像说，这令旗拿在手中，还有什么用呢。最后无精打采地背手晃荡着令旗下场。这次张绣没有这些表演动作，仅对曹营众将来个嘿嘿冷笑，下场太简单一点。还有曹操和邹氏的关系，是曹操不知道她是张绣的婶子，要知道和张绣的这层关系，我想曹操是不肯这样做的。

无论如何他也要保持一个三军总帅的威严。因此听到是张绣的婶母时，先要抽一口气，以表示这怎么使得呢！然后加以考虑，送回去还是不送回去呢？一想送回去，更要闹个满城风雨，倒不如悄悄收下，也许能免去一番口舌。老词有句“将错就错”，也有念“已错就错”均可，不过不要特别强调就是了。不要把大花脸变成小花脸，丑化了人物，失了曹操的身份，这点戏要细作，才能表现出曹操的心理活动。敢作敢为，这是曹操的作风。曹操留下邹氏之后，当着张绣面叫春梅打茶，这也是老戏描写曹操之处，曹操占有了邹氏，自己怎好对张绣说出口。要春梅打茶，这是暗示张绣，你瞧你们家的丫鬟，在这儿使用，你的婶也属于我了，有什么话说。这是表现曹操试探张绣，看张绣是默认呢，还是羞怒而想反？如果发现张绣有对曹操不利的破绽，那时再定夺，或杀或赶。这就是曹操这场戏的内心活动。演曹操的演员要注意到这一点。总之，这出戏改得不错，再多研究一下，那就更好啦。

10月15日（农历9月14日）星期四 晴

前天我谈了一下《战宛城》，我仅谈到人家的优缺点。今天谈一下我对于这出戏邹氏上场的改法。我的意思是邹氏先上来唱四句〔慢板〕，意思是说战乱不息，心中烦闷。紧接丫鬟上来，丫鬟也是很关心城外战事，并问邹氏，宛城人马和曹军作战，究竟怎样了，这时邹氏也是心中没数，说不出所以然来。丫鬟年幼怕死，对死很关心，因此她又问邹氏如果张战败，曹操能不能杀头呢？邹氏当然更没底，回答不上来。丫鬟又絮絮叨叨说：可惜呀，这时候要是老爷活着多好！（说的是邹氏之夫）邹氏问：好在哪里，春梅说：要是老爷活着，和少老爷两员虎将，威镇宛城，有谁敢来用兵攻城呢！现在剩下张绣少老爷一人，耍了单儿啦。曹操瞧出空子，因此才率兵前来攻打。邹氏本来就烦闷，现在忽听提到死去的丈夫等等的话，不禁勾起情思，柔肠寸断，凄伤不已。春梅一见邹氏蛾眉紧锁，低头不语，知道邹氏心情很不舒畅。于是请她阅读兵书消遣，邹氏这时候还有什么闲心阅兵书消遣呢。春梅又叫她抚琴解闷，邹氏更无从抚起了。最后春梅为了安慰邹氏一人寂寞之情，便下楼去请张绣部下张先、雷绪两位将官的夫人去了。这时候院子突然来报宛城失守，张绣降曹。院子去后，张、雷二位夫人上，二人也和邹氏打听城外军情。邹氏告诉她们宛城已失，张绣降顺曹操。此时这三位没有心肝的妇女，反倒有了喜悦之色，因为她们认为不打仗，就没有死亡的危险，就还能过日子，可是她们就不管投降的羞辱了。于是在欢欣之下，邹氏留宴，并带着张、雷二位夫人，到府前过街楼上去看看占了宛城的曹军人马，这是一种修改方法。或

荀慧生与女儿令莱

者是这样，邹氏先上唱四句〔慢板〕，紧接“急急风”院子上报：侄少爷兵败降了曹操，邹氏一听不禁大吃一惊，像晴天打了个霹雳一样，因为她不知道投降后，是否能保全身家性命，马上有些坐立不安，吩咐院子再去打探，院子还没下去，和春梅走个对面。春梅问院子慌慌张张为了何事，院子说：“你还不知道吗？宛城丢失，少老爷也降了曹操。”春梅忙问投降还杀头吗？院子是个老年人，有阅历，告诉她投降就不杀头了。院子下去，春梅喜悦进门，给邹氏打茶，一见邹氏神色不安，一想一定是为降曹之事，便把刚才从院子那儿听来的话，“投降就不杀头”啦，原原本本地告诉了邹氏。邹氏听了还是半信半疑。春梅接着问邹氏说：“这要是有咱老爷活着多么好，就可以和少老爷叔侄二人，同守宛城。现在老爷一死，曹操欺侄少爷人单势孤，这才前来攻打。”邹氏一听，提起丈夫，勾起思夫之情。春梅又请邹氏看兵书或抚琴消遣，却都遭到邹氏拒绝。

王瑶卿、荀慧生参加北京第一届文代会

之后，春梅想劝解夫人，却勾起邹氏心情波动。这时邹氏在表演上，思春也好，思夫也好，全在于演员对人物心理的掌握。春梅看她心烦，念念叨叨，暗下去请张、雷二夫人前来与邹氏闲谈解烦。接着报二位夫人过府叙话。邹氏留宴，同上过街楼看形势如何。这样一来不要紧，邹氏和曹操就有了见面机会。果然曹操带领大队人马耀武扬威进了宛城。得城以后无忧愁、无挂虑，洋洋得意地换了便服。因为心中无聊，就带了侄子、儿子，去街中游逛，偏巧是冤家路窄，打从邹氏过街楼下经过，两个人眼神对了一下。邹氏一看曹操很像自己的丈夫，便唱出“看此人与先夫相貌一样”。

接着凝神呆望，被旁人扯了一把，才恢复元神，始知有失妇人之道，很感羞愧，下楼去了。这时候曹操可有点心猿意马，饱暖思淫欲，按捺不住，在高兴之中，急欲获得这位女子。旁边曹昂仗义执言，劝阻曹操不可行此无理之事，但是曹操的情欲战胜了他的理智，出征前马踏青苗、割发代首、军纪严明那样的事已忘在脑后，一心在打邹氏的主意了。他不听忠言相劝，坚决派其侄前往抢邹氏。写到这里，我忽然想起曲素英饰演的邹氏，在“刺婶”那一场，跪的地方不易叫观众看见。因为跪在下场门前，被前边曹兵挡住，不如跪在台前，这样就容易交待清楚。还有一件事也值得提一提。就是过去我和尚和玉、周信芳两位先生演这出戏，“刺婶”一场，邹氏握住张绣枪头说：“侄儿你莫非杀昏了吗？”张绣回答：“婶娘你不该败坏我家门风。如今我恨不得一枪将你刺死。”接着场面起〔风入松〕牌子，邹氏来“乌龙搅住”或者“和弄豆汁”。然后归原地位握枪尖刺咽喉，向后下腰，再起来握住张绣枪尖，借劲使劲“摔抢背”下。可是我和杨小楼先生唱这出戏，就没有“侄儿你杀昏了？”这么一问。我认为不问合理，因为这时张绣把曹操和邹氏恨之入骨，一见面就红了眼了，谁还有工夫说话呢。再说家丑不可外扬。这事只能对参谋说，哪里能当众出丑呢，还得要脸呢。因此先扎死你是真的。所以杨先生一上来没有话，更能表现张绣当时气愤难消的神情。总之，老先生作戏，是有一定道理的。该念的，一定要念，该唱一定要唱，一切全在戏情戏理之内，不是任意而为的。所以我设计的这场戏也是从邹氏这个旦角角度出发，根据邹氏人物性格和她当时的环境，以及当时心理活动想出来的一场戏。

10月21日（农历9月20日）星期三　晴

早八时沐浴，偶然想起梨园趣事。过去梆子演员驴肉红，这个人可真有些办法。为了唱戏自己不叫座，想入非非，不在研究戏上下功夫，竟搞些旁门左道。他有个日本老婆，硬叫她穿日本和服以本来面目上台，大唱《王春娥》，“梆子”戏叫《忠孝牌》。日本人唱中国戏，观众认为新鲜，都要看看日本人扮的王春娥，其实她唱的比什么都难听。可是当时观众好奇，这个王春娥出场，任何身段表情均无，仍旧穿木屐，是日本人平常走路的样子。台下由头至尾笑了一出戏。是不是这就叫做喜剧？虽然驴肉红捞了一笔，后来观众也感觉日久生厌，不吃这一套了。他又异想天开，拿牛、驴、汽车生财。于是乎真牛、真驴和汽车上台。

有时他唱《探亲相骂》，他扮乡下妈妈，就骑真驴上台，逢演必满。听戏人真所谓变成看戏了。观众也是一时被他蒙哄住了。牛、驴、车满街跑，举目皆是，而且真有用处还实惠，怎么一搬上戏台不能使用，只能当摆设，反倒值了钱了，这可应了那句话了：唱戏人是疯子，听戏人是傻子。观众也不能老是傻子。看看也就够了，也觉贫厌了。驴肉红有时还真在人前夸示自己有脑筋，天赋好，自己演戏很受观众欢迎，天天满堂。我当时也嘴损，说那是你卖满的？那不是你，那是牛卖满的。观众不是瞧你来啦，是瞧牛来啦。我想当时弄只骆驼上台，或是狗打架，比他更能叫座，那行吗？

还得给人家演杂技的留饭呢。何况人家是耍技巧，有表演，狗、马也是有训练的，不是拉上台就算一出戏。这说明演员不拿艺术作研究，说旧话干什么不说什么，只能热闹一时，不能流传久远。

10月27日（农历9月26日）星期二 晴

京剧剧目多是经几百年流传下来的传统剧目。限于时代条件，剧本内容，不免有一些不好的地方。有些戏在描写上，色情味很重，即所谓粉戏。对于戏中粉的部分理应断然剔出。但有些同志，却把稍涉及到男女感情的描写和剧词，都一概列为粉，这也是不太合适的。因为很明显，男人和女人都是生活中的人，戏剧放弃不写，就不能全面反映生活。而且戏剧文学的好坏，不能与小说诗歌、文学作品同样对待。评论戏曲文学必须从剧本内容及演出两个角度出发，才能得出正确的评价。比如同一出戏，两个演员对于剧情的体会、人物的认识及表演的处理不同，在观众中产生的反应也不一样。一段好戏，由这个演员来演也许平淡无味或者歪曲了主题。相反，一个看来不甚出色的戏，经另一位演员处理以后，却生色不少，甚至变成好戏。像《荀灌娘》剧中“军中夜话”一场，有一段荀灌娘的独白：“他要跟我拜天地，又要跟我睡觉，真要是拜天地，又一块睡，那不成了……那不坏了吗？”这样一段话，叫有些人从字面上看来，未免觉得不太好。但是我在表演时，考虑到荀灌娘是一个十三岁的天真活泼的小姑娘，对于谈情说爱不太了解，只是听到周抚的话白，有惊奇之感。因为她自小受的是宦门家庭的教育，年纪幼小，顶多就知道小姑娘可不能跟小小子一块儿玩，究竟为什么，她不知道，这就是知其然，不知其所以然。而且她是一个巾帼英雄，这些事她不往心里去。因此提到“跟她拜天地”“一块睡觉”这些话，觉得与女孩子不能和男孩子一块玩的家教不相合。因此停顿一下，便想到“那不坏了吗？”这“坏”字，指的是违背家庭训教，不是指和男人怎样怎样，十三岁的女孩子，想不到那上头去。而且我在表演上，仅仅是表达了荀灌娘的害羞状态，并没有用过多的表情，或做出手势动作来。因此说“军中夜话”荀灌娘那一段词和表演，不能看成粉。我们生活中也是一样，比如家里人一起聚谈，时间已经晚了，一对夫妻也都想休息了，妻子对丈夫说该睡觉啦。这句话本身绝引不起坏想法。但是妻子说这话时，做了一些手势，或者挤眉弄眼，来个媚笑，这个情况可就不同了。

《甘露寺》马连良饰乔玄

这些表情动作，明明暗示出不光是睡觉，还包含着其它意思。当然这只是举个例子说明，不一定有这种事实。总之语言单独说起来，是一番意思，加上动作比划那就变了意思了。在戏台上也是一样.光念台词是一种意思，要一加上表演动作或手势意思就不一样了。所以念“要是拜天地，又一块睡，那不成了”一段白时，要用叙述的口气。到“那不成了”这半句话下面，有一个停顿表现她这时候才略有所悟，神情上有些不好意思了。“那不坏了吗”，要压低声音，而且不念成“那不就坏了吗”。“就”字万加不得，如加“就”字，是想偏着了。我这是举一反三，因为小姑娘不通风情，对人事似懂非懂，只有这种表演，才恰如其分。观众欢迎，而且觉得很有戏。所以戏粉不粉，不全在戏词上，主要看表演，叫它粉，它就粉，不叫它粉，它就粉不了。如果唱泼辣妇女的玩笑旦，那又是另外一回事。连表演带剧词，全是为了要色情表演，那才真叫粉了。还有一种老旦，有时候也要发一种牢骚，叫老头子时说：“老爷天色不早，你我后面睡觉去吧。”老头还说：“你真是人老心不老。”这话都说明了，你说粉不粉，不粉原因何在呢？因为台下观众看法不同了，思想也不同了。这一对头发都花白的老夫妻要来逗哏，观众只视为一笑，不去胡猜乱想。

假如换了青衣花旦那就粉啦。要真粉戏，过去可也有过，才叫粉，不但粉，而且淫秽了。可是这能叫戏吗？在过去就不许唱了，因为所表现的东西太下流无耻。话又说回来啦，过去那个时候，根本就不是为表现戏曲艺术，而是有钱的公子哥儿喜欢那些玩意儿。什么肮脏的社会，就有什么肮脏的表演。今天提起来，真有些好笑，您说那叫戏吗？

11月9日（农历10月9日）星期一 晴

老舍去后，突然想起旧社会戏曲界的生活，那真是不易。强欺弱，上压下，犯阴冒坏，黑幕重重，如果谁意志不坚，很难在舞台上站住脚，气也把你气跑了，有很多有才能的演员，由于同行的排挤，一赌气地说，我不吃这碗饭了，就改行了。我还记得我在上海唱戏的时候，恰巧赶上马连良同志从福建初到上海，我约他到亦舞台合作演出。有一次盛宣怀家堂会，我和高庆奎唱《四郎探母》，同时我还赶回亦舞台唱轴子戏。连良在亦舞台头天打泡《黄金台》。那时候他手头拮据，经济困难，行头不够完整。有一天他唱《珠帘寨》，求人代借行头，唱小花脸的孟鸿茂，就是唱须生的女演员孟小冬的叔父（也许是伯父，我闹不清了），表面代连良借行头，看来很热情，但骨子里故意和连良过不去，开他的心，玩阴的，把自己唱《盗魂灵》猪八戒穿的靴子拿来。好！这双靴子是为猪八戒特制的猪头靴子，每只靴子上有两个猪耳朵，呼扇扇的，连良是回民隔教，这么一双靴子，这不是玩笑得过火吗？要搁别人，准翻儿了，可是连良有涵养，一点怒容没有，事情就揭过去了。从这儿可以看出来，一个有心胸的人对小事情是不放在心上的。古语说："君子坦荡荡。"也就是说，胸怀大志，小事不究。今天连良同志的艺术，在须生界占有相当地位。这也是与他为人宽宏大量，艺术上勤学苦练大有关系。我记得连良搭亦舞台时，后台管事嫌他唱戏调门低，那个时候，上海观众爱听高调门，喜欢大嗓唱。管事老板等对他不放心，怕叫不响，耽误生意。我就从中解释，向老板沈少安说：慢慢来吗。还是叫他多唱，前台观众一认可，不就行了吗？后来他真下功夫，果然红起来啦。他第一次跟我合作《贩马记》（又叫《三拉》，还叫《奇双会》），连良饰李奇，此剧"监会""写状""三拉"

仍保留吹腔。我将他加头加尾，改编头尾唱二黄。后来我们还合作过《打渔杀家》《审头刺汤》《汾河湾》《武家坡》《南天门》等青衣、老生的合作戏。

提起连良唱萧恩也受过好气，忘记他穿什么靴鞋，有些人就故意和他胡乱挑剔。有的说该穿鱼鳞洒鞋，有的说穿靴子，还指出什么当年老谭（鑫培）、又说是程大老板（长庚）就是这么穿。实际不用说大老板，他连老谭也没看见过，就这么蒙事。有一天连良说笑话，再扮萧恩我可有准扮相了。人家问他怎么个扮相？连良说：我一只脚穿鱼鳞洒鞋，一只脚穿靴子，准保谁都对得住，两不得罪，这可就行了吧？这才算完结。

连良学的是贾洪林，调门低，但是人家能自掩其短，专找念白多的戏唱，而且善于做工，后来他自己创了些巧腔，多半调门低的，老生多学他。

编后记

和宝堂

一部让人充满遗憾的《小留香馆日记》即将与读者见面了。应该是四十四大本，记录了一位京剧艺术大师的真实一生，如今却剩下仅仅六本，实在让人扼腕感叹不已。那么应该如何看待这部日记呢？我认为这是一段我们完全不了解的历史，却又是一段非常可信的历史。正是这段历史让我们认识到我们未知的社会，未知的京剧界，未知的大师的生活。尤其是主人公那坦诚的态度……

当《小留香馆日记》即将与读者见面的时候，我的思绪却回溯到1999年前，记得当时荀令文先生病重，在病床上心系其父荀慧生大师百年诞辰的纪念活动，特别希望能够出版有关荀慧生大师的传记或自传。为此请著名作家、他的老友邓友梅和时任北京市戏曲学校校长孙毓敏面商此事。孙校长感到事关文字工作，让我陪她前往。当时邓先生和孙校长都推荐我来承担有关“纪荀”的文字工作。

我虽然看过一些荀慧生先生的戏，对荀派艺术确实有着特别的偏爱，甚至至今依然认为荀先生的表演是

2000年纪念荀慧生100周年诞辰演出活动部分演职员合影　左起：王晓琳、崔惟民、龚苏萍、宋长荣、王家熙、孙毓敏、耿巧云、刘长瑜、管波、和宝堂

京剧的一个奇迹，对我来说，至今是一个无法解开的谜。所以自知能力有限，时间很紧，很难胜任。但是面对荀令文老师那企盼的目光，我只能无条件地接受了这个无法胜任的工作。不久，荀令文先生让他的家人从故居找来了六本小留香馆日记和一些资料，还有他自己回忆父亲的有关录音。我记得他看到日记短缺得如此严重，当时非常生气，甚至是绝望，随之病情加重，不久便与世长辞了。但是他的临终嘱托却因为他的辞世给我增加了几倍的精神压力，因为我不能欺骗一个过世的老师，为此我自认为经过超常的努力，终于在2000年初，纪念荀慧生和尚小云先生百年诞辰之际，在河北与辽宁有关出版社的支持下，同时出版了《荀慧生影记》与《荀慧生自传》以及有关论

文，尽管在今天看来还属于应景文章，但是，我告慰了荀令文老师，并从此走进了小留香馆，进入了一位艺术大师的世界。

又经过数年的努力，我和孙校长、王家熙一起，在刘乃崇、蒋健兰夫妇的支持下又编纂出版了大型画册《荀慧生》。当时是孙校长负责找钱，王家熙负责出资料，提方案，反复提出修改方案。我则来往京沪之间，在印刷厂排版、设计，调图，撰写说明文字，然后再到上海王家熙的家中反复磋商、反复修改，经过整整一年的努力，数次往返京沪之间，才使这本大型画册问世并得到广泛好评。应该承认，当时家熙兄多次说过，要我与他并列双主编，而我拒绝了他的美意，因为我看荀慧生先生的戏没有家熙兄看得多，对这本画册的总体把握没有他那么高远，准确。应该说，编辑画册的过程，也是我从微观上深入学习、了解荀派艺术的过程。总之，我们在没有权威部门的“指导”，也没有各个名义研究部门参与的情况下，就凭我们三个人的集思广益和务实精神以及对荀派艺术的酷爱，多快好省地完成了这一某些权威部门，或者说几十人都无法完成的巨著，我认为其中许多好的经验应该总结发扬。后来我又在河北省东光县、阜城县荀慧生博物馆的建立中做出了我应有的贡献。

随之王家熙兄又提出京剧“荀学”的构建工程。我以为要构建荀学的全面研究基础，首先是资料的全面收集和总体把握，为此我集中精力整理和挖掘荀慧生先生的有关文章和各个报纸杂志的评论文章以及他的日记、唱片、录音等各种相关资料，并抓紧进行编纂工作。因为只有如此，才是进一步的，更全面地研究荀慧生与荀派艺术的科学态度。大家看到的这部残破不全的日记尽管仅仅是荀慧生先生日记中很少的一部分记录，但是真实可靠，是任何小说作家和剧作家无论如何也编撰不出来的。通过编辑的过程，使我看到了那个真实社会以及那个社会中真实的艺术家。例如荀慧生先生每次到上海演出，总要提前一周到达，往往一天就要拜访近百家新闻单位和票房戏迷，更要拜访左右上海演艺界的杜月笙、黄金荣、张啸林、王晓籁、虞洽卿，等等。有一次两家戏院请他赴沪演出，因为两家戏院背后的大亨互相推诿，又互相争执，使他左右为难，以致演出无法成行。直到一方的幕后大亨突然毙命，他才在一年后赴沪。但是看着日记中这些吃吃喝喝的流水账，如果忽略了当时报刊所登载的背景消息，就很难知道这其中的问题实质。

我之所以把荀慧生本人的文章，外人，包括我本人观看舞台演出、聆听唱片、录音的客观评述以及他的相关日记综合起来对照、研究，则是为了探讨问题的根本。而且我也正是通过这三部分的编辑整理工作，对荀慧生和荀派艺术有了更深的解读，而这部很不完整的日记则是关系重大。因为很多《荀传》与他的《日记》相比都太过虚荣，不是吗？

有些出版社希望我能写出一部比较详尽的《荀慧生评传》，我一直没有答应，就是因为我一直对荀慧生大师与荀派艺术仍然处于“瞎子摸象”的过程，现在，我认为自己已经摸到了更多的“大象”，这部《评传》似乎也有了一些希望。但是仍然不能说自己对荀派艺术有了系统的研究。当然这也是我从1959年开始欣赏荀慧生舞台艺术，到1999年开始搜集整理荀慧生和荀派艺术资料，步入对荀慧生的系统研究阶段50多年来的一个小结而已。我希望我这个小结能够对荀派艺术的传承和发展有所裨益。特别是给其他学习、研究荀派艺术的人提供真实可靠，而且开卷有益的成果来。

2015年11月4日

中国戏曲艺术大系

COMPLETE COLLECTION OF CHINESE OPERA

“十一五”国家重点图书出版规划项目—《中国戏曲艺术大系》，旨在将中国丰厚的戏曲资源加以全面开发、整合、包装、营销，使之规模化、系统化，进而产业化，融文献性、学术性、典藏性于一体，以图书和音像等载体的形式出版发行。这套丛书作为展现中国戏曲艺术魅力的窗口，彰显传统戏曲文化博大精深底蕴的平台，将被打造成为一个独具特色而又规模宏大的民族出版品牌。

基于上述宗旨，中国戏剧出版社设定“整理国故、填补空白、建构体系、承前启后”的《中国戏曲艺术大系》出版指导原则，通过全面系统的资料挖掘、遴选、整合，对正在消失或散佚的戏曲资源进行抢救和整理，对已有的文献资料进行系统优化，力图构建广阔、全面、深入、系统的戏曲文化大体系，从现代与传统、民族性与国际性相结合的角度，书写中国戏曲文化新的历史篇章。

这套大型丛书最初拟定“史论卷”“京剧卷”“昆曲卷”“地方戏曲卷”和“少数民族戏剧卷”，但是，通过对戏曲资源的整合和优化工作深入过程中，大系编辑部逐步形成了“大戏曲”（Chinese Opera）观，即无论是京剧、昆曲，还是越剧、梆子、豫剧、晋剧等地方戏曲，在表演、音乐、文学、装扮艺术等领域是共通的。因“史论卷”无法涵盖现有的成果，将增加“文学卷”（集录古今各种戏曲珍本）、“音律卷”（囊括戏曲音乐和音韵学著述）、“口述历史卷”和“演习卷”等，这些陆续出版的图书将不断刷新戏曲典籍出版的种类和数量，填补中国戏曲传承创新和研究领域的空白。

《中国戏曲艺术大系》出版书目

序号	书　　号	书　　名	出版日期	卷　别
1	978-7-104-03266-3	王国维论剧（精装）	2010.11	史论卷
	978-7-104-03267-0	王国维论剧（软精装）	2010.11	史论卷
2	978-7-104-03282-3	中国戏曲通论（精装）	2010.11	史论卷
	978-7-104-03283-0	中国戏曲通论（软精装）	2010.11	史论卷
3	978-7-104-03325-7	中国戏曲文化（精装）	2010.11	史论卷
	978-7-104-03326-4	中国戏曲文化（软精装）	2010.11	史论卷
4	978-7-104-03336-3	说杨小楼（精装）	2010.12	京剧卷
	978-7-104-03337-0	说杨小楼（软精装）	2010.12	京剧卷
5	978-7-104-03338-7	说谭鑫培（精装）	2010.12	京剧卷
	978-7-104-03339-4	说谭鑫培（软精装）	2010.12	京剧卷
6	978-7-104-03344-8	说侯喜瑞（精装）	2010.12	京剧卷
	978-7-104-03345-5	说侯喜瑞（软精装）	2010.12	京剧卷
7	978-7-104-03347-9	周信芳传（精装）	2010.12	京剧卷
	978-7-104-03346-2	周信芳传（软精装）	2010.12	京剧卷
8	978-7-104-03364-6	说马连良（精装）	2010.12	京剧卷
	978-7-104-03365-3	说马连良（软精装）	2010.12	京剧卷
9	978-7-104-03369-1	说萧长华（精装）	2011.01	京剧卷
10	978-7-104-03380-6	说王瑶卿（精装）	2011.01	京剧卷
	978-7-104-03379-0	说王瑶卿（软精装）	2011.01	京剧卷
11	978-7-104-03390-5	刘奎官表演艺术（精装）	2011.03	京剧卷
12	978-7-104-03403-2	说程砚秋（精装）	2011.03	京剧卷
13	978-7-104-03404-9	说余叔岩（精装）	2011.03	京剧卷
14	978-7-104-03406-3	京剧长谈（精装）	2011.03	京剧卷
15	978-7-104-03452-0	说裘盛戎（精装）	2011.05	京剧卷
16	978-7-104-03400-1	说周信芳（精装）	2011.06	京剧卷
17	978-7-104-03377-6	京剧名伶艺术萃集（精装）	2011.06	京剧卷
18	978-7-104-03562-6	忆江南——李紫贵口述历史 （精装）	2011.09	京剧卷
19	978-7-104-03491-9	说梅兰芳（精装）	2011.12	京剧卷

20	978-7-104-03531-2	马连良艺事年谱（1901—1951）（精装）	2012.01	京剧卷
21	978-7-104-03554-1	京剧花脸唱腔百年品鉴（上下，精装）	2012.01	京剧卷
22	978-7-104-03559-6	我的操琴生活——徐兰沅口述历史（精装）	2012.01	京剧卷
23	978-7-104-03617-3	清末宫廷承应戏（精装）	2012.02	京剧卷
24	978-7-104-03621-0	英秀堂谭——谭门七代画传（精装）	2012.02	京剧卷
	978-7-104-03624-1	英秀堂谭——谭门七代画传（软精装）	2012.02	京剧卷
25	978-7-104-03622-7	粉墨春秋——盖叫天口述历史（精装）	2012.02	京剧卷
26	978-7-104-03816-0	精忠庙带戏档考略（精装）	2012.09	京剧卷
27	978-7-104-03851-1	中国戏曲发展史（四卷，精装）	2012.10	京剧卷
28	978-7-104-03971-6	民国文人的京剧记忆（精装）	2013.04	京剧卷
29	978-7-104-03974-7	清万寿庆典戏曲档案考（精装）	2013.04	京剧卷
30	978-7-104-04093-4	中国京剧编年史（精装）	2013.09	京剧卷
31	978-7-104-04115-3	说李多奎（精装）	2013.10	京剧卷
32	978-7-104-04150-4	梅兰芳传（精装）	2013.11	京剧卷
33	978-7-104-04151-1	戏曲旦行身段功（精装）	2013.11	京剧卷
34	978-7-104-04181-8	荀慧生文集（精装）	2013.12	京剧卷
35	978-7-104-04216-7	修竹庐剧话（精装）	2014.10	京剧卷
36	978-7-104-04215-0	梨园外史（精装）	2014.10	京剧卷
37	978-7-104-04212-9	活人大戏（精装）	2014.10	京剧卷
38	978-7-104-04240-2	曲韵探骊（精装）	2015.6	京剧卷
39	978-7-104-04241-9	元明散曲小史（精装）	2015.6	史论卷
40	978-7-104-04268-6	国剧浅释（精装）南北词简谱（精装）	2015.6	史论卷
41	978-7-104-04256-3	国剧韵典（精装）	2015.6	史论卷
42	978-7-104-04257-0	曲韵举隅（精装）	2015.6	史论卷
43	978-7-104-04258-7	宋元伎艺杂考·南北戏曲源流考（精装）	2015.6	史论卷
44	978-7-104-04259-4	皮黄文学研究（精装）	2015.6	史论卷
45	978-7-104-04260-0	元剧研究ABC·曲选（精装）	2015.6	史论卷
46	978-7-104-04261-7	曲学通论·戏曲麈谈（精装）	2015.6	史论卷
47	978-7-104-04263-1	中国京剧装扮艺术（精装）	2015.6	京剧卷

48	978-7-104-04255-6	南北词简谱（精装）	2015.06	史论卷
49	978-7-104-04293-8	中国戏曲文物图谱（精装）	2015.12	史论卷
50	978-7-104-04305-8	于连泉花旦表演艺术（精装）	2016.1	京剧卷
51	978-7-104-04330-0	戏曲源流·曲律易知（精装）	2015.12	史论卷
52	978-7-104-04331-7	元词斠律（精装）	2015.12	史论卷
53	978-7-104-04328-7	元剧联套述例（精装）	2015.12	史论卷
54	978-7-104-04321-8	元明乐府套数举略·《都门纪略》中的戏曲史料	2015.12	史论卷
55	978-7-104-04329-4	孤本元明杂剧提要·宋元明讲唱文学（精装）	2015.12	史论卷
56	978-7-104-04321-8	戏曲丛谭·曲艺论丛（精装）	2015.12	史论卷
57	978-7-104-04316-4	近代皮黄剧韵（精装）	2015.12	京剧卷
58	978-7-104-04317-1	新旧戏曲之研究（精装）	2015.12	史论卷
59	978-7-104-04319-5	从秧歌到地方戏（精装）	2015.12	史论卷
60	978-7-104-04343-0	中国剧场史（外二种，精装）	2016.1	史论卷
61	978-7-104-04326-3	中国京剧史（1790～1949，插图本，精装）	2016.1	京剧卷
62	978-7-104-04340-9	荀慧生日记（精装）	2016.1	京剧卷
63	978-7-104-04332-4	荀慧生艺术评论集（精装）	2016.1	京剧卷
64	978-7-104-04337-9	清昇平署戏曲人物扮相谱（精装）	2016.1	史论卷
65	978-7-104-04338-6	中国京剧人物形象（精装）	2016.1	京剧卷
66	978-7-104-04350-8	郝寿臣脸谱集（精装）	2016.1	京剧卷
67	978-7-104-04351-5	清代伶官传（精装）	2016.1	史论卷
68	978-7-104-04324-3	宋元戏曲文物与民俗（精装）	2016.1	史论卷
69	978-7-104-04327-0	二黄寻声谱（精装）	2015.12	京剧卷
70	978-7-104-04339-3	《杨门女将》的舞台艺术（精装）	2016.1	京剧卷